安全生产法律法规文件汇编

中国劳动社会保障出版社

图书在版编目(CIP)数据

安全生产法律法规文件汇编/中国劳动社会保障出版社编. -- 北京：中国劳动社会保障出版社，2018

ISBN 978-7-5167-2384-5

Ⅰ.①安… Ⅱ.①中… Ⅲ.①安全生产-安全法规-汇编-中国 Ⅳ.①D922.549

中国版本图书馆 CIP 数据核字(2018)第 069316 号

中国劳动社会保障出版社出版发行

(北京市惠新东街 1 号 邮政编码：100029)

*

北京市艺辉印刷有限公司印刷装订 新华书店经销

787 毫米×1092 毫米 16 开本 56.75 印张 1238 千字

2018 年 4 月第 1 版 2021 年 5 月第 4 次印刷

定价：196.00 元

读者服务部电话：(010) 64929211/84209101/64921644

营销中心电话：(010) 64962347

出版社网址：http://www.class.com.cn

http://jg.class.com.cn

内 容 简 介

《安全生产法律法规文件汇编》内容包括四个部分：第一部分是全国人民代表大会及其常务委员会制定颁布的有关安全生产的法律；第二部分是国务院制定颁布的有关安全生产的行政法规；第三部分是原国家安全生产监督管理总局、原国家安全生产监督管理局制定发布的有关安全生产的部门规章；第四部分是国务院和其他相关部门的一些重要文件资料。本书具有科学性、时效性、实用性的特点。

一、科学性。本书首先按照法律、行政法规、部门规章、国务院文件的顺序分为四部分，每个部分的文件按照文号和发布时间排序，设置合理，便于查找，十分具有科学性。

二、时效性。根据国务院文件清理工作的统一部署，2016—2017 年国务院各组成部门都对各自颁布的文件进行了清理，宣布废止和失效了一批文件。本书第一时间对安全生产相关文件进行了总结，删除废止和失效的文件，收录最新的文件，十分具有时效性。

三、实用性。在对收录文件进行梳理的过程中，我们根据文件内容，删除了情况通报、会议通知和时效性强的阶段性工作文件，保留了对实际工作有指导意义的文件，特别是保留了文件中附件的内容，这些文件及其附件对安全生产具体工作的指导十分具有实用性。

目录（一）

第一部分　法律

第二部分　行政法规

第三部分　部门规章

第四部分　国务院文件

目录（二）

一、安全管理

（一）综合

（二）事故预防

（三）安全培训

（四）应急管理

（二）事故预防

（三）安全培训

（四）安全监督检查

三、非煤矿山

四、危险化学品

五、非药品类易制毒化学品

六、烟花爆竹

七、道路交通

八、职业健康

第一部分　法　　律

1 中华人民共和国安全生产法

2002年6月29日中华人民共和国第九届全国人民代表大会常务委员会第二十八次会议通过，2002年6月29日中华人民共和国主席令第七十号公布，自2002年11月1日起施行；根据2009年8月27日第十一届全国人民代表大会常务委员会第十次会议通过、2009年8月27日中华人民共和国主席令第十八号公布、自公布之日起施行的《全国人民代表大会常务委员会关于修改部分法律的决定》第一次修改；根据2014年8月31日第十二届全国人民代表大会常务委员会第十次会议通过、2014年8月31日中华人民共和国主席令第十三号公布、自2014年12月1日起施行的《关于修改〈中华人民共和国安全生产法〉的决定》第二次修改。

第一章 总 则

第一条 为了加强安全生产工作，防止和减少生产安全事故，保障人民群众生命和财产安全，促进经济社会持续健康发展，制定本法。

第二条 在中华人民共和国领域内从事生产经营活动的单位（以下统称生产经营单位）的安全生产，适用本法；有关法律、行政法规对消防安全和道路交通安全、铁路交通安全、水上交通安全、民用航空安全以及核与辐射安全、特种设备安全另有规定的，适用其规定。

第三条 安全生产工作应当以人为本，坚持安全发展，坚持安全第一、预防为主、综合治理的方针，强化和落实生产经营单位的主体责任，建立生产经营单位负责、职工参与、政府监管、行业自律和社会监督的机制。

第四条 生产经营单位必须遵守本法和其他有关安全生产的法律、法规，加强安全生产管理，建立、健全安全生产责任制和安全生产规章制度，改善安全生产条件，推进安全生产标准化建设，提高安全生产水平，确保安全生产。

第五条 生产经营单位的主要负责人对本单位的安全生产工作全面负责。

第六条 生产经营单位的从业人员有依法获得安全生产保障的权利，并应当依法履行安全生产方面的义务。

第七条 工会依法对安全生产工作进行监督。

生产经营单位的工会依法组织职工参加本单位安全生产工作的民主管理和民主监督，维护职工在安全生产方面的合法权益。生产经营单位制定或者修改有关安全生产的规章制度，应当听取工会的意见。

第八条 国务院和县级以上地方各级人民政府应当根据国民经济和社会发展规划制定安全生产规划，并组织实施。安全生产规划应当与城乡规划相衔接。

国务院和县级以上地方各级人民政府应当加强对安全生产工作的领导，支持、督促各有关部门依法履行安全生产监督管理职责，建立健全安全生产工作协调机制，及时协调、解决安全生产监督管理中存在的重大问题。

乡、镇人民政府以及街道办事处、开发区管理机构等地方人民政府的派出机关应当按照职责，加强对本行政区域内生产经营单位安全生产状况的监督检查，协助上级人民政府有关部门依法履行安全生产监督管理职责。

第九条 国务院安全生产监督管理部门依照本法，对全国安全生产工作实施综合监督管理；县级以上地方各级人民政府安全生产监督管理部门依照本法，对本行政区域内安全生产工作实施综合监督管理。

国务院有关部门依照本法和其他有关法律、行政法规的规定，在各自的职责范围内对有关行业、领域的安全生产工作实施监督管理；县级以上地方各级人民政府有关部门依照本法和其他有关法律、法规的规定，在各自的职责范围内对有关行业、领域的安全生产工作实施监督管理。

安全生产监督管理部门和对有关行业、领域的安全生产工作实施监督管理的部门，统称负有安全生产监督管理职责的部门。

第十条 国务院有关部门应当按照保障安全生产的要求，依法及时制定有关的国家标准或者行业标准，并根据科技进步和经济发展适时修订。

生产经营单位必须执行依法制定的保障安全生产的国家标准或者行业标准。

第十一条 各级人民政府及其有关部门应当采取多种形式，加强对有关安全生产的法律、法规和安全生产知识的宣传，增强全社会的安全生产意识。

第十二条 有关协会组织依照法律、行政法规和章程，为生产经营单位提供安全生产方面的信息、培训等服务，发挥自律作用，促进生产经营单位加强安全生产管理。

第十三条 依法设立的为安全生产提供技术、管理服务的机构，依照法律、行政法规和执业准则，接受生产经营单位的委托为其安全生产工作提供技术、管理服务。

生产经营单位委托前款规定的机构提供安全生产技术、管理服务的，保证安全生产的责任仍由本单位负责。

第十四条 国家实行生产安全事故责任追究制度，依照本法和有关法律、法规的规定，追究生产安全事故责任人员的法律责任。

第十五条 国家鼓励和支持安全生产科学技术研究和安全生产先进技术的推广应用，提高安全生产水平。

第十六条 国家对在改善安全生产条件、防止生产安全事故、参加抢险救护等方面取得显著成绩的单位和个人，给予奖励。

第二章　生产经营单位的安全生产保障

第十七条 生产经营单位应当具备本法和有关法律、行政法规和国家标准或者行业标准规定的安全生产条件；不具备安全生产条件的，不得从事生产经营活动。

第十八条 生产经营单位的主要负责人对本单位安全生产工作负有下列职责：

（一）建立、健全本单位安全生产责任制。

（二）组织制定本单位安全生产规章制度和操作规程。

（三）组织制订并实施本单位安全生产教育和培训计划。

（四）保证本单位安全生产投入的有效实施。

（五）督促、检查本单位的安全生产工作，及时消除生产安全事故隐患。

（六）组织制定并实施本单位的生产安全事故应急救援预案。

（七）及时、如实报告生产安全事故。

第十九条　生产经营单位的安全生产责任制应当明确各岗位的责任人员、责任范围和考核标准等内容。

生产经营单位应当建立相应的机制，加强对安全生产责任制落实情况的监督考核，保证安全生产责任制的落实。

第二十条　生产经营单位应当具备的安全生产条件所必需的资金投入，由生产经营单位的决策机构、主要负责人或者个人经营的投资人予以保证，并对由于安全生产所必需的资金投入不足导致的后果承担责任。

有关生产经营单位应当按照规定提取和使用安全生产费用，专门用于改善安全生产条件。安全生产费用在成本中据实列支。安全生产费用提取、使用和监督管理的具体办法由国务院财政部门会同国务院安全生产监督管理部门征求国务院有关部门意见后制定。

第二十一条　矿山、金属冶炼、建筑施工、道路运输单位和危险物品的生产、经营、储存单位，应当设置安全生产管理机构或者配备专职安全生产管理人员。

前款规定以外的其他生产经营单位，从业人员超过一百人的，应当设置安全生产管理机构或者配备专职安全生产管理人员；从业人员在一百人以下的，应当配备专职或者兼职的安全生产管理人员。

第二十二条　生产经营单位的安全生产管理机构以及安全生产管理人员履行下列职责：

（一）组织或者参与拟订本单位安全生产规章制度、操作规程和生产安全事故应急救援预案。

（二）组织或者参与本单位安全生产教育和培训，如实记录安全生产教育和培训情况。

（三）督促落实本单位重大危险源的安全管理措施。

（四）组织或者参与本单位应急救援演练。

（五）检查本单位的安全生产状况，及时排查生产安全事故隐患，提出改进安全生产管理的建议。

（六）制止和纠正违章指挥、强令冒险作业、违反操作规程的行为。

（七）督促落实本单位安全生产整改措施。

第二十三条　生产经营单位的安全生产管理机构以及安全生产管理人员应当恪尽职守，依法履行职责。

生产经营单位作出涉及安全生产的经营决策，应当听取安全生产管理机构以及安全生产管理人员的意见。

生产经营单位不得因安全生产管理人员依法履行职责而降低其工资、福利等待遇或者解除与其订立的劳动合同。

危险物品的生产、储存单位以及矿山、金属冶炼单位的安全生产管理人员的任免，应当告知主管的负有安全生产监督管理职责的部门。

第二十四条 生产经营单位的主要负责人和安全生产管理人员必须具备与本单位所从事的生产经营活动相应的安全生产知识和管理能力。

危险物品的生产、经营、储存单位以及矿山、金属冶炼、建筑施工、道路运输单位的主要负责人和安全生产管理人员，应当由主管的负有安全生产监督管理职责的部门对其安全生产知识和管理能力考核合格。考核不得收费。

危险物品的生产、储存单位以及矿山、金属冶炼单位应当有注册安全工程师从事安全生产管理工作。鼓励其他生产经营单位聘用注册安全工程师从事安全生产管理工作。注册安全工程师按专业分类管理，具体办法由国务院人力资源和社会保障部门、国务院安全生产监督管理部门会同国务院有关部门制定。

第二十五条 生产经营单位应当对从业人员进行安全生产教育和培训，保证从业人员具备必要的安全生产知识，熟悉有关的安全生产规章制度和安全操作规程，掌握本岗位的安全操作技能，了解事故应急处理措施，知悉自身在安全生产方面的权利和义务。未经安全生产教育和培训合格的从业人员，不得上岗作业。

生产经营单位使用被派遣劳动者的，应当将被派遣劳动者纳入本单位从业人员统一管理，对被派遣劳动者进行岗位安全操作规程和安全操作技能的教育和培训。劳务派遣单位应当对被派遣劳动者进行必要的安全生产教育和培训。

生产经营单位接收中等职业学校、高等学校学生实习的，应当对实习学生进行相应的安全生产教育和培训，提供必要的劳动防护用品。学校应当协助生产经营单位对实习学生进行安全生产教育和培训。

生产经营单位应当建立安全生产教育和培训档案，如实记录安全生产教育和培训的时间、内容、参加人员以及考核结果等情况。

第二十六条 生产经营单位采用新工艺、新技术、新材料或者使用新设备，必须了解、掌握其安全技术特性，采取有效的安全防护措施，并对从业人员进行专门的安全生产教育和培训。

第二十七条 生产经营单位的特种作业人员必须按照国家有关规定经专门的安全作业培训，取得相应资格，方可上岗作业。

特种作业人员的范围由国务院安全生产监督管理部门会同国务院有关部门确定。

第二十八条 生产经营单位新建、改建、扩建工程项目（以下统称建设项目）的安全设施，必须与主体工程同时设计、同时施工、同时投入生产和使用。安全设施投资应当纳入建设项目概算。

第二十九条 矿山、金属冶炼建设项目和用于生产、储存、装卸危险物品的建设项目，应当按照国家有关规定进行安全评价。

第三十条 建设项目安全设施的设计人、设计单位应当对安全设施设计负责。

矿山、金属冶炼建设项目和用于生产、储存、装卸危险物品的建设项目的安全设施设计应当按照国家有关规定报经有关部门审查，审查部门及其负责审查的人员对审查结果负责。

第三十一条　矿山、金属冶炼建设项目和用于生产、储存、装卸危险物品的建设项目的施工单位必须按照批准的安全设施设计施工，并对安全设施的工程质量负责。

矿山、金属冶炼建设项目和用于生产、储存危险物品的建设项目竣工投入生产或者使用前，应当由建设单位负责组织对安全设施进行验收；验收合格后，方可投入生产和使用。安全生产监督管理部门应当加强对建设单位验收活动和验收结果的监督核查。

第三十二条　生产经营单位应当在有较大危险因素的生产经营场所和有关设施、设备上，设置明显的安全警示标志。

第三十三条　安全设备的设计、制造、安装、使用、检测、维修、改造和报废，应当符合国家标准或者行业标准。

生产经营单位必须对安全设备进行经常性维护、保养，并定期检测，保证正常运转。维护、保养、检测应当做好记录，并由有关人员签字。

第三十四条　生产经营单位使用的危险物品的容器、运输工具，以及涉及人身安全、危险性较大的海洋石油开采特种设备和矿山井下特种设备，必须按照国家有关规定，由专业生产单位生产，并经具有专业资质的检测、检验机构检测、检验合格，取得安全使用证或者安全标志，方可投入使用。检测、检验机构对检测、检验结果负责。

第三十五条　国家对严重危及生产安全的工艺、设备实行淘汰制度，具体目录由国务院安全生产监督管理部门会同国务院有关部门制定并公布。法律、行政法规对目录的制定另有规定的，适用其规定。

省、自治区、直辖市人民政府可以根据本地区实际情况制定并公布具体目录，对前款规定以外的危及生产安全的工艺、设备予以淘汰。

生产经营单位不得使用应当淘汰的危及生产安全的工艺、设备。

第三十六条　生产、经营、运输、储存、使用危险物品或者处置废弃危险物品的，由有关主管部门依照有关法律、法规的规定和国家标准或者行业标准审批并实施监督管理。

生产经营单位生产、经营、运输、储存、使用危险物品或者处置废弃危险物品，必须执行有关法律、法规和国家标准或者行业标准，建立专门的安全管理制度，采取可靠的安全措施，接受有关主管部门依法实施的监督管理。

第三十七条　生产经营单位对重大危险源应当登记建档，进行定期检测、评估、监控，并制定应急预案，告知从业人员和相关人员在紧急情况下应当采取的应急措施。

生产经营单位应当按照国家有关规定将本单位重大危险源及有关安全措施、应急措施报有关地方人民政府安全生产监督管理部门和有关部门备案。

第三十八条　生产经营单位应当建立健全生产安全事故隐患排查治理制度，采取技术、管理措施，及时发现并消除事故隐患。事故隐患排查治理情况应当如实记录，并向从业人员通报。

县级以上地方各级人民政府负有安全生产监督管理职责的部门应当建立健全重大事故隐患治理督办制度，督促生产经营单位消除重大事故隐患。

第三十九条 生产、经营、储存、使用危险物品的车间、商店、仓库不得与员工宿舍在同一座建筑物内，并应当与员工宿舍保持安全距离。

生产经营场所和员工宿舍应当设有符合紧急疏散要求、标志明显、保持畅通的出口。禁止锁闭、封堵生产经营场所或者员工宿舍的出口。

第四十条 生产经营单位进行爆破、吊装以及国务院安全生产监督管理部门会同国务院有关部门规定的其他危险作业，应当安排专门人员进行现场安全管理，确保操作规程的遵守和安全措施的落实。

第四十一条 生产经营单位应当教育和督促从业人员严格执行本单位的安全生产规章制度和安全操作规程；并向从业人员如实告知作业场所和工作岗位存在的危险因素、防范措施以及事故应急措施。

第四十二条 生产经营单位必须为从业人员提供符合国家标准或者行业标准的劳动防护用品，并监督、教育从业人员按照使用规则佩戴、使用。

第四十三条 生产经营单位的安全生产管理人员应当根据本单位的生产经营特点，对安全生产状况进行经常性检查；对检查中发现的安全问题，应当立即处理；不能处理的，应当及时报告本单位有关负责人，有关负责人应当及时处理。检查及处理情况应当如实记录在案。

生产经营单位的安全生产管理人员在检查中发现重大事故隐患，依照前款规定向本单位有关负责人报告，有关负责人不及时处理的，安全生产管理人员可以向主管的负有安全生产监督管理职责的部门报告，接到报告的部门应当依法及时处理。

第四十四条 生产经营单位应当安排用于配备劳动防护用品、进行安全生产培训的经费。

第四十五条 两个以上生产经营单位在同一作业区域内进行生产经营活动，可能危及对方生产安全的，应当签订安全生产管理协议，明确各自的安全生产管理职责和应当采取的安全措施，并指定专职安全生产管理人员进行安全检查与协调。

第四十六条 生产经营单位不得将生产经营项目、场所、设备发包或者出租给不具备安全生产条件或者相应资质的单位或者个人。

生产经营项目、场所发包或者出租给其他单位的，生产经营单位应当与承包单位、承租单位签订专门的安全生产管理协议，或者在承包合同、租赁合同中约定各自的安全生产管理职责；生产经营单位对承包单位、承租单位的安全生产工作统一协调、管理，定期进行安全检查，发现安全问题的，应当及时督促整改。

第四十七条 生产经营单位发生生产安全事故时，单位的主要负责人应当立即组织抢救，并不得在事故调查处理期间擅离职守。

第四十八条 生产经营单位必须依法参加工伤保险，为从业人员缴纳保险费。

国家鼓励生产经营单位投保安全生产责任保险。

第三章 从业人员的安全生产权利义务

第四十九条 生产经营单位与从业人员订立的劳动合同，应当载明有关保障从业人员劳动安全、防止职业危害的事项，以及依法为从业人员办理工伤保险的事项。

生产经营单位不得以任何形式与从业人员订立协议，免除或者减轻其对从业人员因生产安全事故伤亡依法应承担的责任。

第五十条 生产经营单位的从业人员有权了解其作业场所和工作岗位存在的危险因素、防范措施及事故应急措施，有权对本单位的安全生产工作提出建议。

第五十一条 从业人员有权对本单位安全生产工作中存在的问题提出批评、检举、控告；有权拒绝违章指挥和强令冒险作业。

生产经营单位不得因从业人员对本单位安全生产工作提出批评、检举、控告或者拒绝违章指挥、强令冒险作业而降低其工资、福利等待遇或者解除与其订立的劳动合同。

第五十二条 从业人员发现直接危及人身安全的紧急情况时，有权停止作业或者在采取可能的应急措施后撤离作业场所。

生产经营单位不得因从业人员在前款紧急情况下停止作业或者采取紧急撤离措施而降低其工资、福利等待遇或者解除与其订立的劳动合同。

第五十三条 因生产安全事故受到损害的从业人员，除依法享有工伤保险外，依照有关民事法律尚有获得赔偿的权利的，有权向本单位提出赔偿要求。

第五十四条 从业人员在作业过程中，应当严格遵守本单位的安全生产规章制度和操作规程，服从管理，正确佩戴和使用劳动防护用品。

第五十五条 从业人员应当接受安全生产教育和培训，掌握本职工作所需的安全生产知识，提高安全生产技能，增强事故预防和应急处理能力。

第五十六条 从业人员发现事故隐患或者其他不安全因素，应当立即向现场安全生产管理人员或者本单位负责人报告；接到报告的人员应当及时予以处理。

第五十七条 工会有权对建设项目的安全设施与主体工程同时设计、同时施工、同时投入生产和使用进行监督，提出意见。

工会对生产经营单位违反安全生产法律、法规，侵犯从业人员合法权益的行为，有权要求纠正；发现生产经营单位违章指挥、强令冒险作业或者发现事故隐患时，有权提出解决的建议，生产经营单位应当及时研究答复；发现危及从业人员生命安全的情况时，有权向生产经营单位建议组织从业人员撤离危险场所，生产经营单位必须立即作出处理。

工会有权依法参加事故调查，向有关部门提出处理意见，并要求追究有关人员的责任。

第五十八条 生产经营单位使用被派遣劳动者的，被派遣劳动者享有本法规定的从业人员的权利，并应当履行本法规定的从业人员的义务。

第四章 安全生产的监督管理

第五十九条 县级以上地方各级人民政府应当根据本行政区域内的安全生产状况，组织有关部门按照职责分工，对本行政区域内容易发生重大生产安全事故的生产经营单位进行严格检查。

安全生产监督管理部门应当按照分类分级监督管理的要求，制订安全生产年度监督检查计划，并按照年度监督检查计划进行监督检查，发现事故隐患，应当及时处理。

第六十条 负有安全生产监督管理职责的部门依照有关法律、法规的规定，对涉及安全生产的事项需要审查批准（包括批准、核准、许可、注册、认证、颁发证照等，下同）或者验收的，必须严格依照有关法律、法规和国家标准或者行业标准规定的安全生产条件和程序进行审查；不符合有关法律、法规和国家标准或者行业标准规定的安全生产条件的，不得批准或者验收通过。对未依法取得批准或者验收合格的单位擅自从事有关活动的，负责行政审批的部门发现或者接到举报后应当立即予以取缔，并依法予以处理。对已经依法取得批准的单位，负责行政审批的部门发现其不再具备安全生产条件的，应当撤销原批准。

第六十一条 负有安全生产监督管理职责的部门对涉及安全生产的事项进行审查、验收，不得收取费用；不得要求接受审查、验收的单位购买其指定品牌或者指定生产、销售单位的安全设备、器材或者其他产品。

第六十二条 安全生产监督管理部门和其他负有安全生产监督管理职责的部门依法开展安全生产行政执法工作，对生产经营单位执行有关安全生产的法律、法规和国家标准或者行业标准的情况进行监督检查，行使以下职权：

（一）进入生产经营单位进行检查，调阅有关资料，向有关单位和人员了解情况。

（二）对检查中发现的安全生产违法行为，当场予以纠正或者要求限期改正；对依法应当给予行政处罚的行为，依照本法和其他有关法律、行政法规的规定作出行政处罚决定。

（三）对检查中发现的事故隐患，应当责令立即排除；重大事故隐患排除前或者排除过程中无法保证安全的，应当责令从危险区域内撤出作业人员，责令暂时停产停业或者停止使用相关设施、设备；重大事故隐患排除后，经审查同意，方可恢复生产经营和使用。

（四）对有根据认为不符合保障安全生产的国家标准或者行业标准的设施、设备、器材以及违法生产、储存、使用、经营、运输的危险物品予以查封或者扣押，对违法生产、储存、使用、经营危险物品的作业场所予以查封，并依法作出处理决定。

监督检查不得影响被检查单位的正常生产经营活动。

第六十三条 生产经营单位对负有安全生产监督管理职责的部门的监督检查人员（以下统称安全生产监督检查人员）依法履行监督检查职责，应当予以配合，不得拒绝、阻挠。

第六十四条 安全生产监督检查人员应当忠于职守，坚持原则，秉公执法。

安全生产监督检查人员执行监督检查任务时，必须出示有效的监督执法证件；对涉及被检查单位的技术秘密和业务秘密，应当为其保密。

第六十五条 安全生产监督检查人员应当将检查的时间、地点、内容、发现的问题及其处理情况，作出书面记录，并由检查人员和被检查单位的负责人签字；被检查单位的负责人拒绝签字的，检查人员应当将情况记录在案，并向负有安全生产监督管理职责的部门报告。

第六十六条　负有安全生产监督管理职责的部门在监督检查中，应当互相配合，实行联合检查；确需分别进行检查的，应当互通情况，发现存在的安全问题应当由其他有关部门进行处理的，应当及时移送其他有关部门并形成记录备查，接受移送的部门应当及时进行处理。

第六十七条　负有安全生产监督管理职责的部门依法对存在重大事故隐患的生产经营单位作出停产停业、停止施工、停止使用相关设施或者设备的决定，生产经营单位应当依法执行，及时消除事故隐患。生产经营单位拒不执行，有发生生产安全事故的现实危险的，在保证安全的前提下，经本部门主要负责人批准，负有安全生产监督管理职责的部门可以采取通知有关单位停止供电、停止供应民用爆炸物品等措施，强制生产经营单位履行决定。通知应当采用书面形式，有关单位应当予以配合。

负有安全生产监督管理职责的部门依照前款规定采取停止供电措施，除有危及生产安全的紧急情形外，应当提前二十四小时通知生产经营单位。生产经营单位依法履行行政决定、采取相应措施消除事故隐患的，负有安全生产监督管理职责的部门应当及时解除前款规定的措施。

第六十八条　监察机关依照行政监察法的规定，对负有安全生产监督管理职责的部门及其工作人员履行安全生产监督管理职责实施监察。

第六十九条　承担安全评价、认证、检测、检验的机构应当具备国家规定的资质条件，并对其作出的安全评价、认证、检测、检验的结果负责。

第七十条　负有安全生产监督管理职责的部门应当建立举报制度，公开举报电话、信箱或者电子邮件地址，受理有关安全生产的举报；受理的举报事项经调查核实后，应当形成书面材料；需要落实整改措施的，报经有关负责人签字并督促落实。

第七十一条　任何单位或者个人对事故隐患或者安全生产违法行为，均有权向负有安全生产监督管理职责的部门报告或者举报。

第七十二条　居民委员会、村民委员会发现其所在区域内的生产经营单位存在事故隐患或者安全生产违法行为时，应当向当地人民政府或者有关部门报告。

第七十三条　县级以上各级人民政府及其有关部门对报告重大事故隐患或者举报安全生产违法行为的有功人员，给予奖励。具体奖励办法由国务院安全生产监督管理部门会同国务院财政部门制定。

第七十四条　新闻、出版、广播、电影、电视等单位有进行安全生产公益宣传教育的义务，有对违反安全生产法律、法规的行为进行舆论监督的权利。

第七十五条　负有安全生产监督管理职责的部门应当建立安全生产违法行为信息库，如实记录生产经营单位的安全生产违法行为信息；对违法行为情节严重的生产经营单位，应当向社会公告，并通报行业主管部门、投资主管部门、国土资源主管部门、证券监督管理机构以及有关金融机构。

第五章　生产安全事故的应急救援与调查处理

第七十六条　国家加强生产安全事故应急能力建设，在重点行业、领域建立应急救援基地和应急救援队伍，鼓励生产经营单位和其他社会力量建立应急救援队伍，配备相应的应急救援装备和物资，提高应急救援的专业化水平。

国务院安全生产监督管理部门建立全国统一的生产安全事故应急救援信息系统，国务院有关部门建立健全相关行业、领域的生产安全事故应急救援信息系统。

第七十七条　县级以上地方各级人民政府应当组织有关部门制定本行政区域内生产安全事故应急救援预案，建立应急救援体系。

第七十八条　生产经营单位应当制定本单位生产安全事故应急救援预案，与所在地县级以上地方人民政府组织制定的生产安全事故应急救援预案相衔接，并定期组织演练。

第七十九条　危险物品的生产、经营、储存单位以及矿山、金属冶炼、城市轨道交通运营、建筑施工单位应当建立应急救援组织；生产经营规模较小的，可以不建立应急救援组织，但应当指定兼职的应急救援人员。

危险物品的生产、经营、储存、运输单位以及矿山、金属冶炼、城市轨道交通运营、建筑施工单位应当配备必要的应急救援器材、设备和物资，并进行经常性维护、保养，保证正常运转。

第八十条　生产经营单位发生生产安全事故后，事故现场有关人员应当立即报告本单位负责人。

单位负责人接到事故报告后，应当迅速采取有效措施，组织抢救，防止事故扩大，减少人员伤亡和财产损失，并按照国家有关规定立即如实报告当地负有安全生产监督管理职责的部门，不得隐瞒不报、谎报或者迟报，不得故意破坏事故现场、毁灭有关证据。

第八十一条　负有安全生产监督管理职责的部门接到事故报告后，应当立即按照国家有关规定上报事故情况。负有安全生产监督管理职责的部门和有关地方人民政府对事故情况不得隐瞒不报、谎报或者迟报。

第八十二条　有关地方人民政府和负有安全生产监督管理职责的部门的负责人接到生产安全事故报告后，应当按照生产安全事故应急救援预案的要求立即赶到事故现场，组织事故抢救。

参与事故抢救的部门和单位应当服从统一指挥，加强协同联动，采取有效的应急救援措施，并根据事故救援的需要采取警戒、疏散等措施，防止事故扩大和次生灾害的发生，减少人员伤亡和财产损失。

事故抢救过程中应当采取必要措施，避免或者减少对环境造成的危害。

任何单位和个人都应当支持、配合事故抢救，并提供一切便利条件。

第八十三条　事故调查处理应当按照科学严谨、依法依规、实事求是、注重实效的原则，及时、准确地查清事故原因，查明事故性质和责任，总结事故教训，提出整改措施，并对事故责任者提出处理意见。事故调查报告应当依法及时向社会公布。事故调查和处理的具体办法由国务院制定。

事故发生单位应当及时全面落实整改措施，负有安全生产监督管理职责的部门应当加强监督检查。

第八十四条 生产经营单位发生生产安全事故，经调查确定为责任事故的，除了应当查明事故单位的责任并依法予以追究外，还应当查明对安全生产的有关事项负有审查批准和监督职责的行政部门的责任，对有失职、渎职行为的，依照本法第八十七条的规定追究法律责任。

第八十五条 任何单位和个人不得阻挠和干涉对事故的依法调查处理。

第八十六条 县级以上地方各级人民政府安全生产监督管理部门应当定期统计分析本行政区域内发生生产安全事故的情况，并定期向社会公布。

第六章 法律责任

第八十七条 负有安全生产监督管理职责的部门的工作人员，有下列行为之一的，给予降级或者撤职的处分；构成犯罪的，依照刑法有关规定追究刑事责任：

（一）对不符合法定安全生产条件的涉及安全生产的事项予以批准或者验收通过的。

（二）发现未依法取得批准、验收的单位擅自从事有关活动或者接到举报后不予取缔或者不依法予以处理的。

（三）对已经依法取得批准的单位不履行监督管理职责，发现其不再具备安全生产条件而不撤销原批准或者发现安全生产违法行为不予查处的。

（四）在监督检查中发现重大事故隐患，不依法及时处理的。

负有安全生产监督管理职责的部门的工作人员有前款规定以外的滥用职权、玩忽职守、徇私舞弊行为的，依法给予处分；构成犯罪的，依照刑法有关规定追究刑事责任。

第八十八条 负有安全生产监督管理职责的部门，要求被审查、验收的单位购买其指定的安全设备、器材或者其他产品的，在对安全生产事项的审查、验收中收取费用的，由其上级机关或者监察机关责令改正，责令退还收取的费用；情节严重的，对直接负责的主管人员和其他直接责任人员依法给予处分。

第八十九条 承担安全评价、认证、检测、检验工作的机构，出具虚假证明的，没收违法所得；违法所得在十万元以上的，并处违法所得二倍以上五倍以下的罚款；没有违法所得或者违法所得不足十万元的，单处或者并处十万元以上二十万元以下的罚款；对其直接负责的主管人员和其他直接责任人员处二万元以上五万元以下的罚款；给他人造成损害的，与生产经营单位承担连带赔偿责任；构成犯罪的，依照刑法有关规定追究刑事责任。

对有前款违法行为的机构，吊销其相应资质。

第九十条 生产经营单位的决策机构、主要负责人或者个人经营的投资人不依照本法规定保证安全生产所必需的资金投入，致使生产经营单位不具备安全生产条件的，责令限期改正，提供必需的资金；逾期未改正的，责令生产经营单位停产停业整顿。

有前款违法行为，导致发生生产安全事故的，对生产经营单位的主要负责人给予撤职处分，对个人经营的投资人处二万元以上二十万元以下的罚款；构成犯罪的，依照刑法有关规定追究刑事责任。

第九十一条 生产经营单位的主要负责人未履行本法规定的安全生产管理职责的，责令限期改正；逾期未改正的，处二万元以上五万元以下的罚款，责令生产经营单位停产停业整顿。

生产经营单位的主要负责人有前款违法行为，导致发生生产安全事故的，给予撤职处分；构成犯罪的，依照刑法有关规定追究刑事责任。

生产经营单位的主要负责人依照前款规定受刑事处罚或者撤职处分的，自刑罚执行完毕或者受处分之日起，五年内不得担任任何生产经营单位的主要负责人；对重大、特别重大生产安全事故负有责任的，终身不得担任本行业生产经营单位的主要负责人。

第九十二条 生产经营单位的主要负责人未履行本法规定的安全生产管理职责，导致发生生产安全事故的，由安全生产监督管理部门依照下列规定处以罚款：

（一）发生一般事故的，处上一年年收入百分之三十的罚款。

（二）发生较大事故的，处上一年年收入百分之四十的罚款。

（三）发生重大事故的，处上一年年收入百分之六十的罚款。

（四）发生特别重大事故的，处上一年年收入百分之八十的罚款。

第九十三条 生产经营单位的安全生产管理人员未履行本法规定的安全生产管理职责的，责令限期改正；导致发生生产安全事故的，暂停或者撤销其与安全生产有关的资格；构成犯罪的，依照刑法有关规定追究刑事责任。

第九十四条 生产经营单位有下列行为之一的，责令限期改正，可以处五万元以下的罚款；逾期未改正的，责令停产停业整顿，并处五万元以上十万元以下的罚款，对其直接负责的主管人员和其他直接责任人员处一万元以上二万元以下的罚款：

（一）未按照规定设置安全生产管理机构或者配备安全生产管理人员的。

（二）危险物品的生产、经营、储存单位以及矿山、金属冶炼、建筑施工、道路运输单位的主要负责人和安全生产管理人员未按照规定经考核合格的。

（三）未按照规定对从业人员、被派遣劳动者、实习学生进行安全生产教育和培训，或者未按照规定如实告知有关的安全生产事项的。

（四）未如实记录安全生产教育和培训情况的。

（五）未将事故隐患排查治理情况如实记录或者未向从业人员通报的。

（六）未按照规定制定生产安全事故应急救援预案或者未定期组织演练的。

（七）特种作业人员未按照规定经专门的安全作业培训并取得相应资格，上岗作业的。

第九十五条 生产经营单位有下列行为之一的，责令停止建设或者停产停业整顿，限期改正；逾期未改正的，处五十万元以上一百万元以下的罚款，对其直接负责的主管人员和其他直接责任人员处二万元以上五万元以下的罚款；构成犯罪的，依照刑法有关规定追究刑事责任：

（一）未按照规定对矿山、金属冶炼建设项目或者用于生产、储存、装卸危险物品的建设项目进行安全评价的。

（二）矿山、金属冶炼建设项目或者用于生产、储存、装卸危险物品的建设项目没有安全设施设计或者安全设施设计未按照规定报经有关部门审查同意的。

（三）矿山、金属冶炼建设项目或者用于生产、储存、装卸危险物品的建设项目的施工单位未按照批准的安全设施设计施工的。

（四）矿山、金属冶炼建设项目或者用于生产、储存危险物品的建设项目竣工投入生产或者使用前，安全设施未经验收合格的。

第九十六条　生产经营单位有下列行为之一的，责令限期改正，可以处五万元以下的罚款；逾期未改正的，处五万元以上二十万元以下的罚款，对其直接负责的主管人员和其他直接责任人员处一万元以上二万元以下的罚款；情节严重的，责令停产停业整顿；构成犯罪的，依照刑法有关规定追究刑事责任：

（一）未在有较大危险因素的生产经营场所和有关设施、设备上设置明显的安全警示标志的。

（二）安全设备的安装、使用、检测、改造和报废不符合国家标准或者行业标准的。

（三）未对安全设备进行经常性维护、保养和定期检测的。

（四）未为从业人员提供符合国家标准或者行业标准的劳动防护用品的。

（五）危险物品的容器、运输工具，以及涉及人身安全、危险性较大的海洋石油开采特种设备和矿山井下特种设备未经具有专业资质的机构检测、检验合格，取得安全使用证或者安全标志，投入使用的。

（六）使用应当淘汰的危及生产安全的工艺、设备的。

第九十七条　未经依法批准，擅自生产、经营、运输、储存、使用危险物品或者处置废弃危险物品的，依照有关危险物品安全管理的法律、行政法规的规定予以处罚；构成犯罪的，依照刑法有关规定追究刑事责任。

第九十八条　生产经营单位有下列行为之一的，责令限期改正，可以处十万元以下的罚款；逾期未改正的，责令停产停业整顿，并处十万元以上二十万元以下的罚款，对其直接负责的主管人员和其他直接责任人员处二万元以上五万元以下的罚款；构成犯罪的，依照刑法有关规定追究刑事责任：

（一）生产、经营、运输、储存、使用危险物品或者处置废弃危险物品，未建立专门安全管理制度、未采取可靠的安全措施的。

（二）对重大危险源未登记建档，或者未进行评估、监控，或者未制定应急预案的。

（三）进行爆破、吊装以及国务院安全生产监督管理部门会同国务院有关部门规定的其他危险作业，未安排专门人员进行现场安全管理的。

（四）未建立事故隐患排查治理制度的。

第九十九条　生产经营单位未采取措施消除事故隐患的，责令立即消除或者限期消除；生产经营单位拒不执行的，责令停产停业整顿，并处十万元以上五十万元以下的罚款，对其直接负责的主管人员和其他直接责任人员处二万元以上五万元以下的罚款。

第一百条　生产经营单位将生产经营项目、场所、设备发包或者出租给不具备安全生产条件或者相应资质的单位或者个人的，责令限期改正，没收违法所得；违法所得十万元以上的，并处违法所得二倍以上五倍以下的罚款；没有违法所得或者违法所得不足十万元的，单处或者并处十万元以上二十万元以下的罚款；对其直接负责的主管人员和其他直接责任人员处一万元以上二万元以下的罚款；导致发生生产安全事故给他人造成损害的，与承包方、承租方承担连带赔偿责任。

生产经营单位未与承包单位、承租单位签订专门的安全生产管理协议或者未在承包合同、租赁合同中明确各自的安全生产管理职责，或者未对承包单位、承租单位的安全生产统一协调、管理的，责令限期改正，可以处五万元以下的罚款，对其直接负责的主管人员和其他直接责任人员可以处一万元以下的罚款；逾期未改正的，责令停产停业整顿。

第一百零一条 两个以上生产经营单位在同一作业区域内进行可能危及对方安全生产的生产经营活动，未签订安全生产管理协议或者未指定专职安全生产管理人员进行安全检查与协调的，责令限期改正，可以处五万元以下的罚款，对其直接负责的主管人员和其他直接责任人员可以处一万元以下的罚款；逾期未改正的，责令停产停业。

第一百零二条 生产经营单位有下列行为之一的，责令限期改正，可以处五万元以下的罚款，对其直接负责的主管人员和其他直接责任人员可以处一万元以下的罚款；逾期未改正的，责令停产停业整顿；构成犯罪的，依照刑法有关规定追究刑事责任：

（一）生产、经营、储存、使用危险物品的车间、商店、仓库与员工宿舍在同一座建筑内，或者与员工宿舍的距离不符合安全要求的。

（二）生产经营场所和员工宿舍未设有符合紧急疏散需要、标志明显、保持畅通的出口，或者锁闭、封堵生产经营场所或者员工宿舍出口的。

第一百零三条 生产经营单位与从业人员订立协议，免除或者减轻其对从业人员因生产安全事故伤亡依法应承担的责任的，该协议无效；对生产经营单位的主要负责人、个人经营的投资人处二万元以上十万元以下的罚款。

第一百零四条 生产经营单位的从业人员不服从管理，违反安全生产规章制度或者操作规程的，由生产经营单位给予批评教育，依照有关规章制度给予处分；构成犯罪的，依照刑法有关规定追究刑事责任。

第一百零五条 违反本法规定，生产经营单位拒绝、阻碍负有安全生产监督管理职责的部门依法实施监督检查的，责令改正；拒不改正的，处二万元以上二十万元以下的罚款；对其直接负责的主管人员和其他直接责任人员处一万元以上二万元以下的罚款；构成犯罪的，依照刑法有关规定追究刑事责任。

第一百零六条 生产经营单位的主要负责人在本单位发生生产安全事故时，不立即组织抢救或者在事故调查处理期间擅离职守或者逃匿的，给予降级、撤职的处分，并由安全生产监督管理部门处上一年年收入百分之六十至百分之一百的罚款；对逃匿的处十五日以下拘留；构成犯罪的，依照刑法有关规定追究刑事责任。

生产经营单位的主要负责人对生产安全事故隐瞒不报、谎报或者迟报的，依照前款规定处罚。

第一百零七条 有关地方人民政府、负有安全生产监督管理职责的部门，对生产安全事故隐瞒不报、谎报或者迟报的，对直接负责的主管人员和其他直接责任人员依法给予处分；构成犯罪的，依照刑法有关规定追究刑事责任。

第一百零八条 生产经营单位不具备本法和其他有关法律、行政法规和国家标准或者行业标准规定的安全生产条件，经停产停业整顿仍不具备安全生产条件的，予以关闭；有关部门应当依法吊销其有关证照。

第一百零九条 发生生产安全事故，对负有责任的生产经营单位除要求其依法承担相应的赔偿等责任外，由安全生产监督管理部门依照下列规定处以罚款：

（一）发生一般事故的，处二十万元以上五十万元以下的罚款。

（二）发生较大事故的，处五十万元以上一百万元以下的罚款。

（三）发生重大事故的，处一百万元以上五百万元以下的罚款。

（四）发生特别重大事故的，处五百万元以上一千万元以下的罚款；情节特别严重的，处一千万元以上二千万元以下的罚款。

第一百一十条 本法规定的行政处罚，由安全生产监督管理部门和其他负有安全生产监督管理职责的部门按照职责分工决定。予以关闭的行政处罚由负有安全生产监督管理职责的部门报请县级以上人民政府按照国务院规定的权限决定；给予拘留的行政处罚由公安机关依照治安管理处罚法的规定决定。

第一百一十一条 生产经营单位发生生产安全事故造成人员伤亡、他人财产损失的，应当依法承担赔偿责任；拒不承担或者其负责人逃匿的，由人民法院依法强制执行。

生产安全事故的责任人未依法承担赔偿责任，经人民法院依法采取执行措施后，仍不能对受害人给予足额赔偿的，应当继续履行赔偿义务；受害人发现责任人有其他财产的，可以随时请求人民法院执行。

第七章 附 则

第一百一十二条 本法下列用语的含义：

危险物品，是指易燃易爆物品、危险化学品、放射性物品等能够危及人身安全和财产安全的物品。

重大危险源，是指长期地或者临时地生产、搬运、使用或者储存危险物品，且危险物品的数量等于或者超过临界量的单元（包括场所和设施）。

第一百一十三条 本法规定的生产安全一般事故、较大事故、重大事故、特别重大事故的划分标准由国务院规定。

国务院安全生产监督管理部门和其他负有安全生产监督管理职责的部门应当根据各自的职责分工，制定相关行业、领域重大事故隐患的判定标准。

第一百一十四条 本法自2002年11月1日起施行。

2 中华人民共和国职业病防治法

2001 年 10 月 27 日第九届全国人民代表大会常务委员会第二十四次会议通过，2001 年 10 月 27 日中华人民共和国主席令第六十号公布，自 2002 年 5 月 1 日起施行；根据 2011 年 12 月 31 日第十一届全国人民代表大会常务委员会第二十四次会议通过、2011 年 12 月 31 日中华人民共和国主席令第五十二号公布、自公布之日起施行的《全国人民代表大会常务委员会关于修改〈中华人民共和国职业病防治法〉的决定》第一次修改；根据 2016 年 7 月 2 日第十二届全国人民代表大会常务委员会第二十一次会议通过，2016 年 7 月 2 日中华人民共和国主席令第四十八号公布，自公布之日起施行的《全国人民代表大会常务委员会关于修改〈中华人民共和国节约能源法〉等六部法律的决定》第二次修改；根据 2017 年 11 月 4 日第十二届全国人民代表大会常务委员会第三十次会议通过、2017 年 11 月 4 日中华人民共和国主席令第八十一号公布、自 2017 年 11 月 5 日起施行的《全国人民代表大会常务委员会关于修改〈中华人民共和国会计法〉等十一部法律的决定》第三次修改。

第一章　总　　则

第一条　为了预防、控制和消除职业病危害，防治职业病，保护劳动者健康及其相关权益，促进经济社会发展，根据宪法，制定本法。

第二条　本法适用于中华人民共和国领域内的职业病防治活动。

本法所称职业病，是指企业、事业单位和个体经济组织等用人单位的劳动者在职业活动中，因接触粉尘、放射性物质和其他有毒、有害因素而引起的疾病。

职业病的分类和目录由国务院卫生行政部门会同国务院安全生产监督管理部门、劳动保障行政部门制定、调整并公布。

第三条　职业病防治工作坚持预防为主、防治结合的方针，建立用人单位负责、行政机关监管、行业自律、职工参与和社会监督的机制，实行分类管理、综合治理。

第四条　劳动者依法享有职业卫生保护的权利。

用人单位应当为劳动者创造符合国家职业卫生标准和卫生要求的工作环境和条件，并采取措施保障劳动者获得职业卫生保护。

工会组织依法对职业病防治工作进行监督，维护劳动者的合法权益。用人单位制定或者修改有关职业病防治的规章制度，应当听取工会组织的意见。

第五条　用人单位应当建立、健全职业病防治责任制，加强对职业病防治的管理，提高职业病防治水平，对本单位产生的职业病危害承担责任。

第六条　用人单位的主要负责人对本单位的职业病防治工作全面负责。

第七条　用人单位必须依法参加工伤保险。

国务院和县级以上地方人民政府劳动保障行政部门应当加强对工伤保险的监督管理，确保劳动者依法享受工伤保险待遇。

第八条　国家鼓励和支持研制、开发、推广、应用有利于职业病防治和保护劳动者健康的新技术、新工艺、新设备、新材料，加强对职业病的机理和发生规律的基础研究，提高职业病防治科学技术水平；积极采用有效的职业病防治技术、工艺、设备、材料；限制使用或者淘汰职业病危害严重的技术、工艺、设备、材料。

国家鼓励和支持职业病医疗康复机构的建设。

第九条　国家实行职业卫生监督制度。

国务院安全生产监督管理部门、卫生行政部门、劳动保障行政部门依照本法和国务院确定的职责，负责全国职业病防治的监督管理工作。国务院有关部门在各自的职责范围内负责职业病防治的有关监督管理工作。

县级以上地方人民政府安全生产监督管理部门、卫生行政部门、劳动保障行政部门依据各自职责，负责本行政区域内职业病防治的监督管理工作。县级以上地方人民政府有关部门在各自的职责范围内负责职业病防治的有关监督管理工作。

县级以上人民政府安全生产监督管理部门、卫生行政部门、劳动保障行政部门（以下统称职业卫生监督管理部门）应当加强沟通，密切配合，按照各自职责分工，依法行使职权，承担责任。

第十条　国务院和县级以上地方人民政府应当制定职业病防治规划，将其纳入国民经济和社会发展计划，并组织实施。

县级以上地方人民政府统一负责、领导、组织、协调本行政区域的职业病防治工作，建立健全职业病防治工作体制、机制，统一领导、指挥职业卫生突发事件应对工作；加强职业病防治能力建设和服务体系建设，完善、落实职业病防治工作责任制。

乡、民族乡、镇的人民政府应当认真执行本法，支持职业卫生监督管理部门依法履行职责。

第十一条　县级以上人民政府职业卫生监督管理部门应当加强对职业病防治的宣传教育，普及职业病防治的知识，增强用人单位的职业病防治观念，提高劳动者的职业健康意识、自我保护意识和行使职业卫生保护权利的能力。

第十二条　有关防治职业病的国家职业卫生标准，由国务院卫生行政部门组织制定并公布。

国务院卫生行政部门应当组织开展重点职业病监测和专项调查，对职业健康风险进行评估，为制定职业卫生标准和职业病防治政策提供科学依据。

县级以上地方人民政府卫生行政部门应当定期对本行政区域的职业病防治情况进行统计和调查分析。

第十三条　任何单位和个人有权对违反本法的行为进行检举和控告。有关部门收到相关的检举和控告后，应当及时处理。

对防治职业病成绩显著的单位和个人，给予奖励。

第二章　前期预防

第十四条　用人单位应当依照法律、法规要求，严格遵守国家职业卫生标准，落实职业病预防措施，从源头上控制和消除职业病危害。

第十五条　产生职业病危害的用人单位的设立除应当符合法律、行政法规规定的设立条件外，其工作场所还应当符合下列职业卫生要求：

（一）职业病危害因素的强度或者浓度符合国家职业卫生标准。

（二）有与职业病危害防护相适应的设施。

（三）生产布局合理，符合有害与无害作业分开的原则。

（四）有配套的更衣间、洗浴间、孕妇休息间等卫生设施。

（五）设备、工具、用具等设施符合保护劳动者生理、心理健康的要求。

（六）法律、行政法规和国务院卫生行政部门、安全生产监督管理部门关于保护劳动者健康的其他要求。

第十六条　国家建立职业病危害项目申报制度。

用人单位工作场所存在职业病目录所列职业病的危害因素的，应当及时、如实向所在地安全生产监督管理部门申报危害项目，接受监督。

职业病危害因素分类目录由国务院卫生行政部门会同国务院安全生产监督管理部门制定、调整并公布。职业病危害项目申报的具体办法由国务院安全生产监督管理部门制定。

第十七条　新建、扩建、改建建设项目和技术改造、技术引进项目（以下统称建设项目）可能产生职业病危害的，建设单位在可行性论证阶段应当进行职业病危害预评价。

医疗机构建设项目可能产生放射性职业病危害的，建设单位应当向卫生行政部门提交放射性职业病危害预评价报告。卫生行政部门应当自收到预评价报告之日起三十日内，作出审核决定并书面通知建设单位。未提交预评价报告或者预评价报告未经卫生行政部门审核同意的，不得开工建设。

职业病危害预评价报告应当对建设项目可能产生的职业病危害因素及其对工作场所和劳动者健康的影响作出评价，确定危害类别和职业病防护措施。

建设项目职业病危害分类管理办法由国务院安全生产监督管理部门制定。

第十八条　建设项目的职业病防护设施所需费用应当纳入建设项目工程预算，并与主体工程同时设计，同时施工，同时投入生产和使用。

建设项目的职业病防护设施设计应当符合国家职业卫生标准和卫生要求；其中，医疗机构放射性职业病危害严重的建设项目的防护设施设计，应当经卫生行政部门审查同意后，方可施工。

建设项目在竣工验收前，建设单位应当进行职业病危害控制效果评价。

医疗机构可能产生放射性职业病危害的建设项目竣工验收时，其放射性职业病防护设施经卫生行政部门验收合格后，方可投入使用；其他建设项目的职业病防护设施应当由建设单位负责依法组织验收，验收合格后，方可投入生产和使用。安全生产监督管理部门应当加强对建设单位组织的验收活动和验收结果的监督核查。

第十九条 国家对从事放射性、高毒、高危粉尘等作业实行特殊管理。具体管理办法由国务院制定。

第三章 劳动过程中的防护与管理

第二十条 用人单位应当采取下列职业病防治管理措施：

（一）设置或者指定职业卫生管理机构或者组织，配备专职或者兼职的职业卫生管理人员，负责本单位的职业病防治工作。

（二）制订职业病防治计划和实施方案。

（三）建立、健全职业卫生管理制度和操作规程。

（四）建立、健全职业卫生档案和劳动者健康监护档案。

（五）建立、健全工作场所职业病危害因素监测及评价制度。

（六）建立、健全职业病危害事故应急救援预案。

第二十一条 用人单位应当保障职业病防治所需的资金投入，不得挤占、挪用，并对因资金投入不足导致的后果承担责任。

第二十二条 用人单位必须采用有效的职业病防护设施，并为劳动者提供个人使用的职业病防护用品。

用人单位为劳动者个人提供的职业病防护用品必须符合防治职业病的要求；不符合要求的，不得使用。

第二十三条 用人单位应当优先采用有利于防治职业病和保护劳动者健康的新技术、新工艺、新设备、新材料，逐步替代职业病危害严重的技术、工艺、设备、材料。

第二十四条 产生职业病危害的用人单位，应当在醒目位置设置公告栏，公布有关职业病防治的规章制度、操作规程、职业病危害事故应急救援措施和工作场所职业病危害因素检测结果。

对产生严重职业病危害的作业岗位，应当在其醒目位置，设置警示标识和中文警示说明。警示说明应当载明产生职业病危害的种类、后果、预防以及应急救治措施等内容。

第二十五条 对可能发生急性职业损伤的有毒、有害工作场所，用人单位应当设置报警装置，配置现场急救用品、冲洗设备、应急撤离通道和必要的泄险区。

对放射工作场所和放射性同位素的运输、贮存，用人单位必须配置防护设备和报警装置，保证接触放射线的工作人员佩戴个人剂量计。

对职业病防护设备、应急救援设施和个人使用的职业病防护用品，用人单位应当进行经常性的维护、检修，定期检测其性能和效果，确保其处于正常状态，不得擅自拆除或者停止使用。

第二十六条 用人单位应当实施由专人负责的职业病危害因素日常监测，并确保监测系统处于正常运行状态。

用人单位应当按照国务院安全生产监督管理部门的规定，定期对工作场所进行职业病危害因素检测、评价。检测、评价结果存入用人单位职业卫生档案，定期向所在地安全生产监督管理部门报告并向劳动者公布。

职业病危害因素检测、评价由依法设立的取得国务院安全生产监督管理部门或者设区的市级以上地方人民政府安全生产监督管理部门按照职责分工给予资质认可的职业卫生技术服务机构进行。职业卫生技术服务机构所作检测、评价应当客观、真实。

发现工作场所职业病危害因素不符合国家职业卫生标准和卫生要求时，用人单位应当立即采取相应治理措施，仍然达不到国家职业卫生标准和卫生要求的，必须停止存在职业病危害因素的作业；职业病危害因素经治理后，符合国家职业卫生标准和卫生要求的，方可重新作业。

第二十七条 职业卫生技术服务机构依法从事职业病危害因素检测、评价工作，接受安全生产监督管理部门的监督检查。安全生产监督管理部门应当依法履行监督职责。

第二十八条 向用人单位提供可能产生职业病危害的设备的，应当提供中文说明书，并在设备的醒目位置设置警示标识和中文警示说明。警示说明应当载明设备性能、可能产生的职业病危害、安全操作和维护注意事项、职业病防护以及应急救治措施等内容。

第二十九条 向用人单位提供可能产生职业病危害的化学品、放射性同位素和含有放射性物质的材料的，应当提供中文说明书。说明书应当载明产品特性、主要成分、存在的有害因素、可能产生的危害后果、安全使用注意事项、职业病防护以及应急救治措施等内容。产品包装应当有醒目的警示标识和中文警示说明。贮存上述材料的场所应当在规定的部位设置危险物品标识或者放射性警示标识。

国内首次使用或者首次进口与职业病危害有关的化学材料，使用单位或者进口单位按照国家规定经国务院有关部门批准后，应当向国务院卫生行政部门、安全生产监督管理部门报送该化学材料的毒性鉴定以及经有关部门登记注册或者批准进口的文件等资料。

进口放射性同位素、射线装置和含有放射性物质的物品的，按照国家有关规定办理。

第三十条 任何单位和个人不得生产、经营、进口和使用国家明令禁止使用的可能产生职业病危害的设备或者材料。

第三十一条 任何单位和个人不得将产生职业病危害的作业转移给不具备职业病防护条件的单位和个人。不具备职业病防护条件的单位和个人不得接受产生职业病危害的作业。

第三十二条 用人单位对采用的技术、工艺、设备、材料，应当知悉其产生的职业病危害，对有职业病危害的技术、工艺、设备、材料隐瞒其危害而采用的，对所造成的职业病危害后果承担责任。

第三十三条 用人单位与劳动者订立劳动合同（含聘用合同，下同）时，应当将工作过程中可能产生的职业病危害及其后果、职业病防护措施和待遇等如实告知劳动者，并在劳动合同中写明，不得隐瞒或者欺骗。

劳动者在已订立劳动合同期间因工作岗位或者工作内容变更，从事与所订立劳动合同中未告知的存在职业病危害的作业时，用人单位应当依照前款规定，向劳动者履行如实告知的义务，并协商变更原劳动合同相关条款。

用人单位违反前两款规定的，劳动者有权拒绝从事存在职业病危害的作业，用人单位不得因此解除与劳动者所订立的劳动合同。

第三十四条　用人单位的主要负责人和职业卫生管理人员应当接受职业卫生培训，遵守职业病防治法律、法规，依法组织本单位的职业病防治工作。

用人单位应当对劳动者进行上岗前的职业卫生培训和在岗期间的定期职业卫生培训，普及职业卫生知识，督促劳动者遵守职业病防治法律、法规、规章和操作规程，指导劳动者正确使用职业病防护设备和个人使用的职业病防护用品。

劳动者应当学习和掌握相关的职业卫生知识，增强职业病防范意识，遵守职业病防治法律、法规、规章和操作规程，正确使用、维护职业病防护设备和个人使用的职业病防护用品，发现职业病危害事故隐患应当及时报告。

劳动者不履行前款规定义务的，用人单位应当对其进行教育。

第三十五条　对从事接触职业病危害的作业的劳动者，用人单位应当按照国务院安全生产监督管理部门、卫生行政部门的规定组织上岗前、在岗期间和离岗时的职业健康检查，并将检查结果书面告知劳动者。职业健康检查费用由用人单位承担。

用人单位不得安排未经上岗前职业健康检查的劳动者从事接触职业病危害的作业；不得安排有职业禁忌的劳动者从事其所禁忌的作业；对在职业健康检查中发现有与所从事的职业相关的健康损害的劳动者，应当调离原工作岗位，并妥善安置；对未进行离岗前职业健康检查的劳动者不得解除或者终止与其订立的劳动合同。

职业健康检查应当由取得《医疗机构执业许可证》的医疗卫生机构承担。卫生行政部门应当加强对职业健康检查工作的规范管理，具体管理办法由国务院卫生行政部门制定。

第三十六条　用人单位应当为劳动者建立职业健康监护档案，并按照规定的期限妥善保存。

职业健康监护档案应当包括劳动者的职业史、职业病危害接触史、职业健康检查结果和职业病诊疗等有关个人健康资料。

劳动者离开用人单位时，有权索取本人职业健康监护档案复印件，用人单位应当如实、无偿提供，并在所提供的复印件上签章。

第三十七条　发生或者可能发生急性职业病危害事故时，用人单位应当立即采取应急救援和控制措施，并及时报告所在地安全生产监督管理部门和有关部门。安全生产监督管理部门接到报告后，应当及时会同有关部门组织调查处理；必要时，可以采取临时控制措施。卫生行政部门应当组织做好医疗救治工作。

对遭受或者可能遭受急性职业病危害的劳动者，用人单位应当及时组织救治、进行健康检查和医学观察，所需费用由用人单位承担。

第三十八条　用人单位不得安排未成年工从事接触职业病危害的作业；不得安排孕期、哺乳期的女职工从事对本人和胎儿、婴儿有危害的作业。

第三十九条　劳动者享有下列职业卫生保护权利：

（一）获得职业卫生教育、培训。

（二）获得职业健康检查、职业病诊疗、康复等职业病防治服务。

（三）了解工作场所产生或者可能产生的职业病危害因素、危害后果和应当采取的职业病防护措施。

（四）要求用人单位提供符合防治职业病要求的职业病防护设施和个人使用的职业病防护用品，改善工作条件。

（五）对违反职业病防治法律、法规以及危及生命健康的行为提出批评、检举和控告。

（六）拒绝违章指挥和强令进行没有职业病防护措施的作业。

（七）参与用人单位职业卫生工作的民主管理，对职业病防治工作提出意见和建议。

用人单位应当保障劳动者行使前款所列权利。因劳动者依法行使正当权利而降低其工资、福利等待遇或者解除、终止与其订立的劳动合同的，其行为无效。

第四十条 工会组织应当督促并协助用人单位开展职业卫生宣传教育和培训，有权对用人单位的职业病防治工作提出意见和建议，依法代表劳动者与用人单位签订劳动安全卫生专项集体合同，与用人单位就劳动者反映的有关职业病防治的问题进行协调并督促解决。

工会组织对用人单位违反职业病防治法律、法规，侵犯劳动者合法权益的行为，有权要求纠正；产生严重职业病危害时，有权要求采取防护措施，或者向政府有关部门建议采取强制性措施；发生职业病危害事故时，有权参与事故调查处理；发现危及劳动者生命健康的情形时，有权向用人单位建议组织劳动者撤离危险现场，用人单位应当立即作出处理。

第四十一条 用人单位按照职业病防治要求，用于预防和治理职业病危害、工作场所卫生检测、健康监护和职业卫生培训等费用，按照国家有关规定，在生产成本中据实列支。

第四十二条 职业卫生监督管理部门应当按照职责分工，加强对用人单位落实职业病防护管理措施情况的监督检查，依法行使职权，承担责任。

第四章 职业病诊断与职业病病人保障

第四十三条 医疗卫生机构承担职业病诊断，应当经省、自治区、直辖市人民政府卫生行政部门批准。省、自治区、直辖市人民政府卫生行政部门应当向社会公布本行政区域内承担职业病诊断的医疗卫生机构的名单。

承担职业病诊断的医疗卫生机构应当具备下列条件：

（一）持有《医疗机构执业许可证》。

（二）具有与开展职业病诊断相适应的医疗卫生技术人员。

（三）具有与开展职业病诊断相适应的仪器、设备。

（四）具有健全的职业病诊断质量管理制度。

承担职业病诊断的医疗卫生机构不得拒绝劳动者进行职业病诊断的要求。

第四十四条 劳动者可以在用人单位所在地、本人户籍所在地或者经常居住地依法承担职业病诊断的医疗卫生机构进行职业病诊断。

第四十五条 职业病诊断标准和职业病诊断、鉴定办法由国务院卫生行政部门制定。

职业病伤残等级的鉴定办法由国务院劳动保障行政部门会同国务院卫生行政部门制定。

第四十六条 职业病诊断，应当综合分析下列因素：

（一）病人的职业史。

（二）职业病危害接触史和工作场所职业病危害因素情况。

（三）临床表现以及辅助检查结果等。

没有证据否定职业病危害因素与病人临床表现之间的必然联系的，应当诊断为职业病。

职业病诊断证明书应当由参与诊断的取得职业病诊断资格的执业医师签署，并经承担职业病诊断的医疗卫生机构审核盖章。

第四十七条 用人单位应当如实提供职业病诊断、鉴定所需的劳动者职业史和职业病危害接触史、工作场所职业病危害因素检测结果等资料；安全生产监督管理部门应当监督检查和督促用人单位提供上述资料；劳动者和有关机构也应当提供与职业病诊断、鉴定有关的资料。

职业病诊断、鉴定机构需要了解工作场所职业病危害因素情况时，可以对工作场所进行现场调查，也可以向安全生产监督管理部门提出，安全生产监督管理部门应当在十日内组织现场调查。用人单位不得拒绝、阻挠。

第四十八条 职业病诊断、鉴定过程中，用人单位不提供工作场所职业病危害因素检测结果等资料的，诊断、鉴定机构应当结合劳动者的临床表现、辅助检查结果和劳动者的职业史、职业病危害接触史，并参考劳动者的自述、安全生产监督管理部门提供的日常监督检查信息等，作出职业病诊断、鉴定结论。

劳动者对用人单位提供的工作场所职业病危害因素检测结果等资料有异议，或者因劳动者的用人单位解散、破产，无用人单位提供上述资料的，诊断、鉴定机构应当提请安全生产监督管理部门进行调查，安全生产监督管理部门应当自接到申请之日起三十日内对存在异议的资料或者工作场所职业病危害因素情况作出判定；有关部门应当配合。

第四十九条 职业病诊断、鉴定过程中，在确认劳动者职业史、职业病危害接触史时，当事人对劳动关系、工种、工作岗位或者在岗时间有争议的，可以向当地的劳动人事争议仲裁委员会申请仲裁；接到申请的劳动人事争议仲裁委员会应当受理，并在三十日内作出裁决。

当事人在仲裁过程中对自己提出的主张，有责任提供证据。劳动者无法提供由用人单位掌握管理的与仲裁主张有关的证据的，仲裁庭应当要求用人单位在指定期限内提供；用人单位在指定期限内不提供的，应当承担不利后果。

劳动者对仲裁裁决不服的，可以依法向人民法院提起诉讼。

用人单位对仲裁裁决不服的，可以在职业病诊断、鉴定程序结束之日起十五日内依法向人民法院提起诉讼；诉讼期间，劳动者的治疗费用按照职业病待遇规定的途径支付。

第五十条 用人单位和医疗卫生机构发现职业病病人或者疑似职业病病人时，应当及时向所在地卫生行政部门和安全生产监督管理部门报告。确诊为职业病的，用人单位还应当向所在地劳动保障行政部门报告。接到报告的部门应当依法作出处理。

第五十一条 县级以上地方人民政府卫生行政部门负责本行政区域内的职业病统计报

告的管理工作，并按照规定上报。

第五十二条 当事人对职业病诊断有异议的，可以向作出诊断的医疗卫生机构所在地地方人民政府卫生行政部门申请鉴定。

职业病诊断争议由设区的市级以上地方人民政府卫生行政部门根据当事人的申请，组织职业病诊断鉴定委员会进行鉴定。

当事人对设区的市级职业病诊断鉴定委员会的鉴定结论不服的，可以向省、自治区、直辖市人民政府卫生行政部门申请再鉴定。

第五十三条 职业病诊断鉴定委员会由相关专业的专家组成。

省、自治区、直辖市人民政府卫生行政部门应当设立相关的专家库，需要对职业病争议作出诊断鉴定时，由当事人或者当事人委托有关卫生行政部门从专家库中以随机抽取的方式确定参加诊断鉴定委员会的专家。

职业病诊断鉴定委员会应当按照国务院卫生行政部门颁布的职业病诊断标准和职业病诊断、鉴定办法进行职业病诊断鉴定，向当事人出具职业病诊断鉴定书。职业病诊断、鉴定费用由用人单位承担。

第五十四条 职业病诊断鉴定委员会组成人员应当遵守职业道德，客观、公正地进行诊断鉴定，并承担相应的责任。职业病诊断鉴定委员会组成人员不得私下接触当事人，不得收受当事人的财物或者其他好处，与当事人有利害关系的，应当回避。

人民法院受理有关案件需要进行职业病鉴定时，应当从省、自治区、直辖市人民政府卫生行政部门依法设立的相关的专家库中选取参加鉴定的专家。

第五十五条 医疗卫生机构发现疑似职业病病人时，应当告知劳动者本人并及时通知用人单位。

用人单位应当及时安排对疑似职业病病人进行诊断；在疑似职业病病人诊断或者医学观察期间，不得解除或者终止与其订立的劳动合同。

疑似职业病病人在诊断、医学观察期间的费用，由用人单位承担。

第五十六条 用人单位应当保障职业病病人依法享受国家规定的职业病待遇。

用人单位应当按照国家有关规定，安排职业病病人进行治疗、康复和定期检查。

用人单位对不适宜继续从事原工作的职业病病人，应当调离原岗位，并妥善安置。

用人单位对从事接触职业病危害的作业的劳动者，应当给予适当岗位津贴。

第五十七条 职业病病人的诊疗、康复费用，伤残以及丧失劳动能力的职业病病人的社会保障，按照国家有关工伤保险的规定执行。

第五十八条 职业病病人除依法享有工伤保险外，依照有关民事法律，尚有获得赔偿的权利的，有权向用人单位提出赔偿要求。

第五十九条 劳动者被诊断患有职业病，但用人单位没有依法参加工伤保险的，其医疗和生活保障由该用人单位承担。

第六十条 职业病病人变动工作单位，其依法享有的待遇不变。

用人单位在发生分立、合并、解散、破产等情形时，应当对从事接触职业病危害的作业的劳动者进行健康检查，并按照国家有关规定妥善安置职业病病人。

第六十一条 用人单位已经不存在或者无法确认劳动关系的职业病病人，可以向地方人民政府民政部门申请医疗救助和生活等方面的救助。

地方各级人民政府应当根据本地区的实际情况，采取其他措施，使前款规定的职业病病人获得医疗救治。

第五章 监督检查

第六十二条 县级以上人民政府职业卫生监督管理部门依照职业病防治法律、法规、国家职业卫生标准和卫生要求，依据职责划分，对职业病防治工作进行监督检查。

第六十三条 安全生产监督管理部门履行监督检查职责时，有权采取下列措施：

（一）进入被检查单位和职业病危害现场，了解情况，调查取证。

（二）查阅或者复制与违反职业病防治法律、法规的行为有关的资料和采集样品。

（三）责令违反职业病防治法律、法规的单位和个人停止违法行为。

第六十四条 发生职业病危害事故或者有证据证明危害状态可能导致职业病危害事故发生时，安全生产监督管理部门可以采取下列临时控制措施：

（一）责令暂停导致职业病危害事故的作业。

（二）封存造成职业病危害事故或者可能导致职业病危害事故发生的材料和设备。

（三）组织控制职业病危害事故现场。

在职业病危害事故或者危害状态得到有效控制后，安全生产监督管理部门应当及时解除控制措施。

第六十五条 职业卫生监督执法人员依法执行职务时，应当出示监督执法证件。

职业卫生监督执法人员应当忠于职守，秉公执法，严格遵守执法规范；涉及用人单位的秘密的，应当为其保密。

第六十六条 职业卫生监督执法人员依法执行职务时，被检查单位应当接受检查并予以支持配合，不得拒绝和阻碍。

第六十七条 卫生行政部门、安全生产监督管理部门及其职业卫生监督执法人员履行职责时，不得有下列行为：

（一）对不符合法定条件的，发给建设项目有关证明文件、资质证明文件或者予以批准。

（二）对已经取得有关证明文件的，不履行监督检查职责。

（三）发现用人单位存在职业病危害的，可能造成职业病危害事故，不及时依法采取控制措施。

（四）其他违反本法的行为。

第六十八条 职业卫生监督执法人员应当依法经过资格认定。

职业卫生监督管理部门应当加强队伍建设，提高职业卫生监督执法人员的政治、业务素质，依照本法和其他有关法律、法规的规定，建立、健全内部监督制度，对其工作人员执行法律、法规和遵守纪律的情况，进行监督检查。

第六章 法律责任

第六十九条 建设单位违反本法规定，有下列行为之一的，由安全生产监督管理部门和卫生行政部门依据职责分工给予警告，责令限期改正；逾期不改正的，处十万元以上五十万元以下的罚款；情节严重的，责令停止产生职业病危害的作业，或者提请有关人民政府按照国务院规定的权限责令停建、关闭：

（一）未按照规定进行职业病危害预评价的。

（二）医疗机构可能产生放射性职业病危害的建设项目未按照规定提交放射性职业病危害预评价报告，或者放射性职业病危害预评价报告未经卫生行政部门审核同意，开工建设的。

（三）建设项目的职业病防护设施未按照规定与主体工程同时设计、同时施工、同时投入生产和使用的。

（四）建设项目的职业病防护设施设计不符合国家职业卫生标准和卫生要求，或者医疗机构放射性职业病危害严重的建设项目的防护设施设计未经卫生行政部门审查同意擅自施工的。

（五）未按照规定对职业病防护设施进行职业病危害控制效果评价的。

（六）建设项目竣工投入生产和使用前，职业病防护设施未按照规定验收合格的。

第七十条 违反本法规定，有下列行为之一的，由安全生产监督管理部门给予警告，责令限期改正；逾期不改正的，处十万元以下的罚款：

（一）工作场所职业病危害因素检测、评价结果没有存档、上报、公布的。

（二）未采取本法第二十一条规定的职业病防治管理措施的。

（三）未按照规定公布有关职业病防治的规章制度、操作规程、职业病危害事故应急救援措施的。

（四）未按照规定组织劳动者进行职业卫生培训，或者未对劳动者个人职业病防护采取指导、督促措施的。

（五）国内首次使用或者首次进口与职业病危害有关的化学材料，未按照规定报送毒性鉴定资料以及经有关部门登记注册或者批准进口的文件的。

第七十一条 用人单位违反本法规定，有下列行为之一的，由安全生产监督管理部门责令限期改正，给予警告，可以并处五万元以上十万元以下的罚款：

（一）未按照规定及时、如实向安全生产监督管理部门申报产生职业病危害的项目的。

（二）未实施由专人负责的职业病危害因素日常监测，或者监测系统不能正常监测的。

（三）订立或者变更劳动合同时，未告知劳动者职业病危害真实情况的。

（四）未按照规定组织职业健康检查、建立职业健康监护档案或者未将检查结果书面告知劳动者的。

（五）未依照本法规定在劳动者离开用人单位时提供职业健康监护档案复印件的。

第七十二条 用人单位违反本法规定，有下列行为之一的，由安全生产监督管理部门给予警告，责令限期改正，逾期不改正的，处五万元以上二十万元以下的罚款；情节严重的，责令停止产生职业病危害的作业，或者提请有关人民政府按照国务院规定的权限责令关闭：

（一）工作场所职业病危害因素的强度或者浓度超过国家职业卫生标准的。

（二）未提供职业病防护设施和个人使用的职业病防护用品，或者提供的职业病防护设施和个人使用的职业病防护用品不符合国家职业卫生标准和卫生要求的。

（三）对职业病防护设备、应急救援设施和个人使用的职业病防护用品未按照规定进行维护、检修、检测，或者不能保持正常运行、使用状态的。

（四）未按照规定对工作场所职业病危害因素进行检测、评价的。

（五）工作场所职业病危害因素经治理仍然达不到国家职业卫生标准和卫生要求时，未停止存在职业病危害因素的作业的。

（六）未按照规定安排职业病病人、疑似职业病病人进行诊治的。

（七）发生或者可能发生急性职业病危害事故时，未立即采取应急救援和控制措施或者未按照规定及时报告的。

（八）未按照规定在产生严重职业病危害的作业岗位醒目位置设置警示标识和中文警示说明的。

（九）拒绝职业卫生监督管理部门监督检查的。

（十）隐瞒、伪造、篡改、毁损职业健康监护档案、工作场所职业病危害因素检测评价结果等相关资料，或者拒不提供职业病诊断、鉴定所需资料的。

（十一）未按照规定承担职业病诊断、鉴定费用和职业病病人的医疗、生活保障费用的。

第七十三条　向用人单位提供可能产生职业病危害的设备、材料，未按照规定提供中文说明书或者设置警示标识和中文警示说明的，由安全生产监督管理部门责令限期改正，给予警告，并处五万元以上二十万元以下的罚款。

第七十四条　用人单位和医疗卫生机构未按照规定报告职业病、疑似职业病的，由有关主管部门依据职责分工责令限期改正，给予警告，可以并处一万元以下的罚款；弄虚作假的，并处二万元以上五万元以下的罚款；对直接负责的主管人员和其他直接责任人员，可以依法给予降级或者撤职的处分。

第七十五条　违反本法规定，有下列情形之一的，由安全生产监督管理部门责令限期治理，并处五万元以上三十万元以下的罚款；情节严重的，责令停止产生职业病危害的作业，或者提请有关人民政府按照国务院规定的权限责令关闭：

（一）隐瞒技术、工艺、设备、材料所产生的职业病危害而采用的。

（二）隐瞒本单位职业卫生真实情况的。

（三）可能发生急性职业损伤的有毒、有害工作场所、放射工作场所或者放射性同位素的运输、贮存不符合本法第二十六条规定的。

（四）使用国家明令禁止使用的可能产生职业病危害的设备或者材料的。

（五）将产生职业病危害的作业转移给没有职业病防护条件的单位和个人，或者没有职业病防护条件的单位和个人接受产生职业病危害的作业的。

（六）擅自拆除、停止使用职业病防护设备或者应急救援设施的。

（七）安排未经职业健康检查的劳动者、有职业禁忌的劳动者、未成年工或者孕期、哺乳期女职工从事接触职业病危害的作业或者禁忌作业的。

（八）违章指挥和强令劳动者进行没有职业病防护措施的作业的。

第七十六条 生产、经营或者进口国家明令禁止使用的可能产生职业病危害的设备或者材料的，依照有关法律、行政法规的规定给予处罚。

第七十七条 用人单位违反本法规定，已经对劳动者生命健康造成严重损害的，由安全生产监督管理部门责令停止产生职业病危害的作业，或者提请有关人民政府按照国务院规定的权限责令关闭，并处十万元以上五十万元以下的罚款。

第七十八条 用人单位违反本法规定，造成重大职业病危害事故或者其他严重后果，构成犯罪的，对直接负责的主管人员和其他直接责任人员，依法追究刑事责任。

第七十九条 未取得职业卫生技术服务资质认可擅自从事职业卫生技术服务的，或者医疗卫生机构未经批准擅自从事职业病诊断的，由安全生产监督管理部门和卫生行政部门依据职责分工责令立即停止违法行为，没收违法所得；违法所得五千元以上的，并处违法所得二倍以上十倍以下的罚款；没有违法所得或者违法所得不足五千元的，并处五千元以上五万元以下的罚款；情节严重的，对直接负责的主管人员和其他直接责任人员，依法给予降级、撤职或者开除的处分。

第八十条 从事职业卫生技术服务的机构和承担职业病诊断的医疗卫生机构违反本法规定，有下列行为之一的，由安全生产监督管理部门和卫生行政部门依据职责分工责令立即停止违法行为，给予警告，没收违法所得；违法所得五千元以上的，并处违法所得二倍以上五倍以下的罚款；没有违法所得或者违法所得不足五千元的，并处五千元以上二万元以下的罚款；情节严重的，由原认可或者批准机关取消其相应的资格；对直接负责的主管人员和其他直接责任人员，依法给予降级、撤职或者开除的处分；构成犯罪的，依法追究刑事责任：

（一）超出资质认可或者批准范围从事职业卫生技术服务或者职业病诊断的。

（二）不按照本法规定履行法定职责的。

（三）出具虚假证明文件的。

第八十一条 职业病诊断鉴定委员会组成人员收受职业病诊断争议当事人的财物或者其他好处的，给予警告，没收收受的财物，可以并处三千元以上五万元以下的罚款，取消其担任职业病诊断鉴定委员会组成人员的资格，并从省、自治区、直辖市人民政府卫生行政部门设立的专家库中予以除名。

第八十二条 卫生行政部门、安全生产监督管理部门不按照规定报告职业病和职业病危害事故的，由上一级行政部门责令改正，通报批评，给予警告；虚报、瞒报的，对单位负责人、直接负责的主管人员和其他直接责任人员依法给予降级、撤职或者开除的处分。

第八十三条 县级以上地方人民政府在职业病防治工作中未依照本法履行职责，本行政区域出现重大职业病危害事故、造成严重社会影响的，依法对直接负责的主管人员和其他直接责任人员给予记大过直至开除的处分。

县级以上人民政府职业卫生监督管理部门不履行本法规定的职责，滥用职权、玩忽职守、徇私舞弊，依法对直接负责的主管人员和其他直接责任人员给予记大过或者降级的处分；造成职业病危害事故或者其他严重后果的，依法给予撤职或者开除的处分。

第八十四条　违反本法规定，构成犯罪的，依法追究刑事责任。

第七章　附　　则

第八十五条　本法下列用语的含义：

职业病危害，是指对从事职业活动的劳动者可能导致职业病的各种危害。职业病危害因素包括：职业活动中存在的各种有害的化学、物理、生物因素以及在作业过程中产生的其他职业有害因素。

职业禁忌，是指劳动者从事特定职业或者接触特定职业病危害因素时，比一般职业人群更易于遭受职业病危害和罹患职业病或者可能导致原有自身疾病病情加重，或者在从事作业过程中诱发可能导致对他人生命健康构成危险的疾病的个人特殊生理或者病理状态。

第八十六条　本法第二条规定的用人单位以外的单位，产生职业病危害的，其职业病防治活动可以参照本法执行。

劳务派遣用工单位应当履行本法规定的用人单位的义务。

中国人民解放军参照执行本法的办法，由国务院、中央军事委员会制定。

第八十七条　对医疗机构放射性职业病危害控制的监督管理，由卫生行政部门依照本法的规定实施。

第八十八条　本法自2002年5月1日起施行。

3 中华人民共和国道路交通安全法

2003年10月28日第十届全国人民代表大会常务委员会第五次会议通过，2003年10月28日中华人民共和国主席令第八号公布，自2004年5月1日起施行；根据2007年12月29日第十届全国人民代表大会常务委员会第三十一次会议通过、中华人民共和国主席令第八十一号公布、自2008年5月1日起施行的《关于修改〈中华人民共和国道路交通安全法〉的决定》第一次修改；根据2011年4月22日第十一届全国人民代表大会常务委员会第二十次会议通过、中华人民共和国主席令第四十七号公布、自2011年5月1日起施行的《关于修改〈中华人民共和国道路交通安全法〉的决定》第二次修改。

第一章 总 则

第一条 为了维护道路交通秩序，预防和减少交通事故，保护人身安全，保护公民、法人和其他组织的财产安全及其他合法权益，提高通行效率，制定本法。

第二条 中华人民共和国境内的车辆驾驶人、行人、乘车人以及与道路交通活动有关的单位和个人，都应当遵守本法。

第三条 道路交通安全工作，应当遵循依法管理、方便群众的原则，保障道路交通有序、安全、畅通。

第四条 各级人民政府应当保障道路交通安全管理工作与经济建设和社会发展相适应。

县级以上地方各级人民政府应当适应道路交通发展的需要，依据道路交通安全法律、法规和国家有关政策，制定道路交通安全管理规划，并组织实施。

第五条 国务院公安部门负责全国道路交通安全管理工作。县级以上地方各级人民政府公安机关交通管理部门负责本行政区域内的道路交通安全管理工作。

县级以上各级人民政府交通、建设管理部门依据各自职责，负责有关的道路交通工作。

第六条 各级人民政府应当经常进行道路交通安全教育，提高公民的道路交通安全意识。

公安机关交通管理部门及其交通警察执行职务时，应当加强道路交通安全法律、法规的宣传，并模范遵守道路交通安全法律、法规。

机关、部队、企业事业单位、社会团体以及其他组织，应当对本单位的人员进行道路交通安全教育。

教育行政部门、学校应当将道路交通安全教育纳入法制教育的内容。

新闻、出版、广播、电视等有关单位，有进行道路交通安全教育的义务。

第七条 对道路交通安全管理工作，应当加强科学研究，推广、使用先进的管理方法、技术、设备。

第二章　车辆和驾驶人

第一节　机动车、非机动车

第八条　国家对机动车实行登记制度。机动车经公安机关交通管理部门登记后，方可上道路行驶。尚未登记的机动车，需要临时上道路行驶的，应当取得临时通行牌证。

第九条　申请机动车登记，应当提交以下证明、凭证：

（一）机动车所有人的身份证明。

（二）机动车来历证明。

（三）机动车整车出厂合格证明或者进口机动车进口凭证。

（四）车辆购置税的完税证明或者免税凭证。

（五）法律、行政法规规定应当在机动车登记时提交的其他证明、凭证。

公安机关交通管理部门应当自受理申请之日起五个工作日内完成机动车登记审查工作，对符合前款规定条件的，应当发放机动车登记证书、号牌和行驶证；对不符合前款规定条件的，应当向申请人说明不予登记的理由。

公安机关交通管理部门以外的任何单位或者个人不得发放机动车号牌或者要求机动车悬挂其他号牌，本法另有规定的除外。

机动车登记证书、号牌、行驶证的式样由国务院公安部门规定并监制。

第十条　准予登记的机动车应当符合机动车国家安全技术标准。申请机动车登记时，应当接受对该机动车的安全技术检验。但是，经国家机动车产品主管部门依据机动车国家安全技术标准认定的企业生产的机动车型，该车型的新车在出厂时经检验符合机动车国家安全技术标准，获得检验合格证的，免予安全技术检验。

第十一条　驾驶机动车上道路行驶，应当悬挂机动车号牌，放置检验合格标志、保险标志，并随车携带机动车行驶证。

机动车号牌应当按照规定悬挂并保持清晰、完整，不得故意遮挡、污损。

任何单位和个人不得收缴、扣留机动车号牌。

第十二条　有下列情形之一的，应当办理相应的登记：

（一）机动车所有权发生转移的。

（二）机动车登记内容变更的。

（三）机动车用作抵押的。

（四）机动车报废的。

第十三条　对登记后上道路行驶的机动车，应当依照法律、行政法规的规定，根据车辆用途、载客载货数量、使用年限等不同情况，定期进行安全技术检验。对提供机动车行驶证和机动车第三者责任强制保险单的，机动车安全技术检验机构应当予以检验，任何单位不得附加其他条件。对符合机动车国家安全技术标准的，公安机关交通管理部门应当发给检验合格标志。

对机动车的安全技术检验实行社会化。具体办法由国务院规定。

机动车安全技术检验实行社会化的地方，任何单位不得要求机动车到指定的场所进行检验。

公安机关交通管理部门、机动车安全技术检验机构不得要求机动车到指定的场所进行维修、保养。

机动车安全技术检验机构对机动车检验收取费用，应当严格执行国务院价格主管部门核定的收费标准。

第十四条　国家实行机动车强制报废制度，根据机动车的安全技术状况和不同用途，规定不同的报废标准。

应当报废的机动车必须及时办理注销登记。

达到报废标准的机动车不得上道路行驶。报废的大型客、货车及其他营运车辆应当在公安机关交通管理部门的监督下解体。

第十五条　警车、消防车、救护车、工程救险车应当按照规定喷涂标志图案，安装警报器、标志灯具。其他机动车不得喷涂、安装、使用上述车辆专用的或者与其相类似的标志图案、警报器或者标志灯具。

警车、消防车、救护车、工程救险车应当严格按照规定的用途和条件使用。

公路监督检查的专用车辆，应当依照公路法的规定，设置统一的标志和示警灯。

第十六条　任何单位或者个人不得有下列行为：

（一）拼装机动车或者擅自改变机动车已登记的结构、构造或者特征。

（二）改变机动车型号、发动机号、车架号或者车辆识别代号。

（三）伪造、变造或者使用伪造、变造的机动车登记证书、号牌、行驶证、检验合格标志、保险标志。

（四）使用其他机动车的登记证书、号牌、行驶证、检验合格标志、保险标志。

第十七条　国家实行机动车第三者责任强制保险制度，设立道路交通事故社会救助基金。具体办法由国务院规定。

第十八条　依法应当登记的非机动车，经公安机关交通管理部门登记后，方可上道路行驶。

依法应当登记的非机动车的种类，由省、自治区、直辖市人民政府根据当地实际情况规定。

非机动车的外形尺寸、质量、制动器、车铃和夜间反光装置，应当符合非机动车安全技术标准。

第二节　机动车驾驶人

第十九条　驾驶机动车，应当依法取得机动车驾驶证。

申请机动车驾驶证，应当符合国务院公安部门规定的驾驶许可条件；经考试合格后，由公安机关交通管理部门发给相应类别的机动车驾驶证。

持有境外机动车驾驶证的人，符合国务院公安部门规定的驾驶许可条件，经公安机关交通管理部门考核合格的，可以发给中国的机动车驾驶证。

驾驶人应当按照驾驶证载明的准驾车型驾驶机动车；驾驶机动车时，应当随身携带机动车驾驶证。

公安机关交通管理部门以外的任何单位或者个人，不得收缴、扣留机动车驾驶证。

第二十条　机动车的驾驶培训实行社会化，由交通主管部门对驾驶培训学校、驾驶培训班实行资格管理，其中专门的拖拉机驾驶培训学校、驾驶培训班由农业（农业机械）主管部门实行资格管理。

驾驶培训学校、驾驶培训班应当严格按照国家有关规定，对学员进行道路交通安全法律、法规、驾驶技能的培训，确保培训质量。

任何国家机关以及驾驶培训和考试主管部门不得举办或者参与举办驾驶培训学校、驾驶培训班。

第二十一条　驾驶人驾驶机动车上道路行驶前，应当对机动车的安全技术性能进行认真检查；不得驾驶安全设施不全或者机件不符合技术标准等具有安全隐患的机动车。

第二十二条　机动车驾驶人应当遵守道路交通安全法律、法规的规定，按照操作规范安全驾驶、文明驾驶。

饮酒、服用国家管制的精神药品或者麻醉药品，或者患有妨碍安全驾驶机动车的疾病，或者过度疲劳影响安全驾驶的，不得驾驶机动车。

任何人不得强迫、指使、纵容驾驶人违反道路交通安全法律、法规和机动车安全驾驶要求驾驶机动车。

第二十三条　公安机关交通管理部门依照法律、行政法规的规定，定期对机动车驾驶证实施审验。

第二十四条　公安机关交通管理部门对机动车驾驶人违反道路交通安全法律、法规的行为，除依法给予行政处罚外，实行累积记分制度。公安机关交通管理部门对累积记分达到规定分值的机动车驾驶人，扣留机动车驾驶证，对其进行道路交通安全法律、法规教育，重新考试；考试合格的，发还其机动车驾驶证。

对遵守道路交通安全法律、法规，在一年内无累积记分的机动车驾驶人，可以延长机动车驾驶证的审验期。具体办法由国务院公安部门规定。

第三章　道路通行条件

第二十五条　全国实行统一的道路交通信号。

交通信号包括交通信号灯、交通标志、交通标线和交通警察的指挥。

交通信号灯、交通标志、交通标线的设置应当符合道路交通安全、畅通的要求和国家标准，并保持清晰、醒目、准确、完好。

根据通行需要，应当及时增设、调换、更新道路交通信号。增设、调换、更新限制性的道路交通信号，应当提前向社会公告，广泛进行宣传。

第二十六条　交通信号灯由红灯、绿灯、黄灯组成。红灯表示禁止通行，绿灯表示准许通行，黄灯表示警示。

第二十七条　铁路与道路平面交叉的道口，应当设置警示灯、警示标志或者安全防护设施。无人看守的铁路道口，应当在距道口一定距离处设置警示标志。

第二十八条 任何单位和个人不得擅自设置、移动、占用、损毁交通信号灯、交通标志、交通标线。

道路两侧及隔离带上种植的树木或者其他植物，设置的广告牌、管线等，应当与交通设施保持必要的距离，不得遮挡路灯、交通信号灯、交通标志，不得妨碍安全视距，不得影响通行。

第二十九条 道路、停车场和道路配套设施的规划、设计、建设，应当符合道路交通安全、畅通的要求，并根据交通需求及时调整。

公安机关交通管理部门发现已经投入使用的道路存在交通事故频发路段，或者停车场、道路配套设施存在交通安全严重隐患的，应当及时向当地人民政府报告，并提出防范交通事故、消除隐患的建议，当地人民政府应当及时作出处理决定。

第三十条 道路出现坍塌、坑漕、水毁、隆起等损毁或者交通信号灯、交通标志、交通标线等交通设施损毁、灭失的，道路、交通设施的养护部门或者管理部门应当设置警示标志并及时修复。

公安机关交通管理部门发现前款情形，危及交通安全，尚未设置警示标志的，应当及时采取安全措施，疏导交通，并通知道路、交通设施的养护部门或者管理部门。

第三十一条 未经许可，任何单位和个人不得占用道路从事非交通活动。

第三十二条 因工程建设需要占用、挖掘道路，或者跨越、穿越道路架设、增设管线设施，应当事先征得道路主管部门的同意；影响交通安全的，还应当征得公安机关交通管理部门的同意。

施工作业单位应当在经批准的路段和时间内施工作业，并在距离施工作业地点来车方向安全距离处设置明显的安全警示标志，采取防护措施；施工作业完毕，应当迅速清除道路上的障碍物，消除安全隐患，经道路主管部门和公安机关交通管理部门验收合格，符合通行要求后，方可恢复通行。

对未中断交通的施工作业道路，公安机关交通管理部门应当加强交通安全监督检查，维护道路交通秩序。

第三十三条 新建、改建、扩建的公共建筑、商业街区、居住区、大（中）型建筑等，应当配建、增建停车场；停车泊位不足的，应当及时改建或者扩建；投入使用的停车场不得擅自停止使用或者改作他用。

在城市道路范围内，在不影响行人、车辆通行的情况下，政府有关部门可以施划停车泊位。

第三十四条 学校、幼儿园、医院、养老院门前的道路没有行人过街设施的，应当施画人行横道线，设置提示标志。

城市主要道路的人行道，应当按照规划设置盲道。盲道的设置应当符合国家标准。

第四章　道路通行规定

第一节　一般规定

第三十五条　机动车、非机动车实行右侧通行。

第三十六条　根据道路条件和通行需要，道路划分为机动车道、非机动车道和人行道的，机动车、非机动车、行人实行分道通行。没有划分机动车道、非机动车道和人行道的，机动车在道路中间通行，非机动车和行人在道路两侧通行。

第三十七条　道路划设专用车道的，在专用车道内，只准许规定的车辆通行，其他车辆不得进入专用车道内行驶。

第三十八条　车辆、行人应当按照交通信号通行；遇有交通警察现场指挥时，应当按照交通警察的指挥通行；在没有交通信号的道路上，应当在确保安全、畅通的原则下通行。

第三十九条　公安机关交通管理部门根据道路和交通流量的具体情况，可以对机动车、非机动车、行人采取疏导、限制通行、禁止通行等措施。遇有大型群众性活动、大范围施工等情况，需要采取限制交通的措施，或者作出与公众的道路交通活动直接有关的决定，应当提前向社会公告。

第四十条　遇有自然灾害、恶劣气象条件或者重大交通事故等严重影响交通安全的情形，采取其他措施难以保证交通安全时，公安机关交通管理部门可以实行交通管制。

第四十一条　有关道路通行的其他具体规定，由国务院规定。

第二节　机动车通行规定

第四十二条　机动车上道路行驶，不得超过限速标志标明的最高时速。在没有限速标志的路段，应当保持安全车速。

夜间行驶或者在容易发生危险的路段行驶，以及遇有沙尘、冰雹、雨、雪、雾、结冰等气象条件时，应当降低行驶速度。

第四十三条　同车道行驶的机动车，后车应当与前车保持足以采取紧急制动措施的安全距离。有下列情形之一的，不得超车：

（一）前车正在左转弯、掉头、超车的。

（二）与对面来车有会车可能的。

（三）前车为执行紧急任务的警车、消防车、救护车、工程救险车的。

（四）行经铁路道口、交叉路口、窄桥、弯道、陡坡、隧道、人行横道、市区交通流量大的路段等没有超车条件的。

第四十四条　机动车通过交叉路口，应当按照交通信号灯、交通标志、交通标线或者交通警察的指挥通过；通过没有交通信号灯、交通标志、交通标线或者交通警察指挥的交叉路口时，应当减速慢行，并让行人和优先通行的车辆先行。

第四十五条　机动车遇有前方车辆停车排队等候或者缓慢行驶时，不得借道超车或者占用对面车道，不得穿插等候的车辆。

在车道减少的路段、路口，或者在没有交通信号灯、交通标志、交通标线或者交通警察指挥的交叉路口遇到停车排队等候或者缓慢行驶时，机动车应当依次交替通行。

第四十六条 机动车通过铁路道口时，应当按照交通信号或者管理人员的指挥通行；没有交通信号或者管理人员的，应当减速或者停车，在确认安全后通过。

第四十七条 机动车行经人行横道时，应当减速行驶；遇行人正在通过人行横道，应当停车让行。

机动车行经没有交通信号的道路时，遇行人横过道路，应当避让。

第四十八条 机动车载物应当符合核定的载质量，严禁超载；载物的长、宽、高不得违反装载要求，不得遗洒、飘散载运物。

机动车运载超限的不可解体的物品，影响交通安全的，应当按照公安机关交通管理部门指定的时间、路线、速度行驶，悬挂明显标志。在公路上运载超限的不可解体的物品，并应当依照公路法的规定执行。

机动车载运爆炸物品、易燃易爆化学物品以及剧毒、放射性等危险物品，应当经公安机关批准后，按指定的时间、路线、速度行驶，悬挂警示标志并采取必要的安全措施。

第四十九条 机动车载人不得超过核定的人数，客运机动车不得违反规定载货。

第五十条 禁止货运机动车载客。

货运机动车需要附载作业人员的，应当设置保护作业人员的安全措施。

第五十一条 机动车行驶时，驾驶人、乘坐人员应当按规定使用安全带，摩托车驾驶人及乘坐人员应当按规定戴安全头盔。

第五十二条 机动车在道路上发生故障，需要停车排除故障时，驾驶人应当立即开启危险报警闪光灯，将机动车移至不妨碍交通的地方停放；难以移动的，应当持续开启危险报警闪光灯，并在来车方向设置警告标志等措施扩大示警距离，必要时迅速报警。

第五十三条 警车、消防车、救护车、工程救险车执行紧急任务时，可以使用警报器、标志灯具；在确保安全的前提下，不受行驶路线、行驶方向、行驶速度和信号灯的限制，其他车辆和行人应当让行。

警车、消防车、救护车、工程救险车非执行紧急任务时，不得使用警报器、标志灯具，不享有前款规定的道路优先通行权。

第五十四条 道路养护车辆、工程作业车进行作业时，在不影响过往车辆通行的前提下，其行驶路线和方向不受交通标志、标线限制，过往车辆和人员应当注意避让。

洒水车、清扫车等机动车应当按照安全作业标准作业；在不影响其他车辆通行的情况下，可以不受车辆分道行驶的限制，但是不得逆向行驶。

第五十五条 高速公路、大中城市中心城区内的道路，禁止拖拉机通行。其他禁止拖拉机通行的道路，由省、自治区、直辖市人民政府根据当地实际情况规定。

在允许拖拉机通行的道路上，拖拉机可以从事货运，但是不得用于载人。

第五十六条 机动车应当在规定地点停放。禁止在人行道上停放机动车；但是，依照本法第三十三条规定施划的停车泊位除外。

在道路上临时停车的，不得妨碍其他车辆和行人通行。

第三节　非机动车通行规定

第五十七条　驾驶非机动车在道路上行驶应当遵守有关交通安全的规定。非机动车应当在非机动车道内行驶；在没有非机动车道的道路上，应当靠车行道的右侧行驶。

第五十八条　残疾人机动轮椅车、电动自行车在非机动车道内行驶时，最高时速不得超过十五公里。

第五十九条　非机动车应当在规定地点停放。未设停放地点的，非机动车停放不得妨碍其他车辆和行人通行。

第六十条　驾驭畜力车，应当使用驯服的牲畜；驾驭畜力车横过道路时，驾驭人应当下车牵引牲畜；驾驭人离开车辆时，应当拴系牲畜。

第四节　行人和乘车人通行规定

第六十一条　行人应当在人行道内行走，没有人行道的靠路边行走。

第六十二条　行人通过路口或者横过道路，应当走人行横道或者过街设施；通过有交通信号灯的人行横道，应当按照交通信号灯指示通行；通过没有交通信号灯、人行横道的路口，或者在没有过街设施的路段横过道路，应当在确认安全后通过。

第六十三条　行人不得跨越、倚坐道路隔离设施，不得扒车、强行拦车或者实施妨碍道路交通安全的其他行为。

第六十四条　学龄前儿童以及不能辨认或者不能控制自己行为的精神疾病患者、智力障碍者在道路上通行，应当由其监护人、监护人委托的人或者对其负有管理、保护职责的人带领。

盲人在道路上通行，应当使用盲杖或者采取其他导盲手段，车辆应当避让盲人。

第六十五条　行人通过铁路道口时，应当按照交通信号或者管理人员的指挥通行；没有交通信号和管理人员的，应当在确认无火车驶临后，迅速通过。

第六十六条　乘车人不得携带易燃易爆等危险物品，不得向车外抛洒物品，不得有影响驾驶人安全驾驶的行为。

第五节　高速公路的特别规定

第六十七条　行人、非机动车、拖拉机、轮式专用机械车、铰接式客车、全挂拖斗车以及其他设计最高时速低于七十公里的机动车，不得进入高速公路。高速公路限速标志标明的最高时速不得超过一百二十公里。

第六十八条　机动车在高速公路上发生故障时，应当依照本法第五十二条的有关规定办理；但是，警告标志应当设置在故障车来车方向一百五十米以外，车上人员应当迅速转移到右侧路肩上或者应急车道内，并且迅速报警。

机动车在高速公路上发生故障或者交通事故，无法正常行驶的，应当由救援车、清障车拖曳、牵引。

第六十九条　任何单位、个人不得在高速公路上拦截检查行驶的车辆，公安机关的人民警察依法执行紧急公务除外。

第五章　交通事故处理

第七十条　在道路上发生交通事故，车辆驾驶人应当立即停车，保护现场；造成人身伤亡的，车辆驾驶人应当立即抢救受伤人员，并迅速报告执勤的交通警察或者公安机关交通管理部门。因抢救受伤人员变动现场的，应当标明位置。乘车人、过往车辆驾驶人、过往行人应当予以协助。

在道路上发生交通事故，未造成人身伤亡，当事人对事实及成因无争议的，可以即行撤离现场，恢复交通，自行协商处理损害赔偿事宜；不即行撤离现场的，应当迅速报告执勤的交通警察或者公安机关交通管理部门。

在道路上发生交通事故，仅造成轻微财产损失，并且基本事实清楚的，当事人应当先撤离现场再进行协商处理。

第七十一条　车辆发生交通事故后逃逸的，事故现场目击人员和其他知情人员应当向公安机关交通管理部门或者交通警察举报。举报属实的，公安机关交通管理部门应当给予奖励。

第七十二条　公安机关交通管理部门接到交通事故报警后，应当立即派交通警察赶赴现场，先组织抢救受伤人员，并采取措施，尽快恢复交通。

交通警察应当对交通事故现场进行勘验、检查，收集证据；因收集证据的需要，可以扣留事故车辆，但是应当妥善保管，以备核查。

对当事人的生理、精神状况等专业性较强的检验，公安机关交通管理部门应当委托专门机构进行鉴定。鉴定结论应当由鉴定人签名。

第七十三条　公安机关交通管理部门应当根据交通事故现场勘验、检查、调查情况和有关的检验、鉴定结论，及时制作交通事故认定书，作为处理交通事故的证据。交通事故认定书应当载明交通事故的基本事实、成因和当事人的责任，并送达当事人。

第七十四条　对交通事故损害赔偿的争议，当事人可以请求公安机关交通管理部门调解，也可以直接向人民法院提起民事诉讼。

经公安机关交通管理部门调解，当事人未达成协议或者调解书生效后不履行的，当事人可以向人民法院提起民事诉讼。

第七十五条　医疗机构对交通事故中的受伤人员应当及时抢救，不得因抢救费用未及时支付而拖延救治。肇事车辆参加机动车第三者责任强制保险的，由保险公司在责任限额范围内支付抢救费用；抢救费用超过责任限额的，未参加机动车第三者责任强制保险或者肇事后逃逸的，由道路交通事故社会救助基金先行垫付部分或者全部抢救费用，道路交通事故社会救助基金管理机构有权向交通事故责任人追偿。

第七十六条　机动车发生交通事故造成人身伤亡、财产损失的，由保险公司在机动车第三者责任强制保险责任限额范围内予以赔偿；不足的部分，按照下列规定承担赔偿责任：

（一）机动车之间发生交通事故的，由有过错的一方承担赔偿责任；双方都有过错的，按照各自过错的比例分担责任。

（二）机动车与非机动车驾驶人、行人之间发生交通事故，非机动车驾驶人、行人没有过错的，由机动车一方承担赔偿责任；有证据证明非机动车驾驶人、行人有过错的，根据过错程度适当减轻机动车一方的赔偿责任；机动车一方没有过错的，承担不超过百分之十的赔偿责任。

交通事故的损失是由非机动车驾驶人、行人故意碰撞机动车造成的，机动车一方不承担赔偿责任。

第七十七条　车辆在道路以外通行时发生的事故，公安机关交通管理部门接到报案的，参照本法有关规定办理。

第六章　执法监督

第七十八条　公安机关交通管理部门应当加强对交通警察的管理，提高交通警察的素质和管理道路交通的水平。

公安机关交通管理部门应当对交通警察进行法制和交通安全管理业务培训、考核。交通警察经考核不合格的，不得上岗执行职务。

第七十九条　公安机关交通管理部门及其交通警察实施道路交通安全管理，应当依据法定的职权和程序，简化办事手续，做到公正、严格、文明、高效。

第八十条　交通警察执行职务时，应当按照规定着装，佩戴人民警察标志，持有人民警察证件，保持警容严整，举止端庄，指挥规范。

第八十一条　依照本法发放牌证等收取工本费，应当严格执行国务院价格主管部门核定的收费标准，并全部上缴国库。

第八十二条　公安机关交通管理部门依法实施罚款的行政处罚，应当依照有关法律、行政法规的规定，实施罚款决定与罚款收缴分离；收缴的罚款以及依法没收的违法所得，应当全部上缴国库。

第八十三条　交通警察调查处理道路交通安全违法行为和交通事故，有下列情形之一的，应当回避：

（一）是本案的当事人或者当事人的近亲属。

（二）本人或者其近亲属与本案有利害关系。

（三）与本案当事人有其他关系，可能影响案件的公正处理。

第八十四条　公安机关交通管理部门及其交通警察的行政执法活动，应当接受行政监察机关依法实施的监督。

公安机关督察部门应当对公安机关交通管理部门及其交通警察执行法律、法规和遵守纪律的情况依法进行监督。

上级公安机关交通管理部门应当对下级公安机关交通管理部门的执法活动进行监督。

第八十五条　公安机关交通管理部门及其交通警察执行职务，应当自觉接受社会和公民的监督。

任何单位和个人都有权对公安机关交通管理部门及其交通警察不严格执法以及违法违

纪行为进行检举、控告。收到检举、控告的机关，应当依据职责及时查处。

第八十六条 任何单位不得给公安机关交通管理部门下达或者变相下达罚款指标；公安机关交通管理部门不得以罚款数额作为考核交通警察的标准。

公安机关交通管理部门及其交通警察对超越法律、法规规定的指令，有权拒绝执行，并同时向上级机关报告。

第七章 法律责任

第八十七条 公安机关交通管理部门及其交通警察对道路交通安全违法行为，应当及时纠正。

公安机关交通管理部门及其交通警察应当依据事实和本法的有关规定对道路交通安全违法行为予以处罚。对于情节轻微，未影响道路通行的，指出违法行为，给予口头警告后放行。

第八十八条 对道路交通安全违法行为的处罚种类包括：警告、罚款、暂扣或者吊销机动车驾驶证、拘留。

第八十九条 行人、乘车人、非机动车驾驶人违反道路交通安全法律、法规关于道路通行规定的，处警告或者五元以上五十元以下罚款；非机动车驾驶人拒绝接受罚款处罚的，可以扣留其非机动车。

第九十条 机动车驾驶人违反道路交通安全法律、法规关于道路通行规定的，处警告或者二十元以上二百元以下罚款。本法另有规定的，依照规定处罚。

第九十一条 饮酒后驾驶机动车的，处暂扣六个月机动车驾驶证，并处一千元以上二千元以下罚款。因饮酒后驾驶机动车被处罚，再次饮酒后驾驶机动车的，处十日以下拘留，并处一千元以上二千元以下罚款，吊销机动车驾驶证。

醉酒驾驶机动车的，由公安机关交通管理部门约束至酒醒，吊销机动车驾驶证，依法追究刑事责任；五年内不得重新取得机动车驾驶证。

饮酒后驾驶营运机动车的，处十五日拘留，并处五千元罚款，吊销机动车驾驶证，五年内不得重新取得机动车驾驶证。

醉酒驾驶营运机动车的，由公安机关交通管理部门约束至酒醒，吊销机动车驾驶证，依法追究刑事责任；十年内不得重新取得机动车驾驶证，重新取得机动车驾驶证后，不得驾驶营运机动车。

饮酒后或者醉酒驾驶机动车发生重大交通事故，构成犯罪的，依法追究刑事责任，并由公安机关交通管理部门吊销机动车驾驶证，终生不得重新取得机动车驾驶证。

第九十二条 公路客运车辆载客超过额定乘员的，处二百元以上五百元以下罚款；超过额定乘员百分之二十或者违反规定载货的，处五百元以上二千元以下罚款。

货运机动车超过核定载质量的，处二百元以上五百元以下罚款；超过核定载质量百分之三十或者违反规定载客的，处五百元以上二千元以下罚款。

有前两款行为的，由公安机关交通管理部门扣留机动车至违法状态消除。

运输单位的车辆有本条第一款、第二款规定的情形，经处罚不改的，对直接负责的主管人员处二千元以上五千元以下罚款。

第九十三条　对违反道路交通安全法律、法规关于机动车停放、临时停车规定的，可以指出违法行为，并予以口头警告，令其立即驶离。

机动车驾驶人不在现场或者虽在现场但拒绝立即驶离，妨碍其他车辆、行人通行的，处二十元以上二百元以下罚款，并可以将该机动车拖移至不妨碍交通的地点或者公安机关交通管理部门指定的地点停放。公安机关交通管理部门拖车不得向当事人收取费用，并应当及时告知当事人停放地点。

因采取不正确的方法拖车造成机动车损坏的，应当依法承担补偿责任。

第九十四条　机动车安全技术检验机构实施机动车安全技术检验超过国务院价格主管部门核定的收费标准收取费用的，退还多收取的费用，并由价格主管部门依照《中华人民共和国价格法》的有关规定给予处罚。

机动车安全技术检验机构不按照机动车国家安全技术标准进行检验，出具虚假检验结果的，由公安机关交通管理部门处所收检验费用五倍以上十倍以下罚款，并依法撤销其检验资格；构成犯罪的，依法追究刑事责任。

第九十五条　上道路行驶的机动车未悬挂机动车号牌，未放置检验合格标志、保险标志，或者未随车携带行驶证、驾驶证的，公安机关交通管理部门应当扣留机动车，通知当事人提供相应的牌证、标志或者补办相应手续，并可以依照本法第九十条的规定予以处罚。当事人提供相应的牌证、标志或者补办相应手续的，应当及时退还机动车。

故意遮挡、污损或者不按规定安装机动车号牌的，依照本法第九十条的规定予以处罚。

第九十六条　伪造、变造或者使用伪造、变造的机动车登记证书、号牌、行驶证、驾驶证的，由公安机关交通管理部门予以收缴，扣留该机动车，处十五日以下拘留，并处二千元以上五千元以下罚款；构成犯罪的，依法追究刑事责任。

伪造、变造或者使用伪造、变造的检验合格标志、保险标志的，由公安机关交通管理部门予以收缴，扣留该机动车，处十日以下拘留，并处一千元以上三千元以下罚款；构成犯罪的，依法追究刑事责任。

使用其他车辆的机动车登记证书、号牌、行驶证、检验合格标志、保险标志的，由公安机关交通管理部门予以收缴，扣留该机动车，处二千元以上五千元以下罚款。

当事人提供相应的合法证明或者补办相应手续的，应当及时退还机动车。

第九十七条　非法安装警报器、标志灯具的，由公安机关交通管理部门强制拆除，予以收缴，并处二百元以上二千元以下罚款。

第九十八条　机动车所有人、管理人未按照国家规定投保机动车第三者责任强制保险的，由公安机关交通管理部门扣留车辆至依照规定投保后，并处依照规定投保最低责任限额应缴纳的保险费的二倍罚款。

依照前款缴纳的罚款全部纳入道路交通事故社会救助基金。具体办法由国务院规定。

第九十九条　有下列行为之一的，由公安机关交通管理部门处二百元以上二千元以下罚款：

（一）未取得机动车驾驶证、机动车驾驶证被吊销或者机动车驾驶证被暂扣期间驾驶机动车的。

（二）将机动车交由未取得机动车驾驶证或者机动车驾驶证被吊销、暂扣的人驾驶的。

（三）造成交通事故后逃逸，尚不构成犯罪的。

（四）机动车行驶超过规定时速百分之五十的。

（五）强迫机动车驾驶人违反道路交通安全法律、法规和机动车安全驾驶要求驾驶机动车，造成交通事故，尚不构成犯罪的。

（六）违反交通管制的规定强行通行，不听劝阻的。

（七）故意损毁、移动、涂改交通设施，造成危害后果，尚不构成犯罪的。

（八）非法拦截、扣留机动车辆，不听劝阻，造成交通严重阻塞或者较大财产损失的。

行为人有前款第二项、第四项情形之一的，可以并处吊销机动车驾驶证；有第一项、第三项、第五项至第八项情形之一的，可以并处十五日以下拘留。

第一百条 驾驶拼装的机动车或者已达到报废标准的机动车上道路行驶的，公安机关交通管理部门应当予以收缴，强制报废。

对驾驶前款所列机动车上道路行驶的驾驶人，处二百元以上二千元以下罚款，并吊销机动车驾驶证。

出售已达到报废标准的机动车的，没收违法所得，处销售金额等额的罚款，对该机动车依照本条第一款的规定处理。

第一百零一条 违反道路交通安全法律、法规的规定，发生重大交通事故，构成犯罪的，依法追究刑事责任，并由公安机关交通管理部门吊销机动车驾驶证。

造成交通事故后逃逸的，由公安机关交通管理部门吊销机动车驾驶证，且终生不得重新取得机动车驾驶证。

第一百零二条 对六个月内发生二次以上特大交通事故负有主要责任或者全部责任的专业运输单位，由公安机关交通管理部门责令消除安全隐患，未消除安全隐患的机动车，禁止上道路行驶。

第一百零三条 国家机动车产品主管部门未按照机动车国家安全技术标准严格审查，许可不合格机动车型投入生产的，对负有责任的主管人员和其他直接责任人员给予降级或者撤职的行政处分。

机动车生产企业经国家机动车产品主管部门许可生产的机动车型，不执行机动车国家安全技术标准或者不严格进行机动车成品质量检验，致使质量不合格的机动车出厂销售的，由质量技术监督部门依照《中华人民共和国产品质量法》的有关规定给予处罚。

擅自生产、销售未经国家机动车产品主管部门许可生产的机动车型的，没收非法生产、销售的机动车成品及配件，可以并处非法产品价值三倍以上五倍以下罚款；有营业执照的，由工商行政管理部门吊销营业执照，没有营业执照的，予以查封。

生产、销售拼装的机动车或者生产、销售擅自改装的机动车的，依照本条第三款的规定处罚。

有本条第二款、第三款、第四款所列违法行为，生产或者销售不符合机动车国家安全技术标准的机动车，构成犯罪的，依法追究刑事责任。

第一百零四条 未经批准，擅自挖掘道路、占用道路施工或者从事其他影响道路交通安全活动的，由道路主管部门责令停止违法行为，并恢复原状，可以依法给予罚款；致使通行的人员、车辆及其他财产遭受损失的，依法承担赔偿责任。

有前款行为，影响道路交通安全活动的，公安机关交通管理部门可以责令停止违法行为，迅速恢复交通。

第一百零五条 道路施工作业或者道路出现损毁，未及时设置警示标志、未采取防护措施，或者应当设置交通信号灯、交通标志、交通标线而没有设置或者应当及时变更交通信号灯、交通标志、交通标线而没有及时变更，致使通行的人员、车辆及其他财产遭受损失的，负有相关职责的单位应当依法承担赔偿责任。

第一百零六条 在道路两侧及隔离带上种植树木、其他植物或者设置广告牌、管线等，遮挡路灯、交通信号灯、交通标志，妨碍安全视距的，由公安机关交通管理部门责令行为人排除妨碍；拒不执行的，处二百元以上二千元以下罚款，并强制排除妨碍，所需费用由行为人负担。

第一百零七条 对道路交通违法行为人予以警告、二百元以下罚款，交通警察可以当场作出行政处罚决定，并出具行政处罚决定书。

行政处罚决定书应当载明当事人的违法事实、行政处罚的依据、处罚内容、时间、地点以及处罚机关名称，并由执法人员签名或者盖章。

第一百零八条 当事人应当自收到罚款的行政处罚决定书之日起十五日内，到指定的银行缴纳罚款。

对行人、乘车人和非机动车驾驶人的罚款，当事人无异议的，可以当场予以收缴罚款。

罚款应当开具省、自治区、直辖市财政部门统一制发的罚款收据；不出具财政部门统一制发的罚款收据的，当事人有权拒绝缴纳罚款。

第一百零九条 当事人逾期不履行行政处罚决定的，作出行政处罚决定的行政机关可以采取下列措施：

（一）到期不缴纳罚款的，每日按罚款数额的百分之三加处罚款。

（二）申请人民法院强制执行。

第一百一十条 执行职务的交通警察认为应当对道路交通违法行为人给予暂扣或者吊销机动车驾驶证处罚的，可以先予扣留机动车驾驶证，并在二十四小时内将案件移交公安机关交通管理部门处理。

道路交通违法行为人应当在十五日内到公安机关交通管理部门接受处理。无正当理由逾期未接受处理的，吊销机动车驾驶证。

公安机关交通管理部门暂扣或者吊销机动车驾驶证的，应当出具行政处罚决定书。

第一百一十一条 对违反本法规定予以拘留的行政处罚，由县、市公安局、公安分局或者相当于县一级的公安机关裁决。

第一百一十二条 公安机关交通管理部门扣留机动车、非机动车，应当当场出具凭证，并告知当事人在规定期限内到公安机关交通管理部门接受处理。

公安机关交通管理部门对被扣留的车辆应当妥善保管，不得使用。

逾期不来接受处理，并且经公告三个月仍不来接受处理的，对扣留的车辆依法处理。

第一百一十三条 暂扣机动车驾驶证的期限从处罚决定生效之日起计算；处罚决定生效前先予扣留机动车驾驶证的，扣留一日折抵暂扣期限一日。

吊销机动车驾驶证后重新申请领取机动车驾驶证的期限，按照机动车驾驶证管理规定办理。

第一百一十四条 公安机关交通管理部门根据交通技术监控记录资料，可以对违法的机动车所有人或者管理人依法予以处罚。对能够确定驾驶人的，可以依照本法的规定依法予以处罚。

第一百一十五条 交通警察有下列行为之一的，依法给予行政处分：

（一）为不符合法定条件的机动车发放机动车登记证书、号牌、行驶证、检验合格标志的。

（二）批准不符合法定条件的机动车安装、使用警车、消防车、救护车、工程救险车的警报器、标志灯具，喷涂标志图案的。

（三）为不符合驾驶许可条件、未经考试或者考试不合格人员发放机动车驾驶证的。

（四）不执行罚款决定与罚款收缴分离制度或者不按规定将依法收取的费用、收缴的罚款及没收的违法所得全部上缴国库的。

（五）举办或者参与举办驾驶学校或者驾驶培训班、机动车修理厂或者收费停车场等经营活动的。

（六）利用职务上的便利收受他人财物或者谋取其他利益的。

（七）违法扣留车辆、机动车行驶证、驾驶证、车辆号牌的。

（八）使用依法扣留的车辆的。

（九）当场收取罚款不开具罚款收据或者不如实填写罚款额的。

（十）徇私舞弊，不公正处理交通事故的。

（十一）故意刁难，拖延办理机动车牌证的。

（十二）非执行紧急任务时使用警报器、标志灯具的。

（十三）违反规定拦截、检查正常行驶的车辆的。

（十四）非执行紧急公务时拦截搭乘机动车的。

（十五）不履行法定职责的。

公安机关交通管理部门有前款所列行为之一的，对直接负责的主管人员和其他直接责任人员给予相应的行政处分。

第一百一十六条 依照本法第一百一十五条的规定，给予交通警察行政处分的，在作出行政处分决定前，可以停止其执行职务；必要时，可以予以禁闭。

依照本法第一百一十五条的规定，交通警察受到降级或者撤职行政处分的，可以予以辞退。

交通警察受到开除处分或者被辞退的，应当取消警衔；受到撤职以下行政处分的交通警察，应当降低警衔。

第一百一十七条　交通警察利用职权非法占有公共财物，索取、收受贿赂，或者滥用职权、玩忽职守，构成犯罪的，依法追究刑事责任。

第一百一十八条　公安机关交通管理部门及其交通警察有本法第一百一十五条所列行为之一，给当事人造成损失的，应当依法承担赔偿责任。

第八章　附　　则

第一百一十九条　本法中下列用语的含义：

（一）“道路”，是指公路、城市道路和虽在单位管辖范围但允许社会机动车通行的地方，包括广场、公共停车场等用于公众通行的场所。

（二）“车辆”，是指机动车和非机动车。

（三）“机动车”，是指以动力装置驱动或者牵引，上道路行驶的供人员乘用或者用于运送物品以及进行工程专项作业的轮式车辆。

（四）“非机动车”，是指以人力或者畜力驱动，上道路行驶的交通工具，以及虽有动力装置驱动但设计最高时速、空车质量、外形尺寸符合有关国家标准的残疾人机动轮椅车、电动自行车等交通工具。

（五）“交通事故”，是指车辆在道路上因过错或者意外造成的人身伤亡或者财产损失的事件。

第一百二十条　中国人民解放军和中国人民武装警察部队在编机动车牌证、在编机动车检验以及机动车驾驶人考核工作，由中国人民解放军、中国人民武装警察部队有关部门负责。

第一百二十一条　对上道路行驶的拖拉机，由农业（农业机械）主管部门行使本法第八条、第九条、第十三条、第十九条、第二十三条规定的公安机关交通管理部门的管理职权。

农业（农业机械）主管部门依照前款规定行使职权，应当遵守本法有关规定，并接受公安机关交通管理部门的监督；对违反规定的，依照本法有关规定追究法律责任。

本法施行前由农业（农业机械）主管部门发放的机动车牌证，在本法施行后继续有效。

第一百二十二条　国家对入境的境外机动车的道路交通安全实施统一管理。

第一百二十三条　省、自治区、直辖市人民代表大会常务委员会可以根据本地区的实际情况，在本法规定的罚款幅度内，规定具体的执行标准。

第一百二十四条　本法自2004年5月1日起施行。

4 中华人民共和国消防法

1998年4月29日第九届全国人民代表大会常务委员会第二次会议通过，1998年4月29日中华人民共和国主席令第四号公布，自1998年9月1日起施行；2008年10月28日第十一届全国人民代表大会常务委员会第五次会议修订通过，2008年10月28日中华人民共和国主席令第六号公布，自2009年5月1日起施行。

第一章　总　　则

第一条　为了预防火灾和减少火灾危害，加强应急救援工作，保护人身、财产安全，维护公共安全，制定本法。

第二条　消防工作贯彻预防为主、防消结合的方针，按照政府统一领导、部门依法监管、单位全面负责、公民积极参与的原则，实行消防安全责任制，建立健全社会化的消防工作网络。

第三条　国务院领导全国的消防工作。地方各级人民政府负责本行政区域内的消防工作。

各级人民政府应当将消防工作纳入国民经济和社会发展计划，保障消防工作与经济社会发展相适应。

第四条　国务院公安部门对全国的消防工作实施监督管理。县级以上地方人民政府公安机关对本行政区域内的消防工作实施监督管理，并由本级人民政府公安机关消防机构负责实施。军事设施的消防工作，由其主管单位监督管理，公安机关消防机构协助；矿井地下部分、核电厂、海上石油天然气设施的消防工作，由其主管单位监督管理。

县级以上人民政府其他有关部门在各自的职责范围内，依照本法和其他相关法律、法规的规定做好消防工作。

法律、行政法规对森林、草原的消防工作另有规定的，从其规定。

第五条　任何单位和个人都有维护消防安全、保护消防设施、预防火灾、报告火警的义务。任何单位和成年人都有参加有组织的灭火工作的义务。

第六条　各级人民政府应当组织开展经常性的消防宣传教育，提高公民的消防安全意识。

机关、团体、企业、事业等单位，应当加强对本单位人员的消防宣传教育。

公安机关及其消防机构应当加强消防法律、法规的宣传，并督促、指导、协助有关单位做好消防宣传教育工作。

教育、人力资源行政主管部门和学校、有关职业培训机构应当将消防知识纳入教育、教学、培训的内容。

新闻、广播、电视等有关单位，应当有针对性地面向社会进行消防宣传教育。

工会、共产主义青年团、妇女联合会等团体应当结合各自工作对象的特点，组织开展消防宣传教育。

村民委员会、居民委员会应当协助人民政府以及公安机关等部门，加强消防宣传教育。

第七条 国家鼓励、支持消防科学研究和技术创新，推广使用先进的消防和应急救援技术、设备；鼓励、支持社会力量开展消防公益活动。

对在消防工作中有突出贡献的单位和个人，应当按照国家有关规定给予表彰和奖励。

第二章 火灾预防

第八条 地方各级人民政府应当将包括消防安全布局、消防站、消防供水、消防通信、消防车通道、消防装备等内容的消防规划纳入城乡规划，并负责组织实施。

城乡消防安全布局不符合消防安全要求的，应当调整、完善；公共消防设施、消防装备不足或者不适应实际需要的，应当增建、改建、配置或者进行技术改造。

第九条 建设工程的消防设计、施工必须符合国家工程建设消防技术标准。建设、设计、施工、工程监理等单位依法对建设工程的消防设计、施工质量负责。

第十条 按照国家工程建设消防技术标准需要进行消防设计的建设工程，除本法第十一条另有规定的外，建设单位应当自依法取得施工许可之日起七个工作日内，将消防设计文件报公安机关消防机构备案，公安机关消防机构应当进行抽查。

第十一条 国务院公安部门规定的大型的人员密集场所和其他特殊建设工程，建设单位应当将消防设计文件报送公安机关消防机构审核。公安机关消防机构依法对审核的结果负责。

第十二条 依法应当经公安机关消防机构进行消防设计审核的建设工程，未经依法审核或者审核不合格的，负责审批该工程施工许可的部门不得给予施工许可，建设单位、施工单位不得施工；其他建设工程取得施工许可后经依法抽查不合格的，应当停止施工。

第十三条 按照国家工程建设消防技术标准需要进行消防设计的建设工程竣工，依照下列规定进行消防验收、备案：

（一）本法第十一条规定的建设工程，建设单位应当向公安机关消防机构申请消防验收。

（二）其他建设工程，建设单位在验收后应当报公安机关消防机构备案，公安机关消防机构应当进行抽查。

依法应当进行消防验收的建设工程，未经消防验收或者消防验收不合格的，禁止投入使用；其他建设工程经依法抽查不合格的，应当停止使用。

第十四条 建设工程消防设计审核、消防验收、备案和抽查的具体办法，由国务院公安部门规定。

第十五条 公众聚集场所在投入使用、营业前，建设单位或者使用单位应当向场所所在地的县级以上地方人民政府公安机关消防机构申请消防安全检查。

公安机关消防机构应当自受理申请之日起十个工作日内，根据消防技术标准和管理规定，对该场所进行消防安全检查。未经消防安全检查或者经检查不符合消防安全要求的，不得投入使用、营业。

第十六条 机关、团体、企业、事业等单位应当履行下列消防安全职责：

（一）落实消防安全责任制，制定本单位的消防安全制度、消防安全操作规程，制定灭火和应急疏散预案。

（二）按照国家标准、行业标准配置消防设施、器材，设置消防安全标志，并定期组织检验、维修，确保完好有效。

（三）对建筑消防设施每年至少进行一次全面检测，确保完好有效，检测记录应当完整准确，存档备查。

（四）保障疏散通道、安全出口、消防车通道畅通，保证防火防烟分区、防火间距符合消防技术标准。

（五）组织防火检查，及时消除火灾隐患。

（六）组织进行有针对性的消防演练。

（七）法律、法规规定的其他消防安全职责。

单位的主要负责人是本单位的消防安全责任人。

第十七条 县级以上地方人民政府公安机关消防机构应当将发生火灾可能性较大以及发生火灾可能造成重大的人身伤亡或者财产损失的单位，确定为本行政区域内的消防安全重点单位，并由公安机关报本级人民政府备案。

消防安全重点单位除应当履行本法第十六条规定的职责外，还应当履行下列消防安全职责：

（一）确定消防安全管理人，组织实施本单位的消防安全管理工作。

（二）建立消防档案，确定消防安全重点部位，设置防火标志，实行严格管理。

（三）实行每日防火巡查，并建立巡查记录。

（四）对职工进行岗前消防安全培训，定期组织消防安全培训和消防演练。

第十八条 同一建筑物由两个以上单位管理或者使用的，应当明确各方的消防安全责任，并确定责任人对共用的疏散通道、安全出口、建筑消防设施和消防车通道进行统一管理。

住宅区的物业服务企业应当对管理区域内的共用消防设施进行维护管理，提供消防安全防范服务。

第十九条 生产、储存、经营易燃易爆危险品的场所不得与居住场所设置在同一建筑物内，并应当与居住场所保持安全距离。

生产、储存、经营其他物品的场所与居住场所设置在同一建筑物内的，应当符合国家工程建设消防技术标准。

第二十条 举办大型群众性活动，承办人应当依法向公安机关申请安全许可，制定灭火和应急疏散预案并组织演练，明确消防安全责任分工，确定消防安全管理人员，保持消防设施和消防器材配置齐全、完好有效，保证疏散通道、安全出口、疏散指示标志、应急照明和消防车通道符合消防技术标准和管理规定。

第二十一条 禁止在具有火灾、爆炸危险的场所吸烟、使用明火。因施工等特殊情况需要使用明火作业的，应当按照规定事先办理审批手续，采取相应的消防安全措施；作业人员应当遵守消防安全规定。

进行电焊、气焊等具有火灾危险作业的人员和自动消防系统的操作人员，必须持证上岗，并遵守消防安全操作规程。

第二十二条 生产、储存、装卸易燃易爆危险品的工厂、仓库和专用车站、码头的设置，应当符合消防技术标准。易燃易爆气体和液体的充装站、供应站、调压站，应当设置在符合消防安全要求的位置，并符合防火防爆要求。

已经设置的生产、储存、装卸易燃易爆危险品的工厂、仓库和专用车站、码头，易燃易爆气体和液体的充装站、供应站、调压站，不再符合前款规定的，地方人民政府应当组织、协调有关部门、单位限期解决，消除安全隐患。

第二十三条 生产、储存、运输、销售、使用、销毁易燃易爆危险品，必须执行消防技术标准和管理规定。

进入生产、储存易燃易爆危险品的场所，必须执行消防安全规定。禁止非法携带易燃易爆危险品进入公共场所或者乘坐公共交通工具。

储存可燃物资仓库的管理，必须执行消防技术标准和管理规定。

第二十四条 消防产品必须符合国家标准；没有国家标准的，必须符合行业标准。禁止生产、销售或者使用不合格的消防产品以及国家明令淘汰的消防产品。

依法实行强制性产品认证的消防产品，由具有法定资质的认证机构按照国家标准、行业标准的强制性要求认证合格后，方可生产、销售、使用。实行强制性产品认证的消防产品目录，由国务院产品质量监督部门会同国务院公安部门制定并公布。

新研制的尚未制定国家标准、行业标准的消防产品，应当按照国务院产品质量监督部门会同国务院公安部门规定的办法，经技术鉴定符合消防安全要求的，方可生产、销售、使用。

依照本条规定经强制性产品认证合格或者技术鉴定合格的消防产品，国务院公安部门消防机构应当予以公布。

第二十五条 产品质量监督部门、工商行政管理部门、公安机关消防机构应当按照各自职责加强对消防产品质量的监督检查。

第二十六条 建筑构件、建筑材料和室内装修、装饰材料的防火性能必须符合国家标准；没有国家标准的，必须符合行业标准。

人员密集场所室内装修、装饰，应当按照消防技术标准的要求，使用不燃、难燃材料。

第二十七条 电器产品、燃气用具的产品标准，应当符合消防安全的要求。

电器产品、燃气用具的安装、使用及其线路、管路的设计、敷设、维护保养、检测，必须符合消防技术标准和管理规定。

第二十八条 任何单位、个人不得损坏、挪用或者擅自拆除、停用消防设施、器材，不得埋压、圈占、遮挡消火栓或者占用防火间距，不得占用、堵塞、封闭疏散通道、安全出口、消防车通道。人员密集场所的门窗不得设置影响逃生和灭火救援的障碍物。

第二十九条 负责公共消防设施维护管理的单位，应当保持消防供水、消防通信、消防车通道等公共消防设施的完好有效。在修建道路以及停电、停水、截断通信线路时有可能影响消防队灭火救援的，有关单位必须事先通知当地公安机关消防机构。

第三十条 地方各级人民政府应当加强对农村消防工作的领导，采取措施加强公共消防设施建设，组织建立和督促落实消防安全责任制。

第三十一条 在农业收获季节、森林和草原防火期间、重大节假日期间以及火灾多发季节，地方各级人民政府应当组织开展有针对性的消防宣传教育，采取防火措施，进行消防安全检查。

第三十二条 乡镇人民政府、城市街道办事处应当指导、支持和帮助村民委员会、居民委员会开展群众性的消防工作。村民委员会、居民委员会应当确定消防安全管理人，组织制定防火安全公约，进行防火安全检查。

第三十三条 国家鼓励、引导公众聚集场所和生产、储存、运输、销售易燃易爆危险品的企业投保火灾公众责任保险；鼓励保险公司承保火灾公众责任保险。

第三十四条 消防产品质量认证、消防设施检测、消防安全监测等消防技术服务机构和执业人员，应当依法获得相应的资质、资格；依照法律、行政法规、国家标准、行业标准和执业准则，接受委托提供消防技术服务，并对服务质量负责。

第三章 消防组织

第三十五条 各级人民政府应当加强消防组织建设，根据经济社会发展的需要，建立多种形式的消防组织，加强消防技术人才培养，增强火灾预防、扑救和应急救援的能力。

第三十六条 县级以上地方人民政府应当按照国家规定建立公安消防队、专职消防队，并按照国家标准配备消防装备，承担火灾扑救工作。

乡镇人民政府应当根据当地经济发展和消防工作的需要，建立专职消防队、志愿消防队，承担火灾扑救工作。

第三十七条 公安消防队、专职消防队按照国家规定承担重大灾害事故和其他以抢救人员生命为主的应急救援工作。

第三十八条 公安消防队、专职消防队应当充分发挥火灾扑救和应急救援专业力量的骨干作用；按照国家规定，组织实施专业技能训练，配备并维护保养装备器材，提高火灾扑救和应急救援的能力。

第三十九条 下列单位应当建立单位专职消防队，承担本单位的火灾扑救工作：

（一）大型核设施单位、大型发电厂、民用机场、主要港口。

（二）生产、储存易燃易爆危险品的大型企业。

（三）储备可燃的重要物资的大型仓库、基地。

（四）第一项、第二项、第三项规定以外的火灾危险性较大、距离公安消防队较远的其他大型企业。

（五）距离公安消防队较远、被列为全国重点文物保护单位的古建筑群的管理单位。

第四十条 专职消防队的建立，应当符合国家有关规定，并报当地公安机关消防机构验收。

专职消防队的队员依法享受社会保险和福利待遇。

第四十一条 机关、团体、企业、事业等单位以及村民委员会、居民委员会根据需要，建立志愿消防队等多种形式的消防组织，开展群众性自防自救工作。

第四十二条 公安机关消防机构应当对专职消防队、志愿消防队等消防组织进行业务指导；根据扑救火灾的需要，可以调动指挥专职消防队参加火灾扑救工作。

第四章 灭火救援

第四十三条 县级以上地方人民政府应当组织有关部门针对本行政区域内的火灾特点制定应急预案，建立应急反应和处置机制，为火灾扑救和应急救援工作提供人员、装备等保障。

第四十四条 任何人发现火灾都应当立即报警。任何单位、个人都应当无偿为报警提供便利，不得阻拦报警。严禁谎报火警。

人员密集场所发生火灾，该场所的现场工作人员应当立即组织、引导在场人员疏散。

任何单位发生火灾，必须立即组织力量扑救。邻近单位应当给予支援。

消防队接到火警，必须立即赶赴火灾现场，救助遇险人员，排除险情，扑灭火灾。

第四十五条 公安机关消防机构统一组织和指挥火灾现场扑救，应当优先保障遇险人员的生命安全。

火灾现场总指挥根据扑救火灾的需要，有权决定下列事项：

（一）使用各种水源。

（二）截断电力、可燃气体和可燃液体的输送，限制用火用电。

（三）划定警戒区，实行局部交通管制。

（四）利用邻近建筑物和有关设施。

（五）为了抢救人员和重要物资，防止火势蔓延，拆除或者破损毗邻火灾现场的建筑物、构筑物或者设施等。

（六）调动供水、供电、供气、通信、医疗救护、交通运输、环境保护等有关单位协助灭火救援。

根据扑救火灾的紧急需要，有关地方人民政府应当组织人员、调集所需物资支援灭火。

第四十六条 公安消防队、专职消防队参加火灾以外的其他重大灾害事故的应急救援工作，由县级以上人民政府统一领导。

第四十七条 消防车、消防艇前往执行火灾扑救或者应急救援任务，在确保安全的前提下，不受行驶速度、行驶路线、行驶方向和指挥信号的限制，其他车辆、船舶以及行人应当让行，不得穿插超越；收费公路、桥梁免收车辆通行费。交通管理指挥人员应当保证消防车、消防艇迅速通行。

赶赴火灾现场或者应急救援现场的消防人员和调集的消防装备、物资，需要铁路、水路或者航空运输的，有关单位应当优先运输。

第四十八条 消防车、消防艇以及消防器材、装备和设施，不得用于与消防和应急救援工作无关的事项。

第四十九条 公安消防队、专职消防队扑救火灾、应急救援，不得收取任何费用。

单位专职消防队、志愿消防队参加扑救外单位火灾所损耗的燃料、灭火剂和器材、装备等，由火灾发生地的人民政府给予补偿。

第五十条 对因参加扑救火灾或者应急救援受伤、致残或者死亡的人员，按照国家有关规定给予医疗、抚恤。

第五十一条 公安机关消防机构有权根据需要封闭火灾现场，负责调查火灾原因，统计火灾损失。

火灾扑灭后，发生火灾的单位和相关人员应当按照公安机关消防机构的要求保护现场，接受事故调查，如实提供与火灾有关的情况。

公安机关消防机构根据火灾现场勘验、调查情况和有关的检验、鉴定意见，及时制作火灾事故认定书，作为处理火灾事故的证据。

第五章 监督检查

第五十二条 地方各级人民政府应当落实消防工作责任制，对本级人民政府有关部门履行消防安全职责的情况进行监督检查。

县级以上地方人民政府有关部门应当根据本系统的特点，有针对性地开展消防安全检查，及时督促整改火灾隐患。

第五十三条 公安机关消防机构应当对机关、团体、企业、事业等单位遵守消防法律、法规的情况依法进行监督检查。公安派出所可以负责日常消防监督检查、开展消防宣传教育，具体办法由国务院公安部门规定。

公安机关消防机构、公安派出所的工作人员进行消防监督检查，应当出示证件。

第五十四条 公安机关消防机构在消防监督检查中发现火灾隐患的，应当通知有关单位或者个人立即采取措施消除隐患；不及时消除隐患可能严重威胁公共安全的，公安机关消防机构应当依照规定对危险部位或者场所采取临时查封措施。

第五十五条 公安机关消防机构在消防监督检查中发现城乡消防安全布局、公共消防设施不符合消防安全要求，或者发现本地区存在影响公共安全的重大火灾隐患的，应当由公安机关书面报告本级人民政府。

接到报告的人民政府应当及时核实情况，组织或者责成有关部门、单位采取措施，予以整改。

第五十六条 公安机关消防机构及其工作人员应当按照法定的职权和程序进行消防设计审核、消防验收和消防安全检查，做到公正、严格、文明、高效。

公安机关消防机构及其工作人员进行消防设计审核、消防验收和消防安全检查等，不得收取费用，不得利用消防设计审核、消防验收和消防安全检查谋取利益。公安机关消防机构及其工作人员不得利用职务为用户、建设单位指定或者变相指定消防产品的品牌、销售单位或者消防技术服务机构、消防设施施工单位。

第五十七条 公安机关消防机构及其工作人员执行职务，应当自觉接受社会和公民的监督。

任何单位和个人都有权对公安机关消防机构及其工作人员在执法中的违法行为进行检举、控告。收到检举、控告的机关，应当按照职责及时查处。

第六章 法律责任

第五十八条 违反本法规定，有下列行为之一的，责令停止施工、停止使用或者停产停业，并处三万元以上三十万元以下罚款：

（一）依法应当经公安机关消防机构进行消防设计审核的建设工程，未经依法审核或者审核不合格，擅自施工的。

（二）消防设计经公安机关消防机构依法抽查不合格，不停止施工的。

（三）依法应当进行消防验收的建设工程，未经消防验收或者消防验收不合格，擅自投入使用的。

（四）建设工程投入使用后经公安机关消防机构依法抽查不合格，不停止使用的。

（五）公众聚集场所未经消防安全检查或者经检查不符合消防安全要求，擅自投入使用、营业的。

建设单位未依照本法规定将消防设计文件报公安机关消防机构备案，或者在竣工后未依照本法规定报公安机关消防机构备案的，责令限期改正，处五千元以下罚款。

第五十九条 违反本法规定，有下列行为之一的，责令改正或者停止施工，并处一万元以上十万元以下罚款：

（一）建设单位要求建筑设计单位或者建筑施工企业降低消防技术标准设计、施工的。

（二）建筑设计单位不按照消防技术标准强制性要求进行消防设计的。

（三）建筑施工企业不按照消防设计文件和消防技术标准施工，降低消防施工质量的。

（四）工程监理单位与建设单位或者建筑施工企业串通，弄虚作假，降低消防施工质量的。

第六十条 单位违反本法规定，有下列行为之一的，责令改正，处五千元以上五万元以下罚款：

（一）消防设施、器材或者消防安全标志的配置、设置不符合国家标准、行业标准，或者未保持完好有效的。

（二）损坏、挪用或者擅自拆除、停用消防设施、器材的。

（三）占用、堵塞、封闭疏散通道、安全出口或者有其他妨碍安全疏散行为的。

（四）埋压、圈占、遮挡消火栓或者占用防火间距的。

（五）占用、堵塞、封闭消防车通道，妨碍消防车通行的。

（六）人员密集场所在门窗上设置影响逃生和灭火救援的障碍物的。

（七）对火灾隐患经公安机关消防机构通知后不及时采取措施消除的。

个人有前款第二项、第三项、第四项、第五项行为之一的，处警告或者五百元以下罚款。

有本条第一款第三项、第四项、第五项、第六项行为，经责令改正拒不改正的，强制执行，所需费用由违法行为人承担。

第六十一条 生产、储存、经营易燃易爆危险品的场所与居住场所设置在同一建筑物内，或者未与居住场所保持安全距离的，责令停产停业，并处五千元以上五万元以下罚款。

生产、储存、经营其他物品的场所与居住场所设置在同一建筑物内，不符合消防技术标准的，依照前款规定处罚。

第六十二条 有下列行为之一的，依照《中华人民共和国治安管理处罚法》的规定处罚：

（一）违反有关消防技术标准和管理规定生产、储存、运输、销售、使用、销毁易燃易爆危险品的。

（二）非法携带易燃易爆危险品进入公共场所或者乘坐公共交通工具的。

（三）谎报火警的。

（四）阻碍消防车、消防艇执行任务的。

（五）阻碍公安机关消防机构的工作人员依法执行职务的。

第六十三条 违反本法规定，有下列行为之一的，处警告或者五百元以下罚款；情节严重的，处五日以下拘留：

（一）违反消防安全规定进入生产、储存易燃易爆危险品场所的。

（二）违反规定使用明火作业或者在具有火灾、爆炸危险的场所吸烟、使用明火的。

第六十四条 违反本法规定，有下列行为之一，尚不构成犯罪的，处十日以上十五日以下拘留，可以并处五百元以下罚款；情节较轻的，处警告或者五百元以下罚款：

（一）指使或者强令他人违反消防安全规定，冒险作业的。

（二）过失引起火灾的。

（三）在火灾发生后阻拦报警，或者负有报告职责的人员不及时报警的。

（四）扰乱火灾现场秩序，或者拒不执行火灾现场指挥员指挥，影响灭火救援的。

（五）故意破坏或者伪造火灾现场的。

（六）擅自拆封或者使用被公安机关消防机构查封的场所、部位的。

第六十五条 违反本法规定，生产、销售不合格的消防产品或者国家明令淘汰的消防产品的，由产品质量监督部门或者工商行政管理部门依照《中华人民共和国产品质量法》的规定从重处罚。

人员密集场所使用不合格的消防产品或者国家明令淘汰的消防产品的，责令限期改正；逾期不改正的，处五千元以上五万元以下罚款，并对其直接负责的主管人员和其他直接责任人员处五百元以上二千元以下罚款；情节严重的，责令停产停业。

公安机关消防机构对于本条第二款规定的情形，除依法对使用者予以处罚外，应当将发现不合格的消防产品和国家明令淘汰的消防产品的情况通报产品质量监督部门、工商行政管理部门。产品质量监督部门、工商行政管理部门应当对生产者、销售者依法及时查处。

第六十六条　电器产品、燃气用具的安装、使用及其线路、管路的设计、敷设、维护保养、检测不符合消防技术标准和管理规定的，责令限期改正；逾期不改正的，责令停止使用，可以并处一千元以上五千元以下罚款。

第六十七条　机关、团体、企业、事业等单位违反本法第十六条、第十七条、第十八条、第二十一条第二款规定的，责令限期改正；逾期不改正的，对其直接负责的主管人员和其他直接责任人员依法给予处分或者给予警告处罚。

第六十八条　人员密集场所发生火灾，该场所的现场工作人员不履行组织、引导在场人员疏散的义务，情节严重，尚不构成犯罪的，处五日以上十日以下拘留。

第六十九条　消防产品质量认证、消防设施检测等消防技术服务机构出具虚假文件的，责令改正，处五万元以上十万元以下罚款，并对直接负责的主管人员和其他直接责任人员处一万元以上五万元以下罚款；有违法所得的，并处没收违法所得；给他人造成损失的，依法承担赔偿责任；情节严重的，由原许可机关依法责令停止执业或者吊销相应资质、资格。

前款规定的机构出具失实文件，给他人造成损失的，依法承担赔偿责任；造成重大损失的，由原许可机关依法责令停止执业或者吊销相应资质、资格。

第七十条　本法规定的行政处罚，除本法另有规定的外，由公安机关消防机构决定；其中拘留处罚由县级以上公安机关依照《中华人民共和国治安管理处罚法》的有关规定决定。

公安机关消防机构需要传唤消防安全违法行为人的，依照《中华人民共和国治安管理处罚法》的有关规定执行。

被责令停止施工、停止使用、停产停业的，应当在整改后向公安机关消防机构报告，经公安机关消防机构检查合格，方可恢复施工、使用、生产、经营。

当事人逾期不执行停产停业、停止使用、停止施工决定的，由作出决定的公安机关消防机构强制执行。

责令停产停业，对经济和社会生活影响较大的，由公安机关消防机构提出意见，并由公安机关报请本级人民政府依法决定。本级人民政府组织公安机关等部门实施。

第七十一条　公安机关消防机构的工作人员滥用职权、玩忽职守、徇私舞弊，有下列行为之一，尚不构成犯罪的，依法给予处分：

（一）对不符合消防安全要求的消防设计文件、建设工程、场所准予审核合格、消防验收合格、消防安全检查合格的。

（二）无故拖延消防设计审核、消防验收、消防安全检查，不在法定期限内履行职责的。

（三）发现火灾隐患不及时通知有关单位或者个人整改的。

（四）利用职务为用户、建设单位指定或者变相指定消防产品的品牌、销售单位或者消防技术服务机构、消防设施施工单位的。

（五）将消防车、消防艇以及消防器材、装备和设施用于与消防和应急救援无关的事项的。

（六）其他滥用职权、玩忽职守、徇私舞弊的行为。

建设、产品质量监督、工商行政管理等其他有关行政主管部门的工作人员在消防工作中滥用职权、玩忽职守、徇私舞弊，尚不构成犯罪的，依法给予处分。

第七十二条 违反本法规定，构成犯罪的，依法追究刑事责任。

第七章 附 则

第七十三条 本法下列用语的含义：

（一）消防设施，是指火灾自动报警系统、自动灭火系统、消火栓系统、防烟排烟系统以及应急广播和应急照明、安全疏散设施等。

（二）消防产品，是指专门用于火灾预防、灭火救援和火灾防护、避难、逃生的产品。

（三）公众聚集场所，是指宾馆、饭店、商场、集贸市场、客运车站候车室、客运码头候船厅、民用机场航站楼、体育场馆、会堂以及公共娱乐场所等。

（四）人员密集场所，是指公众聚集场所，医院的门诊楼、病房楼，学校的教学楼、图书馆、食堂和集体宿舍，养老院，福利院，托儿所，幼儿园，公共图书馆的阅览室，公共展览馆、博物馆的展示厅，劳动密集型企业的生产加工车间和员工集体宿舍，旅游、宗教活动场所等。

第七十四条 本法自2009年5月1日起施行。

5 中华人民共和国矿山安全法

1992年11月7日第七届全国人民代表大会常务委员会第二十八次会议通过，1992年11月7日中华人民共和国主席令第六十五号公布，自1993年5月1日起施行；根据2009年8月27日第十一届全国人民代表大会常务委员会第十次会议通过、2009年8月27日中华人民共和国主席令第十八号公布、自公布之日起施行的《全国人民代表大会常务委员会关于修改部分法律的决定》修改。

第一章 总 则

第一条 为了保障矿山生产安全，防止矿山事故，保护矿山职工人身安全，促进采矿业的发展，制定本法。

第二条 在中华人民共和国领域和中华人民共和国管辖的其他海域从事矿产资源开采活动，必须遵守本法。

第三条 矿山企业必须具有保障安全生产的设施，建立、健全安全管理制度，采取有效措施改善职工劳动条件，加强矿山安全管理工作，保证安全生产。

第四条 国务院劳动行政主管部门对全国矿山安全工作实施统一监督。

县级以上地方各级人民政府劳动行政主管部门对本行政区域内的矿山安全工作实施统一监督。

县级以上人民政府管理矿山企业的主管部门对矿山安全工作进行管理。

第五条 国家鼓励矿山安全科学技术研究，推广先进技术，改进安全设施，提高矿山安全生产水平。

第六条 对坚持矿山安全生产，防止矿山事故，参加矿山抢险救护，进行矿山安全科学技术研究方面取得显著成绩的单位和个人，给予奖励。

第二章 矿山建设的安全保障

第七条 矿山建设工程的安全设施必须和主体工程同时设计、同时施工、同时投入生产和使用。

第八条 矿山建设工程的设计文件，必须符合矿山安全规程和行业技术规范，并按照国家规定经管理矿山企业的主管部门批准；不符合矿山安全规程和行业技术规范的，不得批准。

矿山建设工程安全设施的设计必须有劳动行政主管部门参加审查。

矿山安全规程和行业技术规范，由国务院管理矿山企业的主管部门制定。

第九条 矿山设计下列项目必须符合矿山安全规程和行业技术规范：

（一）矿井的通风系统和供风量、风质、风速。

（二）露天矿的边坡角和台阶的宽度、高度。

（三）供电系统。

（四）提升、运输系统。

（五）防水、排水系统和防火、灭火系统。

（六）防瓦斯系统和防尘系统。

（七）有关矿山安全的其他项目。

第十条 每个矿井必须有两个以上能行人的安全出口，出口之间的直线水平距离必须符合矿山安全规程和行业技术规范。

第十一条 矿山必须有与外界相通的、符合安全要求的运输和通信设施。

第十二条 矿山建设工程必须按照管理矿山企业的主管部门批准的设计文件施工。

矿山建设工程安全设施竣工后，由管理矿山企业的主管部门验收，并须有劳动行政主管部门参加；不符合矿山安全规程和行业技术规范的，不得验收，不得投入生产。

第三章　矿山开采的安全保障

第十三条　矿山开采必须具备保障安全生产的条件，执行开采不同矿种的矿山安全规程和行业技术规范。

第十四条　矿山设计规定保留的矿柱、岩柱，在规定的期限内，应当予以保护，不得开采或者毁坏。

第十五条　矿山使用的有特殊安全要求的设备、器材、防护用品和安全检测仪器，必须符合国家安全标准或者行业安全标准；不符合国家安全标准或者行业安全标准的，不得使用。

第十六条　矿山企业必须对机电设备及其防护装置、安全检测仪器，定期检查、维修，保证使用安全。

第十七条　矿山企业必须对作业场所中的有毒有害物质和井下空气含氧量进行检测，保证符合安全要求。

第十八条　矿山企业必须对下列危害安全的事故隐患采取预防措施：

（一）冒顶、片帮、边坡滑落和地表塌陷。

（二）瓦斯爆炸、煤尘爆炸。

（三）冲击地压、瓦斯突出、井喷。

（四）地面和井下的火灾、水害。

（五）爆破器材和爆破作业发生的危害。

（六）粉尘、有毒有害气体、放射性物质和其他有害物质引起的危害。

（七）其他危害。

第十九条　矿山企业对使用机械、电气设备，排土场、矸石山、尾矿库和矿山闭坑后可能引起的危害，应当采取预防措施。

第四章　矿山企业的安全管理

第二十条　矿山企业必须建立、健全安全生产责任制。

矿长对本企业的安全生产工作负责。

第二十一条　矿长应当定期向职工代表大会或者职工大会报告安全生产工作，发挥职工代表大会的监督作用。

第二十二条　矿山企业职工必须遵守有关矿山安全的法律、法规和企业规章制度。

矿山企业职工有权对危害安全的行为，提出批评、检举和控告。

第二十三条　矿山企业工会依法维护职工生产安全的合法权益，组织职工对矿山安全工作进行监督。

第二十四条　矿山企业违反有关安全的法律、法规，工会有权要求企业行政方面或者有关部门认真处理。

矿山企业召开讨论有关安全生产的会议，应当有工会代表参加，工会有权提出意见和建议。

第二十五条　矿山企业工会发现企业行政方面违章指挥、强令工人冒险作业或者生产过程中发现明显重大事故隐患和职业危害，有权提出解决的建议；发现危及职工生命安全的情况时，有权向矿山企业行政方面建议组织职工撤离危险现场，矿山企业行政方面必须及时作出处理决定。

第二十六条　矿山企业必须对职工进行安全教育、培训；未经安全教育、培训的，不得上岗作业。

矿山企业安全生产的特种作业人员必须接受专门培训，经考核合格取得操作资格证书的，方可上岗作业。

第二十七条　矿长必须经过考核，具备安全专业知识，具有领导安全生产和处理矿山事故的能力。

矿山企业安全工作人员必须具备必要的安全专业知识和矿山安全工作经验。

第二十八条　矿山企业必须向职工发放保障安全生产所需的劳动防护用品。

第二十九条　矿山企业不得录用未成年人从事矿山井下劳动。

矿山企业对女职工按照国家规定实行特殊劳动保护，不得分配女职工从事矿山井下劳动。

第三十条　矿山企业必须制定矿山事故防范措施，并组织落实。

第三十一条　矿山企业应当建立由专职或者兼职人员组成的救护和医疗急救组织，配备必要的装备、器材和药物。

第三十二条　矿山企业必须从矿产品销售额中按照国家规定提取安全技术措施专项费用。安全技术措施专项费用必须全部用于改善矿山安全生产条件，不得挪作他用。

第五章　矿山安全的监督和管理

第三十三条　县级以上各级人民政府劳动行政主管部门对矿山安全工作行使下列监督职责：

（一）检查矿山企业和管理矿山企业的主管部门贯彻执行矿山安全法律、法规的情况。

（二）参加矿山建设工程安全设施的设计审查和竣工验收。

（三）检查矿山劳动条件和安全状况。

（四）检查矿山企业职工安全教育、培训工作。

（五）监督矿山企业提取和使用安全技术措施专项费用的情况。

（六）参加并监督矿山事故的调查和处理。

（七）法律、行政法规规定的其他监督职责。

第三十四条　县级以上人民政府管理矿山企业的主管部门对矿山安全工作行使下列管理职责：

（一）检查矿山企业贯彻执行矿山安全法律、法规的情况。

（二）审查批准矿山建设工程安全设施的设计。

（三）负责矿山建设工程安全设施的竣工验收。

（四）组织矿长和矿山企业安全工作人员的培训工作。

（五）调查和处理重大矿山事故。

（六）法律、行政法规规定的其他管理职责。

第三十五条 劳动行政主管部门的矿山安全监督人员有权进入矿山企业，在现场检查安全状况；发现有危及职工安全的紧急险情时，应当要求矿山企业立即处理。

第六章 矿山事故处理

第三十六条 发生矿山事故，矿山企业必须立即组织抢救，防止事故扩大，减少人员伤亡和财产损失，对伤亡事故必须立即如实报告劳动行政主管部门和管理矿山企业的主管部门。

第三十七条 发生一般矿山事故，由矿山企业负责调查和处理。

发生重大矿山事故，由政府及其有关部门、工会和矿山企业按照行政法规的规定进行调查和处理。

第三十八条 矿山企业对矿山事故中伤亡的职工按照国家规定给予抚恤或者补偿。

第三十九条 矿山事故发生后，应当尽快消除现场危险，查明事故原因，提出防范措施。现场危险消除后，方可恢复生产。

第七章 法律责任

第四十条 违反本法规定，有下列行为之一的，由劳动行政主管部门责令改正，可以并处罚款；情节严重的，提请县级以上人民政府决定责令停产整顿；对主管人员和直接责任人员由其所在单位或者上级主管机关给予行政处分：

（一）未对职工进行安全教育、培训，分配职工上岗作业的。

（二）使用不符合国家安全标准或者行业安全标准的设备、器材、防护用品、安全检测仪器的。

（三）未按照规定提取或者使用安全技术措施专项费用的。

（四）拒绝矿山安全监督人员现场检查或者在被检查时隐瞒事故隐患、不如实反映情况的。

（五）未按照规定及时、如实报告矿山事故的。

第四十一条 矿长不具备安全专业知识的，安全生产的特种作业人员未取得操作资格证书上岗作业的，由劳动行政主管部门责令限期改正；逾期不改正的，提请县级以上人民政府决定责令停产，调整配备合格人员后，方可恢复生产。

第四十二条 矿山建设工程安全设施的设计未经批准擅自施工的，由管理矿山企业的主管部门责令停止施工；拒不执行的，由管理矿山企业的主管部门提请县级以上人民政府决定由有关主管部门吊销其采矿许可证和营业执照。

第四十三条　矿山建设工程的安全设施未经验收或者验收不合格擅自投入生产的，由劳动行政主管部门会同管理矿山企业的主管部门责令停止生产，并由劳动行政主管部门处以罚款；拒不停止生产的，由劳动行政主管部门提请县级以上人民政府决定由有关主管部门吊销其采矿许可证和营业执照。

第四十四条　已经投入生产的矿山企业，不具备安全生产条件而强行开采的，由劳动行政主管部门会同管理矿山企业的主管部门责令限期改进；逾期仍不具备安全生产条件的，由劳动行政主管部门提请县级以上人民政府决定责令停产整顿或者由有关主管部门吊销其采矿许可证和营业执照。

第四十五条　当事人对行政处罚决定不服的，可以在接到处罚决定通知之日起十五日内向作出处罚决定的机关的上一级机关申请复议；当事人也可以在接到处罚决定通知之日起十五日内直接向人民法院起诉。

复议机关应当在接到复议申请之日起六十日内作出复议决定。当事人对复议决定不服的，可以在接到复议决定之日起十五日内向人民法院起诉。复议机关逾期不作出复议决定的，当事人可以在复议期满之日起十五日内向人民法院起诉。

当事人逾期不申请复议也不向人民法院起诉、又不履行处罚决定的，作出处罚决定的机关可以申请人民法院强制执行。

第四十六条　矿山企业主管人员违章指挥、强令工人冒险作业，因而发生重大伤亡事故的，依照刑法有关规定追究刑事责任。

第四十七条　矿山企业主管人员对矿山事故隐患不采取措施，因而发生重大伤亡事故的，依照刑法有关规定追究刑事责任。

第四十八条　矿山安全监督人员和安全管理人员滥用职权，玩忽职守、徇私舞弊，构成犯罪的，依法追究刑事责任；不构成犯罪的，给予行政处分。

第八章　附　　则

第四十九条　国务院劳动行政主管部门根据本法制定实施条例，报国务院批准施行。

省、自治区、直辖市人民代表大会常务委员会可以根据本法和本地区的实际情况，制定实施办法。

第五十条　本法自一九九三年五月一日起施行。

6 中华人民共和国突发事件应对法

2007 年 8 月 30 日第十届全国人民代表大会常务委员会
第二十九次会议通过，2007 年 8 月 30 日中华人民共和国
主席令第六十九号公布，自 2007 年 11 月 1 日起施行。

第一章 总 则

第一条 为了预防和减少突发事件的发生，控制、减轻和消除突发事件引起的严重社会危害，规范突发事件应对活动，保护人民生命财产安全，维护国家安全、公共安全、环境安全和社会秩序，制定本法。

第二条 突发事件的预防与应急准备、监测与预警、应急处置与救援、事后恢复与重建等应对活动，适用本法。

第三条 本法所称突发事件，是指突然发生，造成或者可能造成严重社会危害，需要采取应急处置措施予以应对的自然灾害、事故灾难、公共卫生事件和社会安全事件。

按照社会危害程度、影响范围等因素，自然灾害、事故灾难、公共卫生事件分为特别重大、重大、较大和一般四级。法律、行政法规或者国务院另有规定的，从其规定。

突发事件的分级标准由国务院或者国务院确定的部门制定。

第四条 国家建立统一领导、综合协调、分类管理、分级负责、属地管理为主的应急管理体制。

第五条 突发事件应对工作实行预防为主、预防与应急相结合的原则。国家建立重大突发事件风险评估体系，对可能发生的突发事件进行综合性评估，减少重大突发事件的发生，最大限度地减轻重大突发事件的影响。

第六条 国家建立有效的社会动员机制，增强全民的公共安全和防范风险的意识，提高全社会的避险救助能力。

第七条 县级人民政府对本行政区域内突发事件的应对工作负责；涉及两个以上行政区域的，由有关行政区域共同的上一级人民政府负责，或者由各有关行政区域的上一级人民政府共同负责。

突发事件发生后，发生地县级人民政府应当立即采取措施控制事态发展，组织开展应急救援和处置工作，并立即向上一级人民政府报告，必要时可以越级上报。

突发事件发生地县级人民政府不能消除或者不能有效控制突发事件引起的严重社会危害的，应当及时向上级人民政府报告。上级人民政府应当及时采取措施，统一领导应急处置工作。

法律、行政法规规定由国务院有关部门对突发事件的应对工作负责的，从其规定；地方人民政府应当积极配合并提供必要的支持。

第八条 国务院在总理领导下研究、决定和部署特别重大突发事件的应对工作；根据实际需要，设立国家突发事件应急指挥机构，负责突发事件应对工作；必要时，国务院可以派出工作组指导有关工作。

县级以上地方各级人民政府设立由本级人民政府主要负责人、相关部门负责人、驻当地中国人民解放军和中国人民武装警察部队有关负责人组成的突发事件应急指挥机构，统一领导、协调本级人民政府各有关部门和下级人民政府开展突发事件应对工作；根据实际需要，设立相关类别突发事件应急指挥机构，组织、协调、指挥突发事件应对工作。

上级人民政府主管部门应当在各自职责范围内，指导、协助下级人民政府及其相应部门做好有关突发事件的应对工作。

第九条 国务院和县级以上地方各级人民政府是突发事件应对工作的行政领导机关，其办事机构及具体职责由国务院规定。

第十条 有关人民政府及其部门作出的应对突发事件的决定、命令，应当及时公布。

第十一条 有关人民政府及其部门采取的应对突发事件的措施，应当与突发事件可能造成的社会危害的性质、程度和范围相适应；有多种措施可供选择的，应当选择有利于最大程度地保护公民、法人和其他组织权益的措施。

公民、法人和其他组织有义务参与突发事件应对工作。

第十二条 有关人民政府及其部门为应对突发事件，可以征用单位和个人的财产。被征用的财产在使用完毕或者突发事件应急处置工作结束后，应当及时返还。财产被征用或者征用后毁损、灭失的，应当给予补偿。

第十三条 因采取突发事件应对措施，诉讼、行政复议、仲裁活动不能正常进行的，适用有关时效中止和程序中止的规定，但法律另有规定的除外。

第十四条 中国人民解放军、中国人民武装警察部队和民兵组织依照本法和其他有关法律、行政法规、军事法规的规定以及国务院、中央军事委员会的命令，参加突发事件的应急救援和处置工作。

第十五条 中华人民共和国政府在突发事件的预防、监测与预警、应急处置与救援、事后恢复与重建等方面，同外国政府和有关国际组织开展合作与交流。

第十六条 县级以上人民政府作出应对突发事件的决定、命令，应当报本级人民代表大会常务委员会备案；突发事件应急处置工作结束后，应当向本级人民代表大会常务委员会作出专项工作报告。

第二章 预防与应急准备

第十七条 国家建立健全突发事件应急预案体系。

国务院制定国家突发事件总体应急预案，组织制定国家突发事件专项应急预案；国务院有关部门根据各自的职责和国务院相关应急预案，制定国家突发事件部门应急预案。

地方各级人民政府和县级以上地方各级人民政府有关部门根据有关法律、法规、规章、上级人民政府及其有关部门的应急预案以及本地区的实际情况，制定相应的突发事件应急预案。

应急预案制定机关应当根据实际需要和情势变化，适时修订应急预案。应急预案的制定、修订程序由国务院规定。

第十八条 应急预案应当根据本法和其他有关法律、法规的规定，针对突发事件的性质、特点和可能造成的社会危害，具体规定突发事件应急管理工作的组织指挥体系与职责和突发事件的预防与预警机制、处置程序、应急保障措施以及事后恢复与重建措施等内容。

第十九条 城乡规划应当符合预防、处置突发事件的需要，统筹安排应对突发事件所必需的设备和基础设施建设，合理确定应急避难场所。

第二十条 县级人民政府应当对本行政区域内容易引发自然灾害、事故灾难和公共卫生事件的危险源、危险区域进行调查、登记、风险评估，定期进行检查、监控，并责令有关单位采取安全防范措施。

省级和设区的市级人民政府应当对本行政区域内容易引发特别重大、重大突发事件的危险源、危险区域进行调查、登记、风险评估，组织进行检查、监控，并责令有关单位采取安全防范措施。

县级以上地方各级人民政府按照本法规定登记的危险源、危险区域，应当按照国家规定及时向社会公布。

第二十一条 县级人民政府及其有关部门、乡级人民政府、街道办事处、居民委员会、村民委员会应当及时调解处理可能引发社会安全事件的矛盾纠纷。

第二十二条 所有单位应当建立健全安全管理制度，定期检查本单位各项安全防范措施的落实情况，及时消除事故隐患；掌握并及时处理本单位存在的可能引发社会安全事件的问题，防止矛盾激化和事态扩大；对本单位可能发生的突发事件和采取安全防范措施的情况，应当按照规定及时向所在地人民政府或者人民政府有关部门报告。

第二十三条 矿山、建筑施工单位和易燃易爆物品、危险化学品、放射性物品等危险物品的生产、经营、储运、使用单位，应当制定具体应急预案，并对生产经营场所、有危险物品的建筑物、构筑物及周边环境开展隐患排查，及时采取措施消除隐患，防止发生突发事件。

第二十四条 公共交通工具、公共场所和其他人员密集场所的经营单位或者管理单位应当制定具体应急预案，为交通工具和有关场所配备报警装置和必要的应急救援设备、设施，注明其使用方法，并显著标明安全撤离的通道、路线，保证安全通道、出口的畅通。

有关单位应当定期检测、维护其报警装置和应急救援设备、设施，使其处于良好状态，确保正常使用。

第二十五条 县级以上人民政府应当建立健全突发事件应急管理培训制度，对人民政府及其有关部门负有处置突发事件职责的工作人员定期进行培训。

第二十六条 县级以上人民政府应当整合应急资源，建立或者确定综合性应急救援队伍。人民政府有关部门可以根据实际需要设立专业应急救援队伍。

县级以上人民政府及其有关部门可以建立由成年志愿者组成的应急救援队伍。单位应当建立由本单位职工组成的专职或者兼职应急救援队伍。

县级以上人民政府应当加强专业应急救援队伍与非专业应急救援队伍的合作，联合培训、联合演练，提高合成应急、协同应急的能力。

第二十七条　国务院有关部门、县级以上地方各级人民政府及其有关部门、有关单位应当为专业应急救援人员购买人身意外伤害保险，配备必要的防护装备和器材，减少应急救援人员的人身风险。

第二十八条　中国人民解放军、中国人民武装警察部队和民兵组织应当有计划地组织开展应急救援的专门训练。

第二十九条　县级人民政府及其有关部门、乡级人民政府、街道办事处应当组织开展应急知识的宣传普及活动和必要的应急演练。

居民委员会、村民委员会、企业事业单位应当根据所在地人民政府的要求，结合各自的实际情况，开展有关突发事件应急知识的宣传普及活动和必要的应急演练。

新闻媒体应当无偿开展突发事件预防与应急、自救与互救知识的公益宣传。

第三十条　各级各类学校应当把应急知识教育纳入教学内容，对学生进行应急知识教育，培养学生的安全意识和自救与互救能力。

教育主管部门应当对学校开展应急知识教育进行指导和监督。

第三十一条　国务院和县级以上地方各级人民政府应当采取财政措施，保障突发事件应对工作所需经费。

第三十二条　国家建立健全应急物资储备保障制度，完善重要应急物资的监管、生产、储备、调拨和紧急配送体系。

设区的市级以上人民政府和突发事件易发、多发地区的县级人民政府应当建立应急救援物资、生活必需品和应急处置装备的储备制度。

县级以上地方各级人民政府应当根据本地区的实际情况，与有关企业签订协议，保障应急救援物资、生活必需品和应急处置装备的生产、供给。

第三十三条　国家建立健全应急通信保障体系，完善公用通信网，建立有线与无线相结合、基础电信网络与机动通信系统相配套的应急通信系统，确保突发事件应对工作的通信畅通。

第三十四条　国家鼓励公民、法人和其他组织为人民政府应对突发事件工作提供物资、资金、技术支持和捐赠。

第三十五条　国家发展保险事业，建立国家财政支持的巨灾风险保险体系，并鼓励单位和公民参加保险。

第三十六条　国家鼓励、扶持具备相应条件的教学科研机构培养应急管理专门人才，鼓励、扶持教学科研机构和有关企业研究开发用于突发事件预防、监测、预警、应急处置与救援的新技术、新设备和新工具。

第三章　监测与预警

第三十七条　国务院建立全国统一的突发事件信息系统。

县级以上地方各级人民政府应当建立或者确定本地区统一的突发事件信息系统，汇集、储存、分析、传输有关突发事件的信息，并与上级人民政府及其有关部门、下级人民政府及其有关部门、专业机构和监测网点的突发事件信息系统实现互联互通，加强跨部门、跨地区的信息交流与情报合作。

第三十八条 县级以上人民政府及其有关部门、专业机构应当通过多种途径收集突发事件信息。

县级人民政府应当在居民委员会、村民委员会和有关单位建立专职或者兼职信息报告员制度。

获悉突发事件信息的公民、法人或者其他组织，应当立即向所在地人民政府、有关主管部门或者指定的专业机构报告。

第三十九条 地方各级人民政府应当按照国家有关规定向上级人民政府报送突发事件信息。县级以上人民政府有关主管部门应当向本级人民政府相关部门通报突发事件信息。专业机构、监测网点和信息报告员应当及时向所在地人民政府及其有关主管部门报告突发事件信息。

有关单位和人员报送、报告突发事件信息，应当做到及时、客观、真实，不得迟报、谎报、瞒报、漏报。

第四十条 县级以上地方各级人民政府应当及时汇总分析突发事件隐患和预警信息，必要时组织相关部门、专业技术人员、专家学者进行会商，对发生突发事件的可能性及其可能造成的影响进行评估；认为可能发生重大或者特别重大突发事件的，应当立即向上级人民政府报告，并向上级人民政府有关部门、当地驻军和可能受到危害的毗邻或者相关地区的人民政府通报。

第四十一条 国家建立健全突发事件监测制度。

县级以上人民政府及其有关部门应当根据自然灾害、事故灾难和公共卫生事件的种类和特点，建立健全基础信息数据库，完善监测网络，划分监测区域，确定监测点，明确监测项目，提供必要的设备、设施，配备专职或者兼职人员，对可能发生的突发事件进行监测。

第四十二条 国家建立健全突发事件预警制度。

可以预警的自然灾害、事故灾难和公共卫生事件的预警级别，按照突发事件发生的紧急程度、发展势态和可能造成的危害程度分为一级、二级、三级和四级，分别用红色、橙色、黄色和蓝色标示，一级为最高级别。

预警级别的划分标准由国务院或者国务院确定的部门制定。

第四十三条 可以预警的自然灾害、事故灾难或者公共卫生事件即将发生或者发生的可能性增大时，县级以上地方各级人民政府应当根据有关法律、行政法规和国务院规定的权限和程序，发布相应级别的警报，决定并宣布有关地区进入预警期，同时向上一级人民政府报告，必要时可以越级上报，并向当地驻军和可能受到危害的毗邻或者相关地区的人民政府通报。

第四十四条 发布三级、四级警报，宣布进入预警期后，县级以上地方各级人民政府应当根据即将发生的突发事件的特点和可能造成的危害，采取下列措施：

（一）启动应急预案。

（二）责令有关部门、专业机构、监测网点和负有特定职责的人员及时收集、报告有关信息，向社会公布反映突发事件信息的渠道，加强对突发事件发生、发展情况的监测、预报和预警工作。

（三）组织有关部门和机构、专业技术人员、有关专家学者，随时对突发事件信息进行分析评估，预测发生突发事件可能性的大小、影响范围和强度以及可能发生的突发事件的级别。

（四）定时向社会发布与公众有关的突发事件预测信息和分析评估结果，并对相关信息的报道工作进行管理。

（五）及时按照有关规定向社会发布可能受到突发事件危害的警告，宣传避免、减轻危害的常识，公布咨询电话。

第四十五条　发布一级、二级警报，宣布进入预警期后，县级以上地方各级人民政府除采取本法第四十四条规定的措施外，还应当针对即将发生的突发事件的特点和可能造成的危害，采取下列一项或者多项措施：

（一）责令应急救援队伍、负有特定职责的人员进入待命状态，并动员后备人员做好参加应急救援和处置工作的准备。

（二）调集应急救援所需物资、设备、工具，准备应急设施和避难场所，并确保其处于良好状态、随时可以投入正常使用。

（三）加强对重点单位、重要部位和重要基础设施的安全保卫，维护社会治安秩序。

（四）采取必要措施，确保交通、通信、供水、排水、供电、供气、供热等公共设施的安全和正常运行。

（五）及时向社会发布有关采取特定措施避免或者减轻危害的建议、劝告。

（六）转移、疏散或者撤离易受突发事件危害的人员并予以妥善安置，转移重要财产。

（七）关闭或者限制使用易受突发事件危害的场所，控制或者限制容易导致危害扩大的公共场所的活动。

（八）法律、法规、规章规定的其他必要的防范性、保护性措施。

第四十六条　对即将发生或者已经发生的社会安全事件，县级以上地方各级人民政府及其有关主管部门应当按照规定向上一级人民政府及其有关主管部门报告，必要时可以越级上报。

第四十七条　发布突发事件警报的人民政府应当根据事态的发展，按照有关规定适时调整预警级别并重新发布。

有事实证明不可能发生突发事件或者危险已经解除的，发布警报的人民政府应当立即宣布解除警报，终止预警期，并解除已经采取的有关措施。

第四章 应急处置与救援

第四十八条 突发事件发生后，履行统一领导职责或者组织处置突发事件的人民政府应当针对其性质、特点和危害程度，立即组织有关部门，调动应急救援队伍和社会力量，依照本章的规定和有关法律、法规、规章的规定采取应急处置措施。

第四十九条 自然灾害、事故灾难或者公共卫生事件发生后，履行统一领导职责的人民政府可以采取下列一项或者多项应急处置措施：

（一）组织营救和救治受害人员，疏散、撤离并妥善安置受到威胁的人员以及采取其他救助措施。

（二）迅速控制危险源，标明危险区域，封锁危险场所，划定警戒区，实行交通管制以及其他控制措施。

（三）立即抢修被损坏的交通、通信、供水、排水、供电、供气、供热等公共设施，向受到危害的人员提供避难场所和生活必需品，实施医疗救护和卫生防疫以及其他保障措施。

（四）禁止或者限制使用有关设备、设施，关闭或者限制使用有关场所，中止人员密集的活动或者可能导致危害扩大的生产经营活动以及采取其他保护措施。

（五）启用本级人民政府设置的财政预备费和储备的应急救援物资，必要时调用其他急需物资、设备、设施、工具。

（六）组织公民参加应急救援和处置工作，要求具有特定专长的人员提供服务。

（七）保障食品、饮用水、燃料等基本生活必需品的供应。

（八）依法从严惩处囤积居奇、哄抬物价、制假售假等扰乱市场秩序的行为，稳定市场价格，维护市场秩序。

（九）依法从严惩处哄抢财物、干扰破坏应急处置工作等扰乱社会秩序的行为，维护社会治安。

（十）采取防止发生次生、衍生事件的必要措施。

第五十条 社会安全事件发生后，组织处置工作的人民政府应当立即组织有关部门并由公安机关针对事件的性质和特点，依照有关法律、行政法规和国家其他有关规定，采取下列一项或者多项应急处置措施：

（一）强制隔离使用器械相互对抗或者以暴力行为参与冲突的当事人，妥善解决现场纠纷和争端，控制事态发展。

（二）对特定区域内的建筑物、交通工具、设备、设施以及燃料、燃气、电力、水的供应进行控制。

（三）封锁有关场所、道路，查验现场人员的身份证件，限制有关公共场所内的活动。

（四）加强对易受冲击的核心机关和单位的警卫，在国家机关、军事机关、国家通讯社、广播电台、电视台、外国驻华使领馆等单位附近设置临时警戒线。

（五）法律、行政法规和国务院规定的其他必要措施。

严重危害社会治安秩序的事件发生时，公安机关应当立即依法出动警力，根据现场情况依法采取相应的强制性措施，尽快使社会秩序恢复正常。

第五十一条　发生突发事件，严重影响国民经济正常运行时，国务院或者国务院授权的有关主管部门可以采取保障、控制等必要的应急措施，保障人民群众的基本生活需要，最大限度地减轻突发事件的影响。

第五十二条　履行统一领导职责或者组织处置突发事件的人民政府，必要时可以向单位和个人征用应急救援所需设备、设施、场地、交通工具和其他物资，请求其他地方人民政府提供人力、物力、财力或者技术支援，要求生产、供应生活必需品和应急救援物资的企业组织生产、保证供给，要求提供医疗、交通等公共服务的组织提供相应的服务。

履行统一领导职责或者组织处置突发事件的人民政府，应当组织协调运输经营单位，优先运送处置突发事件所需物资、设备、工具、应急救援人员和受到突发事件危害的人员。

第五十三条　履行统一领导职责或者组织处置突发事件的人民政府，应当按照有关规定统一、准确、及时发布有关突发事件事态发展和应急处置工作的信息。

第五十四条　任何单位和个人不得编造、传播有关突发事件事态发展或者应急处置工作的虚假信息。

第五十五条　突发事件发生地的居民委员会、村民委员会和其他组织应当按照当地人民政府的决定、命令，进行宣传动员，组织群众开展自救和互救，协助维护社会秩序。

第五十六条　受到自然灾害危害或者发生事故灾难、公共卫生事件的单位，应当立即组织本单位应急救援队伍和工作人员营救受害人员，疏散、撤离、安置受到威胁的人员，控制危险源，标明危险区域，封锁危险场所，并采取其他防止危害扩大的必要措施，同时向所在地县级人民政府报告；对因本单位的问题引发的或者主体是本单位人员的社会安全事件，有关单位应当按照规定上报情况，并迅速派出负责人赶赴现场开展劝解、疏导工作。

突发事件发生地的其他单位应当服从人民政府发布的决定、命令，配合人民政府采取的应急处置措施，做好本单位的应急救援工作，并积极组织人员参加所在地的应急救援和处置工作。

第五十七条　突发事件发生地的公民应当服从人民政府、居民委员会、村民委员会或者所属单位的指挥和安排，配合人民政府采取的应急处置措施，积极参加应急救援工作，协助维护社会秩序。

第五章　事后恢复与重建

第五十八条　突发事件的威胁和危害得到控制或者消除后，履行统一领导职责或者组织处置突发事件的人民政府应当停止执行依照本法规定采取的应急处置措施，同时采取或者继续实施必要措施，防止发生自然灾害、事故灾难、公共卫生事件的次生、衍生事件或者重新引发社会安全事件。

第五十九条　突发事件应急处置工作结束后，履行统一领导职责的人民政府应当立即组织对突发事件造成的损失进行评估，组织受影响地区尽快恢复生产、生活、工作和社会秩序，制订恢复重建计划，并向上一级人民政府报告。

受突发事件影响地区的人民政府应当及时组织和协调公安、交通、铁路、民航、邮电、建设等有关部门恢复社会治安秩序，尽快修复被损坏的交通、通信、供水、排水、供电、供气、供热等公共设施。

第六十条 受突发事件影响地区的人民政府开展恢复重建工作需要上一级人民政府支持的，可以向上一级人民政府提出请求。上一级人民政府应当根据受影响地区遭受的损失和实际情况，提供资金、物资支持和技术指导，组织其他地区提供资金、物资和人力支援。

第六十一条 国务院根据受突发事件影响地区遭受损失的情况，制定扶持该地区有关行业发展的优惠政策。

受突发事件影响地区的人民政府应当根据本地区遭受损失的情况，制订救助、补偿、抚慰、抚恤、安置等善后工作计划并组织实施，妥善解决因处置突发事件引发的矛盾和纠纷。

公民参加应急救援工作或者协助维护社会秩序期间，其在本单位的工资待遇和福利不变；表现突出、成绩显著的，由县级以上人民政府给予表彰或者奖励。

县级以上人民政府对在应急救援工作中伤亡的人员依法给予抚恤。

第六十二条 履行统一领导职责的人民政府应当及时查明突发事件的发生经过和原因，总结突发事件应急处置工作的经验教训，制定改进措施，并向上一级人民政府提出报告。

第六章 法律责任

第六十三条 地方各级人民政府和县级以上各级人民政府有关部门违反本法规定，不履行法定职责的，由其上级行政机关或者监察机关责令改正；有下列情形之一的，根据情节对直接负责的主管人员和其他直接责任人员依法给予处分：

（一）未按规定采取预防措施，导致发生突发事件，或者未采取必要的防范措施，导致发生次生、衍生事件的。

（二）迟报、谎报、瞒报、漏报有关突发事件的信息，或者通报、报送、公布虚假信息，造成后果的。

（三）未按规定及时发布突发事件警报、采取预警期的措施，导致损害发生的。

（四）未按规定及时采取措施处置突发事件或者处置不当，造成后果的。

（五）不服从上级人民政府对突发事件应急处置工作的统一领导、指挥和协调的。

（六）未及时组织开展生产自救、恢复重建等善后工作的。

（七）截留、挪用、私分或者变相私分应急救援资金、物资的。

（八）不及时归还征用的单位和个人的财产，或者对被征用财产的单位和个人不按规定给予补偿的。

第六十四条 有关单位有下列情形之一的，由所在地履行统一领导职责的人民政府责令停产停业，暂扣或者吊销许可证或者营业执照，并处五万元以上二十万元以下的罚款；构成违反治安管理行为的，由公安机关依法给予处罚：

（一）未按规定采取预防措施，导致发生严重突发事件的。

（二）未及时消除已发现的可能引发突发事件的隐患，导致发生严重突发事件的。

（三）未做好应急设备、设施日常维护、检测工作，导致发生严重突发事件或者突发事件危害扩大的。

（四）突发事件发生后，不及时组织开展应急救援工作，造成严重后果的。

前款规定的行为，其他法律、行政法规规定由人民政府有关部门依法决定处罚的，从其规定。

第六十五条　违反本法规定，编造并传播有关突发事件事态发展或者应急处置工作的虚假信息，或者明知是有关突发事件事态发展或者应急处置工作的虚假信息而进行传播的，责令改正，给予警告；造成严重后果的，依法暂停其业务活动或者吊销其执业许可证；负有直接责任的人员是国家工作人员的，还应当对其依法给予处分；构成违反治安管理行为的，由公安机关依法给予处罚。

第六十六条　单位或者个人违反本法规定，不服从所在地人民政府及其有关部门发布的决定、命令或者不配合其依法采取的措施，构成违反治安管理行为的，由公安机关依法给予处罚。

第六十七条　单位或者个人违反本法规定，导致突发事件发生或者危害扩大，给他人人身、财产造成损害的，应当依法承担民事责任。

第六十八条　违反本法规定，构成犯罪的，依法追究刑事责任。

第七章　附　　则

第六十九条　发生特别重大突发事件，对人民生命财产安全、国家安全、公共安全、环境安全或者社会秩序构成重大威胁，采取本法和其他有关法律、法规、规章规定的应急处置措施不能消除或者有效控制、减轻其严重社会危害，需要进入紧急状态的，由全国人民代表大会常务委员会或者国务院依照宪法和其他有关法律规定的权限和程序决定。

紧急状态期间采取的非常措施，依照有关法律规定执行或者由全国人民代表大会常务委员会另行规定。

第七十条　本法自2007年11月1日起施行。

7 中华人民共和国工会法

1992年4月3日第七届全国人民代表大会第五次会议通过，1992年4月3日中华人民共和国主席令第五十七号公布，自公布之日起施行；根据2001年10月27日第九届全国人民代表大会常务委员会第二十四次会议通过、2001年10月27日中华人民共和国主席令第六十二号公布、自公布之日起施行的《关于修改〈中华人民共和国工会法〉的决定》修改；根据2009年8月27日第十一届全国人民代表大会常务委员会第十次会议通过、中华人民共和国主席令第十八号公布的《全国人民代表大会常务委员会关于修改部分法律的规定》第二次修改。

第一章 总 则

第一条 为保障工会在国家政治、经济和社会生活中的地位，确定工会的权利与义务，发挥工会在社会主义现代化建设事业中的作用，根据宪法，制定本法。

第二条 工会是职工自愿结合的工人阶级的群众组织。

中华全国总工会及其各工会组织代表职工的利益，依法维护职工的合法权益。

第三条 在中国境内的企业、事业单位、机关中以工资收入为主要生活来源的体力劳动者和脑力劳动者，不分民族、种族、性别、职业、宗教信仰、教育程度，都有依法参加和组织工会的权利。任何组织和个人不得阻挠和限制。

第四条 工会必须遵守和维护宪法，以宪法为根本的活动准则，以经济建设为中心，坚持社会主义道路、坚持人民民主专政、坚持中国共产党的领导、坚持马克思列宁主义毛泽东思想邓小平理论，坚持改革开放，依照工会章程独立自主的开展工作。

工会会员全国代表大会制定或者修改《中国工会章程》，章程不得与宪法和法律相抵触。

国家保护工会的合法权益不受侵犯。

第五条 工会组织和教育职工依照宪法和法律的规定行使民主权利，发挥国家主人翁的作用，通过各种途径和形式，参与管理国家事务、管理经济和文化事业、管理社会事务；协助人民政府开展工作，维护工人阶级领导的、以工农联盟为基础的人民民主专政的社会主义国家政权。

第六条 维护职工合法权益是工会的基本职责。工会在维护全国人民总体利益的同时，代表和维护职工的合法权益。

工会通过平等协商和集体合同制度，协调劳动关系，维护企业职工劳动权益。

工会依照法律规定通过职工代表大会或者其他形式，组织职工参与本单位的民主决策、民主管理和民主监督。

工会必须密切联系职工，听取和反映职工的意见和要求，关心职工的生活，帮助职工解决困难，全心全意为职工服务。

第七条　工会动员和组织职工积极参加经济建设，努力完成生产任务和工作任务。教育职工不断提高思想品德、技术业务和科学文化素质，建设有理想、有道德、有文化、有纪律的职工队伍。

第八条　中华全国总工会根据独立、平等、互相尊重、互不干涉内部事务的原则，加强同各国工会组织的友好合作关系。

第二章　工会组织

第九条　工会各级组织依照民主集中制原则建立。

各级工会委员会由会员大会或者会员代表大会民主选举产生。企业主要负责人的近亲属不得作为本企业基层工会委员会成员的人选。

各级工会委员会向同级会员大会或者会员代表大会负责并报告工作，接受其监督。

工会会员大会或者会员代表大会有权撤换或者罢免其所选举的代表或者工会委员会组成人员。

上级工会组织领导下级工会组织。

第十条　企业、事业单位、机关有会员二十五人以上的，应当建立基层工会委员会；不足二十五人的，可以单独建立基层工会委员会，也可以有两个以上单位的会员联合建立基层工会委员会，也可以选举组织员一人，组织会员开展活动。女职工人数较多的，可以建立工会女职工委员会，在同级工会领导下开展工作；女职工人数较少的，可以在工会委员会中设女职工委员。

企业职工较多的县镇、城市街道，可以建立基层工会的联合会。

县级以上地方建立地方各级总工会。

同一行业或者性质相近的几个行业，可以根据需要建立全国的或者地方的产业工会。

全国建立统一的中华全国总工会。

第十一条　基层工会、地方各级总工会、全国或者地方产业工会组织的建立，必须报上一级工会批准。

上级工会可以派员帮助和指导企业职工组建工会，任何单位和个人不得阻挠。

第十二条　任何组织和个人不得随意撤销、合并工会组织。

基层工会所在的企业终止或者所在的事业单位、机关被撤销，该工会组织相应撤销，并报告上一级工会。

依前款规定被撤销的工会，其会员的会籍可以继续保留，具体管理办法由中华全国总工会制定。

第十三条　职工二百人以上的企业、事业单位的工会，可以设专职工会主席。工会专职工作人员的人数由工会与企业、事业单位协商确定。

第十四条 中华全国总工会、地方总工会、产业工会具有社会团体法人资格。

基层工会组织具备民法通则规定的法人条件的，依法取得社会团体法人资格。

第十五条 基层工会委员会每届任期三年或者五年。各级地方总工会委员会和产业工会委员会每届任期五年。

第十六条 基层工会委员会定期召开会员大会或者会员代表大会，讨论决定工会工作的重大问题。经基层工会委员会或者三分之一以上的工会委员会提议，可以临时召开会员大会或者会员代表大会。

第十七条 工会主席、副主席任期未满时，不得随意调动其工作。因工作需要调动时，应当征得本级工会委员会和上一级工会的同意。

罢免工会主席、副主席必须召开会员大会或者会员代表大会讨论，非经会员大会全体会员或者会员代表大会全体代表过半数通过，不得罢免。

第十八条 基层工会专职主席、副主席或者委员自任职之日起，其劳动合同期限自动延长，延长期限相当于其任职期间；非专职主席、副主席或者委员自任职之日起，其尚未履行的劳动合同期限短于任期的，劳动合同期限自动延长至任期期满。但是，任职期间个人严重过失或者达到法定退休年龄的除外。

第三章　工会的权利和义务

第十九条 企业、事业单位违反职工代表大会制度和其他民主管理制度，工会有权要求纠正，保障职工依法行使民主管理的权利。

法律、法规规定应当提交职工大会或者职工代表大会审议、通过、决定的事项，企业、事业单位应当依法办理。

第二十条 工会帮助、指导职工与企业以及实行企业化管理的事业单位签订劳动合同。

工会代表职工与企业以及实行企业化管理的事业单位进行平等协商，签订集体合同。集体合同草案应当提交职工代表大会或者全体职工讨论通过。

工会签订集体合同，上级工会应当给予支持和帮助。

企业违反集体合同，侵犯职工劳动权益的，工会可以依法要求企业承担责任；因履行集体合同发生争议，经协商解决不成的，工会可以向劳动争议仲裁机构提请仲裁，仲裁机构不予受理或者对仲裁裁决不服的，可以向人民法院提起诉讼。

第二十一条 企业、事业单位处分职工，工会认为不适当的，有权提出意见。

企业单方面解除职工劳动合同时，应当事先将理由通知工会，工会认为企业违反法律、法规和有关合同，要求重新研究处理时，企业应当研究工会的意见，并将处理结果书面通知工会。

职工认为企业侵犯其劳动权益而申请劳动争议仲裁或者向人民法院提出诉讼的，工会应当给予支持和帮助。

第二十二条 企业、事业单位违反劳动法律、法规规定，有下列侵犯职工劳动权益情形，工会应当代表职工与企业、事业单位交涉，要求企业、事业单位采取措施予以改正；

企业、事业单位应当予以研究处理，并向工会做出答复；企业、事业单位拒不改正的，工会可以请求当地人民政府依法做出处理：

（一）克扣职工工资的。

（二）不提供劳动安全卫生条件的。

（三）随意延长劳动时间的。

（四）侵犯女职工和未成年工特殊权益的。

（五）其他严重侵犯职工劳动权益的。

第二十三条　工会依照国家规定对新建、扩建企业和技术改造工程中的劳动条件和安全卫生设施与主体工程同时设计、同时施工、同时投产使用进行监督。对工会提出的意见，企业或者主管部门应当认真处理，并将处理结果书面通知工会。

第二十四条　工会发现企业违章指挥、强令工人冒险作业，或者生产过程中发现明显重大事故隐患和职业危险，有权提出解决的建议，企业应当及时研究答复；发现危及职工生命安全的情况时，工会有权向企业建议组织职工撤离危险现场，企业必须及时作出处理决定。

第二十五条　工会有权对企业、事业单位侵犯职工合法权益的问题进行调查，有关单位应当予以协助。

第二十六条　职工因工伤亡事故和其他严重危害职工健康问题的调查处理，必须有工会参加。工会应当向有关处理部门提出处理意见，并有权要求追究直接负责的主管人员和有关责任人员的责任。对工会提出的意见，应当及时研究，给予答复。

第二十七条　企业、事业单位发生停工、怠工事件，工会应当代表职工同企业、事业单位或者有关方面协商，反映职工的意见和要求并提出解决意见。对于职工的合理要求，企业、事业单位应当予以解决。工会协助企业、事业单位做好工作，尽快恢复生产、工作秩序。

第二十八条　工会参加企业的劳动争议调解工作。

地方劳动争议仲裁组织应当有同级工会代表参加。

第二十九条　县级以上各级总工会可以为所属工会和职工提供法律服务。

第三十条　工会协助企业、事业单位、机关办好职工集体福利事业，做好工资、劳动安全卫生和社会保险工作。

第三十一条　工会会同企业、事业单位教育职工以国家主人们翁态度对待劳动，爱护国家和企业的财产，组织职工开展群众性的合理化建议、技术革新活动，进行业余文化技术学习和职工培训，组织职工开展文娱、体育活动。

第三十二条　根据政府委托，工会与有关部门共同做好劳动模范和先进生产（工作）者的评选、表彰、培养和管理工作。

第三十三条　国家机关在组织起草或者修改直接涉及职工切身利益的法律、法规、规章时，应当听取工会意见。

县级以上各级人民政府制订国民经济和社会发展计划，对涉及职工利益重的重大问题，应当听取同级工会的意见。

县级以上各级人民政府及其有关部门研究制定劳动就业、工资、劳动安全卫生、社会保险等涉及职工切身利益的政策、措施时，应当吸收同级工会参加研究，听取工会意见。

第三十四条 县级以上地方各级人民政府可以召开会议或者采取适当方式，向同级工会通报政府的重要的工作部署和与工会工作有关的行政措施，研究解决工会反映的职工群众的意见和要求。

各级人民政府劳动行政部门应当会同同级工会和企业方面代表，建立劳动关系三方协商机制，共同研究解决劳动关系方面的重大问题。

第四章 基层工会组织

第三十五条 国有企业职工代表大会是企业实行民主管理的基本形式，是职工行使民主管理权力的机构，依照法律规定行使职权。

国有企业的工会委员会是职工代表大会的工作机构，负责职工代表大会的日常工作，检查、督促职工代表大会决议的执行。

第三十六条 集体企业的工会委员会，应当支持和组织职工参加民主管理和民主监督，维护职工选举和罢免管理人员、决定经营管理的重要问题的权利。

第三十七条 本法第三十五条、第三十六条规定以外的其他企业、事业单位的工会委员会，依照法律规定组织职工采取与企业、事业单位相适应的形式，参与企业、事业单位民主管理。

第三十八条 企业、事业单位研究经营管理和发展的重大问题应当听取工会的意见；召开讨论有关工资、福利、劳动安全卫生、社会保险等涉及职工切身利益的会议，必须有工会代表参加。

企业、事业单位应当支持工会依法开展活动，工会应当支持企业、事业单位依法行使经营管理权。

第三十九条 公司的董事会、监事会中职工代表的产生，依照公司法有关规定执行。

第四十条 基层工会委员会召开会议或者组织职工活动，应当在生产或者工作时间以外进行，需要占用生产或者工作时间的，应当事先征得企业、事业单位的同意。

基层工会的非专职委员占用生产或者工作时间参加会议或者从事工会工作，每月不超过三个工作日，其工资照发，其他待遇不受影响。

第四十一条 企业、事业单位、机关工会委员会的专职工作人员的工资、奖励、补贴，由所在单位支付。社会保险和其他福利待遇等，享受本单位职工同等待遇。

第五章 工会的经费和财产

第四十二条 工会经费的来源：

（一）工会会员缴纳的会费。

（二）建立工会组织的企业、事业单位、机关按每月全部职工工资总额的百分之二向工会拨缴的经费。

（三）工会所属的企业、事业单位上缴的收入。

（四）人民政府的补助。

（五）其他收入。

前款第二项规定的企业、事业单位拨缴的经费在税前列支。

工会经费主要用于为职工服务和工会活动。经费所用的具体办法由中华全国总工会制定。

第四十三条　企业、事业单位无正当理由拖延或者拒不拨缴工会经费，基层工会或者上级工会可以向当地人民法院申请支付令；拒不执行支付令的，工会可以依法申请人民法院强制执行。

第四十四条　工会应当根据经费独立原则，建立预算、决算和经费审查监督制度。

各级工会建立经费审查委员会。

各级工会经费收支情况应当由同级工会经费审查委员会审查，并且定期向会员大会或者会员代表大会报告，接受监督。工会会员大会或者会员代表大会有权对经费使用情况提出意见。

工会经费的使用应当依法接受国家的监督。

第四十五条　各级人民政府和企业、事业单位、机关应当为工会办公和开展活动，提供必要的设施和活动场所等物质条件。

第四十六条　工会的财产、经费和国家拨给工会使用的不动产，任何组织和个人不得侵占、挪用和任意调拨。

第四十七条　工会所属的为职工服务的企业、事业单位，其隶属关系不得随意改变。

第四十八条　县级以上各级工会的离休、退休人员的待遇，与国家机关工作人员同等对待。

第六章　法律责任

第四十九条　工会对违反本法规定侵犯其合法权益的，有权提请人民政府或者有关部门予以处理，或者向人民法院提起诉讼。

第五十条　违反本法第三条、第十一条规定，阻挠职工依法参加和组织工会或者阻挠上级工会帮助指导职工筹建工会的，由劳动行政部门责令其改正；拒不改正的，由劳动行政部门提请县级以上人民政府处理；以暴力、威胁等手段阻挠造成严重后果，构成犯罪的，依法追究刑事责任。

第五十一条　违法本法规定，对依法履行职责的工会工作人员无正当理由调动工作岗位，进行打击报复的，由劳动行政部门责令改正、恢复原工作；造成损失的，给予赔偿。

对依法履行责任的工会工作人员进行侮辱、诽谤或者进行人身伤害，构成犯罪的，依法追究刑事责任；尚未构成犯罪的，由公安机关依照治安管理处罚条例的规定处罚。

第五十二条　违反本法规定，有下列情形之一的，由劳动行政部门责令恢复其工作，并补发被解除劳动合同期间应得的报酬，或者责令给予本人年收入两倍的赔偿：

（一）职工因参加工会活动而被解除劳动合同的。

（二）工会工作人员因履行本法规定的责任而被解除劳动合同的。

第五十三条 违反本法规定，有下列情形之一的，由县级以上人民政府责令改正，依法处理：

（一）妨碍工会组织职工通过职工代表大会和其他形式依法行使民主权利的。

（二）非法撤销、合并工会组织的。

（三）妨碍工会参加职工因工伤亡事故以及其他侵犯职工合法权益问题的调查处理的。

（四）无正当理由拒绝进行平等协商的。

第五十四条 违反本法第四十六条规定，侵占工会经费和财产拒不返还的，工会可以向人民法院提起诉讼，要求返还，并赔偿损失。

第五十五条 工会工作人员违反本法规定，损害职工或者工会权益的，由同级工会或者上级工会责令改正，或者予以处分；情节严重的，依照《中国工会章程》予以罢免；造成损失的，应当承担赔偿责任；构成犯罪的，依法追究刑事责任。

第七章　附　　则

第五十六条 中华全国总工会会同有关国家机关制定机关工会实施本法的具体办法。

第五十七条 本法自公布之日起实施。1950 年 6 月 29 日中央人民政府颁布的《中华人民共和国工会法》同时废止。

第二部分　行政法规

8　中华人民共和国渔港水域交通安全管理条例

1989年7月3日中华人民共和国国务院令第38号发布，自1989年8月1日起施行；根据2010年12月29日国务院第138次常务会议通过、2011年1月8日中华人民共和国国务院令第588号公布、自公布之日起施行的《国务院关于废止和修改部分行政法规的决定》第一次修改；根据2017年10月7日中华人民共和国国务院令第687号公布、自公布之日起施行的《国务院关于修改部分行政法规的决定》第二次修改。

第一条　根据《中华人民共和国海上交通安全法》第四十八条的规定，制定本条例。

第二条　本条例适用于在中华人民共和国沿海以渔业为主的渔港和渔港水域（以下简称"渔港"和"渔港水域"）航行、停泊、作业的船舶、设施和人员以及船舶、设施的所有者、经营者。

第三条　中华人民共和国渔政渔港监督管理机关是对渔港水域交通安全实施监督管理的主管机关，并负责沿海水域渔业船舶之间交通事故的调查处理。

第四条　本条例下列用语的含义是：

渔港是指主要为渔业生产服务和供渔业船舶停泊、避风、装卸渔获物和补充渔需物资的人工港口或者自然港湾。

渔港水域是指渔港的港池、锚地、避风湾和航道。

渔业船舶是指从事渔业生产的船舶以及属于水产系统为渔业生产服务的船舶，包括捕捞船、养殖船、水产运销船、冷藏加工船、油船、供应船、渔业指导船、科研调查船、教学实习船、渔港工程船、拖轮、交通船、驳船、渔政船和渔监船。

第五条　对渔港认定有不同意见的，依照港口隶属关系由县级以上人民政府确定。

第六条　船舶进出渔港必须遵守渔港管理章程以及国际海上避碰规则，并依照规定办理签证，接受安全检查。

渔港内的船舶必须服从渔政渔港监督管理机关对水域交通安全秩序的管理。

第七条　船舶在渔港内停泊、避风和装卸物资，不得损坏渔港的设施装备；造成损坏的应当向渔政渔港监督管理机关报告，并承担赔偿责任。

第八条　船舶在渔港内装卸易燃、易爆、有毒等危险货物，必须遵守国家关于危险货物管理的规定，并事先向渔政渔港监督管理机关提出申请，经批准后在指定的安全地点装卸。

第九条　在渔港内新建、改建、扩建各种设施，或者进行其他水上、水下施工作业，除依照国家规定履行审批手续外，应当报请渔政渔港监督管理机关批准。渔政渔港监督管理机关批准后，应当事先发布航行通告。

第十条　在渔港内的航道、港池、锚地和停泊区，禁止从事有碍海上交通安全的捕捞、养殖等生产活动。

第十一条 国家公务船舶在执行公务时进出渔港，经通报渔政渔港监督管理机关，可免于签证、检查。渔政渔港监督管理机关应当对执行海上巡视任务的国家公务船舶的靠岸、停泊和补给提供方便。

第十二条 渔业船舶在向渔政渔港监督管理机关申请船舶登记，并取得渔业船舶国籍证书或者渔业船舶登记证书后，方可悬挂中华人民共和国国旗航行。

第十三条 渔业船舶必须经船舶检验部门检验合格，取得船舶技术证书，并领取渔政渔港监督管理机关签发的渔业船舶航行签证簿后，方可从事渔业生产。

第十四条 渔业船舶的船长、轮机长、驾驶员、轮机员、电机员、无线电报务员、话务员，必须经渔政渔港监督管理机关考核合格，取得职务证书，其他人员应当经过相应的专业训练。

第十五条 地方各级人民政府应当加强本行政区域内渔业船舶船员的技术培训工作。国营、集体所有的渔业船舶，其船员的技术培训由渔业船舶所属单位负责；个人所有的渔业船舶，其船员的技术培训由当地人民政府渔业行政主管部门负责。

第十六条 渔业船舶之间发生交通事故，应当向就近的渔政渔港监督管理机关报告，并在进入第一个港口 48 小时之内向渔政渔港监督管理机关递交事故报告书和有关材料，接受调查处理。

第十七条 渔政渔港监督管理机关对渔港水域内的交通事故和其他沿海水域渔业船舶之间的交通事故，应当及时查明原因，判明责任，作出处理决定。

第十八条 渔港内的船舶、设施有下列情形之一的，渔政渔港监督管理机关有权禁止其离港，或者令其停航、改航、停止作业：

（一）违反中华人民共和国法律、法规或者规章的。

（二）处于不适航或者不适拖状态的。

（三）发生交通事故，手续未清的。

（四）未向渔政渔港监督管理机关或者有关部门交付应当承担的费用，也未提供担保的。

（五）渔政渔港监督管理机关认为有其他妨害或者可能妨害海上交通安全的。

第十九条 渔港内的船舶、设施发生事故，对海上交通安全造成或者可能造成危害，渔政渔港监督管理机关有权对其采取强制性处置措施。

第二十条 船舶进出渔港依照规定应当到渔政渔港监督管理机关办理签证而未办理签证的，或者在渔港内不服从渔政渔港监督管理机关对水域交通安全秩序管理的，由渔政渔港监督管理机关责令改正，可以并处警告、罚款；情节严重的，扣留或者吊销船长职务证书（扣留职务证书时间最长不超过 6 个月，下同）。

第二十一条 违反本条例规定，有下列行为之一的，由渔政渔港监督管理机关责令停止违法行为，可以并处警告、罚款；造成损失的，应当承担赔偿责任；对直接责任人员由其所在单位或者上级主管机关给予行政处分：

（一）未经渔政渔港监督管理机关批准或者未按照批准文件的规定，在渔港内装卸易燃、易爆、有毒等危险货物的。

（二）未经渔政渔港监督管理机关批准，在渔港内新建、改建、扩建各种设施或者进行其他水上、水下施工作业的。

（三）在渔港内的航道、港池、锚地和停泊区从事有碍海上交通安全的捕捞、养殖等生产活动的。

第二十二条 违反本条例规定，未持有船舶证书或者未配齐船员的，由渔政渔港监督管理机关责令改正，可以并处罚款。

第二十三条 违反本条例规定，不执行渔政渔港监督管理机关作出的离港、停航、改航、停止作业的决定，或者在执行中违反上述决定的，由渔政渔港监督管理机关责令改正，可以并处警告、罚款；情节严重的，扣留或者吊销船长职务证书。

第二十四条 当事人对渔政渔港监督管理机关作出的行政处罚决定不服的，可以在接到处罚通知之日起 15 日内向人民法院起诉；期满不起诉又不履行的，由渔政渔港监督管理机关申请人民法院强制执行。

第二十五条 因渔港水域内发生的交通事故或者其他沿海水域发生的渔业船舶之间的交通事故引起的民事纠纷，可以由渔政渔港监督管理机关调解处理；调解不成或者不愿意调解的，当事人可以向人民法院起诉。

第二十六条 拒绝、阻碍渔政渔港监督管理工作人员依法执行公务，应当给予治安管理处罚的，由公安机关依照《中华人民共和国治安管理处罚法》有关规定处罚；构成犯罪的，由司法机关依法追究刑事责任。

第二十七条 渔政渔港监督管理工作人员，在渔港和渔港水域交通安全监督管理工作中，玩忽职守，滥用职权、徇私舞弊的，由其所在单位或者上级主管机关给予行政处分；构成犯罪的，由司法机关依法追究刑事责任。

第二十八条 本条例由农业部负责解释；实施细则由农业部制定。

第二十九条 本条例自 1989 年 8 月 1 日起施行。

9 水库大坝安全管理条例

1991 年 3 月 22 日中华人民共和国国务院令第 77 号公布，自公布之日起施行；根据 2010 年 12 月 29 日国务院第 138 次常务会议通过、2011 年 1 月 8 日中华人民共和国国务院令第 588 号公布、自公布之日起施行的《国务院关于废止和修改部分行政法规的决定》修改。

第一章 总 则

第一条 为加强水库大坝安全管理，保障人民生命财产和社会主义建设的安全，根据

《中华人民共和国水法》，制定本条例。

第二条 本条例适用于中华人民共和国境内坝高十五米以上或者库容一百万立方米以上的水库大坝（以下简称大坝）。大坝包括永久性挡水建筑物以及与其配合运用的泄洪、输水和过船建筑物等。

坝高十五米以下、十米以上或者库容一百万立方米以下、十万立方米以上，对重要城镇、交通干线、重要军事设施、工矿区安全有潜在危险的大坝，其安全管理参照本条例执行。

第三条 国务院水行政主管部门会同国务院有关主管部门对全国的大坝安全实施监督。县级以上地方人民政府水行政主管部门会同有关主管部门对本行政区域内的大坝安全实施监督。

各级水利、能源、建设、交通、农业等有关部门，是其所管辖的大坝的主管部门。

第四条 各级人民政府及其大坝主管部门对其所管辖的大坝的安全实行行政领导负责制。

第五条 大坝的建设和管理应当贯彻安全第一的方针。

第六条 任何单位和个人都有保护大坝安全的义务。

第二章 大坝建设

第七条 兴建大坝必须符合由国务院水行政主管部门会同有关大坝主管部门制定的大坝安全技术标准。

第八条 兴建大坝必须进行工程设计。大坝的工程设计必须由具有相应资格证书的单位承担。

大坝的工程设计应当包括工程观测、通信、动力、照明、交通、消防等管理设施的设计。

第九条 大坝施工必须由具有相应资格证书的单位承担。大坝施工单位必须按照施工承包合同规定的设计文件、图纸要求和有关技术标准进行施工。

建设单位和设计单位应当派驻代表，对施工质量进行监督检查。质量不符合设计要求的，必须返工或者采取补救措施。

第十条 兴建大坝时，建设单位应当按照批准的设计，提请县级以上人民政府依照国家规定划定管理和保护范围，树立标志。

已建大坝尚未划定管理和保护范围的，大坝主管部门应当根据安全管理的需要，提请县级以上人民政府划定。

第十一条 大坝开工后，大坝主管部门应当组建大坝管理单位，由其按照工程基本建设验收规程参与质量检查以及大坝分部、分项验收和蓄水验收工作。

大坝竣工后，建设单位应当申请大坝主管部门组织验收。

第三章 大坝管理

第十二条 大坝及其设施受国家保护，任何单位和个人不得侵占、毁坏。大坝管理单位应当加强大坝的安全保卫工作。

第十三条 禁止在大坝管理和保护范围内进行爆破、打井、采石、采矿、挖沙、取土、修坟等危害大坝安全的活动。

第十四条 非大坝管理人员不得操作大坝的泄洪闸门、输水闸门以及其他设施，大坝管理人员操作时应当遵守有关的规章制度。禁止任何单位和个人干扰大坝的正常管理工作。

第十五条 禁止在大坝的集水区域内乱伐林木、陡坡开荒等导致水库淤积的活动。禁止在库区内围垦和进行采石、取土等危及山体的活动。

第十六条 大坝坝顶确需兼做公路的，须经科学论证和大坝主管部门批准，并采取相应的安全维护措施。

第十七条 禁止在坝体修建码头、渠道、堆放杂物、晾晒粮草。在大坝管理和保护范围内修建码头、鱼塘的，须经大坝主管部门批准，并与坝脚和泄水、输水建筑物保持一定距离，不得影响大坝安全、工程管理和抢险工作。

第十八条 大坝主管部门应当配备具有相应业务水平的大坝安全管理人员。

大坝管理单位应当建立、健全安全管理规章制度。

第十九条 大坝管理单位必须按照有关技术标准，对大坝进行安全监测和检查；对监测资料应当及时整理分析，随时掌握大坝运行状况。发现异常现象和不安全因素时，大坝管理单位应当立即报告大坝主管部门，及时采取措施。

第二十条 大坝管理单位必须做好大坝的养护修理工作，保证大坝和闸门启闭设备完好。

第二十一条 大坝的运行，必须在保证安全的前提下，发挥综合效益。大坝管理单位应当根据批准的计划和大坝主管部门的指令进行水库的调度运用。

在汛期，综合利用的水库，其调度运用必须服从防汛指挥机构的统一指挥；以发电为主的水库，其汛限水位以上的防洪库容及其洪水调度运用，必须服从防汛指挥机构的统一指挥。

任何单位和个人不得非法干预水库的调度运用。

第二十二条 大坝主管部门应当建立大坝定期安全检查、鉴定制度。

汛前、汛后，以及暴风、暴雨、特大洪水或者强烈地震发生后，大坝主管部门应当组织对其所管辖的大坝的安全进行检查。

第二十三条 大坝主管部门对其所管辖的大坝应当按期注册登记，建立技术档案。大坝注册登记办法由国务院水行政主管部门会同有关主管部门制定。

第二十四条 大坝管理单位和有关部门应当做好防汛抢险物料的准备和气象水情预报，并保证水情传递、报警以及大坝管理单位与大坝主管部门、上级防汛指挥机构之间联系通畅。

第二十五条 大坝出现险情征兆时，大坝管理单位应当立即报告大坝主管部门和上级防汛指挥机构，并采取抢救措施；有垮坝危险时，应当采取一切措施向预计的垮坝淹没地区发出警报，做好转移工作。

第四章 险坝处理

第二十六条 对尚未达到设计洪水标准、抗震设防标准或者有严重质量缺陷的险坝，大坝主管部门应当组织有关单位进行分类，采取除险加固等措施，或者废弃重建。

在险坝加固前，大坝管理单位应当制定保坝应急措施；经论证必须改变原设计运行方式的，应当报请大坝主管部门审批。

第二十七条 大坝主管部门应当对其所管辖的需要加固的险坝制订加固计划，限期消除危险；有关人民政府应当优先安排所需资金和物料。

险坝加固必须由具有相应设计资格证书的单位作出加固设计，经审批后组织实施。险坝加固竣工后，由大坝主管部门组织验收。

第二十八条 大坝主管部门应当组织有关单位，对险坝可能出现的垮坝方式、淹没范围作出预估，并制定应急方案，报防汛指挥机构批准。

第五章 罚 则

第二十九条 违反本条例规定，有下列行为之一的，由大坝主管部门责令其停止违法行为，赔偿损失，采取补救措施，可以并处罚款；应当给予治安管理处罚的，由公安机关依照《中华人民共和国治安管理处罚条例》的规定处罚；构成犯罪的，依法追究刑事责任：

（一）毁坏大坝或者其观测、通信、动力、照明、交通、消防等管理设施的。

（二）在大坝管理和保护范围内进行爆破、打井、采石、采矿、取土、挖沙、修坟等危害大坝安全活动的。

（三）擅自操作大坝的泄洪闸门、输水闸门以及其他设施，破坏大坝正常运行的。

（四）在库区内围垦的。

（五）在坝体修建码头、渠道或者堆放杂物、晾晒粮草的。

（六）擅自在大坝管理和保护范围内修建码头、鱼塘的。

第三十条 盗窃或者抢夺大坝工程设施、器材的，依照刑法规定追究刑事责任。

第三十一条 由于勘测设计失误、施工质量低劣、调度运用不当以及滥用职权，玩忽职守，导致大坝事故的，由其所在单位或者上级主管机关对责任人员给予行政处分；构成犯罪的，依法追究刑事责任。

第三十二条 当事人对行政处罚决定不服的，可以在接到处罚通知之日起十五日内，向作出处罚决定机关的上一级机关申请复议；对复议决定不服的，可以在接到复议决定之日起十五日内，向人民法院起诉。当事人也可以在接到处罚通知之日起十五日内，直接向人民法院起诉。当事人逾期不申请复议或者不向人民法院起诉又不履行处罚决定的，由作出处罚决定的机关申请人民法院强制执行。

对治安管理处罚不服的，依照《中华人民共和国治安管理处罚条例》的规定办理。

第六章　附　　则

第三十三条　国务院有关部门和各省、自治区、直辖市人民政府可以根据本条例制定实施细则。

第三十四条　本条例自发布之日起施行。

10　中华人民共和国民用航空安全保卫条例

1996年7月6日中华人民共和国国务院令第201号公布，自公布之日起施行；根据2010年12月29日国务院第138次常务会议通过、2011年1月8日中华人民共和国国务院令第588号公布、自公布之日起施行的《国务院关于废止和修改部分行政法规的决定》修改。

第一章　总　　则

第一条　为了防止对民用航空活动的非法干扰，维护民用航空秩序，保障民用航空安全，制定本条例。

第二条　本条例适用于在中华人民共和国领域内的一切民用航空活动以及与民用航空活动有关的单位和个人。

在中华人民共和国领域外从事民用航空活动的具有中华人民共和国国籍的民用航空器适用本条例；但是，中华人民共和国缔结或者参加的国际条约另有规定的除外。

第三条　民用航空安全保卫工作实行统一管理、分工负责的原则。

民用航空公安机关（以下简称民航公安机关）负责对民用航空安全保卫工作实施统一管理、检查和监督。

第四条　有关地方人民政府与民用航空单位应当密切配合，共同维护民用航空安全。

第五条　旅客、货物托运人和收货人以及其他进入机场的人员，应当遵守民用航空安全管理的法律、法规和规章。

第六条　民用机场经营人和民用航空器经营人应当履行下列职责：

（一）制定本单位民用航空安全保卫方案，并报国务院民用航空主管部门备案。

（二）严格实行有关民用航空安全保卫的措施。

（三）定期进行民用航空安全保卫训练，及时消除危及民用航空安全的隐患。

与中华人民共和国通航的外国民用航空企业，应当向国务院民用航空主管部门报送民用航空安全保卫方案。

第七条 公民有权向民航公安机关举报预谋劫持、破坏民用航空器或者其他危害民用航空安全的行为。

第八条 对维护民用航空安全做出突出贡献的单位或者个人，由有关人民政府或者国务院民用航空主管部门给予奖励。

第二章 民用机场的安全保卫

第九条 民用机场（包括军民合用机场中的民用部分，下同）的新建、改建或者扩建，应当符合国务院民用航空主管部门关于民用机场安全保卫设施建设的规定。

第十条 民用机场开放使用，应当具备下列安全保卫条件：

（一）设有机场控制区并配备专职警卫人员。

（二）设有符合标准的防护围栏和巡逻通道。

（三）设有安全保卫机构并配备相应的人员和装备。

（四）设有安全检查机构并配备与机场运输量相适应的人员和检查设备。

（五）设有专职消防组织并按照机场消防等级配备人员和设备。

（六）订有应急处置方案并配备必要的应急援救设备。

第十一条 机场控制区应当根据安全保卫的需要，划定为候机隔离区、行李分检装卸区、航空器活动区和维修区、货物存放区等，并分别设置安全防护设施和明显标志。

第十二条 机场控制区应当有严密的安全保卫措施，实行封闭式分区管理。具体管理办法由国务院民用航空主管部门制定。

第十三条 人员与车辆进入机场控制区，必须佩带机场控制区通行证并接受警卫人员的检查。

机场控制区通行证，由民航公安机关按照国务院民用航空主管部门的有关规定制发和管理。

第十四条 在航空器活动区和维修区内的人员、车辆必须按照规定路线行进，车辆、设备必须在指定位置停放，一切人员、车辆必须避让航空器。

第十五条 停放在机场的民用航空器必须有专人警卫；各有关部门及其工作人员必须严格执行航空器警卫交接制度。

第十六条 机场内禁止下列行为：

（一）攀（钻）越、损毁机场防护围栏及其他安全防护设施。

（二）在机场控制区内狩猎、放牧、晾晒谷物、教练驾驶车辆。

（三）无机场控制区通行证进入机场控制区。

（四）随意穿越航空器跑道、滑行道。

（五）强行登、占航空器。

（六）谎报险情，制造混乱。

（七）扰乱机场秩序的其他行为。

第三章　民用航空营运的安全保卫

第十七条　承运人及其代理人出售客票，必须符合国务院民用航空主管部门的有关规定；对不符合规定的，不得售予客票。

第十八条　承运人办理承运手续时，必须核对乘机人和行李。

第十九条　旅客登机时，承运人必须核对旅客人数。

对已经办理登机手续而未登机的旅客的行李，不得装入或者留在航空器内。

旅客在航空器飞行中途中止旅行时，必须将其行李卸下。

第二十条　承运人对承运的行李、货物，在地面存储和运输期间，必须有专人监管。

第二十一条　配制、装载供应品的单位对装入航空器的供应品，必须保证其安全性。

第二十二条　航空器在飞行中的安全保卫工作由机长统一负责。

航空安全员在机长领导下，承担安全保卫的具体工作。

机长、航空安全员和机组其他成员，应当严格履行职责，保护民用航空器及其所载人员和财产的安全。

第二十三条　机长在执行职务时，可以行使下列权力：

（一）在航空器起飞前，发现有关方面对航空器未采取本条例规定的安全措施的，拒绝起飞。

（二）在航空器飞行中，对扰乱航空器内秩序，干扰机组人员正常工作而不听劝阻的人，采取必要的管束措施。

（三）在航空器飞行中，对劫持、破坏航空器或者其他危及安全的行为，采取必要的措施。

（四）在航空器飞行中遇到特殊情况时，对航空器的处置作最后决定。

第二十四条　禁止下列扰乱民用航空营运秩序的行为：

（一）倒卖购票证件、客票和航空运输企业的有效订座凭证。

（二）冒用他人身份证件购票、登机。

（三）利用客票交运或者捎带非旅客本人的行李物品。

（四）将未经安全检查或者采取其他安全措施的物品装入航空器。

第二十五条　航空器内禁止下列行为：

（一）在禁烟区吸烟。

（二）抢占座位、行李舱（架）。

（三）打架、酗酒、寻衅滋事。

（四）盗窃、故意损坏或者擅自移动救生物品和设备。

（五）危及飞行安全和扰乱航空器内秩序的其他行为。

第四章　安全检查

第二十六条　乘坐民用航空器的旅客和其他人员及其携带的行李物品，必须接受安全检查；但是，国务院规定免检的除外。

拒绝接受安全检查的，不准登机，损失自行承担。

第二十七条　安全检查人员应当查验旅客客票、身份证件和登机牌，使用仪器或者手工对旅客及其行李物品进行安全检查，必要时可以从严检查。

已经安全检查的旅客应当在候机隔离区等待登机。

第二十八条　进入候机隔离区的工作人员（包括机组人员）及其携带的物品，应当接受安全检查。

接送旅客的人员和其他人员不得进入候机隔离区。

第二十九条　外交邮袋免予安全检查。外交信使及其随身携带的其他物品应当接受安全检查；但是，中华人民共和国缔结或者参加的国际条约另有规定的除外。

第三十条　空运的货物必须经过安全检查或者对其采取的其他安全措施。

货物托运人不得伪报品名托运或者在货物中夹带危险物品。

第三十一条　航空邮件必须经过安全检查。发现可疑邮件时，安全检查部门应当会同邮政部门开包查验处理。

第三十二条　除国务院另有规定的外，乘坐民用航空器的，禁止随身携带或者交运下列物品：

（一）枪支、弹药、军械、警械。

（二）管制刀具。

（三）易燃、易爆、有毒、腐蚀性、放射性物品。

（四）国家规定的其他禁运物品。

第三十三条　除本条例第三十二条规定的物品外，其他可以用于危害航空安全的物品，旅客不得随身携带，但是可以作为行李交运或者按照国务院民用航空主管部门的有关规定由机组人员带到目的地后交还。

对含有易燃物质的生活用品实行限量携带。限量携带的物品及其数量，由国务院民用航空主管部门规定。

第五章　罚　　则

第三十四条　违反本条例第十四条的规定或者有本条例第十六条、第二十四条第一项、第二十五条所列行为，构成违反治安管理行为的，由民航公安机关依照《中华人民共和国治安管理处罚法》有关规定予以处罚；有本条例第二十四条第二项所列行为的，由民航公安机关依照《中华人民共和国居民身份证法》有关规定予以处罚。

第三十五条　违反本条例的有关规定，由民航公安机关按照下列规定予以处罚：

（一）有本条例第二十四条第四项所列行为的，可以处以警告或者 3 000 元以下的罚款。

（二）有本条例第二十四条第三项所列行为的，可以处以警告、没收非法所得或者 5 000 元以下罚款。

（三）违反本条例第三十条第二款、第三十二条的规定，尚未构成犯罪的，可以处以 5 000 元以下罚款、没收或者扣留非法携带的物品。

第三十六条　违反本条例的规定，有下列情形之一的，民用航空主管部门可以对有关单位处以警告、停业整顿或者 5 万元以下的罚款；民航公安机关可以对直接责任人员处以警告或者 500 元以下的罚款：

（一）违反本条例第十五条的规定，造成航空器失控的。

（二）违反本条例第十七条的规定，出售客票的。

（三）违反本条例第十八条的规定，承运人办理承运手续时，不核对乘机人和行李的。

（四）违反本条例第十九条的规定的。

（五）违反本条例第二十条、第二十一条、第三十条第一款、第三十一条的规定，对收运、装入航空器的物品不采取安全措施的。

第三十七条　违反本条例的有关规定，构成犯罪的，依法追究刑事责任。

第三十八条　违反本条例规定的，除依照本章的规定予以处罚外，给单位或者个人造成财产损失的，应当依法承担赔偿责任。

第六章　附　　则

第三十九条　本条例下列用语的含义：

“机场控制区”，是指根据安全需要在机场内划定的进出受到限制的区域。

“候机隔离区”，是指根据安全需要在候机楼（室）内划定的供已经安全检查的出港旅客等待登机的区域及登机通道、摆渡车。

“航空器活动区”，是指机场内用于航空器起飞、着陆以及与此有关的地面活动区域，包括跑道、滑行道、联络道、客机坪。

第四十条　本条例自发布之日起施行。

11　煤矿安全监察条例

2000 年 11 月 7 日中华人民共和国国务院令第 296 号公布，自 2000 年 12 月 1 日起施行；根据 2013 年 5 月 31 日国务院第 10 次常务会议通过、2013 年 7 月 18 日中华人民共和国国务院令第 638 号公布、自公布之日起施行的《国务院关于废止和修改部分行政法规的决定》修改。

第一章　总　　则

第一条　为了保障煤矿安全，规范煤矿安全监察工作，保护煤矿职工人身安全和身体健康，根据煤炭法、矿山安全法、第九届全国人民代表大会第一次会议通过的国务院机构改革方案和国务院关于煤矿安全监察体制的决定，制定本条例。

第二条　国家对煤矿安全实行监察制度。国务院决定设立的煤矿安全监察机构按照国务院规定的职责，依照本条例的规定对煤矿实施安全监察。

第三条　煤矿安全监察机构依法行使职权，不受任何组织和个人的非法干涉。

煤矿及其有关人员必须接受并配合煤矿安全监察机构依法实施的安全监察，不得拒绝、阻挠。

第四条　地方各级人民政府应当加强煤矿安全管理工作，支持和协助煤矿安全监察机构依法对煤矿实施安全监察。

煤矿安全监察机构应当及时向有关地方人民政府通报煤矿安全监察的有关情况，并可以提出加强和改善煤矿安全管理的建议。

第五条　煤矿安全监察应当以预防为主，及时发现和消除事故隐患，有效纠正影响煤矿安全的违法行为，实行安全监察与促进安全管理相结合、教育与惩处相结合。

第六条　煤矿安全监察应当依靠煤矿职工和工会组织。

煤矿职工对事故隐患或者影响煤矿安全的违法行为有权向煤矿安全监察机构报告或者举报。煤矿安全监察机构对报告或者举报有功人员给予奖励。

第七条　煤矿安全监察机构及其煤矿安全监察人员应当依法履行安全监察职责。任何单位和个人对煤矿安全监察机构及其煤矿安全监察人员的违法违纪行为，有权向上级煤矿安全监察机构或者有关机关检举和控告。

第二章　煤矿安全监察机构及其职责

第八条　本条例所称煤矿安全监察机构，是指国家煤矿安全监察机构和在省、自治区、直辖市设立的煤矿安全监察机构（以下简称地区煤矿安全监察机构）及其在大中型矿区设立的煤矿安全监察办事处。

第九条 地区煤矿安全监察机构及其煤矿安全监察办事处负责对划定区域内的煤矿实施安全监察；煤矿安全监察办事处在国家煤矿安全监察机构规定的权限范围内，可以对违法行为实施行政处罚。

第十条 煤矿安全监察机构设煤矿安全监察员。煤矿安全监察员应当公道、正派，熟悉煤矿安全法律、法规和规章，具有相应的专业知识和相关的工作经验，并经考试录用。

煤矿安全监察员的具体管理办法由国家煤矿安全监察机构商国务院有关部门制定。

第十一条 地区煤矿安全监察机构、煤矿安全监察办事处应当对煤矿实施经常性安全检查；对事故多发地区的煤矿，应当实施重点安全检查。国家煤矿安全监察机构根据煤矿安全工作的实际情况，组织对全国煤矿的全面安全检查或者重点安全抽查。

第十二条 地区煤矿安全监察机构、煤矿安全监察办事处应当对每个煤矿建立煤矿安全监察档案。煤矿安全监察人员对每次安全检查的内容、发现的问题及其处理情况，应当做详细记录，并由参加检查的煤矿安全监察人员签名后归档。

第十三条 地区煤矿安全监察机构、煤矿安全监察办事处应当每 15 日分别向国家煤矿安全监察机构、地区煤矿安全监察机构报告一次煤矿安全监察情况；有重大煤矿安全问题的，应当及时采取措施并随时报告。

国家煤矿安全监察机构应当定期公布煤矿安全监察情况。

第十四条 煤矿安全监察人员履行安全监察职责，有权随时进入煤矿作业场所进行检查，调阅有关资料，参加煤矿安全生产会议，向有关单位或者人员了解情况。

第十五条 煤矿安全监察人员在检查中发现影响煤矿安全的违法行为，有权当场予以纠正或者要求限期改正；对依法应当给予行政处罚的行为，由煤矿安全监察机构依照行政处罚法和本条例规定的程序作出决定。

第十六条 煤矿安全监察人员进行现场检查时，发现存在事故隐患的，有权要求煤矿立即消除或者限期解决；发现威胁职工生命安全的紧急情况时，有权要求立即停止作业，下达立即从危险区内撤出作业人员的命令，并立即将紧急情况和处理措施报告煤矿安全监察机构。

第十七条 煤矿安全监察机构在实施安全监察过程中，发现煤矿存在的安全问题涉及有关地方人民政府或其有关部门的，应当向有关地方人民政府或其有关部门提出建议，并向上级人民政府或其有关部门报告。

第十八条 煤矿发生伤亡事故的，由煤矿安全监察机构负责组织调查处理。

煤矿安全监察机构组织调查处理事故，应当依照国家规定的事故调查程序和处理办法进行。

第十九条 煤矿安全监察机构及其煤矿安全监察人员不得接受煤矿的任何馈赠、报酬、福利待遇，不得在煤矿报销任何费用，不得参加煤矿安排、组织或者支付费用的宴请、娱乐、旅游、出访等活动，不得借煤矿安全监察工作在煤矿为自己、亲友或者他人谋取利益。

第三章 煤矿安全监察内容

第二十条 煤矿安全监察机构对煤矿执行煤炭法、矿山安全法和其他有关煤矿安全的法律、法规以及国家安全标准、行业安全标准、煤矿安全规程和行业技术规范的情况实施监察。

第二十一条 煤矿建设工程设计必须符合煤矿安全规程和行业技术规范的要求。煤矿建设工程安全设施设计必须经煤矿安全监察机构审查同意；未经审查同意的，不得施工。

煤矿安全监察机构审查煤矿建设工程安全设施设计，应当自收到申请审查的设计资料之日起30日内审查完毕，签署同意或者不同意的意见，并书面答复。

第二十二条 煤矿建设工程竣工后或者投产前，应当经煤矿安全监察机构对其安全设施和条件进行验收；未经验收或者验收不合格的，不得投入生产。

煤矿安全监察机构对煤矿建设工程安全设施和条件进行验收，应当自收到申请验收文件之日起30日内验收完毕，签署合格或者不合格的意见，并书面答复。

第二十三条 煤矿安全监察机构应当监督煤矿制订事故预防和应急计划，并检查煤矿制定的发现和消除事故隐患的措施及其落实情况。

第二十四条 煤矿安全监察机构发现煤矿矿井通风、防火、防水、防瓦斯、防毒、防尘等安全设施和条件不符合国家安全标准、行业安全标准、煤矿安全规程和行业技术规范要求的，应当责令立即停止作业或者责令限期达到要求。

第二十五条 煤矿安全监察机构发现煤矿进行独眼井开采的，应当责令关闭。

第二十六条 煤矿安全监察机构发现煤矿作业场所有下列情形之一的，应当责令立即停止作业，限期改正；有关煤矿或其作业场所经复查合格的，方可恢复作业：

（一）未使用专用防爆电器设备的。

（二）未使用专用放炮器的。

（三）未使用人员专用升降容器的。

（四）使用明火明电照明的。

第二十七条 煤矿安全监察机构对煤矿安全技术措施专项费用的提取和使用情况进行监督，对未依法提取或者使用的，应当责令限期改正。

第二十八条 煤矿安全监察机构发现煤矿矿井使用的设备、器材、仪器、仪表、防护用品不符合国家安全标准或者行业安全标准的，应当责令立即停止使用。

第二十九条 煤矿安全监察机构发现煤矿有下列情形之一的，应当责令限期改正：

（一）未依法建立安全生产责任制的。

（二）未设置安全生产机构或者配备安全生产人员的。

（三）矿长不具备安全专业知识的。

（四）特种作业人员未取得资格证书上岗作业的。

（五）分配职工上岗作业前，未进行安全教育、培训的。

（六）未向职工发放保障安全生产所需的劳动防护用品的。

第三十条　煤矿安全监察人员发现煤矿作业场所的瓦斯、粉尘或者其他有毒有害气体的浓度超过国家安全标准或者行业安全标准的，煤矿擅自开采保安煤柱的，或者采用危及相邻煤矿生产安全的决水、爆破、贯通巷道等危险方法进行采矿作业的，应当责令立即停止作业，并将有关情况报告煤矿安全监察机构。

第三十一条　煤矿安全监察人员发现煤矿矿长或者其他主管人员违章指挥工人或者强令工人违章、冒险作业，或者发现工人违章作业的，应当立即纠正或者责令立即停止作业。

第三十二条　煤矿安全监察机构及其煤矿安全监察人员履行安全监察职责，向煤矿有关人员了解情况时，有关人员应当如实反映情况，不得提供虚假情况，不得隐瞒本煤矿存在的事故隐患以及其他安全问题。

第三十三条　煤矿安全监察机构依照本条例的规定责令煤矿限期解决事故隐患、限期改正影响煤矿安全的违法行为或者限期使安全设施和条件达到要求的，应当在限期届满时及时对煤矿的执行情况进行复查并签署复查意见；经有关煤矿申请，也可以在限期内进行复查并签署复查意见。

煤矿安全监察机构及其煤矿安全监察人员依照本条例的规定责令煤矿立即停止作业，责令立即停止使用不符合国家安全标准或者行业安全标准的设备、器材、仪器、仪表、防护用品，或者责令关闭矿井的，应当对煤矿的执行情况随时进行检查。

第三十四条　煤矿安全监察机构及其煤矿安全监察人员履行安全监察职责，应当出示安全监察证件。发出安全监察指令，应当采用书面通知形式；紧急情况下需要采取紧急处置措施，来不及书面通知的，应当随后补充书面通知。

第四章　罚　　则

第三十五条　煤矿建设工程安全设施设计未经煤矿安全监察机构审查同意，擅自施工的，由煤矿安全监察机构责令停止施工；拒不执行的，由煤矿安全监察机构移送地质矿产主管部门依法吊销采矿许可证。

第三十六条　煤矿建设工程安全设施和条件未经验收或者验收不合格，擅自投入生产的，由煤矿安全监察机构责令停止生产，处5万元以上10万元以下的罚款；拒不停止生产的，由煤矿安全监察机构移送地质矿产主管部门依法吊销采矿许可证。

第三十七条　煤矿矿井通风、防火、防水、防瓦斯、防毒、防尘等安全设施和条件不符合国家安全标准、行业安全标准、煤矿安全规程和行业技术规范的要求，经煤矿安全监察机构责令限期达到要求，逾期仍达不到要求的，由煤矿安全监察机构责令停产整顿；经停产整顿仍不具备安全生产条件的，由煤矿安全监察机构决定吊销安全生产许可证，并移送地质矿产主管部门依法吊销采矿许可证。

第三十八条　煤矿作业场所未使用专用防爆电器设备、专用放炮器、人员专用升降容器或者使用明火明电照明，经煤矿安全监察机构责令限期改正，逾期不改正的，由煤矿安全监察机构责令停产整顿，可以处3万元以下的罚款。

第三十九条　未依法提取或者使用煤矿安全技术措施专项费用，或者使用不符合国家安全标准或者行业安全标准的设备、器材、仪器、仪表、防护用品，经煤矿安全监察机构责令限期改正或者责令立即停止使用，逾期不改正或者不立即停止使用的，由煤矿安全监察机构处5万元以下的罚款；情节严重的，由煤矿安全监察机构责令停产整顿；对直接负责的主管人员和其他直接责任人员，依法给予纪律处分。

第四十条 煤矿矿长不具备安全专业知识，或者特种作业人员未取得操作资格证书上岗作业，经煤矿安全监察机构责令限期改正，逾期不改正的，责令停产整顿；调整配备合格人员并经复查合格后，方可恢复生产。

第四十一条 分配职工上岗作业前未进行安全教育、培训，经煤矿安全监察机构责令限期改正，逾期不改正的，由煤矿安全监察机构处4万元以下的罚款；情节严重的，由煤矿安全监察机构责令停产整顿；对直接负责的主管人员和其他直接责任人员，依法给予纪律处分。

第四十二条 煤矿作业场所的瓦斯、粉尘或者其他有毒有害气体的浓度超过国家安全标准或者行业安全标准，经煤矿安全监察人员责令立即停止作业，拒不停止作业的，由煤矿安全监察机构责令停产整顿，可以处10万元以下的罚款。

第四十三条 擅自开采保安煤柱，或者采用危及相邻煤矿生产安全的决水、爆破、贯通巷道等危险方法进行采矿作业，经煤矿安全监察人员责令立即停止作业，拒不停止作业的，由煤矿安全监察机构决定吊销安全生产许可证，并移送地质矿产主管部门依法吊销采矿许可证；构成犯罪的，依法追究刑事责任；造成损失的，依法承担赔偿责任。

第四十四条 煤矿矿长或者其他主管人员有下列行为之一的，由煤矿安全监察机构给予警告；造成严重后果，构成犯罪的，依法追究刑事责任：

（一）违章指挥工人或者强令工人违章、冒险作业的。

（二）对工人屡次违章作业熟视无睹，不加制止的。

（三）对重大事故预兆或者已发现的事故隐患不及时采取措施的。

（四）拒不执行煤矿安全监察机构及其煤矿安全监察人员的安全监察指令的。

第四十五条 煤矿有关人员拒绝、阻碍煤矿安全监察机构及其煤矿安全监察人员现场检查，或者提供虚假情况，或者隐瞒存在的事故隐患以及其他安全问题的，由煤矿安全监察机构给予警告，可以并处5万元以上10万元以下的罚款；情节严重的，由煤矿安全监察机构责令停产整顿；对直接负责的主管人员和其他直接责任人员，依法给予撤职直至开除的纪律处分。

第四十六条 煤矿发生事故，有下列情形之一的，由煤矿安全监察机构给予警告，可以并处3万元以上15万元以下的罚款；情节严重的，由煤矿安全监察机构责令停产整顿；对直接负责的主管人员和其他直接责任人员，依法给予降级直至开除的纪律处分；构成犯罪的，依法追究刑事责任：

（一）不按照规定及时、如实报告煤矿事故的。

（二）伪造、故意破坏煤矿事故现场的。

（三）阻碍、干涉煤矿事故调查工作，拒绝接受调查取证、提供有关情况和资料的。

第四十七条 依照本条例规定被吊销采矿许可证的，由工商行政管理部门依法相应吊销营业执照。

第四十八条　煤矿安全监察人员滥用职权、玩忽职守、徇私舞弊，应当发现而没有发现煤矿事故隐患或者影响煤矿安全的违法行为，或者发现事故隐患或者影响煤矿安全的违法行为不及时处理或者报告，或者有违反本条例第十九条规定行为之一，构成犯罪的，依法追究刑事责任；尚不构成犯罪的，依法给予行政处分。

第五章　附　　则

第四十九条　未设立地区煤矿安全监察机构的省、自治区、直辖市，省、自治区、直辖市人民政府可以指定有关部门依照本条例的规定对本行政区域内的煤矿实施安全监察。

第五十条　本条例自 2000 年 12 月 1 日起施行。

12　国务院关于特大安全事故行政责任追究的规定

2001 年 4 月 21 日中华人民共和国国务院令第 302 号公布，自公布之日起施行。

第一条　为了有效地防范特大安全事故的发生，严肃追究特大安全事故的行政责任，保障人民群众生命、财产安全，制定本规定。

第二条　地方人民政府主要领导人和政府有关部门正职负责人对下列特大安全事故的防范、发生，依照法律、行政法规和本规定的规定有失职、渎职情形或者负有领导责任的，依照本规定给予行政处分；构成玩忽职守罪或者其他罪的，依法追究刑事责任：

（一）特大火灾事故。

（二）特大交通安全事故。

（三）特大建筑质量安全事故。

（四）民用爆炸物品和化学危险品特大安全事故。

（五）煤矿和其他矿山特大安全事故。

（六）锅炉、压力容器、压力管道和特种设备特大安全事故。

（七）其他特大安全事故。

地方人民政府和政府有关部门对特大安全事故的防范、发生直接负责的主管人员和其他直接责任人员，比照本规定给予行政处分；构成玩忽职守罪或者其他罪的，依法追究刑事责任。

特大安全事故肇事单位和个人的刑事处罚、行政处罚和民事责任，依照有关法律、法规和规章的规定执行。

第三条　特大安全事故的具体标准，按照国家有关规定执行。

第四条　地方各级人民政府及政府有关部门应当依照有关法律、法规和规章的规定，采取行政措施，对本地区实施安全监督管理，保障本地区人民群众生命、财产安全，对本地区或者职责范围内防范特大安全事故的发生、特大安全事故发生后的迅速和妥善处理负责。

第五条 地方各级人民政府应当每个季度至少召开一次防范特大安全事故工作会议，由政府主要领导人或者政府主要领导人委托政府分管领导人召集有关部门正职负责人参加，分析、布置、督促、检查本地区防范特大安全事故的工作。会议应当作出决定并形成纪要，会议确定的各项防范措施必须严格实施。

第六条 市（地、州）、县（市、区）人民政府应当组织有关部门按照职责分工对本地区容易发生特大安全事故的单位、设施和场所安全事故的防范明确责任、采取措施，并组织有关部门对上述单位、设施和场所进行严格检查。

第七条 市（地、州）、县（市、区）人民政府必须制定本地区特大安全事故应急处理预案。本地区特大安全事故应急处理预案经政府主要领导人签署后，报上一级人民政府备案。

第八条 市（地、州）、县（市、区）人民政府应当组织有关部门对本规定第二条所列各类特大安全事故的隐患进行查处；发现特大安全事故隐患的，责令立即排除；特大安全事故隐患排除前或者排除过程中，无法保证安全的，责令暂时停产、停业或者停止使用。法律、行政法规对查处机关另有规定的，依照其规定。

第九条 市（地、州）、县（市、区）人民政府及其有关部门对本地区存在的特大安全事故隐患，超出其管辖或者职责范围的，应当立即向有管辖权或者负有职责的上级人民政府或者政府有关部门报告；情况紧急的，可以立即采取包括责令暂时停产、停业在内的紧急措施，同时报告；有关上级人民政府或者政府有关部门接到报告后，应当立即组织查处。

第十条 中小学校对学生进行劳动技能教育以及组织学生参加公益劳动等社会实践活动，必须确保学生安全。严禁以任何形式、名义组织学生从事接触易燃、易爆、有毒、有害等危险品的劳动或者其他危险性劳动。严禁将学校场地出租作为从事易燃、易爆、有毒、有害等危险品的生产、经营场所。

中小学校违反前款规定的，按照学校隶属关系，对县（市、区）、乡（镇）人民政府主要领导人和县（市、区）人民政府教育行政部门正职负责人，根据情节轻重，给予记过、降级直至撤职的行政处分；构成玩忽职守罪或者其他罪的，依法追究刑事责任。

中小学校违反本条第一款规定的，对校长给予撤职的行政处分，对直接组织者给予开除公职的行政处分；构成非法制造爆炸物罪或者其他罪的，依法追究刑事责任。

第十一条 依法对涉及安全生产事项负责行政审批（包括批准、核准、许可、注册、认证、颁发证照、竣工验收等，下同）的政府部门或者机构，必须严格依照法律、法规和规章规定的安全条件和程序进行审查；不符合法律、法规和规章规定的安全条件的，不得批准；不符合法律、法规和规章规定的安全条件，弄虚作假，骗取批准或者勾结串通行政审批工作人员取得批准的，负责行政审批的政府部门或者机构除必须立即撤销原批准外，应当对弄虚作假骗取批准或者勾结串通行政审批工作人员的当事人依法给予行政处罚；构成行贿罪或者其他罪的，依法追究刑事责任。

负责行政审批的政府部门或者机构违反前款规定，对不符合法律、法规和规章规定的安全条件予以批准的，对部门或者机构的正职负责人，根据情节轻重，给予降级、撤职直至开除公职的行政处分；与当事人勾结串通的，应当开除公职；构成受贿罪、玩忽职守罪或者其他罪的，依法追究刑事责任。

第十二条　对依照本规定第十一条第一款的规定取得批准的单位和个人，负责行政审批的政府部门或者机构必须对其实施严格监督检查；发现其不再具备安全条件的，必须立即撤销原批准。

负责行政审批的政府部门或者机构违反前款规定，不对取得批准的单位和个人实施严格监督检查，或者发现其不再具备安全条件而不立即撤销原批准的，对部门或者机构的正职负责人，根据情节轻重，给予降级或者撤职的行政处分；构成受贿罪、玩忽职守罪或者其他罪的，依法追究刑事责任。

第十三条　对未依法取得批准，擅自从事有关活动的，负责行政审批的政府部门或者机构发现或者接到举报后，应当立即予以查封、取缔，并依法给予行政处罚；属于经营单位的，由工商行政管理部门依法相应吊销营业执照。

负责行政审批的政府部门或者机构违反前款规定，对发现或者举报的未依法取得批准而擅自从事有关活动的，不予查封、取缔、不依法给予行政处罚，工商行政管理部门不予吊销营业执照的，对部门或者机构的正职负责人，根据情节轻重，给予降级或者撤职的行政处分；构成受贿罪、玩忽职守罪或者其他罪的，依法追究刑事责任。

第十四条　市（地、州）、县（市、区）人民政府依照本规定应当履行职责而未履行，或者未按照规定的职责和程序履行，本地区发生特大安全事故的，对政府主要领导人，根据情节轻重，给予降级或者撤职的行政处分；构成玩忽职守罪的，依法追究刑事责任。

负责行政审批的政府部门或者机构、负责安全监督管理的政府有关部门，未依照本规定履行职责，发生特大安全事故的，对部门或者机构的正职负责人，根据情节轻重，给予撤职或者开除公职的行政处分；构成玩忽职守罪或者其他罪的，依法追究刑事责任。

第十五条　发生特大安全事故，社会影响特别恶劣或者性质特别严重的，由国务院对负有领导责任的省长、自治区主席、直辖市市长和国务院有关部门正职负责人给予行政处分。

第十六条　特大安全事故发生后，有关县（市、区）、市（地、州）和省、自治区、直辖市人民政府及政府有关部门应当按照国家规定的程序和时限立即上报，不得隐瞒不报、谎报或者拖延报告，并应当配合、协助事故调查，不得以任何方式阻碍、干涉事故调查。

特大安全事故发生后，有关地方人民政府及政府有关部门违反前款规定的，对政府主要领导人和政府部门正职负责人给予降级的行政处分。

第十七条　特大安全事故发生后，有关地方人民政府应当迅速组织救助，有关部门应当服从指挥、调度，参加或者配合救助，将事故损失降到最低限度。

第十八条　特大安全事故发生后，省、自治区、直辖市人民政府应当按照国家有关规定迅速、如实发布事故消息。

第十九条 特大安全事故发生后，按照国家有关规定组织调查组对事故进行调查。事故调查工作应当自事故发生之日起60日内完成，并由调查组提出调查报告；遇有特殊情况的，经调查组提出并报国家安全生产监督管理机构批准后，可以适当延长时间。调查报告应当包括依照本规定对有关责任人员追究行政责任或者其他法律责任的意见。

省、自治区、直辖市人民政府应当自调查报告提交之日起30日内，对有关责任人员作出处理决定；必要时，国务院可以对特大安全事故的有关责任人员作出处理决定。

第二十条 地方人民政府或者政府部门阻挠、干涉对特大安全事故有关责任人员追究行政责任的，对该地方人民政府主要领导人或者政府部门正职负责人，根据情节轻重，给予降级或者撤职的行政处分。

第二十一条 任何单位和个人均有权向有关地方人民政府或者政府部门报告特大安全事故隐患，有权向上级人民政府或者政府部门举报地方人民政府或者政府部门不履行安全监督管理职责或者不按照规定履行职责的情况。接到报告或者举报的有关人民政府或者政府部门，应当立即组织对事故隐患进行查处，或者对举报的不履行、不按照规定履行安全监督管理职责的情况进行调查处理。

第二十二条 监察机关依照行政监察法的规定，对地方各级人民政府和政府部门及其工作人员履行安全监督管理职责实施监察。

第二十三条 对特大安全事故以外的其他安全事故的防范、发生追究行政责任的办法，由省、自治区、直辖市人民政府参照本规定制定。

第二十四条 本规定自公布之日起施行。

13　危险化学品安全管理条例

2002年1月26日中华人民共和国国务院令第344号公布，自2002年3月15日起施行；2011年2月16日国务院第144次常务会议修订通过，2011年3月2日中华人民共和国国务院令第591号公布、自2011年12月1日起施行的《危险化学品安全管理条例》第一次修改；根据2013年12月4日国务院第32次常务会议通过、2013年12月7日中华人民共和国国务院令第645号公布、自公布之日起施行的《国务院关于修改部分行政法规的规定》第二次修改。

第一章　总　　则

第一条 为了加强危险化学品的安全管理，预防和减少危险化学品事故，保障人民群众生命财产安全，保护环境，制定本条例。

第二条 危险化学品生产、储存、使用、经营和运输的安全管理，适用本条例。

废弃危险化学品的处置，依照有关环境保护的法律、行政法规和国家有关规定执行。

第三条　本条例所称危险化学品，是指具有毒害、腐蚀、爆炸、燃烧、助燃等性质，对人体、设施、环境具有危害的剧毒化学品和其他化学品。

危险化学品目录，由国务院安全生产监督管理部门会同国务院工业和信息化、公安、环境保护、卫生、质量监督检验检疫、交通运输、铁路、民用航空、农业主管部门，根据化学品危险特性的鉴别和分类标准确定、公布，并适时调整。

第四条　危险化学品安全管理，应当坚持安全第一、预防为主、综合治理的方针，强化和落实企业的主体责任。

生产、储存、使用、经营、运输危险化学品的单位（以下统称危险化学品单位）的主要负责人对本单位的危险化学品安全管理工作全面负责。

危险化学品单位应当具备法律、行政法规规定和国家标准、行业标准要求的安全条件，建立、健全安全管理规章制度和岗位安全责任制度，对从业人员进行安全教育、法制教育和岗位技术培训。从业人员应当接受教育和培训，考核合格后上岗作业；对有资格要求的岗位，应当配备依法取得相应资格的人员。

第五条　任何单位和个人不得生产、经营、使用国家禁止生产、经营、使用的危险化学品。

国家对危险化学品的使用有限制性规定的，任何单位和个人不得违反限制性规定使用危险化学品。

第六条　对危险化学品的生产、储存、使用、经营、运输实施安全监督管理的有关部门（以下统称负有危险化学品安全监督管理职责的部门），依照下列规定履行职责：

（一）安全生产监督管理部门负责危险化学品安全监督管理综合工作，组织确定、公布、调整危险化学品目录，对新建、改建、扩建生产、储存危险化学品（包括使用长输管道输送危险化学品，下同）的建设项目进行安全条件审查，核发危险化学品安全生产许可证、危险化学品安全使用许可证和危险化学品经营许可证，并负责危险化学品登记工作。

（二）公安机关负责危险化学品的公共安全管理，核发剧毒化学品购买许可证、剧毒化学品道路运输通行证，并负责危险化学品运输车辆的道路交通安全管理。

（三）质量监督检验检疫部门负责核发危险化学品及其包装物、容器（不包括储存危险化学品的固定式大型储罐，下同）生产企业的工业产品生产许可证，并依法对其产品质量实施监督，负责对进出口危险化学品及其包装实施检验。

（四）环境保护主管部门负责废弃危险化学品处置的监督管理，组织危险化学品的环境危害性鉴定和环境风险程度评估，确定实施重点环境管理的危险化学品，负责危险化学品环境管理登记和新化学物质环境管理登记；依照职责分工调查相关危险化学品环境污染事故和生态破坏事件，负责危险化学品事故现场的应急环境监测。

（五）交通运输主管部门负责危险化学品道路运输、水路运输的许可以及运输工具的安全管理，对危险化学品水路运输安全实施监督，负责危险化学品道路运输企业、水路运输企业驾驶人员、船员、装卸管理人员、押运人员、申报人员、集装箱装箱现场检查员的资格认定。铁路主管部门负责危险化学品铁路运输的安全管理，负责危险化学品铁路运输承运人、托运人的资质审批及其运输工具的安全管理。民用航空主管部门负责危险化学品航空运输以及航空运输企业及其运输工具的安全管理。

（六）卫生主管部门负责危险化学品毒性鉴定的管理，负责组织、协调危险化学品事故受伤人员的医疗卫生救援工作。

（七）工商行政管理部门依据有关部门的许可证件，核发危险化学品生产、储存、经营、运输企业营业执照，查处危险化学品经营企业违法采购危险化学品的行为。

（八）邮政管理部门负责依法查处寄递危险化学品的行为。

第七条 负有危险化学品安全监督管理职责的部门依法进行监督检查，可以采取下列措施：

（一）进入危险化学品作业场所实施现场检查，向有关单位和人员了解情况，查阅、复制有关文件、资料。

（二）发现危险化学品事故隐患，责令立即消除或者限期消除。

（三）对不符合法律、行政法规、规章规定或者国家标准、行业标准要求的设施、设备、装置、器材、运输工具，责令立即停止使用。

（四）经本部门主要负责人批准，查封违法生产、储存、使用、经营危险化学品的场所，扣押违法生产、储存、使用、经营、运输的危险化学品以及用于违法生产、使用、运输危险化学品的原材料、设备、运输工具。

（五）发现影响危险化学品安全的违法行为，当场予以纠正或者责令限期改正。

负有危险化学品安全监督管理职责的部门依法进行监督检查，监督检查人员不得少于2人，并应当出示执法证件；有关单位和个人对依法进行的监督检查应当予以配合，不得拒绝、阻碍。

第八条 县级以上人民政府应当建立危险化学品安全监督管理工作协调机制，支持、督促负有危险化学品安全监督管理职责的部门依法履行职责，协调、解决危险化学品安全监督管理工作中的重大问题。

负有危险化学品安全监督管理职责的部门应当相互配合、密切协作，依法加强对危险化学品的安全监督管理。

第九条 任何单位和个人对违反本条例规定的行为，有权向负有危险化学品安全监督管理职责的部门举报。负有危险化学品安全监督管理职责的部门接到举报，应当及时依法处理；对不属于本部门职责的，应当及时移送有关部门处理。

第十条 国家鼓励危险化学品生产企业和使用危险化学品从事生产的企业采用有利于提高安全保障水平的先进技术、工艺、设备以及自动控制系统，鼓励对危险化学品实行专门储存、统一配送、集中销售。

第二章 生产、储存安全

第十一条 国家对危险化学品的生产、储存实行统筹规划、合理布局。

国务院工业和信息化主管部门以及国务院其他有关部门依据各自职责，负责危险化学品品生产、储存的行业规划和布局。

地方人民政府组织编制城乡规划，应当根据本地区的实际情况，按照确保安全的原则，规划适当区域专门用于危险化学品的生产、储存。

第十二条 新建、改建、扩建生产、储存危险化学品的建设项目（以下简称建设项目），应当由安全生产监督管理部门进行安全条件审查。

建设单位应当对建设项目进行安全条件论证，委托具备国家规定的资质条件的机构对建设项目进行安全评价，并将安全条件论证和安全评价的情况报告报建设项目所在地设区的市级以上人民政府安全生产监督管理部门；安全生产监督管理部门应当自收到报告之日起45日内作出审查决定，并书面通知建设单位。具体办法由国务院安全生产监督管理部门制定。

新建、改建、扩建储存、装卸危险化学品的港口建设项目，由港口行政管理部门按照国务院交通运输主管部门的规定进行安全条件审查。

第十三条 生产、储存危险化学品的单位，应当对其铺设的危险化学品管道设置明显标志，并对危险化学品管道定期检查、检测。

进行可能危及危险化学品管道安全的施工作业，施工单位应当在开工的7日前书面通知管道所属单位，并与管道所属单位共同制定应急预案，采取相应的安全防护措施。管道所属单位应当指派专门人员到现场进行管道安全保护指导。

第十四条 危险化学品生产企业进行生产前，应当依照《安全生产许可证条例》的规定，取得危险化学品安全生产许可证。

生产列入国家实行生产许可证制度的工业产品目录的危险化学品的企业，应当依照《中华人民共和国工业产品生产许可证管理条例》的规定，取得工业产品生产许可证。

负责颁发危险化学品安全生产许可证、工业产品生产许可证的部门，应当将其颁发许可证的情况及时向同级工业和信息化主管部门、环境保护主管部门和公安机关通报。

第十五条 危险化学品生产企业应当提供与其生产的危险化学品相符的化学品安全技术说明书，并在危险化学品包装（包括外包装件）上粘贴或者拴挂与包装内危险化学品相符的化学品安全标签。化学品安全技术说明书和化学品安全标签所载明的内容应当符合国家标准的要求。

危险化学品生产企业发现其生产的危险化学品有新的危险特性的，应当立即公告，并及时修订其化学品安全技术说明书和化学品安全标签。

第十六条 生产实施重点环境管理的危险化学品的企业，应当按照国务院环境保护主管部门的规定，将该危险化学品向环境中释放等相关信息向环境保护主管部门报告。环境保护主管部门可以根据情况采取相应的环境风险控制措施。

第十七条 危险化学品的包装应当符合法律、行政法规、规章的规定以及国家标准、行业标准的要求。

危险化学品包装物、容器的材质以及危险化学品包装的型式、规格、方法和单件质量（重量），应当与所包装的危险化学品的性质和用途相适应。

第十八条 生产列入国家实行生产许可证制度的工业产品目录的危险化学品包装物、

容器的企业，应当依照《中华人民共和国工业产品生产许可证管理条例》的规定，取得工业产品生产许可证；其生产的危险化学品包装物、容器经国务院质量监督检验检疫部门认定的检验机构检验合格，方可出厂销售。

运输危险化学品的船舶及其配载的容器，应当按照国家船舶检验规范进行生产，并经海事管理机构认定的船舶检验机构检验合格，方可投入使用。

对重复使用的危险化学品包装物、容器，使用单位在重复使用前应当进行检查；发现存在安全隐患的，应当维修或者更换。使用单位应当对检查情况作出记录，记录的保存期限不得少于 2 年。

第十九条 危险化学品生产装置或者储存数量构成重大危险源的危险化学品储存设施（运输工具加油站、加气站除外），与下列场所、设施、区域的距离应当符合国家有关规定：

（一）居住区以及商业中心、公园等人员密集场所。

（二）学校、医院、影剧院、体育场（馆）等公共设施。

（三）饮用水源、水厂以及水源保护区。

（四）车站、码头（依法经许可从事危险化学品装卸作业的除外）、机场以及通信干线、通信枢纽、铁路线路、道路交通干线、水路交通干线、地铁风亭以及地铁站出入口。

（五）基本农田保护区、基本草原、畜禽遗传资源保护区、畜禽规模化养殖场（养殖小区）、渔业水域以及种子、种畜禽、水产苗种生产基地。

（六）河流、湖泊、风景名胜区、自然保护区。

（七）军事禁区、军事管理区。

（八）法律、行政法规规定的其他场所、设施、区域。

已建的危险化学品生产装置或者储存数量构成重大危险源的危险化学品储存设施不符合前款规定的，由所在地设区的市级人民政府安全生产监督管理部门会同有关部门监督其所属单位在规定期限内进行整改；需要转产、停产、搬迁、关闭的，由本级人民政府决定并组织实施。

储存数量构成重大危险源的危险化学品储存设施的选址，应当避开地震活动断层和容易发生洪灾、地质灾害的区域。

本条例所称重大危险源，是指生产、储存、使用或者搬运危险化学品，且危险化学品的数量等于或者超过临界量的单元（包括场所和设施）。

第二十条 生产、储存危险化学品的单位，应当根据其生产、储存的危险化学品的种类和危险特性，在作业场所设置相应的监测、监控、通风、防晒、调温、防火、灭火、防爆、泄压、防毒、中和、防潮、防雷、防静电、防腐、防泄漏以及防护围堤或者隔离操作等安全设施、设备，并按照国家标准、行业标准或者国家有关规定对安全设施、设备进行经常性维护、保养，保证安全设施、设备的正常使用。

生产、储存危险化学品的单位，应当在其作业场所和安全设施、设备上设置明显的安全警示标志。

第二十一条 生产、储存危险化学品的单位，应当在其作业场所设置通信、报警装置，并保证处于适用状态。

第二十二条　生产、储存危险化学品的企业，应当委托具备国家规定的资质条件的机构，对本企业的安全生产条件每3年进行一次安全评价，提出安全评价报告。安全评价报告的内容应当包括对安全生产条件存在的问题进行整改的方案。

生产、储存危险化学品的企业，应当将安全评价报告以及整改方案的落实情况报所在地县级人民政府安全生产监督管理部门备案。在港区内储存危险化学品的企业，应当将安全评价报告以及整改方案的落实情况报港口行政管理部门备案。

第二十三条　生产、储存剧毒化学品或者国务院公安部门规定的可用于制造爆炸物品的危险化学品（以下简称易制爆危险化学品）的单位，应当如实记录其生产、储存的剧毒化学品、易制爆危险化学品的数量、流向，并采取必要的安全防范措施，防止剧毒化学品、易制爆危险化学品丢失或者被盗；发现剧毒化学品、易制爆危险化学品丢失或者被盗的，应当立即向当地公安机关报告。

生产、储存剧毒化学品、易制爆危险化学品的单位，应当设置治安保卫机构，配备专职治安保卫人员。

第二十四条　危险化学品应当储存在专用仓库、专用场地或者专用储存室（以下统称专用仓库）内，并由专人负责管理；剧毒化学品以及储存数量构成重大危险源的其他危险化学品，应当在专用仓库内单独存放，并实行双人收发、双人保管制度。

危险化学品的储存方式、方法以及储存数量应当符合国家标准或者国家有关规定。

第二十五条　储存危险化学品的单位应当建立危险化学品出入库核查、登记制度。

对剧毒化学品以及储存数量构成重大危险源的其他危险化学品，储存单位应当将其储存数量、储存地点以及管理人员的情况，报所在地县级人民政府安全生产监督管理部门（在港区内储存的，报港口行政管理部门）和公安机关备案。

第二十六条　危险化学品专用仓库应当符合国家标准、行业标准的要求，并设置明显的标志。储存剧毒化学品、易制爆危险化学品的专用仓库，应当按照国家有关规定设置相应的技术防范设施。

储存危险化学品的单位应当对其危险化学品专用仓库的安全设施、设备定期进行检测、检验。

第二十七条　生产、储存危险化学品的单位转产、停产、停业或者解散的，应当采取有效措施，及时、妥善处置其危险化学品生产装置、储存设施以及库存的危险化学品，不得丢弃危险化学品；处置方案应当报所在地县级人民政府安全生产监督管理部门、工业和信息化主管部门、环境保护主管部门和公安机关备案。安全生产监督管理部门应当会同环境保护主管部门和公安机关对处置情况进行监督检查，发现未依照规定处置的，应当责令其立即处置。

第三章　使用安全

第二十八条　使用危险化学品的单位，其使用条件（包括工艺）应当符合法律、行政法规的规定和国家标准、行业标准的要求，并根据所使用的危险化学品的种类、危险特性以及使用量和使用方式，建立、健全使用危险化学品的安全管理规章制度和安全操作规程，保证危险化学品的安全使用。

第二十九条 使用危险化学品从事生产并且使用量达到规定数量的化工企业（属于危险化学品生产企业的除外，下同），应当依照本条例的规定取得危险化学品安全使用许可证。

前款规定的危险化学品使用量的数量标准，由国务院安全生产监督管理部门会同国务院公安部门、农业主管部门确定并公布。

第三十条 申请危险化学品安全使用许可证的化工企业，除应当符合本条例第二十八条的规定外，还应当具备下列条件：

（一）有与所使用的危险化学品相适应的专业技术人员。

（二）有安全管理机构和专职安全管理人员。

（三）有符合国家规定的危险化学品事故应急预案和必要的应急救援器材、设备。

（四）依法进行了安全评价。

第三十一条 申请危险化学品安全使用许可证的化工企业，应当向所在地设区的市级人民政府安全生产监督管理部门提出申请，并提交其符合本条例第三十条规定条件的证明材料。设区的市级人民政府安全生产监督管理部门应当依法进行审查，自收到证明材料之日起45日内作出批准或者不予批准的决定。予以批准的，颁发危险化学品安全使用许可证；不予批准的，书面通知申请人并说明理由。

安全生产监督管理部门应当将其颁发危险化学品安全使用许可证的情况及时向同级环境保护主管部门和公安机关通报。

第三十二条 本条例第十六条关于生产实施重点环境管理的危险化学品的企业的规定，适用于使用实施重点环境管理的危险化学品从事生产的企业；第二十条、第二十一条、第二十三条第一款、第二十七条关于生产、储存危险化学品的单位的规定，适用于使用危险化学品的单位；第二十二条关于生产、储存危险化学品的企业的规定，适用于使用危险化学品从事生产的企业。

第四章　经营安全

第三十三条 国家对危险化学品经营（包括仓储经营，下同）实行许可制度。未经许可，任何单位和个人不得经营危险化学品。

依法设立的危险化学品生产企业在其厂区范围内销售本企业生产的危险化学品，不需要取得危险化学品经营许可。

依照《中华人民共和国港口法》的规定取得港口经营许可证的港口经营人，在港区内从事危险化学品仓储经营，不需要取得危险化学品经营许可。

第三十四条 从事危险化学品经营的企业应当具备下列条件：

（一）有符合国家标准、行业标准的经营场所，储存危险化学品的，还应当有符合国家标准、行业标准的储存设施。

（二）从业人员经过专业技术培训并经考核合格。

（三）有健全的安全管理规章制度。

（四）有专职安全管理人员。

（五）有符合国家规定的危险化学品事故应急预案和必要的应急救援器材、设备。

（六）法律、法规规定的其他条件。

第三十五条 从事剧毒化学品、易制爆危险化学品经营的企业，应当向所在地设区的市级人民政府安全生产监督管理部门提出申请，从事其他危险化学品经营的企业，应当向所在地县级人民政府安全生产监督管理部门提出申请（有储存设施的，应当向所在地设区的市级人民政府安全生产监督管理部门提出申请）。申请人应当提交其符合本条例第三十四条规定条件的证明材料。设区的市级人民政府安全生产监督管理部门或者县级人民政府安全生产监督管理部门应当依法进行审查，并对申请人的经营场所、储存设施进行现场核查，自收到证明材料之日起30日内作出批准或者不予批准的决定。予以批准的，颁发危险化学品经营许可证；不予批准的，书面通知申请人并说明理由。

设区的市级人民政府安全生产监督管理部门和县级人民政府安全生产监督管理部门应当将其颁发危险化学品经营许可证的情况及时向同级环境保护主管部门和公安机关通报。

申请人持危险化学品经营许可证向工商行政管理部门办理登记手续后，方可从事危险化学品经营活动。法律、行政法规或者国务院规定经营危险化学品还需要经其他有关部门许可的，申请人向工商行政管理部门办理登记手续时还应当持相应的许可证件。

第三十六条 危险化学品经营企业储存危险化学品的，应当遵守本条例第二章关于储存危险化学品的规定。危险化学品商店内只能存放民用小包装的危险化学品。

第三十七条 危险化学品经营企业不得向未经许可从事危险化学品生产、经营活动的企业采购危险化学品，不得经营没有化学品安全技术说明书或者化学品安全标签的危险化学品。

第三十八条 依法取得危险化学品安全生产许可证、危险化学品安全使用许可证、危险化学品经营许可证的企业，凭相应的许可证件购买剧毒化学品、易制爆危险化学品。民用爆炸物品生产企业凭民用爆炸物品生产许可证购买易制爆危险化学品。

前款规定以外的单位购买剧毒化学品的，应当向所在地县级人民政府公安机关申请取得剧毒化学品购买许可证；购买易制爆危险化学品的，应当持本单位出具的合法用途说明。

个人不得购买剧毒化学品（属于剧毒化学品的农药除外）和易制爆危险化学品。

第三十九条 申请取得剧毒化学品购买许可证，申请人应当向所在地县级人民政府公安机关提交下列材料：

（一）营业执照或者法人证书（登记证书）的复印件。

（二）拟购买的剧毒化学品品种、数量的说明。

（三）购买剧毒化学品用途的说明。

（四）经办人的身份证明。

县级人民政府公安机关应当自收到前款规定的材料之日起3日内，作出批准或者不予批准的决定。予以批准的，颁发剧毒化学品购买许可证；不予批准的，书面通知申请人并说明理由。

剧毒化学品购买许可证管理办法由国务院公安部门制定。

第四十条 危险化学品生产企业、经营企业销售剧毒化学品、易制爆危险化学品，应当查验本条例第三十八条第一款、第二款规定的相关许可证件或者证明文件，不得向不具有相关许可证件或者证明文件的单位销售剧毒化学品、易制爆危险化学品。对持剧毒化学品购买许可证购买剧毒化学品的，应当按照许可证载明的品种、数量销售。

禁止向个人销售剧毒化学品（属于剧毒化学品的农药除外）和易制爆危险化学品。

第四十一条 危险化学品生产企业、经营企业销售剧毒化学品、易制爆危险化学品，应当如实记录购买单位的名称、地址、经办人的姓名、身份证号码以及所购买的剧毒化学品、易制爆危险化学品的品种、数量、用途。销售记录以及经办人的身份证明复印件、相关许可证件复印件或者证明文件的保存期限不得少于1年。

剧毒化学品、易制爆危险化学品的销售企业、购买单位应当在销售、购买后5日内，将所销售、购买的剧毒化学品、易制爆危险化学品的品种、数量以及流向信息报所在地县级人民政府公安机关备案，并输入计算机系统。

第四十二条 使用剧毒化学品、易制爆危险化学品的单位不得出借、转让其购买的剧毒化学品、易制爆危险化学品；因转产、停产、搬迁、关闭等确需转让的，应当向具有本条例第三十八条第一款、第二款规定的相关许可证件或者证明文件的单位转让，并在转让后将有关情况及时向所在地县级人民政府公安机关报告。

第五章 运输安全

第四十三条 从事危险化学品道路运输、水路运输的，应当分别依照有关道路运输、水路运输的法律、行政法规的规定，取得危险货物道路运输许可、危险货物水路运输许可，并向工商行政管理部门办理登记手续。

危险化学品道路运输企业、水路运输企业应当配备专职安全管理人员。

第四十四条 危险化学品道路运输企业、水路运输企业的驾驶人员、船员、装卸管理人员、押运人员、申报人员、集装箱装箱现场检查员应当经交通运输主管部门考核合格，取得从业资格。具体办法由国务院交通运输主管部门制定。

危险化学品的装卸作业应当遵守安全作业标准、规程和制度，并在装卸管理人员的现场指挥或者监控下进行。水路运输危险化学品的集装箱装箱作业应当在集装箱装箱现场检查员的指挥或者监控下进行，并符合积载、隔离的规范和要求；装箱作业完毕后，集装箱装箱现场检查员应当签署装箱证明书。

第四十五条 运输危险化学品，应当根据危险化学品的危险特性采取相应的安全防护措施，并配备必要的防护用品和应急救援器材。

用于运输危险化学品的槽罐以及其他容器应当封口严密，能够防止危险化学品在运输过程中因温度、湿度或者压力的变化发生渗漏、洒漏；槽罐以及其他容器的溢流和泄压装置应当设置准确、起闭灵活。

运输危险化学品的驾驶人员、船员、装卸管理人员、押运人员、申报人员、集装箱装箱现场检查员，应当了解所运输的危险化学品的危险特性及其包装物、容器的使用要求和出现危险情况时的应急处置方法。

第四十六条 通过道路运输危险化学品的，托运人应当委托依法取得危险货物道路运输许可的企业承运。

第四十七条 通过道路运输危险化学品的，应当按照运输车辆的核定载质量装载危险化学品，不得超载。

危险化学品运输车辆应当符合国家标准要求的安全技术条件，并按照国家有关规定定期进行安全技术检验。

危险化学品运输车辆应当悬挂或者喷涂符合国家标准要求的警示标志。

第四十八条 通过道路运输危险化学品的，应当配备押运人员，并保证所运输的危险化学品处于押运人员的监控之下。

运输危险化学品途中因住宿或者发生影响正常运输的情况，需要较长时间停车的，驾驶人员、押运人员应当采取相应的安全防范措施；运输剧毒化学品或者易制爆危险化学品的，还应当向当地公安机关报告。

第四十九条 未经公安机关批准，运输危险化学品的车辆不得进入危险化学品运输车辆限制通行的区域。危险化学品运输车辆限制通行的区域由县级人民政府公安机关划定，并设置明显的标志。

第五十条 通过道路运输剧毒化学品的，托运人应当向运输始发地或者目的地县级人民政府公安机关申请剧毒化学品道路运输通行证。

申请剧毒化学品道路运输通行证，托运人应当向县级人民政府公安机关提交下列材料：

（一）拟运输的剧毒化学品品种、数量的说明。

（二）运输始发地、目的地、运输时间和运输路线的说明。

（三）承运人取得危险货物道路运输许可、运输车辆取得营运证以及驾驶人员、押运人员取得上岗资格的证明文件。

（四）本条例第三十八条第一款、第二款规定的购买剧毒化学品的相关许可证件，或者海关出具的进出口证明文件。

县级人民政府公安机关应当自收到前款规定的材料之日起 7 日内，作出批准或者不予批准的决定。予以批准的，颁发剧毒化学品道路运输通行证；不予批准的，书面通知申请人并说明理由。

剧毒化学品道路运输通行证管理办法由国务院公安部门制定。

第五十一条 剧毒化学品、易制爆危险化学品在道路运输途中丢失、被盗、被抢或者出现流散、泄漏等情况的，驾驶人员、押运人员应当立即采取相应的警示措施和安全措施，并向当地公安机关报告。公安机关接到报告后，应当根据实际情况立即向安全生产监督管理部门、环境保护主管部门、卫生主管部门通报。有关部门应当采取必要的应急处置措施。

第五十二条 通过水路运输危险化学品的，应当遵守法律、行政法规以及国务院交通运输主管部门关于危险货物水路运输安全的规定。

第五十三条 海事管理机构应当根据危险化学品的种类和危险特性，确定船舶运输危险化学品的相关安全运输条件。

拟交付船舶运输的化学品的相关安全运输条件不明确的，应当经国家海事管理机构认定的机构进行评估，明确相关安全运输条件并经海事管理机构确认后，方可交付船舶运输。

第五十四条 禁止通过内河封闭水域运输剧毒化学品以及国家规定禁止通过内河运输的其他危险化学品。

前款规定以外的内河水域，禁止运输国家规定禁止通过内河运输的剧毒化学品以及其他危险化学品。

禁止通过内河运输的剧毒化学品以及其他危险化学品的范围，由国务院交通运输主管部门会同国务院环境保护主管部门、工业和信息化主管部门、安全生产监督管理部门，根据危险化学品的危险特性、危险化学品对人体和水环境的危害程度以及消除危害后果的难易程度等因素规定并公布。

第五十五条 国务院交通运输主管部门应当根据危险化学品的危险特性，对通过内河运输本条例第五十四条规定以外的危险化学品（以下简称通过内河运输危险化学品）实行分类管理，对各类危险化学品的运输方式、包装规范和安全防护措施等分别作出规定并监督实施。

第五十六条 通过内河运输危险化学品，应当由依法取得危险货物水路运输许可的水路运输企业承运，其他单位和个人不得承运。托运人应当委托依法取得危险货物水路运输许可的水路运输企业承运，不得委托其他单位和个人承运。

第五十七条 通过内河运输危险化学品，应当使用依法取得危险货物适装证书的运输船舶。水路运输企业应当针对所运输的危险化学品的危险特性，制定运输船舶危险化学品事故应急救援预案，并为运输船舶配备充足、有效的应急救援器材和设备。

通过内河运输危险化学品的船舶，其所有人或者经营人应当取得船舶污染损害责任保险证书或者财务担保证明。船舶污染损害责任保险证书或者财务担保证明的副本应当随船携带。

第五十八条 通过内河运输危险化学品，危险化学品包装物的材质、型式、强度以及包装方法应当符合水路运输危险化学品包装规范的要求。国务院交通运输主管部门对单船运输的危险化学品数量有限制性规定的，承运人应当按照规定安排运输数量。

第五十九条 用于危险化学品运输作业的内河码头、泊位应当符合国家有关安全规范，与饮用水取水口保持国家规定的距离。有关管理单位应当制定码头、泊位危险化学品事故应急预案，并为码头、泊位配备充足、有效的应急救援器材和设备。

用于危险化学品运输作业的内河码头、泊位，经交通运输主管部门按照国家有关规定验收合格后方可投入使用。

第六十条 船舶载运危险化学品进出内河港口，应当将危险化学品的名称、危险特性、包装以及进出港时间等事项，事先报告海事管理机构。海事管理机构接到报告后，应当在国务院交通运输主管部门规定的时间内作出是否同意的决定，通知报告人，同时通报港口行政管理部门。定船舶、定航线、定货种的船舶可以定期报告。

在内河港口内进行危险化学品的装卸、过驳作业，应当将危险化学品的名称、危险特性、包装和作业的时间、地点等事项报告港口行政管理部门。港口行政管理部门接到报告后，应当在国务院交通运输主管部门规定的时间内作出是否同意的决定，通知报告人，同时通报海事管理机构。

载运危险化学品的船舶在内河航行，通过过船建筑物的，应当提前向交通运输主管部门申报，并接受交通运输主管部门的管理。

第六十一条 载运危险化学品的船舶在内河航行、装卸或者停泊，应当悬挂专用的警示标志，按照规定显示专用信号。

载运危险化学品的船舶在内河航行，按照国务院交通运输主管部门的规定需要引航的，应当申请引航。

第六十二条 载运危险化学品的船舶在内河航行，应当遵守法律、行政法规和国家其他有关饮用水水源保护的规定。内河航道发展规划应当与依法经批准的饮用水水源保护区划定方案相协调。

第六十三条 托运危险化学品的，托运人应当向承运人说明所托运的危险化学品的种类、数量、危险特性以及发生危险情况的应急处置措施，并按照国家有关规定对所托运的危险化学品妥善包装，在外包装上设置相应的标志。

运输危险化学品需要添加抑制剂或者稳定剂的，托运人应当添加，并将有关情况告知承运人。

第六十四条 托运人不得在托运的普通货物中夹带危险化学品，不得将危险化学品匿报或者谎报为普通货物托运。

任何单位和个人不得交寄危险化学品或者在邮件、快件内夹带危险化学品，不得将危险化学品匿报或者谎报为普通物品交寄。邮政企业、快递企业不得收寄危险化学品。

对涉嫌违反本条第一款、第二款规定的，交通运输主管部门、邮政管理部门可以依法开拆查验。

第六十五条 通过铁路、航空运输危险化学品的安全管理，依照有关铁路、航空运输的法律、行政法规、规章的规定执行。

第六章 危险化学品登记与事故应急救援

第六十六条 国家实行危险化学品登记制度，为危险化学品安全管理以及危险化学品事故预防和应急救援提供技术、信息支持。

第六十七条 危险化学品生产企业、进口企业，应当向国务院安全生产监督管理部门负责危险化学品登记的机构（以下简称危险化学品登记机构）办理危险化学品登记。

危险化学品登记包括下列内容：

（一）分类和标签信息。

（二）物理、化学性质。

（三）主要用途。

（四）危险特性。

（五）储存、使用、运输的安全要求。

（六）出现危险情况的应急处置措施。

对同一企业生产、进口的同一品种的危险化学品，不进行重复登记。危险化学品生产企业、进口企业发现其生产、进口的危险化学品有新的危险特性的，应当及时向危险化学品登记机构办理登记内容变更手续。

危险化学品登记的具体办法由国务院安全生产监督管理部门制定。

第六十八条 危险化学品登记机构应当定期向工业和信息化、环境保护、公安、卫生、交通运输、铁路、质量监督检验检疫等部门提供危险化学品登记的有关信息和资料。

第六十九条 县级以上地方人民政府安全生产监督管理部门应当会同工业和信息化、环境保护、公安、卫生、交通运输、铁路、质量监督检验检疫等部门，根据本地区实际情况，制定危险化学品事故应急预案，报本级人民政府批准。

第七十条 危险化学品单位应当制定本单位危险化学品事故应急预案，配备应急救援人员和必要的应急救援器材、设备，并定期组织应急救援演练。

危险化学品单位应当将其危险化学品事故应急预案报所在地设区的市级人民政府安全生产监督管理部门备案。

第七十一条 发生危险化学品事故，事故单位主要负责人应当立即按照本单位危险化学品应急预案组织救援，并向当地安全生产监督管理部门和环境保护、公安、卫生主管部门报告；道路运输、水路运输过程中发生危险化学品事故的，驾驶人员、船员或者押运人员还应当向事故发生地交通运输主管部门报告。

第七十二条 发生危险化学品事故，有关地方人民政府应当立即组织安全生产监督管理、环境保护、公安、卫生、交通运输等有关部门，按照本地区危险化学品事故应急预案组织实施救援，不得拖延、推诿。

有关地方人民政府及其有关部门应当按照下列规定，采取必要的应急处置措施，减少事故损失，防止事故蔓延、扩大：

（一）立即组织营救和救治受害人员，疏散、撤离或者采取其他措施保护危害区域内的其他人员。

（二）迅速控制危害源，测定危险化学品的性质、事故的危害区域及危害程度。

（三）针对事故对人体、动植物、土壤、水源、大气造成的现实危害和可能产生的危害，迅速采取封闭、隔离、洗消等措施。

（四）对危险化学品事故造成的环境污染和生态破坏状况进行监测、评估，并采取相应的环境污染治理和生态修复措施。

第七十三条 有关危险化学品单位应当为危险化学品事故应急救援提供技术指导和必要的协助。

第七十四条 危险化学品事故造成环境污染的，由设区的市级以上人民政府环境保护主管部门统一发布有关信息。

第七章　法律责任

第七十五条　生产、经营、使用国家禁止生产、经营、使用的危险化学品的，由安全生产监督管理部门责令停止生产、经营、使用活动，处 20 万元以上 50 万元以下的罚款，有违法所得的，没收违法所得；构成犯罪的，依法追究刑事责任。

有前款规定行为的，安全生产监督管理部门还应当责令其对所生产、经营、使用的危险化学品进行无害化处理。

违反国家关于危险化学品使用的限制性规定使用危险化学品的，依照本条第一款的规定处理。

第七十六条　未经安全条件审查，新建、改建、扩建生产、储存危险化学品的建设项目的，由安全生产监督管理部门责令停止建设，限期改正；逾期不改正的，处 50 万元以上 100 万元以下的罚款；构成犯罪的，依法追究刑事责任。

未经安全条件审查，新建、改建、扩建储存、装卸危险化学品的港口建设项目的，由港口行政管理部门依照前款规定予以处罚。

第七十七条　未依法取得危险化学品安全生产许可证从事危险化学品生产，或者未依法取得工业产品生产许可证从事危险化学品及其包装物、容器生产的，分别依照《安全生产许可证条例》《中华人民共和国工业产品生产许可证管理条例》的规定处罚。

违反本条例规定，化工企业未取得危险化学品安全使用许可证，使用危险化学品从事生产的，由安全生产监督管理部门责令限期改正，处 10 万元以上 20 万元以下的罚款；逾期不改正的，责令停产整顿。

违反本条例规定，未取得危险化学品经营许可证从事危险化学品经营的，由安全生产监督管理部门责令停止经营活动，没收违法经营的危险化学品以及违法所得，并处 10 万元以上 20 万元以下的罚款；构成犯罪的，依法追究刑事责任。

第七十八条　有下列情形之一的，由安全生产监督管理部门责令改正，可以处 5 万元以下的罚款；拒不改正的，处 5 万元以上 10 万元以下的罚款；情节严重的，责令停产停业整顿：

（一）生产、储存危险化学品的单位未对其铺设的危险化学品管道设置明显的标志，或者未对危险化学品管道定期检查、检测的。

（二）进行可能危及危险化学品管道安全的施工作业，施工单位未按照规定书面通知管道所属单位，或者未与管道所属单位共同制定应急预案、采取相应的安全防护措施，或者管道所属单位未指派专门人员到现场进行管道安全保护指导的。

（三）危险化学品生产企业未提供化学品安全技术说明书，或者未在包装（包括外包装件）上粘贴、拴挂化学品安全标签的。

（四）危险化学品生产企业提供的化学品安全技术说明书与其生产的危险化学品不相符，或者在包装（包括外包装件）粘贴、拴挂的化学品安全标签与包装内危险化学品不相符，或者化学品安全技术说明书、化学品安全标签所载明的内容不符合国家标准要求的。

（五）危险化学品生产企业发现其生产的危险化学品有新的危险特性不立即公告，或者不及时修订其化学品安全技术说明书和化学品安全标签的。

（六）危险化学品经营企业经营没有化学品安全技术说明书和化学品安全标签的危险化学品的。

（七）危险化学品包装物、容器的材质以及包装的型式、规格、方法和单件质量（重量）与所包装的危险化学品的性质和用途不相适应的。

（八）生产、储存危险化学品的单位未在作业场所和安全设施、设备上设置明显的安全警示标志，或者未在作业场所设置通信、报警装置的。

（九）危险化学品专用仓库未设专人负责管理，或者对储存的剧毒化学品以及储存数量构成重大危险源的其他危险化学品未实行双人收发、双人保管制度的。

（十）储存危险化学品的单位未建立危险化学品出入库核查、登记制度的。

（十一）危险化学品专用仓库未设置明显标志的。

（十二）危险化学品生产企业、进口企业不办理危险化学品登记，或者发现其生产、进口的危险化学品有新的危险特性不办理危险化学品登记内容变更手续的。

从事危险化学品仓储经营的港口经营人有前款规定情形的，由港口行政管理部门依照前款规定予以处罚。储存剧毒化学品、易制爆危险化学品的专用仓库未按照国家有关规定设置相应的技术防范设施的，由公安机关依照前款规定予以处罚。

生产、储存剧毒化学品、易制爆危险化学品的单位未设置治安保卫机构、配备专职治安保卫人员的，依照《企业事业单位内部治安保卫条例》的规定处罚。

第七十九条 危险化学品包装物、容器生产企业销售未经检验或者经检验不合格的危险化学品包装物、容器的，由质量监督检验检疫部门责令改正，处 10 万元以上 20 万元以下的罚款，有违法所得的，没收违法所得；拒不改正的，责令停产停业整顿；构成犯罪的，依法追究刑事责任。

将未经检验合格的运输危险化学品的船舶及其配载的容器投入使用的，由海事管理机构依照前款规定予以处罚。

第八十条 生产、储存、使用危险化学品的单位有下列情形之一的，由安全生产监督管理部门责令改正，处 5 万元以上 10 万元以下的罚款；拒不改正的，责令停产停业整顿直至由原发证机关吊销其相关许可证件，并由工商行政管理部门责令其办理经营范围变更登记或者吊销其营业执照；有关责任人员构成犯罪的，依法追究刑事责任：

（一）对重复使用的危险化学品包装物、容器，在重复使用前不进行检查的。

（二）未根据其生产、储存的危险化学品的种类和危险特性，在作业场所设置相关安全设施、设备，或者未按照国家标准、行业标准或者国家有关规定对安全设施、设备进行经常性维护、保养的。

（三）未依照本条例规定对其安全生产条件定期进行安全评价的。

（四）未将危险化学品储存在专用仓库内，或者未将剧毒化学品以及储存数量构成重大危险源的其他危险化学品在专用仓库内单独存放的。

（五）危险化学品的储存方式、方法或者储存数量不符合国家标准或者国家有关规定的。

（六）危险化学品专用仓库不符合国家标准、行业标准的要求的。

（七）未对危险化学品专用仓库的安全设施、设备定期进行检测、检验的。

从事危险化学品仓储经营的港口经营人有前款规定情形的，由港口行政管理部门依照前款规定予以处罚。

第八十一条　有下列情形之一的，由公安机关责令改正，可以处1万元以下的罚款；拒不改正的，处1万元以上5万元以下的罚款：

（一）生产、储存、使用剧毒化学品、易制爆危险化学品的单位不如实记录生产、储存、使用的剧毒化学品、易制爆危险化学品的数量、流向的。

（二）生产、储存、使用剧毒化学品、易制爆危险化学品的单位发现剧毒化学品、易制爆危险化学品丢失或者被盗，不立即向公安机关报告的。

（三）储存剧毒化学品的单位未将剧毒化学品的储存数量、储存地点以及管理人员的情况报所在地县级人民政府公安机关备案的。

（四）危险化学品生产企业、经营企业不如实记录剧毒化学品、易制爆危险化学品购买单位的名称、地址、经办人的姓名、身份证号码以及所购买的剧毒化学品、易制爆危险化学品的品种、数量、用途，或者保存销售记录和相关材料的时间少于1年的。

（五）剧毒化学品、易制爆危险化学品的销售企业、购买单位未在规定的时限内将所销售、购买的剧毒化学品、易制爆危险化学品的品种、数量以及流向信息报所在地县级人民政府公安机关备案的。

（六）使用剧毒化学品、易制爆危险化学品的单位依照本条例规定转让其购买的剧毒化学品、易制爆危险化学品，未将有关情况向所在地县级人民政府公安机关报告的。

生产、储存危险化学品的企业或者使用危险化学品从事生产的企业未按照本条例规定将安全评价报告以及整改方案的落实情况报安全生产监督管理部门或者港口行政管理部门备案，或者储存危险化学品的单位未将其剧毒化学品以及储存数量构成重大危险源的其他危险化学品的储存数量、储存地点以及管理人员的情况报安全生产监督管理部门或者港口行政管理部门备案的，分别由安全生产监督管理部门或者港口行政管理部门依照前款规定予以处罚。

生产实施重点环境管理的危险化学品的企业或者使用实施重点环境管理的危险化学品从事生产的企业未按照规定将相关信息向环境保护主管部门报告的，由环境保护主管部门依照本条第一款的规定予以处罚。

第八十二条　生产、储存、使用危险化学品的单位转产、停产、停业或者解散，未采取有效措施及时、妥善处置其危险化学品生产装置、储存设施以及库存的危险化学品，或者丢弃危险化学品的，由安全生产监督管理部门责令改正，处5万元以上10万元以下的罚款；构成犯罪的，依法追究刑事责任。

生产、储存、使用危险化学品的单位转产、停产、停业或者解散，未依照本条例规定将其危险化学品生产装置、储存设施以及库存危险化学品的处置方案报有关部门备案的，分别由有关部门责令改正，可以处1万元以下的罚款；拒不改正的，处1万元以上5万元以下的罚款。

第八十三条 危险化学品经营企业向未经许可违法从事危险化学品生产、经营活动的企业采购危险化学品的，由工商行政管理部门责令改正，处10万元以上20万元以下的罚款；拒不改正的，责令停业整顿直至由原发证机关吊销其危险化学品经营许可证，并由工商行政管理部门责令其办理经营范围变更登记或者吊销其营业执照。

第八十四条 危险化学品生产企业、经营企业有下列情形之一的，由安全生产监督管理部门责令改正，没收违法所得，并处10万元以上20万元以下的罚款；拒不改正的，责令停产停业整顿直至吊销其危险化学品安全生产许可证、危险化学品经营许可证，并由工商行政管理部门责令其办理经营范围变更登记或者吊销其营业执照：

（一）向不具有本条例第三十八条第一款、第二款规定的相关许可证件或者证明文件的单位销售剧毒化学品、易制爆危险化学品的。

（二）不按照剧毒化学品购买许可证载明的品种、数量销售剧毒化学品的。

（三）向个人销售剧毒化学品（属于剧毒化学品的农药除外）、易制爆危险化学品的。

不具有本条例第三十八条第一款、第二款规定的相关许可证件或者证明文件的单位购买剧毒化学品、易制爆危险化学品，或者个人购买剧毒化学品（属于剧毒化学品的农药除外）、易制爆危险化学品的，由公安机关没收所购买的剧毒化学品、易制爆危险化学品，可以并处5 000元以下的罚款。

使用剧毒化学品、易制爆危险化学品的单位出借或者向不具有本条例第三十八条第一款、第二款规定的相关许可证件的单位转让其购买的剧毒化学品、易制爆危险化学品，或者向个人转让其购买的剧毒化学品（属于剧毒化学品的农药除外）、易制爆危险化学品的，由公安机关责令改正，处10万元以上20万元以下的罚款；拒不改正的，责令停产停业整顿。

第八十五条 未依法取得危险货物道路运输许可、危险货物水路运输许可，从事危险化学品道路运输、水路运输的，分别依照有关道路运输、水路运输的法律、行政法规的规定处罚。

第八十六条 有下列情形之一的，由交通运输主管部门责令改正，处5万元以上10万元以下的罚款；拒不改正的，责令停产停业整顿；构成犯罪的，依法追究刑事责任：

（一）危险化学品道路运输企业、水路运输企业的驾驶人员、船员、装卸管理人员、押运人员、申报人员、集装箱装箱现场检查员未取得从业资格上岗作业的。

（二）运输危险化学品，未根据危险化学品的危险特性采取相应的安全防护措施，或者未配备必要的防护用品和应急救援器材的。

（三）使用未依法取得危险货物适装证书的船舶，通过内河运输危险化学品的。

（四）通过内河运输危险化学品的承运人违反国务院交通运输主管部门对单船运输的危险化学品数量的限制性规定运输危险化学品的。

（五）用于危险化学品运输作业的内河码头、泊位不符合国家有关安全规范，或者未与饮用水取水口保持国家规定的安全距离，或者未经交通运输主管部门验收合格投入使用的。

（六）托运人不向承运人说明所托运的危险化学品的种类、数量、危险特性以及发生危险情况的应急处置措施，或者未按照国家有关规定对所托运的危险化学品妥善包装并在外包装上设置相应标志的。

（七）运输危险化学品需要添加抑制剂或者稳定剂，托运人未添加或者未将有关情况告知承运人的。

第八十七条 有下列情形之一的，由交通运输主管部门责令改正，处10万元以上20万元以下的罚款，有违法所得的，没收违法所得；拒不改正的，责令停产停业整顿；构成犯罪的，依法追究刑事责任：

（一）委托未依法取得危险货物道路运输许可、危险货物水路运输许可的企业承运危险化学品的。

（二）通过内河封闭水域运输剧毒化学品以及国家规定禁止通过内河运输的其他危险化学品的。

（三）通过内河运输国家规定禁止通过内河运输的剧毒化学品以及其他危险化学品的。

（四）在托运的普通货物中夹带危险化学品，或者将危险化学品谎报或者匿报为普通货物托运的。

在邮件、快件内夹带危险化学品，或者将危险化学品谎报为普通物品交寄的，依法给予治安管理处罚；构成犯罪的，依法追究刑事责任。

邮政企业、快递企业收寄危险化学品的，依照《中华人民共和国邮政法》的规定处罚。

第八十八条 有下列情形之一的，由公安机关责令改正，处5万元以上10万元以下的罚款；构成违反治安管理行为的，依法给予治安管理处罚；构成犯罪的，依法追究刑事责任：

（一）超过运输车辆的核定载质量装载危险化学品的。

（二）使用安全技术条件不符合国家标准要求的车辆运输危险化学品的。

（三）运输危险化学品的车辆未经公安机关批准进入危险化学品运输车辆限制通行的区域的。

（四）未取得剧毒化学品道路运输通行证，通过道路运输剧毒化学品的。

第八十九条 有下列情形之一的，由公安机关责令改正，处1万元以上5万元以下的罚款；构成违反治安管理行为的，依法给予治安管理处罚：

（一）危险化学品运输车辆未悬挂或者喷涂警示标志，或者悬挂或者喷涂的警示标志不符合国家标准要求的。

（二）通过道路运输危险化学品，不配备押运人员的。

（三）运输剧毒化学品或者易制爆危险化学品途中需要较长时间停车，驾驶人员、押运人员不向当地公安机关报告的。

（四）剧毒化学品、易制爆危险化学品在道路运输途中丢失、被盗、被抢或者发生流散、泄漏等情况，驾驶人员、押运人员不采取必要的警示措施和安全措施，或者不向当地公安机关报告的。

第九十条 对发生交通事故负有全部责任或者主要责任的危险化学品道路运输企业，由公安机关责令消除安全隐患，未消除安全隐患的危险化学品运输车辆，禁止上道路行驶。

第九十一条 有下列情形之一的，由交通运输主管部门责令改正，可以处1万元以下的罚款；拒不改正的，处1万元以上5万元以下的罚款：

（一）危险化学品道路运输企业、水路运输企业未配备专职安全管理人员的。

（二）用于危险化学品运输作业的内河码头、泊位的管理单位未制定码头、泊位危险化学品事故应急救援预案，或者未为码头、泊位配备充足、有效的应急救援器材和设备的。

第九十二条 有下列情形之一的，依照《中华人民共和国内河交通安全管理条例》的规定处罚：

（一）通过内河运输危险化学品的水路运输企业未制定运输船舶危险化学品事故应急救援预案，或者未为运输船舶配备充足、有效的应急救援器材和设备的。

（二）通过内河运输危险化学品的船舶的所有人或者经营人未取得船舶污染损害责任保险证书或者财务担保证明的。

（三）船舶载运危险化学品进出内河港口，未将有关事项事先报告海事管理机构并经其同意的。

（四）载运危险化学品的船舶在内河航行、装卸或者停泊，未悬挂专用的警示标志，或者未按照规定显示专用信号，或者未按照规定申请引航的。

未向港口行政管理部门报告并经其同意，在港口内进行危险化学品的装卸、过驳作业的，依照《中华人民共和国港口法》的规定处罚。

第九十三条 伪造、变造或者出租、出借、转让危险化学品安全生产许可证、工业产品生产许可证，或者使用伪造、变造的危险化学品安全生产许可证、工业产品生产许可证的，分别依照《安全生产许可证条例》《中华人民共和国工业产品生产许可证管理条例》的规定处罚。

伪造、变造或者出租、出借、转让本条例规定的其他许可证，或者使用伪造、变造的本条例规定的其他许可证的，分别由相关许可证的颁发管理机关处10万元以上20万元以下的罚款，有违法所得的，没收违法所得；构成违反治安管理行为的，依法给予治安管理处罚；构成犯罪的，依法追究刑事责任。

第九十四条 危险化学品单位发生危险化学品事故，其主要负责人不立即组织救援或者不立即向有关部门报告的，依照《生产安全事故报告和调查处理条例》的规定处罚。

危险化学品单位发生危险化学品事故，造成他人人身伤害或者财产损失的，依法承担赔偿责任。

第九十五条 发生危险化学品事故，有关地方人民政府及其有关部门不立即组织实施救援，或者不采取必要的应急处置措施减少事故损失，防止事故蔓延、扩大的，对直接负责的主管人员和其他直接责任人员依法给予处分；构成犯罪的，依法追究刑事责任。

第九十六条 负有危险化学品安全监督管理职责的部门的工作人员，在危险化学品安全监督管理工作中滥用职权、玩忽职守、徇私舞弊，构成犯罪的，依法追究刑事责任；尚不构成犯罪的，依法给予处分。

第八章　附　　则

第九十七条 监控化学品、属于危险化学品的药品和农药的安全管理，依照本条例的规定执行；法律、行政法规另有规定的，依照其规定。

民用爆炸物品、烟花爆竹、放射性物品、核能物质以及用于国防科研生产的危险化学品的安全管理，不适用本条例。

法律、行政法规对燃气的安全管理另有规定的，依照其规定。

危险化学品容器属于特种设备的，其安全管理依照有关特种设备安全的法律、行政法规的规定执行。

第九十八条　危险化学品的进出口管理，依照有关对外贸易的法律、行政法规、规章的规定执行；进口的危险化学品的储存、使用、经营、运输的安全管理，依照本条例的规定执行。

危险化学品环境管理登记和新化学物质环境管理登记，依照有关环境保护的法律、行政法规、规章的规定执行。危险化学品环境管理登记，按照国家有关规定收取费用。

第九十九条　公众发现、捡拾的无主危险化学品，由公安机关接收。公安机关接收或者有关部门依法没收的危险化学品，需要进行无害化处理的，交由环境保护主管部门组织其认定的专业单位进行处理，或者交由有关危险化学品生产企业进行处理。处理所需费用由国家财政负担。

第一百条　化学品的危险特性尚未确定的，由国务院安全生产监督管理部门、国务院环境保护主管部门、国务院卫生主管部门分别负责组织对该化学品的物理危险性、环境危害性、毒理特性进行鉴定。根据鉴定结果，需要调整危险化学品目录的，依照本条例第三条第二款的规定办理。

第一百零一条　本条例施行前已经使用危险化学品从事生产的化工企业，依照本条例规定需要取得危险化学品安全使用许可证的，应当在国务院安全生产监督管理部门规定的期限内，申请取得危险化学品安全使用许可证。

第一百零二条　本条例自2011年12月1日起施行。

14　使用有毒物品作业场所劳动保护条例

2002年4月30日国务院第57次常务会议通过，2002年5月12日
中华人民共和国国务院令第352号公布，自公布日起施行。

第一章　总　　则

第一条　为了保证作业场所安全使用有毒物品，预防、控制和消除职业中毒危害，保护劳动者的生命安全、身体健康及其相关权益，根据职业病防治法和其他有关法律、行政法规的规定，制定本条例。

第二条　作业场所使用有毒物品可能产生职业中毒危害的劳动保护，适用本条例。

第三条 按照有毒物品产生的职业中毒危害程度，有毒物品分为一般有毒物品和高毒物品。国家对作业场所使用高毒物品实行特殊管理。

一般有毒物品目录、高毒物品目录由国务院卫生行政部门会同有关部门依据国家标准制定、调整并公布。

第四条 从事使用有毒物品作业的用人单位（以下简称用人单位）应当使用符合国家标准的有毒物品，不得在作业场所使用国家明令禁止使用的有毒物品或者使用不符合国家标准的有毒物品。

用人单位应当尽可能使用无毒物品；需要使用有毒物品的，应当优先选择使用低毒物品。

第五条 用人单位应当依照本条例和其他有关法律、行政法规的规定，采取有效的防护措施，预防职业中毒事故的发生，依法参加工伤保险，保障劳动者的生命安全和身体健康。

第六条 国家鼓励研制、开发、推广、应用有利于预防、控制、消除职业中毒危害和保护劳动者健康的新技术、新工艺、新材料；限制使用或者淘汰有关职业中毒危害严重的技术、工艺、材料；加强对有关职业病的机理和发生规律的基础研究，提高有关职业病防治科学技术水平。

第七条 禁止使用童工。

用人单位不得安排未成年人和孕期、哺乳期的女职工从事使用有毒物品的作业。

第八条 工会组织应当督促并协助用人单位开展职业卫生宣传教育和培训，对用人单位的职业卫生工作提出意见和建议，与用人单位就劳动者反映的职业病防治问题进行协调并督促解决。

工会组织对用人单位违反法律、法规，侵犯劳动者合法权益的行为，有权要求纠正；产生严重职业中毒危害时，有权要求用人单位采取防护措施，或者向政府有关部门建议采取强制性措施；发生职业中毒事故时，有权参与事故调查处理；发现危及劳动者生命、健康的情形时，有权建议用人单位组织劳动者撤离危险现场，用人单位应当立即作出处理。

第九条 县级以上人民政府卫生行政部门及其他有关行政部门应当依据各自的职责，监督用人单位严格遵守本条例和其他有关法律、法规的规定，加强作业场所使用有毒物品的劳动保护，防止职业中毒事故发生，确保劳动者依法享有的权利。

第十条 各级人民政府应当加强对使用有毒物品作业场所职业卫生安全及相关劳动保护工作的领导，督促、支持卫生行政部门及其他有关行政部门依法履行监督检查职责，及时协调、解决有关重大问题；在发生职业中毒事故时，应当采取有效措施，控制事故危害的蔓延并消除事故危害，并妥善处理有关善后工作。

第二章 作业场所的预防措施

第十一条 用人单位的设立，应当符合有关法律、行政法规规定的设立条件，并依法办理有关手续，取得营业执照。

用人单位的使用有毒物品作业场所，除应当符合职业病防治法规定的职业卫生要求外，还必须符合下列要求：

（一）作业场所与生活场所分开，作业场所不得住人。

（二）有害作业与无害作业分开，高毒作业场所与其他作业场所隔离。

（三）设置有效的通风装置；可能突然泄漏大量有毒物品或者易造成急性中毒的作业场所，设置自动报警装置和事故通风设施。

（四）高毒作业场所设置应急撤离通道和必要的泄险区。

用人单位及其作业场所符合前两款规定的，由卫生行政部门发给职业卫生安全许可证，方可从事使用有毒物品的作业。

第十二条　使用有毒物品作业场所应当设置黄色区域警示线、警示标识和中文警示说明。警示说明应当载明产生职业中毒危害的种类、后果、预防以及应急救治措施等内容。

高毒作业场所应当设置红色区域警示线、警示标识和中文警示说明，并设置通信报警设备。

第十三条　新建、扩建、改建的建设项目和技术改造、技术引进项目（以下统称建设项目），可能产生职业中毒危害的，应当依照职业病防治法的规定进行职业中毒危害预评价，并经卫生行政部门审核同意；可能产生职业中毒危害的建设项目的职业中毒危害防护设施应当与主体工程同时设计，同时施工，同时投入生产和使用；建设项目竣工，应当进行职业中毒危害控制效果评价，并经卫生行政部门验收合格。

存在高毒作业的建设项目的职业中毒危害防护设施设计，应当经卫生行政部门进行卫生审查；经审查，符合国家职业卫生标准和卫生要求的，方可施工。

第十四条　用人单位应当按照国务院卫生行政部门的规定，向卫生行政部门及时、如实申报存在职业中毒危害项目。

从事使用高毒物品作业的用人单位，在申报使用高毒物品作业项目时，应当向卫生行政部门提交下列有关资料：

（一）职业中毒危害控制效果评价报告。

（二）职业卫生管理制度和操作规程等材料。

（三）职业中毒事故应急救援预案。

从事使用高毒物品作业的用人单位变更所使用的高毒物品品种的，应当依照前款规定向原受理申报的卫生行政部门重新申报。

第十五条　用人单位变更名称、法定代表人或者负责人的，应当向原受理申报的卫生行政部门备案。

第十六条　从事使用高毒物品作业的用人单位，应当配备应急救援人员和必要的应急救援器材、设备，制定事故应急救援预案，并根据实际情况变化对应急救援预案适时进行修订，定期组织演练。事故应急救援预案和演练记录应当报当地卫生行政部门、安全生产监督管理部门和公安部门备案。

第三章　劳动过程的防护

第十七条　用人单位应当依照职业病防治法的有关规定，采取有效的职业卫生防护管理措施，加强劳动过程中的防护与管理。

从事使用高毒物品作业的用人单位，应当配备专职的或者兼职的职业卫生医师和护士；不具备配备专职的或者兼职的职业卫生医师和护士条件的，应当与依法取得资质认证的职业卫生技术服务机构签订合同，由其提供职业卫生服务。

第十八条　用人单位应当与劳动者订立劳动合同，将工作过程中可能产生的职业中毒危害及其后果、职业中毒危害防护措施和待遇等如实告知劳动者，并在劳动合同中写明，不得隐瞒或者欺骗。

劳动者在已订立劳动合同期间因工作岗位或者工作内容变更，从事劳动合同中未告知的存在职业中毒危害的作业时，用人单位应当依照前款规定，如实告知劳动者，并协商变更原劳动合同有关条款。

用人单位违反前两款规定的，劳动者有权拒绝从事存在职业中毒危害的作业，用人单位不得因此单方面解除或者终止与劳动者所订立的劳动合同。

第十九条　用人单位有关管理人员应当熟悉有关职业病防治的法律、法规以及确保劳动者安全使用有毒物品作业的知识。

用人单位应当对劳动者进行上岗前的职业卫生培训和在岗期间的定期职业卫生培训，普及有关职业卫生知识，督促劳动者遵守有关法律、法规和操作规程，指导劳动者正确使用职业中毒危害防护设备和个人使用的职业中毒危害防护用品。

劳动者经培训考核合格，方可上岗作业。

第二十条　用人单位应当确保职业中毒危害防护设备、应急救援设施、通信报警装置处于正常适用状态，不得擅自拆除或者停止运行。

用人单位应当对前款所列设施进行经常性的维护、检修，定期检测其性能和效果，确保其处于良好运行状态。

职业中毒危害防护设备、应急救援设施和通信报警装置处于不正常状态时，用人单位应当立即停止使用有毒物品作业；恢复正常状态后，方可重新作业。

第二十一条　用人单位应当为从事使用有毒物品作业的劳动者提供符合国家职业卫生标准的防护用品，并确保劳动者正确使用。

第二十二条　有毒物品必须附具说明书，如实载明产品特性、主要成分、存在的职业中毒危害因素、可能产生的危害后果、安全使用注意事项、职业中毒危害防护以及应急救治措施等内容；没有说明书或者说明书不符合要求的，不得向用人单位销售。

用人单位有权向生产、经营有毒物品的单位索取说明书。

第二十三条　有毒物品的包装应当符合国家标准，并以易于劳动者理解的方式加贴或者拴挂有毒物品安全标签。有毒物品的包装必须有醒目的警示标识和中文警示说明。

经营、使用有毒物品的单位，不得经营、使用没有安全标签、警示标识和中文警示说明的有毒物品。

第二十四条　用人单位维护、检修存在高毒物品的生产装置，必须事先制订维护、检修方案，明确职业中毒危害防护措施，确保维护、检修人员的生命安全和身体健康。

维护、检修存在高毒物品的生产装置，必须严格按照维护、检修方案和操作规程进行。维护、检修现场应当有专人监护，并设置警示标志。

第二十五条　需要进入存在高毒物品的设备、容器或者狭窄封闭场所作业时，用人单位应当事先采取下列措施：

（一）保持作业场所良好的通风状态，确保作业场所职业中毒危害因素浓度符合国家职业卫生标准。

（二）为劳动者配备符合国家职业卫生标准的防护用品。

（三）设置现场监护人员和现场救援设备。

未采取前款规定措施或者采取的措施不符合要求的，用人单位不得安排劳动者进入存在高毒物品的设备、容器或者狭窄封闭场所作业。

第二十六条　用人单位应当按照国务院卫生行政部门的规定，定期对使用有毒物品作业场所职业中毒危害因素进行检测、评价。检测、评价结果存入用人单位职业卫生档案，定期向所在地卫生行政部门报告并向劳动者公布。

从事使用高毒物品作业的用人单位应当至少每一个月对高毒作业场所进行一次职业中毒危害因素检测；至少每半年进行一次职业中毒危害控制效果评价。

高毒作业场所职业中毒危害因素不符合国家职业卫生标准和卫生要求时，用人单位必须立即停止高毒作业，并采取相应的治理措施；经治理，职业中毒危害因素符合国家职业卫生标准和卫生要求的，方可重新作业。

第二十七条　从事使用高毒物品作业的用人单位应当设置淋浴间和更衣室，并设置清洗、存放或者处理从事使用高毒物品作业劳动者的工作服、工作鞋帽等物品的专用间。

劳动者结束作业时，其使用的工作服、工作鞋帽等物品必须存放在高毒作业区域内，不得穿戴到非高毒作业区域。

第二十八条　用人单位应当按照规定对从事使用高毒物品作业的劳动者进行岗位轮换。

用人单位应当为从事使用高毒物品作业的劳动者提供岗位津贴。

第二十九条　用人单位转产、停产、停业或者解散、破产的，应当采取有效措施，妥善处理留存或者残留有毒物品的设备、包装物和容器。

第三十条　用人单位应当对本单位执行本条例规定的情况进行经常性的监督检查；发现问题，应当及时依照本条例规定的要求进行处理。

第四章　职业健康监护

第三十一条　用人单位应当组织从事使用有毒物品作业的劳动者进行上岗前职业健康检查。

用人单位不得安排未经上岗前职业健康检查的劳动者从事使用有毒物品的作业，不得安排有职业禁忌的劳动者从事其所禁忌的作业。

第三十二条 用人单位应当对从事使用有毒物品作业的劳动者进行定期职业健康检查。

用人单位发现有职业禁忌或者有与所从事职业相关的健康损害的劳动者，应当将其及时调离原工作岗位，并妥善安置。

用人单位对需要复查和医学观察的劳动者，应当按照体检机构的要求安排其复查和医学观察。

第三十三条 用人单位应当对从事使用有毒物品作业的劳动者进行离岗时的职业健康检查；对离岗时未进行职业健康检查的劳动者，不得解除或者终止与其订立的劳动合同。

用人单位发生分立、合并、解散、破产等情形的，应当对从事使用有毒物品作业的劳动者进行健康检查，并按照国家有关规定妥善安置职业病病人。

第三十四条 用人单位对受到或者可能受到急性职业中毒危害的劳动者，应当及时组织进行健康检查和医学观察。

第三十五条 劳动者职业健康检查和医学观察的费用，由用人单位承担。

第三十六条 用人单位应当建立职业健康监护档案。

职业健康监护档案应当包括下列内容：

（一）劳动者的职业史和职业中毒危害接触史。

（二）相应作业场所职业中毒危害因素监测结果。

（三）职业健康检查结果及处理情况。

（四）职业病诊疗等劳动者健康资料。

第五章　劳动者的权利与义务

第三十七条 从事使用有毒物品作业的劳动者在存在威胁生命安全或者身体健康危险的情况下，有权通知用人单位并从使用有毒物品造成的危险现场撤离。

用人单位不得因劳动者依据前款规定行使权利，而取消或者减少劳动者在正常工作时享有的工资、福利待遇。

第三十八条 劳动者享有下列职业卫生保护权利：

（一）获得职业卫生教育、培训。

（二）获得职业健康检查、职业病诊疗、康复等职业病防治服务。

（三）了解工作场所产生或者可能产生的职业中毒危害因素、危害后果和应当采取的职业中毒危害防护措施。

（四）要求用人单位提供符合防治职业病要求的职业中毒危害防护设施和个人使用的职业中毒危害防护用品，改善工作条件。

（五）对违反职业病防治法律、法规，危及生命、健康的行为提出批评、检举和控告。

（六）拒绝违章指挥和强令进行没有职业中毒危害防护措施的作业。

（七）参与用人单位职业卫生工作的民主管理，对职业病防治工作提出意见和建议。

用人单位应当保障劳动者行使前款所列权利。禁止因劳动者依法行使正当权利而降低其工资、福利等待遇或者解除、终止与其订立的劳动合同。

第三十九条　劳动者有权在正式上岗前从用人单位获得下列资料：

（一）作业场所使用的有毒物品的特性、有害成分、预防措施、教育和培训资料。

（二）有毒物品的标签、标识及有关资料。

（三）有毒物品安全使用说明书。

（四）可能影响安全使用有毒物品的其他有关资料。

第四十条　劳动者有权查阅、复印其本人职业健康监护档案。

劳动者离开用人单位时，有权索取本人健康监护档案复印件；用人单位应当如实、无偿提供，并在所提供的复印件上签章。

第四十一条　用人单位按照国家规定参加工伤保险的，患职业病的劳动者有权按照国家有关工伤保险的规定，享受下列工伤保险待遇：

（一）医疗费：因患职业病进行诊疗所需费用，由工伤保险基金按照规定标准支付。

（二）住院伙食补助费：由用人单位按照当地因公出差伙食标准的一定比例支付。

（三）康复费：由工伤保险基金按照规定标准支付。

（四）残疾用具费：因残疾需要配置辅助器具的，所需费用由工伤保险基金按照普及型辅助器具标准支付。

（五）停工留薪期待遇：原工资、福利待遇不变，由用人单位支付。

（六）生活护理补助费：经评残并确认需要生活护理的，生活护理补助费由工伤保险基金按照规定标准支付。

（七）一次性伤残补助金：经鉴定为十级至一级伤残的，按照伤残等级享受相当于6个月至24个月的本人工资的一次性伤残补助金，由工伤保险基金支付。

（八）伤残津贴：经鉴定为四级至一级伤残的，按照规定享受相当于本人工资75%至90%的伤残津贴，由工伤保险基金支付。

（九）死亡补助金：因职业中毒死亡的，由工伤保险基金按照不低于48个月的统筹地区上年度职工月平均工资的标准一次支付。

（十）丧葬补助金：因职业中毒死亡的，由工伤保险基金按照6个月的统筹地区上年度职工月平均工资的标准一次支付。

（十一）供养亲属抚恤金：因职业中毒死亡的，对由死者生前提供主要生活来源的亲属由工伤保险基金支付抚恤金：对其配偶每月按照统筹地区上年度职工月平均工资的40%发给，对其生前供养的直系亲属每人每月按照统筹地区上年度职工月平均工资的30%发给。

（十二）国家规定的其他工伤保险待遇。

本条例施行后，国家对工伤保险待遇的项目和标准作出调整时，从其规定。

第四十二条　用人单位未参加工伤保险的，其劳动者从事有毒物品作业患职业病的，用人单位应当按照国家有关工伤保险规定的项目和标准，保证劳动者享受工伤待遇。

第四十三条　用人单位无营业执照以及被依法吊销营业执照，其劳动者从事使用有毒物品作业患职业病的，应当按照国家有关工伤保险规定的项目和标准，给予劳动者一次性赔偿。

第四十四条 用人单位分立、合并的，承继单位应当承担由原用人单位对患职业病的劳动者承担的补偿责任。

用人单位解散、破产的，应当依法从其清算财产中优先支付患职业病的劳动者的补偿费用。

第四十五条 劳动者除依法享有工伤保险外，依照有关民事法律的规定，尚有获得赔偿的权利的，有权向用人单位提出赔偿要求。

第四十六条 劳动者应当学习和掌握相关职业卫生知识，遵守有关劳动保护的法律、法规和操作规程，正确使用和维护职业中毒危害防护设施及其用品；发现职业中毒事故隐患时，应当及时报告。

作业场所出现使用有毒物品产生的危险时，劳动者应当采取必要措施，按照规定正确使用防护设施，将危险加以消除或者减少到最低限度。

第六章　监 督 管 理

第四十七条 县级以上人民政府卫生行政部门应当依照本条例的规定和国家有关职业卫生要求，依据职责划分，对作业场所使用有毒物品作业及职业中毒危害检测、评价活动进行监督检查。

卫生行政部门实施监督检查，不得收取费用，不得接受用人单位的财物或者其他利益。

第四十八条 卫生行政部门应当建立、健全监督制度，核查反映用人单位有关劳动保护的材料，履行监督责任。

用人单位应当向卫生行政部门如实、具体提供反映有关劳动保护的材料；必要时，卫生行政部门可以查阅或者要求用人单位报送有关材料。

第四十九条 卫生行政部门应当监督用人单位严格执行有关职业卫生规范。

卫生行政部门应当依照本条例的规定对使用有毒物品作业场所的职业卫生防护设备、设施的防护性能进行定期检验和不定期的抽查；发现职业卫生防护设备、设施存在隐患时，应当责令用人单位立即消除隐患；消除隐患期间，应当责令其停止作业。

第五十条 卫生行政部门应当采取措施，鼓励对用人单位的违法行为进行举报、投诉、检举和控告。

卫生行政部门对举报、投诉、检举和控告应当及时核实，依法作出处理，并将处理结果予以公布。

卫生行政部门对举报人、投诉人、检举人和控告人负有保密的义务。

第五十一条 卫生行政部门执法人员依法执行职务时，应当出示执法证件。

卫生行政部门执法人员应当忠于职守，秉公执法；涉及用人单位秘密的，应当为其保密。

第五十二条 卫生行政部门依法实施罚款的行政处罚，应当依照有关法律、行政法规的规定，实施罚款决定与罚款收缴分离；收缴的罚款以及依法没收的经营所得，必须全部上缴国库。

第五十三条　卫生行政部门履行监督检查职责时，有权采取下列措施：

（一）进入用人单位和使用有毒物品作业场所现场，了解情况，调查取证，进行抽样检查、检测、检验，进行实地检查。

（二）查阅或者复制与违反本条例行为有关的资料，采集样品。

（三）责令违反本条例规定的单位和个人停止违法行为。

第五十四条　发生职业中毒事故或者有证据证明职业中毒危害状态可能导致事故发生时，卫生行政部门有权采取下列临时控制措施：

（一）责令暂停导致职业中毒事故的作业。

（二）封存造成职业中毒事故或者可能导致事故发生的物品。

（三）组织控制职业中毒事故现场。

在职业中毒事故或者危害状态得到有效控制后，卫生行政部门应当及时解除控制措施。

第五十五条　卫生行政部门执法人员依法执行职务时，被检查单位应当接受检查并予以支持、配合，不得拒绝和阻碍。

第五十六条　卫生行政部门应当加强队伍建设，提高执法人员的政治、业务素质，依照本条例的规定，建立、健全内部监督制度，对执法人员执行法律、法规和遵守纪律的情况进行监督检查。

第七章　罚　　则

第五十七条　卫生行政部门的工作人员有下列行为之一，导致职业中毒事故发生的，依照刑法关于滥用职权罪、玩忽职守罪或者其他罪的规定，依法追究刑事责任；造成职业中毒危害但尚未导致职业中毒事故发生，不够刑事处罚的，根据不同情节，依法给予降级、撤职或者开除的行政处分：

（一）对不符合本条例规定条件的涉及使用有毒物品作业事项，予以批准的。

（二）发现用人单位擅自从事使用有毒物品作业，不予取缔的。

（三）对依法取得批准的用人单位不履行监督检查职责，发现其不再具备本条例规定的条件而不撤销原批准或者发现违反本条例的其他行为不予查处的。

（四）发现用人单位存在职业中毒危害，可能造成职业中毒事故，不及时依法采取控制措施的。

第五十八条　用人单位违反本条例的规定，有下列情形之一的，由卫生行政部门给予警告，责令限期改正，处 10 万元以上 50 万元以下的罚款；逾期不改正的，提请有关人民政府按照国务院规定的权限责令停建、予以关闭；造成严重职业中毒危害或者导致职业中毒事故发生的，对负有责任的主管人员和其他直接责任人员依照刑法关于重大劳动安全事故罪或者其他罪的规定，依法追究刑事责任：

（一）可能产生职业中毒危害的建设项目，未依照职业病防治法的规定进行职业中毒危害预评价，或者预评价未经卫生行政部门审核同意，擅自开工的。

（二）职业卫生防护设施未与主体工程同时设计，同时施工，同时投入生产和使用的。

（三）建设项目竣工，未进行职业中毒危害控制效果评价，或者未经卫生行政部门验收或者验收不合格，擅自投入使用的。

（四）存在高毒作业的建设项目的防护设施设计未经卫生行政部门审查同意，擅自施工的。

第五十九条 用人单位违反本条例的规定，有下列情形之一的，由卫生行政部门给予警告，责令限期改正，处5万元以上20万元以下的罚款；逾期不改正的，提请有关人民政府按照国务院规定的权限予以关闭；造成严重职业中毒危害或者导致职业中毒事故发生的，对负有责任的主管人员和其他直接责任人员依照刑法关于重大劳动安全事故罪或者其他罪的规定，依法追究刑事责任：

（一）使用有毒物品作业场所未按照规定设置警示标识和中文警示说明的。

（二）未对职业卫生防护设备、应急救援设施、通信报警装置进行维护、检修和定期检测，导致上述设施处于不正常状态的。

（三）未依照本条例的规定进行职业中毒危害因素检测和职业中毒危害控制效果评价的。

（四）高毒作业场所未按照规定设置撤离通道和泄险区的。

（五）高毒作业场所未按照规定设置警示线的。

（六）未向从事使用有毒物品作业的劳动者提供符合国家职业卫生标准的防护用品，或者未保证劳动者正确使用的。

第六十条 用人单位违反本条例的规定，有下列情形之一的，由卫生行政部门给予警告，责令限期改正，处5万元以上30万元以下的罚款；逾期不改正的，提请有关人民政府按照国务院规定的权限予以关闭；造成严重职业中毒危害或者导致职业中毒事故发生的，对负有责任的主管人员和其他直接责任人员依照刑法关于重大责任事故罪、重大劳动安全事故罪或者其他罪的规定，依法追究刑事责任：

（一）使用有毒物品作业场所未设置有效通风装置的，或者可能突然泄漏大量有毒物品或者易造成急性中毒的作业场所未设置自动报警装置或者事故通风设施的。

（二）职业卫生防护设备、应急救援设施、通信报警装置处于不正常状态而不停止作业，或者擅自拆除或者停止运行职业卫生防护设备、应急救援设施、通信报警装置的。

第六十一条 从事使用高毒物品作业的用人单位违反本条例的规定，有下列行为之一的，由卫生行政部门给予警告，责令限期改正，处5万元以上20万元以下的罚款；逾期不改正的，提请有关人民政府按照国务院规定的权限予以关闭；造成严重职业中毒危害或者导致职业中毒事故发生的，对负有责任的主管人员和其他直接责任人员依照刑法关于重大责任事故罪或者其他罪的规定，依法追究刑事责任：

（一）作业场所职业中毒危害因素不符合国家职业卫生标准和卫生要求而不立即停止高毒作业并采取相应的治理措施的，或者职业中毒危害因素治理不符合国家职业卫生标准和卫生要求重新作业的。

（二）未依照本条例的规定维护、检修存在高毒物品的生产装置的。

（三）未采取本条例规定的措施，安排劳动者进入存在高毒物品的设备、容器或者狭窄封闭场所作业的。

第六十二条　在作业场所使用国家明令禁止使用的有毒物品或者使用不符合国家标准的有毒物品的，由卫生行政部门责令立即停止使用，处5万元以上30万元以下的罚款；情节严重的，责令停止使用有毒物品作业，或者提请有关人民政府按照国务院规定的权限予以关闭；造成严重职业中毒危害或者导致职业中毒事故发生的，对负有责任的主管人员和其他直接责任人员依照刑法关于危险物品肇事罪、重大责任事故罪或者其他罪的规定，依法追究刑事责任。

第六十三条　用人单位违反本条例的规定，有下列行为之一的，由卫生行政部门给予警告，责令限期改正；逾期不改正的，处5万元以上30万元以下的罚款；造成严重职业中毒危害或者导致职业中毒事故发生的，对负有责任的主管人员和其他直接责任人员依照刑法关于重大责任事故罪或者其他罪的规定，依法追究刑事责任：

（一）使用未经培训考核合格的劳动者从事高毒作业的。

（二）安排有职业禁忌的劳动者从事所禁忌的作业的。

（三）发现有职业禁忌或者有与所从事职业相关的健康损害的劳动者，未及时调离原工作岗位，并妥善安置的。

（四）安排未成年人或者孕期、哺乳期的女职工从事使用有毒物品作业的。

（五）使用童工的。

第六十四条　违反本条例的规定，未经许可，擅自从事使用有毒物品作业的，由工商行政管理部门、卫生行政部门依据各自职权予以取缔；造成职业中毒事故的，依照刑法关于危险物品肇事罪或者其他罪的规定，依法追究刑事责任；尚不够刑事处罚的，由卫生行政部门没收经营所得，并处经营所得3倍以上5倍以下的罚款；对劳动者造成人身伤害的，依法承担赔偿责任。

第六十五条　从事使用有毒物品作业的用人单位违反本条例的规定，在转产、停产、停业或者解散、破产时未采取有效措施，妥善处理留存或者残留高毒物品的设备、包装物和容器的，由卫生行政部门责令改正，处2万元以上10万元以下的罚款；触犯刑律的，对负有责任的主管人员和其他直接责任人员依照刑法关于重大环境污染事故罪、危险物品肇事罪或者其他罪的规定，依法追究刑事责任。

第六十六条　用人单位违反本条例的规定，有下列情形之一的，由卫生行政部门给予警告，责令限期改正，处5 000元以上2万元以下的罚款；逾期不改正的，责令停止使用有毒物品作业，或者提请有关人民政府按照国务院规定的权限予以关闭；造成严重职业中毒危害或者导致职业中毒事故发生的，对负有责任的主管人员和其他直接责任人员依照刑法关于重大劳动安全事故罪、危险物品肇事罪或者其他罪的规定，依法追究刑事责任：

（一）使用有毒物品作业场所未与生活场所分开或者在作业场所住人的。

（二）未将有害作业与无害作业分开的。

（三）高毒作业场所未与其他作业场所有效隔离的。

（四）从事高毒作业未按照规定配备应急救援设施或者制定事故应急救援预案的。

第六十七条　用人单位违反本条例的规定，有下列情形之一的，由卫生行政部门给予警告，责令限期改正，处2万元以上5万元以下的罚款；逾期不改正的，提请有关人民政府按照国务院规定的权限予以关闭：

（一）未按照规定向卫生行政部门申报高毒作业项目的。

（二）变更使用高毒物品品种，未按照规定向原受理申报的卫生行政部门重新申报，或者申报不及时、有虚假的。

第六十八条 用人单位违反本条例的规定，有下列行为之一的，由卫生行政部门给予警告，责令限期改正，处2万元以上5万元以下的罚款；逾期不改正的，责令停止使用有毒物品作业，或者提请有关人民政府按照国务院规定的权限予以关闭：

（一）未组织从事使用有毒物品作业的劳动者进行上岗前职业健康检查，安排未经上岗前职业健康检查的劳动者从事使用有毒物品作业的。

（二）未组织从事使用有毒物品作业的劳动者进行定期职业健康检查的。

（三）未组织从事使用有毒物品作业的劳动者进行离岗职业健康检查的。

（四）对未进行离岗职业健康检查的劳动者，解除或者终止与其订立的劳动合同的。

（五）发生分立、合并、解散、破产情形，未对从事使用有毒物品作业的劳动者进行健康检查，并按照国家有关规定妥善安置职业病病人的。

（六）对受到或者可能受到急性职业中毒危害的劳动者，未及时组织进行健康检查和医学观察的。

（七）未建立职业健康监护档案的。

（八）劳动者离开用人单位时，用人单位未如实、无偿提供职业健康监护档案的。

（九）未依照职业病防治法和本条例的规定将工作过程中可能产生的职业中毒危害及其后果、有关职业卫生防护措施和待遇等如实告知劳动者并在劳动合同中写明的。

（十）劳动者在存在威胁生命、健康危险的情况下，从危险现场中撤离，而被取消或者减少应当享有的待遇的。

第六十九条 用人单位违反本条例的规定，有下列行为之一的，由卫生行政部门给予警告，责令限期改正，处5 000元以上2万元以下的罚款；逾期不改正的，责令停止使用有毒物品作业，或者提请有关人民政府按照国务院规定的权限予以关闭：

（一）未按照规定配备或者聘请职业卫生医师和护士的。

（二）未为从事使用高毒物品作业的劳动者设置淋浴间、更衣室或者未设置清洗、存放和处理工作服、工作鞋帽等物品的专用间，或者不能正常使用的。

（三）未安排从事使用高毒物品作业一定年限的劳动者进行岗位轮换的。

第八章　附　　则

第七十条 涉及作业场所使用有毒物品可能产生职业中毒危害的劳动保护的有关事项，本条例未作规定的，依照职业病防治法和其他有关法律、行政法规的规定执行。

有毒物品的生产、经营、储存、运输、使用和废弃处置的安全管理，依照危险化学品安全管理条例执行。

第七十一条 本条例自公布之日起施行。

15　中华人民共和国内河交通安全管理条例

2002年6月19日国务院第60次常务会议通过，2002年6月28日中华人民共和国国务院令第355号公布，自2002年8月1日起施行；根据2010年12月29日国务院第138次常务会议通过、2011年1月8日中华人民共和国国务院令第588号公布、自公布之日起施行的《国务院关于废止和修改部分行政法规的决定》第一次修改；根据2017年3月1日中华人民共和国国务院令第676号公布、自公布之日起施行的《国务院关于修改和废止部分行政法规的决定》第二次修改。

第一章　总　　则

第一条　为了加强内河交通安全管理，维护内河交通秩序，保障人民群众生命、财产安全，制定本条例。

第二条　在中华人民共和国内河通航水域从事航行、停泊和作业以及与内河交通安全有关的活动，必须遵守本条例。

第三条　内河交通安全管理遵循安全第一、预防为主、方便群众、依法管理的原则，保障内河交通安全、有序、畅通。

第四条　国务院交通主管部门主管全国内河交通安全管理工作。国家海事管理机构在国务院交通主管部门的领导下，负责全国内河交通安全监督管理工作。

国务院交通主管部门在中央管理水域设立的海事管理机构和省、自治区、直辖市人民政府在中央管理水域以外的其他水域设立的海事管理机构（以下统称海事管理机构）依据各自的职责权限，对所辖内河通航水域实施水上交通安全监督管理。

第五条　县级以上地方各级人民政府应当加强本行政区域内的内河交通安全管理工作，建立、健全内河交通安全管理责任制。

乡（镇）人民政府对本行政区域内的内河交通安全管理履行下列职责：

（一）建立、健全行政村和船主的船舶安全责任制。

（二）落实渡口船舶、船员、旅客定额的安全管理责任制。

（三）落实船舶水上交通安全管理的专门人员。

（四）督促船舶所有人、经营人和船员遵守有关内河交通安全的法律、法规和规章。

第二章　船舶、浮动设施和船员

第六条　船舶具备下列条件，方可航行：

（一）经海事管理机构认可的船舶检验机构依法检验并持有合格的船舶检验证书。

（二）经海事管理机构依法登记并持有船舶登记证书。

（三）配备符合国务院交通主管部门规定的船员。

（四）配备必要的航行资料。

第七条 浮动设施具备下列条件，方可从事有关活动：

（一）经海事管理机构认可的船舶检验机构依法检验并持有合格的检验证书。

（二）经海事管理机构依法登记并持有登记证书。

（三）配备符合国务院交通主管部门规定的掌握水上交通安全技能的船员。

第八条 船舶、浮动设施应当保持适于安全航行、停泊或者从事有关活动的状态。

船舶、浮动设施的配载和系固应当符合国家安全技术规范。

第九条 船员经水上交通安全专业培训，其中客船和载运危险货物船舶的船员还应当经相应的特殊培训，并经海事管理机构考试合格，取得相应的适任证书或者其他适任证件，方可担任船员职务。严禁未取得适任证书或者其他适任证件的船员上岗。

船员应当遵守职业道德，提高业务素质，严格依法履行职责。

第十条 船舶、浮动设施的所有人或者经营人，应当加强对船舶、浮动设施的安全管理，建立、健全相应的交通安全管理制度，并对船舶、浮动设施的交通安全负责；不得聘用无适任证书或者其他适任证件的人员担任船员；不得指使、强令船员违章操作。

第十一条 船舶、浮动设施的所有人或者经营人，应当根据船舶、浮动设施的技术性能、船员状况、水域和水文气象条件，合理调度船舶或者使用浮动设施。

第十二条 按照国家规定必须取得船舶污染损害责任、沉船打捞责任的保险文书或者财务保证书的船舶，其所有人或者经营人必须取得相应的保险文书或者财务担保证明，并随船携带其副本。

第十三条 禁止伪造、变造、买卖、租借、冒用船舶检验证书、船舶登记证书、船员适任证书或者其他适任证件。

第三章　航行、停泊和作业

第十四条 船舶在内河航行，应当悬挂国旗，标明船名、船籍港、载重线。

按照国家规定应当报废的船舶、浮动设施，不得航行或者作业。

第十五条 船舶在内河航行，应当保持瞭望，注意观察，并采用安全航速航行。船舶安全航速应当根据能见度、通航密度、船舶操纵性能和风、浪、水流、航路状况以及周围环境等主要因素决定。使用雷达的船舶，还应当考虑雷达设备的特性、效率和局限性。

船舶在限制航速的区域和汛期高水位期间，应当按照海事管理机构规定的航速航行。

第十六条 船舶在内河航行时，上行船舶应当沿缓流或者航路一侧航行，下行船舶应当沿主流或者航路中间航行；在潮流河段、湖泊、水库、平流区域，应当尽可能沿本船右舷一侧航路航行。

第十七条 船舶在内河航行时，应当谨慎驾驶，保障安全；对来船动态不明、声号不统一或者遇有紧迫情况时，应当减速、停车或者倒车，防止碰撞。

船舶相遇，各方应当注意避让。按照船舶航行规则应当让路的船舶，必须主动避让被让路船舶；被让路船舶应当注意让路船舶的行动，并适时采取措施，协助避让。

船舶避让时，各方避让意图经统一后，任何一方不得擅自改变避让行动。

船舶航行、避让和信号显示的具体规则，由国务院交通主管部门制定。

第十八条 船舶进出内河港口，应当向海事管理机构报告船舶的航次计划、适航状态、船员配备和载货载客等情况。

第十九条 下列船舶在内河航行，应当向引航机构申请引航：

（一）外国籍船舶。

（二）1 000 总吨以上的海上机动船舶，但船长驾驶同一类型的海上机动船舶在同一内河通航水域航行与上一航次间隔 2 个月以内的除外。

（三）通航条件受限制的船舶。

（四）国务院交通主管部门规定应当申请引航的客船、载运危险货物的船舶。

第二十条 船舶进出港口和通过交通管制区、通航密集区或者航行条件受限制的区域，应当遵守海事管理机构发布的有关通航规定。

任何船舶不得擅自进入或者穿越海事管理机构公布的禁航区。

第二十一条 从事货物或者旅客运输的船舶，必须符合船舶强度、稳性、吃水、消防和救生等安全技术要求和国务院交通主管部门规定的载货或者载客条件。

任何船舶不得超载运输货物或者旅客。

第二十二条 船舶在内河通航水域载运或者拖带超重、超长、超高、超宽、半潜的物体，必须在装船或者拖带前 24 小时报海事管理机构核定拟航行的航路、时间，并采取必要的安全措施，保障船舶载运或者拖带安全。船舶需要护航的，应当向海事管理机构申请护航。

第二十三条 遇有下列情形之一时，海事管理机构可以根据情况采取限时航行、单航、封航等临时性限制、疏导交通的措施，并予公告：

（一）恶劣天气。

（二）大范围水上施工作业。

（三）影响航行的水上交通事故。

（四）水上大型群众性活动或者体育比赛。

（五）对航行安全影响较大的其他情形。

第二十四条 船舶应当在码头、泊位或者依法公布的锚地、停泊区、作业区停泊；遇有紧急情况，需要在其他水域停泊的，应当向海事管理机构报告。

船舶停泊，应当按照规定显示信号，不得妨碍或者危及其他船舶航行、停泊或者作业的安全。

船舶停泊，应当留有足以保证船舶安全的船员值班。

第二十五条 在内河通航水域或者岸线上进行下列可能影响通航安全的作业或者活动的，应当在进行作业或者活动前报海事管理机构批准：

（一）勘探、采掘、爆破。

（二）构筑、设置、维修、拆除水上水下构筑物或者设施。

（三）架设桥梁、索道。

（四）铺设、检修、拆除水上水下电缆或者管道。

（五）设置系船浮筒、浮趸、缆桩等设施。

（六）航道建设，航道、码头前沿水域疏浚。

（七）举行大型群众性活动、体育比赛。

进行前款所列作业或者活动，需要进行可行性研究的，在进行可行性研究时应当征求海事管理机构的意见；依照法律、行政法规的规定，需经其他有关部门审批的，还应当依法办理有关审批手续。

第二十六条 海事管理机构审批本条例第二十五条规定的作业或者活动，应当自收到申请之日起 30 日内作出批准或者不批准的决定，并书面通知申请人。

遇有紧急情况，需要对航道进行修复或者对航道、码头前沿水域进行疏浚的，作业人可以边申请边施工。

第二十七条 航道内不得养殖、种植植物、水生物和设置永久性固定设施。

划定航道，涉及水产养殖区的，航道主管部门应当征求渔业行政主管部门的意见；设置水产养殖区，涉及航道的，渔业行政主管部门应当征求航道主管部门和海事管理机构的意见。

第二十八条 在内河通航水域进行下列可能影响通航安全的作业，应当在进行作业前向海事管理机构备案：

（一）气象观测、测量、地质调查。

（二）航道日常养护。

（三）大面积清除水面垃圾。

（四）可能影响内河通航水域交通安全的其他行为。

第二十九条 进行本条例第二十五条、第二十八条规定的作业或者活动时，应当在作业或者活动区域设置标志和显示信号，并按照海事管理机构的规定，采取相应的安全措施，保障通航安全。

前款作业或者活动完成后，不得遗留任何妨碍航行的物体。

第四章 危险货物监管

第三十条 从事危险货物装卸的码头、泊位，必须符合国家有关安全规范要求，并征求海事管理机构的意见，经验收合格后，方可投入使用。

禁止在内河运输法律、行政法规以及国务院交通主管部门规定禁止运输的危险货物。

第三十一条 载运危险货物的船舶，必须持有经海事管理机构认可的船舶检验机构依法检验并颁发的危险货物适装证书，并按照国家有关危险货物运输的规定和安全技术规范进行配载和运输。

第三十二条　船舶装卸、过驳危险货物或者载运危险货物进出港口，应当将危险货物的名称、特性、包装、装卸或者过驳的时间、地点以及进出港时间等事项，事先报告海事管理机构和港口管理机构，经其同意后，方可进行装卸、过驳作业或者进出港口；但是，定船、定线、定货的船舶可以定期报告。

第三十三条　载运危险货物的船舶，在航行、装卸或者停泊时，应当按照规定显示信号；其他船舶应当避让。

第三十四条　从事危险货物装卸的码头、泊位和载运危险货物的船舶，必须编制危险货物事故应急预案，并配备相应的应急救援设备和器材。

第五章　渡口管理

第三十五条　设置或者撤销渡口，应当经渡口所在地的县级人民政府审批；县级人民政府审批前，应当征求当地海事管理机构的意见。

第三十六条　渡口的设置应当具备下列条件：

（一）选址应当在水流平缓、水深足够、坡岸稳定、视野开阔、适宜船舶停靠的地点，并远离危险物品生产、堆放场所。

（二）具备货物装卸、旅客上下的安全设施。

（三）配备必要的救生设备和专门管理人员。

第三十七条　渡口经营者应当在渡口设置明显的标志，维护渡运秩序，保障渡运安全。

渡口所在地县级人民政府应当建立、健全渡口安全管理责任制，指定有关部门负责对渡口和渡运安全实施监督检查。

第三十八条　渡口工作人员应当经培训、考试合格，并取得渡口所在地县级人民政府指定的部门颁发的合格证书。

渡口船舶应当持有合格的船舶检验证书和船舶登记证书。

第三十九条　渡口载客船舶应当有符合国家规定的识别标志，并在明显位置标明载客定额、安全注意事项。

渡口船舶应当按照渡口所在地的县级人民政府核定的路线渡运，并不得超载；渡运时，应当注意避让过往船舶，不得抢航或者强行横越。

遇有洪水或者大风、大雾、大雪等恶劣天气，渡口应当停止渡运。

第六章　通航保障

第四十条　内河通航水域的航道、航标和其他标志的规划、建设、设置、维护，应当符合国家规定的通航安全要求。

第四十一条　内河航道发生变迁，水深、宽度发生变化，或者航标发生位移、损坏、灭失，影响通航安全的，航道、航标主管部门必须及时采取措施，使航道、航标保持正常状态。

第四十二条 内河通航水域内可能影响航行安全的沉没物、漂流物、搁浅物，其所有人和经营人，必须按照国家有关规定设置标志，向海事管理机构报告，并在海事管理机构限定的时间内打捞清除；没有所有人或者经营人的，由海事管理机构打捞清除或者采取其他相应措施，保障通航安全。

第四十三条 在内河通航水域中拖放竹、木等物体，应当在拖放前24小时报经海事管理机构同意，按照核定的时间、路线拖放，并采取必要的安全措施，保障拖放安全。

第四十四条 任何单位和个人发现下列情况，应当迅速向海事管理机构报告：

（一）航道变迁，航道水深、宽度发生变化。

（二）妨碍通航安全的物体。

（三）航标发生位移、损坏、灭失。

（四）妨碍通航安全的其他情况。

海事管理机构接到报告后，应当根据情况发布航行通告或者航行警告，并通知航道、航标主管部门。

第四十五条 海事管理机构划定或者调整禁航区、交通管制区、港区外锚地、停泊区和安全作业区，以及对进行本条例第二十五条、第二十八条规定的作业或者活动，需要发布航行通告、航行警告的，应当及时发布。

第七章　救　　助

第四十六条 船舶、浮动设施遇险，应当采取一切有效措施进行自救。

船舶、浮动设施发生碰撞等事故，任何一方应当在不危及自身安全的情况下，积极救助遇险的他方，不得逃逸。

船舶、浮动设施遇险，必须迅速将遇险的时间、地点、遇险状况、遇险原因、救助要求，向遇险地海事管理机构以及船舶、浮动设施所有人、经营人报告。

第四十七条 船员、浮动设施上的工作人员或者其他人员发现其他船舶、浮动设施遇险，或者收到求救信号后，必须尽力救助遇险人员，并将有关情况及时向遇险地海事管理机构报告。

第四十八条 海事管理机构收到船舶、浮动设施遇险求救信号或者报告后，必须立即组织力量救助遇险人员，同时向遇险地县级以上地方人民政府和上级海事管理机构报告。

遇险地县级以上地方人民政府收到海事管理机构的报告后，应当对救助工作进行领导和协调，动员各方力量积极参与救助。

第四十九条 船舶、浮动设施遇险时，有关部门和人员必须积极协助海事管理机构做好救助工作。

遇险现场和附近的船舶、人员，必须服从海事管理机构的统一调度和指挥。

第八章 事故调查处理

第五十条 船舶、浮动设施发生交通事故，其所有人或者经营人必须立即向交通事故发生地海事管理机构报告，并做好现场保护工作。

第五十一条 海事管理机构接到内河交通事故报告后，必须立即派员前往现场，进行调查和取证。

海事管理机构进行内河交通事故调查和取证，应当全面、客观、公正。

第五十二条 接受海事管理机构调查、取证的有关人员，应当如实提供有关情况和证据，不得谎报或者隐匿、毁灭证据。

第五十三条 海事管理机构应当在内河交通事故调查、取证结束后30日内，依据调查事实和证据作出调查结论，并书面告知内河交通事故当事人。

第五十四条 海事管理机构在调查处理内河交通事故过程中，应当采取有效措施，保证航路畅通，防止发生其他事故。

第五十五条 地方人民政府应当依照国家有关规定积极做好内河交通事故的善后工作。

第五十六条 特大内河交通事故的报告、调查和处理，按照国务院有关规定执行。

第九章 监督检查

第五十七条 在旅游、交通运输繁忙的湖泊、水库，在气候恶劣的季节，在法定或者传统节日、重大集会、集市、农忙、学生放学放假等交通高峰期间，县级以上地方各级人民政府应当加强对维护内河交通安全的组织、协调工作。

第五十八条 海事管理机构必须建立、健全内河交通安全监督检查制度，并组织落实。

第五十九条 海事管理机构必须依法履行职责，加强对船舶、浮动设施、船员和通航安全环境的监督检查。发现内河交通安全隐患时，应当责令有关单位和个人立即消除或者限期消除；有关单位和个人不立即消除或者逾期不消除的，海事管理机构必须采取责令其临时停航、停止作业，禁止进港、离港等强制性措施。

第六十条 对内河交通密集区域、多发事故水域以及货物装卸、乘客上下比较集中的港口，对客渡船、滚装客船、高速客轮、旅游船和载运危险货物的船舶，海事管理机构必须加强安全巡查。

第六十一条 海事管理机构依照本条例实施监督检查时，可以根据情况对违反本条例有关规定的船舶，采取责令临时停航、驶向指定地点，禁止进港、离港，强制卸载、拆除动力装置、暂扣船舶等保障通航安全的措施。

第六十二条 海事管理机构的工作人员依法在内河通航水域对船舶、浮动设施进行内河交通安全监督检查，任何单位和个人不得拒绝或者阻挠。

有关单位或者个人应当接受海事管理机构依法实施的安全监督检查，并为其提供方便。

海事管理机构的工作人员依照本条例实施监督检查时，应当出示执法证件，表明身份。

第十章　法律责任

第六十三条　违反本条例的规定，应当报废的船舶、浮动设施在内河航行或者作业的，由海事管理机构责令停航或者停止作业，并对船舶、浮动设施予以没收。

第六十四条　违反本条例的规定，船舶、浮动设施未持有合格的检验证书、登记证书或者船舶未持有必要的航行资料，擅自航行或者作业的，由海事管理机构责令停止航行或者作业；拒不停止的，暂扣船舶、浮动设施；情节严重的，予以没收。

第六十五条　违反本条例的规定，船舶未按照国务院交通主管部门的规定配备船员擅自航行，或者浮动设施未按照国务院交通主管部门的规定配备掌握水上交通安全技能的船员擅自作业的，由海事管理机构责令限期改正，对船舶、浮动设施所有人或者经营人处1万元以上10万元以下的罚款；逾期不改正的，责令停航或者停止作业。

第六十六条　违反本条例的规定，未经考试合格并取得适任证书或者其他适任证件的人员擅自从事船舶航行的，由海事管理机构责令其立即离岗，对直接责任人员处2 000元以上2万元以下的罚款，并对聘用单位处1万元以上10万元以下的罚款。

第六十七条　违反本条例的规定，按照国家规定必须取得船舶污染损害责任、沉船打捞责任的保险文书或者财务保证书的船舶的所有人或者经营人，未取得船舶污染损害责任、沉船打捞责任保险文书或者财务担保证明的，由海事管理机构责令限期改正；逾期不改正的，责令停航，并处1万元以上10万元以下的罚款。

第六十八条　违反本条例的规定，船舶在内河航行时，有下列情形之一的，由海事管理机构责令改正，处5 000元以上5万元以下的罚款；情节严重的，禁止船舶进出港口或者责令停航，并可以对责任船员给予暂扣适任证书或者其他适任证件3个月至6个月的处罚：

（一）未按照规定悬挂国旗，标明船名、船籍港、载重线的。

（二）未按照规定向海事管理机构报告船舶的航次计划、适航状态、船员配备和载货载客等情况的。

（三）未按照规定申请引航的。

（四）擅自进出内河港口，强行通过交通管制区、通航密集区、航行条件受限制区域或者禁航区的。

（五）载运或者拖带超重、超长、超高、超宽、半潜的物体，未申请或者未按照核定的航路、时间航行的。

第六十九条　违反本条例的规定，船舶未在码头、泊位或者依法公布的锚地、停泊区、作业区停泊的，由海事管理机构责令改正；拒不改正的，予以强行拖离，因拖离发生的费用由船舶所有人或者经营人承担。

第七十条　违反本条例的规定，在内河通航水域或者岸线上进行有关作业或者活动未经批准或者备案，或者未设置标志、显示信号的，由海事管理机构责令改正，处5 000元以上5万元以下的罚款。

第七十一条　违反本条例的规定，从事危险货物作业，有下列情形之一的，由海事管理机构责令停止作业或者航行，对负有责任的主管人员或者其他直接责任人员处 2 万元以上 10 万元以下的罚款；属于船员的，并给予暂扣适任证书或者其他适任证件 6 个月以上直至吊销适任证书或者其他适任证件的处罚：

（一）从事危险货物运输的船舶，未编制危险货物事故应急预案或者未配备相应的应急救援设备和器材的。

（二）船舶装卸、过驳危险货物或者载运危险货物进出港口未经海事管理机构、港口管理机构同意的。

未持有危险货物适装证书擅自载运危险货物或者未按照安全技术规范进行配载和运输的，依照《危险化学品安全管理条例》的规定处罚。

第七十二条 违反本条例的规定，未经批准擅自设置或者撤销渡口的，由渡口所在地县级人民政府指定的部门责令限期改正；逾期不改正的，予以强制拆除或者恢复，因强制拆除或者恢复发生的费用分别由设置人、撤销人承担。

第七十三条 违反本条例的规定，渡口船舶未标明识别标志、载客定额、安全注意事项的，由渡口所在地县级人民政府指定的部门责令改正，处 2 000 元以上 1 万元以下的罚款；逾期不改正的，责令停航。

第七十四条 违反本条例的规定，在内河通航水域的航道内养殖、种植植物、水生物或者设置永久性固定设施的，由海事管理机构责令限期改正；逾期不改正的，予以强制清除，因清除发生的费用由其所有人或者经营人承担。

第七十五条 违反本条例的规定，内河通航水域中的沉没物、漂流物、搁浅物的所有人或者经营人，未按照国家有关规定设置标志或者未在规定的时间内打捞清除的，由海事管理机构责令限期改正；逾期不改正的，海事管理机构强制设置标志或者组织打捞清除；需要立即组织打捞清除的，海事管理机构应当及时组织打捞清除。海事管理机构因设置标志或者打捞清除发生的费用，由沉没物、漂流物、搁浅物的所有人或者经营人承担。

第七十六条 违反本条例的规定，船舶、浮动设施遇险后未履行报告义务或者不积极施救的，由海事管理机构给予警告，并可以对责任船员给予暂扣适任证书或者其他适任证件 3 个月至 6 个月直至吊销适任证书或者其他适任证件的处罚。

第七十七条 违反本条例的规定，船舶、浮动设施发生内河交通事故的，除依法承担相应的法律责任外，由海事管理机构根据调查结论，对责任船员给予暂扣适任证书或者其他适任证件 6 个月以上直至吊销适任证书或者其他适任证件的处罚。

第七十八条 违反本条例的规定，遇险现场和附近的船舶、船员不服从海事管理机构的统一调度和指挥的，由海事管理机构给予警告，并可以对责任船员给予暂扣适任证书或者其他适任证件 3 个月至 6 个月直至吊销适任证书或者其他适任证件的处罚。

第七十九条 违反本条例的规定，伪造、变造、买卖、转借、冒用船舶检验证书、船舶登记证书、船员适任证书或者其他适任证件的，由海事管理机构没收有关的证书或者证件；有违法所得的，没收违法所得，并处违法所得 2 倍以上 5 倍以下的罚款；没有违法所得或者违法所得不足 2 万元的，处 1 万元以上 5 万元以下的罚款；触犯刑律的，依照刑法关于伪造、变造、买卖国家机关公文、证件罪或者其他罪的规定，依法追究刑事责任。

第八十条 违反本条例的规定，船舶、浮动设施的所有人或者经营人指使、强令船员违章操作的，由海事管理机构给予警告，处1万元以上5万元以下的罚款，并可以责令停航或者停止作业；造成重大伤亡事故或者严重后果的，依照刑法关于重大责任事故罪或者其他罪的规定，依法追究刑事责任。

第八十一条 违反本条例的规定，船舶在内河航行、停泊或者作业，不遵守航行、避让和信号显示规则的，由海事管理机构责令改正，处1 000元以上1万元以下的罚款；情节严重的，对责任船员给予暂扣适任证书或者其他适任证件3个月至6个月直至吊销适任证书或者其他适任证件的处罚；造成重大内河交通事故的，依照刑法关于交通肇事罪或者其他罪的规定，依法追究刑事责任。

第八十二条 违反本条例的规定，船舶不具备安全技术条件从事货物、旅客运输，或者超载运输货物、旅客的，由海事管理机构责令改正，处2万元以上10万元以下的罚款，可以对责任船员给予暂扣适任证书或者其他适任证件6个月以上直至吊销适任证书或者其他适任证件的处罚，并对超载运输的船舶强制卸载，因卸载而发生的卸货费、存货费、旅客安置费和船舶监管费由船舶所有人或者经营人承担；发生重大伤亡事故或者造成其他严重后果的，依照刑法关于重大劳动安全事故罪或者其他罪的规定，依法追究刑事责任。

第八十三条 违反本条例的规定，船舶、浮动设施发生内河交通事故后逃逸的，由海事管理机构对责任船员给予吊销适任证书或者其他适任证件的处罚；证书或者证件吊销后，5年内不得重新从业；触犯刑律的，依照刑法关于交通肇事罪或者其他罪的规定，依法追究刑事责任。

第八十四条 违反本条例的规定，阻碍、妨碍内河交通事故调查取证，或者谎报、隐匿、毁灭证据的，由海事管理机构给予警告，并对直接责任人员处1 000元以上1万元以下的罚款；属于船员的，并给予暂扣适任证书或者其他适任证件12个月以上直至吊销适任证书或者其他适任证件的处罚；以暴力、威胁方法阻碍内河交通事故调查取证的，依照刑法关于妨害公务罪的规定，依法追究刑事责任。

第八十五条 违反本条例的规定，海事管理机构不依据法定的安全条件进行审批、许可的，对负有责任的主管人员和其他直接责任人员根据不同情节，给予降级或者撤职的行政处分；造成重大内河交通事故或者致使公共财产、国家和人民利益遭受重大损失的，依照刑法关于滥用职权罪、玩忽职守罪或者其他罪的规定，依法追究刑事责任。

第八十六条 违反本条例的规定，海事管理机构对审批、许可的安全事项不实施监督检查的，对负有责任的主管人员和其他直接责任人员根据不同情节，给予记大过、降级或者撤职的行政处分；造成重大内河交通事故或者致使公共财产、国家和人民利益遭受重大损失的，依照刑法关于滥用职权罪、玩忽职守罪或者其他罪的规定，依法追究刑事责任。

第八十七条 违反本条例的规定，海事管理机构发现船舶、浮动设施不再具备安全航行、停泊、作业条件而不及时撤销批准或者许可并予以处理的，对负有责任的主管人员和其他直接责任人员根据不同情节，给予记大过、降级或者撤职的行政处分；造成重大内河交通事故或者致使公共财产、国家和人民利益遭受重大损失的，依照刑法关于滥用职权罪、玩忽职守罪或者其他罪的规定，依法追究刑事责任。

第八十八条　违反本条例的规定，海事管理机构对未经审批、许可擅自从事旅客、危险货物运输的船舶不实施监督检查，或者发现内河交通安全隐患不及时依法处理，或者对违法行为不依法予以处罚的，对负有责任的主管人员和其他直接责任人员根据不同情节，给予降级或者撤职的行政处分；造成重大内河交通事故或者致使公共财产、国家和人民利益遭受重大损失的，依照刑法关于滥用职权罪、玩忽职守罪或者其他罪的规定，依法追究刑事责任。

第八十九条　违反本条例的规定，渡口所在地县级人民政府指定的部门，有下列情形之一的，根据不同情节，对负有责任的主管人员和其他直接责任人员，给予降级或者撤职的行政处分；造成重大内河交通事故或者致使公共财产、国家和人民利益遭受重大损失的，依照刑法关于滥用职权罪、玩忽职守罪或者其他罪的规定，依法追究刑事责任：

（一）对县级人民政府批准的渡口不依法实施监督检查的。

（二）对未经县级人民政府批准擅自设立的渡口不予以查处的。

（三）对渡船超载、人与大牲畜混载、人与爆炸品、压缩气体和液化气体、易燃液体、易燃固体、自燃物品和遇湿易燃物品、氧化剂和有机过氧化物、有毒品和腐蚀品等危险品混载以及其他危及安全的行为不及时纠正并依法处理的。

第九十条　违反本条例的规定，触犯《中华人民共和国治安管理处罚法》，构成违反治安管理行为的，由公安机关给予治安管理处罚。

第十一章　附　　则

第九十一条　本条例下列用语的含义：

（一）内河通航水域，是指由海事管理机构认定的可供船舶航行的江、河、湖泊、水库、运河等水域。

（二）船舶，是指各类排水或者非排水的船、艇、筏、水上飞行器、潜水器、移动式平台以及其他水上移动装置。

（三）浮动设施，是指采用缆绳或者锚链等非刚性固定方式系固并漂浮或者潜于水中的建筑、装置。

（四）交通事故，是指船舶、浮动设施在内河通航水域发生的碰撞、触碰、触礁、浪损、搁浅、火灾、爆炸、沉没等引起人身伤亡和财产损失的事件。

第九十二条　军事船舶在内河通航水域航行，应当遵守内河航行、避让和信号显示规则。军事船舶的检验、登记和船员的考试、发证等管理办法，按照国家有关规定执行。

第九十三条　渔船的检验、登记以及进出渔港签证，渔船船员的考试、发证，渔船之间交通事故的调查处理，以及渔港水域内渔船的交通安全管理办法，由国务院渔业行政主管部门依据本条例另行规定。

第九十四条　城市园林水域水上交通安全管理的具体办法，由省、自治区、直辖市人民政府制定；但是，有关船舶检验、登记和船员管理，依照国家有关规定执行。

第九十五条　本条例自2002年8月1日起施行。1986年12月16日国务院发布的《中华人民共和国内河交通安全管理条例》同时废止。

16 特种设备安全监察条例

2003年2月19日国务院第68次常务会议通过，2003年3月11日中华人民共和国国务院令第373号公布，自2003年6月1日起施行；根据2009年1月14日国务院第46次常务会议通过、2009年1月24日中华人民共和国国务院令第549号公布、自2009年5月1日起施行的《国务院关于修改〈特种设备安全监察条例〉的决定》修改。

第一章 总 则

第一条 为了加强特种设备的安全监察，防止和减少事故，保障人民群众生命和财产安全，促进经济发展，制定本条例。

第二条 本条例所称特种设备是指涉及生命安全、危险性较大的锅炉、压力容器（含气瓶，下同）、压力管道、电梯、起重机械、客运索道、大型游乐设施和场（厂）内专用机动车辆。

前款特种设备的目录由国务院负责特种设备安全监督管理的部门（以下简称国务院特种设备安全监督管理部门）制定，报国务院批准后执行。

第三条 特种设备的生产（含设计、制造、安装、改造、维修，下同）、使用、检验检测及其监督检查，应当遵守本条例，但本条例另有规定的除外。

军事装备、核设施、航空航天器、铁路机车、海上设施和船舶以及矿山井下使用的特种设备、民用机场专用设备的安全监察不适用本条例。

房屋建筑工地和市政工程工地用起重机械、场（厂）内专用机动车辆的安装、使用的监督管理，由建设行政主管部门依照有关法律、法规的规定执行。

第四条 国务院特种设备安全监督管理部门负责全国特种设备的安全监察工作，县以上地方负责特种设备安全监督管理的部门对本行政区域内特种设备实施安全监察（以下统称特种设备安全监督管理部门）。

第五条 特种设备生产、使用单位应当建立健全特种设备安全、节能管理制度和岗位安全、节能责任制度。

特种设备生产、使用单位的主要负责人应当对本单位特种设备的安全和节能全面负责。

特种设备生产、使用单位和特种设备检验检测机构，应当接受特种设备安全监督管理部门依法进行的特种设备安全监察。

第六条 特种设备检验检测机构，应当依照本条例规定，进行检验检测工作，对其检验检测结果、鉴定结论承担法律责任。

第七条 县级以上地方人民政府应当督促、支持特种设备安全监督管理部门依法履行安全监察职责，对特种设备安全监察中存在的重大问题及时予以协调、解决。

第八条 国家鼓励推行科学的管理方法，采用先进技术，提高特种设备安全性能和管理水平，增强特种设备生产、使用单位防范事故的能力，对取得显著成绩的单位和个人，给予奖励。

国家鼓励特种设备节能技术的研究、开发、示范和推广，促进特种设备节能技术创新和应用。

特种设备生产、使用单位和特种设备检验检测机构，应当保证必要的安全和节能投入。

国家鼓励实行特种设备责任保险制度，提高事故赔付能力。

第九条 任何单位和个人对违反本条例规定的行为，有权向特种设备安全监督管理部门和行政监察等有关部门举报。

特种设备安全监督管理部门应当建立特种设备安全监察举报制度，公布举报电话、信箱或者电子邮件地址，受理对特种设备生产、使用和检验检测违法行为的举报，并及时予以处理。

特种设备安全监督管理部门和行政监察等有关部门应当为举报人保密，并按照国家有关规定给予奖励。

第二章 特种设备的生产

第十条 特种设备生产单位，应当依照本条例规定以及国务院特种设备安全监督管理部门制定并公布的安全技术规范（以下简称安全技术规范）的要求，进行生产活动。

特种设备生产单位对其生产的特种设备的安全性能和能效指标负责，不得生产不符合安全性能要求和能效指标的特种设备，不得生产国家产业政策明令淘汰的特种设备。

第十一条 压力容器的设计单位应当经国务院特种设备安全监督管理部门许可，方可从事压力容器的设计活动。

压力容器的设计单位应当具备下列条件：

（一）有与压力容器设计相适应的设计人员、设计审核人员。

（二）有与压力容器设计相适应的场所和设备。

（三）有与压力容器设计相适应的健全的管理制度和责任制度。

第十二条 锅炉、压力容器中的气瓶（以下简称气瓶）、氧舱和客运索道、大型游乐设施以及高耗能特种设备的设计文件，应当经国务院特种设备安全监督管理部门核准的检验检测机构鉴定，方可用于制造。

第十三条 按照安全技术规范的要求，应当进行型式试验的特种设备产品、部件或者试制特种设备新产品、新部件、新材料，必须进行型式试验和能效测试。

第十四条 锅炉、压力容器、电梯、起重机械、客运索道、大型游乐设施及其安全附件、安全保护装置的制造、安装、改造单位，以及压力管道用管子、管件、阀门、法兰、补偿器、安全保护装置等（以下简称压力管道元件）的制造单位和场（厂）内专用机动车辆的制造、改造单位，应当经国务院特种设备安全监督管理部门许可，方可从事相应的活动。

前款特种设备的制造、安装、改造单位应当具备下列条件：

（一）有与特种设备制造、安装、改造相适应的专业技术人员和技术工人。

（二）有与特种设备制造、安装、改造相适应的生产条件和检测手段。

（三）有健全的质量管理制度和责任制度。

第十五条 特种设备出厂时，应当附有安全技术规范要求的设计文件、产品质量合格证明、安装及使用维修说明、监督检验证明等文件。

第十六条 锅炉、压力容器、电梯、起重机械、客运索道、大型游乐设施、场（厂）内专用机动车辆的维修单位，应当有与特种设备维修相适应的专业技术人员和技术工人以及必要的检测手段，并经省、自治区、直辖市特种设备安全监督管理部门许可，方可从事相应的维修活动。

第十七条 锅炉、压力容器、起重机械、客运索道、大型游乐设施的安装、改造、维修以及场（厂）内专用机动车辆的改造、维修，必须由依照本条例取得许可的单位进行。

电梯的安装、改造、维修，必须由电梯制造单位或者其通过合同委托、同意的依照本条例取得许可的单位进行。电梯制造单位对电梯质量以及安全运行涉及的质量问题负责。

特种设备安装、改造、维修的施工单位应当在施工前将拟进行的特种设备安装、改造、维修情况书面告知直辖市或者设区的市的特种设备安全监督管理部门，告知后即可施工。

第十八条 电梯井道的土建工程必须符合建筑工程质量要求。电梯安装施工过程中，电梯安装单位应当遵守施工现场的安全生产要求，落实现场安全防护措施。电梯安装施工过程中，施工现场的安全生产监督，由有关部门依照有关法律、行政法规的规定执行。

电梯安装施工过程中，电梯安装单位应当服从建筑施工总承包单位对施工现场的安全生产管理，并订立合同，明确各自的安全责任。

第十九条 电梯的制造、安装、改造和维修活动，必须严格遵守安全技术规范的要求。电梯制造单位委托或者同意其他单位进行电梯安装、改造、维修活动的，应当对其安装、改造、维修活动进行安全指导和监控。电梯的安装、改造、维修活动结束后，电梯制造单位应当按照安全技术规范的要求对电梯进行校验和调试，并对校验和调试的结果负责。

第二十条 锅炉、压力容器、电梯、起重机械、客运索道、大型游乐设施的安装、改造、维修以及场（厂）内专用机动车辆的改造、维修竣工后，安装、改造、维修的施工单位应当在验收后30日内将有关技术资料移交使用单位，高耗能特种设备还应当按照安全技术规范的要求提交能效测试报告。使用单位应当将其存入该特种设备的安全技术档案。

第二十一条 锅炉、压力容器、压力管道元件、起重机械、大型游乐设施的制造过程和锅炉、压力容器、电梯、起重机械、客运索道、大型游乐设施的安装、改造、重大维修过程，必须经国务院特种设备安全监督管理部门核准的检验检测机构按照安全技术规范的要求进行监督检验；未经监督检验合格的不得出厂或者交付使用。

第二十二条 移动式压力容器、气瓶充装单位应当经省、自治区、直辖市的特种设备安全监督管理部门许可，方可从事充装活动。

充装单位应当具备下列条件：

（一）有与充装和管理相适应的管理人员和技术人员。

（二）有与充装和管理相适应的充装设备、检测手段、场地厂房、器具、安全设施。

（三）有健全的充装管理制度、责任制度、紧急处理措施。

气瓶充装单位应当向气体使用者提供符合安全技术规范要求的气瓶，对使用者进行气瓶安全使用指导，并按照安全技术规范的要求办理气瓶使用登记，提出气瓶的定期检验要求。

第三章　特种设备的使用

第二十三条　特种设备使用单位，应当严格执行本条例和有关安全生产的法律、行政法规的规定，保证特种设备的安全使用。

第二十四条　特种设备使用单位应当使用符合安全技术规范要求的特种设备。特种设备投入使用前，使用单位应当核对其是否附有本条例第十五条规定的相关文件。

第二十五条　特种设备在投入使用前或者投入使用后 30 日内，特种设备使用单位应当向直辖市或者设区的市的特种设备安全监督管理部门登记。登记标志应当置于或者附着于该特种设备的显著位置。

第二十六条　特种设备使用单位应当建立特种设备安全技术档案。安全技术档案应当包括以下内容：

（一）特种设备的设计文件、制造单位、产品质量合格证明、使用维护说明等文件以及安装技术文件和资料。

（二）特种设备的定期检验和定期自行检查的记录。

（三）特种设备的日常使用状况记录。

（四）特种设备及其安全附件、安全保护装置、测量调控装置及有关附属仪器仪表的日常维护保养记录。

（五）特种设备运行故障和事故记录。

（六）高耗能特种设备的能效测试报告、能耗状况记录以及节能改造技术资料。

第二十七条　特种设备使用单位应当对在用特种设备进行经常性日常维护保养，并定期自行检查。

特种设备使用单位对在用特种设备应当至少每月进行一次自行检查，并作出记录。特种设备使用单位在对在用特种设备进行自行检查和日常维护保养时发现异常情况的，应当及时处理。

特种设备使用单位应当对在用特种设备的安全附件、安全保护装置、测量调控装置及有关附属仪器仪表进行定期校验、检修，并作出记录。

锅炉使用单位应当按照安全技术规范的要求进行锅炉水（介）质处理，并接受特种设备检验检测机构实施的水（介）质处理定期检验。

从事锅炉清洗的单位，应当按照安全技术规范的要求进行锅炉清洗，并接受特种设备检验检测机构实施的锅炉清洗过程监督检验。

第二十八条　特种设备使用单位应当按照安全技术规范的定期检验要求，在安全检验合格有效期届满前1个月向特种设备检验检测机构提出定期检验要求。

检验检测机构接到定期检验要求后，应当按照安全技术规范的要求及时进行安全性能检验和能效测试。

未经定期检验或者检验不合格的特种设备，不得继续使用。

第二十九条 特种设备出现故障或者发生异常情况，使用单位应当对其进行全面检查，消除事故隐患后，方可重新投入使用。

特种设备不符合能效指标的，特种设备使用单位应当采取相应措施进行整改。

第三十条 特种设备存在严重事故隐患，无改造、维修价值，或者超过安全技术规范规定使用年限，特种设备使用单位应当及时予以报废，并应当向原登记的特种设备安全监督管理部门办理注销。

第三十一条 电梯的日常维护保养必须由依照本条例取得许可的安装、改造、维修单位或者电梯制造单位进行。

电梯应当至少每15日进行一次清洁、润滑、调整和检查。

第三十二条 电梯的日常维护保养单位应当在维护保养中严格执行国家安全技术规范的要求，保证其维护保养的电梯的安全技术性能，并负责落实现场安全防护措施，保证施工安全。

电梯的日常维护保养单位，应当对其维护保养的电梯的安全性能负责。接到故障通知后，应当立即赶赴现场，并采取必要的应急救援措施。

第三十三条 电梯、客运索道、大型游乐设施等为公众提供服务的特种设备运营使用单位，应当设置特种设备安全管理机构或者配备专职的安全管理人员；其他特种设备使用单位，应当根据情况设置特种设备安全管理机构或者配备专职、兼职的安全管理人员。

特种设备的安全管理人员应当对特种设备使用状况进行经常性检查，发现问题的应当立即处理；情况紧急时，可以决定停止使用特种设备并及时报告本单位有关负责人。

第三十四条 客运索道、大型游乐设施的运营使用单位在客运索道、大型游乐设施每日投入使用前，应当进行试运行和例行安全检查，并对安全装置进行检查确认。

电梯、客运索道、大型游乐设施的运营使用单位应当将电梯、客运索道、大型游乐设施的安全注意事项和警示标志置于易于为乘客注意的显著位置。

第三十五条 客运索道、大型游乐设施的运营使用单位的主要负责人应当熟悉客运索道、大型游乐设施的相关安全知识，并全面负责客运索道、大型游乐设施的安全使用。

客运索道、大型游乐设施的运营使用单位的主要负责人至少应当每月召开一次会议，督促、检查客运索道、大型游乐设施的安全使用工作。

客运索道、大型游乐设施的运营使用单位，应当结合本单位的实际情况，配备相应数量的营救装备和急救物品。

第三十六条 电梯、客运索道、大型游乐设施的乘客应当遵守使用安全注意事项的要求，服从有关工作人员的指挥。

第三十七条 电梯投入使用后，电梯制造单位应当对其制造的电梯的安全运行情况进行跟踪调查和了解，对电梯的日常维护保养单位或者电梯的使用单位在安全运行方面存在的问题，提出改进建议，并提供必要的技术帮助。发现电梯存在严重事故隐患的，应当及时向特种设备安全监督管理部门报告。电梯制造单位对调查和了解的情况，应当作出记录。

第三十八条　锅炉、压力容器、电梯、起重机械、客运索道、大型游乐设施、场（厂）内专用机动车辆的作业人员及其相关管理人员（以下统称特种设备作业人员），应当按照国家有关规定经特种设备安全监督管理部门考核合格，取得国家统一格式的特种作业人员证书，方可从事相应的作业或者管理工作。

第三十九条　特种设备使用单位应当对特种设备作业人员进行特种设备安全、节能教育和培训，保证特种设备作业人员具备必要的特种设备安全、节能知识。

特种设备作业人员在作业中应当严格执行特种设备的操作规程和有关的安全规章制度。

第四十条　特种设备作业人员在作业过程中发现事故隐患或者其他不安全因素，应当立即向现场安全管理人员和单位有关负责人报告。

第四章　检验检测

第四十一条　从事本条例规定的监督检验、定期检验、型式试验以及专门为特种设备生产、使用、检验检测提供无损检测服务的特种设备检验检测机构，应当经国务院特种设备安全监督管理部门核准。

特种设备使用单位设立的特种设备检验检测机构，经国务院特种设备安全监督管理部门核准，负责本单位核准范围内的特种设备定期检验工作。

第四十二条　特种设备检验检测机构，应当具备下列条件：

（一）有与所从事的检验检测工作相适应的检验检测人员。

（二）有与所从事的检验检测工作相适应的检验检测仪器和设备。

（三）有健全的检验检测管理制度、检验检测责任制度。

第四十三条　特种设备的监督检验、定期检验、型式试验和无损检测应当由依照本条例经核准的特种设备检验检测机构进行。

特种设备检验检测工作应当符合安全技术规范的要求。

第四十四条　从事本条例规定的监督检验、定期检验、型式试验和无损检测的特种设备检验检测人员应当经国务院特种设备安全监督管理部门组织考核合格，取得检验检测人员证书，方可从事检验检测工作。

检验检测人员从事检验检测工作，必须在特种设备检验检测机构执业，但不得同时在两个以上检验检测机构中执业。

第四十五条　特种设备检验检测机构和检验检测人员进行特种设备检验检测，应当遵循诚信原则和方便企业的原则，为特种设备生产、使用单位提供可靠、便捷的检验检测服务。

特种设备检验检测机构和检验检测人员对涉及的被检验检测单位的商业秘密，负有保密义务。

第四十六条　特种设备检验检测机构和检验检测人员应当客观、公正、及时地出具检验检测结果、鉴定结论。检验检测结果、鉴定结论经检验检测人员签字后，由检验检测机构负责人签署。

特种设备检验检测机构和检验检测人员对检验检测结果、鉴定结论负责。

国务院特种设备安全监督管理部门应当组织对特种设备检验检测机构的检验检测结果、鉴定结论进行监督抽查。县以上地方负责特种设备安全监督管理的部门在本行政区域内也可以组织监督抽查，但是要防止重复抽查。监督抽查结果应当向社会公布。

第四十七条 特种设备检验检测机构和检验检测人员不得从事特种设备的生产、销售，不得以其名义推荐或者监制、监销特种设备。

第四十八条 特种设备检验检测机构进行特种设备检验检测，发现严重事故隐患或者能耗严重超标的，应当及时告知特种设备使用单位，并立即向特种设备安全监督管理部门报告。

第四十九条 特种设备检验检测机构和检验检测人员利用检验检测工作故意刁难特种设备生产、使用单位，特种设备生产、使用单位有权向特种设备安全监督管理部门投诉，接到投诉的特种设备安全监督管理部门应当及时进行调查处理。

第五章 监督检查

第五十条 特种设备安全监督管理部门依照本条例规定，对特种设备生产、使用单位和检验检测机构实施安全监察。

对学校、幼儿园以及车站、客运码头、商场、体育场馆、展览馆、公园等公众聚集场所的特种设备，特种设备安全监督管理部门应当实施重点安全监察。

第五十一条 特种设备安全监督管理部门根据举报或者取得的涉嫌违法证据，对涉嫌违反本条例规定的行为进行查处时，可以行使下列职权：

（一）向特种设备生产、使用单位和检验检测机构的法定代表人、主要负责人和其他有关人员调查、了解与涉嫌从事违反本条例的生产、使用、检验检测有关的情况。

（二）查阅、复制特种设备生产、使用单位和检验检测机构的有关合同、发票、账簿以及其他有关资料。

（三）对有证据表明不符合安全技术规范要求的或者有其他严重事故隐患、能耗严重超标的特种设备，予以查封或者扣押。

第五十二条 依照本条例规定实施许可、核准、登记的特种设备安全监督管理部门，应当严格依照本条例规定条件和安全技术规范要求对有关事项进行审查；不符合本条例规定条件和安全技术规范要求的，不得许可、核准、登记；在申请办理许可、核准期间，特种设备安全监督管理部门发现申请人未经许可从事特种设备相应活动或者伪造许可、核准证书的，不予受理或者不予许可、核准，并在1年内不再受理其新的许可、核准申请。

未依法取得许可、核准、登记的单位擅自从事特种设备的生产、使用或者检验检测活动的，特种设备安全监督管理部门应当依法予以处理。

违反本条例规定，被依法撤销许可的，自撤销许可之日起3年内，特种设备安全监督管理部门不予受理其新的许可申请。

第五十三条 特种设备安全监督管理部门在办理本条例规定的有关行政审批事项时，其受理、审查、许可、核准的程序必须公开，并应当自受理申请之日起30日内，作出许可、核准或者不予许可、核准的决定；不予许可、核准的，应当书面向申请人说明理由。

第五十四条 地方各级特种设备安全监督管理部门不得以任何形式进行地方保护和地区封锁，不得对已经依照本条例规定在其他地方取得许可的特种设备生产单位重复进行许可，也不得要求对依照本条例规定在其他地方检验检测合格的特种设备，重复进行检验检测。

第五十五条 特种设备安全监督管理部门的安全监察人员（以下简称特种设备安全监察人员）应当熟悉相关法律、法规、规章和安全技术规范，具有相应的专业知识和工作经验，并经国务院特种设备安全监督管理部门考核，取得特种设备安全监察人员证书。

特种设备安全监察人员应当忠于职守、坚持原则、秉公执法。

第五十六条 特种设备安全监督管理部门对特种设备生产、使用单位和检验检测机构实施安全监察时，应当有两名以上特种设备安全监察人员参加，并出示有效的特种设备安全监察人员证件。

第五十七条 特种设备安全监督管理部门对特种设备生产、使用单位和检验检测机构实施安全监察，应当对每次安全监察的内容、发现的问题及处理情况，作出记录，并由参加安全监察的特种设备安全监察人员和被检查单位的有关负责人签字后归档。被检查单位的有关负责人拒绝签字的，特种设备安全监察人员应当将情况记录在案。

第五十八条 特种设备安全监督管理部门对特种设备生产、使用单位和检验检测机构进行安全监察时，发现有违反本条例规定和安全技术规范要求的行为或者在用的特种设备存在事故隐患、不符合能效指标的，应当以书面形式发出特种设备安全监察指令，责令有关单位及时采取措施，予以改正或者消除事故隐患。紧急情况下需要采取紧急处置措施的，应当随后补发书面通知。

第五十九条 特种设备安全监督管理部门对特种设备生产、使用单位和检验检测机构进行安全监察，发现重大违法行为或者严重事故隐患时，应当在采取必要措施的同时，及时向上级特种设备安全监督管理部门报告。接到报告的特种设备安全监督管理部门应当采取必要措施，及时予以处理。

对违法行为、严重事故隐患或者不符合能效指标的处理需要当地人民政府和有关部门的支持、配合时，特种设备安全监督管理部门应当报告当地人民政府，并通知其他有关部门。当地人民政府和其他有关部门应当采取必要措施，及时予以处理。

第六十条 国务院特种设备安全监督管理部门和省、自治区、直辖市特种设备安全监督管理部门应当定期向社会公布特种设备安全以及能效状况。

公布特种设备安全以及能效状况，应当包括下列内容：

（一）特种设备质量安全状况。

（二）特种设备事故的情况、特点、原因分析、防范对策。

（三）特种设备能效状况。

（四）其他需要公布的情况。

第六章 事故预防和调查处理

第六十一条 有下列情形之一的，为特别重大事故：

（一）特种设备事故造成30人以上死亡，或者100人以上重伤（包括急性工业中毒，下同），或者1亿元以上直接经济损失的。

（二）600兆瓦以上锅炉爆炸的。

（三）压力容器、压力管道有毒介质泄漏，造成15万人以上转移的。

（四）客运索道、大型游乐设施高空滞留100人以上并且时间在48小时以上的。

第六十二条 有下列情形之一的，为重大事故：

（一）特种设备事故造成10人以上30人以下死亡，或者50人以上100人以下重伤，或者5 000万元以上1亿元以下直接经济损失的。

（二）600兆瓦以上锅炉因安全故障中断运行240小时以上的。

（三）压力容器、压力管道有毒介质泄漏，造成5万人以上15万人以下转移的。

（四）客运索道、大型游乐设施高空滞留100人以上并且时间在24小时以上48小时以下的。

第六十三条 有下列情形之一的，为较大事故：

（一）特种设备事故造成3人以上10人以下死亡，或者10人以上50人以下重伤，或者1 000万元以上5 000万元以下直接经济损失的。

（二）锅炉、压力容器、压力管道爆炸的。

（三）压力容器、压力管道有毒介质泄漏，造成1万人以上5万人以下转移的。

（四）起重机械整体倾覆的。

（五）客运索道、大型游乐设施高空滞留人员12小时以上的。

第六十四条 有下列情形之一的，为一般事故：

（一）特种设备事故造成3人以下死亡，或者10人以下重伤，或者1万元以上1 000万元以下直接经济损失的。

（二）压力容器、压力管道有毒介质泄漏，造成500人以上1万人以下转移的。

（三）电梯轿厢滞留人员2小时以上的。

（四）起重机械主要受力结构件折断或者起升机构坠落的。

（五）客运索道高空滞留人员3.5小时以上12小时以下的。

（六）大型游乐设施高空滞留人员1小时以上12小时以下的。

除前款规定外，国务院特种设备安全监督管理部门可以对一般事故的其他情形做出补充规定。

第六十五条 特种设备安全监督管理部门应当制定特种设备应急预案。特种设备使用单位应当制定事故应急专项预案，并定期进行事故应急演练。

压力容器、压力管道发生爆炸或者泄漏，在抢险救援时应当区分介质特性，严格按照相关预案规定程序处理，防止二次爆炸。

第六十六条　特种设备事故发生后，事故发生单位应当立即启动事故应急预案，组织抢救，防止事故扩大，减少人员伤亡和财产损失，并及时向事故发生地县以上特种设备安全监督管理部门和有关部门报告。

县以上特种设备安全监督管理部门接到事故报告，应当尽快核实有关情况，立即向所在地人民政府报告，并逐级上报事故情况。必要时，特种设备安全监督管理部门可以越级上报事故情况。对特别重大事故、重大事故，国务院特种设备安全监督管理部门应当立即报告国务院并通报国务院安全生产监督管理部门等有关部门。

第六十七条　特别重大事故由国务院或者国务院授权有关部门组织事故调查组进行调查。

重大事故由国务院特种设备安全监督管理部门会同有关部门组织事故调查组进行调查。

较大事故由省、自治区、直辖市特种设备安全监督管理部门会同有关部门组织事故调查组进行调查。

一般事故由设区的市的特种设备安全监督管理部门会同有关部门组织事故调查组进行调查。

第六十八条　事故调查报告应当由负责组织事故调查的特种设备安全监督管理部门的所在地人民政府批复，并报上一级特种设备安全监督管理部门备案。

有关机关应当按照批复，依照法律、行政法规规定的权限和程序，对事故责任单位和有关人员进行行政处罚，对负有事故责任的国家工作人员进行处分。

第六十九条　特种设备安全监督管理部门应当在有关地方人民政府的领导下，组织开展特种设备事故调查处理工作。

有关地方人民政府应当支持、配合上级人民政府或者特种设备安全监督管理部门的事故调查处理工作，并提供必要的便利条件。

第七十条　特种设备安全监督管理部门应当对发生事故的原因进行分析，并根据特种设备的管理和技术特点、事故情况对相关安全技术规范进行评估；需要制定或者修订相关安全技术规范的，应当及时制定或者修订。

第七十一条　本章所称的“以上”包括本数，所称的“以下”不包括本数。

第七章　法律责任

第七十二条　未经许可，擅自从事压力容器设计活动的，由特种设备安全监督管理部门予以取缔，处5万元以上20万元以下罚款；有违法所得的，没收违法所得；触犯刑律的，对负有责任的主管人员和其他直接责任人员依照刑法关于非法经营罪或者其他罪的规定，依法追究刑事责任。

第七十三条　锅炉、气瓶、氧舱和客运索道、大型游乐设施以及高耗能特种设备的设计文件，未经国务院特种设备安全监督管理部门核准的检验检测机构鉴定，擅自用于制造的，由特种设备安全监督管理部门责令改正，没收非法制造的产品，处5万元以上20万元以下罚款；触犯刑律的，对负有责任的主管人员和其他直接责任人员依照刑法关于生产、销售伪劣产品罪、非法经营罪或者其他罪的规定，依法追究刑事责任。

第七十四条 按照安全技术规范的要求应当进行型式试验的特种设备产品、部件或者试制特种设备新产品、新部件，未进行整机或者部件型式试验的，由特种设备安全监督管理部门责令限期改正；逾期未改正的，处 2 万元以上 10 万元以下罚款。

第七十五条 未经许可，擅自从事锅炉、压力容器、电梯、起重机械、客运索道、大型游乐设施、场（厂）内专用机动车辆及其安全附件、安全保护装置的制造、安装、改造以及压力管道元件的制造活动的，由特种设备安全监督管理部门予以取缔，没收非法制造的产品，已经实施安装、改造的，责令恢复原状或者责令限期由取得许可的单位重新安装、改造，处 10 万元以上 50 万元以下罚款；触犯刑律的，对负有责任的主管人员和其他直接责任人员依照刑法关于生产、销售伪劣产品罪、非法经营罪、重大责任事故罪或者其他罪的规定，依法追究刑事责任。

第七十六条 特种设备出厂时，未按照安全技术规范的要求附有设计文件、产品质量合格证明、安装及使用维修说明、监督检验证明等文件的，由特种设备安全监督管理部门责令改正；情节严重的，责令停止生产、销售，处违法生产、销售货值金额 30%以下罚款；有违法所得的，没收违法所得。

第七十七条 未经许可，擅自从事锅炉、压力容器、电梯、起重机械、客运索道、大型游乐设施、场（厂）内专用机动车辆的维修或者日常维护保养的，由特种设备安全监督管理部门予以取缔，处 1 万元以上 5 万元以下罚款；有违法所得的，没收违法所得；触犯刑律的，对负有责任的主管人员和其他直接责任人员依照刑法关于非法经营罪、重大责任事故罪或者其他罪的规定，依法追究刑事责任。

第七十八条 锅炉、压力容器、电梯、起重机械、客运索道、大型游乐设施的安装、改造、维修的施工单位以及场（厂）内专用机动车辆的改造、维修单位，在施工前未将拟进行的特种设备安装、改造、维修情况书面告知直辖市或者设区的市的特种设备安全监督管理部门即行施工的，或者在验收后 30 日内未将有关技术资料移交锅炉、压力容器、电梯、起重机械、客运索道、大型游乐设施的使用单位的，由特种设备安全监督管理部门责令限期改正；逾期未改正的，处 2 000 元以上 1 万元以下罚款。

第七十九条 锅炉、压力容器、压力管道元件、起重机械、大型游乐设施的制造过程和锅炉、压力容器、电梯、起重机械、客运索道、大型游乐设施的安装、改造、重大维修过程，以及锅炉清洗过程，未经国务院特种设备安全监督管理部门核准的检验检测机构按照安全技术规范的要求进行监督检验的，由特种设备安全监督管理部门责令改正，已经出厂的，没收违法生产、销售的产品，已经实施安装、改造、重大维修或者清洗的，责令限期进行监督检验，处 5 万元以上 20 万元以下罚款；有违法所得的，没收违法所得；情节严重的，撤销制造、安装、改造或者维修单位已经取得的许可，并由工商行政管理部门吊销其营业执照；触犯刑律的，对负有责任的主管人员和其他直接责任人员依照刑法关于生产、销售伪劣产品罪或者其他罪的规定，依法追究刑事责任。

第八十条 未经许可，擅自从事移动式压力容器或者气瓶充装活动的，由特种设备安全监督管理部门予以取缔，没收违法充装的气瓶，处 10 万元以上 50 万元以下罚款；有违法所得的，没收违法所得；触犯刑律的，对负有责任的主管人员和其他直接责任人员依照刑法关于非法经营罪或者其他罪的规定，依法追究刑事责任。

移动式压力容器、气瓶充装单位未按照安全技术规范的要求进行充装活动的，由特种设备安全监督管理部门责令改正，处2万元以上10万元以下罚款；情节严重的，撤销其充装资格。

第八十一条 电梯制造单位有下列情形之一的，由特种设备安全监督管理部门责令限期改正；逾期未改正的，予以通报批评：

（一）未依照本条例第十九条的规定对电梯进行校验、调试的。

（二）对电梯的安全运行情况进行跟踪调查和了解时，发现存在严重事故隐患，未及时向特种设备安全监督管理部门报告的。

第八十二条 已经取得许可、核准的特种设备生产单位、检验检测机构有下列行为之一的，由特种设备安全监督管理部门责令改正，处2万元以上10万元以下罚款；情节严重的，撤销其相应资格：

（一）未按照安全技术规范的要求办理许可证变更手续的。

（二）不再符合本条例规定或者安全技术规范要求的条件，继续从事特种设备生产、检验检测的。

（三）未依照本条例规定或者安全技术规范要求进行特种设备生产、检验检测的。

（四）伪造、变造、出租、出借、转让许可证书或者监督检验报告的。

第八十三条 特种设备使用单位有下列情形之一的，由特种设备安全监督管理部门责令限期改正；逾期未改正的，处2 000元以上2万元以下罚款；情节严重的，责令停止使用或者停产停业整顿：

（一）特种设备投入使用前或者投入使用后30日内，未向特种设备安全监督管理部门登记，擅自将其投入使用的。

（二）未依照本条例第二十六条的规定，建立特种设备安全技术档案的。

（三）未依照本条例第二十七条的规定，对在用特种设备进行经常性日常维护保养和定期自行检查的，或者对在用特种设备的安全附件、安全保护装置、测量调控装置及有关附属仪器仪表进行定期校验、检修，并作出记录的。

（四）未按照安全技术规范的定期检验要求，在安全检验合格有效期届满前1个月向特种设备检验检测机构提出定期检验要求的。

（五）使用未经定期检验或者检验不合格的特种设备的。

（六）特种设备出现故障或者发生异常情况，未对其进行全面检查、消除事故隐患，继续投入使用的。

（七）未制定特种设备事故应急专项预案的。

（八）未依照本条例第三十一条第二款的规定，对电梯进行清洁、润滑、调整和检查的。

（九）未按照安全技术规范要求进行锅炉水（介）质处理的。

（十）特种设备不符合能效指标，未及时采取相应措施进行整改的。

特种设备使用单位使用未取得生产许可的单位生产的特种设备或者将非承压锅炉、非压力容器作为承压锅炉、压力容器使用的，由特种设备安全监督管理部门责令停止使用，予以没收，处2万元以上10万元以下罚款。

第八十四条 特种设备存在严重事故隐患，无改造、维修价值，或者超过安全技术规范规定的使用年限，特种设备使用单位未予以报废，并向原登记的特种设备安全监督管理部门办理注销的，由特种设备安全监督管理部门责令限期改正；逾期未改正的，处5万元以上20万元以下罚款。

第八十五条 电梯、客运索道、大型游乐设施的运营使用单位有下列情形之一的，由特种设备安全监督管理部门责令限期改正；逾期未改正的，责令停止使用或者停产停业整顿，处1万元以上5万元以下罚款：

（一）客运索道、大型游乐设施每日投入使用前，未进行试运行和例行安全检查，并对安全装置进行检查确认的。

（二）未将电梯、客运索道、大型游乐设施的安全注意事项和警示标志置于易于为乘客注意的显著位置的。

第八十六条 特种设备使用单位有下列情形之一的，由特种设备安全监督管理部门责令限期改正；逾期未改正的，责令停止使用或者停产停业整顿，处2 000元以上2万元以下罚款：

（一）未依照本条例规定设置特种设备安全管理机构或者配备专职、兼职的安全管理人员的。

（二）从事特种设备作业的人员，未取得相应特种作业人员证书，上岗作业的。

（三）未对特种设备作业人员进行特种设备安全教育和培训的。

第八十七条 发生特种设备事故，有下列情形之一的，对单位，由特种设备安全监督管理部门处5万元以上20万元以下罚款；对主要负责人，由特种设备安全监督管理部门处4 000元以上2万元以下罚款；属于国家工作人员的，依法给予处分；触犯刑律的，依照刑法关于重大责任事故罪或者其他罪的规定，依法追究刑事责任：

（一）特种设备使用单位的主要负责人在本单位发生特种设备事故时，不立即组织抢救或者在事故调查处理期间擅离职守或者逃匿的。

（二）特种设备使用单位的主要负责人对特种设备事故隐瞒不报、谎报或者拖延不报的。

第八十八条 对事故发生负有责任的单位，由特种设备安全监督管理部门依照下列规定处以罚款：

（一）发生一般事故的，处10万元以上20万元以下罚款。

（二）发生较大事故的，处20万元以上50万元以下罚款。

（三）发生重大事故的，处50万元以上200万元以下罚款。

第八十九条 对事故发生负有责任的单位的主要负责人未依法履行职责，导致事故发生的，由特种设备安全监督管理部门依照下列规定处以罚款；属于国家工作人员的，并依法给予处分；触犯刑律的，依照刑法关于重大责任事故罪或者其他罪的规定，依法追究刑事责任：

（一）发生一般事故的，处上一年年收入30%的罚款。

（二）发生较大事故的，处上一年年收入40%的罚款。

（三）发生重大事故的，处上一年年收入60%的罚款。

第九十条　特种设备作业人员违反特种设备的操作规程和有关的安全规章制度操作，或者在作业过程中发现事故隐患或者其他不安全因素，未立即向现场安全管理人员和单位有关负责人报告的，由特种设备使用单位给予批评教育、处分；情节严重的，撤销特种设备作业人员资格；触犯刑律的，依照刑法关于重大责任事故罪或者其他罪的规定，依法追究刑事责任。

第九十一条　未经核准，擅自从事本条例所规定的监督检验、定期检验、型式试验以及无损检测等检验检测活动的，由特种设备安全监督管理部门予以取缔，处5万元以上20万元以下罚款；有违法所得的，没收违法所得；触犯刑律的，对负有责任的主管人员和其他直接责任人员依照刑法关于非法经营罪或者其他罪的规定，依法追究刑事责任。

第九十二条　特种设备检验检测机构，有下列情形之一的，由特种设备安全监督管理部门处2万元以上10万元以下罚款；情节严重的，撤销其检验检测资格：

（一）聘用未经特种设备安全监督管理部门组织考核合格并取得检验检测人员证书的人员，从事相关检验检测工作的。

（二）在进行特种设备检验检测中，发现严重事故隐患或者能耗严重超标，未及时告知特种设备使用单位，并立即向特种设备安全监督管理部门报告的。

第九十三条　特种设备检验检测机构和检验检测人员，出具虚假的检验检测结果、鉴定结论或者检验检测结果、鉴定结论严重失实的，由特种设备安全监督管理部门对检验检测机构没收违法所得，处5万元以上20万元以下罚款，情节严重的，撤销其检验检测资格；对检验检测人员处5 000元以上5万元以下罚款，情节严重的，撤销其检验检测资格，触犯刑律的，依照刑法关于中介组织人员提供虚假证明文件罪、中介组织人员出具证明文件重大失实罪或者其他罪的规定，依法追究刑事责任。

特种设备检验检测机构和检验检测人员，出具虚假的检验检测结果、鉴定结论或者检验检测结果、鉴定结论严重失实，造成损害的，应当承担赔偿责任。

第九十四条　特种设备检验检测机构或者检验检测人员从事特种设备的生产、销售，或者以其名义推荐或者监制、监销特种设备的，由特种设备安全监督管理部门撤销特种设备检验检测机构和检验检测人员的资格，处5万元以上20万元以下罚款；有违法所得的，没收违法所得。

第九十五条　特种设备检验检测机构和检验检测人员利用检验检测工作故意刁难特种设备生产、使用单位，由特种设备安全监督管理部门责令改正；拒不改正的，撤销其检验检测资格。

第九十六条　检验检测人员，从事检验检测工作，不在特种设备检验检测机构执业或者同时在两个以上检验检测机构中执业的，由特种设备安全监督管理部门责令改正，情节严重的，给予停止执业6个月以上2年以下的处罚；有违法所得的，没收违法所得。

第九十七条 特种设备安全监督管理部门及其特种设备安全监察人员，有下列违法行为之一的，对直接负责的主管人员和其他直接责任人员，依法给予降级或者撤职的处分；触犯刑律的，依照刑法关于受贿罪、滥用职权罪、玩忽职守罪或者其他罪的规定，依法追究刑事责任：

（一）不按照本条例规定的条件和安全技术规范要求，实施许可、核准、登记的。

（二）发现未经许可、核准、登记擅自从事特种设备的生产、使用或者检验检测活动不予取缔或者不依法予以处理的。

（三）发现特种设备生产、使用单位不再具备本条例规定的条件而不撤销其原许可，或者发现特种设备生产、使用违法行为不予查处的。

（四）发现特种设备检验检测机构不再具备本条例规定的条件而不撤销其原核准，或者对其出具虚假的检验检测结果、鉴定结论或者检验检测结果、鉴定结论严重失实的行为不予查处的。

（五）对依照本条例规定在其他地方取得许可的特种设备生产单位重复进行许可，或者对依照本条例规定在其他地方检验检测合格的特种设备，重复进行检验检测的。

（六）发现有违反本条例和安全技术规范的行为或者在用的特种设备存在严重事故隐患，不立即处理的。

（七）发现重大的违法行为或者严重事故隐患，未及时向上级特种设备安全监督管理部门报告，或者接到报告的特种设备安全监督管理部门不立即处理的。

（八）迟报、漏报、瞒报或者谎报事故的。

（九）妨碍事故救援或者事故调查处理的。

第九十八条 特种设备的生产、使用单位或者检验检测机构，拒不接受特种设备安全监督管理部门依法实施的安全监察的，由特种设备安全监督管理部门责令限期改正；逾期未改正的，责令停产停业整顿，处2万元以上10万元以下罚款；触犯刑律的，依照刑法关于妨害公务罪或者其他罪的规定，依法追究刑事责任。

特种设备生产、使用单位擅自动用、调换、转移、损毁被查封、扣押的特种设备或者其主要部件的，由特种设备安全监督管理部门责令改正，处5万元以上20万元以下罚款；情节严重的，撤销其相应资格。

第八章　附　　则

第九十九条 本条例下列用语的含义是：

（一）锅炉，是指利用各种燃料、电或者其他能源，将所盛装的液体加热到一定的参数，并对外输出热能的设备，其范围规定为容积大于或者等于30 L的承压蒸汽锅炉；出口水压大于或者等于0.1 MPa（表压），且额定功率大于或者等于0.1 MW的承压热水锅炉；有机热载体锅炉。

（二）压力容器，是指盛装气体或者液体，承载一定压力的密闭设备，其范围规定为最高工作压力大于或者等于0.1 MPa（表压），且压力与容积的乘积大于或者等于2.5 MPa·L

的气体、液化气体和最高工作温度高于或者等于标准沸点的液体的固定式容器和移动式容器；盛装公称工作压力大于或者等于0.2 MPa（表压），且压力与容积的乘积大于或者等于1.0 MPa·L的气体、液化气体和标准沸点等于或者低于60℃液体的气瓶；氧舱等。

（三）压力管道，是指利用一定的压力，用于输送气体或者液体的管状设备，其范围规定为最高工作压力大于或者等于0.1 MPa（表压）的气体、液化气体、蒸汽介质或者可燃、易爆、有毒、有腐蚀性、最高工作温度高于或者等于标准沸点的液体介质，且公称直径大于25 mm的管道。

（四）电梯，是指动力驱动，利用沿刚性导轨运行的箱体或者沿固定线路运行的梯级（踏步），进行升降或者平行运送人、货物的机电设备，包括载人（货）电梯、自动扶梯、自动人行道等。

（五）起重机械，是指用于垂直升降或者垂直升降并水平移动重物的机电设备，其范围规定为额定起重量大于或者等于0.5 t的升降机；额定起重量大于或者等于1 t，且提升高度大于或者等于2 m的起重机和承重形式固定的电动葫芦等。

（六）客运索道，是指动力驱动，利用柔性绳索牵引箱体等运载工具运送人员的机电设备，包括客运架空索道、客运缆车、客运拖牵索道等。

（七）大型游乐设施，是指用于经营目的，承载乘客游乐的设施，其范围规定为设计最大运行线速度大于或者等于2 m/s，或者运行高度距地面高于或者等于2 m的载人大型游乐设施。

（八）场（厂）内专用机动车辆，是指除道路交通、农用车辆以外仅在工厂厂区、旅游景区、游乐场所等特定区域使用的专用机动车辆。

特种设备包括其所用的材料、附属的安全附件、安全保护装置和与安全保护装置相关的设施。

第一百条　压力管道设计、安装、使用的安全监督管理办法由国务院另行制定。

第一百零一条　国务院特种设备安全监督管理部门可以授权省、自治区、直辖市特种设备安全监督管理部门负责本条例规定的特种设备行政许可工作，具体办法由国务院特种设备安全监督管理部门制定。

第一百零二条　特种设备行政许可、检验检测，应当按照国家有关规定收取费用。

第一百零三条　本条例自2003年6月1日起施行。1982年2月6日国务院发布的《锅炉压力容器安全监察暂行条例》同时废止。

17 建设工程安全生产管理条例

2003年11月12日国务院第28次常务会议通过，2003年11月24日中华人民共和国国务院令第393号公布，自2004年2月1日起施行。

第一章 总 则

第一条 为了加强建设工程安全生产监督管理，保障人民群众生命和财产安全，根据《中华人民共和国建筑法》《中华人民共和国安全生产法》，制定本条例。

第二条 在中华人民共和国境内从事建设工程的新建、扩建、改建和拆除等有关活动及实施对建设工程安全生产的监督管理，必须遵守本条例。

本条例所称建设工程，是指土木工程、建筑工程、线路管道和设备安装工程及装修工程。

第三条 建设工程安全生产管理，坚持安全第一、预防为主的方针。

第四条 建设单位、勘察单位、设计单位、施工单位、工程监理单位及其他与建设工程安全生产有关的单位，必须遵守安全生产法律、法规的规定，保证建设工程安全生产，依法承担建设工程安全生产责任。

第五条 国家鼓励建设工程安全生产的科学技术研究和先进技术的推广应用，推进建设工程安全生产的科学管理。

第二章 建设单位的安全责任

第六条 建设单位应当向施工单位提供施工现场及毗邻区域内供水、排水、供电、供气、供热、通信、广播电视等地下管线资料，气象和水文观测资料，相邻建筑物和构筑物、地下工程的有关资料，并保证资料的真实、准确、完整。

建设单位因建设工程需要，向有关部门或者单位查询前款规定的资料时，有关部门或者单位应当及时提供。

第七条 建设单位不得对勘察、设计、施工、工程监理等单位提出不符合建设工程安全生产法律、法规和强制性标准规定的要求，不得压缩合同约定的工期。

第八条 建设单位在编制工程概算时，应当确定建设工程安全作业环境及安全施工措施所需费用。

第九条 建设单位不得明示或者暗示施工单位购买、租赁、使用不符合安全施工要求的安全防护用具、机械设备、施工机具及配件、消防设施和器材。

第十条 建设单位在申请领取施工许可证时，应当提供建设工程有关安全施工措施的资料。

依法批准开工报告的建设工程，建设单位应当自开工报告批准之日起15日内，将保证安全施工的措施报送建设工程所在地的县级以上地方人民政府建设行政主管部门或者其他有关部门备案。

第十一条 建设单位应当将拆除工程发包给具有相应资质等级的施工单位。

建设单位应当在拆除工程施工15日前，将下列资料报送建设工程所在地的县级以上地方人民政府建设行政主管部门或者其他有关部门备案：

（一）施工单位资质等级证明。

（二）拟拆除建筑物、构筑物及可能危及毗邻建筑的说明。

（三）拆除施工组织方案。

（四）堆放、清除废弃物的措施。

实施爆破作业的，应当遵守国家有关民用爆炸物品管理的规定。

第三章 勘察、设计、工程监理及其他有关单位的安全责任

第十二条 勘察单位应当按照法律、法规和工程建设强制性标准进行勘察，提供的勘察文件应当真实、准确，满足建设工程安全生产的需要。

勘察单位在勘察作业时，应当严格执行操作规程，采取措施保证各类管线、设施和周边建筑物、构筑物的安全。

第十三条 设计单位应当按照法律、法规和工程建设强制性标准进行设计，防止因设计不合理导致生产安全事故的发生。

设计单位应当考虑施工安全操作和防护的需要，对涉及施工安全的重点部位和环节在设计文件中注明，并对防范生产安全事故提出指导意见。

采用新结构、新材料、新工艺的建设工程和特殊结构的建设工程，设计单位应当在设计中提出保障施工作业人员安全和预防生产安全事故的措施建议。

设计单位和注册建筑师等注册执业人员应当对其设计负责。

第十四条 工程监理单位应当审查施工组织设计中的安全技术措施或者专项施工方案是否符合工程建设强制性标准。

工程监理单位在实施监理过程中，发现存在安全事故隐患的，应当要求施工单位整改；情况严重的，应当要求施工单位暂时停止施工，并及时报告建设单位。施工单位拒不整改或者不停止施工的，工程监理单位应当及时向有关主管部门报告。

工程监理单位和监理工程师应当按照法律、法规和工程建设强制性标准实施监理，并对建设工程安全生产承担监理责任。

第十五条 为建设工程提供机械设备和配件的单位，应当按照安全施工的要求配备齐全有效的保险、限位等安全设施和装置。

第十六条 出租的机械设备和施工机具及配件，应当具有生产（制造）许可证、产品合格证。

出租单位应当对出租的机械设备和施工机具及配件的安全性能进行检测，在签订租赁协议时，应当出具检测合格证明。

禁止出租检测不合格的机械设备和施工机具及配件。

第十七条 在施工现场安装、拆卸施工起重机械和整体提升脚手架、模板等自升式架设设施，必须由具有相应资质的单位承担。

安装、拆卸施工起重机械和整体提升脚手架、模板等自升式架设设施，应当编制拆装方案、制定安全施工措施，并由专业技术人员现场监督。

施工起重机械和整体提升脚手架、模板等自升式架设设施安装完毕后，安装单位应当自检，出具自检合格证明，并向施工单位进行安全使用说明，办理验收手续并签字。

第十八条 施工起重机械和整体提升脚手架、模板等自升式架设设施的使用达到国家规定的检验检测期限的，必须经具有专业资质的检验检测机构检测。经检测不合格的，不得继续使用。

第十九条 检验检测机构对检测合格的施工起重机械和整体提升脚手架、模板等自升式架设设施，应当出具安全合格证明文件，并对检测结果负责。

第四章 施工单位的安全责任

第二十条 施工单位从事建设工程的新建、扩建、改建和拆除等活动，应当具备国家规定的注册资本、专业技术人员、技术装备和安全生产等条件，依法取得相应等级的资质证书，并在其资质等级许可的范围内承揽工程。

第二十一条 施工单位主要负责人依法对本单位的安全生产工作全面负责。施工单位应当建立健全安全生产责任制度和安全生产教育培训制度，制定安全生产规章制度和操作规程，保证本单位安全生产条件所需资金的投入，对所承担的建设工程进行定期和专项安全检查，并做好安全检查记录。

施工单位的项目负责人应当由取得相应执业资格的人员担任，对建设工程项目的安全施工负责，落实安全生产责任制度、安全生产规章制度和操作规程，确保安全生产费用的有效使用，并根据工程的特点组织制定安全施工措施，消除安全事故隐患，及时、如实报告生产安全事故。

第二十二条 施工单位对列入建设工程概算的安全作业环境及安全施工措施所需费用，应当用于施工安全防护用具及设施的采购和更新、安全施工措施的落实、安全生产条件的改善，不得挪作他用。

第二十三条 施工单位应当设立安全生产管理机构，配备专职安全生产管理人员。

专职安全生产管理人员负责对安全生产进行现场监督检查。发现安全事故隐患，应当及时向项目负责人和安全生产管理机构报告；对违章指挥、违章操作的，应当立即制止。

专职安全生产管理人员的配备办法由国务院建设行政主管部门会同国务院其他有关部门制定。

第二十四条 建设工程实行施工总承包的，由总承包单位对施工现场的安全生产负总责。

总承包单位应当自行完成建设工程主体结构的施工。

总承包单位依法将建设工程分包给其他单位的，分包合同中应当明确各自的安全生产方面的权利、义务。总承包单位和分包单位对分包工程的安全生产承担连带责任。

分包单位应当服从总承包单位的安全生产管理，分包单位不服从管理导致生产安全事故的，由分包单位承担主要责任。

第二十五条 垂直运输机械作业人员、安装拆卸工、爆破作业人员、起重信号工、登高架设作业人员等特种作业人员，必须按照国家有关规定经过专门的安全作业培训，并取得特种作业操作资格证书后，方可上岗作业。

第二十六条 施工单位应当在施工组织设计中编制安全技术措施和施工现场临时用电方案，对下列达到一定规模的危险性较大的分部分项工程编制专项施工方案，并附具安全验算结果，经施工单位技术负责人、总监理工程师签字后实施，由专职安全生产管理人员进行现场监督：

（一）基坑支护与降水工程。

（二）土方开挖工程。

（三）模板工程。

（四）起重吊装工程。

（五）脚手架工程。

（六）拆除、爆破工程。

（七）国务院建设行政主管部门或者其他有关部门规定的其他危险性较大的工程。

对前款所列工程中涉及深基坑、地下暗挖工程、高大模板工程的专项施工方案，施工单位还应当组织专家进行论证、审查。

本条第一款规定的达到一定规模的危险性较大工程的标准，由国务院建设行政主管部门会同国务院其他有关部门制定。

第二十七条 建设工程施工前，施工单位负责项目管理的技术人员应当对有关安全施工的技术要求向施工作业班组、作业人员作出详细说明，并由双方签字确认。

第二十八条 施工单位应当在施工现场入口处、施工起重机械、临时用电设施、脚手架、出入通道口、楼梯口、电梯井口、孔洞口、桥梁口、隧道口、基坑边沿、爆破物及有害危险气体和液体存放处等危险部位，设置明显的安全警示标志。安全警示标志必须符合国家标准。

施工单位应当根据不同施工阶段和周围环境及季节、气候的变化，在施工现场采取相应的安全施工措施。施工现场暂时停止施工的，施工单位应当做好现场防护，所需费用由责任方承担，或者按照合同约定执行。

第二十九条 施工单位应当将施工现场的办公、生活区与作业区分开设置，并保持安全距离；办公、生活区的选址应当符合安全性要求。职工的膳食、饮水、休息场所等应当符合卫生标准。施工单位不得在尚未竣工的建筑物内设置员工集体宿舍。

施工现场临时搭建的建筑物应当符合安全使用要求。施工现场使用的装配式活动房屋应当具有产品合格证。

第三十条 施工单位对因建设工程施工可能造成损害的毗邻建筑物、构筑物和地下管线等，应当采取专项防护措施。

施工单位应当遵守有关环境保护法律、法规的规定，在施工现场采取措施，防止或者减少粉尘、废气、废水、固体废物、噪声、振动和施工照明对人和环境的危害和污染。

在城市市区内的建设工程，施工单位应当对施工现场实行封闭围挡。

第三十一条 施工单位应当在施工现场建立消防安全责任制度，确定消防安全责任人，制定用火、用电、使用易燃易爆材料等各项消防安全管理制度和操作规程，设置消防通道、消防水源，配备消防设施和灭火器材，并在施工现场入口处设置明显标志。

第三十二条 施工单位应当向作业人员提供安全防护用具和安全防护服装，并书面告知危险岗位的操作规程和违章操作的危害。

作业人员有权对施工现场的作业条件、作业程序和作业方式中存在的安全问题提出批评、检举和控告，有权拒绝违章指挥和强令冒险作业。

在施工中发生危及人身安全的紧急情况时，作业人员有权立即停止作业或者在采取必要的应急措施后撤离危险区域。

第三十三条 作业人员应当遵守安全施工的强制性标准、规章制度和操作规程，正确使用安全防护用具、机械设备等。

第三十四条 施工单位采购、租赁的安全防护用具、机械设备、施工机具及配件，应当具有生产（制造）许可证、产品合格证，并在进入施工现场前进行查验。

施工现场的安全防护用具、机械设备、施工机具及配件必须由专人管理，定期进行检查、维修和保养，建立相应的资料档案，并按照国家有关规定及时报废。

第三十五条 施工单位在使用施工起重机械和整体提升脚手架、模板等自升式架设设施前，应当组织有关单位进行验收，也可以委托具有相应资质的检验检测机构进行验收；使用承租的机械设备和施工机具及配件的，由施工总承包单位、分包单位、出租单位和安装单位共同进行验收。验收合格的方可使用。

《特种设备安全监察条例》规定的施工起重机械，在验收前应当经有相应资质的检验检测机构监督检验合格。

施工单位应当自施工起重机械和整体提升脚手架、模板等自升式架设设施验收合格之日起30日内，向建设行政主管部门或者其他有关部门登记。登记标志应当置于或者附着于该设备的显著位置。

第三十六条 施工单位的主要负责人、项目负责人、专职安全生产管理人员应当经建设行政主管部门或者其他有关部门考核合格后方可任职。

施工单位应当对管理人员和作业人员每年至少进行一次安全生产教育培训，其教育培训情况记入个人工作档案。安全生产教育培训考核不合格的人员，不得上岗。

第三十七条 作业人员进入新的岗位或者新的施工现场前，应当接受安全生产教育培训。未经教育培训或者教育培训考核不合格的人员，不得上岗作业。

施工单位在采用新技术、新工艺、新设备、新材料时，应当对作业人员进行相应的安全生产教育培训。

第三十八条 施工单位应当为施工现场从事危险作业的人员办理意外伤害保险。

意外伤害保险费由施工单位支付。实行施工总承包的，由总承包单位支付意外伤害保险费。意外伤害保险期限自建设工程开工之日起至竣工验收合格止。

第五章 监督管理

第三十九条 国务院负责安全生产监督管理的部门依照《中华人民共和国安全生产法》的规定，对全国建设工程安全生产工作实施综合监督管理。

县级以上地方人民政府负责安全生产监督管理的部门依照《中华人民共和国安全生产法》的规定，对本行政区域内建设工程安全生产工作实施综合监督管理。

第四十条 国务院建设行政主管部门对全国的建设工程安全生产实施监督管理。国务院铁路、交通、水利等有关部门按照国务院规定的职责分工，负责有关专业建设工程安全生产的监督管理。

县级以上地方人民政府建设行政主管部门对本行政区域内的建设工程安全生产实施监督管理。县级以上地方人民政府交通、水利等有关部门在各自的职责范围内，负责本行政区域内的专业建设工程安全生产的监督管理。

第四十一条 建设行政主管部门和其他有关部门应当将本条例第十条、第十一条规定的有关资料的主要内容抄送同级负责安全生产监督管理的部门。

第四十二条 建设行政主管部门在审核发放施工许可证时，应当对建设工程是否有安全施工措施进行审查，对没有安全施工措施的，不得颁发施工许可证。

建设行政主管部门或者其他有关部门对建设工程是否有安全施工措施进行审查时，不得收取费用。

第四十三条 县级以上人民政府负有建设工程安全生产监督管理职责的部门在各自的职责范围内履行安全监督检查职责时，有权采取下列措施：

（一）要求被检查单位提供有关建设工程安全生产的文件和资料。

（二）进入被检查单位施工现场进行检查。

（三）纠正施工中违反安全生产要求的行为。

（四）对检查中发现的安全事故隐患，责令立即排除；重大安全事故隐患排除前或者排除过程中无法保证安全的，责令从危险区域内撤出作业人员或者暂时停止施工。

第四十四条 建设行政主管部门或者其他有关部门可以将施工现场的监督检查委托给建设工程安全监督机构具体实施。

第四十五条 国家对严重危及施工安全的工艺、设备、材料实行淘汰制度。具体目录由国务院建设行政主管部门会同国务院其他有关部门制定并公布。

第四十六条 县级以上人民政府建设行政主管部门和其他有关部门应当及时受理对建设工程生产安全事故及安全事故隐患的检举、控告和投诉。

第六章　生产安全事故的应急救援和调查处理

第四十七条　县级以上地方人民政府建设行政主管部门应当根据本级人民政府的要求，制定本行政区域内建设工程特大生产安全事故应急救援预案。

第四十八条　施工单位应当制定本单位生产安全事故应急救援预案，建立应急救援组织或者配备应急救援人员，配备必要的应急救援器材、设备，并定期组织演练。

第四十九条　施工单位应当根据建设工程施工的特点、范围，对施工现场易发生重大事故的部位、环节进行监控，制定施工现场生产安全事故应急救援预案。实行施工总承包的，由总承包单位统一组织编制建设工程生产安全事故应急救援预案，工程总承包单位和分包单位按照应急救援预案，各自建立应急救援组织或者配备应急救援人员，配备救援器材、设备，并定期组织演练。

第五十条　施工单位发生生产安全事故，应当按照国家有关伤亡事故报告和调查处理的规定，及时、如实地向负责安全生产监督管理的部门、建设行政主管部门或者其他有关部门报告；特种设备发生事故的，还应当同时向特种设备安全监督管理部门报告。接到报告的部门应当按照国家有关规定，如实上报。

实行施工总承包的建设工程，由总承包单位负责上报事故。

第五十一条　发生生产安全事故后，施工单位应当采取措施防止事故扩大，保护事故现场。需要移动现场物品时，应当做出标记和书面记录，妥善保管有关证物。

第五十二条　建设工程生产安全事故的调查、对事故责任单位和责任人的处罚与处理，按照有关法律、法规的规定执行。

第七章　法 律 责 任

第五十三条　违反本条例的规定，县级以上人民政府建设行政主管部门或者其他有关行政管理部门的工作人员，有下列行为之一的，给予降级或者撤职的行政处分；构成犯罪的，依照刑法有关规定追究刑事责任：

（一）对不具备安全生产条件的施工单位颁发资质证书的。

（二）对没有安全施工措施的建设工程颁发施工许可证的。

（三）发现违法行为不予查处的。

（四）不依法履行监督管理职责的其他行为。

第五十四条　违反本条例的规定，建设单位未提供建设工程安全生产作业环境及安全施工措施所需费用的，责令限期改正；逾期未改正的，责令该建设工程停止施工。

建设单位未将保证安全施工的措施或者拆除工程的有关资料报送有关部门备案的，责令限期改正，给予警告。

第五十五条　违反本条例的规定，建设单位有下列行为之一的，责令限期改正，处 20 万元以上 50 万元以下的罚款；造成重大安全事故，构成犯罪的，对直接责任人员，依照刑法有关规定追究刑事责任；造成损失的，依法承担赔偿责任：

（一）对勘察、设计、施工、工程监理等单位提出不符合安全生产法律、法规和强制性标准规定的要求的。

（二）要求施工单位压缩合同约定的工期的。

（三）将拆除工程发包给不具有相应资质等级的施工单位的。

第五十六条 违反本条例的规定，勘察单位、设计单位有下列行为之一的，责令限期改正，处10万元以上30万元以下的罚款；情节严重的，责令停业整顿，降低资质等级，直至吊销资质证书；造成重大安全事故，构成犯罪的，对直接责任人员，依照刑法有关规定追究刑事责任；造成损失的，依法承担赔偿责任：

（一）未按照法律、法规和工程建设强制性标准进行勘察、设计的。

（二）采用新结构、新材料、新工艺的建设工程和特殊结构的建设工程，设计单位未在设计中提出保障施工作业人员安全和预防生产安全事故的措施建议的。

第五十七条 违反本条例的规定，工程监理单位有下列行为之一的，责令限期改正；逾期未改正的，责令停业整顿，并处10万元以上30万元以下的罚款；情节严重的，降低资质等级，直至吊销资质证书；造成重大安全事故，构成犯罪的，对直接责任人员，依照刑法有关规定追究刑事责任；造成损失的，依法承担赔偿责任：

（一）未对施工组织设计中的安全技术措施或者专项施工方案进行审查的。

（二）发现安全事故隐患未及时要求施工单位整改或者暂时停止施工的。

（三）施工单位拒不整改或者不停止施工，未及时向有关主管部门报告的。

（四）未依照法律、法规和工程建设强制性标准实施监理的。

第五十八条 注册执业人员未执行法律、法规和工程建设强制性标准的，责令停止执业3个月以上1年以下；情节严重的，吊销执业资格证书，5年内不予注册；造成重大安全事故的，终身不予注册；构成犯罪的，依照刑法有关规定追究刑事责任。

第五十九条 违反本条例的规定，为建设工程提供机械设备和配件的单位，未按照安全施工的要求配备齐全有效的保险、限位等安全设施和装置的，责令限期改正，处合同价款1倍以上3倍以下的罚款；造成损失的，依法承担赔偿责任。

第六十条 违反本条例的规定，出租单位出租未经安全性能检测或者经检测不合格的机械设备和施工机具及配件的，责令停业整顿，并处5万元以上10万元以下的罚款；造成损失的，依法承担赔偿责任。

第六十一条 违反本条例的规定，施工起重机械和整体提升脚手架、模板等自升式架设设施安装、拆卸单位有下列行为之一的，责令限期改正，处5万元以上10万元以下的罚款；情节严重的，责令停业整顿，降低资质等级，直至吊销资质证书；造成损失的，依法承担赔偿责任：

（一）未编制拆装方案、制定安全施工措施的。

（二）未由专业技术人员现场监督的。

（三）未出具自检合格证明或者出具虚假证明的。

（四）未向施工单位进行安全使用说明，办理移交手续的。

施工起重机械和整体提升脚手架、模板等自升式架设设施安装、拆卸单位有前款规定的第（一）项、第（三）项行为，经有关部门或者单位职工提出后，对事故隐患仍不采取措施，因而发生重大伤亡事故或者造成其他严重后果，构成犯罪的，对直接责任人员，依照刑法有关规定追究刑事责任。

第六十二条 违反本条例的规定，施工单位有下列行为之一的，责令限期改正；逾期未改正的，责令停业整顿，依照《中华人民共和国安全生产法》的有关规定处以罚款；造成重大安全事故，构成犯罪的，对直接责任人员，依照刑法有关规定追究刑事责任：

（一）未设立安全生产管理机构、配备专职安全生产管理人员或者分部分项工程施工时无专职安全生产管理人员现场监督的。

（二）施工单位的主要负责人、项目负责人、专职安全生产管理人员、作业人员或者特种作业人员，未经安全教育培训或者经考核不合格即从事相关工作的。

（三）未在施工现场的危险部位设置明显的安全警示标志，或者未按照国家有关规定在施工现场设置消防通道、消防水源、配备消防设施和灭火器材的。

（四）未向作业人员提供安全防护用具和安全防护服装的。

（五）未按照规定在施工起重机械和整体提升脚手架、模板等自升式架设设施验收合格后登记的。

（六）使用国家明令淘汰、禁止使用的危及施工安全的工艺、设备、材料的。

第六十三条 违反本条例的规定，施工单位挪用列入建设工程概算的安全生产作业环境及安全施工措施所需费用的，责令限期改正，处挪用费用20%以上50%以下的罚款；造成损失的，依法承担赔偿责任。

第六十四条 违反本条例的规定，施工单位有下列行为之一的，责令限期改正；逾期未改正的，责令停业整顿，并处5万元以上10万元以下的罚款；造成重大安全事故，构成犯罪的，对直接责任人员，依照刑法有关规定追究刑事责任：

（一）施工前未对有关安全施工的技术要求作出详细说明的。

（二）未根据不同施工阶段和周围环境及季节、气候的变化，在施工现场采取相应的安全施工措施，或者在城市市区内的建设工程的施工现场未实行封闭围挡的。

（三）在尚未竣工的建筑物内设置员工集体宿舍的。

（四）施工现场临时搭建的建筑物不符合安全使用要求的。

（五）未对因建设工程施工可能造成损害的毗邻建筑物、构筑物和地下管线等采取专项防护措施的。

施工单位有前款规定第（四）项、第（五）项行为，造成损失的，依法承担赔偿责任。

第六十五条 违反本条例的规定，施工单位有下列行为之一的，责令限期改正；逾期未改正的，责令停业整顿，并处10万元以上30万元以下的罚款；情节严重的，降低资质等级，直至吊销资质证书；造成重大安全事故，构成犯罪的，对直接责任人员，依照刑法有关规定追究刑事责任；造成损失的，依法承担赔偿责任：

（一）安全防护用具、机械设备、施工机具及配件在进入施工现场前未经查验或者查验不合格即投入使用的。

（二）使用未经验收或者验收不合格的施工起重机械和整体提升脚手架、模板等自升式架设设施的。

（三）委托不具有相应资质的单位承担施工现场安装、拆卸施工起重机械和整体提升脚手架、模板等自升式架设设施的。

（四）在施工组织设计中未编制安全技术措施、施工现场临时用电方案或者专项施工方案的。

第六十六条　违反本条例的规定，施工单位的主要负责人、项目负责人未履行安全生产管理职责的，责令限期改正；逾期未改正的，责令施工单位停业整顿；造成重大安全事故、重大伤亡事故或者其他严重后果，构成犯罪的，依照刑法有关规定追究刑事责任。

作业人员不服管理、违反规章制度和操作规程冒险作业造成重大伤亡事故或者其他严重后果，构成犯罪的，依照刑法有关规定追究刑事责任。

施工单位的主要负责人、项目负责人有前款违法行为，尚不够刑事处罚的，处 2 万元以上 20 万元以下的罚款或者按照管理权限给予撤职处分；自刑罚执行完毕或者受处分之日起，5 年内不得担任任何施工单位的主要负责人、项目负责人。

第六十七条　施工单位取得资质证书后，降低安全生产条件的，责令限期改正；经整改仍未达到与其资质等级相适应的安全生产条件的，责令停业整顿，降低其资质等级直至吊销资质证书。

第六十八条　本条例规定的行政处罚，由建设行政主管部门或者其他有关部门依照法定职权决定。

违反消防安全管理规定的行为，由公安消防机构依法处罚。

有关法律、行政法规对建设工程安全生产违法行为的行政处罚决定机关另有规定的，从其规定。

第八章　附　　则

第六十九条　抢险救灾和农民自建低层住宅的安全生产管理，不适用本条例。

第七十条　军事建设工程的安全生产管理，按照中央军事委员会的有关规定执行。

第七十一条　本条例自 2004 年 2 月 1 日起施行。

18 安全生产许可证条例

2004年1月7日国务院第34次常务会议通过，2004年1月13日中华人民共和国国务院令第397号公布，自公布之日起施行；根据2013年5月31日国务院第10次常务会议通过、2013年7月18日中华人民共和国国务院令第638号公布、自公布之日起施行的《国务院关于废止和修改部分行政法规的决定》第一次修改；根据2014年7月9日国务院第54次常务会议通过、2014年7月29日中华人民共和国国务院令第653号公布、自公布之日起施行的《国务院关于修改部分行政法规的决定》第二次修改。

第一章　总　　则

第一条　为了严格规范安全生产条件，进一步加强安全生产监督管理，防止和减少生产安全事故，根据《中华人民共和国安全生产法》的有关规定，制定本条例。

第二条　国家对矿山企业、建筑施工企业和危险化学品、烟花爆竹、民用爆炸物品生产企业（以下统称企业）实行安全生产许可制度。

企业未取得安全生产许可证的，不得从事生产活动。

第三条　国务院安全生产监督管理部门负责中央管理的非煤矿矿山企业和危险化学品、烟花爆竹生产企业安全生产许可证的颁发和管理。

省、自治区、直辖市人民政府安全生产监督管理部门负责前款规定以外的非煤矿矿山企业和危险化学品、烟花爆竹生产企业安全生产许可证的颁发和管理，并接受国务院安全生产监督管理部门的指导和监督。

国家煤矿安全监察机构负责中央管理的煤矿企业安全生产许可证的颁发和管理。

在省、自治区、直辖市设立的煤矿安全监察机构负责前款规定以外的其他煤矿企业安全生产许可证的颁发和管理，并接受国家煤矿安全监察机构的指导和监督。

第四条　省、自治区、直辖市人民政府建设主管部门负责建筑施工企业安全生产许可证的颁发和管理，并接受国务院建设主管部门的指导和监督。

第五条　省、自治区、直辖市人民政府民用爆炸物品行业主管部门负责民用爆炸物品生产企业安全生产许可证的颁发和管理，并接受国务院民用爆炸物品行业主管部门的指导和监督。

第六条　企业取得安全生产许可证，应当具备下列安全生产条件：

（一）建立、健全安全生产责任制，制定完备的安全生产规章制度和操作规程。

（二）安全投入符合安全生产要求。

（三）设置安全生产管理机构，配备专职安全生产管理人员。

（四）主要负责人和安全生产管理人员经考核合格。

（五）特种作业人员经有关业务主管部门考核合格，取得特种作业操作资格证书。

（六）从业人员经安全生产教育和培训合格。

（七）依法参加工伤保险，为从业人员缴纳保险费。

（八）厂房、作业场所和安全设施、设备、工艺符合有关安全生产法律、法规、标准和规程的要求。

（九）有职业危害防治措施，并为从业人员配备符合国家标准或者行业标准的劳动防护用品。

（十）依法进行安全评价。

（十一）有重大危险源检测、评估、监控措施和应急预案。

（十二）有生产安全事故应急救援预案、应急救援组织或者应急救援人员，配备必要的应急救援器材、设备。

（十三）法律、法规规定的其他条件。

第七条　企业进行生产前，应当依照本条例的规定向安全生产许可证颁发管理机关申请领取安全生产许可证，并提供本条例第六条规定的相关文件、资料。安全生产许可证颁发管理机关应当自收到申请之日起 45 日内审查完毕，经审查符合本条例规定的安全生产条件的，颁发安全生产许可证；不符合本条例规定的安全生产条件的，不予颁发安全生产许可证，书面通知企业并说明理由。

煤矿企业应当以矿（井）为单位，依照本条例的规定取得安全生产许可证。

第八条　安全生产许可证由国务院安全生产监督管理部门规定统一的式样。

第九条　安全生产许可证的有效期为 3 年。安全生产许可证有效期满需要延期的，企业应当于期满前 3 个月向原安全生产许可证颁发管理机关办理延期手续。

企业在安全生产许可证有效期内，严格遵守有关安全生产的法律法规，未发生死亡事故的，安全生产许可证有效期届满时，经原安全生产许可证颁发管理机关同意，不再审查，安全生产许可证有效期延期 3 年。

第十条　安全生产许可证颁发管理机关应当建立、健全安全生产许可证档案管理制度，并定期向社会公布企业取得安全生产许可证的情况。

第十一条　煤矿企业安全生产许可证颁发管理机关、建筑施工企业安全生产许可证颁发管理机关、民用爆炸物品生产企业安全生产许可证颁发管理机关，应当每年向同级安全生产监督管理部门通报其安全生产许可证颁发和管理情况。

第十二条　国务院安全生产监督管理部门和省、自治区、直辖市人民政府安全生产监督管理部门对建筑施工企业、民用爆炸物品生产企业、煤矿企业取得安全生产许可证的情况进行监督。

第十三条　企业不得转让、冒用安全生产许可证或者使用伪造的安全生产许可证。

第十四条　企业取得安全生产许可证后，不得降低安全生产条件，并应当加强日常安全生产管理，接受安全生产许可证颁发管理机关的监督检查。

安全生产许可证颁发管理机关应当加强对取得安全生产许可证的企业的监督检查，发现其不再具备本条例规定的安全生产条件的，应当暂扣或者吊销安全生产许可证。

第十五条 安全生产许可证颁发管理机关工作人员在安全生产许可证颁发、管理和监督检查工作中，不得索取或者接受企业的财物，不得谋取其他利益。

第十六条 监察机关依照《中华人民共和国行政监察法》的规定，对安全生产许可证颁发管理机关及其工作人员履行本条例规定的职责实施监察。

第十七条 任何单位或者个人对违反本条例规定的行为，有权向安全生产许可证颁发管理机关或者监察机关等有关部门举报。

第十八条 安全生产许可证颁发管理机关工作人员有下列行为之一的，给予降级或者撤职的行政处分；构成犯罪的，依法追究刑事责任：

（一）向不符合本条例规定的安全生产条件的企业颁发安全生产许可证的。

（二）发现企业未依法取得安全生产许可证擅自从事生产活动，不依法处理的。

（三）发现取得安全生产许可证的企业不再具备本条例规定的安全生产条件，不依法处理的。

（四）接到对违反本条例规定行为的举报后，不及时处理的。

（五）在安全生产许可证颁发、管理和监督检查工作中，索取或者接受企业的财物，或者谋取其他利益的。

第十九条 违反本条例规定，未取得安全生产许可证擅自进行生产的，责令停止生产，没收违法所得，并处 10 万元以上 50 万元以下的罚款；造成重大事故或者其他严重后果，构成犯罪的，依法追究刑事责任。

第二十条 违反本条例规定，安全生产许可证有效期满未办理延期手续，继续进行生产的，责令停止生产，限期补办延期手续，没收违法所得，并处 5 万元以上 10 万元以下的罚款；逾期仍不办理延期手续，继续进行生产的，依照本条例第十九条的规定处罚。

第二十一条 违反本条例规定，转让安全生产许可证的，没收违法所得，处 10 万元以上 50 万元以下的罚款，并吊销其安全生产许可证；构成犯罪的，依法追究刑事责任；接受转让的，依照本条例第十九条的规定处罚。

冒用安全生产许可证或者使用伪造的安全生产许可证的，依照本条例第十九条的规定处罚。

第二十二条 本条例施行前已经进行生产的企业，应当自本条例施行之日起 1 年内，依照本条例的规定向安全生产许可证颁发管理机关申请办理安全生产许可证；逾期不办理安全生产许可证，或者经审查不符合本条例规定的安全生产条件，未取得安全生产许可证，继续进行生产的，依照本条例第十九条的规定处罚。

第二十三条 本条例规定的行政处罚，由安全生产许可证颁发管理机关决定。

第二十四条 本条例自公布之日起施行。

19　中华人民共和国道路交通安全法实施条例

2004年4月28日国务院第49次常务会议通过，2004年4月30日中华人民共和国国务院令第405号公布，自2004年5月1日起施行；根据2017年10月7日中华人民共和国国务院令第687号公布、自公布之日起施行的《国务院关于修改部分行政法规的决定》修改。

第一章　总　　则

第一条　根据《中华人民共和国道路交通安全法》（以下简称道路交通安全法）的规定，制定本条例。

第二条　中华人民共和国境内的车辆驾驶人、行人、乘车人以及与道路交通活动有关的单位和个人，应当遵守道路交通安全法和本条例。

第三条　县级以上地方各级人民政府应当建立、健全道路交通安全工作协调机制，组织有关部门对城市建设项目进行交通影响评价，制定道路交通安全管理规划，确定管理目标，制定实施方案。

第二章　车辆和驾驶人

第一节　机　动　车

第四条　机动车的登记，分为注册登记、变更登记、转移登记、抵押登记和注销登记。

第五条　初次申领机动车号牌、行驶证的，应当向机动车所有人住所地的公安机关交通管理部门申请注册登记。申请机动车注册登记，应当交验机动车，并提交以下证明、凭证：

（一）机动车所有人的身份证明。

（二）购车发票等机动车来历证明。

（三）机动车整车出厂合格证明或者进口机动车进口凭证。

（四）车辆购置税完税证明或者免税凭证。

（五）机动车第三者责任强制保险凭证。

（六）法律、行政法规规定应当在机动车注册登记时提交的其他证明、凭证。

不属于国务院机动车产品主管部门规定免予安全技术检验的车型的，还应当提供机动车安全技术检验合格证明。

第六条　已注册登记的机动车有下列情形之一的，机动车所有人应当向登记该机动车的公安机关交通管理部门申请变更登记：

（一）改变机动车车身颜色的。

（二）更换发动机的。

（三）更换车身或者车架的。

（四）因质量有问题，制造厂更换整车的。

（五）营运机动车改为非营运机动车或者非营运机动车改为营运机动车的。

（六）机动车所有人的住所迁出或者迁入公安机关交通管理部门管辖区域的。

申请机动车变更登记，应当提交下列证明、凭证，属于前款第（一）项、第（二）项、第（三）项、第（四）项、第（五）项情形之一的，还应当交验机动车；属于前款第（二）项、第（三）项情形之一的，还应当同时提交机动车安全技术检验合格证明：

（一）机动车所有人的身份证明。

（二）机动车登记证书。

（三）机动车行驶证。

机动车所有人的住所在公安机关交通管理部门管辖区域内迁移、机动车所有人的姓名（单位名称）或者联系方式变更的，应当向登记该机动车的公安机关交通管理部门备案。

第七条 已注册登记的机动车所有权发生转移的，应当及时办理转移登记。

申请机动车转移登记，当事人应当向登记该机动车的公安机关交通管理部门交验机动车，并提交以下证明、凭证：

（一）当事人的身份证明。

（二）机动车所有权转移的证明、凭证。

（三）机动车登记证书。

（四）机动车行驶证。

第八条 机动车所有人将机动车作为抵押物抵押的，机动车所有人应当向登记该机动车的公安机关交通管理部门申请抵押登记。

第九条 已注册登记的机动车达到国家规定的强制报废标准的，公安机关交通管理部门应当在报废期满的2个月前通知机动车所有人办理注销登记。机动车所有人应当在报废期满前将机动车交售给机动车回收企业，由机动车回收企业将报废的机动车登记证书、号牌、行驶证交公安机关交通管理部门注销。机动车所有人逾期不办理注销登记的，公安机关交通管理部门应当公告该机动车登记证书、号牌、行驶证作废。

因机动车灭失申请注销登记的，机动车所有人应当向公安机关交通管理部门提交本人身份证明，交回机动车登记证书。

第十条 办理机动车登记的申请人提交的证明、凭证齐全、有效的，公安机关交通管理部门应当当场办理登记手续。

人民法院、人民检察院以及行政执法部门依法查封、扣押的机动车，公安机关交通管理部门不予办理机动车登记。

第十一条 机动车登记证书、号牌、行驶证丢失或者损毁，机动车所有人申请补发的，应当向公安机关交通管理部门提交本人身份证明和申请材料。公安机关交通管理部门经与机动车登记档案核实后，在收到申请之日起15日内补发。

第十二条　税务部门、保险机构可以在公安机关交通管理部门的办公场所集中办理与机动车有关的税费缴纳、保险合同订立等事项。

第十三条　机动车号牌应当悬挂在车前、车后指定位置，保持清晰、完整。重型、中型载货汽车及其挂车、拖拉机及其挂车的车身或者车厢后部应当喷涂放大的牌号，字样应当端正并保持清晰。

机动车检验合格标志、保险标志应当粘贴在机动车前窗右上角。

机动车喷涂、粘贴标识或者车身广告的，不得影响安全驾驶。

第十四条　用于公路营运的载客汽车、重型载货汽车、半挂牵引车应当安装、使用符合国家标准的行驶记录仪。交通警察可以对机动车行驶速度、连续驾驶时间以及其他行驶状态信息进行检查。安装行驶记录仪可以分步实施，实施步骤由国务院机动车产品主管部门会同有关部门规定。

第十五条　机动车安全技术检验由机动车安全技术检验机构实施。机动车安全技术检验机构应当按照国家机动车安全技术检验标准对机动车进行检验，对检验结果承担法律责任。

质量技术监督部门负责对机动车安全技术检验机构实行计量认证管理，对机动车安全技术检验设备进行检定，对执行国家机动车安全技术检验标准的情况进行监督。

机动车安全技术检验项目由国务院公安部门会同国务院质量技术监督部门规定。

第十六条　机动车应当从注册登记之日起，按照下列期限进行安全技术检验：

（一）营运载客汽车 5 年以内每年检验 1 次；超过 5 年的，每 6 个月检验 1 次。

（二）载货汽车和大型、中型非营运载客汽车 10 年以内每年检验 1 次；超过 10 年的，每 6 个月检验 1 次。

（三）小型、微型非营运载客汽车 6 年以内每 2 年检验 1 次；超过 6 年的，每年检验 1 次；超过 15 年的，每 6 个月检验 1 次。

（四）摩托车 4 年以内每 2 年检验 1 次；超过 4 年的，每年检验 1 次。

（五）拖拉机和其他机动车每年检验 1 次。

营运机动车在规定检验期限内经安全技术检验合格的，不再重复进行安全技术检验。

第十七条　已注册登记的机动车进行安全技术检验时，机动车行驶证记载的登记内容与该机动车的有关情况不符，或者未按照规定提供机动车第三者责任强制保险凭证的，不予通过检验。

第十八条　警车、消防车、救护车、工程救险车标志图案的喷涂以及警报器、标志灯具的安装、使用规定，由国务院公安部门制定。

第二节　机动车驾驶人

第十九条　符合国务院公安部门规定的驾驶许可条件的人，可以向公安机关交通管理部门申请机动车驾驶证。

机动车驾驶证由国务院公安部门规定式样并监制。

第二十条　学习机动车驾驶，应当先学习道路交通安全法律、法规和相关知识，考试合格后，再学习机动车驾驶技能。

在道路上学习驾驶，应当按照公安机关交通管理部门指定的路线、时间进行。在道路上学习机动车驾驶技能应当使用教练车，在教练员随车指导下进行，与教学无关的人员不得乘坐教练车。学员在学习驾驶中有道路交通安全违法行为或者造成交通事故的，由教练员承担责任。

第二十一条 公安机关交通管理部门应当对申请机动车驾驶证的人进行考试，对考试合格的，在5日内核发机动车驾驶证；对考试不合格的，书面说明理由。

第二十二条 机动车驾驶证的有效期为6年，本条例另有规定的除外。

机动车驾驶人初次申领机动车驾驶证后的12个月为实习期。在实习期内驾驶机动车的，应当在车身后部粘贴或者悬挂统一式样的实习标志。

机动车驾驶人在实习期内不得驾驶公共汽车、营运客车或者执行任务的警车、消防车、救护车、工程救险车以及载有爆炸物品、易燃易爆化学物品、剧毒或者放射性等危险物品的机动车；驾驶的机动车不得牵引挂车。

第二十三条 公安机关交通管理部门对机动车驾驶人的道路交通安全违法行为除给予行政处罚外，实行道路交通安全违法行为累积记分（以下简称记分）制度，记分周期为12个月。对在一个记分周期内记分达到12分的，由公安机关交通管理部门扣留其机动车驾驶证，该机动车驾驶人应当按照规定参加道路交通安全法律、法规的学习并接受考试。考试合格的，记分予以清除，发还机动车驾驶证；考试不合格的，继续参加学习和考试。

应当给予记分的道路交通安全违法行为及其分值，由国务院公安部门根据道路交通安全违法行为的危害程度规定。

公安机关交通管理部门应当提供记分查询方式供机动车驾驶人查询。

第二十四条 机动车驾驶人在一个记分周期内记分未达到12分，所处罚款已经缴纳的，记分予以清除；记分虽未达到12分，但尚有罚款未缴纳的，记分转入下一记分周期。

机动车驾驶人在一个记分周期内记分2次以上达到12分的，除按照第二十三条的规定扣留机动车驾驶证、参加学习、接受考试外，还应当接受驾驶技能考试。考试合格的，记分予以清除，发还机动车驾驶证；考试不合格的，继续参加学习和考试。

接受驾驶技能考试的，按照本人机动车驾驶证载明的最高准驾车型考试。

第二十五条 机动车驾驶人记分达到12分，拒不参加公安机关交通管理部门通知的学习，也不接受考试的，由公安机关交通管理部门公告其机动车驾驶证停止使用。

第二十六条 机动车驾驶人在机动车驾驶证的6年有效期内，每个记分周期均未达到12分的，换发10年有效期的机动车驾驶证；在机动车驾驶证的10年有效期内，每个记分周期均未达到12分的，换发长期有效的机动车驾驶证。

换发机动车驾驶证时，公安机关交通管理部门应当对机动车驾驶证进行审验。

第二十七条 机动车驾驶证丢失、损毁，机动车驾驶人申请补发的，应当向公安机关交通管理部门提交本人身份证明和申请材料。公安机关交通管理部门经与机动车驾驶证档案核实后，在收到申请之日起3日内补发。

第二十八条 机动车驾驶人在机动车驾驶证丢失、损毁、超过有效期或者被依法扣留、暂扣期间以及记分达到12分的，不得驾驶机动车。

20　易制毒化学品管理条例

2005年8月17日国务院第102次常务会议通过，2005年8月26日中华人民共和国国务院令第445号公布，自2005年11月1日起施行；根据2014年7月9日国务院第54次常务会议通过、2014年7月29日中华人民共和国国务院令第653号公布，自公布之日起施行的《国务院关于修改部分行政法规的决定》第一次修改；根据2016年1月13日国务院第119次常务会议通过、2016年2月6日中华人民共和国国务院令第666号公布、自公布之日起施行的《国务院关于修改部分行政法规的决定》第二次修改。

第一章　总　　则

第一条　为了加强易制毒化学品管理，规范易制毒化学品的生产、经营、购买、运输和进口、出口行为，防止易制毒化学品被用于制造毒品，维护经济和社会秩序，制定本条例。

第二条　国家对易制毒化学品的生产、经营、购买、运输和进口、出口实行分类管理和许可制度。

易制毒化学品分为三类。第一类是可以用于制毒的主要原料，第二类、第三类是可以用于制毒的化学配剂。易制毒化学品的具体分类和品种，由本条例附表列示。

易制毒化学品的分类和品种需要调整的，由国务院公安部门会同国务院食品药品监督管理部门、安全生产监督管理部门、商务主管部门、卫生主管部门和海关总署提出方案，报国务院批准。

省、自治区、直辖市人民政府认为有必要在本行政区域内调整分类或者增加本条例规定以外的品种的，应当向国务院公安部门提出，由国务院公安部门会同国务院有关行政主管部门提出方案，报国务院批准。

第三条　国务院公安部门、食品药品监督管理部门、安全生产监督管理部门、商务主管部门、卫生主管部门、海关总署、价格主管部门、铁路主管部门、交通主管部门、工商行政管理部门、环境保护主管部门在各自的职责范围内，负责全国的易制毒化学品有关管理工作；县级以上地方各级人民政府有关行政主管部门在各自的职责范围内，负责本行政区域内的易制毒化学品有关管理工作。

县级以上地方各级人民政府应当加强对易制毒化学品管理工作的领导，及时协调解决易制毒化学品管理工作中的问题。

第四条　易制毒化学品的产品包装和使用说明书，应当标明产品的名称（含学名和通用名）、化学分子式和成分。

第五条 易制毒化学品的生产、经营、购买、运输和进口、出口，除应当遵守本条例的规定外，属于药品和危险化学品的，还应当遵守法律、其他行政法规对药品和危险化学品的有关规定。

禁止走私或者非法生产、经营、购买、转让、运输易制毒化学品。

禁止使用现金或者实物进行易制毒化学品交易。但是，个人合法购买第一类中的药品类易制毒化学品药品制剂和第三类易制毒化学品的除外。

生产、经营、购买、运输和进口、出口易制毒化学品的单位，应当建立单位内部易制毒化学品管理制度。

第六条 国家鼓励向公安机关等有关行政主管部门举报涉及易制毒化学品的违法行为。接到举报的部门应当为举报者保密。对举报属实的，县级以上人民政府及有关行政主管部门应当给予奖励。

第二章 生产、经营管理

第七条 申请生产第一类易制毒化学品，应当具备下列条件，并经本条例第八条规定的行政主管部门审批，取得生产许可证后，方可进行生产：

（一）属依法登记的化工产品生产企业或者药品生产企业。

（二）有符合国家标准的生产设备、仓储设施和污染物处理设施。

（三）有严格的安全生产管理制度和环境突发事件应急预案。

（四）企业法定代表人和技术、管理人员具有安全生产和易制毒化学品的有关知识，无毒品犯罪记录。

（五）法律、法规、规章规定的其他条件。

申请生产第一类中的药品类易制毒化学品，还应当在仓储场所等重点区域设置电视监控设施以及与公安机关联网的报警装置。

第八条 申请生产第一类中的药品类易制毒化学品的，由省、自治区、直辖市人民政府食品药品监督管理部门审批；申请生产第一类中的非药品类易制毒化学品的，由省、自治区、直辖市人民政府安全生产监督管理部门审批。

前款规定的行政主管部门应当自收到申请之日起60日内，对申请人提交的申请材料进行审查。对符合规定的，发给生产许可证，或者在企业已经取得的有关生产许可证件上标注；不予许可的，应当书面说明理由。

审查第一类易制毒化学品生产许可申请材料时，根据需要，可以进行实地核查和专家评审。

第九条 申请经营第一类易制毒化学品，应当具备下列条件，并经本条例第十条规定的行政主管部门审批，取得经营许可证后，方可进行经营：

（一）属依法登记的化工产品经营企业或者药品经营企业。

（二）有符合国家规定的经营场所，需要储存、保管易制毒化学品的，还应当有符合国家技术标准的仓储设施。

（三）有易制毒化学品的经营管理制度和健全的销售网络。

（四）企业法定代表人和销售、管理人员具有易制毒化学品的有关知识，无毒品犯罪记录。

（五）法律、法规、规章规定的其他条件。

第十条 申请经营第一类中的药品类易制毒化学品的，由省、自治区、直辖市人民政府食品药品监督管理部门审批；申请经营第一类中的非药品类易制毒化学品的，由省、自治区、直辖市人民政府安全生产监督管理部门审批。

前款规定的行政主管部门应当自收到申请之日起 30 日内，对申请人提交的申请材料进行审查。对符合规定的，发给经营许可证，或者在企业已经取得的有关经营许可证件上标注；不予许可的，应当书面说明理由。

审查第一类易制毒化学品经营许可申请材料时，根据需要，可以进行实地核查。

第十一条 取得第一类易制毒化学品生产许可或者依照本条例第十三条第一款规定已经履行第二类、第三类易制毒化学品备案手续的生产企业，可以经销自产的易制毒化学品。但是，在厂外设立销售网点经销第一类易制毒化学品的，应当依照本条例的规定取得经营许可。

第一类中的药品类易制毒化学品药品单方制剂，由麻醉药品定点经营企业经销，且不得零售。

第十二条 取得第一类易制毒化学品生产、经营许可的企业，应当凭生产、经营许可证到工商行政管理部门办理经营范围变更登记。未经变更登记，不得进行第一类易制毒化学品的生产、经营。

第一类易制毒化学品生产、经营许可证被依法吊销的，行政主管部门应当自作出吊销决定之日起 5 日内通知工商行政管理部门；被吊销许可证的企业，应当及时到工商行政管理部门办理经营范围变更或者企业注销登记。

第十三条 生产第二类、第三类易制毒化学品的，应当自生产之日起 30 日内，将生产的品种、数量等情况，向所在地的设区的市级人民政府安全生产监督管理部门备案。

经营第二类易制毒化学品的，应当自经营之日起 30 日内，将经营的品种、数量、主要流向等情况，向所在地的设区的市级人民政府安全生产监督管理部门备案；经营第三类易制毒化学品的，应当自经营之日起 30 日内，将经营的品种、数量、主要流向等情况，向所在地的县级人民政府安全生产监督管理部门备案。

前两款规定的行政主管部门应当于收到备案材料的当日发给备案证明。

第三章 购买管理

第十四条 申请购买第一类易制毒化学品，应当提交下列证件，经本条例第十五条规定的行政主管部门审批，取得购买许可证：

（一）经营企业提交企业营业执照和合法使用需要证明。

（二）其他组织提交登记证书（成立批准文件）和合法使用需要证明。

第十五条 申请购买第一类中的药品类易制毒化学品的，由所在地的省、自治区、直辖市人民政府食品药品监督管理部门审批；申请购买第一类中的非药品类易制毒化学品的，由所在地的省、自治区、直辖市人民政府公安机关审批。

前款规定的行政主管部门应当自收到申请之日起 10 日内，对申请人提交的申请材料和证件进行审查。对符合规定的，发给购买许可证；不予许可的，应当书面说明理由。

审查第一类易制毒化学品购买许可申请材料时，根据需要，可以进行实地核查。

第十六条 持有麻醉药品、第一类精神药品购买印鉴卡的医疗机构购买第一类中的药品类易制毒化学品的，无须申请第一类易制毒化学品购买许可证。

个人不得购买第一类、第二类易制毒化学品。

第十七条 购买第二类、第三类易制毒化学品的，应当在购买前将所需购买的品种、数量，向所在地的县级人民政府公安机关备案。个人自用购买少量高锰酸钾的，无须备案。

第十八条 经营单位销售第一类易制毒化学品时，应当查验购买许可证和经办人的身份证明。对委托代购的，还应当查验购买人持有的委托文书。

经营单位在查验无误、留存上述证明材料的复印件后，方可出售第一类易制毒化学品；发现可疑情况的，应当立即向当地公安机关报告。

第十九条 经营单位应当建立易制毒化学品销售台账，如实记录销售的品种、数量、日期、购买方等情况。销售台账和证明材料复印件应当保存 2 年备查。

第一类易制毒化学品的销售情况，应当自销售之日起 5 日内报当地公安机关备案；第一类易制毒化学品的使用单位，应当建立使用台账，并保存 2 年备查。

第二类、第三类易制毒化学品的销售情况，应当自销售之日起 30 日内报当地公安机关备案。

第四章 运输管理

第二十条 跨设区的市级行政区域（直辖市为跨市界）或者在国务院公安部门确定的禁毒形势严峻的重点地区跨县级行政区域运输第一类易制毒化学品的，由运出地的设区的市级人民政府公安机关审批；运输第二类易制毒化学品的，由运出地的县级人民政府公安机关审批。经审批取得易制毒化学品运输许可证后，方可运输。

运输第三类易制毒化学品的，应当在运输前向运出地的县级人民政府公安机关备案。公安机关应当于收到备案材料的当日发给备案证明。

第二十一条 申请易制毒化学品运输许可，应当提交易制毒化学品的购销合同，货主是企业的，应当提交营业执照；货主是其他组织的，应当提交登记证书（成立批准文件）；货主是个人的，应当提交其个人身份证明。经办人还应当提交本人的身份证明。

公安机关应当自收到第一类易制毒化学品运输许可申请之日起 10 日内，收到第二类易制毒化学品运输许可申请之日起 3 日内，对申请人提交的申请材料进行审查。对符合规定的，发给运输许可证；不予许可的，应当书面说明理由。

审查第一类易制毒化学品运输许可申请材料时，根据需要，可以进行实地核查。

第二十二条　对许可运输第一类易制毒化学品的，发给一次有效的运输许可证。

对许可运输第二类易制毒化学品的，发给3个月有效的运输许可证；6个月内运输安全状况良好的，发给12个月有效的运输许可证。

易制毒化学品运输许可证应当载明拟运输的易制毒化学品的品种、数量、运入地、货主及收货人、承运人情况以及运输许可证种类。

第二十三条　运输供教学、科研使用的100克以下的麻黄素样品和供医疗机构制剂配方使用的小包装麻黄素以及医疗机构或者麻醉药品经营企业购买麻黄素片剂6万片以下、注射剂1.5万支以下，货主或者承运人持有依法取得的购买许可证明或者麻醉药品调拨单的，无须申请易制毒化学品运输许可。

第二十四条　接受货主委托运输的，承运人应当查验货主提供的运输许可证或者备案证明，并查验所运货物与运输许可证或者备案证明载明的易制毒化学品品种等情况是否相符；不相符的，不得承运。

运输易制毒化学品，运输人员应当自启运起全程携带运输许可证或者备案证明。公安机关应当在易制毒化学品的运输过程中进行检查。

运输易制毒化学品，应当遵守国家有关货物运输的规定。

第二十五条　因治疗疾病需要，患者、患者近亲属或者患者委托的人凭医疗机构出具的医疗诊断书和本人的身份证明，可以随身携带第一类中的药品类易制毒化学品药品制剂，但是不得超过医用单张处方的最大剂量。

医用单张处方最大剂量，由国务院卫生主管部门规定、公布。

第五章　进口、出口管理

第二十六条　申请进口或者出口易制毒化学品，应当提交下列材料，经国务院商务主管部门或者其委托的省、自治区、直辖市人民政府商务主管部门审批，取得进口或者出口许可证后，方可从事进口、出口活动：

（一）对外贸易经营者备案登记证明复印件。

（二）营业执照副本。

（三）易制毒化学品生产、经营、购买许可证或者备案证明。

（四）进口或者出口合同（协议）副本。

（五）经办人的身份证明。

申请易制毒化学品出口许可的，还应当提交进口方政府主管部门出具的合法使用易制毒化学品的证明或者进口方合法使用的保证文件。

第二十七条　受理易制毒化学品进口、出口申请的商务主管部门应当自收到申请材料之日起20日内，对申请材料进行审查，必要时可以进行实地核查。对符合规定的，发给进口或者出口许可证；不予许可的，应当书面说明理由。

对进口第一类中的药品类易制毒化学品的，有关的商务主管部门在作出许可决定前，应当征得国务院食品药品监督管理部门的同意。

第二十八条 麻黄素等属于重点监控物品范围的易制毒化学品，由国务院商务主管部门会同国务院有关部门核定的企业进口、出口。

第二十九条 国家对易制毒化学品的进口、出口实行国际核查制度。易制毒化学品国际核查目录及核查的具体办法，由国务院商务主管部门会同国务院公安部门规定、公布。

国际核查所用时间不计算在许可期限之内。

对向毒品制造、贩运情形严重的国家或者地区出口易制毒化学品以及本条例规定品种以外的化学品的，可以在国际核查措施以外实施其他管制措施，具体办法由国务院商务主管部门会同国务院公安部门、海关总署等有关部门规定、公布。

第三十条 进口、出口或者过境、转运、通运易制毒化学品的，应当如实向海关申报，并提交进口或者出口许可证。海关凭许可证办理通关手续。

易制毒化学品在境外与保税区、出口加工区等海关特殊监管区域、保税场所之间进出的，适用前款规定。

易制毒化学品在境内与保税区、出口加工区等海关特殊监管区域、保税场所之间进出的，或者在上述海关特殊监管区域、保税场所之间进出的，无须申请易制毒化学品进口或者出口许可证。

进口第一类中的药品类易制毒化学品，还应当提交食品药品监督管理部门出具的进口药品通关单。

第三十一条 进出境人员随身携带第一类中的药品类易制毒化学品药品制剂和高锰酸钾，应当以自用且数量合理为限，并接受海关监管。

进出境人员不得随身携带前款规定以外的易制毒化学品。

第六章 监督检查

第三十二条 县级以上人民政府公安机关、食品药品监督管理部门、安全生产监督管理部门、商务主管部门、卫生主管部门、价格主管部门、铁路主管部门、交通主管部门、工商行政管理部门、环境保护主管部门和海关，应当依照本条例和有关法律、行政法规的规定，在各自的职责范围内，加强对易制毒化学品生产、经营、购买、运输、价格以及进口、出口的监督检查；对非法生产、经营、购买、运输易制毒化学品，或者走私易制毒化学品的行为，依法予以查处。

前款规定的行政主管部门在进行易制毒化学品监督检查时，可以依法查看现场、查阅和复制有关资料、记录有关情况、扣押相关的证据材料和违法物品；必要时，可以临时查封有关场所。

被检查的单位或者个人应当如实提供有关情况和材料、物品，不得拒绝或者隐匿。

第三十三条 对依法收缴、查获的易制毒化学品，应当在省、自治区、直辖市或者设区的市级人民政府公安机关、海关或者环境保护主管部门的监督下，区别易制毒化学品的不同情况进行保管、回收，或者依照环境保护法律、行政法规的有关规定，由有资质的单位在环境保护主管部门的监督下销毁。其中，对收缴、查获的第一类中的药品类易制毒化学品，一律销毁。

易制毒化学品违法单位或者个人无力提供保管、回收或者销毁费用的，保管、回收或者销毁的费用在回收所得中开支，或者在有关行政主管部门的禁毒经费中列支。

第三十四条　易制毒化学品丢失、被盗、被抢的，发案单位应当立即向当地公安机关报告，并同时报告当地的县级人民政府食品药品监督管理部门、安全生产监督管理部门、商务主管部门或者卫生主管部门。接到报案的公安机关应当及时立案查处，并向上级公安机关报告；有关行政主管部门应当逐级上报并配合公安机关的查处。

第三十五条　有关行政主管部门应当将易制毒化学品许可以及依法吊销许可的情况通报有关公安机关和工商行政管理部门；工商行政管理部门应当将生产、经营易制毒化学品企业依法变更或者注销登记的情况通报有关公安机关和行政主管部门。

第三十六条　生产、经营、购买、运输或者进口、出口易制毒化学品的单位，应当于每年3月31日前向许可或者备案的行政主管部门和公安机关报告本单位上年度易制毒化学品的生产、经营、购买、运输或者进口、出口情况；有条件的生产、经营、购买、运输或者进口、出口单位，可以与有关行政主管部门建立计算机联网，及时通报有关经营情况。

第三十七条　县级以上人民政府有关行政主管部门应当加强协调合作，建立易制毒化学品管理情况、监督检查情况以及案件处理情况的通报、交流机制。

第七章　法律责任

第三十八条　违反本条例规定，未经许可或者备案擅自生产、经营、购买、运输易制毒化学品，伪造申请材料骗取易制毒化学品生产、经营、购买或者运输许可证，使用他人的或者伪造、变造、失效的许可证生产、经营、购买、运输易制毒化学品的，由公安机关没收非法生产、经营、购买或者运输的易制毒化学品、用于非法生产易制毒化学品的原料以及非法生产、经营、购买或者运输易制毒化学品的设备、工具，处非法生产、经营、购买或者运输的易制毒化学品货值10倍以上20倍以下的罚款，货值的20倍不足1万元的，按1万元罚款；有违法所得的，没收违法所得；有营业执照的，由工商行政管理部门吊销营业执照；构成犯罪的，依法追究刑事责任。

对有前款规定违法行为的单位或者个人，有关行政主管部门可以自作出行政处罚决定之日起3年内，停止受理其易制毒化学品生产、经营、购买、运输或者进口、出口许可申请。

第三十九条　违反本条例规定，走私易制毒化学品的，由海关没收走私的易制毒化学品；有违法所得的，没收违法所得，并依照海关法律、行政法规给予行政处罚；构成犯罪的，依法追究刑事责任。

第四十条　违反本条例规定，有下列行为之一的，由负有监督管理职责的行政主管部门给予警告，责令限期改正，处1万元以上5万元以下的罚款；对违反规定生产、经营、购买的易制毒化学品可以予以没收；逾期不改正的，责令限期停产停业整顿；逾期整顿不合格的，吊销相应的许可证：

（一）易制毒化学品生产、经营、购买、运输或者进口、出口单位未按规定建立安全管理制度的。

（二）将许可证或者备案证明转借他人使用的。

（三）超出许可的品种、数量生产、经营、购买易制毒化学品的。

（四）生产、经营、购买单位不记录或者不如实记录交易情况、不按规定保存交易记录或者不如实、不及时向公安机关和有关行政主管部门备案销售情况的。

（五）易制毒化学品丢失、被盗、被抢后未及时报告，造成严重后果的。

（六）除个人合法购买第一类中的药品类易制毒化学品药品制剂以及第三类易制毒化学品外，使用现金或者实物进行易制毒化学品交易的。

（七）易制毒化学品的产品包装和使用说明书不符合本条例规定要求的。

（八）生产、经营易制毒化学品的单位不如实或者不按时向有关行政主管部门和公安机关报告年度生产、经销和库存等情况的。

企业的易制毒化学品生产经营许可被依法吊销后，未及时到工商行政管理部门办理经营范围变更或者企业注销登记的，依照前款规定，对易制毒化学品予以没收，并处罚款。

第四十一条 运输的易制毒化学品与易制毒化学品运输许可证或者备案证明载明的品种、数量、运入地、货主及收货人、承运人等情况不符，运输许可证种类不当，或者运输人员未全程携带运输许可证或者备案证明的，由公安机关责令停运整改，处 5 000 元以上 5 万元以下的罚款；有危险物品运输资质的，运输主管部门可以依法吊销其运输资质。

个人携带易制毒化学品不符合品种、数量规定的，没收易制毒化学品，处 1 000 元以上 5 000 元以下的罚款。

第四十二条 生产、经营、购买、运输或者进口、出口易制毒化学品的单位或者个人拒不接受有关行政主管部门监督检查的，由负有监督管理职责的行政主管部门责令改正，对直接负责的主管人员以及其他直接责任人员给予警告；情节严重的，对单位处 1 万元以上 5 万元以下的罚款，对直接负责的主管人员以及其他直接责任人员处 1 000 元以上 5 000 元以下的罚款；有违反治安管理行为的，依法给予治安管理处罚；构成犯罪的，依法追究刑事责任。

第四十三条 易制毒化学品行政主管部门工作人员在管理工作中有应当许可而不许可、不应当许可而滥许可，不依法受理备案，以及其他滥用职权、玩忽职守、徇私舞弊行为的，依法给予行政处分；构成犯罪的，依法追究刑事责任。

第八章 附 则

第四十四条 易制毒化学品生产、经营、购买、运输和进口、出口许可证，由国务院有关行政主管部门根据各自的职责规定式样并监制。

第四十五条 本条例自 2005 年 11 月 1 日起施行。

本条例施行前已经从事易制毒化学品生产、经营、购买、运输或者进口、出口业务的，应当自本条例施行之日起 6 个月内，依照本条例的规定重新申请许可。

附表

易制毒化学品的分类和品种目录

第一类

1. 1-苯基-2-丙酮
2. 3，4-亚甲基二氧苯基-2-丙酮
3. 胡椒醛
4. 黄樟素
5. 黄樟油
6. 异黄樟素
7. N-乙酰邻氨基苯酸
8. 邻氨基苯甲酸
9. 麦角酸*
10. 麦角胺*
11. 麦角新碱*
12. 麻黄素、伪麻黄素、消旋麻黄素、去甲麻黄素、甲基麻黄素、麻黄浸膏、麻黄浸膏粉等麻黄素类物质*

第二类

1. 苯乙酸
2. 醋酸酐
3. 三氯甲烷
4. 乙醚
5. 哌啶

第三类

1. 甲苯
2. 丙酮
3. 甲基乙基酮
4. 高锰酸钾
5. 硫酸
6. 盐酸

说明：

一、第一类、第二类所列物质可能存在的盐类，也纳入管制。

二、带有 * 标记的品种为第一类中的药品类易制毒化学品，第一类中的药品类易制毒化学品包括原料药及其单方制剂。

21 国务院关于预防煤矿生产安全事故的特别规定

2005 年 8 月 31 日国务院第 104 次常务会议通过，2005 年 9 月 3 日中华人民共和国国务院令第 446 号公布，自公布之日起施行；根据 2013 年 5 月 31 日国务院第 10 次常务会议通过、2013 年 7 月 18 日中华人民共和国国务院令第 638 号公布、自公布之日起施行的《国务院关于废止和修改部分行政法规的决定》修改。

第一条 为了及时发现并排除煤矿安全生产隐患，落实煤矿安全生产责任，预防煤矿生产安全事故发生，保障职工的生命安全和煤矿安全生产，制定本规定。

第二条 煤矿企业是预防煤矿生产安全事故的责任主体。煤矿企业负责人（包括一些煤矿企业的实际控制人，下同）对预防煤矿生产安全事故负主要责任。

第三条 国务院有关部门和地方各级人民政府应当建立并落实预防煤矿生产安全事故的责任制，监督检查煤矿企业预防煤矿生产安全事故的情况，及时解决煤矿生产安全事故预防工作中的重大问题。

第四条 县级以上地方人民政府负责煤矿安全生产监督管理的部门、国家煤矿安全监察机构设在省、自治区、直辖市的煤矿安全监察机构（以下简称煤矿安全监察机构），对所辖区域的煤矿重大安全生产隐患和违法行为负有检查和依法查处的职责。

县级以上地方人民政府负责煤矿安全生产监督管理的部门、煤矿安全监察机构不依法履行职责，不及时查处所辖区域的煤矿重大安全生产隐患和违法行为的，对直接责任人和主要负责人，根据情节轻重，给予记过、记大过、降级、撤职或者开除的行政处分；构成犯罪的，依法追究刑事责任。

第五条 煤矿未依法取得采矿许可证、安全生产许可证、营业执照和矿长未依法取得矿长资格证、矿长安全资格证的，煤矿不得从事生产。擅自从事生产的，属非法煤矿。

负责颁发前款规定证照的部门，一经发现煤矿无证照或者证照不全从事生产的，应当责令该煤矿立即停止生产，没收违法所得和开采出的煤炭以及采掘设备，并处违法所得 1 倍以上 5 倍以下的罚款；构成犯罪的，依法追究刑事责任；同时于 2 日内提请当地县级以上地方人民政府予以关闭，并可以向上一级地方人民政府报告。

第六条 负责颁发采矿许可证、安全生产许可证、营业执照和矿长资格证、矿长安全资格证的部门，向不符合法定条件的煤矿或者矿长颁发有关证照的，对直接责任人，根据情节轻重，给予降级、撤职或者开除的行政处分；对主要负责人，根据情节轻重，给予记大过、降级、撤职或者开除的行政处分；构成犯罪的，依法追究刑事责任。

前款规定颁发证照的部门，应当加强对取得证照煤矿的日常监督管理，促使煤矿持续符合取得证照应当具备的条件。不依法履行日常监督管理职责的，对主要负责人，根据情节轻重，给予记过、记大过、降级、撤职或者开除的行政处分；构成犯罪的，依法追究刑事责任。

第七条　在乡、镇人民政府所辖区域内发现有非法煤矿并且没有采取有效制止措施的，对乡、镇人民政府的主要负责人以及负有责任的相关负责人，根据情节轻重，给予降级、撤职或者开除的行政处分；在县级人民政府所辖区域内1个月内发现有2处或者2处以上非法煤矿并且没有采取有效制止措施的，对县级人民政府的主要负责人以及负有责任的相关负责人，根据情节轻重，给予降级、撤职或者开除的行政处分；构成犯罪的，依法追究刑事责任。

其他有关机关和部门对存在非法煤矿负有责任的，对主要负责人，属于行政机关工作人员的，根据情节轻重，给予记过、记大过、降级或者撤职的行政处分；不属于行政机关工作人员的，建议有关机关和部门给予相应的处分。

第八条　煤矿的通风、防瓦斯、防水、防火、防煤尘、防冒顶等安全设备、设施和条件应当符合国家标准、行业标准，并有防范生产安全事故发生的措施和完善的应急处理预案。

煤矿有下列重大安全生产隐患和行为的，应当立即停止生产，排除隐患：

（一）超能力、超强度或者超定员组织生产的。

（二）瓦斯超限作业的。

（三）煤与瓦斯突出矿井，未依照规定实施防突出措施的。

（四）高瓦斯矿井未建立瓦斯抽放系统和监控系统，或者瓦斯监控系统不能正常运行的。

（五）通风系统不完善、不可靠的。

（六）有严重水患，未采取有效措施的。

（七）超层越界开采的。

（八）有冲击地压危险，未采取有效措施的。

（九）自然发火严重，未采取有效措施的。

（十）使用明令禁止使用或者淘汰的设备、工艺的。

（十一）年产6万吨以上的煤矿没有双回路供电系统的。

（十二）新建煤矿边建设边生产，煤矿改扩建期间，在改扩建的区域生产，或者在其他区域的生产超出安全设计规定的范围和规模的。

（十三）煤矿实行整体承包生产经营后，未重新取得安全生产许可证，从事生产的，或者承包方再次转包的，以及煤矿将井下采掘工作面和井巷维修作业进行劳务承包的。

（十四）煤矿改制期间，未明确安全生产责任人和安全管理机构的，或者在完成改制后，未重新取得或者变更采矿许可证、安全生产许可证和营业执照的。

（十五）有其他重大安全生产隐患的。

第九条 煤矿企业应当建立健全安全生产隐患排查、治理和报告制度。煤矿企业应当对本规定第八条第二款所列情形定期组织排查，并将排查情况每季度向县级以上地方人民政府负责煤矿安全生产监督管理的部门、煤矿安全监察机构写出书面报告。报告应当经煤矿企业负责人签字。

煤矿企业未依照前款规定排查和报告的，由县级以上地方人民政府负责煤矿安全生产监督管理的部门或者煤矿安全监察机构责令限期改正；逾期未改正的，责令停产整顿，并对煤矿企业负责人处3万元以上15万元以下的罚款。

第十条 煤矿有本规定第八条第二款所列情形之一，仍然进行生产的，由县级以上地方人民政府负责煤矿安全生产监督管理的部门或者煤矿安全监察机构责令停产整顿，提出整顿的内容、时间等具体要求，处50万元以上200万元以下的罚款；对煤矿企业负责人处3万元以上15万元以下的罚款。

对3个月内2次或者2次以上发现有重大安全生产隐患，仍然进行生产的煤矿，县级以上地方人民政府负责煤矿安全生产监督管理的部门、煤矿安全监察机构应当提请有关地方人民政府关闭该煤矿，并由颁发证照的部门立即吊销矿长资格证和矿长安全资格证，该煤矿的法定代表人和矿长5年内不得再担任任何煤矿的法定代表人或者矿长。

第十一条 对被责令停产整顿的煤矿，颁发证照的部门应当暂扣采矿许可证、安全生产许可证、营业执照和矿长资格证、矿长安全资格证。

被责令停产整顿的煤矿应当制定整改方案，落实整改措施和安全技术规定；整改结束后要求恢复生产的，应当由县级以上地方人民政府负责煤矿安全生产监督管理的部门自收到恢复生产申请之日起60日内组织验收完毕；验收合格的，经组织验收的地方人民政府负责煤矿安全生产监督管理的部门的主要负责人签字，并经有关煤矿安全监察机构审核同意，报请有关地方人民政府主要负责人签字批准，颁发证照的部门发还证照，煤矿方可恢复生产；验收不合格的，由有关地方人民政府予以关闭。

被责令停产整顿的煤矿擅自从事生产的，县级以上地方人民政府负责煤矿安全生产监督管理的部门、煤矿安全监察机构应当提请有关地方人民政府予以关闭，没收违法所得，并处违法所得1倍以上5倍以下的罚款；构成犯罪的，依法追究刑事责任。

第十二条 对被责令停产整顿的煤矿，在停产整顿期间，由有关地方人民政府采取有效措施进行监督检查。因监督检查不力，煤矿在停产整顿期间继续生产的，对直接责任人，根据情节轻重，给予降级、撤职或者开除的行政处分；对有关负责人，根据情节轻重，给予记大过、降级、撤职或者开除的行政处分；构成犯罪的，依法追究刑事责任。

第十三条 对提请关闭的煤矿，县级以上地方人民政府负责煤矿安全生产监督管理的部门或者煤矿安全监察机构应当责令立即停止生产；有关地方人民政府应当在7日内作出关闭或者不予关闭的决定，并由其主要负责人签字存档。对决定关闭的，有关地方人民政府应当立即组织实施。

关闭煤矿应当达到下列要求：

（一）吊销相关证照。

（二）停止供应并处理火工用品。

（三）停止供电，拆除矿井生产设备、供电、通信线路。

（四）封闭、填实矿井井筒，平整井口场地，恢复地貌。

（五）妥善遣散从业人员。

关闭煤矿未达到前款规定要求的，对组织实施关闭的地方人民政府及其有关部门的负责人和直接责任人给予记过、记大过、降级、撤职或者开除的行政处分；构成犯罪的，依法追究刑事责任。

依照本条第一款规定决定关闭的煤矿，仍有开采价值的，经依法批准可以进行拍卖。

关闭的煤矿擅自恢复生产的，依照本规定第五条第二款规定予以处罚；构成犯罪的，依法追究刑事责任。

第十四条　县级以上地方人民政府负责煤矿安全生产监督管理的部门或者煤矿安全监察机构，发现煤矿有本规定第八条第二款所列情形之一的，应当将情况报送有关地方人民政府。

第十五条　煤矿存在瓦斯突出、自然发火、冲击地压、水害威胁等重大安全生产隐患，该煤矿在现有技术条件下难以有效防治的，县级以上地方人民政府负责煤矿安全生产监督管理的部门、煤矿安全监察机构应当责令其立即停止生产，并提请有关地方人民政府组织专家进行论证。专家论证应当客观、公正、科学。有关地方人民政府应当根据论证结论，作出是否关闭煤矿的决定，并组织实施。

第十六条　煤矿企业应当依照国家有关规定对井下作业人员进行安全生产教育和培训，保证井下作业人员具有必要的安全生产知识，熟悉有关安全生产规章制度和安全操作规程，掌握本岗位的安全操作技能，并建立培训档案。未进行安全生产教育和培训或者经教育和培训不合格的人员不得下井作业。

县级以上地方人民政府负责煤矿安全生产监督管理的部门应当对煤矿井下作业人员的安全生产教育和培训情况进行监督检查；煤矿安全监察机构应当对煤矿特种作业人员持证上岗情况进行监督检查。发现煤矿企业未依照国家有关规定对井下作业人员进行安全生产教育和培训或者特种作业人员无证上岗的，应当责令限期改正，处10万元以上50万元以下的罚款；逾期未改正的，责令停产整顿。

县级以上地方人民政府负责煤矿安全生产监督管理的部门、煤矿安全监察机构未履行前款规定的监督检查职责的，对主要负责人，根据情节轻重，给予警告、记过或者记大过的行政处分。

第十七条　县级以上地方人民政府负责煤矿安全生产监督管理的部门、煤矿安全监察机构在监督检查中，1个月内3次或者3次以上发现煤矿企业未依照国家有关规定对井下作业人员进行安全生产教育和培训或者特种作业人员无证上岗的，应当提请有关地方人民政府对该煤矿予以关闭。

第十八条　煤矿拒不执行县级以上地方人民政府负责煤矿安全生产监督管理的部门或者煤矿安全监察机构依法下达的执法指令的，由颁发证照的部门吊销矿长资格证和矿长安全资格证；构成违反治安管理行为的，由公安机关依照治安管理的法律、行政法规的规定处罚；构成犯罪的，依法追究刑事责任。

第十九条 县级以上地方人民政府负责煤矿安全生产监督管理的部门、煤矿安全监察机构对被责令停产整顿或者关闭的煤矿，应当自煤矿被责令停产整顿或者关闭之日起3日内在当地主要媒体公告。

被责令停产整顿的煤矿经验收合格恢复生产的，县级以上地方人民政府负责煤矿安全生产监督管理的部门、煤矿安全监察机构应当自煤矿验收合格恢复生产之日起3日内在同一媒体公告。

县级以上地方人民政府负责煤矿安全生产监督管理的部门、煤矿安全监察机构未依照本条第一款、第二款规定进行公告的，对有关负责人，根据情节轻重，给予警告、记过、记大过或者降级的行政处分。

公告所需费用由同级财政列支。

第二十条 国家机关工作人员和国有企业负责人不得违反国家规定投资入股煤矿（依法取得上市公司股票的除外），不得对煤矿的违法行为予以纵容、包庇。

国家行政机关工作人员和国有企业负责人违反前款规定的，根据情节轻重，给予降级、撤职或者开除的处分；构成犯罪的，依法追究刑事责任。

第二十一条 煤矿企业负责人和生产经营管理人员应当按照国家规定轮流带班下井，并建立下井登记档案。

县级以上地方人民政府负责煤矿安全生产监督管理的部门或者煤矿安全监察机构发现煤矿企业在生产过程中，1周内其负责人或者生产经营管理人员没有按照国家规定带班下井，或者下井登记档案虚假的，责令改正，并对该煤矿企业处3万元以上15万元以下的罚款。

第二十二条 煤矿企业应当免费为每位职工发放煤矿职工安全手册。

煤矿职工安全手册应当载明职工的权利、义务，煤矿重大安全生产隐患的情形和应急保护措施、方法以及安全生产隐患和违法行为的举报电话、受理部门。

煤矿企业没有为每位职工发放符合要求的职工安全手册的，由县级以上地方人民政府负责煤矿安全生产监督管理的部门或者煤矿安全监察机构责令限期改正；逾期未改正的，处5万元以下的罚款。

第二十三条 任何单位和个人发现煤矿有本规定第五条第一款和第八条第二款所列情形之一的，都有权向县级以上地方人民政府负责煤矿安全生产监督管理的部门或者煤矿安全监察机构举报。

受理的举报经调查属实的，受理举报的部门或者机构应当给予最先举报人1 000元至1万元的奖励，所需费用由同级财政列支。

县级以上地方人民政府负责煤矿安全生产监督管理的部门或者煤矿安全监察机构接到举报后，应当及时调查处理；不及时调查处理的，对有关责任人，根据情节轻重，给予警告、记过、记大过或者降级的行政处分。

第二十四条 煤矿有违反本规定的违法行为，法律规定由有关部门查处的，有关部门应当依法进行查处。但是，对同一违法行为不得给予两次以上罚款的行政处罚。

第二十五条　国家行政机关工作人员、国有企业负责人有违反本规定的行为，依照本规定应当给予处分的，由监察机关或者任免机关依法作出处分决定。

国家行政机关工作人员、国有企业负责人对处分决定不服的，可以依法提出申诉。

第二十六条　当事人对行政处罚决定不服的，可以依法申请行政复议，或者依法直接向人民法院提起行政诉讼。

第二十七条　省、自治区、直辖市人民政府可以依据本规定制定具体实施办法。

第二十八条　本规定自公布之日起施行。

22　烟花爆竹安全管理条例

2006年1月11日国务院第121次常务会议通过，2006年1月21日中华人民共和国国务院令第455号公布，自公布之日起施行；根据2016年1月13日国务院第119次常务会议通过、2016年2月6日中华人民共和国国务院令第666号公布、自公布之日起施行的《国务院关于修改部分行政法规的决定》修改。

第一章　总　　则

第一条　为了加强烟花爆竹安全管理，预防爆炸事故发生，保障公共安全和人身、财产的安全，制定本条例。

第二条　烟花爆竹的生产、经营、运输和燃放，适用本条例。

本条例所称烟花爆竹，是指烟花爆竹制品和用于生产烟花爆竹的民用黑火药、烟火药、引火线等物品。

第三条　国家对烟花爆竹的生产、经营、运输和举办焰火晚会以及其他大型焰火燃放活动，实行许可证制度。

未经许可，任何单位或者个人不得生产、经营、运输烟花爆竹，不得举办焰火晚会以及其他大型焰火燃放活动。

第四条　安全生产监督管理部门负责烟花爆竹的安全生产监督管理；公安部门负责烟花爆竹的公共安全管理；质量监督检验部门负责烟花爆竹的质量监督和进出口检验。

第五条　公安部门、安全生产监督管理部门、质量监督检验部门、工商行政管理部门应当按照职责分工，组织查处非法生产、经营、储存、运输、邮寄烟花爆竹以及非法燃放烟花爆竹的行为。

第六条　烟花爆竹生产、经营、运输企业和焰火晚会以及其他大型焰火燃放活动主办单位的主要负责人，对本单位的烟花爆竹安全工作负责。

烟花爆竹生产、经营、运输企业和焰火晚会以及其他大型焰火燃放活动主办单位应当建立健全安全责任制，制定各项安全管理制度和操作规程，并对从业人员定期进行安全教育、法制教育和岗位技术培训。

中华全国供销合作总社应当加强对本系统企业烟花爆竹经营活动的管理。

第七条 国家鼓励烟花爆竹生产企业采用提高安全程度和提升行业整体水平的新工艺、新配方和新技术。

第二章 生产安全

第八条 生产烟花爆竹的企业，应当具备下列条件：

（一）符合当地产业结构规划。

（二）基本建设项目经过批准。

（三）选址符合城乡规划，并与周边建筑、设施保持必要的安全距离。

（四）厂房和仓库的设计、结构和材料以及防火、防爆、防雷、防静电等安全设备、设施符合国家有关标准和规范。

（五）生产设备、工艺符合安全标准。

（六）产品品种、规格、质量符合国家标准。

（七）有健全的安全生产责任制。

（八）有安全生产管理机构和专职安全生产管理人员。

（九）依法进行了安全评价。

（十）有事故应急救援预案、应急救援组织和人员，并配备必要的应急救援器材、设备。

（十一）法律、法规规定的其他条件。

第九条 生产烟花爆竹的企业，应当在投入生产前向所在地设区的市人民政府安全生产监督管理部门提出安全审查申请，并提交能够证明符合本条例第八条规定条件的有关材料。设区的市人民政府安全生产监督管理部门应当自收到材料之日起 20 日内提出安全审查初步意见，报省、自治区、直辖市人民政府安全生产监督管理部门审查。省、自治区、直辖市人民政府安全生产监督管理部门应当自受理申请之日起 45 日内进行安全审查，对符合条件的，核发《烟花爆竹安全生产许可证》；对不符合条件的，应当说明理由。

第十条 生产烟花爆竹的企业为扩大生产能力进行基本建设或者技术改造的，应当依照本条例的规定申请办理安全生产许可证。

生产烟花爆竹的企业，持《烟花爆竹安全生产许可证》到工商行政管理部门办理登记手续后，方可从事烟花爆竹生产活动。

第十一条 生产烟花爆竹的企业，应当按照安全生产许可证核定的产品种类进行生产，生产工序和生产作业应当执行有关国家标准和行业标准。

第十二条 生产烟花爆竹的企业，应当对生产作业人员进行安全生产知识教育，对从事药物混合、造粒、筛选、装药、筑药、压药、切引、搬运等危险工序的作业人员进行专业技术培训。从事危险工序的作业人员经设区的市人民政府安全生产监督管理部门考核合格，方可上岗作业。

第十三条　生产烟花爆竹使用的原料，应当符合国家标准的规定。生产烟花爆竹使用的原料，国家标准有用量限制的，不得超过规定的用量。不得使用国家标准规定禁止使用或者禁忌配伍的物质生产烟花爆竹。

第十四条　生产烟花爆竹的企业，应当按照国家标准的规定，在烟花爆竹产品上标注燃放说明，并在烟花爆竹包装物上印制易燃易爆危险物品警示标志。

第十五条　生产烟花爆竹的企业，应当对黑火药、烟火药、引火线的保管采取必要的安全技术措施，建立购买、领用、销售登记制度，防止黑火药、烟火药、引火线丢失。黑火药、烟火药、引火线丢失的，企业应当立即向当地安全生产监督管理部门和公安部门报告。

第三章　经营安全

第十六条　烟花爆竹的经营分为批发和零售。

从事烟花爆竹批发的企业和零售经营者的经营布点，应当经安全生产监督管理部门审批。

禁止在城市市区布设烟花爆竹批发场所；城市市区的烟花爆竹零售网点，应当按照严格控制的原则合理布设。

第十七条　从事烟花爆竹批发的企业，应当具备下列条件：

（一）具有企业法人条件。

（二）经营场所与周边建筑、设施保持必要的安全距离。

（三）有符合国家标准的经营场所和储存仓库。

（四）有保管员、仓库守护员。

（五）依法进行了安全评价。

（六）有事故应急救援预案、应急救援组织和人员，并配备必要的应急救援器材、设备。

（七）法律、法规规定的其他条件。

第十八条　烟花爆竹零售经营者，应当具备下列条件：

（一）主要负责人经过安全知识教育。

（二）实行专店或者专柜销售，设专人负责安全管理。

（三）经营场所配备必要的消防器材，张贴明显的安全警示标志。

（四）法律、法规规定的其他条件。

第十九条　申请从事烟花爆竹批发的企业，应当向所在地设区的市人民政府安全生产监督管理部门提出申请，并提供能够证明符合本条例第十七条规定条件的有关材料。受理申请的安全生产监督管理部门应当自受理申请之日起30日内对提交的有关材料和经营场所进行审查，对符合条件的，核发《烟花爆竹经营（批发）许可证》；对不符合条件的，应当说明理由。

申请从事烟花爆竹零售的经营者，应当向所在地县级人民政府安全生产监督管理部门提出申请，并提供能够证明符合本条例第十八条规定条件的有关材料。受理申请的安全生产监督管理部门应当自受理申请之日起20日内对提交的有关材料和经营场所进行审查，对符合条件的，核发《烟花爆竹经营（零售）许可证》；对不符合条件的，应当说明理由。

《烟花爆竹经营（零售）许可证》，应当载明经营负责人、经营场所地址、经营期限、烟花爆竹种类和限制存放量。

第二十条 从事烟花爆竹批发的企业，应当向生产烟花爆竹的企业采购烟花爆竹，向从事烟花爆竹零售的经营者供应烟花爆竹。从事烟花爆竹零售的经营者，应当向从事烟花爆竹批发的企业采购烟花爆竹。

从事烟花爆竹批发的企业、零售经营者不得采购和销售非法生产、经营的烟花爆竹。

从事烟花爆竹批发的企业，不得向从事烟花爆竹零售的经营者供应按照国家标准规定应由专业燃放人员燃放的烟花爆竹。从事烟花爆竹零售的经营者，不得销售按照国家标准规定应由专业燃放人员燃放的烟花爆竹。

第二十一条 生产、经营黑火药、烟火药、引火线的企业，不得向未取得烟花爆竹安全生产许可的任何单位或者个人销售黑火药、烟火药和引火线。

第四章 运输安全

第二十二条 经由道路运输烟花爆竹的，应当经公安部门许可。

经由铁路、水路、航空运输烟花爆竹的，依照铁路、水路、航空运输安全管理的有关法律、法规、规章的规定执行。

第二十三条 经由道路运输烟花爆竹的，托运人应当向运达地县级人民政府公安部门提出申请，并提交下列有关材料：

（一）承运人从事危险货物运输的资质证明。

（二）驾驶员、押运员从事危险货物运输的资格证明。

（三）危险货物运输车辆的道路运输证明。

（四）托运人从事烟花爆竹生产、经营的资质证明。

（五）烟花爆竹的购销合同及运输烟花爆竹的种类、规格、数量。

（六）烟花爆竹的产品质量和包装合格证明。

（七）运输车辆牌号、运输时间、起始地点、行驶路线、经停地点。

第二十四条 受理申请的公安部门应当自受理申请之日起3日内对提交的有关材料进行审查，对符合条件的，核发《烟花爆竹道路运输许可证》；对不符合条件的，应当说明理由。

《烟花爆竹道路运输许可证》应当载明托运人、承运人、一次性运输有效期限、起始地点、行驶路线、经停地点、烟花爆竹的种类、规格和数量。

第二十五条 经由道路运输烟花爆竹的，除应当遵守《中华人民共和国道路交通安全法》外，还应当遵守下列规定：

（一）随车携带《烟花爆竹道路运输许可证》。

（二）不得违反运输许可事项。

（三）运输车辆悬挂或者安装符合国家标准的易燃易爆危险物品警示标志。

（四）烟花爆竹的装载符合国家有关标准和规范。

（五）装载烟花爆竹的车厢不得载人。

（六）运输车辆限速行驶，途中经停必须有专人看守。

（七）出现危险情况立即采取必要的措施，并报告当地公安部门。

第二十六条　烟花爆竹运达目的地后，收货人应当在3日内将《烟花爆竹道路运输许可证》交回发证机关核销。

第二十七条　禁止携带烟花爆竹搭乘公共交通工具。

禁止邮寄烟花爆竹，禁止在托运的行李、包裹、邮件中夹带烟花爆竹。

第五章　燃放安全

第二十八条　燃放烟花爆竹，应当遵守有关法律、法规和规章的规定。县级以上地方人民政府可以根据本行政区域的实际情况，确定限制或者禁止燃放烟花爆竹的时间、地点和种类。

第二十九条　各级人民政府和政府有关部门应当开展社会宣传活动，教育公民遵守有关法律、法规和规章，安全燃放烟花爆竹。

广播、电视、报刊等新闻媒体，应当做好安全燃放烟花爆竹的宣传、教育工作。

未成年人的监护人应当对未成年人进行安全燃放烟花爆竹的教育。

第三十条　禁止在下列地点燃放烟花爆竹：

（一）文物保护单位。

（二）车站、码头、飞机场等交通枢纽以及铁路线路安全保护区内。

（三）易燃易爆物品生产、储存单位。

（四）输变电设施安全保护区内。

（五）医疗机构、幼儿园、中小学校、敬老院。

（六）山林、草原等重点防火区。

（七）县级以上地方人民政府规定的禁止燃放烟花爆竹的其他地点。

第三十一条　燃放烟花爆竹，应当按照燃放说明燃放，不得以危害公共安全和人身、财产安全的方式燃放烟花爆竹。

第三十二条　举办焰火晚会以及其他大型焰火燃放活动，应当按照举办的时间、地点、环境、活动性质、规模以及燃放烟花爆竹的种类、规格和数量，确定危险等级，实行分级管理。分级管理的具体办法，由国务院公安部门规定。

第三十三条　申请举办焰火晚会以及其他大型焰火燃放活动，主办单位应当按照分级管理的规定，向有关人民政府公安部门提出申请，并提交下列有关材料：

（一）举办焰火晚会以及其他大型焰火燃放活动的时间、地点、环境、活动性质、规模。

（二）燃放烟花爆竹的种类、规格、数量。

（三）燃放作业方案。

（四）燃放作业单位、作业人员符合行业标准规定条件的证明。

受理申请的公安部门应当自受理申请之日起20日内对提交的有关材料进行审查，对符合条件的，核发《焰火燃放许可证》；对不符合条件的，应当说明理由。

第三十四条 焰火晚会以及其他大型焰火燃放活动燃放作业单位和作业人员，应当按照焰火燃放安全规程和经许可的燃放作业方案进行燃放作业。

第三十五条 公安部门应当加强对危险等级较高的焰火晚会以及其他大型焰火燃放活动的监督检查。

第六章　法律责任

第三十六条 对未经许可生产、经营烟花爆竹制品，或者向未取得烟花爆竹安全生产许可的单位或者个人销售黑火药、烟火药、引火线的，由安全生产监督管理部门责令停止非法生产、经营活动，处2万元以上10万元以下的罚款，并没收非法生产、经营的物品及违法所得。

对未经许可经由道路运输烟花爆竹的，由公安部门责令停止非法运输活动，处1万元以上5万元以下的罚款，并没收非法运输的物品及违法所得。

非法生产、经营、运输烟花爆竹，构成违反治安管理行为的，依法给予治安管理处罚；构成犯罪的，依法追究刑事责任。

第三十七条 生产烟花爆竹的企业有下列行为之一的，由安全生产监督管理部门责令限期改正，处1万元以上5万元以下的罚款；逾期不改正的，责令停产停业整顿，情节严重的，吊销安全生产许可证：

（一）未按照安全生产许可证核定的产品种类进行生产的。

（二）生产工序或者生产作业不符合有关国家标准、行业标准的。

（三）雇佣未经设区的市人民政府安全生产监督管理部门考核合格的人员从事危险工序作业的。

（四）生产烟花爆竹使用的原料不符合国家标准规定的，或者使用的原料超过国家标准规定的用量限制的。

（五）使用按照国家标准规定禁止使用或者禁忌配伍的物质生产烟花爆竹的。

（六）未按照国家标准的规定在烟花爆竹产品上标注燃放说明，或者未在烟花爆竹的包装物上印制易燃易爆危险物品警示标志的。

第三十八条 从事烟花爆竹批发的企业向从事烟花爆竹零售的经营者供应非法生产、经营的烟花爆竹，或者供应按照国家标准规定应由专业燃放人员燃放的烟花爆竹的，由安全生产监督管理部门责令停止违法行为，处2万元以上10万元以下的罚款，并没收非法经营的物品及违法所得；情节严重的，吊销烟花爆竹经营许可证。

从事烟花爆竹零售的经营者销售非法生产、经营的烟花爆竹，或者销售按照国家标准规定应由专业燃放人员燃放的烟花爆竹的，由安全生产监督管理部门责令停止违法行为，处 1 000 元以上 5 000 元以下的罚款，并没收非法经营的物品及违法所得；情节严重的，吊销烟花爆竹经营许可证。

第三十九条　生产、经营、使用黑火药、烟火药、引火线的企业，丢失黑火药、烟火药、引火线未及时向当地安全生产监督管理部门和公安部门报告的，由公安部门对企业主要负责人处 5 000 元以上 2 万元以下的罚款，对丢失的物品予以追缴。

第四十条　经由道路运输烟花爆竹，有下列行为之一的，由公安部门责令改正，处 200 元以上 2 000 元以下的罚款：

（一）违反运输许可事项的。

（二）未随车携带《烟花爆竹道路运输许可证》的。

（三）运输车辆没有悬挂或者安装符合国家标准的易燃易爆危险物品警示标志的。

（四）烟花爆竹的装载不符合国家有关标准和规范的。

（五）装载烟花爆竹的车厢载人的。

（六）超过危险物品运输车辆规定时速行驶的。

（七）运输车辆途中经停没有专人看守的。

（八）运达目的地后，未按规定时间将《烟花爆竹道路运输许可证》交回发证机关核销的。

第四十一条　对携带烟花爆竹搭乘公共交通工具，或者邮寄烟花爆竹以及在托运的行李、包裹、邮件中夹带烟花爆竹的，由公安部门没收非法携带、邮寄、夹带的烟花爆竹，可以并处 200 元以上 1 000 元以下的罚款。

第四十二条　对未经许可举办焰火晚会以及其他大型焰火燃放活动，或者焰火晚会以及其他大型焰火燃放活动燃放作业单位和作业人员违反焰火燃放安全规程、燃放作业方案进行燃放作业的，由公安部门责令停止燃放，对责任单位处 1 万元以上 5 万元以下的罚款。

在禁止燃放烟花爆竹的时间、地点燃放烟花爆竹，或者以危害公共安全和人身、财产安全的方式燃放烟花爆竹的，由公安部门责令停止燃放，处 100 元以上 500 元以下的罚款；构成违反治安管理行为的，依法给予治安管理处罚。

第四十三条　对没收的非法烟花爆竹以及生产、经营企业弃置的废旧烟花爆竹，应当就地封存，并由公安部门组织销毁、处置。

第四十四条　安全生产监督管理部门、公安部门、质量监督检验部门、工商行政管理部门的工作人员，在烟花爆竹安全监管工作中滥用职权、玩忽职守、徇私舞弊，构成犯罪的，依法追究刑事责任；尚不构成犯罪的，依法给予行政处分。

第七章　附　　则

第四十五条　《烟花爆竹安全生产许可证》《烟花爆竹经营（批发）许可证》《烟花爆

竹经营（零售）许可证》，由国务院安全生产监督管理部门规定式样；《烟花爆竹道路运输许可证》《焰火燃放许可证》，由国务院公安部门规定式样。

第四十六条 本条例自公布之日起施行。

23 生产安全事故报告和调查处理条例

2007年3月28日国务院第172次常务会议通过，2007年4月9日中华人民共和国国务院令第493号公布，自2007年6月1日起施行。

第一章 总 则

第一条 为了规范生产安全事故的报告和调查处理，落实生产安全事故责任追究制度，防止和减少生产安全事故，根据《中华人民共和国安全生产法》和有关法律，制定本条例。

第二条 生产经营活动中发生的造成人身伤亡或者直接经济损失的生产安全事故的报告和调查处理，适用本条例；环境污染事故、核设施事故、国防科研生产事故的报告和调查处理不适用本条例。

第三条 根据生产安全事故（以下简称事故）造成的人员伤亡或者直接经济损失，事故一般分为以下等级：

（一）特别重大事故，是指造成30人以上死亡，或者100人以上重伤（包括急性工业中毒，下同），或者1亿元以上直接经济损失的事故。

（二）重大事故，是指造成10人以上30人以下死亡，或者50人以上100人以下重伤，或者5 000万元以上1亿元以下直接经济损失的事故。

（三）较大事故，是指造成3人以上10人以下死亡，或者10人以上50人以下重伤，或者1 000万元以上5 000万元以下直接经济损失的事故。

（四）一般事故，是指造成3人以下死亡，或者10人以下重伤，或者1 000万元以下直接经济损失的事故。

国务院安全生产监督管理部门可以会同国务院有关部门，制定事故等级划分的补充性规定。

本条第一款所称的“以上”包括本数，所称的“以下”不包括本数。

第四条 事故报告应当及时、准确、完整，任何单位和个人对事故不得迟报、漏报、谎报或者瞒报。

事故调查处理应当坚持实事求是、尊重科学的原则，及时、准确地查清事故经过、事故原因和事故损失，查明事故性质，认定事故责任，总结事故教训，提出整改措施，并对事故责任者依法追究责任。

第五条 县级以上人民政府应当依照本条例的规定，严格履行职责，及时、准确地完成事故调查处理工作。

事故发生地有关地方人民政府应当支持、配合上级人民政府或者有关部门的事故调查处理工作，并提供必要的便利条件。

参加事故调查处理的部门和单位应当互相配合，提高事故调查处理工作的效率。

第六条 工会依法参加事故调查处理，有权向有关部门提出处理意见。

第七条 任何单位和个人不得阻挠和干涉对事故的报告和依法调查处理。

第八条 对事故报告和调查处理中的违法行为，任何单位和个人有权向安全生产监督管理部门、监察机关或者其他有关部门举报，接到举报的部门应当依法及时处理。

第二章 事故报告

第九条 事故发生后，事故现场有关人员应当立即向本单位负责人报告；单位负责人接到报告后，应当于1小时内向事故发生地县级以上人民政府安全生产监督管理部门和负有安全生产监督管理职责的有关部门报告。

情况紧急时，事故现场有关人员可以直接向事故发生地县级以上人民政府安全生产监督管理部门和负有安全生产监督管理职责的有关部门报告。

第十条 安全生产监督管理部门和负有安全生产监督管理职责的有关部门接到事故报告后，应当依照下列规定上报事故情况，并通知公安机关、劳动保障行政部门、工会和人民检察院：

（一）特别重大事故、重大事故逐级上报至国务院安全生产监督管理部门和负有安全生产监督管理职责的有关部门。

（二）较大事故逐级上报至省、自治区、直辖市人民政府安全生产监督管理部门和负有安全生产监督管理职责的有关部门。

（三）一般事故上报至设区的市级人民政府安全生产监督管理部门和负有安全生产监督管理职责的有关部门。

安全生产监督管理部门和负有安全生产监督管理职责的有关部门依照前款规定上报事故情况，应当同时报告本级人民政府。国务院安全生产监督管理部门和负有安全生产监督管理职责的有关部门以及省级人民政府接到发生特别重大事故、重大事故的报告后，应当立即报告国务院。

必要时，安全生产监督管理部门和负有安全生产监督管理职责的有关部门可以越级上报事故情况。

第十一条 安全生产监督管理部门和负有安全生产监督管理职责的有关部门逐级上报事故情况，每级上报的时间不得超过2小时。

第十二条 报告事故应当包括下列内容：

（一）事故发生单位概况。

（二）事故发生的时间、地点以及事故现场情况。

（三）事故的简要经过。

（四）事故已经造成或者可能造成的伤亡人数（包括下落不明的人数）和初步估计的直接经济损失。

（五）已经采取的措施。

（六）其他应当报告的情况。

第十三条 事故报告后出现新情况的，应当及时补报。

自事故发生之日起30日内，事故造成的伤亡人数发生变化的，应当及时补报。道路交通事故、火灾事故自发生之日起7日内，事故造成的伤亡人数发生变化的，应当及时补报。

第十四条 事故发生单位负责人接到事故报告后，应当立即启动事故相应应急预案，或者采取有效措施，组织抢救，防止事故扩大，减少人员伤亡和财产损失。

第十五条 事故发生地有关地方人民政府、安全生产监督管理部门和负有安全生产监督管理职责的有关部门接到事故报告后，其负责人应当立即赶赴事故现场，组织事故救援。

第十六条 事故发生后，有关单位和人员应当妥善保护事故现场以及相关证据，任何单位和个人不得破坏事故现场、毁灭相关证据。

因抢救人员、防止事故扩大以及疏通交通等原因，需要移动事故现场物件的，应当做出标志，绘制现场简图并做出书面记录，妥善保存现场重要痕迹、物证。

第十七条 事故发生地公安机关根据事故的情况，对涉嫌犯罪的，应当依法立案侦查，采取强制措施和侦查措施。犯罪嫌疑人逃匿的，公安机关应当迅速追捕归案。

第十八条 安全生产监督管理部门和负有安全生产监督管理职责的有关部门应当建立值班制度，并向社会公布值班电话，受理事故报告和举报。

第三章 事故调查

第十九条 特别重大事故由国务院或者国务院授权有关部门组织事故调查组进行调查。

重大事故、较大事故、一般事故分别由事故发生地省级人民政府、设区的市级人民政府、县级人民政府负责调查。省级人民政府、设区的市级人民政府、县级人民政府可以直接组织事故调查组进行调查，也可以授权或者委托有关部门组织事故调查组进行调查。

未造成人员伤亡的一般事故，县级人民政府也可以委托事故发生单位组织事故调查组进行调查。

第二十条 上级人民政府认为必要时，可以调查由下级人民政府负责调查的事故。

自事故发生之日起30日内（道路交通事故、火灾事故自发生之日起7日内），因事故伤亡人数变化导致事故等级发生变化，依照本条例规定应当由上级人民政府负责调查的，上级人民政府可以另行组织事故调查组进行调查。

第二十一条 特别重大事故以下等级事故，事故发生地与事故发生单位不在同一个县级以上行政区域的，由事故发生地人民政府负责调查，事故发生单位所在地人民政府应当派人参加。

第二十二条 事故调查组的组成应当遵循精简、效能的原则。

根据事故的具体情况，事故调查组由有关人民政府、安全生产监督管理部门、负有安全生产监督管理职责的有关部门、监察机关、公安机关以及工会派人组成，并应当邀请人民检察院派人参加。

事故调查组可以聘请有关专家参与调查。

第二十三条 事故调查组成员应当具有事故调查所需要的知识和专长，并与所调查的事故没有直接利害关系。

第二十四条 事故调查组组长由负责事故调查的人民政府指定。事故调查组组长主持事故调查组的工作。

第二十五条 事故调查组履行下列职责：

（一）查明事故发生的经过、原因、人员伤亡情况及直接经济损失。

（二）认定事故的性质和事故责任。

（三）提出对事故责任者的处理建议。

（四）总结事故教训，提出防范和整改措施。

（五）提交事故调查报告。

第二十六条 事故调查组有权向有关单位和个人了解与事故有关的情况，并要求其提供相关文件、资料，有关单位和个人不得拒绝。

事故发生单位的负责人和有关人员在事故调查期间不得擅离职守，并应当随时接受事故调查组的询问，如实提供有关情况。

事故调查中发现涉嫌犯罪的，事故调查组应当及时将有关材料或者其复印件移交司法机关处理。

第二十七条 事故调查中需要进行技术鉴定的，事故调查组应当委托具有国家规定资质的单位进行技术鉴定。必要时，事故调查组可以直接组织专家进行技术鉴定。技术鉴定所需时间不计入事故调查期限。

第二十八条 事故调查组成员在事故调查工作中应当诚信公正、恪尽职守，遵守事故调查组的纪律，保守事故调查的秘密。

未经事故调查组组长允许，事故调查组成员不得擅自发布有关事故的信息。

第二十九条 事故调查组应当自事故发生之日起60日内提交事故调查报告；特殊情况下，经负责事故调查的人民政府批准，提交事故调查报告的期限可以适当延长，但延长的期限最长不超过60日。

第三十条 事故调查报告应当包括下列内容：

（一）事故发生单位概况。

（二）事故发生经过和事故救援情况。

（三）事故造成的人员伤亡和直接经济损失。

（四）事故发生的原因和事故性质。

（五）事故责任的认定以及对事故责任者的处理建议。

（六）事故防范和整改措施。

事故调查报告应当附具有关证据材料。事故调查组成员应当在事故调查报告上签名。

第三十一条 事故调查报告报送负责事故调查的人民政府后，事故调查工作即告结束。事故调查的有关资料应当归档保存。

第四章　事故处理

第三十二条　重大事故、较大事故、一般事故，负责事故调查的人民政府应当自收到事故调查报告之日起 15 日内做出批复；特别重大事故，30 日内做出批复，特殊情况下，批复时间可以适当延长，但延长的时间最长不超过 30 日。

有关机关应当按照人民政府的批复，依照法律、行政法规规定的权限和程序，对事故发生单位和有关人员进行行政处罚，对负有事故责任的国家工作人员进行处分。

事故发生单位应当按照负责事故调查的人民政府的批复，对本单位负有事故责任的人员进行处理。

负有事故责任的人员涉嫌犯罪的，依法追究刑事责任。

第三十三条　事故发生单位应当认真吸取事故教训，落实防范和整改措施，防止事故再次发生。防范和整改措施的落实情况应当接受工会和职工的监督。

安全生产监督管理部门和负有安全生产监督管理职责的有关部门应当对事故发生单位落实防范和整改措施的情况进行监督检查。

第三十四条　事故处理的情况由负责事故调查的人民政府或者其授权的有关部门、机构向社会公布，依法应当保密的除外。

第五章　法律责任

第三十五条　事故发生单位主要负责人有下列行为之一的，处上一年年收入 40% 至 80% 的罚款；属于国家工作人员的，并依法给予处分；构成犯罪的，依法追究刑事责任：

（一）不立即组织事故抢救的。

（二）迟报或者漏报事故的。

（三）在事故调查处理期间擅离职守的。

第三十六条　事故发生单位及其有关人员有下列行为之一的，对事故发生单位处 100 万元以上 500 万元以下的罚款；对主要负责人、直接负责的主管人员和其他直接责任人员处上一年年收入 60% 至 100% 的罚款；属于国家工作人员的，并依法给予处分；构成违反治安管理行为的，由公安机关依法给予治安管理处罚；构成犯罪的，依法追究刑事责任：

（一）谎报或者瞒报事故的。

（二）伪造或者故意破坏事故现场的。

（三）转移、隐匿资金、财产，或者销毁有关证据、资料的。

（四）拒绝接受调查或者拒绝提供有关情况和资料的。

（五）在事故调查中作伪证或者指使他人作伪证的。

（六）事故发生后逃匿的。

第三十七条　事故发生单位对事故发生负有责任的，依照下列规定处以罚款：

（一）发生一般事故的，处10万元以上20万元以下的罚款。

（二）发生较大事故的，处20万元以上50万元以下的罚款。

（三）发生重大事故的，处50万元以上200万元以下的罚款。

（四）发生特别重大事故的，处200万元以上500万元以下的罚款。

第三十八条 事故发生单位主要负责人未依法履行安全生产管理职责，导致事故发生的，依照下列规定处以罚款；属于国家工作人员的，并依法给予处分；构成犯罪的，依法追究刑事责任：

（一）发生一般事故的，处上一年年收入30%的罚款。

（二）发生较大事故的，处上一年年收入40%的罚款。

（三）发生重大事故的，处上一年年收入60%的罚款。

（四）发生特别重大事故的，处上一年年收入80%的罚款。

第三十九条 有关地方人民政府、安全生产监督管理部门和负有安全生产监督管理职责的有关部门有下列行为之一的，对直接负责的主管人员和其他直接责任人员依法给予处分；构成犯罪的，依法追究刑事责任：

（一）不立即组织事故抢救的。

（二）迟报、漏报、谎报或者瞒报事故的。

（三）阻碍、干涉事故调查工作的。

（四）在事故调查中作伪证或者指使他人作伪证的。

第四十条 事故发生单位对事故发生负有责任的，由有关部门依法暂扣或者吊销其有关证照；对事故发生单位负有事故责任的有关人员，依法暂停或者撤销其与安全生产有关的执业资格、岗位证书；事故发生单位主要负责人受到刑事处罚或者撤职处分的，自刑罚执行完毕或者受处分之日起，5年内不得担任任何生产经营单位的主要负责人。

为发生事故的单位提供虚假证明的中介机构，由有关部门依法暂扣或者吊销其有关证照及其相关人员的执业资格；构成犯罪的，依法追究刑事责任。

第四十一条 参与事故调查的人员在事故调查中有下列行为之一的，依法给予处分；构成犯罪的，依法追究刑事责任：

（一）对事故调查工作不负责任，致使事故调查工作有重大疏漏的。

（二）包庇、袒护负有事故责任的人员或者借机打击报复的。

第四十二条 违反本条例规定，有关地方人民政府或者有关部门故意拖延或者拒绝落实经批复的对事故责任人的处理意见的，由监察机关对有关责任人员依法给予处分。

第四十三条 本条例规定的罚款的行政处罚，由安全生产监督管理部门决定。

法律、行政法规对行政处罚的种类、幅度和决定机关另有规定的，依照其规定。

第六章 附　则

第四十四条 没有造成人员伤亡，但是社会影响恶劣的事故，国务院或者有关地方人民政府认为需要调查处理的，依照本条例的有关规定执行。

国家机关、事业单位、人民团体发生的事故的报告和调查处理，参照本条例的规定执行。

第四十五条 特别重大事故以下等级事故的报告和调查处理，有关法律、行政法规或者国务院另有规定的，依照其规定。

第四十六条 本条例自2007年6月1日起施行。国务院1989年3月29日公布的《特别重大事故调查程序暂行规定》和1991年2月22日公布的《企业职工伤亡事故报告和处理规定》同时废止。

24 铁路交通事故应急救援和调查处理条例

2007年6月27日国务院第182次常务会议通过，2007年7月11日中华人民共和国国务院令第501号公布，自2007年9月1日起施行；根据2012年11月9日中华人民共和国国务院令第628号公布、自2013年1月1日起施行的《国务院关于修改和废止部分行政法规的决定》修改。

第一章 总 则

第一条 为了加强铁路交通事故的应急救援工作，规范铁路交通事故调查处理，减少人员伤亡和财产损失，保障铁路运输安全和畅通，根据《中华人民共和国铁路法》和其他有关法律的规定，制定本条例。

第二条 铁路机车车辆在运行过程中与行人、机动车、非机动车、牲畜及其他障碍物相撞，或者铁路机车车辆发生冲突、脱轨、火灾、爆炸等影响铁路正常行车的铁路交通事故（以下简称事故）的应急救援和调查处理，适用本条例。

第三条 国务院铁路主管部门应当加强铁路运输安全监督管理，建立健全事故应急救援和调查处理的各项制度，按照国家规定的权限和程序，负责组织、指挥、协调事故的应急救援和调查处理工作。

第四条 铁路管理机构应当加强日常的铁路运输安全监督检查，指导、督促铁路运输企业落实事故应急救援的各项规定，按照规定的权限和程序，组织、参与、协调本辖区内事故的应急救援和调查处理工作。

第五条 国务院其他有关部门和有关地方人民政府应当按照各自的职责和分工，组织、参与事故的应急救援和调查处理工作。

第六条 铁路运输企业和其他有关单位、个人应当遵守铁路运输安全管理的各项规定，防止和避免事故的发生。

事故发生后，铁路运输企业和其他有关单位应当及时、准确地报告事故情况，积极开展应急救援工作，减少人员伤亡和财产损失，尽快恢复铁路正常行车。

第七条 任何单位和个人不得干扰、阻碍事故应急救援、铁路线路开通、列车运行和事故调查处理。

第二章 事故等级

第八条 根据事故造成的人员伤亡、直接经济损失、列车脱轨辆数、中断铁路行车时间等情形，事故等级分为特别重大事故、重大事故、较大事故和一般事故。

第九条 有下列情形之一的，为特别重大事故：

（一）造成30人以上死亡，或者100人以上重伤（包括急性工业中毒，下同），或者1亿元以上直接经济损失的。

（二）繁忙干线客运列车脱轨18辆以上并中断铁路行车48小时以上的。

（三）繁忙干线货运列车脱轨60辆以上并中断铁路行车48小时以上的。

第十条 有下列情形之一的，为重大事故：

（一）造成10人以上30人以下死亡，或者50人以上100人以下重伤，或者5 000万元以上1亿元以下直接经济损失的。

（二）客运列车脱轨18辆以上的。

（三）货运列车脱轨60辆以上的。

（四）客运列车脱轨2辆以上18辆以下，并中断繁忙干线铁路行车24小时以上或者中断其他线路铁路行车48小时以上的。

（五）货运列车脱轨6辆以上60辆以下，并中断繁忙干线铁路行车24小时以上或者中断其他线路铁路行车48小时以上的。

第十一条 有下列情形之一的，为较大事故：

（一）造成3人以上10人以下死亡，或者10人以上50人以下重伤，或者1 000万元以上5 000万元以下直接经济损失的。

（二）客运列车脱轨2辆以上18辆以下的。

（三）货运列车脱轨6辆以上60辆以下的。

（四）中断繁忙干线铁路行车6小时以上的。

（五）中断其他线路铁路行车10小时以上的。

第十二条 造成3人以下死亡，或者10人以下重伤，或者1 000万元以下直接经济损失的，为一般事故。

除前款规定外，国务院铁路主管部门可以对一般事故的其他情形作出补充规定。

第十三条 本章所称的“以上”包括本数，所称的“以下”不包括本数。

第三章　事故报告

第十四条　事故发生后，事故现场的铁路运输企业工作人员或者其他人员应当立即报告邻近铁路车站、列车调度员或者公安机关。有关单位和人员接到报告后，应当立即将事故情况报告事故发生地铁路管理机构。

第十五条　铁路管理机构接到事故报告，应当尽快核实有关情况，并立即报告国务院铁路主管部门；对特别重大事故、重大事故，国务院铁路主管部门应当立即报告国务院并通报国家安全生产监督管理等有关部门。

发生特别重大事故、重大事故、较大事故或者有人员伤亡的一般事故，铁路管理机构还应当通报事故发生地县级以上地方人民政府及其安全生产监督管理部门。

第十六条　事故报告应当包括下列内容：

（一）事故发生的时间、地点、区间（线名、公里、米）、事故相关单位和人员。

（二）发生事故的列车种类、车次、部位、计长、机车型号、牵引辆数、吨数。

（三）承运旅客人数或者货物品名、装载情况。

（四）人员伤亡情况，机车车辆、线路设施、道路车辆的损坏情况，对铁路行车的影响情况。

（五）事故原因的初步判断。

（六）事故发生后采取的措施及事故控制情况。

（七）具体救援请求。

事故报告后出现新情况的，应当及时补报。

第十七条　国务院铁路主管部门、铁路管理机构和铁路运输企业应当向社会公布事故报告值班电话，受理事故报告和举报。

第四章　事故应急救援

第十八条　事故发生后，列车司机或者运转车长应当立即停车，采取紧急处置措施；对无法处置的，应当立即报告邻近铁路车站、列车调度员进行处置。

为保障铁路旅客安全或者因特殊运输需要不宜停车的，可以不停车；但是，列车司机或者运转车长应当立即将事故情况报告邻近铁路车站、列车调度员，接到报告的邻近铁路车站、列车调度员应当立即进行处置。

第十九条　事故造成中断铁路行车的，铁路运输企业应当立即组织抢修，尽快恢复铁路正常行车；必要时，铁路运输调度指挥部门应当调整运输径路，减少事故影响。

第二十条　事故发生后，国务院铁路主管部门、铁路管理机构、事故发生地县级以上地方人民政府或者铁路运输企业应当根据事故等级启动相应的应急预案；必要时，成立现场应急救援机构。

第二十一条　现场应急救援机构根据事故应急救援工作的实际需要，可以借用有关单位和个人的设施、设备和其他物资。借用单位使用完毕应当及时归还，并支付适当费用；造成损失的，应当赔偿。

有关单位和个人应当积极支持、配合救援工作。

第二十二条 事故造成重大人员伤亡或者需要紧急转移、安置铁路旅客和沿线居民的，事故发生地县级以上地方人民政府应当及时组织开展救治和转移、安置工作。

第二十三条 国务院铁路主管部门、铁路管理机构或者事故发生地县级以上地方人民政府根据事故救援的实际需要，可以请求当地驻军、武装警察部队参与事故救援。

第二十四条 有关单位和个人应当妥善保护事故现场以及相关证据，并在事故调查组成立后将相关证据移交事故调查组。因事故救援、尽快恢复铁路正常行车需要改变事故现场的，应当做出标记、绘制现场示意图、制作现场视听资料，并做出书面记录。

任何单位和个人不得破坏事故现场，不得伪造、隐匿或者毁灭相关证据。

第二十五条 事故中死亡人员的尸体经法定机构鉴定后，应当及时通知死者家属认领；无法查找死者家属的，按照国家有关规定处理。

第五章 事故调查处理

第二十六条 特别重大事故由国务院或者国务院授权的部门组织事故调查组进行调查。

重大事故由国务院铁路主管部门组织事故调查组进行调查。

较大事故和一般事故由事故发生地铁路管理机构组织事故调查组进行调查；国务院铁路主管部门认为必要时，可以组织事故调查组对较大事故和一般事故进行调查。

根据事故的具体情况，事故调查组由有关人民政府、公安机关、安全生产监督管理部门、监察机关等单位派人组成，并应当邀请人民检察院派人参加。事故调查组认为必要时，可以聘请有关专家参与事故调查。

第二十七条 事故调查组应当按照国家有关规定开展事故调查，并在下列调查期限内向组织事故调查组的机关或者铁路管理机构提交事故调查报告：

（一）特别重大事故的调查期限为60日。

（二）重大事故的调查期限为30日。

（三）较大事故的调查期限为20日。

（四）一般事故的调查期限为10日。

事故调查期限自事故发生之日起计算。

第二十八条 事故调查处理，需要委托有关机构进行技术鉴定或者对铁路设备、设施及其他财产损失状况以及中断铁路行车造成的直接经济损失进行评估的，事故调查组应当委托具有国家规定资质的机构进行技术鉴定或者评估。技术鉴定或者评估所需时间不计入事故调查期限。

第二十九条 事故调查报告形成后，报经组织事故调查组的机关或者铁路管理机构同意，事故调查组工作即告结束。组织事故调查组的机关或者铁路管理机构应当自事故调查组工作结束之日起15日内，根据事故调查报告，制作事故认定书。

事故认定书是事故赔偿、事故处理以及事故责任追究的依据。

第三十条 事故责任单位和有关人员应当认真吸取事故教训，落实防范和整改措施，防止事故再次发生。

国务院铁路主管部门、铁路管理机构以及其他有关行政机关应当对事故责任单位和有关人员落实防范和整改措施的情况进行监督检查。

第三十一条 事故的处理情况，除依法应当保密的外，应当由组织事故调查组的机关或者铁路管理机构向社会公布。

第六章 事故赔偿

第三十二条 事故造成人身伤亡的，铁路运输企业应当承担赔偿责任；但是人身伤亡是不可抗力或者受害人自身原因造成的，铁路运输企业不承担赔偿责任。

违章通过平交道口或者人行过道，或者在铁路线路上行走、坐卧造成的人身伤亡，属于受害人自身的原因造成的人身伤亡。

第三十三条 事故造成铁路运输企业承运的货物、包裹、行李损失的，铁路运输企业应当依照《中华人民共和国铁路法》的规定承担赔偿责任。

第三十四条 除本条例第三十三条、第三十四条的规定外，事故造成其他人身伤亡或者财产损失的，依照国家有关法律、行政法规的规定赔偿。

第三十五条 事故当事人对事故损害赔偿有争议的，可以通过协商解决，或者请求组织事故调查组的机关或者铁路管理机构组织调解，也可以直接向人民法院提起民事诉讼。

第七章 法律责任

第三十六条 铁路运输企业及其职工违反法律、行政法规的规定，造成事故的，由国务院铁路主管部门或者铁路管理机构依法追究行政责任。

第三十七条 违反本条例的规定，铁路运输企业及其职工不立即组织救援，或者迟报、漏报、瞒报、谎报事故的，对单位，由国务院铁路主管部门或者铁路管理机构处 10 万元以上 50 万元以下的罚款；对个人，由国务院铁路主管部门或者铁路管理机构处 4 000 元以上 2 万元以下的罚款；属于国家工作人员的，依法给予处分；构成犯罪的，依法追究刑事责任。

第三十八条 违反本条例的规定，国务院铁路主管部门、铁路管理机构以及其他行政机关未立即启动应急预案，或者迟报、漏报、瞒报、谎报事故的，对直接负责的主管人员和其他直接责任人员依法给予处分；构成犯罪的，依法追究刑事责任。

第三十九条 违反本条例的规定，干扰、阻碍事故救援、铁路线路开通、列车运行和事故调查处理的，对单位，由国务院铁路主管部门或者铁路管理机构处 4 万元以上 20 万元以下的罚款；对个人，由国务院铁路主管部门或者铁路管理机构处 2 000 元以上 1 万元以下的罚款；情节严重的，对单位，由国务院铁路主管部门或者铁路管理机构处 20 万元以上

100 万元以下的罚款；对个人，由国务院铁路主管部门或者铁路管理机构处 1 万元以上 5 万元以下的罚款；属于国家工作人员的，依法给予处分；构成违反治安管理行为的，由公安机关依法给予治安管理处罚；构成犯罪的，依法追究刑事责任。

第八章　附　　则

第四十条　本条例于 2007 年 9 月 1 日起施行。1979 年 7 月 16 日国务院批准发布的《火车与其他车辆碰撞和铁路路外人员伤亡事故处理暂行规定》和 1994 年 8 月 13 日国务院批准发布的《铁路旅客运输损害赔偿规定》同时废止。

25　电力安全事故应急处置和调查处理条例

2011 年 6 月 15 日国务院第 159 次常务会议通过，2011 年 7 月 7 日中华人民共和国国务院令第 599 号公布，自 2011 年 9 月 1 日起施行。

第一章　总　　则

第一条　为了加强电力安全事故的应急处置工作，规范电力安全事故的调查处理，控制、减轻和消除电力安全事故损害，制定本条例。

第二条　本条例所称电力安全事故，是指电力生产或者电网运行过程中发生的影响电力系统安全稳定运行或者影响电力正常供应的事故（包括热电厂发生的影响热力正常供应的事故）。

第三条　根据电力安全事故（以下简称事故）影响电力系统安全稳定运行或者影响电力（热力）正常供应的程度，事故分为特别重大事故、重大事故、较大事故和一般事故。事故等级划分标准由本条例附表列示。事故等级划分标准的部分项目需要调整的，由国务院电力监管机构提出方案，报国务院批准。

由独立的或者通过单一输电线路与外省连接的省级电网供电的省级人民政府所在地城市，以及由单一输电线路或者单一变电站供电的其他设区的市、县级市，其电网减供负荷或者造成供电用户停电的事故等级划分标准，由国务院电力监管机构另行制定，报国务院批准。

第四条　国务院电力监管机构应当加强电力安全监督管理，依法建立健全事故应急处置和调查处理的各项制度，组织或者参与事故的调查处理。

国务院电力监管机构、国务院能源主管部门和国务院其他有关部门、地方人民政府及有关部门按照国家规定的权限和程序，组织、协调、参与事故的应急处置工作。

第五条　电力企业、电力用户以及其他有关单位和个人，应当遵守电力安全管理规定，落实事故预防措施，防止和避免事故发生。

县级以上地方人民政府有关部门确定的重要电力用户，应当按照国务院电力监管机构的规定配置自备应急电源，并加强安全使用管理。

第六条 事故发生后，电力企业和其他有关单位应当按照规定及时、准确报告事故情况，开展应急处置工作，防止事故扩大，减轻事故损害。电力企业应当尽快恢复电力生产、电网运行和电力（热力）正常供应。

第七条 任何单位和个人不得阻挠和干涉对事故的报告、应急处置和依法调查处理。

第二章 事故报告

第八条 事故发生后，事故现场有关人员应当立即向发电厂、变电站运行值班人员、电力调度机构值班人员或者本企业现场负责人报告。有关人员接到报告后，应当立即向上一级电力调度机构和本企业负责人报告。本企业负责人接到报告后，应当立即向国务院电力监管机构设在当地的派出机构（以下称事故发生地电力监管机构）、县级以上人民政府安全生产监督管理部门报告；热电厂事故影响热力正常供应的，还应当向供热管理部门报告；事故涉及水电厂（站）大坝安全的，还应当同时向有管辖权的水行政主管部门或者流域管理机构报告。

电力企业及其有关人员不得迟报、漏报或者瞒报、谎报事故情况。

第九条 事故发生地电力监管机构接到事故报告后，应当立即核实有关情况，向国务院电力监管机构报告；事故造成供电用户停电的，应当同时通报事故发生地县级以上地方人民政府。

对特别重大事故、重大事故，国务院电力监管机构接到事故报告后应当立即报告国务院，并通报国务院安全生产监督管理部门、国务院能源主管部门等有关部门。

第十条 事故报告应当包括下列内容：

（一）事故发生的时间、地点（区域）以及事故发生单位。

（二）已知的电力设备、设施损坏情况，停运的发电（供热）机组数量、电网减供负荷或者发电厂减少出力的数值、停电（停热）范围。

（三）事故原因的初步判断。

（四）事故发生后采取的措施、电网运行方式、发电机组运行状况以及事故控制情况。

（五）其他应当报告的情况。

事故报告后出现新情况的，应当及时补报。

第十一条 事故发生后，有关单位和人员应当妥善保护事故现场以及工作日志、工作票、操作票等相关材料，及时保存故障录波图、电力调度数据、发电机组运行数据和输变电设备运行数据等相关资料，并在事故调查组成立后将相关材料、资料移交事故调查组。

因抢救人员或者采取恢复电力生产、电网运行和电力供应等紧急措施，需要改变事故现场、移动电力设备的，应当作出标记、绘制现场简图，妥善保存重要痕迹、物证，并作出书面记录。

任何单位和个人不得故意破坏事故现场，不得伪造、隐匿或者毁灭相关证据。

第三章　事故应急处置

第十二条　国务院电力监管机构依照《中华人民共和国突发事件应对法》和《国家突发公共事件总体应急预案》，组织编制国家处置电网大面积停电事件应急预案，报国务院批准。

有关地方人民政府应当依照法律、行政法规和国家处置电网大面积停电事件应急预案，组织制定本行政区域处置电网大面积停电事件应急预案。

处置电网大面积停电事件应急预案应当对应急组织指挥体系及职责，应急处置的各项措施，以及人员、资金、物资、技术等应急保障作出具体规定。

第十三条　电力企业应当按照国家有关规定，制定本企业事故应急预案。

电力监管机构应当指导电力企业加强电力应急救援队伍建设，完善应急物资储备制度。

第十四条　事故发生后，有关电力企业应当立即采取相应的紧急处置措施，控制事故范围，防止发生电网系统性崩溃和瓦解；事故危及人身和设备安全的，发电厂、变电站运行值班人员可以按照有关规定，立即采取停运发电机组和输变电设备等紧急处置措施。

事故造成电力设备、设施损坏的，有关电力企业应当立即组织抢修。

第十五条　根据事故的具体情况，电力调度机构可以发布开启或者关停发电机组、调整发电机组有功和无功负荷、调整电网运行方式、调整供电调度计划等电力调度命令，发电企业、电力用户应当执行。

事故可能导致破坏电力系统稳定和电网大面积停电的，电力调度机构有权决定采取拉限负荷、解列电网、解列发电机组等必要措施。

第十六条　事故造成电网大面积停电的，国务院电力监管机构和国务院其他有关部门、有关地方人民政府、电力企业应当按照国家有关规定，启动相应的应急预案，成立应急指挥机构，尽快恢复电网运行和电力供应，防止各种次生灾害的发生。

第十七条　事故造成电网大面积停电的，有关地方人民政府及有关部门应当立即组织开展下列应急处置工作：

（一）加强对停电地区关系国计民生、国家安全和公共安全的重点单位的安全保卫，防范破坏社会秩序的行为，维护社会稳定。

（二）及时排除因停电发生的各种险情。

（三）事故造成重大人员伤亡或者需要紧急转移、安置受困人员的，及时组织实施救治、转移、安置工作。

（四）加强停电地区道路交通指挥和疏导，做好铁路、民航运输以及通信保障工作。

（五）组织应急物资的紧急生产和调用，保证电网恢复运行所需物资和居民基本生活资料的供给。

第十八条　事故造成重要电力用户供电中断的，重要电力用户应当按照有关技术要求迅速启动自备应急电源；启动自备应急电源无效的，电网企业应当提供必要的支援。

事故造成地铁、机场、高层建筑、商场、影剧院、体育场馆等人员聚集场所停电的，应当迅速启用应急照明，组织人员有序疏散。

第十九条 恢复电网运行和电力供应，应当优先保证重要电厂厂用电源、重要输变电设备、电力主干网架的恢复，优先恢复重要电力用户、重要城市、重点地区的电力供应。

第二十条 事故应急指挥机构或者电力监管机构应当按照有关规定，统一、准确、及时发布有关事故影响范围、处置工作进度、预计恢复供电时间等信息。

第四章 事故调查处理

第二十一条 特别重大事故由国务院或者国务院授权的部门组织事故调查组进行调查。

重大事故由国务院电力监管机构组织事故调查组进行调查。

较大事故、一般事故由事故发生地电力监管机构组织事故调查组进行调查。国务院电力监管机构认为必要的，可以组织事故调查组对较大事故进行调查。

未造成供电用户停电的一般事故，事故发生地电力监管机构也可以委托事故发生单位调查处理。

第二十二条 根据事故的具体情况，事故调查组由电力监管机构、有关地方人民政府、安全生产监督管理部门、负有安全生产监督管理职责的有关部门派人组成；有关人员涉嫌失职、渎职或者涉嫌犯罪的，应当邀请监察机关、公安机关、人民检察院派人参加。

根据事故调查工作的需要，事故调查组可以聘请有关专家协助调查。

事故调查组组长由组织事故调查组的机关指定。

第二十三条 事故调查组应当按照国家有关规定开展事故调查，并在下列期限内向组织事故调查组的机关提交事故调查报告：

（一）特别重大事故和重大事故的调查期限为60日；特殊情况下，经组织事故调查组的机关批准，可以适当延长，但延长的期限不得超过60日。

（二）较大事故和一般事故的调查期限为45日；特殊情况下，经组织事故调查组的机关批准，可以适当延长，但延长的期限不得超过45日。

事故调查期限自事故发生之日起计算。

第二十四条 事故调查报告应当包括下列内容：

（一）事故发生单位概况和事故发生经过。

（二）事故造成的直接经济损失和事故对电网运行、电力（热力）正常供应的影响情况。

（三）事故发生的原因和事故性质。

（四）事故应急处置和恢复电力生产、电网运行的情况。

（五）事故责任认定和对事故责任单位、责任人的处理建议。

（六）事故防范和整改措施。

事故调查报告应当附具有关证据材料和技术分析报告。事故调查组成员应当在事故调查报告上签字。

第二十五条　事故调查报告报经组织事故调查组的机关同意，事故调查工作即告结束；委托事故发生单位调查的一般事故，事故调查报告应当报经事故发生地电力监管机构同意。

有关机关应当依法对事故发生单位和有关人员进行处罚，对负有事故责任的国家工作人员给予处分。

事故发生单位应当对本单位负有事故责任的人员进行处理。

第二十六条　事故发生单位和有关人员应当认真吸取事故教训，落实事故防范和整改措施，防止事故再次发生。

电力监管机构、安全生产监督管理部门和负有安全生产监督管理职责的有关部门应当对事故发生单位和有关人员落实事故防范和整改措施的情况进行监督检查。

第五章　法律责任

第二十七条　发生事故的电力企业主要负责人有下列行为之一的，由电力监管机构处其上一年年收入40%至80%的罚款；属于国家工作人员的，并依法给予处分；构成犯罪的，依法追究刑事责任：

（一）不立即组织事故抢救的。

（二）迟报或者漏报事故的。

（三）在事故调查处理期间擅离职守的。

第二十八条　发生事故的电力企业及其有关人员有下列行为之一的，由电力监管机构对电力企业处100万元以上500万元以下的罚款；对主要负责人、直接负责的主管人员和其他直接责任人员处其上一年年收入60%至100%的罚款，属于国家工作人员的，并依法给予处分；构成违反治安管理行为的，由公安机关依法给予治安管理处罚；构成犯罪的，依法追究刑事责任：

（一）谎报或者瞒报事故的。

（二）伪造或者故意破坏事故现场的。

（三）转移、隐匿资金、财产，或者销毁有关证据、资料的。

（四）拒绝接受调查或者拒绝提供有关情况和资料的。

（五）在事故调查中作伪证或者指使他人作伪证的。

（六）事故发生后逃匿的。

第二十九条　电力企业对事故发生负有责任的，由电力监管机构依照下列规定处以罚款：

（一）发生一般事故的，处10万元以上20万元以下的罚款。

（二）发生较大事故的，处20万元以上50万元以下的罚款。

（三）发生重大事故的，处50万元以上200万元以下的罚款。

（四）发生特别重大事故的，处200万元以上500万元以下的罚款。

第三十条　电力企业主要负责人未依法履行安全生产管理职责，导致事故发生的，由电力监管机构依照下列规定处以罚款；属于国家工作人员的，并依法给予处分；构成犯罪的，依法追究刑事责任：

（一）发生一般事故的，处其上一年年收入30%的罚款。

（二）发生较大事故的，处其上一年年收入40%的罚款。

（三）发生重大事故的，处其上一年年收入60%的罚款。

（四）发生特别重大事故的，处其上一年年收入80%的罚款。

第三十一条 电力企业主要负责人依照本条例第二十七条、第二十八条、第三十条规定受到撤职处分或者刑事处罚的，自受处分之日或者刑罚执行完毕之日起5年内，不得担任任何生产经营单位主要负责人。

第三十二条 电力监管机构、有关地方人民政府以及其他负有安全生产监督管理职责的有关部门有下列行为之一的，对直接负责的主管人员和其他直接责任人员依法给予处分；直接负责的主管人员和其他直接责任人员构成犯罪的，依法追究刑事责任：

（一）不立即组织事故抢救的。

（二）迟报、漏报或者瞒报、谎报事故的。

（三）阻碍、干涉事故调查工作的。

（四）在事故调查中作伪证或者指使他人作伪证的。

第三十三条 参与事故调查的人员在事故调查中有下列行为之一的，依法给予处分；构成犯罪的，依法追究刑事责任：

（一）对事故调查工作不负责任，致使事故调查工作有重大疏漏的。

（二）包庇、袒护负有事故责任的人员或者借机打击报复的。

第六章　附　　则

第三十四条 发生本条例规定的事故，同时造成人员伤亡或者直接经济损失，依照本条例确定的事故等级与依照《生产安全事故报告和调查处理条例》确定的事故等级不相同的，按事故等级较高者确定事故等级，依照本条例的规定调查处理；事故造成人员伤亡，构成《生产安全事故报告和调查处理条例》规定的重大事故或者特别重大事故的，依照《生产安全事故报告和调查处理条例》的规定调查处理。

电力生产或者电网运行过程中发生发电设备或者输变电设备损坏，造成直接经济损失的事故，未影响电力系统安全稳定运行以及电力正常供应的，由电力监管机构依照《生产安全事故报告和调查处理条例》的规定组成事故调查组对重大事故、较大事故、一般事故进行调查处理。

第三十五条 本条例对事故报告和调查处理未作规定的，适用《生产安全事故报告和调查处理条例》的规定。

第三十六条 核电厂核事故的应急处置和调查处理，依照《核电厂核事故应急管理条例》的规定执行。

第三十七条 本条例自2011年9月1日起施行。

附：

电力安全事故等级划分标准

判定项 事故等级	造成电网减供负荷的比例	造成城市供电用户停电的比例	发电厂或者变电站因安全故障造成全厂（站）对外停电的影响和持续时间	发电机组因安全故障停运的时间和后果	供热机组对外停止供热的时间
特别重大事故	区域性电网减供负荷30%以上 电网负荷20 000兆瓦以上的省、自治区电网，减供负荷30%以上 电网负荷5 000兆瓦以上20 000兆瓦以下的省、自治区电网，减供负荷40%以上 直辖市电网减供负荷50%以上 电网负荷2 000兆瓦以上的省、自治区人民政府所在地城市电网减供负荷60%以上	直辖市60%以上供电用户停电 电网负荷2 000兆瓦以上的省、自治区人民政府所在地城市70%以上供电用户停电			

续表

判定项 / 事故等级	造成电网减供负荷的比例	造成城市供电用户停电的比例	发电厂或者变电站因安全故障造成全厂（站）对外停电的影响和持续时间	发电机组因安全故障停运的时间和后果	供热机组对外停止供热的时间
重大事故	区域性电网减供负荷10%以上30%以下 电网负荷20 000兆瓦以上的省、自治区电网，减供负荷13%以上30%以下 电网负荷5 000兆瓦以上20 000兆瓦以下的省、自治区电网，减供负荷16%以上40%以下 电网负荷1 000兆瓦以上5 000兆瓦以下的省、自治区电网，减供负荷50%以上 直辖市电网减供负荷20%以上50%以下 省、自治区人民政府所在地城市电网减供负荷40%以上（电网负荷2 000兆瓦以上的，减供负荷40%以上60%以下） 电网负荷600兆瓦以上的其他设区的市电网减供负荷60%以上	直辖市30%以上60%以下供电用户停电 省、自治区人民政府所在地城市50%以上供电用户停电（电网负荷2 000兆瓦以上的，50%以上70%以下） 电网负荷600兆瓦以上的其他设区的市70%以上供电用户停电			

续表

判定项 事故等级	造成电网减供负荷的比例	造成城市供电用户停电的比例	发电厂或者变电站因安全故障造成全厂（站）对外停电的影响和持续时间	发电机组因安全故障停运的时间和后果	供热机组对外停止供热的时间
较大事故	区域性电网减供负荷7%以上10%以下 电网负荷20 000兆瓦以上的省、自治区电网，减供负荷10%以上13%以下 电网负荷5 000兆瓦以上20 000兆瓦以下的省、自治区电网，减供负荷12%以上16%以下 电网负荷1 000兆瓦以上5 000兆瓦以下的省、自治区电网，减供负荷20%以上50%以下 电网负荷1 000兆瓦以下的省、自治区电网，减供负荷40%以上 直辖市电网减供负荷10%以上20%以下 省、自治区人民政府所在地城市电网减供负荷20%以上40%以下	直辖市15%以上30%以下供电用户停电 省、自治区人民政府所在地城市30%以上50%以下供电用户停电 其他设区的市50%以上供电用户停电（电网负荷600兆瓦以上的，50%以上70%以下） 电网负荷150兆瓦以上的县级市70%以上供电用户停电	发电厂或者220千伏以上变电站因安全故障造成全厂（站）对外停电，导致周边电压监视控制点电压低于调度机构规定的电压曲线值20%并且持续时间30分钟以上，或者导致周边电压监视控制点电压低于调度机构规定的电压曲线值10%并且持续时间1小时以上	发电机组因安全故障停止运行超过行业标准规定的大修时间两周，并导致电网减供负荷	供热机组装机容量200兆瓦以上的热电厂，在当地人民政府规定的采暖期内同时发生2台以上供热机组因安全故障停止运行，造成全厂对外停止供热并且持续时间48小时以上

续表

判定项 事故等级	造成电网减供负荷的比例	造成城市供电用户停电的比例	发电厂或者变电站因安全故障造成全厂（站）对外停电的影响和持续时间	发电机组因安全故障停运的时间和后果	供热机组对外停止供热的时间
较大事故	其他设区的市电网减供负荷40%以上（电网负荷600兆瓦以上的，减供负荷40%以上60%以下） 电网负荷150兆瓦以上的县级市电网减供负荷60%以上				
一般事故	区域性电网减供负荷4%以上7%以下 电网负荷20 000兆瓦以上的省、自治区电网，减供负荷5%以上10%以下 电网负荷5 000兆瓦以上20 000兆瓦以下的省、自治区电网，减供负荷6%以上12%以下 电网负荷1 000兆瓦以上5 000兆瓦以下的省、自治区电网，减供负荷10%以上20%以下 电网负荷1 000兆瓦以下的省、自治区电网，减供负荷25%以上40%以下	直辖市10%以上15%以下供电用户停电 省、自治区人民政府所在地城市15%以上30%以下供电用户停电 其他设区的市30%以上50%以下供电用户停电 县级市50%以上供电用户停电（电网负荷150兆瓦以上的，50%以上70%以下）	发电厂或者220千伏以上变电站因安全故障造成全厂（站）对外停电，导致周边电压监视控制点电压低于调度机构规定的电压曲线值5%以上10%以下并且持续时间2小时以上	发电机组因安全故障停止运行超过行业标准规定的小修时间两周，并导致电网减供负荷	供热机组装机容量200兆瓦以上的热电厂，在当地人民政府规定的采暖期内同时发生2台以上供热机组因安全故障停止运行，造成全厂对外停止供热并且持续时间24小时以上

续表

判定项 事故等级	造成电网减供负荷的比例	造成城市供电用户停电的比例	发电厂或者变电站因安全故障造成全厂（站）对外停电的影响和持续时间	发电机组因安全故障停运的时间和后果	供热机组对外停止供热的时间
一般事故	直辖市电网减供负荷5%以上10%以下 省、自治区人民政府所在地城市电网减供负荷10%以上20%以下 其他设区的市电网减供负荷20%以上40%以下 县级市减供负荷40%以上（电网负荷150兆瓦以上的，减供负荷40%以上60%以下）				

注：1. 符合本表所列情形之一的，即构成相应等级的电力安全事故。

2. 本表中所称的“以上”包括本数，“以下”不包括本数。

3. 本表下列用语的含义：

（1）电网负荷，是指电力调度机构统一调度的电网在事故发生起始时刻的实际负荷。

（2）电网减供负荷，是指电力调度机构统一调度的电网在事故发生期间的实际负荷最大减少量。

（3）全厂对外停电，是指发电厂对外有功负荷降到零（虽电网经发电厂母线传送的负荷没有停止，仍视为全厂对外停电）。

（4）发电机组因安全故障停止运行，是指并网运行的发电机组（包括各种类型的电站锅炉、汽轮机、燃气轮机、水轮机、发电机和主变压器等主要发电设备），在未经电力调度机构允许的情况下，因安全故障需要停止运行的状态。

26 铁路安全管理条例

2013年7月24日国务院第18次常务会议通过，2013年8月17日中华人民共和国国务院令第639号公布，自2014年1月1日起施行。

第一章 总 则

第一条 为了加强铁路安全管理，保障铁路运输安全和畅通，保护人身安全和财产安全，制定本条例。

第二条 铁路安全管理坚持安全第一、预防为主、综合治理的方针。

第三条 国务院铁路行业监督管理部门负责全国铁路安全监督管理工作，国务院铁路行业监督管理部门设立的铁路监督管理机构负责辖区内的铁路安全监督管理工作。国务院铁路行业监督管理部门和铁路监督管理机构统称铁路监管部门。

国务院有关部门依照法律和国务院规定的职责，负责铁路安全管理的有关工作。

第四条 铁路沿线地方各级人民政府和县级以上地方人民政府有关部门应当按照各自职责，加强保障铁路安全的教育，落实护路联防责任制，防范和制止危害铁路安全的行为，协调和处理保障铁路安全的有关事项，做好保障铁路安全的有关工作。

第五条 从事铁路建设、运输、设备制造维修的单位应当加强安全管理，建立健全安全生产管理制度，落实企业安全生产主体责任，设置安全管理机构或者配备安全管理人员，执行保障生产安全和产品质量安全的国家标准、行业标准，加强对从业人员的安全教育培训，保证安全生产所必需的资金投入。

铁路建设、运输、设备制造维修单位的工作人员应当严格执行规章制度，实行标准化作业，保证铁路安全。

第六条 铁路监管部门、铁路运输企业等单位应当按照国家有关规定制定突发事件应急预案，并组织应急演练。

第七条 禁止扰乱铁路建设、运输秩序。禁止损坏或者非法占用铁路设施设备、铁路标志和铁路用地。

任何单位或者个人发现损坏或者非法占用铁路设施设备、铁路标志、铁路用地以及其他影响铁路安全的行为，有权报告铁路运输企业，或者向铁路监管部门、公安机关或者其他有关部门举报。接到报告的铁路运输企业、接到举报的部门应当根据各自职责及时处理。

对维护铁路安全作出突出贡献的单位或者个人，按照国家有关规定给予表彰奖励。

第二章 铁路建设质量安全

第八条 铁路建设工程的勘察、设计、施工、监理以及建设物资、设备的采购，应当依法进行招标。

第九条　从事铁路建设工程勘察、设计、施工、监理活动的单位应当依法取得相应资质，并在其资质等级许可的范围内从事铁路工程建设活动。

第十条　铁路建设单位应当选择具备相应资质等级的勘察、设计、施工、监理单位进行工程建设，并对建设工程的质量安全进行监督检查，制作检查记录留存备查。

第十一条　铁路建设工程的勘察、设计、施工、监理应当遵守法律、行政法规关于建设工程质量和安全管理的规定，执行国家标准、行业标准和技术规范。

铁路建设工程的勘察、设计、施工单位依法对勘察、设计、施工的质量负责，监理单位依法对施工质量承担监理责任。

高速铁路和地质构造复杂的铁路建设工程实行工程地质勘察监理制度。

第十二条　铁路建设工程的安全设施应当与主体工程同时设计、同时施工、同时投入使用。安全设施投资应当纳入建设项目概算。

第十三条　铁路建设工程使用的材料、构件、设备等产品，应当符合有关产品质量的强制性国家标准、行业标准。

第十四条　铁路建设工程的建设工期，应当根据工程地质条件、技术复杂程度等因素，按照国家标准、行业标准和技术规范合理确定、调整。

任何单位和个人不得违反前款规定要求铁路建设、设计、施工单位压缩建设工期。

第十五条　铁路建设工程竣工，应当按照国家有关规定组织验收，并由铁路运输企业进行运营安全评估。经验收、评估合格，符合运营安全要求的，方可投入运营。

第十六条　在铁路线路及其邻近区域进行铁路建设工程施工，应当执行铁路营业线施工安全管理规定。铁路建设单位应当会同相关铁路运输企业和工程设计、施工单位制定安全施工方案，按照方案进行施工。施工完毕应当及时清理现场，不得影响铁路运营安全。

第十七条　新建、改建设计开行时速120公里以上列车的铁路或者设计运输量达到国务院铁路行业监督管理部门规定的较大运输量标准的铁路，需要与道路交叉的，应当设置立体交叉设施。

新建、改建高速公路、一级公路或者城市道路中的快速路，需要与铁路交叉的，应当设置立体交叉设施，并优先选择下穿铁路的方案。

已建成的属于前两款规定情形的铁路、道路为平面交叉的，应当逐步改造为立体交叉。

新建、改建高速铁路需要与普通铁路、道路、渡槽、管线等设施交叉的，应当优先选择高速铁路上跨方案。

第十八条　设置铁路与道路立体交叉设施及其附属安全设施所需费用的承担，按照下列原则确定：

（一）新建、改建铁路与既有道路交叉的，由铁路方承担建设费用；道路方要求超过既有道路建设标准建设所增加的费用，由道路方承担。

（二）新建、改建道路与既有铁路交叉的，由道路方承担建设费用；铁路方要求超过既有铁路线路建设标准建设所增加的费用，由铁路方承担。

（三）同步建设的铁路和道路需要设置立体交叉设施以及既有铁路道口改造为立体交叉的，由铁路方和道路方按照公平合理的原则分担建设费用。

第十九条 铁路与道路立体交叉设施及其附属安全设施竣工验收合格后，应当按照国家有关规定移交有关单位管理、维护。

第二十条 专用铁路、铁路专用线需要与公用铁路网接轨的，应当符合国家有关铁路建设、运输的安全管理规定。

第三章 铁路专用设备质量安全

第二十一条 设计、制造、维修或者进口新型铁路机车车辆，应当符合国家标准、行业标准，并分别向国务院铁路行业监督管理部门申请领取型号合格证、制造许可证、维修许可证或者进口许可证，具体办法由国务院铁路行业监督管理部门制定。

铁路机车车辆的制造、维修、使用单位应当遵守有关产品质量的法律、行政法规以及国家其他有关规定，确保投入使用的机车车辆符合安全运营要求。

第二十二条 生产铁路道岔及其转辙设备、铁路信号控制软件和控制设备、铁路通信设备、铁路牵引供电设备的企业，应当符合下列条件并经国务院铁路行业监督管理部门依法审查批准：

（一）有按照国家标准、行业标准检测、检验合格的专业生产设备。

（二）有相应的专业技术人员。

（三）有完善的产品质量保证体系和安全管理制度。

（四）法律、行政法规规定的其他条件。

第二十三条 铁路机车车辆以外的直接影响铁路运输安全的铁路专用设备，依法应当进行产品认证的，经认证合格方可出厂、销售、进口、使用。

第二十四条 用于危险化学品和放射性物品运输的铁路罐车、专用车辆以及其他容器的生产和检测、检验，依照有关法律、行政法规的规定执行。

第二十五条 用于铁路运输的安全检测、监控、防护设施设备，集装箱和集装化用具等运输器具，专用装卸机械、索具、篷布、装载加固材料或者装置，以及运输包装、货物装载加固等，应当符合国家标准、行业标准和技术规范。

第二十六条 铁路机车车辆以及其他铁路专用设备存在缺陷，即由于设计、制造、标识等原因导致同一批次、型号或者类别的铁路专用设备普遍存在不符合保障人身、财产安全的国家标准、行业标准的情形或者其他危及人身、财产安全的不合理危险的，应当立即停止生产、销售、进口、使用；设备制造者应当召回缺陷产品，采取措施消除缺陷。具体办法由国务院铁路行业监督管理部门制定。

第四章 铁路线路安全

第二十七条 铁路线路两侧应当设立铁路线路安全保护区。铁路线路安全保护区的范围，从铁路线路路堤坡脚、路堑坡顶或者铁路桥梁（含铁路、道路两用桥，下同）外侧起向外的距离分别为：

（一）城市市区高速铁路为 10 米，其他铁路为 8 米。

（二）城市郊区居民居住区高速铁路为 12 米，其他铁路为 10 米。

（三）村镇居民居住区高速铁路为 15 米，其他铁路为 12 米。

（四）其他地区高速铁路为 20 米，其他铁路为 15 米。

前款规定距离不能满足铁路运输安全保护需要的，由铁路建设单位或者铁路运输企业提出方案，铁路监督管理机构或者县级以上地方人民政府依照本条第三款规定程序划定。

在铁路用地范围内划定铁路线路安全保护区的，由铁路监督管理机构组织铁路建设单位或者铁路运输企业划定并公告。在铁路用地范围外划定铁路线路安全保护区的，由县级以上地方人民政府根据保障铁路运输安全和节约用地的原则，组织有关铁路监督管理机构、县级以上地方人民政府国土资源等部门划定并公告。

铁路线路安全保护区与公路建筑控制区、河道管理范围、水利工程管理和保护范围、航道保护范围或者石油、电力以及其他重要设施保护区重叠的，由县级以上地方人民政府组织有关部门依照法律、行政法规的规定协商划定并公告。

新建、改建铁路的铁路线路安全保护区范围，应当自铁路建设工程初步设计批准之日起 30 日内，由县级以上地方人民政府依照本条例的规定划定并公告。铁路建设单位或者铁路运输企业应当根据工程竣工资料进行勘界，绘制铁路线路安全保护区平面图，并根据平面图设立标桩。

第二十八条 设计开行时速 120 公里以上列车的铁路应当实行全封闭管理。铁路建设单位或者铁路运输企业应当按照国务院铁路行业监督管理部门的规定在铁路用地范围内设置封闭设施和警示标志。

第二十九条 禁止在铁路线路安全保护区内烧荒、放养牲畜、种植影响铁路线路安全和行车瞭望的树木等植物。

禁止向铁路线路安全保护区排污、倾倒垃圾以及其他危害铁路安全的物质。

第三十条 在铁路线路安全保护区内建造建筑物、构筑物等设施，取土、挖砂、挖沟、采空作业或者堆放、悬挂物品，应当征得铁路运输企业同意并签订安全协议，遵守保证铁路安全的国家标准、行业标准和施工安全规范，采取措施防止影响铁路运输安全。铁路运输企业应当派员对施工现场实行安全监督。

第三十一条 铁路线路安全保护区内既有的建筑物、构筑物危及铁路运输安全的，应当采取必要的安全防护措施；采取安全防护措施后仍不能保证安全的，依照有关法律的规定拆除。

拆除铁路线路安全保护区内的建筑物、构筑物，清理铁路线路安全保护区内的植物，或者对他人在铁路线路安全保护区内已依法取得的采矿权等合法权利予以限制，给他人造成损失的，应当依法给予补偿或者采取必要的补救措施。但是，拆除非法建设的建筑物、构筑物的除外。

第三十二条 在铁路线路安全保护区及其邻近区域建造或者设置的建筑物、构筑物、设备等，不得进入国家规定的铁路建筑限界。

第三十三条 在铁路线路两侧建造、设立生产、加工、储存或者销售易燃、易爆或者放射性物品等危险物品的场所、仓库，应当符合国家标准、行业标准规定的安全防护距离。

第三十四条 在铁路线路两侧从事采矿、采石或者爆破作业，应当遵守有关采矿和民用爆破的法律法规，符合国家标准、行业标准和铁路安全保护要求。

在铁路线路路堤坡脚、路堑坡顶、铁路桥梁外侧起向外各 1 000 米范围内，以及在铁路隧道上方中心线两侧各 1 000 米范围内，确需从事露天采矿、采石或者爆破作业的，应当与铁路运输企业协商一致，依照有关法律法规的规定报县级以上地方人民政府有关部门批准，采取安全防护措施后方可进行。

第三十五条 高速铁路线路路堤坡脚、路堑坡顶或者铁路桥梁外侧起向外各 200 米范围内禁止抽取地下水。

在前款规定范围外，高速铁路线路经过的区域属于地面沉降区域，抽取地下水危及高速铁路安全的，应当设置地下水禁止开采区或者限制开采区，具体范围由铁路监督管理机构会同县级以上地方人民政府水行政主管部门提出方案，报省、自治区、直辖市人民政府批准并公告。

第三十六条 在电气化铁路附近从事排放粉尘、烟尘及腐蚀性气体的生产活动，超过国家规定的排放标准，危及铁路运输安全的，由县级以上地方人民政府有关部门依法责令整改，消除安全隐患。

第三十七条 任何单位和个人不得擅自在铁路桥梁跨越处河道上下游各 1 000 米范围内围垦造田、拦河筑坝、架设浮桥或者修建其他影响铁路桥梁安全的设施。

因特殊原因确需在前款规定的范围内进行围垦造田、拦河筑坝、架设浮桥等活动的，应当进行安全论证，负责审批的机关在批准前应当征求有关铁路运输企业的意见。

第三十八条 禁止在铁路桥梁跨越处河道上下游的下列范围内采砂、淘金：

（一）跨河桥长 500 米以上的铁路桥梁，河道上游 500 米，下游 3 000 米。

（二）跨河桥长 100 米以上不足 500 米的铁路桥梁，河道上游 500 米，下游 2 000 米。

（三）跨河桥长不足 100 米的铁路桥梁，河道上游 500 米，下游 1 000 米。

有关部门依法在铁路桥梁跨越处河道上下游划定的禁采范围大于前款规定的禁采范围的，按照划定的禁采范围执行。

县级以上地方人民政府水行政主管部门、国土资源主管部门应当按照各自职责划定禁采区域、设置禁采标志，制止非法采砂、淘金行为。

第三十九条 在铁路桥梁跨越处河道上下游各 500 米范围内进行疏浚作业，应当进行安全技术评价，有关河道、航道管理部门应当征求铁路运输企业的意见，确认安全或者采取安全技术措施后，方可批准进行疏浚作业。但是，依法进行河道、航道日常养护、疏浚作业的除外。

第四十条 铁路、道路两用桥由所在地铁路运输企业和道路管理部门或者道路经营企业定期检查、共同维护，保证桥梁处于安全的技术状态。

铁路、道路两用桥的墩、梁等共用部分的检测、维修由铁路运输企业和道路管理部门或者道路经营企业共同负责，所需费用按照公平合理的原则分担。

第四十一条　铁路的重要桥梁和隧道按照国家有关规定由中国人民武装警察部队负责守卫。

第四十二条　船舶通过铁路桥梁应当符合桥梁的通航净空高度并遵守航行规则。

桥区航标中的桥梁航标、桥柱标、桥梁水尺标由铁路运输企业负责设置、维护，水面航标由铁路运输企业负责设置，航道管理部门负责维护。

第四十三条　下穿铁路桥梁、涵洞的道路应当按照国家标准设置车辆通过限高、限宽标志和限高防护架。城市道路的限高、限宽标志由当地人民政府指定的部门设置并维护，公路的限高、限宽标志由公路管理部门设置并维护。限高防护架在铁路桥梁、涵洞、道路建设时设置，由铁路运输企业负责维护。

机动车通过下穿铁路桥梁、涵洞的道路，应当遵守限高、限宽规定。

下穿铁路涵洞的管理单位负责涵洞的日常管理、维护，防止淤塞、积水。

第四十四条　铁路线路安全保护区内的道路和铁路线路路堑上的道路、跨越铁路线路的道路桥梁，应当按照国家有关规定设置防止车辆以及其他物体进入、坠入铁路线路的安全防护设施和警示标志，并由道路管理部门或者道路经营企业维护、管理。

第四十五条　架设、铺设铁路信号和通信线路、杆塔应当符合国家标准、行业标准和铁路安全防护要求。铁路运输企业、为铁路运输提供服务的电信企业应当加强对铁路信号和通信线路、杆塔的维护和管理。

第四十六条　设置或者拓宽铁路道口、铁路人行过道，应当征得铁路运输企业的同意。

第四十七条　铁路与道路交叉的无人看守道口应当按照国家标准设置警示标志；有人看守道口应当设置移动栏杆、列车接近报警装置、警示灯、警示标志、铁路道口路段标线等安全防护设施。

道口移动栏杆、列车接近报警装置、警示灯等安全防护设施由铁路运输企业设置、维护；警示标志、铁路道口路段标线由铁路道口所在地的道路管理部门设置、维护。

第四十八条　机动车或者非机动车在铁路道口内发生故障或者装载物掉落的，应当立即将故障车辆或者掉落的装载物移至铁路道口停止线以外或者铁路线路最外侧钢轨 5 米以外的安全地点。无法立即移至安全地点的，应当立即报告铁路道口看守人员；在无人看守道口，应当立即在道口两端采取措施拦停列车，并就近通知铁路车站或者公安机关。

第四十九条　履带车辆等可能损坏铁路设施设备的车辆、物体通过铁路道口，应当提前通知铁路道口管理单位，在其协助、指导下通过，并采取相应的安全防护措施。

第五十条　在下列地点，铁路运输企业应当按照国家标准、行业标准设置易于识别的警示、保护标志：

（一）铁路桥梁、隧道的两端。

（二）铁路信号、通信光（电）缆的埋设、铺设地点。

（三）电气化铁路接触网、自动闭塞供电线路和电力贯通线路等电力设施附近易发生危险的地点。

第五十一条　禁止毁坏铁路线路、站台等设施设备和铁路路基、护坡、排水沟、防护林木、护坡草坪、铁路线路封闭网及其他铁路防护设施。

第五十二条 禁止实施下列危及铁路通信、信号设施安全的行为：

（一）在埋有地下光（电）缆设施的地面上方进行钻探，堆放重物、垃圾，焚烧物品，倾倒腐蚀性物质。

（二）在地下光（电）缆两侧各1米的范围内建造、搭建建筑物、构筑物等设施。

（三）在地下光（电）缆两侧各1米的范围内挖砂、取土。

（四）在过河光（电）缆两侧各100米的范围内挖砂、抛锚或者进行其他危及光（电）缆安全的作业。

第五十三条 禁止实施下列危害电气化铁路设施的行为：

（一）向电气化铁路接触网抛掷物品。

（二）在铁路电力线路导线两侧各500米的范围内升放风筝、气球等低空飘浮物体。

（三）攀登铁路电力线路杆塔或者在杆塔上架设、安装其他设施设备。

（四）在铁路电力线路杆塔、拉线周围20米范围内取土、打桩、钻探或者倾倒有害化学物品。

（五）触碰电气化铁路接触网。

第五十四条 县级以上各级人民政府及其有关部门、铁路运输企业应当依照地质灾害防治法律法规的规定，加强铁路沿线地质灾害的预防、治理和应急处理等工作。

第五十五条 铁路运输企业应当对铁路线路、铁路防护设施和警示标志进行经常性巡查和维护；对巡查中发现的安全问题应当立即处理，不能立即处理的应当及时报告铁路监督管理机构。巡查和处理情况应当记录留存。

第五章 铁路运营安全

第五十六条 铁路运输企业应当依照法律、行政法规和国务院铁路行业监督管理部门的规定，制定铁路运输安全管理制度，完善相关作业程序，保障铁路旅客和货物运输安全。

第五十七条 铁路机车车辆的驾驶人员应当参加国务院铁路行业监督管理部门组织的考试，考试合格方可上岗。具体办法由国务院铁路行业监督管理部门制定。

第五十八条 铁路运输企业应当加强铁路专业技术岗位和主要行车工种岗位从业人员的业务培训和安全培训，提高从业人员的业务技能和安全意识。

第五十九条 铁路运输企业应当加强运输过程中的安全防护，使用的运输工具、装载加固设备以及其他专用设施设备应当符合国家标准、行业标准和安全要求。

第六十条 铁路运输企业应当建立健全铁路设施设备的检查防护制度，加强对铁路设施设备的日常维护检修，确保铁路设施设备性能完好和安全运行。

铁路运输企业的从业人员应当按照操作规程使用、管理铁路设施设备。

第六十一条 在法定假日和传统节日等铁路运输高峰期或者恶劣气象条件下，铁路运输企业应当采取必要的安全应急管理措施，加强铁路运输安全检查，确保运输安全。

第六十二条 铁路运输企业应当在列车、车站等场所公告旅客、列车工作人员以及其他进站人员遵守的安全管理规定。

第六十三条　公安机关应当按照职责分工，维护车站、列车等铁路场所和铁路沿线的治安秩序。

第六十四条　铁路运输企业应当按照国务院铁路行业监督管理部门的规定实施火车票实名购买、查验制度。

实施火车票实名购买、查验制度的，旅客应当凭有效身份证件购票乘车；对车票所记载身份信息与所持身份证件或者真实身份不符的持票人，铁路运输企业有权拒绝其进站乘车。

铁路运输企业应当采取有效措施为旅客实名购票、乘车提供便利，并加强对旅客身份信息的保护。铁路运输企业工作人员不得窃取、泄露旅客身份信息。

第六十五条　铁路运输企业应当依照法律、行政法规和国务院铁路行业监督管理部门的规定，对旅客及其随身携带、托运的行李物品进行安全检查。

从事安全检查的工作人员应当佩戴安全检查标志，依法履行安全检查职责，并有权拒绝不接受安全检查的旅客进站乘车和托运行李物品。

第六十六条　旅客应当接受并配合铁路运输企业在车站、列车实施的安全检查，不得违法携带、夹带管制器具，不得违法携带、托运烟花爆竹、枪支弹药等危险物品或者其他违禁物品。

禁止或者限制携带的物品种类及其数量由国务院铁路行业监督管理部门会同公安机关规定，并在车站、列车等场所公布。

第六十七条　铁路运输托运人托运货物、行李、包裹，不得有下列行为：

（一）匿报、谎报货物品名、性质、重量。

（二）在普通货物中夹带危险货物，或者在危险货物中夹带禁止配装的货物。

（三）装车、装箱超过规定重量。

第六十八条　铁路运输企业应当对承运的货物进行安全检查，并不得有下列行为：

（一）在非危险货物办理站办理危险货物承运手续。

（二）承运未接受安全检查的货物。

（三）承运不符合安全规定、可能危害铁路运输安全的货物。

第六十九条　运输危险货物应当依照法律法规和国家其他有关规定使用专用的设施设备，托运人应当配备必要的押运人员和应急处理器材、设备以及防护用品，并使危险货物始终处于押运人员的监管之下；危险货物发生被盗、丢失、泄漏等情况，应当按照国家有关规定及时报告。

第七十条　办理危险货物运输业务的工作人员和装卸人员、押运人员，应当掌握危险货物的性质、危害特性、包装容器的使用特性和发生意外的应急措施。

第七十一条　铁路运输企业和托运人应当按照操作规程包装、装卸、运输危险货物，防止危险货物泄漏、爆炸。

第七十二条　铁路运输企业和托运人应当依照法律法规和国家其他有关规定包装、装载、押运特殊药品，防止特殊药品在运输过程中被盗、被劫或者发生丢失。

第七十三条 铁路管理信息系统及其设施的建设和使用，应当符合法律法规和国家其他有关规定的安全技术要求。

铁路运输企业应当建立网络与信息安全应急保障体系，并配备相应的专业技术人员负责网络和信息系统的安全管理工作。

第七十四条 禁止使用无线电台（站）以及其他仪器、装置干扰铁路运营指挥调度无线电频率的正常使用。

铁路运营指挥调度无线电频率受到干扰的，铁路运输企业应当立即采取排查措施并报告无线电管理机构、铁路监管部门；无线电管理机构、铁路监管部门应当依法排除干扰。

第七十五条 电力企业应当依法保障铁路运输所需电力的持续供应，并保证供电质量。

铁路运输企业应当加强用电安全管理，合理配置供电电源和应急自备电源。

遇有特殊情况影响铁路电力供应的，电力企业和铁路运输企业应当按照各自职责及时组织抢修，尽快恢复正常供电。

第七十六条 铁路运输企业应当加强铁路运营食品安全管理，遵守有关食品安全管理的法律法规和国家其他有关规定，保证食品安全。

第七十七条 禁止实施下列危害铁路安全的行为：

（一）非法拦截列车、阻断铁路运输。

（二）扰乱铁路运输指挥调度机构以及车站、列车的正常秩序。

（三）在铁路线路上放置、遗弃障碍物。

（四）击打列车。

（五）擅自移动铁路线路上的机车车辆，或者擅自开启列车车门、违规操纵列车紧急制动设备。

（六）拆盗、损毁或者擅自移动铁路设施设备、机车车辆配件、标桩、防护设施和安全标志。

（七）在铁路线路上行走、坐卧或者在未设道口、人行过道的铁路线路上通过。

（八）擅自进入铁路线路封闭区域或者在未设置行人通道的铁路桥梁、隧道通行。

（九）擅自开启、关闭列车的货车阀、盖或者破坏施封状态。

（十）擅自开启列车中的集装箱箱门，破坏箱体、阀、盖或者施封状态。

（十一）擅自松动、拆解、移动列车中的货物装载加固材料、装置和设备。

（十二）钻车、扒车、跳车。

（十三）从列车上抛扔杂物。

（十四）在动车组列车上吸烟或者在其他列车的禁烟区域吸烟。

（十五）强行登乘或者以拒绝下车等方式强占列车。

（十六）冲击、堵塞、占用进出站通道或者候车区、站台。

第六章 监督检查

第七十八条 铁路监管部门应当对从事铁路建设、运输、设备制造维修的企业执行本条例的情况实施监督检查，依法查处违反本条例规定的行为，依法组织或者参与铁路安全事故的调查处理。

铁路监管部门应当建立企业违法行为记录和公告制度，对违反本条例被依法追究法律责任的从事铁路建设、运输、设备制造维修的企业予以公布。

第七十九条 铁路监管部门应当加强对铁路运输高峰期和恶劣气象条件下运输安全的监督管理，加强对铁路运输的关键环节、重要设施设备的安全状况以及铁路运输突发事件应急预案的建立和落实情况的监督检查。

第八十条 铁路监管部门和县级以上人民政府安全生产监督管理部门应当建立信息通报制度和运输安全生产协调机制。发现重大安全隐患，铁路运输企业难以自行排除的，应当及时向铁路监管部门和有关地方人民政府报告。地方人民政府获悉铁路沿线有危及铁路运输安全的重要情况，应当及时通报有关的铁路运输企业和铁路监管部门。

第八十一条 铁路监管部门发现安全隐患，应当责令有关单位立即排除。重大安全隐患排除前或者排除过程中无法保证安全的，应当责令从危险区域内撤出人员、设备，停止作业；重大安全隐患排除后方可恢复作业。

第八十二条 实施铁路安全监督检查的人员执行监督检查任务时，应当佩戴标志或者出示证件。任何单位和个人不得阻碍、干扰安全监督检查人员依法履行安全检查职责。

第七章 法律责任

第八十三条 铁路建设单位和铁路建设的勘察、设计、施工、监理单位违反本条例关于铁路建设质量安全管理的规定的，由铁路监管部门依照有关工程建设、招标投标管理的法律、行政法规的规定处罚。

第八十四条 铁路建设单位未对高速铁路和地质构造复杂的铁路建设工程实行工程地质勘察监理，或者在铁路线路及其邻近区域进行铁路建设工程施工不执行铁路营业线施工安全管理规定，影响铁路运营安全的，由铁路监管部门责令改正，处10万元以上50万元以下的罚款。

第八十五条 依法应当进行产品认证的铁路专用设备未经认证合格，擅自出厂、销售、进口、使用的，依照《中华人民共和国认证认可条例》的规定处罚。

第八十六条 铁路机车车辆以及其他专用设备制造者未按规定召回缺陷产品，采取措施消除缺陷的，由国务院铁路行业监督管理部门责令改正；拒不改正的，处缺陷产品货值金额1%以上10%以下的罚款；情节严重的，由国务院铁路行业监督管理部门吊销相应的许可证件。

第八十七条 有下列情形之一的，由铁路监督管理机构责令改正，处2万元以上10万元以下的罚款：

（一）用于铁路运输的安全检测、监控、防护设施设备，集装箱和集装化用具等运输器具、专用装卸机械、索具、篷布、装载加固材料或者装置、运输包装、货物装载加固等，不符合国家标准、行业标准和技术规范。

（二）不按照国家有关规定和标准设置、维护铁路封闭设施、安全防护设施。

（三）架设、铺设铁路信号和通信线路、杆塔不符合国家标准、行业标准和铁路安全防护要求，或者未对铁路信号和通信线路、杆塔进行维护和管理。

（四）运输危险货物不依照法律法规和国家其他有关规定使用专用的设施设备。

第八十八条 在铁路线路安全保护区内烧荒、放养牲畜、种植影响铁路线路安全和行车瞭望的树木等植物，或者向铁路线路安全保护区排污、倾倒垃圾以及其他危害铁路安全的物质的，由铁路监督管理机构责令改正，对单位可以处 5 万元以下的罚款，对个人可以处 2 000 元以下的罚款。

第八十九条 未经铁路运输企业同意或者未签订安全协议，在铁路线路安全保护区内建造建筑物、构筑物等设施，取土、挖砂、挖沟、采空作业或者堆放、悬挂物品，或者违反保证铁路安全的国家标准、行业标准和施工安全规范，影响铁路运输安全的，由铁路监督管理机构责令改正，可以处 10 万元以下的罚款。

铁路运输企业未派员对铁路线路安全保护区内施工现场进行安全监督的，由铁路监督管理机构责令改正，可以处 3 万元以下的罚款。

第九十条 在铁路线路安全保护区及其邻近区域建造或者设置的建筑物、构筑物、设备等进入国家规定的铁路建筑限界，或者在铁路线路两侧建造、设立生产、加工、储存或者销售易燃、易爆或者放射性物品等危险物品的场所、仓库不符合国家标准、行业标准规定的安全防护距离的，由铁路监督管理机构责令改正，对单位处 5 万元以上 20 万元以下的罚款，对个人处 1 万元以上 5 万元以下的罚款。

第九十一条 有下列行为之一的，分别由铁路沿线所在地县级以上地方人民政府水行政主管部门、国土资源主管部门或者无线电管理机构等依照有关水资源管理、矿产资源管理、无线电管理等法律、行政法规的规定处罚：

（一）未经批准在铁路线路两侧各 1 000 米范围内从事露天采矿、采石或者爆破作业。

（二）在地下水禁止开采区或者限制开采区抽取地下水。

（三）在铁路桥梁跨越处河道上下游各 1 000 米范围内围垦造田、拦河筑坝、架设浮桥或者修建其他影响铁路桥梁安全的设施。

（四）在铁路桥梁跨越处河道上下游禁止采砂、淘金的范围内采砂、淘金。

（五）干扰铁路运营指挥调度无线电频率正常使用。

第九十二条 铁路运输企业、道路管理部门或者道路经营企业未履行铁路、道路两用桥检查、维护职责的，由铁路监督管理机构或者上级道路管理部门责令改正；拒不改正的，由铁路监督管理机构或者上级道路管理部门指定其他单位进行养护和维修，养护和维修费用由拒不履行义务的铁路运输企业、道路管理部门或者道路经营企业承担。

第九十三条 机动车通过下穿铁路桥梁、涵洞的道路未遵守限高、限宽规定的，由公安机关依照道路交通安全管理法律、行政法规的规定处罚。

第九十四条 违反本条例第四十八条、第四十九条关于铁路道口安全管理的规定的，由铁路监督管理机构责令改正，处 1 000 元以上 5 000 元以下的罚款。

第九十五条 违反本条例第五十一条、第五十二条、第五十三条、第七十七条规定的，由公安机关责令改正，对单位处 1 万元以上 5 万元以下的罚款，对个人处 500 元以上 2 000 元以下的罚款。

第九十六条 铁路运输托运人托运货物、行李、包裹时匿报、谎报货物品名、性质、重量，或者装车、装箱超过规定重量的，由铁路监督管理机构责令改正，可以处 2 000 元以下的罚款；情节较重的，处 2 000 元以上 2 万元以下的罚款；将危险化学品谎报或者匿报为普通货物托运的，处 10 万元以上 20 万元以下的罚款。

铁路运输托运人在普通货物中夹带危险货物，或者在危险货物中夹带禁止配装的货物的，由铁路监督管理机构责令改正，处 3 万元以上 20 万元以下的罚款。

第九十七条 铁路运输托运人运输危险货物未配备必要的应急处理器材、设备、防护用品，或者未按照操作规程包装、装卸、运输危险货物的，由铁路监督管理机构责令改正，处 1 万元以上 5 万元以下的罚款。

第九十八条 铁路运输托运人运输危险货物不按照规定配备必要的押运人员，或者发生危险货物被盗、丢失、泄漏等情况不按照规定及时报告的，由公安机关责令改正，处 1 万元以上 5 万元以下的罚款。

第九十九条 旅客违法携带、夹带管制器具或者违法携带、托运烟花爆竹、枪支弹药等危险物品或者其他违禁物品的，由公安机关依法给予治安管理处罚。

第一百条 铁路运输企业有下列情形之一的，由铁路监管部门责令改正，处 2 万元以上 10 万元以下的罚款：

（一）在非危险货物办理站办理危险货物承运手续。

（二）承运未接受安全检查的货物。

（三）承运不符合安全规定、可能危害铁路运输安全的货物。

（四）未按照操作规程包装、装卸、运输危险货物。

第一百零一条 铁路监管部门及其工作人员应当严格按照本条例规定的处罚种类和幅度，根据违法行为的性质和具体情节行使行政处罚权，具体办法由国务院铁路行业监督管理部门制定。

第一百零二条 铁路运输企业工作人员窃取、泄露旅客身份信息的，由公安机关依法处罚。

第一百零三条 从事铁路建设、运输、设备制造维修的单位违反本条例规定，对直接负责的主管人员和其他直接责任人员依法给予处分。

第一百零四条 铁路监管部门及其工作人员不依照本条例规定履行职责的，对负有责任的领导人员和直接责任人员依法给予处分。

第一百零五条 违反本条例规定，给铁路运输企业或者其他单位、个人财产造成损失的，依法承担民事责任。

违反本条例规定，构成违反治安管理行为的，由公安机关依法给予治安管理处罚；构成犯罪的，依法追究刑事责任。

第八章　附　　则

第一百零六条　专用铁路、铁路专用线的安全管理参照本条例的规定执行。

第一百零七条　本条例所称高速铁路，是指设计开行时速250公里以上（含预留），并且初期运营时速200公里以上的客运列车专线铁路。

第一百零八条　本条例自2014年1月1日起施行。2004年12月27日国务院公布的《铁路运输安全保护条例》同时废止。

第三部分　部 门 规 章

27 煤矿安全监察员管理办法

国家安全生产监督管理局（国家煤矿安全监察局）局务会议审议通过，2003年6月13日国家安全生产监督管理局、国家煤矿安全监察局令第2号公布，自2003年8月1日起施行；根据2015年3月23日国家安全生产监督管理总局局长办公会议审议通过、2015年6月8日国家安全生产监督管理总局令第81号公布、自2015年7月1日起施行的《国家安全监管总局关于修改〈煤矿安全监察员管理办法〉等五部煤矿安全规章的决定》修改。

第一条 为加强和规范煤矿安全监察员管理工作，保障煤矿安全监察员依法行政，根据《公务员法》《安全生产法》《煤矿安全监察条例》等法律法规，制定本办法。

第二条 煤矿安全监察机构实行煤矿安全监察员制度。煤矿安全监察员是从事煤矿安全监察和行政执法工作的国家公务员。

第三条 国家安全生产监督管理总局、省级煤矿安全监察局按干部管理权限对煤矿安全监察员实行分级管理。

第四条 煤矿安全监察员除符合国家公务员的条件外，还应当具备下列条件：

（一）热爱煤矿安全监察工作，熟悉国家有关煤矿安全的方针、政策、法律、法规、规章、标准、规程。

（二）熟悉煤矿安全监察业务，具有煤矿安全方面的专业知识。

（三）具有大学专科以上学历。

（四）符合国家煤矿安全监察机构规定的工作经历和年龄要求。

（五）身体健康，适应煤矿安全监察工作需要。

第五条 煤矿安全监察员由国家安全生产监督管理总局考核，并颁发煤矿安全监察执法证。

第六条 煤矿安全监察员按照法律行政法规规定的职责实施煤矿安全监察，不受任何组织和个人的非法干涉，煤矿及其有关人员不得拒绝、阻挠。

第七条 煤矿安全监察员依法履行下列职责：

（一）依照安全生产法、煤矿安全监察条例和其他有关安全生产的法律、法规、规章、标准，对煤矿安全实施监察。

（二）对划定区域内的煤矿安全情况实施经常性安全检查和重点检查。

（三）查处煤矿安全违法行为，依法作出现场处理决定或提出实施行政处罚的意见。

（四）参与煤矿建设项目安全设施设计审查以及对建设单位竣工验收活动和验收结果的监督核查。

（五）监督检查煤矿职业危害的防治工作。

（六）参加煤矿伤亡事故的应急救援、调查和处理工作。

（七）法律、法规规定由煤矿安全监察员履行的其他职责。

第八条 煤矿安全监察员履行安全监察职责，具有下列权力：

（一）有权随时进入煤矿作业场所进行检查，调阅有关资料，参加煤矿安全生产会议，向有关单位或者人员了解情况。

（二）在检查中发现影响煤矿安全的违法行为，有权当场予以纠正或者要求限期改正。

（三）进行现场检查时，发现存在事故隐患的，有权要求煤矿立即消除或者限期解决；发现威胁职工生命安全的紧急情况时，有权要求立即停止作业，下达立即从危险区域内撤出作业人员的命令，并立即将紧急情况和处理措施报告煤矿安全监察机构。

（四）发现煤矿作业场所的瓦斯、粉尘或者其他有毒有害气体的浓度超过国家安全标准或者行业安全标准的，煤矿擅自开采保安煤柱的，或者采用危及相邻煤矿生产安全的决水、爆破、贯通巷道等危险方法进行采矿作业的，有权责令立即停止作业，并将有关情况报告煤矿安全监察机构。

（五）发现煤矿矿长或者其他主管人员违章指挥工人或者强令工人违章、冒险作业，或者发现工人违章作业的，有权立即责令纠正或者责令立即停止作业。

（六）发现煤矿使用的设施、设备、器材、劳动防护用品不符合国家安全标准或者行业安全标准的，有权责令其停止使用；需要查封或者扣押的，应当及时报告煤矿安全监察机构依法处理。

（七）法律、法规赋予的其他权力。

第九条 煤矿安全监察机构应当为煤矿安全监察员提供履行职责所需的装备和劳动防护用品。

煤矿安全监察员下井工作，享受井下工作津贴。

第十条 煤矿安全监察员履行安全监察职责，应当向当事人和有关人员出示煤矿安全监察员证。

煤矿安全监察员证只限本人使用，不得伪造、买卖或转借他人。

第十一条 煤矿安全监察员在执行公务时，涉及本人或者涉及本人有关亲属的利害关系的，应当回避。

第十二条 煤矿安全监察员发现煤矿存在事故隐患或危及煤矿安全的违法行为应当及时处理或者向煤矿安全监察机构报告。

煤矿安全监察员对每次安全检查的时间、地点、内容、发现的问题及其处理情况，应当做详细记录、填写执法文书，并由参加检查的煤矿安全监察员签名后归档。

煤矿安全监察员发出安全监察指令，应当填写执法文书并送达行政相对人。

第十三条 煤矿安全监察员应当依法履行煤矿安全监察职责，保守国家秘密和工作秘密，维护国家利益和当事人的合法权益。

第十四条 煤矿安全监察员不得接受煤矿的任何馈赠、报酬、福利待遇，不得在煤矿报销任何费用，不得参加煤矿安排、组织或者支付费用的宴请、娱乐、旅游、出访等活动，不得借煤矿安全监察工作在煤矿为自己、亲友或者他人谋取利益。

第十五条 煤矿安全监察机构负责制定煤矿安全监察员培训规划和办法，组织实施对煤矿安全监察员的岗前培训、年度轮训、特殊培训。煤矿安全监察员每三年应当接受不少于一个月的脱产培训。

第十六条　煤矿安全监察机构应当建立健全煤矿安全监察员的监督约束制度。

煤矿安全监察机构的行政监察部门依照行政监察法的规定，对煤矿安全监察员履行工作职责实施行政监察。

煤矿安全监察机构应当及时受理任何单位和个人对煤矿安全监察员违法违纪行为的检举和控告。

煤矿安全监察员应当自觉接受有关部门、煤矿及其职工和社会的监督。

第十七条　煤矿安全监察员实行定期交流轮岗制度。

第十八条　煤矿安全监察机构按照管理权限和国家有关规定对煤矿安全监察员的德、能、勤、绩、廉进行日常考核和年度考核。考核结果作为煤矿安全监察员使用和奖惩的依据。

第十九条　煤矿安全监察员有下列表现之一的，由煤矿安全监察机构按照国家有关规定予以奖励：

（一）在煤矿安全监察工作中成绩突出，有重大贡献的。

（二）在防止或者抢救煤矿事故中，使国家、煤矿和群众利益免受或者减少损失的。

（三）在煤矿安全监察工作中依法履行职责，使煤矿安全状况有明显好转的。

（四）在煤矿抢险救灾等工作中奋不顾身、作出贡献的。

（五）在煤矿安全技术装备开发与推广方面做出显著成绩的。

（六）同违法违纪行为作斗争有功绩的。

（七）有其他功绩的。

第二十条　煤矿安全监察员有下列行为之一的，由煤矿安全监察机构按国家有关规定给予行政处分；构成犯罪的，依法追究刑事责任。

（一）接受煤矿的馈赠、报酬、礼品、现金、有价证券。

（二）参加煤矿安排、组织或者支付费用的宴请、娱乐、旅游、出访等活动的。

（三）利用职务便利为本人及亲友谋取私利的。

（四）滥施行政处罚或者擅自改变行政处罚决定的。

（五）徇私枉法，包庇、纵容违法单位和个人的。

（六）对被监察的单位和个人进行刁难或者打击报复的。

（七）有其他违法违纪行为的。

第二十一条　煤矿安全监察员滥用职权、玩忽职守、徇私舞弊，有下列行为之一的，给予降级或者撤职的行政处分；构成犯罪的，依法追究刑事责任。

（一）对不符合法定安全生产条件的煤矿予以批准或验收通过的。

（二）发现未依法取得批准、验收的煤矿擅自从事生产活动或者接到举报后不依法予以处理的。

（三）对已经取得批准的煤矿不履行安全监察职责，发现其不再具备安全生产条件而不撤销原批准的。

（四）发现事故隐患或影响煤矿安全的违法行为不依法及时处理或报告的。

第二十二条 本办法自2003年8月1日起施行。2000年12月9日国家煤矿安全监察局发布的《煤矿安全监察员管理暂行办法》同时废止。

28 煤矿安全监察行政处罚办法

国家安全生产监督管理局（国家煤矿安全监察局）局务会议审议通过，2003年7月2日国家安全生产监督管理局、国家煤矿安全监察局令第4号公布，自2003年8月15日起施行；根据2015年3月23日国家安全生产监督管理总局局长办公会议审议通过、2015年6月8日国家安全生产监督管理总局令第81号公布、自2015年7月1日起施行的《国家安全监管总局关于修改〈煤矿安全监察员管理办法〉等五部煤矿安全规章的决定》修改。

第一条 为了制裁煤矿安全违法行为，规范煤矿安全监察行政处罚工作，保障煤矿依法进行生产，根据煤矿安全监察条例及其他有关法律、行政法规的规定，制定本办法。

第二条 国家煤矿安全监察局、省级煤矿安全监察局和煤矿安全监察分局（以下简称煤矿安全监察机构），对煤矿及其有关人员违反有关安全生产的法律、行政法规、部门规章、国家标准、行业标准和规程的行为（以下简称煤矿安全违法行为）实施行政处罚，适用本办法。本办法未作规定的，适用安全生产违法行为行政处罚办法。

有关法律、行政法规对行政处罚另有规定的，依照其规定。

第三条 省级煤矿安全监察局、煤矿安全监察分局实施行政处罚按照属地原则进行管辖。

国家煤矿安全监察局认为应由其实施行政处罚的，由国家煤矿安全监察局管辖。

两个以上煤矿安全监察机构因行政处罚管辖权发生争议的，由其共同的上一级煤矿安全监察机构指定管辖。

第四条 当事人对煤矿安全监察机构所给予的行政处罚，享有陈述、申辩权；对行政处罚不服的，有权依法申请行政复议或者提起行政诉讼。

当事人因煤矿安全监察机构违法给予行政处罚受到损害的，有权依法提出赔偿要求。

第五条 煤矿安全监察员执行公务时，应当出示煤矿安全监察执法证件。

第六条 煤矿安全监察机构及其煤矿安全监察员对检查中发现的煤矿安全违法行为，可以作出下列现场处理决定：

（一）当场予以纠正或者要求限期改正。

（二）责令限期达到要求。

（三）责令立即停止作业（施工）或者立即停止使用。

经现场处理决定后拒不改正，或者依法应当给予行政处罚的煤矿安全违法行为，依法作出行政处罚决定。

第七条　煤矿或者施工单位有下列行为之一的，责令停止建设或者停产停业整顿，限期改正；逾期未改正的，处50万元以上100万元以下的罚款，对其直接负责的主管人员和其他直接责任人员处2万元以上5万元以下的罚款；构成犯罪的，依照刑法有关规定追究刑事责任：

（一）未按照规定对煤矿建设项目进行安全评价的。

（二）煤矿建设项目没有安全设施设计或者安全设施设计未按照规定报经有关部门审查同意的。

（三）煤矿建设项目的施工单位未按照批准的安全设施设计施工的。

（四）煤矿建设项目竣工投入生产或者使用前，安全设施未经验收合格的。

第八条　煤矿矿井通风、防火、防水、防瓦斯、防毒、防尘等安全设施不符合法定要求的，责令限期达到要求；逾期仍达不到要求的，责令停产整顿。

第九条　煤矿作业场所有下列情形之一的，责令限期改正；逾期不改正的，责令停产整顿，并处3万元以下的罚款：

（一）未使用专用防爆电器设备的。

（二）未使用专用放炮器的。

（三）未使用人员专用升降容器的。

（四）使用明火明电照明的。

第十条　煤矿未依法提取或者使用煤矿安全技术措施专项费用的，责令限期改正，提供必需的资金；逾期不改正的，处5万元以下的罚款，责令停产整顿。

有前款违法行为，导致发生生产安全事故的，对煤矿主要负责人给予撤职处分，对个人经营的投资人处2万元以上20万元以下的罚款；构成犯罪的，依照刑法有关规定追究刑事责任。

第十一条　煤矿使用不符合国家安全标准或者行业安全标准的设备、器材、仪器、仪表、防护用品的，责令限期改正或者责令立即停止使用；逾期不改正或者不立即停止使用的，处5万元以下的罚款；情节严重的，责令停产整顿。

第十二条　煤矿企业的机电设备、安全仪器，未按照下列规定操作、检查、维修和建立档案的，责令改正，可以并处2万元以下的罚款：

（一）未定期对机电设备及其防护装置、安全检测仪器检查、维修和建立技术档案的。

（二）非负责设备运行人员操作设备的。

（三）非值班电气人员进行电气作业的。

（四）操作电气设备的人员，没有可靠的绝缘保护和检修电气设备带电作业的。

第十三条　煤矿井下采掘作业，未按照作业规程的规定管理顶帮；通过地质破碎带或者其他顶帮破碎地点时，未加强支护；露天采剥作业，未按照设计规定，控制采剥工作面的阶段高度、宽度、边坡角和最终边坡角；采剥作业和排土作业，对深部或者邻近井巷造成危害的，责令改正，可以并处2万元以下的罚款。

第十四条　煤矿未严格执行瓦斯检查制度，入井人员携带烟草和点火用具下井的，责令改正，可以并处 2 万元以下的罚款。

第十五条 煤矿在有瓦斯突出、冲击地压条件下从事采掘作业；在未加保护的建筑物、构筑物和铁路、水体下面开采；在地温异常或者热水涌出的地区开采，未编制专门设计文件和报主管部门批准的，责令改正，可以并处 2 万元以下的罚款。

第十六条 煤矿作业场所的瓦斯、粉尘或者其他有毒有害气体的浓度超过国家安全标准或者行业安全标准的，责令立即停止作业；拒不停止作业的，责令停产整顿，可以并处 10 万元以下的罚款。

第十七条 有自然发火可能性的矿井，未按规定采取有效的预防自然发火措施的，责令改正，可以并处 2 万元以下的罚款。

第十八条 煤矿在有可能发生突水危险的地区从事采掘作业，未采取探放水措施的，责令改正，可以并处 2 万元以下的罚款。

第十九条 煤矿井下风量、风质、风速和作业环境的气候，不符合煤矿安全规程的规定的，责令改正，可以并处 2 万元以下的罚款。

第二十条 煤矿对产生粉尘的作业场所，未采取综合防尘措施，或者未按规定对粉尘进行检测的，责令改正，可以并处 2 万元以下的罚款。

第二十一条 擅自开采保安煤柱，或者采用危及相邻煤矿生产安全的决水、爆破、贯通巷道等危险方法进行采矿作业，责令立即停止作业；拒不停止作业的，由煤矿安全监察机构决定吊销安全生产许可证，并移送地质矿产主管部门依法吊销采矿许可证。

第二十二条 煤矿违反有关安全生产法律、行政法规的规定，拒绝、阻碍煤矿安全监察机构依法实施监督检查的，责令改正；拒不改正的，处 2 万元以上 20 万元以下的罚款；对其直接负责的主管人员和其他直接责任人员处 1 万元以上 2 万元以下的罚款；构成犯罪的，依照刑法有关规定追究刑事责任。

煤矿提供虚假情况，或者隐瞒存在的事故隐患以及其他安全问题的，由煤矿安全监察机构给予警告，可以并处 5 万元以上 10 万元以下的罚款；情节严重的，责令停产整顿。

第二十三条 煤矿发生事故，对煤矿、煤矿主要负责人以及其他有关责任单位、人员依照《安全生产法》及有关法律、行政法规的规定予以行政处罚；构成犯罪的，依照刑法有关规定追究刑事责任。

第二十四条 经停产整顿仍不具备法定安全生产条件给予关闭的行政处罚，由煤矿安全监察机构报请县级以上人民政府按照国务院规定的权限决定。

第二十五条 煤矿安全监察机构及其煤矿安全监察员实施行政处罚时，应当符合《安全生产违法行为行政处罚办法》规定的程序并使用统一的煤矿安全监察行政执法文书。

第二十六条 未设立省级煤矿安全监察局的省、自治区，由省、自治区人民政府指定的负责煤矿安全监察工作的部门依照本办法的规定对本行政区域内的煤矿安全违法行为实施行政处罚。

第二十七条 本办法自 2003 年 8 月 15 日起施行。《煤矿安全监察行政处罚暂行办法》同时废止。

29　煤矿建设项目安全设施监察规定

2003年7月2日国家安全生产监督管理局（国家煤矿安全监察局）局务会议审议通过，2003年7月4日国家安全生产监督管理局、国家煤矿安全监察局令第6号公布，自2003年8月15日起施行；根据2015年3月23日国家安全生产监督管理总局局长办公会议审议通过、2015年6月8日国家安全生产监督管理总局令第81号公布、自2015年7月1日起施行的《国家安全监管总局关于修改〈煤矿安全监察员管理办法〉等五部煤矿安全规章的决定》修改。

第一章　总　　则

第一条　为了规范煤矿建设工程安全设施监察工作，保障煤矿安全生产，根据安全生产法、煤矿安全监察条例以及有关法律、行政法规的规定，制定本规定。

第二条　煤矿安全监察机构对煤矿新建、改建和扩建工程项目（以下简称煤矿建设项目）的安全设施进行监察，适用本规定。

第三条　煤矿建设项目应当进行安全评价，其初步设计应当按规定编制安全专篇。安全专篇应当包括安全条件的论证、安全设施的设计等内容。

第四条　煤矿建设项目的安全设施的设计、施工应当符合工程建设强制性标准、煤矿安全规程和行业技术规范。

第五条　煤矿建设项目施工前，其安全设施设计应当经煤矿安全监察机构审查同意；竣工投入生产或使用前，其安全设施和安全条件应当经煤矿建设单位验收合格。煤矿安全监察机构应当加强对建设单位验收活动和验收结果的监督核查。

第六条　煤矿建设项目安全设施的设计审查，由煤矿安全监察机构按照设计或者新增的生产能力，实行分级负责。

（一）设计或者新增的生产能力在300万吨/年及以上的井工煤矿建设项目和1 000万吨/年及以上的露天煤矿建设项目，由国家煤矿安全监察局负责设计审查。

（二）设计或者新增的生产能力在300万吨/年以下的井工煤矿建设项目和1 000万吨/年以下的露天煤矿建设项目，由省级煤矿安全监察局负责设计审查。

第七条　未设立煤矿安全监察机构的省、自治区，由省、自治区人民政府指定的负责煤矿安全监察工作的部门负责本规定第六条第二项规定的设计审查。

第八条　经省级煤矿安全监察局审查同意的项目，应及时报国家煤矿安全监察局备案。

第二章　安全评价

第九条　煤矿建设项目的安全评价包括安全预评价和安全验收评价。

煤矿建设项目在可行性研究阶段，应当进行安全预评价；在投入生产或者使用前，应当进行安全验收评价。

第十条 煤矿建设项目的安全评价应由具有国家规定资质的安全中介机构承担。承担煤矿建设项目安全评价的安全中介机构对其作出的安全评价结果负责。

第十一条 煤矿企业应与承担煤矿建设项目安全评价的安全中介机构签订书面委托合同，明确双方各自的权利和义务。

第十二条 承担煤矿建设项目安全评价的安全中介机构，应当按照规定的标准和程序进行评价，提出评价报告。

第十三条 煤矿建设项目安全预评价报告应当包括以下内容：

（一）主要危险、有害因素和危害程度以及对公共安全影响的定性、定量评价。

（二）预防和控制的可能性评价。

（三）建设项目可能造成职业危害的评价。

（四）安全对策措施、安全设施设计原则。

（五）预评价结论。

（六）其他需要说明的事项。

第十四条 煤矿建设项目安全验收评价报告应当包括以下内容：

（一）安全设施符合法律、法规、标准和规程规定以及设计文件的评价。

（二）安全设施在生产或使用中的有效性评价。

（三）职业危害防治措施的有效性评价。

（四）建设项目的整体安全性评价。

（五）存在的安全问题和解决问题的建议。

（六）验收评价结论。

（七）有关试运转期间的技术资料、现场检测、检验数据和统计分析资料。

（八）其他需要说明的事项。

第三章 设计审查

第十五条 煤矿建设项目的安全设施设计应经煤矿安全监察机构审查同意；未经审查同意的，不得施工。

第十六条 煤矿建设项目的安全设施设计，应由具有相应资质的设计单位承担。设计单位对安全设施设计负责。

第十七条 煤矿建设项目的安全设施设计应当包括煤矿水、火、瓦斯、煤尘、顶板等主要灾害的防治措施，所确定的设施、设备、器材等应当符合国家标准和行业标准。

第十八条 煤矿建设项目的安全设施设计审查前，煤矿企业应当按照本规定第六条的规定，向煤矿安全监察机构提出书面申请。

第十九条 申请煤矿建设项目的安全设施设计审查，应当提交下列资料：

（一）安全设施设计审查申请报告及申请表。

（二）建设项目审批、核准或者备案的文件。

（三）采矿许可证或者矿区范围批准文件。

（四）安全预评价报告书。

（五）初步设计及安全专篇。

（六）其他需要说明的材料。

第二十条　煤矿安全监察机构接到审查申请后，应当对上报资料进行审查。有下列情形之一的，为设计审查不合格：

（一）安全设施设计未由具备相应资质的设计单位承担的。

（二）煤矿水、火、瓦斯、煤尘、顶板等主要灾害防治措施不符合规定的。

（三）安全设施设计不符合工程建设强制性标准、煤矿安全规程和行业技术规范的。

（四）所确定的设施、设备、器材不符合国家标准和行业标准的。

（五）不符合国家煤矿安全监察局规定的其他条件的。

第二十一条　煤矿安全监察机构审查煤矿建设项目的安全设施设计，应当自收到审查申请起30日内审查完毕。经审查同意的，应当以文件形式批复；不同意的，应当提出审查意见，并以书面形式答复。

第二十二条　煤矿企业对已批准的煤矿建设项目安全设施设计需作重大变更的，应经原审查机构审查同意。

第四章　施工和联合试运转

第二十三条　煤矿建设项目的安全设施应由具有相应资质的施工单位承担。

施工单位应当按照批准的安全设施设计施工，并对安全设施的工程质量负责。

第二十四条　施工单位在施工期间，发现煤矿建设项目的安全设施设计不合理或者存在重大事故隐患时，应当立即停止施工，并报告煤矿企业。煤矿企业需对安全设施设计作重大变更的，应当按照本规定第二十二条的规定重新审查。

第二十五条　煤矿安全监察机构对煤矿建设工程安全设施的施工情况进行监察。

第二十六条　煤矿建设项目在竣工完成后，应当在正式投入生产或使用前进行联合试运转。联合试运转的时间一般为1至6个月，有特殊情况需要延长的，总时长不得超过12个月。

煤矿建设项目联合试运转，应按规定经有关主管部门批准。

第二十七条　煤矿建设项目联合试运转期间，煤矿企业应当制定可靠的安全措施，做好现场检测、检验，收集有关数据，并编制联合试运转报告。

第二十八条　煤矿建设项目联合试运转正常后，应当进行安全验收评价。

第五章　竣工验收

第二十九条　煤矿建设项目的安全设施和安全条件验收应当由煤矿建设单位负责组织；

未经验收合格的，不得投入生产和使用。

煤矿建设单位实行多级管理的，应当由具体负责建设项目施工建设单位的上一级具有法人资格的公司（单位）负责组织验收。

第三十条 煤矿建设单位或者其上一级具有法人资格的公司（单位）组织验收时，应当对有关资料进行审查并组织现场验收。有下列情形之一的，为验收不合格：

（一）安全设施和安全条件不符合设计要求，或未通过工程质量认证的。

（二）安全设施和安全条件不能满足正常生产和使用的。

（三）未按规定建立安全生产管理机构和配备安全生产管理人员的。

（四）矿长和特种作业人员不具备相应资格的。

（五）不符合国家煤矿安全监察局规定的其他条件的。

第六章 附 则

第三十一条 违反本规定的，由煤矿安全监察机构或者省、自治区人民政府指定的负责煤矿安全监察工作的部门依照《安全生产法》及有关法律、行政法规的规定予以行政处罚；构成犯罪的，依照刑法有关规定追究刑事责任。

第三十二条 煤矿建设项目的安全设施设计审查申请表的样式，由国家煤矿安全监察局制定。

第三十三条 本规定自2003年8月15日起施行。《煤矿建设工程安全设施设计审查与竣工验收暂行办法》同时废止。

30 煤矿安全监察罚款管理办法

2003年7月2日国家安全生产监督管理局（国家煤矿安全监察局）局务会议审议通过，2003年7月14日国家安全生产监督管理局、国家煤矿安全监察局令第7号公布，自2003年8月1日起施行。

第一条 为规范煤矿安全监察罚款管理工作，依法实施煤矿安全监察，根据安全生产法、煤矿安全监察条例、罚款决定与罚款收缴分离实施办法和财政部关于做好煤矿安全监察罚没收入管理工作的通知（以下简称财政部《通知》）等有关规定，制定本办法。

第二条 煤矿安全监察机构依照安全生产法、煤矿安全监察条例和安全生产违法行为处罚办法、煤矿安全监察行政处罚办法等有关法律、法规和规章的规定，对煤矿安全违法行为依法实施罚款，适用本办法。

第三条 省级煤矿安全监察机构按照财政部《通知》的规定，统一到省级财政部门和相关部门办理煤矿安全监察罚款许可证。

第四条　省级煤矿安全监察机构商财政部驻各地财政监察专员办事处、省财政厅后，可与一至二个国有商业银行签订煤矿安全监察罚款代收代缴协议，并将代收代缴协议报国家煤矿安全监察局和财政部驻各地财政监察专员办事处备案。

罚款代收银行的确定以及会计科目的使用应严格按照财政部《罚款代收代缴管理办法》的规定办理。代收银行的代收手续费按照财政部、中国人民银行关于代收罚款手续费有关问题的通知规定执行。

第五条　罚款票据使用财政部门统一印制的代收罚款收据，并由代收银行负责管理。

煤矿安全监察机构可领取小额当场罚款票据，并负责管理。当场罚款票据的使用，应当符合当场处罚罚款票据管理暂行规定。

第六条　煤矿安全监察罚款收入纳入中央预算，实行“收支两条线”管理。

煤矿安全监察罚款的缴库由代收银行按照财政部有关规定办理。

第七条　煤矿安全监察罚款按照财政部《通知》的要求，由银行内部交款单分列，并直接缴入中央和地方金库。

第八条　煤矿安全罚款实行处罚决定与罚款收缴分离。

煤矿安全监察机构依法对有关煤矿安全违法行为实施罚款，制作煤矿安全监察行政处罚决定书；被处罚人持煤矿安全监察行政处罚决定书到指定的代收银行及其分支机构缴纳罚款。

煤矿安全监察机构财务人员定期到代收银行索取缴款票据，并进行核对、登记和统计。

第九条　各煤矿安全监察办事处每月终了后 5 日内将煤矿安全监察罚款统计表报省级煤矿安全监察机构。

省级煤矿安全监察机构将本省区煤矿安全监察罚款统计表汇总后，在每月终了后 8 日内报国家煤矿安全监察局。

第十条　煤矿安全监察机构罚款收入的缴库情况，应接受财政部驻各地财政监察专员办事处的检查和监督。

第十一条　煤矿安全监察罚款应严格执行国家有关罚款收支管理的有关规定，对违反“收支两条线”管理的机构和个人，依照国务院违反行政事业性收费和罚没款收入收支两条线管理规定行政处分暂行规定追究责任。

第十二条　本办法自 2003 年 8 月 1 日起施行。国家煤矿安全监察局发布的《煤矿安全监察罚款管理暂行办法》同时废止。

31 安全生产行业标准管理规定

2004年10月18日国家安全生产监督管理局（国家煤矿安全监察局）局务会议审议通过，2004年11月1日国家安全生产监督管理局、国家煤矿安全监察局令第14号公布，自2004年12月1日起施行。

第一章 总 则

第一条 为加强安全生产行业标准（以下统称安全生产标准）的管理，规范安全生产标准的制定和修订程序，根据《标准化法》《标准化法实施条例》等有关规定，制定本规定。

第二条 本规定所称安全生产标准是指由国家安全生产监督管理局（国家煤矿安全监察局）（以下统称国家局）制定和修订颁布的有关安全生产方面统一的技术、管理、方法等要求。

安全生产标准的范围包括矿山安全、劳动防护用品、危险化学品安全管理、烟花爆竹安全管理和其他工矿商贸安全生产规程等。

第三条 安全生产标准分为强制性标准和推荐性标准。安全生产标准内容涉及需要强制执行的安全生产条件、安全管理等的，为强制性标准；其他为推荐性标准。

第四条 安全生产标准与其他行业标准之间应当协调、统一。

安全生产标准实施后需要上升为国家标准的，应当及时上升为国家标准。安全生产标准在相应的国家标准实施后，即行废止。

第五条 国家局对全国安全生产标准工作实施监督管理，并鼓励有关政府机构、生产经营单位、全国专业标准化技术委员会、行业协会、科学研究机构、学术团体、学校等单位和个人依法从事安全生产标准工作。

第二章 安全生产标准的计划

第六条 下列事项应当制定相应的安全生产标准：

（一）劳动防护用品和矿山安全仪器仪表的品种、规格、质量、等级及劳动防护用品的设计、生产、检验、包装、储存、运输、使用的安全要求。

（二）为实施矿山、危险化学品、烟花爆竹安全管理而规定的有关技术术语、符号、代号、代码、文件格式、制图方法等通用技术语言和安全技术要求。

（三）生产、经营、储存、运输、使用、检测、检验、废弃等方面的安全技术要求。

（四）工矿商贸安全生产规程。

（五）生产经营单位的安全生产条件。

（六）应急救援的规则、规程、标准等技术规范。
（七）安全评价、评估、培训考核的标准、通则、导则、规则等技术规范。
（八）安全中介机构的服务规范与规则、标准。
（九）安全生产监督管理和煤矿安全监察工作的有关技术要求。
（十）法律、行政法规规定的其他安全技术要求。

第七条 安全生产标准的名称应当符合国家标准的有关要求。

安全生产标准的内容是对设计、施工、制造、检测、检验等技术事项作出一系列统一规定的，应将标准化对象的名称与规范、规则连在一起作为安全生产标准的名称。

安全生产标准的内容是对工艺、操作、安装、鉴定、管理等具体安全技术要求和实施程序作出统一规定的，应将标准化对象的名称与安全规程或者规程连在一起作为安全生产标准的名称。

安全生产标准的内容是对某一具体设备、装置、防护用品的安全要求作出规定或者对其试验方法、检测检验规则、标志、包装、运输、储存等方面提出要求的，应将标准化对象的名称与安全技术条件或者技术条件连在一起作为安全生产标准的名称。

安全生产标准的内容仅包括部分技术特征的，应将标准化对象和标准所叙述的技术特征作为安全生产标准的名称。

安全生产标准的内容是全面叙述标准化对象的，应将标准化对象作为安全生产标准的名称。

安全生产标准的内容是通用性规定的，应将标准化对象及其技术特征与导则、通则连在一起作为安全生产标准的名称。

安全生产标准的内容是对生产经营单位的安全生产条件作出规定的，应将标准化对象与安全生产条件连在一起作为安全生产标准的名称。

第八条 国家局根据安全生产工作的需要，组织编制安全生产标准工作规划和年度计划。

第九条 安全生产标准起草单位应于每年 12 月 15 日前向国家局提出下年度制定和修订安全生产标准的项目建议。安全生产标准的项目建议应当包括下列内容：
（一）制定或者修订的必要性。
（二）相关国家标准或者行业标准的情况。
（三）标准的主要内容。
（四）完成时限。
（五）其他有关情况。

第十条 国家局对安全生产标准起草单位提出的安全生产标准的项目建议进行审查，确定年度安全生产标准工作计划，并下达组织实施。

第三章 安全生产标准的起草和审查

第十一条 安全生产标准起草单位应当制订标准完成计划，成立标准起草小组，并确定专门人员负责标准的起草工作。

标准完成计划和标准起草小组名单应当报国家局备案。

第十二条 安全生产标准起草单位应当按照标准完成计划提出安全生产标准征求意见稿，并广泛征求有关单位和专家的意见。

对于有关单位和专家提出的意见，安全生产标准起草单位应予采纳；不予采纳的，应当说明理由。意见处理结果应当按照标准化有关规定编制意见汇总处理表。

第十三条 安全生产标准起草单位应当根据意见处理结果对安全生产标准征求意见稿进行修改，形成安全生产标准送审稿，送国家局或者全国专业标准化技术委员会审查。安全生产标准送审时，应当附有标准送审稿、标准编制说明、意见汇总处理表和其他有关附件。

第十四条 国家局或者全国专业标准化技术委员会接到安全生产标准送审稿及相关材料后，应当按照下列规定处理：

已经成立全国专业标准化技术委员会的，由全国专业标准化技术委员会按照《全国专业标准化技术委员会章程》的规定组织标准的审查。

没有成立全国专业标准化技术委员会的，由国家局根据安全生产标准涉及的内容邀请生产、使用、经销、科研、院校等方面的单位和专家组织标准的审查；审查时，使用单位的人员不应少于四分之一。

国家局或者全国专业标准化技术委员会在组织安全生产标准审查时，应当对安全生产标准的强制性或者推荐性提出审查意见。

第十五条 安全生产标准审查应当采用会议审查方式进行。会议审查有困难的，可以采用函审方式进行。

会议审查时，应当进行充分讨论，尽量取得一致意见。需要表决时，必须有不少于出席会议代表人数的四分之三同意方为通过。函审时，也必须有四分之三的回函同意方为通过。会议审查结果应当写入会议纪要，会议纪要应当如实反映各方面的意见。函审时应当形成函审结论并附函审单。会议代表的出席率和函审单的回函率应当不低于三分之二。

第十六条 安全生产标准起草单位应当根据会议审查或函审的意见对安全生产标准送审稿进行修改，形成安全生产标准报批稿，报国家局审批。

安全生产标准报批时，应当附有标准报批稿、标准编制说明、标准审查会议纪要或者函审结论及函审单、意见汇总处理表和其他有关附件。采用国际标准或者国外先进标准的，应附有该标准的原文或者译文。

第四章 安全生产标准的发布和备案

第十七条 安全生产标准由国家局统一编号、发布。安全生产标准的编号由安全生产标准代号、标准顺序号及年号组成。安全生产标准代号为AQ。

第十八条 安全生产标准应当在发布后30日内依法报国务院标准化行政主管部门备案。

第十九条　安全生产标准由国家局指定的出版社统一出版、发行。

第二十条　安全生产标准实施后，应当进行复审。复审周期不超过5年。复审不合格的，应当及时进行修订或者废止。

第五章　附　　则

第二十一条　安全生产标准的编写、说明、审查等内容应当符合国家标准的有关要求。

第二十二条　对于需要制定新的国家标准，或者将安全生产标准上升为国家标准，或者修订国家标准的计划，按照国家标准制定和修订的规定办理。

第二十三条　本规定自2004年12月1日起施行。

32　安全生产监督罚款管理暂行办法

2004年10月18日国家安全生产监督管理局（国家煤矿安全监察局）局务会议审议通过，2004年11月3日国家安全生产监督管理局、国家煤矿安全监察局令第15号公布，自公布之日起施行。

第一条　为加强安全生产监督罚款管理工作，依法实施安全生产综合监督管理，根据《安全生产法》《罚款决定与罚款收缴分离实施办法》和《财政部关于做好安全生产监督有关罚款收入管理工作的通知》等法律、法规和有关规定，制定本办法。

第二条　县级以上人民政府安全生产监督管理部门（以下简称安全生产监督管理部门）对生产经营单位及其有关人员在生产经营活动中违反安全生产的法律、行政法规、部门规章、国家标准、行业标准和规程的违法行为（以下简称安全生产违法行为）依法实施罚款，适用本办法。

第三条　安全生产监督罚款实行处罚决定与罚款收缴分离。

安全生产监督管理部门按照有关规定，对安全生产违法行为实施罚款，开具安全生产监督管理行政处罚决定书；被处罚人持安全生产监督管理部门开具的行政处罚决定书到指定的代收银行及其分支机构缴纳罚款。

罚款代收银行的确定以及会计科目的使用应严格按照财政部《罚款代收代缴管理办法》和其他有关规定办理。代收银行的代收手续费按照《财政部、中国人民银行关于代收罚款手续费有关问题的通知》的规定执行。

第四条　罚款票据使用省、自治区、直辖市财政部门统一印制的罚款收据，并由代收银行负责管理。

安全生产监督管理部门可领取小额罚款票据，并负责管理。罚没款票据的使用，应当符合罚款票据管理暂行规定。

尚未实行银行代收的罚款，由县级以上安全生产监督管理部门统一向同级财政部门购领罚款票据，并负责本单位罚款票据的管理。

第五条 安全生产监督罚款收入纳入同级财政预算，实行“收支两条线”管理。

罚款缴库时间按照当地财政部门有关规定办理。

第六条 安全生产监督管理部门定期到代收银行索取缴款票据，据以登记统计，并和安全生产监督管理行政处罚决定书核对。

各地安全生产监督管理部门应于每季度终了后7日内将罚款统计表（格式附后）逐级上报。各省级安全生产监督管理部门应于每半年（年）终了后15日内将罚款统计表报国家安全生产监督管理局。

第七条 安全生产监督管理部门罚款收入的缴库情况，应接受同级财政部门的检查和监督。

第八条 安全生产监督罚款应严格执行国家有关罚款收支管理的规定，对违反“收支两条线”管理的机构和个人，依照《违反行政事业性收费和罚没收入收支两条线管理规定行政处分暂行规定》追究责任。

第九条 本办法自公布之日起施行。

33 生产经营单位安全培训规定

2005年12月28日国家安全生产监督管理总局局长办公会议审议通过，2006年1月17日国家安全生产监督管理总局令第3号公布，自2006年3月1日起施行；根据2013年8月19日国家安全生产监督管理总局局长办公会议审议通过、2013年8月29日国家安全生产监督管理总局令第63号公布、自公布之日起施行的《国家安全监管总局关于修改〈生产经营单位安全培训规定〉等11件规章的决定》第一次修改；根据2015年2月26日国家安全生产监督管理总局局长办公会议审议通过、2015年5月29日国家安全生产监督管理总局令第80号公布、自2015年7月1日起施行的《国家安全监管总局关于废止和修改劳动防护用品和安全培训等领域十部规章的决定》第二次修改。

第一章 总 则

第一条 为加强和规范生产经营单位安全培训工作，提高从业人员安全素质，防范伤亡事故，减轻职业危害，根据安全生产法和有关法律、行政法规，制定本规定。

第二条 工矿商贸生产经营单位（以下简称生产经营单位）从业人员的安全培训，适用本规定。

第三条 生产经营单位负责本单位从业人员安全培训工作。

生产经营单位应当按照安全生产法和有关法律、行政法规和本规定，建立健全安全培训工作制度。

第四条 生产经营单位应当进行安全培训的从业人员包括主要负责人、安全生产管理人员、特种作业人员和其他从业人员。

生产经营单位使用被派遣劳动者的，应当将被派遣劳动者纳入本单位从业人员统一管理，对被派遣劳动者进行岗位安全操作规程和安全操作技能的教育和培训。劳务派遣单位应当对被派遣劳动者进行必要的安全生产教育和培训。

生产经营单位接收中等职业学校、高等学校学生实习的，应当对实习学生进行相应的安全生产教育和培训，提供必要的劳动防护用品。学校应当协助生产经营单位对实习学生进行安全生产教育和培训。

生产经营单位从业人员应当接受安全培训，熟悉有关安全生产规章制度和安全操作规程，具备必要的安全生产知识，掌握本岗位的安全操作技能，了解事故应急处理措施，知悉自身在安全生产方面的权利和义务。

未经安全培训合格的从业人员，不得上岗作业。

第五条 国家安全生产监督管理总局指导全国安全培训工作，依法对全国的安全培训工作实施监督管理。

国务院有关主管部门按照各自职责指导监督本行业安全培训工作，并按照本规定制定实施办法。

国家煤矿安全监察局指导监督检查全国煤矿安全培训工作。

各级安全生产监督管理部门和煤矿安全监察机构（以下简称安全生产监管监察部门）按照各自的职责，依法对生产经营单位的安全培训工作实施监督管理。

第二章 主要负责人、安全生产管理人员的安全培训

第六条 生产经营单位主要负责人和安全生产管理人员应当接受安全培训，具备与所从事的生产经营活动相适应的安全生产知识和管理能力。

第七条 生产经营单位主要负责人安全培训应当包括下列内容：

（一）国家安全生产方针、政策和有关安全生产的法律、法规、规章及标准。

（二）安全生产管理基本知识、安全生产技术、安全生产专业知识。

（三）重大危险源管理、重大事故防范、应急管理和救援组织以及事故调查处理的有关规定。

（四）职业危害及其预防措施。

（五）国内外先进的安全生产管理经验。

（六）典型事故和应急救援案例分析。

（七）其他需要培训的内容。

第八条 生产经营单位安全生产管理人员安全培训应当包括下列内容：

（一）国家安全生产方针、政策和有关安全生产的法律、法规、规章及标准。

（二）安全生产管理、安全生产技术、职业卫生等知识。

（三）伤亡事故统计、报告及职业危害的调查处理方法。

（四）应急管理、应急预案编制以及应急处置的内容和要求。

（五）国内外先进的安全生产管理经验。

（六）典型事故和应急救援案例分析。

（七）其他需要培训的内容。

第九条 生产经营单位主要负责人和安全生产管理人员初次安全培训时间不得少于32学时。每年再培训时间不得少于12学时。

煤矿、非煤矿山、危险化学品、烟花爆竹、金属冶炼等生产经营单位主要负责人和安全生产管理人员初次安全培训时间不得少于48学时，每年再培训时间不得少于16学时。

第十条 生产经营单位主要负责人和安全生产管理人员的安全培训必须依照安全生产监管监察部门制定的安全培训大纲实施。

非煤矿山、危险化学品、烟花爆竹、金属冶炼等生产经营单位主要负责人和安全生产管理人员的安全培训大纲及考核标准由国家安全生产监督管理总局统一制定。

煤矿主要负责人和安全生产管理人员的安全培训大纲及考核标准由国家煤矿安全监察局制定。

煤矿、非煤矿山、危险化学品、烟花爆竹、金属冶炼以外的其他生产经营单位主要负责人和安全管理人员的安全培训大纲及考核标准，由省、自治区、直辖市安全生产监督管理部门制定。

第三章　其他从业人员的安全培训

第十一条 煤矿、非煤矿山、危险化学品、烟花爆竹、金属冶炼等生产经营单位必须对新上岗的临时工、合同工、劳务工、轮换工、协议工等进行强制性安全培训，保证其具备本岗位安全操作、自救互救以及应急处置所需的知识和技能后，方能安排上岗作业。

第十二条 加工、制造业等生产单位的其他从业人员，在上岗前必须经过厂（矿）、车间（工段、区、队）、班组三级安全培训教育。

生产经营单位应当根据工作性质对其他从业人员进行安全培训，保证其具备本岗位安全操作、应急处置等知识和技能。

第十三条 生产经营单位新上岗的从业人员，岗前安全培训时间不得少于24学时。

煤矿、非煤矿山、危险化学品、烟花爆竹、金属冶炼等生产经营单位新上岗的从业人员安全培训时间不得少于72学时，每年再培训的时间不得少于20学时。

第十四条 厂（矿）级岗前安全培训内容应当包括：

（一）本单位安全生产情况及安全生产基本知识。

（二）本单位安全生产规章制度和劳动纪律。

（三）从业人员安全生产权利和义务。

（四）有关事故案例等。

煤矿、非煤矿山、危险化学品、烟花爆竹、金属冶炼等生产经营单位厂（矿）级安全培训除包括上述内容外，应当增加事故应急救援、事故应急预案演练及防范措施等内容。

第十五条　车间（工段、区、队）级岗前安全培训内容应当包括：

（一）工作环境及危险因素。

（二）所从事工种可能遭受的职业伤害和伤亡事故。

（三）所从事工种的安全职责、操作技能及强制性标准。

（四）自救互救、急救方法、疏散和现场紧急情况的处理。

（五）安全设备设施、个人防护用品的使用和维护。

（六）本车间（工段、区、队）安全生产状况及规章制度。

（七）预防事故和职业危害的措施及应注意的安全事项。

（八）有关事故案例。

（九）其他需要培训的内容。

第十六条　班组级岗前安全培训内容应当包括：

（一）岗位安全操作规程。

（二）岗位之间工作衔接配合的安全与职业卫生事项。

（三）有关事故案例。

（四）其他需要培训的内容。

第十七条　从业人员在本生产经营单位内调整工作岗位或离岗一年以上重新上岗时，应当重新接受车间（工段、区、队）和班组级的安全培训。

生产经营单位采用新工艺、新技术、新材料或者使用新设备时，应当对有关从业人员重新进行有针对性的安全培训。

第十八条　生产经营单位的特种作业人员，必须按照国家有关法律、法规的规定接受专门的安全培训，经考核合格，取得特种作业操作资格证书后，方可上岗作业。

特种作业人员的范围和培训考核管理办法，另行规定。

第四章　安全培训的组织实施

第十九条　生产经营单位从业人员的安全培训工作，由生产经营单位组织实施。

生产经营单位应当坚持以考促学、以讲促学，确保全体从业人员熟练掌握岗位安全生产知识和技能；煤矿、非煤矿山、危险化学品、烟花爆竹、金属冶炼等生产经营单位还应当完善和落实师傅带徒弟制度。

第二十条　具备安全培训条件的生产经营单位，应当以自主培训为主；可以委托具备安全培训条件的机构，对从业人员进行安全培训。

不具备安全培训条件的生产经营单位，应当委托具备安全培训条件的机构，对从业人员进行安全培训。

生产经营单位委托其他机构进行安全培训的，保证安全培训的责任仍由本单位负责。

第二十一条 生产经营单位应当将安全培训工作纳入本单位年度工作计划。保证本单位安全培训工作所需资金。

生产经营单位的主要负责人负责组织制订并实施本单位安全培训计划。

第二十二条 生产经营单位应当建立健全从业人员安全生产教育和培训档案，由生产经营单位的安全生产管理机构以及安全生产管理人员详细、准确记录培训的时间、内容、参加人员以及考核结果等情况。

第二十三条 生产经营单位安排从业人员进行安全培训期间，应当支付工资和必要的费用。

第五章 监督管理

第二十四条 煤矿、非煤矿山、危险化学品、烟花爆竹、金属冶炼等生产经营单位主要负责人和安全生产管理人员，自任职之日起6个月内，必须经安全生产监管监察部门对其安全生产知识和管理能力考核合格。

第二十五条 安全生产监管监察部门依法对生产经营单位安全培训情况进行监督检查，督促生产经营单位按照国家有关法律法规和本规定开展安全培训工作。

县级以上地方人民政府负责煤矿安全生产监督管理的部门对煤矿井下作业人员的安全培训情况进行监督检查。煤矿安全监察机构对煤矿特种作业人员安全培训及其持证上岗的情况进行监督检查。

第二十六条 各级安全生产监管监察部门对生产经营单位安全培训及其持证上岗的情况进行监督检查，主要包括以下内容：

（一）安全培训制度、计划的制定及其实施的情况。

（二）煤矿、非煤矿山、危险化学品、烟花爆竹、金属冶炼等生产经营单位主要负责人和安全生产管理人员安全培训以及安全生产知识和管理能力考核的情况；其他生产经营单位主要负责人和安全生产管理人员培训的情况。

（三）特种作业人员操作资格证持证上岗的情况。

（四）建立安全生产教育和培训档案，并如实记录的情况。

（五）对从业人员现场抽考本职工作的安全生产知识。

（六）其他需要检查的内容。

第二十七条 安全生产监管监察部门对煤矿、非煤矿山、危险化学品、烟花爆竹、金属冶炼等生产经营单位的主要负责人、安全管理人员应当按照本规定严格考核。考核不得收费。

安全生产监管监察部门负责考核的有关人员不得玩忽职守和滥用职权。

第二十八条 安全生产监管监察部门检查中发现安全生产教育和培训责任落实不到位、有关从业人员未经培训合格的，应当视为生产安全事故隐患，责令生产经营单位立即停止违法行为，限期整改，并依法予以处罚。

第六章　罚　　则

第二十九条　生产经营单位有下列行为之一的，由安全生产监管监察部门责令其限期改正，可以处1万元以上3万元以下的罚款：

（一）未将安全培训工作纳入本单位工作计划并保证安全培训工作所需资金的。

（二）从业人员进行安全培训期间未支付工资并承担安全培训费用的。

第三十条　生产经营单位有下列行为之一的，由安全生产监管监察部门责令其限期改正，可以处5万元以下的罚款；逾期未改正的，责令停产停业整顿，并处5万元以上10万元以下的罚款，对其直接负责的主管人员和其他直接责任人员处1万元以上2万元以下的罚款：

（一）煤矿、非煤矿山、危险化学品、烟花爆竹、金属冶炼等生产经营单位主要负责人和安全管理人员未按照规定经考核合格的。

（二）未按照规定对从业人员、被派遣劳动者、实习学生进行安全生产教育和培训或者未如实告知其有关安全生产事项的。

（三）未如实记录安全生产教育和培训情况的。

（四）特种作业人员未按照规定经专门的安全技术培训并取得特种作业人员操作资格证书，上岗作业的。

县级以上地方人民政府负责煤矿安全生产监督管理的部门发现煤矿未按照本规定对井下作业人员进行安全培训的，责令限期改正，处10万元以上50万元以下的罚款；逾期未改正的，责令停产停业整顿。

煤矿安全监察机构发现煤矿特种作业人员无证上岗作业的，责令限期改正，处10万元以上50万元以下的罚款；逾期未改正的，责令停产停业整顿。

第三十一条　安全生产监管监察部门有关人员在考核、发证工作中玩忽职守、滥用职权的，由上级安全生产监管监察部门或者行政监察部门给予记过、记大过的行政处分。

第七章　附　　则

第三十二条　生产经营单位主要负责人是指有限责任公司或者股份有限公司的董事长、总经理，其他生产经营单位的厂长、经理、（矿务局）局长、矿长（含实际控制人）等。

生产经营单位安全生产管理人员是指生产经营单位分管安全生产的负责人、安全生产管理机构负责人及其管理人员，以及未设安全生产管理机构的生产经营单位专、兼职安全生产管理人员等。

生产经营单位其他从业人员是指除主要负责人、安全生产管理人员和特种作业人员以外，该单位从事生产经营活动的所有人员，包括其他负责人、其他管理人员、技术人员和各岗位的工人以及临时聘用的人员。

第三十三条　省、自治区、直辖市安全生产监督管理部门和省级煤矿安全监察机构可以根据本规定制定实施细则，报国家安全生产监督管理总局和国家煤矿安全监察局备案。

第三十四条 本规定自2006年3月1日起施行。

34 海洋石油安全生产规定

2006年1月6日国家安全生产监督管理总局局长办公会议审议通过，2006年2月7日国家安全生产监督管理总局令第4号公布，自2006年5月1日起施行；根据2013年8月19日国家安全生产监督管理总局局长办公会议审议通过、2013年8月29日国家安全生产监督管理总局令第63号公布、自公布之日起施行的《国家安全监管总局关于修改〈生产经营单位安全培训规定〉等11件规章的决定》第一次修改；根据2015年3月23日国家安全生产监督管理总局局长办公会议审议通过、2015年5月26日国家安全生产监督管理总局令第78号公布、自2015年7月1日起施行的《国家安全监管总局关于废止和修改非煤矿矿山领域九部规章的决定》第二次修改。

第一章 总 则

第一条 为了加强海洋石油安全生产工作，防止和减少海洋石油生产安全事故和职业危害，保障从业人员生命和财产安全，根据《安全生产法》及有关法律、行政法规，制定本规定。

第二条 在中华人民共和国的内水、领海、毗连区、专属经济区、大陆架以及中华人民共和国管辖的其他海域内的海洋石油开采活动的安全生产，适用本规定。

第三条 海洋石油作业者和承包者是海洋石油安全生产的责任主体。

本规定所称作业者是指负责实施海洋石油开采活动的企业，或者按照石油合同的约定负责实施海洋石油开采活动的实体。

本规定所称承包者是指向作业者提供服务的企业或者实体。

第四条 国家安全生产监督管理总局（以下简称安全监管总局）对海洋石油安全生产实施综合监督管理。

安全监管总局设立海洋石油作业安全办公室（以下简称海油安办）作为实施海洋石油安全生产综合监督管理的执行机构。海油安办根据需要设立分部，各分部依照有关规定实施具体的安全监督管理。

第二章　安全生产保障

第五条　作业者和承包者应当遵守有关安全生产的法律、行政法规、部门规章、国家标准和行业标准，具备安全生产条件。

第六条　作业者应当加强对承包者的安全监督和管理，并在承包合同中约定各自的安全生产管理职责。

第七条　作业者和承包者的主要负责人对本单位的安全生产工作全面负责。

作业者和从事物探、钻井、测井、录井、试油、井下作业等活动的承包者及海洋石油生产设施的主要负责人、安全管理人员应当按照安全监管总局的规定，经过安全资格培训，具备相应的安全生产知识和管理能力，经考核合格取得安全资格证书。

第八条　作业者和承包者应当对从业人员进行安全生产教育和培训，保证从业人员具备必要的安全生产知识，熟悉有关的安全生产规章制度和安全操作规程，掌握本岗位的安全操作技能。

第九条　出海作业人员应当接受海洋石油作业安全救生培训，经考核合格后方可出海作业。

临时出海人员应接受必要的安全教育。

第十条　特种作业人员应当按照安全监管总局有关规定经专门的安全技术培训，考核合格取得特种作业操作资格证书后方可上岗作业。

第十一条　海洋石油建设项目在可行性研究阶段或者总体开发方案编制阶段应当进行安全预评价。

在设计阶段，海洋石油生产设施的重要设计文件及安全专篇，应当经海洋石油生产设施发证检验机构（以下简称发证检验机构）审查同意。发证检验机构应当在审查同意的设计文件、图纸上加盖印章。

第十二条　海洋石油生产设施应当由具有相应资质或者能力的专业单位施工，施工单位应当按照审查同意的设计方案或者图纸施工。

第十三条　海洋石油生产设施试生产前，应当经发证检验机构检验合格，取得最终检验证书或者临时检验证书，并制定试生产的安全措施，于试生产前 45 日报海油安办有关分部备案。

海油安办有关分部应对海洋石油生产设施的状况及安全措施的落实情况进行检查。

第十四条　海洋石油生产设施试生产正常后，应当由作业者或者承包者负责组织对其安全设施进行竣工验收，并形成书面报告备查。

经验收合格并办理安全生产许可证后，方可正式投入生产使用。

第十五条　作业者和承包者应当向作业人员如实告知作业现场和工作岗位存在的危险因素和职业危害因素，以及相应的防范措施和应急措施。

第十六条　作业者和承包者应当为作业人员提供符合国家标准或者行业标准的劳动防护用品，并监督、教育作业人员按照使用规则佩戴、使用。

第十七条 作业者和承包者应当制定海洋石油作业设施、生产设施及其专业设备的安全检查、维护保养制度，建立安全检查、维护保养档案，并指定专人负责。

第十八条 作业者和承包者应当加强防火防爆管理，按照有关规定划分和标明安全区与危险区；在危险区作业时，应当对作业程序和安全措施进行审查。

第十九条 作业者和承包者应当加强对易燃、易爆、有毒、腐蚀性等危险物品的管理，按国家有关规定进行装卸、运输、储存、使用和处置。

第二十条 海洋石油的专业设备应当由专业设备检验机构检验合格，方可投入使用。专业设备检验机构对检验结果负责。

第二十一条 海洋石油作业设施首次投入使用前或者变更作业区块前，应当制订作业计划和安全措施。

作业计划和安全措施应当在开始作业前 15 日报海油安办有关分部备案。

外国海洋石油作业设施进入中华人民共和国管辖海域前按照上述要求执行。

第二十二条 作业者和承包者应当建立守护船值班制度，在海洋石油生产设施和移动式钻井船（平台）周围应备有守护船值班。无人值守的生产设施和陆岸结构物除外。

第二十三条 作业者或者承包者在编制钻井、采油和井下作业等作业计划时，应当根据地质条件与海域环境确定安全可靠的井控程序和防硫化氢措施。

打开油（气）层前，作业者或者承包者应当确认井控和防硫化氢措施的落实情况。

第二十四条 作业者和承包者应当保存安全生产的相关资料，主要包括作业人员名册、工作日志、培训记录、事故和险情记录、安全设备维修记录、海况和气象情况等。

第二十五条 在海洋石油生产设施的设计、建造、安装以及生产的全过程中，实施发证检验制度。

海洋石油生产设施的发证检验包括建造检验、生产过程中的定期检验和临时检验。

第二十六条 发证检验工作由作业者委托具有资质的发证检验机构进行。

第二十七条 发证检验机构应当依照有关法律、行政法规、部门规章和国家标准、行业标准或者作业者选定的技术标准实施审查、检验，并对审查、检验结果负责。

作业者选定的技术标准不得低于国家标准和行业标准。

海油安办对发证检验机构实施的设计审查程序、检验程序进行监督。

第三章　安全生产监督管理

第二十八条 海油安办及其各分部对海洋石油安全生产履行以下监督管理职责：

（一）组织起草海洋石油安全生产法规、规章、标准。

（二）监督检查作业者和承包者安全生产条件、设备设施安全和劳动防护用品使用情况。

（三）监督检查作业者和承包者安全生产教育培训情况；负责作业者，从事物探、钻井、测井、录井、试油、井下作业等的承包者和海洋石油生产设施的主要负责人、安全管理人员和特种作业人员的安全培训考核工作。

（四）监督核查海洋石油建设项目生产设施安全竣工验收工作，负责安全生产许可证的发放工作。

（五）负责海洋石油生产设施发证检验、专业设备检测检验、安全评价和安全咨询等社会中介服务机构的资质审查。

（六）组织生产安全事故的调查处理；协调事故和险情的应急救援工作。

第二十九条　监督检查人员必须熟悉海洋石油安全法律法规和安全技术知识，能胜任海洋石油安全检查工作，经考核合格，取得相应的执法资格。

第三十条　海油安办及其各分部依法对作业者和承包者执行有关安全生产的法律、行政法规和国家标准或者行业标准的情况进行监督检查，行使以下职权：

（一）对作业者和承包者进行安全检查，调阅有关资料，向有关单位和人员了解情况。

（二）对检查中发现的安全生产违法行为，当场予以纠正或者要求限期改正。

（三）对检查中发现的事故隐患，应当责令立即排除；重大事故隐患排除前或者排除过程中无法保证安全的，应当责令从危险区域内撤出作业人员，责令暂时停产停业或者停止使用；重大事故隐患排除后，经审查同意，方可恢复生产和使用。

（四）对有根据认为不符合保障安全生产的国家标准或者行业标准的设施、设备、器材予以查封或者扣押，并应当在15日内依法作出处理决定。

第三十一条　监督检查人员进行监督检查时，应履行以下义务：

（一）忠于职守，坚持原则，秉公执法。

（二）执行监督检查任务时，必须出示有效的监督执法证件，使用统一的行政执法文书。

（三）遵守作业者和承包者的有关现场管理规定，不得影响正常生产活动。

（四）保守作业者和承包者的有关技术秘密和商业秘密。

第三十二条　监督检查人员在进行安全监督检查期间，作业者或者承包者应当免费提供必要的交通工具、防护用品等工作条件。

第三十三条　承担海洋石油生产设施发证检验、专业设备检测检验、安全评价和安全咨询的中介机构应当具备国家规定的资质。

第四章　应急预案与事故处理

第三十四条　作业者应当建立应急救援组织，配备专职或者兼职救援人员，或者与专业救援组织签订救援协议，并在实施作业前编制应急预案。

承包者在实施作业前应编制应急预案。

应急预案应当报海油安办有关分部和其他有关政府部门备案。

第三十五条　应急预案应当包括以下主要内容：作业者和承包者的基本情况、危险特性、可利用的应急救援设备；应急组织机构、职责划分、通信联络；应急预案启动、应急响应、信息处理、应急状态中止、后续恢复等处置程序；应急演习与训练。

第三十六条　应急预案应充分考虑作业内容、作业海区的环境条件、作业设施的类型、自救能力和可以获得的外部支援等因素，应能够预防和处置各类突发性事故和可能引发事故的险情，并随实际情况的变化及时修改或者补充。

事故和险情包括以下情况：井喷失控、火灾与爆炸、平台遇险、飞机或者直升机失事、船舶海损、油（气）生产设施与管线破损/泄漏、有毒有害物质泄漏、放射性物质遗散、潜水作业事故；人员重伤、死亡、失踪及暴发性传染病、中毒；溢油事故、自然灾害以及其他紧急情况等。

第三十七条 当发生事故或者出现可能引发事故的险情时，作业者和承包者应当按应急预案的规定实施应急措施，防止事态扩大，减少人员伤亡和财产损失。

当发生应急预案中未规定的事件时，现场工作人员应当及时向主要负责人报告。主要负责人应当及时采取相应的措施。

第三十八条 事故和险情发生后，当事人、现场人员、作业者和承包者负责人、各分部和海油安办根据有关规定逐级上报。

第三十九条 海油安办及其有关分部、有关部门接到重大事故报告后，应当立即赶到事故现场，组织事故抢救、事故调查。

第四十条 无人员伤亡事故、轻伤、重伤事故由作业者和承包者负责人或其指定的人员组织生产、技术、安全等有关人员及工会代表参加的事故调查组进行调查。

其他事故的调查处理，按有关规定执行。

第四十一条 作业者应当建立事故统计和分析制度，定期对事故进行统计和分析。事故统计年报应当报海油安办有关分部、政府有关部门。

承包者在提供服务期间发生的事故由作业者负责统计。

第五章 罚 则

第四十二条 监督检查人员在海洋石油安全生产监督检查中滥用职权、玩忽职守、徇私舞弊的，依照有关规定给予行政处分；构成犯罪的，依法追究刑事责任。

第四十三条 作业者和承包者有下列行为之一的，给予警告，并处3万元以下的罚款：

（一）未按规定执行发证检验或者用非法手段获取检验证书的。

（二）未按规定配备守护船，或者使用不满足有关规定要求的船舶做守护船，或者守护船未按规定履行登记手续的。

（三）未按照本规定第三十四条的规定履行备案手续的。

（四）未按有关规定制定井控措施和防硫化氢措施，或者井控措施和防硫化氢措施不落实的。

第四十四条 本规定所列行政处罚，由海油安办及其各分部实施。

《安全生产法》等法律、行政法规对安全生产违法行为的行政处罚另有规定的，依照其规定。

第六章　附　　则

第四十五条　本规定下列用语的定义：

（一）石油，是指蕴藏在地下的、正在采出的和已经采出的原油和天然气。

（二）石油合同，是指中国石油企业与外国企业为合作开采中华人民共和国海洋石油资源，依法订立的石油勘探、开发和生产的合同。

（三）海洋石油开采活动，是指在本规定第二条所述海域内从事的石油勘探、开发、生产、储运、油田废弃及其有关的活动。

（四）海洋石油作业设施，是指用于海洋石油作业的海上移动式钻井船（平台）、物探船、铺管船、起重船、固井船、酸化压裂船等设施。

（五）海洋石油生产设施，是指以开采海洋石油为目的的海上固定平台、单点系泊、浮式生产储油装置、海底管线、海上输油码头、滩海陆岸、人工岛和陆岸终端等海上和陆岸结构物。

（六）专业设备，是指海洋石油开采过程中使用的危险性较大或者对安全生产有较大影响的设备，包括海上结构、采油设备、海上锅炉和压力容器、钻井和修井设备、起重和升降设备、火灾和可燃气体探测、报警及控制系统、安全阀、救生设备、消防器材、钢丝绳等系物及被系物、电气仪表等。

第四十六条　内陆湖泊的石油开采的安全生产监督管理，参照本规定相应条款执行。

第四十七条　本规定自 2006 年 5 月 1 日起施行，原石油工业部 1986 年颁布的《海洋石油作业安全管理规定》同时废止。

35　非药品类易制毒化学品生产、经营许可办法

2006 年 3 月 21 日国家安全生产监督管理总局局长办公会议审议通过，2006 年 4 月 5 日国家安全生产监督管理总局令第 5 号公布，自 2006 年 4 月 15 日起施行。

第一章　总　　则

第一条　为加强非药品类易制毒化学品管理，规范非药品类易制毒化学品生产、经营行为，防止非药品类易制毒化学品被用于制造毒品，维护经济和社会秩序，根据《易制毒化学品管理条例》（以下简称《条例》）和有关法律、行政法规，制定本办法。

第二条　本办法所称非药品类易制毒化学品，是指《条例》附表确定的可以用于制毒

的非药品类主要原料和化学配剂。

非药品类易制毒化学品的分类和品种，见本办法附表《非药品类易制毒化学品分类和品种目录》。

《条例》附表《易制毒化学品的分类和品种目录》调整或者《危险化学品目录》调整涉及本办法附表时，《非药品类易制毒化学品分类和品种目录》随之进行调整并公布。

第三条 国家对非药品类易制毒化学品的生产、经营实行许可制度。对第一类非药品类易制毒化学品的生产、经营实行许可证管理，对第二类、第三类易制毒化学品的生产、经营实行备案证明管理。

省、自治区、直辖市人民政府安全生产监督管理部门负责本行政区域内第一类非药品类易制毒化学品生产、经营的审批和许可证的颁发工作。

设区的市级人民政府安全生产监督管理部门负责本行政区域内第二类非药品类易制毒化学品生产、经营和第三类非药品类易制毒化学品生产的备案证明颁发工作。

县级人民政府安全生产监督管理部门负责本行政区域内第三类非药品类易制毒化学品经营的备案证明颁发工作。

第四条 国家安全生产监督管理总局监督、指导全国非药品类易制毒化学品生产、经营许可和备案管理工作。

县级以上人民政府安全生产监督管理部门负责本行政区域内执行非药品类易制毒化学品生产、经营许可制度的监督管理工作。

第二章 生产、经营许可

第五条 生产、经营第一类非药品类易制毒化学品的，必须取得非药品类易制毒化学品生产、经营许可证方可从事生产、经营活动。

第六条 生产、经营第一类非药品类易制毒化学品的，应当分别符合《条例》第七条、第九条规定的条件。

第七条 生产单位申请非药品类易制毒化学品生产许可证，应当向所在地的省级人民政府安全生产监督管理部门提交下列文件、资料，并对其真实性负责：

（一）非药品类易制毒化学品生产许可证申请书（一式两份）。

（二）生产设备、仓储设施和污染物处理设施情况说明材料。

（三）易制毒化学品管理制度和环境突发事件应急预案。

（四）安全生产管理制度。

（五）单位法定代表人或者主要负责人和技术、管理人员具有相应安全生产知识的证明材料。

（六）单位法定代表人或者主要负责人和技术、管理人员具有相应易制毒化学品知识的证明材料及无毒品犯罪记录证明材料。

（七）工商营业执照副本（复印件）。

（八）产品包装说明和使用说明书。

属于危险化学品生产单位的，还应当提交危险化学品生产企业安全生产许可证和危险化学品登记证（复印件），免于提交本条第（四）、（五）、（七）项所要求的文件、资料。

第八条　经营单位申请非药品类易制毒化学品经营许可证，应当向所在地的省级人民政府安全生产监督管理部门提交下列文件、资料，并对其真实性负责：

（一）非药品类易制毒化学品经营许可证申请书（一式两份）。

（二）经营场所、仓储设施情况说明材料。

（三）易制毒化学品经营管理制度和包括销售机构、销售代理商、用户等内容的销售网络文件。

（四）单位法定代表人或者主要负责人和销售、管理人员具有相应易制毒化学品知识的证明材料及无毒品犯罪记录证明材料。

（五）工商营业执照副本（复印件）。

（六）产品包装说明和使用说明书。

属于危险化学品经营单位的，还应当提交危险化学品经营许可证（复印件），免于提交本条第（五）项所要求的文件、资料。

第九条　省、自治区、直辖市人民政府安全生产监督管理部门对申请人提交的申请书及文件、资料，应当按照下列规定分别处理：

（一）申请事项不属于本部门职权范围的，应当即时出具不予受理的书面凭证。

（二）申请材料存在可以当场更正的错误的，应当允许或者要求申请人当场更正。

（三）申请材料不齐全或者不符合要求的，应当当场或者在5个工作日内书面一次告知申请人需要补正的全部内容，逾期不告知的，自收到申请材料之日起即为受理。

（四）申请材料齐全、符合要求或者按照要求全部补正的，自收到申请材料或者全部补正材料之日起为受理。

第十条　对已经受理的申请材料，省、自治区、直辖市人民政府安全生产监督管理部门应当进行审查，根据需要可以进行实地核查。

第十一条　自受理之日起，对非药品类易制毒化学品的生产许可证申请在60个工作日内、对经营许可证申请在30个工作日内，省、自治区、直辖市人民政府安全生产监督管理部门应当作出颁发或者不予颁发许可证的决定。

对决定颁发的，应当自决定之日起10个工作日内送达或者通知申请人领取许可证；对不予颁发的，应当在10个工作日内书面通知申请人并说明理由。

第十二条　非药品类易制毒化学品生产、经营许可证有效期为3年。许可证有效期满后需继续生产、经营第一类非药品类易制毒化学品的，应当于许可证有效期满前3个月内向原许可证颁发管理部门提出换证申请并提交相应资料，经审查合格后换领新证。

第十三条　第一类非药品类易制毒化学品生产、经营单位在非药品类易制毒化学品生产、经营许可证有效期内出现下列情形之一的，应当向原许可证颁发管理部门申请变更许可证：

（一）单位法定代表人或者主要负责人改变。

（二）单位名称改变。

（三）许可品种主要流向改变。

（四）需要增加许可品种、数量。

属于本条第（一）、（三）项的变更，应当自发生改变之日起 20 个工作日内提出申请；属于本条第（二）项的变更，应当自工商营业执照变更后提出申请。

申请本条第（一）项的变更，应当提供变更后的法定代表人或者主要负责人符合本办法第七条第（五）、（六）项或第八条第（四）项要求的有关证明材料；申请本条第（二）项的变更，应当提供变更后的工商营业执照副本（复印件）；申请本条第（三）项的变更，生产、经营单位应当分别提供主要流向改变说明、第八条第（三）项要求的有关资料；申请本条第（四）项的变更，应当提供本办法第七条第（二）、（三）、（八）项或第八条第（二）、（三）、（六）项要求的有关资料。

第十四条 对已经受理的本办法第十三条第（一）、（二）、（三）项的变更申请，许可证颁发管理部门在对申请人提交的文件、资料审核后，即可办理非药品类易制毒化学品生产、经营许可证变更手续。

对已经受理的本办法第十三条第（四）项的变更申请，许可证颁发管理部门应当按照本办法第十条、第十一条的规定，办理非药品类易制毒化学品生产、经营许可证变更手续。

第十五条 非药品类易制毒化学品生产、经营单位原有技术或者销售人员、管理人员变动的，变动人员应当具有相应的安全生产和易制毒化学品知识。

第十六条 第一类非药品类易制毒化学品生产、经营单位不再生产、经营非药品类易制毒化学品时，应当在停止生产、经营后 3 个月内办理注销许可手续。

第三章 生产、经营备案

第十七条 生产、经营第二类、第三类非药品类易制毒化学品的，必须进行非药品类易制毒化学品生产、经营备案。

第十八条 生产第二类、第三类非药品类易制毒化学品的，应当自生产之日起 30 个工作日内，将生产的品种、数量等情况，向所在地的设区的市级人民政府安全生产监督管理部门备案。

经营第二类非药品类易制毒化学品的，应当自经营之日起 30 个工作日内，将经营的品种、数量、主要流向等情况，向所在地的设区的市级人民政府安全生产监督管理部门备案。

经营第三类非药品类易制毒化学品的，应当自经营之日起 30 个工作日内，将经营的品种、数量、主要流向等情况，向所在地的县级人民政府安全生产监督管理部门备案。

第十九条 第二类、第三类非药品类易制毒化学品生产单位进行备案时，应当提交下列资料：

（一）非药品类易制毒化学品品种、产量、销售量等情况的备案申请书。

（二）易制毒化学品管理制度。

（三）产品包装说明和使用说明书。

（四）工商营业执照副本（复印件）。

属于危险化学品生产单位的，还应当提交危险化学品生产企业安全生产许可证和危险化学品登记证（复印件），免于提交本条第（四）项所要求的文件、资料。

第二十条 第二类、第三类非药品类易制毒化学品经营单位进行备案时，应当提交下列资料：

（一）非药品类易制毒化学品销售品种、销售量、主要流向等情况的备案申请书。

（二）易制毒化学品管理制度。

（三）产品包装说明和使用说明书。

（四）工商营业执照副本（复印件）。

属于危险化学品经营单位的，还应当提交危险化学品经营许可证，免于提交本条第（四）项所要求的文件、资料。

第二十一条 第二类、第三类非药品类易制毒化学品生产、经营备案主管部门收到本办法第十九条、第二十条规定的备案材料后，应当于当日发给备案证明。

第二十二条 第二类、第三类非药品类易制毒化学品生产、经营备案证明有效期为3年。有效期满后需继续生产、经营的，应当在备案证明有效期满前3个月内重新办理备案手续。

第二十三条 第二类、第三类非药品类易制毒化学品生产、经营单位的法定代表人或者主要负责人、单位名称、单位地址发生变化的，应当自工商营业执照变更之日起30个工作日内重新办理备案手续；生产或者经营的备案品种增加、主要流向改变的，在发生变化后30个工作日内重新办理备案手续。

第二十四条 第二类、第三类非药品类易制毒化学品生产、经营单位不再生产、经营非药品类易制毒化学品时，应当在终止生产、经营后3个月内办理备案注销手续。

第四章 监督管理

第二十五条 县级以上人民政府安全生产监督管理部门应当加强非药品类易制毒化学品生产、经营的监督检查工作。

县级以上人民政府安全生产监督管理部门对非药品类易制毒化学品的生产、经营活动进行监督检查时，可以查看现场、查阅和复制有关资料、记录有关情况、扣押相关的证据材料和违法物品；必要时，可以临时查封有关场所。

被检查的单位或者个人应当如实提供有关情况和资料、物品，不得拒绝或者隐匿。

第二十六条 生产、经营单位应当于每年3月31日前，向许可或者备案的安全生产监督管理部门报告本单位上年度非药品类易制毒化学品生产经营的品种、数量和主要流向等情况。

安全生产监督管理部门应当自收到报告后10个工作日内将本行政区域内上年度非药品类易制毒化学品生产、经营汇总情况报上级安全生产监督管理部门。

第二十七条 各级安全生产监督管理部门应当建立非药品类易制毒化学品许可和备案档案并加强信息管理。

第二十八条 安全生产监督管理部门应当及时将非药品类易制毒化学品生产、经营许可及吊销许可情况，向同级公安机关和工商行政管理部门通报；向商务主管部门通报许可证和备案证明颁发等有关情况。

第五章 罚 则

第二十九条 对于有下列行为之一的，县级以上人民政府安全生产监督管理部门可以自《条例》第三十八条规定的部门作出行政处罚决定之日起的 3 年内，停止受理其非药品类易制毒化学品生产、经营许可或备案申请：

（一）未经许可或者备案擅自生产、经营非药品类易制毒化学品的。

（二）伪造申请材料骗取非药品类易制毒化学品生产、经营许可证或者备案证明的。

（三）使用他人的非药品类易制毒化学品生产、经营许可证或者备案证明的。

（四）使用伪造、变造、失效的非药品类易制毒化学品生产、经营许可证或者备案证明的。

第三十条 对于有下列行为之一的，由县级以上人民政府安全生产监督管理部门给予警告，责令限期改正，处 1 万元以上 5 万元以下的罚款；对违反规定生产、经营的非药品类易制毒化学品，可以予以没收；逾期不改正的，责令限期停产停业整顿；逾期整顿不合格的，吊销相应的许可证：

（一）易制毒化学品生产、经营单位未按规定建立易制毒化学品的管理制度和安全管理制度的。

（二）将许可证或者备案证明转借他人使用的。

（三）超出许可的品种、数量，生产、经营非药品类易制毒化学品的。

（四）易制毒化学品的产品包装和使用说明书不符合《条例》规定要求的。

（五）生产、经营非药品类易制毒化学品的单位不如实或者不按时向安全生产监督管理部门报告年度生产、经营等情况的。

第三十一条 生产、经营非药品类易制毒化学品的单位或者个人拒不接受安全生产监督管理部门监督检查的，由县级以上人民政府安全生产监督管理部门责令改正，对直接负责的主管人员以及其他直接责任人员给予警告；情节严重的，对单位处 1 万元以上 5 万元以下的罚款，对直接负责的主管人员以及其他直接责任人员处 1 000 元以上 5 000 元以下的罚款。

第三十二条 安全生产监督管理部门工作人员在管理工作中，有滥用职权、玩忽职守、徇私舞弊行为或泄露企业商业秘密的，依法给予行政处分；构成犯罪的，依法追究刑事责任。

第六章 附 则

第三十三条 非药品类易制毒化学品生产许可证、经营许可证和备案证明由国家安全生产监督管理总局监制。

非药品类易制毒化学品年度报告表及许可、备案、变更申请书由国家安全生产监督管理总局规定式样。

第三十四条　本办法自2006年4月15日起施行。

附表

非药品类易制毒化学品分类和品种目录

第一类

1. 1-苯基-2-丙酮
2. 3，4-亚甲基二氧苯基-2-丙酮
3. 胡椒醛
4. 黄樟素
5. 黄樟油
6. 异黄樟素
7. N-乙酰邻氨基苯酸
8. 邻氨基苯甲酸

第二类

1. 苯乙酸
2. 醋酸酐☆
3. 三氯甲烷☆
4. 乙醚☆
5. 哌啶☆

第三类

1. 甲苯☆
2. 丙酮☆
3. 甲基乙基酮☆
4. 高锰酸钾☆
5. 硫酸☆
6. 盐酸☆

说明：

一、第一类、第二类所列物质可能存在的盐类，也纳入管制。

二、带有☆标记的品种为危险化学品。

36　安全生产标准制修订工作细则

2006年9月26日国家安全生产监督管理总局局长办公会议审议通过，2006年10月20日国家安全生产监督管理总局令第9号公布，自2006年11月1日起施行。

第一章　总　　则

第一条　为规范安全生产标准的制修订工作，根据《标准化法》《标准化法实施条例》《安全生产行业标准管理规定》和《全国安全生产标准化技术委员会章程》等有关规定，制定本细则。

第二条　本细则所称的安全生产标准包括安全生产方面的国家标准（GB）、行业标准（AQ）。

第三条　国家安全生产监督管理总局（以下统称安全监管总局）、国家标准化管理委员会（以下统称国家标准委）对安全生产标准制修订工作实施管理。

全国安全生产标准化技术委员会（以下统称安标委）负责安全生产标准制修订工作。全国安全生产标准化技术委员会的煤矿安全、非煤矿山安全、化学品安全、烟花爆竹安全、粉尘防爆、涂装作业、防尘防毒等分技术委员会（以下统称分标委）负责其职责范围内的安全生产标准制修订工作。

第二章　立项和计划

第四条　安全监管总局根据安全生产工作的需要，组织制定安全生产标准工作规划和年度计划。

国家标准计划项目由国家标准委下达和公布，行业标准计划项目由安全监管总局下达和公布。

第五条　具备下列条件之一的，企业、科研院所、协会、学会、中介机构等单位可以申请安全生产标准的立项：

（一）符合国家现行有关安全生产法律法规和标准化工作规定的。

（二）在安全生产标准范围之内的。

（三）市场和企业急需，符合国家产业政策，对提高安全生产水平有促进作用的。

（四）对安全生产专项整治有推动作用的。

（五）规范安全生产监管监察和行政执法的。

（六）规范安全生产行政许可和市场准入的。

申请国家标准立项的，还需符合国家标准的有关规定。

第六条 对符合本细则第五条规定的安全生产标准立项条件的，标准起草单位应当在每年 10 月 31 日前向相应的分标委秘书处提出制修订安全生产标准的项目建议。

安全生产标准的项目建议应当包括下列内容：

（一）制定或者修订的必要性。

（二）相关国家标准或者行业标准的情况。

（三）标准的主要内容。

（四）完成时限。

（五）其他有关情况。

第七条 对向分标委提出的标准立项建议，经分标委会议通过或征询全体委员意见并经主任委员同意后，报安标委秘书处。

对全部上报的标准立项建议，根据安全生产标准工作规划和安全生产工作的需要，经安标委会议通过或征询全体委员意见并经主任委员同意后，报安全监管总局审议。

第八条 安全监管总局对安标委提出的安全生产标准项目建议进行审查。涉及行业标准的，由安全监管总局确定后下达安全生产行业标准制修订年度计划；涉及国家标准的，由安标委向国家标准委申报，按照有关规定审查后由国家标准委下达国家标准制修订计划。

第九条 因安全生产工作急需，确需制定或修订有关安全生产标准的，按照本细则第六条、第七条、第八条的规定增加补充计划。

第三章 起 草

第十条 安标委及分标委应当根据国家标准委、安全监管总局下达的标准计划，组织计划的实施，指导和督促标准起草单位开展标准的制修订工作。

安标委及分标委应当及时掌握标准制修订的进度。各分标委秘书处应当每季向安标委秘书处汇报一次标准制修订的进度，安标委应当每半年向安全监管总局汇报一次标准制修订情况，重要情况应当随时汇报。

第十一条 经安标委及分标委确认的标准起草单位应当制订标准工作计划，成立标准起草小组，并确定专门人员负责标准的起草工作。

标准工作计划和标准起草小组名单应当报安标委或分标委备案。

第十二条 标准起草单位应当系统地收集和整理国内外有关标准及规范、规程、文献等资料，及时掌握相关标准的现状、发展趋势和动态信息。

第十三条 标准编写的层次结构（章、条、款、项）、格式、用语、公式、表格和字体，应当遵循 GB/T 1. 1~1. 2 的规定。

第十四条 标准起草单位应当按照计划，在调查研究、试验验证的基础上，提出标准征求意见稿、编写说明及有关附件，其内容一般包括：

（一）工作简况，包括任务来源、协作单位、主要工作过程、标准主要起草人及其所做的工作等。

（二）标准编制原则和确定标准主要内容（如技术指标、参数、公式、性能要求、试验方法、检验规则等）的论据（包括试验、统计数据）。修订标准的，应增列新旧标准水平的对比。

（三）主要试验（或验证）的分析、综述报告，技术经济论证，预期的经济效果。

（四）采用国际标准和国外先进标准的程度，以及与国际、国外同类标准水平的对比情况，或与测试的国外样品、样机的有关数据对比情况。

（五）与现行有关法律、法规和标准的关系。

（六）重大分歧意见的处理经过和依据。

（七）标准作为强制性标准或推荐性标准的建议。

（八）贯彻标准的要求和措施建议（包括组织措施、技术措施、过渡办法等内容）。

（九）废止现行有关标准的建议。

（十）其他应予说明的事项。

第四章　征 求 意 见

第十五条 标准起草单位在完成标准起草工作后，应当将标准征求意见稿、标准编制说明及有关附件送到分标委秘书处。分标委秘书处应当对标准的格式、内容等是否符合有关规定进行程序性审查；经审查同意后，起草单位将标准征求意见稿、标准编制说明及有关附件寄送给部分委员和相关单位专家征求意见。必要时，可通过适当方式向社会征求意见。

征求意见的专家应当涵盖相关科研、生产、使用、检测检验、培训、监管监察等领域，且专家中委员的数量应不少于10人。

第十六条 收到征求意见稿的专家应当在规定的时间内提出意见，且反馈意见的专家数量应当超过征求意见专家数量的三分之二。反馈意见期限为自对方收到至回函日止30天内。

第十七条 对于专家反馈的意见，标准起草单位应当进行汇总、分析和处理，并对标准征求意见稿进行修订，完成标准送审稿和意见汇总处理表。对不采纳的意见，应当有充分的理由，并在意见汇总处理表中予以说明。

第五章　审查和报批

第十八条 标准起草单位将完善后的标准送审稿、标准编制说明、意见汇总处理表和其他有关附件一式三份送分标委秘书处。

第十九条　分标委秘书处将标准送审稿送主任委员初审同意后，提交全体委员审查。审查采用会议或者函审方式。

审查前，由标准起草单位提出审查专家名单和审查申请。秘书处应当在审查会议前一个月或函审表决前两个月，将标准送审稿、编制说明及有关附件（函审还应包括函审单）提交给审查者。会议审查时，应当进行充分讨论，尽量取得一致意见。需要表决时，必须有不少于出席会议代表人数的四分之三同意方为通过。函审时，也必须有四分之三的回函同意方为通过。会议代表的出席率和函审单的回函率应当不低于三分之二。

会议审查时未出席会议也未说明意见者，以及函审时未按规定时间投票者，均按弃权计票。

对有分歧意见的标准或条款，应有不同观点的论证材料。

第二十条　会议审查应当有会议纪要。会议纪要应当包括对本细则中第十四条第二项至第十项内容的审查结论，并附审查人员名单。函审时应当形成函审结论并附函审单。

审查标准的投票情况，应当以书面材料记录在案，并作为标准审查意见说明的附件。

第二十一条　对分标委审查过的标准，原则上，安标委不再进行审查；对于一些重要标准，安标委可组织进行专门审查。

通过审查的标准，经安全监管总局分管领导同意后，由安标委提请安全监管总局局长办公会议审议。

第二十二条　经局长办公会议审议通过的标准送审稿，由标准起草单位根据审议意见进行修改，形成标准报批稿，连同标准编制说明、意见汇总处理表和其他有关附件一式三份送分标委秘书处。采用国际标准或者国外先进标准的，应附有该标准的原文或者译文一式二份。

标准起草单位提供上述资料时，应当同时提供电子文稿。制定、修订国家强制性标准的，还应当提供中文和英文通报单。

第二十三条　标准报批稿经安标委秘书处复核和秘书长签字后，送主任委员或其委托的副主任委员审查。经主任委员或其委托的副主任委员审查同意后，按标准的分级分别向安全监管总局、国家标准委报批。国家标准向国家标准委报批；行业标准向安全监管总局报批。

第六章　发布和备案

第二十四条　国家标准由国家标准委统一编号、发布。行业标准由安全监管总局统一编号、发布。

第二十五条　行业标准应当在发布后30日内依法报国家标准委备案。

第七章　附　　则

第二十六条　安全标准不能归入相应分标委的，标准起草单位可直接向安标委秘书处提出立项申请，依照本细则的规定执行。

第二十七条 标准发布实施后，分标委或安标委应当按规定进行复审。复审周期不超过5年。复审不合格的，应当及时提请修订或废止。

第二十八条 制定标准过程中形成的有关资料，应当按照《安全生产标准档案管理规定》的要求，及时归档。

第二十九条 煤炭行业标准（MT）的制修订程序，依照本细则的规定执行。

第三十条 本细则自2006年11月1日起施行。

37 注册安全工程师管理规定

2006年12月22日国家安全生产监督管理总局局长办公会议审议通过，2007年1月11日国家安全生产监督管理总局令第11号公布，自2007年3月1日起施行。

第一章 总 则

第一条 为了加强注册安全工程师的管理，保障注册安全工程师依法执业，根据《安全生产法》等有关法律、行政法规，制定本规定。

第二条 取得中华人民共和国注册安全工程师执业资格证书的人员注册以及注册后的执业、继续教育及其监督管理，适用本规定。

第三条 本规定所称注册安全工程师是指取得中华人民共和国注册安全工程师执业资格证书（以下简称资格证书），在生产经营单位从事安全生产管理、安全技术工作或者在安全生产中介机构从事安全生产专业服务工作，并按照本规定注册取得中华人民共和国注册安全工程师执业证（以下简称执业证）和执业印章的人员。

第四条 注册安全工程师应当严格执行国家法律、法规和本规定，恪守职业道德和执业准则。

第五条 国家安全生产监督管理总局（以下简称安全监管总局）对全国注册安全工程师的注册、执业活动实施统一监督管理。国务院有关主管部门（以下简称部门注册机构）对本系统注册安全工程师的注册、执业活动实施监督管理。

省、自治区、直辖市人民政府安全生产监督管理部门对本行政区域内注册安全工程师的注册、执业活动实施监督管理。

省级煤矿安全监察机构（以下与省、自治区、直辖市人民政府安全生产监督管理部门统称省级注册机构）对所辖区域内煤矿安全注册安全工程师的注册、执业活动实施监督管理。

第六条　从业人员 300 人以上的煤矿、非煤矿矿山、建筑施工单位和危险物品生产、经营单位，应当按照不少于安全生产管理人员 15%的比例配备注册安全工程师；安全生产管理人员在 7 人以下的，至少配备 1 名。

前款规定以外的其他生产经营单位，应当配备注册安全工程师或者委托安全生产中介机构选派注册安全工程师提供安全生产服务。

安全生产中介机构应当按照不少于安全生产专业服务人员 30%的比例配备注册安全工程师。

生产经营单位和安全生产中介机构（以下统称聘用单位）应当为本单位专业技术人员参加注册安全工程师执业资格考试以及注册安全工程师注册、继续教育提供便利。

第二章　注　　册

第七条　取得资格证书的人员，经注册取得执业证和执业印章后方可以注册安全工程师的名义执业。

第八条　申请注册的人员，必须同时具备下列条件：

（一）取得资格证书。

（二）在生产经营单位从事安全生产管理、安全技术工作或者在安全生产中介机构从事安全生产专业服务工作。

第九条　注册安全工程师实行分类注册，注册类别包括：

（一）煤矿安全。

（二）非煤矿矿山安全。

（三）建筑施工安全。

（四）危险物品安全。

（五）其他安全。

第十条　取得资格证书的人员申请注册，按照下列程序办理：

（一）申请人向聘用单位提出申请，聘用单位同意后，将申请人按本规定第十一条、第十三条、第十四条规定的申请材料报送部门、省级注册机构；中央企业总公司（总厂、集团公司）经安全监管总局认可，可以将本企业申请人的申请材料直接报送安全监管总局；申请人和聘用单位应当对申请材料的真实性负责。

（二）部门、省级注册机构在收到申请人的申请材料后，应当作出是否受理的决定，并向申请人出具书面凭证；申请材料不齐全或者不符合要求，应当当场或者在 5 日内一次性告知申请人需要补正的全部内容。逾期不告知的，自收到申请材料之日起即为受理。部门、省级注册机构自受理申请之日起 20 日内将初步核查意见和全部申请材料报送安全监管总局。

（三）安全监管总局自收到部门、省级注册机构以及中央企业总公司（总厂、集团公司）报送的材料之日起 20 日内完成复审并作出书面决定。准予注册的，自作出决定之日起 10 日内，颁发执业证和执业印章，并在公众媒体上予以公告；不予注册的，应当书面说明理由。

第十一条 申请初始注册应当提交下列材料：

（一）注册申请表。

（二）申请人资格证书（复印件）。

（三）申请人与聘用单位签订的劳动合同或者聘用文件（复印件）。

（四）申请人有效身份证件或者身份证明（复印件）。

第十二条 申请人有下列情形之一的，不予注册：

（一）不具有完全民事行为能力的。

（二）在申请注册过程中有弄虚作假行为的。

（三）同时在两个或者两个以上聘用单位申请注册的。

（四）安全监管总局规定的不予注册的其他情形。

第十三条 注册有效期为3年，自准予注册之日起计算。

注册有效期满需要延续注册的，申请人应当在有效期满30日前，按照本规定第十条规定的程序提出申请。注册审批机关应当在有效期满前作出是否准予延续注册的决定；逾期未作决定的，视为准予延续。

申请延续注册，应当提交下列材料：

（一）注册申请表。

（二）申请人执业证。

（三）申请人与聘用单位签订的劳动合同或者聘用文件（复印件）。

（四）聘用单位出具的申请人执业期间履职情况证明材料。

（五）注册有效期内达到继续教育要求的证明材料。

第十四条 在注册有效期内，注册安全工程师变更执业单位，应当按照本规定第十条规定的程序提出申请，办理变更注册手续。变更注册后仍延续原注册有效期。

申请变更注册，应当提交下列材料：

（一）注册申请表。

（二）申请人执业证。

（三）申请人与原聘用单位合同到期或解聘证明（复印件）。

（四）申请人与新聘用单位签订的劳动合同或者聘用文件（复印件）。

注册安全工程师在办理变更注册手续期间不得执业。

第十五条 有下列情形之一的，注册安全工程师应当及时告知执业证和执业印章颁发机关；重新具备条件的，按照本规定第十一条、第十四条申请重新注册或者变更注册：

（一）注册有效期满未延续注册的。

（二）聘用单位被吊销营业执照的。

（三）聘用单位被吊销相应资质证书的。

（四）与聘用单位解除劳动关系的。

第十六条 执业证颁发机关发现有下列情形之一的，应当将执业证和执业印章收回，并办理注销注册手续：

（一）注册安全工程师受到刑事处罚的。
（二）有本规定第十五条规定情形之一未申请重新注册或者变更注册的。
（三）法律、法规规定的其他情形。

第三章 执 业

第十七条 注册安全工程师的执业范围包括：
（一）安全生产管理。
（二）安全生产检查。
（三）安全评价或者安全评估。
（四）安全检测检验。
（五）安全生产技术咨询、服务。
（六）安全生产教育和培训。
（七）法律、法规规定的其他安全生产技术服务。

第十八条 注册安全工程师应当由聘用单位委派，并按照注册类别在规定的执业范围内执业，同时在出具的各种文件、报告上签字和加盖执业印章。

第十九条 生产经营单位的下列安全生产工作，应有注册安全工程师参与并签署意见：
（一）制定安全生产规章制度、安全技术操作规程和作业规程。
（二）排查事故隐患，制定整改方案和安全措施。
（三）制订从业人员安全培训计划。
（四）选用和发放劳动防护用品。
（五）生产安全事故调查。
（六）制定重大危险源检测、评估、监控措施和应急救援预案。
（七）其他安全生产工作事项。

第二十条 聘用单位应当为注册安全工程师建立执业活动档案，并保证档案内容的真实性。

第四章 权利和义务

第二十一条 注册安全工程师享有下列权利：
（一）使用注册安全工程师称谓。
（二）从事规定范围内的执业活动。
（三）对执业中发现的不符合安全生产要求的事项提出意见和建议。
（四）参加继续教育。
（五）使用本人的执业证和执业印章。
（六）获得相应的劳动报酬。
（七）对侵犯本人权利的行为进行申诉。

（八）法律、法规规定的其他权利。

第二十二条 注册安全工程师应当履行下列义务：

（一）保证执业活动的质量，承担相应的责任。

（二）接受继续教育，不断提高执业水准。

（三）在本人执业活动所形成的有关报告上署名。

（四）维护国家、公众的利益和受聘单位的合法权益。

（五）保守执业活动中的秘密。

（六）不得出租、出借、涂改、变造执业证和执业印章。

（七）不得同时在两个或者两个以上单位受聘执业。

（八）法律、法规规定的其他义务。

第五章 继续教育

第二十三条 继续教育按照注册类别分类进行。

注册安全工程师在每个注册周期内应当参加继续教育，时间累计不得少于48学时。

第二十四条 继续教育由部门、省级注册机构按照统一制定的大纲组织实施。中央企业注册安全工程师的继续教育可以由中央企业总公司（总厂、集团公司）组织实施。

继续教育应当由具备资质的安全生产培训机构承担。

第二十五条 煤矿安全、非煤矿矿山安全、危险物品安全（民用爆破器材安全除外）和其他安全类注册安全工程师继续教育大纲，由安全监管总局组织制定；建筑施工安全、民用爆破器材安全注册安全工程师继续教育大纲，由安全监管总局会同国务院有关主管部门组织制定。

第六章 监督管理

第二十六条 安全生产监督管理部门、煤矿安全监察机构和有关主管部门的工作人员应当坚持公开、公正、公平的原则，严格按照法律、行政法规和本规定，对申请注册的人员进行资格审查，颁发执业证和执业印章。

第二十七条 安全监管总局对准予注册以及注销注册、撤销注册、吊销执业证的人员名单向社会公告，接受社会监督。

第二十八条 对注册安全工程师的执业活动，安全生产监督管理部门、煤矿安全监察机构和有关主管部门应当进行监督检查。

第七章 罚 则

第二十九条 安全生产监督管理部门、煤矿安全监察机构或者有关主管部门发现申请人、聘用单位隐瞒有关情况或者提供虚假材料申请注册的，应当不予受理或者不予注册；

申请人一年内不得再次申请注册。

第三十条　未经注册擅自以注册安全工程师名义执业的，由县级以上安全生产监督管理部门、有关主管部门或者煤矿安全监察机构责令其停止违法活动，没收违法所得，并处三万元以下的罚款；造成损失的，依法承担赔偿责任。

第三十一条　注册安全工程师以欺骗、贿赂等不正当手段取得执业证的，由县级以上安全生产监督管理部门、有关主管部门或者煤矿安全监察机构处三万元以下的罚款；由执业证颁发机关撤销其注册，当事人三年内不得再次申请注册。

第三十二条　注册安全工程师有下列行为之一的，由县级以上安全生产监督管理部门、有关主管部门或者煤矿安全监察机构处三万元以下的罚款；由执业证颁发机关吊销其执业证，当事人五年内不得再次申请注册；造成损失的，依法承担赔偿责任；构成犯罪的，依法追究刑事责任：

（一）准许他人以本人名义执业的。

（二）以个人名义承接业务、收取费用的。

（三）出租、出借、涂改、变造执业证和执业印章的。

（四）泄露执业过程中应当保守的秘密并造成严重后果的。

（五）利用执业之便，贪污、索贿、受贿或者谋取不正当利益的。

（六）提供虚假执业活动成果的。

（七）超出执业范围或者聘用单位业务范围从事执业活动的。

（八）法律、法规、规章规定的其他违法行为。

第三十三条　在注册工作中，工作人员有下列行为之一的，依照有关规定给予行政处分：

（一）利用职务之便，索取或者收受他人财物或者谋取不正当利益的。

（二）对发现不符合条件的申请人准予注册的。

（三）对符合条件的申请人不予注册的。

第八章　附　　则

第三十四条　获准在中华人民共和国境内就业的外籍人员及香港特别行政区、澳门特别行政区、台湾地区的专业人员，符合本规定要求的，按照本规定执行。

第三十五条　本规定自 2007 年 3 月 1 日起施行。原国家安全生产监督管理局 2004 年公布的《注册安全工程师注册管理办法》同时废止。

38 安全生产检测检验机构管理规定

2006年12月22日国家安全生产监督管理总局局长办公会议审议通过，2007年1月31日国家安全生产监督管理总局令第12号公布，自2007年4月1日起施行；根据2015年2月26日国家安全生产监督管理总局局长办公会议审议通过、2015年5月29日国家安全生产监督管理总局令第80号公布、自2015年7月1日起施行的《国家安全监管总局关于废止和修改劳动防护用品和安全培训等领域十部规章的决定》修改。

第一章 总 则

第一条 为了加强对安全生产检测检验机构的管理，规范检测检验行为，根据《安全生产法》等有关法律、行政法规，制定本规定。

第二条 安全生产检测检验机构（以下简称检测检验机构）及其检测检验人员从事安全生产检测检验活动，以及安全生产监督管理部门、煤矿安全监察机构对检测检验机构的监督管理，适用本规定。

第三条 检测检验机构应当取得安全生产检测检验资质（以下简称检测检验资质），并在资质有效期和批准的检测检验业务范围内独立开展检测检验活动。

检测检验机构的设置应当充分利用社会现有资源，统筹规划，合理布局，优化结构，数量适当，避免无序竞争。

第四条 检测检验资质分为甲级和乙级。

取得甲级资质的检测检验机构可以在全国工矿商贸生产经营单位从事涉及生产安全的设施设备（特种设备除外）及产品的型式检验、安全标志检验、在用检验、监督监察检验、作业场所安全检测和事故物证分析检验等业务。

取得乙级资质的检测检验机构可以在所在省、自治区、直辖市内工矿商贸生产经营单位从事涉及生产安全的设施设备（特种设备除外）在用检验、监督监察检验、作业场所安全检测和重大事故以下的事故物证分析检验等业务。

安全生产检测检验目录由国家安全生产监督管理总局（以下简称安全监管总局）规定并公布。

第五条 安全监管总局指导、协调、监督全国安全生产检测检验工作和检测检验机构资质管理工作；负责甲级检测检验机构的资质认定和监督检查。

省、自治区、直辖市安全生产监督管理部门指导、协调、监督本行政区域内安全生产检测检验工作；负责本行政区域内乙级非煤矿检测检验机构的资质认定和监督检查。

省级煤矿安全监察机构指导、协调、监督所辖区域内煤矿安全生产检测检验工作；负责所辖区域内乙级煤矿检测检验机构资质的认定和监督检查。

第二章　取得资质的条件和程序

第六条　申请检测检验资质的机构应当具备下列基本条件：

（一）具有法人资格，能够独立、客观、公正地开展检测检验工作。

（二）有与申请业务相适应的固定工作场所、检测检验仪器、设备、设施和环境条件，其中检测检验仪器、设备、设施原值甲级不低于300万元，乙级不低于150万元。

（三）有与申请业务相适应的专业技术人员。甲级机构专业技术人员不低于在编人员总数的70%，其中中级以上技术职称、注册安全工程师和高级技术职称人员分别不低于在编人员总数的40%、15%和15%；乙级机构专业技术人员不低于在编人员总数的60%，其中中级以上技术职称人员和注册安全工程师分别不低于在编人员总数的30%和10%。

（四）甲级机构主持工作的负责人、技术负责人、质量负责人具有与申请业务相适应的高级技术职称，技术负责人有5年以上与安全生产相关的检测检验工作经历；乙级机构主持工作的负责人、技术负责人、质量负责人具有与申请业务相适应的中级以上技术职称或者注册安全工程师资格，技术负责人有3年以上与安全生产相关的检测检验工作经历。

（五）有满足资质认定准则要求的管理体系，并已有效运行3个月以上。

（六）甲级机构要求已取得国家重点实验室或者同等级其他检测检验机构资质，或者已取得乙级检测检验资质3年以上；乙级机构要求以检测检验为主营业务，且从事与安全生产相关的检测检验工作3年以上。

（七）有正常开展业务所需的资金或者经费保障。

（八）法律、行政法规规定的其他条件。

第七条　申请取得检测检验资质，按照下列程序办理：

（一）申请甲级资质的机构向安全监管总局提交申请书及相关资料；申请乙级资质的机构向所在地省级安全生产监督管理部门或者省级煤矿安全监察机构提交申请书及相关资料。

（二）资质受理机关在收到申请资料后5个工作日内完成对申请资料的符合性审查工作，并将审查结果一次性告知申请机构。

（三）资质受理机关自申请资料审查合格之日起20个工作日内安排评审专家对申请机构进行现场评审，评审专家按照资质认定评审准则进行技术评审并提交资质评审报告。

（四）资质受理机关在接到资质评审报告之日起20个工作日内，依据资质评审报告完成对申请机构的资质认定工作。予以认定的，颁发资质证书；不予认定的，书面通知申请机构，并说明理由。资质受理机关作出资质认定决定前，先进行不少于10日的公示。

检测检验资质认定评审准则由安全监管总局制定。

第八条　安全监管总局建立评审专家库，并指定技术服务机构承担专业技术评审工作。

评审专家对评审结果负责。

第九条　检测检验资质有效期为3年。资质有效期届满需要延续的，检测检验机构应当于资质有效期届满6个月前提出换证申请。换证审批程序按照本规定第七条和安全监管总局的相关规定执行。换证工作应当在机构资质有效期满前完成。

在资质有效期内，需要增加检测检验项目的，检测检验机构应当提出增项申请。增项审批程序按照本规定第七条和安全监管总局的相关规定执行。增项评审可与定期监督评审合并进行。

在资质有效期内，依据标准、主要负责人、授权签字人及授权签字事项、机构名称、地址、法定代表人、隶属关系等有关情况发生变更以及减少检测检验项目的，检测检验机构应当在变更后及时报资质证书颁发机关办理变更确认或者备案手续。

第十条 资质证书颁发机关向社会公告取得资质的检测检验机构及其检测检验业务范围、授权签字人及授权签字事项。乙级机构的批准文件应当抄报安全监管总局备案。

检测检验资质证书由安全监管总局制作，资质证书由证书及附件组成。

第三章 检测检验

第十一条 检测检验机构应当依照法律、行政法规、规章、执业准则和相关技术规范、标准，科学、公正、诚信地开展检测检验工作，提供及时、优质、安全的服务，保证检测检验结果真实、准确、客观，并对检测检验结果负责。

检测检验人员应当熟悉安全生产法律、法规、规章、标准和有关规定，具备检测检验工作所需要的专业知识和能力，经过专业培训和考核，并应当只在一个检测检验机构中从事检测检验工作。检测检验人员未经培训或者考核不合格的，不得从事安全生产检测检验工作。

第十二条 检测检验机构及其检测检验人员在从事检测检验活动时，应当恪守职业道德，诚实守信，不得泄露被检测检验单位的技术、商业秘密，不得接受可能影响检测检验公正性的资助，不得从事与检测检验业务范围相关的产品开发、营销等活动，不得利用检测检验机构的名义参与企业的商业性活动。

检测检验收费应当符合法律、行政法规的规定。

第十三条 检测检验机构不得转让或者出借资质证书，不得将所承担的检测检验工作转包给其他检测检验机构，不得设立分支机构。

检测检验机构需要分包个别检测检验项目时，必须选择有资质的检测机构，并对检测检验的最终结果负责。

第十四条 检测检验机构及其检测检验人员应当接受安全生产监督管理部门或者煤矿安全监察机构的监督检查。

检测检验机构在工商注册地外的其他省、自治区、直辖市从事检测检验活动，当地安全生产监督管理部门或者煤矿安全监察机构有权对其活动进行监督管理。

第十五条 发现被检设施设备、产品、作业场所等存在重大事故隐患，检测检验机构必须立即告知检测检验委托方，并及时向安全生产监督管理部门或者煤矿安全监察机构报告，不得隐瞒不报、谎报或者拖延不报。

第四章　监督管理

第十六条　在检测检验资质有效期内，检测检验机构应当接受资质证书颁发机关组织进行的定期和不定期的监督评审或者检查。省级资质证书颁发机关监督评审的结果应当抄报安全监管总局。

安全监管总局可以对乙级机构进行不定期的监督评审或者检查。经委托各省级安全生产监督管理部门或者煤矿安全监察机构可以对本行政区域内甲级机构进行监督检查。

第十七条　检测检验机构应当在每年一月份向资质证书颁发机关报送上一年度的工作总结和本年度的工作计划；乙级机构工作总结和工作计划由所在地省级安全生产监督管理部门或者煤矿安全监察机构汇总后抄报安全监管总局。

第十八条　检测检验机构有下列情形之一的，由资质证书颁发机关注销其检测检验资质：

（一）资质有效期届满未申请换证或者未批准换证的。

（二）机构依法终止的。

（三）资质依法被撤销的。

（四）不宜继续认定资质的其他情形。

被注销资质的机构应当自决定注销其资质之日起 7 日内将资质证书和相关印章交还资质证书颁发机关，并不得继续以检测检验机构名义从事相关业务活动。

第十九条　安全生产监督管理部门、煤矿安全监察机构工作人员不得干扰检测检验机构的正常活动，不得以任何理由或者方式向检测检验机构收取费用或者变相收取费用。除另有规定外，不得强行要求生产经营单位接受指定的检测检验机构开展检测检验工作。在检测检验资质管理工作中滥用职权、玩忽职守、徇私舞弊的，依照有关规定给予行政处分；构成犯罪的，依法追究刑事责任。

任何单位和个人对违反本规定的行为，有权向安全生产监督管理部门、煤矿安全监察机构举报，安全生产监督管理部门、煤矿安全监察机构应当认真核实、处理，并为举报人保密。

检测检验机构对有关安全生产监督管理部门、煤矿安全监察机构所作出的处理决定有权提出申诉。

第五章　罚　　则

第二十条　检测检验机构未取得资质或者伪造资质证书从事安全生产检测检验活动的，或者资质有效期届满未批准换证继续从事安全生产检测检验活动的，处一万元以上三万元以下的罚款。

第二十一条　检测检验机构或者检测检验人员伪造检测检验结果，出具虚假证明，构成犯罪的，依法追究刑事责任；尚不够刑事处罚的，没收违法所得，违法所得在五千元以上的，并处违法所得二倍以上五倍以下的罚款，没有违法所得或者违法所得不足五千元的，单处或者并处五千元以上二万元以下的罚款，对其直接负责的主管人员和其他直接责任人员处五千元以上五万元以下的罚款；给他人造成损害的，与生产经营单位承担连带赔偿责任。

对有前款违法行为的机构，撤销其检测检验资质。

第二十二条 检测检验机构在监督评审或者监督检查中不合格的，责令限期改正；情节严重的，责令暂停三至六个月检测检验工作，并进行整改；整改后仍不合格的或者连续两次监督评审不合格的，撤销其检测检验资质。

第二十三条 检测检验机构在资质有效期内超出批准的检测检验业务范围从事安全生产检测检验活动的，责令其停止超范围检测检验，处五千元以上二万元以下的罚款；不补办增项手续，继续超范围检测检验的，撤销其检测检验资质。

第二十四条 检测检验机构在资质有效期内应当办理变更确认而未办理的，责令改正；仍不改正，继续从事检测检验活动的，责令暂停三至六个月检测检验工作；逾期仍不改正的，撤销其检测检验资质。

第二十五条 检测检验机构有下列情形之一的，视情节轻重，分别予以责令改正、警告、暂停三至六个月检测检验工作、撤销资质的处罚；情节严重的，并处五千元以上二万元以下的罚款：

（一）检测检验不严格执行相关技术规范、标准的。

（二）出具的检测检验结果错误，造成重大以上事故或者重大损失的。

（三）检测检验人员未经培训、考核的。

（四）泄露被检测检验单位技术、商业秘密的。

（五）利用检测检验机构的名义参与企业的商业性活动等影响诚信和公正的。

（六）弄虚作假骗取资质证书的。

（七）转让或者出借资质证书的。

（八）转包检测检验工作的，分包给没有资质的机构的，设立分支机构的。

（九）阻挠安全生产监督管理部门或者煤矿安全监察机构依法进行监督管理的。

（十）不及时报告重大事故隐患的。

第二十六条 依照本规定第二十条被处罚的，以及被撤销资质的检测检验机构，三年内不得申请或者再次申请检测检验资质。

第二十七条 本规定所规定的行政处罚，由资质证书颁发机关决定。对乙级机构的处罚，报安全监管总局备案；对甲级机构的处罚，可以委托省级安全生产监督管理部门或者煤矿安全监察机构实施。

第六章　附　　则

第二十八条 本规定下列用语的含义：

安全生产检测检验，是指根据《安全生产法》等相关法律法规、规章等规定，依据国家有关标准、规程等技术规范，对工矿商贸生产经营单位影响从业人员安全和健康的设施设备、产品的安全性能和作业场所存在的危险性等进行检测检验，并出具具有证明作用的数据和结果的活动。

安全生产检测检验机构，是指经安全监管总局或者省级安全生产监督管理部门、煤矿安全监察机构认定，为安全生产监督管理部门、煤矿安全监察机构和工矿商贸生产经营单位提供安全生产检测检验技术服务的中介组织。

安全生产检测检验人员，是指在安全生产检测检验机构内从事检测检验工作的专职人员。

第二十九条 有特殊专业技能的境外机构以及在境内的外资机构申请安全生产检测检验资质，参照本规定和其他有关规定由安全监管总局办理。

第三十条 本规定自2007年4月1日起施行。原国家经济贸易委员会2002年公布的《煤矿矿用安全产品检验管理办法》同时废止。

39 生产安全事故罚款处罚规定（试行）

2007年7月3日国家安全生产监督管理总局局长办公会议审议通过，2007年7月12日国家安全生产监督管理总局令第13号公布，自公布之日起施行；根据2011年8月29日国家安全生产监督管理总局局长办公会议审议通过、2011年9月1日国家安全生产监督管理总局令第42号公布、自2011年11月1日起施行的《国家安全监管总局关于修改〈《生产安全事故报告和调查处理条例》罚款处罚暂行规定〉部分条款的决定》第一次修改；根据2015年1月16日国家安全生产监督管理总局局长办公会议审议通过、2015年4月2日国家安全生产监督管理总局令第77号公布、自2015年5月1日起施行的《国家安全监管总局关于修改〈生产安全事故报告和调查处理条例〉罚款处罚暂行规定等四部规章的决定》第二次修改。

第一条 为防止和减少生产安全事故，严格追究生产安全事故发生单位及其有关责任人员的法律责任，正确适用事故罚款的行政处罚，依照《安全生产法》《生产安全事故报告和调查处理条例》（以下简称《条例》）的规定，制定本规定。

第二条 安全生产监督管理部门和煤矿安全监察机构对生产安全事故发生单位（以下简称事故发生单位）及其主要负责人、直接负责的主管人员和其他责任人员等有关责任人员依照《安全生产法》和《条例》实施罚款的行政处罚，适用本规定。

第三条 本规定所称事故发生单位是指对事故发生负有责任的生产经营单位。

本规定所称主要负责人是指有限责任公司、股份有限公司的董事长或者总经理或者个人经营的投资人，其他生产经营单位的厂长、经理、局长、矿长（含实际控制人）等人员。

第四条 本规定所称事故发生单位主要负责人、直接负责的主管人员和其他直接责任人员的上一年年收入，属于国有生产经营单位的，是指该单位上级主管部门所确定的上一年年收入总额；属于非国有生产经营单位的，是指经财务、税务部门核定的上一年年收入总额。

生产经营单位提供虚假资料或者由于财务、税务部门无法核定等原因致使有关人员的上一年年收入难以确定的，按照下列办法确定：

（一）主要负责人的上一年年收入，按照本省、自治区、直辖市上一年度职工平均工资的5倍以上10倍以下计算。

（二）直接负责的主管人员和其他直接责任人员的上一年年收入，按照本省、自治区、直辖市上一年度职工平均工资的1倍以上5倍以下计算。

第五条 《条例》所称的迟报、漏报、谎报和瞒报，依照下列情形认定：

（一）报告事故的时间超过规定时限的，属于迟报。

（二）因过失对应当上报的事故或者事故发生的时间、地点、类别、伤亡人数、直接经济损失等内容遗漏未报的，属于漏报。

（三）故意不如实报告事故发生的时间、地点、初步原因、性质、伤亡人数和涉险人数、直接经济损失等有关内容的，属于谎报。

（四）隐瞒已经发生的事故，超过规定时限未向安全监管监察部门和有关部门报告，经查证属实的，属于瞒报。

第六条 对事故发生单位及其有关责任人员处以罚款的行政处罚，依照下列规定决定：

（一）对发生特别重大事故的单位及其有关责任人员罚款的行政处罚，由国家安全生产监督管理总局决定。

（二）对发生重大事故的单位及其有关责任人员罚款的行政处罚，由省级人民政府安全生产监督管理部门决定。

（三）对发生较大事故的单位及其有关责任人员罚款的行政处罚，由设区的市级人民政府安全生产监督管理部门决定。

（四）对发生一般事故的单位及其有关责任人员罚款的行政处罚，由县级人民政府安全生产监督管理部门决定。

上级安全生产监督管理部门可以指定下一级安全生产监督管理部门对事故发生单位及其有关责任人员实施行政处罚。

第七条 对煤矿事故发生单位及其有关责任人员处以罚款的行政处罚，依照下列规定执行：

（一）对发生特别重大事故的煤矿及其有关责任人员罚款的行政处罚，由国家煤矿安全监察局决定。

（二）对发生重大事故和较大事故的煤矿及其有关责任人员罚款的行政处罚，由省级煤矿安全监察机构决定。

（三）对发生一般事故的煤矿及其有关责任人员罚款的行政处罚，由省级煤矿安全监察机构所属分局决定。

上级煤矿安全监察机构可以指定下一级煤矿安全监察机构对事故发生单位及其有关责任人员实施行政处罚。

第八条　特别重大事故以下等级事故，事故发生地与事故发生单位所在地不在同一个县级以上行政区域的，由事故发生地的安全生产监督管理部门或者煤矿安全监察机构依照本规定第六条或者第七条规定的权限实施行政处罚。

第九条　安全生产监督管理部门和煤矿安全监察机构对事故发生单位及其有关责任人员实施罚款的行政处罚，依照《安全生产违法行为行政处罚办法》规定的程序执行。

第十条　事故发生单位及其有关责任人员对安全生产监督管理部门和煤矿安全监察机构给予的行政处罚，享有陈述、申辩的权利；对行政处罚不服的，有权依法申请行政复议或者提起行政诉讼。

第十一条　事故发生单位主要负责人有《安全生产法》第一百零六条、《条例》第三十五条规定的下列行为之一的，依照下列规定处以罚款：

（一）事故发生单位主要负责人在事故发生后不立即组织事故抢救的，处上一年年收入100%的罚款。

（二）事故发生单位主要负责人迟报事故的，处上一年年收入60%至80%的罚款；漏报事故的，处上一年年收入40%至60%的罚款。

（三）事故发生单位主要负责人在事故调查处理期间擅离职守的，处上一年年收入80%至100%的罚款。

第十二条　事故发生单位有《条例》第三十六条规定行为之一的，依照《国家安全监管总局关于印发〈安全生产行政处罚自由裁量标准〉的通知》（安监总政法〔2010〕137号）等规定给予罚款。

第十三条　事故发生单位的主要负责人、直接负责的主管人员和其他直接责任人员有《安全生产法》第一百零六条、《条例》第三十六条规定的下列行为之一的，依照下列规定处以罚款：

（一）伪造、故意破坏事故现场，或者转移、隐匿资金、财产、销毁有关证据、资料，或者拒绝接受调查，或者拒绝提供有关情况和资料，或者在事故调查中作伪证，或者指使他人作伪证的，处上一年年收入80%至90%的罚款。

（二）谎报、瞒报事故或者事故发生后逃匿的，处上一年年收入100%的罚款。

第十四条　事故发生单位对造成3人以下死亡，或者3人以上10人以下重伤（包括急性工业中毒，下同），或者300万元以上1 000万元以下直接经济损失的一般事故负有责任的，处20万元以上50万元以下的罚款。

事故发生单位有本条第一款规定的行为且有谎报或者瞒报事故情节的，处50万元的罚款。

第十五条　事故发生单位对较大事故发生负有责任的，依照下列规定处以罚款：

（一）造成3人以上6人以下死亡，或者10人以上30人以下重伤，或者1 000万元以上 3 000 万元以下直接经济损失的，处 50 万元以上 70 万元以下的罚款。

（二）造成 6 人以上 10 人以下死亡，或者 30 人以上 50 人以下重伤，或者 3 000 万元以上 5 000 万元以下直接经济损失的，处 70 万元以上 100 万元以下的罚款。

事故发生单位对较大事故发生负有责任且有谎报或者瞒报情节的，处 100 万元的罚款。

第十六条 事故发生单位对重大事故发生负有责任的，依照下列规定处以罚款：

（一）造成 10 人以上 15 人以下死亡，或者 50 人以上 70 人以下重伤，或者 5 000 万元以上 7 000 万元以下直接经济损失的，处 100 万元以上 300 万元以下的罚款。

（二）造成 15 人以上 30 人以下死亡，或者 70 人以上 100 人以下重伤，或者 7 000 万元以上 1 亿元以下直接经济损失的，处 300 万元以上 500 万元以下的罚款。

事故发生单位对重大事故发生负有责任且有谎报或者瞒报情节的，处 500 万元的罚款。

第十七条 事故发生单位对特别重大事故发生负有责任的，依照下列规定处以罚款：

（一）造成 30 人以上 40 人以下死亡，或者 100 人以上 120 人以下重伤，或者 1 亿元以上 1.2 亿元以下直接经济损失的，处 500 万元以上 1 000 万元以下的罚款。

（二）造成 40 人以上 50 人以下死亡，或者 120 人以上 150 人以下重伤，或者 1.2 亿元以上 1.5 亿元以下直接经济损失的，处 1 000 万元以上 1 500 万元以下的罚款。

（三）造成 50 人以上死亡，或者 150 人以上重伤，或者 1.5 亿元以上直接经济损失的，处 1 500 万元以上 2 000 万元以下的罚款。

事故发生单位对特别重大事故发生负有责任且有下列情形之一的，处 2 000 万元的罚款：

（一）谎报特别重大事故的。

（二）瞒报特别重大事故的。

（三）未依法取得有关行政审批或者证照擅自从事生产经营活动的。

（四）拒绝、阻碍行政执法的。

（五）拒不执行有关停产停业、停止施工、停止使用相关设备或者设施的行政执法指令的。

（六）明知存在事故隐患，仍然进行生产经营活动的。

（七）一年内已经发生 2 起以上较大事故，或者 1 起重大以上事故，再次发生特别重大事故的。

（八）地下矿山负责人未按照规定带班下井的。

第十八条 事故发生单位主要负责人未依法履行安全生产管理职责，导致事故发生的，依照下列规定处以罚款：

（一）发生一般事故的，处上一年年收入 30%的罚款。

（二）发生较大事故的，处上一年年收入 40%的罚款。

（三）发生重大事故的，处上一年年收入 60%的罚款。

（四）发生特别重大事故的，处上一年年收入 80%的罚款。

第十九条 个人经营的投资人未依照《安全生产法》的规定保证安全生产所必需的资金投入，致使生产经营单位不具备安全生产条件，导致发生生产安全事故的，依照下列规定对个人经营的投资人处以罚款：

（一）发生一般事故的，处 2 万元以上 5 万元以下的罚款。

（二）发生较大事故的，处 5 万元以上 10 万元以下的罚款。

（三）发生重大事故的，处 10 万元以上 15 万元以下的罚款。

（四）发生特别重大事故的，处 15 万元以上 20 万元以下的罚款。

第二十条　违反《条例》和本规定，事故发生单位及其有关责任人员有两种以上应当处以罚款的行为的，安全生产监督管理部门或者煤矿安全监察机构应当分别裁量，合并作出处罚决定。

第二十一条　对事故发生负有责任的其他单位及其有关责任人员处以罚款的行政处罚，依照相关法律、法规和规章的规定实施。

第二十二条　本规定自公布之日起施行。

40　安全生产行政复议规定

2007 年 9 月 25 日国家安全生产监督管理总局局长办公会议审议通过，2007 年 10 月 8 日国家安全生产监督管理总局令第 14 号公布，自 2007 年 11 月 1 日起施行。

第一章　总　　则

第一条　为了规范安全生产行政复议工作，解决行政争议，根据《中华人民共和国行政复议法》和《中华人民共和国行政复议法实施条例》，制定本规定。

第二条　公民、法人或者其他组织认为安全生产监督管理部门、煤矿安全监察机构（以下统称安全监管监察部门）的具体行政行为侵犯其合法权益，向安全生产行政复议机关申请行政复议，安全生产行政复议机关受理行政复议申请，作出行政复议决定，适用本规定。

第三条　依法履行行政复议职责的安全监管监察部门是安全生产行政复议机关。安全生产行政复议机关负责法制工作的机构是本机关的行政复议机构（以下简称安全生产行政复议机构）。

安全生产行政复议机关应当领导、支持本机关行政复议机构依法办理行政复议事项，并依照有关规定充实、配备专职行政复议人员，保证行政复议机构的办案能力与工作任务相适应。

第四条　国家安全生产监督管理总局办理行政复议案件按照下列程序，统一受理，分工负责：

（一）政策法规司按照本规定规定的期限，对行政复议申请进行初步审查，做出受理或者不予受理的决定。对决定受理的，将案卷材料转送相关业务司局分口承办。

（二）相关业务司局收到案卷材料后，应当在 30 日内了解核实有关情况，提出处理意见。

（三）政策法规司根据处理意见，在 20 日内拟定行政复议决定书，提交本局负责人集体讨论或者主管负责人审定。

（四）本局负责人集体讨论通过或者主管负责人同意后，政策法规司制作行政复议决定书，并送达申请人、被申请人和第三人。

国家煤矿安全监察局和省级及省级以下安全监管监察部门办理行政复议案件参照上述程序执行。

第二章　行政复议范围与管辖

第五条　公民、法人或者其他组织对安全监管监察部门作出的下列具体行政行为不服，可以申请行政复议：

（一）行政处罚决定。

（二）行政强制措施。

（三）行政许可的变更、中止、撤销、撤回等决定。

（四）认为符合法定条件，申请安全监管监察部门办理许可证、资格证等行政许可手续，安全监管监察部门没有依法办理的。

（五）认为安全监管监察部门违法收费或者违法要求履行义务的。

（六）认为安全监管监察部门其他具体行政行为侵犯其合法权益的。

第六条　公民、法人或者其他组织认为安全监管监察部门的具体行政行为所依据的规定不合法，在对具体行政行为申请行政复议时，可以依据行政复议法第七条的规定一并提出审查申请。

第七条　安全监管监察部门作出的下列行政行为，不属于安全生产行政复议范围：

（一）生产安全事故调查报告。

（二）不具有强制力的行政指导行为和信访答复行为。

（三）生产安全事故隐患认定。

（四）公告信息发布。

（五）法律、行政法规规定的非具体行政行为。

第八条　对县级以上地方人民政府安全生产监督管理部门作出的具体行政行为不服的，可以向上一级安全生产监督管理部门申请行政复议，也可以向同级人民政府申请行政复议。已向同级人民政府提出行政复议申请，且同级人民政府已经受理的，上一级安全生产监督管理部门不再受理。

对国家安全生产监督管理总局作出的具体行政行为不服的，向国家安全生产监督管理总局申请行政复议。

第九条　对煤矿安全监察分局作出的具体行政行为不服的，向该分局所隶属的省级煤矿安全监察局申请行政复议。

对省级煤矿安全监察机构作出的具体行政行为不服的，向国家安全生产监督管理总局申请行政复议。

对国家煤矿安全监察局作出的具体行政行为不服的，向国家煤矿安全监察局申请行政复议。

第十条　安全监管监察部门设立的派出机构、内设机构或者其他组织，未经法律、行政法规授权，对外以自己名义作出具体行政行为的，该安全监管监察部门为被申请人。

第十一条　对安全监管监察部门依法委托的机构，以委托的安全监管监察部门名义作出的具体行政行为不服的，依照本规定第八条和第九条的规定申请行政复议。

第十二条　对安全监管监察部门与有关部门共同作出的具体行政行为不服的，可以向其共同的上一级行政机关申请行政复议。共同作出具体行政行为的安全监管监察部门与有关部门为共同被申请人。

对国家安全生产监督管理总局与国务院其他部门共同作出的具体行政行为不服的，可以向国家安全生产监督管理总局或者共同作出具体行政行为的其他任何一个部门提起行政复议申请，由作出具体行政行为的部门共同作出行政复议决定。

第十三条　下级安全监管监察部门依照法律、行政法规、规章规定，经上级安全监管监察部门批准作出具体行政行为的，批准机关为被申请人。

第三章　行政复议的申请与受理

第十四条　安全监管监察部门作出具体行政行为，依法应当向有关公民、法人或者其他组织送达法律文书而未送达的，视为该公民、法人或者其他组织不知道该具体行政行为。

安全监管监察部门作出的具体行政行为对公民、法人或者其他组织的权利、义务可能产生不利影响的，应当告知其申请行政复议的权利、行政复议机关和行政复议申请期限。

第十五条　行政复议可以书面申请，也可以当场口头申请。书面申请可以采取当面递交、邮寄或者传真等方式提出，并在行政复议申请书中载明《行政复议法实施条例》第十九条规定的事项。

当场口头申请的，安全生产行政复议机构应当按照第一款规定的事项，当场制作行政复议申请笔录交申请人核对或者向申请人宣读，并由申请人签字确认。

第十六条　安全生产行政复议机构应当自收到行政复议申请之日起 3 日内对复议申请是否符合下列条件进行初步审查：

（一）有明确的申请人和被申请人。

（二）申请人与具体行政行为有利害关系。

（三）有具体的行政复议请求和事实依据。

（四）在法定申请期限内提出。

（五）属于本规定第五条规定的行政复议范围。

（六）属于收到行政复议申请的行政复议机关的职责范围。

（七）其他行政复议机关尚未受理同一行政复议申请，人民法院尚未受理同一主体就同一事实提起的行政诉讼。

第十七条 行政复议申请错列被申请人的，安全生产行政复议机构应当告知申请人变更被申请人。

第十八条 行政复议申请材料不齐全或者表述不清楚的，安全生产行政复议机构可以自收到该行政复议申请之日起 5 日内书面通知申请人补正。补正通知应当载明需要补正的事项和合理的补正期限。无正当理由逾期不补正的，视为申请人放弃行政复议申请。补正申请材料所用时间不计入行政复议审理期限。

第十九条 经初步审查后，安全生产行政复议机构应当自收到行政复议申请之日起 5 日内按下列规定作出处理：

（一）符合本规定第十六条规定的，予以受理，并制发行政复议受理决定书。

（二）不符合本规定第十六条规定的，决定不予受理，并制发行政复议申请不予受理决定书。

（三）不属于本机关职责范围的，应当告知申请人向有权受理的行政复议机关提出。

第二十条 行政复议期间，安全生产行政复议机构认为申请人以外的公民、法人或者其他组织与被审查的具体行政行为有利害关系的，可以通知其作为第三人参加行政复议。

行政复议期间，申请人以外的公民、法人或者其他组织与被审查的具体行政行为有利害关系的，可以向安全生产行政复议机构申请作为第三人参加行政复议。

第四章 行政复议的审理和决定

第二十一条 安全生产行政复议机构审理行政复议案件，应当由 2 名以上行政复议人员参加。

第二十二条 安全生产行政复议机构应当自行政复议申请受理之日起 7 日内，将行政复议申请书副本或者行政复议申请笔录复印件发送被申请人。

被申请人应当自收到申请书副本或者行政复议申请笔录复印件之日起 10 日内，按照复议机构要求的份数提出书面答复，并提交当初作出具体行政行为的证据、依据和其他有关材料。

被申请人书面答复应当载明下列事项，并加盖单位公章：

（一）作出具体行政行为的基本过程和情况。

（二）作出具体行政行为的事实依据和有关证据材料。

（三）作出具体行政行为所依据的法律、行政法规、规章和规范性文件的文号、具体条款和内容。

（四）对申请人复议请求的意见和理由。

（五）答复的年月日。

第二十三条 有下列情形之一的，被申请人经安全生产行政复议机构允许可以补充相关证据：

（一）在作出具体行政行为时已经收集证据，但因不可抗力等正当理由不能提供的。

（二）申请人或者第三人在行政复议过程中，提出了其在安全监管监察部门实施具体行政行为过程中没有提出的申辩理由或者证据的。

第二十四条　有下列情形之一的，申请人应当提供证明材料：

（一）认为被申请人不履行法定职责的，提供曾经要求被申请人履行法定职责而被申请人未履行的证明材料，但被申请人依法应当主动履行的除外。

（二）申请行政复议时一并提出行政赔偿请求的，提供受具体行政行为侵害而造成损害的证明材料。

（三）申请人自己主张的事实。

（四）法律、行政法规规定由申请人提供证据材料的其他情形。

第二十五条　申请人、被申请人、第三人应当对其提交的证据材料分类编号，对证据材料的来源、证明对象和内容作简要说明，并在证据材料上签字或者盖章，注明提交日期。

证据材料是复印件的，应当经复议机构核对无误，并注明原件存放的单位和处所。

第二十六条　行政复议原则上采取书面审理的方式，但对重大、复杂的案件，申请人提出要求或者安全生产行政复议机构认为必要时，可以采取听证的方式审理。

听证应当保障当事人平等的陈述、质证和辩论的权利。

第二十七条　安全生产行政复议机构采取听证的方式审理复议案件，应当制作听证笔录并载明下列事项：

（一）案由，听证的时间、地点。

（二）申请人、被申请人、第三人及其代理人的基本情况。

（三）听证主持人、听证员、书记员的姓名、职务等。

（四）申请人、被申请人、第三人争议的焦点问题，有关事实、证据和依据。

（五）其他应当记载的事项。

申请人、被申请人、第三人应当核对听证笔录并签字或者盖章。

第二十八条　安全生产行政复议机构认为必要时，可以实地调查核实证据。调查核实时，行政复议人员不得少于2人，并应当向当事人或者有关人员出示证件。

需要现场勘验的，现场勘验所用时间不计入行政复议审理期限。

第二十九条　安全生产行政复议期间涉及专门事项需要鉴定的，当事人可以自行委托鉴定机构进行鉴定，也可以申请行政复议机构委托鉴定机构进行鉴定。鉴定费用由当事人承担。鉴定所用时间不计入行政复议审理期限。

第三十条　申请人在行政复议决定作出前自愿撤回行政复议申请的，经行政复议机构同意，可以撤回。

申请人撤回行政复议申请的，不得以同一事实和理由再次提出行政复议申请。但是，申请人能够证明撤回行政复议申请违背其真实意思表示的除外。

第三十一条　行政复议申请由两个以上申请人共同提出，在行政复议决定作出前，部分申请人撤回行政复议申请的，安全生产行政复议机关应当就其他申请人未撤回的行政复议申请作出行政复议决定。

第三十二条 被申请人在复议期间改变原具体行政行为的，应当书面告知复议机构。

被申请人改变原具体行政行为，申请人撤回复议申请的，行政复议终止；申请人不撤回复议申请的，安全生产行政复议机关经审查认为原具体行政行为违法的，应当作出确认其违法的复议决定；认为原具体行政行为合法的，应当作出维持的复议决定。

第三十三条 公民、法人或者其他组织对安全监管监察部门行使法律、行政法规规定的自由裁量权作出的具体行政行为不服申请行政复议，申请人与被申请人在行政复议决定作出前自愿达成和解的，应当向安全生产行政复议机构提交书面和解协议；和解内容不损害社会公共利益和他人合法权益的，安全生产行政复议机构应当准许。

第三十四条 有下列情形之一的，安全生产行政复议机构可以按照自愿、合法的原则进行调解：

（一）公民、法人或者其他组织对安全监管监察部门行使法律、行政法规规定的自由裁量权作出的具体行政行为不服申请行政复议的。

（二）当事人之间的行政赔偿或者行政补偿的纠纷。

当事人经调解达成协议的，安全生产行政复议机关应当制作行政复议调解书。调解书应当载明行政复议请求、事实、理由和调解结果，并加盖安全生产行政复议机关印章。行政复议调解书经双方当事人签字，即具有法律效力。

调解未达成协议或者调解书生效前一方反悔的，安全生产行政复议机关应当及时作出行政复议决定。

第三十五条 安全生产行政复议机构应当对被申请人作出的具体行政行为进行审查，提出意见，经安全生产行政复议机关集体讨论通过或者负责人同意后，依法作出行政复议决定。

第三十六条 被申请人被责令重新作出具体行政行为的，应当在法律、行政法规、规章规定的期限内重新作出具体行政行为；法律、行政法规、规章未规定期限的，重新作出具体行政行为的期限为 60 日。

被申请人不得以同一事实和理由作出与原具体行政行为相同或者基本相同的具体行政行为。但因违反法定程序被责令重新作出具体行政行为的除外。

第三十七条 申请人在申请行政复议时一并提出行政赔偿请求，安全生产行政复议机关对符合国家赔偿法有关规定应当给予赔偿的，在决定撤销、变更具体行政行为或者确认具体行政行为违法时，应当同时决定被申请人依法给予赔偿。

申请人在申请行政复议时没有提出行政赔偿请求的，安全生产行政复议机关在依法决定撤销或者变更原具体行政行为确定的罚款以及对设备、设施、器材的扣押、查封等强制措施时，应当同时责令被申请人返还罚款，解除对设备、设施、器材的扣押、查封等强制措施。

第三十八条 安全生产行政复议机关在申请人的行政复议请求范围内，不得作出对申请人更为不利的行政复议决定。

第五章 附 则

第三十九条 安全生产行政复议机关及其工作人员和被申请人在安全生产行政复议工作中违反本规定的，依照行政复议法及其实施条例的规定，追究法律责任。

第四十条 行政复议期间的计算和行政复议文书的送达，依照民事诉讼法关于期间、送达的规定执行。

本规定关于行政复议期间有关“3 日”“5 日”“7 日”的规定是指工作日，不含节假日。

第四十一条 安全生产行政复议案件审理完毕，案件承办人应当将案件材料在 10 日内立卷、归档。

下一级安全生产行政复议机关应当在作出行政复议决定之日起 15 日内将行政复议决定书报上一级安全生产行政复议机构备案。

第四十二条 安全监管行政复议机关办理行政复议案件，使用国家安全生产监督管理总局统一制定的文书式样。

煤矿安全监察行政复议机关办理行政复议案件，使用国家煤矿安全监察局统一制定的文书式样。

第四十三条 本规定自 2007 年 11 月 1 日起施行。原国家经济贸易委员会 2003 年 2 月 18 日公布的《安全生产行政复议暂行办法》和原国家安全生产监督管理局（国家煤矿安全监察局）2003 年 6 月 20 日公布的《煤矿安全监察行政复议规定》同时废止。

41 安全生产违法行为行政处罚办法

2007 年 11 月 9 日国家安全生产监督管理总局局长办公会议审议通过，2007 年 11 月 30 日国家安全生产监督管理总局令第 15 号公布，自 2008 年 1 月 1 日起施行；根据 2015 年 1 月 16 日国家安全生产监督管理总局局长办公会议审议通过、2015 年 4 月 2 日国家安全生产监督管理总局令第 77 号公布、自 2015 年 5 月 1 日起施行的《国家安全监管总局关于修改〈生产安全事故报告和调查处理条例〉罚款处罚暂行规定等四部规章的决定》修改。

第一章 总 则

第一条 为了制裁安全生产违法行为，规范安全生产行政处罚工作，依照行政处罚法、安全生产法及其他有关法律、行政法规的规定，制定本办法。

第二条 县级以上人民政府安全生产监督管理部门对生产经营单位及其有关人员在生产经营活动中违反有关安全生产的法律、行政法规、部门规章、国家标准、行业标准和规程的违法行为（以下统称安全生产违法行为）实施行政处罚，适用本办法。

煤矿安全监察机构依照本办法和煤矿安全监察行政处罚办法，对煤矿、煤矿安全生产中介机构等生产经营单位及其有关人员的安全生产违法行为实施行政处罚。

有关法律、行政法规对安全生产违法行为行政处罚的种类、幅度或者决定机关另有规定的，依照其规定。

第三条 对安全生产违法行为实施行政处罚，应当遵循公平、公正、公开的原则。

安全生产监督管理部门或者煤矿安全监察机构（以下统称安全监管监察部门）及其行政执法人员实施行政处罚，必须以事实为依据。行政处罚应当与安全生产违法行为的事实、性质、情节以及社会危害程度相当。

第四条 生产经营单位及其有关人员对安全监管监察部门给予的行政处罚，依法享有陈述权、申辩权和听证权；对行政处罚不服的，有权依法申请行政复议或者提起行政诉讼；因违法给予行政处罚受到损害的，有权依法申请国家赔偿。

第二章　行政处罚的种类、管辖

第五条 安全生产违法行为行政处罚的种类：

（一）警告。

（二）罚款。

（三）没收违法所得、没收非法开采的煤炭产品、采掘设备。

（四）责令停产停业整顿、责令停产停业、责令停止建设、责令停止施工。

（五）暂扣或者吊销有关许可证，暂停或者撤销有关执业资格、岗位证书。

（六）关闭。

（七）拘留。

（八）安全生产法律、行政法规规定的其他行政处罚。

第六条 县级以上安全监管监察部门应当按照本章的规定，在各自的职责范围内对安全生产违法行为行政处罚行使管辖权。

安全生产违法行为的行政处罚，由安全生产违法行为发生地的县级以上安全监管监察部门管辖。中央企业及其所属企业、有关人员的安全生产违法行为的行政处罚，由安全生产违法行为发生地的设区的市级以上安全监管监察部门管辖。

暂扣、吊销有关许可证和暂停、撤销有关执业资格、岗位证书的行政处罚，由发证机关决定。其中，暂扣有关许可证和暂停有关执业资格、岗位证书的期限一般不得超过 6 个月；法律、行政法规另有规定的，依照其规定。

给予关闭的行政处罚，由县级以上安全监管监察部门报请县级以上人民政府按照国务院规定的权限决定。

给予拘留的行政处罚，由县级以上安全监管监察部门建议公安机关依照治安管理处罚法的规定决定。

第七条　两个以上安全监管监察部门因行政处罚管辖权发生争议的，由其共同的上一级安全监管监察部门指定管辖。

第八条　对报告或者举报的安全生产违法行为，安全监管监察部门应当受理；发现不属于自己管辖的，应当及时移送有管辖权的部门。

受移送的安全监管监察部门对管辖权有异议的，应当报请共同的上一级安全监管监察部门指定管辖。

第九条　安全生产违法行为涉嫌犯罪的，安全监管监察部门应当将案件移送司法机关，依法追究刑事责任；尚不够刑事处罚但依法应当给予行政处罚的，由安全监管监察部门管辖。

第十条　上级安全监管监察部门可以直接查处下级安全监管监察部门管辖的案件，也可以将自己管辖的案件交由下级安全监管监察部门管辖。

下级安全监管监察部门可以将重大、疑难案件报请上级安全监管监察部门管辖。

第十一条　上级安全监管监察部门有权对下级安全监管监察部门违法或者不适当的行政处罚予以纠正或者撤销。

第十二条　安全监管监察部门根据需要，可以在其法定职权范围内委托符合《行政处罚法》第十九条规定条件的组织或者乡、镇人民政府以及街道办事处、开发区管理机构等地方人民政府的派出机构实施行政处罚。受委托的单位在委托范围内，以委托的安全监管监察部门名义实施行政处罚。

委托的安全监管监察部门应当监督检查受委托的单位实施行政处罚，并对其实施行政处罚的后果承担法律责任。

第三章　行政处罚的程序

第十三条　安全生产行政执法人员在执行公务时，必须出示省级以上安全生产监督管理部门或者县级以上地方人民政府统一制作的有效行政执法证件。其中对煤矿进行安全监察，必须出示国家安全生产监督管理总局统一制作的煤矿安全监察员证。

第十四条　安全监管监察部门及其行政执法人员在监督检查时发现生产经营单位存在事故隐患的，应当按照下列规定采取现场处理措施：

（一）能够立即排除的，应当责令立即排除。

（二）重大事故隐患排除前或者排除过程中无法保证安全的，应当责令从危险区域撤出作业人员，并责令暂时停产停业、停止建设、停止施工或者停止使用相关设施、设备，限期排除隐患。

隐患排除后，经安全监管监察部门审查同意，方可恢复生产经营和使用。

本条第一款第（二）项规定的责令暂时停产停业、停止建设、停止施工或者停止使用相关设施、设备的期限一般不超过6个月；法律、行政法规另有规定的，依照其规定。

第十五条　对有根据认为不符合安全生产的国家标准或者行业标准的在用设施、设备、器材，违法生产、储存、使用、经营、运输的危险物品，以及违法生产、储存、使用、经营危险物品的作业场所，安全监管监察部门应当依照《行政强制法》的规定予以查封或者扣押。查封或者扣押的期限不得超过 30 日，情况复杂的，经安全监管监察部门负责人批准，最多可以延长 30 日，并在查封或者扣押期限内作出处理决定：

（一）对违法事实清楚、依法应当没收的非法财物予以没收。

（二）法律、行政法规规定应当销毁的，依法销毁。

（三）法律、行政法规规定应当解除查封、扣押的，作出解除查封、扣押的决定。

实施查封、扣押，应当制作并当场交付查封、扣押决定书和清单。

第十六条 安全监管监察部门依法对存在重大事故隐患的生产经营单位作出停产停业、停止施工、停止使用相关设施、设备的决定，生产经营单位应当依法执行，及时消除事故隐患。生产经营单位拒不执行，有发生生产安全事故的现实危险的，在保证安全的前提下，经本部门主要负责人批准，安全监管监察部门可以采取通知有关单位停止供电、停止供应民用爆炸物品等措施，强制生产经营单位履行决定。通知应当采用书面形式，有关单位应当予以配合。

安全监管监察部门依照前款规定采取停止供电措施，除有危及生产安全的紧急情形外，应当提前 24 小时通知生产经营单位。生产经营单位依法履行行政决定、采取相应措施消除事故隐患的，安全监管监察部门应当及时解除前款规定的措施。

第十七条 生产经营单位被责令限期改正或者限期进行隐患排除治理的，应当在规定限期内完成。因不可抗力无法在规定限期内完成的，应当在进行整改或者治理的同时，于限期届满前 10 日内提出书面延期申请，安全监管监察部门应当在收到申请之日起 5 日内书面答复是否准予延期。

生产经营单位提出复查申请或者整改、治理限期届满的，安全监管监察部门应当自申请或者限期届满之日起 10 日内进行复查，填写复查意见书，由被复查单位和安全监管监察部门复查人员签名后存档。逾期未整改、未治理或者整改、治理不合格的，安全监管监察部门应当依法给予行政处罚。

第十八条 安全监管监察部门在作出行政处罚决定前，应当填写行政处罚告知书，告知当事人作出行政处罚决定的事实、理由、依据，以及当事人依法享有的权利，并送达当事人。当事人应当在收到行政处罚告知书之日起 3 日内进行陈述、申辩，或者依法提出听证要求，逾期视为放弃上述权利。

第十九条 安全监管监察部门应当充分听取当事人的陈述和申辩，对当事人提出的事实、理由和证据，应当进行复核；当事人提出的事实、理由和证据成立的，安全监管监察部门应当采纳。

安全监管监察部门不得因当事人陈述或者申辩而加重处罚。

第二十条 安全监管监察部门对安全生产违法行为实施行政处罚，应当符合法定程序，制作行政执法文书。

第一节 简易程序

第二十一条 违法事实确凿并有法定依据，对个人处以 50 元以下罚款、对生产经营单位处以 1 000 元以下罚款或者警告的行政处罚的，安全生产行政执法人员可以当场作出行政处罚决定。

第二十二条　安全生产行政执法人员当场作出行政处罚决定，应当填写预定格式、编有号码的行政处罚决定书并当场交付当事人。

安全生产行政执法人员当场作出行政处罚决定后应当及时报告，并在 5 日内报所属安全监管监察部门备案。

第二节　一 般 程 序

第二十三条　除依照简易程序当场作出的行政处罚外，安全监管监察部门发现生产经营单位及其有关人员有应当给予行政处罚的行为的，应当予以立案，填写立案审批表，并全面、客观、公正地进行调查，收集有关证据。对确需立即查处的安全生产违法行为，可以先行调查取证，并在 5 日内补办立案手续。

第二十四条　对已经立案的案件，由立案审批人指定两名或者两名以上安全生产行政执法人员进行调查。

有下列情形之一的，承办案件的安全生产行政执法人员应当回避：

（一）本人是本案的当事人或者当事人的近亲属的。

（二）本人或者其近亲属与本案有利害关系的。

（三）与本人有其他利害关系，可能影响案件的公正处理的。

安全生产行政执法人员的回避，由派出其进行调查的安全监管监察部门的负责人决定。进行调查的安全监管监察部门负责人的回避，由该部门负责人集体讨论决定。回避决定作出之前，承办案件的安全生产行政执法人员不得擅自停止对案件的调查。

第二十五条　进行案件调查时，安全生产行政执法人员不得少于两名。当事人或者有关人员应当如实回答安全生产行政执法人员的询问，并协助调查或者检查，不得拒绝、阻挠或者提供虚假情况。

询问或者检查应当制作笔录。笔录应当记载时间、地点、询问和检查情况，并由被询问人、被检查单位和安全生产行政执法人员签名或者盖章；被询问人、被检查单位要求补正的，应当允许。被询问人或者被检查单位拒绝签名或者盖章的，安全生产行政执法人员应当在笔录上注明原因并签名。

第二十六条　安全生产行政执法人员应当收集、调取与案件有关的原始凭证作为证据。调取原始凭证确有困难的，可以复制，复制件应当注明“经核对与原件无异”的字样和原始凭证存放的单位及其处所，并由出具证据的人员签名或者单位盖章。

第二十七条　安全生产行政执法人员在收集证据时，可以采取抽样取证的方法；在证据可能灭失或者以后难以取得的情况下，经本单位负责人批准，可以先行登记保存，并应当在 7 日内作出处理决定：

（一）违法事实成立依法应当没收的，作出行政处罚决定，予以没收；依法应当扣留或者封存的，予以扣留或者封存。

（二）违法事实不成立，或者依法不应当予以没收、扣留、封存的，解除登记保存。

第二十八条　安全生产行政执法人员对与案件有关的物品、场所进行勘验检查时，应当通知当事人到场，制作勘验笔录，并由当事人核对无误后签名或者盖章。当事人拒绝到场的，可以邀请在场的其他人员作证，并在勘验笔录中注明原因并签名；也可以采用录音、录像等方式记录有关物品、场所的情况后，再进行勘验检查。

第二十九条 案件调查终结后，负责承办案件的安全生产行政执法人员应当填写案件处理呈批表，连同有关证据材料一并报本部门负责人审批。

安全监管监察部门负责人应当及时对案件调查结果进行审查，根据不同情况，分别作出以下决定：

（一）确有应受行政处罚的违法行为的，根据情节轻重及具体情况，作出行政处罚决定。

（二）违法行为轻微，依法可以不予行政处罚的，不予行政处罚。

（三）违法事实不能成立，不得给予行政处罚。

（四）违法行为涉嫌犯罪的，移送司法机关处理。

对严重安全生产违法行为给予责令停产停业整顿、责令停产停业、责令停止建设、责令停止施工、吊销有关许可证、撤销有关执业资格或者岗位证书、5 万元以上罚款、没收违法所得、没收非法开采的煤炭产品或者采掘设备价值 5 万元以上的行政处罚的，应当由安全监管监察部门的负责人集体讨论决定。

第三十条 安全监管监察部门依照本办法第二十九条的规定给予行政处罚，应当制作行政处罚决定书。行政处罚决定书应当载明下列事项：

（一）当事人的姓名或者名称、地址或者住址。

（二）违法事实和证据。

（三）行政处罚的种类和依据。

（四）行政处罚的履行方式和期限。

（五）不服行政处罚决定，申请行政复议或者提起行政诉讼的途径和期限。

（六）作出行政处罚决定的安全监管监察部门的名称和作出决定的日期。

行政处罚决定书必须盖有作出行政处罚决定的安全监管监察部门的印章。

第三十一条 行政处罚决定书应当在宣告后当场交付当事人；当事人不在场的，安全监管监察部门应当在 7 日内依照民事诉讼法的有关规定，将行政处罚决定书送达当事人或者其他的法定受送达人：

（一）送达必须有送达回执，由受送达人在送达回执上注明收到日期，签名或者盖章。

（二）送达应当直接送交受送达人。受送达人是个人的，本人不在交他的同住成年家属签收，并在行政处罚决定书送达回执的备注栏内注明与受送达人的关系。

（三）受送达人是法人或者其他组织的，应当由法人的法定代表人、其他组织的主要负责人或者该法人、组织负责收件的人签收。

（四）受送达人指定代收人的，交代收人签收并注明受当事人委托的情况。

（五）直接送达确有困难的，可以挂号邮寄送达，也可以委托当地安全监管监察部门代为送达，代为送达的安全监管监察部门收到文书后，必须立即交受送达人签收。

（六）当事人或者他的同住成年家属拒绝接收的，送达人应当邀请有关基层组织或者所在单位的代表到场，说明情况，在行政处罚决定书送达回执上记明拒收的事由和日期，由送达人、见证人签名或者盖章，将行政处罚决定书留在当事人的住所；也可以把行政处罚决定书留在受送达人的住所，并采用拍照、录像等方式记录送达过程，即视为送达。

（七）受送达人下落不明，或者用以上方式无法送达的，可以公告送达，自公告发布之日起经过 60 日，即视为送达。公告送达，应当在案卷中注明原因和经过。

安全监管监察部门送达其他行政处罚执法文书，按照前款规定办理。

第三十二条　行政处罚案件应当自立案之日起 30 日内作出行政处罚决定；由于客观原因不能完成的，经安全监管监察部门负责人同意，可以延长，但不得超过 90 日；特殊情况需进一步延长的，应当经上一级安全监管监察部门批准，可延长至 180 日。

第三节　听证程序

第三十三条　安全监管监察部门作出责令停产停业整顿、责令停产停业、吊销有关许可证、撤销有关执业资格、岗位证书或者较大数额罚款的行政处罚决定之前，应当告知当事人有要求举行听证的权利；当事人要求听证的，安全监管监察部门应当组织听证，不得向当事人收取听证费用。

前款所称较大数额罚款，为省、自治区、直辖市人大常委会或者人民政府规定的数额；没有规定数额的，其数额对个人罚款为 2 万元以上，对生产经营单位罚款为 5 万元以上。

第三十四条　当事人要求听证的，应当在安全监管监察部门依照本办法第十八条规定告知后 3 日内以书面方式提出。

第三十五条　当事人提出听证要求后，安全监管监察部门应当在收到书面申请之日起 15 日内举行听证会，并在举行听证会的 7 日前，通知当事人举行听证的时间、地点。

当事人应当按期参加听证。当事人有正当理由要求延期的，经组织听证的安全监管监察部门负责人批准可以延期 1 次；当事人未按期参加听证，并且未事先说明理由的，视为放弃听证权利。

第三十六条　听证参加人由听证主持人、听证员、案件调查人员、当事人及其委托代理人、书记员组成。

听证主持人、听证员、书记员应当由组织听证的安全监管监察部门负责人指定的非本案调查人员担任。

当事人可以委托 1 至 2 名代理人参加听证，并提交委托书。

第三十七条　除涉及国家秘密、商业秘密或者个人隐私外，听证应当公开举行。

第三十八条　当事人在听证中的权利和义务：

（一）有权对案件涉及的事实、适用法律及有关情况进行陈述和申辩。

（二）有权对案件调查人员提出的证据质证并提出新的证据。

（三）如实回答主持人的提问。

（四）遵守听证会场纪律，服从听证主持人指挥。

第三十九条　听证按照下列程序进行：

（一）书记员宣布听证会场纪律、当事人的权利和义务。听证主持人宣布案由，核实听证参加人名单，宣布听证开始。

（二）案件调查人员提出当事人的违法事实、出示证据，说明拟作出的行政处罚的内容及法律依据。

（三）当事人或者其委托代理人对案件的事实、证据、适用的法律等进行陈述和申辩，提交新的证据材料。

（四）听证主持人就案件的有关问题向当事人、案件调查人员、证人询问。

（五）案件调查人员、当事人或者其委托代理人相互辩论。

（六）当事人或者其委托代理人作最后陈述。

（七）听证主持人宣布听证结束。

听证笔录应当当场交当事人核对无误后签名或者盖章。

第四十条 有下列情形之一的，应当中止听证：

（一）需要重新调查取证的。

（二）需要通知新证人到场作证的。

（三）因不可抗力无法继续进行听证的。

第四十一条 有下列情形之一的，应当终止听证：

（一）当事人撤回听证要求的。

（二）当事人无正当理由不按时参加听证的。

（三）拟作出的行政处罚决定已经变更，不适用听证程序的。

第四十二条 听证结束后，听证主持人应当依据听证情况，填写听证会报告书，提出处理意见并附听证笔录报安全监管监察部门负责人审查。安全监管监察部门依照本办法第二十九条的规定作出决定。

第四章 行政处罚的适用

第四十三条 生产经营单位的决策机构、主要负责人、个人经营的投资人（包括实际控制人，下同）未依法保证下列安全生产所必需的资金投入之一，致使生产经营单位不具备安全生产条件的，责令限期改正，提供必需的资金，可以对生产经营单位处1万元以上3万元以下罚款，对生产经营单位的主要负责人、个人经营的投资人处5 000元以上1万元以下罚款；逾期未改正的，责令生产经营单位停产停业整顿：

（一）提取或者使用安全生产费用。

（二）用于配备劳动防护用品的经费。

（三）用于安全生产教育和培训的经费。

（四）国家规定的其他安全生产所必须的资金投入。

生产经营单位主要负责人、个人经营的投资人有前款违法行为，导致发生生产安全事故的，依照《生产安全事故罚款处罚规定（试行）》的规定给予处罚。

第四十四条 生产经营单位的主要负责人未依法履行安全生产管理职责，导致生产安全事故发生的，依照《生产安全事故罚款处罚规定（试行）》的规定给予处罚。

第四十五条 生产经营单位及其主要负责人或者其他人员有下列行为之一的，给予警告，并可以对生产经营单位处 1 万元以上 3 万元以下罚款，对其主要负责人、其他有关人员处 1 000 元以上 1 万元以下的罚款：

（一）违反操作规程或者安全管理规定作业的。

（二）违章指挥从业人员或者强令从业人员违章、冒险作业的。

（三）发现从业人员违章作业不加制止的。

（四）超过核定的生产能力、强度或者定员进行生产的。

（五）对被查封或者扣押的设施、设备、器材、危险物品和作业场所，擅自启封或者使用的。

（六）故意提供虚假情况或者隐瞒存在的事故隐患以及其他安全问题的。

（七）拒不执行安全监管监察部门依法下达的安全监管监察指令的。

第四十六条　危险物品的生产、经营、储存单位以及矿山、金属冶炼单位有下列行为之一的，责令改正，并可以处 1 万元以上 3 万元以下的罚款：

（一）未建立应急救援组织或者生产经营规模较小、未指定兼职应急救援人员的。

（二）未配备必要的应急救援器材、设备和物资，并进行经常性维护、保养，保证正常运转的。

第四十七条　生产经营单位与从业人员订立协议，免除或者减轻其对从业人员因生产安全事故伤亡依法应承担的责任的，该协议无效；对生产经营单位的主要负责人、个人经营的投资人按照下列规定处以罚款：

（一）在协议中减轻因生产安全事故伤亡对从业人员依法应承担的责任的，处 2 万元以上 5 万元以下的罚款。

（二）在协议中免除因生产安全事故伤亡对从业人员依法应承担的责任的，处 5 万元以上 10 万元以下的罚款。

第四十八条　生产经营单位不具备法律、行政法规和国家标准、行业标准规定的安全生产条件，经责令停产停业整顿仍不具备安全生产条件的，安全监管监察部门应当提请有管辖权的人民政府予以关闭；人民政府决定关闭的，安全监管监察部门应当依法吊销其有关许可证。

第四十九条　生产经营单位转让安全生产许可证的，没收违法所得，吊销安全生产许可证，并按照下列规定处以罚款：

（一）接受转让的单位和个人未发生生产安全事故的，处 10 万元以上 30 万元以下的罚款。

（二）接受转让的单位和个人发生生产安全事故但没有造成人员死亡的，处 30 万元以上 40 万元以下的罚款。

（三）接受转让的单位和个人发生人员死亡生产安全事故的，处 40 万元以上 50 万元以下的罚款。

第五十条　知道或者应当知道生产经营单位未取得安全生产许可证或者其他批准文件擅自从事生产经营活动，仍为其提供生产经营场所、运输、保管、仓储等条件的，责令立即停止违法行为，有违法所得的，没收违法所得，并处违法所得 1 倍以上 3 倍以下的罚款，但是最高不得超过 3 万元；没有违法所得的，并处 5 000 元以上 1 万元以下的罚款。

第五十一条 生产经营单位及其有关人员弄虚作假，骗取或者勾结、串通行政审批工作人员取得安全生产许可证书及其他批准文件的，撤销许可及批准文件，并按照下列规定处以罚款：

（一）生产经营单位有违法所得的，没收违法所得，并处违法所得 1 倍以上 3 倍以下的罚款，但是最高不得超过 3 万元；没有违法所得的，并处 5 000 元以上 1 万元以下的罚款。

（二）对有关人员处 1 000 元以上 1 万元以下的罚款。

有前款规定违法行为的生产经营单位及其有关人员在 3 年内不得再次申请该行政许可。

生产经营单位及其有关人员未依法办理安全生产许可证书变更手续的，责令限期改正，并对生产经营单位处 1 万元以上 3 万元以下的罚款，对有关人员处 1 000 元以上 5 000 元以下的罚款。

第五十二条 未取得相应资格、资质证书的机构及其有关人员从事安全评价、认证、检测、检验工作，责令停止违法行为，并按照下列规定处以罚款：

（一）机构有违法所得的，没收违法所得，并处违法所得 1 倍以上 3 倍以下的罚款，但是最高不得超过 3 万元；没有违法所得的，并处 5 000 元以上 1 万元以下的罚款。

（二）有关人员处 5 000 元以上 1 万元以下的罚款。

第五十三条 生产经营单位及其有关人员触犯不同的法律规定，有两个以上应当给予行政处罚的安全生产违法行为的，安全监管监察部门应当适用不同的法律规定，分别裁量，合并处罚。

第五十四条 对同一生产经营单位及其有关人员的同一安全生产违法行为，不得给予两次以上罚款的行政处罚。

第五十五条 生产经营单位及其有关人员有下列情形之一的，应当从重处罚：

（一）危及公共安全或者其他生产经营单位安全的，经责令限期改正，逾期未改正的。

（二）一年内因同一违法行为受到两次以上行政处罚的。

（三）拒不整改或者整改不力，其违法行为呈持续状态的。

（四）拒绝、阻碍或者以暴力威胁行政执法人员的。

第五十六条 生产经营单位及其有关人员有下列情形之一的，应当依法从轻或者减轻行政处罚：

（一）已满 14 周岁不满 18 周岁的公民实施安全生产违法行为的。

（二）主动消除或者减轻安全生产违法行为危害后果的。

（三）受他人胁迫实施安全生产违法行为的。

（四）配合安全监管监察部门查处安全生产违法行为，有立功表现的。

（五）主动投案，向安全监管监察部门如实交待自己的违法行为的。

（六）具有法律、行政法规规定的其他从轻或者减轻处罚情形的。

有从轻处罚情节的，应当在法定处罚幅度的中档以下确定行政处罚标准，但不得低于法定处罚幅度的下限。

本条第一款第（四）项所称的立功表现，是指当事人有揭发他人安全生产违法行为，并经查证属实；或者提供查处其他安全生产违法行为的重要线索，并经查证属实；或者阻止他人实施安全生产违法行为；或者协助司法机关抓捕其他违法犯罪嫌疑人的行为。

安全生产违法行为轻微并及时纠正，没有造成危害后果的，不予行政处罚。

第五章 行政处罚的执行和备案

第五十七条 安全监管监察部门实施行政处罚时，应当同时责令生产经营单位及其有关人员停止、改正或者限期改正违法行为。

第五十八条 本办法所称的违法所得，按照下列规定计算：

（一）生产、加工产品的，以生产、加工产品的销售收入作为违法所得。

（二）销售商品的，以销售收入作为违法所得。

（三）提供安全生产中介、租赁等服务的，以服务收入或者报酬作为违法所得。

（四）销售收入无法计算的，按当地同类同等规模的生产经营单位的平均销售收入计算。

（五）服务收入、报酬无法计算的，按照当地同行业同种服务的平均收入或者报酬计算。

第五十九条 行政处罚决定依法作出后，当事人应当在行政处罚决定的期限内，予以履行；当事人逾期不履的，作出行政处罚决定的安全监管监察部门可以采取下列措施：

（一）到期不缴纳罚款的，每日按罚款数额的3%加处罚款，但不得超过罚款数额。

（二）根据法律规定，将查封、扣押的设施、设备、器材和危险物品拍卖所得价款抵缴罚款。

（三）申请人民法院强制执行。

当事人对行政处罚决定不服申请行政复议或者提起行政诉讼的，行政处罚不停止执行，法律另有规定的除外。

第六十条 安全生产行政执法人员当场收缴罚款的，应当出具省、自治区、直辖市财政部门统一制发的罚款收据；当场收缴的罚款，应当自收缴罚款之日起 2 日内，交至所属安全监管监察部门；安全监管监察部门应当在 2 日内将罚款缴付指定的银行。

第六十一条 除依法应当予以销毁的物品外，需要将查封、扣押的设施、设备、器材和危险物品拍卖抵缴罚款的，依照法律或者国家有关规定处理。销毁物品，依照国家有关规定处理；没有规定的，经县级以上安全监管监察部门负责人批准，由两名以上安全生产行政执法人员监督销毁，并制作销毁记录。处理物品，应当制作清单。

第六十二条 罚款、没收违法所得的款项和没收非法开采的煤炭产品、采掘设备，必须按照有关规定上缴，任何单位和个人不得截留、私分或者变相私分。

第六十三条 县级安全生产监督管理部门处以 5 万元以上罚款、没收违法所得、没收非法生产的煤炭产品或者采掘设备价值 5 万元以上、责令停产停业、停止建设、停止施工、停产停业整顿、吊销有关资格、岗位证书或者许可证的行政处罚的，应当自作出行政处罚决定之日起 10 日内报设区的市级安全生产监督管理部门备案。

第六十四条 设区的市级安全生产监管监察部门处以10万元以上罚款、没收违法所得、没收非法生产的煤炭产品或者采掘设备价值10万元以上、责令停产停业、停止建设、停止施工、停产停业整顿、吊销有关资格、岗位证书或者许可证的行政处罚的，应当自作出行政处罚决定之日起10日内报省级安全监管监察部门备案。

第六十五条 省级安全监管监察部门处以50万元以上罚款、没收违法所得、没收非法生产的煤炭产品或者采掘设备价值50万元以上、责令停产停业、停止建设、停止施工、停产停业整顿、吊销有关资格、岗位证书或者许可证的行政处罚的，应当自作出行政处罚决定之日起10日内报国家安全生产监督管理总局或者国家煤矿安全监察局备案。

对上级安全监管监察部门交办案件给予行政处罚的，由决定行政处罚的安全监管监察部门自作出行政处罚决定之日起10日内报上级安全监管监察部门备案。

第六十六条 行政处罚执行完毕后，案件材料应当按照有关规定立卷归档。

案卷立案归档后，任何单位和个人不得擅自增加、抽取、涂改和销毁案卷材料。未经安全监管监察部门负责人批准，任何单位和个人不得借阅案卷。

第六章　附　　则

第六十七条 安全生产监督管理部门所用的行政处罚文书式样，由国家安全生产监督管理总局统一制定。

煤矿安全监察机构所用的行政处罚文书式样，由国家煤矿安全监察局统一制定。

第六十八条 本办法所称的生产经营单位，是指合法和非法从事生产或者经营活动的基本单元，包括企业法人、不具备企业法人资格的合伙组织、个体工商户和自然人等生产经营主体。

第六十九条 本办法自2008年1月1日起施行。原国家安全生产监督管理局（国家煤矿安全监察局）2003年5月19日公布的《安全生产违法行为行政处罚办法》、2001年4月27日公布的《煤矿安全监察程序暂行规定》同时废止。

42　安全生产事故隐患排查治理暂行规定

2007年12月22日国家安全生产监督管理总局局长办公会议审议通过，2007年12月28日国家安全生产监督管理总局令第16号公布，自2008年2月1日起施行。

第一章　总　　则

第一条 为了建立安全生产事故隐患排查治理长效机制，强化安全生产主体责任，加强事故隐患监督管理，防止和减少事故，保障人民群众生命财产安全，根据安全生产法等法律、行政法规，制定本规定。

第二条　生产经营单位安全生产事故隐患排查治理和安全生产监督管理部门、煤矿安全监察机构（以下统称安全监管监察部门）实施监管监察，适用本规定。

有关法律、行政法规对安全生产事故隐患排查治理另有规定的，依照其规定。

第三条　本规定所称安全生产事故隐患（以下简称事故隐患），是指生产经营单位违反安全生产法律、法规、规章、标准、规程和安全生产管理制度的规定，或者因其他因素在生产经营活动中存在可能导致事故发生的物的危险状态、人的不安全行为和管理上的缺陷。

事故隐患分为一般事故隐患和重大事故隐患。一般事故隐患，是指危害和整改难度较小，发现后能够立即整改排除的隐患。重大事故隐患，是指危害和整改难度较大，应当全部或者局部停产停业，并经过一定时间整改治理方能排除的隐患，或者因外部因素影响致使生产经营单位自身难以排除的隐患。

第四条　生产经营单位应当建立健全事故隐患排查治理制度。

生产经营单位主要负责人对本单位事故隐患排查治理工作全面负责。

第五条　各级安全监管监察部门按照职责对所辖区域内生产经营单位排查治理事故隐患工作依法实施综合监督管理；各级人民政府有关部门在各自职责范围内对生产经营单位排查治理事故隐患工作依法实施监督管理。

第六条　任何单位和个人发现事故隐患，均有权向安全监管监察部门和有关部门报告。

安全监管监察部门接到事故隐患报告后，应当按照职责分工立即组织核实并予以查处；发现所报告事故隐患应当由其他有关部门处理的，应当立即移送有关部门并记录备查。

第二章　生产经营单位的职责

第七条　生产经营单位应当依照法律、法规、规章、标准和规程的要求从事生产经营活动。严禁非法从事生产经营活动。

第八条　生产经营单位是事故隐患排查、治理和防控的责任主体。

生产经营单位应当建立健全事故隐患排查治理和建档监控等制度，逐级建立并落实从主要负责人到每个从业人员的隐患排查治理和监控责任制。

第九条　生产经营单位应当保证事故隐患排查治理所需的资金，建立资金使用专项制度。

第十条　生产经营单位应当定期组织安全生产管理人员、工程技术人员和其他相关人员排查本单位的事故隐患。对排查出的事故隐患，应当按照事故隐患的等级进行登记，建立事故隐患信息档案，并按照职责分工实施监控治理。

第十一条　生产经营单位应当建立事故隐患报告和举报奖励制度，鼓励、发动职工发现和排除事故隐患，鼓励社会公众举报。对发现、排除和举报事故隐患的有功人员，应当给予物质奖励和表彰。

第十二条　生产经营单位将生产经营项目、场所、设备发包、出租的，应当与承包、承租单位签订安全生产管理协议，并在协议中明确各方对事故隐患排查、治理和防控的管理职责。生产经营单位对承包、承租单位的事故隐患排查治理负有统一协调和监督管理的职责。

第十三条 安全监管监察部门和有关部门的监督检查人员依法履行事故隐患监督检查职责时，生产经营单位应当积极配合，不得拒绝和阻挠。

第十四条 生产经营单位应当每季、每年对本单位事故隐患排查治理情况进行统计分析，并分别于下一季度15日前和下一年1月31日前向安全监管监察部门和有关部门报送书面统计分析表。统计分析表应当由生产经营单位主要负责人签字。

对于重大事故隐患，生产经营单位除依照前款规定报送外，应当及时向安全监管监察部门和有关部门报告。重大事故隐患报告内容应当包括：

（一）隐患的现状及其产生原因。

（二）隐患的危害程度和整改难易程度分析。

（三）隐患的治理方案。

第十五条 对于一般事故隐患，由生产经营单位（车间、分厂、区队等）负责人或者有关人员立即组织整改。

对于重大事故隐患，由生产经营单位主要负责人组织制定并实施事故隐患治理方案。重大事故隐患治理方案应当包括以下内容：

（一）治理的目标和任务。

（二）采取的方法和措施。

（三）经费和物资的落实。

（四）负责治理的机构和人员。

（五）治理的时限和要求。

（六）安全措施和应急预案。

第十六条 生产经营单位在事故隐患治理过程中，应当采取相应的安全防范措施，防止事故发生。事故隐患排除前或者排除过程中无法保证安全的，应当从危险区域内撤出作业人员，并疏散可能危及的其他人员，设置警戒标志，暂时停产停业或者停止使用；对暂时难以停产或者停止使用的相关生产储存装置、设施、设备，应当加强维护和保养，防止事故发生。

第十七条 生产经营单位应当加强对自然灾害的预防。对于因自然灾害可能导致事故灾难的隐患，应当按照有关法律、法规、标准和本规定的要求排查治理，采取可靠的预防措施，制定应急预案。在接到有关自然灾害预报时，应当及时向下属单位发出预警通知；发生自然灾害可能危及生产经营单位和人员安全的情况时，应当采取撤离人员、停止作业、加强监测等安全措施，并及时向当地人民政府及其有关部门报告。

第十八条 地方人民政府或者安全监管监察部门及有关部门挂牌督办并责令全部或者局部停产停业治理的重大事故隐患，治理工作结束后，有条件的生产经营单位应当组织本单位的技术人员和专家对重大事故隐患的治理情况进行评估；其他生产经营单位应当委托具备相应资质的安全评价机构对重大事故隐患的治理情况进行评估。

经治理后符合安全生产条件的，生产经营单位应当向安全监管监察部门和有关部门提出恢复生产的书面申请，经安全监管监察部门和有关部门审查同意后，方可恢复生产经营。申请报告应当包括治理方案的内容、项目和安全评价机构出具的评价报告等。

第三章　监督管理

第十九条　安全监管监察部门应当指导、监督生产经营单位按照有关法律、法规、规章、标准和规程的要求，建立健全事故隐患排查治理等各项制度。

第二十条　安全监管监察部门应当建立事故隐患排查治理监督检查制度，定期组织对生产经营单位事故隐患排查治理情况开展监督检查；应当加强对重点单位的事故隐患排查治理情况的监督检查。对检查过程中发现的重大事故隐患，应当下达整改指令书，并建立信息管理台账。必要时，报告同级人民政府并对重大事故隐患实行挂牌督办。

安全监管监察部门应当配合有关部门做好对生产经营单位事故隐患排查治理情况开展的监督检查，依法查处事故隐患排查治理的非法和违法行为及其责任者。

安全监管监察部门发现属于其他有关部门职责范围内的重大事故隐患的，应该及时将有关资料移送有管辖权的有关部门，并记录备查。

第二十一条　已经取得安全生产许可证的生产经营单位，在其被挂牌督办的重大事故隐患治理结束前，安全监管监察部门应当加强监督检查。必要时，可以提请原许可证颁发机关依法暂扣其安全生产许可证。

第二十二条　安全监管监察部门应当会同有关部门把重大事故隐患整改纳入重点行业领域的安全专项整治中加以治理，落实相应责任。

第二十三条　对挂牌督办并采取全部或者局部停产停业治理的重大事故隐患，安全监管监察部门收到生产经营单位恢复生产的申请报告后，应当在10日内进行现场审查。审查合格的，对事故隐患进行核销，同意恢复生产经营；审查不合格的，依法责令改正或者下达停产整改指令。对整改无望或者生产经营单位拒不执行整改指令的，依法实施行政处罚；不具备安全生产条件的，依法提请县级以上人民政府按照国务院规定的权限予以关闭。

第二十四条　安全监管监察部门应当每季将本行政区域重大事故隐患的排查治理情况和统计分析表逐级报至省级安全监管监察部门备案。

省级安全监管监察部门应当每半年将本行政区域重大事故隐患的排查治理情况和统计分析表报国家安全生产监督管理总局备案。

第四章　罚　　则

第二十五条　生产经营单位及其主要负责人未履行事故隐患排查治理职责，导致发生生产安全事故的，依法给予行政处罚。

第二十六条　生产经营单位违反本规定，有下列行为之一的，由安全监管监察部门给予警告，并处三万元以下的罚款：

（一）未建立安全生产事故隐患排查治理等各项制度的。

（二）未按规定上报事故隐患排查治理统计分析表的。

（三）未制定事故隐患治理方案的。

（四）重大事故隐患不报或者未及时报告的。

（五）未对事故隐患进行排查治理擅自生产经营的。

（六）整改不合格或者未经安全监管监察部门审查同意擅自恢复生产经营的。

第二十七条 承担检测检验、安全评价的中介机构，出具虚假评价证明，尚不够刑事处罚的，没收违法所得，违法所得在五千元以上的，并处违法所得二倍以上五倍以下的罚款，没有违法所得或者违法所得不足五千元的，单处或者并处五千元以上二万元以下的罚款，同时可对其直接负责的主管人员和其他直接责任人员处五千元以上五万元以下的罚款；给他人造成损害的，与生产经营单位承担连带赔偿责任。

对有前款违法行为的机构，撤销其相应的资质。

第二十八条 生产经营单位事故隐患排查治理过程中违反有关安全生产法律、法规、规章、标准和规程规定的，依法给予行政处罚。

第二十九条 安全监管监察部门的工作人员未依法履行职责的，按照有关规定处理。

第五章 附 则

第三十条 省级安全监管监察部门可以根据本规定，制定事故隐患排查治理和监督管理实施细则。

第三十一条 事业单位、人民团体以及其他经济组织的事故隐患排查治理，参照本规定执行。

第三十二条 本规定自2008年2月1日起施行。

43 防治煤与瓦斯突出规定

2009年4月30日国家安全生产监督管理总局局长办公会议审议通过，2009年5月14日国家安全生产监督管理总局令第19号公布，自2009年8月1日起施行；根据2013年8月19日国家安全生产监督管理总局局长办公会议审议通过、2013年8月29日国家安全生产监督管理总局令第63号公布、自公布之日起施行的《国家安全监管总局关于修改〈生产经营单位安全培训规定〉等11件规章的决定》修改。

第一章 总 则

第一条 为了加强煤与瓦斯突出的防治工作，有效预防煤矿突出事故，保障煤矿职工生命安全，根据《安全生产法》《矿山安全法》《国务院关于预防煤矿生产安全事故的特别规定》等法律、行政法规，制定本规定。

第二条 煤矿企业（矿井）、有关单位的煤（岩）与瓦斯（二氧化碳）突出（以下简称突出）的防治工作，适用本规定。

现行煤矿安全规程、规范、标准、规定等有关突出防治的内容与本规定不一致的，依照本规定执行。

第三条 本规定所称突出煤层，是指在矿井井田范围内发生过突出的煤层或者经鉴定有突出危险的煤层。

本规定所称突出矿井，是指在矿井的开拓、生产范围内有突出煤层的矿井。

第四条 有突出矿井的煤矿企业主要负责人及突出矿井的矿长是本单位防突工作的第一责任人。

有突出矿井的煤矿企业、突出矿井应当设置防突机构，建立健全防突管理制度和各级岗位责任制。

第五条 有突出矿井的煤矿企业、突出矿井应当根据突出矿井的实际状况和条件，制定区域综合防突措施和局部综合防突措施。

区域综合防突措施包括下列内容：

（一）区域突出危险性预测。

（二）区域防突措施。

（三）区域措施效果检验。

（四）区域验证。

局部综合防突措施包括下列内容：

（一）工作面突出危险性预测。

（二）工作面防突措施。

（三）工作面措施效果检验。

（四）安全防护措施。

第六条 防突工作坚持区域防突措施先行、局部防突措施补充的原则。突出矿井采掘工作做到不掘突出头、不采突出面。未按要求采取区域综合防突措施的，严禁进行采掘活动。

区域防突工作应当做到多措并举、可保必保、应抽尽抽、效果达标。

第七条 突出矿井发生突出的必须立即停产，并立即分析、查找突出原因；在强化实施综合防突措施、消除突出隐患后，方可恢复生产。

非突出矿井首次发生突出的必须立即停产，按本规定的要求建立防突机构和管理制度，编制矿井防突设计，配备安全装备，完善安全设施和安全生产系统，补充实施区域防突措施，达到本规定要求后，方可恢复生产。

第二章　一 般 规 定

第一节　突出煤层和突出矿井鉴定

第八条　地质勘探单位应当查明矿床瓦斯地质情况。井田地质报告应当提供煤层突出危险性的基础资料。

基础资料应当包括下列内容：

（一）煤层赋存条件及其稳定性。

（二）煤的结构类型及工业分析。

（三）煤的坚固性系数、煤层围岩性质及厚度。

（四）煤层瓦斯含量、瓦斯成分和煤的瓦斯放散初速度等指标。

（五）标有瓦斯含量等值线的瓦斯地质图。

（六）地质构造类型及其特征、火成岩侵入形态及其分布、水文地质情况。

（七）勘探过程中钻孔穿过煤层时的瓦斯涌出动力现象。

（八）邻近煤矿的瓦斯情况。

第九条　新建矿井在可行性研究阶段，应当对矿井内采掘工程可能揭露的所有平均厚度在 0.3 m 以上的煤层进行突出危险性评估。

评估结果作为矿井立项、初步设计和指导建井期间揭煤作业的依据。

第十条　经评估认为有突出危险的新建矿井，建井期间应当对开采煤层及其他可能对采掘活动造成威胁的煤层进行突出危险性鉴定。

第十一条　矿井有下列情况之一的，应当立即进行突出煤层鉴定；鉴定未完成前，应当按照突出煤层管理：

（一）煤层有瓦斯动力现象的。

（二）相邻矿井开采的同一煤层发生突出的。

（三）煤层瓦斯压力达到或者超过 0.74 MPa 的。

第十二条　突出煤层和突出矿井的鉴定由煤矿企业委托具有突出危险性鉴定资质的单位进行。鉴定单位应当在接受委托之日起 120 天内完成鉴定工作。鉴定单位对鉴定结果负责。

煤矿企业应当将鉴定结果报省级煤炭行业管理部门、煤矿安全监管部门、煤矿安全监察机构备案。

煤矿发生瓦斯动力现象造成生产安全事故，经事故调查认定为突出事故的，该煤层即为突出煤层，该矿井即为突出矿井。

第十三条　突出煤层鉴定应当首先根据实际发生的瓦斯动力现象进行。

当动力现象特征不明显或者没有动力现象时，应当根据实际测定的煤层最大瓦斯压力 P、软分层煤的破坏类型、煤的瓦斯放散初速度 Δp 和煤的坚固性系数 f 等指标进行鉴定。全部指标均达到或者超过表 1 所列的临界值的，确定为突出煤层。

鉴定单位也可以探索突出煤层鉴定的新方法和新指标。

表1　突出煤层鉴定的单项指标临界值

煤层	破坏类型	瓦斯放散初速度 Δp	坚固性系数 f	瓦斯压力（相对压力） P（MPa）
临界值	Ⅲ、Ⅳ、Ⅴ	≥10	≤0.5	≥0.74

第二节　建设和开采基本要求

第十四条　有突出危险的新建矿井及突出矿井的新水平、新采区，必须编制防突专项设计。设计应当包括开拓方式、煤层开采顺序、采区巷道布置、采煤方法、通风系统、防突设施（设备）、区域综合防突措施和局部综合防突措施等内容。

突出矿井新水平、新采区移交生产前，必须经当地人民政府煤矿安全监管部门按管理权限组织防突专项验收；未通过验收的不得移交生产。

突出矿井必须建立满足防突工作要求的地面永久瓦斯抽采系统。

第十五条　突出矿井应当做好防突工程的计划和实施，将防突的预抽煤层瓦斯、保护层开采等工程与矿井采掘部署、工程接替等统一安排，使矿井的开拓区、抽采区、保护层开采区和突出煤层（或被保护层）开采区按比例协调配置，确保在突出煤层采掘前实施区域防突措施。

第十六条　突出矿井的巷道布置应当符合下列要求和原则：

（一）运输和轨道大巷、主要风巷、采区上山和下山（盘区大巷）等主要巷道布置在岩层或非突出煤层中。

（二）减少井巷揭穿突出煤层的次数。

（三）井巷揭穿突出煤层的地点应当合理避开地质构造破坏带。

（四）突出煤层的巷道优先布置在被保护区域或其他卸压区域。

第十七条　突出矿井地质测量工作必须遵守下列规定：

（一）地质测量部门与防突机构、通风部门共同编制矿井瓦斯地质图，图中标明采掘进度、被保护范围、煤层赋存条件、地质构造、突出点的位置、突出强度、瓦斯基本参数及绝对瓦斯涌出量和相对瓦斯涌出量等资料，作为区域突出危险性预测和制定防突措施的依据。

（二）地质测量部门在采掘工作面距离未保护区边缘50 m前，编制临近未保护区通知单，并报矿技术负责人审批后交有关采掘区（队）。

（三）突出煤层顶、底板岩巷掘进时，地质测量部门提前进行地质预测，掌握施工动态和围岩变化情况，及时验证提供的地质资料，并定期通报给煤矿防突机构和采掘区（队）；遇有较大变化时，随时通报。

第十八条　突出矿井开采的非突出煤层和高瓦斯矿井的开采煤层，在延深达到或超过50 m或开拓新采区时，必须测定煤层瓦斯压力、瓦斯含量及其他与突出危险性相关的参数。

高瓦斯矿井各煤层和突出矿井的非突出煤层在新水平开拓工程的所有煤巷掘进过程中，

应当密切观察突出预兆，并在开拓工程首次揭穿这些煤层时执行石门和立井、斜井揭煤工作面的局部综合防突措施。

第十九条 突出煤层的采掘作业应当符合以下规定：

（一）严禁采用水力采煤法、倒台阶采煤法及其他非正规采煤法。

（二）急倾斜煤层适合采用伪倾斜正台阶、掩护支架采煤法。

（三）急倾斜煤层掘进上山时，采用双上山或伪倾斜上山等掘进方式，并加强支护。

（四）掘进工作面与煤层巷道交叉贯通前，被贯通的煤层巷道必须超过贯通位置，其超前距不得小于5 m，并且贯通点周围10 m内的巷道应加强支护。在掘进工作面与被贯通巷道距离小于60 m的作业期间，被贯通巷道内不得安排作业，并保持正常通风，且在放炮时不得有人。

（五）采煤工作面尽可能采用刨煤机或浅截深采煤机采煤。

（六）煤、半煤岩炮掘和炮采工作面，使用安全等级不低于三级的煤矿许用含水炸药（二氧化碳突出煤层除外）。

第二十条 突出煤层的任何区域的任何工作面进行揭煤和采掘作业前，必须采取安全防护措施。

突出矿井的入井人员必须随身携带隔离式自救器。

第二十一条 所有突出煤层外的掘进巷道（包括钻场等）距离突出煤层的最小法向距离小于10 m时（在地质构造破坏带为小于20 m时），必须边探边掘，确保最小法向距离不小于5 m。

第二十二条 在同一突出煤层正在采掘的工作面应力集中范围内，不得安排其他工作面进行回采或者掘进。具体范围由矿技术负责人确定，但不得小于30 m。

突出煤层的掘进工作面应当避开邻近煤层采煤工作面的应力集中范围。

在突出煤层的煤巷中安装、更换、维修或回收支架时，必须采取预防煤体垮落而引起突出的措施。

第二十三条 突出矿井的通风系统应当符合下列要求：

（一）井巷揭穿突出煤层前，具有独立的、可靠的通风系统。

（二）突出矿井、有突出煤层的采区、突出煤层工作面都有独立的回风系统。采区回风巷是专用回风巷。

（三）在突出煤层中，严禁任何两个采掘工作面之间串联通风。

（四）煤（岩）与瓦斯突出煤层采区回风巷及总回风巷安设高低浓度甲烷传感器。

（五）突出煤层采掘工作面回风侧不得设置调节风量的设施。易自燃煤层的回采工作面确需设置调节设施的，须经煤矿企业技术负责人批准。

（六）严禁在井下安设辅助通风机。

（七）突出煤层掘进工作面的通风方式采用压入式。

第二十四条 煤（岩）与瓦斯突出矿井严禁使用架线式电机车。

煤（岩）与瓦斯突出矿井井下进行电焊、气焊和喷灯焊接时，必须停止突出煤层的掘进、回采、钻孔、支护以及其他所有扰动突出煤层的作业。

第二十五条　清理突出的煤炭时，应当制定防煤尘、防片帮、防冒顶、防瓦斯超限、防火源的安全技术措施。

突出孔洞应当及时充填、封闭严实或者进行支护；当恢复采掘作业时，应当在其附近 30 m 范围内加强支护。

第三节　防突管理及培训

第二十六条　有突出矿井的煤矿企业主要负责人、突出矿井矿长应当分别每季度、每月进行防突专题研究，检查、部署防突工作；保证防突科研工作的投入，解决防突所需的人力、财力、物力；确保抽、掘、采平衡；确保防突工作和措施的落实。

煤矿企业、矿井的技术负责人对防突工作负技术责任，组织编制、审批、检查防突工作规划、计划和措施；煤矿企业、矿井的分管负责人负责落实所分管的防突工作。

煤矿企业、矿井的各职能部门负责人对本职范围内的防突工作负责；区（队）、班组长对管辖范围内防突工作负直接责任；防突人员对所在岗位的防突工作负责。

煤矿企业、矿井的安全监察部门负责对防突工作的监督检查。

第二十七条　有突出矿井的煤矿企业、突出矿井应当设置满足防突工作需要的专业防突队伍。

突出矿井应当编制突出事故应急预案。

第二十八条　有突出矿井的煤矿企业、突出矿井在编制年度、季度、月度生产建设计划时，必须一同编制年度、季度、月度防突措施计划，保证抽、掘、采平衡。

防突措施计划及人力、物力、财力保障安排由技术负责人组织编制，煤矿企业主要负责人、突出矿井矿长审批，分管负责人、分管副矿长组织实施。

第二十九条　各项防突措施按照下列要求贯彻实施：

（一）施工防突措施的区（队）在施工前，负责向本区（队）职工贯彻并严格组织实施防突措施。

（二）采掘作业时，应当严格执行防突措施的规定并有详细准确的记录。由于地质条件或者其他原因不能执行所规定的防突措施的，施工区（队）必须立即停止作业并报告矿调度室，经矿井技术负责人组织有关人员到现场调查后，由原措施编制部门提出修改或补充措施，并按原措施的审批程序重新审批后方可继续施工；其他部门或者个人不得改变已批准的防突措施。

（三）煤矿企业的主要负责人、技术负责人应当每季度至少一次到现场检查各项防突措施的落实情况。矿长和矿井技术负责人应当每月至少一次到现场检查各项防突措施的落实情况。

（四）煤矿企业、矿井的防突机构应当随时检查综合防突措施的实施情况，并及时将检查结果分别向煤矿企业负责人、煤矿企业技术负责人和矿长、矿井技术负责人汇报，有关负责人应当对发现的问题立即组织解决。

（五）煤矿企业、矿井进行安全检查时，必须检查综合防突措施的编制、审批和贯彻执行情况。

第三十条　突出煤层采掘工作面每班必须设专职瓦斯检查工并随时检查瓦斯；发现有

突出预兆时，瓦斯检查工有权停止作业，协助班组长立即组织人员按避灾路线撤出，并报告矿调度室。

在突出煤层中，专职爆破工必须固定在同一工作面工作。

第三十一条 防突技术资料的管理工作应当符合下列要求：

（一）每次发生突出后，矿井防突机构指定专人进行现场调查，认真填写突出记录卡片，提交专题调查报告，分析突出发生的原因，总结经验教训，提出对策措施。

（二）每年第一季度将上年度发生煤与瓦斯突出矿井的基本情况调查表（见附录A）、煤与瓦斯突出记录卡片（见附录B）、矿井煤与瓦斯突出汇总表（见附录C）连同总结资料报省级煤矿安全监管部门、驻地煤矿安全监察机构。

（三）所有有关防突工作的资料均存档。

（四）煤矿企业每年对全年的防突技术资料进行系统分析总结，提出整改措施。

第三十二条 突出矿井的管理人员和井下工作人员必须接受防突知识的培训，经考试合格后方准上岗作业。

各类人员的培训达到下列要求：

（一）突出矿井的井下工作人员的培训包括防突基本知识和规章制度等内容。

（二）突出矿井的区（队）长、班组长和有关职能部门的工作人员的培训包括突出的危害及发生的规律、区域和局部综合防突措施、防突的规章制度等内容。

（三）突出矿井的防突员，属于特种作业人员，每年必须接受一次防突知识、操作技能的专项培训。专项培训包括防突的理论知识、突出发生的规律、区域和局部综合防突措施以及有关防突的规章制度等内容。

（四）有突出矿井的煤矿企业和突出矿井的主要负责人、技术负责人应当接受防突专项培训。专项培训包括防突的理论知识和实践知识、突出发生的规律、区域和局部综合防突措施以及防突的规章制度等内容。

第三章 区域综合防突措施

第一节 区域综合防突措施基本程序和要求

第三十三条 突出矿井应当对突出煤层进行区域突出危险性预测（以下简称区域预测）。经区域预测后，突出煤层划分为突出危险区和无突出危险区。

未进行区域预测的区域视为突出危险区。

区域预测分为新水平、新采区开拓前的区域预测（以下简称开拓前区域预测）和新采区开拓完成后的区域预测（以下简称开拓后区域预测）。

第三十四条 突出煤层区域预测的范围由煤矿企业根据突出矿井的开拓方式、巷道布置等情况划定。

第三十五条 新水平、新采区开拓前，当预测区域的煤层缺少或者没有井下实测瓦斯参数时，可以主要依据地质勘探资料、上水平及邻近区域的实测和生产资料等进行开拓前区域预测。

开拓前区域预测结果仅用于指导新水平、新采区的设计和新水平、新采区开拓工程的揭煤作业。

第三十六条 开拓后区域预测应当主要依据预测区域煤层瓦斯的井下实测资料，并结合地质勘探资料、上水平及邻近区域的实测和生产资料等进行。

开拓后区域预测结果用于指导工作面的设计和采掘生产作业。

第三十七条 对已确切掌握煤层突出危险区域的分布规律，并有可靠的预测资料的，区域预测工作可由矿技术负责人组织实施；否则，应当委托有煤与瓦斯突出危险性鉴定资质的单位进行区域预测。

区域预测结果应当由煤矿企业技术负责人批准确认。

第三十八条 经评估为有突出危险煤层的新建矿井建井期间，以及突出煤层经开拓前区域预测为突出危险区的新水平、新采区开拓过程中的所有揭煤作业，必须采取区域综合防突措施并达到要求指标。

经开拓前区域预测为无突出危险区的煤层进行新水平、新采区开拓、准备过程中的所有揭煤作业应当采取局部综合防突措施。

第三十九条 经开拓后区域预测为突出危险区的煤层，必须采取区域防突措施并进行区域措施效果检验。经效果检验仍为突出危险区的，必须继续进行或者补充实施区域防突措施。

经开拓后区域预测或者经区域措施效果检验后为无突出危险区的煤层进行揭煤和采掘作业时，必须采用工作面预测方法进行区域验证。

所有区域防突措施均由煤矿企业技术负责人批准。

第四十条 区域防突措施应当优先采用开采保护层。

突出矿井首次开采某个保护层时，应当对被保护层进行区域措施效果检验及保护范围的实际考察。如果被保护层的最大膨胀变形量大于千分之三，则检验和考察结果可适用于其他区域的同一保护层和被保护层；否则，应当对每个预计的被保护区域进行区域措施效果检验。此外，若保护层与被保护层的层间距离、岩性及保护层开采厚度等发生了较大变化时，应当再次进行效果检验和保护范围考察。

保护效果检验、保护范围考察结果报煤矿企业技术负责人批准。

第四十一条 突出危险区的煤层不具备开采保护层条件的，必须采用预抽煤层瓦斯区域防突措施并进行区域措施效果检验。

预抽煤层瓦斯区域措施效果检验结果应当经矿技术负责人批准。

第二节 区域突出危险性预测

第四十二条 区域预测一般根据煤层瓦斯参数结合瓦斯地质分析的方法进行，也可以采用其他经试验证实有效的方法。

根据煤层瓦斯压力或者瓦斯含量进行区域预测的临界值应当由具有突出危险性鉴定资质的单位进行试验考察。在试验前和应用前应当由煤矿企业技术负责人批准。

区域预测新方法的研究试验应当由具有突出危险性鉴定资质的单位进行，并在试验前由煤矿企业技术负责人批准。

第四十三条 根据煤层瓦斯参数结合瓦斯地质分析的区域预测方法应当按照下列要求进行：

（一）煤层瓦斯风化带为无突出危险区域。

（二）根据已开采区域确切掌握的煤层赋存特征、地质构造条件、突出分布的规律和对预测区域煤层地质构造的探测、预测结果，采用瓦斯地质分析的方法划分出突出危险区域。当突出点及具有明显突出预兆的位置分布与构造带有直接关系时，则根据上部区域突出点及具有明显突出预兆的位置分布与地质构造的关系确定构造线两侧突出危险区边缘到构造线的最远距离，并结合下部区域的地质构造分布划分出下部区域构造线两侧的突出危险区；否则，在同一地质单元内，突出点及具有明显突出预兆的位置以上 20 m（埋深）及以下的范围为突出危险区（如图 1）。

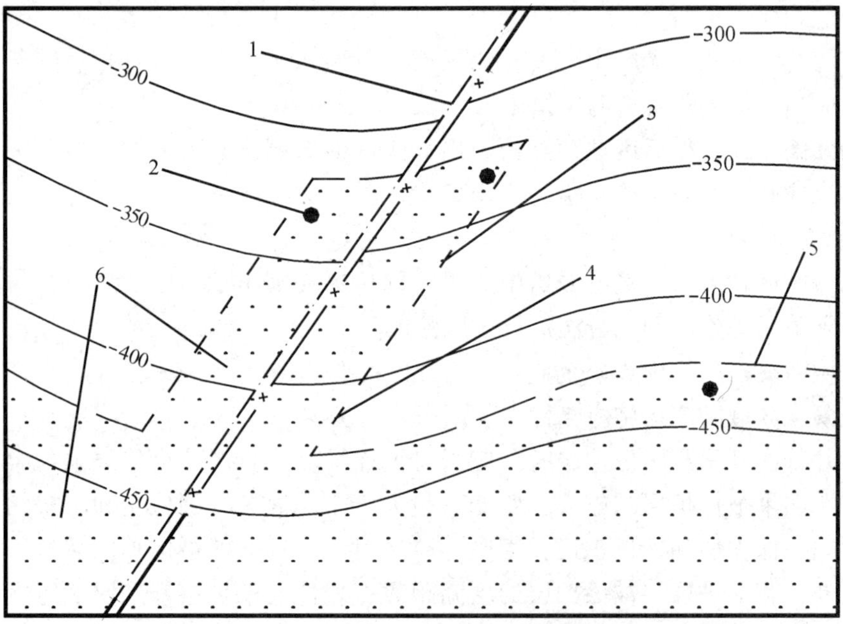

图 1　根据瓦斯地质分析划分突出危险区域示意图

1—断层；2—突出点；3—上部区域突出点在断层两侧的最远距离线；
4—推测下部区域断层两侧的突出危险区边界线；
5—推测的下部区域突出危险区上边界线；6—突出危险区（阴影部分）

（三）在上述（一）、（二）项划分出的无突出危险区和突出危险区以外的区域，应当根据煤层瓦斯压力 P 进行预测。如果没有或者缺少煤层瓦斯压力资料，也可根据煤层瓦斯含量 W 进行预测。预测所依据的临界值应根据试验考察确定，在确定前可暂按表 2 预测。

表2　根据煤层瓦斯压力或瓦斯含量进行区域预测的临界值

瓦斯压力 P（MPa）	瓦斯含量 W（m^3/t）	区域类别
$P<0.74$	$W<8$	无突出危险区
除上述情况以外的其他情况		突出危险区

第四十四条　采用本规定第四十三条进行开拓后区域预测时，还应当符合下列要求：

（一）预测所主要依据的煤层瓦斯压力、瓦斯含量等参数应为井下实测数据。

（二）测定煤层瓦斯压力、瓦斯含量等参数的测试点在不同地质单元内根据其范围、地质复杂程度等实际情况和条件分别布置；同一地质单元内沿煤层走向布置测试点不少于2个，沿倾向不少于3个，并有测试点位于埋深最大的开拓工程部位。

第三节　区域防突措施

第四十五条　区域防突措施是指在突出煤层进行采掘前，对突出煤层较大范围采取的防突措施。区域防突措施包括开采保护层和预抽煤层瓦斯两类。

开采保护层分为上保护层和下保护层两种方式。

预抽煤层瓦斯可采用的方式有：地面井预抽煤层瓦斯以及井下穿层钻孔或顺层钻孔预抽区段煤层瓦斯、穿层钻孔预抽煤巷条带煤层瓦斯、顺层钻孔或穿层钻孔预抽回采区域煤层瓦斯、穿层钻孔预抽石门（含立、斜井等）揭煤区域煤层瓦斯、顺层钻孔预抽煤巷条带煤层瓦斯等。

预抽煤层瓦斯区域防突措施应当按上述所列方式的优先顺序选取，或一并采用多种方式的预抽煤层瓦斯措施。

第四十六条　选择保护层必须遵守下列规定：

（一）在突出矿井开采煤层群时，如在有效保护垂距内存在厚度0.5 m及以上的无突出危险煤层，除因突出煤层距离太近而威胁保护层工作面安全或可能破坏突出煤层开采条件的情况外，首先开采保护层。有条件的矿井，也可以将软岩层作为保护层开采。

（二）当煤层群中有几个煤层都可作为保护层时，综合比较分析，择优开采保护效果最好的煤层。

（三）当矿井中所有煤层都有突出危险时，选择突出危险程度较小的煤层作保护层先行开采，但采掘前必须按本规定的要求采取预抽煤层瓦斯区域防突措施并进行效果检验。

（四）优先选择上保护层。在选择开采下保护层时，不得破坏被保护层的开采条件。

第四十七条　开采保护层区域防突措施应当符合下列要求：

（一）开采保护层时，同时抽采被保护层的瓦斯。

（二）开采近距离保护层时，采取措施防止被保护层初期卸压瓦斯突然涌入保护层采掘工作面或误穿突出煤层。

（三）正在开采的保护层工作面超前于被保护层的掘进工作面，其超前距离不得小于保护层与被保护层层间垂距的3倍，并不得小于100 m。

（四）开采保护层时，采空区内不得留有煤（岩）柱。特殊情况需留煤（岩）柱时，经煤矿企业技术负责人批准，并作好记录，将煤（岩）柱的位置和尺寸准确地标在采掘工程平面图上。每个被保护层的瓦斯地质图应当标出煤（岩）柱的影响范围，在这个范围内进行采掘工作前，首先采取预抽煤层瓦斯区域防突措施。

当保护层留有不规则煤柱时，按照其最外缘的轮廓划出平直轮廓线，并根据保护层与被保护层之间的层间距变化，确定煤柱影响范围。在被保护层进行采掘工作时，还应当根据采掘瓦斯动态及时修改。

第四十八条 保护层和被保护层开采设计依据的保护层有效保护范围等有关参数应当根据试验考察确定，并报煤矿企业技术负责人批准后执行。

首次开采保护层时，可参照附录 D 确定沿倾斜的保护范围、沿走向（始采线、终采线）的保护范围、保护层与被保护层之间的最大保护垂距、开采下保护层时不破坏上部被保护层的最小层间距离等参数。

第四十九条 采取各种方式的预抽煤层瓦斯区域防突措施时，应当符合下列要求：

（一）穿层钻孔或顺层钻孔预抽区段煤层瓦斯区域防突措施的钻孔应当控制区段内的整个开采块段、两侧回采巷道及其外侧一定范围内的煤层。要求钻孔控制回采巷道外侧的范围是：倾斜、急倾斜煤层巷道上帮轮廓线外至少 20 m，下帮至少 10 m；其他为巷道两侧轮廓线外至少各 15 m。以上所述的钻孔控制范围均为沿层面的距离，以下同。

（二）穿层钻孔预抽煤巷条带煤层瓦斯区域防突措施的钻孔应当控制整条煤层巷道及其两侧一定范围内的煤层。该范围与本条第（一）项中回采巷道外侧的要求相同。

（三）顺层钻孔或穿层钻孔预抽回采区域煤层瓦斯区域防突措施的钻孔应当控制整个开采块段的煤层。

（四）穿层钻孔预抽石门（含立、斜井等）揭煤区域煤层瓦斯区域防突措施应当在揭煤工作面距煤层的最小法向距离 7 m 以前实施（在构造破坏带应适当加大距离）。钻孔的最小控制范围是：石门和立井、斜井揭煤处巷道轮廓线外 12 m（急倾斜煤层底部或下帮 6 m），同时还应当保证控制范围的外边缘到巷道轮廓线（包括预计前方揭煤段巷道的轮廓线）的最小距离不小于 5 m，且当钻孔不能一次穿透煤层全厚时，应当保持煤孔最小超前距 15 m。

（五）顺层钻孔预抽煤巷条带煤层瓦斯区域防突措施的钻孔应控制的条带长度不小于 60 m，巷道两侧的控制范围与本条第（一）项中回采巷道外侧的要求相同。

（六）当煤巷掘进和回采工作面在预抽防突效果有效的区域内作业时，工作面距未预抽或者预抽防突效果无效范围的前方边界不得小于 20 m。

（七）厚煤层分层开采时，预抽钻孔应当控制开采的分层及其上部至少 20 m、下部至少 10 m（均为法向距离，且仅限于煤层部分）。

第五十条 预抽煤层瓦斯钻孔应当在整个预抽区域内均匀布置，钻孔间距应当根据实际考察的煤层有效抽放半径确定。

预抽瓦斯钻孔封堵必须严密。穿层钻孔的封孔段长度不得小于 5 m，顺层钻孔的封孔段长度不得小于 8 m。

应当做好每个钻孔施工参数的记录及抽采参数的测定。钻孔孔口抽采负压不得小于13 kPa。预抽瓦斯浓度低于30%时，应当采取改进封孔的措施，以提高封孔质量。

第四节　区域措施效果检验

第五十一条　开采保护层的保护效果检验主要采用残余瓦斯压力、残余瓦斯含量、顶底板位移量及其他经试验（应符合本规定第四十二条要求的程序）证实有效的指标和方法，也可以结合煤层的透气性系数变化率等辅助指标。

当采用残余瓦斯压力、残余瓦斯含量检验时，应当根据实测的最大残余瓦斯压力或者最大残余瓦斯含量按本规定第四十三条第（三）项的方法对预计被保护区域的保护效果进行判断。若检验结果仍为突出危险区，保护效果为无效。

第五十二条　采用预抽煤层瓦斯区域防突措施时，应当以预抽区域的煤层残余瓦斯压力或者残余瓦斯含量为主要指标或其他经试验（应符合本规定第四十二条要求的程序）证实有效的指标和方法进行措施效果检验。其中，在采用残余瓦斯压力或者残余瓦斯含量指标对穿层钻孔、顺层钻孔预抽煤巷条带煤层瓦斯区域防突措施和穿层钻孔预抽石门（含立、斜井等）揭煤区域煤层瓦斯区域防突措施进行检验时，必须依据实际的直接测定值，其他方式的预抽煤层瓦斯区域防突措施可采用直接测定值或根据预抽前的瓦斯含量及抽、排瓦斯量等参数间接计算的残余瓦斯含量值。

对穿层钻孔预抽石门（含立、斜井等）揭煤区域煤层瓦斯区域防突措施也可以参照本规定第七十三条的方法采用钻屑瓦斯解吸指标进行措施效果检验。

检验期间还应当观察、记录在煤层中进行钻孔等作业时发生的喷孔、顶钻及其他突出预兆。

第五十三条　对预抽煤层瓦斯区域防突措施进行检验时，应当根据经试验考察（应符合本规定第四十二条要求的程序）确定的临界值进行评判。在确定前可以按照如下指标进行评判：可采用残余瓦斯压力指标进行检验，如果没有或者缺少残余瓦斯压力资料，也可根据残余瓦斯含量进行检验，并且煤层残余瓦斯压力小于0.74 MPa或残余瓦斯含量小于8 m^3/t的预抽区域为无突出危险区，否则，即为突出危险区，预抽防突效果无效；也可以采用钻屑瓦斯解吸指标对穿层钻孔预抽石门（含立、斜井等）揭煤区域煤层瓦斯区域防突措施进行检验，如果所有实测的指标值均小于表4的临界值则为无突出危险区，否则，即为突出危险区，预抽防突效果无效。

但若检验期间在煤层中进行钻孔等作业时发现了喷孔、顶钻及其他明显突出预兆时，发生明显突出预兆的位置周围半径100 m内的预抽区域判定为措施无效，所在区域煤层仍属突出危险区。

当采用煤层残余瓦斯压力或残余瓦斯含量的直接测定值进行检验时，若任何一个检验测试点的指标测定值达到或超过了有突出危险的临界值而判定为预抽防突效果无效时，则此检验测试点周围半径100 m内的预抽区域均判定为预抽防突效果无效，即为突出危险区。

第五十四条　对预抽煤层瓦斯区域防突措施进行检验时，均应当首先分析、检查预抽区域内钻孔的分布等是否符合设计要求，不符合设计要求的，不予检验。

第五十五条　采用直接测定煤层残余瓦斯压力或残余瓦斯含量等参数进行预抽煤层瓦

斯区域措施效果检验时，应当符合下列要求：

（一）对穿层钻孔或顺层钻孔预抽区段煤层瓦斯区域防突措施进行检验时若区段宽度（两侧回采巷道间距加回采巷道外侧控制范围）未超过 120 m，以及对预抽回采区域煤层瓦斯区域防突措施进行检验时若回采工作面长度未超过 120 m，则沿回采工作面推进方向每间隔 30~50 m 至少布置 1 个检验测试点；若预抽区段煤层瓦斯区域防突措施的区段宽度或预抽回采区域煤层瓦斯区域防突措施的回采工作面长度大于 120 m 时，则在回采工作面推进方向每间隔 30~50 m，至少沿工作面方向布置 2 个检验测试点。

当预抽区段煤层瓦斯的钻孔在回采区域和煤巷条带的布置方式或参数不同时，按照预抽回采区域煤层瓦斯区域防突措施和穿层钻孔预抽煤巷条带煤层瓦斯区域防突措施的检验要求分别进行检验。

（二）对穿层钻孔预抽煤巷条带煤层瓦斯区域防突措施进行检验时，在煤巷条带每间隔 30~50 m 至少布置 1 个检验测试点。

（三）对穿层钻孔预抽石门（含立、斜井等）揭煤区域煤层瓦斯区域防突措施进行检验时，至少布置 4 个检验测试点，分别位于要求预抽区域内的上部、中部和两侧，并且至少有 1 个检验测试点位于要求预抽区域内距边缘不大于 2 m 的范围。

（四）对顺层钻孔预抽煤巷条带煤层瓦斯区域防突措施进行检验时，在煤巷条带每间隔 20~30 m 至少布置 1 个检验测试点，且每个检验区域不得少于 3 个检验测试点。

（五）各检验测试点应布置于所在部位钻孔密度较小、孔间距较大、预抽时间较短的位置，并尽可能远离测试点周围的各预抽钻孔或尽可能与周围预抽钻孔保持等距离，且避开采掘巷道的排放范围和工作面的预抽超前距。在地质构造复杂区域适当增加检验测试点。

第五十六条 采用间接计算的残余瓦斯含量进行预抽煤层瓦斯区域措施效果检验时，应当符合下列要求：

（一）当预抽区域内钻孔的间距和预抽时间差别较大时，根据孔间距和预抽时间划分评价单元分别计算检验指标。

（二）若预抽钻孔控制边缘外侧为未采动煤体，在计算检验指标时根据不同煤层的透气性及钻孔在不同预抽时间的影响范围等情况，在钻孔控制范围边缘外适当扩大评价计算区域的煤层范围。但检验结果仅适用于预抽钻孔控制范围。

第五节 区域验证

第五十七条 在石门揭煤工作面对无突出危险区进行的区域验证，应当采用本规定第七十一条所列的石门揭煤工作面突出危险性预测方法进行。

在煤巷掘进工作面和回采工作面分别采用本规定第七十四条、第七十八条所列的工作面预测方法对无突出危险区进行区域验证时，应当按照下列要求进行：

（一）在工作面进入该区域时，立即连续进行至少两次区域验证。

（二）工作面每推进 10~50 m（在地质构造复杂区域或采取了预抽煤层瓦斯区域防突措施以及其他必要情况时宜取小值）至少进行两次区域验证。

（三）在构造破坏带连续进行区域验证。

（四）在煤巷掘进工作面还应当至少打 1 个超前距不小于 10 m 的超前钻孔或者采取超

前物探措施，探测地质构造和观察突出预兆。

第五十八条　当区域验证为无突出危险时，应当采取安全防护措施后进行采掘作业。但若为采掘工作面在该区域进行的首次区域验证时，采掘前还应保留足够的突出预测超前距。

只要有一次区域验证为有突出危险或超前钻孔等发现了突出预兆，则该区域以后的采掘作业均应当执行局部综合防突措施。

第四章　局部综合防突措施

第一节　局部综合防突措施基本程序和要求

第五十九条　工作面突出危险性预测（以下简称工作面预测）是预测工作面煤体的突出危险性，包括石门和立井、斜井揭煤工作面、煤巷掘进工作面和采煤工作面的突出危险性预测等。工作面预测应当在工作面推进过程中进行。

采掘工作面经工作面预测后划分为突出危险工作面和无突出危险工作面。

未进行工作面预测的采掘工作面，应当视为突出危险工作面。

第六十条　突出危险工作面必须采取工作面防突措施，并进行措施效果检验。经检验证实措施有效后，即判定为无突出危险工作面；当措施无效时，仍为突出危险工作面，必须采取补充防突措施，并再次进行措施效果检验，直到措施有效。

无突出危险工作面必须在采取安全防护措施并保留足够的突出预测超前距或防突措施超前距的条件下进行采掘作业。

煤巷掘进和回采工作面应保留的最小预测超前距均为 2 m。

工作面应保留的最小防突措施超前距为：煤巷掘进工作面 5 m，回采工作面 3 m；在地质构造破坏严重地带应适当增加超前距，但煤巷掘进工作面不小于 7 m，回采工作面不小于 5 m。

每次工作面防突措施施工完成后，应当绘制工作面防突措施竣工图。

第六十一条　石门和立井、斜井揭穿突出煤层前，必须准确控制煤层层位，掌握煤层的赋存位置、形态。

在揭煤工作面掘进至距煤层最小法向距离 10 m 之前，应当至少打两个穿透煤层全厚且进入顶（底）板不小于 0.5 m 的前探取芯钻孔，并详细记录岩芯资料。当需要测定瓦斯压力时，前探钻孔可用作测定钻孔；若二者不能共用时，则测定钻孔应布置在该区域各钻孔见煤点间距最大的位置。

在地质构造复杂、岩石破碎的区域，揭煤工作面掘进至距煤层最小法向距离 20 m 之前必须布置一定数量的前探钻孔，以保证能确切掌握煤层厚度、倾角变化、地质构造和瓦斯情况。

也可用物探等手段探测煤层的层位、赋存形态和底（顶）板岩石致密性等情况。

第六十二条　石门和立井、斜井工作面从距突出煤层底（顶）板的最小法向距离 5 m 开始到穿过煤层进入顶（底）板 2 m（最小法向距离）的过程均属于揭煤作业。揭煤作业前应编制揭煤的专项防突设计，报煤矿企业技术负责人批准。

揭煤作业应当具有相应技术能力的专业队伍施工，并按照下列作业程序进行：

（一）探明揭煤工作面和煤层的相对位置。

（二）在与煤层保持适当距离的位置进行工作面预测（或区域验证）。

（三）工作面预测（或区域验证）有突出危险时，采取工作面防突措施。

（四）实施工作面措施效果检验。

（五）掘进至远距离爆破揭穿煤层前的工作面位置，采用工作面预测或措施效果检验的方法进行最后验证。

（六）采取安全防护措施并用远距离爆破揭开或穿过煤层。

（七）在岩石巷道与煤层连接处加强支护。

第六十三条 石门和立井、斜井揭煤工作面的突出危险性预测必须在距突出煤层最小法向距离5 m（地质构造复杂、岩石破碎的区域，应适当加大法向距离）前进行。

在经工作面预测或措施效果检验为无突出危险工作面时，可掘进至远距离爆破揭穿煤层前的工作面位置，再采用工作面预测的方法进行最后验证。若经验证仍为无突出危险工作面时，则在采取安全防护措施的条件下采用远距离爆破揭穿煤层；否则，必须采取或补充工作面防突措施。

当工作面预测或措施效果检验为突出危险工作面时，必须采取或补充工作面防突措施，直到经措施效果检验为无突出危险工作面。

第六十四条 石门和立井、斜井工作面从掘进至距突出煤层的最小法向距离5 m开始，必须采用物探或钻探手段边探边掘，保证工作面到煤层的最小法向距离不小于远距离爆破揭开突出煤层前要求的最小距离。

采用远距离爆破揭开突出煤层时，要求石门、斜井揭煤工作面与煤层间的最小法向距离是：急倾斜煤层2 m，其他煤层1.5 m。要求立井揭煤工作面与煤层间的最小法向距离是：急倾斜煤层1.5 m，其他煤层2 m。如果岩石松软、破碎，还应适当增加法向距离。

第六十五条 在揭煤工作面用远距离爆破揭开突出煤层后，若未能一次揭穿至煤层顶（底）板，则仍应当按照远距离爆破的要求执行，直至完成揭煤作业全过程。

第六十六条 当石门或立井、斜井揭穿厚度小于0.3 m的突出煤层时，可直接用远距离爆破方式揭穿煤层。

第六十七条 突出煤层的每个煤巷掘进工作面和采煤工作面都应当编制工作面专项防突设计，报矿技术负责人批准。实施过程中当煤层赋存条件变化较大或巷道设计发生变化时，还应当作出补充或修改设计。

第六十八条 在实施局部综合防突措施的煤巷掘进工作面和回采工作面，若预测指标为无突出危险，则只有当上一循环的预测指标也是无突出危险时，方可确定为无突出危险工作面，并在采取安全防护措施、保留足够的预测超前距的条件下进行采掘作业；否则，仍要执行一次工作面防突措施和措施效果检验。

第二节 工作面突出危险性预测

第六十九条 对于各类工作面，除本规定载明应该或可以采用的工作面预测方法外，其他新方法的研究试验应当由具有突出危险性鉴定资质的单位进行；在试验前，应当由煤矿企业技术负责人批准。

应针对各煤层发生煤与瓦斯突出的特点和条件试验确定工作面预测的敏感指标和临界值，并作为判定工作面突出危险性的主要依据。试验应由具有突出危险性鉴定资质的单位进行，在试验前和应用前应当由煤矿企业技术负责人批准。

第七十条 在主要采用敏感指标进行工作面预测的同时，可以根据实际条件测定一些辅助指标（如瓦斯含量、工作面瓦斯涌出量动态变化、声发射、电磁辐射、钻屑温度、煤体温度等），采用物探、钻探等手段探测前方地质构造，观察分析工作面揭露的地质构造、采掘作业及钻孔等发生的各种现象，实现工作面突出危险性的多元信息综合预测和判断。

工作面地质构造、采掘作业及钻孔等发生的各种现象主要有以下方面：

（一）煤层的构造破坏带，包括断层、剧烈褶曲、火成岩侵入等。

（二）煤层赋存条件急剧变化。

（三）采掘应力叠加。

（四）工作面出现喷孔、顶钻等动力现象。

（五）工作面出现明显的突出预兆。

在突出煤层，当出现上述第（四）、（五）情况时，应判定为突出危险工作面；当有上述第（一）、（二）、（三）情况时，除已经实施了工作面防突措施的以外，应视为突出危险工作面并实施相关措施。

第七十一条 石门揭煤工作面的突出危险性预测应当选用综合指标法、钻屑瓦斯解吸指标法或其他经试验证实有效的方法进行。

立井、斜井揭煤工作面的突出危险性预测按照石门揭煤工作面的各项要求和方法执行。

第七十二条 采用综合指标法预测石门揭煤工作面突出危险性时，应当由工作面向煤层的适当位置至少打3个钻孔测定煤层瓦斯压力 P。近距离煤层群的层间距小于5 m或层间岩石破碎时，应当测定各煤层的综合瓦斯压力。

测压钻孔在每米煤孔采一个煤样测定煤的坚固性系数 f，把每个钻孔中坚固性系数最小的煤样混合后测定煤的瓦斯放散初速度 Δp，则此值及所有钻孔中测定的最小坚固性系数 f 值作为软分层煤的瓦斯放散初速度和坚固性系数参数值。综合指标 D、K 的计算公式为：

$$D = \left(\frac{0.0075H}{f} - 3\right) \times (P - 0.74) \tag{1}$$

$$K = \frac{\Delta p}{f} \tag{2}$$

式中 D——工作面突出危险性的 D 综合指标；

K——工作面突出危险性的 K 综合指标；

H——煤层埋藏深度，m；

P——煤层瓦斯压力，取各个测压钻孔实测瓦斯压力的最大值，MPa；

Δp——软分层煤的瓦斯放散初速度；

f——软分层煤的坚固性系数。

各煤层石门揭煤工作面突出预测综合指标 D、K 的临界值应根据试验考察确定，在确定前可暂按表 3 所列的临界值进行预测。

当测定的综合指标 D、K 都小于临界值，或者指标 K 小于临界值且式（1）中两括号内的计算值都为负值时，若未发现其他异常情况，该工作面即为无突出危险工作面；否则，判定为突出危险工作面。

表 3　石门揭煤工作面突出危险性预测综合指标 D、K 参考临界值

综合指标 D	综合指标 K	
	无烟煤	其他煤种
0.25	20	15

第七十三条　采用钻屑瓦斯解吸指标法预测石门揭煤工作面突出危险性时，由工作面向煤层的适当位置至少打 3 个钻孔，在钻孔钻进到煤层时每钻进 1 m 采集一次孔口排出的粒径 1~3 mm 的煤钻屑，测定其瓦斯解吸指标 K_1 或 Δh_2 值。测定时，应考虑不同钻进工艺条件下的排渣速度。

各煤层石门揭煤工作面钻屑瓦斯解吸指标的临界值应根据试验考察确定，在确定前可暂按表 4 中所列的指标临界值预测突出危险性。

表 4　钻屑瓦斯解吸指标法预测石门揭煤工作面突出危险性的参考临界值

煤样	Δh_2 指标临界值（Pa）	K_1 指标临界值（$mL/g \cdot min^{\frac{1}{2}}$）
干煤样	200	0.5
湿煤样	160	0.4

如果所有实测的指标值均小于临界值，并且未发现其他异常情况，则该工作面为无突出危险工作面；否则，为突出危险工作面。

第七十四条　可采用下列方法预测煤巷掘进工作面的突出危险性：

（一）钻屑指标法。

（二）复合指标法。

（三）R 值指标法。

（四）其他经试验证实有效的方法。

第七十五条　采用钻屑指标法预测煤巷掘进工作面突出危险性时，在近水平、缓倾斜煤层工作面应向前方煤体至少施工 3 个、在倾斜或急倾斜煤层至少施工 2 个直径 42 mm、孔深 8~10 m 的钻孔，测定钻屑瓦斯解吸指标和钻屑量。

钻孔应尽可能布置在软分层中，一个钻孔位于掘进巷道断面中部，并平行于掘进方向，其他钻孔的终孔点应位于巷道断面两侧轮廓线外 2~4 m 处。

钻孔每钻进 1 m 测定该 1 m 段的全部钻屑量 S，每钻进 2 m 至少测定一次钻屑瓦斯解吸指标 K_1或 Δh_2值。

各煤层采用钻屑指标法预测煤巷掘进工作面突出危险性的指标临界值应根据试验考察确定，在确定前可暂按表 5 的临界值确定工作面的突出危险性。

表 5　钻屑指标法预测煤巷掘进工作面突出危险性的参考临界值

钻屑瓦斯解吸指标 Δh_2 Pa	钻屑瓦斯解吸指标 K_1 （$mL/g \cdot min^{\frac{1}{2}}$）	钻屑量 S	
		（kg/m）	（L/m）
200	0.5	6	5.4

如果实测得到的 S、K_1或 Δh_2的所有测定值均小于临界值，并且未发现其他异常情况，则该工作面预测为无突出危险工作面；否则，为突出危险工作面。

第七十六条　采用复合指标法预测煤巷掘进工作面突出危险性时，在近水平、缓倾斜煤层工作面应当向前方煤体至少施工 3 个、在倾斜或急倾斜煤层至少施工 2 个直径 42 mm、孔深 8~10 m 的钻孔，测定钻孔瓦斯涌出初速度和钻屑量指标。

钻孔应当尽量布置在软分层中，一个钻孔位于掘进巷道断面中部，并平行于掘进方向，其他钻孔开孔口靠近巷道两帮 0.5 m 处，终孔点应位于巷道断面两侧轮廓线外 2~4 m 处。

钻孔每钻进 1 m 测定该 1 m 段的全部钻屑量 S，并在暂停钻进后 2 min 内测定钻孔瓦斯涌出初速度 q。测定钻孔瓦斯涌出初速度时，测量室的长度为 1.0 m。

各煤层采用复合指标法预测煤巷掘进工作面突出危险性的指标临界值应根据试验考察确定，在确定前可暂按表 6 的临界值进行预测。

如果实测得到的指标 q、S 的所有测定值均小于临界值，并且未发现其他异常情况，则该工作面预测为无突出危险工作面；否则，为突出危险工作面。

表 6　复合指标法预测煤巷掘进工作面突出危险性的参考临界值

钻孔瓦斯涌出初速度 q （L/min）	钻屑量 S	
	（kg/m）	（L/m）
5	6	5.4

第七十七条　采用 R 值指标法预测煤巷掘进工作面突出危险性时，在近水平、缓倾斜煤层工作面应向前方煤体至少施工 3 个、在倾斜或急倾斜煤层至少施工 2 个直径 42 mm、孔深 8~10 m 的钻孔，测定钻孔瓦斯涌出初速度和钻屑量指标。

钻孔应当尽可能布置在软分层中，一个钻孔位于掘进巷道断面中部，并平行于掘进方向，其他钻孔的终孔点应位于巷道断面两侧轮廓线外 2~4 m 处。

钻孔每钻进 1 m 收集并测定该 1 m 段的全部钻屑量 S，并在暂停钻进后 2 min 内测定钻孔瓦斯涌出初速度 q。测定钻孔瓦斯涌出初速度时，测量室的长度为 1.0 m。

根据每个钻孔的最大钻屑量 S_{max} 和最大钻孔瓦斯涌出初速度 q_{max} 按式（3）计算各孔的 R 值：

$$R=(S_{max}-1.8)(q_{max}-4) \tag{3}$$

式中　S_{max}——每个钻孔沿孔长的最大钻屑量，L/m；

q_{max}——每个钻孔的最大钻孔瓦斯涌出初速度，L/min。

判定各煤层煤巷掘进工作面突出危险性的临界值应根据试验考察确定，在确定前可暂按以下指标进行预测：

当所有钻孔的 R 值有 $R<6$ 且未发现其他异常情况时，该工作面可预测为无突出危险工作面；否则，判定为突出危险工作面。

第七十八条　对采煤工作面的突出危险性预测，可参照本规定第七十四条所列的煤巷掘进工作面预测方法进行。但应沿采煤工作面每隔 10~15 m 布置一个预测钻孔，深度 5~10 m，除此之外的各项操作等均与煤巷掘进工作面突出危险性预测相同。

判定采煤工作面突出危险性的各指标临界值应根据试验考察确定，在确定前可参照煤巷掘进工作面突出危险性预测的临界值。

第三节　工作面防突措施

第七十九条　工作面防突措施是针对经工作面预测尚有突出危险的局部煤层实施的防突措施。其有效作用范围一般仅限于当前工作面周围的较小区域。

第八十条　石门和立井、斜井揭穿突出煤层的专项防突设计至少应当包括下列主要内容：

（一）石门和立井、斜井揭煤区域煤层、瓦斯、地质构造及巷道布置的基本情况。

（二）建立安全可靠的独立通风系统及加强控制通风风流设施的措施。

（三）控制突出煤层层位、准确确定安全岩柱厚度的措施，测定煤层瓦斯压力的钻孔等工程布置、实施方案。

（四）揭煤工作面突出危险性预测及防突措施效果检验的方法、指标，预测及检验钻孔布置等。

（五）工作面防突措施。

（六）安全防护措施及组织管理措施。

（七）加强过煤层段巷道的支护及其他措施。

第八十一条　石门揭煤工作面的防突措施包括预抽瓦斯、排放钻孔、水力冲孔、金属骨架、煤体固化或其他经试验证明有效的措施。

立井揭煤工作面可以选用前款规定中除水力冲孔以外的各项措施。

金属骨架、煤体固化措施，应当在采用了其他防突措施并检验有效后方可在揭开煤层前实施。斜井揭煤工作面的防突措施应当参考石门揭煤工作面防突措施进行。

对所实施的防突措施都必须进行实际考察，得出符合本矿井实际条件的有关参数。

根据工作面岩层情况，实施工作面防突措施时要求揭煤工作面与突出煤层间的最小法向距离为：预抽瓦斯、排放钻孔及水力冲孔均为5 m，金属骨架、煤体固化措施为2 m。当井巷断面较大、岩石破碎程度较高时，还应适当加大距离。

第八十二条　在石门和立井揭煤工作面采用预抽瓦斯、排放钻孔防突措施时，钻孔直径一般为75~120 mm。石门揭煤工作面钻孔的控制范围是：石门的两侧和上部轮廓线外至少5 m，下部至少3 m。立井揭煤工作面钻孔控制范围是：近水平、缓倾斜、倾斜煤层为井筒四周轮廓线外至少5 m；急倾斜煤层沿走向两侧及沿倾斜上部轮廓线外至少5 m，下部轮廓线外至少3 m。钻孔的孔底间距应根据实际考察情况确定。

揭煤工作面施工的钻孔应当尽可能穿透煤层全厚。当不能一次打穿煤层全厚时，可分段施工，但第一次实施的钻孔穿煤长度不得小于15 m，且进入煤层掘进时，必须至少留有5 m的超前距离（掘进到煤层顶或底板时不在此限）。

预抽瓦斯和排放钻孔在揭穿煤层之前应当保持自然排放或抽采状态。

第八十三条　水力冲孔措施一般适用于打钻时具有自喷（喷煤、喷瓦斯）现象的煤层。石门揭煤工作面采用水力冲孔防突措施时，钻孔应至少控制自揭煤巷道至轮廓线外3~5 m的煤层，冲孔顺序为先冲对角孔后冲边上孔，最后冲中间孔。水压视煤层的软硬程度而定。石门全断面冲出的总煤量（t）数值不得小于煤层厚度（m）乘以20。若有钻孔冲出的煤量较少时，应在该孔周围补孔。

第八十四条　石门和立井揭煤工作面金属骨架措施一般在石门上部和两侧或立井周边外0.5~1.0 m范围内布置骨架孔。骨架钻孔应穿过煤层并进入煤层顶（底）板至少0.5 m，当钻孔不能一次施工至煤层顶板时，则进入煤层的深度不应小于15 m。钻孔间距一般不大于0.3 m，对于松软煤层要架两排金属骨架，钻孔间距应小于0.2 m。骨架材料可选用8 kg/m的钢轨、型钢或直径不小于50 mm钢管，其伸出孔外端用金属框架支撑或砌入碹内。插入骨架材料后，应向孔内灌注水泥砂浆等不燃性固化材料。

揭开煤层后，严禁拆除金属骨架。

第八十五条　石门和立井揭煤工作面煤体固化措施适用于松软煤层，用以增加工作面周围煤体的强度。向煤体注入固化材料的钻孔应施工至煤层顶板0.5 m以上，一般钻孔间距不大于0.5 m，钻孔位于巷道轮廓线外0.5~2.0 m的范围内，根据需要也可在巷道轮廓线外布置多排环状钻孔。当钻孔不能一次施工至煤层顶板时，则进入煤层的深度不应小于10 m。

各钻孔应当在孔口封堵牢固后方可向孔内注入固化材料。可以根据注入压力升高的情况或注入量决定是否停止注入。

固化操作时，所有人员不得正对孔口。

在巷道四周环状固化钻孔外侧的煤体中，预抽或排放瓦斯钻孔自固化作业到完成揭煤前应保持抽采或自然排放状态，否则，应打一定数量的排放瓦斯钻孔。从固化完成到揭煤结束的时间超过5天时，必须重新进行工作面突出危险性预测或措施效果检验。

第八十六条　煤巷掘进和采煤工作面的专项防突设计应当至少包括下列内容：

（一）煤层、瓦斯、地质构造及邻近区域巷道布置的基本情况。

（二）建立安全可靠的独立通风系统及加强控制通风风流设施的措施。

（三）工作面突出危险性预测及防突措施效果检验的方法、指标以及预测、效果检验钻孔布置等。

（四）防突措施的选取及施工设计。

（五）安全防护措施。

（六）组织管理措施。

矿井各煤层采用的煤巷掘进工作面和采煤工作面各种局部防突措施的效果和参数等都要经实际考察确定。

第八十七条 有突出危险的煤巷掘进工作面应当优先选用超前钻孔（包括超前预抽瓦斯钻孔、超前排放钻孔）防突措施。如果采用松动爆破、水力冲孔、水力疏松或其他工作面防突措施时，必须经试验考察确认防突效果有效后方可使用。前探支架措施应当配合其他措施一起使用。

下山掘进时，不得选用水力冲孔、水力疏松措施。倾角8°以上的上山掘进工作面不得选用松动爆破、水力冲孔、水力疏松措施。

第八十八条 煤巷掘进工作面在地质构造破坏带或煤层赋存条件急剧变化处不能按原措施设计要求实施时，必须打钻孔查明煤层赋存条件，然后采用直径为42~75 mm的钻孔排放瓦斯。

若突出煤层煤巷掘进工作面前方遇到落差超过煤层厚度的断层，应按石门揭煤的措施执行。

第八十九条 煤巷掘进工作面采用超前钻孔作为工作面防突措施时，应当符合下列要求：

（一）巷道两侧轮廓线外钻孔的最小控制范围：近水平、缓倾斜煤层5 m，倾斜、急倾斜煤层上帮7 m、下帮3 m。当煤层厚度大于巷道高度时，在垂直煤层方向上的巷道上部煤层控制范围不小于7 m，巷道下部煤层控制范围不小于3 m。

（二）钻孔在控制范围内应当均匀布置，在煤层的软分层中可适当增加钻孔数。预抽钻孔或超前排放钻孔的孔数、孔底间距等应当根据钻孔的有效抽放或排放半径确定。

（三）钻孔直径应当根据煤层赋存条件、地质构造和瓦斯情况确定，一般为75~120 mm，地质条件变化剧烈地带也可采用直径42~75 mm的钻孔。若钻孔直径超过120 mm时，必须采用专门的钻进设备和制定专门的施工安全措施。

（四）煤层赋存状态发生变化时，及时探明情况，再重新确定超前钻孔的参数。

（五）钻孔施工前，加强工作面支护，打好迎面支架，背好工作面煤壁。

第九十条 煤巷掘进工作面采用松动爆破防突措施时，应当符合下列要求：

（一）松动爆破钻孔的孔径一般为42 mm，孔深不得小于8 m。松动爆破应至少控制到巷道轮廓线外3 m的范围。孔数根据松动爆破的有效影响半径确定。松动爆破的有效影响半径通过实测确定。

（二）松动爆破孔的装药长度为孔长减去5.5~6 m。

（三）松动爆破按远距离爆破的要求执行。

第九十一条　煤巷掘进工作面水力冲孔措施应当符合下列要求：

（一）在厚度不超过 4 m 的突出煤层，按扇形布置至少 5 个孔，在地质构造破坏带或煤层较厚时，适当增加孔数。孔底间距控制在 3 m 左右，孔深通常为 20~25 m，冲孔钻孔超前掘进工作面的距离不得小于 5 m。冲孔孔道沿软分层前进。

（二）冲孔前，掘进工作面必须架设迎面支架，并用木板和立柱背紧背牢，对冲孔地点的巷道支架必须检查和加固。冲孔后或暂停冲孔时，退出钻杆，并将导管内的煤冲洗出来，以防止煤、水、瓦斯突然喷出伤人。

第九十二条　煤巷掘进工作面水力疏松措施应当符合下列要求：

（一）沿工作面间隔一定距离打浅孔，钻孔与工作面推进方向一致，然后利用封孔器封孔，向钻孔内注入高压水。注水参数应根据煤层性质合理选择。如未实测确定，可参考如下参数：钻孔间距 4.0 m，孔径 42~50 mm，孔长 6.0~10 m，封孔 2~4 m，注水压力 13~15 MPa，注水时以煤壁已出水或注水压力下降 30%后方可停止注水。

（二）水力疏松后的允许推进度，一般不宜超过封孔深度，其孔间距不超过注水有效半径的两倍。

（三）单孔注水时间不低于 9 min。若提前漏水，则在邻近钻孔 2.0 m 左右处补打注水钻孔。

第九十三条　前探支架可用于松软煤层的平巷工作面。一般是向工作面前方打钻孔，孔内插入钢管或钢轨，其长度可按两次掘进循环的长度再加 0.5 m，每掘进一次打一排钻孔，形成两排钻孔交替前进，钻孔间距为 0.2~0.3 m。

第九十四条　采煤工作面可采用的工作面防突措施有超前排放钻孔、预抽瓦斯、松动爆破、注水湿润煤体或其他经试验证实有效的防突措施。

第九十五条　采煤工作面采用超前排放钻孔和预抽瓦斯作为工作面防突措施时，钻孔直径一般为 75~120 mm，钻孔在控制范围内应当均匀布置，在煤层的软分层中可适当增加钻孔数；超前排放钻孔和预抽钻孔的孔数、孔底间距等应当根据钻孔的有效排放或抽放半径确定。

第九十六条　采煤工作面的松动爆破防突措施适用于煤质较硬、围岩稳定性较好的煤层。松动爆破孔间距根据实际情况确定，一般 2~3 m，孔深不小于 5 m，炮泥封孔长度不得小于 1 m。应当适当控制装药量，以免孔口煤壁垮塌。

松动爆破时，应当按远距离爆破的要求执行。

第九十七条　采煤工作面浅孔注水湿润煤体措施可用于煤质较硬的突出煤层。注水孔间距根据实际情况确定，孔深不小于 4 m，向煤体注水压力不得低于 8 MPa。当发现水由煤壁或相邻注水钻孔中流出时，即可停止注水。

第四节　工作面措施效果检验

第九十八条　在实施钻孔法防突措施效果检验时，分布在工作面各部位的检验钻孔应当布置于所在部位防突措施钻孔密度相对较小、孔间距相对较大的位置，并远离周围的各防突措施钻孔或尽可能与周围各防突措施钻孔保持等距离。在地质构造复杂地带应根据情况适当增加检验钻孔。

（二）避难所内放置足量的饮用水、安设供给空气的设施，每人供风量不得少于 0.3 m^3/min。如果用压缩空气供风时，设有减压装置和带有阀门控制的呼吸嘴。

（三）避难所内应根据设计的最多避难人数配备足够数量的隔离式自救器。

第一百零三条　在突出煤层的石门揭煤和煤巷掘进工作面进风侧，必须设置至少 2 道牢固可靠的反向风门。风门之间的距离不得小于 4 m。

反向风门距工作面的距离和反向风门的组数，应当根据掘进工作面的通风系统和预计的突出强度确定，但反向风门距工作面回风巷不得小于 10 m，与工作面的最近距离一般不得小于 70 m，如小于 70 m 时应设置至少三道反向风门。

反向风门墙垛可用砖、料石或混凝土砌筑，嵌入巷道周边岩石的深度可根据岩石的性质确定，但不得小于 0.2 m；墙垛厚度不得小于 0.8 m。在煤巷构筑反向风门时，风门墙体四周必须掏槽，掏槽深度见硬帮硬底后再进入实体煤不小于 0.5 m。通过反向风门墙垛的风筒、水沟、刮板输送机道等，必须设有逆向隔断装置。

人员进入工作面时必须把反向风门打开、顶牢。工作面放炮和无人时，反向风门必须关闭。

第一百零四条　为降低放炮诱发突出的强度，可根据情况在炮掘工作面安设挡栏。挡栏可以用金属、矸石或木垛等构成。金属挡栏一般是由槽钢排列成的方格框架，框架中槽钢的间隔为 0.4 m，槽钢彼此用卡环固定，使用时在迎工作面的框架上再铺上金属网，然后用木支柱将框架撑成 45°的斜面。一组挡栏通常由两架组成，间距为 6~8 m。可根据预计的突出强度在设计中确定挡栏距工作面的距离。

第一百零五条　井巷揭穿突出煤层和突出煤层的炮掘、炮采工作面必须采取远距离爆破安全防护措施。

石门揭煤采用远距离爆破时，必须制定包括放炮地点、避灾路线及停电、撤人和警戒范围等的专项措施。

在矿井尚未构成全风压通风的建井初期，在石门揭穿有突出危险煤层的全部作业过程中，与此石门有关的其他工作面必须停止工作。在实施揭穿突出煤层的远距离爆破时，井下全部人员必须撤至地面，井下必须全部断电，立井口附近地面 20 m 范围内或斜井口前方 50 m、两侧 20 m 范围内严禁有任何火源。

煤巷掘进工作面采用远距离爆破时，放炮地点必须设在进风侧反向风门之外的全风压通风的新鲜风流中或避难所内，放炮地点距工作面的距离由矿技术负责人根据曾经发生的最大突出强度等具体情况确定，但不得小于 300 m；采煤工作面放炮地点到工作面的距离由矿技术负责人根据具体情况确定，但不得小于 100 m。

远距离爆破时，回风系统必须停电、撤人。放炮后进入工作面检查的时间由矿技术负责人根据情况确定，但不得少于 30 min。

第一百零六条　突出煤层的采掘工作面应设置工作面避难所或压风自救系统。应根据具体情况设置其中之一或混合设置，但掘进距离超过 500 m 的巷道内必须设置工作面避难所。

工作面避难所应当设在采掘工作面附近和爆破工操纵放炮的地点。根据具体条件确定避难所的数量及其距采掘工作面的距离。工作面避难所应当能够满足工作面最多作业人数时的避难要求，其他要求与采区避难所相同。

压风自救系统应当达到下列要求：

（一）压风自救装置安装在掘进工作面巷道和回采工作面巷道内的压缩空气管道上。

（二）在以下每个地点都应至少设置一组压风自救装置：距采掘工作面 25~40 m 的巷道内、放炮地点、撤离人员与警戒人员所在的位置以及回风道有人作业处等。在长距离的掘进巷道中，应根据实际情况增加设置。

（三）每组压风自救装置应可供 5~8 个人使用，平均每人的压缩空气供给量不得少于 0.1 m^3/min。

第五章　防治岩石与二氧化碳（瓦斯）突出措施

第一百零七条　在矿井范围内发生过突出的岩层即为岩石与二氧化碳（瓦斯）突出岩层（以下简称突出岩层）。

在开拓、生产范围内有突出岩层的矿井即为岩石与二氧化碳（瓦斯）突出矿井（以下简称岩石突出矿井）。

煤矿企业应当对岩石突出矿井、突出岩层分别参照本规定对于突出矿井、突出煤层管理的各项要求，专门制定满足安全生产需要的管理措施，报省级煤炭行业管理部门审批，并报省级煤矿安全监察机构备案。

第一百零八条　在突出岩层内掘进巷道或揭穿该岩层时，必须采取工作面突出危险性预测、工作面防治岩石突出措施、工作面防突措施效果检验、安全防护措施的局部综合防突措施。

当预测有突出危险时，必须采取防治岩石突出措施。只有经措施效果检验证实措施有效后，方可在采取安全防护措施的情况下进行掘进作业。

岩石与二氧化碳（瓦斯）突出危险性预测可以采用岩芯法或突出预兆法。措施效果检验应采用岩芯法。

安全防护措施应当按照防治煤与瓦斯突出的安全防护措施实施。

第一百零九条　采用岩芯法预测工作面岩石与二氧化碳（瓦斯）突出危险性时，在工作面前方岩体内打直径 50~70 mm、长度不小于 10 m 的钻孔，取出全部岩芯，并从孔深 2 m 处起记录岩芯中的圆片数。

工作面突出危险性的判定方法为：

（一）当取出的岩芯中大部分长度在 150 mm 以上，且有裂缝围绕，个别为小圆柱体或圆片时，预测为一般突出危险地带。

（二）取出的 1 m 长的岩芯内，部分岩芯出现 20~30 个圆片，其余岩芯为长 50~100 mm 的圆柱体并有环状裂隙时，预测为中等突出危险地带。

（三）当 1 m 长的岩芯内具有 20~40 个凸凹状圆片时，预测为严重突出危险地带。

（四）岩芯中没有圆片和岩芯表面上没有环状裂缝时，预测为无突出危险地带。

第一百一十条　采用突出预兆法预测工作面岩石与二氧化碳（瓦斯）突出危险性时，具有下列情况之一的，确定为岩石与二氧化碳（瓦斯）突出危险工作面：

（一）岩石呈薄片状或松软碎屑状的。

（二）工作面爆破后，进尺超过炮眼深度的。

（三）有明显的火成岩侵入或工作面二氧化碳（瓦斯）涌出量明显增大的。

第一百一十一条　在岩石与二氧化碳（瓦斯）突出危险的岩层中掘进巷道时，可以采取钻眼爆破工程参数优化、超前钻孔、松动爆破、开卸压槽及在工作面附近设置挡栏等防治岩石与二氧化碳（瓦斯）突出措施。

采取上述措施的，应当符合下列要求：

（一）在一般或中等程度突出危险地带，可以采用浅孔爆破措施或远距离多段放炮法，以减少对岩体的震动强度、降低突出频率和强度。远距离多段放炮法的做法是，先在工作面打 6 个掏槽眼、6 个辅助眼，呈椭圆形布置，使爆破后形成椭圆形超前孔洞，然后爆破周边炮眼，其炮眼距超前孔洞周边应大于 0.6 m，孔洞超前距不小于 2 m。

（二）在严重突出危险地带，可以采用超前钻孔和松动爆破措施。超前钻孔直径不小于 75 mm，孔数根据巷道断面大小、突出危险岩层赋存及单个排放钻孔有效作用半径考察确定，但不得少于 3 个，孔深应大于 40 m，钻孔超前工作面的安全距离不得小于 5 m。

深孔松动爆破孔径一般 60～75 mm，孔长 15～25 m，封孔深度不小于 5 m，孔数 4～5 个，其中爆破孔 1～2 个，其他孔不装药，以提高松动效果。

第六章　罚　　则

第一百一十二条　煤矿企业违反本规定第七条规定的，责令停止施工或停产整顿，处 150 万元以上 200 万元以下的罚款，对煤矿企业负责人处 10 万元以上 15 万元以下的罚款。

第一百一十三条　煤矿企业违反本规定第十条、第十一条、第十八条规定的，责令停止施工或停产整顿，处 100 万元以上 150 万元以下的罚款，提出限期改正的要求；对煤矿企业负责人处 9 万元以上 12 万元以下的罚款。逾期仍未改正的，提请地方人民政府予以关闭。

第一百一十四条　煤矿企业违反本规定第十四条第一款和第二款、第十五条、第十七条、第二十七条第二款、第二十八条、第二十九条规定的，责令限期改正，处 5 万元以上 10 万元以下的罚款；逾期未改正的，责令停止施工或停产整顿。

第一百一十五条　煤矿企业违反本规定第十六条、第十九条、第二十一条、第二十二条第一款和第二款规定的，责令限期改正，处 50 万元以上 100 万元以下的罚款；逾期未改正的，责令停止施工或停产整顿。

第一百一十六条　煤矿企业违反本规定第十四条第三款、第二十四条第一款规定，仍然进行生产的，责令停产整顿，处 150 万元以上 200 万元以下的罚款；对煤矿企业负责人处 10 万元以上 15 万元以下的罚款。

第一百一十七条　煤矿企业违反本规定第二十二条第三款、第二十四条第二款、第二十五条规定的，责令限期改正，处 3 万元以上 5 万元以下的罚款；逾期未改正的，责令停止施工或停产整顿。

第一百一十八条 煤矿企业违反本规定第二十三条规定，仍然进行生产的，责令停产整顿，处50万元以上100万元以下的罚款；对煤矿企业负责人处5万元以上10万元以下的罚款。

第一百一十九条 煤矿企业违反本规定第二十六条、第二十七条第一款、第三十二条规定的，责令限期改正，处3万元以上5万元以下的罚款；逾期未改正的，暂扣安全生产许可证。

第一百二十条 煤矿企业违反本规定第三十条规定的，责令限期改正，处2万元以下的罚款；逾期未改正的，责令停止施工或停产整顿。

第一百二十一条 煤矿企业未按本规定要求落实区域和局部综合防突措施，或防突措施不达标，仍然组织生产的，责令停产整顿，处100万元以上200万元以下的罚款，提出限期改正的要求，逾期仍不改正的，提请地方人民政府予以关闭。

第一百二十二条 评估或鉴定机构弄虚作假，提供虚假评估或鉴定结论的，由鉴定机构资质管理部门取消鉴定资质；由于提供虚假鉴定结论造成生产安全事故的，对相关责任人员依法给予处分或者移交司法机关追究刑事责任。

第一百二十三条 煤矿企业违反本规定造成事故的，由煤矿安全监察机构按照事故调查处理的有关规定组织调查处理，并依法给予行政处罚。

第七章 附　　则

第一百二十四条 本规定自2009年7月1日起施行，原煤炭工业部1995年发布的《防治煤与瓦斯突出细则》同时废止。

44 非煤矿矿山企业安全生产许可证实施办法

2009年4月30日国家安全生产监督管理总局局长办公会议审议通过，2009年6月8日国家安全生产监督管理总局令第20号公布，自公布之日起施行；2015年3月23日国家安全生产监督管理总局局长办公会议审议通过、2015年5月26日国家安全生产监督管理总局令第78号公布、自2015年7月1日起施行的《国家安全监管总局关于废止和修改非煤矿矿山领域九部规章的决定》修改。

第一章 总　　则

第一条 为了严格规范非煤矿矿山企业安全生产条件，做好非煤矿矿山企业安全生产许可证的颁发管理工作，根据《安全生产许可证条例》等法律、行政法规，制定本实施办法。

第二条　非煤矿矿山企业必须依照本实施办法的规定取得安全生产许可证。

未取得安全生产许可证的，不得从事生产活动。

第三条　非煤矿矿山企业安全生产许可证的颁发管理工作实行企业申请、两级发证、属地监管的原则。

第四条　国家安全生产监督管理总局指导、监督全国非煤矿矿山企业安全生产许可证的颁发管理工作，负责海洋石油天然气企业安全生产许可证的颁发和管理。

省、自治区、直辖市人民政府安全生产监督管理部门（以下简称省级安全生产许可证颁发管理机关）负责本行政区域内除本条第一款规定以外的非煤矿矿山企业安全生产许可证的颁发和管理。

省级安全生产许可证颁发管理机关可以委托设区的市级安全生产监督管理部门实施非煤矿矿山企业安全生产许可证的颁发管理工作；但中央管理企业所属非煤矿矿山的安全生产许可证颁发管理工作不得委托实施。

第五条　本实施办法所称的非煤矿矿山企业包括金属非金属矿山企业及其尾矿库、地质勘探单位、采掘施工企业、石油天然气企业。

金属非金属矿山企业，是指从事金属和非金属矿产资源开采活动的下列单位：

1. 专门从事矿产资源开采的生产单位。

2. 从事矿产资源开采、加工的联合生产企业及其矿山生产单位。

3. 其他非矿山企业中从事矿山生产的单位。

尾矿库，是指筑坝拦截谷口或者围地构成的，用以贮存金属非金属矿石选别后排出尾矿的场所，包括氧化铝厂赤泥库，不包括核工业矿山尾矿库及电厂灰渣库。

地质勘探单位，是指采用钻探工程、坑探工程对金属非金属矿产资源进行勘探作业的单位。

采掘施工企业，是指承担金属非金属矿山采掘工程施工的单位。

石油天然气企业，是指从事石油和天然气勘探、开发生产、储运的单位。

第二章　安全生产条件和申请

第六条　非煤矿矿山企业取得安全生产许可证，应当具备下列安全生产条件：

（一）建立健全主要负责人、分管负责人、安全生产管理人员、职能部门、岗位安全生产责任制；制定安全检查制度、职业危害预防制度、安全教育培训制度、生产安全事故管理制度、重大危险源监控和重大隐患整改制度、设备安全管理制度、安全生产档案管理制度、安全生产奖惩制度等规章制度；制定作业安全规程和各工种操作规程。

（二）安全投入符合安全生产要求，依照国家有关规定足额提取安全生产费用。

（三）设置安全生产管理机构，或者配备专职安全生产管理人员。

（四）主要负责人和安全生产管理人员经安全生产监督管理部门考核合格，取得安全资格证书。

（五）特种作业人员经有关业务主管部门考核合格，取得特种作业操作资格证书。

（六）其他从业人员依照规定接受安全生产教育和培训，并经考试合格。

（七）依法参加工伤保险，为从业人员缴纳保险费。

（八）制定防治职业危害的具体措施，并为从业人员配备符合国家标准或者行业标准的劳动防护用品。

（九）新建、改建、扩建工程项目依法进行安全评价，其安全设施经验收合格。

（十）危险性较大的设备、设施按照国家有关规定进行定期检测检验。

（十一）制定事故应急救援预案，建立事故应急救援组织，配备必要的应急救援器材、设备；生产规模较小可以不建立事故应急救援组织的，应当指定兼职的应急救援人员，并与邻近的矿山救护队或者其他应急救援组织签订救护协议。

（十二）符合有关国家标准、行业标准规定的其他条件。

第七条 海洋石油天然气企业申请领取安全生产许可证，向国家安全生产监督管理总局提出申请。

本条第一款规定以外的其他非煤矿矿山企业申请领取安全生产许可证，向企业所在地省级安全生产许可证颁发管理机关或其委托的设区的市级安全生产监督管理部门提出申请。

第八条 非煤矿矿山企业申请领取安全生产许可证，应当提交下列文件、资料：

（一）安全生产许可证申请书。

（二）工商营业执照复印件。

（三）采矿许可证复印件。

（四）各种安全生产责任制复印件。

（五）安全生产规章制度和操作规程目录清单。

（六）设置安全生产管理机构或者配备专职安全生产管理人员的文件复印件。

（七）主要负责人和安全生产管理人员安全资格证书复印件。

（八）特种作业人员操作资格证书复印件。

（九）足额提取安全生产费用的证明材料。

（十）为从业人员缴纳工伤保险费的证明材料；因特殊情况不能办理工伤保险的，可以出具办理安全生产责任保险的证明材料。

（十一）涉及人身安全、危险性较大的海洋石油开采特种设备和矿山井下特种设备由具备相应资质的检测检验机构出具合格的检测检验报告，并取得安全使用证或者安全标志。

（十二）事故应急救援预案，设立事故应急救援组织的文件或者与矿山救护队、其他应急救援组织签订的救护协议。

（十三）矿山建设项目安全设施验收合格的书面报告。

第九条 非煤矿矿山企业总部申请领取安全生产许可证，不需要提交本实施办法第八条第（三）、（八）、（九）、（十）、（十一）、（十二）、（十三）项规定的文件、资料。

第十条 金属非金属矿山企业从事爆破作业的，除应当依照本实施办法第八条的规定提交相应文件、资料外，还应当提交《爆破作业单位许可证》。

第十一条　尾矿库申请领取安全生产许可证，不需要提交本实施办法第八条第（三）项规定的文件、资料。

第十二条　地质勘探单位申请领取安全生产许可证，不需要提交本实施办法第八条第（三）、（九）、（十三）项规定的文件、资料，但应当提交地质勘查资质证书复印件；从事爆破作业的，还应当提交《爆破作业单位许可证》。

第十三条　采掘施工企业申请领取安全生产许可证，不需要提交本实施办法第八条第（三）、（九）、（十三）项规定的文件、资料，但应当提交矿山工程施工相关资质证书复印件；从事爆破作业的，还应当提交《爆破作业单位许可证》。

第十四条　石油天然气勘探单位申请领取安全生产许可证，不需要提交本实施办法第八条第（三）、（十三）项规定的文件、资料；石油天然气管道储运单位申请领取安全生产许可证不需要提交本实施办法第八条第（三）项规定的文件、资料。

第十五条　非煤矿矿山企业应当对其向安全生产许可证颁发管理机关提交的文件、资料实质内容的真实性负责。

从事安全评价、检测检验的中介机构应当对其出具的安全评价报告、检测检验结果负责。

第三章　受理、审核和颁发

第十六条　安全生产许可证颁发管理机关对非煤矿矿山企业提交的申请书及文件、资料，应当依照下列规定分别处理：

（一）申请事项不属于本机关职权范围的，应当即时作出不予受理的决定，并告知申请人向有关机关申请。

（二）申请材料存在可以当场更正的错误的，应当允许或者要求申请人当场更正，并即时出具受理的书面凭证。

（三）申请材料不齐全或者不符合要求的，应当当场或者在5个工作日内一次性书面告知申请人需要补正的全部内容，逾期不告知的，自收到申请材料之日起即为受理。

（四）申请材料齐全、符合要求或者依照要求全部补正的，自收到申请材料或者全部补正材料之日起为受理。

第十七条　安全生产许可证颁发管理机关应当依照本实施办法规定的法定条件组织，对非煤矿矿山企业提交的申请材料进行审查，并在受理申请之日起45日内作出颁发或者不予颁发安全生产许可证的决定。安全生产许可证颁发管理机关认为有必要到现场对非煤矿矿山企业提交的申请材料进行复核的，应当到现场进行复核。复核时间不计算在本款规定的期限内。

对决定颁发的，安全生产许可证颁发管理机关应当自决定之日起10个工作日内送达或者通知申请人领取安全生产许可证；对决定不予颁发的，应当在10个工作日内书面通知申请人并说明理由。

第十八条　安全生产许可证颁发管理机关应当依照下列规定颁发非煤矿矿山企业安全

生产许可证：

（一）对金属非金属矿山企业，向企业及其所属各独立生产系统分别颁发安全生产许可证；对于只有一个独立生产系统的企业，只向企业颁发安全生产许可证。

（二）对中央管理的陆上石油天然气企业，向企业总部直接管理的分公司、子公司以及下一级与油气勘探、开发生产、储运直接相关的生产作业单位分别颁发安全生产许可证；对设有分公司、子公司的地方石油天然气企业，向企业总部及其分公司、子公司颁发安全生产许可证；对其他陆上石油天然气企业，向具有法人资格的企业颁发安全生产许可证。

（三）对海洋石油天然气企业，向企业及其直接管理的分公司、子公司以及下一级与油气开发生产直接相关的生产作业单位、独立生产系统分别颁发安全生产许可证；对其他海洋石油天然气企业，向具有法人资格的企业颁发安全生产许可证。

（四）对地质勘探单位，向最下级具有企事业法人资格的单位颁发安全生产许可证。对采掘施工企业，向企业颁发安全生产许可证。

（五）对尾矿库单独颁发安全生产许可证。

第四章　安全生产许可证延期和变更

第十九条　安全生产许可证的有效期为 3 年。安全生产许可证有效期满后需要延期的，非煤矿矿山企业应当在安全生产许可证有效期届满前 3 个月向原安全生产许可证颁发管理机关申请办理延期手续，并提交下列文件、资料：

（一）延期申请书。

（二）安全生产许可证正本和副本。

（三）本实施办法第二章规定的相应文件、资料。

金属非金属矿山独立生产系统和尾矿库，以及石油天然气独立生产系统和作业单位还应当提交由具备相应资质的中介服务机构出具的合格的安全现状评价报告。

金属非金属矿山独立生产系统和尾矿库在提出延期申请之前 6 个月内经考评合格达到安全标准化等级的，可以不提交安全现状评价报告，但需要提交安全标准化等级的证明材料。

安全生产许可证颁发管理机关应当依照本实施办法第十六条、第十七条的规定，对非煤矿矿山企业提交的材料进行审查，并作出是否准予延期的决定。决定准予延期的，应当收回原安全生产许可证，换发新的安全生产许可证；决定不准予延期的，应当书面告知申请人并说明理由。

第二十条　非煤矿矿山企业符合下列条件的，当安全生产许可证有效期届满申请延期时，经原安全生产许可证颁发管理机关同意，不再审查，直接办理延期手续：

（一）严格遵守有关安全生产的法律法规的。

（二）取得安全生产许可证后，加强日常安全生产管理，未降低安全生产条件，并达到安全标准化等级二级以上的。

（三）接受安全生产许可证颁发管理机关及所在地人民政府安全生产监督管理部门的监

督检查的。

（四）未发生死亡事故的。

第二十一条　非煤矿矿山企业在安全生产许可证有效期内有下列情形之一的，应当自工商营业执照变更之日起30个工作日内向原安全生产许可证颁发管理机关申请变更安全生产许可证：

（一）变更单位名称的。

（二）变更主要负责人的。

（三）变更单位地址的。

（四）变更经济类型的。

（五）变更许可范围的。

第二十二条　非煤矿矿山企业申请变更安全生产许可证时，应当提交下列文件、资料：

（一）变更申请书。

（二）安全生产许可证正本和副本。

（三）变更后的工商营业执照、采矿许可证复印件及变更说明材料。

变更本实施办法第二十一条第（二）项的，还应当提交变更后的主要负责人的安全资格证书复印件。

对已经受理的变更申请，安全生产许可证颁发管理机关对申请人提交的文件、资料审查无误后，应当在10个工作日内办理变更手续。

第二十三条　安全生产许可证申请书、审查书、延期申请书和变更申请书由国家安全生产监督管理总局统一格式。

第二十四条　非煤矿矿山企业安全生产许可证分为正本和副本，正本和副本具有同等法律效力，正本为悬挂式，副本为折页式。

非煤矿矿山企业安全生产许可证由国家安全生产监督管理总局统一印制和编号。

第五章　安全生产许可证的监督管理

第二十五条　非煤矿矿山企业取得安全生产许可证后，应当加强日常安全生产管理，不得降低安全生产条件，并接受所在地县级以上安全生产监督管理部门的监督检查。

第二十六条　地质勘探单位、采掘施工单位在登记注册的省、自治区、直辖市以外从事作业的，应当向作业所在地县级以上安全生产监督管理部门书面报告。

第二十七条　非煤矿矿山企业不得转让、冒用、买卖、出租、出借或者使用伪造的安全生产许可证。

第二十八条　非煤矿矿山企业发现在安全生产许可证有效期内采矿许可证到期失效的，应当在采矿许可证到期前15日内向原安全生产许可证颁发管理机关报告，并交回安全生产许可证正本和副本。

采矿许可证被暂扣、撤销、吊销和注销的，非煤矿矿山企业应当在暂扣、撤销、吊销和注销后5日内向原安全生产许可证颁发管理机关报告，并交回安全生产许可证正本和工作面防突措施效果检验必须包括以下两部分内容：

（一）检查所实施的工作面防突措施是否达到了设计要求和满足有关的规章、标准等，并了解、收集工作面及实施措施的相关情况、突出预兆等（包括喷孔、卡钻等），作为措施效果检验报告的内容之一，用于综合分析、判断。

（二）各检验指标的测定情况及主要数据。

第九十九条 对石门和其他揭煤工作面进行防突措施效果检验时，应当选择本规定第七十一条所列的钻屑瓦斯解吸指标法或其他经试验证实有效的方法，但所有用钻孔方式检验的方法中检验孔数均不得少于5个，分别位于石门的上部、中部、下部和两侧。

如检验结果的各项指标都在该煤层突出危险临界值以下，且未发现其他异常情况，则措施有效；反之，判定为措施无效。

第一百条 煤巷掘进工作面执行防突措施后，应当选择本规定第七十四条所列的方法进行措施效果检验。

检验孔应当不少于3个，深度应当小于或等于防突措施钻孔。

如果煤巷掘进工作面措施效果检验指标均小于指标临界值，且未发现其他异常情况，则措施有效；否则，判定为措施无效。

当检验结果措施有效时，若检验孔与防突措施钻孔向巷道掘进方向的投影长度（简称投影孔深）相等，则可在留足防突措施超前距（见本规定第六十条）并采取安全防护措施的条件下掘进。当检验孔的投影孔深小于防突措施钻孔时，则应当在留足所需的防突措施超前距并同时保留有至少2 m检验孔投影孔深超前距的条件下，采取安全防护措施后实施掘进作业。

第一百零一条 对采煤工作面防突措施效果的检验应当参照采煤工作面突出危险性预测的方法和指标实施。但应当沿采煤工作面每隔10~15 m布置一个检验钻孔，深度应当小于或等于防突措施钻孔。

如果采煤工作面检验指标均小于指标临界值，且未发现其他异常情况，则措施有效；否则，判定为措施无效。

当检验结果措施有效时，若检验孔与防突措施钻孔深度相等，则可在留足防突措施超前距（见本规定第六十条）并采取安全防护措施的条件下回采。当检验孔的深度小于防突措施钻孔时，则应当在留足所需的防突措施超前距并同时保留有2 m检验孔超前距的条件下，采取安全防护措施后实施回采作业。

第五节 安全防护措施

第一百零二条 有突出煤层的采区必须设置采区避难所。避难所的位置应当根据实际情况确定。

避难所应当符合下列要求：

（一）避难所设置向外开启的隔离门，隔离门设置标准按照反向风门标准安设。室内净高不得低于2 m，深度满足扩散通风的要求，长度和宽度应根据可能同时避难的人数确定，但至少能满足15人避难，且每人使用面积不得少于0.5 m^2。避难所内支护保持良好，并设有与矿（井）调度室直通的电话。

副本。

第二十九条 安全生产许可证颁发管理机关应当坚持公开、公平、公正的原则，严格依照本实施办法的规定审查、颁发安全生产许可证。

安全生产许可证颁发管理机关工作人员在安全生产许可证颁发、管理和监督检查工作中，不得索取或者接受非煤矿矿山企业的财物，不得谋取其他利益。

第三十条 安全生产许可证颁发管理机关发现有下列情形之一的，应当撤销已经颁发的安全生产许可证：

（一）超越职权颁发安全生产许可证的。

（二）违反本实施办法规定的程序颁发安全生产许可证的。

（三）不具备本实施办法规定的安全生产条件颁发安全生产许可证的。

（四）以欺骗、贿赂等不正当手段取得安全生产许可证的。

第三十一条 取得安全生产许可证的非煤矿矿山企业有下列情形之一的，安全生产许可证颁发管理机关应当注销其安全生产许可证：

（一）终止生产活动的。

（二）安全生产许可证被依法撤销的。

（三）安全生产许可证被依法吊销的。

第三十二条 非煤矿矿山企业隐瞒有关情况或者提供虚假材料申请安全生产许可证的，安全生产许可证颁发管理机关不予受理，该企业在 1 年内不得再次申请安全生产许可证。

非煤矿矿山企业以欺骗、贿赂等不正当手段取得安全生产许可证后被依法予以撤销的，该企业 3 年内不得再次申请安全生产许可证。

第三十三条 县级以上地方人民政府安全生产监督管理部门负责本行政区域内取得安全生产许可证的非煤矿矿山企业的日常监督检查，并将监督检查中发现的问题及时报告安全生产许可证颁发管理机关。中央管理的非煤矿矿山企业由设区的市级以上地方人民政府安全生产监督管理部门负责日常监督检查。

国家安全生产监督管理总局负责取得安全生产许可证的中央管理的非煤矿矿山企业总部和海洋石油天然气企业的日常监督检查。

第三十四条 安全生产许可证颁发管理机关每 6 个月向社会公布取得安全生产许可证的非煤矿矿山企业名单。

第三十五条 安全生产许可证颁发管理机关应当将非煤矿矿山企业安全生产许可证颁发管理情况通报非煤矿矿山企业所在地县级以上地方人民政府及其安全生产监督管理部门。

第三十六条 安全生产许可证颁发管理机关应当加强对非煤矿矿山企业安全生产许可证的监督管理，建立、健全非煤矿矿山企业安全生产许可证信息管理制度。

省级安全生产许可证颁发管理机关应当在安全生产许可证颁发之日起 1 个月内将颁发和管理情况录入到全国统一的非煤矿矿山企业安全生产许可证管理系统。

第三十七条 任何单位或者个人对违反《安全生产许可证条例》和本实施办法规定的行为，有权向安全生产许可证颁发管理机关或者监察机关等有关部门举报。

第六章 罚 则

第三十八条 安全生产许可证颁发管理机关工作人员有下列行为之一的，给予降级或者撤职的行政处分；构成犯罪的，依法追究刑事责任：

（一）向不符合本实施办法规定的安全生产条件的非煤矿矿山企业颁发安全生产许可证的。

（二）发现非煤矿矿山企业未依法取得安全生产许可证擅自从事生产活动，不依法处理的。

（三）发现取得安全生产许可证的非煤矿矿山企业不再具备本实施办法规定的安全生产条件，不依法处理的。

（四）接到对违反本实施办法规定行为的举报后，不及时处理的。

（五）在安全生产许可证颁发、管理和监督检查工作中，索取或者接受非煤矿矿山企业的财物，或者谋取其他利益的。

第三十九条 承担安全评价、认证、检测、检验工作的机构，出具虚假证明的，没收违法所得；违法所得在10万元以上的，并处违法所得2倍以上5倍以下的罚款；没有违法所得或者违法所得不足10万元的，单处或者并处10万元以上20万元以下的罚款；对其直接负责的主管人员和其他直接责任人员处2万元以上5万元以下的罚款；给他人造成损害的，与建设单位承担连带赔偿责任；构成犯罪的，依照刑法有关规定追究刑事责任。

对有前款违法行为的机构，吊销其相应资质。

第四十条 取得安全生产许可证的非煤矿矿山企业不再具备本实施办法第六条规定的安全生产条件之一的，应当暂扣或者吊销其安全生产许可证。

第四十一条 取得安全生产许可证的非煤矿矿山企业有下列行为之一的，吊销其安全生产许可证：

（一）倒卖、出租、出借或者以其他形式非法转让安全生产许可证的。

（二）暂扣安全生产许可证后未按期整改或者整改后仍不具备安全生产条件的。

第四十二条 非煤矿矿山企业有下列行为之一的，责令停止生产，没收违法所得，并处10万元以上50万元以下的罚款：

（一）未取得安全生产许可证，擅自进行生产的。

（二）接受转让的安全生产许可证的。

（三）冒用安全生产许可证的。

（四）使用伪造的安全生产许可证的。

第四十三条 非煤矿矿山企业在安全生产许可证有效期内出现采矿许可证有效期届满和采矿许可证被暂扣、撤销、吊销、注销的情况，未依照本实施办法第二十八条的规定向安全生产许可证颁发管理机关报告并交回安全生产许可证的，处1万元以上3万元以下罚款。

第四十四条 非煤矿矿山企业在安全生产许可证有效期内，出现需要变更安全生产许可证的情形，未按本实施办法第二十一条的规定申请、办理变更手续的，责令限期办理变更手续，并处1万元以上3万元以下罚款。

地质勘探单位、采掘施工单位在登记注册地以外进行跨省作业，未按照本实施办法第二十六条的规定书面报告的，责令限期办理书面报告手续，并处1万元以上3万元以下的罚款。

第四十五条 非煤矿矿山企业在安全生产许可证有效期满未办理延期手续，继续进行生产的，责令停止生产，限期补办延期手续，没收违法所得，并处5万元以上10万元以下的罚款；逾期仍不办理延期手续，继续进行生产的，依照本实施办法第四十二条的规定处罚。

第四十六条 非煤矿矿山企业转让安全生产许可证的，没收违法所得，并处10万元以上50万元以下的罚款。

第四十七条 本实施办法规定的行政处罚，由安全生产许可证颁发管理机关决定。安全生产许可证颁发管理机关可以委托县级以上安全生产监督管理部门实施行政处罚。但撤销、吊销安全生产许可证和撤销有关资格的行政处罚除外。

第七章 附　　则

第四十八条 本实施办法所称非煤矿矿山企业独立生产系统，是指具有相对独立的采掘生产系统及通风、运输（提升）、供配电、防排水等辅助系统的作业单位。

第四十九条 危险性较小的地热、温泉、矿泉水、卤水、砖瓦用黏土等资源开采活动的安全生产许可，由省级安全生产许可证颁发管理机关决定。

第五十条 同时开采煤炭与金属非金属矿产资源且以煤炭、煤层气为主采矿种的煤系矿山企业应当申请领取煤矿企业安全生产许可证，不再申请领取非煤矿矿山企业安全生产许可证。

第五十一条 本实施办法自公布之日起施行。2004年5月17日原国家安全生产监督管理局（国家煤矿安全监察局）公布的《非煤矿山企业安全生产许可证实施办法》同时废止。

45 生产安全事故信息报告和处置办法

2009年5月27日国家安全生产监督管理总局局长办公会议审议通过，2009年6月16日国家安全生产监督管理总局令第21号公布，自2009年7月1日起施行。

第一章 总　　则

第一条 为了规范生产安全事故信息的报告和处置工作，根据《安全生产法》《生产安全事故报告和调查处理条例》等有关法律、行政法规，制定本办法。

第二条 生产经营单位报告生产安全事故信息和安全生产监督管理部门、煤矿安全监察机构对生产安全事故信息的报告和处置工作，适用本办法。

第三条 本办法规定的应当报告和处置的生产安全事故信息（以下简称事故信息），是指已经发生的生产安全事故和较大涉险事故的信息。

第四条 事故信息的报告应当及时、准确和完整，信息的处置应当遵循快速高效、协同配合、分级负责的原则。

安全生产监督管理部门负责各类生产经营单位的事故信息报告和处置工作。煤矿安全监察机构负责煤矿的事故信息报告和处置工作。

第五条 安全生产监督管理部门、煤矿安全监察机构应当建立事故信息报告和处置制度，设立事故信息调度机构，实行24小时不间断调度值班，并向社会公布值班电话，受理事故信息报告和举报。

第二章 事故信息的报告

第六条 生产经营单位发生生产安全事故或者较大涉险事故，其单位负责人接到事故信息报告后应当于1小时内报告事故发生地县级安全生产监督管理部门、煤矿安全监察分局。

发生较大以上生产安全事故的，事故发生单位在依照第一款规定报告的同时，应当在1小时内报告省级安全生产监督管理部门、省级煤矿安全监察机构。

发生重大、特别重大生产安全事故的，事故发生单位在依照本条第一款、第二款规定报告的同时，可以立即报告国家安全生产监督管理总局、国家煤矿安全监察局。

第七条 安全生产监督管理部门、煤矿安全监察机构接到事故发生单位的事故信息报告后，应当按照下列规定上报事故情况，同时书面通知同级公安机关、劳动保障部门、工会、人民检察院和有关部门：

（一）一般事故和较大涉险事故逐级上报至设区的市级安全生产监督管理部门、省级煤矿安全监察机构。

（二）较大事故逐级上报至省级安全生产监督管理部门、省级煤矿安全监察机构。

（三）重大事故、特别重大事故逐级上报至国家安全生产监督管理总局、国家煤矿安全监察局。

前款规定的逐级上报，每一级上报时间不得超过2小时。安全生产监督管理部门依照前款规定上报事故情况时，应当同时报告本级人民政府。

第八条 发生较大生产安全事故或者社会影响重大的事故的，县级、市级安全生产监督管理部门或者煤矿安全监察分局接到事故报告后，在依照本办法第七条规定逐级上报的同时，应当在1小时内先用电话快报省级安全生产监督管理部门、省级煤矿安全监察机构，随后补报文字报告；乡镇安监站（办）可以根据事故情况越级直接报告省级安全生产监督管理部门、省级煤矿安全监察机构。

第九条 发生重大、特别重大生产安全事故或者社会影响恶劣的事故的，县级、市级安全生产监督管理部门或者煤矿安全监察分局接到事故报告后，在依照本办法第七条规定逐级上报的同时，应当在1小时内先用电话快报省级安全生产监督管理部门、省级煤矿安全监察机构，随后补报文字报告；必要时，可以直接用电话报告国家安全生产监督管理总局、国家煤矿安全监察局。

省级安全生产监督管理部门、省级煤矿安全监察机构接到事故报告后，应当在1小时内先用电话快报国家安全生产监督管理总局、国家煤矿安全监察局，随后补报文字报告。

国家安全生产监督管理总局、国家煤矿安全监察局接到事故报告后，应当在1小时内先用电话快报国务院总值班室，随后补报文字报告。

第十条 报告事故信息，应当包括下列内容：

（一）事故发生单位的名称、地址、性质、产能等基本情况。

（二）事故发生的时间、地点以及事故现场情况。

（三）事故的简要经过（包括应急救援情况）。

（四）事故已经造成或者可能造成的伤亡人数（包括下落不明、涉险的人数）和初步估计的直接经济损失。

（五）已经采取的措施。

（六）其他应当报告的情况。

使用电话快报，应当包括下列内容：

（一）事故发生单位的名称、地址、性质。

（二）事故发生的时间、地点。

（三）事故已经造成或者可能造成的伤亡人数（包括下落不明、涉险的人数）。

第十一条 事故具体情况暂时不清楚的，负责事故报告的单位可以先报事故概况，随后补报事故全面情况。

事故信息报告后出现新情况的，负责事故报告的单位应当依照本办法第六条、第七条、第八条、第九条的规定及时续报。较大涉险事故、一般事故、较大事故每日至少续报1次；重大事故、特别重大事故每日至少续报2次。

自事故发生之日起30日内（道路交通、火灾事故自发生之日起7日内），事故造成的伤亡人数发生变化的，应于当日续报。

第十二条 安全生产监督管理部门、煤矿安全监察机构接到任何单位或者个人的事故信息举报后，应当立即与事故单位或者下一级安全生产监督管理部门、煤矿安全监察机构联系，并进行调查核实。

下一级安全生产监督管理部门、煤矿安全监察机构接到上级安全生产监督管理部门、煤矿安全监察机构的事故信息举报核查通知后，应当立即组织查证核实，并在2个月内向上一级安全生产监督管理部门、煤矿安全监察机构报告核实结果。

对发生较大涉险事故的，安全生产监督管理部门、煤矿安全监察机构依照本条第二款规定向上一级安全生产监督管理部门、煤矿安全监察机构报告核实结果；对发生生产安全事故的，安全生产监督管理部门、煤矿安全监察机构应当在5日内对事故情况进行初步查证，并将事故初步查证的简要情况报告上一级安全生产监督管理部门、煤矿安全监察机构，详细核实结果在 2 个月内报告。

第十三条　事故信息经初步查证后，负责查证的安全生产监督管理部门、煤矿安全监察机构应当立即报告本级人民政府和上一级安全生产监督管理部门、煤矿安全监察机构，并书面通知公安机关、劳动保障部门、工会、人民检察院和有关部门。

第十四条　安全生产监督管理部门与煤矿安全监察机构之间，安全生产监督管理部门、煤矿安全监察机构与其他负有安全生产监督管理职责的部门之间，应当建立有关事故信息的通报制度，及时沟通事故信息。

第十五条　对于事故信息的每周、每月、每年的统计报告，按照有关规定执行。

第三章　事故信息的处置

第十六条　安全生产监督管理部门、煤矿安全监察机构应当建立事故信息处置责任制，做好事故信息的核实、跟踪、分析、统计工作。

第十七条　发生生产安全事故或者较大涉险事故后，安全生产监督管理部门、煤矿安全监察机构应当立即研究、确定并组织实施相关处置措施。安全生产监督管理部门、煤矿安全监察机构负责人按照职责分工负责相关工作。

第十八条　安全生产监督管理部门、煤矿安全监察机构接到生产安全事故报告后，应当按照下列规定派员立即赶赴事故现场：

（一）发生一般事故的，县级安全生产监督管理部门、煤矿安全监察分局负责人立即赶赴事故现场。

（二）发生较大事故的，设区的市级安全生产监督管理部门、省级煤矿安全监察局负责人应当立即赶赴事故现场。

（三）发生重大事故的，省级安全监督管理部门、省级煤矿安全监察局负责人立即赶赴事故现场。

（四）发生特别重大事故的，国家安全生产监督管理总局、国家煤矿安全监察局负责人立即赶赴事故现场。

上级安全生产监督管理部门、煤矿安全监察机构认为必要的，可以派员赶赴事故现场。

第十九条　安全生产监督管理部门、煤矿安全监察机构负责人及其有关人员赶赴事故现场后，应当随时保持与本单位的联系。有关事故信息发生重大变化的，应当依照本办法有关规定及时向本单位或者上级安全生产监督管理部门、煤矿安全监察机构报告。

第二十条　安全生产监督管理部门、煤矿安全监察机构应当依照有关规定定期向社会公布事故信息。

任何单位和个人不得擅自发布事故信息。

第二十一条　安全生产监督管理部门、煤矿安全监察机构应当根据事故信息报告的情况，启动相应的应急救援预案，或者组织有关应急救援队伍协助地方人民政府开展应急救援工作。

第二十二条 安全生产监督管理部门、煤矿安全监察机构按照有关规定组织或者参加事故调查处理工作。

第四章 罚 则

第二十三条 安全生产监督管理部门、煤矿安全监察机构及其工作人员未依法履行事故信息报告和处置职责的，依照有关规定予以处理。

第二十四条 生产经营单位及其有关人员对生产安全事故迟报、漏报、谎报或者瞒报的，依照有关规定予以处罚。

第二十五条 生产经营单位对较大涉险事故迟报、漏报、谎报或者瞒报的，给予警告，并处3万元以下的罚款。

第五章 附 则

第二十六条 本办法所称的较大涉险事故是指：

（一）涉险10人以上的事故。

（二）造成3人以上被困或者下落不明的事故。

（三）紧急疏散人员500人以上的事故。

（四）因生产安全事故对环境造成严重污染（人员密集场所、生活水源、农田、河流、水库、湖泊等）的事故。

（五）危及重要场所和设施安全（电站、重要水利设施、危化品库、油气站和车站、码头、港口、机场及其他人员密集场所等）的事故。

（六）其他较大涉险事故。

第二十七条 省级安全生产监督管理部门、省级煤矿安全监察机构可以根据本办法的规定，制定具体的实施办法。

第二十八条 本办法自2009年7月1日起施行。

46　安全评价机构管理规定

2009年6月15日国家安全生产监督管理总局局长办公会议审议通过，2009年7月1日国家安全生产监督管理总局令第22号公布，自2009年10月1日起施行；根据2013年8月19日国家安全生产监督管理总局局长办公会议审议通过、2013年8月29日国家安全生产监督管理总局令第63号公布、自公布之日起施行的《国家安全监管总局关于修改〈生产经营单位安全培训规定〉等11件规章的决定》第一次修改；根据2015年2月26日国家安全生产监督管理总局局长办公会议审议通过、2015年5月29日国家安全生产监督管理总局令第80号公布、自2015年7月1日起施行的《国家安全监管总局关于废止和修改劳动防护用品和安全培训等领域十部规章的决定》第二次修改。

第一章　总　则

第一条　为加强安全评价机构的管理，规范安全评价行为，建立公正、公平、竞争、有序的安全评价技术服务体系，根据《安全生产法》《行政许可法》和有关规定，制定本规定。

第二条　在中华人民共和国境内申请安全评价资质、从事法定安全评价活动以及安全生产监督管理部门、煤矿安全监察机构实施安全评价机构资质监督管理，适用本规定。

第三条　国家对安全评价机构实行资质许可制度。安全评价机构应当取得相应的安全评价资质证书（以下简称资质证书），并在资质证书确定的业务范围内从事安全评价活动。

未取得资质证书的安全评价机构，不得从事法定安全评价活动。

本规定所称的安全评价机构，是指依法从事安全评价活动的社会中介组织。

第四条　安全评价机构的资质分为甲级、乙级两种，根据其专业人员构成、技术条件确定各自的业务范围。安全评价机构业务范围划分标准见附件1。

甲级资质由省、自治区、直辖市安全生产监督管理部门（以下简称省级安全生产监督管理部门）、省级煤矿安全监察机构审核，国家安全生产监督管理总局审批、颁发证书；乙级资质由设区的市级安全生产监督管理部门、煤矿安全监察分局审核，省级安全生产监督管理部门、省级煤矿安全监察机构审批、颁发证书。

省级安全生产监督管理部门、设区的市级安全生产监督管理部门负责除煤矿以外的安全评价机构资质的审批、审核工作，省级煤矿安全监察机构、煤矿安全监察分局负责煤矿的安全评价机构资质的审批、审核工作。

未设立煤矿安全监察机构的省、自治区、直辖市，由省级安全生产监督管理部门、设区的市级安全生产监督管理部门负责煤矿的安全评价机构资质的审批、审核工作。

第五条 根据社会经济发展水平、区域经济结构和安全评价工作的需要，国家对安全评价机构的设置实行统筹规划、合理布局和总量控制。

第六条 取得甲级资质的安全评价机构，可以根据确定的业务范围在全国范围内从事安全评价活动；取得乙级资质的安全评价机构，可以根据确定的业务范围在其所在的省、自治区、直辖市内从事安全评价活动。

下列建设项目或者企业的安全评价，必须由取得甲级资质的安全评价机构承担：

（一）国务院及其投资主管部门审批（核准、备案）的建设项目。

（二）跨省、自治区、直辖市的建设项目。

（三）生产剧毒化学品的建设项目。

（四）生产剧毒化学品的企业和其他大型生产企业。

法律、法规和国务院或其有关部门对安全评价有特殊规定的，依照其规定。

第七条 国家安全生产监督管理总局、省级安全生产监督管理部门、省级煤矿安全监察机构定期向社会公布取得甲级、乙级资质的安全评价机构的名称、业务范围、从业人员、技术装备等相关信息，并接受社会监督。

第二章　取得资质的条件和程序

第八条 安全评价机构申请甲级资质，应当具备下列条件：

（一）具有法人资格，固定资产 400 万元以上。

（二）有与其开展工作相适应的固定工作场所和设施、设备，具有必要的技术支撑条件。

（三）取得安全评价机构乙级资质 3 年以上，且没有违法行为记录。

（四）有健全的内部管理制度和安全评价过程控制体系。

（五）有 25 名以上专职安全评价师，其中一级安全评价师 20%以上、二级安全评价师 30%以上。按照不少于专职安全评价师 30%的比例配备注册安全工程师。安全评价师、注册安全工程师有与其申报业务相适应的专业能力。

（六）法定代表人通过具备安全培训条件的机构组织的相关安全生产和安全评价知识培训，并考试合格。

（七）设有专职技术负责人和过程控制负责人。专职技术负责人有二级以上安全评价师和注册安全工程师资格，并具有与所申报业务相适应的高级专业技术职称。

（八）法律、行政法规、规章规定的其他条件。

第九条 安全评价机构申请乙级资质，应当具备下列条件：

（一）具有法人资格，固定资产 200 万元以上。

（二）有与其开展工作相适应的固定工作场所和设施设备，具有必要的技术支撑条件。

（三）有健全的内部管理制度和安全评价过程控制体系。

（四）有 16 名以上专职安全评价师，其中一级安全评价师 20%以上、二级安全评价师 30%以上。按照不少于专职安全评价师 30%的比例配备注册安全工程师。安全评价师、注册安全工程师有与其申报业务相适应的专业能力。

（五）法定代表人通过具备安全培训条件的机构组织的相关安全生产和安全评价知识培训，并考试合格。

（六）设有专职技术负责人和过程控制负责人。专职技术负责人有二级以上安全评价师和注册安全工程师资格，并具有与所申报业务相适应的高级专业技术职称。

（七）法律、行政法规、规章规定的其他条件。

第十条 申请甲级、乙级资质的机构，应当按照本规定第四条的规定，于每年6月向国家安全生产监督管理总局、省级安全生产监督管理部门、省级煤矿安全监察机构（以下简称资质审批机关）提出申请。

第十一条 申请甲级资质，按照下列程序办理：

（一）申请人将安全评价机构资质申请表和本规定第八条规定的证明材料，报所在地省级安全生产监督管理部门、省级煤矿安全监察机构审核。

（二）省级安全生产监督管理部门、省级煤矿安全监察机构应当在5日内对申请人提供的证明材料进行预审以决定是否受理。予以受理的，自受理申请之日起20日内完成审核工作，并将审核报告和证明材料报国家安全生产监督管理总局；不予受理的，向申请人书面说明理由。

（三）国家安全生产监督管理总局接到审核报告和证明材料后，应当按照本规定的要求进行审批，并在20日内完成审批工作。经审批合格的，颁发资质证书；不合格的，不予颁发资质证书，并书面说明理由。

第十二条 申请乙级资质，按照下列程序办理：

（一）申请人将安全评价机构资质申请表和本规定第九条规定的证明材料，报所在地设区的市级安全生产监督管理部门、煤矿安全监察分局审核。

（二）设区的市级安全生产监督管理部门、煤矿安全监察分局应当在5日内对申请人提供的证明材料进行预审并决定是否受理。予以受理的，自受理申请之日起20日内完成审核工作，并将审核报告和证明材料报省级安全生产监督管理部门、省级煤矿安全监察机构；不予受理的，向申请人书面说明理由。

（三）省级安全生产监督管理部门、省级煤矿安全监察机构接到审核报告和证明材料后，应当按照本规定的要求进行审批，并在20日内完成审批工作。经审批合格的，颁发资质证书，并填写乙级资质安全评价机构审批备案表（式样见附件2），自颁发资质证书之日起30日内报国家安全生产监督管理总局备案；不合格的，不予颁发资质证书，并书面说明理由。

第十三条 安全生产监督管理部门、煤矿安全监察机构进行资质审核、审批时，可以采用形式审查、现场审查、综合审查相结合的方式。

形式审查，是指对申请人提供的文件、材料是否符合规定要求所进行的审查。

现场审查，是指对申请人提供的文件、材料的实质内容进行的现场核查。

综合审查，是指对申请人提供的文件、材料及其真实性的综合评定。

安全生产监督管理部门、煤矿安全监察机构需要对申请材料的实质内容进行核实的，应当指派两名以上工作人员进行现场审查。现场审查所需时间不计入资质审核、审批期限。

第十四条 安全评价机构取得资质1年以上，需要增加业务范围的，应当按照本规定第四条的规定于每年9月向资质审批机关提出申请。

申请增加业务范围的程序按照本规定第十一条、第十二条、第十三条的规定办理。

第十五条 安全评价机构的资质证书遗失的，应当及时在有关电视、报刊等媒体上予以声明，并向原资质审批机关申请补发。

第十六条 甲级、乙级资质证书的有效期均为3年。资质证书有效期满需要延期的，安全评价机构应当于期满前3个月向原资质审批机关提出申请，经复审合格后予以办理延期手续；不合格的，不予办理延期手续。

第十七条 安全评价机构有下列情形之一的，应当在发生变化之日起30日内向原资质审批机关申请办理资质证书变更手续：

（一）机构分立或者合并的。

（二）机构名称或者地址发生变化的。

（三）法定代表人、技术负责人发生变化的。

第十八条 安全评价机构有下列情形之一的，资质审批机关应当注销其资质：

（一）资质证书有效期届满未申请延期或者申请延期但不予批准的。

（二）被依法终止的。

（三）自行申请注销的。

第十九条 安全评价机构甲级、乙级资质证书由国家安全生产监督管理总局统一印制。

第三章 安全评价活动

第二十条 安全评价机构应当依照法律、法规、规章、国家标准或者行业标准的规定，遵循客观公正、诚实守信、公平竞争的原则，遵守执业准则，恪守职业道德，依法独立开展安全评价活动，客观、如实地反映所评价的安全事项，并对作出的安全评价结果承担法律责任。

被评价对象的安全生产条件发生重大变化的，被评价对象应当及时委托有资质的安全评价机构重新进行安全评价；未委托重新进行安全评价的，由被评价对象对其产生的后果负责。

第二十一条 安全评价机构开展安全评价业务活动时，应当依法与委托方签订安全评价技术服务合同，明确评价对象、评价范围以及双方的权利、义务和责任。

安全评价机构与被评价对象有利害关系的，应当回避。

建设项目的安全预评价和安全验收评价不得委托同一个安全评价机构。

第二十二条 安全评价机构从事安全评价活动的收费，必须符合法律、法规和有关财政收费的规定。法律、法规和有关财政收费没有规定的，应当按照行业自律标准或者指导性标准收费；没有行业自律和指导性收费标准的，双方可以通过合同协商确定。

省级安全生产监督管理部门、省级煤矿安全监察机构可以根据本行政区域经济发展水平、产业结构以及周边区域收费情况，出台本行政区域的收费指导意见，报国家安全生产监督管理总局备案。

第二十三条　安全评价机构及其从业人员在从事安全评价活动中，不得有下列行为：

（一）泄露被评价对象的技术秘密和商业秘密。

（二）伪造、转让或者租借资质、资格证书。

（三）超出资质证书业务范围从事安全评价活动。

（四）出具虚假或者严重失实的安全评价报告。

（五）转包安全评价项目。

（六）擅自更改、简化评价程序和相关内容。

（七）同时在两个以上安全评价机构从业。

（八）故意贬低、诋毁其他安全评价机构。

（九）从业人员不到现场开展安全评价活动。

（十）法律、法规和规章规定的其他违法、违规行为。

第二十四条　安全评价机构应当建立健全内部管理制度和安全评价过程控制体系。安全评价过程控制记录、被评价对象现场勘查记录、影像资料及相关证明材料，应当及时归档，妥善保管。技术负责人和过程控制负责人应当按照法律、法规、规章和国家标准、行业标准的规定，加强安全评价活动全过程管理。

安全评价机构应当依法与从业人员签订劳动合同，并为其提供必要的劳动防护用品。

第二十五条　取得甲级资质的安全评价机构跨省、自治区、直辖市开展安全评价活动，应当填写甲级资质安全评价机构跨省（自治区、直辖市）开展评价工作报告表（式样见附件3），报送评价项目所在地的省级安全生产监督管理部门、省级煤矿安全监察机构备案，并接受其监督检查。

第二十六条　从事安全评价活动的安全评价师、注册安全工程师应当每年参加必要的继续教育，不断提高安全评价水平。

第二十七条　安全评价行业组织应当加强自律管理，维护安全评价市场秩序，推进安全评价诚信体系建设，建立并完善从业人员管理制度，强化对从业人员的监督。

第四章　监督管理

第二十八条　安全生产监督管理部门、煤矿安全监察机构及其工作人员应当坚持公开、公平、公正的原则，严格按照法律、法规和本规定，审核、审批和颁发资质证书。

第二十九条　对已经取得资质证书的安全评价机构，安全生产监督管理部门、煤矿安全监察机构应当加强监督检查；发现安全评价机构不具备资质条件的，依照规定予以处理。监督检查记录应当经检查人员和安全评价机构负责人签字后归档。

安全评价机构及其从业人员应当接受安全生产监督管理部门、煤矿安全监察机构及其工作人员的监督检查。

对违法违规的安全评价机构和从业人员，安全生产监督管理部门、煤矿安全监察机构应当建立“黑名单”制度，及时向社会公告。

第三十条 安全生产监督管理部门、煤矿安全监察机构应当建立健全安全评价的申诉、投诉和举报制度，受理社会和个人的申诉、投诉和举报，并依法处理。

第三十一条 国家对安全评价机构实行定期考核。

安全评价机构应当每年填写安全评价工作业绩表，经被评价对象确认后，分别报国家安全生产监督管理总局、省级安全生产监督管理部门、省级煤矿安全监察机构备案。安全评价工作业绩表列入安全评价机构考核的重要内容。

对安全评价机构在资质证书有效期内没有开展相应活动的，核减相应的业务范围；定期考核不合格的，依照本规定予以处理。

第三十二条 安全生产监督管理部门、煤矿安全监察机构及其工作人员不得有下列行为：

（一）要求被评价对象接受指定的安全评价机构进行安全评价。

（二）以备案为由，变相设立法律、法规规定以外的行政许可。

（三）采取任何形式的地区保护，限制外地评价机构到本地区开展评价活动。

（四）干预安全评价机构开展正常活动。

（五）以任何理由或者任何方式向安全评价机构收取费用或者变相收取费用。

（六）向安全评价机构摊派财物。

（七）在安全评价机构报销任何费用。

第三十三条 监察机关依照《行政监察法》的规定，对安全生产监督管理部门、煤矿安全监察机构及其工作人员履行安全评价资质监督管理职责实施监察。

第五章 罚 则

第三十四条 安全生产监督管理部门、煤矿安全监察机构工作人员在对安全评价机构实施行政许可和监督检查工作中滥用职权、玩忽职守、徇私舞弊的，依照有关规定给予处理。

第三十五条 安全评价机构未取得相应资质证书，或者冒用资质证书、使用伪造的资质证书从事安全评价活动的，给予警告，并处2万元以上3万元以下的罚款。

转让、租借资质证书或者转包安全评价项目的，给予警告，并处1万元以上2万元以下的罚款。

安全评价机构的资质证书有效期届满未办理延期或者未经批准延期擅自从事安全评价活动的，依照本条第一款的规定处罚。

第三十六条 安全评价机构有下列情形之一的，给予警告，并处1万元以下的罚款；情节严重的，暂停资质半年，并处3万元以下的罚款；对相关责任人依法给予处理：

（一）从业人员不到现场开展评价活动的。

（二）安全评价报告与实际情况不符，或者评价报告存在重大疏漏，但尚未造成重大损失的。

（三）未按照有关法律、法规、规章和国家标准、行业标准的规定从事安全评价活动的。

（四）泄露被评价对象的技术秘密和商业秘密的。

（五）采取不正当竞争手段，故意贬低、诋毁其他安全评价机构，并造成严重影响的。

（六）未按规定办理资质证书变更手续的。

（七）定期考核不合格，经整改后仍达不到规定要求的。

（八）内部管理混乱，安全评价过程控制未有效实施的。

（九）未依法与委托方签订安全评价技术服务合同的。

（十）拒绝、阻碍安全生产监督管理部门、煤矿安全监察机构依法监督检查的。

第三十七条　安全评价机构出具虚假证明或者虚假评价报告，尚不构成刑事处罚的，没收违法所得，违法所得在5 000元以上的，并处违法所得二倍以上五倍以下的罚款；没有违法所得或者违法所得不足5 000元的，单处或者并处5 000元以上2万元以下的罚款，对其直接负责的主管人员和其他责任人员处5 000元以上5万元以下的罚款；给他人造成损害的，与被评价对象承担连带赔偿责任。

对有前款违法行为的，撤销其相应的资质。

第三十八条　安全评价机构有下列情形之一的，撤销其相应资质：

（一）不符合本规定第八条、第九条规定的资质条件的。

（二）弄虚作假骗取资质证书的。

（三）有其他依法应当撤销资质的情形的。

第三十九条　本规定所规定的行政处罚，由省级以上安全生产监督管理部门、煤矿安全监察机构决定。对甲级资质评价机构的处罚，国家安全生产监督管理总局可以委托省级安全生产监督管理部门、省级煤矿安全监察机构实施。

撤销资质证书的行政处罚由原资质审批机关决定。

第六章　附　　则

第四十条　本规定所称安全评价师，是指取得国家职业资格，专门从事安全评价活动的人员。

第四十一条　本规定施行前已经取得相应资质的安全评价机构，应于其资质证书有效期满前3个月，按照本规定的条件和程序，重新申请取得相应的安全评价资质；逾期不申请或者经复审不符合规定的相应资质条件，继续从事安全评价活动的，依照本规定第三十五条第一款的规定处罚。

申请海洋石油天然气开采安全评价机构资质的，由国家安全生产监督管理总局直接受理，其资质条件参照本规定执行。

第四十二条　本规定所称的“以上”“以下”，均包括本数。

第四十三条　本规定自2009年10月1日起施行。原国家安全生产监督管理局（国家煤矿安全监察局）2004年10月20日公布的《安全评价机构管理规定》同时废止。

47 安全生产监管监察职责和行政执法责任追究的暂行规定

2009年5月27日国家安全生产监督管理总局局长办公会议审议通过，2009年7月25日国家安全生产监督管理总局令第24号公布，自2009年10月1日起施行；根据2013年8月19日国家安全生产监督管理总局局长办公会议审议通过、2013年8月29日国家安全生产监督管理总局令第63号公布、自公布之日起施行的《国家安全监管总局关于修改〈生产经营单位安全培训规定〉等11件规章的决定》第一次修改；根据2015年1月16日国家安全生产监督管理总局局长办公会议审议通过、2015年4月2日国家安全生产监督管理总局令第77号公布、自2015年5月1日起施行的《国家安全监管总局关于修改〈生产安全事故报告和调查处理条例〉罚款处罚暂行规定等四部规章的决定》第二次修改。

第一章 总 则

第一条 为促进安全生产监督管理部门、煤矿安全监察机构及其行政执法人员依法履行职责，落实行政执法责任，保障公民、法人和其他组织合法权益，根据《公务员法》《安全生产法》《安全生产许可证条例》等法律法规和国务院有关规定，制定本规定。

第二条 县级以上人民政府安全生产监督管理部门、煤矿安全监察机构（以下统称安全监管监察部门）及其内设机构、行政执法人员履行安全生产监管监察职责和实施行政执法责任追究，适用本规定；法律、法规对行政执法责任追究或者党政领导干部问责另有规定的，依照其规定。

本规定所称行政执法责任追究，是指对作出违法、不当的安全监管监察行政执法行为（以下简称行政执法行为），或者未履行法定职责的安全监管监察部门及其内设机构、行政执法人员，实施行政责任追究（以下简称责任追究）。

第三条 责任追究应当遵循公正公平、有错必纠、责罚相当、惩教结合的原则，做到事实清楚、证据确凿、定性准确、处理适当、程序合法、手续完备。

第四条 责任追究实行回避制度。与违法、不当行政执法行为或者责任人有利害关系，或者有其他特殊关系，可能影响公正处理的人员，实施责任追究时应当回避。

安全监管监察部门负责人的回避由该部门负责人集体讨论决定，其他人员的回避由该部门负责人决定。

第二章 安全生产监管监察和行政执法职责

第五条 县级以上人民政府安全生产监督管理部门依法对本行政区域内安全生产工作

实施综合监督管理，指导协调和监督检查本级人民政府有关部门依法履行安全生产监督管理职责；对本行政区域内没有其他行政主管部门负责安全生产监督管理的生产经营单位实施安全生产监督管理；对下级人民政府安全生产工作进行监督检查。

煤矿安全监察机构依法履行国家煤矿安全监察职责，实施煤矿安全监察行政执法，对煤矿安全进行重点监察、专项监察和定期监察，对地方人民政府依法履行煤矿安全生产监督管理职责的情况进行监督检查。

第六条　安全监管监察部门应当依照《安全生产法》和其他有关法律、法规、规章和本级人民政府、上级安全监管监察部门规定的安全监管监察职责，根据各自的监管监察权限、行政执法人员数量、监管监察的生产经营单位状况、技术装备和经费保障等实际情况，制订本部门年度安全监管或者煤矿安全监察执法工作计划，并按照执法工作计划进行监管监察，发现事故隐患，应当依法及时处理。

安全监管执法工作计划应当报本级人民政府批准后实施，并报上一级安全监管部门备案；煤矿安全监察执法工作计划应当报上一级煤矿安全监察机构批准后实施。安全监管和煤矿安全监察执法工作计划因特殊情况需要作出重大调整或者变更的，应当及时报原批准单位批准，并按照批准后的计划执行。

安全监管和煤矿安全监察执法工作计划应当包括监管监察的对象、时间、次数、主要事项、方式和职责分工等内容。根据安全监管监察工作需要，安全监管监察部门可以按照安全监管和煤矿安全监察执法工作计划编制现场检查方案，对作业现场的安全生产实施监督检查。

第七条　安全监管监察部门应当按照各自权限，依照法律、法规、规章和国家标准或者行业标准规定的安全生产条件和程序，履行下列行政审批或者考核职责：

（一）矿山、金属冶炼建设项目和用于生产、储存危险物品的建设项目安全设施的设计审查。

（二）矿山企业、危险化学品和烟花爆竹生产企业的安全生产许可。

（三）危险化学品经营许可。

（四）非药品类易制毒化学品生产、经营许可。

（五）烟花爆竹经营（批发、零售）许可。

（六）矿山、危险化学品、烟花爆竹生产经营单位和金属冶炼单位主要负责人、安全生产管理人员的安全资格认定，特种作业人员（特种设备作业人员除外）操作资格认定。

（七）涉及人身安全、危险性较大的海洋石油开采特种设备和矿山井下特种设备安全使用证或者安全标志的核发。

（八）安全生产检测检验、安全评价机构资质的认可。

（九）注册助理安全工程师资格、注册安全工程师执业资格的考试和注册。

（十）法律、行政法规和国务院设定的其他行政审批或者考核职责。

行政许可申请人对其申请材料实质内容的真实性负责。安全监管监察部门对符合法定条件的申请，应当依法予以受理，并作出准予或者不予行政许可的决定。根据法定条件和程序，需要对申请材料的实质内容进行核实的，应当指派两名以上行政执法人员进行核查。

对未依法取得行政许可或者验收合格擅自从事有关活动的生产经营单位，安全监管监察部门发现或者接到举报后，属于本部门行政许可职责范围的，应当及时依法查处；属于其他部门行政许可职责范围的，应当及时移送相关部门。对已经依法取得本部门行政许可的生产经营单位，发现其不再具备安全生产条件的，安全监管监察部门应当依法暂扣或者吊销原行政许可证件。

第八条 安全监管监察部门应当按照年度安全监管和煤矿安全监察执法工作计划、现场检查方案，对生产经营单位是否具备有关法律、法规、规章和国家标准或者行业标准规定的安全生产条件进行监督检查，重点监督检查下列事项：

（一）依法通过有关安全生产行政审批的情况。

（二）有关人员的安全生产教育和培训、考核情况。

（三）建立和落实安全生产责任制、安全生产规章制度和操作规程、作业规程的情况。

（四）按照国家规定提取和使用安全生产费用，安排用于配备劳动防护用品、进行安全生产教育和培训的经费，以及其他安全生产投入的情况。

（五）依法设置安全生产管理机构和配备安全生产管理人员的情况。

（六）危险物品的生产、储存单位以及矿山、金属冶炼单位配备或者聘用注册安全工程师的情况。

（七）从业人员、被派遣劳动者和实习学生受到安全生产教育、培训及其教育培训档案的情况。

（八）新建、改建、扩建工程项目的安全设施与主体工程同时设计、同时施工、同时投入生产和使用，以及按规定办理设计审查和竣工验收的情况。

（九）在有较大危险因素的生产经营场所和有关设施、设备上，设置安全警示标志的情况。

（十）对安全设备的维护、保养、定期检测的情况。

（十一）重大危险源登记建档、定期检测、评估、监控和制定应急预案的情况。

（十二）教育和督促从业人员严格执行本单位的安全生产规章制度和安全操作规程，并向从业人员如实告知作业场所和工作岗位存在的危险因素、防范措施以及事故应急措施的情况。

（十三）为从业人员提供符合国家标准或者行业标准的劳动防护用品，并监督、教育从业人员按照使用规则正确佩戴和使用的情况。

（十四）在同一作业区域内进行生产经营活动，可能危及对方生产安全的，与对方签订安全生产管理协议，明确各自的安全生产管理职责和应当采取的安全措施，并指定专职安全生产管理人员进行安全检查与协调的情况。

（十五）对承包单位、承租单位的安全生产工作实行统一协调、管理，定期进行安全检查，督促整改安全问题的情况。

（十六）建立健全生产安全事故隐患排查治理制度，及时发现并消除事故隐患，如实记录事故隐患治理，以及向从业人员通报的情况。

（十七）制定、实施生产安全事故应急预案，定期组织应急预案演练，以及有关应急预案备案的情况。

（十八）危险物品的生产、经营、储存单位以及矿山、金属冶炼单位建立应急救援组织或者兼职救援队伍、签订应急救援协议，以及应急救援器材、设备和物资的配备、维护、保养的情况。

（十九）按照规定报告生产安全事故的情况。

（二十）依法应当监督检查的其他情况。

第九条　安全监管监察部门在监督检查中，发现生产经营单位存在安全生产违法行为或者事故隐患的，应当依法采取下列现场处理措施：

（一）当场予以纠正。

（二）责令限期改正、责令限期达到要求。

（三）责令立即停止作业（施工）、责令立即停止使用、责令立即排除事故隐患。

（四）责令从危险区域撤出作业人员。

（五）责令暂时停产停业、停止建设、停止施工或者停止使用相关设备、设施。

（六）依法应当采取的其他现场处理措施。

第十条　被责令限期改正、限期达到要求、暂时停产停业、停止建设、停止施工或者停止使用的生产经营单位提出复查申请或者整改、治理限期届满的，安全监管监察部门应当自收到申请或者限期届满之日起10日内进行复查，并填写复查意见书，由被复查单位和安全监管监察部门复查人员签名后存档。

煤矿安全监察机构依照有关规定将复查工作移交给县级以上地方人民政府负责煤矿安全生产监督管理的部门的，应当及时将相应的执法文书抄送该部门并备案。县级以上地方人民政府负责煤矿安全生产监督管理的部门应当自收到煤矿申请或者限期届满之日起10日内进行复查，并填写复查意见书，由被复查煤矿和复查人员签名后存档，并将复查意见书及时抄送移交复查的煤矿安全监察机构。

对逾期未整改、治理或者整改、治理不合格的生产经营单位，安全监管监察部门应当依法给予行政处罚，并依法提请县级以上地方人民政府按照规定的权限决定关闭。

第十一条　安全监管监察部门在监督检查中，发现生产经营单位存在安全生产非法、违法行为的，有权依法采取下列行政强制措施：

（一）对有根据认为不符合安全生产的国家标准或者行业标准的在用设施、设备、器材，违法生产、储存、使用、经营、运输的危险物品，以及违法生产、储存、使用、经营危险物品的作业场所予以查封或者扣押，并依法作出处理决定。

（二）扣押相关的证据材料和违法物品，临时查封有关场所。

（三）法律、法规规定的其他行政强制措施。

实施查封、扣押的，应当制作并当场交付查封、扣押决定书和清单。

第十二条　安全监管监察部门依法对存在重大事故隐患的生产经营单位作出停产停业、停止施工、停止使用相关设施、设备的决定，生产经营单位应当依法执行，及时消除事故隐患。生产经营单位拒不执行，有发生生产安全事故的现实危险的，在保证安全的前提下，经本部门主要负责人批准，安全监管监察部门可以采取通知有关单位停止供电、停止供应民用爆炸物品等措施，强制生产经营单位履行决定。通知应当采用书面形式，有关单位应当予以配合。

安全监管监察部门依照前款规定采取停止供电措施，除有危及生产安全的紧急情形外，应当提前二十四小时通知生产经营单位。生产经营单位依法履行行政决定、采取相应措施消除事故隐患的，安全监管监察部门应当及时解除前款规定的措施。

第十三条 安全监管监察部门在监督检查中，发现生产经营单位存在的安全问题涉及有关地方人民政府或其有关部门的，应当及时向有关地方人民政府报告或其有关部门通报。

第十四条 安全监管监察部门应当严格依照法律、法规和规章规定的行政处罚的行为、种类、幅度和程序，按照各自的管辖权限，对监督检查中发现的生产经营单位及有关人员的安全生产非法、违法行为实施行政处罚。

对到期不缴纳罚款的，安全监管监察部门可以每日按罚款数额的百分之三加处罚款。

生产经营单位拒不执行安全监管监察部门行政处罚决定的，作出行政处罚决定的安全监管监察部门可以依法申请人民法院强制执行；拒不执行处罚决定可能导致生产安全事故的，应当及时向有关地方人民政府报告或其有关部门通报。

第十五条 安全监管监察部门对生产经营单位及其从业人员作出现场处理措施、行政强制措施和行政处罚决定等行政执法行为前，应当充分听取当事人的陈述、申辩，对其提出的事实、理由和证据，应当进行复核。当事人提出的事实、理由和证据成立的，应当予以采纳。

安全监管监察部门对生产经营单位及其从业人员作出现场处理措施、行政强制措施和行政处罚决定等行政执法行为时，应当依法制作有关法律文书，并按照规定送达当事人。

第十六条 安全监管监察部门应当依法履行下列生产安全事故报告和调查处理职责：

（一）建立值班制度，并向社会公布值班电话，受理事故报告和举报。

（二）按照法定的时限、内容和程序逐级上报和补报事故。

（三）接到事故报告后，按照规定派人立即赶赴事故现场，组织或者指导协调事故救援。

（四）按照规定组织或者参加事故调查处理。

（五）对事故发生单位落实事故防范和整改措施的情况进行监督检查。

（六）依法对事故责任单位和有关责任人员实施行政处罚。

（七）依法应当履行的其他职责。

第十七条 安全监管监察部门应当依法受理、调查和处理本部门法定职责范围内的举报事项，并形成书面材料。调查处理情况应当答复举报人，但举报人的姓名、名称、住址不清的除外。对不属于本部门职责范围的举报事项，应当依法予以登记，并告知举报人向有权机关提出。

第十八条 安全监管监察部门应当依法受理行政复议申请，审理行政复议案件，并作出处理或者决定。

第三章 责任追究的范围与承担责任的主体

第十九条 安全监管监察部门及其内设机构、行政执法人员履行本规定第二章规定的行政执法职责，有下列违法或者不当的情形之一，致使行政执法行为被撤销、变更、确认违法，或者被责令履行法定职责、承担行政赔偿责任的，应当实施责任追究：

（一）超越、滥用法定职权的。

（二）主要事实不清、证据不足的。

（三）适用依据错误的。

（四）行政裁量明显不当的。

（五）违反法定程序的。

（六）未按照年度安全监管或者煤矿安全监察执法工作计划、现场检查方案履行法定职责的。

（七）其他违法或者不当的情形。

前款所称的行政执法行为被撤销、变更、确认违法，或者被责令履行法定职责、承担行政赔偿责任，是指行政执法行为被人民法院生效的判决、裁定，或者行政复议机关等有权机关的决定予以撤销、变更、确认违法或者被责令履行法定职责、承担行政赔偿责任的情形。

第二十条 有下列情形之一的，安全监管监察部门及其内设机构、行政执法人员不承担责任：

（一）因生产经营单位、中介机构等行政管理相对人的行为，致使安全监管监察部门及其内设机构、行政执法人员无法作出正确行政执法行为的。

（二）因有关行政执法依据规定不一致，致使行政执法行为适用法律、法规和规章依据不当的。

（三）因不能预见、不能避免并不能克服的不可抗力致使行政执法行为违法、不当或者未履行法定职责的。

（四）违法、不当的行政执法行为情节轻微并及时纠正，没有造成不良后果或者不良后果被及时消除的。

（五）按照批准、备案的安全监管或者煤矿安全监察执法工作计划、现场检查方案和法律、法规、规章规定的方式、程序已经履行安全生产监管监察职责的。

（六）对发现的安全生产非法、违法行为和事故隐患已经依法查处，因生产经营单位及其从业人员拒不执行安全生产监管监察指令导致生产安全事故的。

（七）生产经营单位非法生产或者经责令停产停业整顿后仍不具备安全生产条件，安全监管监察部门已经依法提请县级以上地方人民政府决定取缔或者关闭的。

（八）对拒不执行行政处罚决定的生产经营单位，安全监管监察部门已经依法申请人民法院强制执行的。

（九）安全监管监察部门已经依法向县级以上地方人民政府提出加强和改善安全生产监

督管理建议的。

（十）依法不承担责任的其他情形。

第二十一条 承办人直接作出违法或者不当行政执法行为的，由承办人承担责任。

第二十二条 对安全监管监察部门应当经审核、批准作出的行政执法行为，分别按照下列情形区分并承担责任：

（一）承办人未经审核人、批准人审批擅自作出行政执法行为，或者不按审核、批准的内容实施，致使行政执法行为违法或者不当的，由承办人承担责任。

（二）承办人弄虚作假、徇私舞弊，或者承办人提出的意见错误，审核人、批准人没有发现或者发现后未予以纠正，致使行政执法行为违法或者不当的，由承办人承担主要责任，审核人、批准人承担次要责任。

（三）审核人改变或者不采纳承办人的正确意见，批准人批准该审核意见，致使行政执法行为违法或者不当的，由审核人承担主要责任，批准人承担次要责任。

（四）审核人未报请批准人批准而擅自作出决定，致使行政执法行为违法或者不当的，由审核人承担责任。

（五）审核人弄虚作假、徇私舞弊，致使批准人作出错误决定的，由审核人承担责任。

（六）批准人改变或者不采纳承办人、审核人的正确意见，致使行政执法行为违法或者不当的，由批准人承担责任。

（七）未经承办人拟办、审核人审核，批准人直接作出违法或者不当的行政执法行为的，由批准人承担责任。

第二十三条 因安全监管监察部门指派不具有行政执法资格的单位或者人员执法，致使行政执法行为违法或者不当的，由指派部门及其负责人承担责任。

第二十四条 因安全监管监察部门负责人集体研究决定，致使行政执法行为违法或者不当的，主要负责人应当承担主要责任，参与作出决定的其他负责人应当分别承担相应的责任。

安全监管监察部门负责人擅自改变集体决定，致使行政执法行为违法或者不当的，由该负责人承担全部责任。

第二十五条 两名以上行政执法人员共同作出违法或者不当行政执法行为的，由主办人员承担主要责任，其他人员承担次要责任；不能区分主要、次要责任人的，共同承担责任。

因安全监管监察部门内设机构单独决定，致使行政执法行为违法或者不当的，由该机构承担全部责任；因两个以上内设机构共同决定，致使行政执法行为违法或者不当的，由有关内设机构共同承担责任。

第二十六条 经安全监管监察部门内设机构会签作出的行政执法行为，分别按照下列情形区分并承担责任：

（一）主办机构提供的有关事实、证据不真实、不准确或者不完整，会签机构通过审查能够提出正确意见但没有提出，致使行政执法行为违法或者不当的，由主办机构承担主要责任，会签机构承担次要责任。

（二）主办机构没有采纳会签机构提出的正确意见，致使行政执法行为违法或者不当的，由主办机构承担责任。

第二十七条　因执行上级安全监管监察部门的指示、批复，致使行政执法行为违法或者不当的，由作出指示、批复的上级安全监管监察部门承担责任。

因请示、报告单位隐瞒事实或者未完整提供真实情况等原因，致使上级安全监管监察部门作出错误指示、批复的，由请示、报告单位承担责任。

第二十八条　下级安全监管监察部门认为上级的决定或者命令有错误的，可以向上级提出改正、撤销该决定或者命令的意见；上级不改变该决定或者命令，或者要求立即执行的，下级安全监管监察部门应当执行该决定或者命令，其不当或者违法责任由上级安全监管监察部门承担。

第二十九条　上级安全监管监察部门改变、撤销下级安全监管监察部门作出的行政执法行为，致使行政执法行为违法或者不当的，由上级安全监管监察部门及其有关内设机构、行政执法人员依照本章规定分别承担相应责任。

第三十条　安全监管监察部门及其内设机构、行政执法人员不履行法定职责的，应当根据各自的职责分工，依照本章规定区分并承担责任。

第四章　责任追究的方式与适用

第三十一条　对安全监管监察部门及其内设机构的责任追究包括下列方式：

（一）责令限期改正。

（二）通报批评。

（三）取消当年评优评先资格。

（四）法律、法规和规章规定的其他方式。

对行政执法人员的责任追究包括下列方式：

（一）批评教育。

（二）离岗培训。

（三）取消当年评优评先资格。

（四）暂扣行政执法证件。

（五）调离执法岗位。

（六）法律、法规和规章规定的其他方式。

本条第一款和第二款规定的责任追究方式，可以单独或者合并适用。

第三十二条　对安全监管监察部门及其内设机构、行政执法人员实施责任追究的时候，应当根据违法、不当行政执法行为的事实、性质、情节和对于社会的危害程度，依照本规定的有关条款决定。

第三十三条　违法或者不当行政执法行为的情节较轻、危害较小的，对安全监管监察部门责令限期改正，对行政执法人员予以批评教育或者离岗培训，并取消当年评优评先资格。

违法或者不当行政执法行为的情节较重、危害较大的，对安全监管监察部门责令限期改正，予以通报批评，并取消当年评优评先资格；对行政执法人员予以调离执法岗位或者暂扣行政执法证件，并取消当年评优评先资格。

第三十四条 安全监管监察部门及其内设机构在年度行政执法评议考核中被确定为不合格的，责令限期改正，并予以通报批评、取消当年评优评先资格。

行政执法人员在年度行政执法评议考核中被确定为不称职的，予以离岗培训、暂扣行政执法证件，并取消当年评优评先资格。

第三十五条 一年内被申请行政复议或者被提起行政诉讼的行政执法行为中，被撤销、变更、确认违法的比例占20%以上（含本数，下同）的，应当责令有关安全监管监察部门限期改正，并取消当年评优评先资格。

第三十六条 安全监管监察部门承担行政赔偿责任的，应当依照《国家赔偿法》第十四条的规定，责令有故意或者重大过失的行政执法人员承担全部或者部分行政赔偿费用。

第三十七条 对实施违法或者不当的行政执法行为，或者未履行法定职责的行政执法人员，依照《公务员法》《行政机关公务员处分条例》等的规定应当给予行政处分或者辞退处理的，依照其规定。

第三十八条 行政执法人员的行政执法行为涉嫌犯罪的，移交司法机关处理。

第三十九条 有下列情形之一的，可以从轻或者减轻追究责任：

（一）违反本规定第十一条至第十四条所规定的职责，未造成严重后果的。

（二）主动采取措施，有效避免损失或者挽回影响的。

（三）积极配合责任追究，并且主动承担责任的。

（四）依法可以从轻的其他情形。

第四十条 有下列情形之一的，应当从重追究责任：

（一）因违法、不当行政执法行为或者不履行法定职责，严重损害国家声誉，或者造成恶劣社会影响，或者致使公共财产、国家和人民利益遭受重大损失的。

（二）滥用职权、玩忽职守、徇私舞弊，致使行政执法行为违法、不当的。

（三）弄虚作假、隐瞒真相，干扰、阻碍责任追究的。

（四）对检举人、控告人、申诉人和实施责任追究的人员打击、报复、陷害的。

（五）一年内出现两次以上应当追究责任的情形的。

（六）依法应当从重追究责任的其他情形。

第五章 责任追究的机关与程序

第四十一条 安全生产监督管理部门及其负责人的责任，按照干部管理权限，由其上级安全生产监督管理部门或者本级人民政府行政监察机关追究；所属内设机构和其他行政执法人员的责任，由所在安全生产监督管理部门追究。

煤矿安全监察机构及其负责人的责任，按照干部管理权限，由其上级煤矿安全监察机构追究；所属内设机构及其行政执法人员的责任，由所在煤矿安全监察机构追究。

第四十二条　安全监管监察部门进行责任追究，按照下列程序办理：

（一）负责法制工作的机构自行政执法行为被确认违法、不当之日起15日内，将有关当事人的情况书面通报本部门负责行政监察工作的机构。

（二）负责行政监察工作的机构自收到法制工作机构通报或者直接收到有关行政执法行为违法、不当的举报之日起60日内调查核实有关情况，提出责任追究的建议，报本部门领导班子集体讨论决定。

（三）负责人事工作的机构自责任追究决定作出之日起15日内落实决定事项。

法律、法规对责任追究的程序另有规定的，依照其规定。

第四十三条　安全监管监察部门实施责任追究应当制作《行政执法责任追究决定书》。《行政执法责任追究决定书》由负责行政监察工作的机构草拟，安全监管监察部门作出决定。

《行政执法责任追究决定书》应当写明责任追究的事实、依据、方式、批准机关、生效时间、当事人的申诉期限及受理机关等。离岗培训和暂扣行政执法证件的，还应当写明培训和暂扣的期限等。

第四十四条　安全监管监察部门作出责任追究决定前，负责行政监察工作的机构应当将追究责任的有关事实、理由和依据告知当事人，并听取其陈述和申辩。对其合理意见，应当予以采纳。

《行政执法责任追究决定书》应当送到当事人，以及当事人所在的单位和内设机构。责任追究决定作出后，作出决定的安全监管监察部门应当派人与当事人谈话，做好思想工作，督促其做好工作交接等后续工作。

当事人对责任追究决定不服的，可以依照《公务员法》等规定申请复核和提出申诉。申诉期间，不停止责任追究决定的执行。

第四十五条　对当事人的责任追究情况应当作为其考核、奖惩、任免的重要依据。安全监管监察部门负责人事工作的机构应当将责任追究的有关材料记入当事人个人档案。

第六章　附　　则

第四十六条　本规定所称的安全生产非法行为，是指公民、法人或者其他组织未依法取得安全监管监察部门的行政许可，擅自从事生产经营活动的行为，或者该行政许可已经失效，继续从事生产经营活动的行为。

本规定所称的安全生产违法行为，是指公民、法人或者其他组织违反有关安全生产的法律、法规、规章、国家标准、行业标准的规定，从事生产经营活动的行为。

本规定所称的违法的行政执法行为，是指违反法律、法规、规章规定的职责、程序所作出的具体行政行为。

本规定所称的不当的行政执法行为，是指违反客观、适度、公平、公正、合理等适用法律的一般原则所作出的具体行政行为。

第四十七条　依法授权或者委托行使安全生产行政执法职责的单位及其行政执法人员

的责任追究，参照本规定执行。

第四十八条 本规定自2009年10月1日起施行。省、自治区、直辖市人民代表大会及其常务委员会或者省、自治区、直辖市人民政府对地方安全生产监督管理部门及其内设机构、行政执法人员的责任追究另有规定的，依照其规定。

48 海洋石油安全管理细则

2009年8月24日国家安全生产监督管理总局局长办公会议审议通过，2009年9月7日国家安全生产监督管理总局令第25号公布，自2009年12月1日起施行；根据2013年8月19日国家安全生产监督管理总局局长办公会议审议通过、2013年8月29日国家安全生产监督管理总局令第63号公布、自公布之日起施行的《国家安全监管总局关于修改〈生产经营单位安全培训规定〉等11件规章的决定》第一次修改；根据2015年3月23日国家安全生产监督管理总局局长办公会议审议通过、2015年5月26日国家安全生产监督管理总局令第78号公布、自2015年7月1日起施行的《国家安全监管总局关于废止和修改非煤矿矿山领域九部规章的决定》第二次修改。

第一章 总 则

第一条 为了加强海洋石油安全管理工作，保障从业人员生命和财产安全，防止和减少海洋石油生产安全事故，根据安全生产法等法律、法规和标准，制定本细则。

第二条 在中华人民共和国的内水、领海、毗连区、专属经济区、大陆架，以及中华人民共和国管辖的其他海域内从事海洋石油（含天然气，下同）开采活动的安全生产及其监督管理，适用本细则。

第三条 海洋石油作业者和承包者是海洋石油安全生产的责任主体，对其安全生产工作负责。

第四条 国家安全生产监督管理总局海洋石油作业安全办公室（以下简称海油安办）对全国海洋石油安全生产工作实施监督管理；海油安办驻中国海洋石油总公司、中国石油化工集团公司、中国石油天然气集团公司分部（以下统称海油安办有关分部）分别负责中国海洋石油总公司、中国石油化工集团公司、中国石油天然气集团公司的海洋石油安全生产的监督管理。

第二章　设施的备案管理

第一节　生产设施的备案管理

第五条　海洋石油生产设施应当进行试生产。作业者或者承包者应当在试生产前 45 日报生产设施所在地的海油安办有关分部备案，并提交生产设施试生产备案申请书、海底长输油（气）管线投用备案申请书和下列资料：

（一）发证检验机构对生产设施的最终检验证书（或者临时检验证书）和检验报告。

（二）试生产安全保障措施。

（三）建设阶段资料登记表。

（四）安全设施设计审查合格、设计修改及审查合格的有关文件。

（五）施工单位资质证明。

（六）施工期间发生的生产安全事故及其他重大工程质量事故情况。

（七）生产设施有关证书和文件登记表。

（八）生产设施主要技术说明、总体布置图和工艺流程图。

（九）生产设施运营的主要负责人和安全生产管理人员安全资格证书。

（十）生产设施所属设备的取证分类表及有关证书、证件。

（十一）生产设施运营安全手册。

（十二）生产设施运营安全应急预案。

生产设施是浮式生产储油装置的，除提交第一款规定的资料外，还应当提交快速解脱装置、系缆张力和距离测量装置的检验证书、出厂合格证书、安装后的试验报告。

生产设施是海底长输油（气）管线的，除提交第一款规定的资料外，还应当提交海底长输油（气）管线投用备案有关证书和文件登记表及有关证书、文件。

第六条　海油安办有关分部对作业者或者承包者提交的生产设施资料，应当进行严格审查。必要时，应当进行现场检查。

需要进行现场检查的，海油安办有关分部应当提前 10 日与作业者或承包者商定现场检查的具体事宜。作业者或承包者应当配合海油安办有关分部进行现场检查，并提供以下资料：

（一）人员安全培训证书登记表。

（二）消防和救生设备实际布置图和应变部署表。

（三）安全管理文件，主要包括：安全生产责任制、安全操作规程、工作许可制度、安全检查制度、船舶系泊装卸制度、直升机管理制度、危险物品管理制度、无人驻守平台遥控检测程序和油（气）外输管理制度等。

（四）对于滩海陆岸，还应准备通海路及沿通海路安装的设施设备合格文件、发证检验机构检验证书和安装后的试验报告。

经审查和现场检查符合规定的，海油安办有关分部向作业者或者承包者颁发生产设施试生产备案通知书；备案资料、设施现场安全状况等不符合规定的，及时书面通知作业者或者承包者进行整改。

第七条 作业者或者承包者应当严格按照备案文件中所列试生产安全保障措施组织试生产，生产设施试生产期限不得超过 12 个月。试生产正常后，作业者或者承包者应当组织安全竣工验收。

经竣工验收合格并办理安全生产许可证后，方可正式投入生产使用。

第八条 生产设施有下列情形之一的，作业者或者承包者应当及时向海油安办有关分部报告：

（一）更换或者拆卸井上和井下安全阀、火灾及可燃和有毒有害气体探测与报警系统、消防和救生设备等主要安全设施的。

（二）变动应急预案有关内容的。

（三）中断采油（气）作业 10 日以上或者终止采油（气）作业的。

（四）改变海底长输油（气）管线原设计用途的。

（五）超过海底长输油（气）管线设计允许最大输送量或者输送压力的。

（六）海底长输油（气）管线发生严重的损伤、断裂、爆破等事故的。

（七）海底长输油（气）管线输送的油（气）发生泄漏导致重大污染事故的。

（八）位置失稳、水平或者垂直移动、悬空、沉陷、漂浮等超出海底长输油（气）管线设计允许偏差值的。

（九）介质堵塞造成海底长输油（气）管线停产的。

（十）海底长输油（气）管线需进行大修和改造的。

（十一）海底长输油（气）管线安全保护系统（如紧急放空装置、定点截断装置等）长时间失效的。

（十二）其他对安全生产有重大影响的。

第二节 作业设施的备案管理

第九条 海洋石油作业设施从事物探、钻（修）井、铺管、起重和生活支持等活动应当向海油安办有关分部备案。作业者或者承包者应当在作业前 15 日向海油安办有关分部提交作业设施备案申请书和下列资料：

（一）作业设施备案申请有关证书登记表。

（二）作业设施所属设备的取证分类表及有关证书。

（三）操船手册。

（四）作业合同。

（五）作业设施运营安全手册。

（六）作业设施安全应急预案。

用作钻（修）井的作业设施，除提交第一款规定的资料外，还应当提交下列资料：

（一）钻（修）井专用设备、防喷器组、防喷器控制系统、阻流管汇及其控制盘、压井管汇、固井设备、测试设备的发证检验机构证书、出厂及修理后的合格证和安装后的试验报告。

（二）设施主要负责人和安全管理人员的安全资格证书。

（三）有自航能力的作业设施的船长、轮机长的适任证书。

对于自升式移动平台，除提交第一款规定的资料外，还应当提交稳性计算书、升降设备的发证检验机构的检验证书、出厂及修理后的合格证和安装后的试验报告等资料。

对于物探船，除提交第一款规定的资料外，还应当提交下列资料：

（一）震源系统、震源系统的主要压力容器和装置、震源的拖曳钢缆和绞车、电缆绞车等设备的出厂合格证、发证检验机构的检验证书和安装后的试验报告。

（二）震源危险品（包括炸药、雷管、易燃易爆气体等）的实际储存数量、储存条件、进出库管理办法和看管、使用制度等资料。

对于铺管船，除提交第一款规定的资料外，还应当提交下列资料：

（一）张紧器及其控制系统、管线收放绞车的出厂合格证、发证检验机构检验证书和安装后的试验报告。

（二）船长（或者船舶负责人）、起重机械司机、起重指挥人员及起重工的资格证书。

对于起重船和生活支持船，除提交第一款规定的资料外，还应当提交船长（或者船舶负责人）、起重机械司机、起重指挥人员及起重工的资格证书等资料。

第十条　海油安办有关分部对作业者或者承包者提交的作业设施资料，应当进行严格审查。必要时，进行现场检查。

需要进行现场检查的，海油安办有关分部应当提前10日与作业者或承包者商定现场检查的具体事宜。作业者或承包者应当配合海油安办有关分部进行现场检查，并提供以下资料：

（一）人员安全培训证书登记表。

（二）防火控制图、消防、救生设备实际布置图和应变部署表。

（三）安全管理文件，主要包括：安全管理机构的设置、安全生产责任制、安全操作规程、安全检查制度、工作许可制度等。

（四）安全活动、应急演习记录。

经审查和现场检查符合规定的，海油安办有关分部向作业者或者承包者颁发海洋石油作业设施备案通知书；备案资料、设施现场安全状况等不符合规定的，及时书面通知作业者或者承包者进行整改。

第十一条　通常情况下，海洋石油作业设施从事物探、钻（修）井、铺管、起重和生活支持等活动期限不超过1年。确需延期时，作业者或者承包者应当于期满前15日向海油安办有关分部提出延期申请，延期时间不得超过3个月。

第十二条　作业设施有下列情形之一的，作业者或者承包者应当及时向海油安办有关分部报告：

（一）改动井控系统的。

（二）更换或者拆卸火灾及可燃和有毒有害气体探测与报警系统、消防和救生设备等主要安全设施的。

（三）变更作业合同、作业者或者作业海区的。

（四）改变应急预案有关内容的。

（五）中断作业10日以上或者终止作业的。

（六）其他对作业安全生产有重大影响的。

第三节　延长测试设施的备案管理

第十三条　海上油田（井）进行延长测试前，作业者或者承包者应当提前15日向海油安办有关分部提交延长测试设施的书面报告和下列资料：

（一）延长测试设施备案有关证书和文件登记表。

（二）延长测试的工艺流程图、总体布置图及技术说明。

（三）增加的作业设施、生产设施主要负责人和安全管理人员安全资格证书。

（四）延长测试作业应急预案。

（五）油轮或者浮式生产储油装置的系泊点、锚、锚链、快速解脱装置、系缆张力和距离测量装置的证书和资料。

（六）延长测试专用设备或者系统的出厂合格证、发证检验机构的检验证书、安装后的试验报告。

前款所称延长测试专用设备或者系统，包括油气加热器、油气分离器、原油外输泵、天然气火炬分液包及凝析油泵、蒸汽锅炉、换热器、废油回收设备、井口装置、污油处理装置、机械采油装置、井上和井下防喷装置、防硫化氢的井口装置、检测设施及防护器具、惰气系统、柴油置换系统、火灾及可燃和有毒有害气体探测与报警系统等。

第十四条　海油安办有关分部对作业者或者承包者提交的延长测试设施资料，应当进行严格审查。必要时，可进行现场检查。

需要进行现场检查的，海油安办有关分部应当提前10日与作业者或承包者商定现场检查的具体事宜。作业者或承包者应当配合海油安办有关分部进行现场检查，并提供以下资料：

（一）原钻井装置增加的延长测试作业人员、油轮或浮式储油装置人员的安全培训证书登记表。

（二）原钻井装置新加装设备后，其消防和救生设备、火灾及可燃和有毒有害气体探测报警系统布置图、危险区域划分图和应变部署表。

（三）安全管理文件，主要包括：安全管理机构的设置、安全生产责任制、安全操作规程、安全检查制度、工作许可制度、船舶系泊装卸和油（气）外输管理制度等。

经审查和现场检查符合规定的，向作业者或者承包者颁发海上油田（井）延长测试设施通知书；有关资料、设施现场安全状况等不符合规定的，及时书面通知作业者或者承包者进行整改。

第十五条　通常情况下，海上油田（井）延长测试作业期限不超过1年。确需延期时，作业者或者承包者应当提前15日向海油安办有关分部提出延期申请，延期时间不得超过6个月。

第十六条　海上油田（井）延长测试设施有下列情形之一的，作业者或者承包者应当及时向海油安办有关分部报告：

（一）改动组成延长测试设施的主要结构、设备和井控系统的。

（二）更换火灾及可燃和有毒有害气体探测与报警系统、消防和救生设备等主要安全设施的。

（三）改变应急预案有关内容的。

（四）其他对生产作业安全有重大影响的。

第三章　生产作业的安全管理

第一节　基本要求

第十七条　在海洋石油生产作业中，作业者和承包者应当确保海洋石油生产、作业设施（以下简称设施）安全条件符合法律、法规、规章和相关国家标准、行业标准的要求，并建立完善的安全管理体系。设施主要负责人对设施的安全管理全面负责。

第十八条　按照设施不同区域的危险性，划分三个等级的危险区：

（一）0 类危险区，是指在正常操作条件下，连续出现达到引燃或者爆炸浓度的可燃性气体或者蒸气的区域。

（二）1 类危险区，是指在正常操作条件下，断续地或者周期性地出现达到引燃或者爆炸浓度的可燃性气体或者蒸气的区域。

（三）2 类危险区，是指在正常操作条件下，不可能出现达到引燃或者爆炸浓度的可燃性气体或者蒸气；但在不正常操作条件下，有可能出现达到引燃或者爆炸浓度的可燃性气体或者蒸气的区域。

设施的作业者或者承包者应当将危险区等级准确地标注在设施操作手册的附图上。对于通往危险区的通道口、门或者舱口，应当在其外部标注清晰可见的中英文“危险区域”“禁止烟火”和“禁带火种”等标志。

第十九条　设施的作业者或者承包者应当建立动火、电工作业、受限空间作业、高空作业和舷（岛）外作业等审批制度。

从事前款规定的作业前，作业单位应当提出书面申请，说明作业的性质、地点、期限及采取的安全措施等，经设施负责人批准签发作业通知单后，方可进行作业。作业通知单应当包含作业内容、有关检测报告、作业要求、安全程序、个体防护用品、安全设备和作业通知单有效期限等内容。

作业单位接到作业通知单后，应当按通知单的要求采取有关措施，并制定详细的检查和作业程序。

作业期间，如果施工条件发生重大变化的，应当暂停施工并立即报告设施负责人，得到准予施工的指令后方可继续施工。

作业完成后，作业负责人应当在作业通知单上填写完成时间、工作质量和安全情况，并交付设施负责人保存。作业通知单的保存期限至少 1 年。

第二十条　设施上所有通往救生艇（筏）、直升机平台的应急撤离通道和通往消防设备的通道应当设置明显标志，并保持畅通。

第二十一条　设施上的各种设备应当符合下列规定：

（一）符合国家有关法律、法规、规章、标准的安全要求，有出厂合格证书或者检验合格证书。

（二）对裸露且危及人身安全的运转部分要安装防护罩或者其他安全保护装置。

（三）建立设备运转记录、设备缺陷和故障记录报告制度。

（四）制定设备安全操作规程和定期维护、保养、检验制度，制定设备的定人定岗管理制度。

（五）增加、拆除重要设备设施，或者改变其性能前，进行风险分析。属于改建、扩建项目的，按照有关规定向政府有关部门办理审批手续。

第二十二条 设施配备的救生艇、救助艇、救生筏、救生圈、救生衣、保温救生服及属具等救生设备，应当符合《国际海上人命安全公约》的规定，并经海油安办认可的发证检验机构检验合格。

海上石油设施配备救生设备的数量应当满足下列要求：

（一）配备的刚性全封闭机动耐火救生艇能够容纳自升式和固定式设施上的总人数，或者浮式设施上总人数的200%。无人驻守设施可以不配备刚性全封闭机动耐火救生艇。在设施建造、安装或者停产检修期间，通过风险分析，可以用救生筏代替救生艇。

（二）气胀式救生筏能够容纳设施上的总人数，其放置点应满足距水面高度的要求。无人驻守设施可以按定员 12 人考虑。

（三）至少配备并合理分布 8 个救生圈，其中 2 个带自亮浮灯，4 个带自亮浮灯和自发烟雾信号。每个带自亮浮灯和自发烟雾信号的救生圈配备 1 根可浮救生索，可浮救生索的长度为从救生圈的存放位置至最低天文潮位水面高度的 1.5 倍，并至少长 30 米。

（四）救生衣按总人数的210%配备，其中：住室内配备100%，救生艇站配备100%，平台甲板工作区内配备10%，并可以配备一定数量的救生背心。在寒冷海区，每位工作人员配备一套保温救生服。对于无人驻守平台，在工作人员登平台时，根据作业海域水温情况，每人携带 1 件救生衣或者保温救生服。

滩海陆岸石油设施配备救生设备的数量应当满足下列要求：

（一）至少配备 4 个救生圈，每只救生圈上都拴有至少 30 米长的可浮救生索，其中 2 个带自亮浮灯，2 个带自发烟雾信号和自亮浮灯。

（二）每人至少配备 1 件救生衣，在工作场所配备一定数量的工作救生衣或者救生背心。在寒冷海区，每位人员配备 1 件保温救生服。

所有救生设备都应当标注该设施的名称，按规定合理存放，并在设施的总布置图上标明存放位置。特殊施工作业情况下，配备的救生设备达不到要求时，应当制定相应的安全措施并报海油安办有关分部审查同意。

第二十三条 设施上的消防设备应当符合下列规定：

（一）根据国家有关规定，针对设施可能发生的火灾性质和危险程度，分别装设水消防系统、泡沫灭火系统、气体灭火系统和干粉灭火系统等固定灭火设备和装置，并经发证检验机构认可。无人驻守的简易平台，可以不设置水消防等灭火设备和装置。

（二）设置自动和手动火灾、可燃和有毒有害气体探测报警系统，总控制室内设总的报警和控制系统。

（三）配备4套消防员装备，包括隔热防护服、消防靴和手套、头盔、正压式空气呼吸器、消防斧以及可以连续使用3个小时的手提式安全灯。根据平台性质和工作人数，经发证检验机构同意，可以适当减少配备数量。

（四）滩海陆岸石油设施现场管理单位至少配备2套消防员装备，包括消防头盔、防护服、消防靴、安全灯、消防斧等，至少配备3套带气瓶的正压式空气呼吸器和可移动式消防泵1台。

（五）所有的消防设备都存放在易于取用的位置，并定期检查，始终保持完好状态。检查应当有检查记录标签。

第二十四条　在设施的危险区内进行测试、测井、修井等作业的设备应当采用防爆型，室内有非防爆电气的活动房应当采用正压防爆型。

第二十五条　起重作业应当符合下列规定：

（一）操作人员持有特种作业人员资格证书，熟悉起重设备的操作规程，并按规程操作。

（二）起重设备明确标识安全起重负荷；若为活动吊臂，标识吊臂在不同角度时的安全起重负荷。

（三）按规定对起重设备进行维护保养，保证刹车、限位、起重负荷指示、报警等装置齐全、准确、灵活、可靠。

（四）起重机及吊物附件按规定定期检验，并记录在起重设备检验簿上。

设施的载人吊篮作业，除符合第一款规定的要求外，还应当符合下列规定：

（一）限定乘员人数。

（二）乘员按规定穿救生背心或者救生衣。

（三）只允许用于起吊人员及随身物品。

（四）指定专人维护和检查，定期组织检验机构对其进行检验。

（五）当风速超过15米/秒或者影响吊篮安全起放时，立即停止使用。

（六）起吊人员时，尽量将载人吊篮移至水面上方再升降，并尽可能减少回转角度。

第二十六条　高处及舷（岛）外作业应当符合下列规定：

（一）高处及舷（岛）外作业人员佩戴安全帽和安全带，舷（岛）外作业人员穿救生衣，并采取其他必要的安全措施。

（二）风速超过15米/秒等恶劣天气时，立即停止作业。

第二十七条　危险物品管理应当符合下列规定：

（一）设施上任何危险物品（包括爆炸品、压缩气体和液化气体、易燃液体、易燃固体、自燃物品和遇湿易燃物品、氧化剂和有机过氧化物、有毒品和腐蚀品等）必须存放在远离危险区和生活区的指定地点和容器内，并将存放地点标注在设施操作手册的附图上；个人不得私自存放危险物品。

（二）设有专人负责危险物品的管理，并建立和保存危险物品入库、消耗和使用的记录。

（三）在通往危险物品存放地点的通道口、舱口处，设有醒目的中英文“危险物品”标识。

第二十八条 直升机起降管理应当符合下列规定：

（一）指定直升机起降联络负责人，负责指挥和配合直升机起降工作。

（二）配备与直升机起降有关的应急设备和工具，并注明中英文“直升机应急工具”字样。

（三）设施与机场的往返距离所需油量超过直升机自身储存油量的，按有关规定配备安全有效的直升机加油用储油罐、燃油质量检验设备和加油设备。

（四）直升机与设施建立联络后，经设施主要负责人准许，方可起飞或者降落（紧急情况除外）。

（五）直升机机长或者机组人员提出降落要求的，起降联络负责人立即向直升机提供风速、风向、能见度、海况等数据和资料。

（六）无线电报务员一直保持监听来自直升机的无线电信号，直至其降落为止。

（七）机组人员开启舱门后，起降联络负责人方可指挥乘机人员上下直升机、装卸物品或者进行加油作业。

直升机起飞或者降落前，起降联络负责人应当组织做好下列准备工作：

（一）清除直升机甲板的障碍物和易燃物。

（二）检查直升机甲板安全设施是否处于完好状态，包括灯光、防滑网、消防设备和应急工具等。

（三）停止靠近直升机甲板的吊装作业和甲板 15 米范围内的明火作业。

（四）禁止无关人员靠近直升机甲板。

（五）守护船在设施附近起锚待命，消防人员做好准备。

（六）排放天然气、射孔或者试油作业时，若未采取可靠的安全措施，禁止直升机靠近设施。

第二十九条 劳动防护应当符合下列规定：

（一）设施上所有工作人员配备符合相关安全标准的劳动防护用品。

（二）设施上的工作场所按照国家有关规定和设计要求配备劳动防护设备，并定期进行检测。

（三）按照国家有关职业病防治的规定，定期对从事有毒有害作业的人员进行职业健康体检，对职业病患者进行康复治疗。

第三十条 医务室应当符合下列规定：

（一）在有人驻守的设施上，配备具有基础医疗抢救条件的医务室。作业人员超过 15 人的，配备专职医务人员；低于 15 人的，可以配备兼职医务人员。

（二）按照国家有关规定配备常用药品、急救药品和氧气、医疗器械、病床等。

（三）按照国家有关规定，制定有关疫情病情的报告、处理和卫生检验制度。

（四）按照国家有关规定，制定应急抢救程序。

第三十一条 滩海陆岸应急避难房应当符合下列规定：

（一）能够容纳全部生产作业人员。

（二）结构强度比滩海陆岸井台高一个安全等级。

（三）地面高出挡浪墙 1 米。

（四）采用基础稳定、结构可靠的固定式钢筋混凝土结构，或者采用可移动式钢结构。

（五）配备可以供避难人员 5 日所需的救生食品和饮用水。

（六）配备急救箱，至少装有 2 套救生衣、防水手电及配套电池、简单的医疗包扎用品和常用药品。

（七）配备应急通信装置。

第三十二条　滩海陆岸值班车应当符合下列规定：

（一）接受滩海陆岸石油设施作业负责人的指挥，不得擅自进入或者离开。

（二）配备的通信工具保证随时与滩海陆岸石油设施和陆岸基地通话。

（三）能够容纳所服务的滩海陆岸石油设施的全部人员，并配备 100%的救生衣。

（四）具有在应急救助和人员撤离等复杂情况下作业的能力。

（五）参加滩海陆岸石油设施上的营救演习。

第二节　守护船管理

第三十三条　承担设施守护任务的船舶（以下简称守护船）在开始承担守护作业前，其所属单位应当向海油安办有关分部提交守护船登记表和守护船有关证书登记表，办理守护船登记手续。经海油安办有关分部审查合格后，予以登记，并签发守护船登记证明。守护船登记后，其原申报条件发生变化或者终止承担守护任务的，应当向原负责守护船登记的海油安办有关分部报告。

第三十四条　守护船应当在距离所守护设施 5 海里之内的海区执行守护任务，不得擅自离开。在守护船的守护能力范围内，多座被守护设施可以共用一条守护船。

第三十五条　守护船应当服从被守护设施负责人的指挥，能够接纳所守护设施全部人员，并配备可以供守护设施全部人员 1 日所需的救生食品和饮用水。

第三十六条　守护船应当符合下列规定：

（一）船舶证书齐全、有效。

（二）具备守护海区的适航能力。

（三）在船舶的两舷设有营救区，并尽可能远离推进器，营救区应当有醒目标志。营救区长度不小于载货甲板长度的 1/3，宽度不小于 3 米。

（四）甲板上设有露天空间，便于直升机绞车提升、平台吊篮下放等营救操作。

（五）营救区及甲板露天空间处于守护船船长视野之内，便于指挥操作和营救。

第三十七条　守护船应当配备能够满足应急救助和撤离人员需要的下列设备和器具：

（一）1 副吊装担架和 1 副铲式担架。

（二）2 副救助用长柄钩。

（三）至少 1 套抛绳器。

（四）4 只带自亮浮灯、逆向反光带和绳子的救生圈，绳子长度不少于 30 米。

（五）用于简易包扎和急救的医疗用品。

（六）营救区舷侧的落水人员攀登用网。

（七）1 艘符合《国际海上人命安全公约》要求的救助艇。

（八）至少 2 只探照灯，可以提供营救作业区及周围海区照明。

（九）至少配备两种通信工具，保证守护船与被守护设施和陆岸基地随时通话。

第三十八条 守护船船员应当符合下列条件：

（一）具有船员服务簿和适任证书等有效证件。

（二）至少有 3 名船员从事落水人员营救工作。

（三）至少有 2 名船员可以操纵救助艇。

（四）至少有 2 名船员经过医疗急救培训，能够承担急救处置、包扎和人工呼吸等工作。

（五）定期参加营救演习。

第三十九条 守护船的登记证明有效期为 3 年，有效期满前 15 日内应当重新办理登记手续。

第三节 租用直升机管理

第四十条 作业者或者承包者应当对提供直升机的公司进行安全条件审查和监督。

第四十一条 直升机公司应当符合下列条件：

（一）直升机持有中国民用航空局颁发的飞机适航证，并具备有效的飞机登记证和无线电台执照。

（二）具有符合安全飞行条件的直升机，并达到该机型最低设备放行清单的标准。

（三）具有符合安全飞行条件的驾驶员、机务维护人员和技术检查人员。

（四）对直升机驾驶员进行夜航和救生训练，保证完成规定的训练小时数。

（五）需要应急救援时，备有可以调用的直升机。

（六）完善和落实飞行安全的各种规章制度，杜绝超气象条件和不按规定的航线和高度飞行。

第四十二条 直升机应当配备下列应急救助设备：

（一）直升机应急浮筒。

（二）携带可以供机上所有人员使用的海上救生衣（在水温低于 10℃ 的海域应当配备保温救生服）、救生筏及救生包，并备有可以供直升机使用的救生绞车。

（三）直升机两侧有能够投弃的舱门或者具备足够的紧急逃生舱口。

第四十三条 在额定载荷条件下，直升机应当具有航行于飞行基地与海上石油设施之间的适航能力和夜航能力。

第四十四条 飞行作业前，直升机所属公司应当制定安全应急程序，并与作业者或者承包者编制的应急预案相协调。

第四十五条 直升机在飞行作业中必须配有 2 名驾驶员，并指定其中 1 人为责任机长；由中外籍驾驶员合作驾驶的直升机，2 名驾驶员应当有相应的语言技能水平，能够直接交流对话。

第四十六条 作业者或者承包者及直升机所属公司必须确保飞行基地（或者备用机场）

和海上石油设施上的直升机起降设备处于安全和适用状态。

第四十七条　作业者或者承包者及直升机所属公司，应当通过协商制定飞行条件与应急飞行、乘机安全、载物安全和飞行故障、飞行事故报告等制度。

第四节　电气管理

第四十八条　设施应当制定电气设备检修前后的安全检查、日常运行检查、安全技术检查、定期安全检查等制度，建立健全电气设备的维修操作、电焊操作和手持电动工具操作等安全规程，并严格执行。

第四十九条　电气管理应当符合下列规定：

（一）按照国家规定配备和使用电工安全用具，并按规定定期检查和校验。

（二）遇停电、送电、倒闸、带电作业和临时用电等情况，按照有关作业许可制度进行审批。临时用电作业结束后，立即拆除增加的电气设备和线路。

（三）按照国家标准规定的颜色和图形，对电气设备和线路作出明显、准确的标识。

（四）电气设备作业期间，至少有 1 名电气作业经验丰富的监护人进行实时监护。

（五）电气设备按照铭牌上规定的额定参数（电压、电流、功率、频率等）运行，安装必要的过载、短路和漏电保护装置并定期校验。金属外壳（安全电压除外）有可靠的接地装置。

（六）在触电危险性较大的场所，手提灯、便携式电气设备、电动工具等设备工具按照国家标准的规定使用安全电压。确实无法使用安全电压的，经设施负责人批准，并采用有效的防触电措施。

（七）安装在不同等级危险区域的电气设备符合该等级的防爆类型。防爆电气设备上的部件不得任意拆除，必须保持电气设备的防爆性能。

（八）定期对电气设备和线路的绝缘电阻、耐压强度、泄漏电流等绝缘性能进行测定。长期停用的电气设备，在重新使用前应当进行检查，确认具备安全运行条件后方可使用。

（九）在带电体与人体、带电体与地面、带电体与带电体、带电体与其他设备之间，按照有关规范和标准的要求保持良好的绝缘性能和足够的安全距离。

（十）对生产和作业设施采取有效的防静电和防雷措施。

第五十条　设施必须配备必要的应急电源。应急电源应当符合下列规定：

（一）能够满足通信、信号、照明、基本生存条件（包括生活区、救生艇、撤离通道、直升机甲板等）和其他动力（包括消防系统、井控系统、火灾及可燃和有毒有害气体检测报警系统、应急关断系统等）的电源要求。

（二）在主电源失电后，应急电源能够在 45 秒内自动安全启动供电。

（三）应急电源远离危险区和主电源。

第五节　井控管理

第五十一条　作业者或者承包者应当制定油（气）井井控安全措施和防井喷应急预案。

第五十二条　钻井作业应当符合下列规定：

（一）钻井装置在新井位就位前，作业者和承包者应收集和分析相应的地质资料。如有浅层气存在，安装分流系统等。

（二）钻井作业期间，在钻台上备有与钻杆相匹配的内防喷装置。

（三）下套管时，防喷器尺寸与所下套管尺寸相匹配，并备有与所下套管丝扣相匹配的循环接头。

（四）防喷器所用的橡胶密封件应当按厂商的技术要求进行维护和储存，不得将失效和技术条件不符的密封件安装到防喷器中。

（五）水龙头下部安装方钻杆上旋塞，方钻杆下部安装下旋塞，并配备开关旋塞的扳手。顶部驱动装置下部安装手动和自动内防喷器（考克）并配备开关防喷器的扳手。

（六）防喷器组由环形防喷器和闸板防喷器组成，闸板防喷器的闸板关闭尺寸与所使用钻杆或者管柱的尺寸相符。防喷器的额定工作压力，不得低于钻井设计压力，用于探井的不得低于 70 MPa。

（七）防喷器及相应设备的安装、维护和试验，满足井控要求。

（八）经常对防喷系统进行安全检查。检查时，优先使用防喷系统安全检查表。

第五十三条　防喷器组控制系统的安装应当符合下列规定：

（一）1 套液压控制系统的储能器液体压力保持 21 MPa，储能器压力液体积为关闭全部防喷器并打开液动闸阀所需液体体积的 1.5 倍以上。

（二）除钻台安装 1 台控制盘（台）外，另 1 台辅助控制盘（台）安装在远离钻台、便于操作的位置。

（三）防喷器组配备与其额定工作压力相一致的防喷管汇、节流管汇和压井管汇。

（四）压井管汇和节流管汇的防喷管线上，分别安装 2 个控制阀。其中一个为手动，处于常开位置；另一个必须是远程控制。

（五）安装自动灌井液系统。

第五十四条　水下防喷器组应当符合下列规定：

（一）若有浅层气或者地质情况不清时，导管上安装分流系统。

（二）在表层套管和中间（技术）套管上安装 1 个或者 2 个环形防喷器、2 个双闸板防喷器，其中 1 副闸板为全封剪切闸板防喷器。

（三）安装 1 组水下储能器，便于就近迅速提供液压能，以尽快开关各防喷器及其闸门。同时，采用互为备用的双控制盒系统，当一个控制盒系统正在使用时，另一个控制盒系统保持良好的工作状态作为备用。

（四）如需修理或者更换防喷器组，必须保证井眼安全，尽量在下完套管固井后或者未钻穿水泥塞前进行。必要时，打 1 个水泥塞或者下桥塞后再进行修理或者更换。

（五）使用复合式钻柱的，装有可变闸板，以适应不同的钻具尺寸。

第五十五条　水上防喷器组应当符合下列基本规定：

（一）若有浅层气或者地质情况不清时，隔水（导）管上安装分流系统。

（二）表层套管上安装 1 个环形防喷器，1 个双闸板防喷器；大于 13″3/8 表层套管上可以只安装 1 个环形防喷器。

（三）中间（技术）套管上安装 1 个环形、1 个双闸板（或者 2 个单闸板）和 1 个剪切全封闭闸板防喷器。

（四）使用复合式钻柱的，装有可变闸板，以适应不同的钻具尺寸。

第五十六条　水上防喷器组的开关活动，应当符合下列规定：

（一）闸板防喷器定期进行开关活动。

（二）全封闸板防喷器每次起钻后进行开关活动。若每日多次起钻，只开关活动一次即可。

（三）每起下钻一次，2 个防喷器控制盘（台）交换动作一次。如果控制盘（台）失去动作功能，在恢复功能后，才能进行钻井作业。

（四）节流管汇的阀门、方钻杆旋塞和钻杆内防喷装置，每周开关活动一次。

水下防喷器的开关活动，除了闸板防喷器 1 日进行开关活动一次外，其他开关活动次数与水上防喷器组开关活动次数相同。

第五十七条　防喷器系统的试压，应当符合下列规定：

（一）所有的防喷器及管汇在进行高压试验之前，进行 2.1 MPa 的低压试验。

（二）防喷器安装前或者更换主要配件后，进行整体压力试验。

（三）按照井控车间（基地）组装、现场安装、钻开油气层前及更换井控装置部件的次序进行防喷器试压。试压的间隔不超过 14 日。

（四）对于水上防喷器组，防喷器组在井控车间（基地）组装后，按额定工作压力进行试验。现场安装后，试验压力在不超过套管抗内压强度 80%的前提下，环形防喷器的试验压力为额定工作压力的 70%，闸板防喷器和相应控制设备的试验压力为额定工作压力。

（五）对于水下防喷器组，水下防喷器和所有有关井控设备的试验压力为其额定工作压力的 70%。防喷器组在现场安装完成后，控制设备和防喷器闸板按照水上防喷器组试压的规定进行。

第五十八条　防喷器系统的检查与维护，应当符合下列规定：

（一）整套防喷器系统、隔水（导）管和配套设备，按照制造厂商推荐的程序进行检查和维护。

（二）在海况及气候条件允许的情况下，防喷器系统和隔水（导）管至少每日外观检查一次，水下设备的检查可以通过水下电视等工具完成。

第五十九条　井液池液面和气体检测装置应当具备声光报警功能，其报警仪安装在钻台和综合录井室内；应当配备井液性能试验仪器。井液量应当符合下列规定：

（一）开钻前，计算井液材料最小需要量，落实紧急情况补充井液的储备计划。

（二）记录并保存井液材料（包括加重材料）的每日储存量。若储存量达不到所规定的最小数量时，停止钻井作业。

（三）作业时，当返出井液密度比进口井液密度小 0.02 g/cm^3 时，将环形空间井液循环到地面，并对井液性能进行气体或者液体侵入的检查和处理。

（四）起钻时，向井内灌注井液。当井内静止液面下降或者每起出 3~5 柱钻具之后应当灌满井液。

（五）从井内起出钻杆测试工具前，井液应当进行循环或者反循环。

第六十条　完井、试油和修井作业应当符合下列规定：

（一）配备与作业相适应的防喷器及其控制系统。

（二）按计划储备井液材料，其性能符合作业要求。

（三）井控要求参照钻井作业有关规定执行。

（四）滩海陆岸井控装置至少配备1套控制系统。

第六十一条 气井、自喷井、自溢井应当安装井下封隔器；在海床面30米以下，应当安装井下安全阀，并符合下列规定：

（一）定期进行水上控制的井下安全阀现场试验，试验间隔不得超过6个月。新安装或者重新安装的也应当进行试验。

（二）海床完井的单井、卫星井或者多井基盘上，每口井安装水下控制的井下安全阀。

（三）地面安全阀保持良好的工作状态。

（四）配备适用的井口测压防喷盒。

紧急关闭系统应当保持良好的工作状态。作业者应当妥善保存各种水下安全装置的安装和调试记录等资料。

第六十二条 进行电缆射孔、生产测井、钢丝作业时，在工具下井前，应当对防喷管汇进行压力试验。

第六十三条 钻开油气层前100米时，应当通过钻井循环通道和节流管汇做一次低泵冲泵压试验。

第六十四条 放喷管线应当使用专用管线。

在寒冷季节，应当对井控装备、防喷管汇、节流管汇、压力管汇和仪表等进行防冻保温。

第六节 硫化氢防护管理

第六十五条 钻遇未知含硫化氢地层时，应当提前采取防范措施；钻遇已知含硫化氢地层时，应当实施检测和控制。

硫化氢探测、报警系统应当符合下列规定：

（一）钻井装置上安装硫化氢报警系统。当空气中硫化氢的浓度超过15 mg/m^3（10 ppm）时，系统即能以声光报警方式工作；固定式探头至少应当安装在喇叭口、钻台、振动筛、井液池、生活区、发电及配电房进风口等位置。

（二）至少配备探测范围0~30 mg/m^3（0~20 ppm）和0~150 mg/m^3（0~100 ppm）的便携式硫化氢探测器各1套。

（三）探测器件的灵敏度达到7.5 mg/m^3（5 ppm）。

（四）储备足够数量的硫化氢检测样品，以便随时检测探头。

人员保护器具应当符合下列规定：

（一）通常情况下，钻井装置上配备15~20套正压式空气呼吸器。其中，生活区6~9套，钻台上5~6套，井液池附近（泥浆舱）2套，录井房2~3套。钻进已知含硫化氢地层前，或者临时钻遇含硫化氢地层时，钻井装置上配备供全员使用的正压式空气呼吸器，并配备足够的备用气瓶。

（二）钻井装置上配备1台呼吸器空气压缩机。

（三）医务室配备处理硫化氢中毒的医疗用品、心肺复苏器和氧气瓶。

标志信号应当符合下列规定：

（一）在人员易于看见的位置，安装风向标、风速仪。

（二）当空气中含硫化氢浓度小于 15 mg/m^3（10 ppm）时，挂标有硫化氢字样的绿牌。

（三）当空气中含硫化氢浓度处于 15~30 mg/m^3（10~20 ppm）时，挂标有硫化氢字样的黄牌。

（四）当空气中含硫化氢浓度大于 30 mg/m^3（20 ppm）时，挂标有硫化氢字样的红牌。

第六十六条 在可能含有硫化氢地层进行钻井作业时，应当采取下列硫化氢防护措施：

（一）在可能含有硫化氢地区的钻井设计中，标明含硫化氢地层及其深度，估算硫化氢的可能含量，以提醒有关作业人员注意，并制定必要的安全和应急措施。

（二）当空气中硫化氢浓度达到 15 mg/m^3（10 ppm）时，及时通知所有平台人员注意，加密观察和测量硫化氢浓度的次数，检查并准备好正压式空气呼吸器。

（三）当空气中硫化氢浓度达到 30 mg/m^3（20 ppm）时，在岗人员迅速取用正压式空气呼吸器，其他人员到达安全区。通知守护船在平台上风向海域起锚待命。

（四）当空气中含硫化氢浓度达到 150 mg/m^3（100 ppm）时，组织所有人员撤离平台。

（五）使用适合于钻遇含硫化氢地层的井液，钻井液的 pH 保持在 10 以上。净化剂、添加剂和防腐剂等有适当的储备。钻井液中脱出的硫化氢气体集中排放，有条件情况下，可以点火燃烧。

（六）钻遇含硫化氢地层，起钻时使用钻杆刮泥器。若将湿钻杆放在甲板上，必要时，作业人员佩戴正压式空气呼吸器。钻进中发现空气中含硫化氢浓度达到 30 mg/m^3（20 ppm）时，立即暂时停止钻进，并循环井液。

（七）在含硫化氢地层取芯，当取芯筒起出地面之前 10~20 个立柱，以及从岩芯筒取出岩芯时，操作人员戴好正压式空气呼吸器。运送含硫化氢岩芯时，采取相应包装措施密封岩芯，并标明岩芯含硫化氢字样。在井液录井中若发现有硫化氢显示时，及时向钻井监督报告。

（八）在预计含硫化氢地层进行中途测试时，测试时间尽量安排在白天，测试器具附近尽量减少操作人员。严禁采用常规的中途测试工具对深部含硫化氢的地层进行测试。

（九）钻穿含硫化氢地层后，增加工作区的监测频率，加强硫化氢监测。

（十）对于在含硫化氢地层进行试油，试油前召开安全会议，落实人员防护器具和人员急救程序及应急措施。在试油设备附近，人员减少到最低限度。

第六十七条 在可能含有硫化氢地层进行钻进作业时，其钻井设备、器具应当符合下列规定：

（一）钻井设备具备抗硫应力开裂的性能。

（二）管材具有在硫化氢环境中使用的性能，并按照国家有关标准的要求使用。

（三）对所使用作业设备、管材、生产流程及附件等，定期进行安全检查和检测检验。

第六十八条 完井和修井作业的硫化氢防护，参照钻井作业的有关要求执行。

第六十九条 在可能含有硫化氢地层进行生产作业时，应当采取下列硫化氢防护措施：

（一）生产设施上配备6套正压式空气呼吸器。在已知存在含硫油气生产设施上，全员配备正压式空气呼吸器，并配备一定数量的备用气瓶及1台呼吸器空气压缩机。

（二）生产设施上配备2~3套便携式硫化氢探测仪、1套便携式比色指示管探测仪和1套便携式二氧化硫探测仪。在已知存在硫化氢的生产装置上，安装硫化氢报警装置。

（三）当空气中硫化氢达到15 mg/m^3（10 ppm）或者二氧化硫达到5.4 mg/m^3（2 ppm）时，作业人员佩戴正压式空气呼吸器。

（四）装置上配有用于处理硫化氢中毒的医疗用品、心肺复苏器和氧气瓶。

（五）在油气井投产前，采取有效措施，加强对硫化氢、二氧化硫和二氧化碳的防护。

（六）用于油气生产的设备、设施和管道等具有抗硫化氢腐蚀的性能。

第七节　系物管理

第七十条　作业者和承包者应当加强系泊和起重作业过程中系物器具和被系器具的安全管理。

第七十一条　作业者和承包者应当制定系物器具和被系器具的安全管理责任制，明确各岗位和各工种责任制；应当制定系物器具和被系器具的使用管理规定，对系物器具和被系器具进行经常性维护、保养，保证正常使用。维护、保养应当作好记录，并由有关人员签字。

第七十二条　系物器具应当按照有关规定由海油安办认可的检验机构对其定期进行检验，并作出标记。作业者和承包者为满足特殊需要，自行加工制造系物器具和被系器具的，系物器具和被系器具必须经海油安办认可的检验机构检验合格后，方可投入使用。

第七十三条　箱件的使用，除了符合本细则第七十一条和第七十二条规定要求外，还应当满足下列要求：

（一）箱外有明显的尺寸、自重和额定安全载重标记。

（二）定期对其主要受力部位进行检验。

第七十四条　吊网的使用，除了符合第七十一条和第七十二条规定外，还应当符合下列要求：

（一）标有安全工作负荷标记。

（二）非金属网不得超过其使用范围和环境。

第七十五条　乘人吊篮必须专用，并标有额定载重和限乘人数的标记；应当按产品说明书的规定定期进行技术检验。

第七十六条　系物器具和被系器具有下列情形之一的，应当停止使用：

（一）已达到报废标准而未报废，或者已经报废的。

（二）未标明检验日期的。

（三）超过规定检验期限的。

第八节　危险物品管理

第七十七条　作业者、承包者应当建立放射性、爆炸性物品（以下简称危险物品）的领取和归还制度。危险物品的领取和归还应当遵守下列规定：

（一）领取人持有领取单领取相应的危险物品。领取单详细记载危险物品的种类和数量。

（二）领取和归还危险物品时，使用专用的工具。放射性源盛装在罐内，爆炸性物品存放在箱内。

（三）出入库的放射性源罐，配有浮标或者其他示位器具。

（四）危险物品出入库有记录，领取人和库管员在出入库单上签字。

（五）未用完的危险物品，及时归还。

第七十八条　危险物品的运输，应当符合下列规定：

（一）符合国家有关法律、法规、规章、标准的要求，并有专人押运。

（二）有可靠的安全措施和应急措施。

（三）符合有关运输手续，有明显的危险物品运输标识。

第七十九条　危险物品的使用，应当符合下列规定：

（一）作业前，按照有关规定申请使用许可证。取得使用许可证后，方可使用危险物品。使用有详细记录。使用后，及时将未使用完的危险物品回收入库。

（二）作业时，制定安全可靠的作业规程。有关作业人员熟悉并遵守作业规程。

（三）现场设有明显、清晰的危险标识，以防止非作业人员进入作业区。

（四）现场至少配备1台便携式放射性强度测量仪。

（五）按照国家有关标准的要求，对放射源与载源设备的性能进行检验。

第八十条　危险物品的存放，应当符合下列规定：

（一）存放场所远离生活区、人员密集区及危险区，并标有明显的“危险品”标识。

（二）采取有效的防火安全措施。

（三）不得将爆炸性物品中的炸药与雷管或者放射性物品存放在同一储存室内。

第八十一条　对失效的或者外壳泄漏试验不合格（超过185Bq）的放射源，应当采取安全的方式妥善处置。

第八十二条　作业人员使用放射性物品的，应当采取下列防护措施：

（一）配有个人辐照剂量检测用具，并建立辐照剂量档案。

（二）每年至少进行一次体检，体检结果存档。

（三）发现作业人员受到放射性伤害的，立即调离其工作岗位，并按照有关规定进行治疗和康复。

（三）作业人员调动工作的，其辐照剂量档案和体检档案随工作岗位一起调动。

第九节　弃井管理

第八十三条　作业者或者承包者在进行弃井作业或者清除井口遗留物30日前，应当向海油安办有关分部报送下列材料：

（一）弃井作业或者清除井口遗留物安全风险评价报告。

（二）弃井或者清除井口遗留物施工方案、作业程序、时间安排、井液性能等。

海油安办有关分部应当对作业者或者承包者报送的材料进行审核；材料内容不符合技术要求的，通知作业者或者承包者进行完善。

第八十四条　弃井作业或者清除井口遗留物施工作业期间，海油安办有关分部认为必要时，进行现场监督。

施工作业完成后15日内，作业者或者承包者应当向海油安办有关分部提交下列资料：

（一）弃井或者清除井口遗留物作业完工图。

（二）弃井作业最终报告表。

第八十五条 对于永久性弃井的，应当符合下列要求：

（一）在裸露井眼井段，对油、气、水等渗透层进行全封，在其上部打至少50米水泥塞，以封隔油、气、水等渗透层，防止互窜或者流出海底。裸眼井段无油、气、水时，在最后一层套管的套管鞋以下和以上各打至少30米水泥塞。

（二）已下尾管的，在尾管顶部上下30米的井段各打至少30米水泥塞。

（三）已在套管或者尾管内进行了射孔试油作业的，对射孔层进行全封，在其上部打至少50米的水泥塞。

（四）已切割的每层套管内，保证切割处上下各有至少20米的水泥塞。

（五）表层套管内水泥塞长度至少有45米，且水泥塞顶面位于海底泥面下4~30米之间。

对于临时弃井的，应当符合下列要求：

（一）在最深层套管柱的底部至少打50米水泥塞。

（二）在海底泥面以下4米的套管柱内至少打30米水泥塞。

第八十六条 永久弃井时，所有套管、井口装置或者桩应当按照国家有关规定实施清除作业。对保留在海底的水下井口装置或者井口帽，应当按照国家有关规定向海油安办有关分部进行报告。

第四章　安全培训

第八十七条 作业者和承包者的主要负责人和安全生产管理人员应当具备相应的安全生产知识和管理能力，经海油安办考核合格。

第八十八条 作业者和承包者应当组织对海上石油作业人员进行安全生产培训。未经培训并取得培训合格证书的作业人员，不得上岗作业。

作业者和承包者应当建立海上石油作业人员的培训档案，加强对出海作业人员（包括在境外培训的人员）的培训证书的审查。未取得培训合格证书的，一律不得出海作业。

第八十九条 出海人员必须接受“海上石油作业安全救生”的专门培训，并取得培训合格证书。

安全培训的内容和时间应当符合下列要求：

（一）长期出海人员接受“海上石油作业安全救生”全部内容的培训，培训时间不少于40课时。每5年进行一次再培训。

（二）短期出海人员接受“海上石油作业安全救生”综合内容的培训，培训时间不少于24课时。每3年进行一次再培训。

（三）临时出海人员接受“海上石油作业安全救生”电化教学的培训，培训时间不少于4课时。每1年进行一次再培训。

（四）不在设施上留宿的临时出海人员可以只接受作业者或者承包者现场安全教育。

（五）没有直升机平台或者已明确不使用直升机倒班的海上设施人员，可以免除“直升机遇险水下逃生”内容的培训。

（六）没有配备救生艇筏的海上设施作业人员，可以免除“救生艇筏操纵”的培训。

第九十条　海上油气生产设施兼职消防队员应当接受“油气消防”的培训，培训时间不少于24课时。每4年应当进行一次再培训。

第九十一条　从事钻井、完井、修井、测试作业的监督、经理、高级队长、领班，以及司钻、副司钻和井架工、安全监督等人员应当接受“井控技术”的培训，培训时间不少于56课时，并取得培训合格证书。每4年应当进行一次再培训。

第九十二条　稳性压载人员（含钻井平台、浮式生产储油装置的稳性压载、平台升降的技术人员）应当接受“稳性与压载技术”的培训，培训时间不少于36课时，并取得培训合格证书。每4年应当进行一次再培训。

第九十三条　在作业过程中已经出现或者可能出现硫化氢的场所从事钻井、完井、修井、测试、采油及储运作业的人员，应当进行“防硫化氢技术”的专门培训，培训时间不少于16课时，并取得培训合格证书。每4年应当进行一次再培训。

第九十四条　无线电技术操作人员应当按政府有关主管部门的要求进行培训，取得相应的资格证书。

第九十五条　属于特种作业人员范围的特种作业人员应当按照有关法律法规的要求进行专门培训，取得特种作业操作资格证书。

第九十六条　外方人员在国外合法注册和政府认可的培训机构取得的证书和证件，经中方作业者或者承包者确认后在中国继续有效。

第五章　应急管理

第九十七条　作业者和承包者应当按照有关法律、法规、规章和标准的要求，结合生产实际编制应急预案，并报海油安办有关分部备案。

作业者和承包者应当根据海洋石油作业的变化，及时对应急预案进行修改、补充和完善。

第九十八条　根据海洋石油作业的特点，作业者和承包者编制的应急预案应当包括下列内容：

（一）作业者和承包者的基本情况、危险特性、可以利用的应急救援设备。

（二）应急组织机构、职责划分、通信联络。

（三）应急预案启动、应急响应、信息处理、应急状态中止、后续恢复等处置程序。

（四）应急演习与训练。

第九十九条　应急预案的应急范围包括井喷失控、火灾与爆炸、平台遇险、直升机失事、船舶海损、油（气）生产设施与管线破损和泄漏、有毒有害物品泄漏、放射性物品遗散、潜水作业事故；人员重伤、死亡、失踪及暴发性传染病、中毒；溢油事故、自然灾害以及其他紧急情况。

第一百条 除作业者和承包者编制的公司一级应急预案外，针对每个生产和作业设施应当结合工作实际，编制应急预案。应急预案包括主件和附件两个部分内容。

主件部分应当包括下列主要内容：

（一）生产或者作业设施名称、作业海区、编写者和编写日期。

（二）生产或者作业设施的应急组织机构、指挥系统、医疗机构及各级应急岗位人员职责。

（三）处置各类突发性事故或者险情的措施和联络报告程序。

（四）生产或者作业设施上所具有的通信设备类型、能力以及应急通信频率。

（五）应急组织、上级主管部门和有关部门的负责人通信录，包括通信地址、电话和传真等。

（六）与有关部门联络的应急工作联系程序图或者网络图。

（七）应急训练内容、频次和要求。

（八）其他需要明确的内容。

附件部分应当包括下列主要内容：

（一）生产或者作业设施的主要基础数据。

（二）生产或者作业设施所处自然环境的描述，包括：作业海区的气象资料，可能出现的灾害性天气（如台风等）；作业海区的海洋水文资料，水深、水温、海流的速度和方向、浪高等；生产或者作业设施与陆岸基地、附近港口码头及海区其他设施的位置简图。

（三）各种应急搜救设备及材料，包括应急设备及应急材料的名称、类型、数量、性能和存放地点等情况。

（四）生产或者作业设施配备的气象海况测定装置的规格和型号。

（五）其他有关资料。

第一百零一条 作业者和承包者应当组织生产和作业设施的相关人员定期开展应急预案的演练，演练期限不超过下列时间间隔的要求：

（一）消防演习：每倒班期一次。

（二）弃平台演习：每倒班期一次。

（三）井控演习：每倒班期一次。

（四）人员落水救助演习：每季度一次。

（五）硫化氢演习：钻遇含硫化氢地层前和对含硫化氢油气井进行试油或者修井作业前，必须组织一次防硫化氢演习；对含硫化氢油气井进行正常钻井、试油或者修井作业，每隔7日组织一次演习；含硫化氢油气井正常生产时，每倒班期组织一次演习。不含硫化氢的，每半年组织一次。

各类应急演练的记录文件应当至少保存1年。

第一百零二条 事故发生后，作业现场有关人员应当及时向所属作业者和承包者报告；接到报告后，应当立即启动相应的应急预案，组织开展救援活动，防止事故扩大，减少人员伤亡和财产损失。

第一百零三条 针对海洋石油作业过程中发生事故的特点，在实施应急救援过程中，作业者和承包者应当做好下列工作：

（一）立即组织现场疏散，保护作业人员安全。

（二）立即调集作业现场的应急力量进行救援，同时向有关方面发出求助信息，动员有关力量，保证应急队伍、设备、器材、物资及必要的后勤支持。

（三）制定现场救援方案并组织实施。

（四）确定警戒及防控区域，实行区域管制。

（五）采取相应的保护措施，防止事故扩大和引发次生灾害。

（六）迅速组织医疗救援力量，抢救受伤人员。

（七）尽力防止出现石油大面积泄漏和扩散。

第六章 事故报告和调查处理

第一百零四条 在海上石油天然气勘探、开发、生产、储运及油田废弃等作业中，发生下列生产安全事故，作业现场有关人员应当立即向所属作业者和承包者报告；作业者和承包者接到报告后，应当立即按规定向海油安办有关分部的地区监督处、当地政府和海事部门报告：

（一）井喷失控。

（二）火灾与爆炸。

（三）平台遇险（包括平台失控漂移、拖航遇险、被碰撞或者翻沉）。

（四）飞机事故。

（五）船舶海损（包括碰撞、搁浅、触礁、翻沉、断损）。

（六）油（气）生产设施与管线破损（包括单点系泊、电气管线、海底油气管线等的破损、泄漏、断裂）。

（七）有毒有害物品和气体泄漏或者遗散。

（八）急性中毒。

（九）潜水作业事故。

（十）大型溢油事故（溢油量大于100吨）。

（十一）其他造成人员伤亡或者直接经济损失的事故。

第一百零五条 海油安办有关分部的地区监督处接到事故报告后，应当立即上报海油安办有关分部。海油安办有关分部接到较大事故及以上的事故报告后，应当在1小时内上报国家安全生产监督管理总局。

飞机事故、船舶海损、大型溢油除报告海油安办外，还应当按规定报告有关政府主管部门。

第一百零六条 海洋石油的生产安全事故按照下列规定进行调查：

（一）没有人员伤亡的一般事故，海油安办有关分部可以委托作业者和承包者组织生产、技术、安全等有关人员及工会成员组成事故调查组进行调查。

（二）造成人员伤亡的一般事故，由海油安办有关分部牵头组织有关部门及工会成立事故调查组进行调查，并邀请人民检察院派人参加。

（三）造成较大事故，由海油安办牵头组织有关部门成立事故调查组进行调查，并邀请人民检察院派人参加。

（四）重大事故，由国家安全生产监督管理总局牵头组织有关部门成立事故调查组进行调查，并邀请人民检察院派人参加。

（五）特别重大事故，按照国务院有关规定执行。

飞机失事、船舶海损、放射性物品遗散和大型溢油等海洋石油生产安全事故依法由民航、海事、环保等有关部门组织调查处理。

第一百零七条 海洋石油的生产安全事故调查报告按照下列规定批复：

（一）一般事故的调查报告，在征得海油安办同意后，由海油安办有关分部批复。

（二）较大、重大事故的调查报告由国家安全生产监督管理总局批复。

（三）特别重大事故调查报告的批复按照国务院有关规定执行。

第一百零八条 作业者和承包者应当按照事故调查报告的批复，对负有责任的人员进行处理。

事故发生单位应当认真吸取事故教训，落实防范和整改措施，防止事故再次发生。

第七章 监督管理

第一百零九条 海油安办及其有关分部应当按照法律、行政法规、规章和标准的规定，依法对海洋石油生产经营单位的安全生产实施监督检查。

第一百一十条 海油安办有关分部应当建立生产设施、作业设施的备案档案管理制度，并于每年1月31日前将上一年度的备案情况报海油安办。备案档案应当至少保存3年。

第一百一十一条 海油安办有关分部应当对安全培训机构、作业者和承包者安全教育培训情况进行监督检查。

第一百一十二条 海油安办及其有关分部应当按照生产安全事故的批复，依照有关法律、行政法规和规章的规定，对事故发生单位和有关人员进行行政处罚；对负有事故责任的国家工作人员，按照干部管理权限交由有关单位和行政监察机关追究。

第八章 罚　　则

第一百一十三条 作业者和承包者有下列行为之一的，给予警告，可以并处3万元以下的罚款：

（一）生产设施、作业设施未按规定备案的。

（二）未配备守护船，或者未按规定登记的。

（三）海洋石油专业设备未按期进行检验的。

（四）拒绝、阻碍海油安办及有关分部依法监督检查的。

第一百一十四条　作业者和承包者有下列行为之一的，依法责令停产整顿，给予相应的行政处罚：

（一）未履行新建、改建、扩建项目“三同时”程序的。

（二）对存在的重大事故隐患，不按期进行整改的。

第一百一十五条　海油安办及有关分部监督检查人员在海洋石油监督检查中滥用职权、玩忽职守、徇私舞弊的，依照有关规定给予行政处分。

第九章　附　　则

第一百一十六条　本细则中下列用语的含义：

（一）海洋石油作业设施，是指用于海洋石油作业的海上移动式钻井船（平台）、物探船、铺管船、起重船、固井船、酸化压裂船等设施。

（二）海洋石油生产设施，是指以开采海洋石油为目的的海上固定平台、单点系泊、浮式生产储油装置（FPSO）、海底管线、海上输油码头、滩海陆岸、人工岛和陆岸终端等海上和陆岸结构物。

（三）滩海陆岸石油设施，是指最高天文潮位以下滩海区域内，采用筑路或者栈桥等方式与陆岸相连接，从事石油作业活动中修筑的滩海通井路、滩海井台及有关石油设施。

（四）专业设备，是指海洋石油开采过程中使用的危险性较大或者对安全生产有较大影响的设备，包括海上结构、采油设备、海上锅炉和压力容器、钻井和修井设备、起重和升降设备、火灾和可燃气体探测、报警及控制系统、安全阀、救生设备、消防器材、钢丝绳等系物及被系物、电气仪表等。

（五）海底长输油（气）管线，是指从一个海上油（气）田外输油（气）的计量点至陆岸终端计量点或者至海上输油（气）终端计量点的长输管线，包括管段、立管、附件、控制系统、仪表及支撑件等互相连接的系统和中间泵站等。

（六）延长测试作业，是指在油层参数或者早期地质油藏资料不能满足工程需要的情况下，为获取这些数据资料，在原钻井装置或者井口平台上实施，并有油轮或者浮式生产装置作为储油装置的测试作业。

（七）延长测试设施，是指延长测试作业时，在原钻井装置或井口平台上临时安装的配套工艺设备，以及油轮或浮式生产储油装置（FPSO）等设施的总称。

（八）长期出海人员，是指每次在海上作业 15 日以上（含 15 日），或者年累计在海上作业 30 日以上（含 30 日），负责海上石油设施管理、操作、维修等作业的人员。

（九）短期出海人员，是指每次在海上作业 5~15 日以下（含 5 日），或者年累计出海时间在 10~30 日（含 10 日）的海上石油作业人员。

（十）临时出海人员，是指每次出海在 5 日以下的人员，或者年累计 10 日以下。

（十一）海上油气生产设施兼职消防队员，是指海上油（气）生产设施上，直接从事消防设备操作、现场灭火指挥的关键人员。

（十二）“海上石油作业安全救生”培训，是指“海上求生”“海上平台消防”“救生艇筏操纵”“海上急救”“直升机遇险水下逃生”5项内容的培训。

（十三）弃井作业，是指为了防止海洋污染、保证油井和海上运输安全而对油井采取的防止溢油和碰撞的一系列措施，包括永久性弃井作业和临时弃井作业。永久性弃井，是指对废弃的井进行封堵井眼及回收井口装置的作业；临时弃井，是指对正在钻井，因故中止作业或者对已完成作业的井需保留井口而进行的封堵井眼，戴井口帽及设置井口信号标志的作业。

第一百一十七条 本细则所规定的有关文书格式，由海油安办统一式样。

第一百一十八条 从事内陆湖泊的石油开采活动，参照本细则有关规定执行。

第一百一十九条 本细则自2009年12月1日起施行。

49 煤矿防治水规定

2009年8月17日国家安全生产监督管理总局局长办公会议审议通过，2009年9月21日国家安全生产监督管理总局令第28号公布，自2009年12月1日起施行。

第一章 总 则

第一条 为加强煤矿的防治水工作，防止和减少水害事故，保障煤矿职工生命安全，根据《安全生产法》《矿山安全法》《国务院关于预防煤矿生产安全事故的特别规定》等法律、行政法规，制定本规定。

第二条 煤矿企业（矿井）、有关单位的防治水工作，适用本规定。

现行煤矿安全规程、规范、标准等有关防治水的内容与本规定不一致的，依照本规定执行。

第三条 防治水工作应当坚持预测预报、有疑必探、先探后掘、先治后采的原则，采取防、堵、疏、排、截的综合治理措施。

第四条 煤矿企业、矿井的主要负责人（含法定代表人、实际控制人，下同）是本单位防治水工作的第一责任人，总工程师（技术负责人，下同）具体负责防治水的技术管理工作。

第五条 煤矿企业、矿井应当按照本单位的水害情况，配备满足工作需要的防治水专业技术人员，配齐专用探放水设备，建立专门的探放水作业队伍。

水文地质条件复杂、极复杂的煤矿企业、矿井，除符合本条第一款规定外，还应当设立专门的防治水机构。

第六条 煤矿企业、矿井应当建立健全水害防治岗位责任制、水害防治技术管理制度、水害预测预报制度和水害隐患排查治理制度。

第七条 煤矿企业、矿井应当编制本单位的防治水中长期规划和年度计划，并组织实施。

第八条 煤矿企业、矿井的井田范围内及周边区域水文地质条件不清楚的，应当采取有效措施，查明水害情况。在水害情况查明前，严禁进行采掘活动。

发现矿井有透水征兆时，应当立即停止受水害威胁区域内的采掘作业，撤出作业人员到安全地点，采取有效安全措施，分析查找透水原因。

第九条 煤矿企业、矿井应当对职工进行防治水知识的教育和培训，保证职工具备必要的防治水知识，提高防治水工作的技能和抵御水灾的能力。

第十条 煤矿企业、矿井应当加强防治水技术研究和科技攻关，推广使用防治水的新技术、新装备和新工艺，提高防治水工作的科技水平。

水文地质条件复杂、极复杂的煤矿企业、矿井，应当装备必要的防治水抢险救灾设备。

第二章 矿井水文地质类型划分及基础资料

第一节 矿井水文地质类型划分

第十一条 根据矿井受采掘破坏或者影响的含水层及水体、矿井及周边老空水分布状况、矿井涌水量或者突水量分布规律、矿井开采受水害影响程度以及防治水工作难易程度，矿井水文地质类型划分为简单、中等、复杂、极复杂等4种（见表1）。

表1 矿井水文地质类型

<table>
<tr><th colspan="2" rowspan="2">分类依据</th><th colspan="4">类别</th></tr>
<tr><th>简单</th><th>中等</th><th>复杂</th><th>极复杂</th></tr>
<tr><td rowspan="2">受采掘破坏或影响的含水层及水体</td><td>含水层性质及补给条件</td><td>受采掘破坏或影响的孔隙、裂隙、岩溶含水层，补给条件差，补给来源少或极少</td><td>受采掘破坏或影响的孔隙、裂隙、岩溶含水层，补给条件一般，有一定的补给水源</td><td>受采掘破坏或影响的主要是岩溶含水层、厚层砂砾石含水层、老空水、地表水，其补给条件好，补给水源充沛</td><td>受采掘破坏或影响的是岩溶含水层、老空水、地表水，其补给条件很好，补给来源极其充沛，地表泄水条件差</td></tr>
<tr><td>单位涌水量 q（$L\cdot s^{-1}\cdot m^{-1}$）</td><td>$q\leq0.1$</td><td>$0.1<q\leq1.0$</td><td>$1.0<q\leq5.0$</td><td>$q>5.0$</td></tr>
</table>

续表

分类依据	类别			
	简单	中等	复杂	极复杂
矿井及周边老空水分布状况	无老空积水	存在少量老空积水，位置、范围、积水量清楚	存在少量老空积水，位置、范围、积水量不清楚	存在大量老空积水，位置、范围、积水量不清楚
矿井涌水量（$m^3 \cdot h^{-1}$） 正常 Q_1 最大 Q_2	$Q_1 \leqslant 180$ （西北地区 $Q_1 \leqslant 90$） $Q_2 \leqslant 300$ （西北地区 $Q_2 \leqslant 210$）	$180 < Q_1 \leqslant 600$ （西北地区 $90 < Q_1 \leqslant 180$） $300 < Q_2 \leqslant 1\ 200$ （西北地区 $210 < Q_2 \leqslant 600$）	$600 < Q_1 \leqslant 2\ 100$ （西北地区 $180 < Q_1 \leqslant 1\ 200$） $1\ 200 < Q_2 \leqslant 3\ 000$ （西北地区 $600 < Q_2 \leqslant 2\ 100$）	$Q_1 > 2\ 100$ （西北地区 $Q_1 > 1\ 200$） $Q_2 > 3\ 000$ （西北地区 $Q_2 > 2\ 100$）
突水量 Q_3（$m^3 \cdot h^{-1}$）	无	$Q_3 \leqslant 600$	$600 < Q_3 \leqslant 1\ 800$	$Q_3 > 1\ 800$
开采受水害影响程度	采掘工程不受水害影响	矿井偶有突水，采掘工程受水害影响，但不威胁矿井安全	矿井时有突水，采掘工程、矿井安全受水害威胁	矿井突水频繁，采掘工程、矿井安全受水害严重威胁
防治水工作难易程度	防治水工作简单	防治水工作简单或易于进行	防治水工程量较大，难度较高	防治水工程量大，难度高

注：1. 单位涌水量以井田主要充水含水层中有代表性的为准。

2. 在单位涌水量 q，矿井涌水量 Q_1、Q_2 和矿井突水量 Q_3 中，以最大值作为分类依据。

3. 同一井田煤层较多，且水文地质条件变化较大时，应当分煤层进行矿井水文地质类型划分。

4. 按分类依据就高不就低的原则，确定矿井水文地质类型。

第十二条 矿井应当对本单位的水文地质情况进行研究，编制矿井水文地质类型划分报告，并确定本单位的矿井水文地质类型。矿井水文地质类型划分报告，由煤矿企业总工程师负责组织审定。

矿井水文地质类型划分报告，应当包括下列主要内容：

（一）矿井所在位置、范围及四邻关系，自然地理等情况。

（二）以往地质和水文地质工作评述。

（三）井田水文地质条件及含水层和隔水层分布规律和特征。

（四）矿井充水因素分析，井田及周边老空区分布状况。

（五）矿井涌水量的构成分析，主要突水点位置、突水量及处理情况。

（六）对矿井开采受水害影响程度和防治水工作难易程度评价。

（七）矿井水文地质类型划分及防治水工作建议。

第十三条　矿井水文地质类型应当每3年进行重新确定。当发生重大突水事故后，矿井应当在1年内重新确定本单位的水文地质类型。

重大突水事故，是指突水量首次达到300 m^3/h以上或者造成死亡3人以上的突水事故。

第二节　矿井防治水基础资料

第十四条　矿井应当编制井田地质报告、建井设计和建井地质报告。井田地质报告、建井设计和建井地质报告应当有相应的防治水内容。

第十五条　矿井应当按照规定编制下列防治水图件：

（一）矿井充水性图。

（二）矿井涌水量与各种相关因素动态曲线图。

（三）矿井综合水文地质图。

（四）矿井综合水文地质柱状图。

（五）矿井水文地质剖面图。

其他有关防治水图件由矿井根据实际需要编制。

矿井应当建立数字化图件，内容真实可靠，并每半年对图纸内容进行修正完善。

矿井水文地质主要图件内容及要求见附录一。

第十六条　矿井应当建立下列防治水基础台账：

（一）矿井涌水量观测成果台账。

（二）气象资料台账。

（三）地表水文观测成果台账。

（四）钻孔水位、井泉动态观测成果及河流渗漏台账。

（五）抽（放）水试验成果台账。

（六）矿井突水点台账。

（七）井田地质钻孔综合成果台账。

（八）井下水文地质钻孔成果台账。

（九）水质分析成果台账。

（十）水源水质受污染观测资料台账。

（十一）水源井（孔）资料台账。

（十二）封孔不良钻孔资料台账。

（十三）矿井和周边煤矿采空区相关资料台账。

（十四）水闸门（墙）观测资料台账。

（十五）其他专门项目的资料台账。

矿井防治水基础台账，应当认真收集、整理，实行计算机数据库管理，长期保存，并每半年修正1次。

第十七条 新建矿井应当按照矿井建井的有关规定，在建井期间收集、整理、分析有关矿井水文地质资料，并在建井完成后将资料全部移交给生产单位。

新建矿井应当编制下列主要图件：

（一）水文地质观测台账和成果。

（二）突水点台账、记录和有关防治水的技术总结，以及注浆堵水记录和有关资料。

（三）井筒及主要巷道水文地质实测剖面。

（四）建井水文地质补充勘探成果。

（五）建井水文地质报告（可与建井地质报告合在一起）。

第十八条 矿井在废弃关闭之前，应当编写闭坑报告。闭坑报告应当包括下列主要内容：

（一）闭坑前的矿井采掘空间分布情况，对可能存在的充水水源、通道、积水量和水位等情况的分析评价。

（二）闭坑对邻近生产矿井安全的影响和采取的防治水措施。

闭坑报告（包括图纸资料）应当报所在地煤炭行业管理部门备案。

第十九条 矿井应当建立水文地质信息管理系统，实现矿井水文地质文字资料收集、数据采集、图件绘制、计算评价和矿井防治水预测预报一体化。

第三章 水文地质补充调查与勘探

第一节 水文地质补充调查

第二十条 当矿区或者矿井现有水文地质资料不能满足生产建设的需要时，应当针对存在的问题进行专项水文地质补充调查。矿区或者矿井未进行过水文地质调查或者水文地质工作程度较低的，应当进行补充水文地质调查。

第二十一条 水文地质补充调查范围应当覆盖一个具有相对独立补给、径流、排泄条件的地下水系统。

第二十二条 水文地质补充调查除采用传统方法外，还可采用遥感、全球卫星定位、地理信息系统等新技术、新方法。

第二十三条 水文地质补充调查，应当包括下列主要内容：

（一）资料收集。收集降水量、蒸发量、气温、气压、相对湿度、风向、风速及其历年月平均值和两极值等气象资料。收集调查区内以往勘查研究成果，动态观测资料，勘探钻孔、供水井钻探及抽水试验资料。

（二）地貌地质的情况。调查收集由开采或地下水活动诱发的崩塌、滑坡、人工湖等地貌变化、岩溶发育矿区的各种岩溶地貌形态。对第四系松散覆盖层和基岩露头，查明其时代、岩性、厚度、富水性及地下水的补排方式等情况，并划分含水层或相对隔水层。查明地质构造的形态、产状、性质、规模、破碎带（范围、充填物、胶结程度、导水性）及有无泉水出露等情况，初步分析研究其对矿井开采的影响。

（三）地表水体的情况。调查与收集矿区河流、水渠、湖泊、积水区、山塘和水库等地表水体的历年水位、流量、积水量、最大洪水淹没范围、含泥沙量、水质和地表水体与下伏含水层的水力关系等。对可能渗漏补给地下水的地段应当进行详细调查，并进行渗漏量监测。

（四）井泉的情况。调查井泉的位置、标高、深度、出水层位、涌水量、水位、水质、水温、有无气体溢出、溢出类型、流量（浓度）及其补给水源，并素描泉水出露的地形地质平面图和剖面图。

（五）古井老窑的情况。调查古井老窑的位置及开采、充水、排水的资料及老窑停采原因等情况，察看地形，圈出采空区，并估算积水量。

（六）生产矿井的情况。调查研究矿区内生产矿井的充水因素、充水方式、突水层位、突水点的位置与突水量，矿井涌水量的动态变化与开采水平、开采面积的关系，以往发生水害的观测研究资料和防治水措施及效果。

（七）周边矿井的情况。调查周边矿井的位置、范围、开采层位、充水情况、地质构造、采煤方法、采出煤量、隔离煤柱以及与相邻矿井的空间关系，以往发生水害的观测研究资料，并收集系统完整的采掘工程平面图及有关资料。

（八）地面岩溶的情况。调查岩溶发育的形态、分布范围。详细调查对地下水运动有明显影响的补给和排泄通道，必要时可进行连通试验和暗河测绘工作。分析岩溶发育规律和地下水径流方向，圈定补给区，测定补给区内的渗漏情况，估算地下水径流量。对有岩溶塌陷的区域，进行岩溶塌陷的测绘工作。

第二节　地面水文地质观测

第二十四条　矿区、矿井地面水文地质观测应当包括下列主要内容：

（一）进行气象观测。距离气象台（站）大于 30 km 的矿区（井），设立气象观测站。站址的选择和气象观测项目，符合气象台（站）的要求。距气象台（站）小于 30 km 的矿区（井），可以不设立气象观测站，仅建立雨量观测站。

（二）进行地表水观测。地表水观测项目与地表水调查内容相同。一般情况下，每月进行 1 次地表水观测；雨季或暴雨后，根据工作需要，增加相应的观测次数。

（三）进行地下水动态观测。观测点应当布置在下列地段和层位：

1. 对矿井生产建设有影响的主要含水层。
2. 影响矿井充水的地下水强径流带（构造破碎带）。
3. 可能与地表水有水力联系的含水层。
4. 矿井先期开采的地段。
5. 在开采过程中水文地质条件可能发生变化的地段。
6. 人为因素可能对矿井充水有影响的地段。
7. 井下主要突水点附近，或者具有突水威胁的地段。
8. 疏干边界或隔水边界处。

观测点的布置，应当尽量利用现有钻孔、井、泉等。观测内容包括水位、水温和水质等。对泉水的观测，还应当观测其流量。

观测点应当统一编号，设置固定观测标志，测定坐标和标高，并标绘在综合水文地质图上。观测点的标高应当每年复测 1 次；如有变动，应当随时补测。

第二十五条 矿井应当在开采前的 1 个水文年内进行地面水文地质观测工作。在采掘过程中，应当坚持日常观测工作；在未掌握地下水的动态规律前，应当每 7 ~ 10 日观测 1 次；待掌握地下水的动态规律后，应当每月观测 1 ~ 3 次；当雨季或者遇有异常情况时，应当适当增加观测次数。水质监测每年不少于 2 次，丰、枯水期各 1 次。

技术人员进行观测工作时，应当按照固定的时间和顺序进行，并尽可能在最短时间内测完，并注意观测的连续性和精度。钻孔水位观测每回应当有 2 次读数，其差值不得大于 2 cm，取值可用平均数。测量工具使用前应当校验。水文地质类型属于复杂、极复杂的矿井，应当尽量使用智能自动水位仪观测、记录和传输数据。

第三节 井下水文地质观测

第二十六条 对新开凿的井筒、主要穿层石门及开拓巷道，应当及时进行水文地质观测和编录，并绘制井筒、石门、巷道的实测水文地质剖面图或展开图。

当井巷穿过含水层时，应当详细描述其产状、厚度、岩性、构造、裂隙或者岩溶的发育与充填情况，揭露点的位置及标高、出水形式、涌水量和水温等，并采取水样进行水质分析。

遇含水层裂隙时，应当测定其产状、长度、宽度、数量、形状、尖灭情况、充填程度及充填物等，观察地下水活动的痕迹，绘制裂隙玫瑰图，并选择有代表性的地段测定岩石的裂隙率。测定的面积：较密集裂隙，可取 1 ~ 2 m^2；稀疏裂隙，可取 4 ~ 10 m^2。其计算公式为

$$K_T = \frac{\sum lb}{A} \times 100\%$$

式中 K_T——裂隙率，%；

A——测定面积，m^2；

l——裂隙长度，m；

b——裂隙宽度，m。

遇岩溶时，应当观测其形态、发育情况、分布状况、有无充填物和充填物成分及充水状况等，并绘制岩溶素描图。

遇断裂构造时，应当测定其断距、产状、断层带宽度，观测断裂带充填物成分、胶结程度及导水性等。

遇褶曲时，应当观测其形态、产状及破碎情况等。

遇陷落柱时，应当观测陷落柱内外地层岩性与产状、裂隙与岩溶发育程度及涌水等情况，判定陷落柱发育高度，并编制卡片、附平面图、剖面图和素描图。

遇突水点时，应当详细观测记录突水的时间、地点、确切位置，出水层位、岩性、厚度，出水形式，围岩破坏情况等，并测定涌水量、水温、水质和含砂量等。同时，应当观

测附近的出水点和观测孔涌水量和水位的变化，并分析突水原因。各主要突水点可以作为动态观测点进行系统观测，并应当编制卡片，附平面图和素描图。

对于大中型煤矿发生 300 m^3/h 以上的突水、小型煤矿发生 60 m^3/h 以上的突水，或者因突水造成采掘区域和矿井被淹的，应当将突水情况及时上报所在地煤矿安全监察机构和地方人民政府负责煤矿安全生产监督管理的部门、煤炭行业管理部门。

按照突水点每小时突水量的大小，将突水点划分为小突水点、中等突水点、大突水点、特大突水点等 4 个等级：

（一）小突水点：$Q \leqslant 60\ m^3/h$。

（二）中等突水点：$60\ m^3/h < Q \leqslant 600\ m^3/h$。

（三）大突水点：$600\ m^3/h < Q \leqslant 1\ 800\ m^3/h$。

（四）特大突水点：$Q > 1\ 800\ m^3/h$。

第二十七条　矿井应当加强矿井涌水量的观测工作和水质的监测工作。

矿井应当分井、分水平设观测站进行涌水量的观测，每月观测次数不少于 3 次。对于出水较大的断裂破碎带、陷落柱，应当单独设立观测站进行观测，每月观测 1~3 次。对于水质的监测每年不少于 2 次，丰、枯水期各 1 次。涌水量出现异常、井下发生突水或者受降水影响矿井的雨季时段，观测频率应当适当增加。

对于井下新揭露的出水点，在涌水量尚未稳定或尚未掌握其变化规律前，一般应当每日观测 1 次。对溃入性涌水，在未查明突水原因前，应当每隔 1~2 h 观测 1 次，以后可适当延长观测间隔时间，并采取水样进行水质分析。涌水量稳定后，可按井下正常观测时间观测。

当采掘工作面上方影响范围内有地表水体、富水性强的含水层、穿过与富水性强的含水层相连通的构造断裂带或接近老空积水区时，应当每日观测涌水情况，掌握水量变化。含水层富水性的等级标准见附录二。

对于新凿立井、斜井，垂深每延深 10 m，应当观测 1 次涌水量。掘进至新的含水层时，如果不到规定的距离，也应当在含水层的顶底板各测 1 次涌水量。

当进行矿井涌水量观测时，应当注重观测的连续性和精度，采用容积法、堰测法、浮标法、流速仪法或者其他先进的测水方法。测量工具和仪表应当定期校验，以减少人为误差。

第二十八条　当井下对含水层进行疏水降压时，在涌水量、水压稳定前，应当每小时观测 1~2 次钻孔涌水量和水压；待涌水量、水压基本稳定后，按照正常观测的要求进行。疏放老空水的，应当每日进行观测。

第四节　水文地质补充勘探

第二十九条　矿井有下列情形之一的，应当进行水文地质补充勘探工作：

（一）矿井主要勘探目的层未开展过水文地质勘探工作的。

（二）矿井原勘探工程量不足，水文地质条件尚未查清的。

（三）矿井经采掘揭露煤岩层后，水文地质条件比原勘探报告复杂的。

（四）矿井经长期开采，水文地质条件已发生较大变化，原勘探报告不能满足生产要求的。

（五）矿井开拓延深、开采新煤系（组）或者扩大井田范围设计需要的。

（六）矿井巷道顶板处于特殊地质条件部位或者深部煤层下伏强充水含水层，煤层底板带压，专门防治水工程提出特殊要求的。

（七）各种井巷工程穿越强富水性含水层时，施工需要的。

第三十条 水文地质补充勘探工程量布置，应当满足相应的工作程度，并达到防治水工作的要求。

矿井进行水文地质补充勘探时，应当对包括勘探矿区在内的区域地下水系统进行整体分析研究；在矿井井田以外区域，应当以水文地质测绘调查为主；在矿井井田以内区域，应当以水文地质物探、钻探和抽（放）水试验等为主。

矿井水文地质补充勘探工作应当根据矿井水文地质类型和具体条件，综合运用水文地质补充调查、地球物理勘探、水文地质钻探、抽（放）水试验、水化学和同位素分析、地下水动态观测、采样测试等各种勘查技术手段，积极采用新技术、新方法。

矿井水文地质补充勘探应当编制补充勘探设计，经煤矿企业总工程师组织审查后实施。补充勘探设计应当依据充分、目的明确、工程布置针对性强，并充分利用矿井现有条件，做到井上、井下相结合。

水文地质补充勘探工作完成后，应当及时提交成果报告或者资料，由煤矿企业总工程师组织审查、验收。

第五节 地面水文地质补充勘探

第三十一条 矿井进行水文地质钻探时，每个钻孔都应当按照勘探设计要求进行单孔设计，包括钻孔结构、孔斜、岩芯采取率、封孔止水要求、终孔直径、终孔层位、简易水文观测、抽水试验、地球物理测井及采样测试、封孔质量、孔口装置和测量标志要求等。

钻孔施工主要技术指标，应当符合下列要求：

（一）以煤层底板水害为主的矿井，其水文地质补充勘探钻孔的终孔深度，以揭露下伏主要含水层段为原则。

（二）所有勘探钻孔均进行水文测井工作。对有条件的，可以进行流量测井、超声成像、钻孔电视探测等，配合钻探取芯划分含、隔水层，为取得有关参数提供依据。

（三）主要含水层或试验段（观测段）采用清水钻进。遇特殊情况需改用泥浆钻进时，经钻孔施工单位地质部门同意后，可以采用低固相优质泥浆，并采取有效的洗孔措施。

（四）钻孔孔径视钻孔目的确定。抽水试验孔试验段孔径，以满足设计的抽水量和安装抽水设备为原则；水位观测孔观测段孔径，应当满足止水和水位观测的要求。

（五）抽水试验钻孔的孔斜，满足选用抽水设备和水位观测仪器的工艺要求。

（六）钻孔取芯钻进，并进行岩芯描述。岩芯采取率：岩石大于 70%；破碎带大于 50%；黏土大于 70%；沙和沙砾层大于 30%。当采用水文物探测井，能够正确划分地层和含（隔）水层位置及厚度时，可以适当减少取芯。

（七）在钻孔分层（段）隔离止水时，通过提水、注水和水文测井等不同方法，检查止水效果，并作正式记录；不合格的，重新止水。

（八）除长期动态观测钻孔外，其余钻孔都使用高标号水泥浆封孔，并取样检查封孔质量。

（九）观测孔竣工后，进行抽水洗孔，以确保观测层（段）不被淤塞。

水文地质钻孔应当做好简易水文地质观测，其技术要求参照相关规程、规范进行。对没有简易水文地质观测资料的钻孔，应当降低其质量等级或者不予验收。

水文地质观测孔，应当安装孔口装置和长期观测测量标志，并采取有效措施予以保护，保证坚固耐用、观测方便；遇有损坏或堵塞时，应当及时进行处理。

第三十二条 生产矿井水文地质补充勘探的抽水试验质量，应当达到有关国家标准、行业标准的规定。

抽水试验的水位降深，应当根据设备能力达到最大降深，降深次数不少于 3 次，降距合理分布。当受开采影响导致钻孔水位较深时，可以仅做 1 次最大降深抽水试验。在降深过程的观测中，应当考虑非稳定流计算的要求，并适当延长时间。

对水文地质复杂型或者极复杂型的矿井，如果采用小口径抽水不能查明水文地质、工程地质（地面岩溶塌陷）条件时，可以进行井下放水试验；如果井下条件不具备的，应当进行大口径、大流量群孔抽水试验。采取群孔抽水试验，应当单独编制设计，经煤矿企业总工程师组织审查同意后实施。

大口径群孔抽水试验的延续时间，应当根据水位流量过程曲线稳定趋势而确定，一般不少于 10 日；当受开采疏水干扰，导致水位无法稳定时，应当根据具体情况研究确定。

为查明受采掘破坏影响的含水层与其他含水层或者地表水体等之间有无水力联系，可以结合抽（放）水进行连通（示踪）试验。

抽水前，应当对试验孔、观测孔及井上、井下有关的水文地质点，进行水位（压）、流量观测。必要时，可以另外施工专门钻孔测定大口径群孔的中心水位。

第三十三条 对于因矿井防渗漏研究岩石渗透性，或者因含水层水位很深致使无法进行抽水试验的，可以进行注水试验。

注水试验应当编制试验设计。试验设计包括试验层段的起、止深度；孔径及套管下入层位、深度及止水方法；采用的注水设备、注水试验方法，以及注水试验质量要求等内容。

注水试验施工主要技术指标，应当符合下列要求：

（一）根据岩层的岩性和孔隙、裂隙发育深度，确定试验孔段，并严格做好止水工作。

（二）注水试验前，彻底洗孔，以保证疏通含水层，并测定钻孔水温和注入水的温度。

（三）注水试验正式注水前及正式注水结束后，进行静止水位和恢复水位的观测。

第三十四条 物探工作布置、参数确定、检查点数量和重复测量误差、资料处理等，应当符合有关国家标准、行业标准的规定。

进行物探作业前，应当根据勘探区的水文地质条件、被探测地质体的地球物理特征和不同的工作目的等因素确定勘探方案。进行物探作业时，可以采用多种物探方法进行综合探测。

物探工作结束后，应当提交相应的综合成果图件。物探成果应当与其他勘探成果相结合，经相互验证后，可以作为矿井采掘设计的依据。

第六节　井下水文地质勘探

第三十五条　井下水文地质勘探应当遵守下列规定：

（一）采用井下物探、钻探、监测、测试等手段。

（二）采用井下与地面相结合的综合勘探方法。

（三）井下勘探施工作业时，保证矿井安全生产，并采取可靠的安全防范措施。

第三十六条　矿井有下列情形之一的，应当在井下进行水文地质勘探：

（一）采用地面水文地质勘探难以查清问题，需在井下进行放水试验或者连通（示踪）试验的。

（二）煤层顶、底板有含水（流）砂层或者岩溶含水层，需进行疏水开采试验的。

（三）受地表水体和地形限制或者受开采塌陷影响，地面没有施工条件的。

（四）孔深或者地下水位埋深过大，地面无法进行水文地质试验的。

第三十七条　井下水文地质勘探应当符合下列要求：

（一）钻孔的各项技术要求、安全措施等钻孔施工设计，经矿井总工程师批准后方可实施。

（二）施工并加固钻机硐室，保证正常的工作条件。

（三）钻机安装牢固。钻孔首先下好孔口管，并进行耐压试验。在正式施工前，安装孔口安全闸阀，以保证控制放水。安全闸阀的抗压能力大于最大水压。在揭露含水层前，安装好孔口防喷装置。

（四）按照设计进行施工，并严格执行施工安全措施。

（五）进行连通试验，不得选用污染水源的示踪剂。

（六）对于停用或者报废的钻孔，及时封堵，并提交封孔报告。

第三十八条　放水试验应当遵循下列原则：

（一）编制放水试验设计，确定试验方法、各次降深值和放水量。放水量视矿井现有最大排水能力而确定，原则上放水试验能影响到的观测孔应当有明显的水位降深。其设计由煤矿企业总工程师组织审查批准。

（二）做好放水试验前的准备工作，固定人员，检验校正观测仪器和工具，检查排水设备能力和排水线路。

（三）放水前，在同一时间对井上下观测孔和出水点的水位、水压、涌水量、水温和水质进行一次统测。

（四）根据具体情况确定放水试验的延续时间。当涌水量、水位难以稳定时，试验延续时间一般不少于10~15日。选取观测时间间隔，应当考虑到非稳定流计算的需要。中心水位或者水压与涌水量进行同步观测。

（五）观测数据及时登入台账，并绘制涌水量—水位历时曲线。

（六）放水试验结束后，及时进行资料整理，提交放水试验总结报告。

第三十九条　对于受水害威胁的矿井，采用常规水文地质勘探方法难以进行开采评价时，可以根据条件采用穿层石门或者专门凿井进行疏水降压开采试验。

进行疏水降压开采试验，应当符合下列规定：

（一）有专门的施工设计，其设计由煤矿企业总工程师组织审查批准。

（二）预计最大涌水量。

（三）建立能保证排出最大涌水量的排水系统。

（四）选择适当位置建筑防水闸门。

（五）做好钻孔超前探水和放水降压工作。

（六）做好井上下水位、水压、涌水量的观测工作。

第四十条 矿井可以根据本单位的实际，采用直流电法（电阻率法）、音频电穿透法、瞬变电磁法、电磁频率测深法、无线电波透视法、地质雷达法、浅层地震勘探、瑞利波勘探、槽波地震勘探方法等物探方法，并结合钻探方法对资料进行验证。

第四章 矿井防治水

第一节 地面防治水

第四十一条 矿井应当查清矿区及其附近地面水流系统的汇水、渗漏情况，疏水能力和有关水利工程等情况；了解当地水库、水电站大坝、江河大堤、河道、河道中障碍物等情况；掌握当地历年降水量和最高洪水位资料，建立疏水、防水和排水系统。

第四十二条 矿井井口和工业场地内建筑物的标高，应当高于当地历年最高洪水位。

如果在山区，除符合本条第一款的规定外，还应当避开可能发生泥石流、滑坡的地段。

矿井井口及工业场地内建筑物的标高低于当地历年最高洪水位的，应当修筑堤坝、沟渠或者采取其他防排水措施。

第四十三条 当矿井井口附近或者塌陷区内外的地表水体可能溃入井下时，应当采取安全防范措施。

严禁开采煤层露头的防隔水煤（岩）柱。

在地表容易积水的地点，应当修筑沟渠，排泄积水。修筑沟渠时，应当避开露头、裂隙和导水岩层。特别低洼地点不能修筑沟渠排水的，应当填平压实。如果低洼地带范围太大无法填平时，应当采取水泵或者建排洪站专门排水，防止低洼地带积水渗入井下。

当矿井受到河流、山洪威胁时，应当修筑堤坝和泄洪渠，防止洪水侵入。

对于排到地面的矿井水，应当妥善处理，避免再渗入井下。

对于漏水的沟渠（包括农田水利的灌溉沟渠）和河床，应当及时堵漏或者改道。地面裂缝和塌陷地点应当及时填塞。进行填塞工作时，应当采取相应的安全措施，防止人员陷入塌陷坑内。

在有滑坡危险的地段，可能威胁煤矿安全时，应当采取防止滑坡措施。

第四十四条 严禁将矸石、炉灰、垃圾等杂物堆放在山洪、河流可能冲刷到的地段，以免冲到工业场地和建筑物附近或者淤塞河道、沟渠。

第四十五条 对于正在使用的钻孔，应当按照规定安装孔口盖。对于报废的钻孔，应当及时封孔，防止地表水或者含水层的水流入井下。观测孔、注浆孔、电缆孔、与井下或者含水层相通的钻孔，其孔口管应当高出当地最高洪水位。

第四十六条 报废的立井应当填实封堵，或者在井口浇注1个大于井筒断面的坚实的钢筋混凝土盖板，并设置栅栏和标志。

报废的斜井应当填实封堵，或者在井口以下斜长20 m处砌筑1座砖、石或者混凝土墙，再用泥土填至井口，并加砌封墙。

报废的平硐，应当从硐口向里用泥土填实至少20 m，再砌封墙。报废井口的周围有地面水影响的，应当设置排水沟。

封填报废的立井、斜井和平硐时，应当做好隐蔽工程记录，并填图归档。

第四十七条 矿井应当与气象、水利、防汛等部门进行联系，建立灾害性天气预警和预防机制。煤矿应当及时掌握可能危及煤矿安全生产的暴雨洪水灾害信息，密切关注灾害性天气的预报预警信息；及时掌握汛情水情，采取安全防范措施；加强与周边相邻矿井信息沟通，发现矿井出现异常情况时，立即向周边相邻矿井进行预警。

第四十八条 矿井应当安排专人负责对本井田范围内可能波及的周边废弃老窑、地面塌陷坑、采动裂隙以及可能影响矿井安全生产的水库、湖泊、河流、涵闸、堤防工程等重点部位进行巡视检查。当接到暴雨灾害预警信息和警报后，应当实施24 h不间断巡查。在矿区每次降大到暴雨的前后，应当派专业人员及时观测矿井涌水量变化情况。

第四十九条 矿井应当建立暴雨洪水可能引发淹井等事故灾害紧急情况下及时撤出井下人员的制度，明确启动标准、指挥部门、联络人员、撤人程序等。当发现暴雨洪水灾害严重可能引发淹井时，应当立即撤出作业人员到安全地点。经确认隐患完全消除后，方可恢复生产。

第五十条 矿井在雨季前，应当全面检查防范暴雨洪水引发事故灾难防范措施的落实情况。对检查出的事故隐患，应当落实责任，并限定在汛期前完成整改。防治水工程应当有专门设计，工程竣工后由矿井总工程师负责组织验收。

第二节 防隔水煤（岩）柱的留设

第五十一条 相邻矿井的分界处，应当留防隔水煤（岩）柱。矿井以断层分界的，应当在断层两侧留有防隔水煤（岩）柱。

第五十二条 受水害威胁的矿井，有下列情况之一的，应当留设防隔水煤（岩）柱：

（一）煤层露头风化带。

（二）在地表水体、含水冲积层下和水淹区邻近地带。

（三）与富水性强的含水层间存在水力联系的断层、裂隙带或者强导水断层接触的煤层。

（四）有大量积水的老窑和采空区。

（五）导水、充水的陷落柱、岩溶洞穴或地下暗河。

（六）分区隔离开采边界。

（七）受保护的观测孔、注浆孔和电缆孔等。

第五十三条 矿井应当根据矿井的地质构造、水文地质条件、煤层赋存条件、围岩物理力学性质、开采方法及岩层移动规律等因素确定相应的防隔水煤（岩）柱的尺寸。防隔水煤（岩）柱的尺寸要求见附录三。

矿井防隔水煤（岩）柱应当由矿井地测机构组织编制专门设计，经矿井总工程师组织有关单位审查批准后实施。

第五十四条　矿井防隔水煤（岩）柱一经确定，不得随意变动。严禁在各类防隔水煤（岩）柱中进行采掘活动。

第五十五条　开采水淹区下的废弃防隔水煤（岩）柱时，应当彻底疏放上部积水。严禁顶水作业。

第五十六条　有突水历史或带压开采的矿井，应当分水平或分采区实行隔离开采。在分区之前，应当留设防隔水煤（岩）柱并建立防水闸门，以便在发生突水时，能够控制水势、减少灾情、保障矿井安全。

第三节　排水系统

第五十七条　矿井应当配备与矿井涌水量相匹配的水泵、排水管路、配电设备和水仓等，确保矿井能够正常排水。

第五十八条　矿井井下排水设备应当符合矿井排水的要求。除正在检修的水泵外，应当有工作水泵和备用水泵。工作水泵的能力，应当能在 20 h 内排出矿井 24 h 的正常涌水量（包括充填水及其他用水）。备用水泵的能力应当不小于工作水泵能力的 70%。工作和备用水泵的总能力，应当能在 20 h 内排出矿井 24 h 的最大涌水量。检修水泵的能力，应当不小于工作水泵能力的 25%。

水文地质条件复杂或者极复杂的矿井，除符合本条第一款规定外，可以在主泵房内预留安装一定数量水泵的位置，或者增加相应的排水能力。

水管应当有一定的备用量。工作水管的能力，应当能配合工作水泵在 20 h 内排出矿井 24 h 的正常涌水量。工作和备用水管的总能力，应当能配合工作和备用水泵在 20 h 内排出矿井 24 h 的最大涌水量。

配电设备的能力应当与工作、备用和检修水泵的能力相匹配，并能保证全部水泵同时运转。

有突水淹井危险的矿井，可以另行增建抗灾强排水系统。

第五十九条　矿井主要泵房应当至少有 2 个安全出口，一个出口用斜巷通到井筒，并高出泵房底板 7 m 以上；另一个出口通到井底车场。在通到井底车场的出口通路内，应当设置易于关闭的既能防水又能防火的密闭门。泵房和水仓的连接通道，应当设置可靠的控制闸门。

第六十条　矿井主要水仓应当有主仓和副仓，当一个水仓清理时，另一个水仓能够正常使用。

新建、改扩建矿井或者生产矿井的新水平，正常涌水量在 1 000 m^3/h 以下时，主要水仓的有效容量应当能容纳 8 h 的正常涌水量。

正常涌水量大于 1 000 m^3/h 的矿井，主要水仓有效容量可以按照下式计算：

$$V = 2(Q + 3\,000)$$

式中　V——主要水仓的有效容量，m^3；

　　Q——矿井每小时的正常涌水量，m^3。

采区水仓的有效容量应当能容纳 4 h 的采区正常涌水量。

矿井最大涌水量与正常涌水量相差大的矿井，排水能力和水仓容量应当由有资质的设计单位编制专门设计，由煤矿企业总工程师组织审查批准。

水仓进口处应当设置箅子。对水砂充填、水力采煤和其他涌水中带有大量杂质的矿井，还应当设置沉淀池。水仓的空仓容量应当经常保持在总容量的50%以上。

第六十一条 水泵、水管、闸阀、排水用的配电设备和输电线路，应当经常检查和维护。在每年雨季前，应当全面检修 1 次，并对全部工作水泵和备用水泵进行 1 次联合排水试验，发现问题，及时处理。

水仓、沉淀池和水沟中的淤泥，应当及时清理；每年雨季前，应当清理 1 次。

第六十二条 对于采用平硐泄水的矿井，其平硐的总过水能力应当不小于历年最大渗入矿井水量的 1.2 倍；水沟或者泄水巷的标高，应当比主运输巷道的标高低。

第六十三条 在水文地质条件复杂、极复杂矿区建设新井的，应当在井筒底留设潜水泵窝，老矿井也应当改建增设潜水泵窝。井筒开凿到底后，井底附近应当设置具有一定能力的临时排水设施，保证临时变电所、临时水仓形成之前的施工安全。

第六十四条 对于在建矿井，在永久排水系统形成前，各施工区应当设置临时排水系统，并保证有足够的排水能力。

第六十五条 生产矿井延深水平，只有在建成新水平的防、排水系统后，方可开拓掘进。

第四节 水闸门与水闸墙

第六十六条 水文地质条件复杂、极复杂的矿井，应当在井底车场周围设置防水闸门，或者在正常排水系统基础上安装配备排水能力不小于最大涌水量的潜水电泵排水系统。

第六十七条 在矿井有突水危险的采掘区域，应当在其附近设置防水闸门。不具备建筑防水闸门的隔离条件的，可以不建筑防水闸门，但应当制定严格的其他防治水措施，并经煤矿企业主要负责人审批同意。

第六十八条 建筑防水闸门应当符合下列规定：

（一）防水闸门由具有相应资质的单位进行设计，门体采用定型设计。

（二）防水闸门的施工及其质量，符合设计要求。闸门和闸门硐室不得漏水。

（三）防水闸门硐室前、后两端，分别砌筑不小于 5 m 的混凝土护碹，碹后用混凝土填实，不得空帮、空顶。防水闸门硐室和护碹采用高标号水泥进行注浆加固，注浆压力符合设计要求。

（四）防水闸门来水一侧 15~25 m 处，加设 1 道挡物箅子门。防水闸门与箅子门之间，不得停放车辆或堆放杂物。来水时，先关箅子门，后关防水闸门。如果采用双向防水闸门，在两侧各设 1 道箅子门。

（五）通过防水闸门的轨道、电机车架空线、带式输送机等能够灵活易拆。通过防水闸门墙体的各种管路和安设在闸门外侧的闸阀的耐压能力，与防水闸门所设计压力相一致。电缆、管道通过防水闸门墙体处，用堵头和阀门封堵严密，不得漏水。

（六）防水闸门安设观测水压的装置，并有放水管和放水闸阀。

（七）防水闸门竣工后，按照设计要求进行验收。对新掘进巷道内建筑的防水闸门，进行注水耐压试验；水闸门内巷道的长度不得大于 15 m，试验的压力不得低于设计水压，其稳压时间在 24 h 以上，试压时有专门安全措施。

第六十九条　防水闸门应当灵活可靠，并保证每年进行 2 次关闭试验，其中 1 次在雨季前进行。关闭闸门所用的工具和零配件应当由专人保管，并在专门地点存放，任何人不得挪用丢失。

第七十条　井下需要构筑水闸墙的，应当由具有相应资质的单位进行设计，按照设计进行施工，并按照规定进行竣工验收；否则，不得投入使用。

第七十一条　报废巷道封闭时，在报废的暗井和倾斜巷道下口的密闭水闸墙应当留泄水孔，每月定期进行观测，雨季加密观测。

第五节　疏干开采和带压开采

第七十二条　煤层（组）顶板导水裂缝带范围内分布有富水性强的含水层，应当进行疏干开采。

垮落带与导水裂缝带最大高度可根据《建筑物、水体、铁路及主要井巷煤柱留设与压煤开采规程》中的有关公式计算和现场实测等方法综合确定。

第七十三条　被松散富水性强的含水层覆盖且浅埋的缓倾斜煤层，需要疏干开采时，应当进行专门水文地质勘探或者补充勘探，以查明水文地质条件，并根据勘探评价成果确定疏干地段、制定疏干方案，经煤矿企业总工程师审批同意后执行。

第七十四条　疏干开采半固结或者较松散的古近系、新近系含水层覆盖的煤层时，开采前应当遵守下列规定：

（一）查明流沙层的埋藏分布条件，研究其相变及成因类型。

（二）查明流沙层的富水性、水理性，预计涌水量和预测可疏干性，建立动态观测网，观测疏干速度和疏干半径。

（三）在疏干开采试验中，应当观测研究导水裂缝带发育高度，水砂分离方法、跑砂休止角，巷道开口时溃水溃砂的最小垂直距离、钻孔超前探放水安全距离等。

（四）研究对溃水溃砂引起地面塌陷的预测及处理方法。

第七十五条　如果煤层顶板受开采破坏后，其导水裂缝带波及范围内存在富水性强的含水层（体）的，在掘进、回采前，应当对含水层采取超前疏干措施；进行专门水文地质勘探和试验，并编制疏干方案，选定疏干方式和方法，综合评价疏干开采条件和技术经济合理性。疏干方案由煤矿企业总工程师审定。

第七十六条　在矿井疏干开采过程中，应当进行定性、定量分析，可以应用“三图双预测法”进行顶板水害分区评价和预测。有条件的矿井可以应用数值模拟技术，进行导水裂缝带发育高度、疏干水量和地下水流场变化的模拟和预测。

第七十七条　当承压含水层与开采煤层之间的隔水层能够承受的水头值大于实际水头值时，开采后，隔水层不容易被破坏，煤层底板水突然涌出可能性小，可以进行带压开采，但应当制定安全措施，由煤矿企业总工程师审批。

安全隔水层厚度和突水系数计算公式见附录四。

第七十八条 当承压含水层与开采煤层之间的隔水层能够承受的水头值小于实际水头值时，开采前应当遵守下列规定：

（一）采取疏水降压的方法，把承压含水层的水头值降到隔水层能允许的安全水头值以下，并制定安全措施，由煤矿企业总工程师批准。总结适合本矿区（井）的安全水头值，指导安全生产。矿井排水考虑与矿区供水、生态环境保护相结合，推广应用矿井排水、供水、生态环保三位一体优化结合的管理模式和方法。

（二）承压含水层的集中补给边界已经基本查清情况下，可以预先进行帷幕注浆，截断水源，然后疏水降压开采。

（三）当承压含水层的补给水源充沛，不具备疏水降压和帷幕注浆的条件时，可以酌情采用局部注浆加固底板隔水层和改造含水层为弱含水层的方法，但应当编制专门的设计，在有充分防范措施的条件下进行试采，并制定专门的防止淹井措施，由煤矿企业总工程师批准。

安全水头压力值计算公式见附录五。

第七十九条 有条件的矿井可以采用"脆弱性指数法"或者"五图双系数法"等方法，对底板突水危险性进行综合分区评价，可以采用比拟法、解析法和数值模拟法等方法预计最大涌水量。

第六节 注浆堵水

第八十条 井筒预注浆应当符合下列规定：

（一）当井筒预计穿过较厚裂隙含水层或者裂隙含水层较薄但层数较多时，可以选用地面预注浆。

（二）在制定注浆方案前，施工井筒检查孔，以获取含水层的埋深、厚度、岩性及简易水文观测、抽（压）水试验、水质分析等资料。

（三）注浆起始深度，确定在风化带以下较完整的岩层内。注浆终止深度，大于井筒要穿过的最下部含水层的埋深或者超过井筒深度 10~20 m。

（四）当含水层富水性较弱时，可以在井筒工作面直接注浆。

第八十一条 注浆封堵突水点应当符合下列规定：

（一）圈定突水点位置，分析突水点附近的地质构造，查明降压漏斗形态，分析突水前后水文观测孔和井、泉的动态变化，必要时需进行连通（示踪）试验。

（二）探明突水补给水源的充沛程度或者来水含水层的富水性，以及突水通道的性质和大小等。

（三）封堵突水点，注浆前，做连通试验和压（注）水试验；注浆前后，做好矿井排水对比分析。

（四）编制注浆堵水方案，经煤矿企业总工程师组织审查同意后实施。

第八十二条 采用帷幕注浆方案前，应当对帷幕截流进行可行性研究。

帷幕注浆方案经论证确定后，应当查清地层层序、地质构造、边界条件，帷幕端点是否具备隔水层或闭合性断层及其隔水性能、地下水向矿井的渗流量、地下水流速和流向等水文地质条件。

编制帷幕注浆方案，经煤矿企业总工程师组织审查同意后实施。

第八十三条　当井下巷道穿过与河流、湖泊、溶洞、含水层等存在水力联系的导水断层、裂隙（带）、陷落柱等构造时，应当探水前进。如果前方有水，应当超前预注浆封堵加固，必要时可预先构筑防水闸门或者采取其他防治水措施。否则，不准施工。穿过含水层段的井巷，应当按照防水的要求进行壁后注浆处理。

第八十四条　当回采工作面内有导水的断层、裂隙或陷落柱时，应当按照规定留设防隔水煤（岩）柱，也可以采用注浆方法封堵导水通道；否则，不准采煤。注浆改造的工作面可以先进行物探，查明水文地质条件，根据物探资料打孔注浆改造，再用物探与钻探验证注浆改造效果。

第八十五条　涌水量大、有突水威胁的矿区，应当建立注浆专业队伍，负责注浆堵水工作。

第八十六条　工作面煤采完后，对于已经失去使用价值而需关闭的局部疏水降压钻孔，应当进行注浆封闭，并在有关图纸上标明其位置。

第八十七条　废弃矿井闭坑淹没前，应当采用物探、化探和钻探等方法，探测矿井边界防隔水煤（岩）柱破坏状况及其可能的透水地段，采用注浆堵水工程隔断废弃矿井与相邻生产矿井的水力联系，避免矿井发生水害事故。

第五章　井下探放水

第八十八条　对于采掘工作面受水害影响的矿井，应当坚持预测预报、有疑必探、先探后掘、先治后采的原则，进行充水条件分析，并遵守下列规定：

（一）每年年初，根据每年的采掘接续计划，结合矿井水文地质资料，全面分析水害隐患，提出水害分析预测表及水害预测图。

（二）在采掘过程中，对预测图、表逐月进行检查，不断补充和修正。发现水患险情，及时发出水害通知单，并报告矿调度室，通知可能受水害威胁地点的人员撤到安全地点。

（三）采掘工作面年度和月度水害预测资料及时报送矿井总工程师及生产安全部门。

采掘工作面水害分析预报表和预测图模式见附录六。

第八十九条　水文地质条件复杂、极复杂的矿井，在地面无法查明矿井水文地质条件和充水因素时，应当坚持有掘必探的原则，加强探放水工作。

第九十条　在矿井受水害威胁的区域，进行巷道掘进前，应当采用钻探、物探和化探等方法查清水文地质条件。地测机构应当提出水文地质情况分析报告，并提出水害防范措施，经矿井总工程师组织生产、安监和地测等有关单位审查批准后，方可进行施工。

第九十一条　矿井工作面采煤前，应当采用物探、钻探、巷探和化探等方法查清工作面内断层、陷落柱和含水层（体）富水性等情况。地测机构应当提出专门水文地质情况报告，经矿井总工程师组织生产、安监和地测等有关单位审查批准后，方可进行回采。发现断层、裂隙和陷落柱等构造充水的，应当采取注浆加固或者留设防隔水煤（岩）柱等安全措施。否则，不得回采。

第九十二条 采掘工作面遇有下列情况之一的，应当进行探放水：

（一）接近水淹或者可能积水的井巷、老空或者相邻煤矿。

（二）接近含水层、导水断层、暗河、溶洞和导水陷落柱。

（三）打开防隔水煤（岩）柱进行放水前。

（四）接近可能与河流、湖泊、水库、蓄水池、水井等相通的断层破碎带。

（五）接近有出水可能的钻孔。

（六）接近水文地质条件复杂的区域。

（七）采掘破坏影响范围内有承压含水层或者含水构造、煤层与含水层间的防隔水煤（岩）柱厚度不清楚可能发生突水。

（八）接近有积水的灌浆区。

（九）接近其他可能突水的地区。

探水前，应当确定探水线并绘制在采掘工程平面图上。

第九十三条 采掘工作面探水前，应当编制探放水设计，确定探水警戒线，并采取防止瓦斯和其他有害气体危害等安全措施。探放水钻孔的布置和超前距离，应当根据水头高低、煤（岩）层厚度和硬度等确定。探放水设计由地测机构提出，经矿井总工程师组织审定同意，按设计进行探放水。

第九十四条 布置探放水钻孔应当遵循下列规定：

（一）探放老空水、陷落柱水和钻孔水时，探水钻孔成组布设，并在巷道前方的水平面和竖直面内呈扇形。钻孔终孔位置以满足平距 3 m 为准，厚煤层内各孔终孔的垂距不得超过 1.5 m。

（二）探放断裂构造水和岩溶水等时，探水钻孔沿掘进方向的前方及下方布置。底板方向的钻孔不得少于 2 个。

（三）煤层内，原则上禁止探放水压高于 1 MPa 的充水断层水、含水层水及陷落柱水等。如确实需要的，可以先建筑防水闸墙，并在闸墙外向内探放水。

（四）上山探水时，一般进行双巷掘进，其中一条超前探水和汇水，另一条用来安全撤人。双巷间每隔 30~50 m 掘 1 个联络巷，并设挡水墙。

第九十五条 井下探放水应当使用专用的探放水钻机。严禁使用煤电钻探放水。

第九十六条 在安装钻机进行探水前，应当符合下列规定：

（一）加强钻孔附近的巷道支护，并在工作面迎头打好坚固的立柱和拦板。

（二）清理巷道，挖好排水沟。探水钻孔位于巷道低洼处时，配备与探放水量相适应的排水设备。

（三）在打钻地点或其附近安设专用电话。

（四）依据设计，确定主要探水孔位置时，由测量人员进行标定。负责探放水工作的人员亲临现场，共同确定钻孔的方位、倾角、深度和钻孔数量。

（五）在预计水压大于 0.1 MPa 的地点探水时，预先固结套管。套管口安装闸阀，套管深度在探放水设计中规定。预先开掘安全躲避硐，制定包括撤人的避灾路线等安全措施，并使每个作业人员了解和掌握。

（六）钻孔内水压大于1.5 MPa时，采用反压和有防喷装置的方法钻进，并制定防止孔口管和煤（岩）壁突然鼓出的措施。

第九十七条　探水钻孔除兼作堵水或者疏水用的钻孔外，终孔孔径一般不得大于75 mm。

第九十八条　探水钻孔超前距离和止水套管长度，应当符合下列规定：

（一）探放老空积水的超前钻距，根据水压、煤（岩）层厚度和强度及安全措施等情况确定，但最小水平钻距不得小于30 m，止水套管长度不得小于10 m。

（二）沿岩层探放含水层、断层和陷落柱等含水体时，按表2确定探水钻孔超前距离和止水套管长度。

表2　岩层中探水钻孔超前钻距和止水套管长度

水压（MPa）	钻孔超前钻距（m）	止水套管长（m）
<1.0	>10	>5
1.0~2.0	>15	>10
2.0~3.0	>20	>15
>3.0	>25	>20

第九十九条　在探放水钻进时，发现煤岩松软、片帮、来压或者钻眼中水压、水量突然增大和顶钻等透水征兆时，应当立即停止钻进，但不得拔出钻杆；应当立即向矿井调度室汇报，派人监测水情。发现情况危急，应当立即撤出所有受水威胁区域的人员到安全地点，然后采取安全措施，进行处理。

第一百条　探放老空水前，应当首先分析查明老空水体的空间位置、积水量和水压。探放水孔应当钻入老空水体，并监视放水全过程，核对放水量，直到老空水放完为止。当钻孔接近老空时，预计可能发生瓦斯或者其他有害气体涌出的，应当设有瓦斯检查员或者矿山救护队员在现场值班，随时检查空气成分。如果瓦斯或者其他有害气体浓度超过有关规定，应当立即停止钻进，切断电源，撤出人员，并报告矿井调度室，及时处理。

第一百零一条　钻孔放水前，应当估计积水量，并根据矿井排水能力和水仓容量，控制放水流量，防止淹井；放水时，应当设有专人监测钻孔出水情况，测定水量和水压，做好记录。如果水量突然变化，应当及时处理，并立即报告矿调度室。

第六章　水体下采煤

第一百零二条　在河流、湖泊、水库和海域等地面水体下采煤，应当留足防隔水煤（岩）柱。在松散含水层下开采时，应当按照水体采动等级留设不同类型的防隔水煤（岩）柱（防水、防砂或者防塌煤岩柱）。在基岩含水层（体）或者含水断裂带下开采时，应当对开采前后覆岩的渗透性及含水层之间的水力联系进行分析评价，确定采用留设防隔水煤（岩）柱或者采用疏干方法保证安全开采。

第一百零三条 在水体下采煤，其防隔水煤（岩）柱的留设，应当根据矿井水文地质及工程地质条件、开采方法、开采高度和顶板控制方法等，按照《建筑物、水体、铁路及主要井巷煤柱留设与压煤开采规程》中有关水体下开采的规定，由具有乙级及以上资质的煤炭设计单位编制可行性方案和开采设计，报省级煤炭行业管理部门审查批准后实施。采煤过程中，应当严格按照批准的设计要求，控制开采范围、开采高度和防隔水煤（岩）柱尺寸。

第一百零四条 在采掘过程中，当发现地质条件变化，需要缩小防隔水煤（岩）柱尺寸、提高开采上限时，应当进行可行性研究，并经省级煤炭行业管理部门审查批准后方可进行试采。

第一百零五条 为了合理地确定留设防隔水煤（岩）柱尺寸，应当对开采煤层上覆岩层进行专门水文地质工程地质勘探。

专门水文地质工程地质勘探应当包括下列内容：

（一）查明与煤层开采有关的上覆岩层水文地质结构，包括含水层、隔水层的厚度和分布，含水层水位、水质、富水性，各含水层之间的水力联系及补给、径流、排泄条件，断层的富水性、导水性。

（二）采用钻探、物探等方法探明工作面上方基岩面的起伏和基岩厚度。在松散含水层下开采时，特别应当查明松散层底部隔水层的厚度、变化与分布情况。

（三）通过岩芯工程地质编录和数字测井等，查明上覆岩土层的工程地质类型、覆岩组合及结构特征，采取岩土样进行物理力学性质测试。

第一百零六条 水体下防隔水煤（岩）柱，应当按照裂缝角与水体采动等级所要求的防隔水煤（岩）柱相结合的原则设计。进行水体下开采的防隔水煤（岩）柱留设尺寸预计时，覆岩垮落带、导水裂缝带高度、保护层尺寸可以按照《建筑物、水体、铁路及主要井巷煤柱留设与压煤开采规程》中的公式计算，或者根据类似地质条件下的经验数据结合基于工程地质模型的力学分析、数值模拟等多种方法综合确定，同时还应当结合覆岩原始导水情况和开采引起的导水裂缝带进行叠加分析综合确定。涉及水体下开采的矿区，应当开展覆岩垮落带、导水裂缝带高度和范围的实测工作，逐步积累经验，指导本矿区水体下开采工作。

采用放顶煤开采的保护层厚度，应当根据对上覆岩土层结构和岩性、顶板垮落带、导水裂缝带高度以及开采经验等分析确定。留设防砂和防塌煤（岩）柱开采的，应当结合上覆土层、风化带的临界水力坡度，进行抗渗透破坏评价，确保不发生溃水和溃砂事故。

第一百零七条 临近水体下的采掘工作，应当遵守下列规定：

（一）采用有效控制采高和开采范围的采煤方法，防止急倾斜煤层抽冒。在工作面范围内存在高角度断层时，采取有效措施，防止断层导水或者沿断层带抽冒破坏。

（二）在水体下开采缓倾斜及倾斜煤层时，宜采用倾斜分层长壁开采方法，并尽量减少第一、第二分层的采厚；上下分层同一位置的采煤间歇时间不小于 4~6 个月，岩性坚硬顶板间歇时间适当延长。留设防砂和防塌煤（岩）柱，采用放顶煤开采方法时，先试验后推广。

（三）严禁在水体下开采急倾斜煤层。

（四）开采煤层组时，采用间隔式采煤方法。如果仍不能满足安全开采的，修改煤柱设计，加大煤柱尺寸，保障矿井安全。

（五）当地表水体或松散层富水性强的含水层下无隔水层时，开采浅部煤层及在采厚大、含水层富水性中等以上、预计导水裂缝带大于水体与煤层间距时，采用充填法、条带开采和限制开采厚度等控制导水裂缝带发展高度的开采方法。对于易于疏降的中等富水性以上松散层底部含水层，可以采用疏降含水层水位或者疏干等方法，以保证安全开采。

第一百零八条 进行水体下采掘活动时，应当加强水情和水体底界面变形的监测。试采结束后，矿井应当提交试采总结报告，研究规律，指导水体下采煤。

第七章 露天煤矿防治水

第一百零九条 露天煤矿应当在每年年初制订防排水计划和措施。雨季前，煤矿应当对防排水设施进行全面检查。对低于当地洪水位的建筑，煤矿应当按照规定采取修筑堤坝、沟渠和疏通水沟等防洪措施。

第一百一十条 露天煤矿地表及边坡上的防排水设施，应当避开有滑坡危险的地段。排水沟应当经常检查、清淤，防止渗漏、倒灌或者漫流。当采场内有滑坡区时，应当在滑坡区周围设置截水沟。当水沟经过有变形、裂缝的边坡地段时，应当采取防渗措施。

第一百一十一条 当采用采掘场坑底储水的排水方式时，其排水期限应当符合下列规定：

（一）因储水而停止采煤的工作面数少于采煤工作面总数的1/3时，不得大于15日。

（二）因储水而停止采煤的工作面占采煤工作面总数的1/3~1/2时，不得大于7日。

（三）因储水而停止采煤的工作面多于采煤工作面总数的1/2时，不得大于3日。

（四）采用井巷排水时，采取安全措施，备用水泵的能力不得小于工作水泵能力的50%。

第一百一十二条 当地层含水影响采矿工程正常进行时，应当进行疏干。疏干工程应当超前采矿工程。在矿床疏干漏斗范围内，如果地面出现裂缝、塌陷，应当圈定范围加以防护、设置警示标志，并采取安全措施。（半）地下疏干泵房应当设通风装置。

第一百一十三条 受地下水影响较大和已经进行疏干排水工程的边坡，应当进行地下水位、水压及涌水量的观测，分析地下水对边坡稳定的影响程度及疏干的效果，制定地下水治理措施。

第一百一十四条 因地下水水位升高，可能造成排土场或者采场滑坡的，应当进行地下水疏干。

第八章　水害应急救援

第一节　应急预案及实施

第一百一十五条　煤矿企业、矿井应当根据本单位的主要水害类型和可能发生的水害事故，制定水害应急预案和现场处置方案。应急预案内容应当具有针对性、科学性和可操作性。处置方案应当包括发生不可预见性水害事故时，人员安全撤离的具体措施，每年都应当对应急预案修订完善并进行1次救灾演练。

第一百一十六条　矿井管理人员和调度室人员应当熟悉水害应急预案和现场处置方案。

第一百一十七条　矿井应当设置安全出口，规定避水灾路线，设置贴有反光膜的清晰路标，并让全体职工熟知，以便一旦突水，能够安全撤离，避免意外伤亡事故。

第一百一十八条　井下泵房应当积极推广无人值守和远程监控集控系统，加强排水系统检测与维修，时刻保持水仓容量不小于50%和排水系统运转正常。受水威胁严重的矿井，应当实现井下泵房无人值守和地面远程监控，推广使用地面操控的潜水泵排水系统。

第一百一十九条　现场发现水情的作业人员，应当立即向矿井调度室报告有关突水地点及水情，并通知周围有关人员撤离到安全地点或升井。

第一百二十条　矿井调度室接到水情报告后，应当立即启动本矿井水害应急预案，根据来水方向、地点、水量等因素，确定人员安全撤离的路径，通知井下受水患影响地点的人员马上撤离到安全地点或者升井，向值班负责人和矿井主要负责人汇报，并将水患情况通报周边所有矿井。

第一百二十一条　当发生突水时，矿井应当立即做好关闭防水闸门的准备，在确认人员全部撤离后，方可关闭防水闸门。

第一百二十二条　矿井应当根据水患的影响程度，及时调整井下通风系统，避免风流紊乱、有害气体超限。

第一百二十三条　矿井应当将防范暴雨洪水引发煤矿事故灾难的情况纳入《事故应急救援预案》和《灾害预防处理计划》中，落实防范暴雨洪水所需的物资、设备和资金，建立专业抢险救灾队伍，或者与专业抢险救灾队伍签订协议。

第一百二十四条　矿井应当加强与各级抢险救灾机构的联系，掌握抢救技术装备情况，一旦发生水害事故，立即启动相应的应急预案，争取社会救援，实施事故抢救。

第一百二十五条　水害事故发生后，矿井应当依照有关规定报告政府有关部门，不得迟报、漏报、谎报或者瞒报。

第二节　排水恢复被淹井巷

第一百二十六条　恢复被淹井巷前，应当编制突水淹井调查报告。报告应当包括下列主要内容：

（一）突水淹井过程，突水点位置，突水时间，突水形式，水源分析，淹没速度和涌水量变化等。

（二）突水淹没范围，估算积水量。

（三）预计排水中的涌水量。查清淹没前井巷各个部分的涌水量，推算突水点的最大涌水量和稳定涌水量，预计恢复中各不同标高段的涌水量，并设计恢复过程中排水量曲线。

（四）提供分析突水原因用的有关水文地质点（孔、井、泉）的动态资料和曲线，水文地质平面图、剖面图，矿井充水性图和水化学资料等。

第一百二十七条 矿井恢复时，应当设有专人跟班定时测定涌水量和下降水面高程，并做好记录；观察记录恢复后井巷的冒顶、片帮和淋水等情况；观察记录突水点的具体位置、涌水量和水温等，并作突水点素描；定时对地面观测孔、井、泉等水文地质点进行动态观测，并观察地面有无塌陷、裂缝现象等。

第一百二十八条 排除井筒和下山的积水及恢复被淹井巷前，应当制定防止被水封住的有害气体突然涌出的安全措施。排水过程中，应当有矿山救护队检查水面上的空气成分；发现有害气体，及时处理。

第一百二十九条 矿井恢复后，应当全面整理淹没和恢复两个过程的图纸和资料，确定突水原因，提出避免发生重复事故的措施意见，并总结排水恢复中水文地质工作的经验和教训。

第九章 罚 则

第一百三十条 煤矿企业违反本规定第五条第一款规定的，给予警告，并处 2 万元以下的罚款。

煤矿企业违反本规定第五条第二款规定仍然进行生产的，责令停产整顿，处 50 万元以上 100 万元以下的罚款；对煤矿企业负责人处 3 万元以上 5 万元以下的罚款。

第一百三十一条 煤矿企业违反本规定第八条第一款规定的，责令停产整顿，处 50 万元以上 100 万元以下的罚款；对煤矿企业负责人处 10 万元以上 15 万元以下的罚款。

煤矿企业违反本规定第八条第二款规定的，责令停产整顿，处 150 万元以上 200 万元以下的罚款；对煤矿企业负责人处 12 万元以上 15 万元以下的罚款。

第一百三十二条 煤矿企业违反本规定第十四条、第十五条规定的，给予警告，并处 1 万元以上 3 万元以下的罚款；对煤矿企业负责人处 1 万元以下的罚款。

煤矿企业违反本规定第十四条、第十五条规定，提供虚假防治水图件应付检查或者影响事故抢险救援的，给予警告，可以并处 5 万元以上 10 万元以下的罚款；情节严重的，责令停产整顿。

第一百三十三条 煤矿企业违反本规定第二十六条规定，有下列情形之一的，处 3 万元以下的罚款；对企业负责人处 1 万元以下的罚款。

（一）遇突水点时，未详细观测记录突水的时间、地点、确切位置、出水层位、岩性、厚度、出水形式、围岩破坏情况，并未测定涌水量、水温、水质、含砂量的。

（二）未按照规定观测突水点附近的出水点和观测孔涌水量、水位的变化，并分析突水原因的。

（三）未按照规定对各主要突水点进行系统观测，并编制卡片、平面图和素描图的。

（四）未按规定上报突水事故的。

第一百三十四条 煤矿企业违反本规定第五十四条、第五十五条规定的，责令停产整顿，处100万元以上150万元以下的罚款；对企业负责人处7万元以上12万元以下的罚款。

第一百三十五条 煤矿企业违反本规定第七十条规定的，责令停产整顿，处10万元以上50万元以下的罚款；对企业负责人处1万元以上3万元以下的罚款。

第一百三十六条 煤矿企业违反本规定第九十条、第九十一条规定的，给予警告，并处1万元以上3万元以下的罚款；对企业负责人处1万元以下的罚款。

第一百三十七条 煤矿企业违反本规定第九十二条规定的，处2万元以下的罚款。

第一百三十八条 煤矿企业违反本规定第九十五条规定的，责令停产整顿，处10万元以上50万元以下的罚款；对企业负责人处1万元以上3万元以下的罚款。

第一百三十九条 煤矿企业违反本规定造成透水事故的，按照有关规定进行调查处理，并依法给予行政处罚。

第一百四十条 本规定设定的行政处罚，由煤矿安全监察机构或者地方人民政府负责煤矿安全生产监督管理职责的部门实施。

第十章 附　　则

第一百四十一条 本规定下列用语的含义：

老空，是指采空区、老窑和已经报废井巷的总称。

采空区，是指采煤以后不再维护的空间。

水淹区域，是指被水淹没的井巷和被水淹没的老空的总称。

矿井正常涌水量，是指矿井开采期间，单位时间内流入矿井的水量。

矿井最大涌水量，是指矿井开采期间，正常情况下矿井涌水量的高峰值。

安全水头，是指不致引起矿井突水的承压水头最大值。

防隔水煤（岩）柱，是指为确保近水体安全采煤而留设的煤层开采上（下）限至水体底（顶）界面之间的煤岩层区段。

探放水，是指包括探水和放水的总称。探水是指采矿过程中用超前勘探方法，查明采掘工作面顶底板、侧帮和前方等水体的具体空间位置和状况等情况。放水是指为了预防水害事故，在探明情况后采取钻孔等安全方法将水体放出。

垮落带，是指由采煤引起的上覆岩层破裂并向采空区垮落的岩层范围。

导水裂缝带，是指开采煤层上方一定范围内的岩层发生垮落和断裂，产生裂缝，且具有导水性的岩层范围。

抽冒，是指在浅部厚煤层、急倾斜煤层及断层破碎带和基岩风化带附近采煤或掘巷时，顶板岩层或煤层本身在较小范围内垮落超过正常高度的现象。

带压开采，是指在具有承压水压力的含水层上进行的采煤。

隔水层厚度，是指开采煤层底板至含水层顶面之间隔水的完整岩层的厚度。

三图双预测法，是指一种解决煤层顶板充水水源、通道和强度三大问题的顶板水害评价方法。三图是指煤层顶板充水含水层富水性分区图、顶板垮裂安全性分区图和顶板涌（突）水条件综合分区图。双预测是指顶板充水含水层预处理前、后回采工作面分段和整体工程涌水量预测。

脆弱性指数法，是指将可确定底板突水多种主控因素权重系数的信息融合与具有强大空间信息分析处理功能的 GIS 耦合于一体的煤层底板水害评价方法。

五图双系数法，是指一种煤层底板水害评价方法。五图是指底板保护层破坏深度等值线图、底板保护层厚度等值线图、煤层底板以上水头等值线图、有效保护层厚度等值线图、带压开采评价图。双系数是指带压系数和突水系数。

第一百四十二条 本规定自 2009 年 12 月 1 日起施行。1984 年 5 月 15 日原煤炭工业部颁发的《矿井水文地质规程》（试行）和 1986 年 9 月 9 日原煤炭工业部颁发的《煤矿防治水工作条例》（试行）同时废止。

50 特种作业人员安全技术培训考核管理规定

2010 年 4 月 26 日国家安全生产监督管理总局局长办公会议审议通过，2010 年 5 月 24 日国家安全生产监督管理总局令第 30 号公布，自 2010 年 7 月 1 日起施行；根据 2013 年 8 月 19 日国家安全生产监督管理总局局长办公会议审议通过、2013 年 8 月 29 日国家安全生产监督管理总局令第 63 号公布、自公布之日起施行的《国家安全监管总局关于修改〈生产经营单位安全培训规定〉等 11 件规章的决定》第一次修改；根据 2015 年 2 月 26 日国家安全生产监督管理总局局长办公会议审议通过、2015 年 5 月 29 日国家安全生产监督管理总局令第 80 号公布、自 2015 年 7 月 1 日起施行的《国家安全监管总局关于废止和修改劳动防护用品和安全培训等领域十部规章的决定》第二次修改。

第一章 总 则

第一条 为了规范特种作业人员的安全技术培训考核工作，提高特种作业人员的安全技术水平，防止和减少伤亡事故，根据《安全生产法》《行政许可法》等有关法律、行政法规，制定本规定。

第二条 生产经营单位特种作业人员的安全技术培训、考核、发证、复审及其监督管理工作，适用本规定。

有关法律、行政法规和国务院对有关特种作业人员管理另有规定的，从其规定。

第三条 本规定所称特种作业，是指容易发生事故，对操作者本人、他人的安全健康及设备、设施的安全可能造成重大危害的作业。特种作业的范围由特种作业目录规定。

本规定所称特种作业人员，是指直接从事特种作业的从业人员。

第四条 特种作业人员应当符合下列条件：

（一）年满18周岁，且不超过国家法定退休年龄。

（二）经社区或者县级以上医疗机构体检健康合格，并无妨碍从事相应特种作业的器质性心脏病、癫痫病、美尼尔氏症、眩晕症、癔病、震颤麻痹症、精神病、痴呆症以及其他疾病和生理缺陷。

（三）具有初中及以上文化程度。

（四）具备必要的安全技术知识与技能。

（五）相应特种作业规定的其他条件。

危险化学品特种作业人员除符合前款第一项、第二项、第四项和第五项规定的条件外，应当具备高中或者相当于高中及以上文化程度。

第五条 特种作业人员必须经专门的安全技术培训并考核合格，取得《中华人民共和国特种作业操作证》（以下简称特种作业操作证）后，方可上岗作业。

第六条 特种作业人员的安全技术培训、考核、发证、复审工作实行统一监管、分级实施、教考分离的原则。

第七条 国家安全生产监督管理总局（以下简称安全监管总局）指导、监督全国特种作业人员的安全技术培训、考核、发证、复审工作；省、自治区、直辖市人民政府安全生产监督管理部门指导、监督本行政区域特种作业人员的安全技术培训工作，负责本行政区域特种作业人员的考核、发证、复审工作；县级以上地方人民政府安全生产监督管理部门负责监督检查本行政区域特种作业人员的安全技术培训和持证上岗工作。

国家煤矿安全监察局（以下简称煤矿安监局）指导、监督全国煤矿特种作业人员（含煤矿矿井使用的特种设备作业人员）的安全技术培训、考核、发证、复审工作；省、自治区、直辖市人民政府负责煤矿特种作业人员考核发证工作的部门或者指定的机构指导、监督本行政区域煤矿特种作业人员的安全技术培训工作，负责本行政区域煤矿特种作业人员的考核、发证、复审工作。

省、自治区、直辖市人民政府安全生产监督管理部门和负责煤矿特种作业人员考核发证工作的部门或者指定的机构（以下统称考核发证机关）可以委托设区的市人民政府安全生产监督管理部门和负责煤矿特种作业人员考核发证工作的部门或者指定的机构实施特种作业人员的考核、发证、复审工作。

第八条 对特种作业人员安全技术培训、考核、发证、复审工作中的违法行为，任何单位和个人均有权向安全监管总局、煤矿安监局和省、自治区、直辖市及设区的市人民政府安全生产监督管理部门、负责煤矿特种作业人员考核发证工作的部门或者指定的机构举报。

第二章　培　　训

第九条　特种作业人员应当接受与其所从事的特种作业相应的安全技术理论培训和实际操作培训。

已经取得职业高中、技工学校及中专以上学历的毕业生从事与其所学专业相应的特种作业，持学历证明经考核发证机关同意，可以免予相关专业的培训。

跨省、自治区、直辖市从业的特种作业人员，可以在户籍所在地或者从业所在地参加培训。

第十条　对特种作业人员的安全技术培训，具备安全培训条件的生产经营单位应当以自主培训为主，也可以委托具备安全培训条件的机构进行培训。

不具备安全培训条件的生产经营单位，应当委托具备安全培训条件的机构进行培训。

生产经营单位委托其他机构进行特种作业人员安全技术培训的，保证安全技术培训的责任仍由本单位负责。

第十一条　从事特种作业人员安全技术培训的机构（以下统称培训机构），应当制订相应的培训计划、教学安排，并按照安全监管总局、煤矿安监局制定的特种作业人员培训大纲和煤矿特种作业人员培训大纲进行特种作业人员的安全技术培训。

第三章　考核发证

第十二条　特种作业人员的考核包括考试和审核两部分。考试由考核发证机关或其委托的单位负责；审核由考核发证机关负责。

安全监管总局、煤矿安监局分别制定特种作业人员、煤矿特种作业人员的考核标准，并建立相应的考试题库。

考核发证机关或其委托的单位应当按照安全监管总局、煤矿安监局统一制定的考核标准进行考核。

第十三条　参加特种作业操作资格考试的人员，应当填写考试申请表，由申请人或者申请人的用人单位持学历证明或者培训机构出具的培训证明向申请人户籍所在地或者从业所在地的考核发证机关或其委托的单位提出申请。

考核发证机关或其委托的单位收到申请后，应当在60日内组织考试。

特种作业操作资格考试包括安全技术理论考试和实际操作考试两部分。考试不及格的，允许补考1次。经补考仍不及格的，重新参加相应的安全技术培训。

第十四条　考核发证机关委托承担特种作业操作资格考试的单位应当具备相应的场所、设施、设备等条件，建立相应的管理制度，并公布收费标准等信息。

第十五条　考核发证机关或其委托承担特种作业操作资格考试的单位，应当在考试结束后10个工作日内公布考试成绩。

第十六条　符合本规定第四条规定并经考试合格的特种作业人员，应当向其户籍所在地或者从业所在地的考核发证机关申请办理特种作业操作证，并提交身份证复印件、学历证书复印件、体检证明、考试合格证明等材料。

第十七条 收到申请的考核发证机关应当在5个工作日内完成对特种作业人员所提交申请材料的审查，作出受理或者不予受理的决定。能够当场作出受理决定的，应当当场作出受理决定；申请材料不齐全或者不符合要求的，应当当场或者在5个工作日内一次告知申请人需要补正的全部内容，逾期不告知的，视为自收到申请材料之日起即已被受理。

第十八条 对已经受理的申请，考核发证机关应当在20个工作日内完成审核工作。符合条件的，颁发特种作业操作证；不符合条件的，应当说明理由。

第十九条 特种作业操作证有效期为6年，在全国范围内有效。

特种作业操作证由安全监管总局统一式样、标准及编号。

第二十条 特种作业操作证遗失的，应当向原考核发证机关提出书面申请，经原考核发证机关审查同意后，予以补发。

特种作业操作证所记载的信息发生变化或者损毁的，应当向原考核发证机关提出书面申请，经原考核发证机关审查确认后，予以更换或者更新。

第四章 复　　审

第二十一条 特种作业操作证每3年复审1次。

特种作业人员在特种作业操作证有效期内，连续从事本工种10年以上，严格遵守有关安全生产法律法规的，经原考核发证机关或者从业所在地考核发证机关同意，特种作业操作证的复审时间可以延长至每6年1次。

第二十二条 特种作业操作证需要复审的，应当在期满前60日内，由申请人或者申请人的用人单位向原考核发证机关或者从业所在地考核发证机关提出申请，并提交下列材料：

（一）社区或者县级以上医疗机构出具的健康证明。

（二）从事特种作业的情况。

（三）安全培训考试合格记录。

特种作业操作证有效期届满需要延期换证的，应当按照前款的规定申请延期复审。

第二十三条 特种作业操作证申请复审或者延期复审前，特种作业人员应当参加必要的安全培训并考试合格。

安全培训时间不少于8个学时，主要培训法律、法规、标准、事故案例和有关新工艺、新技术、新装备等知识。

第二十四条 申请复审的，考核发证机关应当在收到申请之日起20个工作日内完成复审工作。复审合格的，由考核发证机关签章、登记，予以确认；不合格的，说明理由。

申请延期复审的，经复审合格后，由考核发证机关重新颁发特种作业操作证。

第二十五条 特种作业人员有下列情形之一的，复审或者延期复审不予通过：

（一）健康体检不合格的。

（二）违章操作造成严重后果或者有2次以上违章行为，并经查证确实的。

（三）有安全生产违法行为，并给予行政处罚的。

（四）拒绝、阻碍安全生产监管监察部门监督检查的。

（五）未按规定参加安全培训，或者考试不合格的。

（六）具有本规定第三十条、第三十一条规定情形的。

第二十六条 特种作业操作证复审或者延期复审符合本规定第二十五条第二项、第三项、第四项、第五项情形的，按照本规定经重新安全培训考试合格后，再办理复审或者延期复审手续。

再复审、延期复审仍不合格，或者未按期复审的，特种作业操作证失效。

第二十七条 申请人对复审或者延期复审有异议的，可以依法申请行政复议或者提起行政诉讼。

第五章 监督管理

第二十八条 考核发证机关或其委托的单位及其工作人员应当忠于职守、坚持原则、廉洁自律，按照法律、法规、规章的规定进行特种作业人员的考核、发证、复审工作，接受社会的监督。

第二十九条 考核发证机关应当加强对特种作业人员的监督检查，发现其具有本规定第三十条规定情形的，及时撤销特种作业操作证；对依法应当给予行政处罚的安全生产违法行为，按照有关规定依法对生产经营单位及其特种作业人员实施行政处罚。

考核发证机关应当建立特种作业人员管理信息系统，方便用人单位和社会公众查询；对于注销特种作业操作证的特种作业人员，应当及时向社会公告。

第三十条 有下列情形之一的，考核发证机关应当撤销特种作业操作证：

（一）超过特种作业操作证有效期未延期复审的。

（二）特种作业人员的身体条件已不适合继续从事特种作业的。

（三）对发生生产安全事故负有责任的。

（四）特种作业操作证记载虚假信息的。

（五）以欺骗、贿赂等不正当手段取得特种作业操作证的。

特种作业人员违反前款第四项、第五项规定的，3 年内不得再次申请特种作业操作证。

第三十一条 有下列情形之一的，考核发证机关应当注销特种作业操作证：

（一）特种作业人员死亡的。

（二）特种作业人员提出注销申请的。

（三）特种作业操作证被依法撤销的。

第三十二条 离开特种作业岗位 6 个月以上的特种作业人员，应当重新进行实际操作考试，经确认合格后方可上岗作业。

第三十三条 省、自治区、直辖市人民政府安全生产监督管理部门和负责煤矿特种作业人员考核发证工作的部门或者指定的机构应当每年分别向安全监管总局、煤矿安监局报告特种作业人员的考核发证情况。

第三十四条 生产经营单位应当加强对本单位特种作业人员的管理，建立健全特种作业人员培训、复审档案，做好申报、培训、考核、复审的组织工作和日常的检查工作。

第三十五条 特种作业人员在劳动合同期满后变动工作单位的，原工作单位不得以任何理由扣押其特种作业操作证。

跨省、自治区、直辖市从业的特种作业人员应当接受从业所在地考核发证机关的监督管理。

第三十六条 生产经营单位不得印制、伪造、倒卖特种作业操作证，或者使用非法印制、伪造、倒卖的特种作业操作证。

特种作业人员不得伪造、涂改、转借、转让、冒用特种作业操作证或者使用伪造的特种作业操作证。

第六章 罚 则

第三十七条 考核发证机关或其委托的单位及其工作人员在特种作业人员考核、发证和复审工作中滥用职权、玩忽职守、徇私舞弊的，依法给予行政处分；构成犯罪的，依法追究刑事责任。

第三十八条 生产经营单位未建立健全特种作业人员档案的，给予警告，并处1万元以下的罚款。

第三十九条 生产经营单位使用未取得特种作业操作证的特种作业人员上岗作业的，责令限期改正，可以处5万元以下的罚款；逾期未改正的，责令停产停业整顿，并处5万元以上10万元以下的罚款，对直接负责的主管人员和其他直接责任人员处1万元以上2万元以下的罚款。

煤矿企业使用未取得特种作业操作证的特种作业人员上岗作业的，依照《国务院关于预防煤矿生产安全事故的特别规定》的规定处罚。

第四十条 生产经营单位非法印制、伪造、倒卖特种作业操作证，或者使用非法印制、伪造、倒卖的特种作业操作证的，给予警告，并处1万元以上3万元以下的罚款；构成犯罪的，依法追究刑事责任。

第四十一条 特种作业人员伪造、涂改特种作业操作证或者使用伪造的特种作业操作证的，给予警告，并处1 000元以上5 000元以下的罚款。

特种作业人员转借、转让、冒用特种作业操作证的，给予警告，并处2 000元以上1万元以下的罚款。

第七章 附 则

第四十二条 特种作业人员培训、考试的收费标准，由省、自治区、直辖市人民政府安全生产监督管理部门会同负责煤矿特种作业人员考核发证工作的部门或者指定的机构统一制定，报同级人民政府物价、财政部门批准后执行，证书工本费由考核发证机关列入同级财政预算。

第四十三条　省、自治区、直辖市人民政府安全生产监督管理部门和负责煤矿特种作业人员考核发证工作的部门或者指定的机构可以结合本地区实际，制定实施细则，报安全监管总局、煤矿安监局备案。

第四十四条　本规定自2010年7月1日起施行。1999年7月12日原国家经贸委发布的《特种作业人员安全技术培训考核管理办法》（原国家经贸委令第13号）同时废止。

附件

特种作业目录

1　电工作业

指对电气设备进行运行、维护、安装、检修、改造、施工、调试等作业（不含电力系统进网作业）。

1.1　高压电工作业

指对1千伏（kV）及以上的高压电气设备进行运行、维护、安装、检修、改造、施工、调试、试验及绝缘工、器具进行试验的作业。

1.2　低压电工作业

指对1千伏（kV）以下的低压电器设备进行安装、调试、运行操作、维护、检修、改造施工和试验的作业。

1.3　防爆电气作业

指对各种防爆电气设备进行安装、检修、维护的作业。

适用于除煤矿井下以外的防爆电气作业。

2　焊接与热切割作业

指运用焊接或者热切割方法对材料进行加工的作业（不含《特种设备安全监察条例》规定的有关作业）。

2.1　熔化焊接与热切割作业

指使用局部加热的方法将连接处的金属或其他材料加热至熔化状态而完成焊接与切割的作业。

适用于气焊与气割、焊条电弧焊与碳弧气刨、埋弧焊、气体保护焊、等离子弧焊、电渣焊、电子束焊、激光焊、氧熔剂切割、激光切割、等离子切割等作业。

2.2　压力焊作业

指利用焊接时施加一定压力而完成的焊接作业。

适用于电阻焊、气压焊、爆炸焊、摩擦焊、冷压焊、超声波焊、锻焊等作业。

2.3　钎焊作业

指使用比母材熔点低的材料作钎料，将焊件和钎料加热到高于钎料熔点，但低于母材熔点的温度，利用液态钎料润湿母材，填充接头间隙并与母材相互扩散而实现连接焊件的作业。

适用于火焰钎焊作业、电阻钎焊作业、感应钎焊作业、浸渍钎焊作业、炉中钎焊作业，不包括烙铁钎焊作业。

3　高处作业

指专门或经常在坠落高度基准面2米及以上有可能坠落的高处进行的作业。

3.1　登高架设作业

指在高处从事脚手架、跨越架架设或拆除的作业。

3.2　高处安装、维护、拆除作业

指在高处从事安装、维护、拆除的作业。

适用于利用专用设备进行建筑物内外装饰、清洁、装修，电力、电信等线路架设，高处管道架设，小型空调高处安装、维修，各种设备设施与户外广告设施的安装、检修、维护以及在高处从事建筑物、设备设施拆除作业。

4　制冷与空调作业

指对大中型制冷与空调设备运行操作、安装与修理的作业。

4.1　制冷与空调设备运行操作作业

指对各类生产经营企业和事业等单位的大中型制冷与空调设备运行操作的作业。

适用于化工类（石化、化工、天然气液化、工艺性空调）生产企业，机械类（冷加工、冷处理、工艺性空调）生产企业，食品类（酿造、饮料、速冻或冷冻调理食品、工艺性空调）生产企业，农副产品加工类（屠宰及肉食品加工、水产加工、果蔬加工）生产企业，仓储类（冷库、速冻加工、制冰）生产经营企业，运输类（冷藏运输）经营企业，服务类（电信机房、体育场馆、建筑的集中空调）经营企业和事业等单位的大中型制冷与空调设备运行操作作业。

4.2　制冷与空调设备安装修理作业

指对4.1所指制冷与空调设备整机、部件及相关系统进行安装、调试与维修的作业。

5　煤矿安全作业

5.1　煤矿井下电气作业

指从事煤矿井下机电设备的安装、调试、巡检、维修和故障处理，保证本班机电设备安全运行的作业。

适用于与煤共生、伴生的坑探、矿井建设、开采过程中的井下电钳等作业。

5.2　煤矿井下爆破作业

指在煤矿井下进行爆破的作业。

5.3　煤矿安全监测监控作业

指从事煤矿井下安全监测监控系统的安装、调试、巡检、维修，保证其安全运行的作业。

适用于与煤共生、伴生的坑探、矿井建设、开采过程中的安全监测监控作业。

5.4　煤矿瓦斯检查作业

指从事煤矿井下瓦斯巡检工作，负责管辖范围内通风设施的完好及通风、瓦斯情况检查，按规定填写各种记录，及时处理或汇报发现的问题的作业。

适用于与煤共生、伴生的矿井建设、开采过程中的煤矿井下瓦斯检查作业。

5.5　煤矿安全检查作业

指从事煤矿安全监督检查，巡检生产作业场所的安全设施和安全生产状况，检查并督促处理相应事故隐患的作业。

5.6　煤矿提升机操作作业

指操作煤矿的提升设备运送人员、矿石、矸石和物料，并负责巡检和运行记录的作业。

适用于操作煤矿提升机，包括立井、暗立井提升机，斜井、暗斜井提升机以及露天矿山斜坡卷扬提升的提升机作业。

5.7　煤矿采煤机（掘进机）操作作业

指在采煤工作面、掘进工作面操作采煤机、掘进机，从事落煤、装煤、掘进工作，负责采煤机、掘进机巡检和运行记录，保证采煤机、掘进机安全运行的作业。

适用于煤矿开采、掘进过程中的采煤机、掘进机作业。

5.8　煤矿瓦斯抽采作业

指从事煤矿井下瓦斯抽采钻孔施工、封孔、瓦斯流量测定及瓦斯抽采设备操作等，保证瓦斯抽采工作安全进行的作业。

适用于煤矿、与煤共生和伴生的矿井建设、开采过程中的煤矿地面和井下瓦斯抽采作业。

5.9　煤矿防突作业

指从事煤与瓦斯突出的预测预报、相关参数的收集与分析、防治突出措施的实施与检查、防突效果检验等，保证防突工作安全进行的作业。

适用于煤矿、与煤共生和伴生的矿井建设、开采过程中的煤矿井下煤与瓦斯防突作业。

5.10　煤矿探放水作业

指从事煤矿探放水的预测预报、相关参数的收集与分析、探放水措施的实施与检查、效果检验等，保证探放水工作安全进行的作业。

适用于煤矿、与煤共生和伴生的矿井建设、开采过程中的煤矿井下探放水作业。

6　金属非金属矿山安全作业

6.1　金属非金属矿井通风作业

指安装井下局部通风机，操作地面主要扇风机、井下局部通风机和辅助通风机，操作、维护矿井通风构筑物，进行井下防尘，使矿井通风系统正常运行，保证局部通风，以预防中毒窒息和除尘等的作业。

6.2　尾矿作业

指从事尾矿库放矿、筑坝、巡坝、抽洪和排渗设施的作业。

适用于金属非金属矿山的尾矿作业。

6.3　金属非金属矿山安全检查作业

指从事金属非金属矿山安全监督检查，巡检生产作业场所的安全设施和安全生产状况，检查并督促处理相应事故隐患的作业。

6.4　金属非金属矿山提升机操作作业

指操作金属非金属矿山的提升设备运送人员、矿石、矸石和物料，及负责巡检和运行记录的作业。

适用于金属非金属矿山的提升机，包括竖井、盲竖井提升机，斜井、盲斜井提升机以及露天矿山斜坡卷扬提升的提升机作业。

6.5　金属非金属矿山支柱作业

指在井下检查井巷和采场顶、帮的稳定性，撬浮石，进行支护的作业。

6.6　金属非金属矿山井下电气作业

指从事金属非金属矿山井下机电设备的安装、调试、巡检、维修和故障处理，保证机电设备安全运行的作业。

6.7　金属非金属矿山排水作业

指从事金属非金属矿山排水设备日常使用、维护、巡检的作业。

6.8　金属非金属矿山爆破作业

指在露天和井下进行爆破的作业。

7　石油天然气安全作业

7.1　司钻作业

指石油、天然气开采过程中操作钻机起升钻具的作业。

适用于陆上石油、天然气司钻（含钻井司钻、作业司钻及勘探司钻）作业。

8　冶金（有色）生产安全作业

8.1　煤气作业

指冶金、有色企业内从事煤气生产、储存、输送、使用、维护检修的作业。

9　危险化学品安全作业

指从事危险化工工艺过程操作及化工自动化控制仪表安装、维修、维护的作业。

9.1　光气及光气化工艺作业

指光气合成以及厂内光气储存、输送和使用岗位的作业。

适用于一氧化碳与氯气反应得到光气，光气合成双光气、三光气，采用光气作单体合成聚碳酸酯，甲苯二异氰酸酯（TDI）制备，4，4′-二苯基甲烷二异氰酸酯（MDI）制备等工艺过程的操作作业。

9.2　氯碱电解工艺作业

指氯化钠和氯化钾电解、液氯储存和充装岗位的作业。

适用于氯化钠（食盐）水溶液电解生产氯气、氢氧化钠、氢气，氯化钾水溶液电解生产氯气、氢氧化钾、氢气等工艺过程的操作作业。

9.3 氯化工艺作业

指液氯储存、气化和氯化反应岗位的作业。

适用于取代氯化，加成氯化，氧氯化等工艺过程的操作作业。

9.4 硝化工艺作业

指硝化反应、精馏分离岗位的作业。

适用于直接硝化法，间接硝化法，亚硝化法等工艺过程的操作作业。

9.5 合成氨工艺作业

指压缩、氨合成反应、液氨储存岗位的作业。

适用于节能氨五工艺法（AMV），德士古水煤浆加压气化法、凯洛格法，甲醇与合成氨联合生产的联醇法，纯碱与合成氨联合生产的联碱法，采用变换催化剂、氧化锌脱硫剂和甲烷催化剂的“三催化”气体净化法工艺过程的操作作业。

9.6 裂解（裂化）工艺作业

指石油系的烃类原料裂解（裂化）岗位的作业。

适用于热裂解制烯烃工艺，重油催化裂化制汽油、柴油、丙烯、丁烯，乙苯裂解制苯乙烯，二氟一氯甲烷（HCFC-22）热裂解制得四氟乙烯（TFE），二氟一氯乙烷（HCFC-142b）热裂解制得偏氟乙烯（VDF），四氟乙烯和八氟环丁烷热裂解制得六氟乙烯（HFP）工艺过程的操作作业。

9.7 氟化工艺作业

指氟化反应岗位的作业。

适用于直接氟化，金属氟化物或氟化氢气体氟化，置换氟化以及其他氟化物的制备等工艺过程的操作作业。

9.8 加氢工艺作业

指加氢反应岗位的作业。

适用于不饱和炔烃、烯烃的三键和双键加氢，芳烃加氢，含氧化合物加氢，含氮化合物加氢以及油品加氢等工艺过程的操作作业。

9.9 重氮化工艺作业

指重氮化反应、重氮盐后处理岗位的作业。

适用于顺法、反加法、亚硝酰硫酸法、硫酸铜触媒法以及盐析法等工艺过程的操作作业。

9.10 氧化工艺作业

指氧化反应岗位的作业。

适用于乙烯氧化制环氧乙烷，甲醇氧化制备甲醛，对二甲苯氧化制备对苯二甲酸，异丙苯经氧化-酸解联产苯酚和丙酮，环己烷氧化制环己酮，天然气氧化制乙炔，丁烯、丁烷、C_4 馏分或苯的氧化制顺丁烯二酸酐，邻二甲苯或萘的氧化制备邻苯二甲酸酐，均四甲苯的氧化制备均苯四甲酸二酐，苊的氧化制 1，8-萘二甲酸酐，3-甲基吡啶氧化制 3-吡啶甲酸（烟酸），4-甲基吡啶氧化制4-吡啶甲酸（异烟酸），2-乙基己醇（异辛醇）氧化制备2-乙基己酸（异辛酸），对氯甲苯氧化制备对氯苯甲醛和对氯苯甲酸，甲苯氧化制备苯甲醛、苯甲酸，对硝基甲苯氧化制备对硝基苯甲酸，环十二醇/酮混合物的开环氧化制备十二碳二酸，环己酮/醇混合物的氧化制己二酸，乙二醛硝酸氧化法合成乙醛酸，以及丁醛氧化制丁酸以及氨氧化制硝酸等工艺过程的操作作业。

9.11　过氧化工艺作业

指过氧化反应、过氧化物储存岗位的作业。

适用于双氧水的生产，乙酸在硫酸存在下与双氧水作用制备过氧乙酸水溶液，酸酐与双氧水作用直接制备过氧二酸，苯甲酰氯与双氧水的碱性溶液作用制备过氧化苯甲酰，以及异丙苯经空气氧化生产过氧化氢异丙苯等工艺过程的操作作业。

9.12　胺基化工艺作业

指胺基化反应岗位的作业。

适用于邻硝基氯苯与氨水反应制备邻硝基苯胺，对硝基氯苯与氨水反应制备对硝基苯胺，间甲酚与氯化铵的混合物在催化剂和氨水作用下生成间甲苯胺，甲醇在催化剂和氨气作用下制备甲胺，1-硝基蒽醌与过量的氨水在氯苯中制备1-氨基蒽醌，2，6-蒽醌二磺酸氨解制备2，6-二氨基蒽醌，苯乙烯与胺反应制备N-取代苯乙胺，环氧乙烷或亚乙基亚胺与胺或氨发生开环加成反应制备氨基乙醇或二胺，甲苯经氨氧化制备苯甲腈，以及丙烯氨氧化制备丙烯腈等工艺过程的操作作业。

9.13　磺化工艺作业

指磺化反应岗位的作业。

适用于三氧化硫磺化法，共沸去水磺化法，氯磺酸磺化法，烘焙磺化法，以及亚硫酸盐磺化法等工艺过程的操作作业。

9.14　聚合工艺作业

指聚合反应岗位的作业。

适用于聚烯烃、聚氯乙烯、合成纤维、橡胶、乳液、涂料黏合剂生产以及氟化物聚合等工艺过程的操作作业。

9.15　烷基化工艺作业

指烷基化反应岗位的作业。

适用于C-烷基化反应，N-烷基化反应，O-烷基化反应等工艺过程的操作作业。

9.16　化工自动化控制仪表作业

指化工自动化控制仪表系统安装、维修、维护的作业。

10　烟花爆竹安全作业

指从事烟花爆竹生产、储存中的药物混合、造粒、筛选、装药、筑药、压药、搬运等危险工序的作业。

10.1　烟火药制造作业

指从事烟火药的粉碎、配药、混合、造粒、筛选、干燥、包装等作业。

10.2　黑火药制造作业

指从事黑火药的潮药、浆硝、包片、碎片、油压、抛光和包浆等作业。

10.3　引火线制造作业

指从事引火线的制引、浆引、漆引、切引等作业。

10.4　烟花爆竹产品涉药作业

指从事烟花爆竹产品加工中的压药、装药、筑药、褙药剂、已装药的钻孔等作业。

10.5　烟花爆竹储存作业

指从事烟花爆竹仓库保管、守护、搬运等作业。

11　安全监管总局认定的其他作业

51　安全生产行政处罚自由裁量适用规则（试行）

2010年6月17日国家安全生产监督管理总局局长办公会议审议通过，2010年7月15日国家安全生产监督管理总局令第31号公布，自2010年10月1日起施行。

第一章　总　　则

第一条　为了正确适用安全生产法律、行政法规和部门规章，规范安全生产监督管理部门合法、适当地行使行政处罚自由裁量权，根据《行政处罚法》《安全生产法》《职业病防治法》等法律、行政法规和部门规章的规定，制定本规则。

第二条　县级以上安全生产监督管理部门或其委托实施行政处罚的组织或者机构（以下统称安全监管执法机关）依照安全生产法律、行政法规和部门规章作出行政处罚行使自由裁量权的，适用本规则；具体实施行政处罚需要自由裁量的，参照《安全生产行政处罚自由裁量标准》（以下简称《标准》）执行。

煤矿安全监察机构对煤矿安全生产违法行为作出行政处罚行使自由裁量权的，适用《煤矿安全监察行政处罚自由裁量实施标准（试行）》。

法律、行政法规和地方性法规对行政处罚自由裁量另有规定的，适用其规定；原国家安全监管局、国家安全监管总局公布的部门规章与本规则不一致的，适用本规则。

第三条　本规则所称的行政处罚自由裁量权，是指安全监管执法机关在对安全生产违法行为实施行政处罚时，根据立法目的和行政处罚的原则，在法律、行政法规和部门规章规定的行政处罚的种类和幅度内，综合考量违法的事实、性质、手段、后果、情节和改正措施等因素，正确、适当地确定行政处罚的种类、幅度或者作出不予行政处罚决定的选择适用权限。

第四条 各级安全监管执法机关应当加强对各自管辖范围内安全生产行政处罚自由裁量行为的监督检查。

上级安全监管执法机关有权对下级安全监管执法机关违法或者不当的行政处罚予以纠正或者撤销。

第二章 行政处罚自由裁量的考量原则

第五条 行使行政处罚自由裁量权，应当遵循程序法定原则，严格遵守法律、行政法规和部门规章规定的程序。

第六条 行使行政处罚自由裁量权，应当遵循合法、公平、公正、公开的原则，过罚相当的原则和处罚与教育相结合的原则，依法维护公民、法人和其他组织的合法权益，确保行政处罚自由裁量权行使的合法性和合理性。

第七条 行使行政处罚自由裁量权，应当以事实为依据、以法律为准绳，全面分析违法行为的主体、客体、主观方面、客观方面等因素，综合裁量，合理确定应否给予行政处罚或者应当给予行政处罚的种类、幅度。给予行政处罚的种类、幅度应当与违法行为的事实、性质、情节、认知态度以及社会危害程度相当。

对同一类违法主体实施的性质相同、情节相近或者相似、危害后果基本相当的违法行为，在行使行政处罚自由裁量权时，适用的法律依据、处罚种类应当基本一致，处罚幅度应当基本相当。

第八条 同一个违法行为违反不同法律、行政法规或者部门规章规定的，在适用具体法律条文时应当遵循下列原则：

（一）优先适用法律效力高的规定。

（二）法律效力相同，属于特别规定的优先适用。

（三）法律效力相同，生效时间在后的优先适用。

第九条 法律对同一个违法行为设定了行政处罚的，按照下列原则行使自由裁量权：

（一）同一法律规定实施某个违法行为应当（可以）处以罚款的行政处罚确定的，参照《标准》对其罚款幅度予以细化。

（二）同一法律规定实施某个违法行为应当（可以）处以不同种类（包括警告、没收违法所得、暂扣或者吊销许可证等）的行政处罚的，参照《标准》给予相应种类的行政处罚。

（三）同一法律规定实施某个违法行为根据情节轻重不同处以不同种类的行政处罚的，参照《标准》确定的情节给予相应种类的行政处罚。

第十条 生产经营单位及其有关人员违反不同的法律规定，或者违反同一条款的不同违法情形，有两个以上应当给予行政处罚的违法行为的，应当适用不同的法律规定或者同一法律条款规定的不同违法情形，分别裁量，合并处罚。

第三章　行政处罚自由裁量的适用规则

第十一条　法律、行政法规或者部门规章规定应当先予责令改正或者责令限期改正的，应当先予书面责令当事人在规定期限内予以改正；当事人逾期不改正的，再依法决定行政处罚。

第十二条　法律、行政法规或者部门规章规定的多种处罚应当并处的，不得选择适用；规定可以并处的，可以选择适用。

法律、行政法规或者部门规章明确规定的处罚种类可以单处也可以并处的，可以选择适用，但应分清主罚项和次罚项。

法律、行政法规规定应当先予没收物品、没收违法所得，再作其他处罚的，不得直接选择适用其他处罚。

第十三条　法律、行政法规或者部门规章已经规定处罚种类的，实施自由裁量权时，不得改变行政处罚种类；对当事人实施罚款的，其罚款额不得高于法律、行政法规或者部门规章规定数额的上限，也不得低于其规定数额的下限。

第十四条　当事人有下列情形之一的，应当依法从轻处罚：

（一）已满14周岁不满18周岁的公民实施安全生产违法行为的。

（二）主动消除或者减轻安全生产违法行为危害后果的。

（三）受他人胁迫实施安全生产违法行为的。

（四）配合安全监管执法机关查处安全生产违法行为，有立功表现的。

（五）主动投案，向安全监管执法机关如实交待自己的违法行为的。

（六）具有法律、行政法规规定的其他从轻处罚情形的。

有从轻处罚情节的，应当在法定处罚幅度的中档以下确定行政处罚标准，但不得低于法定处罚幅度的下限。

本条第一款第（四）项所称的立功表现，是指当事人有揭发他人安全生产违法行为，并经查证属实；或者提供查处其他安全生产违法行为的重要线索，并经查证属实；或者阻止他人实施安全生产违法行为；或者协助司法机关抓捕其他违法犯罪嫌疑人的行为。

第十五条　当事人有下列情形之一的，应当依法从重处罚：

（一）危及公共安全或者其他生产经营单位及其人员安全，经责令限期改正，逾期未改正的。

（二）一年内因同一种安全生产违法行为受到两次以上行政处罚的。

（三）拒不整改或者整改不力，其违法行为处于持续状态的。

（四）拒绝、阻碍或者以暴力威胁行政执法人员的。

（五）在处置突发事件期间实施安全生产违法行为的。

（六）隐匿、销毁违法行为证据的。

（七）违法行为情节恶劣，造成人身死亡（重伤、急性工业中毒）或者严重社会影响的。

（八）故意实施违法行为的。

（九）对举报人、证人打击报复的。

（十）未依法排查治理事故隐患的。

（十一）发生生产安全事故后逃匿或者瞒报、谎报的。

（十二）具有法律、行政法规规定的其他从重处罚情形的。

有从重处罚情节的，应当在法定处罚幅度内选择较高或者最高幅度确定处罚标准，但不得高于法定处罚幅度上限。

第十六条 当事人有下列情形之一的，不予处罚：

（一）证据不足，安全生产违法事实不能成立的。

（二）安全生产违法行为轻微并及时纠正，没有造成危害后果的。

（三）不满 14 周岁的公民实施安全生产违法行为的。

（四）精神病人在不能辨认或者不能控制自己行为时实施安全生产违法行为的。

（五）安全生产违法行为在两年内未被发现的，法律另有规定的除外。

（六）具有法律、行政法规、部门规章规定的其他情形的。

前款第五项规定的期限，从违法行为发生之日起计算，违法行为有连续或者继续状态的，从行为终了之日起计算。

第十七条 《标准》所称的违法所得，按照下列规定计算：

（一）生产、加工产品的，以生产、加工的产品及其销售收入作为违法所得。

（二）销售商品的，以销售收入作为违法所得。

（三）提供安全生产中介、租赁等服务的，以服务收入或者报酬作为违法所得。

（四）销售收入无法计算的，按照当地同类同等规模的生产经营单位的平均销售收入计算。

（五）服务收入、报酬无法计算的，按照当地同行业同种服务的平均收入或者报酬计算。

第四章 行政处罚自由裁量的审核与监督

第十八条 除当场行政处罚外，行政处罚自由裁量结果实行审核制度。

案件调查终结后，案件承办人员应当对拟作出行政处罚的种类和幅度提出建议，并说明行使自由裁量权的事实、理由和依据；案件审核人员应当对处罚依据、额度等提出审核意见，并将审核意见报送安全监管执法机关负责人审查决定；安全监管执法机关已经成立行政处罚案件审核委员会的，审核意见报案件审核委员会审查决定。

对安全生产违法行为给予从轻或者从重处罚的自由裁量结果，应当由安全监管执法机关的负责人集体讨论决定。

第十九条 行政处罚案件实行备案审查制度。

各级安全监管执法机关负责法制工作的机构负责本机关行政处罚案件的备案审查工作，对各类安全生产行政处罚案件的实体内容、执法程序、自由裁量的合法性、适当性以及相关证据进行事后审查，并定期对行政执法案卷进行复查和监督。

第二十条　行使安全生产行政处罚自由裁量权的裁量结果应当公开，允许社会公众查阅，但涉及国家秘密、商业秘密或者个人隐私的除外。

第二十一条　行政监察机关对安全监管执法机关及其工作人员行使行政处罚自由裁量权实施监察。

安全监管执法机关及其工作人员行使行政处罚自由裁量权明显不当的，必须及时予以纠正；对有关责任人员依照《安全生产监管监察职责和行政执法责任追究的暂行规定》处理。

第五章　附　　则

第二十二条　违反《安全生产法》有关规定发生生产安全事故，应当给予生产经营单位的主要负责人、个人经营的投资人和其他责任人员罚款的，依照《安全生产法》第八十条、第八十一条的规定处罚。

违反《安全生产法》以外的有关法律、行政法规、部门规章的规定发生生产安全事故，应当给予生产经营单位的主要负责人、个人经营的投资人和其他责任人员罚款的，依照《生产安全事故报告和调查处理条例》的规定处罚。

第二十三条　行政处罚自由裁量审查和备案审查的具体办法，由地方各级安全监管执法机关根据本机关实际制定，并报上一级安全监管执法机关备案。

第二十四条　安全生产违法行为涉嫌构成刑事犯罪的，应当依据规定程序移交司法机关，不得以罚代刑。

第二十五条　本规则自2010年10月1日起施行。

52　煤矿领导带班下井及安全监督检查规定

2010年8月30日国家安全生产监督管理总局局长办公会议审议通过，2010年9月7日国家安全生产监督管理总局令第31号公布，自2010年10月7日起施行；根据2015年3月23日国家安全生产监督管理总局局长办公会议审议通过、2015年6月8日国家安全生产监督管理总局令第81号公布、自2015年7月1日起施行的《国家安全监管总局关于修改〈煤矿安全监察员管理办法〉等五部煤矿安全规章的决定》修改。

第一章　总　　则

第一条　为落实煤矿领导带班下井制度，根据《国务院关于进一步加强企业安全生产工作的通知》（国发〔2010〕23 号）和有关法律、行政法规的规定，制定本规定。

第二条 煤矿领导带班下井和县级以上地方人民政府煤炭行业管理部门、煤矿安全生产监督管理部门（以下分别简称为煤炭行业管理部门、煤矿安全监管部门），以及煤矿安全监察机构对其实施监督检查，适用本规定。

第三条 煤炭行业管理部门是落实煤矿领导带班下井制度的主管部门，负责督促煤矿抓好有关制度的建设和落实。

煤矿安全监管部门对煤矿领导带班下井进行日常性的监督检查，对煤矿违反带班下井制度的行为依法作出现场处理或者实施行政处罚。

煤矿安全监察机构对煤矿领导带班下井实施国家监察，对煤矿违反带班下井制度的行为依法作出现场处理或者实施行政处罚。

第四条 本规定所称的煤矿，是指煤矿生产矿井和新建、改建、扩建、技术改造、资源整合重组等建设矿井及其施工单位。

本规定所称煤矿领导，是指煤矿的主要负责人、领导班子成员和副总工程师。

建设矿井的领导，是指煤矿建设单位和从事煤矿建设的施工单位的主要负责人、领导班子成员和副总工程师。

第五条 煤矿是落实领导带班下井制度的责任主体，每班必须有矿领导带班下井，并与工人同时下井、同时升井。

煤矿的主要负责人对落实领导带班下井制度全面负责。

煤矿集团公司应当加强对所属煤矿领导带班下井的情况实施监督检查。

第六条 任何单位和个人对煤矿领导未按照规定带班下井或者弄虚作假的，均有权向煤炭行业管理部门、煤矿安全监管部门、煤矿安全监察机构举报和报告。

第二章 带 班 下 井

第七条 煤矿应当建立健全领导带班下井制度，并严格考核。带班下井制度应当明确带班下井人员、每月带班下井的个数、在井下工作时间、带班下井的任务、职责权限、群众监督和考核奖惩等内容。

煤矿的主要负责人每月带班下井不得少于 5 个。

煤矿领导带班下井时，其领导姓名应当在井口明显位置公示。煤矿领导每月带班下井工作计划的完成情况，应当在煤矿公示栏公示，接受群众监督。

第八条 煤矿领导带班下井制度应当按照煤矿的隶属关系报送所在地煤炭行业管理部门，同时抄送煤矿安全监管部门和驻地煤矿安全监察机构。

第九条 煤矿领导带班下井时，应当履行下列职责：

（一）加强对采煤、掘进、通风等重点部位、关键环节的检查巡视，全面掌握当班井下的安全生产状况。

（二）及时发现和组织消除事故隐患和险情，及时制止违章违纪行为，严禁违章指挥，严禁超能力组织生产。

（三）遇到险情时，立即下达停产撤人命令，组织涉险区域人员及时、有序撤离到安全地点。

第十条　煤矿领导带班下井实行井下交接班制度。

上一班的带班领导应当在井下向接班的领导详细说明井下安全状况、存在的问题及原因、需要注意的事项等，并认真填写交接班记录簿。

第十一条　煤矿应当建立领导带班下井档案管理制度。

煤矿领导升井后，应当及时将下井的时间、地点、经过路线、发现的问题及处理情况、意见等有关情况进行登记，并由专人负责整理和存档备查。

煤矿领导带班下井的相关记录和煤矿井下人员定位系统存储信息保存期不少于一年。

第十二条　煤矿没有领导带班下井的，煤矿从业人员有权拒绝下井作业。煤矿不得因此降低从业人员工资、福利等待遇或者解除与其订立的劳动合同。

第三章　监督检查

第十三条　煤炭行业管理部门应当加强对煤矿领导带班下井的日常管理和督促检查。煤矿安全监管部门应当将煤矿建立并执行领导带班下井制度作为日常监督检查的重要内容，每季度至少对所辖区域煤矿领导带班下井执行情况进行一次监督检查。

煤矿领导带班下井执行情况应当在当地主要媒体向社会公布，接受社会监督。

第十四条　煤矿安全监察机构应当将煤矿领导带班下井制度执行情况纳入年度监察执法计划，每年至少进行两次专项监察或者重点监察。

煤矿领导带班下井的专项监察或者重点监察的情况应当报告上一级煤矿安全监察机构，并通报有关地方人民政府。

第十五条　煤炭行业管理部门、煤矿安全监管部门、煤矿安全监察机构对煤矿领导带班下井情况进行监督检查，可以采取现场随机询问煤矿从业人员、查阅井下交接班及下井档案记录、听取煤矿从业人员反映、调阅煤矿井下人员定位系统监控记录等方式。

第十六条　煤炭行业管理部门、煤矿安全监管部门、煤矿安全监察机构对煤矿领导带班下井情况进行监督检查时，重点检查下列内容：

（一）是否建立健全煤矿领导带班下井制度，包括井下交接班制度和带班下井档案管理制度。

（二）煤矿领导特别是煤矿主要负责人带班下井情况。

（三）是否制订煤矿领导每月轮流带班下井工作计划以及工作计划执行、公示、考核和奖惩等情况。

（四）煤矿领导带班下井在井下履行职责情况，特别是重大事故隐患和险情的处置情况。

（五）煤矿领导井下交接班记录、带班下井档案等情况。

（六）群众举报有关问题的查处情况。

第十七条　煤炭行业管理部门、煤矿安全监管部门、煤矿安全监察机构应当建立举报制度，公开举报电话、信箱或者电子邮件地址，受理有关举报；对于受理的举报，应当认真调查核实；经查证属实的，依法从重处罚。

第四章 法律责任

第十八条 煤矿有下列情形之一的，给予警告，并处 3 万元罚款；对煤矿主要负责人处 1 万元罚款：

（一）未建立健全煤矿领导带班下井制度的。

（二）未建立煤矿领导井下交接班制度的。

（三）未建立煤矿领导带班下井档案管理制度的。

（四）煤矿领导每月带班下井情况未按照规定公示的。

（五）未按规定填写煤矿领导下井交接班记录簿、带班下井记录或者保存带班下井相关记录档案的。

第十九条 煤矿领导未按规定带班下井，或者带班下井档案虚假的，责令改正，并对该煤矿处 15 万元的罚款，对违反规定的煤矿领导按照擅离职守处理，对煤矿主要负责人处 1 万元的罚款。

第二十条 对发生事故而没有煤矿领导带班下井的煤矿，依法责令停产整顿，暂扣或者吊销煤矿安全生产许可证，并依照下列规定处以罚款；情节严重的，提请有关人民政府依法予以关闭：

（一）发生一般事故的，处 50 万元的罚款。

（二）发生较大事故的，处 100 万元的罚款。

（三）发生重大事故的，处 500 万元的罚款。

（四）发生特别重大事故的，处 2 000 万元的罚款。

第二十一条 对发生事故而没有煤矿领导带班下井的煤矿，对其主要负责人依法暂扣或者吊销其安全资格证，并依照下列规定处以罚款：

（一）发生一般事故的，处上一年年收入 30%的罚款。

（二）发生较大事故的，处上一年年收入 40%的罚款。

（三）发生重大事故的，处上一年年收入 60%的罚款。

（四）发生特别重大事故的，处上一年年收入 80%的罚款。

煤矿的主要负责人未履行《安全生产法》规定的安全生产管理职责，导致发生生产安全事故，受到刑事处罚或者撤职处分的，自刑罚执行完毕或者受处分之日起，5 年内不得担任任何生产经营单位的主要负责人；对重大、特别重大生产安全事故负有责任的，终身不得担任煤矿的主要负责人

第二十二条 本规定的行政处罚，由煤矿安全监管部门、煤矿安全监察机构依照各自的法定职权决定。

第五章　附　　则

第二十三条　省级煤炭行业管理部门会同煤矿安全监管部门可以依照本规定制定实施细则，报国家安全生产监督管理总局、国家煤矿安监局备案。

第二十四条　中央企业所属煤矿按照分级属地管理原则，由省（市、区）、设区的市人民政府煤炭行业管理部门、煤矿安全监管部门和煤矿安全监察机构负责监督监察。

第二十五条　露天煤矿领导带班下井参照本规定执行。

第二十六条　本规定自2010年10月7日起施行。

53　金属非金属地下矿山企业领导带班下井及监督检查暂行规定

2010年10月9日国家安全生产监督管理总局局长办公会议审议通过，2010年10月13日国家安全生产监督管理总局令第34号公布，自2010年11月15日起施行；根据2015年3月23日国家安全生产监督管理总局局长办公会议审议通过、2015年5月26日国家安全生产监督管理总局令第78号公布，自2015年7月1日起施行的《国家安全监管总局关于废止和修改非煤矿矿山领域九部规章的决定》修改。

第一章　总　　则

第一条　为落实金属非金属地下矿山企业领导带班下井制度，强化现场安全管理，及时发现和消除事故隐患，根据《国务院关于进一步加强企业安全生产工作的通知》（国发〔2010〕23号）和国家有关规定，制定本规定。

第二条　金属非金属地下矿山企业（以下简称矿山企业）领导带班下井和县级以上安全生产监督管理部门对其实施监督检查，适用本规定。

第三条　本规定所称的矿山企业，是指金属非金属地下矿山生产企业及其所属各独立生产系统的矿井和新建、改建、扩建、技术改造等建设矿井。

本规定所称的矿山企业领导，是指矿山企业的主要负责人、领导班子成员和副总工程师。

第四条　矿山企业是落实领导带班下井制度的责任主体，必须确保每个班次至少有1名领导在井下现场带班，并与工人同时下井、同时升井。

矿山企业的主要负责人对落实领导带班下井制度全面负责。

第五条 安全生产监督管理部门对矿山企业落实领导带班下井制度情况进行监督检查，并依法作出现场处理或者实施行政处罚。

有关行业主管部门应当根据《国务院关于进一步加强企业安全生产工作的通知》的要求，按照各自职责做好矿山企业领导带班下井制度的落实工作，配合安全生产监督管理部门开展矿山企业领导带班下井情况的监督检查和考核奖惩等工作。

第六条 任何单位和个人发现矿山企业领导未按照规定执行带班下井制度或者弄虚作假的，均有权向安全生产监督管理部门举报和报告。对举报和报告属实的，给予奖励。

第七条 矿山企业应当建立健全领导带班下井制度，制定领导带班下井考核奖惩办法和月度计划，建立和完善领导带班下井档案。

第二章 带班下井

第八条 矿山企业领导带班下井月度计划，应当明确每个工作班次带班下井的领导名单、下井及升井的时间以及特殊情况下的请假与调换人员审批程序等内容。

领导带班下井月度计划应当在本单位网站和办公楼及矿井井口予以公告，接受群众监督。

第九条 矿山企业应当每月对领导带班下井情况进行考核。领导带班下井情况与其经济收入挂钩，对按照规定带班下井并认真履行职责的，给予奖励；对未按照规定带班下井、冒名顶替下井或者弄虚作假的，按照有关规定予以处理。

矿山企业领导带班下井的月度计划完成情况，应当在矿山企业公示栏公示，接受群众监督。

第十条 矿山企业领导带班下井时，应当履行下列职责：

（一）加强对井下重点部位、关键环节的安全检查及检查巡视，全面掌握井下的安全生产情况。

（二）及时发现和组织消除事故隐患和险情，及时制止违章违纪行为，严禁违章指挥，严禁超能力组织生产。

（三）遇到险情时，立即下达停产撤人命令，组织涉险区域人员及时、有序撤离到安全地点。

第十一条 矿山企业领导应当认真填写带班下井交接班记录，并向接班的领导详细说明井下安全生产状况、存在的主要问题及其处理情况、需要注意的事项等。

第十二条 矿山企业领导升井后，应当及时将下井及升井的时间、地点、经过路线、发现的问题及处理结果等有关情况进行登记，以存档备查。

第十三条 矿山企业从业人员应当遵章守纪，服从带班下井领导的指挥和管理。

矿山企业没有领导带班下井的，矿山企业从业人员有权拒绝下井作业。从业人员在井下作业过程中，发现并确认带班下井领导无故提前升井的，经向班组长或者队长说明后有权提前升井。

矿山企业不得因从业人员依据前款规定拒绝下井或者提前升井而降低从业人员工资、福利等待遇或者解除与其订立的劳动合同。

第三章 监督检查

第十四条 安全生产监督管理部门应当将矿山企业领导带班下井制度的建立、执行、考核、奖惩等情况作为安全监管的重要内容，并将其纳入年度安全监管执法工作计划，定期进行检查。

第十五条 安全生产监督管理部门应当充分发挥电视、广播、报纸、网络等新闻媒体的作用，加强对本行政区域内矿山企业领导带班下井情况的社会监督。

第十六条 安全生产监督管理部门应当建立举报制度，公开举报电话、信箱或者电子邮件地址，受理有关举报；对于受理的举报，应当认真调查核实；经查证属实的，依法从重处罚。

第十七条 安全生产监督管理部门应当定期将矿山企业领导带班下井制度监督检查结果和处罚情况予以公告，接受社会监督。

第四章 法律责任

第十八条 矿山企业未按照规定建立健全领导带班下井制度或者未制订领导带班下井月度计划的，给予警告，并处 3 万元的罚款；对其主要负责人给予警告，并处 1 万元的罚款；情节严重的，依法暂扣其安全生产许可证，责令停产整顿。

第十九条 矿山企业存在下列行为之一的，责令限期整改，并处 3 万元的罚款；对其主要负责人给予警告，并处 1 万元的罚款：

（一）未制定领导带班下井制度的。

（二）未按照规定公告领导带班下井月度计划的。

（三）未按照规定公示领导带班下井月度计划完成情况的。

第二十条 矿山企业领导未按照规定填写带班下井交接班记录、带班下井登记档案，或者弄虚作假的，给予警告，并处 1 万元的罚款。

第二十一条 矿山企业领导未按照规定带班下井的，对矿山企业给予警告，处 3 万元的罚款；情节严重的，依法责令停产整顿；对违反规定的矿山企业领导按照擅离职守处理，并处 1 万元的罚款。

第二十二条 对发生生产安全事故而没有领导带班下井的矿山企业，依法责令停产整顿，暂扣或者吊销安全生产许可证，并依照下列规定处以罚款；情节严重的，提请有关人民政府依法予以关闭：

（一）发生一般事故，处 50 万元的罚款。

（二）发生较大事故，处 100 万元的罚款。

（三）发生重大事故，处 500 万元的罚款。

（四）发生特别重大事故，处 2 000 万元的罚款。

第二十三条 对发生生产安全事故而没有领导带班下井的矿山企业，对其主要负责人依法暂扣或者吊销其安全资格证，并依照下列规定处以罚款：

（一）发生一般事故，处上一年年收入30%的罚款。

（二）发生较大事故，处上一年年收入40%的罚款。

（三）发生重大事故，处上一年年收入60%的罚款。

（四）发生特别重大事故，处上一年年收入80%的罚款。

对重大、特别重大生产安全事故负有主要责任的矿山企业，其主要负责人终身不得担任任何矿山企业的矿长（董事长、总经理）。

第五章　附　　则

第二十四条　各省、自治区、直辖市人民政府安全生产监督管理部门可以根据实际情况制定实施细则，报国家安全生产监督管理总局备案。

第二十五条　为矿山企业提供采掘工程服务的采掘施工企业领导带班下井，按照本规定执行。

第二十六条　本办法自2010年11月15日起施行。

54　金属与非金属矿产资源地质勘探安全生产监督管理暂行规定

2010年11月15日国家安全生产监督管理总局局长办公会议审议通过，2010年12月3日国家安全生产监督管理总局令第35号公布，自2011年1月1日起施行；根据2015年3月23日国家安全生产监督管理总局局长办公会议审议通过、2015年5月26日国家安全生产监督管理总局令第78号公布、自2015年7月1日起施行的《国家安全监管总局关于废止和修改非煤矿矿山领域九部规章的决定》修改。

第一章　总　　则

第一条　为加强金属与非金属矿产资源地质勘探作业安全的监督管理，预防和减少生产安全事故，根据安全生产法等有关法律、行政法规，制定本规定。

第二条　从事金属与非金属矿产资源地质勘探作业的安全生产及其监督管理，适用本规定。

生产矿山企业的探矿活动不适用本规定。

第三条　本规定所称地质勘探作业，是指在依法批准的勘查作业区范围内从事金属与非金属矿产资源地质勘探的活动。

本规定所称地质勘探单位，是指依法取得地质勘查资质并从事金属与非金属矿产资源地质勘探活动的企事业单位。

第四条　地质勘探单位对本单位地质勘探作业安全生产负主体责任，其主要负责人对本单位的安全生产工作全面负责。

国务院有关部门和省、自治区、直辖市人民政府所属从事矿产地质勘探及管理的企事业法人组织（以下统称地质勘探主管单位），负责对其所属地质勘探单位的安全生产工作进行监督和管理。

第五条　国家安全生产监督管理总局对全国地质勘探作业的安全生产工作实施监督管理。

县级以上地方各级人民政府安全生产监督管理部门对本行政区域内地质勘探作业的安全生产工作实施监督管理。

第二章　安全生产职责

第六条　地质勘探单位应当遵守有关安全生产法律、法规、规章、国家标准以及行业标准的规定，加强安全生产管理，排查治理事故隐患，确保安全生产。

第七条　从事钻探工程、坑探工程施工的地质勘探单位应当取得安全生产许可证。

第八条　地质勘探单位从事地质勘探活动，应当持本单位地质勘查资质证书和地质勘探项目任务批准文件或者合同书，向工作区域所在地县级安全生产监督管理部门书面报告，并接受其监督检查。

第九条　地质勘探单位应当建立健全下列安全生产制度和规程：

（一）主要负责人、分管负责人、安全生产管理人员和职能部门、岗位的安全生产责任制度。

（二）岗位作业安全规程和工种操作规程。

（三）现场安全生产检查制度。

（四）安全生产教育培训制度。

（五）重大危险源检测监控制度。

（六）安全投入保障制度。

（七）事故隐患排查治理制度。

（八）事故信息报告、应急预案管理和演练制度。

（九）劳动防护用品、野外救生用品和野外特殊生活用品配备使用制度。

（十）安全生产考核和奖惩制度。

（十一）其他必须建立的安全生产制度。

第十条　地质勘探单位及其主管单位应当按照下列规定设置安全生产管理机构或者配备专职安全生产管理人员：

（一）地质勘探单位从业人员超过100人的，应当设置安全生产管理机构，并按不低于从业人员 1%的比例配备专职安全生产管理人员；从业人员在 100 人以下的，应当配备不少于 2 名的专职安全生产管理人员。

（二）所属地质勘探单位从业人员总数在 3 000 人以上的地质勘探主管单位，应当设置安全生产管理机构，并按不低于从业人员总数 1‰的比例配备专职安全生产管理人员；从业人员总数在 3 000 人以下的，应当设置安全生产管理机构或者配备不少于 1 名的专职安全生产管理人员。

专职安全生产管理人员中应当有注册安全工程师。

第十一条 地质勘探单位的主要负责人和安全生产管理人员应当具备与本单位所从事地质勘探活动相适应的安全生产知识和管理能力，并经安全生产监督管理部门考核合格。

地质勘探单位的特种作业人员必须经专门的安全技术培训并考核合格，取得特种作业操作证后，方可上岗作业。

第十二条 地质勘探单位从事坑探工程作业的人员，首次上岗作业前应当接受不少于 72 小时的安全生产教育和培训，以后每年应当接受不少于 20 小时的安全生产再培训。

第十三条 地质勘探单位应当按照国家有关规定提取和使用安全生产费用。安全生产费用列入生产成本，并实行专户存储、规范使用。

第十四条 地质勘探工程的设计、施工和安全管理应当符合《地质勘探安全规程》（AQ 2004—2005）的规定。

第十五条 坑探工程的设计方案中应当设有安全专篇。安全专篇应当经所在地安全生产监督管理部门审查同意；未经审查同意的，有关单位不得施工。

坑探工程安全专篇的具体审查办法由省、自治区、直辖市人民政府安全生产监督管理部门制定。

第十六条 地质勘探单位不得将其承担的地质勘探工程项目转包给不具备安全生产条件或者相应地质勘查资质的地质勘探单位，不得允许其他单位以本单位的名义从事地质勘探活动。

第十七条 地质勘探单位不得以探矿名义从事非法采矿活动。

第十八条 地质勘探单位应当为从业人员配备必要的劳动防护用品、野外救生用品和野外特殊生活用品。

第十九条 地质勘探单位应当根据本单位实际情况制定野外作业突发事件等安全生产应急预案，建立健全应急救援组织或者与邻近的应急救援组织签订救护协议，配备必要的应急救援器材和设备，按照有关规定组织开展应急演练。

应急预案应当按照有关规定报安全生产监督管理部门和地质勘探主管单位备案。

第二十条 地质勘探主管单位应当按照国家有关规定，定期检查所属地质勘探单位落实安全生产责任制和安全生产费用提取使用、安全生产教育培训、事故隐患排查治理等情况，并组织实施安全生产绩效考核。

第二十一条 地质勘探单位发生生产安全事故后，应当按照有关规定向事故发生地县级以上安全生产监督管理部门和地质勘探主管单位报告。

第三章　监督管理

第二十二条　安全生产监督管理部门应当加强对地质勘探单位安全生产的监督检查，对检查中发现的事故隐患和安全生产违法违规行为，依法作出现场处理或者实施行政处罚。

第二十三条　安全生产监督管理部门应当建立完善地质勘探单位管理制度，及时掌握本行政区域内地质勘探单位的作业情况。

第二十四条　安全生产监督管理部门应当按照本规定的要求开展对坑探工程安全专篇的审查，建立安全专篇审查档案。

第四章　法律责任

第二十五条　地质勘探单位有下列情形之一的，责令限期改正，可以处 5 万元以下的罚款；逾期未改正的，责令停产停业整顿，并处 5 万元以上 10 万元以下的罚款，对其直接负责的主管人员和其他直接责任人员处 1 万元以上 2 万元以下的罚款：

（一）未按照本规定设立安全生产管理机构或者配备专职安全生产管理人员的。

（二）特种作业人员未持证上岗作业的。

（三）从事坑探工程作业的人员未按照规定进行安全生产教育和培训的。

第二十六条　地质勘探单位有下列情形之一的，给予警告，并处 3 万元以下的罚款：

（一）未按照本规定建立有关安全生产制度和规程的。

（二）未按照规定提取和使用安全生产费用的。

（三）坑探工程安全专篇未经安全生产监督管理部门审查同意擅自施工的。

第二十七条　地质勘探单位未按照规定向工作区域所在地县级安全生产监督管理部门书面报告的，给予警告，并处 2 万元以下的罚款。

第二十八条　地质勘探单位将其承担的地质勘探工程项目转包给不具备安全生产条件或者相应资质的地质勘探单位的，责令限期改正，没收违法所得；违法所得 10 万元以上的，并处违法所得 2 倍以上 5 倍以下的罚款；没有违法所得或者违法所得不足 10 万元的，单处或者并处 10 万元以上 20 万元以下的罚款；对其直接负责的主管人员和其他直接责任人员处 1 万元以上 2 万元以下的罚款；导致发生生产安全事故给他人造成损害的，与承包方承担连带赔偿责任。

第二十九条　本规定规定的行政处罚由县级以上安全生产监督管理部门实施。

第五章　附　　则

第三十条　本规定自 2011 年 1 月 1 日起施行。

55 建设项目安全设施“三同时”监督管理暂行办法

2010年11月3日国家安全生产监督管理总局局长办公会议审议通过，2010年12月14日国家安全生产监督管理总局令第36号公布，自2011年2月1日起施行；根据2015年1月16日国家安全生产监督管理总局局长办公会议审议通过、2015年4月2日国家安全生产监督管理总局令第77号公布、自2015年5月1日起施行的《国家安全监管总局关于修改〈生产安全事故报告和调查处理条例〉罚款处罚暂行规定等四部规章的决定》修改。

第一章 总 则

第一条 为加强建设项目安全管理，预防和减少生产安全事故，保障从业人员生命和财产安全，根据《中华人民共和国安全生产法》和《国务院关于进一步加强企业安全生产工作的通知》等法律、行政法规和规定，制定本办法。

第二条 经县级以上人民政府及其有关主管部门依法审批、核准或者备案的生产经营单位新建、改建、扩建工程项目（以下统称建设项目）安全设施的建设及其监督管理，适用本办法。

法律、行政法规及国务院对建设项目安全设施建设及其监督管理另有规定的，依照其规定。

第三条 本办法所称的建设项目安全设施，是指生产经营单位在生产经营活动中用于预防生产安全事故的设备、设施、装置、构（建）筑物和其他技术措施的总称。

第四条 生产经营单位是建设项目安全设施建设的责任主体。建设项目安全设施必须与主体工程同时设计、同时施工、同时投入生产和使用（以下简称“三同时”）。安全设施投资应当纳入建设项目概算。

第五条 国家安全生产监督管理总局对全国建设项目安全设施“三同时”实施综合监督管理，并在国务院规定的职责范围内承担有关建设项目安全设施“三同时”的监督管理。

县级以上地方各级安全生产监督管理部门对本行政区域内的建设项目安全设施“三同时”实施综合监督管理，并在本级人民政府规定的职责范围内承担本级人民政府及其有关主管部门审批、核准或者备案的建设项目安全设施“三同时”的监督管理。

跨两个及两个以上行政区域的建设项目安全设施“三同时”由其共同的上一级人民政府安全生产监督管理部门实施监督管理。

上一级人民政府安全生产监督管理部门根据工作需要，可以将其负责监督管理的建设项目安全设施“三同时”工作委托下一级人民政府安全生产监督管理部门实施监督管理。

第六条 安全生产监督管理部门应当加强建设项目安全设施建设的日常安全监管，落实有关行政许可及其监管责任，督促生产经营单位落实安全设施建设责任。

第二章　建设项目安全预评价

第七条　下列建设项目在进行可行性研究时，生产经营单位应当按照国家规定，进行安全预评价：

（一）非煤矿矿山建设项目。

（二）生产、储存危险化学品（包括使用长输管道输送危险化学品，下同）的建设项目。

（三）生产、储存烟花爆竹的建设项目。

（四）金属冶炼建设项目。

（五）使用危险化学品从事生产并且使用量达到规定数量的化工建设项目（属于危险化学品生产的除外，下同）。

（六）法律、行政法规和国务院规定的其他建设项目。

第八条　生产经营单位应当委托具有相应资质的安全评价机构，对其建设项目进行安全预评价，并编制安全预评价报告。

建设项目安全预评价报告应当符合国家标准或者行业标准的规定。

生产、储存危险化学品的建设项目和化工建设项目安全预评价报告除符合本条第二款的规定外，还应当符合有关危险化学品建设项目的规定。

第九条　本办法第七条规定以外的其他建设项目，生产经营单位应当对其安全生产条件和设施进行综合分析，形成书面报告备查。

第三章　建设项目安全设施设计审查

第十条　生产经营单位在建设项目初步设计时，应当委托有相应资质的设计单位对建设项目安全设施同时进行设计，编制安全设施设计。

安全设施设计必须符合有关法律、法规、规章和国家标准或者行业标准、技术规范的规定，并尽可能采用先进适用的工艺、技术和可靠的设备、设施。本办法第七条规定的建设项目安全设施设计还应当充分考虑建设项目安全预评价报告提出的安全对策措施。

安全设施设计单位、设计人应当对其编制的设计文件负责。

第十一条　建设项目安全设施设计应当包括下列内容：

（一）设计依据。

（二）建设项目概述。

（三）建设项目潜在的危险、有害因素和危险、有害程度及周边环境安全分析。

（四）建筑及场地布置。

（五）重大危险源分析及检测监控。

（六）安全设施设计采取的防范措施。

（七）安全生产管理机构设置或者安全生产管理人员配备要求。

（八）从业人员安全生产教育和培训要求。

（九）工艺、技术和设备、设施的先进性和可靠性分析。

（十）安全设施专项投资概算。

（十一）安全预评价报告中的安全对策及建议采纳情况。

（十二）预期效果以及存在的问题与建议。

（十三）可能出现的事故预防及应急救援措施。

（十四）法律、法规、规章、标准规定需要说明的其他事项。

第十二条 本办法第七条第（一）项、第（二）项、第（三）项、第（四）项规定的建设项目安全设施设计完成后，生产经营单位应当按照本办法第五条的规定向安全生产监督管理部门提出审查申请，并提交下列文件资料：

（一）建设项目审批、核准或者备案的文件。

（二）建设项目安全设施设计审查申请。

（三）设计单位的设计资质证明文件。

（四）建设项目安全设施设计。

（五）建设项目安全预评价报告及相关文件资料。

（六）法律、行政法规、规章规定的其他文件资料。

安全生产监督管理部门收到申请后，对属于本部门职责范围内的，应当及时进行审查，并在收到申请后5个工作日内作出受理或者不予受理的决定，书面告知申请人；对不属于本部门职责范围内的，应当将有关文件资料转送有审查权的安全生产监督管理部门，并书面告知申请人。

第十三条 对已经受理的建设项目安全设施设计审查申请，安全生产监督管理部门应当自受理之日起20个工作日内作出是否批准的决定，并书面告知申请人。20个工作日内不能作出决定的，经本部门负责人批准，可以延长10个工作日，并应当将延长期限的理由书面告知申请人。

第十四条 建设项目安全设施设计有下列情形之一的，不予批准，并不得开工建设：

（一）无建设项目审批、核准或者备案文件的。

（二）未委托具有相应资质的设计单位进行设计的。

（三）安全预评价报告由未取得相应资质的安全评价机构编制的。

（四）设计内容不符合有关安全生产的法律、法规、规章和国家标准或者行业标准、技术规范的规定的。

（五）未采纳安全预评价报告中的安全对策和建议，且未作充分论证说明的。

（六）不符合法律、行政法规规定的其他条件的。

建设项目安全设施设计审查未予批准的，生产经营单位经过整改后可以向原审查部门申请再审。

第十五条 已经批准的建设项目及其安全设施设计有下列情形之一的，生产经营单位应当报原批准部门审查同意；未经审查同意的，不得开工建设：

（一）建设项目的规模、生产工艺、原料、设备发生重大变更的。

（二）改变安全设施设计且可能降低安全性能的。

（三）在施工期间重新设计的。

第十六条　本办法第七条第（一）项、第（二）项、第（三）项和第（四）项规定以外的建设项目安全设施设计，由生产经营单位组织审查，形成书面报告备查。

第四章　建设项目安全设施施工和竣工验收

第十七条　建设项目安全设施的施工应当由取得相应资质的施工单位进行，并与建设项目主体工程同时施工。

施工单位应当在施工组织设计中编制安全技术措施和施工现场临时用电方案，同时对危险性较大的分部分项工程依法编制专项施工方案，并附具安全验算结果，经施工单位技术负责人、总监理工程师签字后实施。

施工单位应当严格按照安全设施设计和相关施工技术标准、规范施工，并对安全设施的工程质量负责。

第十八条　施工单位发现安全设施设计文件有错漏的，应当及时向生产经营单位、设计单位提出。生产经营单位、设计单位应当及时处理。

施工单位发现安全设施存在重大事故隐患时，应当立即停止施工并报告生产经营单位进行整改。整改合格后，方可恢复施工。

第十九条　工程监理单位应当审查施工组织设计中的安全技术措施或者专项施工方案是否符合工程建设强制性标准。

工程监理单位在实施监理过程中，发现存在事故隐患的，应当要求施工单位整改；情况严重的，应当要求施工单位暂时停止施工，并及时报告生产经营单位。施工单位拒不整改或者不停止施工的，工程监理单位应当及时向有关主管部门报告。

工程监理单位、监理人员应当按照法律、法规和工程建设强制性标准实施监理，并对安全设施工程的工程质量承担监理责任。

第二十条　建设项目安全设施建成后，生产经营单位应当对安全设施进行检查，对发现的问题及时整改。

第二十一条　本办法第七条规定的建设项目竣工后，根据规定建设项目需要试运行（包括生产、使用，下同）的，应当在正式投入生产或者使用前进行试运行。

试运行时间应当不少于 30 日，最长不得超过 180 日，国家有关部门有规定或者特殊要求的行业除外。

生产、储存危险化学品的建设项目和化工建设项目，应当在建设项目试运行前将试运行方案报负责建设项目安全许可的安全生产监督管理部门备案。

第二十二条　本办法第七条规定的建设项目安全设施竣工或者试运行完成后，生产经营单位应当委托具有相应资质的安全评价机构对安全设施进行验收评价，并编制建设项目安全验收评价报告。

建设项目安全验收评价报告应当符合国家标准或者行业标准的规定。

生产、储存危险化学品的建设项目和化工建设项目安全验收评价报告除符合本条第二款的规定外，还应当符合有关危险化学品建设项目的规定。

第二十三条 建设项目竣工投入生产或者使用前，生产经营单位应当组织对安全设施进行竣工验收，并形成书面报告备查。安全设施竣工验收合格后，方可投入生产和使用。

安全监管部门应当按照下列方式之一对本办法第七条第（一）项、第（二）项、第（三）项和第（四）项规定建设项目的竣工验收活动和验收结果的监督核查：

（一）对安全设施竣工验收报告按照不少于总数10%的比例进行随机抽查。

（二）在实施有关安全许可时，对建设项目安全设施竣工验收报告进行审查。

抽查和审查以书面方式为主。对竣工验收报告的实质内容存在疑问，需要到现场核查的，安全监管部门应当指派两名以上工作人员对有关内容进行现场核查。工作人员应当提出现场核查意见，并如实记录在案。

第二十四条 建设项目的安全设施有下列情形之一的，建设单位不得通过竣工验收，并不得投入生产或者使用：

（一）未选择具有相应资质的施工单位施工的。

（二）未按照建设项目安全设施设计文件施工或者施工质量未达到建设项目安全设施设计文件要求的。

（三）建设项目安全设施的施工不符合国家有关施工技术标准的。

（四）未选择具有相应资质的安全评价机构进行安全验收评价或者安全验收评价不合格的。

（五）安全设施和安全生产条件不符合有关安全生产法律、法规、规章和国家标准或者行业标准、技术规范规定的。

（六）发现建设项目试运行期间存在事故隐患未整改的。

（七）未依法设置安全生产管理机构或者配备安全生产管理人员的。

（八）从业人员未经过安全生产教育和培训或者不具备相应资格的。

（九）不符合法律、行政法规规定的其他条件的。

第二十五条 生产经营单位应当按照档案管理的规定，建立建设项目安全设施“三同时”文件资料档案，并妥善保存。

第二十六条 建设项目安全设施未与主体工程同时设计、同时施工或者同时投入使用的，安全生产监督管理部门对与此有关的行政许可一律不予审批，同时责令生产经营单位立即停止施工、限期改正违法行为，对有关生产经营单位和人员依法给予行政处罚。

第五章 法律责任

第二十七条 建设项目安全设施“三同时”违反本办法的规定，安全生产监督管理部门及其工作人员给予审批通过或者颁发有关许可证的，依法给予行政处分。

第二十八条 生产经营单位对本办法第七条第（一）项、第（二）项、第（三）项和第（四）项规定的建设项目有下列情形之一的，责令停止建设或者停产停业整顿，限期改正；逾期未改正的，处50万元以上100万元以下的罚款，对其直接负责的主管人员和其他直接责任人员处2万元以上5万元以下的罚款；构成犯罪的，依照刑法有关规定追究刑事责任：

（一）未按照本办法规定对建设项目进行安全评价的。

（二）没有安全设施设计或者安全设施设计未按照规定报经安全生产监督管理部门审查同意，擅自开工的。

（三）施工单位未按照批准的安全设施设计施工的。

（四）投入生产或者使用前，安全设施未经验收合格的。

第二十九条　已经批准的建设项目安全设施设计发生重大变更，生产经营单位未报原批准部门审查同意擅自开工建设的，责令限期改正，可以并处1万元以上3万元以下的罚款。

第三十条　本办法第七条第（一）项、第（二）项、第（三）项和第（四）项规定以外的建设项目有下列情形之一的，对有关生产经营单位责令限期改正，可以并处5 000元以上3万元以下的罚款：

（一）没有安全设施设计的。

（二）安全设施设计未组织审查，并形成书面审查报告的。

（三）施工单位未按照安全设施设计施工的。

（四）投入生产或者使用前，安全设施未经竣工验收合格，并形成书面报告的。

第三十一条　承担建设项目安全评价的机构弄虚作假、出具虚假报告，尚未构成犯罪的，没收违法所得，违法所得在10万元以上的，并处违法所得二倍以上五倍以下的罚款；没有违法所得或者违法所得不足10万元的，单处或者并处10万元以上20万元以下的罚款，对其直接负责的主管人员和其他直接责任人员处2万元以上5万元以下的罚款；给他人造成损害的，与生产经营单位承担连带赔偿责任。

对有前款违法行为的机构，吊销其相应资质。

第三十二条　本办法规定的行政处罚由安全生产监督管理部门决定。法律、行政法规对行政处罚的种类、幅度和决定机关另有规定的，依照其规定。

安全生产监督管理部门对应当由其他有关部门进行处理的“三同时”问题，应当及时移送有关部门并形成记录备查。

第六章　附　　则

第三十三条　本办法自2011年2月1日起施行。

56 尾矿库安全监督管理规定

2011年4月18日国家安全生产监督管理总局局长办公会议审议通过，2011年5月4日国家安全生产监督管理总局令第38号公布，自2011年7月1日起施行；根据2015年3月23日国家安全生产监督管理总局局长办公会议审议通过、2015年5月26日国家安全生产监督管理总局令第78号公布、自2015年7月1日起施行的《国家安全监管总局关于废止和修改非煤矿矿山领域九部规章的决定》修改。

第一章　总　　则

第一条　为了预防和减少尾矿库生产安全事故，保障人民群众生命和财产安全，根据《安全生产法》《矿山安全法》等有关法律、行政法规，制定本规定。

第二条　尾矿库的建设、运行、回采、闭库及其安全管理与监督工作，适用本规定。

核工业矿山尾矿库、电厂灰渣库的安全监督管理工作，不适用本规定。

第三条　尾矿库建设、运行、回采、闭库的安全技术要求以及尾矿库等别划分标准，按照《尾矿库安全技术规程》（AQ 2006—2005）执行。

第四条　尾矿库生产经营单位（以下简称生产经营单位）应当建立健全尾矿库安全生产责任制，建立健全安全生产规章制度和安全技术操作规程，对尾矿库实施有效的安全管理。

第五条　生产经营单位应当保证尾矿库具备安全生产条件所必需的资金投入，建立相应的安全管理机构或者配备相应的安全管理人员、专业技术人员。

第六条　生产经营单位主要负责人和安全管理人员应当依照有关规定经培训考核合格并取得安全资格证书。

直接从事尾矿库放矿、筑坝、巡坝、排洪和排渗设施操作的作业人员必须取得特种作业操作证书，方可上岗作业。

第七条　国家安全生产监督管理总局负责在国务院规定的职责范围内对有关尾矿库建设项目进行安全设施设计审查。

前款规定以外的其他尾矿库建设项目安全设施设计审查，由省级安全生产监督管理部门按照分级管理的原则作出规定。

第八条　鼓励生产经营单位应用尾矿库在线监测、尾矿充填、干式排尾、尾矿综合利用等先进适用技术。

一等、二等、三等尾矿库应当安装在线监测系统。

鼓励生产经营单位将尾矿回采再利用后进行回填。

第二章　尾矿库建设

第九条　尾矿库建设项目包括新建、改建、扩建以及回采、闭库的尾矿库建设工程。

尾矿库建设项目安全设施设计审查与竣工验收应当符合有关法律、行政法规的规定。

第十条　尾矿库的勘察单位应当具有矿山工程或者岩土工程类勘察资质。设计单位应当具有金属非金属矿山工程设计资质。安全评价单位应当具有尾矿库评价资质。施工单位应当具有矿山工程施工资质。施工监理单位应当具有矿山工程监理资质。

尾矿库的勘察、设计、安全评价、施工、监理等单位除符合前款规定外，还应当按照尾矿库的等别符合下列规定：

（一）一等、二等、三等尾矿库建设项目，其勘察、设计、安全评价、监理单位具有甲级资质，施工单位具有总承包一级或者特级资质。

（二）四等、五等尾矿库建设项目，其勘察、设计、安全评价、监理单位具有乙级或者乙级以上资质，施工单位具有总承包三级或者三级以上资质，或者专业承包一级、二级资质。

第十一条　尾矿库建设项目应当进行安全设施设计，对尾矿库库址及尾矿坝稳定性、尾矿库防洪能力、排洪设施和安全观测设施的可靠性进行充分论证。

第十二条　尾矿库库址应当由设计单位根据库容、坝高、库区地形条件、水文地质、气象、下游居民区和重要工业构筑物等情况，经科学论证后，合理确定。

第十三条　尾矿库建设项目应当进行安全设施设计并经安全生产监督管理部门审查批准后方可施工。无安全设施设计或者安全设施设计未经审查批准的，不得施工。

严禁未经设计并审查批准擅自加高尾矿库坝体。

第十四条　尾矿库施工应当执行有关法律、行政法规和国家标准、行业标准的规定，严格按照设计施工，确保工程质量，并做好施工记录。

生产经营单位应当建立尾矿库工程档案和日常管理档案，特别是隐蔽工程档案、安全检查档案和隐患排查治理档案，并长期保存。

第十五条　施工中需要对设计进行局部修改的，应当经原设计单位同意；对涉及尾矿库库址、等别、排洪方式、尾矿坝坝型等重大设计变更的，应当报原审批部门批准。

第十六条　尾矿库建设项目安全设施试运行应当向安全生产监督管理部门书面报告，试运行时间不得超过6个月，且尾砂排放不得超过初期坝坝顶标高。试运行结束后，建设单位应当组织安全设施竣工验收，并形成书面报告备查。

安全生产监督管理部门应当加强对建设单位验收活动和验收结果的监督核查。

第十七条　尾矿库建设项目安全设施经验收合格后，生产经营单位应当及时按照《非煤矿矿山企业安全生产许可证实施办法》的有关规定，申请尾矿库安全生产许可证。未依法取得安全生产许可证的尾矿库，不得投入生产运行。

生产经营单位在申请尾矿库安全生产许可证时，对于验收申请时已提交的符合颁证条件的文件、资料可以不再提交；安全生产监督管理部门在审核颁发安全生产许可证时，可以不再审查。

第三章　尾矿库运行

第十八条　对生产运行的尾矿库，未经技术论证和安全生产监督管理部门的批准，任何单位和个人不得对下列事项进行变更：

（一）筑坝方式。

（二）排放方式。

（三）尾矿物化特性。

（四）坝型、坝外坡坡比、最终堆积标高和最终坝轴线的位置。

（五）坝体防渗、排渗及反滤层的设置。

（六）排洪系统的型式、布置及尺寸。

（七）设计以外的尾矿、废料或者废水进库等。

第十九条　尾矿库应当每三年至少进行一次安全现状评价。安全现状评价应当符合国家标准或者行业标准的要求。

尾矿库安全现状评价工作应当有能够进行尾矿坝稳定性验算、尾矿库水文计算、构筑物计算的专业技术人员参加。

上游式尾矿坝堆积至二分之一至三分之二最终设计坝高时，应当对坝体进行一次全面勘察，并进行稳定性专项评价。

第二十条　尾矿库经安全现状评价或者专家论证被确定为危库、险库和病库的，生产经营单位应当分别采取下列措施：

（一）确定为危库的，应当立即停产，进行抢险，并向尾矿库所在地县级人民政府、安全生产监督管理部门和上级主管单位报告。

（二）确定为险库的，应当立即停产，在限定的时间内消除险情，并向尾矿库所在地县级人民政府、安全生产监督管理部门和上级主管单位报告。

（三）确定为病库的，应当在限定的时间内按照正常库标准进行整治，消除事故隐患。

第二十一条　生产经营单位应当建立健全防汛责任制，实施 24 小时监测监控和值班值守，并针对可能发生的垮坝、漫顶、排洪设施损毁等生产安全事故和影响尾矿库运行的洪水、泥石流、山体滑坡、地震等重大险情制定并及时修订应急救援预案，配备必要的应急救援器材、设备，放置在便于应急时使用的地方。

应急预案应当按照规定报相应的安全生产监督管理部门备案，并每年至少进行一次演练。

第二十二条　生产经营单位应当编制尾矿库年度、季度作业计划，严格按照作业计划生产运行，做好记录并长期保存。

第二十三条　生产经营单位应当建立尾矿库事故隐患排查治理制度，按照本规定和《尾矿库安全技术规程》的规定，及时发现并消除事故隐患。事故隐患排查治理情况应当如实记录，建立隐患排查治理档案，并向从业人员通报。

第二十四条　尾矿库出现下列重大险情之一的，生产经营单位应当按照安全监管权限和职责立即报告当地县级安全生产监督管理部门和人民政府，并启动应急预案，进行抢险：

（一）坝体出现严重的管涌、流土等现象的。

（二）坝体出现严重裂缝、坍塌和滑动迹象的。

（三）库内水位超过限制的最高洪水位的。

（四）在用排水井倒塌或者排水管（洞）坍塌堵塞的。

（五）其他危及尾矿库安全的重大险情。

第二十五条　尾矿库发生坝体坍塌、洪水漫顶等事故时，生产经营单位应当立即启动应急预案，进行抢险，防止事故扩大，避免和减少人员伤亡及财产损失，并立即报告当地县级安全生产监督管理部门和人民政府。

第二十六条　未经生产经营单位进行技术论证并同意，以及尾矿库建设项目安全设施设计原审批部门批准，任何单位和个人不得在库区从事爆破、采砂、地下采矿等危害尾矿库安全的作业。

第四章　尾矿库回采和闭库

第二十七条　尾矿回采再利用工程应当进行回采勘察、安全预评价和回采设计，回采设计应当包括安全设施设计，并编制安全专篇。

回采安全设施设计应当报安全生产监督管理部门审查批准。

生产经营单位应当按照回采设计实施尾矿回采，并在尾矿回采期间进行日常安全管理和检查，防止尾矿回采作业对尾矿坝安全造成影响。

尾矿全部回采后不再进行排尾作业的，生产经营单位应当及时报安全生产监督管理部门履行尾矿库注销手续。具体办法由省级安全生产监督管理部门制定。

第二十八条　尾矿库运行到设计最终标高或者不再进行排尾作业的，应当在一年内完成闭库。特殊情况不能按期完成闭库的，应当报经相应的安全生产监督管理部门同意后方可延期，但延长期限不得超过6个月。

库容小于10万立方米且总坝高低于10米的小型尾矿库闭库程序，由省级安全生产监督管理部门根据本地实际制定。

第二十九条　尾矿库运行到设计最终标高的前12个月内，生产经营单位应当进行闭库前的安全现状评价和闭库设计，闭库设计应当包括安全设施设计。

闭库安全设施设计应当经有关安全生产监督管理部门审查批准。

第三十条　尾矿库闭库工程安全设施验收，应当具备下列条件：

（一）尾矿库已停止使用。

（二）尾矿库闭库工程安全设施设计已经有关安全生产监督管理部门审查批准。

（三）有完备的闭库工程安全设施施工记录、竣工报告、竣工图和施工监理报告等。

（四）法律、行政法规和国家标准、行业标准规定的其他条件。

第三十一条　尾矿库闭库工程安全设施验收应当审查下列内容及资料：

（一）尾矿库库址所在行政区域位置、占地面积及尾矿库下游村庄、居民等情况。

（二）尾矿库建设和运行时间以及在建设和运行中曾经出现过的重大问题及其处理措施。

（三）尾矿库主要技术参数，包括初期坝结构、筑坝材料、堆坝方式、坝高、总库容、尾矿坝外坡坡比、尾矿粒度、尾矿堆积量、防洪排水型式等。

（四）闭库工程安全设施设计及审批文件。

（五）闭库工程安全设施设计的主要工程措施和闭库工程施工概况。

（六）闭库工程安全验收评价报告。

（七）闭库工程安全设施竣工报告及竣工图。

（八）施工监理报告。

（九）其他相关资料。

第三十二条 尾矿库闭库工作及闭库后的安全管理由原生产经营单位负责。对解散或者关闭破产的生产经营单位，其已关闭或者废弃的尾矿库的管理工作，由生产经营单位出资人或其上级主管单位负责；无上级主管单位或者出资人不明确的，由安全生产监督管理部门提请县级以上人民政府指定管理单位。

第五章 监督管理

第三十三条 安全生产监督管理部门应当严格按照有关法律、行政法规、国家标准、行业标准以及本规定要求和“分级属地”的原则，进行尾矿库建设项目安全设施设计审查；不符合规定条件的，不得批准。审查不得收取费用。

第三十四条 安全生产监督管理部门应当建立本行政区域内尾矿库安全生产监督检查档案，记录监督检查结果、生产安全事故及违法行为查处等情况。

第三十五条 安全生产监督管理部门应当加强对尾矿库生产经营单位安全生产的监督检查，对检查中发现的事故隐患和违法违规生产行为，依法作出处理。

第三十六条 安全生产监督管理部门应当建立尾矿库安全生产举报制度，公开举报电话、信箱或者电子邮件地址，受理有关举报；对受理的举报，应当认真调查核实；经查证属实的，应当依法作出处理。

第三十七条 安全生产监督管理部门应当加强本行政区域内生产经营单位应急预案的备案管理，并将尾矿库事故应急救援纳入地方各级人民政府应急救援体系。

第六章 法律责任

第三十八条 安全生产监督管理部门的工作人员，未依法履行尾矿库安全监督管理职责的，依照有关规定给予行政处分。

第三十九条 生产经营单位或者尾矿库管理单位违反本规定第八条第二款、第十九条、第二十条、第二十一条、第二十二条、第二十四条、第二十六条、第二十九条第一款规定的，给予警告，并处1万元以上3万元以下的罚款；对主管人员和直接责任人员由其所在单位或者上级主管单位给予行政处分；构成犯罪的，依法追究刑事责任。

生产经营单位或者尾矿库管理单位违反本规定第二十三条规定的，依照《安全生产法》实施处罚。

第四十条　生产经营单位或者尾矿库管理单位违反本规定第十八条规定的，给予警告，并处3万元的罚款；情节严重的，依法责令停产整顿或者提请县级以上地方人民政府按照规定权限予以关闭。

第四十一条　生产经营单位违反本规定第二十八条第一款规定不主动实施闭库的，给予警告，并处3万元的罚款。

第四十二条　本规定规定的行政处罚由安全生产监督管理部门决定。

法律、行政法规对行政处罚决定机关和处罚种类、幅度另有规定的，依照其规定。

第七章　附　　则

第四十三条　本规定自2011年7月1日起施行。国家安全生产监督管理总局2006年公布的《尾矿库安全监督管理规定》（国家安全生产监督管理总局令第6号）同时废止。

57　小型露天采石场安全管理与监督检查规定

2011年4月18日国家安全生产监督管理总局局长办公会议审议通过，2011年5月4日国家安全生产监督管理总局令第39号公布，自2011年7月1日起施行；根据2015年3月23日国家安全生产监督管理总局局长办公会议审议通过、2015年5月26日国家安全生产监督管理总局令第78号公布、自2015年7月1日起施行的《国家安全监管总局关于废止和修改非煤矿矿山领域九部规章的决定修改。

第一章　总　　则

第一条　为预防和减少小型露天采石场生产安全事故，保障从业人员的安全与健康，根据《安全生产法》《矿山安全法》《安全生产许可证条例》等有关法律、行政法规，制定本规定。

第二条　年生产规模不超过50万吨的山坡型露天采石作业单位（以下统称小型露天采石场）的安全生产及对其监督管理，适用本规定。

开采型材和金属矿产资源的小型露天矿山的安全生产及对其监督管理，不适用本规定。

第三条 县级以上地方人民政府安全生产监督管理部门对小型露天采石场的安全生产实施监督管理。所辖区域内有小型露天采石场的乡（镇）应当明确负责安全生产工作的管理人员及其职责。

第二章 安全生产保障

第四条 小型露天采石场主要负责人对本单位的安全生产工作负总责，应当组织制定和落实安全生产责任制，改善劳动条件和作业环境，保证安全生产投入的有效实施。

小型露天采石场主要负责人应当经安全生产监督管理部门考核合格并取得安全资格证书。

第五条 小型露天采石场应当建立健全安全生产管理制度和岗位安全操作规程，至少配备一名专职安全生产管理人员。

安全生产管理人员应当按照国家有关规定经安全生产监督管理部门考核合格并取得安全资格证书。

第六条 小型露天采石场应当至少配备一名专业技术人员，或者聘用专业技术人员、注册安全工程师、委托相关技术服务机构为其提供安全生产管理服务。

第七条 小型露天采石场新进矿山的作业人员应当接受不少于40小时的安全培训，已在岗的作业人员应当每年接受不少于20小时的安全再培训。

特种作业人员必须按照国家有关规定经专门的安全技术培训并考核合格，取得特种作业操作证书后，方可上岗作业。

第八条 小型露天采石场必须参加工伤保险，按照国家有关规定提取和使用安全生产费用。

第九条 新建、改建、扩建小型露天采石场应当由具有建设主管部门认定资质的设计单位编制开采设计或者开采方案。采石场布置和开采方式发生重大变化时，应当重新编制开采设计或者开采方案，并由原审查部门审查批准。

第十条 小型露天采石场新建、改建、扩建工程项目安全设施应当按照规定履行设计审查程序。

第十一条 小型露天采石场应当依法取得非煤矿矿山企业安全生产许可证。未取得安全生产许可证的，不得从事生产活动。

在安全生产许可证有效期内采矿许可证到期失效的，小型露天采石场应当在采矿许可证到期前15日内向原安全生产许可证颁发管理机关报告，并交回安全生产许可证正本和副本。

第十二条 相邻的采石场开采范围之间最小距离应当大于300米。对可能危及对方生产安全的，双方应当签订安全生产管理协议，明确各自的安全生产管理职责和应当采取的安全措施，指定专门人员进行安全检查与协调。

第十三条 小型露天采石场应当采用中深孔爆破，严禁采用扩壶爆破、掏底崩落、掏挖开采和不分层的“一面墙”等开采方式。

不具备实施中深孔爆破条件的，由所在地安全生产监督管理部门聘请有关专家进行论证，经论证符合要求的，方可采用浅孔爆破开采。

小型露天采石场实施中深孔爆破条件的审核办法，由省级安全生产监督管理部门制定。

第十四条　不采用爆破方式直接使用挖掘机进行采矿作业的，台阶高度不得超过挖掘机最大挖掘高度。

第十五条　小型露天采石场应当采用台阶式开采。不能采用台阶式开采的，应当自上而下分层顺序开采。

分层开采的分层高度、最大开采高度（第一分层的坡顶线到最后一分层的坡底线的垂直距离）和最终边坡角由设计确定，实施浅孔爆破作业时，分层数不得超过 6 个，最大开采高度不得超过 30 米；实施中深孔爆破作业时，分层高度不得超过 20 米，分层数不得超过 3 个，最大开采高度不得超过 60 米。

分层开采的凿岩平台宽度由设计确定，最小凿岩平台宽度不得小于 4 米。

分层开采的底部装运平台宽度由设计确定，且应当满足调车作业所需的最小平台宽度要求。

第十六条　小型露天采石场应当遵守国家有关民用爆炸物品和爆破作业的安全规定，由具有相应资格的爆破作业人员进行爆破，设置爆破警戒范围，实行定时爆破制度。不得在爆破警戒范围内避炮。

禁止在雷雨、大雾、大风等恶劣天气条件下进行爆破作业。雷电高发地区应当选用非电起爆系统。

第十七条　对爆破后产生的大块矿岩应当采用机械方式进行破碎，不得使用爆破方式进行二次破碎。

第十八条　承包爆破作业的专业服务单位应当取得爆破作业单位许可证，承包采矿和剥离作业的采掘施工单位应当持有非煤矿矿山企业安全生产许可证。

第十九条　采石场上部需要剥离的，剥离工作面应当超前于开采工作面 4 米以上。

第二十条　小型露天采石场在作业前和作业中以及每次爆破后，应当对坡面进行安全检查。发现工作面有裂痕，或者在坡面上有浮石、危石和伞檐体可能塌落时，应当立即停止作业并撤离人员至安全地点，采取安全措施和消除隐患。

采石场的入口道路及相关危险源点应当设置安全警示标志，严禁任何人员在边坡底部休息和停留。

第二十一条　在坡面上进行排险作业时，作业人员应当系安全带，不得站在危石、浮石上及悬空作业。严禁在同一坡面上下双层或者多层同时作业。

距工作台阶坡底线 50 米范围内不得从事碎石加工作业。

第二十二条　小型露天采石场应当采用机械铲装作业，严禁使用人工装运矿岩。

同一工作面有两台铲装机械作业时，最小间距应当大于铲装机械最大回转半径的 2 倍。

严禁自卸汽车运载易燃、易爆物品；严禁超载运输；装载与运输作业时，严禁在驾驶室外侧、车斗内站人。

第二十三条　废石、废碴应当排放到废石场。废石场的设置应当符合设计要求和有关安全规定。顺山或顺沟排放废石、废碴的，应当有防止泥石流的具体措施。

第二十四条 电气设备应当有接地、过流、漏电保护装置。变电所应当有独立的避雷系统和防火、防潮与防止小动物窜入带电部位的措施。

第二十五条 小型露天采石场应当制定完善的防洪措施。对开采境界上方汇水影响安全的，应当设置截水沟。

第二十六条 小型露天采石场应当制定应急救援预案，建立兼职救援队伍，明确救援人员的职责，并与邻近的矿山救护队或者其他具备救护条件的单位签订救护协议。发生生产安全事故时，应当立即组织抢救，并在1小时内向当地安全生产监督管理部门报告。

第二十七条 小型露天采石场应当加强粉尘检测和防治工作，采取有效措施防治职业危害，建立职工健康档案，为从业人员提供符合国家标准或者行业标准的劳动防护用品和劳动保护设施，并指导监督其正确使用。

第二十八条 小型露天采石场应当在每年年末测绘采石场开采现状平面图和剖面图，并归档管理。

第三章 监督检查

第二十九条 安全生产监督管理部门应当加强对小型露天采石场的监督检查，对检查中发现的事故隐患和安全生产违法违规行为，依法作出现场处理或者实施行政处罚。

第三十条 安全生产监督管理部门应当建立健全本行政区域内小型露天采石场的安全生产档案，记录监督检查结果、生产安全事故和违法行为查处等情况。

第三十一条 对于未委托具备相应资质的设计单位编制开采设计或者开采方案，以及周边300米范围内存在生产生活设施的小型露天采石场，不得对其进行审查和验收。

第三十二条 安全生产监督管理部门应当加强对小型露天采石场实施中深孔爆破条件的监督检查。严格限制小型露天采石场采用浅孔爆破开采方式。

第三十三条 安全生产监督管理部门应当督促小型露天采石场加强对承包作业的采掘施工单位的管理，明确双方安全生产责任。

第三十四条 安全生产监督管理部门应当加强本行政区域内小型露天采石场应急预案的管理，督促乡（镇）人民政府做好事故应急救援的协调工作。

第四章 法律责任

第三十五条 安全生产监督管理部门及其工作人员违反法律法规和本规定，未依法履行对小型露天采石场安全生产监督检查职责的，依法给予行政处分。

第三十六条 违反本规定第六条规定的，责令限期改正，并处1万元以下的罚款。

第三十七条 违反本规定第十条规定的，责令停止建设或者停产停业整顿，限期改正；逾期未改正的，处50万元以上100万元以下的罚款，对其直接负责的主管人员和其他直接责任人员处2万元以上5万元以下的罚款；构成犯罪的，依照刑法有关规定追究刑事责任。

第三十八条　违反本规定第十一条第一款规定的，责令停止生产，没收违法所得，并处10万元以上50万元以下的罚款。

第三十九条　违反本规定第十二条、第十三条第一、二款、第十四条、第十五条、第十六条、第十七条、第十九条、第二十条第一款、第二十一条、第二十二条规定的，给予警告，并处1万元以上3万元以下的罚款。

第四十条　违反本规定第二十三条、第二十四条、第二十五条、第二十八条规定的，给予警告，并处2万元以下的罚款。

第四十一条　本规定规定的行政处罚由安全生产监督管理部门决定。法律、行政法规对行政处罚另有规定的，依照其规定。

第五章　附　　则

第四十二条　省、自治区、直辖市人民政府安全生产监督管理部门可以根据本规定制定实施细则，报国家安全生产监督管理总局备案。

第四十三条　本规定自2011年7月1日起施行。2004年12月28日原国家安全生产监督管理局（国家煤矿安全监察局）公布的《小型露天采石场安全生产暂行规定》（原国家安全生产监督管理局〈国家煤矿安全监察局〉令第19号）同时废止。

58　危险化学品重大危险源监督管理暂行规定

2011年7月22日国家安全生产监督管理总局局长办公会议审议通过，2011年8月5日国家安全生产监督管理总局令第40号公布，自2011年12月1日起施行；根据2015年3月23日国家安全生产监督管理总局局长办公会议审议通过、2015年5月27日国家安全生产监督管理总局令第79号公布、自2015年7月1日起施行的《国家安全监管总局关于废止和修改危险化学品等领域七部规章的决定》修改。

第一章　总　　则

第一条　为了加强危险化学品重大危险源的安全监督管理，防止和减少危险化学品事故的发生，保障人民群众生命财产安全，根据《中华人民共和国安全生产法》和《危险化学品安全管理条例》等有关法律、行政法规，制定本规定。

第二条　从事危险化学品生产、储存、使用和经营的单位（以下统称危险化学品单位）的危险化学品重大危险源的辨识、评估、登记建档、备案、核销及其监督管理，适用本规定。

城镇燃气、用于国防科研生产的危险化学品重大危险源以及港区内危险化学品重大危险源的安全监督管理，不适用本规定。

第三条 本规定所称危险化学品重大危险源（以下简称重大危险源），是指按照《危险化学品重大危险源辨识》（GB 18218）标准辨识确定，生产、储存、使用或者搬运危险化学品的数量等于或者超过临界量的单元（包括场所和设施）。

第四条 危险化学品单位是本单位重大危险源安全管理的责任主体，其主要负责人对本单位的重大危险源安全管理工作负责，并保证重大危险源安全生产所必需的安全投入。

第五条 重大危险源的安全监督管理实行属地监管与分级管理相结合的原则。

县级以上地方人民政府安全生产监督管理部门按照有关法律、法规、标准和本规定，对本辖区内的重大危险源实施安全监督管理。

第六条 国家鼓励危险化学品单位采用有利于提高重大危险源安全保障水平的先进适用的工艺、技术、设备以及自动控制系统，推进安全生产监督管理部门重大危险源安全监管的信息化建设。

第二章 辨识与评估

第七条 危险化学品单位应当按照《危险化学品重大危险源辨识》标准，对本单位的危险化学品生产、经营、储存和使用装置、设施或者场所进行重大危险源辨识，并记录辨识过程与结果。

第八条 危险化学品单位应当对重大危险源进行安全评估并确定重大危险源等级。危险化学品单位可以组织本单位的注册安全工程师、技术人员或者聘请有关专家进行安全评估，也可以委托具有相应资质的安全评价机构进行安全评估。

依照法律、行政法规的规定，危险化学品单位需要进行安全评价的，重大危险源安全评估可以与本单位的安全评价一起进行，以安全评价报告代替安全评估报告，也可以单独进行重大危险源安全评估。

重大危险源根据其危险程度，分为一级、二级、三级和四级，一级为最高级别。重大危险源分级方法由本规定附件 1 列示。

第九条 重大危险源有下列情形之一的，应当委托具有相应资质的安全评价机构，按照有关标准的规定采用定量风险评价方法进行安全评估，确定个人和社会风险值：

（一）构成一级或者二级重大危险源，且毒性气体实际存在（在线）量与其在《危险化学品重大危险源辨识》中规定的临界量比值之和大于或等于 1 的。

（二）构成一级重大危险源，且爆炸品或液化易燃气体实际存在（在线）量与其在《危险化学品重大危险源辨识》中规定的临界量比值之和大于或等于 1 的。

第十条 重大危险源安全评估报告应当客观公正、数据准确、内容完整、结论明确、措施可行，并包括下列内容：

（一）评估的主要依据。

（二）重大危险源的基本情况。

（三）事故发生的可能性及危害程度。

（四）个人风险和社会风险值（仅适用定量风险评价方法）。

（五）可能受事故影响的周边场所、人员情况。

（六）重大危险源辨识、分级的符合性分析。

（七）安全管理措施、安全技术和监控措施。

（八）事故应急措施。

（九）评估结论与建议。

危险化学品单位以安全评价报告代替安全评估报告的，其安全评价报告中有关重大危险源的内容应当符合本条第一款规定的要求。

第十一条　有下列情形之一的，危险化学品单位应当对重大危险源重新进行辨识、安全评估及分级：

（一）重大危险源安全评估已满三年的。

（二）构成重大危险源的装置、设施或者场所进行新建、改建、扩建的。

（三）危险化学品种类、数量、生产、使用工艺或者储存方式及重要设备、设施等发生变化，影响重大危险源级别或者风险程度的。

（四）外界生产安全环境因素发生变化，影响重大危险源级别和风险程度的。

（五）发生危险化学品事故造成人员死亡，或者 10 人以上受伤，或者影响到公共安全的。

（六）有关重大危险源辨识和安全评估的国家标准、行业标准发生变化的。

第三章　安 全 管 理

第十二条　危险化学品单位应当建立完善重大危险源安全管理规章制度和安全操作规程，并采取有效措施保证其得到执行。

第十三条　危险化学品单位应当根据构成重大危险源的危险化学品种类、数量、生产、使用工艺（方式）或者相关设备、设施等实际情况，按照下列要求建立健全安全监测监控体系，完善控制措施：

（一）重大危险源配备温度、压力、液位、流量、组分等信息的不间断采集和监测系统以及可燃气体和有毒有害气体泄漏检测报警装置，并具备信息远传、连续记录、事故预警、信息存储等功能；一级或者二级重大危险源，具备紧急停车功能。记录的电子数据的保存时间不少于 30 天。

（二）重大危险源的化工生产装置装备满足安全生产要求的自动化控制系统；一级或者二级重大危险源，装备紧急停车系统。

（三）对重大危险源中的毒性气体、剧毒液体和易燃气体等重点设施，设置紧急切断装置；毒性气体的设施，设置泄漏物紧急处置装置。涉及毒性气体、液化气体、剧毒液体的一级或者二级重大危险源，配备独立的安全仪表系统（SIS）。

（四）重大危险源中储存剧毒物质的场所或者设施，设置视频监控系统。

（五）安全监测监控系统符合国家标准或者行业标准的规定。

第十四条 通过定量风险评价确定的重大危险源的个人和社会风险值，不得超过本规定附件2列示的个人和社会可容许风险限值标准。

超过个人和社会可容许风险限值标准的，危险化学品单位应当采取相应的降低风险措施。

第十五条 危险化学品单位应当按照国家有关规定，定期对重大危险源的安全设施和安全监测监控系统进行检测、检验，并进行经常性维护、保养，保证重大危险源的安全设施和安全监测监控系统有效、可靠运行。维护、保养、检测应当做好记录，并由相关人员签字。

第十六条 危险化学品单位应当明确重大危险源中关键装置、重点部位的责任人或者责任机构，并对重大危险源的安全生产状况进行定期检查，及时采取措施消除事故隐患。事故隐患难以立即排除的，应当及时制定治理方案，落实整改措施、责任、资金、时限和预案。

第十七条 危险化学品单位应当对重大危险源的管理和操作岗位人员进行安全操作技能培训，使其了解重大危险源的危险特性，熟悉重大危险源安全管理规章制度和安全操作规程，掌握本岗位的安全操作技能和应急措施。

第十八条 危险化学品单位应当在重大危险源所在场所设置明显的安全警示标志，写明紧急情况下的应急处置办法。

第十九条 危险化学品单位应当将重大危险源可能发生的事故后果和应急措施等信息，以适当方式告知可能受影响的单位、区域及人员。

第二十条 危险化学品单位应当依法制定重大危险源事故应急预案，建立应急救援组织或者配备应急救援人员，配备必要的防护装备及应急救援器材、设备、物资，并保障其完好和方便使用；配合地方人民政府安全生产监督管理部门制定所在地区涉及本单位的危险化学品事故应急预案。

对存在吸入性有毒、有害气体的重大危险源，危险化学品单位应当配备便携式浓度检测设备、空气呼吸器、化学防护服、堵漏器材等应急器材和设备；涉及剧毒气体的重大危险源，还应当配备两套以上（含本数）气密型化学防护服；涉及易燃易爆气体或者易燃液体蒸汽的重大危险源，还应当配备一定数量的便携式可燃气体检测设备。

第二十一条 危险化学品单位应当制订重大危险源事故应急预案演练计划，并按照下列要求进行事故应急预案演练：

（一）对重大危险源专项应急预案，每年至少进行一次。

（二）对重大危险源现场处置方案，每半年至少进行一次。

应急预案演练结束后，危险化学品单位应当对应急预案演练效果进行评估，撰写应急预案演练评估报告，分析存在的问题，对应急预案提出修订意见，并及时修订完善。

第二十二条 危险化学品单位应当对辨识确认的重大危险源及时、逐项进行登记建档。

重大危险源档案应当包括下列文件、资料：

（一）辨识、分级记录。

（二）重大危险源基本特征表。

（三）涉及的所有化学品安全技术说明书。

（四）区域位置图、平面布置图、工艺流程图和主要设备一览表。

（五）重大危险源安全管理规章制度及安全操作规程。

（六）安全监测监控系统、措施说明、检测、检验结果。

（七）重大危险源事故应急预案、评审意见、演练计划和评估报告。

（八）安全评估报告或者安全评价报告。

（九）重大危险源关键装置、重点部位的责任人、责任机构名称。

（十）重大危险源场所安全警示标志的设置情况。

（十一）其他文件、资料。

第二十三条　危险化学品单位在完成重大危险源安全评估报告或者安全评价报告后15日内，应当填写重大危险源备案申请表，连同本规定第二十二条规定的重大危险源档案材料（其中第二款第五项规定的文件资料只需提供清单），报送所在地县级人民政府安全生产监督管理部门备案。

县级人民政府安全生产监督管理部门应当每季度将辖区内的一级、二级重大危险源备案材料报送至设区的市级人民政府安全生产监督管理部门。设区的市级人民政府安全生产监督管理部门应当每半年将辖区内的一级重大危险源备案材料报送至省级人民政府安全生产监督管理部门。

重大危险源出现本规定第十一条所列情形之一的，危险化学品单位应当及时更新档案，并向所在地县级人民政府安全生产监督管理部门重新备案。

第二十四条　危险化学品单位新建、改建和扩建危险化学品建设项目，应当在建设项目竣工验收前完成重大危险源的辨识、安全评估和分级、登记建档工作，并向所在地县级人民政府安全生产监督管理部门备案。

第四章　监督检查

第二十五条　县级人民政府安全生产监督管理部门应当建立健全危险化学品重大危险源管理制度，明确责任人员，加强资料归档。

第二十六条　县级人民政府安全生产监督管理部门应当在每年1月15日前，将辖区内上一年度重大危险源的汇总信息报送至设区的市级人民政府安全生产监督管理部门。设区的市级人民政府安全生产监督管理部门应当在每年1月31日前，将辖区内上一年度重大危险源的汇总信息报送至省级人民政府安全生产监督管理部门。省级人民政府安全生产监督管理部门应当在每年2月15日前，将辖区内上一年度重大危险源的汇总信息报送至国家安全生产监督管理总局。

第二十七条　重大危险源经过安全评价或者安全评估不再构成重大危险源的，危险化学品单位应当向所在地县级人民政府安全生产监督管理部门申请核销。

申请核销重大危险源应当提交下列文件、资料：

（一）载明核销理由的申请书。

（二）单位名称、法定代表人、住所、联系人、联系方式。

（三）安全评价报告或者安全评估报告。

第二十八条 县级人民政府安全生产监督管理部门应当自收到申请核销的文件、资料之日起30日内进行审查，符合条件的，予以核销并出具证明文书；不符合条件的，说明理由并书面告知申请单位。必要时，县级人民政府安全生产监督管理部门应当聘请有关专家进行现场核查。

第二十九条 县级人民政府安全生产监督管理部门应当每季度将辖区内一级、二级重大危险源的核销材料报送至设区的市级人民政府安全生产监督管理部门。设区的市级人民政府安全生产监督管理部门应当每半年将辖区内一级重大危险源的核销材料报送至省级人民政府安全生产监督管理部门。

第三十条 县级以上地方各级人民政府安全生产监督管理部门应当加强对存在重大危险源的危险化学品单位的监督检查，督促危险化学品单位做好重大危险源的辨识、安全评估及分级、登记建档、备案、监测监控、事故应急预案编制、核销和安全管理工作。

首次对重大危险源的监督检查应当包括下列主要内容：

（一）重大危险源的运行情况、安全管理规章制度及安全操作规程制定和落实情况。

（二）重大危险源的辨识、分级、安全评估、登记建档、备案情况。

（三）重大危险源的监测监控情况。

（四）重大危险源安全设施和安全监测监控系统的检测、检验以及维护保养情况。

（五）重大危险源事故应急预案的编制、评审、备案、修订和演练情况。

（六）有关从业人员的安全培训教育情况。

（七）安全标志设置情况。

（八）应急救援器材、设备、物资配备情况。

（九）预防和控制事故措施的落实情况。

安全生产监督管理部门在监督检查中发现重大危险源存在事故隐患的，应当责令立即排除；重大事故隐患排除前或者排除过程中无法保证安全的，应当责令从危险区域内撤出作业人员，责令暂时停产停业或者停止使用；重大事故隐患排除后，经安全生产监督管理部门审查同意，方可恢复生产经营和使用。

第三十一条 县级以上地方各级人民政府安全生产监督管理部门应当会同本级人民政府有关部门，加强对工业（化工）园区等重大危险源集中区域的监督检查，确保重大危险源与周边单位、居民区、人员密集场所等重要目标和敏感场所之间保持适当的安全距离。

第五章 法律责任

第三十二条 危险化学品单位有下列行为之一的，由县级以上人民政府安全生产监督管理部门责令限期改正，可以处10万元以下的罚款；逾期未改正的，责令停产停业整顿，并处10万元以上20万元以下的罚款，对其直接负责的主管人员和其他直接责任人员处2

万元以上 5 万元以下的罚款；构成犯罪的，依照刑法有关规定追究刑事责任：

（一）未按照本规定要求对重大危险源进行安全评估或者安全评价的。

（二）未按照本规定要求对重大危险源进行登记建档的。

（三）未按照本规定及相关标准要求对重大危险源进行安全监测监控的。

（四）未制定重大危险源事故应急预案的。

第三十三条　危险化学品单位有下列行为之一的，由县级以上人民政府安全生产监督管理部门责令限期改正，可以处 5 万元以下的罚款；逾期未改正的，处 5 万元以上 20 万元以下的罚款，对其直接负责的主管人员和其他直接责任人员处 1 万元以上 2 万元以下的罚款；情节严重的，责令停产停业整顿；构成犯罪的，依照刑法有关规定追究刑事责任：

（一）未在构成重大危险源的场所设置明显的安全警示标志的。

（二）未对重大危险源中的设备、设施等进行定期检测、检验的。

第三十四条　危险化学品单位有下列情形之一的，由县级以上人民政府安全生产监督管理部门给予警告，可以并处 5 000 元以上 3 万元以下的罚款：

（一）未按照标准对重大危险源进行辨识的。

（二）未按照本规定明确重大危险源中关键装置、重点部位的责任人或者责任机构的。

（三）未按照本规定建立应急救援组织或者配备应急救援人员，以及配备必要的防护装备及器材、设备、物资，并保障其完好的。

（四）未按照本规定进行重大危险源备案或者核销的。

（五）未将重大危险源可能引发的事故后果、应急措施等信息告知可能受影响的单位、区域及人员的。

（六）未按照本规定要求开展重大危险源事故应急预案演练的。

第三十五条　危险化学品单位未按照本规定对重大危险源的安全生产状况进行定期检查，采取措施消除事故隐患的，责令立即消除或者限期消除；危险化学品单位拒不执行的，责令停产停业整顿，并处 10 万元以上 50 万元以下的罚款，对其直接负责的主管人员和其他直接责任人员处 2 万元以上 5 万元以下的罚款。

第三十六条　承担检测、检验、安全评价工作的机构，出具虚假证明的，没收违法所得；违法所得在 10 万元以上的，并处违法所得 2 倍以上 5 倍以下的罚款；没有违法所得或者违法所得不足 10 万元的，单处或者并处 10 万元以上 20 万元以下的罚款；对其直接负责的主管人员和其他直接责任人员处 2 万元以上 5 万元以下的罚款；给他人造成损害的，与危险化学品单位承担连带赔偿责任；构成犯罪的，依照刑法有关规定追究刑事责任。

对有前款违法行为的机构，依法吊销其相应资质。

第六章　附　　则

第三十七条　本规定自 2011 年 12 月 1 日起施行。

附件：1. 危险化学品重大危险源分级方法

　　　2. 可容许风险标准

附件 1

危险化学品重大危险源分级方法

一、分级指标

采用单元内各种危险化学品实际存在（在线）量与其在《危险化学品重大危险源辨识》（GB 18218）中规定的临界量比值，经校正系数校正后的比值之和 R 作为分级指标。

二、R 的计算方法

$$R = \alpha\left(\beta_1 \frac{q_1}{Q_1} + \beta_2 \frac{q_2}{Q_2} + \cdots + \beta_n \frac{q_n}{Q_n}\right)$$

式中 q_1，q_2，…，q_n——每种危险化学品实际存在（在线）量（单位：吨）；

Q_1，Q_2，…，Q_n——与各危险化学品相对应的临界量（单位：吨）；

β_1，β_2，…，β_n——与各危险化学品相对应的校正系数；

α——该危险化学品重大危险源厂区外暴露人员的校正系数。

三、校正系数 β 的取值

根据单元内危险化学品的类别不同，设定校正系数 β 值，见表 1 和表 2。

表 1　校正系数 β 取值表

危险化学品类别	毒性气体	爆炸品	易燃气体	其他类危险化学品
β	见表 2	2	1.5	1

注：危险化学品类别依据《危险货物品名表》中分类标准确定。

表 2　常见毒性气体校正系数 β 取值表

毒性气体名称	一氧化碳	二氧化硫	氨	环氧乙烷	氯化氢	溴甲烷	氯
β	2	2	2	2	3	3	4
毒性气体名称	硫化氢	氟化氢	二氧化氮	氰化氢	碳酰氯	磷化氢	异氰酸甲酯
β	5	5	10	10	20	20	20

注：未在表 2 中列出的有毒气体可按 $\beta=2$ 取值，剧毒气体可按 $\beta=4$ 取值。

四、校正系数 α 的取值

根据重大危险源的厂区边界向外扩展 500 米范围内常住人口数量，设定厂外暴露人员校正系数 α 值，见表 3。

表 3　校正系数 α 取值表

厂外可能暴露人员数量	α
100 人以上	2.0
50~99 人	1.5
30~49 人	1.2
1~29 人	1.0
0 人	0.5

五、分级标准

根据计算出来的 R 值，按表 4 确定危险化学品重大危险源的级别。

表 4　危险化学品重大危险源级别和 R 值的对应关系

危险化学品重大危险源级别	R 值
一级	$R \geqslant 100$
二级	$100 > R \geqslant 50$
三级	$50 > R \geqslant 10$
四级	$R < 10$

附件 2

可容许风险标准

一、可容许个人风险标准

个人风险是指因危险化学品重大危险源各种潜在的火灾、爆炸、有毒气体泄漏事故造成区域内某一固定位置人员的个体死亡概率，即单位时间内（通常为年）的个体死亡率。通常用个人风险等值线表示。

通过定量风险评价，危险化学品单位周边重要目标和敏感场所承受的个人风险应满足表 1 中可容许风险标准要求。

表1 可容许个人风险标准

危险化学品单位周边重要目标和敏感场所类别	可容许风险/年
1. 高敏感场所（如学校、医院、幼儿园、养老院等） 2. 重要目标（如党政机关、军事管理区、文物保护单位等） 3. 特殊高密度场所（如大型体育场、大型交通枢纽等）	$<3\times10^{-7}$
1. 居住类高密度场所（如居民区、宾馆、度假村等） 2. 公众聚集类高密度场所（如办公场所、商场、饭店、娱乐场所等）	$<1\times10^{-6}$

二、可容许社会风险标准

社会风险是指能够引起大于等于 N 人死亡的事故累积频率（F），也即单位时间内（通常为年）的死亡人数，通常用社会风险曲线（F–N 曲线）表示。

可容许社会风险标准采用最低合理可行（As Low As Reasonable Practice，简称 ALARP）原则作为可接受原则。ALARP 原则通过两个风险分界线将风险划分为 3 个区域，即不可容许区、尽可能降低区（ALARP）和可容许区。

1. 若社会风险曲线落在不可容许区，除特殊情况外，该风险无论如何不能被接受。

2. 若落在可容许区，风险处于很低的水平，该风险是可以被接受的，无须采取安全改进措施。

3. 若落在尽可能降低区，则需要在可能的情况下尽量减少风险，即对各种风险处理措施方案进行成本效益分析等，以决定是否采取这些措施。

通过定量风险评价，危险化学品重大危险源产生的社会风险应满足图 1 中可容许社会风险标准要求。

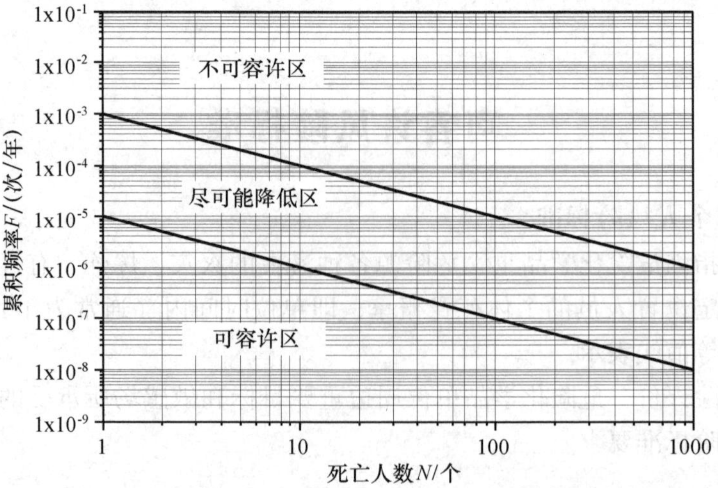

图 1 可容许社会风险标准（F–N）曲线

59　危险化学品生产企业安全生产许可证实施办法

2011年7月22日国家安全生产监督管理总局局长办公会议审议通过，2011年8月5日国家安全生产监督管理总局令第41号公布，自2011年12月1日起施行；根据2015年3月23日国家安全生产监督管理总局局长办公会议审议通过、2015年5月27日国家安全生产监督管理总局令第79号公布、自2015年7月1日起施行的《国家安全监管总局关于废止和修改危险化学品等领域七部规章的决定》第一次修改；根据2017年1月10日国家安全生产监督管理总局局长办公会议审议通过、2017年3月6日国家安全生产监督管理总局令第89号公布、自公布之日起施行的《国家安全监管总局关于修改和废止部分规章及规范性文件的决定》第二次修改。

第一章　总　则

第一条　为了严格规范危险化学品生产企业安全生产条件，做好危险化学品生产企业安全生产许可证的颁发和管理工作，根据《安全生产许可证条例》《危险化学品安全管理条例》等法律、行政法规，制定本实施办法。

第二条　本办法所称危险化学品生产企业（以下简称企业），是指依法设立且取得工商营业执照或者工商核准文件从事生产最终产品或者中间产品列入《危险化学品目录》的企业。

第三条　企业应当依照本办法的规定取得危险化学品安全生产许可证（以下简称安全生产许可证）。未取得安全生产许可证的企业，不得从事危险化学品的生产活动。

第四条　安全生产许可证的颁发管理工作实行企业申请、两级发证、属地监管的原则。

第五条　国家安全生产监督管理总局指导、监督全国安全生产许可证的颁发管理工作。

省、自治区、直辖市安全生产监督管理部门（以下简称省级安全生产监督管理部门）负责本行政区域内中央企业及其直接控股涉及危险化学品生产的企业（总部）以外的企业安全生产许可证的颁发管理。

第六条　省级安全生产监督管理部门可以将其负责的安全生产许可证颁发工作，委托企业所在地设区的市级或者县级安全生产监督管理部门实施。涉及剧毒化学品生产的企业安全生产许可证颁发工作，不得委托实施。国家安全生产监督管理总局公布的涉及危险化工工艺和重点监管危险化学品的企业安全生产许可证颁发工作，不得委托县级安全生产监督管理部门实施。

受委托的设区的市级或者县级安全生产监督管理部门在受委托的范围内，以省级安全生产监督管理部门的名义实施许可，但不得再委托其他组织和个人实施。

国家安全生产监督管理总局、省级安全生产监督管理部门和受委托的设区的市级或者县级安全生产监督管理部门统称实施机关。

第七条 省级安全生产监督管理部门应当将受委托的设区的市级或者县级安全生产监督管理部门以及委托事项予以公告。

省级安全生产监督管理部门应当指导、监督受委托的设区的市级或者县级安全生产监督管理部门颁发安全生产许可证，并对其法律后果负责。

第二章　申请安全生产许可证的条件

第八条 企业选址布局、规划设计以及与重要场所、设施、区域的距离应当符合下列要求：

（一）国家产业政策；当地县级以上（含县级）人民政府的规划和布局；新设立企业建在地方人民政府规划的专门用于危险化学品生产、储存的区域内。

（二）危险化学品生产装置或者储存危险化学品数量构成重大危险源的储存设施，与《危险化学品安全管理条例》第十九条第一款规定的八类场所、设施、区域的距离符合有关法律、法规、规章和国家标准或者行业标准的规定。

（三）总体布局符合《化工企业总图运输设计规范》（GB 50489）、《工业企业总平面设计规范》（GB 50187）、《建筑设计防火规范》（GB 50016）等标准的要求。

石油化工企业除符合本条第一款规定条件外，还应当符合《石油化工企业设计防火规范》（GB 50160）的要求。

第九条 企业的厂房、作业场所、储存设施和安全设施、设备、工艺应当符合下列要求：

（一）新建、改建、扩建建设项目经具备国家规定资质的单位设计、制造和施工建设；涉及危险化工工艺、重点监管危险化学品的装置，由具有综合甲级资质或者化工石化专业甲级设计资质的化工石化设计单位设计。

（二）不得采用国家明令淘汰、禁止使用和危及安全生产的工艺、设备；新开发的危险化学品生产工艺必须在小试、中试、工业化试验的基础上逐步放大到工业化生产；国内首次使用的化工工艺，必须经过省级人民政府有关部门组织的安全可靠性论证。

（三）涉及危险化工工艺、重点监管危险化学品的装置装设自动化控制系统；涉及危险化工工艺的大型化工装置装设紧急停车系统；涉及易燃易爆、有毒有害气体化学品的场所装设易燃易爆、有毒有害介质泄漏报警等安全设施。

（四）生产区与非生产区分开设置，并符合国家标准或者行业标准规定的距离。

（五）危险化学品生产装置和储存设施之间及其与建（构）筑物之间的距离符合有关标准规范的规定。

同一厂区内的设备、设施及建（构）筑物的布置必须适用同一标准的规定。

第十条 企业应当有相应的职业危害防护设施，并为从业人员配备符合国家标准或者行业标准的劳动防护用品。

第十一条 企业应当依据《危险化学品重大危险源辨识》（GB 18218），对本企业的生产、储存和使用装置、设施或者场所进行重大危险源辨识。

对已确定为重大危险源的生产和储存设施，应当执行《危险化学品重大危险源监督管理暂行规定》。

第十二条 企业应当依法设置安全生产管理机构，配备专职安全生产管理人员。配备的专职安全生产管理人员必须能够满足安全生产的需要。

第十三条 企业应当建立全员安全生产责任制，保证每位从业人员的安全生产责任与职务、岗位相匹配。

第十四条 企业应当根据化工工艺、装置、设施等实际情况，制定完善下列主要安全生产规章制度：

（一）安全生产例会等安全生产会议制度。

（二）安全投入保障制度。

（三）安全生产奖惩制度。

（四）安全培训教育制度。

（五）领导干部轮流现场带班制度。

（六）特种作业人员管理制度。

（七）安全检查和隐患排查治理制度。

（八）重大危险源评估和安全管理制度。

（九）变更管理制度。

（十）应急管理制度。

（十一）生产安全事故或者重大事件管理制度。

（十二）防火、防爆、防中毒、防泄漏管理制度。

（十三）工艺、设备、电气仪表、公用工程安全管理制度。

（十四）动火、进入受限空间、吊装、高处、盲板抽堵、动土、断路、设备检维修等作业安全管理制度。

（十五）危险化学品安全管理制度。

（十六）职业健康相关管理制度。

（十七）劳动防护用品使用维护管理制度。

（十八）承包商管理制度。

（十九）安全管理制度及操作规程定期修订制度。

第十五条 企业应当根据危险化学品的生产工艺、技术、设备特点和原辅料、产品的危险性编制岗位操作安全规程。

第十六条 企业主要负责人、分管安全负责人和安全生产管理人员必须具备与其从事的生产经营活动相适应的安全生产知识和管理能力，依法参加安全生产培训，并经考核合格，取得安全合格证书。

企业分管安全负责人、分管生产负责人、分管技术负责人应当具有一定的化工专业知识或者相应的专业学历，专职安全生产管理人员应当具备国民教育化工化学类（或安全工程）中等职业教育以上学历或者化工化学类中级以上专业技术职称。

企业应当有危险物品安全类注册安全工程师从事安全生产管理工作。

特种作业人员应当依照《特种作业人员安全技术培训考核管理规定》，经专门的安全技术培训并考核合格，取得特种作业操作证书。

本条第一、第二、第四款规定以外的其他从业人员应当按照国家有关规定，经安全教育培训合格。

第十七条 企业应当按照国家规定提取与安全生产有关的费用，并保证安全生产所必需的资金投入。

第十八条 企业应当依法参加工伤保险，为从业人员缴纳保险费。

第十九条 企业应当依法委托具备国家规定资质的安全评价机构进行安全评价，并按照安全评价报告的意见对存在的安全生产问题进行整改。

第二十条 企业应当依法进行危险化学品登记，为用户提供化学品安全技术说明书，并在危险化学品包装（包括外包装件）上粘贴或者拴挂与包装内危险化学品相符的化学品安全标签。

第二十一条 企业应当符合下列应急管理要求：

（一）按照国家有关规定编制危险化学品事故应急预案并报有关部门备案。

（二）建立应急救援组织，规模较小的企业可以不建立应急救援组织，但应指定兼职的应急救援人员。

（三）配备必要的应急救援器材、设备和物资，并进行经常性维护、保养，保证正常运转。

生产、储存和使用氯气、氨气、光气、硫化氢等吸入性有毒有害气体的企业，除符合本条第一款的规定外，还应当配备至少两套以上全封闭防化服；构成重大危险源的，还应当设立气体防护站（组）。

第二十二条 企业除符合本章规定的安全生产条件，还应当符合有关法律、行政法规和国家标准或者行业标准规定的其他安全生产条件。

第三章 安全生产许可证的申请

第二十三条 中央企业及其直接控股涉及危险化学品生产的企业（总部）以外的企业向所在地省级安全生产监督管理部门或其委托的安全生产监督管理部门申请安全生产许可证。

第二十四条 新建企业安全生产许可证的申请，应当在危险化学品生产建设项目安全设施竣工验收通过后10个工作日内提出。

第二十五条 企业申请安全生产许可证时，应当提交下列文件、资料，并对其内容的真实性负责：

（一）申请安全生产许可证的文件及申请书。

（二）安全生产责任制文件，安全生产规章制度、岗位操作安全规程清单。

（三）设置安全生产管理机构，配备专职安全生产管理人员的文件复制件。

（四）主要负责人、分管安全负责人、安全生产管理人员和特种作业人员的安全合格证或者特种作业操作证复制件。

（五）与安全生产有关的费用提取和使用情况报告，新建企业提交有关安全生产费用提取和使用规定的文件。

（六）为从业人员缴纳工伤保险费的证明材料。

（七）危险化学品事故应急救援预案的备案证明文件。

（八）危险化学品登记证复制件。

（九）工商营业执照副本或者工商核准文件复制件。

（十）具备资质的中介机构出具的安全评价报告。

（十一）新建企业的竣工验收报告。

（十二）应急救援组织或者应急救援人员，以及应急救援器材、设备设施清单。

有危险化学品重大危险源的企业，除提交本条第一款规定的文件、资料外，还应当提供重大危险源及其应急预案的备案证明文件、资料。

第四章　安全生产许可证的颁发

第二十六条　实施机关收到企业申请文件、资料后，应当按照下列情况分别作出处理：

（一）申请事项依法不需要取得安全生产许可证的，即时告知企业不予受理。

（二）申请事项依法不属于本实施机关职责范围的，即时作出不予受理的决定，并告知企业向相应的实施机关申请。

（三）申请材料存在可以当场更正的错误的，允许企业当场更正，并受理其申请。

（四）申请材料不齐全或者不符合法定形式的，当场告知或者在5个工作日内出具补正告知书，一次告知企业需要补正的全部内容；逾期不告知的，自收到申请材料之日起即为受理。

（五）企业申请材料齐全、符合法定形式，或者按照实施机关要求提交全部补正材料的，立即受理其申请。

实施机关受理或者不予受理行政许可申请，应当出具加盖本机关专用印章和注明日期的书面凭证。

第二十七条　安全生产许可证申请受理后，实施机关应当组织对企业提交的申请文件、资料进行审查。对企业提交的文件、资料实质内容存在疑问，需要到现场核查的，应当指派工作人员就有关内容进行现场核查。工作人员应当如实提出现场核查意见。

第二十八条　实施机关应当在受理之日起45个工作日内作出是否准予许可的决定。审查过程中的现场核查所需时间不计算在本条规定的期限内。

第二十九条　实施机关作出准予许可决定的，应当自决定之日起10个工作日内颁发安全生产许可证。

实施机关作出不予许可的决定的，应当在10个工作日内书面告知企业并说明理由。

第三十条　企业在安全生产许可证有效期内变更主要负责人、企业名称或者注册地址的，应当自工商营业执照或者隶属关系变更之日起 10 个工作日内向实施机关提出变更申请，并提交下列文件、资料：

（一）变更后的工商营业执照副本复制件。

（二）变更主要负责人的，还应当提供主要负责人经安全生产监督管理部门考核合格后颁发的安全合格证复制件。

（三）变更注册地址的，还应当提供相关证明材料。

对已经受理的变更申请，实施机关应当在对企业提交的文件、资料审查无误后，方可办理安全生产许可证变更手续。

企业在安全生产许可证有效期内变更隶属关系的，仅需提交隶属关系变更证明材料报实施机关备案。

第三十一条　企业在安全生产许可证有效期内，当原生产装置新增产品或者改变工艺技术对企业的安全生产产生重大影响时，应当对该生产装置或者工艺技术进行专项安全评价，并对安全评价报告中提出的问题进行整改；在整改完成后，向原实施机关提出变更申请，提交安全评价报告。实施机关按照本办法第三十条的规定办理变更手续。

第三十二条　企业在安全生产许可证有效期内，有危险化学品新建、改建、扩建建设项目（以下简称建设项目）的，应当在建设项目安全设施竣工验收合格之日起 10 个工作日内向原实施机关提出变更申请，并提交建设项目安全设施竣工验收报告等相关文件、资料。实施机关按照本办法第二十七条、第二十八条和第二十九条的规定办理变更手续。

第三十三条　安全生产许可证有效期为 3 年。企业安全生产许可证有效期届满后继续生产危险化学品的，应当在安全生产许可证有效期届满前 3 个月提出延期申请，并提交延期申请书和本办法第二十五条规定的申请文件、资料。

实施机关按照本办法第二十六条、第二十七条、第二十八条、第二十九条的规定进行审查，并作出是否准予延期的决定。

第三十四条　企业在安全生产许可证有效期内，符合下列条件的，其安全生产许可证届满时，经原实施机关同意，可不提交第二十五条第一款第二、第七、第八、第十、第十一项规定的文件、资料，直接办理延期手续：

（一）严格遵守有关安全生产的法律、法规和本办法的。

（二）取得安全生产许可证后，加强日常安全生产管理，未降低安全生产条件，并达到安全生产标准化等级二级以上的。

（三）未发生死亡事故的。

第三十五条　安全生产许可证分为正、副本，正本为悬挂式，副本为折页式，正、副本具有同等法律效力。

实施机关应当分别在安全生产许可证正、副本上载明编号、企业名称、主要负责人、注册地址、经济类型、许可范围、有效期、发证机关、发证日期等内容。其中，正本上的“许可范围”应当注明“危险化学品生产”，副本上的“许可范围”应当载明生产场所地址和对应的具体品种、生产能力。

安全生产许可证有效期的起始日为实施机关作出许可决定之日，截止日为起始日至三年后同一日期的前一日。有效期内有变更事项的，起始日和截止日不变，载明变更日期。

第三十六条 企业不得出租、出借、买卖或者以其他形式转让其取得的安全生产许可证，或者冒用他人取得的安全生产许可证、使用伪造的安全生产许可证。

第五章 监督管理

第三十七条 实施机关应当坚持公开、公平、公正的原则，依照本办法和有关安全生产行政许可的法律、法规规定，颁发安全生产许可证。

实施机关工作人员在安全生产许可证颁发及其监督管理工作中，不得索取或者接受企业的财物，不得谋取其他非法利益。

第三十八条 实施机关应当加强对安全生产许可证的监督管理，建立、健全安全生产许可证档案管理制度。

第三十九条 有下列情形之一的，实施机关应当撤销已经颁发的安全生产许可证：

（一）超越职权颁发安全生产许可证的。

（二）违反本办法规定的程序颁发安全生产许可证的。

（三）以欺骗、贿赂等不正当手段取得安全生产许可证的。

第四十条 企业取得安全生产许可证后有下列情形之一的，实施机关应当注销其安全生产许可证：

（一）安全生产许可证有效期届满未被批准延续的。

（二）终止危险化学品生产活动的。

（三）安全生产许可证被依法撤销的。

（四）安全生产许可证被依法吊销的。

安全生产许可证注销后，实施机关应当在当地主要新闻媒体或者本机关网站上发布公告，并通报企业所在地人民政府和县级以上安全生产监督管理部门。

第四十一条 省级安全生产监督管理部门应当在每年 1 月 15 日前，将本行政区域内上年度安全生产许可证的颁发和管理情况报国家安全生产监督管理总局。

国家安全生产监督管理总局、省级安全生产监督管理部门应当定期向社会公布企业取得安全生产许可的情况，接受社会监督。

第六章 法律责任

第四十二条 实施机关工作人员有下列行为之一的，给予降级或者撤职的处分；构成犯罪的，依法追究刑事责任：

（一）向不符合本办法第二章规定的安全生产条件的企业颁发安全生产许可证的。

（二）发现企业未依法取得安全生产许可证擅自从事危险化学品生产活动，不依法处理的。

（三）发现取得安全生产许可证的企业不再具备本办法第二章规定的安全生产条件，不依法处理的。

（四）接到对违反本办法规定行为的举报后，不及时依法处理的。

（五）在安全生产许可证颁发和监督管理工作中，索取或者接受企业的财物，或者谋取其他非法利益的。

第四十三条 企业取得安全生产许可证后发现其不具备本办法规定的安全生产条件的，依法暂扣其安全生产许可证 1 个月以上 6 个月以下；暂扣期满仍不具备本办法规定的安全生产条件的，依法吊销其安全生产许可证。

第四十四条 企业出租、出借或者以其他形式转让安全生产许可证的，没收违法所得，处 10 万元以上 50 万元以下的罚款，并吊销安全生产许可证；构成犯罪的，依法追究刑事责任。

第四十五条 企业有下列情形之一的，责令停止生产危险化学品，没收违法所得，并处 10 万元以上 50 万元以下的罚款；构成犯罪的，依法追究刑事责任：

（一）未取得安全生产许可证，擅自进行危险化学品生产的。

（二）接受转让的安全生产许可证的。

（三）冒用或者使用伪造的安全生产许可证的。

第四十六条 企业在安全生产许可证有效期届满未办理延期手续，继续进行生产的，责令停止生产，限期补办延期手续，没收违法所得，并处 5 万元以上 10 万元以下的罚款；逾期仍不办理延期手续，继续进行生产的，依照本办法第四十五条的规定进行处罚。

第四十七条 企业在安全生产许可证有效期内主要负责人、企业名称、注册地址、隶属关系发生变更或者新增产品、改变工艺技术对企业安全生产产生重大影响，未按照本办法第三十条规定的时限提出安全生产许可证变更申请的，责令限期申请，处 1 万元以上 3 万元以下的罚款。

第四十八条 企业在安全生产许可证有效期内，其危险化学品建设项目安全设施竣工验收合格后，未按照本办法第三十二条规定的时限提出安全生产许可证变更申请并且擅自投入运行的，责令停止生产，限期申请，没收违法所得，并处 1 万元以上 3 万元以下的罚款。

第四十九条 发现企业隐瞒有关情况或者提供虚假材料申请安全生产许可证的，实施机关不予受理或者不予颁发安全生产许可证，并给予警告，该企业在 1 年内不得再次申请安全生产许可证。

企业以欺骗、贿赂等不正当手段取得安全生产许可证的，自实施机关撤销其安全生产许可证之日起 3 年内，该企业不得再次申请安全生产许可证。

第五十条 安全评价机构有下列情形之一的，给予警告，并处 1 万元以下的罚款；情节严重的，暂停资质半年，并处 1 万元以上 3 万元以下的罚款；对相关责任人依法给予处理：

（一）从业人员不到现场开展安全评价活动的。

（二）安全评价报告与实际情况不符，或者安全评价报告存在重大疏漏，但尚未造成重大损失的。

（三）未按照有关法律、法规、规章和国家标准或者行业标准的规定从事安全评价活动的。

第五十一条　承担安全评价、检测、检验的机构出具虚假证明的，没收违法所得；违法所得在10万元以上的，并处违法所得2倍以上5倍以下的罚款；没有违法所得或者违法所得不足10万元的，单处或者并处10万元以上20万元以下的罚款；对其直接负责的主管人员和其他直接责任人员处2万元以上5万元以下的罚款；给他人造成损害的，与企业承担连带赔偿责任；构成犯罪的，依照刑法有关规定追究刑事责任。

对有前款违法行为的机构，依法吊销其相应资质。

第五十二条　本办法规定的行政处罚，由国家安全生产监督管理总局、省级安全生产监督管理部门决定。省级安全生产监督管理部门可以委托设区的市级或者县级安全生产监督管理部门实施。

第七章　附　　则

第五十三条　将纯度较低的化学品提纯至纯度较高的危险化学品的，适用本办法。购买某种危险化学品进行分装（包括充装）或者加入非危险化学品的溶剂进行稀释，然后销售或者使用的，不适用本办法。

第五十四条　本办法下列用语的含义：

（一）危险化学品目录，是指国家安全生产监督管理总局会同国务院工业和信息化、公安、环境保护、卫生、质量监督检验检疫、交通运输、铁路、民用航空、农业主管部门，依据《危险化学品安全管理条例》公布的危险化学品目录。

（二）中间产品，是指为满足生产的需要，生产一种或者多种产品为下一个生产过程参与化学反应的原料。

（三）作业场所，是指可能使从业人员接触危险化学品的任何作业活动场所，包括从事危险化学品的生产、操作、处置、储存、装卸等场所。

第五十五条　安全生产许可证由国家安全生产监督管理总局统一印制。

危险化学品安全生产许可的文书、安全生产许可证的格式、内容和编号办法，由国家安全生产监督管理总局另行规定。

第五十六条　省级安全生产监督管理部门可以根据当地实际情况制定安全生产许可证颁发管理的细则，并报国家安全生产监督管理总局备案。

第五十七条　本办法自2011年12月1日起施行。原国家安全生产监督管理局（国家煤矿安全监察局）2004年5月17日公布的《危险化学品生产企业安全生产许可证实施办法》同时废止。

60 危险化学品输送管道安全管理规定

2011年12月31日国家安全生产监督管理总局局长办公会议审议通过，2012年1月17日国家安全生产监督管理总局令第43号公布，自2012年3月1日起施行；2015年3月23日国家安全生产监督管理总局局长办公会议审议通过、2015年5月27日国家安全生产监督管理总局令第79号公布、自2015年7月1日起施行的《国家安全监管总局关于废止和修改危险化学品等领域七部规章的决定》修改。

第一章 总 则

第一条 为了加强危险化学品输送管道的安全管理，预防和减少危险化学品输送管道生产安全事故，保护人民群众生命财产安全，根据《中华人民共和国安全生产法》和《危险化学品安全管理条例》，制定本规定。

第二条 生产、储存危险化学品的单位在厂区外公共区域埋地、地面和架空的危险化学品输送管道及其附属设施（以下简称危险化学品管道）的安全管理，适用本规定。

原油、成品油、天然气、煤层气、煤制气长输管道安全保护和城镇燃气管道的安全管理，不适用本规定。

第三条 对危险化学品管道享有所有权或者运行管理权的单位（以下简称管道单位）应当依照有关安全生产法律法规和本规定，落实安全生产主体责任，建立、健全有关危险化学品管道安全生产的规章制度和操作规程并实施，接受安全生产监督管理部门依法实施的监督检查。

第四条 各级安全生产监督管理部门负责危险化学品管道安全生产的监督检查，并依法对危险化学品管道建设项目实施安全条件审查。

第五条 任何单位和个人不得实施危害危险化学品管道安全生产的行为。

对危害危险化学品管道安全生产的行为，任何单位和个人均有权向安全生产监督管理部门举报。接受举报的安全生产监督管理部门应当依法予以处理。

第二章 危险化学品管道的规划

第六条 危险化学品管道建设应当遵循安全第一、节约用地和经济合理的原则，并按照相关国家标准、行业标准和技术规范进行科学规划。

第七条 禁止光气、氯气等剧毒气体化学品管道穿（跨）越公共区域。

严格控制氨、硫化氢等其他有毒气体的危险化学品管道穿（跨）越公共区域。

第八条 危险化学品管道建设的选线应当避开地震活动断层和容易发生洪灾、地质灾害的区域；确实无法避开的，应当采取可靠的工程处理措施，确保不受地质灾害影响。

危险化学品管道与居民区、学校等公共场所以及建筑物、构筑物、铁路、公路、航道、港口、市政设施、通信设施、军事设施、电力设施的距离，应当符合有关法律、行政法规和国家标准、行业标准的规定。

第三章　危险化学品管道的建设

第九条　对新建、改建、扩建的危险化学品管道，建设单位应当依照国家安全生产监督管理总局有关危险化学品建设项目安全监督管理的规定，依法办理安全条件审查、安全设施设计审查和安全设施竣工验收手续。

第十条　对新建、改建、扩建的危险化学品管道，建设单位应当依照有关法律、行政法规的规定，委托具备相应资质的设计单位进行设计。

第十一条　承担危险化学品管道的施工单位应当具备有关法律、行政法规规定的相应资质。施工单位应当按照有关法律、法规、国家标准、行业标准和技术规范的规定，以及经过批准的安全设施设计进行施工，并对工程质量负责。

参加危险化学品管道焊接、防腐、无损检测作业的人员应当具备相应的操作资格证书。

第十二条　负责危险化学品管道工程的监理单位应当对管道的总体建设质量进行全过程监督，并对危险化学品管道的总体建设质量负责。管道施工单位应当严格按照有关国家标准、行业标准的规定对管道的焊缝和防腐质量进行检查，并按照设计要求对管道进行压力试验和气密性试验。

对敷设在江、河、湖泊或者其他环境敏感区域的危险化学品管道，应当采取增加管道压力设计等级、增加防护套管等措施，确保危险化学品管道安全。

第十三条　危险化学品管道试生产（使用）前，管道单位应当对有关保护措施进行安全检查，科学制定安全投入生产（使用）方案，并严格按照方案实施。

第十四条　危险化学品管道试压半年后一直未投入生产（使用）的，管道单位应当在其投入生产（使用）前重新进行气密性试验；对敷设在江、河或者其他环境敏感区域的危险化学品管道，应当相应缩短重新进行气密性试验的时间间隔。

第四章　危险化学品管道的运行

第十五条　危险化学品管道应当设置明显标志。发现标志毁损的，管道单位应当及时予以修复或者更新。

第十六条　管道单位应当建立、健全危险化学品管道巡护制度，配备专人进行日常巡护。巡护人员发现危害危险化学品管道安全生产情形的，应当立即报告单位负责人并及时处理。

第十七条　管道单位对危险化学品管道存在的事故隐患应当及时排除；对自身排除确有困难的外部事故隐患，应当向当地安全生产监督管理部门报告。

第十八条 管道单位应当按照有关国家标准、行业标准和技术规范对危险化学品管道进行定期检测、维护，确保其处于完好状态；对安全风险较大的区段和场所，应当进行重点监测、监控；对不符合安全标准的危险化学品管道，应当及时更新、改造或者停止使用，并向当地安全生产监督管理部门报告。对涉及更新、改造的危险化学品管道，还应当按照本办法第九条的规定办理安全条件审查手续。

第十九条 管道单位发现下列危害危险化学品管道安全运行行为的，应当及时予以制止，无法处置时应当向当地安全生产监督管理部门报告：

（一）擅自开启、关闭危险化学品管道阀门。

（二）采用移动、切割、打孔、砸撬、拆卸等手段损坏管道及其附属设施。

（三）移动、毁损、涂改管道标志。

（四）在埋地管道上方和巡查便道上行驶重型车辆。

（五）对埋地、地面管道进行占压，在架空管道线路和管桥上行走或者放置重物。

（六）利用地面管道、架空管道、管架桥等固定其他设施缆绳悬挂广告牌、搭建构筑物。

（七）其他危害危险化学品管道安全运行的行为。

第二十条 禁止在危险化学品管道附属设施的上方架设电力线路、通信线路。

第二十一条 在危险化学品管道及其附属设施外缘两侧各 5 米地域范围内，管道单位发现下列危害管道安全运行的行为的，应当及时予以制止，无法处置时应当向当地安全生产监督管理部门报告：

（一）种植乔木、灌木、藤类、芦苇、竹子或者其他根系深达管道埋设部位可能损坏管道防腐层的深根植物。

（二）取土、采石、用火、堆放重物、排放腐蚀性物质、使用机械工具进行挖掘施工、工程钻探。

（三）挖塘、修渠、修晒场、修建水产养殖场、建温室、建家畜棚圈、建房以及修建其他建（构）筑物。

第二十二条 在危险化学品管道中心线两侧及危险化学品管道附属设施外缘两侧 5 米外的周边范围内，管道单位发现下列建（构）筑物与管道线路、管道附属设施的距离不符合国家标准、行业标准要求的，应当及时向当地安全生产监督管理部门报告：

（一）居民小区、学校、医院、餐饮娱乐场所、车站、商场等人口密集的建筑物。

（二）加油站、加气站、储油罐、储气罐等易燃易爆物品的生产、经营、存储场所。

（三）变电站、配电站、供水站等公用设施。

第二十三条 在穿越河流的危险化学品管道线路中心线两侧 500 米地域范围内，管道单位发现有实施抛锚、拖锚、挖沙、采石、水下爆破等作业的，应当及时予以制止，无法处置时应当向当地安全生产监督管理部门报告。但在保障危险化学品管道安全的条件下，为防洪和航道通畅而实施的养护疏浚作业除外。

第二十四条 在危险化学品管道专用隧道中心线两侧 1 000 米地域范围内，管道单位发现有实施采石、采矿、爆破等作业的，应当及时予以制止，无法处置时应当向当地安全生产监督管理部门报告。

在前款规定的地域范围内，因修建铁路、公路、水利等公共工程确需实施采石、爆破等作业的，应当按照本规定第二十五条的规定执行。

第二十五条　实施下列可能危及危险化学品管道安全运行的施工作业的，施工单位应当在开工的 7 日前书面通知管道单位，将施工作业方案报管道单位，并与管道单位共同制定应急预案，采取相应的安全防护措施，管道单位应当指派专人到现场进行管道安全保护指导：

（一）穿（跨）越管道的施工作业。

（二）在管道线路中心线两侧 5 米至 50 米和管道附属设施周边 100 米地域范围内，新建、改建、扩建铁路、公路、河渠，架设电力线路，埋设地下电缆、光缆，设置安全接地体、避雷接地体。

（三）在管道线路中心线两侧 200 米和管道附属设施周边 500 米地域范围内，实施爆破、地震法勘探或者工程挖掘、工程钻探、采矿等作业。

第二十六条　施工单位实施本规定第二十四条第二款、第二十五条规定的作业，应当符合下列条件：

（一）已经制定符合危险化学品管道安全运行要求的施工作业方案。

（二）已经制定应急预案。

（三）施工作业人员已经接受相应的危险化学品管道保护知识教育和培训。

（四）具有保障安全施工作业的设备、设施。

第二十七条　危险化学品管道的专用设施、永工防护设施、专用隧道等附属设施不得用于其他用途；确需用于其他用途的，应当征得管道单位的同意，并采取相应的安全防护措施。

第二十八条　管道单位应当按照有关规定制定本单位危险化学品管道事故应急预案，配备相应的应急救援人员和设备物资，定期组织应急演练。

发生危险化学品管道生产安全事故，管道单位应当立即启动应急预案及响应程序，采取有效措施进行紧急处置，消除或者减轻事故危害，并按照国家规定立即向事故发生地县级以上安全生产监督管理部门报告。

第二十九条　对转产、停产、停止使用的危险化学品管道，管道单位应当采取有效措施及时妥善处置，并将处置方案报县级以上安全生产监督管理部门。

第五章　监督管理

第三十条　省级、设区的市级安全生产监督管理部门应当按照国家安全生产监督管理总局有关危险化学品建设项目安全监督管理的规定，对新建、改建、扩建管道建设项目办理安全条件审查、安全设施设计审查、试生产（使用）方案备案和安全设施竣工验收手续。

第三十一条　安全生产监督管理部门接到管道单位依照本规定第十七条、第十九条、第二十一条、第二十二条、第二十三条、第二十四条提交的有关报告后，应当及时依法予以协调、移送有关主管部门处理或者报请本级人民政府组织处理。

第三十二条 县级以上安全生产监督管理部门接到危险化学品管道生产安全事故报告后，应当按照有关规定及时上报事故情况，并根据实际情况采取事故处置措施。

第六章 法律责任

第三十三条 新建、改建、扩建危险化学品管道建设项目未经安全条件审查的，由安全生产监督管理部门责令停止建设，限期改正；逾期不改正的，处50万元以上100万元以下的罚款；构成犯罪的，依法追究刑事责任。

危险化学品管道建设单位将管道建设项目发包给不具备相应资质等级的勘察、设计、施工单位或者委托给不具有相应资质等级的工程监理单位的，由安全生产监督管理部门移送建设行政主管部门依照《建设工程质量管理条例》第五十四条规定予以处罚。

第三十四条 管道单位未对危险化学品管道设置明显的安全警示标志的，由安全生产监督管理部门责令限期改正，可以处5万元以下的罚款；逾期未改正的，处5万元以上20万元以下的罚款，对其直接负责的主管人员和其他直接责任人员处1万元以上2万元以下的罚款；情节严重的，责令停产停业整顿；构成犯罪的，依照刑法有关规定追究刑事责任。

第三十五条 有下列情形之一的，由安全生产监督管理部门责令改正，可以处5万元以下的罚款；拒不改正的，处5万元以上10万元以下的罚款；情节严重的，责令停产停业整顿。

（一）管道单位未按照本规定对管道进行检测、维护的。

（二）进行可能危及危险化学品管道安全的施工作业，施工单位未按照规定书面通知管道单位，或者未与管道单位共同制定应急预案并采取相应的防护措施，或者管道单位未指派专人到现场进行管道安全保护指导的。

第三十六条 对转产、停产、停止使用的危险化学品管道，管道单位未采取有效措施及时、妥善处置的，由安全生产监督管理部门责令改正，处5万元以上10万元以下的罚款；构成犯罪的，依法追究刑事责任。

对转产、停产、停止使用的危险化学品管道，管道单位未按照本规定将处置方案报县级以上安全生产监督管理部门的，由安全生产监督管理部门责令改正，可以处1万元以下的罚款；拒不改正的，处1万元以上5万元以下的罚款。

第三十七条 违反本规定，采用移动、切割、打孔、砸撬、拆卸等手段实施危害危险化学品管道安全行为，尚不构成犯罪的，由有关主管部门依法给予治安管理处罚。

第七章 附 则

第三十八条 本规定所称公共区域是指厂区（包括化工园区、工业园区）以外的区域。

第三十九条 本规定所称危险化学品管道附属设施包括：

（一）管道的加压站、计量站、阀室、阀井、放空设施、储罐、装卸栈桥、装卸场、分输站、减压站等站场。

（二）管道的水工保护设施、防风设施、防雷设施、抗震设施、通信设施、安全监控设施、电力设施、管堤、管桥以及管道专用涵洞、隧道等穿跨越设施。

（三）管道的阴极保护站、阴极保护测试桩、阳极地床、杂散电流排流站等防腐设施。

（四）管道的其他附属设施。

第四十条　本规定施行前在管道保护距离内已经建成的人口密集场所和易燃易爆物品的生产、经营、存储场所，应当由所在地人民政府根据当地的实际情况，有计划、分步骤地搬迁、清理或者采取必要的防护措施。

第四十一条　本规定自2012年3月1日起施行。

61　安全生产培训管理办法

新修订的《安全生产培训管理办法》已经2011年12月31日国家安全生产监督管理总局局长办公会议审议通过，2012年1月19日国家安全生产监督管理总局令第44号公布，自2012年3月1日起施行；根据2013年8月19日国家安全生产监督管理总局局长办公会议审议通过、2013年8月29日国家安全生产监督管理总局令第63号公布、自公布之日起施行的《国家安全监管总局关于修改〈生产经营单位安全培训规定〉等11件规章的决定》第一次修改；根据2015年2月26日国家安全生产监督管理总局局长办公会议审议通过、2015年5月29日国家安全生产监督管理总局令第80号公布、自2015年7月1日起施行的《国家安全监管总局关于废止和修改劳动防护用品和安全培训等领域十部规章的决定》第二次修改。

第一章　总　　则

第一条　为了加强安全生产培训管理，规范安全生产培训秩序，保证安全生产培训质量，促进安全生产培训工作健康发展，根据《中华人民共和国安全生产法》和有关法律、行政法规的规定，制定本办法。

第二条　安全培训机构、生产经营单位从事安全生产培训（以下简称安全培训）活动以及安全生产监督管理部门、煤矿安全监察机构、地方人民政府负责煤矿安全培训的部门对安全培训工作实施监督管理，适用本办法。

第三条　本办法所称安全培训是指以提高安全监管监察人员、生产经营单位从业人员和从事安全生产工作的相关人员的安全素质为目的的教育培训活动。

前款所称安全监管监察人员是指县级以上各级人民政府安全生产监督管理部门、各级煤矿安全监察机构从事安全监管监察、行政执法的安全生产监管人员和煤矿安全监察人员；生产经营单位从业人员是指生产经营单位主要负责人、安全生产管理人员、特种作业人员及其他从业人员；从事安全生产工作的相关人员是指从事安全教育培训工作的教师、危险化学品登记机构的登记人员和承担安全评价、咨询、检测、检验的人员及注册安全工程师、安全生产应急救援人员等。

第四条 安全培训工作实行统一规划、归口管理、分级实施、分类指导、教考分离的原则。

国家安全生产监督管理总局（以下简称国家安全监管总局）指导全国安全培训工作，依法对全国的安全培训工作实施监督管理。

国家煤矿安全监察局（以下简称国家煤矿安监局）指导全国煤矿安全培训工作，依法对全国煤矿安全培训工作实施监督管理。

国家安全生产应急救援指挥中心指导全国安全生产应急救援培训工作。

县级以上地方各级人民政府安全生产监督管理部门依法对本行政区域内的安全培训工作实施监督管理。

省、自治区、直辖市人民政府负责煤矿安全培训的部门、省级煤矿安全监察机构（以下统称省级煤矿安全培训监管机构）按照各自工作职责，依法对所辖区域煤矿安全培训工作实施监督管理。

第五条 安全培训的机构应当具备从事安全培训工作所需要的条件。从事危险物品的生产、经营、储存单位以及矿山、金属冶炼单位的主要负责人和安全生产管理人员，特种作业人员以及注册安全工程师等相关人员培训的安全培训机构，应当将教师、教学和实习实训设施等情况书面报告所在地安全生产监督管理部门、煤矿安全培训监管机构。

安全生产相关社会组织依照法律、行政法规和章程，为生产经营单位提供安全培训有关服务，对安全培训机构实行自律管理，促进安全培训工作水平的提升。

第二章 安全培训

第六条 安全培训应当按照规定的安全培训大纲进行。

安全监管监察人员，危险物品的生产、经营、储存单位与非煤矿山、金属冶炼单位的主要负责人和安全生产管理人员、特种作业人员以及从事安全生产工作的相关人员的安全培训大纲，由国家安全监管总局组织制定。

煤矿企业的主要负责人和安全生产管理人员、特种作业人员的培训大纲由国家煤矿安监局组织制定。

除危险物品的生产、经营、储存单位和矿山、金属冶炼单位以外其他生产经营单位的主要负责人、安全生产管理人员及其他从业人员的安全培训大纲，由省级安全生产监督管理部门、省级煤矿安全培训监管机构组织制定。

第七条 国家安全监管总局、省级安全生产监督管理部门定期组织优秀安全培训教材的评选。

安全培训机构应当优先使用优秀安全培训教材。

第八条　国家安全监管总局负责省级以上安全生产监督管理部门的安全生产监管人员、各级煤矿安全监察机构的煤矿安全监察人员的培训工作。

省级安全生产监督管理部门负责市级、县级安全生产监督管理部门的安全生产监管人员的培训工作。

生产经营单位的从业人员的安全培训，由生产经营单位负责。

危险化学品登记机构的登记人员和承担安全评价、咨询、检测、检验的人员及注册安全工程师、安全生产应急救援人员的安全培训，按照有关法律、法规、规章的规定进行。

第九条　对从业人员的安全培训，具备安全培训条件的生产经营单位应当以自主培训为主，也可以委托具备安全培训条件的机构进行安全培训。

不具备安全培训条件的生产经营单位，应当委托具有安全培训条件的机构对从业人员进行安全培训。

生产经营单位委托其他机构进行安全培训的，保证安全培训的责任仍由本单位负责。

第十条　生产经营单位应当建立安全培训管理制度，保障从业人员安全培训所需经费，对从业人员进行与其所从事岗位相应的安全教育培训；从业人员调整工作岗位或者采用新工艺、新技术、新设备、新材料的，应当对其进行专门的安全教育和培训。未经安全教育和培训合格的从业人员，不得上岗作业。

生产经营单位使用被派遣劳动者的，应当将被派遣劳动者纳入本单位从业人员统一管理，对被派遣劳动者进行岗位安全操作规程和安全操作技能的教育和培训。劳务派遣单位应当对被派遣劳动者进行必要的安全生产教育和培训。

生产经营单位接收中等职业学校、高等学校学生实习的，应当对实习学生进行相应的安全生产教育和培训，提供必要的劳动防护用品。学校应当协助生产经营单位对实习学生进行安全生产教育和培训。

从业人员安全培训的时间、内容、参加人员以及考核结果等情况，生产经营单位应当如实记录并建档备查。

第十一条　生产经营单位从业人员的培训内容和培训时间，应当符合《生产经营单位安全培训规定》和有关标准的规定。

第十二条　中央企业的分公司、子公司及其所属单位和其他生产经营单位，发生造成人员死亡的生产安全事故的，其主要负责人和安全生产管理人员应当重新参加安全培训。

特种作业人员对造成人员死亡的生产安全事故负有直接责任的，应当按照《特种作业人员安全技术培训考核管理规定》重新参加安全培训。

第十三条　国家鼓励生产经营单位实行师傅带徒弟制度。

矿山新招的井下作业人员和危险物品生产经营单位新招的危险工艺操作岗位人员，除按照规定进行安全培训外，还应当在有经验的职工带领下实习满 2 个月后，方可独立上岗作业。

第十四条　国家鼓励生产经营单位招录职业院校毕业生。

职业院校毕业生从事与所学专业相关的作业，可以免予参加初次培训，实际操作培训除外。

第十五条 安全培训机构应当建立安全培训工作制度和人员培训档案。安全培训相关情况，应当如实记录并建档备查。

第十六条 安全培训机构从事安全培训工作的收费，应当符合法律、法规的规定。法律、法规没有规定的，应当按照行业自律标准或者指导性标准收费。

第十七条 国家鼓励安全培训机构和生产经营单位利用现代信息技术开展安全培训，包括远程培训。

第三章 安全培训的考核

第十八条 安全监管监察人员、从事安全生产工作的相关人员、依照有关法律法规应当接受安全生产知识和管理能力考核的生产经营单位主要负责人和安全生产管理人员、特种作业人员的安全培训的考核，应当坚持教考分离、统一标准、统一题库、分级负责的原则，分步推行有远程视频监控的计算机考试。

第十九条 安全监管监察人员，危险物品的生产、经营、储存单位及非煤矿山、金属冶炼单位主要负责人、安全生产管理人员和特种作业人员，以及从事安全生产工作的相关人员的考核标准，由国家安全监管总局统一制定。

煤矿企业的主要负责人、安全生产管理人员和特种作业人员的考核标准，由国家煤矿安监局制定。

除危险物品的生产、经营、储存单位和矿山、金属冶炼单位以外其他生产经营单位主要负责人、安全生产管理人员及其他从业人员的考核标准，由省级安全生产监督管理部门制定。

第二十条 国家安全监管总局负责省级以上安全生产监督管理部门的安全生产监管人员、各级煤矿安全监察机构的煤矿安全监察人员的考核；负责中央企业的总公司、总厂或者集团公司的主要负责人和安全生产管理人员的考核。

省级安全生产监督管理部门负责市级、县级安全生产监督管理部门的安全生产监管人员的考核；负责省属生产经营单位和中央企业分公司、子公司及其所属单位的主要负责人和安全生产管理人员的考核；负责特种作业人员的考核。

市级安全生产监督管理部门负责本行政区域内除中央企业、省属生产经营单位以外的其他生产经营单位的主要负责人和安全生产管理人员的考核。

省级煤矿安全培训监管机构负责所辖区域内煤矿企业的主要负责人、安全生产管理人员和特种作业人员的考核。

除主要负责人、安全生产管理人员、特种作业人员以外的生产经营单位的其他从业人员的考核，由生产经营单位按照省级安全生产监督管理部门公布的考核标准，自行组织考核。

第二十一条 安全生产监督管理部门、煤矿安全培训监管机构和生产经营单位应当制定安全培训的考核制度，建立考核管理档案备查。

第四章　安全培训的发证

第二十二条　接受安全培训人员经考核合格的，由考核部门在考核结束后10个工作日内颁发相应的证书。

第二十三条　安全生产监管人员经考核合格后，颁发安全生产监管执法证；煤矿安全监察人员经考核合格后，颁发煤矿安全监察执法证；危险物品的生产、经营、储存单位和矿山、金属冶炼单位主要负责人、安全生产管理人员经考核合格后，颁发安全合格证；特种作业人员经考核合格后，颁发《中华人民共和国特种作业操作证》（以下简称特种作业操作证）；危险化学品登记机构的登记人员经考核合格后，颁发上岗证；其他人员经培训合格后，颁发培训合格证。

第二十四条　安全生产监管执法证、煤矿安全监察执法证、安全合格证、特种作业操作证和上岗证的式样，由国家安全监管总局统一规定。培训合格证的式样，由负责培训考核的部门规定。

第二十五条　安全生产监管执法证、煤矿安全监察执法证、安全合格证的有效期为3年。有效期届满需要延期的，应当于有效期届满30日前向原发证部门申请办理延期手续。

特种作业人员的考核发证按照《特种作业人员安全技术培训考核管理规定》执行。

第二十六条　特种作业操作证和省级安全生产监督管理部门、省级煤矿安全培训监管机构颁发的主要负责人、安全生产管理人员的安全合格证，在全国范围内有效。

第二十七条　承担安全评价、咨询、检测、检验的人员和安全生产应急救援人员的考核、发证，按照有关法律、法规、规章的规定执行。

第五章　监督管理

第二十八条　安全生产监督管理部门、煤矿安全培训监管机构应当依照法律、法规和本办法的规定，加强对安全培训工作的监督管理，对生产经营单位、安全培训机构违反有关法律、法规和本办法的行为，依法作出处理。

省级安全生产监督管理部门、省级煤矿安全培训监管机构应当定期统计分析本行政区域内安全培训、考核、发证情况，并报国家安全监管总局。

第二十九条　安全生产监督管理部门和煤矿安全培训监管机构应当对安全培训机构开展安全培训活动的情况进行监督检查，检查内容包括：

（一）具备从事安全培训工作所需要的条件的情况。

（二）建立培训管理制度和教师配备的情况。

（三）执行培训大纲、建立培训档案和培训保障的情况。

（四）培训收费的情况。

（五）法律法规规定的其他内容。

第三十条　安全生产监督管理部门、煤矿安全培训监管机构应当对生产经营单位的安全培训情况进行监督检查，检查内容包括：

（一）安全培训制度、年度培训计划、安全培训管理档案的制定和实施的情况。

（二）安全培训经费投入和使用的情况。

（三）主要负责人、安全生产管理人员接受安全生产知识和管理能力考核的情况。

（四）特种作业人员持证上岗的情况。

（五）应用新工艺、新技术、新材料、新设备以及转岗前对从业人员安全培训的情况。

（六）其他从业人员安全培训的情况。

（七）法律法规规定的其他内容。

第三十一条 任何单位或者个人对生产经营单位、安全培训机构违反有关法律、法规和本办法的行为，均有权向安全生产监督管理部门、煤矿安全监察机构、煤矿安全培训监管机构报告或者举报。

接到举报的部门或者机构应当为举报人保密，并按照有关规定对举报进行核查和处理。

第三十二条 监察机关依照《中华人民共和国行政监察法》等法律、行政法规的规定，对安全生产监督管理部门、煤矿安全监察机构、煤矿安全培训监管机构及其工作人员履行安全培训工作监督管理职责情况实施监察。

第六章　法律责任

第三十三条 安全生产监督管理部门、煤矿安全监察机构、煤矿安全培训监管机构的工作人员在安全培训监督管理工作中滥用职权、玩忽职守、徇私舞弊的，依照有关规定给予处分；构成犯罪的，依法追究刑事责任。

第三十四条 安全培训机构有下列情形之一的，责令限期改正，处1万元以下的罚款；逾期未改正的，给予警告，处1万元以上3万元以下的罚款：

（一）不具备安全培训条件的。

（二）未按照统一的培训大纲组织教学培训的。

（三）未建立培训档案或者培训档案管理不规范的。

安全培训机构采取不正当竞争手段，故意贬低、诋毁其他安全培训机构的，依照前款规定处罚。

第三十五条 生产经营单位主要负责人、安全生产管理人员、特种作业人员以欺骗、贿赂等不正当手段取得安全合格证或者特种作业操作证的，除撤销其相关证书外，处3 000元以下的罚款，并自撤销其相关证书之日起3年内不得再次申请该证书。

第三十六条 生产经营单位有下列情形之一的，责令改正，处3万元以下的罚款：

（一）从业人员安全培训的时间少于《生产经营单位安全培训规定》或者有关标准规定的。

（二）矿山新招的井下作业人员和危险物品生产经营单位新招的危险工艺操作岗位人员，未经实习期满独立上岗作业的。

（三）相关人员未按照本办法第十二条规定重新参加安全培训的。

第三十七条　生产经营单位存在违反有关法律、法规中安全生产教育培训的其他行为的，依照相关法律、法规的规定予以处罚。

第七章　附　　则

第三十八条　本办法自2012年3月1日起施行。2004年12月28日公布的《安全生产培训管理办法》（原国家安全生产监督管理局〈国家煤矿安全监察局〉令第20号）同时废止。

62　危险化学品建设项目安全监督管理办法

2012年1月4日国家安全生产监督管理总局局长办公会议审议通过，2012年1月30日国家安全生产监督管理总局令第45号公布，自2012年4月1日起施行；根据2015年3月23日国家安全生产监督管理总局局长办公会议审议通过、2015年5月27日国家安全生产监督管理总局令第79号公布、自2015年7月1日起施行的《国家安全监管总局关于废止和修改危险化学品等领域七部规章的决定》修改。

第一章　总　　则

第一条　为了加强危险化学品建设项目安全监督管理，规范危险化学品建设项目安全审查，根据《中华人民共和国安全生产法》和《危险化学品安全管理条例》等法律、行政法规，制定本办法。

第二条　中华人民共和国境内新建、改建、扩建危险化学品生产、储存的建设项目以及伴有危险化学品产生的化工建设项目（包括危险化学品长输管道建设项目，以下统称建设项目），其安全管理及其监督管理，适用本办法。

危险化学品的勘探、开采及其辅助的储存，原油和天然气勘探、开采及其辅助的储存、海上输送，城镇燃气的输送及储存等建设项目，不适用本办法。

第三条　本办法所称建设项目安全审查，是指建设项目安全条件审查、安全设施的设计审查。建设项目的安全审查由建设单位申请，安全生产监督管理部门根据本办法分级负责实施。

建设项目安全设施竣工验收由建设单位负责依法组织实施。

建设项目未经安全审查和安全设施竣工验收的，不得开工建设或者投入生产（使用）。

第四条　国家安全生产监督管理总局指导、监督全国建设项目安全审查和建设项目安全设施竣工验收的实施工作，并负责实施下列建设项目的安全审查：

（一）国务院审批（核准、备案）的。

（二）跨省、自治区、直辖市的。

省、自治区、直辖市人民政府安全生产监督管理部门（以下简称省级安全生产监督管理部门）指导、监督本行政区域内建设项目安全审查和建设项目安全设施竣工验收的监督管理工作，确定并公布本部门和本行政区域内由设区的市级人民政府安全生产监督管理部门（以下简称市级安全生产监督管理部门）实施的前款规定以外的建设项目范围，并报国家安全生产监督管理总局备案。

第五条　建设项目有下列情形之一的，应当由省级安全生产监督管理部门负责安全审查：

（一）国务院投资主管部门审批（核准、备案）的。

（二）生产剧毒化学品的。

（三）省级安全生产监督管理部门确定的本办法第四条第一款规定以外的其他建设项目。

第六条　负责实施建设项目安全审查的安全生产监督管理部门根据工作需要，可以将其负责实施的建设项目安全审查工作，委托下一级安全生产监督管理部门实施。委托实施安全审查的，审查结果由委托的安全生产监督管理部门负责。跨省、自治区、直辖市的建设项目和生产剧毒化学品的建设项目，不得委托实施安全审查。

建设项目有下列情形之一的，不得委托县级人民政府安全生产监督管理部门实施安全审查：

（一）涉及国家安全生产监督管理总局公布的重点监管危险化工工艺的。

（二）涉及国家安全生产监督管理总局公布的重点监管危险化学品中的有毒气体、液化气体、易燃液体、爆炸品，且构成重大危险源的。

接受委托的安全生产监督管理部门不得将其受托的建设项目安全审查工作再委托其他单位实施。

第七条　建设项目的设计、施工、监理单位和安全评价机构应当具备相应的资质，并对其工作成果负责。

涉及重点监管危险化工工艺、重点监管危险化学品或者危险化学品重大危险源的建设项目，应当由具有石油化工医药行业相应资质的设计单位设计。

第二章　建设项目安全条件审查

第八条　建设单位应当在建设项目的可行性研究阶段，委托具备相应资质的安全评价机构对建设项目进行安全评价。

安全评价机构应当根据有关安全生产法律、法规、规章和国家标准、行业标准，对建设项目进行安全评价，出具建设项目安全评价报告。安全评价报告应当符合《危险化学品建设项目安全评价细则》的要求。

第九条　建设项目有下列情形之一的，应当由甲级安全评价机构进行安全评价：

（一）国务院及其投资主管部门审批（核准、备案）的。

（二）生产剧毒化学品的。

（三）跨省、自治区、直辖市的。

（四）法律、法规、规章另有规定的。

第十条　建设单位应当在建设项目开始初步设计前，向与本办法第四条、第五条规定相应的安全生产监督管理部门申请建设项目安全条件审查，提交下列文件、资料，并对其真实性负责：

（一）建设项目安全条件审查申请书及文件。

（二）建设项目安全评价报告。

（三）建设项目批准、核准或者备案文件和规划相关文件（复制件）。

（四）工商行政管理部门颁发的企业营业执照或者企业名称预先核准通知书（复制件）。

第十一条　建设单位申请安全条件审查的文件、资料齐全，符合法定形式的，安全生产监督管理部门应当当场予以受理，并书面告知建设单位。

建设单位申请安全条件审查的文件、资料不齐全或者不符合法定形式的，安全生产监督管理部门应当自收到申请文件、资料之日起五个工作日内一次性书面告知建设单位需要补正的全部内容；逾期不告知的，收到申请文件、资料之日起即为受理。

第十二条　对已经受理的建设项目安全条件审查申请，安全生产监督管理部门应当指派有关人员或者组织专家对申请文件、资料进行审查，并自受理申请之日起四十五日内向建设单位出具建设项目安全条件审查意见书。建设项目安全条件审查意见书的有效期为两年。

根据法定条件和程序，需要对申请文件、资料的实质内容进行核实的，安全生产监督管理部门应当指派两名以上工作人员对建设项目进行现场核查。

建设单位整改现场核查发现的有关问题和修改申请文件、资料所需时间不计算在本条规定的期限内。

第十三条　建设项目有下列情形之一的，安全条件审查不予通过：

（一）安全评价报告存在重大缺陷、漏项的，包括建设项目主要危险、有害因素辨识和评价不全或者不准确的。

（二）建设项目与周边场所、设施的距离或者拟建场址自然条件不符合有关安全生产法律、法规、规章和国家标准、行业标准的规定的。

（三）主要技术、工艺未确定，或者不符合有关安全生产法律、法规、规章和国家标准、行业标准的规定的。

（四）国内首次使用的化工工艺，未经省级人民政府有关部门组织的安全可靠性论证的。

（五）对安全设施设计提出的对策与建议不符合法律、法规、规章和国家标准、行业标准的规定的。

（六）未委托具备相应资质的安全评价机构进行安全评价的。

（七）隐瞒有关情况或者提供虚假文件、资料的。

建设项目未通过安全条件审查的，建设单位经过整改后可以重新申请建设项目安全条件审查。

第十四条 已经通过安全条件审查的建设项目有下列情形之一的，建设单位应当重新进行安全评价，并申请审查：

（一）建设项目周边条件发生重大变化的。

（二）变更建设地址的。

（三）主要技术、工艺路线、产品方案或者装置规模发生重大变化的。

（四）建设项目在安全条件审查意见书有效期内未开工建设，期限届满后需要开工建设的。

第三章 建设项目安全设施设计审查

第十五条 设计单位应当根据有关安全生产的法律、法规、规章和国家标准、行业标准以及建设项目安全条件审查意见书，按照《化工建设项目安全设计管理导则》（AQ/T 3033），对建设项目安全设施进行设计，并编制建设项目安全设施设计专篇。建设项目安全设施设计专篇应当符合《危险化学品建设项目安全设施设计专篇编制导则》的要求。

第十六条 建设单位应当在建设项目初步设计完成后、详细设计开始前，向出具建设项目安全条件审查意见书的安全生产监督管理部门申请建设项目安全设施设计审查，提交下列文件、资料，并对其真实性负责：

（一）建设项目安全设施设计审查申请书及文件。

（二）设计单位的设计资质证明文件（复制件）。

（三）建设项目安全设施设计专篇。

第十七条 建设单位申请安全设施设计审查的文件、资料齐全，符合法定形式的，安全生产监督管理部门应当当场予以受理；未经安全条件审查或者审查未通过的，不予受理。受理或者不予受理的情况，安全生产监督管理部门应当书面告知建设单位。

安全设施设计审查申请文件、资料不齐全或者不符合要求的，安全生产监督管理部门应当自收到申请文件、资料之日起五个工作日内一次性书面告知建设单位需要补正的全部内容；逾期不告知的，收到申请文件、资料之日起即为受理。

第十八条 对已经受理的建设项目安全设施设计审查申请，安全生产监督管理部门应当指派有关人员或者组织专家对申请文件、资料进行审查，并在受理申请之日起二十个工作日内作出同意或者不同意建设项目安全设施设计专篇的决定，向建设单位出具建设项目安全设施设计的审查意见书；二十个工作日内不能出具审查意见的，经本部门负责人批准，可以延长十个工作日，并应当将延长的期限和理由告知建设单位。

根据法定条件和程序，需要对申请文件、资料的实质内容进行核实的，安全生产监督管理部门应当指派两名以上工作人员进行现场核查。

建设单位整改现场核查发现的有关问题和修改申请文件、资料所需时间不计算在本条规定的期限内。

第十九条　建设项目安全设施设计有下列情形之一的，审查不予通过：

（一）设计单位资质不符合相关规定的。

（二）未按照有关安全生产的法律、法规、规章和国家标准、行业标准的规定进行设计的。

（三）对未采纳的建设项目安全评价报告中的安全对策和建议，未作充分论证说明的。

（四）隐瞒有关情况或者提供虚假文件、资料的。

建设项目安全设施设计审查未通过的，建设单位经过整改后可以重新申请建设项目安全设施设计的审查。

第二十条　已经审查通过的建设项目安全设施设计有下列情形之一的，建设单位应当向原审查部门申请建设项目安全设施变更设计的审查：

（一）改变安全设施设计且可能降低安全性能的。

（二）在施工期间重新设计的。

第四章　建设项目试生产（使用）

第二十一条　建设项目安全设施施工完成后，建设单位应当按照有关安全生产法律、法规、规章和国家标准、行业标准的规定，对建设项目安全设施进行检验、检测，保证建设项目安全设施满足危险化学品生产、储存的安全要求，并处于正常适用状态。

第二十二条　建设单位应当组织建设项目的设计、施工、监理等有关单位和专家，研究提出建设项目试生产（使用）［以下简称试生产（使用）］可能出现的安全问题及对策，并按照有关安全生产法律、法规、规章和国家标准、行业标准的规定，制定周密的试生产（使用）方案。试生产（使用）方案应当包括下列有关安全生产的内容：

（一）建设项目设备及管道试压、吹扫、气密、单机试车、仪表调校、联动试车等生产准备的完成情况。

（二）投料试车方案。

（三）试生产（使用）过程中可能出现的安全问题、对策及应急预案。

（四）建设项目周边环境与建设项目安全试生产（使用）相互影响的确认情况。

（五）危险化学品重大危险源监控措施的落实情况。

（六）人力资源配置情况。

（七）试生产（使用）起止日期。

建设项目试生产期限应当不少于30日，不超过1年。

第二十三条　建设单位在采取有效安全生产措施后，方可将建设项目安全设施与生产、储存、使用的主体装置、设施同时进行试生产（使用）。

试生产（使用）前，建设单位应当组织专家对试生产（使用）方案进行审查。

试生产（使用）时，建设单位应当组织专家对试生产（使用）条件进行确认，对试生产（使用）过程进行技术指导。

第五章　建设项目安全设施竣工验收

第二十四条　建设项目安全设施施工完成后，施工单位应当编制建设项目安全设施施工情况报告。建设项目安全设施施工情况报告应当包括下列内容：

（一）施工单位的基本情况，包括施工单位以往所承担的建设项目施工情况。

（二）施工单位的资质情况（提供相关资质证明材料复印件）。

（三）施工依据和执行的有关法律、法规、规章和国家标准、行业标准。

（四）施工质量控制情况。

（五）施工变更情况，包括建设项目在施工和试生产期间有关安全生产的设施改动情况。

第二十五条　建设项目试生产期间，建设单位应当按照本办法的规定委托有相应资质的安全评价机构对建设项目及其安全设施试生产（使用）情况进行安全验收评价，且不得委托在可行性研究阶段进行安全评价的同一安全评价机构。

安全评价机构应当根据有关安全生产的法律、法规、规章和国家标准、行业标准进行评价。建设项目安全验收评价报告应当符合《危险化学品建设项目安全评价细则》的要求。

第二十六条　建设项目投入生产和使用前，建设单位应当组织人员进行安全设施竣工验收，作出建设项目安全设施竣工验收是否通过的结论。参加验收人员的专业能力应当涵盖建设项目涉及的所有专业内容。

建设单位应当向参加验收人员提供下列文件、资料，并组织进行现场检查：

（一）建设项目安全设施施工、监理情况报告。

（二）建设项目安全验收评价报告。

（三）试生产（使用）期间是否发生事故、采取的防范措施以及整改情况报告。

（四）建设项目施工、监理单位资质证书（复制件）。

（五）主要负责人、安全生产管理人员、注册安全工程师资格证书（复制件），以及特种作业人员名单。

（六）从业人员安全教育、培训合格的证明材料。

（七）劳动防护用品配备情况说明。

（八）安全生产责任制文件，安全生产规章制度清单、岗位操作安全规程清单。

（九）设置安全生产管理机构和配备专职安全生产管理人员的文件（复制件）。

（十）为从业人员缴纳工伤保险费的证明材料（复制件）。

第二十七条　建设项目安全设施有下列情形之一的，建设项目安全设施竣工验收不予通过：

（一）未委托具备相应资质的施工单位施工的。

（二）未按照已经通过审查的建设项目安全设施设计施工或者施工质量未达到建设项目安全设施设计文件要求的。

（三）建设项目安全设施的施工不符合国家标准、行业标准的规定的。

（四）建设项目安全设施竣工后未按照本办法的规定进行检验、检测，或者经检验、检测不合格的。

（五）未委托具备相应资质的安全评价机构进行安全验收评价的。

（六）安全设施和安全生产条件不符合或者未达到有关安全生产法律、法规、规章和国家标准、行业标准的规定的。

（七）安全验收评价报告存在重大缺陷、漏项，包括建设项目主要危险、有害因素辨识和评价不正确的。

（八）隐瞒有关情况或者提供虚假文件、资料的。

（九）未按照本办法规定向参加验收人员提供文件、材料，并组织现场检查的。

建设项目安全设施竣工验收未通过的，建设单位经过整改后可以再次组织建设项目安全设施竣工验收。

第二十八条　建设单位组织安全设施竣工验收合格后，应将验收过程中涉及的文件、资料存档，并按照有关法律法规及其配套规章的规定申请有关危险化学品的其他安全许可。

第六章　监督管理

第二十九条　建设项目在通过安全条件审查之后、安全设施竣工验收之前，建设单位发生变更的，变更后的建设单位应当及时将证明材料和有关情况报送负责建设项目安全审查的安全生产监督管理部门。

第三十条　有下列情形之一的，负责审查的安全生产监督管理部门或者其上级安全生产监督管理部门可以撤销建设项目的安全审查：

（一）滥用职权、玩忽职守的。

（二）超越法定职权的。

（三）违反法定程序的。

（四）申请人不具备申请资格或者不符合法定条件的。

（五）依法可以撤销的其他情形。

建设单位以欺骗、贿赂等不正当手段通过安全审查的，应当予以撤销。

第三十一条　安全生产监督管理部门应当建立健全建设项目安全审查档案及其管理制度，并及时将建设项目的安全审查情况通报有关部门。

第三十二条　各级安全生产监督管理部门应当按照各自职责，依法对建设项目安全审查情况进行监督检查，对检查中发现的违反本办法的情况，应当依法作出处理，并通报实施安全审查的安全生产监督管理部门。

第三十三条　市级安全生产监督管理部门应当在每年1月31日前，将本行政区域内上一年度建设项目安全审查的实施情况报告省级安全生产监督管理部门。

省级安全生产监督管理部门应当在每年2月15日前，将本行政区域内上一年度建设项目安全审查的实施情况报告国家安全生产监督管理总局。

第七章　法律责任

第三十四条　安全生产监督管理部门工作人员徇私舞弊、滥用职权、玩忽职守，未依法履行危险化学品建设项目安全审查和监督管理职责的，依法给予处分。

第三十五条　未经安全条件审查或者安全条件审查未通过，新建、改建、扩建生产、储存危险化学品的建设项目的，责令停止建设，限期改正；逾期不改正的，处50万元以上100万元以下的罚款；构成犯罪的，依法追究刑事责任。

建设项目发生本办法第十四条规定的变化后，未重新申请安全条件审查，以及审查未通过擅自建设的，依照前款规定处罚。

第三十六条　建设单位有下列行为之一的，依照《中华人民共和国安全生产法》有关建设项目安全设施设计审查、竣工验收的法律责任条款给予处罚：

（一）建设项目安全设施设计未经审查或者审查未通过，擅自建设的。

（二）建设项目安全设施设计发生本办法第二十一条规定的情形之一，未经变更设计审查或者变更设计审查未通过，擅自建设的。

（三）建设项目的施工单位未根据批准的安全设施设计施工的。

（四）建设项目安全设施未经竣工验收或者验收不合格，擅自投入生产（使用）的。

第三十七条　建设单位有下列行为之一的，责令改正，可以处1万元以下的罚款；逾期未改正的，处1万元以上3万元以下的罚款：

（一）建设项目安全设施竣工后未进行检验、检测的。

（二）在申请建设项目安全审查时提供虚假文件、资料的。

（三）未组织有关单位和专家研究提出试生产（使用）可能出现的安全问题及对策，或者未制定周密的试生产（使用）方案，进行试生产（使用）的。

（四）未组织有关专家对试生产（使用）方案进行审查、对试生产（使用）条件进行检查确认的。

第三十八条　建设单位隐瞒有关情况或者提供虚假材料申请建设项目安全审查的，不予受理或者审查不予通过，给予警告，并自安全生产监督管理部门发现之日起一年内不得再次申请该审查。

建设单位采用欺骗、贿赂等不正当手段取得建设项目安全审查的，自安全生产监督管理部门撤销建设项目安全审查之日起三年内不得再次申请该审查。

第三十九条　承担安全评价、检验、检测工作的机构出具虚假报告、证明的，依照《中华人民共和国安全生产法》的有关规定给予处罚。

第八章　附　　则

第四十条　对于规模较小、危险程度较低和工艺路线简单的建设项目，安全生产监督管理部门可以适当简化建设项目安全审查的程序和内容。

第四十一条 建设项目分期建设的，可以分期进行安全条件审查、安全设施设计审查、试生产及安全设施竣工验收。

第四十二条 本办法所称新建项目，是指有下列情形之一的项目：

（一）新设立的企业建设危险化学品生产、储存装置（设施），或者现有企业建设与现有生产、储存活动不同的危险化学品生产、储存装置（设施）的。

（二）新设立的企业建设伴有危险化学品产生的化学品生产装置（设施），或者现有企业建设与现有生产活动不同的伴有危险化学品产生的化学品生产装置（设施）的。

第四十三条 本办法所称改建项目，是指有下列情形之一的项目：

（一）企业对在役危险化学品生产、储存装置（设施），在原址更新技术、工艺、主要装置（设施）、危险化学品种类的。

（二）企业对在役伴有危险化学品产生的化学品生产装置（设施），在原址更新技术、工艺、主要装置（设施）的。

第四十四条 本办法所称扩建项目，是指有下列情形之一的项目：

（一）企业建设与现有技术、工艺、主要装置（设施）、危险化学品品种相同，但生产、储存装置（设施）相对独立的。

（二）企业建设与现有技术、工艺、主要装置（设施）相同，但生产装置（设施）相对独立的伴有危险化学品产生的。

第四十五条 实施建设项目安全审查所需的有关文书的内容和格式，由国家安全生产监督管理总局另行规定。

第四十六条 省级安全生产监督管理部门可以根据本办法的规定，制定和公布本行政区域内需要简化安全条件审查和分期安全条件审查的建设项目范围及其审查内容，并报国家安全生产监督管理总局备案。

第四十七条 本办法施行后，负责实施建设项目安全审查的安全生产监督管理部门发生变化的（已通过安全设施竣工验收的建设项目除外），原安全生产监督管理部门应当将建设项目安全审查实施情况及档案移交根据本办法负责实施建设项目安全审查的安全生产监督管理部门。

第四十八条 本办法自 2012 年 4 月 1 日起施行。国家安全生产监督管理总局 2006 年 9 月 2 日公布的《危险化学品建设项目安全许可实施办法》同时废止。

63　煤层气地面开采安全规程（试行）

2011年12月31日国家安全生产监督管理总局局长办公会议审议通过，2012年2月22日国家安全生产监督管理总局令第46号公布，自2012年4月1日起施行；根据2013年8月19日国家安全生产监督管理总局局长办公会议审议通过、2013年8月29日国家安全生产监督管理总局令第63号公布、自公布之日起施行的《国家安全监管总局关于修改〈生产经营单位安全培训规定〉等11件规章的决定》修改。

第一章　总　　则

第一条　为了加强煤层气地面开采的安全管理，预防和减少生产安全事故，保障从业人员生命健康和财产安全，根据《中华人民共和国安全生产法》等法律、行政法规，制定本规程。

第二条　在中华人民共和国境内从事煤层气地面开采及有关设计、钻井、固井、测井、压裂、排采、集输、压缩等活动的安全生产，适用本规程。

国家标准、行业标准对煤矿井下瓦斯抽采和低浓度瓦斯输送安全另行规定的，依照其规定。

第三条　煤层气地面开采企业以及承包单位（以下统称煤层气企业）应当遵守国家有关安全生产的法律、行政法规、规章、标准和技术规范，依法取得安全生产许可证，接受煤矿安全监察机构的监察。

国家鼓励煤矿企业采用科学方法抽采煤层气。依法设立的煤矿企业地面抽采本企业煤层气应当遵守本规程，但不需要另行取得安全生产许可证。

第四条　煤层气企业应当建立安全生产管理机构，配备相应的专职安全生产管理人员；建立健全安全管理制度和操作规程，落实安全生产责任制，配备满足需要的安全设备和装备。

第五条　煤层气企业的主要负责人对本单位的安全生产工作全面负责。

煤层气企业的主要负责人和安全生产管理人员应当按照有关规定经专门培训并考核合格取得安全资格证书。

第六条　煤层气企业应当制订安全生产教育和培训计划，对从业人员进行安全生产教育和培训，保证从业人员具备必要的安全生产知识，熟悉有关的安全生产规章制度和安全操作规程，掌握本岗位的安全操作技能。未经安全生产教育和培训合格的从业人员，不得上岗作业。

煤层气企业的特种作业人员，应当按照有关规定经专门的安全作业培训，取得特种作业操作资格证书，方可上岗作业。

第七条 煤层气企业应当按照有关规定提取、使用满足安全生产需要的安全生产费用，保障煤层气地面开采的安全。

第八条 煤层气企业应当按照有关规定制定生产安全事故应急预案，组织定期演练，并根据安全生产条件的变化及时修订。

发生生产安全事故后，煤层气企业应当立即采取有效措施组织救援，防止事故扩大，避免人员伤亡和减少财产损失，并按照有关规定及时报告安全生产监管监察部门。

第九条 煤层气地面开采区域存在煤矿矿井的，煤层气企业应当与煤矿企业进行沟通，统筹考虑煤层气地面开采项目方案和煤矿开采计划，共享有关地质资料和工程资料，确保煤层气地面开采安全和煤矿井下安全。

第二章 一般规定

第十条 煤层气地面开采项目应当按照有关规定进行安全条件论证和安全预评价。

第十一条 新建、改建、扩建煤层气开采项目的安全设施，必须与主体工程同时设计、同时施工、同时投入生产和使用。安全设施投资应当纳入建设项目概算。

第十二条 煤层气地面开采项目的总体开发方案和煤层气集输管线、站场、供电等工程设计应当由具有相应资质的单位承担。煤层气井钻井、压裂、排采、修井等施工方案，由煤层气企业负责。

煤层气企业应当建立健全施工方案的审查制度，严格安全条件的审查。施工方案未经煤层气企业主要负责人审查同意的，施工单位不得施工。

第十三条 煤层气地面开采项目的工程施工应当由具有相应资质的监理单位进行监督。监理单位应当按照国家建设工程监理规范的要求对工程施工质量进行监督。

第十四条 煤层气企业进行工程发包时，应当对承包单位的资质条件和安全生产业绩进行审查，与承包单位签订专门的安全生产管理协议，或者在承包合同中约定各自的安全生产管理职责。煤层气企业对承包单位的安全生产工作统一协调、管理。

第十五条 煤层气企业应当经常开展安全生产检查及事故隐患排查，对发现的安全生产问题和事故隐患，应当立即采取措施进行整改；不能立即整改的，应当制定整改方案限期处理。

第十六条 煤层气企业应当对安全阀、压力表、传感器和监测设备进行定期校验、检定。煤层气企业的特种设备应当按照有关规定定期检测。

第十七条 煤层气企业应当建立相应的消防机构，配备专职或者兼职消防人员和必要的装备、器材，或者与所在地消防、应急救援机构签订消防救援合同。

第十八条 煤层气企业应当建立劳动防护用品配备、使用和管理制度，为从业人员提供符合国家标准或者行业标准的劳动防护用品。

煤层气企业应当对从业人员进行劳动防护用品使用的培训，指导、教育从业人员正确佩戴和使用劳动防护用品。

第十九条 煤层气企业进行电焊、气焊（割）等明火作业或其他可能产生火花的作业，应当编制专门的安全技术措施，并经本企业技术负责人审查批准。井场、站场内禁止烟火。

第二十条 煤层气企业应当建立设备管理专人负责制度。设备管理应当符合下列要求：

（一）安全标志正确、齐全、清晰，设置位置合理。

（二）定期进行巡检、维护和保养，确保设备始终处于完好状态。

（三）机械传动部位安装安全防护栏或者防护罩。

（四）按照有关规定对设备进行换季维护保养，防止设备锈蚀、冻裂。

（五）带压设备定期进行试压，合格后方可使用。

第二十一条 站场控制室内的气体探测控制仪超限断电后，煤层气企业应当立即组织专人对相应的设备和室内环境进行检查。严禁强行送电、开机。

第三章 硫化氢防护

第二十二条 在含硫化氢矿区进行施工作业和煤层气生产前，煤层气企业应当对所有生产作业人员和现场监督人员进行硫化氢防护的培训。培训内容应当包括课堂防护知识和现场实际操作，并符合培训时间规定。

对于临时作业人员和其他非定期派遣人员，在施工作业和煤层气生产前，煤层气企业应当对其进行硫化氢防护知识的教育。

第二十三条 在含硫化氢环境中进行生产作业，应当配备固定式和携带式硫化氢监测仪。硫化氢监测仪应当按照有关规定进行定期校验和鉴定。硫化氢重点监测区域应当设有醒目的标志，并设置硫化氢监测探头和报警器。

硫化氢监测仪发出不同级别报警时，煤层气企业应当按照行业标准《含硫化氢油气井安全钻井推荐作法》（SY/T 5087）的规定采取相应的措施。

第二十四条 煤层气企业在含硫化氢环境中进行生产作业，应当配备相应的防护装备，并符合下列要求：

（一）在钻井、试井、修井、井下作业以及站场作业中，配备正压式空气呼吸器及与其匹配的空气压缩机。

（二）有专人管理硫化氢防护装置，确保处于备用状态。

（三）进行检修和抢险作业时，携带硫化氢监测仪和正压式空气呼吸器。

第二十五条 在含硫化氢的矿区，场地及设备的布置应当考虑季节风向。在有可能形成硫化氢和二氧化硫的聚集处，应当确保有良好的通风条件，设置警示标志，使用防爆通风设备，并设置逃生通道及安全区。

第二十六条 在含硫化氢环境中进行钻井、井下作业和煤层气生产以及气体处理所使用的材料及设备，应当适合用于含硫化氢环境。

第二十七条 在含硫化氢环境中进行生产作业时，煤层气企业应当制定防硫化氢应急预案。钻井、井下作业的防硫化氢应急预案，应当规定煤层气井点火程序和决策人。

第二十八条 煤层气企业在含硫化氢的矿区进行煤层气井钻井，应当符合下列要求：

（一）地质及工程设计考虑硫化氢防护的特殊要求。

（二）采取防喷措施，防喷器组及其管线闸门和附件能够满足预期的井口压力。

（三）井场内禁止烟火，并采取控制硫化氢着火的措施。

（四）使用适合于含硫化氢地层的钻井液，并监测、控制钻井液 pH。

（五）在含硫化氢地层取芯和进行测试作业时，采取有效的防硫化氢措施。

第二十九条　在煤层气企业含硫化氢的煤层气井进行井下作业，应当符合下列要求：

（一）采取防喷措施。

（二）采取控制硫化氢着火的措施。

（三）当发生修井液气侵，硫化氢气体逸出时，立即通过分离系统分离或者采取其他处理措施。

（四）进入盛放修井液的密闭空间或者限制通风区域，可能产生硫化氢气体时，采取相应的人身安全防护措施。

（五）进行对射孔作业、压裂作业等特殊作业时，采取硫化氢防护措施。

第三十条　在进行含硫化氢的煤层气生产和气体处理作业时，煤层气企业应当对煤层气处理装置的腐蚀进行监测和控制，对可能的硫化氢泄漏进行检测，制定硫化氢防护措施。

作业人员进入可能有硫化氢泄漏的井场、站场、低凹区、污水区及其他硫化氢易于积聚的区域时，以及进入煤层气净化厂的脱硫、再生、硫回收、排污放空区进行检修和抢险时，应当携带正压式空气呼吸器。

第三十一条　含硫化氢煤层气井废弃时，煤层气企业应当考虑废弃方法和封井的条件，使用水泥封隔产出硫化氢的地层。

埋地管线、地面流程管线废弃时，应当经过吹扫净化、封堵塞或者加盖帽。容器应当用清水冲洗、吹扫并排干，敞开在大气中，并采取防止铁的硫化物燃烧的措施。

第四章　工 程 设 计

第三十二条　煤层气企业编写工程设计方案前，应当充分收集有关资料，对作业现场及其周边环境进行调研，并进行危险源辨识和风险评价。

第三十三条　煤层气井不得布置在滑坡、崩塌、泥石流等地质灾害易发地带。

第三十四条　气井井口与周围建（构）筑物、设施的间距应当符合行业标准《煤层气地面开采防火防爆安全规程》（AQ 1081）的规定。

第三十五条　钻井作业时，生活区、值班房应当置于井架侧面，且处于最小频率风向的下风侧，与井口的间距不小于 10 米。井场发电房与柴油罐的间距应当不小于 5 米。

第三十六条　井控装置的远程控制台应当安装在井架大门侧前方、距井口不少于 25 米的专用活动房内，并在周围保持 2 米以上的行人通道。

第三十七条　钻井工程地质设计应当收集区域地质资料，确定各含水层组深度，制定相应的安全措施。

第三十八条　钻机及配套设备应当满足钻井设计的要求。钻机的额定钻进深度应当大于钻井深度。井架提升能力应当满足钻具重量、地质条件的要求。

动力设施应当满足钻机、泥浆泵、排水泵等设施所需功率。

第三十九条 钻井工艺技术应当有利于保护煤储层，并制定井漏、井涌、井喷、井塌、卡钻、防斜等复杂情况的安全技术措施。

第四十条 探井设计应当参考本地区钻井所采用的井身结构。井径应当留有余地。套管系列设计应当能够保证施工安全。表层套管应当至少下到稳定基岩内10米。

第四十一条 固井作业设计应当保证后续增产作业施工的安全。

套管柱应当进行强度设计，综合考虑内应力、挤应力和拉应力，以满足后续作业的需要。

第四十二条 设计方案应当对各种复杂情况提出预防和处理措施。

第四十三条 煤层气企业应当建立测井安全操作管理和事故处理措施。煤层气企业应当对放射源等危险物品的储存、运输、使用和防护作出特别规定。

第四十四条 煤层气企业应当建立爆炸物品运输和使用、爆炸器材存储和销毁、废旧爆炸物品安全销毁的管理制度。

煤层气企业应当建立防止地面爆炸、施工深度错误、炸枪（卡枪）及炸坏套管的安全防范和处理措施。

第四十五条 所选压裂井口的耐压等级应当大于设计的最高井口压力，泵车组安全阀的设定压力值不得超过生产套管抗内压强度的80%。煤层气企业应当建立砂堵、砂卡、设备损坏等事故的应急处理措施。

第四十六条 排采设备地基、底座基础应当满足载荷要求。电缆、变速箱、其他电气设备、连接设施配套设备应当与电机功率匹配。抽油杆柱应当满足疲劳应力强度要求。

第四十七条 排采泵的防冲距合理值应当根据下泵深度、泵型号、抽油杆的规格及机械性能确定，避免正常工作时柱塞碰泵。

第四十八条 井口应当设置排采沉淀池，煤层气井排出的水经过沉淀后，满足有关规定要求后方可进行排放；水管线应当以一定的坡度通向排采沉淀池，保证水流畅通。

第四十九条 煤层气企业对可能产生静电危险的下列设备和管线应当设置防静电装置：

（一）进出装置或者设施处。

（二）爆炸危险场所的边界。

（三）煤层气储罐、过滤器、脱水装置、缓冲器等及其连接部分。

（四）管道分支处以及直线段每隔200~300米处。

（五）压缩机的吸入口和加气机本身及槽车与加气机连接环节。

在站场入口和主要的操作场所，煤层气企业应当安装人体静电导除装置，防静电接地装置的接地电阻应当不大于100欧姆。

在连接管线的法兰连接处，煤层气企业应当设置金属跨接线（绝缘法兰除外）。当法兰用5根以上螺栓连接时，法兰可以不用金属线跨接，但必须构成电气通路。

第五十条 工程和设备的防静电接地应当符合下列要求：

（一）设施设备和车辆的防静电接地，不得使用链条类导体连线。

（二）防静电接地、防感应雷接地和电气设备接地共同设置的，其接地电阻不大于10

欧姆。

（三）防静电接地装置单独设置的，接地电阻不大于100欧姆，埋设周围情况良好。

（四）防静电接地不得使用防直击雷引下线和电气工作零线，测量点位置不得设在爆炸危险区域内。

（五）检修设备、管线可能导致防静电接地系统断路时，预先设置临时性接地，检修完毕后及时恢复。

第五十一条　进站槽车的防静电应当符合下列要求：

（一）槽车及槽车驾驶员、押运员持有合法有效的证件。

（二）槽车设置汽车专用静电接地装置，接地电阻不大于100欧姆。

（三）槽车的防静电接地线连接在作业场所的专用防静电接地点上，且不得采用缠绕等不可靠的连接方法。

（四）槽车的防静电接地连线采用专用导静电橡胶拖地线或者铜芯软绞线。

第五十二条　防雷应当符合下列安全要求：

（一）建（构）筑物、工艺设备、架空管线、各种罐体、电气设备等设置防雷接地装置。

（二）进入变（配）电室的高压电路安装与设备耐压水平相适应的过电压（电涌）保护器。

（三）信息系统配电线路的首、末端与电子器件连接时，装设与电子器件耐压水平相适应的过电压（电涌）保护器。

（四）防雷接地电阻不得大于10欧姆，引下线地面以下0.3米至地面以上1.7米无破坏，接地测试断接点接触良好，埋设周围情况良好。

（五）防雷装置保护范围不得缩小。

（六）防雷击接地措施不得影响输气管线阴极保护效果。

（七）接地装置定期由具备资质的单位进行测试。

第五十三条　煤层气企业应当在站场内设置风向标，并悬挂在有关人员可以看到的位置。

第五十四条　压缩机房应当符合下列要求：

（一）压缩机房设置防爆应急照明系统。

（二）采用封闭式厂房时，有煤层气泄漏的报警装置、良好的机械通风设施和足够的泄压面积。

（三）压缩机房电缆沟使用软土或者沙子埋实，并与配电间的电缆沟严密隔开。

（四）压缩机房有醒目的安全警示标志。

第五章　钻井与固井

第五十五条　井场应当平整、坚固。井架地基填方部分不得超过四分之一面积。填方部分应当采取加固措施。

煤层气企业在山坡上修筑井场时，当地层坚硬、稳固时，井场边坡坡度不得大于85度；当地层松软时，井场边坡坡度不得大于60度。必要时，砌筑护坡、挡土墙。

第五十六条 煤层气企业应当对井场的井架、油罐安装防雷防静电接地装置，其接地电阻应当不大于10欧姆。

第五十七条 暴雨、洪水季节，在山沟、洼陷等低凹地带施工时，煤层气企业应当加高地基，修筑防洪设施。

第五十八条 煤层气企业应当在井场配备足够数量的消防器材。消防器材应当由专人管理，定期维护保养，不得挪作他用。消防器材摆放处应当保持通道畅通，确保取用方便。

第五十九条 煤层气企业应当在井场、钻台及井架梯子的入口处，钻台上、高空作业区和绞车、柴油机、发电机等机械设备处，以及油罐区、消防器材房、消防器材箱等场所和设备设施上设置相应的安全警示标志。

第六十条 煤层气企业进行立、放井架及吊装作业，应当与架空线路保持安全距离，并采取措施防止损害架空线路。

第六十一条 井架绷绳安设不少于4根，绷绳强度应当与钻机匹配，地锚牢固可靠。

第六十二条 钻机水龙头和高压水龙带应当设有保险绳。

第六十三条 钻台地板铺设应当平整、紧密、牢固。井架2层以上平台应当安装可靠防护栏杆，防护栏高度应当大于1.2米，采用防滑钢板。

活动工作台应当安装制动、防坠、防窜、行程限制、安全挂钩、手动定位器等安全装置。

第六十四条 钻机钢丝绳安全系数应当大于7；吊卡处于井口时，绞车滚筒钢丝绳圈数不少于7圈；钢丝绳固定连接绳卡应当不少于3个。

第六十五条 发电机应当配备超载保护装置。电动机应当配备短路、过载保护装置。

第六十六条 柴油机排气管应当无破损、无积炭，其出口不得指向循环罐，不得指向油罐区。井场油罐阀门应当无渗漏，罐口封闭上锁，并有专人管理。

第六十七条 井场电气设备应当设保护接零或者保护接地，保护接地电阻应当小于4欧姆。

第六十八条 井场电力线路应当采用电缆，并架空架设；经过通道、设备处应当增加防护套。井场电器安装技术要求参照国家对井场电气安装技术的要求执行。

第六十九条 煤层气企业安装、拆卸井架时，井架上下不得同时作业。

第七十条 施工现场应当有可靠的通信联络，并保持24小时畅通。

第七十一条 煤层气企业安装井控装置时，放喷管线的布局应当考虑当地季节风向、居民区、道路、油罐区、电力线及各种设施等情况。

第七十二条 钻进施工应当符合下列要求：

（一）符合国家标准、行业标准有关常规钻进安全技术的要求。

（二）一开、二开、钻目标煤层前等重要工序，由钻井监理进行全面的安全检查，经验收合格后方可作业。

（三）钻井队按照规定程序和操作规程进行操作，执行钻井作业设计中有关防火防爆的安全技术要求。

（四）选择适当的钻井液。

（五）钻进施工中如出现异常情况，及时采取应急措施，立即启动应急预案。

第七十三条　下套管作业应当符合下列要求：

（一）吊套管上钻台，使用适当的钢丝绳，不得使用棕绳。

（二）套管上扣时推荐使用套管动力钳，下放套管时密切观察指重表读数变化并按程序操作，发现异常及时处理。

（三）套管串总重量不得大于钻机或者井架的提升能力，否则需采取相应的减重措施。套管下放时，需边下放边灌注钻井液，以免将浮鞋、浮箍压坏。

第七十四条　固井作业应当符合下列要求：

（一）摆车时设专人指挥，下完套管需先灌满套管，不得直接开泵洗井。

（二）开泵顶水泥浆时，所有人员不得靠近井口、泵房、高压管汇、安全阀及放压管线。

第六章　测　　井

第七十五条　煤层气企业进行测井施工前，应当召开安全会，提出作业安全要求。

测井施工现场不具备安全生产条件的，不得进行测井作业。

第七十六条　井场钻台前方10米以外应当有摆放测井车辆的开阔地带。器材堆置不得影响车辆的进出及就位。

第七十七条　车载仪器及专用器具上井前，煤层气企业应当妥善包装和固定，运输中禁止与有碍安全的货物混装。车载计算机必须采取防震、防尘措施。

测井车辆行车前及长途行车途中，应当做好车况、放射源及仪器设备安全检查。途中留宿的，必须将车辆停放在安全场所。

第七十八条　测井人员不得擅离职守，不允许在井架、钻台上进行与测井无关的其他作业，未经许可不得动用非本岗位的仪器设备。

第七十九条　摆放测井设备应当充分考虑风向。测井仪器车等工作场所的电源、温度、湿度应当符合安全需要，并做好相应消防措施。测井车应当接地良好，电路系统不得有短路和漏电现象。

当钻井井口一定区域内可能有煤层气积聚时，煤层气企业应当停止测井作业。

第八十条　测井前，煤层气企业应当将井口附近的无关物品移开，及时清除钻台转盘及钻台作业面上的钻井液。冬季测井施工时，应当及时清除深度丈量轮和电缆上的结冰。在井口装卸放射源或者其他仪器时，应当先将井口盖好，不得将工具放在转盘上。

仪器开机前，煤层气企业应当对电源、仪器接线及接地、各部件及计算机、需固定装置的安装状况、绞车的刹车及变速装置进行复查。测井过程中，操作人员应当观察仪器、设备的工作状态，发现异常情况及时处理。

第八十一条　下井仪器应当正确连接，牢固可靠。出入井口时，煤层气企业应当有专人在井口指挥。

第八十二条 绞车启动后，电缆提升和下放过程中，应当避免紧急刹车和骤然加速，工作人员应当避开绞车和电缆活动影响区，严禁触摸和跨越电缆。

第八十三条 仪器起下速度应当均匀，不得超过 4 000 米/小时，距井底 200 米时应当减速慢下；进入套管鞋时，起速不得超过 600 米/小时，仪器上起离井口约 300 米时，应当有专人在井口指挥，减速慢行。

第八十四条 下井仪器遇阻时，操作人员应当将仪器提出井口，通井后再进行测井作业。严禁遇阻强冲。

第八十五条 下井仪器遇卡时，操作人员应当立即停车，缓慢上下活动；如仍未解脱，应当迅速研究具体的处理措施。

第八十六条 仪器在井底及裸眼井段静止时间不得超过 1 分钟，对停留时间有特殊要求的测井项目除外。

第八十七条 仪器工作结束后，操作人员应当将各操纵部件恢复到安全位置。严禁在通电状态下搬运仪器设备和拔、插接线。

第八十八条 夜间施工时，井场应当保障照明良好。

第八十九条 遇有七级以上大风、暴雨、雷电、大雾等恶劣天气，煤层气企业应当暂停测井作业。如正在测井作业，应当将仪器起入套管内，并关闭仪器电源。

第九十条 测井作业时，井内产出硫化氢或者其他有毒、有害气体的，煤层气企业应当按照有关规定采取相应防护措施，并制定测井方案，待批准后方可进行测井作业。

第九十一条 放射源必须存放在专用源库中，源库的设计及源库内外的剂量当量率应当符合国家有关油（气）田测井用密封型放射源卫生防护标准的要求。煤层气企业应当建立健全放射源的使用档案及领用、保管制度。

施工区应当建立临时源库，源库应当设有警戒标志并有防盗、防丢失措施。

第九十二条 运输放射源的防护容器应当加锁。容器外表面除应当标示放射性核素名称、活度、电离辐射警告标志外，还应当标示容器的编号。防护容器、运源车内及车附近的剂量当量率应当符合国家有关油（气）田测井用密封型放射源卫生防护标准的要求。

第九十三条 放射源必须专车运输、专人押运，中途停车、住宿时应当有专人监护。

运源车严禁搭乘无关人员和押运生活消费品。未采取足够安全防护措施的运源车不得进入人口密集区和在公共停车场停留。

第九十四条 在室外、野外从事放射源工作时，煤层气企业必须根据辐射水平或者放射性污染的可能范围划出警戒区，在醒目位置设置电离辐射警告标志，设专人监护，防止无关人员进入警戒区。

第九十五条 煤层气企业应当定期对从事放射性工作的人员进行个人剂量监测和职业健康检查，建立个人剂量档案和职业健康监护档案。如被确认为放射损伤者，煤层气企业应当将其调离放射性工作并及时治疗。

拟参加放射性工作的人员，必须经过体检；有不适应症者，不得参加此项工作。测井施工人员应当按照辐射防护的时间、距离、屏蔽原则，采取最优化的辐射防护方式，进行装、卸放射源作业，禁止直接接触放射源。

第九十六条 严禁打开放射源的密封外壳，严禁使用密封破坏的可溶性放射源测井。必须裸露使用放射源时，应当使用专用工具。放射性液体和固体废物应当收集在贮存设施内封存，定期上交当地环境保护行政主管部门处理。

第九十七条 放射源的调拨、处理、转让、废弃处理，以及遇有放射源被盗、遗失等放射性事故时，煤层气企业必须按照《放射性同位素与射线装置安全和防护条例》和《放射事故管理规定》的规定进行妥善处理。

放射源掉入井内的，煤层气企业应当及时打捞，并指定专人负责实施；打捞失败的，应当检测放射源所在位置，并按照有关规定打水泥塞封固。

第九十八条 严禁在放射工作场所吸烟、进食和饮水。

第七章 射　　孔

第九十九条 射孔作业前应当通井。

射孔作业现场周围的车辆、人员不得使用无线电通信设备；装配现场除工作人员外，严禁其他人员进入，严禁吸烟和使用明火。装配时，操作人员应当站在射孔枪的安全方位。

第一百条 煤层气企业在井口进行接线时，应当将枪身全部下入井内，电缆芯对地短路放电后方可接通。未起爆的枪身应当在断开引线并做好绝缘后，方可起出井口。未起爆的枪身或者已装好的枪身不再进行施工时，应当在圈闭相应的作业区域内及时拆除雷管和射孔弹。

使用过的射孔弹、雷管不得再次使用。

第一百零一条 撞击式井壁取心器炸药的使用，应当遵守国家有关火工品安全管理的规定。

第一百零二条 检测雷管时，检测人员应当使用爆破欧姆表测量，下深超过 70 米时方可接通电源。

第一百零三条 大雾、雷雨、七级风以上（含七级）天气及夜间不得进行射孔和井壁取心作业。

第一百零四条 施工结束返回后，施工人员应当直接将剩余火工品送交库房，并与保管员办理交接手续。

爆炸物品的销毁，应当符合国家有关石油射孔和井壁取心用爆炸物品销毁标准的规定。

第八章 压　　裂

第一百零五条 井场应当具备能摆放压裂设备并方便作业的足够面积，设有明确的安全警示标志。

第一百零六条 施工作业前，施工人员应当详细了解井场内地下管线及电缆分布情况，并按照设计要求做好施工前准备。

第一百零七条 新井、一年内未进行任何作业的老井均应当进行通井。通井时遇到异常情况的，施工人员应当在采取有效措施后方可继续作业。

第一百零八条 压裂设备、井口装置和地面管汇应当满足压裂施工工艺和压力要求。

压裂施工所用高压泵安全销子的剪断压力不得超过高压泵额定最高工作压力。井口应当用专用支架或者其他方式固定。高压管线长度每间隔8米时应当有固定高压管线的措施。

以井口10米为半径，沿泵车出口至井口地面流程两侧10米为边界，设定为高压危险区，并使用专用安全带设置封闭的安全警戒线。

第一百零九条 摆放设备时，煤层气企业应当安排好混砂车与管汇车、管汇车与压裂泵车、压裂泵车距井口的距离。仪表车应当安放在能看到井口、视野开阔的地点。

第一百一十条 压裂施工必须在白天进行。煤层气企业应当对压裂施工进行统一指挥，指挥员应当随时掌握施工动态，保持通信系统畅通。

第一百一十一条 煤层气企业在施工前应当召开安全会，提出安全要求，明确安全阀限定值，同时进行下列安全检查：

（一）检查压裂设备、校对仪表，确保压裂主机及辅机的工作状况良好，待修或者未达到施工要求的设备不得参加施工。

（二）按照设计要求试压合格，各部阀门应当灵活好用。设备和管线泄漏时，应当在停泵、泄压后方可检修。

（三）压裂车逐台逐挡充分循环排空，排净残液、余砂。

第一百一十二条 施工期间煤层气企业应当派专人负责巡视边界，严禁非施工人员进入井场。高压区必须设有警戒，无关人员不得进入。

第一百一十三条 施工中进出井场的车辆排气管应当安装阻火器。施工车辆通过井场地面裸露的油、气管线及电缆时，煤层气企业应当采取防止碾压的保护措施。

第一百一十四条 泵车操作应当平稳，严禁无故换挡或者停车。出现故障必须停车时，操作人员应当及时通知指挥员采取措施。

第一百一十五条 压裂期间，煤层气企业必须有专人监测剩余压裂液液面、支撑剂剩余量和供应情况，确保连续供液和供砂。

第一百一十六条 加砂过程中，压力突然上升或者发生砂堵时，煤层气企业应当及时研究处理，不得强行憋压。

使用放射性示踪剂的，应当按照有关规定采取相应的防护措施，并定期对放射性示踪剂的活度、存储装置是否完好进行检测，对接触人员进行体检。

第一百一十七条 压裂施工后，煤层气企业应当对设备的气路系统、液压系统、吸入排出系统、仪表系统、混合系统、柱塞泵、卡车、燃料系统等进行安全检查和维修保养。

第九章　排　　采

第一百一十八条 排采井场应当符合下列要求：

（一）平整、清洁、无杂草。

（二）井场周围应当设围栏，围栏高度不得低于1.7米，并有明确的警示标识。

（三）井场内所有可能对人体产生碰伤、挤伤或者其他伤害的危险物体均应当涂以红色标记，以示警告。

第一百一十九条　煤层气企业应当将排采沉淀池布置在井场围栏范围内；布置在排采围栏范围外时，应当设独立围栏。

第一百二十条　选择放空火炬的位置应当考虑当地全年主风向，置于全年最小频率风向的上风侧。

第一百二十一条　排采设备应当置于远离放空火炬的一侧摆放，发电机排气筒方向不得正对井口。煤层气企业应当定期用可燃气体检测仪检测阀门、管线是否漏气，发现漏气应当立即检修处理。

气、水管线应当分别安装气、水阀门，气管线应当涂成黄色，水管线应当涂成绿色。

第一百二十二条　煤层气企业应当定期检查气水分离器（如有）的阀门、安全阀是否灵活好用。

第一百二十三条　煤层气企业应当对气水分离器（如有）定期排水，防止造成水堵或者积聚。

第一百二十四条　抽油机的安装应当符合下列要求：

（一）地基夯实，水泥基础坐落在土质均匀的原土上，冰冻地区应当开挖至冰冻层以下。

（二）基础表面没有裂纹、变形现象。

（三）抽油机底座与基础墩接触面紧密贴实，地角螺栓不得悬空。

（四）平衡块与曲柄的装配面及曲柄燕尾槽内严禁夹入杂物。

第一百二十五条　抽油机启动前，煤层气企业应当确保抽油机各部位牢固可靠、刹车及皮带松紧适宜、供电系统正常。

第一百二十六条　工作人员巡检时应当与抽油机保持一定的安全距离，刹车操作后应当合上保险装置。抽油机运转或者未停稳时，不得接触、靠近抽油机的运转部位，也不得进行润滑、加油或者调整皮带等操作。

第一百二十七条　进行调整冲程、更换悬绳器等高空作业时，操作人员应当系好安全带并站稳，防止滑落跌伤和工具掉落伤人。

第一百二十八条　更换井口装置时，煤层气企业应当在施工现场配备防火、防爆设施。割焊井口时，煤层气企业必须制定相应的安全技术措施。

第一百二十九条　螺杆泵设备运行期间，应当确保各连接部位无松动、减速箱不漏（缺）油、皮带无松弛、光杆不下滑、机体无过热现象。

第一百三十条　欠载跳闸时，工作人员应当排除方卡子松动、传动部分打滑、断杆卸载等原因后方可开机；过载跳闸时，应当排除短路、缺相现象后方可开机。

第一百三十一条　排采设备的控制柜应当有防护措施，埋地电缆处应当有明显标记。

第一百三十二条　测量电潜泵机组参数时，测量人员必须把控制柜总电源断开，并悬挂警示牌。

第一百三十三条 电潜泵停机时，不得带负荷拉闸。电潜泵出现故障停机时，如未查明原因并排除故障，不得二次启动。

第一百三十四条 动液面测试前，必须在关闭套管阀门并释放压力后，方可安装井口连接器。测试动液面时，应当采用氮气进行击发，严禁采用声弹进行击发。

第一百三十五条 连接器安装完毕后，连接器上的放空阀应当关严，缓慢打开套管阀门。

对有套压井，有关人员必须在套管阀门打开时无异常情况下方可装接信号线。

第一百三十六条 测试结束后，测试人员应当关严套管阀门，打开放空阀门，拆除各连接电缆后，方可卸下井口连接器。

第一百三十七条 示功图测试前，抽油机驴头必须停在下死点，拉住刹车；操作人员应当选择安全的操作位置安装仪器；仪器安装后，必须确保挂上保险装置。

第一百三十八条 修井时，探砂面、冲砂起下管柱应当按照国家有关常规修井作业规程的安全规定执行。

第一百三十九条 冲砂前，水龙带必须拴保险绳，循环管线应当不刺不漏。冲砂时，禁止人员穿越高压区。

第一百四十条 下泵时，井口应当安装防掉、防碰装置，严防井下落物和因碰撞产生火花。禁止挂单吊环操作。

修井机绷绳强度应当与修井机匹配，并确保地锚牢固可靠。

第一百四十一条 洗井时，泵车、水罐车等设备的摆放场地应当处于便于操作的安全位置，出口管线连接应当平直，末端用地锚固定。

第一百四十二条 洗井前必须试压合格，各部阀门应当灵活好用。

第一百四十三条 洗井期间，提升动力设备应当连续运转，不得熄火。泵压升高，洗井不通时，应当及时分析处理，不得强行憋泵；设备和管线泄漏时，应当在停泵、泄压后方可检修。

发生严重漏失时，应当采取有效堵漏措施后再进行施工。

第一百四十四条 煤层气企业应当对报废的煤层气井进行封井处理，建立报废煤层气井的档案，并有施工单位和煤层气企业等有关部门的验收意见。

第一百四十五条 报废的煤层气井的井筒必须用水泥浆或者水泥砂浆封固，封固高度为从井底到最上面一个可采煤层顶板以上 100 米。废弃的井筒必须在井口打水泥塞，并将地面以下 1.5 米套管割掉，用钢板将套管焊住，然后填土至与地面平齐。

第十章 煤层气集输

第一百四十六条 煤层气集输管线线路走向应当根据地形、工程地质、沿线井场（站场）的地理位置以及交通运输、动力等条件，确定最优线路。

管线线路的选择应当符合下列要求：

（一）线路顺直、平缓，减少与天然和人工障碍物的交叉。

（二）避开重要的军事设施、易燃易爆仓库、国家重点文物保护单位等区域。

（三）避开城镇规划区、大型站场、飞机场、火车站和国家级自然保护区等区域。当受条件限制，管线需要在上述区域内通过时，必须征得有关部门同意，留出足够的安全距离，并采取相应的安全保护措施。

（四）严禁管线通过铁路或者公路的隧道、桥梁（管线专用公路的隧道、桥梁除外）以及铁路编组站、大型客运站和变电所。

（五）避开地下杂散电流干扰大的区域；当避开确有困难时，需采取符合标准、规范的排流措施。

（六）避开不良工程地质地段；需选择合适的位置和方式穿越。

第一百四十七条　煤层气管线及管线组件的材质选择，应当综合考虑使用压力、温度、煤层气特性、使用地区、经济性等因素。

煤层气管线及管线组件的材质选择应当符合下列要求：

（一）采用材料的强度、寿命满足安全要求，煤层气集输钢质管道的设计符合《油气集输设计规范》（GB 50350）的有关规定，煤层气采气聚乙烯管道的设计符合《聚乙烯燃气管道工程技术规程》（CJJ 63）的有关规定。

（二）材料生产企业按照相应标准生产，并提供产品质量证明书。

（三）选用的管线组件符合安全标准并有质量证明书。

（四）管线材质满足当地的抗震要求。

（五）采用钢管和钢质组件时，应当根据强度等级、管径、壁厚、焊接方式及使用环境温度等因素提出材料韧性要求。

（六）穿越铁路、公路、大型河流及人口稠密区时，采用钢管，管线组件严禁使用铸铁件。

第一百四十八条　煤层气集输管线应当采用埋地方式敷设，特殊地段也可以采用土堤、地面、架空等方式敷设。管线敷设应当满足抗震要求。

第一百四十九条　埋地管线坡度应当根据地形的要求，采用弹性敷设，管线埋地深度应当在冻土层以下。覆土层最小厚度、管沟边坡和沟底宽度应当符合国家有关输气管道工程设计规范标准的规定。

管线与其他管线交叉时，其垂直净距一般不得小于 0.3 米；当小于 0.3 米时，两管间应当设置坚固的绝缘隔离物。管线与电力、通信电缆交叉时，其垂直净距不得小于 0.5 米。管线在交叉点两侧各延伸 10 米以上的管段，应当采用相应的最高绝缘等级。

管线改变方向时，应当优先采用弹性敷设（曲率半径应当大于或者等于管线直径的 1 000 倍），垂直面上弹性敷设管线的曲率半径应当大于管线在自重作用下产生的挠度曲线的曲率半径。曲率半径的计算应当符合国家有关输气管道工程设计规范标准的规定。

第一百五十条　用于改变管线走向的弯头的曲率半径应当大于或者等于外直径的 4 倍，并便于清管器或者检测仪器顺利通过。现场冷弯弯管的最小曲率半径应当符合国家有关输气管道工程设计规范标准的规定。弯管上的环向焊缝应当进行 X 射线检查。

管线不得采用斜口连接，不允许采用褶皱弯或者虾米弯，管子对接偏差不得大于 3 度。

第一百五十一条 管线穿、跨越铁路、公路、河流时，应当符合国家油气输送管道穿越工程设计规范标准和油气输送管道跨越工程设计规范标准的有关规定。

第一百五十二条 管线沿线应当设置里程桩、转角桩、标志桩和警示牌等永久性标志。里程桩应当沿气流前进方向从管线起点至终点每500米连续设置。里程桩可以与阴极保护测试桩结合设置。

第一百五十三条 钢制埋地集输管线的设计应当符合国家有关防腐绝缘与阴极保护标准的有关规定。

管线阴极保护达不到规定要求的，经检测确认防腐层发生老化时，煤层气企业应当及时进行防腐层大修。

第一百五十四条 裸露或者架空的管线应当有良好的防腐绝缘层，带保温层的，采取保温和防水措施。管线应当定期排水，防止造成水堵、冰堵。

站场的进出站两端管线，应当加装绝缘接头，确保干线阴极保护可靠性。

第一百五十五条 煤层气企业应当依据煤层气田地面建设总体规划以及所在地区城镇规划、集输管线走向，结合地形、地貌、工程和水文地质条件，统一规划站场的选址及布局，并远离地质灾害易发区，在站场服务年限内避免受采空区、采动区的影响，确保站场安全。

第一百五十六条 站场应当布置在人员集中场所及明火或者散发火花地点全年最小频率风向的上风侧，站场主要设施与周边有关设施的安全距离应当符合下列要求：

（一）与居民区、村镇、公共设施的防火间距不小于30米。

（二）与相邻厂矿企业、35千伏及以上变电所的防火间距不小于30米。

（三）与公路的间距不小于10米。

（四）与铁路线的间距不小于20米。

（五）与架空通信线、架空电力线的间距不小于1.5倍杆高。

（六）与采石场等爆炸作业场地的间距不小于300米。

第一百五十七条 站场内平面布置、防火安全、场内道路交通及与外界公路的连接应当符合《石油天然气工程设计防火规范》（GB 50183）的有关规定。

第一百五十八条 站场的防洪设计标准，应当综合考虑站场规模和受淹损失等因素，集气站重现期为10~25年，中心处理站重现期为25~50年。

第一百五十九条 放空管应当位于站场生产区最小频率风向的上风侧，且处于站场外地势较高处，其高度应当比附近建（构）筑物高出2米以上，且总高度不得小于10米。放空管距站场的距离一般不小于10米；当放空量大于12 000立方米/小时且等于或者小于40 000立方米/小时时，放空管距站场的距离应当不小于40米。

第一百六十条 站场设备应当由具备国家规定资质的企业生产，有产品合格证书并满足安全要求。

第一百六十一条 煤层气企业应当定时记录设备的运转状况，定期分析主要设备的运行状态。安全阀和压力表应当定期进行校验。调节阀、减压阀、高（低）压泄压阀等主要阀门应当按照相应运行和维护规程进行操作和维护，并按照规定定期校验。

第一百六十二条　煤层气企业应当在站场的进口处设置明显的安全警示牌、进站须知和逃生路线图，并应当向进入站场的外来人员告知安全注意事项等。

站场应当设置不低于 1.7 米的非燃烧材料围墙或者围栏，并设置安全警示标志。

站场内大于或者等于 35 千伏的变配电站应当设置不低于 1.5 米的围栏。

第一百六十三条　站场的供电负荷和供电电源应当根据《石油天然气安全规程》（AQ 2012）的有关规定确定。用电设备及线路走向应当合理，导体选择及线路敷设应当符合安全规定，线路应当无老化、破损和裸露现象。

第一百六十四条　配电室应当有应急照明，配电室门应当外开，保持通风良好，并安装挡鼠板。电缆沟应当无积水，地沟应当封堵。地沟可燃气体浓度应当定期检验，避免沟内窜气。

第一百六十五条　站场内对管线进行吹扫、试压时，煤层气企业应当编制作业方案，制定安全技术措施。

强度试验和气密试验时发现管线泄漏的，煤层气企业应当查明原因，制定修理方案和安全措施后方可进行修理。

第一百六十六条　压缩机应当允许煤层气组分、进气压力、进气温度和进气量有一定的波动范围。

第一百六十七条　压缩机启动及事故停车安全连锁应当完好。

压缩机的吸入口应当有防止空气进入的措施；压缩机的各级进口应当设凝液分离器或者机械杂质过滤器。分离器应当有排液、液位控制和高液位报警及放空等设施。

第一百六十八条　在煤层气脱水装置前应当设置分离器。

脱水器前及压缩机的出口管线上的截断阀前应当分别设置安全阀。

第一百六十九条　煤层气脱水装置中，气体管线应当选用全启式安全阀，液体管线应当选用微启式安全阀。安全阀弹簧应当具有可靠的防腐蚀性能或者必要的防腐保护措施。

第一百七十条　含硫化氢的煤层气应当脱硫、脱水。距煤层气处理厂较远的酸性煤层气，如因管输产生游离水，应当先脱水、后脱硫。

第一百七十一条　在煤层气处理及输送过程中使用化学药剂时，煤层气企业应当严格执行技术操作规程和措施要求，并落实防冻伤、防中毒和防化学伤害等措施。

第一百七十二条　煤层气企业应当在脱硫溶液系统中设过滤器。

第一百七十三条　进脱硫装置的原料气总管线和再生塔应当设安全阀，液硫储罐最高液位之上应当设置灭火蒸汽管。储罐四周应当设置闭合的不燃烧材料防护墙，墙高应当为 1 米，四周应当设置相应的消防设施。

第一百七十四条　在含硫容器内作业时，煤层气企业应当进行有毒气体测试，并备有正压式空气呼吸器。

第一百七十五条　集输系统投产应当符合下列要求：

（一）管线与设备的严密性试验合格。

（二）各单体设备、分系统试运行正常，设备工作状态良好，集输系统整体联合试运行正常。

（三）集气管线全线进行试压、清管。

（四）制定安全措施和应急预案。

第一百七十六条 管线投运前，煤层气企业应当对管线内的空气进行置换，避免空气与煤层气混合。

置换过程中的混合气体应当利用放空系统放空，并以放空口为中心设立隔离区并禁止烟火。进行氮气置换时，进入管线的氮气温度应当不低于5摄氏度；排放氮气时应当防止大量氮气聚集造成人员窒息，管线中氮气量过大时应当提前进行多点排放。

第一百七十七条 对管线的监控应当遵守下列规定：

（一）对重要工艺参数及工作状态进行连续检测和记录。

（二）根据沿线情况定期对集输管线进行巡线检查，但每季度至少徒步巡查一次。

（三）定时巡查线路分水器，及时排放污水，并有防止冰冻的措施。

（四）在雨季、汛期或者其他灾害发生后加密巡查。

（五）定期对装有阴极保护设施的管线保护电位进行测试。

第一百七十八条 对站场的监控应当遵守下列规定：

（一）压力、计量仪表灵敏准确，设备、管汇无渗漏。根据集输流程分布情况，在站场设置限压放空和压力高、低限报警设施。

（二）定时巡查站场内的分离器，及时将污水排放，并有防止冰冻的措施。

（三）站场工艺装置区、计量工作间等位于爆炸危险区域内的电气设备及照明采用防爆电器，其选型、安装和电气线路的布置符合《爆炸和火灾危险环境电力装置设计规范》（GB 50058）的规定。

第一百七十九条 维护与抢修时，应当制定相应的维护与抢修安全措施和实施方案，合理配备专职维护与抢修队伍，抢修物资装备。

第一百八十条 维护与抢修现场应当采取保护措施，划分安全界限，设置警戒线、警示牌。进入作业场地的人员应当穿戴劳动防护用品。与作业无关的人员不得进入警戒区内。

第十一章 煤层气压缩

第一百八十一条 压缩站厂房建筑应当符合下列要求：

（一）压缩机地基基础满足设计载荷要求。

（二）阀组间、压缩机等厂房使用耐火材料，采用不发火地面。

（三）阀组间、压缩机等厂房的门窗向外开启，建筑面积大于100平方米的厂房至少有两个疏散门，并保持通道畅通。

（四）阀组间、压缩机等厂房设置通风设备。

第一百八十二条 压缩工艺流程设计应当根据输气系统工艺要求，满足气体的除尘、分液、增压、冷却和机组的启动、停机、正常操作及安全保护等要求。

煤层气处理后应当符合压缩机组对气质的技术要求。

第一百八十三条 压缩机应当符合下列安全要求：

（一）压缩机组有紧急停车和安全保护连锁装置。

（二）压缩机控制系统设置压力、温度显示与保护联动装置。

（三）压缩机前设置缓冲罐。

（四）煤层气压缩机单排布置。

（五）在高寒地区或者风沙地区压缩机组采用封闭式厂房，其他地区采用敞开式或者半敞开式厂房。

第一百八十四条　新安装或者检修投运压缩机系统装置前，煤层气企业应当对机泵、管线、容器、装置进行系统氮气置换，置换合格后方可投运。

第一百八十五条　设置压缩机组的吸气、排气和泄气管线时，应当避免管线的振动对建筑物造成有害影响；应当有防止空气进入吸气管线的措施，必要时高压排出管线应当设单向阀。

第一百八十六条　压缩机与站内其他建（构）筑物的防火间距应当符合《石油天然气工程设计防火规范》的规定。

第一百八十七条　压缩机组运行时应当符合下列安全保护要求：

（一）压缩机级间设置安全阀，安全阀的泄放能力不得小于压缩机的安全泄放量。

（二）压缩机进、出口设置高、低压报警和停机装置，冷却系统设置温度报警及停车装置，润滑油系统设置低压报警及停机装置。

第一百八十八条　压缩机气液处理应当符合下列要求：

（一）压缩机的卸载排气不得对外放散。

（二）回收气可以输送至压缩机进口缓冲罐。

（三）对压缩机排出的冷凝液进行集中处理。

第一百八十九条　压缩煤层气储气设备应当符合下列安全要求：

（一）储气瓶符合国家有关安全规定和标准。

（二）储气井的设计、建造和检验符合国家有关高压气地下储气井标准的规定。

（三）储气瓶组或者储气井与站内汽车通道相邻一侧，设置安全防撞栏或者采取其他防撞设施。

（四）储气瓶组（储气井）进气总管上设置安全阀及紧急放空管、压力表；每个储气瓶（井）出口设置截止阀。

第一百九十条　煤层气压力储罐（球罐、卧式罐）应当安装紧急放空、安全泄压设施及压力仪表。煤层气储罐（柜）检修动火时，应当经放空、清洗、强制通风，并检验气体中甲烷浓度（低于0.5%为合格）。

第一百九十一条　煤层气企业应当对煤层气储罐定期检测。煤层气储罐区应当有明显的安全警示标志。

第一百九十二条　固定式储罐应当有喷淋水或者遮阳设施。冬季应当有保温防冻措施。

第一百九十三条　压缩煤层气加气机不得设在室内，加气机附近应当设置防撞柱（栏）。

在寒冷地区应当选用适合当地环境温度条件的加气机。

第一百九十四条 加气机的加气软管及软管接头应当选用具有抗腐蚀性能的材料。加气软管上应当设置拉断阀，拉断阀在外力作用下分开后，两端应当自行密封。

第一百九十五条 进站管线上应当设置紧急截断阀，手动紧急截断阀的位置应当便于发生事故时及时切断气源。储气瓶组（储气井）与加气枪之间应当设储气瓶组（储气井）截断阀、主截断阀、紧急截断阀和加气截断阀。

第一百九十六条 工艺安全及监控系统应当符合下列要求：

（一）在站场压力设备和容器上设置安全阀。

（二）当工艺管线、设备或者容器排污可能释放出大量气体时，将其引入分离设备，分出的气体引入气体放空系统，液体引入储罐或者处理系统。

（三）每台压缩机有独立的温度和压力保护装置。

（四）压缩站在管线进站截断阀上游和出站截断阀下游设置限压泄放设施。

第一百九十七条 站场供电和电气安全应当符合下列要求：

（一）站场的消防、通信、控制、仪表等使用不间断电源或者双回路供电，消防、控制、配电等重要场所设置应急照明。

（二）站场内管汇、阀组、压缩机等爆炸危险区域必须使用防爆电气设施，电气线路使用阻燃电缆，线路的敷设采取防爆安全措施。

（三）配电室有防水、防鼠措施，安装挡鼠板，安全通道畅通，指示标志明显。

第一百九十八条 压缩站的防爆应当符合下列要求：

（一）压缩站按照防爆安全要求划分爆炸危险场所。

（二）使用防爆电气设备前，检查其产品合格证、产品安全标志及其安全性能，检查合格并签发合格证后方可使用。

（三）防爆电气设备安装、检查、保养、检修由具有专业资格的人员操作，并在机房、调配区设置“爆炸危险场所”标志牌。

（四）固定电气设备安装稳固，防止外力碰撞、损伤。

第一百九十九条 压缩站内电气设备应当符合下列防爆要求：

（一）整洁，部件齐全紧固，无松动、无损伤、无机械变形，场所清洁、无杂物和易燃物品。

（二）选型符合《爆炸和火灾危险环境有关电力设计规范》的要求。

（三）电缆进线装置密封可靠，空余接线孔封闭符合要求。

（四）设备保护、连锁、检测、报警、接地等装置齐全完整。

（五）防爆灯具的防爆结构、保护罩保持完整。

（六）接地端子接触良好，无松动、无折断、无腐蚀。

（七）应急照明设施符合防爆要求。

第二百条 防爆电气设备检查检修时应当符合下列要求：

（一）日常检查中严禁带电打开设备的密封盒、接线盒、进线装置、隔离密封盒等。

（二）禁止带电检修或者移动电气设备、线路、拆装防爆灯具和更换防爆灯泡、灯管。

（三）断电处悬挂警告牌。

（四）禁止用水冲洗防爆电气设备。

（五）对检修现场的电源电缆线头进行防爆处理。

（六）检修带有电容、电感、探测头等储能元件的防爆设备时，在按照规定放尽能量后方可作业。

（七）检修过程中不得损伤防爆设备的隔爆面。

（八）紧固螺栓不得任意调换或者缺少。

（九）记录检修项目、内容、测试结果、零部件更换、缺陷处理等情况，并归档保存。

第二百零一条　操作压缩机时应当符合下列要求：

（一）定时进行设备和仪表的日常巡检与维护，确保其完好。

（二）定期校验安全阀、压力表，确保其准确性。

（三）开机前检查注油器和机身的油量是否达到开机要求，电气设备是否完好，煤层气泄漏监测系统自检有无问题，管线是否松动，阀门及法兰是否有漏气、漏水现象，阀门是否在正确位置，电机有无卡塞情况。

（四）操作时严格执行设备操作规程，注意高温管线，防止烫伤，防止超压、超温及机件损坏。

（五）机器运转过程中随时检查气压、水压、电压、排气温度以及压缩机的振动强度，发现问题及时处理。

（六）压缩机运转过程中观察每一级的气体温度和循环水的温度。

（七）压缩机运转过程中按照规定排污，并密切注意末级排气压力；当压力达到一定值时，及时告知加气工；发生不正常的响声或者压力、温度超出允许范围时，立即停机检查，排除故障；出现紧急情况时，按照事故紧急处理预案进行处理。

第二百零二条　清洗设备、器具时应当符合下列要求：

（一）严禁使用汽油、苯等易燃品清洗设备、器具和地坪。

（二）严禁使用压缩气体清扫储存易燃油品油罐。

（三）严禁使用化纤、塑料、丝绸等容易产生静电的制品擦拭物体及设备。

（四）清洗设备时，作业人员按照规定着装并消除人体静电。

第二百零三条　人员着装和防静电应当符合下列要求：

（一）进入爆炸危险场所，穿着有劳动安全标志的防静电服、棉布工作服和防静电鞋。

（二）进入爆炸危险场所前，预先触摸人体消静电球。

（三）严禁在爆炸危险场所穿衣、脱衣、拍打服装以及梳头、打闹等。

（四）爆炸危险场所的地坪不得涂刷绝缘油漆，或者铺设非导静电的材料。

第二百零四条　人员操作应当符合下列要求：

（一）经过本工种专业安全培训，通过考试取得合格证后，持证上岗。

（二）掌握岗位应急预案的执行程序，遇到紧急情况，能够按照应急措施迅速作出处理。

（三）熟悉本岗位装置的工作原理、构造、性能、技术特征、零部件的名称和作用。

（四）熟悉本岗位电气控制设备的操作方法和有关的电气基本知识。

（五）按照规定穿好工作服，并佩戴有关劳动防护用品。

（六）排污时严禁操作人员将手伸向排污口。

（七）排污时发现异常情况立即报告，由专业人员处理。

第十二章　附　　则

第二百零五条　本规程下列用语的含义：

煤层气，是指赋存在煤层中以甲烷为主要成分、以吸附在煤基质颗粒表面为主、部分游离于煤孔隙中或者溶解于煤层水中的烃类气体。

煤层气地面开采，是指煤层气井的钻井、测井、压裂等施工环节及后期的排采管理、管线集输和压缩工程。

煤层气企业，是指专门从事煤层气地面开采的企业。

井位，是指为了进行煤层气开采而综合各种地质资料进行设计和优选出来的井的布置位置。

排采，是指通过抽排煤层及其围岩中的地下水来降低煤储层的压力，诱导甲烷从煤层中解吸出来。

煤层气井，是指通过地面钻井进入煤层，利用煤层气自身赋存压力与钻井空间的压力差释放煤层气的井孔。

裸眼井，是指在煤层顶部下套管后，一直钻进煤层至设计深度终孔，使煤层裸露的煤层气井。

站场，是指收集煤层气气源，进行净化处理，压缩输送的站场。

阈限值，是指长期暴露的工作人员不会受到不利影响的某种有毒物质在空气中的最大浓度。

安全临界浓度，是指工作人员在露天安全工作 8 小时可接受的硫化氢最高浓度。

危险临界浓度，是指达到此浓度时，对生命和健康会产生不可逆转的或者延迟性的影响。

置换，是指用氮气等惰性气体将作业管道、设备等集输系统内的空气或者可燃气体替换出来的一种方法。

动火，是指在易燃易爆危险区域内和煤层气容器、管线、设备或者盛装过易燃易爆物品的容器上，使用焊、割等工具，能直接或者间接产生明火的施工作业。

第二百零六条　本规程自 2012 年 4 月 1 日起施行。煤层气地面开采活动施行的其他规程、规范与本规程相抵触的，依照本规程执行。

64　工作场所职业卫生监督管理规定

2012年3月6日国家安全生产监督管理总局局长办公会议审议通过，2012年4月27日国家安全生产监督管理总局令第47号公布，自2012年6月1日起施行。

第一章　总　　则

第一条　为了加强职业卫生监督管理工作，强化用人单位职业病防治的主体责任，预防、控制职业病危害，保障劳动者健康和相关权益，根据《中华人民共和国职业病防治法》等法律、行政法规，制定本规定。

第二条　用人单位的职业病防治和安全生产监督管理部门对其实施监督管理，适用本规定。

第三条　用人单位应当加强职业病防治工作，为劳动者提供符合法律、法规、规章、国家职业卫生标准和卫生要求的工作环境和条件，并采取有效措施保障劳动者的职业健康。

第四条　用人单位是职业病防治的责任主体，并对本单位产生的职业病危害承担责任。

用人单位的主要负责人对本单位的职业病防治工作全面负责。

第五条　国家安全生产监督管理总局依照《中华人民共和国职业病防治法》和国务院规定的职责，负责全国用人单位职业卫生的监督管理工作。

县级以上地方人民政府安全生产监督管理部门依照《中华人民共和国职业病防治法》和本级人民政府规定的职责，负责本行政区域内用人单位职业卫生的监督管理工作。

第六条　为职业病防治提供技术服务的职业卫生技术服务机构，应当依照《职业卫生技术服务机构监督管理暂行办法》和有关标准、规范、执业准则的要求，为用人单位提供技术服务。

第七条　任何单位和个人均有权向安全生产监督管理部门举报用人单位违反本规定的行为和职业病危害事故。

第二章　用人单位的职责

第八条　职业病危害严重的用人单位，应当设置或者指定职业卫生管理机构或者组织，配备专职职业卫生管理人员。

其他存在职业病危害的用人单位，劳动者超过100人的，应当设置或者指定职业卫生管理机构或者组织，配备专职职业卫生管理人员；劳动者在100人以下的，应当配备专职或者兼职的职业卫生管理人员，负责本单位的职业病防治工作。

第九条　用人单位的主要负责人和职业卫生管理人员应当具备与本单位所从事的生产

经营活动相适应的职业卫生知识和管理能力，并接受职业卫生培训。

用人单位主要负责人、职业卫生管理人员的职业卫生培训，应当包括下列主要内容：

（一）职业卫生相关法律、法规、规章和国家职业卫生标准。

（二）职业病危害预防和控制的基本知识。

（三）职业卫生管理相关知识。

（四）国家安全生产监督管理总局规定的其他内容。

第十条 用人单位应当对劳动者进行上岗前的职业卫生培训和在岗期间的定期职业卫生培训，普及职业卫生知识，督促劳动者遵守职业病防治的法律、法规、规章、国家职业卫生标准和操作规程。

用人单位应当对职业病危害严重的岗位的劳动者，进行专门的职业卫生培训，经培训合格后方可上岗作业。

因变更工艺、技术、设备、材料，或者岗位调整导致劳动者接触的职业病危害因素发生变化的，用人单位应当重新对劳动者进行上岗前的职业卫生培训。

第十一条 存在职业病危害的用人单位应当制订职业病危害防治计划和实施方案，建立、健全下列职业卫生管理制度和操作规程：

（一）职业病危害防治责任制度。

（二）职业病危害警示与告知制度。

（三）职业病危害项目申报制度。

（四）职业病防治宣传教育培训制度。

（五）职业病防护设施维护检修制度。

（六）职业病防护用品管理制度。

（七）职业病危害监测及评价管理制度。

（八）建设项目职业卫生“三同时”管理制度。

（九）劳动者职业健康监护及其档案管理制度。

（十）职业病危害事故处置与报告制度。

（十一）职业病危害应急救援与管理制度。

（十二）岗位职业卫生操作规程。

（十三）法律、法规、规章规定的其他职业病防治制度。

第十二条 产生职业病危害的用人单位的工作场所应当符合下列基本要求：

（一）生产布局合理，有害作业与无害作业分开。

（二）工作场所与生活场所分开，工作场所不得住人。

（三）有与职业病防治工作相适应的有效防护设施。

（四）职业病危害因素的强度或者浓度符合国家职业卫生标准。

（五）有配套的更衣间、洗浴间、孕妇休息间等卫生设施。

（六）设备、工具、用具等设施符合保护劳动者生理、心理健康的要求。

（七）法律、法规、规章和国家职业卫生标准的其他规定。

第十三条 用人单位工作场所存在职业病目录所列职业病的危害因素的，应当按照

《职业病危害项目申报办法》的规定，及时、如实向所在地安全生产监督管理部门申报职业病危害项目，并接受安全生产监督管理部门的监督检查。

第十四条 新建、改建、扩建的工程建设项目和技术改造、技术引进项目（以下统称建设项目）可能产生职业病危害的，建设单位应当按照《建设项目职业卫生“三同时”监督管理暂行办法》的规定，向安全生产监督管理部门申请备案、审核、审查和竣工验收。

第十五条 产生职业病危害的用人单位，应当在醒目位置设置公告栏，公布有关职业病防治的规章制度、操作规程、职业病危害事故应急救援措施和工作场所职业病危害因素检测结果。

存在或者产生职业病危害的工作场所、作业岗位、设备、设施，应当按照《工作场所职业病危害警示标识》（GBZ 158）的规定，在醒目位置设置图形、警示线、警示语句等警示标识和中文警示说明。警示说明应当载明产生职业病危害的种类、后果、预防和应急处置措施等内容。

存在或产生高毒物品的作业岗位，应当按照《高毒物品作业岗位职业病危害告知规范》（GBZ/T 203）的规定，在醒目位置设置高毒物品告知卡，告知卡应当载明高毒物品的名称、理化特性、健康危害、防护措施及应急处理等告知内容与警示标识。

第十六条 用人单位应当为劳动者提供符合国家职业卫生标准的职业病防护用品，并督促、指导劳动者按照使用规则正确佩戴、使用，不得发放钱物替代发放职业病防护用品。

用人单位应当对职业病防护用品进行经常性的维护、保养，确保防护用品有效，不得使用不符合国家职业卫生标准或者已经失效的职业病防护用品。

第十七条 在可能发生急性职业损伤的有毒、有害工作场所，用人单位应当设置报警装置，配置现场急救用品、冲洗设备、应急撤离通道和必要的泄险区。

现场急救用品、冲洗设备等应当设在可能发生急性职业损伤的工作场所或者临近地点，并在醒目位置设置清晰的标识。

在可能突然泄漏或者逸出大量有害物质的密闭或者半密闭工作场所，除遵守本条第一款、第二款规定外，用人单位还应当安装事故通风装置以及与事故排风系统相连锁的泄漏报警装置。

生产、销售、使用、贮存放射性同位素和射线装置的场所，应当按照国家有关规定设置明显的放射性标志，其入口处应当按照国家有关安全和防护标准的要求，设置安全和防护设施以及必要的防护安全连锁、报警装置或者工作信号。放射性装置的生产调试和使用场所，应当具有防止误操作、防止工作人员受到意外照射的安全措施。用人单位必须配备与辐射类型和辐射水平相适应的防护用品和监测仪器，包括个人剂量测量报警、固定式和便携式辐射监测、表面污染监测、流出物监测等设备，并保证可能接触放射线的工作人员佩戴个人剂量计。

第十八条 用人单位应当对职业病防护设备、应急救援设施进行经常性的维护、检修和保养，定期检测其性能和效果，确保其处于正常状态，不得擅自拆除或者停止使用。

第十九条 存在职业病危害的用人单位，应当实施由专人负责的工作场所职业病危害因素日常监测，确保监测系统处于正常工作状态。

第二十条 存在职业病危害的用人单位，应当委托具有相应资质的职业卫生技术服务机构，每年至少进行一次职业病危害因素检测。

职业病危害严重的用人单位，除遵守前款规定外，应当委托具有相应资质的职业卫生技术服务机构，每三年至少进行一次职业病危害现状评价。

检测、评价结果应当存入本单位职业卫生档案，并向安全生产监督管理部门报告和劳动者公布。

第二十一条 存在职业病危害的用人单位，有下述情形之一的，应当及时委托具有相应资质的职业卫生技术服务机构进行职业病危害现状评价：

（一）初次申请职业卫生安全许可证，或者职业卫生安全许可证有效期届满申请换证的。

（二）发生职业病危害事故的。

（三）国家安全生产监督管理总局规定的其他情形。

用人单位应当落实职业病危害现状评价报告中提出的建议和措施，并将职业病危害现状评价结果及整改情况存入本单位职业卫生档案。

第二十二条 用人单位在日常的职业病危害监测或者定期检测、现状评价过程中，发现工作场所职业病危害因素不符合国家职业卫生标准和卫生要求时，应当立即采取相应治理措施，确保其符合职业卫生环境和条件的要求；仍然达不到国家职业卫生标准和卫生要求的，必须停止存在职业病危害因素的作业；职业病危害因素经治理后，符合国家职业卫生标准和卫生要求的，方可重新作业。

第二十三条 向用人单位提供可能产生职业病危害的设备的，应当提供中文说明书，并在设备的醒目位置设置警示标识和中文警示说明。警示说明应当载明设备性能、可能产生的职业病危害、安全操作和维护注意事项、职业病防护措施等内容。

用人单位应当检查前款规定的事项，不得使用不符合要求的设备。

第二十四条 向用人单位提供可能产生职业病危害的化学品、放射性同位素和含有放射性物质的材料的，应当提供中文说明书。说明书应当载明产品特性、主要成分、存在的有害因素、可能产生的危害后果、安全使用注意事项、职业病防护和应急救治措施等内容。产品包装应当有醒目的警示标识和中文警示说明。贮存上述材料的场所应当在规定的部位设置危险物品标识或者放射性警示标识。

用人单位应当检查前款规定的事项，不得使用不符合要求的材料。

第二十五条 任何用人单位不得使用国家明令禁止使用的可能产生职业病危害的设备或者材料。

第二十六条 任何单位和个人不得将产生职业病危害的作业转移给不具备职业病防护条件的单位和个人。不具备职业病防护条件的单位和个人不得接受产生职业病危害的作业。

第二十七条 用人单位应当优先采用有利于防治职业病危害和保护劳动者健康的新技术、新工艺、新材料、新设备，逐步替代产生职业病危害的技术、工艺、材料、设备。

第二十八条 用人单位对采用的技术、工艺、材料、设备，应当知悉其可能产生的职业病危害，并采取相应的防护措施。对有职业病危害的技术、工艺、设备、材料，故意隐瞒其危害而采用的，用人单位对其所造成的职业病危害后果承担责任。

第二十九条　用人单位与劳动者订立劳动合同（含聘用合同，下同）时，应当将工作过程中可能产生的职业病危害及其后果、职业病防护措施和待遇等如实告知劳动者，并在劳动合同中写明，不得隐瞒或者欺骗。

劳动者在履行劳动合同期间因工作岗位或者工作内容变更，从事与所订立劳动合同中未告知的存在职业病危害的作业时，用人单位应当依照前款规定，向劳动者履行如实告知的义务，并协商变更原劳动合同相关条款。

用人单位违反本条规定的，劳动者有权拒绝从事存在职业病危害的作业，用人单位不得因此解除与劳动者所订立的劳动合同。

第三十条　对从事接触职业病危害因素作业的劳动者，用人单位应当按照《用人单位职业健康监护监督管理办法》《放射工作人员职业健康管理办法》《职业健康监护技术规范》（GBZ 188）、《放射工作人员职业健康监护技术规范》（GBZ 235）等有关规定组织上岗前、在岗期间、离岗时的职业健康检查，并将检查结果书面如实告知劳动者。

职业健康检查费用由用人单位承担。

第三十一条　用人单位应当按照《用人单位职业健康监护监督管理办法》的规定，为劳动者建立职业健康监护档案，并按照规定的期限妥善保存。

职业健康监护档案应当包括劳动者的职业史、职业病危害接触史、职业健康检查结果、处理结果和职业病诊疗等有关个人健康资料。

劳动者离开用人单位时，有权索取本人职业健康监护档案复印件，用人单位应当如实、无偿提供，并在所提供的复印件上签章。

第三十二条　劳动者健康出现损害需要进行职业病诊断、鉴定的，用人单位应当如实提供职业病诊断、鉴定所需的劳动者职业史和职业病危害接触史、工作场所职业病危害因素检测结果和放射工作人员个人剂量监测结果等资料。

第三十三条　用人单位不得安排未成年工从事接触职业病危害的作业，不得安排有职业禁忌的劳动者从事其所禁忌的作业，不得安排孕期、哺乳期女职工从事对本人和胎儿、婴儿有危害的作业。

第三十四条　用人单位应当建立健全下列职业卫生档案资料：

（一）职业病防治责任制文件。

（二）职业卫生管理规章制度、操作规程。

（三）工作场所职业病危害因素种类清单、岗位分布以及作业人员接触情况等资料。

（四）职业病防护设施、应急救援设施基本信息，以及其配置、使用、维护、检修与更换等记录。

（五）工作场所职业病危害因素检测、评价报告与记录。

（六）职业病防护用品配备、发放、维护与更换等记录。

（七）主要负责人、职业卫生管理人员和职业病危害严重工作岗位的劳动者等相关人员职业卫生培训资料。

（八）职业病危害事故报告与应急处置记录。

（九）劳动者职业健康检查结果汇总资料，存在职业禁忌证、职业健康损害或者职业病的劳动者处理和安置情况记录。

（十）建设项目职业卫生“三同时”有关技术资料，以及其备案、审核、审查或者验收等有关回执或者批复文件。

（十一）职业卫生安全许可证申领、职业病危害项目申报等有关回执或者批复文件。

（十二）其他有关职业卫生管理的资料或者文件。

第三十五条 用人单位发生职业病危害事故，应当及时向所在地安全生产监督管理部门和有关部门报告，并采取有效措施，减少或者消除职业病危害因素，防止事故扩大。对遭受或者可能遭受急性职业病危害的劳动者，用人单位应当及时组织救治、进行健康检查和医学观察，并承担所需费用。

用人单位不得故意破坏事故现场、毁灭有关证据，不得迟报、漏报、谎报或者瞒报职业病危害事故。

第三十六条 用人单位发现职业病病人或者疑似职业病病人时，应当按照国家规定及时向所在地安全生产监督管理部门和有关部门报告。

第三十七条 工作场所使用有毒物品的用人单位，应当按照有关规定向安全生产监督管理部门申请办理职业卫生安全许可证。

第三十八条 用人单位在安全生产监督管理部门行政执法人员依法履行监督检查职责时，应当予以配合，不得拒绝、阻挠。

第三章　监督管理

第三十九条 安全生产监督管理部门应当依法对用人单位执行有关职业病防治的法律、法规、规章和国家职业卫生标准的情况进行监督检查，重点监督检查下列内容：

（一）设置或者指定职业卫生管理机构或者组织，配备专职或者兼职的职业卫生管理人员情况。

（二）职业卫生管理制度和操作规程的建立、落实及公布情况。

（三）主要负责人、职业卫生管理人员和职业病危害严重的工作岗位的劳动者职业卫生培训情况。

（四）建设项目职业卫生“三同时”制度落实情况。

（五）工作场所职业病危害项目申报情况。

（六）工作场所职业病危害因素监测、检测、评价及结果报告和公布情况。

（七）职业病防护设施、应急救援设施的配置、维护、保养情况，以及职业病防护用品的发放、管理及劳动者佩戴使用情况。

（八）职业病危害因素及危害后果警示、告知情况。

（九）劳动者职业健康监护、放射工作人员个人剂量监测情况。

（十）职业病危害事故报告情况。

（十一）提供劳动者健康损害与职业史、职业病危害接触关系等相关资料的情况。

（十二）依法应当监督检查的其他情况。

第四十条　安全生产监督管理部门应当建立健全职业卫生监督检查制度，加强行政执法人员职业卫生知识的培训，提高行政执法人员的业务素质。

第四十一条　安全生产监督管理部门应当加强建设项目职业卫生“三同时”的监督管理，建立健全相关资料的档案管理制度。

第四十二条　安全生产监督管理部门应当加强职业卫生技术服务机构的资质认可管理和技术服务工作的监督检查，督促职业卫生技术服务机构公平、公正、客观、科学地开展职业卫生技术服务。

第四十三条　安全生产监督管理部门应当建立健全职业病危害防治信息统计分析制度，加强对用人单位职业病危害因素检测、评价结果、劳动者职业健康监护信息以及职业卫生监督检查信息等资料的统计、汇总和分析。

第四十四条　安全生产监督管理部门应当按照有关规定，支持、配合有关部门和机构开展职业病的诊断、鉴定工作。

第四十五条　安全生产监督管理部门行政执法人员依法履行监督检查职责时，应当出示有效的执法证件。

行政执法人员应当忠于职守，秉公执法，严格遵守执法规范；涉及被检查单位的技术秘密、业务秘密以及个人隐私的，应当为其保密。

第四十六条　安全生产监督管理部门履行监督检查职责时，有权采取下列措施：

（一）进入被检查单位及工作场所，进行职业病危害检测，了解情况，调查取证。

（二）查阅、复制被检查单位有关职业病危害防治的文件、资料，采集有关样品。

（三）责令违反职业病防治法律、法规的单位和个人停止违法行为。

（四）责令暂停导致职业病危害事故的作业，封存造成职业病危害事故或者可能导致职业病危害事故发生的材料和设备。

（五）组织控制职业病危害事故现场。

在职业病危害事故或者危害状态得到有效控制后，安全生产监督管理部门应当及时解除前款第四项、第五项规定的控制措施。

第四十七条　发生职业病危害事故，安全生产监督管理部门应当依照国家有关规定报告事故和组织事故的调查处理。

第四章　法律责任

第四十八条　用人单位有下列情形之一的，给予警告，责令限期改正，可以并处5千元以上2万元以下的罚款：

（一）未按照规定实行有害作业与无害作业分开、工作场所与生活场所分开的。

（二）用人单位的主要负责人、职业卫生管理人员未接受职业卫生培训的。

第四十九条　用人单位有下列情形之一的，给予警告，责令限期改正；逾期未改正的，处10万元以下的罚款：

（一）未按照规定制订职业病防治计划和实施方案的。

（二）未按照规定设置或者指定职业卫生管理机构或者组织，或者未配备专职或者兼职的职业卫生管理人员的。

（三）未按照规定建立、健全职业卫生管理制度和操作规程的。

（四）未按照规定建立、健全职业卫生档案和劳动者健康监护档案的。

（五）未建立、健全工作场所职业病危害因素监测及评价制度的。

（六）未按照规定公布有关职业病防治的规章制度、操作规程、职业病危害事故应急救援措施的。

（七）未按照规定组织劳动者进行职业卫生培训，或者未对劳动者个体防护采取有效的指导、督促措施的。

（八）工作场所职业病危害因素检测、评价结果未按照规定存档、上报和公布的。

第五十条 用人单位有下列情形之一的，责令限期改正，给予警告，可以并处 5 万元以上 10 万元以下的罚款：

（一）未按照规定及时、如实申报产生职业病危害的项目的。

（二）未实施由专人负责职业病危害因素日常监测，或者监测系统不能正常监测的。

（三）订立或者变更劳动合同时，未告知劳动者职业病危害真实情况的。

（四）未按照规定组织劳动者进行职业健康检查、建立职业健康监护档案或者未将检查结果书面告知劳动者的。

（五）未按照规定在劳动者离开用人单位时提供职业健康监护档案复印件的。

第五十一条 用人单位有下列情形之一的，给予警告，责令限期改正；逾期未改正的，处 5 万元以上 20 万元以下的罚款；情节严重的，责令停止产生职业病危害的作业，或者提请有关人民政府按照国务院规定的权限责令关闭：

（一）工作场所职业病危害因素的强度或者浓度超过国家职业卫生标准的。

（二）未提供职业病防护设施和劳动者使用的职业病防护用品，或者提供的职业病防护设施和劳动者使用的职业病防护用品不符合国家职业卫生标准和卫生要求的。

（三）未按照规定对职业病防护设备、应急救援设施和劳动者职业病防护用品进行维护、检修、检测，或者不能保持正常运行、使用状态的。

（四）未按照规定对工作场所职业病危害因素进行检测、现状评价的。

（五）工作场所职业病危害因素经治理仍然达不到国家职业卫生标准和卫生要求时，未停止存在职业病危害因素的作业的。

（六）发生或者可能发生急性职业病危害事故，未立即采取应急救援和控制措施或者未按照规定及时报告的。

（七）未按照规定在产生严重职业病危害的作业岗位醒目位置设置警示标识和中文警示说明的。

（八）拒绝安全生产监督管理部门监督检查的。

（九）隐瞒、伪造、篡改、毁损职业健康监护档案、工作场所职业病危害因素检测评价结果等相关资料，或者不提供职业病诊断、鉴定所需要资料的。

（十）未按照规定承担职业病诊断、鉴定费用和职业病病人的医疗、生活保障费用的。

第五十二条　用人单位有下列情形之一的，责令限期改正，并处 5 万元以上 30 万元以下的罚款；情节严重的，责令停止产生职业病危害的作业，或者提请有关人民政府按照国务院规定的权限责令关闭：

（一）隐瞒技术、工艺、设备、材料所产生的职业病危害而采用的。

（二）隐瞒本单位职业卫生真实情况的。

（三）可能发生急性职业损伤的有毒、有害工作场所或者放射工作场所不符合本规定第十七条规定的。

（四）使用国家明令禁止使用的可能产生职业病危害的设备或者材料的。

（五）将产生职业病危害的作业转移给没有职业病防护条件的单位和个人，或者没有职业病防护条件的单位和个人接受产生职业病危害的作业的。

（六）擅自拆除、停止使用职业病防护设备或者应急救援设施的。

（七）安排未经职业健康检查的劳动者、有职业禁忌的劳动者、未成年工或者孕期、哺乳期女职工从事接触产生职业病危害的作业或者禁忌作业的。

（八）违章指挥和强令劳动者进行没有职业病防护措施的作业的。

第五十三条　用人单位违反《中华人民共和国职业病防治法》的规定，已经对劳动者生命健康造成严重损害的，责令停止产生职业病危害的作业，或者提请有关人民政府按照国务院规定的权限责令关闭，并处 10 万元以上 50 万元以下的罚款。

造成重大职业病危害事故或者其他严重后果，构成犯罪的，对直接负责的主管人员和其他直接责任人员，依法追究刑事责任。

第五十四条　向用人单位提供可能产生职业病危害的设备或者材料，未按照规定提供中文说明书或者设置警示标识和中文警示说明的，责令限期改正，给予警告，并处 5 万元以上 20 万元以下的罚款。

第五十五条　用人单位未按照规定报告职业病、疑似职业病的，责令限期改正，给予警告，可以并处 1 万元以下的罚款；弄虚作假的，并处 2 万元以上 5 万元以下的罚款。

第五十六条　安全生产监督管理部门及其行政执法人员未按照规定报告职业病危害事故的，依照有关规定给予处理；构成犯罪的，依法追究刑事责任。

第五十七条　本规定所规定的行政处罚，由县级以上安全生产监督管理部门决定。法律、行政法规和国务院有关规定对行政处罚决定机关另有规定的，依照其规定。

第五章　附　　则

第五十八条　本规定下列用语的含义：

（一）工作场所，是指劳动者进行职业活动的所有地点，包括建设单位施工场所。

（二）职业病危害严重的用人单位，是指建设项目职业病危害分类管理目录中所列职业病危害严重行业的用人单位。

建设项目职业病危害分类管理目录由国家安全生产监督管理总局公布。各省级安全生产监督管理部门可以根据本地区实际情况，对分类目录作出补充规定。

第五十九条 本规定未规定的其他有关职业病防治事项，依照《中华人民共和国职业病防治法》和其他有关法律、法规、规章的规定执行。

第六十条 煤矿的职业病防治和煤矿安全监察机构对其实施监察，依照本规定和国家安全生产监督管理总局的其他有关规定执行。

第六十一条 本规定自2012年6月1日起施行。2009年7月1日国家安全生产监督管理总局公布的《作业场所职业健康监督管理暂行规定》同时废止。

65 职业病危害项目申报办法

《职业病危害项目申报办法》已经2012年3月6日国家安全生产监督管理总局局长办公会议审议通过，2012年4月27日国家安全生产监督管理总局令第48号公布，自2012年6月1日起施行。

第一条 为了规范职业病危害项目的申报工作，加强对用人单位职业卫生工作的监督管理，根据《中华人民共和国职业病防治法》，制定本办法。

第二条 用人单位（煤矿除外）工作场所存在职业病目录所列职业病的危害因素的，应当及时、如实向所在地安全生产监督管理部门申报危害项目，并接受安全生产监督管理部门的监督管理。

煤矿职业病危害项目申报办法另行规定。

第三条 本办法所称职业病危害项目，是指存在职业病危害因素的项目。

职业病危害因素按照《职业病危害因素分类目录》确定。

第四条 职业病危害项目申报工作实行属地分级管理的原则。

中央企业、省属企业及其所属用人单位的职业病危害项目，向其所在地设区的市级人民政府安全生产监督管理部门申报。

前款规定以外的其他用人单位的职业病危害项目，向其所在地县级人民政府安全生产监督管理部门申报。

第五条 用人单位申报职业病危害项目时，应当提交《职业病危害项目申报表》和下列文件、资料：

（一）用人单位的基本情况。

（二）工作场所职业病危害因素种类、分布情况以及接触人数。

（三）法律、法规和规章规定的其他文件、资料。

第六条 职业病危害项目申报同时采取电子数据和纸质文本两种方式。

用人单位应当首先通过“职业病危害项目申报系统”进行电子数据申报，同时将《职业病危害项目申报表》加盖公章并由本单位主要负责人签字后，按照本办法第四条和第五条的规定，连同有关文件、资料一并上报所在地设区的市级、县级安全生产监督管理部门。

受理申报的安全生产监督管理部门应当自收到申报文件、资料之日起 5 个工作日内，出具《职业病危害项目申报回执》。

第七条 职业病危害项目申报不得收取任何费用。

第八条 用人单位有下列情形之一的，应当按照本条规定向原申报机关申报变更职业病危害项目内容：

（一）进行新建、改建、扩建、技术改造或者技术引进建设项目的，自建设项目竣工验收之日起 30 日内进行申报。

（二）因技术、工艺、设备或者材料等发生变化导致原申报的职业病危害因素及其相关内容发生重大变化的，自发生变化之日起 15 日内进行申报。

（三）用人单位工作场所、名称、法定代表人或者主要负责人发生变化的，自发生变化之日起 15 日内进行申报。

（四）经过职业病危害因素检测、评价，发现原申报内容发生变化的，自收到有关检测、评价结果之日起 15 日内进行申报。

第九条 用人单位终止生产经营活动的，应当自生产经营活动终止之日起 15 日内向原申报机关报告并办理注销手续。

第十条 受理申报的安全生产监督管理部门应当建立职业病危害项目管理档案。职业病危害项目管理档案应当包括辖区内存在职业病危害因素的用人单位数量、职业病危害因素种类、行业及地区分布、接触人数等内容。

第十一条 安全生产监督管理部门应当依法对用人单位职业病危害项目申报情况进行抽查，并对职业病危害项目实施监督检查。

第十二条 安全生产监督管理部门及其工作人员应当保守用人单位商业秘密和技术秘密。违反有关保密义务的，应当承担相应的法律责任。

第十三条 安全生产监督管理部门应当建立健全举报制度，依法受理和查处有关用人单位违反本办法行为的举报。

任何单位和个人均有权向安全生产监督管理部门举报用人单位违反本办法的行为。

第十四条 用人单位未按照本办法规定及时、如实地申报职业病危害项目的，责令限期改正，给予警告，可以并处 5 万元以上 10 万元以下的罚款。

第十五条 用人单位有关事项发生重大变化，未按照本办法的规定申报变更职业病危害项目内容的，责令限期改正，可以并处 5 000 元以上 3 万元以下的罚款。

第十六条 《职业病危害项目申报表》《职业病危害项目申报回执》的式样由国家安全生产监督管理总局规定。

第十七条 本办法自 2012 年 6 月 1 日起施行。国家安全生产监督管理总局 2009 年 9 月 8 日公布的《作业场所职业危害申报管理办法》同时废止。

66 用人单位职业健康监护监督管理办法

2012年3月6日国家安全生产监督管理总局局长办公会议审议通过，2012年4月27日国家安全生产监督管理总局令第49号公布，自2012年6月1日起施行。

第一章 总 则

第一条 为了规范用人单位职业健康监护工作，加强职业健康监护的监督管理，保护劳动者健康及其相关权益，根据《中华人民共和国职业病防治法》，制定本办法。

第二条 用人单位从事接触职业病危害作业的劳动者（以下简称劳动者）的职业健康监护和安全生产监督管理部门对其实施监督管理，适用本办法。

第三条 本办法所称职业健康监护，是指劳动者上岗前、在岗期间、离岗时、应急的职业健康检查和职业健康监护档案管理。

第四条 用人单位应当建立、健全劳动者职业健康监护制度，依法落实职业健康监护工作。

第五条 用人单位应当接受安全生产监督管理部门依法对其职业健康监护工作的监督检查，并提供有关文件和资料。

第六条 对用人单位违反本办法的行为，任何单位和个人均有权向安全生产监督管理部门举报或者报告。

第二章 用人单位的职责

第七条 用人单位是职业健康监护工作的责任主体，其主要负责人对本单位职业健康监护工作全面负责。

用人单位应当依照本办法以及《职业健康监护技术规范》（GBZ 188）、《放射工作人员职业健康监护技术规范》（GBZ 235）等国家职业卫生标准的要求，制订、落实本单位职业健康检查年度计划，并保证所需要的专项经费。

第八条 用人单位应当组织劳动者进行职业健康检查，并承担职业健康检查费用。

劳动者接受职业健康检查应当视同正常出勤。

第九条 用人单位应当选择由省级以上人民政府卫生行政部门批准的医疗卫生机构承担职业健康检查工作，并确保参加职业健康检查的劳动者身份的真实性。

第十条 用人单位在委托职业健康检查机构对从事接触职业病危害作业的劳动者进行职业健康检查时，应当如实提供下列文件、资料：

（一）用人单位的基本情况。

（二）工作场所职业病危害因素种类及其接触人员名册。

（三）职业病危害因素定期检测、评价结果。

第十一条　用人单位应当对下列劳动者进行上岗前的职业健康检查：

（一）拟从事接触职业病危害作业的新录用劳动者，包括转岗到该作业岗位的劳动者。

（二）拟从事有特殊健康要求作业的劳动者。

第十二条　用人单位不得安排未经上岗前职业健康检查的劳动者从事接触职业病危害的作业，不得安排有职业禁忌的劳动者从事其所禁忌的作业。

用人单位不得安排未成年工从事接触职业病危害的作业，不得安排孕期、哺乳期的女职工从事对本人和胎儿、婴儿有危害的作业。

第十三条　用人单位应当根据劳动者所接触的职业病危害因素，定期安排劳动者进行在岗期间的职业健康检查。

对在岗期间的职业健康检查，用人单位应当按照《职业健康监护技术规范》（GBZ 188）等国家职业卫生标准的规定和要求，确定接触职业病危害的劳动者的检查项目和检查周期。需要复查的，应当根据复查要求增加相应的检查项目。

第十四条　出现下列情况之一的，用人单位应当立即组织有关劳动者进行应急职业健康检查：

（一）接触职业病危害因素的劳动者在作业过程中出现与所接触职业病危害因素相关的不适症状的。

（二）劳动者受到急性职业中毒危害或者出现职业中毒症状的。

第十五条　对准备脱离所从事的职业病危害作业或者岗位的劳动者，用人单位应当在劳动者离岗前30日内组织劳动者进行离岗时的职业健康检查。劳动者离岗前90日内的在岗期间的职业健康检查可以视为离岗时的职业健康检查。

用人单位对未进行离岗时职业健康检查的劳动者，不得解除或者终止与其订立的劳动合同。

第十六条　用人单位应当及时将职业健康检查结果及职业健康检查机构的建议以书面形式如实告知劳动者。

第十七条　用人单位应当根据职业健康检查报告，采取下列措施：

（一）对有职业禁忌的劳动者，调离或者暂时脱离原工作岗位。

（二）对健康损害可能与所从事的职业相关的劳动者，进行妥善安置。

（三）对需要复查的劳动者，按照职业健康检查机构要求的时间安排复查和医学观察。

（四）对疑似职业病病人，按照职业健康检查机构的建议安排其进行医学观察或者职业病诊断。

（五）对存在职业病危害的岗位，立即改善劳动条件，完善职业病防护设施，为劳动者配备符合国家标准的职业病危害防护用品。

第十八条　职业健康监护中出现新发生职业病（职业中毒）或者两例以上疑似职业病（职业中毒）的，用人单位应当及时向所在地安全生产监督管理部门报告。

第十九条　用人单位应当为劳动者个人建立职业健康监护档案，并按照有关规定妥善保存。职业健康监护档案包括下列内容：

（一）劳动者姓名、性别、年龄、籍贯、婚姻、文化程度、嗜好等情况。

（二）劳动者职业史、既往病史和职业病危害接触史。

（三）历次职业健康检查结果及处理情况。

（四）职业病诊疗资料。

（五）需要存入职业健康监护档案的其他有关资料。

第二十条 安全生产行政执法人员、劳动者或者其近亲属、劳动者委托的代理人有权查阅、复印劳动者的职业健康监护档案。

劳动者离开用人单位时，有权索取本人职业健康监护档案复印件，用人单位应当如实、无偿提供，并在所提供的复印件上签章。

第二十一条 用人单位发生分立、合并、解散、破产等情形时，应当对劳动者进行职业健康检查，并依照国家有关规定妥善安置职业病病人；其职业健康监护档案应当依照国家有关规定实施移交保管。

第三章 监督管理

第二十二条 安全生产监督管理部门应当依法对用人单位落实有关职业健康监护的法律、法规、规章和标准的情况进行监督检查，重点监督检查下列内容：

（一）职业健康监护制度建立情况。

（二）职业健康监护计划制订和专项经费落实情况。

（三）如实提供职业健康检查所需资料情况。

（四）劳动者上岗前、在岗期间、离岗时、应急职业健康检查情况。

（五）对职业健康检查结果及建议，向劳动者履行告知义务情况。

（六）针对职业健康检查报告采取措施情况。

（七）报告职业病、疑似职业病情况。

（八）劳动者职业健康监护档案建立及管理情况。

（九）为离开用人单位的劳动者如实、无偿提供本人职业健康监护档案复印件情况。

（十）依法应当监督检查的其他情况。

第二十三条 安全生产监督管理部门应当加强行政执法人员职业健康知识培训，提高行政执法人员的业务素质。

第二十四条 安全生产行政执法人员依法履行监督检查职责时，应当出示有效的执法证件。

安全生产行政执法人员应当忠于职守，秉公执法，严格遵守执法规范；涉及被检查单位技术秘密、业务秘密以及个人隐私的，应当为其保密。

第二十五条 安全生产监督管理部门履行监督检查职责时，有权进入被检查单位，查阅、复制被检查单位有关职业健康监护的文件、资料。

第四章　法 律 责 任

第二十六条　用人单位有下列行为之一的，给予警告，责令限期改正，可以并处 3 万元以下的罚款：

（一）未建立或者落实职业健康监护制度的。

（二）未按照规定制订职业健康监护计划和落实专项经费的。

（三）弄虚作假，指使他人冒名顶替参加职业健康检查的。

（四）未如实提供职业健康检查所需要的文件、资料的。

（五）未根据职业健康检查情况采取相应措施的。

（六）不承担职业健康检查费用的。

第二十七条　用人单位有下列行为之一的，责令限期改正，给予警告，可以并处 5 万元以上 10 万元以下的罚款：

（一）未按照规定组织职业健康检查、建立职业健康监护档案或者未将检查结果如实告知劳动者的。

（二）未按照规定在劳动者离开用人单位时提供职业健康监护档案复印件的。

第二十八条　用人单位有下列情形之一的，给予警告，责令限期改正，逾期不改正的，处 5 万元以上 20 万元以下的罚款；情节严重的，责令停止产生职业病危害的作业，或者提请有关人民政府按照国务院规定的权限责令关闭：

（一）未按照规定安排职业病病人、疑似职业病病人进行诊治的。

（二）隐瞒、伪造、篡改、损毁职业健康监护档案等相关资料，或者拒不提供职业病诊断、鉴定所需资料的。

第二十九条　用人单位有下列情形之一的，责令限期治理，并处 5 万元以上 30 万元以下的罚款；情节严重的，责令停止产生职业病危害的作业，或者提请有关人民政府按照国务院规定的权限责令关闭：

（一）安排未经职业健康检查的劳动者从事接触职业病危害的作业的。

（二）安排未成年工从事接触职业病危害的作业的。

（三）安排孕期、哺乳期女职工从事对本人和胎儿、婴儿有危害的作业的。

（四）安排有职业禁忌的劳动者从事所禁忌的作业的。

第三十条　用人单位违反本办法规定，未报告职业病、疑似职业病的，由安全生产监督管理部门责令限期改正，给予警告，可以并处 1 万元以下的罚款；弄虚作假的，并处 2 万元以上 5 万元以下的罚款。

第五章　附　　则

第三十一条　煤矿安全监察机构依照本办法负责煤矿劳动者职业健康监护的监察工作。

第三十二条　本办法自 2012 年 6 月 1 日起施行。

67 职业卫生技术服务机构监督管理暂行办法

2012年3月6日国家安全生产监督管理总局局长办公会议审议通过，2012年4月27日国家安全生产监督管理总局令第50号公布，自2012年7月1日起施行；根据2015年2月26日国家安全生产监督管理总局局长办公会议审议通过、2015年5月29日国家安全生产监督管理总局令第80号公布、自2015年7月1日起施行的《国家安全监管总局关于废止和修改劳动防护用品和安全培训等领域十部规章的决定》修改。

第一章 总 则

第一条 为了加强对职业卫生技术服务机构的监督管理，规范职业卫生技术服务行为，根据《中华人民共和国职业病防治法》，制定本办法。

第二条 在中华人民共和国境内申请职业卫生技术服务机构资质，从事职业卫生检测、评价等技术服务以及安全生产监督管理部门实施职业卫生技术服务机构资质认可与监督管理，适用本办法。

第三条 本办法所称职业卫生技术服务机构，是指为建设项目提供职业病危害预评价、职业病危害控制效果评价，为用人单位提供职业病危害因素检测、职业病危害现状评价、职业病防护设备设施与防护用品的效果评价等技术服务的机构。

第四条 国家对职业卫生技术服务机构实行资质认可制度。职业卫生技术服务机构应当依照本办法取得职业卫生技术服务机构资质；未取得职业卫生技术服务机构资质的，不得从事职业卫生检测、评价等技术服务。

第五条 职业卫生技术服务机构的资质从高到低分为甲级、乙级、丙级三个等级。

甲级资质由国家安全生产监督管理总局认可及颁发证书。

乙级资质由省、自治区、直辖市人民政府安全生产监督管理部门（以下简称省级安全生产监督管理部门）认可及颁发证书，并报国家安全生产监督管理总局备案。

丙级资质由设区的市级人民政府安全生产监督管理部门（以下简称市级安全生产监督管理部门）认可及颁发证书，并报省级安全生产监督管理部门备案，由省级安全生产监督管理部门报国家安全生产监督管理总局进行登记。

第六条 国家安全生产监督管理总局根据社会经济发展水平、区域经济结构和职业卫生技术服务工作的需要，对职业卫生技术服务机构的设置实行统筹规划、合理布局和总量控制。

第七条 取得甲级资质的职业卫生技术服务机构，可以根据认可的业务范围在全国从事职业卫生技术服务活动。

下列建设项目的职业卫生技术服务，必须由取得甲级资质的职业卫生技术服务机构承担：

（一）国务院及其投资主管部门审批（核准、备案）的建设项目。

（二）核设施、绝密工程等特殊性质的建设项目。

（三）跨省、自治区、直辖市的建设项目。

（四）国家安全生产监督管理总局规定的其他项目。

第八条　取得乙级资质的职业卫生技术服务机构，可以根据认可的业务范围在其所在的省、自治区、直辖市从事职业卫生技术服务活动。

下列建设项目的职业卫生技术服务，必须由取得乙级以上资质的职业卫生技术服务机构承担：

（一）省级人民政府及其投资主管部门审批（核准、备案）的建设项目。

（二）跨设区的市的建设项目。

（三）省级安全生产监督管理部门规定的其他项目。

第九条　取得丙级资质的职业卫生技术服务机构，可以根据认可的业务范围在其所在的设区的市或者省级安全生产监督管理部门指定的范围从事除本办法第七条、第八条规定的建设项目以外的职业卫生技术服务活动。

第二章　资 质 认 可

第十条　国家安全生产监督管理总局、省级安全生产监督管理部门和市级安全生产监督管理部门应当分别设立国家级、省级和市级职业卫生专家库（以下简称专家库），由专家库专家承担相应的职业卫生技术服务机构资质认可的技术评审工作。

第十一条　从事技术评审的专家应当具备下列条件：

（一）具有相关专业的高级专业技术职称任职资格。

（二）具有连续5年以上相关工作经验。

（三）熟悉相关法律、法规、标准和规范。

（四）具有良好的职业道德和专业素质。

（五）身体健康，能够胜任技术评审工作。

专家库专家任期5年，可连聘连任。

第十二条　专家库专家不得参加与本人有利害关系的职业卫生技术服务机构资质认可的技术评审工作。

被评审的职业卫生技术服务机构不得聘请专家库专家为顾问。

专家库专家不得参加被评审职业卫生技术服务机构的可能有碍技术评审公正的活动。

第十三条　国家安全生产监督管理总局、省级安全生产监督管理部门和市级安全生产监督管理部门应当对专家库专家进行定期复审，并根据资质认可工作的需要，及时进行调整。

第十四条　职业卫生技术服务机构申请甲级资质，应当具备下列条件：

（一）具有法人资格。

（二）固定资产 700 万元以上。

（三）工作场所面积不少于 700 平方米。

（四）有健全的内部管理制度和质量保证体系。

（五）有不少于 25 名经培训合格的专职技术人员。

（六）有专职技术负责人和质量控制负责人，专职技术负责人具有与所申报业务相适应的高级专业技术职称和 5 年以上工作经验。

（七）具有与所申请资质、业务范围相适应的检测、评价能力。

（八）法律、行政法规、规章规定的其他条件。

第十五条 职业卫生技术服务机构申请乙级资质，应当具备下列条件：

（一）具有法人资格。

（二）固定资产 400 万元以上。

（三）工作场所面积不少于 400 平方米。

（四）有健全的内部管理制度和质量保证体系。

（五）有不少于 20 名经培训合格的专职技术人员。

（六）有专职技术负责人和质量控制负责人，专职技术负责人具有与所申报业务相适应的高级专业技术职称和 3 年以上工作经验。

（七）具有与所申请资质、业务范围相适应的检测、评价能力。

（八）法律、行政法规、规章规定的其他条件。

第十六条 申请职业卫生技术服务机构丙级资质，应当具备下列条件：

（一）具有法人资格。

（二）固定资产 200 万元以上。

（三）工作场所面积不少于 200 平方米。

（四）有健全的内部管理制度和质量保证体系。

（五）有不少于 10 名经培训合格的专职技术人员。

（六）有专职技术负责人和质量控制负责人，专职技术负责人具有与所申报业务相适应的中级以上专业技术职称和 1 年以上工作经验。

（七）具有与所申请资质、业务范围相适应的检测、评价能力。

（八）法律、行政法规、规章规定的其他条件。

第十七条 申请职业卫生技术服务机构资质认可，应当提交下列文件、资料：

（一）法定代表人签署的申请表。

（二）法人资格证明或者名称预先核准通知书。

（三）固定资产的证明。

（四）工作场所产权证明或者租赁合同。

（五）专职技术人员、专职技术负责人、质量控制负责人的名单及其培训合格证书、技术职称证书、工作经历证明。

（六）职业卫生技术服务质量管理文件。

（七）拟开展的职业卫生技术服务项目及资质等级。

（八）在申请职业卫生技术服务业务范围内，能够证明具有相应业务能力的文件、资料。

（九）法律、法规规定的其他文件、资料。

第十八条 申请甲级资质，按照下列程序办理：

（一）申请人将职业卫生技术服务机构资质申请表和本办法第十七条规定的文件、资料，报所在地省级安全生产监督管理部门审核。

（二）省级安全生产监督管理部门应当自收到申请文件、资料之日起5个工作日对其进行初审并决定是否受理。决定受理的，应当自受理之日起20个工作日内完成审核工作，并将审核意见和全部申请文件、资料报国家安全生产监督管理总局；决定不予受理的，应当向申请人书面说明理由。

（三）国家安全生产监督管理总局应当自收到审核意见和申请文件、资料之日起20个工作日内，组织专家组对申请人进行技术评审，并根据专家组提交的技术评审报告和社会经济发展水平、区域经济结构、统筹规划、总量控制等要求作出资质认可决定。决定认可的，应当自作出决定之日起10个工作日内向申请人颁发资质证书；决定不予认可的，应当向申请人书面说明理由。

第十九条 申请乙级资质，按照下列程序办理：

（一）申请人将职业卫生技术服务机构资质申请表和本办法第十七条规定的文件、资料，报所在地的市级安全生产监督管理部门审核。

（二）市级安全生产监督管理部门应当自收到申请文件、资料之日起5个工作日内对其进行初审并决定是否受理。决定受理的，应当自受理之日起20个工作日内完成审核，并将审核意见和全部申请文件、资料报省级安全生产监督管理部门；决定不予受理的，应当向申请人书面说明理由。

（三）省级安全生产监督管理部门应当自收到审核意见和申请文件、资料之日起20个工作日内，组织专家组对申请人进行技术评审，并根据专家组提交的技术评审报告和区域经济结构、统筹规划、总量控制等要求作出资质认可决定。决定认可的，应当自作出决定之日起10个工作日内向申请人颁发资质证书；决定不予认可的，应当向申请人书面说明理由。

第二十条 申请丙级资质，按照下列程序办理：

（一）申请人将职业卫生技术服务机构资质申请表和本办法第十七条规定的文件、资料，报所在地的县级安全生产监督管理部门审核。

（二）县级安全生产监督管理部门应当自收到申请文件、资料之日起5个工作日内对其进行初审并决定是否受理。决定受理的，应当自受理之日起20个工作日内完成审核，并将审核意见和全部申请文件、资料报市级安全生产监督管理部门；决定不予受理的，应当向申请人书面说明理由。

（三）市级安全生产监督管理部门应当自受理之日起20个工作日内，组织专家组对申请人进行技术评审，并根据专家组提交的技术评审报告和统筹规划、总量控制等要求作出资质认可决定。决定认可的，应当自作出决定之日起10个工作日内向申请人颁发资质证书；决定不予认可的，应当向申请人书面说明理由。

第二十一条 国家安全生产监督管理总局、省级安全生产监督管理部门、市级安全生产监督管理部门（以下统称发证机关）应当从专家库中随机抽取相关专业的3~7名专家组成专家组，对申请人提供的文件、资料进行技术评审。

技术评审包括申请文件、资料的技术审查和现场技术考核。现场技术考核应当包括下列内容：

（一）核查现场有关设备、设施、仪器、仪表等。

（二）考核技术负责人、质量控制负责人及有关专职技术人员的专业知识和操作能力。

（三）抽查原始工作记录、影像资料、报告、总结、档案等资料。

（四）进行必要的盲样检测。

第二十二条 技术评审工作应当自受理资质申请之日起60日内完成，并提交技术评审报告。技术评审报告是发证机关作出职业卫生技术服务机构资质认可决定的重要依据。

专家组技术评审和申请人整改问题所需的时间，不计算在本办法第十八条、第十九条、第二十条规定的期限内。

第二十三条 职业卫生技术服务机构取得资质1年以上，需要增加业务范围的，应当向发证机关提出申请。发证机关应当按照本办法的规定进行认可。

第二十四条 职业卫生技术服务机构的资质证书遗失的，应当及时在有关电视、报刊等媒体上予以声明，并向原发证机关申请补发。

第二十五条 职业卫生技术服务机构甲级、乙级、丙级资质证书有效期均为3年。资质证书有效期满需要延续的，职业卫生技术服务机构应当于期满前3个月向原发证机关提出申请，经复审合格后予以办理延续手续；不合格的，不予办理延续手续，并向申请人书面说明理由。

第二十六条 职业卫生技术服务机构变更名称、法定代表人、注册地址的，应当自变更之日起30日内向原发证机关申请办理资质证书变更手续。

职业卫生技术服务机构分立、合并的，应当申请办理资质证书变更手续或者重新申请职业卫生技术服务机构资质认可。

第二十七条 职业卫生技术服务机构有下列情形之一的，发证机关应当注销其资质：

（一）资质证书有效期届满未申请延续或者不予批准延续的。

（二）被依法终止的。

（三）自行申请注销的。

第二十八条 职业卫生技术服务机构不得转让或者租借其取得的资质证书。

任何单位和个人不得伪造、变造、买卖职业卫生技术服务机构资质证书。

第二十九条 发证机关对取得资质的职业卫生技术服务机构应当及时公告，接受社会监督。

职业卫生技术服务机构资质证书由国家安全生产监督管理总局统一印制。

第三章 技术服务

第三十条 职业卫生技术服务机构应当依法独立开展职业卫生技术服务活动，科学、客观、真实地反映技术服务事项，并对出具的职业卫生技术报告承担法律责任。

第三十一条 职业卫生技术服务机构应当公开办事制度和程序，简化手续，方便服务对象，并采取措施保证服务质量。

第三十二条 取得资质的职业卫生技术服务机构，应当在批准的业务范围和规定的区域范围内开展技术服务工作，并接受技术服务所在地安全生产监督管理部门的监督管理。

取得甲级资质的职业卫生技术服务机构跨省、自治区、直辖市开展职业卫生技术服务，应当填写职业卫生技术服务机构跨省、自治区、直辖市服务工作报告表，报送服务所在地省级安全生产监督管理部门备案，并接受其监督检查。

职业卫生技术服务机构跨省、自治区、直辖市服务工作报告表式样由国家安全生产监督管理总局规定。

第三十三条 职业卫生技术服务机构开展技术服务时，应当依法与建设单位、用人单位签订职业卫生技术服务合同，明确技术服务内容、范围以及双方的权利、义务和责任。

第三十四条 职业卫生技术服务机构从事职业卫生检测、评价技术服务的收费，应当符合法律、法规的规定。法律、法规没有规定的，应当按照行业自律标准或者指导性标准收费；没有行业自律标准和指导性收费标准的，双方可以通过合同协商确定。

第三十五条 职业卫生技术服务机构及其专职技术人员在从事职业卫生技术服务活动中，不得有下列行为：

（一）泄露服务对象的技术秘密和商业秘密。

（二）伪造、变造、转让或者租借资质证书。

（三）超出资质证书业务范围从事技术服务活动。

（四）出具虚假或者失实的职业卫生技术报告。

（五）转包职业卫生技术服务项目。

（六）擅自更改、简化职业卫生技术服务程序和相关内容。

（七）采取不正当竞争手段，故意贬低、诋毁其他职业卫生技术服务机构。

（八）法律、法规规定的其他违法行为。

专职技术人员不得同时在两个以上职业卫生技术机构从业。

第三十六条 职业卫生技术服务机构的职业卫生技术服务过程控制记录、现场勘查记录、影像资料及相关证明材料，应当及时归档，妥善保管。专职技术负责人和质量控制负责人应当按照法律、法规和标准的规定，加强职业卫生技术服务的全过程管理。

职业卫生技术服务机构应当为专职技术人员提供必要的个体防护用品。

第四章　监 督 管 理

第三十七条　发证机关应当加强对职业卫生技术服务机构及专职技术人员的监督检查，重点监督检查下列内容：

（一）职业卫生专职技术人员是否具备从业能力。

（二）是否按照职业卫生技术服务工作规范开展工作。

（三）出具的报告是否符合规范标准。

（四）职业卫生技术服务档案是否完整。

（五）内部质量保证体系文件是否健全。

（六）实际操作中是否存在违规现象。

（七）依法应当监督检查的其他内容。

第三十八条　发证机关应当对取得资质的职业卫生技术服务机构每年进行评估检查。进行年度评估检查时，应当征求服务对象的意见。

第三十九条　安全生产监督管理部门及其工作人员不得有下列行为：

（一）要求用人单位接受指定的职业卫生技术服务机构进行职业卫生技术服务。

（二）以备案为由，变相设立法律、法规规定以外的行政许可。

（三）采取任何形式的地方保护，限制外地职业卫生技术服务机构到本地区开展职业卫生技术服务。

（四）干预职业卫生技术服务机构开展正常活动。

（五）以任何理由或者方式向职业卫生技术服务机构收取或者变相收取费用。

（六）向职业卫生技术服务机构摊派财物、推销产品。

（七）在职业卫生技术服务机构报销任何费用。

第四十条　任何单位或者个人发现职业卫生技术服务机构及其从业人员、安全生产监督管理部门及其工作人员、专家库专家违反有关职业病防治的法律、法规和本办法规定的行为，均有权向安全生产监督管理部门或者有关部门举报。

安全生产监督管理部门应当为举报人保密，并依法对举报进行核查和处理。

第五章　法 律 责 任

第四十一条　安全生产监督管理部门的工作人员徇私舞弊、滥用职权、弄虚作假、玩忽职守，未依法履行职业卫生技术服务机构资质认可和监督管理职责的，依法给予处分。

专家库专家在职业卫生技术服务机构技术评审工作中徇私舞弊、弄虚作假的，撤销其专家库专家资格，终身不得再担任专家库专家。

第四十二条　申请人隐瞒有关情况或者提供虚假材料申请职业卫生技术服务机构资质认可的，不予受理或者不予颁发证书，并自发证机关发现之日起1年内不得再次申请职业卫生技术服务机构资质。

职业卫生技术服务机构在申请资质、资质延续、接受监督检查时，采取弄虚作假等不正当手段的，给予警告，不予颁发证书或者不予延续。

职业卫生技术服务机构以欺骗等不正当手段取得职业卫生技术服务机构资质证书的，撤销其资质证书，并自发证机关撤销其资质证书之日起3年内不得再次申请职业卫生技术服务机构资质。

第四十三条　未取得职业卫生技术服务资质认可，擅自从事职业卫生检测、评价技术服务的，责令立即停止违法行为，没收违法所得；违法所得5 000元以上的，并处违法所得2倍以上10倍以下的罚款；没有违法所得或者违法所得不足5 000元的，并处5 000元以上5万元以下的罚款；情节严重的，对直接负责的主管人员和其他直接责任人员，依法给予降级、撤职或者开除的处分。

第四十四条　从事职业卫生技术服务的机构违反《中华人民共和国职业病防治法》及本办法规定，有下列行为之一的，责令立即停止违法行为，给予警告，没收违法所得；违法所得5 000元以上的，并处违法所得2倍以上5倍以下的罚款；没有违法所得或者违法所得不足5 000元的，并处5 000元以上2万元以下的罚款；情节严重的，由原发证机关取消其相应的资格；对直接负责的主管人员和其他责任人员，依法给予降级、撤职或者开除的处分；构成犯罪的，依法追究刑事责任：

（一）超出规定的业务范围和区域从事职业卫生检测、评价技术服务的。

（二）未按照《中华人民共和国职业病防治法》及本办法履行法定职责的。

（三）出具虚假证明文件的。

第四十五条　职业卫生技术服务机构有下列情形之一的，给予警告，并处1万元以下的罚款；情节严重的，处1万元以上3万元以下的罚款，依照法律、行政法规的规定撤销其相应资质；对相关责任人依法给予处理：

（一）泄露服务对象的技术秘密和商业秘密的。

（二）转让或者租借资质证书的。

（三）转包职业卫生技术服务项目的。

（四）采取不正当竞争手段，故意贬低、诋毁其他职业卫生技术服务机构的。

（五）未按照规定办理资质证书变更手续的。

（六）未依法与建设单位、用人单位签订职业卫生技术服务合同的。

（七）擅自更改、简化职业卫生技术服务程序和相关内容的。

（八）在申请资质、资质延续、接受监督检查时，隐瞒有关情况或者提供虚假文件、资料的。

第四十六条　职业卫生专职技术人员同时在两个以上职业卫生技术服务机构从业的，责令改正，对职业卫生技术服务机构处3万元以下的罚款，对职业卫生专职技术人员处1万元以下的罚款。

第四十七条　已经取得资质认可的职业卫生技术服务机构，不再符合本办法规定的资质条件的，应当依法撤销其资质。

第四十八条　本办法所规定的行政处罚，由市级以上安全生产监督管理部门决定。对甲级职业卫生技术服务机构的行政处罚，国家安全生产监督管理总局可以委托省级安全生产监督管理部门实施。

撤销资质证书由原发证机关决定。

第六章 附 则

第四十九条 2011年12月31日前，已经依照国务院卫生行政部门有关规定取得职业卫生技术服务机构资质证书的职业卫生技术服务机构，应当依照本办法的规定向安全生产监督管理部门申请换发国家安全生产监督管理总局统一印制的资质证书，有效期不变；有效期满后，需要继续从事职业卫生技术服务的，依照本办法的规定申请资质延续。

第五十条 为煤矿服务的职业卫生技术服务机构资质认可及管理另行规定。

第五十一条 职业卫生技术服务机构资质认可有关文书的样式和内容，由国家安全生产监督管理总局统一规定。

第五十二条 本办法所称职业病危害不包括医疗机构的放射性危害。

第五十三条 本办法自2012年7月1日起施行。

68 危险化学品登记管理办法

2012年5月21日国家安全生产监督管理总局局长办公会议审议通过，2012年7月1日国家安全生产监督管理总局令第53号公布，自2012年8月1日起施行。

第一章 总 则

第一条 为了加强对危险化学品的安全管理，规范危险化学品登记工作，为危险化学品事故预防和应急救援提供技术、信息支持，根据《危险化学品安全管理条例》，制定本办法。

第二条 本办法适用于危险化学品生产企业、进口企业（以下统称登记企业）生产或者进口《危险化学品目录》所列危险化学品的登记和管理工作。

第三条 国家实行危险化学品登记制度。危险化学品登记实行企业申请、两级审核、统一发证、分级管理的原则。

第四条 国家安全生产监督管理总局负责全国危险化学品登记的监督管理工作。

县级以上地方各级人民政府安全生产监督管理部门负责本行政区域内危险化学品登记的监督管理工作。

第二章 登 记 机 构

第五条 国家安全生产监督管理总局化学品登记中心（以下简称登记中心），承办全国危险化学品登记的具体工作和技术管理工作。

省、自治区、直辖市人民政府安全生产监督管理部门设立危险化学品登记办公室或者危险化学品登记中心（以下简称登记办公室），承办本行政区域内危险化学品登记的具体工作和技术管理工作。

第六条 登记中心履行下列职责：

（一）组织、协调和指导全国危险化学品登记工作。

（二）负责全国危险化学品登记内容审核、危险化学品登记证的颁发和管理工作。

（三）负责管理与维护全国危险化学品登记信息管理系统（以下简称登记系统）以及危险化学品登记信息的动态统计分析工作。

（四）负责管理与维护国家危险化学品事故应急咨询电话，并提供 24 小时应急咨询服务。

（五）组织化学品危险性评估，对未分类的化学品统一进行危险性分类。

（六）对登记办公室进行业务指导，负责全国登记办公室危险化学品登记人员的培训工作。

（七）定期将危险化学品的登记情况通报国务院有关部门，并向社会公告。

第七条 登记办公室履行下列职责：

（一）组织本行政区域内危险化学品登记工作。

（二）对登记企业申报材料的规范性、内容一致性进行审查。

（三）负责本行政区域内危险化学品登记信息的统计分析工作。

（四）提供危险化学品事故预防与应急救援信息支持。

（五）协助本行政区域内安全生产监督管理部门开展登记培训，指导登记企业实施危险化学品登记工作。

第八条 登记中心和登记办公室（以下统称登记机构）从事危险化学品登记的工作人员（以下简称登记人员）应当具有化工、化学、安全工程等相关专业大学专科以上学历，并经统一业务培训，取得培训合格证，方可上岗作业。

第九条 登记办公室应当具备下列条件：

（一）有 3 名以上登记人员。

（二）有严格的责任制度、保密制度、档案管理制度和数据库维护制度。

（三）配备必要的办公设备、设施。

第三章 登记的时间、内容和程序

第十条 新建的生产企业应当在竣工验收前办理危险化学品登记。

进口企业应当在首次进口前办理危险化学品登记。

第十一条 同一企业生产、进口同一品种危险化学品的，按照生产企业进行一次登记，但应当提交进口危险化学品的有关信息。

进口企业进口不同制造商的同一品种危险化学品的，按照首次进口制造商的危险化学品进行一次登记，但应当提交其他制造商的危险化学品的有关信息。

生产企业、进口企业多次进口同一制造商的同一品种危险化学品的，只进行一次登记。

第十二条 危险化学品登记应当包括下列内容：

（一）分类和标签信息，包括危险化学品的危险性类别、象形图、警示词、危险性说明、防范说明等。

（二）物理、化学性质，包括危险化学品的外观与性状、溶解性、熔点、沸点等物理性质，闪点、爆炸极限、自燃温度、分解温度等化学性质。

（三）主要用途，包括企业推荐的产品合法用途、禁止或者限制的用途等。

（四）危险特性，包括危险化学品的物理危险性、环境危害性和毒理特性。

（五）储存、使用、运输的安全要求，其中，储存的安全要求包括对建筑条件、库房条件、安全条件、环境卫生条件、温度和湿度条件的要求，使用的安全要求包括使用时的操作条件、作业人员防护措施、使用现场危害控制措施等，运输的安全要求包括对运输或者输送方式的要求、危害信息向有关运输人员的传递手段、装卸及运输过程中的安全措施等。

（六）出现危险情况的应急处置措施，包括危险化学品在生产、使用、储存、运输过程中发生火灾、爆炸、泄漏、中毒、窒息、灼伤等化学品事故时的应急处理方法，应急咨询服务电话等。

第十三条 危险化学品登记按照下列程序办理：

（一）登记企业通过登记系统提出申请。

（二）登记办公室在 3 个工作日内对登记企业提出的申请进行初步审查，符合条件的，通过登记系统通知登记企业办理登记手续。

（三）登记企业接到登记办公室通知后，按照有关要求在登记系统中如实填写登记内容，并向登记办公室提交有关纸质登记材料。

（四）登记办公室在收到登记企业的登记材料之日起 20 个工作日内，对登记材料和登记内容逐项进行审查，必要时可进行现场核查，符合要求的，将登记材料提交给登记中心；不符合要求的，通过登记系统告知登记企业并说明理由。

（五）登记中心在收到登记办公室提交的登记材料之日起 15 个工作日内，对登记材料和登记内容进行审核，符合要求的，通过登记办公室向登记企业发放危险化学品登记证；不符合要求的，通过登记系统告知登记办公室、登记企业并说明理由。

登记企业修改登记材料和整改问题所需时间，不计算在前款规定的期限内。

第十四条 登记企业办理危险化学品登记时，应当提交下列材料，并对其内容的真实性负责：

（一）危险化学品登记表一式 2 份。

（二）生产企业的工商营业执照，进口企业的对外贸易经营者备案登记表、中华人民共和国进出口企业资质证书、中华人民共和国外商投资企业批准证书或者台港澳侨投资企业批准证书复制件 1 份。

（三）与其生产、进口的危险化学品相符并符合国家标准的化学品安全技术说明书、化学品安全标签各 1 份。

（四）满足本办法第二十二条规定的应急咨询服务电话号码或者应急咨询服务委托书复制件 1 份。

（五）办理登记的危险化学品产品标准（采用国家标准或者行业标准的，提供所采用的标准编号）。

第十五条 登记企业在危险化学品登记证有效期内，企业名称、注册地址、登记品种、应急咨询服务电话发生变化，或者发现其生产、进口的危险化学品有新的危险特性的，应当在 15 个工作日内向登记办公室提出变更申请，并按照下列程序办理登记内容变更手续：

（一）通过登记系统填写危险化学品登记变更申请表，并向登记办公室提交涉及变更事项的证明材料 1 份。

（二）登记办公室初步审查登记企业的登记变更申请，符合条件的，通知登记企业提交变更后的登记材料，并对登记材料进行审查，符合要求的，提交给登记中心；不符合要求的，通过登记系统告知登记企业并说明理由。

（三）登记中心对登记办公室提交的登记材料进行审核，符合要求且属于危险化学品登记证载明事项的，通过登记办公室向登记企业发放登记变更后的危险化学品登记证并收回原证；符合要求但不属于危险化学品登记证载明事项的，通过登记办公室向登记企业提供书面证明文件。

第十六条 危险化学品登记证有效期为 3 年。登记证有效期满后，登记企业继续从事危险化学品生产或者进口的，应当在登记证有效期届满前 3 个月提出复核换证申请，并按下列程序办理复核换证：

（一）通过登记系统填写危险化学品复核换证申请表。

（二）登记办公室审查登记企业的复核换证申请，符合条件的，通过登记系统告知登记企业提交本规定第十四条规定的登记材料；不符合条件的，通过登记系统告知登记企业并说明理由。

（三）按照本办法第十三条第一款第三项、第四项、第五项规定的程序办理复核换证手续。

第十七条 危险化学品登记证分为正本、副本，正本为悬挂式，副本为折页式。正本、副本具有同等法律效力。

危险化学品登记证正本、副本应当载明证书编号、企业名称、注册地址、企业性质、登记品种、有效期、发证机关、发证日期等内容。其中，企业性质应当注明危险化学品生产企业、危险化学品进口企业或者危险化学品生产企业（兼进口）。

第四章　登记企业的职责

第十八条　登记企业应当对本企业的各类危险化学品进行普查，建立危险化学品管理档案。

危险化学品管理档案应当包括危险化学品名称、数量、标识信息、危险性分类和化学品安全技术说明书、化学品安全标签等内容。

第十九条　登记企业应当按照规定向登记机构办理危险化学品登记，如实填报登记内容和提交有关材料，并接受安全生产监督管理部门依法进行的监督检查。

第二十条　登记企业应当指定人员负责危险化学品登记的相关工作，配合登记人员在必要时对本企业危险化学品登记内容进行核查。

登记企业从事危险化学品登记的人员应当具备危险化学品登记相关知识和能力。

第二十一条　对危险特性尚未确定的化学品，登记企业应当按照国家关于化学品危险性鉴定的有关规定，委托具有国家规定资质的机构对其进行危险性鉴定；属于危险化学品的，应当依照本办法的规定进行登记。

第二十二条　危险化学品生产企业应当设立由专职人员 24 小时值守的国内固定服务电话，针对本办法第十二条规定的内容向用户提供危险化学品事故应急咨询服务，为危险化学品事故应急救援提供技术指导和必要的协助。专职值守人员应当熟悉本企业危险化学品的危险特性和应急处置技术，准确回答有关咨询问题。

危险化学品生产企业不能提供前款规定应急咨询服务的，应当委托登记机构代理应急咨询服务。

危险化学品进口企业应当自行或者委托进口代理商、登记机构提供符合本条第一款要求的应急咨询服务，并在其进口的危险化学品安全标签上标明应急咨询服务电话号码。

从事代理应急咨询服务的登记机构，应当设立由专职人员 24 小时值守的国内固定服务电话，建有完善的化学品应急救援数据库，配备在线数字录音设备和 8 名以上专业人员，能够同时受理 3 起以上应急咨询，准确提供化学品泄漏、火灾、爆炸、中毒等事故应急处置有关信息和建议。

第二十三条　登记企业不得转让、冒用或者使用伪造的危险化学品登记证。

第五章　监 督 管 理

第二十四条　安全生产监督管理部门应当将危险化学品登记情况纳入危险化学品安全执法检查内容，对登记企业未按照规定予以登记的，依法予以处理。

第二十五条　登记办公室应当对本行政区域内危险化学品的登记数据及时进行汇总、统计、分析，并报告省、自治区、直辖市人民政府安全生产监督管理部门。

第二十六条　登记中心应当定期向国务院工业和信息化、环境保护、公安、卫生、交通运输、铁路、质量监督检验检疫等部门提供危险化学品登记的有关信息和资料，并向社会公告。

第二十七条　登记办公室应当在每年 1 月 31 日前向所属省、自治区、直辖市人民政府安全生产监督管理部门和登记中心书面报告上一年度本行政区域内危险化学品登记的情况。

登记中心应当在每年 2 月 15 日前向国家安全生产监督管理总局书面报告上一年度全国危险化学品登记的情况。

第六章　法律责任

第二十八条　登记机构的登记人员违规操作、弄虚作假、滥发证书，在规定限期内无故不予登记且无明确答复，或者泄露登记企业商业秘密的，责令改正，并追究有关责任人员的责任。

第二十九条　登记企业不办理危险化学品登记，登记品种发生变化或者发现其生产、进口的危险化学品有新的危险特性不办理危险化学品登记内容变更手续的，责令改正，可以处 5 万元以下的罚款；拒不改正的，处 5 万元以上 10 万元以下的罚款；情节严重的，责令停产停业整顿。

第三十条　登记企业有下列行为之一的，责令改正，可以处 3 万元以下的罚款：

（一）未向用户提供应急咨询服务或者应急咨询服务不符合本办法第二十二条规定的。

（二）在危险化学品登记证有效期内企业名称、注册地址、应急咨询服务电话发生变化，未按规定按时办理危险化学品登记变更手续的。

（三）危险化学品登记证有效期满后，未按规定申请复核换证，继续进行生产或者进口的。

（四）转让、冒用或者使用伪造的危险化学品登记证，或者不如实填报登记内容、提交有关材料的。

（五）拒绝、阻挠登记机构对本企业危险化学品登记情况进行现场核查的。

第七章　附　　则

第三十一条　本办法所称危险化学品进口企业，是指依法设立且取得工商营业执照，并取得下列证明文件之一，从事危险化学品进口的企业：

（一）对外贸易经营者备案登记表。

（二）中华人民共和国进出口企业资质证书。

（三）中华人民共和国外商投资企业批准证书。

（四）台港澳侨投资企业批准证书。

第三十二条　登记企业在本办法施行前已经取得的危险化学品登记证，其有效期不变；有效期满后继续从事危险化学品生产、进口活动的，应当依照本办法的规定办理危险化学品登记证复核换证手续。

第三十三条　危险化学品登记证由国家安全生产监督管理总局统一印制。

第三十四条 本办法自2012年8月1日起施行。原国家经济贸易委员会2002年10月8日公布的《危险化学品登记管理办法》同时废止。

69 烟花爆竹生产企业安全生产许可证实施办法

2012年5月21日国家安全生产监督管理总局局长办公会议审议通过，2012年7月1日国家安全生产监督管理总局令第54号公布，自2012年8月1日起施行。

第一章 总 则

第一条 为了严格烟花爆竹生产企业安全生产准入条件，规范烟花爆竹安全生产许可证的颁发和管理工作，根据《安全生产许可证条例》《烟花爆竹安全管理条例》等法律、行政法规，制定本办法。

第二条 本办法所称烟花爆竹生产企业（以下简称企业），是指依法设立并取得工商营业执照或者企业名称工商预先核准文件，从事烟花爆竹生产的企业。

第三条 企业应当依照本办法的规定取得烟花爆竹安全生产许可证（以下简称安全生产许可证）。

未取得安全生产许可证的，不得从事烟花爆竹生产活动。

第四条 安全生产许可证的颁发和管理工作实行企业申请、一级发证、属地监管的原则。

第五条 国家安全生产监督管理总局负责指导、监督全国安全生产许可证的颁发和管理工作，并对安全生产许可证进行统一编号。

省、自治区、直辖市人民政府安全生产监督管理部门按照全国统一配号，负责本行政区域内安全生产许可证的颁发和管理工作。

第二章 申请安全生产许可证的条件

第六条 企业的设立应当符合国家产业政策和当地产业结构规划，企业的选址应当符合当地城乡规划。

企业与周边建筑、设施的安全距离必须符合国家标准、行业标准的规定。

第七条 企业的基本建设项目应当依照有关规定经县级以上人民政府或者有关部门批准，并符合下列条件：

（一）建设项目的设计由具有乙级以上军工行业的弹箭、火炸药、民爆器材工程设计类别工程设计资质或者化工石化医药行业的有机化工、石油冶炼、石油产品深加工工程设计类型工程设计资质的单位承担。

（二）建设项目的设计符合《烟花爆竹工程设计安全规范》（GB 50161）的要求，并依法进行安全设施设计审查和竣工验收。

第八条　企业的厂房和仓库等基础设施、生产设备、生产工艺以及防火、防爆、防雷、防静电等安全设备设施必须符合《烟花爆竹工程设计安全规范》（GB 50161）、《烟花爆竹作业安全技术规程》（GB 11652）等国家标准、行业标准的规定。

从事礼花弹生产的企业除符合前款规定外，还应当符合礼花弹生产安全条件的规定。

第九条　企业的药物和成品总仓库、药物和半成品中转库、机械混药和装药工房、晾晒场、烘干房等重点部位应当根据《烟花爆竹企业安全监控系统通用技术条件》（AQ 4101）的规定安装视频监控和异常情况报警装置，并设置明显的安全警示标志。

第十条　企业的生产厂房数量和储存仓库面积应当与其生产品种及规模相适应。

第十一条　企业生产的产品品种、类别、级别、规格、质量、包装、标志应当符合《烟花爆竹安全与质量》（GB 10631）等国家标准、行业标准的规定。

第十二条　企业应当设置安全生产管理机构，配备专职安全生产管理人员，并符合下列要求：

（一）确定安全生产主管人员。

（二）配备占本企业从业人员总数1%以上且至少有2名专职安全生产管理人员。

（三）配备占本企业从业人员总数5%以上的兼职安全员。

第十三条　企业应当建立健全主要负责人、分管负责人、安全生产管理人员、职能部门、岗位的安全生产责任制，制定下列安全生产规章制度和操作规程：

（一）符合《烟花爆竹作业安全技术规程》（GB 11652）等国家标准、行业标准规定的岗位安全操作规程。

（二）药物存储管理、领取管理和余（废）药处理制度。

（三）企业负责人及涉裸药生产线负责人值（带）班制度。

（四）特种作业人员管理制度。

（五）从业人员安全教育培训制度。

（六）安全检查和隐患排查治理制度。

（七）产品购销合同和销售流向登记管理制度。

（八）新产品、新药物研发管理制度。

（九）安全设施设备维护管理制度。

（十）原材料购买、检验、储存及使用管理制度。

（十一）职工出入厂（库）区登记制度。

（十二）厂（库）区门卫值班（守卫）制度。

（十三）重大危险源（重点危险部位）监控管理制度。

（十四）安全生产费用提取和使用制度。

（十五）劳动防护用品配备、使用和管理制度。

（十六）工作场所职业病危害防治制度。

第十四条 企业主要负责人、分管安全生产负责人和专职安全生产管理人员应当经专门的安全生产培训和安全生产监督管理部门考核合格，取得安全资格证。

从事药物混合、造粒、筛选、装药、筑药、压药、切引、搬运等危险工序和烟花爆竹仓库保管、守护的特种作业人员，应当接受专业知识培训，并经考核合格取得特种作业操作证。

其他岗位从业人员应当依照有关规定经本岗位安全生产知识教育和培训合格。

第十五条 企业应当依法参加工伤保险，为从业人员缴纳保险费。

第十六条 企业应当依照国家有关规定提取和使用安全生产费用，不得挪作他用。

第十七条 企业必须为从业人员配备符合国家标准或者行业标准的劳动防护用品，并依照有关规定对从业人员进行职业健康检查。

第十八条 企业应当建立生产安全事故应急救援组织，制定事故应急预案，并配备应急救援人员和必要的应急救援器材、设备。

第十九条 企业应当根据《烟花爆竹流向登记通用规范》（AQ 4102）和国家有关烟花爆竹流向信息化管理的规定，建立并应用烟花爆竹流向管理信息系统。

第二十条 企业应当依法进行安全评价。安全评价报告应当包括本办法第六条、第七条、第八条、第九条、第十条、第十七条、第十八条规定条件的符合性评价内容。

第三章 安全生产许可证的申请和颁发

第二十一条 企业申请安全生产许可证，应当向所在地设区的市级人民政府安全生产监督管理部门（以下统称初审机关）提出安全审查申请，提交下列文件、资料，并对其真实性负责：

（一）安全生产许可证申请书（一式三份）。

（二）工商营业执照或者企业名称工商预先核准文件（复制件）。

（三）建设项目安全设施设计审查和竣工验收的证明材料。

（四）安全生产管理机构及安全生产管理人员配备情况的书面文件。

（五）各种安全生产责任制文件（复制件）。

（六）安全生产规章制度和岗位安全操作规程目录清单。

（七）企业主要负责人、分管安全生产负责人、专职安全生产管理人员名单和安全资格证（复制件）。

（八）特种作业人员的特种作业操作证（复制件）和其他从业人员安全生产教育培训合格的证明材料。

（九）为从业人员缴纳工伤保险费的证明材料。

（十）安全生产费用提取和使用情况的证明材料。

（十一）具备资质的中介机构出具的安全评价报告。

第二十二条 新建企业申请安全生产许可证，应当在建设项目竣工验收通过之日起 20

个工作日内向所在地初审机关提出安全审查申请。

第二十三条　初审机关收到企业提交的安全审查申请后，应当对企业的设立是否符合国家产业政策和当地产业结构规划、企业的选址是否符合城乡规划以及有关申请文件、资料是否符合要求进行初步审查，并自收到申请之日起 20 个工作日内提出初步审查意见（以下简称初审意见），连同申请文件、资料一并报省、自治区、直辖市人民政府安全生产监督管理部门（以下简称发证机关）。

初审机关在审查过程中，可以就企业的有关情况征求企业所在地县级人民政府的意见。

第二十四条　发证机关收到初审机关报送的申请文件、资料和初审意见后，应当按照下列情况分别作出处理：

（一）申请文件、资料不齐全或者不符合要求的，当场告知或者在 5 个工作日内出具补正通知书，一次告知企业需要补正的全部内容；逾期不告知的，自收到申请材料之日起即为受理。

（二）申请文件、资料齐全，符合要求或者按照发证机关要求提交全部补正材料的，自收到申请文件、资料或者全部补正材料之日起即为受理。

发证机关应当将受理或者不予受理决定书面告知申请企业和初审机关。

第二十五条　发证机关受理申请后，应当结合初审意见，组织有关人员对申请文件、资料进行审查。需要到现场核查的，应当指派 2 名以上工作人员进行现场核查；对从事黑火药、引火线、礼花弹生产的企业，应当指派 2 名以上工作人员进行现场核查。

发证机关应当自受理之日起 45 个工作日内作出颁发或者不予颁发安全生产许可证的决定。

对决定颁发的，发证机关应当自决定之日起 10 个工作日内送达或者通知企业领取安全生产许可证；对不予颁发的，应当在 10 个工作日内书面通知企业并说明理由。

现场核查所需时间不计算在本条规定的期限内。

第二十六条　安全生产许可证分为正副本，正本为悬挂式，副本为折页式。正本、副本具有同等法律效力。

第四章　安全生产许可证的变更和延期

第二十七条　企业在安全生产许可证有效期内有下列情形之一的，应当按照本办法第二十八条的规定申请变更安全生产许可证：

（一）改建、扩建烟花爆竹生产（含储存）设施的。

（二）变更产品类别、级别范围的。

（三）变更企业主要负责人的。

（四）变更企业名称的。

第二十八条　企业有本办法第二十七条第一项情形申请变更的，应当自建设项目通过竣工验收之日起 20 个工作日内向所在地初审机关提出安全审查申请，并提交安全生产许可证变更申请书（一式三份）和建设项目安全设施设计审查和竣工验收的证明材料。

企业有本办法第二十七条第二项情形申请变更的，应当向所在地初审机关提出安全审查申请，并提交安全生产许可证变更申请书（一式三份）和专项安全评价报告（减少生产产品品种的除外）。

企业有本办法第二十七条第三项情形申请变更的，应当向所在地发证机关提交安全生产许可证变更申请书（一式三份）和主要负责人安全资格证（复制件）。

企业有本办法第二十七条第四项情形申请变更的，应当自取得变更后的工商营业执照或者企业名称工商预先核准文件之日起10个工作日内，向所在地发证机关提交安全生产许可证变更申请书（一式三份）和工商营业执照或者企业名称工商预先核准文件（复制件）。

第二十九条 对本办法第二十七条第一项、第二项情形的安全生产许可证变更申请，初审机关、发证机关应当按照本办法第二十三条、第二十四条、第二十五条的规定进行审查，并办理变更手续。

对本办法第二十七条第三项、第四项情形的安全生产许可证变更申请，发证机关应当自收到变更申请材料之日起5个工作日内完成审查，并办理变更手续。

第三十条 安全生产许可证有效期为3年。安全生产许可证有效期满需要延期的，企业应当于有效期届满前3个月向原发证机关申请办理延期手续。

第三十一条 企业提出延期申请的，应当向发证机关提交下列文件、资料：

（一）安全生产许可证延期申请书（一式三份）。

（二）本办法第二十一条第四项至第十一项规定的文件、资料。

（三）达到安全生产标准化三级的证明材料。

发证机关收到延期申请后，应当按照本办法第二十四条、第二十五条的规定办理延期手续。

第三十二条 企业在安全生产许可证有效期内符合下列条件，在许可证有效期届满时，经原发证机关同意，不再审查，直接办理延期手续：

（一）严格遵守有关安全生产法律、法规和本办法。

（二）取得安全生产许可证后，加强日常安全生产管理，不断提升安全生产条件，达到安全生产标准化二级以上。

（三）接受发证机关及所在地人民政府安全生产监督管理部门的监督检查。

（四）未发生生产安全死亡事故。

第三十三条 对决定批准延期、变更安全生产许可证的，发证机关应当收回原证，换发新证。

第五章　监督管理

第三十四条 安全生产许可证发证机关和初审机关应当坚持公开、公平、公正的原则，严格依照有关行政许可的法律法规和本办法，审查、颁发安全生产许可证。

发证机关和初审机关工作人员在安全生产许可证审查、颁发、管理工作中，不得索取或者接受企业的财物，不得谋取其他不正当利益。

第三十五条　发证机关及所在地人民政府安全生产监督管理部门应当加强对烟花爆竹生产企业的监督检查，督促其依照法律、法规、规章和国家标准、行业标准的规定进行生产。

第三十六条　发证机关发现企业以欺骗、贿赂等不正当手段取得安全生产许可证的，应当撤销已颁发的安全生产许可证。

第三十七条　取得安全生产许可证的企业有下列情形之一的，发证机关应当注销其安全生产许可证：

（一）安全生产许可证有效期满未被批准延期的。

（二）终止烟花爆竹生产活动的。

（三）安全生产许可证被依法撤销的。

（四）安全生产许可证被依法吊销的。

发证机关注销安全生产许可证后，应当在当地主要媒体或者本机关政府网站上及时公告被注销安全生产许可证的企业名单，并通报同级人民政府有关部门和企业所在地县级人民政府。

第三十八条　发证机关应当建立健全安全生产许可证档案管理制度，并应用信息化手段管理安全生产许可证档案。

第三十九条　发证机关应当每 6 个月向社会公布一次取得安全生产许可证的企业情况，并于每年 1 月 15 日前将本行政区域内上一年度安全生产许可证的颁发和管理情况报国家安全生产监督管理总局。

第四十条　企业取得安全生产许可证后，不得出租、转让安全生产许可证，不得将企业、生产线或者工（库）房转包、分包给不具备安全生产条件或者相应资质的其他任何单位或者个人，不得多股东各自独立进行烟花爆竹生产活动。

企业不得从其他企业购买烟花爆竹半成品加工后销售或者购买其他企业烟花爆竹成品加贴本企业标签后销售，不得向其他企业销售烟花爆竹半成品。从事礼花弹生产的企业不得将礼花弹销售给未经公安机关批准的燃放活动。

第四十一条　任何单位或者个人对违反《安全生产许可证条例》《烟花爆竹安全管理条例》和本办法规定的行为，有权向安全生产监督管理部门或者监察机关等有关部门举报。

第六章　法律责任

第四十二条　发证机关、初审机关及其工作人员有下列行为之一的，给予降级或者撤职的行政处分；构成犯罪的，依法追究刑事责任：

（一）向不符合本办法规定的安全生产条件的企业颁发安全生产许可证的。

（二）发现企业未依法取得安全生产许可证擅自从事烟花爆竹生产活动，不依法处理的。

（三）发现取得安全生产许可证的企业不再具备本办法规定的安全生产条件，不依法处理的。

（四）接到违反本办法规定行为的举报后，不及时处理的。

（五）在安全生产许可证颁发、管理和监督检查工作中，索取或者接受企业财物、帮助企业弄虚作假或者谋取其他不正当利益的。

第四十三条 企业有下列行为之一的，责令停止违法活动或者限期改正，并处1万元以上3万元以下的罚款：

（一）变更企业主要负责人或者名称，未办理安全生产许可证变更手续的。

（二）从其他企业购买烟花爆竹半成品加工后销售，或者购买其他企业烟花爆竹成品加贴本企业标签后销售，或者向其他企业销售烟花爆竹半成品的。

第四十四条 企业有下列行为之一的，依法暂扣其安全生产许可证：

（一）多股东各自独立进行烟花爆竹生产活动的。

（二）从事礼花弹生产的企业将礼花弹销售给未经公安机关批准的燃放活动的。

（三）改建、扩建烟花爆竹生产（含储存）设施未办理安全生产许可证变更手续的。

（四）发生较大以上生产安全责任事故的。

（五）不再具备本办法规定的安全生产条件的。

企业有前款第一项、第二项、第三项行为之一的，并处1万元以上3万元以下的罚款。

第四十五条 企业有下列行为之一的，依法吊销其安全生产许可证：

（一）出租、转让安全生产许可证的。

（二）被暂扣安全生产许可证，经停产整顿后仍不具备本办法规定的安全生产条件的。

企业有前款第一项行为的，没收违法所得，并处10万元以上50万元以下的罚款。

第四十六条 企业有下列行为之一的，责令停止生产，没收违法所得，并处10万元以上50万元以下的罚款：

（一）未取得安全生产许可证擅自进行烟花爆竹生产的。

（二）变更产品类别或者级别范围未办理安全生产许可证变更手续的。

第四十七条 企业取得安全生产许可证后，将企业、生产线或者工（库）房转包、分包给不具备安全生产条件或者相应资质的其他单位或者个人，依照《中华人民共和国安全生产法》的有关规定给予处罚。

第四十八条 本办法规定的行政处罚，由安全生产监督管理部门决定，暂扣、吊销安全生产许可证的行政处罚由发证机关决定。

第七章　附　　则

第四十九条 安全生产许可证由国家安全生产监督管理总局统一印制。

第五十条 本办法自2012年8月1日起施行。原国家安全生产监督管理局、国家煤矿安全监察局2004年5月17日公布的《烟花爆竹生产企业安全生产许可证实施办法》同时废止。

70　危险化学品经营许可证管理办法

2012年5月21日国家安全生产监督管理总局局长办公会议审议通过，2012年7月17日国家安全生产监督管理总局令第55号公布，自2012年9月1日起施行；根据2015年3月23日国家安全生产监督管理总局局长办公会议审议通过、2015年5月27日国家安全生产监督管理总局令第79号公布、自2015年7月1日起施行的《国家安全监管总局关于废止和修改危险化学品等领域七部规章的决定》修改。

第一章　总　　则

第一条　为了严格危险化学品经营安全条件，规范危险化学品经营活动，保障人民群众生命、财产安全，根据《中华人民共和国安全生产法》和《危险化学品安全管理条例》，制定本办法。

第二条　在中华人民共和国境内从事列入《危险化学品目录》的危险化学品的经营（包括仓储经营）活动，适用本办法。

民用爆炸物品、放射性物品、核能物质和城镇燃气的经营活动，不适用本办法。

第三条　国家对危险化学品经营实行许可制度。经营危险化学品的企业，应当依照本办法取得危险化学品经营许可证（以下简称经营许可证）。未取得经营许可证，任何单位和个人不得经营危险化学品。

从事下列危险化学品经营活动，不需要取得经营许可证：

（一）依法取得危险化学品安全生产许可证的危险化学品生产企业在其厂区范围内销售本企业生产的危险化学品的。

（二）依法取得港口经营许可证的港口经营人在港区内从事危险化学品仓储经营的。

第四条　经营许可证的颁发管理工作实行企业申请、两级发证、属地监管的原则。

第五条　国家安全生产监督管理总局指导、监督全国经营许可证的颁发和管理工作。

省、自治区、直辖市人民政府安全生产监督管理部门指导、监督本行政区域内经营许可证的颁发和管理工作。

设区的市级人民政府安全生产监督管理部门（以下简称市级发证机关）负责下列企业的经营许可证审批、颁发：

（一）经营剧毒化学品的企业。

（二）经营易制爆危险化学品的企业。

（三）经营汽油加油站的企业。

（四）专门从事危险化学品仓储经营的企业。

（五）从事危险化学品经营活动的中央企业所属省级、设区的市级公司（分公司）。

（六）带有储存设施经营除剧毒化学品、易制爆危险化学品以外的其他危险化学品的企业。

县级人民政府安全生产监督管理部门（以下简称县级发证机关）负责本行政区域内本条第三款规定以外企业的经营许可证审批、颁发；没有设立县级发证机关的，其经营许可证由市级发证机关审批、颁发。

第二章　申请经营许可证的条件

第六条　从事危险化学品经营的单位（以下统称申请人）应当依法登记注册为企业，并具备下列基本条件：

（一）经营和储存场所、设施、建筑物符合《建筑设计防火规范》（GB 50016）、《石油化工企业设计防火规范》（GB 50160）、《汽车加油加气站设计与施工规范》（GB 50156）、《石油库设计规范》（GB 50074）等相关国家标准、行业标准的规定。

（二）企业主要负责人和安全生产管理人员具备与本企业危险化学品经营活动相适应的安全生产知识和管理能力，经专门的安全生产培训和安全生产监督管理部门考核合格，取得相应安全资格证书；特种作业人员经专门的安全作业培训，取得特种作业操作证书；其他从业人员依照有关规定经安全生产教育和专业技术培训合格。

（三）有健全的安全生产规章制度和岗位操作规程。

（四）有符合国家规定的危险化学品事故应急预案，并配备必要的应急救援器材、设备。

（五）法律、法规和国家标准或者行业标准规定的其他安全生产条件。

前款规定的安全生产规章制度，是指全员安全生产责任制度、危险化学品购销管理制度、危险化学品安全管理制度（包括防火、防爆、防中毒、防泄漏管理等内容）、安全投入保障制度、安全生产奖惩制度、安全生产教育培训制度、隐患排查治理制度、安全风险管理制度、应急管理制度、事故管理制度、职业卫生管理制度等。

第七条　申请人经营剧毒化学品的，除符合本办法第六条规定的条件外，还应当建立剧毒化学品双人验收、双人保管、双人发货、双把锁、双本账等管理制度。

第八条　申请人带有储存设施经营危险化学品的，除符合本办法第六条规定的条件外，还应当具备下列条件：

（一）新设立的专门从事危险化学品仓储经营的，其储存设施建立在地方人民政府规划的用于危险化学品储存的专门区域内。

（二）储存设施与相关场所、设施、区域的距离符合有关法律、法规、规章和标准的规定。

（三）依照有关规定进行安全评价，安全评价报告符合《危险化学品经营企业安全评价细则》的要求。

（四）专职安全生产管理人员具备国民教育化工化学类或者安全工程类中等职业教育以上学历，或者化工化学类中级以上专业技术职称，或者危险物品安全类注册安全工程师资格。

（五）符合《危险化学品安全管理条例》《危险化学品重大危险源监督管理暂行规定》《常用化学危险品贮存通则》（GB 15603）的相关规定。

申请人储存易燃、易爆、有毒、易扩散危险化学品的，除符合本条第一款规定的条件外，还应当符合《石油化工可燃气体和有毒气体检测报警设计规范》（GB 50493）的规定。

第三章 经营许可证的申请与颁发

第九条 申请人申请经营许可证，应当依照本办法第五条规定向所在地市级或者县级发证机关（以下统称发证机关）提出申请，提交下列文件、资料，并对其真实性负责：

（一）申请经营许可证的文件及申请书。

（二）安全生产规章制度和岗位操作规程的目录清单。

（三）企业主要负责人、安全生产管理人员、特种作业人员的相关资格证书（复制件）和其他从业人员培训合格的证明材料。

（四）经营场所产权证明文件或者租赁证明文件（复制件）。

（五）工商行政管理部门颁发的企业性质营业执照或者企业名称预先核准文件（复制件）。

（六）危险化学品事故应急预案备案登记表（复制件）。

带有储存设施经营危险化学品的，申请人还应当提交下列文件、资料：

（一）储存设施相关证明文件（复制件）；租赁储存设施的，需要提交租赁证明文件（复制件）；储存设施新建、改建、扩建的，需要提交危险化学品建设项目安全设施竣工验收报告。

（二）重大危险源备案证明材料、专职安全生产管理人员的学历证书、技术职称证书或者危险物品安全类注册安全工程师资格证书（复制件）。

（三）安全评价报告。

第十条 发证机关收到申请人提交的文件、资料后，应当按照下列情况分别作出处理：

（一）申请事项不需要取得经营许可证的，当场告知申请人不予受理。

（二）申请事项不属于本发证机关职责范围的，当场作出不予受理的决定，告知申请人向相应的发证机关申请，并退回申请文件、资料。

（三）申请文件、资料存在可以当场更正的错误的，允许申请人当场更正，并受理其申请。

（四）申请文件、资料不齐全或者不符合要求的，当场告知或者在5个工作日内出具补正告知书，一次告知申请人需要补正的全部内容；逾期不告知的，自收到申请文件、资料之日起即为受理。

（五）申请文件、资料齐全，符合要求，或者申请人按照发证机关要求提交全部补正材料的，立即受理其申请。

发证机关受理或者不予受理经营许可证申请，应当出具加盖本机关印章和注明日期的书面凭证。

第十一条 发证机关受理经营许可证申请后，应当组织对申请人提交的文件、资料进行审查，指派2名以上工作人员对申请人的经营场所、储存设施进行现场核查，并自受理之日起30日内作出是否准予许可的决定。

发证机关现场核查以及申请人整改现场核查发现的有关问题和修改有关申请文件、资料所需时间，不计算在前款规定的期限内。

第十二条 发证机关作出准予许可决定的，应当自决定之日起10个工作日内颁发经营许可证；发证机关作出不予许可决定的，应当在10个工作日内书面告知申请人并说明理由，告知书应当加盖本机关印章。

第十三条 经营许可证分为正本、副本，正本为悬挂式，副本为折页式。正本、副本具有同等法律效力。

经营许可证正本、副本应当分别载明下列事项：

（一）企业名称。

（二）企业住所（注册地址、经营场所、储存场所）。

（三）企业法定代表人姓名。

（四）经营方式。

（五）许可范围。

（六）发证日期和有效期限。

（七）证书编号。

（八）发证机关。

（九）有效期延续情况。

第十四条 已经取得经营许可证的企业变更企业名称、主要负责人、注册地址或者危险化学品储存设施及其监控措施的，应当自变更之日起20个工作日内，向本办法第五条规定的发证机关提出书面变更申请，并提交下列文件、资料：

（一）经营许可证变更申请书。

（二）变更后的工商营业执照副本（复制件）。

（三）变更后的主要负责人安全资格证书（复制件）。

（四）变更注册地址的相关证明材料。

（五）变更后的危险化学品储存设施及其监控措施的专项安全评价报告。

第十五条 发证机关受理变更申请后，应当组织对企业提交的文件、资料进行审查，并自收到申请文件、资料之日起10个工作日内作出是否准予变更的决定。

发证机关作出准予变更决定的，应当重新颁发经营许可证，并收回原经营许可证；不予变更的，应当说明理由并书面通知企业。

经营许可证变更的，经营许可证有效期的起始日和截止日不变，但应当载明变更日期。

第十六条 已经取得经营许可证的企业有新建、改建、扩建危险化学品储存设施建设项目的，应当自建设项目安全设施竣工验收合格之日起20个工作日内，向本办法第五条规定的发证机关提出变更申请，并提交危险化学品建设项目安全设施竣工验收报告等相关文件、资料。发证机关应当按照本办法第十条、第十五条的规定进行审查，办理变更手续。

第十七条　已经取得经营许可证的企业，有下列情形之一的，应当按照本办法的规定重新申请办理经营许可证，并提交相关文件、资料：

（一）不带有储存设施的经营企业变更其经营场所的。

（二）带有储存设施的经营企业变更其储存场所的。

（三）仓储经营的企业异地重建的。

（四）经营方式发生变化的。

（五）许可范围发生变化的。

第十八条　经营许可证的有效期为 3 年。有效期满后，企业需要继续从事危险化学品经营活动的，应当在经营许可证有效期满 3 个月前，向本办法第五条规定的发证机关提出经营许可证的延期申请，并提交延期申请书及本办法第九条规定的申请文件、资料。

企业提出经营许可证延期申请时，可以同时提出变更申请，并向发证机关提交相关文件、资料。

第十九条　符合下列条件的企业，申请经营许可证延期时，经发证机关同意，可以不提交本办法第九条规定的文件、资料：

（一）严格遵守有关法律、法规和本办法。

（二）取得经营许可证后，加强日常安全生产管理，未降低安全生产条件。

（三）未发生死亡事故或者对社会造成较大影响的生产安全事故。

带有储存设施经营危险化学品的企业，除符合前款规定条件的外，还需要取得并提交危险化学品企业安全生产标准化二级达标证书（复制件）。

第二十条　发证机关受理延期申请后，应当依照本办法第十条、第十一条、第十二条的规定，对延期申请进行审查，并在经营许可证有效期满前作出是否准予延期的决定；发证机关逾期未作出决定的，视为准予延期。

发证机关作出准予延期决定的，经营许可证有效期顺延 3 年。

第二十一条　任何单位和个人不得伪造、变造经营许可证，或者出租、出借、转让其取得的经营许可证，或者使用伪造、变造的经营许可证。

第四章　经营许可证的监督管理

第二十二条　发证机关应当坚持公开、公平、公正的原则，严格依照法律、法规、规章、国家标准、行业标准和本办法规定的条件及程序，审批、颁发经营许可证。

发证机关及其工作人员在经营许可证的审批、颁发和监督管理工作中，不得索取或者接受当事人的财物，不得谋取其他利益。

第二十三条　发证机关应当加强对经营许可证的监督管理，建立、健全经营许可证审批、颁发档案管理制度，并定期向社会公布企业取得经营许可证的情况，接受社会监督。

第二十四条　发证机关应当及时向同级公安机关、环境保护部门通报经营许可证的发放情况。

第二十五条 安全生产监督管理部门在监督检查中，发现已经取得经营许可证的企业不再具备法律、法规、规章、国家标准、行业标准和本办法规定的安全生产条件，或者存在违反法律、法规、规章和本办法规定的行为的，应当依法作出处理，并及时告知原发证机关。

第二十六条 发证机关发现企业以欺骗、贿赂等不正当手段取得经营许可证的，应当撤销已经颁发的经营许可证。

第二十七条 已经取得经营许可证的企业有下列情形之一的，发证机关应当注销其经营许可证：

（一）经营许可证有效期届满未被批准延期的。

（二）终止危险化学品经营活动的。

（三）经营许可证被依法撤销的。

（四）经营许可证被依法吊销的。

发证机关注销经营许可证后，应当在当地主要新闻媒体或者本机关网站上发布公告，并通报企业所在地人民政府和县级以上安全生产监督管理部门。

第二十八条 县级发证机关应当将本行政区域内上一年度经营许可证的审批、颁发和监督管理情况报告市级发证机关。

市级发证机关应当将本行政区域内上一年度经营许可证的审批、颁发和监督管理情况报告省、自治区、直辖市人民政府安全生产监督管理部门。

省、自治区、直辖市人民政府安全生产监督管理部门应当按照有关统计规定，将本行政区域内上一年度经营许可证的审批、颁发和监督管理情况报告国家安全生产监督管理总局。

第五章　法 律 责 任

第二十九条 未取得经营许可证从事危险化学品经营的，依照《中华人民共和国安全生产法》有关未经依法批准擅自生产、经营、储存危险物品的法律责任条款并处罚款；构成犯罪的，依法追究刑事责任。

企业在经营许可证有效期届满后，仍然从事危险化学品经营的，依照前款规定给予处罚。

第三十条 带有储存设施的企业违反《危险化学品安全管理条例》规定，有下列情形之一的，责令改正，处5万元以上10万元以下的罚款；拒不改正的，责令停产停业整顿；经停产停业整顿仍不具备法律、法规、规章、国家标准和行业标准规定的安全生产条件的，吊销其经营许可证：

（一）对重复使用的危险化学品包装物、容器，在重复使用前不进行检查的。

（二）未根据其储存的危险化学品的种类和危险特性，在作业场所设置相关安全设施、设备，或者未按照国家标准、行业标准或者国家有关规定对安全设施、设备进行经常性维护、保养的。

（三）未将危险化学品储存在专用仓库内，或者未将剧毒化学品以及储存数量构成重大危险源的其他危险化学品在专用仓库内单独存放的。

（四）未对其安全生产条件定期进行安全评价的。

（五）危险化学品的储存方式、方法或者储存数量不符合国家标准或者国家有关规定的。

（六）危险化学品专用仓库不符合国家标准、行业标准的要求的。

（七）未对危险化学品专用仓库的安全设施、设备定期进行检测、检验的。

第三十一条 伪造、变造或者出租、出借、转让经营许可证，或者使用伪造、变造的经营许可证的，处10万元以上20万元以下的罚款，有违法所得的，没收违法所得；构成违反治安管理行为的，依法给予治安管理处罚；构成犯罪的，依法追究刑事责任。

第三十二条 已经取得经营许可证的企业不再具备法律、法规和本办法规定的安全生产条件的，责令改正；逾期不改正的，责令停产停业整顿；经停产停业整顿仍不具备法律、法规、规章、国家标准和行业标准规定的安全生产条件的，吊销其经营许可证。

第三十三条 已经取得经营许可证的企业出现本办法第十四条、第十六条规定的情形之一，未依照本办法的规定申请变更的，责令限期改正，处1万元以下的罚款；逾期仍不申请变更的，处1万元以上3万元以下的罚款。

第三十四条 安全生产监督管理部门的工作人员徇私舞弊、滥用职权、弄虚作假、玩忽职守，未依法履行危险化学品经营许可证审批、颁发和监督管理职责的，依照有关规定给予处分。

第三十五条 承担安全评价的机构和安全评价人员出具虚假评价报告的，依照有关法律、法规、规章的规定给予行政处罚；构成犯罪的，依法追究刑事责任。

第三十六条 本办法规定的行政处罚，由安全生产监督管理部门决定。其中，本办法第三十一条规定的行政处罚和第三十条、第三十二条规定的吊销经营许可证的行政处罚，由发证机关决定。

第六章 附 则

第三十七条 购买危险化学品进行分装、充装或者加入非危险化学品的溶剂进行稀释，然后销售的，依照本办法执行。

本办法所称储存设施，是指按照《危险化学品重大危险源辨识》（GB 18218）确定，储存的危险化学品数量构成重大危险源的设施。

第三十八条 本办法施行前已取得经营许可证的企业，在其经营许可证有效期内可以继续从事危险化学品经营；经营许可证有效期届满后需要继续从事危险化学品经营的，应当依照本办法的规定重新申请经营许可证。

本办法施行前取得经营许可证的非企业的单位或者个人，在其经营许可证有效期内可以继续从事危险化学品经营；经营许可证有效期届满后需要继续从事危险化学品经营的，应当先依法登记为企业，再依照本办法的规定申请经营许可证。

第三十九条 经营许可证的式样由国家安全生产监督管理总局制定。

第四十条 本办法自2012年9月1日起施行。原国家经济贸易委员会2002年10月8日公布的《危险化学品经营许可证管理办法》同时废止。

71 安全生产监管监察部门信息公开办法

2012年9月3日国家安全生产监督管理总局局长办公会议审议通过，2012年9月21日国家安全生产监督管理总局令第56号公布，自2012年11月1日起施行。

第一章 总 则

第一条 为了深化政务公开，加强政务服务，保障公民、法人和其他组织依法获取安全生产监管监察部门信息，促进依法行政，依据《中华人民共和国政府信息公开条例》（以下简称《政府信息公开条例》）和有关法律、行政法规的规定，制定本办法。

第二条 安全生产监督管理部门、煤矿安全监察机构（以下统称安全生产监管监察部门）公开本部门信息，适用本办法。

第三条 本办法所称安全生产监管监察部门信息（以下简称信息），是指安全生产监管监察部门在依法履行安全生产监管监察职责过程中，制作或者获取的，以一定形式记录、保存的信息。

第四条 安全生产监管监察部门应当加强对信息公开工作的组织领导，建立健全安全生产政府信息公开制度。

第五条 安全生产监管监察部门应当指定专门机构负责本部门信息公开的日常工作，具体职责是：

（一）组织制定本部门信息公开的制度。

（二）组织编制本部门信息公开指南、公开目录和公开工作年度报告。

（三）组织、协调本部门内设机构的信息公开工作。

（四）组织维护和更新本部门已经公开的信息。

（五）统一受理和答复向本部门提出的信息公开申请。

（六）负责对拟公开信息的保密审查工作进行程序审核。

（七）本部门规定与信息公开有关的其他职责。

安全生产监管监察部门的其他内设机构应当依照本办法的规定，负责审核并主动公开本机构有关信息，并配合协助前款规定的专门机构做好本部门信息公开工作。

第六条 安全生产监管监察部门应当依据有关法律、行政法规的规定加强对信息公开工作的保密审查，确保国家秘密信息安全。

第七条　安全生产监管监察部门负责行政监察的机构应当加强对本部门信息公开工作的监督检查。

第八条　安全生产监管监察部门应当建立健全信息公开的协调机制。安全生产监管监察部门拟发布的信息涉及其他行政机关或者与其他行政机关联合制作的，应当由负责发布信息的内设机构与其他行政机关进行沟通、确认，确保信息发布及时、准确。

安全生产监管监察部门拟发布的信息依照国家有关规定需要批准的，未经批准不得发布。

第九条　安全生产监管监察部门应当遵循依法、公正、公开、便民的原则，及时、准确地公开信息，但危及国家安全、公共安全、经济安全和社会稳定的信息除外。

安全生产监管监察部门发现影响或者可能影响社会稳定、扰乱安全生产秩序的虚假或者不完整信息的，应当按照实事求是和审慎处理的原则，在职责范围内发布准确的信息予以澄清，及时回应社会关切，正确引导社会舆论。

第二章　公开范围

第十条　安全生产监管监察部门应当依照《政府信息公开条例》第九条的规定，在本部门职责范围内确定主动公开的信息的具体内容，并重点公开下列信息：

（一）本部门基本信息，包括职能、内设机构、负责人姓名、办公地点、办事程序、联系方式等。

（二）安全生产法律、法规、规章、标准和规范性文件。

（三）安全生产的专项规划及相关政策。

（四）安全生产行政许可的事项、负责承办的内设机构、依据、条件、数量、程序、期限以及申请行政许可需要提交的全部材料的目录及办理情况。

（五）行政事业性收费的项目、依据、标准。

（六）地方人民政府规定需要主动公开的财政信息。

（七）开展安全生产监督检查的情况。

（八）生产安全事故的发生情况，社会影响较大的生产安全事故的应急处置和救援情况，经过有关人民政府或者主管部门依法批复的事故调查和处理情况。

（九）法律、法规和规章规定应当公开的其他信息。

安全生产有关决策、规定或者规划、计划、方案等，涉及公民、法人和其他组织切身利益或者有重大社会影响的，在决策前应当广泛征求有关公民、法人和其他组织的意见，并以适当方式反馈或者公布意见采纳情况。

第十一条　除本办法第十条规定应当主动公开的信息外，公民、法人或者其他组织可以根据自身生产、生活、科研等特殊需要，申请获取相关信息。

公民、法人或者其他组织使用安全生产监管监察部门公开的信息，不得损害国家利益、公共利益和他人的合法权益。

第十二条 安全生产监管监察部门的下列信息不予公开：

（一）涉及国家秘密以及危及国家安全、公共安全、经济安全和社会稳定的。

（二）属于商业秘密或者公开后可能导致商业秘密被泄露的。

（三）属于个人隐私或者公开后可能导致对个人隐私权造成侵害的。

（四）在日常工作中制作或者获取的内部管理信息。

（五）尚未形成，需要进行汇总、加工、重新制作（作区分处理的除外），或者需要向其他行政机关、公民、法人或者其他组织搜集的信息。

（六）处于讨论、研究或者审查中的过程性信息。

（七）依照法律、法规和国务院规定不予公开的其他信息。

安全生产监管监察部门有证据证明与申请人生产、生活、科研等特殊需要无关的信息，可以不予提供。

与安全生产行政执法有关的信息，公开后可能影响检查、调查、取证等安全生产行政执法活动，或者危及公民、法人和其他组织人身或者财产安全的，安全生产监管监察部门可以暂时不予公开。在行政执法活动结束后，再依照本办法的规定予以公开。

涉及商业秘密、个人隐私，经权利人同意公开，或者安全生产监管监察部门认为不公开可能对公共利益造成重大影响的信息，可以予以公开。

第三章 公开方式和程序

第十三条 安全生产监管监察部门应当通过政府网站、公报、新闻发布会或者报刊、广播、电视等便于公众知晓的方式主动公开本办法第十条规定的信息，并依照《政府信息公开条例》的规定及时向当地档案馆和公共图书馆提供主动公开的信息。具体办法由安全生产监管监察部门与当地档案馆、公共图书馆协商制定。

安全生产监管监察部门可以根据需要，在办公地点设立信息查阅室、信息公告栏、电子信息屏等场所、设施公开信息。

第十四条 安全生产监管监察部门制作的信息，由制作该信息的部门负责公开；安全生产监管监察部门从公民、法人或者其他组织获取的信息，由保存该信息的行政机关负责公开。法律、法规对政府信息公开的权限另有规定的，从其规定。

第十五条 安全生产监管监察部门在制作信息时，应当明确该信息的公开属性，包括主动公开、依申请公开或者不予公开。

对于需要主动公开的信息，安全生产监管监察部门应当自该信息形成或者变更之日起20个工作日内予以公开。法律、法规对公开期限另有规定的，从其规定。

第十六条 公民、法人或者其他组织依照本办法第十一条的规定申请获取信息的，应当按照“一事一申请”的原则填写《信息公开申请表》，向安全生产监管监察部门提出申请；填写《信息公开申请表》确有困难的，申请人可以口头提出，由受理该申请的安全生产监管监察部门代为填写，申请人签字确认。

第十七条 安全生产监管监察部门收到《信息公开申请表》后，负责信息公开的专门机构应当进行审查，符合要求的，予以受理，并在收到《信息公开申请表》之日起 3 个工作日内向申请人出具申请登记回执；不予受理的，应当书面告知申请人不予受理的理由。

第十八条　安全生产监管监察部门受理信息公开申请后，负责信息公开的专门机构能够当场答复的，应当当场答复；不能够当场答复的，应当及时转送本部门相关内设机构办理。

安全生产监管监察部门受理的信息公开申请，应当自收到《信息公开申请表》之日起 15 个工作日内按照本办法第十九条的规定予以答复；不能在 15 个工作日内作出答复的，经本部门负责信息公开的专门机构负责人同意，可以适当延长答复期限，并书面告知申请人，延长答复的期限最长不得超过 15 个工作日。

申请获取的信息涉及第三方权益的，受理申请的安全生产监管监察部门征求第三方意见所需时间不计算在前款规定的期限内。

第十九条　对于已经受理的信息公开申请，安全生产监管监察部门应当根据下列情况分别予以答复：

（一）属于本部门信息公开范围的，应当书面告知申请人获取该信息的方式、途径，或者直接向申请人提供该信息。

（二）属于不予公开范围的，应当书面告知申请人不予公开的理由、依据。

（三）依法不属于本部门职能范围或者信息不存在的，应当书面告知申请人，对能够确定该信息的公开机关的，应当告知申请人该行政机关的名称和联系方式。

（四）申请内容不明确的，应当书面告知申请人作出更改、补充。

申请获取的信息中含有不应当公开的内容，但是能够作区分处理的，安全生产监管监察部门应当向申请人提供可以公开的信息内容。

第二十条　申请获取的信息涉及商业秘密、个人隐私，或者公开后可能损害第三方合法权益的，受理申请的安全生产监管监察部门应当书面征求第三方的意见。第三方不同意公开的，不得公开；但是，受理申请的安全生产监管监察部门认为不公开可能对公共利益造成重大影响的，应当予以公开，并将决定公开的信息内容和理由书面通知第三方。

第二十一条　公民、法人和其他组织有证据证明与其自身相关的信息不准确的，有权要求更正。受理申请的安全生产监管监察部门经核实后，应当予以更正，并将更正后的信息书面告知申请人；无权更正的，应当转送有权更正的部门或者其他行政机关处理，并告知申请人。

第二十二条　对于依申请公开的信息，安全生产监管监察部门应当按照申请人要求的形式予以提供；无法按照申请人要求的形式提供的，可以通过安排申请人查阅相关资料、提供复制件或者其他适当的形式提供。

第二十三条　安全生产监管监察部门依申请提供信息，除可以按照国家规定的标准向申请人收取检索、复制、邮寄等成本费用外，不得收取其他费用。

申请获取信息的公民确有经济困难的，经本人申请、安全生产监管监察部门负责信息公开的专门机构负责人审核同意，可以减免相关费用。

第四章　监督与保障

第二十四条　安全生产监管监察部门应当建立健全信息发布保密审查制度，明确保密审查的人员、方法、程序和责任。

安全生产监管监察部门在公开信息前，应当依照《中华人民共和国保守国家秘密法》《安全生产工作国家秘密范围的规定》等法律、行政法规和有关保密制度，对拟公开的信息进行保密审查。

安全生产监管监察部门在保密审查过程中不能确定是否涉及国家秘密的，应当说明信息来源和本部门的保密审查意见，报上级安全生产监管监察部门或者本级保密行政管理部门确定。

第二十五条　安全生产监管监察部门应当编制、公布本部门信息公开指南及信息公开目录，并及时更新。

信息公开指南应当包括信息的分类、编排体系、获取方式和信息公开专门机构的名称、办公地址、办公时间、联系电话、传真号码、电子邮箱等内容。

信息公开目录应当包括信息的索引、名称、信息内容概述、生成日期、公开时间等内容。

第二十六条　安全生产监管监察部门应当建立健全信息公开工作考核制度、社会评议制度和责任追究制度，定期对信息公开工作进行考核、评议。

第二十七条　安全生产监管监察部门应当于每年 3 月 31 日前公布本部门上一年度信息公开工作年度报告。年度报告应当包括下列内容：

（一）本部门主动公开信息的情况。

（二）本部门依申请公开信息和不予公开信息的情况。

（三）信息公开工作的收费及减免情况。

（四）因信息公开申请行政复议、提起行政诉讼的情况。

（五）信息公开工作存在的主要问题及改进情况。

（六）其他需要报告的事项。

第二十八条　公民、法人或者其他组织认为安全生产监管监察部门不依法履行信息公开义务的，可以向上级安全生产监管监察部门举报。收到举报的安全生产监管监察部门应当依照《信访条例》的规定予以处理，督促被举报的安全生产监管监察部门依法履行信息公开义务。

第二十九条　公民、法人或者其他组织认为信息公开工作中的具体行政行为侵犯其合法权益的，可以依法申请行政复议或者提起行政诉讼。

第三十条　安全生产监管监察部门及其工作人员违反本办法的规定，有下列情形之一的，由本部门负责行政监察的机构或者其上级安全生产监管监察部门责令改正；情节严重的，对部门主要负责人、直接负责的主管人员和其他直接责任人员依法给予处分；构成犯罪的，依法追究刑事责任：

（一）不依法履行信息公开义务的。

（二）不及时更新公开的信息内容、信息公开指南和信息公开目录的。

（三）违反规定收取费用的。

（四）通过其他组织、个人以有偿服务方式提供信息的。

（五）公开不应当公开的信息的。

（六）故意提供虚假信息的。

（七）违反有关法律法规和本办法规定的其他行为。

第五章　附　　则

第三十一条　国家安全生产监督管理总局管理的具有行政职能的事业单位的有关信息公开，参照本办法执行。

第三十二条　本办法自 2012 年 11 月 1 日起施行。

72　危险化学品安全使用许可证实施办法

2012 年 10 月 29 日国家安全生产监督管理总局局长办公会议审议通过，2012 年 11 月 16 日国家安全生产监督管理总局令第 57 号公布，自 2013 年 5 月 1 日起施行；根据 2015 年 3 月 23 日国家安全生产监督管理总局局长办公会议审议通过、2015 年 5 月 27 日国家安全生产监督管理总局令第 79 号公布、自 2015 年 7 月 1 日起施行的《国家安全监管总局关于废止和修改危险化学品等领域七部规章的决定》第一次修改；根据 2017 年 1 月 10 日国家安全生产监督管理总局局长办公会议审议通过、2017 年 3 月 6 日国家安全生产监督管理总局令第 89 号公布、自公布之日起施行的《国家安全监管总局关于修改和废止部分规章及规范性文件的决定》第二次修改。

第一章　总　　则

第一条　为了严格使用危险化学品从事生产的化工企业安全生产条件，规范危险化学品安全使用许可证的颁发和管理工作，根据《危险化学品安全管理条例》和有关法律、行政法规，制定本办法。

第二条　本办法适用于列入危险化学品安全使用许可适用行业目录、使用危险化学品从事生产并且达到危险化学品使用量的数量标准的化工企业（危险化学品生产企业除外，以下简称企业）。

使用危险化学品作为燃料的企业不适用本办法。

第三条 企业应当依照本办法的规定取得危险化学品安全使用许可证（以下简称安全使用许可证）。

第四条 安全使用许可证的颁发管理工作实行企业申请、市级发证、属地监管的原则。

第五条 国家安全生产监督管理总局负责指导、监督全国安全使用许可证的颁发管理工作。

省、自治区、直辖市人民政府安全生产监督管理部门（以下简称省级安全生产监督管理部门）负责指导、监督本行政区域内安全使用许可证的颁发管理工作。

设区的市级人民政府安全生产监督管理部门（以下简称发证机关）负责本行政区域内安全使用许可证的审批、颁发和管理，不得再委托其他单位、组织或者个人实施。

第二章 申请安全使用许可证的条件

第六条 企业与重要场所、设施、区域的距离和总体布局应当符合下列要求，并确保安全：

（一）储存危险化学品数量构成重大危险源的储存设施，与《危险化学品安全管理条例》第十九条第一款规定的八类场所、设施、区域的距离符合国家有关法律、法规、规章和国家标准或者行业标准的规定。

（二）总体布局符合《工业企业总平面设计规范》（GB 50187）、《化工企业总图运输设计规范》（GB 50489）、《建筑设计防火规范》（GB 50016）等相关标准的要求；石油化工企业还应当符合《石油化工企业设计防火规范》（GB 50160）的要求。

（三）新建企业符合国家产业政策、当地县级以上（含县级）人民政府的规划和布局。

第七条 企业的厂房、作业场所、储存设施和安全设施、设备、工艺应当符合下列要求：

（一）新建、改建、扩建使用危险化学品的化工建设项目（以下统称建设项目）由具备国家规定资质的设计单位设计和施工单位建设；其中，涉及国家安全生产监督管理总局公布的重点监管危险化工工艺、重点监管危险化学品的装置，由具备石油化工医药行业相应资质的设计单位设计。

（二）不得采用国家明令淘汰、禁止使用和危及安全生产的工艺、设备；新开发的使用危险化学品从事化工生产的工艺（以下简称化工工艺），在小试、中试、工业化试验的基础上逐步放大到工业化生产；国内首次使用的化工工艺，经过省级人民政府有关部门组织的安全可靠性论证。

（三）涉及国家安全生产监督管理总局公布的重点监管危险化工工艺、重点监管危险化学品的装置装设自动化控制系统；涉及国家安全生产监督管理总局公布的重点监管危险化工工艺的大型化工装置装设紧急停车系统；涉及易燃易爆、有毒有害气体化学品的作业场所装设易燃易爆、有毒有害介质泄漏报警等安全设施。

（四）新建企业的生产区与非生产区分开设置，并符合国家标准或者行业标准规定的距离。

（五）新建企业的生产装置和储存设施之间及其建（构）筑物之间的距离符合国家标准或者行业标准的规定。

同一厂区内（生产或者储存区域）的设备、设施及建（构）筑物的布置应当适用同一标准的规定。

第八条 企业应当依法设置安全生产管理机构，按照国家规定配备专职安全生产管理人员。配备的专职安全生产管理人员必须能够满足安全生产的需要。

第九条 企业主要负责人、分管安全负责人和安全生产管理人员必须具备与其从事生产经营活动相适应的安全知识和管理能力，参加安全资格培训，并经考核合格，取得安全合格证书。

特种作业人员应当依照《特种作业人员安全技术培训考核管理规定》，经专门的安全技术培训并考核合格，取得特种作业操作证书。

本条第一款、第二款规定以外的其他从业人员应当按照国家有关规定，经安全教育培训合格。

第十条 企业应当建立全员安全生产责任制，保证每位从业人员的安全生产责任与职务、岗位相匹配。

第十一条 企业根据化工工艺、装置、设施等实际情况，至少应当制定、完善下列主要安全生产规章制度：

（一）安全生产例会等安全生产会议制度。

（二）安全投入保障制度。

（三）安全生产奖惩制度。

（四）安全培训教育制度。

（五）领导干部轮流现场带班制度。

（六）特种作业人员管理制度。

（七）安全检查和隐患排查治理制度。

（八）重大危险源的评估和安全管理制度。

（九）变更管理制度。

（十）应急管理制度。

（十一）生产安全事故或者重大事件管理制度。

（十二）防火、防爆、防中毒、防泄漏管理制度。

（十三）工艺、设备、电气仪表、公用工程安全管理制度。

（十四）动火、进入受限空间、吊装、高处、盲板抽堵、临时用电、动土、断路、设备检维修等作业安全管理制度。

（十五）危险化学品安全管理制度。

（十六）职业健康相关管理制度。

（十七）劳动防护用品使用维护管理制度。

（十八）承包商管理制度。

（十九）安全管理制度及操作规程定期修订制度。

第十二条 企业应当根据工艺、技术、设备特点和原辅料的危险性等情况编制岗位安全操作规程。

第十三条 企业应当依法委托具备国家规定资质条件的安全评价机构进行安全评价，并按照安全评价报告的意见对存在的安全生产问题进行整改。

第十四条 企业应当有相应的职业病危害防护设施，并为从业人员配备符合国家标准或者行业标准的劳动防护用品。

第十五条 企业应当依据《危险化学品重大危险源辨识》（GB 18218），对本企业的生产、储存和使用装置、设施或者场所进行重大危险源辨识。

对于已经确定为重大危险源的，应当按照《危险化学品重大危险源监督管理暂行规定》进行安全管理。

第十六条 企业应当符合下列应急管理要求：

（一）按照国家有关规定编制危险化学品事故应急预案，并报送有关部门备案。

（二）建立应急救援组织，明确应急救援人员，配备必要的应急救援器材、设备设施，并按照规定定期进行应急预案演练。

储存和使用氯气、氨气等对皮肤有强烈刺激的吸入性有毒有害气体的企业，除符合本条第一款的规定外，还应当配备至少两套以上全封闭防化服；构成重大危险源的，还应当设立气体防护站（组）。

第十七条 企业除符合本章规定的安全使用条件外，还应当符合有关法律、行政法规和国家标准或者行业标准规定的其他安全使用条件。

第三章 安全使用许可证的申请

第十八条 企业向发证机关申请安全使用许可证时，应当提交下列文件、资料，并对其内容的真实性负责：

（一）申请安全使用许可证的文件及申请书。

（二）新建企业的选址布局符合国家产业政策、当地县级以上人民政府的规划和布局的证明材料复制件。

（三）安全生产责任制文件，安全生产规章制度、岗位安全操作规程清单。

（四）设置安全生产管理机构，配备专职安全生产管理人员的文件复制件。

（五）主要负责人、分管安全负责人、安全生产管理人员安全合格证和特种作业人员操作证复制件。

（六）危险化学品事故应急救援预案的备案证明文件。

（七）由供货单位提供的所使用危险化学品的安全技术说明书和安全标签。

（八）工商营业执照副本或者工商核准文件复制件。

（九）安全评价报告及其整改结果的报告。

（十）新建企业的建设项目安全设施竣工验收报告。

（十一）应急救援组织、应急救援人员，以及应急救援器材、设备设施清单。

有危险化学品重大危险源的企业，除应当提交本条第一款规定的文件、资料外，还应当提交重大危险源的备案证明文件。

第十九条　新建企业安全使用许可证的申请，应当在建设项目安全设施竣工验收通过之日起 10 个工作日内提出。

第四章　安全使用许可证的颁发

第二十条　发证机关收到企业申请文件、资料后，应当按照下列情况分别作出处理：

（一）申请事项依法不需要取得安全使用许可证的，当场告知企业不予受理。

（二）申请材料存在可以当场更正的错误的，允许企业当场更正。

（三）申请材料不齐全或者不符合法定形式的，当场或者在 5 个工作日内一次告知企业需要补正的全部内容，并出具补正告知书；逾期不告知的，自收到申请材料之日起即为受理。

（四）企业申请材料齐全、符合法定形式，或者按照发证机关要求提交全部补正申请材料的，立即受理其申请。

发证机关受理或者不予受理行政许可申请，应当出具加盖本机关专用印章和注明日期的书面凭证。

第二十一条　安全使用许可证申请受理后，发证机关应当组织人员对企业提交的申请文件、资料进行审查。对企业提交的文件、资料内容存在疑问，需要到现场核查的，应当指派工作人员对有关内容进行现场核查。工作人员应当如实提出书面核查意见。

第二十二条　发证机关应当在受理之日起 45 日内作出是否准予许可的决定。发证机关现场核查和企业整改有关问题所需时间不计算在本条规定的期限内。

第二十三条　发证机关作出准予许可的决定的，应当自决定之日起 10 个工作日内颁发安全使用许可证。

发证机关作出不予许可的决定的，应当在 10 个工作日内书面告知企业并说明理由。

第二十四条　企业在安全使用许可证有效期内变更主要负责人、企业名称或者注册地址的，应当自工商营业执照变更之日起 10 个工作日内提出变更申请，并提交下列文件、资料：

（一）变更申请书。

（二）变更后的工商营业执照副本复制件。

（三）变更主要负责人的，还应当提供主要负责人经安全生产监督管理部门考核合格后颁发的安全合格证复制件。

（四）变更注册地址的，还应当提供相关证明材料。

对已经受理的变更申请，发证机关对企业提交的文件、资料审查无误后，方可办理安全使用许可证变更手续。

企业在安全使用许可证有效期内变更隶属关系的，应当在隶属关系变更之日起 10 日内向发证机关提交证明材料。

第二十五条 企业在安全使用许可证有效期内，有下列情形之一的，发证机关按照本办法第二十条、第二十一条、第二十二条、第二十三条的规定办理变更手续：

（一）增加使用的危险化学品品种，且达到危险化学品使用量的数量标准规定的。

（二）涉及危险化学品安全使用许可范围的新建、改建、扩建建设项目的。

（三）改变工艺技术对企业的安全生产条件产生重大影响的。

有本条第一款第一项规定情形的企业，应当在增加前提出变更申请。

有本条第一款第二项规定情形的企业，应当在建设项目安全设施竣工验收合格之日起 10 个工作日内向原发证机关提出变更申请，并提交建设项目安全设施竣工验收报告等相关文件、资料。

有本条第一款第一项、第三项规定情形的企业，应当进行专项安全验收评价，并对安全评价报告中提出的问题进行整改；在整改完成后，向原发证机关提出变更申请并提交安全验收评价报告。

第二十六条 安全使用许可证有效期为 3 年。企业安全使用许可证有效期届满后需要继续使用危险化学品从事生产且达到危险化学品使用量的数量标准规定的，应当在安全使用许可证有效期届满前 3 个月提出延期申请，并提交本办法第十八条规定的文件、资料。

发证机关按照本办法第二十条、第二十一条、第二十二条、第二十三条的规定进行审查，并作出是否准予延期的决定。

第二十七条 企业取得安全使用许可证后，符合下列条件的，其安全使用许可证届满办理延期手续时，经原发证机关同意，可以不提交第十八条第一款第二项、第五项、第九项和第十八条第二款规定的文件、资料，直接办理延期手续：

（一）严格遵守有关法律、法规和本办法的。

（二）取得安全使用许可证后，加强日常安全管理，未降低安全使用条件，并达到安全生产标准化等级二级以上的。

（三）未发生造成人员死亡的生产安全责任事故的。

企业符合本条第一款第二项、第三项规定条件的，应当在延期申请书中予以说明，并出具二级以上安全生产标准化证书复印件。

第二十八条 安全使用许可证分为正本、副本，正本为悬挂式，副本为折页式，正、副本具有同等法律效力。

发证机关应当分别在安全使用许可证正、副本上注明编号、企业名称、主要负责人、注册地址、经济类型、许可范围、有效期、发证机关、发证日期等内容。其中，“许可范围”正本上注明“危险化学品使用”，副本上注明使用危险化学品从事生产的地址和对应的具体品种、年使用量。

第二十九条 企业不得伪造、变造安全使用许可证，或者出租、出借、转让其取得的安全使用许可证，或者使用伪造、变造的安全使用许可证。

第五章 监督管理

第三十条 发证机关应当坚持公开、公平、公正的原则，依照本办法和有关行政许可的法律法规规定，颁发安全使用许可证。

发证机关工作人员在安全使用许可证颁发及其监督管理工作中，不得索取或者接受企业的财物，不得谋取其他非法利益。

第三十一条 发证机关应当加强对安全使用许可证的监督管理，建立、健全安全使用许可证档案管理制度。

第三十二条 有下列情形之一的，发证机关应当撤销已经颁发的安全使用许可证：

（一）滥用职权、玩忽职守颁发安全使用许可证的。

（二）超越职权颁发安全使用许可证的。

（三）违反本办法规定的程序颁发安全使用许可证的。

（四）对不具备申请资格或者不符合法定条件的企业颁发安全使用许可证的。

（五）以欺骗、贿赂等不正当手段取得安全使用许可证的。

第三十三条 企业取得安全使用许可证后有下列情形之一的，发证机关应当注销其安全使用许可证：

（一）安全使用许可证有效期届满未被批准延期的。

（二）终止使用危险化学品从事生产的。

（三）继续使用危险化学品从事生产，但使用量降低后未达到危险化学品使用量的数量标准规定的。

（四）安全使用许可证被依法撤销的。

（五）安全使用许可证被依法吊销的。

安全使用许可证注销后，发证机关应当在当地主要新闻媒体或者本机关网站上予以公告，并向省级和企业所在地县级安全生产监督管理部门通报。

第三十四条 发证机关应当将其颁发安全使用许可证的情况及时向同级环境保护主管部门和公安机关通报。

第三十五条 发证机关应当于每年1月10日前，将本行政区域内上年度安全使用许可证的颁发和管理情况报省级安全生产监督管理部门，并定期向社会公布企业取得安全使用许可证的情况，接受社会监督。

省级安全生产监督管理部门应当于每年1月15日前，将本行政区域内上年度安全使用许可证的颁发和管理情况报国家安全生产监督管理总局。

第六章 法律责任

第三十六条 发证机关工作人员在对危险化学品使用许可证的颁发管理工作中滥用职权、玩忽职守、徇私舞弊，构成犯罪的，依法追究刑事责任；尚不构成犯罪的，依法给予处分。

第三十七条 企业未取得安全使用许可证，擅自使用危险化学品从事生产，且达到危险化学品使用量的数量标准规定的，责令立即停止违法行为并限期改正，处10万元以上20万元以下的罚款；逾期不改正的，责令停产整顿。

企业在安全使用许可证有效期届满后未办理延期手续，仍然使用危险化学品从事生产，且达到危险化学品使用量的数量标准规定的，依照前款规定给予处罚。

第三十八条 企业伪造、变造或者出租、出借、转让安全使用许可证，或者使用伪造、变造的安全使用许可证的，处10万元以上20万元以下的罚款，有违法所得的，没收违法所得；构成违反治安管理行为的，依法给予治安管理处罚；构成犯罪的，依法追究刑事责任。

第三十九条 企业在安全使用许可证有效期内主要负责人、企业名称、注册地址、隶属关系发生变更，未按照本办法第二十四条规定的时限提出安全使用许可证变更申请或者将隶属关系变更证明材料报发证机关的，责令限期办理变更手续，处1万元以上3万元以下的罚款。

第四十条 企业在安全使用许可证有效期内有下列情形之一，未按照本办法第二十五条的规定提出变更申请，继续从事生产的，责令限期改正，处1万元以上3万元以下的罚款：

（一）增加使用的危险化学品品种，且达到危险化学品使用量的数量标准规定的。

（二）涉及危险化学品安全使用许可范围的新建、改建、扩建建设项目，其安全设施已经竣工验收合格的。

（三）改变工艺技术对企业的安全生产条件产生重大影响的。

第四十一条 发现企业隐瞒有关情况或者提供虚假文件、资料申请安全使用许可证的，发证机关不予受理或者不予颁发安全使用许可证，并给予警告，该企业在1年内不得再次申请安全使用许可证。

企业以欺骗、贿赂等不正当手段取得安全使用许可证的，自发证机关撤销其安全使用许可证之日起3年内，该企业不得再次申请安全使用许可证。

第四十二条 安全评价机构有下列情形之一的，给予警告，并处1万元以下的罚款；情节严重的，暂停资质6个月，并处1万元以上3万元以下的罚款；对相关责任人依法给予处理：

（一）从业人员不到现场开展安全评价活动的。

（二）安全评价报告与实际情况不符，或者安全评价报告存在重大疏漏，但尚未造成重大损失的。

（三）未按照有关法律、法规、规章和国家标准或者行业标准的规定从事安全评价活动的。

第四十三条 承担安全评价的机构出具虚假证明的，没收违法所得；违法所得在10万元以上的，并处违法所得2倍以上5倍以下的罚款；没有违法所得或者违法所得不足10万元的，单处或者并处10万元以上20万元以下的罚款；对其直接负责的主管人员和其他直接责任人员处 2 万元以上 5 万元以下的罚款；给他人造成损害的，与企业承担连带赔偿责任；构成犯罪的，依照刑法有关规定追究刑事责任。

对有前款违法行为的机构，依法吊销其相应资质。

第四十四条　本办法规定的行政处罚，由安全生产监督管理部门决定；但本办法第三十八条规定的行政处罚，由发证机关决定；第四十二条、第四十三条规定的行政处罚，依照《安全评价机构管理规定》执行。

第七章　附　　则

第四十五条　本办法下列用语的含义：

（一）危险化学品安全使用许可适用行业目录，是指国家安全生产监督管理总局根据《危险化学品安全管理条例》和有关国家标准、行业标准公布的需要取得危险化学品安全使用许可的化工企业类别。

（二）危险化学品使用量的数量标准，由国家安全生产监督管理总局会同国务院公安部门、农业主管部门根据《危险化学品安全管理条例》公布。

（三）本办法所称使用量，是指企业使用危险化学品的年设计使用量和实际使用量的较大值。

（四）本办法所称大型化工装置，是指按照原建设部《工程设计资质标准》（建市〔2007〕86 号）中的《化工石化医药行业建设项目设计规模划分表》确定的大型项目的化工生产装置。

第四十六条　危险化学品安全使用许可的文书、危险化学品安全使用许可证的样式、内容和编号办法，由国家安全生产监督管理总局另行规定。

第四十七条　省级安全生产监督管理部门可以根据当地实际情况制定安全使用许可证管理的细则，并报国家安全生产监督管理总局备案。

第四十八条　本办法施行前已经进行生产的企业，应当自本办法施行之日起 18 个月内，依照本办法的规定向发证机关申请办理安全使用许可证；逾期不申请办理安全使用许可证，或者经审查不符合本办法规定的安全使用条件，未取得安全使用许可证，继续进行生产的，依照本办法第三十七条的规定处罚。

第四十九条　本办法自 2013 年 5 月 1 日起施行。

73　工贸企业有限空间作业安全管理与监督暂行规定

2013年2月18日国家安全生产监督管理总局局长办公会议审议通过，2013年5月20日国家安全生产监督管理总局令第59号公布，自2013年7月1日起施行；根据2015年2月26日国家安全生产监督管理总局局长办公会议审议通过、2015年5月29日国家安全生产监督管理总局令第80号公布、自2015年7月1日起施行的《国家安全监管总局关于废止和修改劳动防护用品和安全培训等领域十部规章的决定》修改。

第一章　总　　则

第一条　为了加强对冶金、有色、建材、机械、轻工、纺织、烟草、商贸企业（以下统称工贸企业）有限空间作业的安全管理与监督，预防和减少生产安全事故，保障作业人员的安全与健康，根据《中华人民共和国安全生产法》等法律、行政法规，制定本规定。

第二条　工贸企业有限空间作业的安全管理与监督，适用本规定。

本规定所称有限空间，是指封闭或者部分封闭，与外界相对隔离，出入口较为狭窄，作业人员不能长时间在内工作，自然通风不良，易造成有毒有害、易燃易爆物质积聚或者氧含量不足的空间。工贸企业有限空间的目录由国家安全生产监督管理总局确定、调整并公布。

第三条　工贸企业是本企业有限空间作业安全的责任主体，其主要负责人对本企业有限空间作业安全全面负责，相关负责人在各自职责范围内对本企业有限空间作业安全负责。

第四条　国家安全生产监督管理总局对全国工贸企业有限空间作业安全实施监督管理。

县级以上地方各级安全生产监督管理部门按照属地监管、分级负责的原则，对本行政区域内工贸企业有限空间作业安全实施监督管理。省、自治区、直辖市人民政府对工贸企业有限空间作业的安全生产监督管理职责另有规定的，依照其规定。

第二章　有限空间作业的安全保障

第五条　存在有限空间作业的工贸企业应当建立下列安全生产制度和规程：

（一）有限空间作业安全责任制度。

（二）有限空间作业审批制度。

（三）有限空间作业现场安全管理制度。

（四）有限空间作业现场负责人、监护人员、作业人员、应急救援人员安全培训教育制度。

（五）有限空间作业应急管理制度。

（六）有限空间作业安全操作规程。

第六条　工贸企业应当对从事有限空间作业的现场负责人、监护人员、作业人员、应急救援人员进行专项安全培训。专项安全培训应当包括下列内容：

（一）有限空间作业的危险有害因素和安全防范措施。

（二）有限空间作业的安全操作规程。

（三）检测仪器、劳动防护用品的正确使用。

（四）紧急情况下的应急处置措施。

安全培训应当有专门记录，并由参加培训的人员签字确认。

第七条　工贸企业应当对本企业的有限空间进行辨识，确定有限空间的数量、位置以及危险有害因素等基本情况，建立有限空间管理台账，并及时更新。

第八条　工贸企业实施有限空间作业前，应当对作业环境进行评估，分析存在的危险有害因素，提出消除、控制危害的措施，制定有限空间作业方案，并经本企业安全生产管理人员审核，负责人批准。

第九条　工贸企业应当按照有限空间作业方案，明确作业现场负责人、监护人员、作业人员及其安全职责。

第十条　工贸企业实施有限空间作业前，应当将有限空间作业方案和作业现场可能存在的危险有害因素、防控措施告知作业人员。现场负责人应当监督作业人员按照方案进行作业准备。

第十一条　工贸企业应当采取可靠的隔断（隔离）措施，将可能危及作业安全的设施设备、存在有毒有害物质的空间与作业地点隔开。

第十二条　有限空间作业应当严格遵守“先通风、再检测、后作业”的原则。检测指标包括氧浓度、易燃易爆物质（可燃性气体、爆炸性粉尘）浓度、有毒有害气体浓度。检测应当符合相关国家标准或者行业标准的规定。

未经通风和检测合格，任何人员不得进入有限空间作业。检测的时间不得早于作业开始前30分钟。

第十三条　检测人员进行检测时，应当记录检测的时间、地点、气体种类、浓度等信息。检测记录经检测人员签字后存档。

检测人员应当采取相应的安全防护措施，防止中毒窒息等事故发生。

第十四条　有限空间内盛装或者残留的物料对作业存在危害时，作业人员应当在作业前对物料进行清洗、清空或者置换。经检测，有限空间的危险有害因素符合《工作场所有害因素职业接触限值　第1部分：化学有害因素》（GBZ 2.1）的要求后，方可进入有限空间作业。

第十五条　在有限空间作业过程中，工贸企业应当采取通风措施，保持空气流通，禁止采用纯氧通风换气。

发现通风设备停止运转、有限空间内氧含量浓度低于或者有毒有害气体浓度高于国家标准或者行业标准规定的限值时，工贸企业必须立即停止有限空间作业，清点作业人员，撤离作业现场。

第十六条 在有限空间作业过程中，工贸企业应当对作业场所中的危险有害因素进行定时检测或者连续监测。

作业中断超过 30 分钟，作业人员再次进入有限空间作业前，应当重新通风、检测合格后方可进入。

第十七条 有限空间作业场所的照明灯具电压应当符合《特低电压（ELV）限值》（GB/T 3805）等国家标准或者行业标准的规定；作业场所存在可燃性气体、粉尘的，其电气设施设备及照明灯具的防爆安全要求应当符合《爆炸性环境 第一部分：设备通用要求》（GB 3836.1）等国家标准或者行业标准的规定。

第十八条 工贸企业应当根据有限空间存在危险有害因素的种类和危害程度，为作业人员提供符合国家标准或者行业标准规定的劳动防护用品，并教育监督作业人员正确佩戴与使用。

第十九条 工贸企业有限空间作业还应当符合下列要求：

（一）保持有限空间出入口畅通。

（二）设置明显的安全警示标志和警示说明。

（三）作业前清点作业人员和工器具。

（四）作业人员与外部有可靠的通信联络。

（五）监护人员不得离开作业现场，并与作业人员保持联系。

（六）存在交叉作业时，采取避免互相伤害的措施。

第二十条 有限空间作业结束后，作业现场负责人、监护人员应当对作业现场进行清理，撤离作业人员。

第二十一条 工贸企业应当根据本企业有限空间作业的特点，制定应急预案，并配备相关的呼吸器、防毒面罩、通信设备、安全绳索等应急装备和器材。有限空间作业的现场负责人、监护人员、作业人员和应急救援人员应当掌握相关应急预案内容，定期进行演练，提高应急处置能力。

第二十二条 工贸企业将有限空间作业发包给其他单位实施的，应当发包给具备国家规定资质或者安全生产条件的承包方，并与承包方签订专门的安全生产管理协议或者在承包合同中明确各自的安全生产职责。工贸企业应当对承包单位的安全生产工作统一协调、管理，定期进行安全检查，发现安全问题的，应当及时督促整改。

工贸企业对其发包的有限空间作业安全承担主体责任。承包方对其承包的有限空间作业安全承担直接责任。

第二十三条 有限空间作业中发生事故后，现场有关人员应当立即报警，禁止盲目施救。应急救援人员实施救援时，应当做好自身防护，佩戴必要的呼吸器具、救援器材。

第三章 有限空间作业的安全监督管理

第二十四条 安全生产监督管理部门应当加强对工贸企业有限空间作业的监督检查，将检查纳入年度执法工作计划。对发现的事故隐患和违法行为，依法作出处理。

第二十五条　安全生产监督管理部门对工贸企业有限空间作业实施监督检查时，应当重点抽查有限空间作业安全管理制度、有限空间管理台账、检测记录、劳动防护用品配备、应急救援演练、专项安全培训等情况。

第二十六条　安全生产监督管理部门应当加强对行政执法人员的有限空间作业安全知识培训，并为检查有限空间作业安全的行政执法人员配备必需的劳动防护用品、检测仪器。

第二十七条　安全生产监督管理部门及其行政执法人员发现有限空间作业存在重大事故隐患的，应当责令立即或者限期整改；重大事故隐患排除前或者排除过程中无法保证安全的，应当责令暂时停止作业，撤出作业人员；重大事故隐患排除后，经审查同意，方可恢复作业。

第四章　法律责任

第二十八条　工贸企业有下列行为之一的，由县级以上安全生产监督管理部门责令限期改正，可以处5万元以下的罚款；逾期未改正的，处5万元以上20万元以下的罚款，其直接负责的主管人员和其他直接责任人员处1万元以上2万元以下的罚款；情节严重的，责令停产停业整顿：

（一）未在有限空间作业场所设置明显的安全警示标志的。

（二）未按照本规定为作业人员提供符合国家标准或者行业标准的劳动防护用品的。

第二十九条　工贸企业有下列情形之一的，由县级以上安全生产监督管理部门责令限期改正，可以处5万元以下的罚款；逾期未改正的，责令停产停业整顿，并处5万元以上10万元以下的罚款，对其直接负责的主管人员和其他直接责任人员处1万元以上2万元以下的罚款：

（一）未按照本规定对有限空间的现场负责人、监护人员、作业人员和应急救援人员进行安全培训的。

（二）未按照本规定对有限空间作业制定应急预案，或者定期进行演练的。

第三十条　工贸企业有下列情形之一的，由县级以上安全生产监督管理部门责令限期改正，可以处3万元以下的罚款，对其直接负责的主管人员和其他直接责任人员处1万元以下的罚款：

（一）未按照本规定对有限空间作业进行辨识、提出防范措施、建立有限空间管理台账的。

（二）未按照本规定对有限空间作业制定作业方案或者方案未经审批擅自作业的。

（三）有限空间作业未按照本规定进行危险有害因素检测或者监测，并实行专人监护作业的。

第五章　附　　则

第三十一条　本规定自2013年7月1日起施行。

74 化学品物理危险性鉴定与分类管理办法

2013年6月24日国家安全生产监督管理总局局长办公会议审议通过，2013年7月10日国家安全生产监督管理总局令第60号公布，自2013年9月1日起施行。

第一章 总 则

第一条 为了规范化学品物理危险性鉴定与分类工作，根据《危险化学品安全管理条例》，制定本办法。

第二条 对危险特性尚未确定的化学品进行物理危险性鉴定与分类，以及安全生产监督管理部门对鉴定与分类工作实施监督管理，适用本办法。

第三条 本办法所称化学品，是指各类单质、化合物及其混合物。

化学品物理危险性鉴定，是指依据有关国家标准或者行业标准进行测试、判定，确定化学品的燃烧、爆炸、腐蚀、助燃、自反应和遇水反应等危险特性。

化学品物理危险性分类，是指依据有关国家标准或者行业标准，对化学品物理危险性鉴定结果或者相关数据资料进行评估，确定化学品的物理危险性类别。

第四条 下列化学品应当进行物理危险性鉴定与分类：

（一）含有一种及以上列入《危险化学品目录》的组分，但整体物理危险性尚未确定的化学品。

（二）未列入《危险化学品目录》，且物理危险性尚未确定的化学品。

（三）以科学研究或者产品开发为目的，年产量或者使用量超过1吨，且物理危险性尚未确定的化学品。

第五条 国家安全生产监督管理总局负责指导和监督管理全国化学品物理危险性鉴定与分类工作，公告化学品物理危险性鉴定机构（以下简称鉴定机构）名单以及免予物理危险性鉴定与分类的化学品目录，设立化学品物理危险性鉴定与分类技术委员会（以下简称技术委员会）。

县级以上地方各级人民政府安全生产监督管理部门负责监督和检查本行政区域内化学品物理危险性鉴定与分类工作。

第六条 技术委员会负责对有异议的鉴定或者分类结果进行仲裁，公布化学品物理危险性的鉴定情况。

国家安全生产监督管理总局化学品登记中心（以下简称登记中心）负责化学品物理危险性分类结果的评估与审核，建立国家化学品物理危险性鉴定与分类信息管理系统，为化学品物理危险性鉴定与分类工作提供技术支持，承担技术委员会的日常工作。

第二章 物理危险性鉴定与分类

第七条 鉴定机构应当依照有关法律法规和国家标准或者行业标准的规定，科学、公正、诚信地开展鉴定工作，保证鉴定结果真实、准确、客观，并对鉴定结果负责。

第八条 化学品生产、进口单位（以下统称化学品单位）应当对本单位生产或者进口的化学品进行普查和物理危险性辨识，对其中符合本办法第四条规定的化学品向鉴定机构申请鉴定。

化学品单位在办理化学品物理危险性鉴定过程中，不得隐瞒化学品的危险性成分、含量等相关信息或者提供虚假材料。

第九条 化学品物理危险性鉴定按照下列程序办理：

（一）申请化学品物理危险性鉴定的化学品单位向鉴定机构提交化学品物理危险性鉴定申请表以及相关文件资料，提供鉴定所需要的样品，并对样品的真实性负责。

（二）鉴定机构收到鉴定申请后，按照有关国家标准或者行业标准进行测试、判定。除与爆炸物、自反应物质、有机过氧化物相关的物理危险性外，对其他物理危险性应当在20个工作日内出具鉴定报告，特殊情况下由双方协商确定。

送检样品应当至少保存180日，有关档案材料应当至少保存5年。

第十条 化学品物理危险性鉴定应当包括下列内容：

（一）与爆炸物、易燃气体、气溶胶、氧化性气体、加压气体、易燃液体、易燃固体、自反应物质、自燃液体、自燃固体、自热物质、遇水放出易燃气体的物质、氧化性液体、氧化性固体、有机过氧化物、金属腐蚀物等相关的物理危险性。

（二）与化学品危险性分类相关的蒸气压、自燃温度等理化特性，以及化学稳定性和反应性等。

第十一条 化学品物理危险性鉴定报告应当包括下列内容：

（一）化学品名称。

（二）申请鉴定单位名称。

（三）鉴定项目以及所用标准、方法。

（四）仪器设备信息。

（五）鉴定结果。

（六）有关国家标准或者行业标准中规定的其他内容。

第十二条 申请化学品物理危险性鉴定的化学品单位对鉴定结果有异议的，可以在收到鉴定报告之日起15个工作日内向原鉴定机构申请重新鉴定，或者向技术委员会申请仲裁。技术委员会应当在收到申请之日起20个工作日内作出仲裁决定。

第十三条 化学品单位应当根据鉴定报告以及其他物理危险性数据资料，编制化学品物理危险性分类报告。

化学品物理危险性分类报告应当包括下列内容：

（一）化学品名称。

（二）重要成分信息。

（三）物理危险性鉴定报告或者其他有关数据及其来源。

（四）化学品物理危险性分类结果。

第十四条 化学品单位应当向登记中心提交化学品物理危险性分类报告。登记中心应当对分类报告进行综合性评估，并在30个工作日内向化学品单位出具审核意见。

第十五条 化学品单位对化学品物理危险性分类的审核意见有异议的，可以在收到审核意见之日起15个工作日内向技术委员会申请仲裁。技术委员会应当在收到申请之日起20个工作日内作出仲裁决定。

第十六条 化学品单位应当建立化学品物理危险性鉴定与分类管理档案，内容应当包括：

（一）已知物理危险性的化学品的危险特性等信息。

（二）已经鉴定与分类化学品的物理危险性鉴定报告、分类报告和审核意见等信息。

（三）未进行鉴定与分类化学品的名称、数量等信息。

第十七条 化学品单位对确定为危险化学品的化学品以及国家安全生产监督管理总局公告的免予物理危险性鉴定与分类的危险化学品，应当编制化学品安全技术说明书和安全标签，根据《危险化学品登记管理办法》办理危险化学品登记，按照有关危险化学品的法律、法规和标准的要求，加强安全管理。

第十八条 鉴定机构应当于每年1月31日前向国家安全生产监督管理总局上报上一年度鉴定的化学品品名和工作总结。

第三章 法律责任

第十九条 化学品单位有下列情形之一的，由安全生产监督管理部门责令限期改正，可以处1万元以下的罚款；拒不改正的，处1万元以上3万元以下的罚款：

（一）未按照本办法规定对化学品进行物理危险性鉴定或者分类的。

（二）未按照本办法规定建立化学品物理危险性鉴定与分类管理档案的。

（三）在办理化学品物理危险性的鉴定过程中，隐瞒化学品的危险性成分、含量等相关信息或者提供虚假材料的。

第二十条 鉴定机构在物理危险性鉴定过程中有下列行为之一的，处1万元以上3万元以下的罚款；情节严重的，由国家安全生产监督管理总局从鉴定机构名单中除名并公告：

（一）伪造、篡改数据或者有其他弄虚作假行为的。

（二）未通过安全生产监督管理部门的监督检查，仍从事鉴定工作的。

（三）泄露化学品单位商业秘密的。

第四章 附 则

第二十一条 对于用途相似、组分接近、物理危险性无显著差异的化学品，化学品单位可以向鉴定机构申请系列化学品鉴定。

多个化学品单位可以对同一化学品联合申请鉴定。

第二十二条　对已经列入《危险化学品目录》的化学品，发现其有新的物理危险性的，化学品单位应当依照本办法进行物理危险性鉴定与分类。

第二十三条　本办法自2013年9月1日起施行。

75　非煤矿山外包工程安全管理暂行办法

2013年7月29日国家安全生产监督管理总局局长办公会议审议通过，2013年8月23日国家安全生产监督管理总局令第62号公布，自2013年10月1日起施行；根据2015年3月23日国家安全生产监督管理总局局长办公会议审议通过、2015年5月26日国家安全生产监督管理总局令第78号公布、自2015年7月1日起施行的《国家安全监管总局关于废止和修改非煤矿矿山领域九部规章的决定》修改。

第一章　总　　则

第一条　为了加强非煤矿山外包工程的安全管理和监督，明确安全生产责任，防止和减少生产安全事故（以下简称事故），依据《中华人民共和国安全生产法》《中华人民共和国矿山安全法》和其他有关法律、行政法规，制定本办法。

第二条　在依法批准的矿区范围内，以外包工程的方式从事金属非金属矿山的勘探、建设、生产、闭坑等工程施工作业活动，以及石油天然气的勘探、开发、储运等工程与技术服务活动的安全管理和监督，适用本办法。

从事非煤矿山各类房屋建筑及其附属设施的建造和安装，以及露天采矿场矿区范围以外地面交通建设的外包工程的安全管理和监督，不适用本办法。

第三条　非煤矿山外包工程（以下简称外包工程）的安全生产，由发包单位负主体责任，承包单位对其施工现场的安全生产负责。

外包工程有多个承包单位的，发包单位应当对多个承包单位的安全生产工作实施统一协调、管理，定期进行安全检查，发现安全问题的，应当及时督促整改。

第四条　承担外包工程的勘察单位、设计单位、监理单位、技术服务机构及其他有关单位应当依照法律、法规、规章和国家标准、行业标准的规定，履行各自的安全生产职责，承担相应的安全生产责任。

第五条　非煤矿山企业应当建立外包工程安全生产的激励和约束机制，提升非煤矿山外包工程安全生产管理水平。

第二章 发包单位的安全生产职责

第六条 发包单位应当依法设置安全生产管理机构或者配备专职安全生产管理人员，对外包工程的安全生产实施管理和监督。

发包单位不得擅自压缩外包工程合同约定的工期，不得违章指挥或者强令承包单位及其从业人员冒险作业。

发包单位应当依法取得非煤矿山安全生产许可证。

第七条 发包单位应当审查承包单位的非煤矿山安全生产许可证和相应资质，不得将外包工程发包给不具备安全生产许可证和相应资质的承包单位。

承包单位的项目部承担施工作业的，发包单位除审查承包单位的安全生产许可证和相应资质外，还应当审查项目部的安全生产管理机构、规章制度和操作规程、工程技术人员、主要设备设施、安全教育培训和负责人、安全生产管理人员、特种作业人员持证上岗等情况。

承担施工作业的项目部不符合本办法第二十一条规定的安全生产条件的，发包单位不得向该承包单位发包工程。

第八条 发包单位应当与承包单位签订安全生产管理协议，明确各自的安全生产管理职责。安全生产管理协议应当包括下列内容：

（一）安全投入保障。

（二）安全设施和施工条件。

（三）隐患排查与治理。

（四）安全教育与培训。

（五）事故应急救援。

（六）安全检查与考评。

（七）违约责任。

安全生产管理协议的文本格式由国家安全生产监督管理总局另行制定。

第九条 发包单位是外包工程安全投入的责任主体，应当按照国家有关规定和合同约定及时、足额向承包单位提供保障施工作业安全所需的资金，明确安全投入项目和金额，并监督承包单位落实到位。

对合同约定以外发生的隐患排查治理和地下矿山通风、支护、防治水等所需的费用，发包单位应当提供合同价款以外的资金，保障安全生产需要。

第十条 石油天然气总发包单位、分项发包单位以及金属非金属矿山总发包单位，应当每半年对其承包单位的施工资质、安全生产管理机构、规章制度和操作规程、施工现场安全管理和履行本办法第二十七条规定的信息报告义务等情况进行一次检查；发现承包单位存在安全生产问题的，应当督促其立即整改。

第十一条 金属非金属矿山分项发包单位，应当将承包单位及其项目部纳入本单位的安全管理体系，实行统一管理，重点加强对地下矿山领导带班下井、地下矿山从业人员出入井统计、特种作业人员、民用爆炸物品、隐患排查与治理、职业病防护等管理，并对外包工程的作业现场实施全过程监督检查。

第十二条　金属非金属矿山总发包单位对地下矿山一个生产系统进行分项发包的，承包单位原则上不得超过3家，避免相互影响生产、作业安全。

前款规定的发包单位在地下矿山正常生产期间，不得将主通风、主提升、供排水、供配电、主供风系统及其设备设施的运行管理进行分项发包。

第十三条　发包单位应当向承包单位进行外包工程的技术交底，按照合同约定向承包单位提供与外包工程安全生产相关的勘察、设计、风险评价、检测检验和应急救援等资料，并保证资料的真实性、完整性和有效性。

第十四条　发包单位应当建立健全外包工程安全生产考核机制，对承包单位每年至少进行一次安全生产考核。

第十五条　发包单位应当按照国家有关规定建立应急救援组织，编制本单位事故应急预案，并定期组织演练。

外包工程实行总发包的，发包单位应当督促总承包单位统一组织编制外包工程事故应急预案；实行分项发包的，发包单位应当将承包单位编制的外包工程现场应急处置方案纳入本单位应急预案体系，并定期组织演练。

第十六条　发包单位在接到外包工程事故报告后，应当立即启动相关事故应急预案，或者采取有效措施，组织抢救，防止事故扩大，并依照《生产安全事故报告和调查处理条例》的规定，立即如实地向事故发生地县级以上人民政府安全生产监督管理部门和负有安全生产监督管理职责的有关部门报告。

外包工程发生事故的，其事故数据纳入发包单位的统计范围。

发包单位和承包单位应当根据事故调查报告及其批复承担相应的事故责任。

第三章　承包单位的安全生产职责

第十七条　承包单位应当依照有关法律、法规、规章和国家标准、行业标准的规定，以及承包合同和安全生产管理协议的约定，组织施工作业，确保安全生产。

承包单位有权拒绝发包单位的违章指挥和强令冒险作业。

第十八条　外包工程实行总承包的，总承包单位对施工现场的安全生产负总责；分项承包单位按照分包合同的约定对总承包单位负责。总承包单位和分项承包单位对分包工程的安全生产承担连带责任。

总承包单位依法将外包工程分包给其他单位的，其外包工程的主体部分应当由总承包单位自行完成。

禁止承包单位转包其承揽的外包工程。禁止分项承包单位将其承揽的外包工程再次分包。

第十九条　承包单位应当依法取得非煤矿山安全生产许可证和相应等级的施工资质，并在其资质范围内承包工程。

承包金属非金属矿山建设和闭坑工程的资质等级，应当符合《建筑业企业资质等级标准》的规定。

承包金属非金属矿山生产、作业工程的资质等级，应当符合下列要求：

（一）总承包大型地下矿山工程和深凹露天、高陡边坡及地质条件复杂的大型露天矿山工程的，具备矿山工程施工总承包二级以上（含本级，下同）施工资质。

（二）总承包中型、小型地下矿山工程的，具备矿山工程施工总承包三级以上施工资质。

（三）总承包其他露天矿山工程和分项承包金属非金属矿山工程的，具备矿山工程施工总承包或者相关的专业承包资质，具体规定由省级人民政府安全生产监督管理部门制定。

承包尾矿库外包工程的资质，应当符合《尾矿库安全监督管理规定》。

承包金属非金属矿山地质勘探工程的资质等级，应当符合《金属与非金属矿产资源地质勘探安全生产监督管理暂行规定》。

承包石油天然气勘探、开发工程的资质等级，由国家安全生产监督管理总局或者国务院有关部门按照各自的管理权限确定。

第二十条 承包单位应当加强对所属项目部的安全管理，每半年至少进行一次安全生产检查，对项目部人员每年至少进行一次安全生产教育培训与考核。

禁止承包单位以转让、出租、出借资质证书等方式允许他人以本单位的名义承揽工程。

第二十一条 承包单位及其项目部应当根据承揽工程的规模和特点，依法健全安全生产责任体系，完善安全生产管理基本制度，设置安全生产管理机构，配备专职安全生产管理人员和有关工程技术人员。

承包地下矿山工程的项目部应当配备与工程施工作业相适应的专职工程技术人员，其中至少有 1 名注册安全工程师或者具有 5 年以上井下工作经验的安全生产管理人员。项目部具备初中以上文化程度的从业人员比例应当不低于 50%。

项目部负责人应当取得安全生产管理人员安全资格证。承包地下矿山工程的项目部负责人不得同时兼任其他工程的项目部负责人。

第二十二条 承包单位应当依照法律、法规、规章的规定以及承包合同和安全生产管理协议的约定，及时将发包单位投入的安全资金落实到位，不得挪作他用。

第二十三条 承包单位应当依照有关规定制定施工方案，加强现场作业安全管理，及时发现并消除事故隐患，落实各项规章制度和安全操作规程。

承包单位发现事故隐患后应当立即治理；不能立即治理的应当采取必要的防范措施，并及时书面报告发包单位协商解决，消除事故隐患。

地下矿山工程承包单位及其项目部的主要负责人和领导班子其他成员应当严格依照《金属非金属地下矿山企业领导带班下井及监督检查暂行规定》执行带班下井制度。

第二十四条 承包单位应当接受发包单位组织的安全生产培训与指导，加强对本单位从业人员的安全生产教育和培训，保证从业人员掌握必需的安全生产知识和操作技能。

第二十五条 外包工程实行总承包的，总承包单位应当统一组织编制外包工程应急预案。总承包单位和分项承包单位应当按照国家有关规定和应急预案的要求，分别建立应急救援组织或者指定应急救援人员，配备救援设备设施和器材，并定期组织演练。

外包工程实行分项承包的，分项承包单位应当根据建设工程施工的特点、范围以及施工现场容易发生事故的部位和环节，编制现场应急处置方案，并配合发包单位定期进行演练。

第二十六条　外包工程发生事故后，事故现场有关人员应当立即向承包单位及项目部负责人报告。

承包单位及项目部负责人接到事故报告后，应当立即如实地向发包单位报告，并启动相应的应急预案，采取有效措施，组织抢救，防止事故扩大。

第二十七条　承包单位在登记注册地以外的省、自治区、直辖市从事施工作业的，应当向作业所在地的县级人民政府安全生产监督管理部门书面报告外包工程概况和本单位资质等级、主要负责人、安全生产管理人员、特种作业人员、主要安全设施设备等情况，并接受其监督检查。

第四章　监督管理

第二十八条　承包单位发生较大以上责任事故或者一年内发生三起以上一般事故的，事故发生地的省级人民政府安全生产监督管理部门应当向承包单位登记注册地的省级人民政府安全生产监督管理部门通报。

发生重大以上事故的，事故发生地省级人民政府安全生产监督管理部门应当邀请承包单位的安全生产许可证颁发机关参加事故调查处理工作。

第二十九条　安全生产监督管理部门应当加强对外包工程的安全生产监督检查，重点检查下列事项：

（一）发包单位非煤矿山安全生产许可证、安全生产管理协议、安全投入等情况。

（二）承包单位的施工资质、应当依法取得的非煤矿山安全生产许可证、安全投入落实、承包单位及其项目部的安全生产管理机构、技术力量配备、相关人员的安全资格和持证等情况。

（三）违法发包、转包、分项发包等行为。

第三十条　安全生产监督管理部门应当建立外包工程安全生产信息平台，将承包单位取得有关许可、施工资质和承揽工程、发生事故等情况载入承包单位安全生产业绩档案，实施安全生产信誉评定和公告制度。

第三十一条　外包工程发生事故的，事故数据应当纳入事故发生地的统计范围。

第五章　法律责任

第三十二条　发包单位违反本办法第六条的规定，违章指挥或者强令承包单位及其从业人员冒险作业的，责令改正，处2万元以上3万元以下的罚款；造成损失的，依法承担赔偿责任。

第三十三条 发包单位与承包单位、总承包单位与分项承包单位未依照本办法第八条规定签订安全生产管理协议的，责令限期改正，可以处5万元以下的罚款，对其直接负责的主管人员和其他直接责任人员可以处以1万元以下罚款；逾期未改正的，责令停产停业整顿。

第三十四条 有关发包单位有下列行为之一的，责令限期改正，给予警告，并处1万元以上3万元以下的罚款：

（一）违反本办法第十条、第十四条的规定，未对承包单位实施安全生产监督检查或者考核的。

（二）违反本办法第十一条的规定，未将承包单位及其项目部纳入本单位的安全管理体系，实行统一管理的。

（三）违反本办法第十三条的规定，未向承包单位进行外包工程技术交底，或者未按照合同约定向承包单位提供有关资料的。

第三十五条 对地下矿山实行分项发包的发包单位违反本办法第十二条的规定，在地下矿山正常生产期间，将主通风、主提升、供排水、供配电、主供风系统及其设备设施的运行管理进行分项发包的，责令限期改正，处2万元以上3万元以下罚款。

第三十六条 承包地下矿山工程的项目部负责人违反本办法第二十一条的规定，同时兼任其他工程的项目部负责人的，责令限期改正，处5 000元以上1万元以下罚款。

第三十七条 承包单位违反本办法第二十二条的规定，将发包单位投入的安全资金挪作他用的，责令限期改正，给予警告，并处1万元以上3万元以下罚款。

承包单位未按照本办法第二十三条的规定排查治理事故隐患的，责令立即消除或者限期消除；承包单位拒不执行的，责令停产停业整顿，并处10万元以上50万元以下的罚款，对其直接负责的主管人员和其他直接责任人员处2万元以上5万元以下的罚款。

第三十八条 承包单位违反本办法第二十条规定对项目部疏于管理，未定期对项目部人员进行安全生产教育培训与考核或者未对项目部进行安全生产检查的，责令限期改正，可以处5万元以下的罚款；逾期未改正的，责令停产停业整顿，并处5万元以上10万元以下的罚款，对其直接负责的主管人员和其他直接责任人员处1万元以上2万元以下的罚款。

承包单位允许他人以本单位的名义承揽工程的，移送有关部门依法处理。

第三十九条 承包单位违反本办法第二十七条的规定，在登记注册的省、自治区、直辖市以外从事施工作业，未向作业所在地县级人民政府安全生产监督管理部门书面报告本单位取得有关许可和施工资质，以及所承包工程情况的，责令限期改正，处1万元以上3万元以下的罚款。

第四十条 安全生产监督管理部门的行政执法人员在外包工程安全监督管理过程中滥用职权、玩忽职守、徇私舞弊的，依照有关规定给予处分；构成犯罪的，依法追究刑事责任。

第四十一条 本办法规定的行政处罚，由县级人民政府以上安全生产监督管理部门实施。

有关法律、行政法规、规章对非煤矿山外包工程安全生产违法行为的行政处罚另有规定的，依照其规定。

第六章　附　　则

第四十二条　本办法下列用语的含义：

（一）非煤矿山，是指金属矿、非金属矿、水气矿和除煤矿以外的能源矿，以及石油天然气管道储运（不含成品油管道）及其附属设施的总称。

（二）金属非金属矿山，是指金属矿、非金属矿、水气矿和除煤矿、石油天然气以外的能源矿，以及选矿厂、尾矿库、排土场等矿山附属设施的总称。

（三）外包工程，是指发包单位与本单位以外的承包单位签订合同，由承包单位承揽与矿产资源开采活动有关的工程、作业活动或者技术服务项目。

（四）发包单位，是指将矿产资源开采活动有关的工程、作业活动或者技术服务项目，发包给外单位施工的非煤矿山企业。

（五）分项发包，是指发包单位将矿产资源开采活动有关的工程、作业活动或者技术服务项目，分为若干部分发包给若干承包单位进行施工的行为。

（六）总承包单位，是指整体承揽矿产资源开采活动或者独立生产系统的所有工程、作业活动或者技术服务项目的承包单位。

（七）承包单位，是指承揽矿产资源开采活动有关的工程、作业活动或者技术服务项目的单位。

（八）项目部，是指承包单位在承揽工程所在地设立的，负责其所承揽工程施工的管理机构。

（九）生产期间，是指新建矿山正式投入生产后或者矿山改建、扩建时仍然进行生产，并规模出产矿产品的时期。

第四十三条　省、自治区、直辖市人民政府安全生产监督管理部门可以根据本办法制定实施细则，并报国家安全生产监督管理总局备案。

第四十四条　本办法自 2013 年 10 月 1 日起施行。

76　烟花爆竹经营许可实施办法

《烟花爆竹经营许可实施办法》已经 2013 年 9 月 16 日国家安全生产监督管理总局局长办公会议审议通过，2013 年 10 月 16 日国家安全生产监督管理总局令第 65 号公布，自 2013 年 12 月 1 日起施行。

第一章　总　　则

第一条　为了规范烟花爆竹经营单位安全条件和经营行为，做好烟花爆竹经营许可证颁发和管理工作，加强烟花爆竹经营安全监督管理，根据《烟花爆竹安全管理条例》等法律、行政法规，制定本办法。

第二条 烟花爆竹经营许可证的申请、审查、颁发及其监督管理，适用本办法。

第三条 从事烟花爆竹批发的企业（以下简称批发企业）和从事烟花爆竹零售的经营者（以下简称零售经营者）应当按照本办法的规定，分别取得《烟花爆竹经营（批发）许可证》（以下简称批发许可证）和《烟花爆竹经营（零售）许可证》（以下简称零售许可证）。

从事烟花爆竹进出口的企业，应当按照本办法的规定申请办理批发许可证。

未取得烟花爆竹经营许可证的，任何单位或者个人不得从事烟花爆竹经营活动。

第四条 烟花爆竹经营单位的布点，应当按照保障安全、统一规划、合理布局、总量控制、适度竞争的原则审批；对从事黑火药、引火线批发和烟花爆竹进出口的企业，应当按照严格许可条件、严格控制数量的原则审批。

批发企业不得在城市建成区内设立烟花爆竹储存仓库，不得在批发（展示）场所摆放有药样品；严格控制城市建成区内烟花爆竹零售点数量，且烟花爆竹零售点不得与居民居住场所设置在同一建筑物内。

第五条 烟花爆竹经营许可证的颁发和管理，实行企业申请、分级发证、属地监管的原则。

国家安全生产监督管理总局（以下简称安全监管总局）负责指导、监督全国烟花爆竹经营许可证的颁发和管理工作。

省、自治区、直辖市人民政府安全生产监督管理部门（以下简称省级安全监管局）负责制定本行政区域的批发企业布点规划，统一批发许可编号，指导、监督本行政区域内烟花爆竹经营许可证的颁发和管理工作。

设区的市级人民政府安全生产监督管理部门（以下简称市级安全监管局）根据省级安全监管局的批发企业布点规划和统一编号，负责本行政区域内烟花爆竹批发许可证的颁发和管理工作。

县级人民政府安全生产监督管理部门（以下简称县级安全监管局，与市级安全监管局统称发证机关）负责本行政区域内零售经营布点规划与零售许可证的颁发和管理工作。

第二章 批发许可证的申请和颁发

第六条 批发企业应当符合下列条件：

（一）具备企业法人条件。

（二）符合所在地省级安全监管局制定的批发企业布点规划。

（三）具有与其经营规模和产品相适应的仓储设施。仓库的内外部安全距离、库房布局、建筑结构、疏散通道、消防、防爆、防雷、防静电等安全设施以及电气设施等，符合《烟花爆竹工程设计安全规范》（GB 50161）等国家标准和行业标准的规定。仓储区域及仓库安装有符合《烟花爆竹企业安全监控系统通用技术条件》（AQ 4101）规定的监控设施，并设立符合《烟花爆竹安全生产标志》（AQ 4114）规定的安全警示标志和标识牌。

（四）具备与其经营规模、产品和销售区域范围相适应的配送服务能力。

（五）建立安全生产责任制和各项安全管理制度、操作规程。安全管理制度和操作规程至少包括：仓库安全管理制度、仓库保管守卫制度、防火防爆安全管理制度、安全检查和隐患排查治理制度、事故应急救援与事故报告制度、买卖合同管理制度、产品流向登记制度、产品检验验收制度、从业人员安全教育培训制度、违规违章行为处罚制度、企业负责人值（带）班制度、安全生产费用提取和使用制度、装卸（搬运）作业安全规程。

（六）有安全管理机构或者专职安全生产管理人员。

（七）主要负责人、分管安全生产负责人、安全生产管理人员具备烟花爆竹经营方面的安全知识和管理能力，并经培训考核合格，取得相应资格证书。仓库保管员、守护员接受烟花爆竹专业知识培训，并经考核合格，取得相应资格证书。其他从业人员经本单位安全知识培训合格。

（八）按照《烟花爆竹流向登记通用规范》（AQ 4102）和烟花爆竹流向信息化管理的有关规定，建立并应用烟花爆竹流向信息化管理系统。

（九）有事故应急救援预案、应急救援组织和人员，并配备必要的应急救援器材、设备。

（十）依法进行安全评价。

（十一）法律、法规规定的其他条件。

从事烟花爆竹进出口的企业申请领取批发许可证，应当具备前款第一项至第三项和第五项至第十一项规定的条件。

第七条　从事黑火药、引火线批发的企业，除具备本办法第六条规定的条件外，还应当具备必要的黑火药、引火线安全保管措施，自有的专用运输车辆能够满足其配送服务需要，且符合国家相关标准。

第八条　批发企业申请领取批发许可证时，应当向发证机关提交下列申请文件、资料，并对其真实性负责：

（一）批发许可证申请书（一式三份）。

（二）企业法人营业执照副本或者企业名称工商预核准文件复制件。

（三）安全生产责任制文件、事故应急救援预案备案登记文件、安全管理制度和操作规程的目录清单。

（四）主要负责人、分管安全生产负责人、安全生产管理人员和仓库保管员、守护员的相关资格证书复制件。

（五）具备相应资质的设计单位出具的库区外部安全距离实测图和库区仓储设施平面布置图。

（六）具备相应资质的安全评价机构出具的安全评价报告，安全评价报告至少包括本办法第六条第三项、第四项、第八项、第九项和第七条规定条件的符合性评价内容。

（七）建设项目安全设施设计审查和竣工验收的证明材料。

（八）从事黑火药、引火线批发的企业自有专用运输车辆以及驾驶员、押运员的相关资质（资格）证书复制件。

（九）法律、法规规定的其他文件、资料。

第九条 发证机关对申请人提交的申请书及文件、资料，应当按照下列规定分别处理：

（一）申请事项不属于本发证机关职责范围的，应当即时作出不予受理的决定，并告知申请人向相应发证机关申请。

（二）申请材料存在可以当场更改的错误的，应当允许或者要求申请人当场更正，并在更正后即时出具受理的书面凭证。

（三）申请材料不齐全或者不符合要求的，应当当场或者在5个工作日内书面一次告知申请人需要补正的全部内容。逾期不告知的，自收到申请材料之日起即为受理。

（四）申请材料齐全、符合要求或者按照要求全部补正的，自收到申请材料或者全部补正材料之日起即为受理。

第十条 发证机关受理申请后，应当对申请材料进行审查。需要对经营储存场所的安全条件进行现场核查的，应当指派2名以上工作人员组织技术人员进行现场核查。对烟花爆竹进出口企业和设有1.1级仓库的企业，应当指派2名以上工作人员组织技术人员进行现场核查。负责现场核查的人员应当提出书面核查意见。

第十一条 发证机关应当自受理申请之日起30个工作日内作出颁发或者不予颁发批发许可证的决定。

对决定不予颁发的，应当自作出决定之日起10个工作日内书面通知申请人并说明理由；对决定颁发的，应当自作出决定之日起10个工作日内送达或者通知申请人领取批发许可证。

发证机关在审查过程中，现场核查和企业整改所需时间，不计算在本办法规定的期限内。

第十二条 批发许可证的有效期限为3年。

批发许可证有效期满后，批发企业拟继续从事烟花爆竹批发经营活动的，应当在有效期届满前3个月向原发证机关提出延期申请，并提交下列文件、资料：

（一）批发许可证延期申请书（一式三份）。

（二）本办法第八条第三项、第四项、第五项、第八项规定的文件、资料。

（三）安全生产标准化达标的证明材料。

第十三条 发证机关受理延期申请后，应当按照本办法第十条、第十一条规定，办理批发许可证延期手续。

第十四条 批发企业符合下列条件的，经发证机关同意，可以不再现场核查，直接办理批发许可证延期手续：

（一）严格遵守有关法律、法规和本办法规定，无违法违规经营行为的。

（二）取得批发许可证后，持续加强安全生产管理，不断提升安全生产条件，达到安全生产标准化二级以上的。

（三）接受发证机关及所在地人民政府安全生产监督管理部门的监督检查的。

（四）未发生生产安全伤亡事故的。

第十五条　批发企业在批发许可证有效期内变更企业名称、主要负责人和注册地址的，应当自变更之日起10个工作日内向原发证机关提出变更，并提交下列文件、资料：

（一）批发许可证变更申请书（一式三份）。

（二）变更后的企业名称工商预核准文件或者工商营业执照副本复制件。

（三）变更后的主要负责人安全资格证书复制件。

批发企业变更经营许可范围、储存仓库地址和仓储设施新建、改建、扩建的，应当重新申请办理许可手续。

第三章　零售许可证的申请和颁发

第十六条　零售经营者应当符合下列条件：

（一）符合所在地县级安全监管局制定的零售经营布点规划。

（二）主要负责人经过安全培训合格，销售人员经过安全知识教育。

（三）春节期间零售点、城市长期零售点实行专店销售。乡村长期零售点在淡季实行专柜销售时，安排专人销售，专柜相对独立，并与其他柜台保持一定的距离，保证安全通道畅通。

（四）零售场所的面积不小于10平方米，其周边50米范围内没有其他烟花爆竹零售点，并与学校、幼儿园、医院、集贸市场等人员密集场所和加油站等易燃易爆物品生产、储存设施等重点建筑物保持100米以上的安全距离。

（五）零售场所配备必要的消防器材，张贴明显的安全警示标志。

（六）法律、法规规定的其他条件。

第十七条　零售经营者申请领取零售许可证时，应当向所在地发证机关提交申请书、零售点及其周围安全条件说明和发证机关要求提供的其他材料。

第十八条　发证机关受理申请后，应当对申请材料和零售场所的安全条件进行现场核查。负责现场核查的人员应当提出书面核查意见。

第十九条　发证机关应当自受理申请之日起20个工作日内作出颁发或者不予颁发零售许可证的决定，并书面告知申请人。对决定不予颁发的，应当书面说明理由。

第二十条　零售许可证上载明的储存限量由发证机关根据国家标准或者行业标准的规定，结合零售点及其周围安全条件确定。

第二十一条　零售许可证的有效期限由发证机关确定，最长不超过2年。零售许可证有效期满后拟继续从事烟花爆竹零售经营活动，或者在有效期内变更零售点名称、主要负责人、零售场所和许可范围的，应当重新申请取得零售许可证。

第四章　监 督 管 理

第二十二条　批发企业、零售经营者不得采购和销售非法生产、经营的烟花爆竹和产品质量不符合国家标准或者行业标准规定的烟花爆竹。

批发企业不得向未取得零售许可证的单位或者个人销售烟花爆竹，不得向零售经营者销售礼花弹等应当由专业燃放人员燃放的烟花爆竹；从事黑火药、引火线批发的企业不得向无《烟花爆竹安全生产许可证》的单位或者个人销售烟火药、黑火药、引火线。

零售经营者应当向批发企业采购烟花爆竹，不得采购、储存和销售礼花弹等应当由专业燃放人员燃放的烟花爆竹，不得采购、储存和销售烟火药、黑火药、引火线。

第二十三条 禁止在烟花爆竹经营许可证载明的储存（零售）场所以外储存烟花爆竹。

烟花爆竹仓库储存的烟花爆竹品种、规格和数量，不得超过国家标准或者行业标准规定的危险等级和核定限量。

零售点存放的烟花爆竹品种和数量，不得超过烟花爆竹经营许可证载明的范围和限量。

第二十四条 批发企业对非法生产、假冒伪劣、过期、含有违禁药物以及其他存在严重质量问题的烟花爆竹，应当及时、妥善销毁。

对执法检查收缴的前款规定的烟花爆竹，不得与正常的烟花爆竹产品同库存放。

第二十五条 批发企业应当建立并严格执行合同管理、流向登记制度，健全合同管理和流向登记档案，并留存3年备查。

黑火药、引火线批发企业的采购、销售记录，应当自购买或者销售之日起3日内报所在地县级安全监管局备案。

第二十六条 烟花爆竹经营单位不得出租、出借、转让、买卖、冒用或者使用伪造的烟花爆竹经营许可证。

第二十七条 烟花爆竹经营单位应当在经营（办公）场所显著位置悬挂烟花爆竹经营许可证正本。批发企业应当在储存仓库留存批发许可证副本。

第二十八条 对违反本办法规定的程序、超越职权或者不具备本办法规定的安全条件颁发的烟花爆竹经营许可证，发证机关应当依法撤销其经营许可证。

取得烟花爆竹经营许可证的单位依法终止烟花爆竹经营活动的，发证机关应当依法注销其经营许可证。

第二十九条 发证机关应当坚持公开、公平、公正的原则，严格依照本办法的规定审查、核发烟花爆竹经营许可证，建立健全烟花爆竹经营许可证的档案管理制度和信息化管理系统，并定期向社会公告取证企业的名单。

省级安全监管局应当加强烟花爆竹经营许可工作的监督检查，并于每年3月15日前，将本行政区域内上年度烟花爆竹经营许可证的颁发和管理情况报告安全监管总局。

第三十条 任何单位或者个人对违反《烟花爆竹安全管理条例》和本办法规定的行为，有权向安全生产监督管理部门或者监察机关等有关部门举报。

第五章 法律责任

第三十一条 对未经许可经营、超许可范围经营、许可证过期继续经营烟花爆竹的，责令其停止非法经营活动，处2万元以上10万元以下的罚款，并没收非法经营的物品及违法所得。

第三十二条 批发企业有下列行为之一的，责令其限期改正，处5 000元以上3万元以下的罚款：

（一）在城市建成区内设立烟花爆竹储存仓库，或者在批发（展示）场所摆放有药样品的。

（二）采购和销售质量不符合国家标准或者行业标准规定的烟花爆竹的。

（三）在仓库内违反国家标准或者行业标准规定储存烟花爆竹的。

（四）在烟花爆竹经营许可证载明的仓库以外储存烟花爆竹的。

（五）对假冒伪劣、过期、含有超量、违禁药物以及其他存在严重质量问题的烟花爆竹未及时销毁的。

（六）未执行合同管理、流向登记制度或者未按照规定应用烟花爆竹流向管理信息系统的。

（七）未将黑火药、引火线的采购、销售记录报所在地县级安全监管局备案的。

（八）仓储设施新建、改建、扩建后，未重新申请办理许可手续的。

（九）变更企业名称、主要负责人、注册地址，未申请办理许可证变更手续的。

（十）向未取得零售许可证的单位或者个人销售烟花爆竹的。

第三十三条 批发企业有下列行为之一的，责令其停业整顿，依法暂扣批发许可证，处2万元以上10万元以下的罚款，并没收非法经营的物品及违法所得；情节严重的，依法吊销批发许可证：

（一）向未取得烟花爆竹安全生产许可证的单位或者个人销售烟火药、黑火药、引火线的。

（二）向零售经营者供应非法生产、经营的烟花爆竹的。

（三）向零售经营者供应礼花弹等按照国家标准规定应当由专业人员燃放的烟花爆竹的。

第三十四条 零售经营者有下列行为之一的，责令其停止违法行为，处1 000元以上5 000元以下的罚款，并没收非法经营的物品及违法所得；情节严重的，依法吊销零售许可证：

（一）销售非法生产、经营的烟花爆竹的。

（二）销售礼花弹等按照国家标准规定应当由专业人员燃放的烟花爆竹的。

第三十五条 零售经营者有下列行为之一的，责令其限期改正，处1 000元以上5 000元以下的罚款；情节严重的，处5 000元以上3万元以下的罚款：

（一）变更零售点名称、主要负责人或者经营场所，未重新办理零售许可证的。

（二）存放的烟花爆竹数量超过零售许可证载明范围的。

第三十六条 烟花爆竹经营单位出租、出借、转让、买卖烟花爆竹经营许可证的，责令其停止违法行为，处1万元以上3万元以下的罚款，并依法撤销烟花爆竹经营许可证。

冒用或者使用伪造的烟花爆竹经营许可证的，依照本办法第三十一条的规定处罚。

第三十七条 申请人隐瞒有关情况或者提供虚假材料申请烟花爆竹经营许可证的，发证机关不予受理，该申请人1年内不得再次提出烟花爆竹经营许可申请。

以欺骗、贿赂等不正当手段取得烟花爆竹经营许可证的，应当予以撤销，该经营单位3年内不得再次提出烟花爆竹经营许可申请。

第三十八条 安全生产监督管理部门工作人员在实施烟花爆竹经营许可和监督管理工作中，滥用职权、玩忽职守、徇私舞弊，未依法履行烟花爆竹经营许可证审查、颁发和监督管理职责的，依照有关规定给予处分；构成犯罪的，依法追究刑事责任。

第三十九条 本办法规定的行政处罚，由安全生产监督管理部门决定，暂扣、吊销经营许可证的行政处罚由发证机关决定。

第六章 附 则

第四十条 烟花爆竹经营许可证分为正本、副本，正本为悬挂式，副本为折页式，具有同等法律效力。

烟花爆竹经营许可证由安全监管总局统一规定式样。

第四十一条 省级安全监管局可以依据国家有关法律、行政法规和本办法的规定制定实施细则。

第四十二条 本办法自2013年12月1日起施行，安全监管总局2006年8月26日公布的《烟花爆竹经营许可实施办法》同时废止。

77 食品生产企业安全生产监督管理暂行规定

2013年10月14日国家安全生产监督管理总局局长办公会议审议通过，2014年1月3日国家安全生产监督管理总局令第66号公布，自2014年3月1日起施行；根据2015年2月26日国家安全生产监督管理总局局长办公会议审议通过、2015年5月29日国家安全生产监督管理总局令第80号公布、自2015年7月1日起施行的《国家安全监管总局关于废止和修改劳动防护用品和安全培训等领域十部规章的决定》修改。

第一章 总 则

第一条 为加强食品生产企业的安全生产工作，防止和减少生产安全事故，保障从业人员的生命和财产安全，根据《中华人民共和国安全生产法》等有关法律、行政法规，制定本规定。

第二条 食品生产企业的安全生产及其监督管理，适用本规定。农副产品从种植养殖环节进入批发、零售市场或者生产加工企业前的安全生产及其监督管理，不适用本规定。

本规定所称食品生产企业，是指以农业、渔业、畜牧业、林业或者化学工业的产品、半成品为原料，通过工业化加工、制作，为人们提供食用或者饮用的物品的企业。

第三条　国家安全生产监督管理总局对全国食品生产企业的安全生产工作实施监督管理。

县级以上地方人民政府安全生产监督管理部门和有关部门（以下统称负责食品生产企业安全生产监管的部门）根据本级人民政府规定的职责，按照属地监管、分级负责的原则，对本行政区域内食品生产企业的安全生产工作实施监督管理。

食品生产企业的工程建设安全、消防安全和特种设备安全，依照法律、行政法规的规定由县级以上地方人民政府相关部门负责专项监督管理。

第四条　食品生产企业是安全生产的责任主体，其主要负责人对本企业的安全生产工作全面负责，分管安全生产工作的负责人和其他负责人对其职责范围内的安全生产工作负责。

集团公司对其所属或者控股的食品生产企业的安全生产工作负主管责任。

第二章　安全生产的基本要求

第五条　食品生产企业应当严格遵守有关安全生产法律、行政法规和国家标准、行业标准的规定，建立健全安全生产责任制、安全生产规章制度和安全操作规程。

第六条　从业人员超过 100 人的食品生产企业，应当设置安全生产管理机构或者配备 3 名以上专职安全生产管理人员，鼓励配备注册安全工程师从事安全生产管理工作。

前款规定以外的其他食品生产企业，应当配备专职或者兼职安全生产管理人员，或者委托安全生产中介机构提供安全生产服务。

委托安全生产中介机构提供安全生产技术、管理服务的，保证安全生产的责任仍由本企业负责。

第七条　食品生产企业应当支持安全生产管理机构和安全生产管理人员履行管理职责，并保证其开展工作所必需的条件。

食品生产企业作出涉及安全生产的决策，应当听取安全生产管理机构以及安全生产管理人员的意见，不得因安全生产管理人员依法履行职责而降低其工资、福利等待遇或者解除与其订立的劳动合同。

第八条　食品生产企业应当推进安全生产标准化建设，强化安全生产基础，做到安全管理标准化、设施设备标准化、作业现场标准化和作业行为标准化，并持续改进，不断提高企业本质安全水平。

第九条　食品生产企业新建、改建和扩建建设项目（以下统称建设项目）的安全设施，必须与主体工程同时设计、同时施工、同时投入生产和使用。安全设施投资应当纳入建设项目概算。

第十条　食品生产企业应当委托具备国家规定资质的工程设计单位、施工单位和监理单位，对建设工程进行设计、施工和监理。

工程设计单位、施工单位和监理单位应当按照有关法律、行政法规、国家标准或者行业标准的规定进行设计、施工和监理，并对其工作成果负责。

第十一条 食品生产企业应当按照有关法律、行政法规的规定，加强工程建设、消防、特种设备的安全管理；对于需要有关部门审批和验收的事项，应当依法向有关部门提出申请；未经有关部门依法批准或者验收合格的，不得投入生产和使用。

第十二条 食品生产企业应当建立健全事故隐患排查治理制度，明确事故隐患治理的措施、责任、资金、时限和预案，采取技术、管理措施，及时发现并消除事故隐患。事故隐患排查治理情况应当如实记录，向从业人员通报，并按规定报告所在地负责食品生产企业安全生产监管的部门。

第十三条 食品生产企业的加工、制作等项目有多个承包单位、承租单位，或者存在空间交叉的，应当对承包单位、承租单位的安全生产工作进行统一协调、管理。承包单位、承租单位应当服从食品生产企业的统一管理，并对作业现场的安全生产负责。

第十四条 食品生产企业应当对新录用、季节性复工、调整工作岗位和离岗半年以上重新上岗的从业人员，进行相应的安全生产教育培训。未经安全生产教育培训合格的从业人员，不得上岗作业。

第十五条 食品生产企业应当定期组织开展危险源辨识，并将其工作场所存在和作业过程中可能产生的危险因素、防范措施和事故应急措施等如实书面告知从业人员，不得隐瞒或者欺骗。

从业人员发现直接危及人身安全的紧急情况时，有权停止作业或者在采取可能的应急措施后撤离作业场所。食品生产企业不得因此降低其工资、福利待遇或者解除劳动合同。

第三章　作业过程的安全管理

第十六条 食品生产企业的作业场所应当符合下列要求：

（一）生产设施设备，按照国家有关规定配备有温度、压力、流量、液位以及粉尘浓度、可燃和有毒气体浓度等工艺指标的超限报警装置。

（二）用电设备设施和场所，采取保护措施，并在配电设备设施上安装剩余电流动作保护装置或者其他防止触电的装置。

（三）涉及烘制、油炸等高温的设施设备和岗位，采用必要的防过热自动报警切断和隔热板、墙等保护设施。

（四）涉及淀粉等可燃性粉尘爆炸危险的场所、设施设备，采用惰化、抑爆、阻爆、泄爆等措施防止粉尘爆炸，现场安全管理措施和条件符合《粉尘防爆安全规程》（GB 15577）等国家标准或者行业标准的要求。

（五）油库（罐）、燃气站、除尘器、压缩空气站、压力容器、压力管道、电缆隧道（沟）等重点防火防爆部位，采取有效、可靠的监控、监测、预警、防火、防爆、防毒等安全措施。安全附件和连锁装置不得随意拆弃和解除，声、光报警等信号不得随意切断。

（六）制冷车间符合《冷库设计规范》（GB 50072）、《冷库安全规程》（GB 28009）等国家标准或者行业标准的规定，设置气体浓度报警装置，且与制冷电机连锁、与事故排风机联动。在包装间、分割间等人员密集场所，严禁采用氨直接蒸发的制冷系统。

第十七条　食品生产企业涉及生产、储存和使用危险化学品的，应当严格按照《危险化学品安全管理条例》等法律、行政法规、国家标准或者行业标准的规定，根据危险化学品的种类和危险特性，在生产、储存和使用场所设置相应的监测、监控、通风、防晒、调温、防火、灭火、防爆、泄压、防毒、中和、防潮、防雷、防静电、防腐、防泄漏以及防护围堤等安全设施设备，并对安全设施设备进行经常性维护保养，保证其正常运行。

食品生产企业的中间产品为危险化学品的，应当依照有关规定取得危险化学品安全生产许可证。

第十八条　食品生产企业应当定期组织对作业场所、仓库、设备设施使用、从业人员持证、劳动防护用品配备和使用、危险源管理情况进行检查，对检查发现的问题应当立即整改；不能立即整改的，应当制定相应的防范措施和整改计划，限期整改。检查应当做好记录，并由有关人员签字。

第十九条　食品生产企业应当加强日常消防安全管理，按照有关规定配置并保持消防设施完好有效。生产作业场所应当设有标志明显、符合要求的安全出口和疏散通道，禁止封堵、锁闭生产作业场所的安全出口和疏散通道。

第二十条　食品生产企业应当使用符合安全技术规范要求的特种设备，并按照国家规定向有关部门登记，进行定期检验。

食品生产企业应当在有危险因素的场所和有关设施、设备上设置明显的安全警示标志和警示说明。

第二十一条　食品生产企业进行高处作业、吊装作业、临近高压输电线路作业、电焊、气焊等动火作业，以及在污水池等有限空间内作业的，应当实行作业审批制度，安排专门人员负责现场安全管理，落实现场安全管理措施。

第四章　监督管理

第二十二条　县级以上人民政府负责食品生产企业安全生产监管的部门及其行政执法人员应当在其职责范围内加强对食品生产企业安全生产的监督检查，对违反有关安全生产法律、行政法规、国家标准或者行业标准和本规定的违法行为，依法实施行政处罚。

第二十三条　县级以上地方人民政府负责食品生产企业安全生产监管的部门应当将食品生产企业纳入年度执法工作计划，明确检查的重点企业、关键事项、时间和标准，对检查中发现的重大事故隐患实施挂牌督办。

第二十四条　县级以上地方人民政府负责食品生产企业安全生产监管的部门接到食品生产企业报告的重大事故隐患后，应当根据需要，进行现场核查，督促食品生产企业按照治理方案排除事故隐患，防止事故发生；必要时，可以责令食品生产企业暂时停产停业或者停止使用；重大事故隐患治理后，经县级以上地方人民政府负责食品生产企业安全生产监管的部门审查同意，方可恢复生产经营和使用。

第二十五条 县级以上地方人民政府负责食品生产企业安全生产监管的部门对食品生产企业进行监督检查时，发现其存在工程建设、消防和特种设备等方面的事故隐患或者违法行为的，应当及时移送本级人民政府有关部门处理。

第五章 法律责任

第二十六条 食品生产企业有下列行为之一的，责令限期改正，可以处5万元以下的罚款；逾期未改正的，责令停产停业整顿，并处5万元以上10万元以下的罚款，对其直接负责的主管人员和其他直接责任人员处1万元以上2万元以下的罚款：

（一）未按照规定设置安全生产管理机构或者配备安全生产管理人员的。

（二）未如实记录安全生产教育和培训情况的。

（三）未将事故隐患排查治理情况如实记录或者未向从业人员通报的。

第二十七条 食品生产企业不具备法律、行政法规和国家标准或者行业标准规定的安全生产条件，经停产整顿后仍不具备安全生产条件的，县级以上地方人民政府负责食品生产企业安全生产监管的部门应当提请本级人民政府依法予以关闭。

第二十八条 监督检查人员在对食品生产企业进行监督检查时，滥用职权、玩忽职守、徇私舞弊的，依照有关规定给予处分；构成犯罪的，依法追究刑事责任。

第二十九条 本规定的行政处罚由县级以上地方人民政府负责食品生产企业安全生产监管的部门实施，有关法律、法规和规章对行政处罚的种类、幅度和决定机关另有规定的，依照其规定。

第六章 附 则

第三十条 本规定自2014年3月1日起施行。

78 煤矿作业场所职业病危害防治规定

2015年1月16日国家安全生产监督管理总局局长办公会议审议通过，2015年2月28日国家安全生产监督管理总局令第73号公布，自2015年4月1日起施行。

第一章 总 则

第一条 为加强煤矿作业场所职业病危害的防治工作，强化煤矿企业职业病危害防治主体责任，预防、控制职业病危害，保护煤矿劳动者健康，依据《中华人民共和国职业病防治法》《中华人民共和国安全生产法》《煤矿安全监察条例》等法律、行政法规，制定本规定。

第二条　本规定适用于中华人民共和国领域内各类煤矿及其所属为煤矿服务的矿井建设施工、洗煤厂、选煤厂等存在职业病危害的作业场所职业病危害预防和治理活动。

第三条　本规定所称煤矿作业场所职业病危害（以下简称职业病危害），是指由粉尘、噪声、热害、有毒有害物质等因素导致煤矿劳动者职业病的危害。

第四条　煤矿是本企业职业病危害防治的责任主体。

职业病危害防治坚持以人为本、预防为主、综合治理的方针，按照源头治理、科学防治、严格管理、依法监督的要求开展工作。

第二章　职业病危害防治管理

第五条　煤矿主要负责人（法定代表人、实际控制人，下同）是本单位职业病危害防治工作的第一责任人，对本单位职业病危害防治工作全面负责。

第六条　煤矿应当建立健全职业病危害防治领导机构，制定职业病危害防治规划，明确职责分工和落实工作经费，加强职业病危害防治工作。

第七条　煤矿应当设置或者指定职业病危害防治的管理机构，配备专职职业卫生管理人员，负责职业病危害防治日常管理工作。

第八条　煤矿应当制订职业病危害防治年度计划和实施方案，并建立健全下列制度：

（一）职业病危害防治责任制度。

（二）职业病危害警示与告知制度。

（三）职业病危害项目申报制度。

（四）职业病防治宣传、教育和培训制度。

（五）职业病防护设施管理制度。

（六）职业病个体防护用品管理制度。

（七）职业病危害日常监测及检测、评价管理制度。

（八）建设项目职业病防护设施与主体工程同时设计、同时施工、同时投入生产和使用（以下简称建设项目职业卫生“三同时”）的制度。

（九）劳动者职业健康监护及其档案管理制度。

（十）职业病诊断、鉴定及报告制度。

（十一）职业病危害防治经费保障及使用管理制度。

（十二）职业卫生档案管理制度。

（十三）职业病危害事故应急管理制度。

（十四）法律、法规、规章规定的其他职业病危害防治制度。

第九条　煤矿应当配备专职或者兼职的职业病危害因素监测人员，装备相应的监测仪器设备。监测人员应当经培训合格；未经培训合格的，不得上岗作业。

第十条 煤矿应当以矿井为单位开展职业病危害因素日常监测，并委托具有资质的职业卫生技术服务机构，每年进行一次作业场所职业病危害因素检测，每三年进行一次职业病危害现状评价。根据监测、检测、评价结果，落实整改措施，同时将日常监测、检测、评价、落实整改情况存入本单位职业卫生档案。检测、评价结果向所在地安全生产监督管理部门和驻地煤矿安全监察机构报告，并向劳动者公布。

第十一条 煤矿不得使用国家明令禁止使用的可能产生职业病危害的技术、工艺、设备和材料，限制使用或者淘汰职业病危害严重的技术、工艺、设备和材料。

第十二条 煤矿应当优化生产布局和工艺流程，使有害作业和无害作业分开，减少接触职业病危害的人数和接触时间。

第十三条 煤矿应当按照《煤矿职业安全卫生个体防护用品配备标准》（AQ 1051）规定，为接触职业病危害的劳动者提供符合标准的个体防护用品，并指导和督促其正确使用。

第十四条 煤矿应当履行职业病危害告知义务，与劳动者订立或者变更劳动合同时，应当将作业过程中可能产生的职业病危害及其后果、防护措施和相关待遇等如实告知劳动者，并在劳动合同中载明，不得隐瞒或者欺骗。

第十五条 煤矿应当在醒目位置设置公告栏，公布有关职业病危害防治的规章制度、操作规程和作业场所职业病危害因素检测结果；对产生严重职业病危害的作业岗位，应当在醒目位置设置警示标识和中文警示说明。

第十六条 煤矿主要负责人、职业卫生管理人员应当具备煤矿职业卫生知识和管理能力，接受职业病危害防治培训。培训内容应当包括职业卫生相关法律、法规、规章和标准，职业病危害预防和控制的基本知识，职业卫生管理相关知识等内容。

煤矿应当对劳动者进行上岗前、在岗期间的定期职业病危害防治知识培训，督促劳动者遵守职业病防治法律、法规、规章、标准和操作规程，指导劳动者正确使用职业病防护设备和个体防护用品。上岗前培训时间不少于 4 学时，在岗期间的定期培训时间每年不少于 2 学时。

第十七条 煤矿应当建立健全企业职业卫生档案。企业职业卫生档案应当包括下列内容：

（一）职业病防治责任制文件。

（二）职业卫生管理规章制度。

（三）作业场所职业病危害因素种类清单、岗位分布以及作业人员接触情况等资料。

（四）职业病防护设施、应急救援设施基本信息及其配置、使用、维护、检修与更换等记录。

（五）作业场所职业病危害因素检测、评价报告与记录。

（六）职业病个体防护用品配备、发放、维护与更换等记录。

（七）煤矿企业主要负责人、职业卫生管理人员和劳动者的职业卫生培训资料。

（八）职业病危害事故报告与应急处置记录。

（九）劳动者职业健康检查结果汇总资料，存在职业禁忌证、职业健康损害或者职业病的劳动者处理和安置情况记录。

（十）建设项目职业卫生“三同时”有关技术资料。

（十一）职业病危害项目申报情况记录。

（十二）其他有关职业卫生管理的资料或者文件。

第十八条　煤矿应当保障职业病危害防治专项经费，经费在财政部、国家安全监管总局《关于印发〈企业安全生产费用提取和使用管理办法〉的通知》（财企〔2012〕16号）第十七条“（十）其他与安全生产直接相关的支出”中列支。

第十九条　煤矿发生职业病危害事故，应当及时向所在地安全生产监督管理部门和驻地煤矿安全监察机构报告，同时积极采取有效措施，减少或者消除职业病危害因素，防止事故扩大。对遭受或者可能遭受急性职业病危害的劳动者，应当及时组织救治，并承担所需费用。

煤矿不得迟报、漏报、谎报或者瞒报煤矿职业病危害事故。

第三章　建设项目职业病防护设施“三同时”管理

第二十条　煤矿建设项目职业病防护设施必须与主体工程同时设计、同时施工、同时投入生产和使用。职业病防护设施所需费用应当纳入建设项目工程预算。

第二十一条　煤矿建设项目在可行性论证阶段，建设单位应当委托具有资质的职业卫生技术服务机构进行职业病危害预评价，编制预评价报告。

第二十二条　煤矿建设项目在初步设计阶段，应当委托具有资质的设计单位编制职业病防护设施设计专篇。

第二十三条　煤矿建设项目完工后，在试运行期内，应当委托具有资质的职业卫生技术服务机构进行职业病危害控制效果评价，编制控制效果评价报告。

第四章　职业病危害项目申报

第二十四条　煤矿在申领、换发煤矿安全生产许可证时，应当如实向驻地煤矿安全监察机构申报职业病危害项目，同时抄报所在地安全生产监督管理部门。

第二十五条　煤矿申报职业病危害项目时，应当提交下列文件、资料：

（一）煤矿的基本情况。

（二）煤矿职业病危害防治领导机构、管理机构情况。

（三）煤矿建立职业病危害防治制度情况。

（四）职业病危害因素名称、监测人员及仪器设备配备情况。

（五）职业病防护设施及个体防护用品配备情况。

（六）煤矿主要负责人、职业卫生管理人员及劳动者职业卫生培训情况证明材料。

（七）劳动者职业健康检查结果汇总资料，存在职业禁忌证、职业健康损害或者职业病的劳动者处理和安置情况记录。

（八）职业病危害警示标识设置与告知情况。

（九）煤矿职业卫生档案管理情况。

（十）法律、法规和规章规定的其他资料。

第二十六条 安全生产监督管理部门和煤矿安全监察机构及其工作人员应当对煤矿企业职业病危害项目申报材料中涉及的商业和技术等秘密保密。违反有关保密义务的，应当承担相应的法律责任。

第五章 职业健康监护

第二十七条 对接触职业病危害的劳动者，煤矿应当按照国家有关规定组织上岗前、在岗期间和离岗时的职业健康检查，并将检查结果书面告知劳动者。职业健康检查费用由煤矿承担。职业健康检查由省级以上人民政府卫生行政部门批准的医疗卫生机构承担。

第二十八条 煤矿不得安排未经上岗前职业健康检查的人员从事接触职业病危害的作业；不得安排有职业禁忌的人员从事其所禁忌的作业；不得安排未成年工从事接触职业病危害的作业；不得安排孕期、哺乳期的女职工从事对本人和胎儿、婴儿有危害的作业。

第二十九条 劳动者接受职业健康检查应当视同正常出勤，煤矿企业不得以常规健康检查代替职业健康检查。接触职业病危害作业的劳动者的职业健康检查周期按照表1执行。

表1 接触职业病危害作业的劳动者的职业健康检查周期

<table>
<tr><th>接触有害物质</th><th>体检对象</th><th>检查周期</th></tr>
<tr><td rowspan="2">煤尘（以煤尘为主）</td><td>在岗人员</td><td>2年1次</td></tr>
<tr><td>观察对象、Ⅰ期煤工尘肺患者</td><td rowspan="4">每年1次</td></tr>
<tr><td>岩尘（以岩尘为主）</td><td>在岗人员、观察对象、Ⅰ期矽肺患者</td></tr>
<tr><td>噪声</td><td>在岗人员</td></tr>
<tr><td>高温</td><td>在岗人员</td></tr>
<tr><td>化学毒物</td><td>在岗人员</td><td>根据所接触的化学毒物确定检查周期</td></tr>
<tr><td colspan="3">接触粉尘危害作业退休人员的职业健康检查周期按照有关规定执行</td></tr>
</table>

第三十条 煤矿不得以劳动者上岗前职业健康检查代替在岗期间定期的职业健康检查，也不得以劳动者在岗期间职业健康检查代替离岗时职业健康检查，但最后一次在岗期间的职业健康检查在离岗前的90日内的，可以视为离岗时检查。对未进行离岗前职业健康检查

的劳动者，煤矿不得解除或者终止与其订立的劳动合同。

第三十一条 煤矿应当根据职业健康检查报告，采取下列措施：

（一）对有职业禁忌的劳动者，调离或者暂时脱离原工作岗位。

（二）对健康损害可能与所从事的职业相关的劳动者，进行妥善安置。

（三）对需要复查的劳动者，按照职业健康检查机构要求的时间安排复查和医学观察。

（四）对疑似职业病病人，按照职业健康检查机构的建议安排其进行医学观察或者职业病诊断。

（五）对存在职业病危害的岗位，改善劳动条件，完善职业病防护设施。

第三十二条 煤矿应当为劳动者个人建立职业健康监护档案，并按照有关规定的期限妥善保存。

职业健康监护档案应当包括劳动者个人基本情况、劳动者职业史和职业病危害接触史，历次职业健康检查结果及处理情况，职业病诊疗等资料。

劳动者离开煤矿时，有权索取本人职业健康监护档案复印件，煤矿必须如实、无偿提供，并在所提供的复印件上签章。

第三十三条 劳动者健康出现损害需要进行职业病诊断、鉴定的，煤矿企业应当如实提供职业病诊断、鉴定所需的劳动者职业史和职业病危害接触史、作业场所职业病危害因素检测结果等资料。

第六章 粉尘危害防治

第三十四条 煤矿应当在正常生产情况下对作业场所的粉尘浓度进行监测。粉尘浓度应当符合表 2 的要求；不符合要求的，应当采取有效措施。

表 2 煤矿作业场所粉尘浓度要求

粉尘种类	游离 SiO_2 含量（%）	时间加权平均容许浓度（mg/m^3）	
		总粉尘	呼吸性粉尘
煤尘	<10	4	2.5
矽尘	10≤～≤50	1	0.7
	50<～≤80	0.7	0.3
	>80	0.5	0.2
水泥尘	<10	4	1.5

第三十五条 煤矿进行粉尘监测时，其监测点的选择和布置应当符合表 3 的要求。

表 3　煤矿作业场所测尘点的选择和布置要求

类别	生产工艺	测尘点布置
采煤工作面	司机操作采煤机、打眼、人工落煤及攉煤	工人作业地点
	多工序同时作业	回风巷距工作面 10~15 m 处
掘进工作面	司机操作掘进机、打眼、装岩（煤）、锚喷支护	工人作业地点
	多工序同时作业（爆破作业除外）	距掘进头 10~15m 回风侧
其他场所	翻罐笼作业、巷道维修、转载点	工人作业地点
露天煤矿	穿孔机作业、挖掘机作业	下风侧 3~5 m 处
	司机操作穿孔机、司机操作挖掘机、汽车运输	操作室内
地面作业场所	地面煤仓、储煤场、输送机运输等处生产作业	作业人员活动范围内

第三十六条　粉尘监测采用定点或者个体方法进行，推广实时在线监测系统。粉尘监测应当符合下列要求：

（一）总粉尘浓度，煤矿井下每月测定 2 次或者采用实时在线监测，地面及露天煤矿每月测定 1 次或者采用实时在线监测。

（二）呼吸性粉尘浓度每月测定 1 次。

（三）粉尘分散度每 6 个月监测 1 次。

（四）粉尘中游离 SiO_2 含量，每 6 个月测定 1 次，在变更工作面时也应当测定 1 次。

第三十七条　煤矿应当使用粉尘采样器、直读式粉尘浓度测定仪等仪器设备进行粉尘浓度的测定。井工煤矿的采煤工作面回风巷、掘进工作面回风侧应当设置粉尘浓度传感器，并接入安全监测监控系统。

第三十八条　井工煤矿必须建立防尘洒水系统。永久性防尘水池容量不得小于 200 m^3，且贮水量不得小于井下连续 2 h 的用水量，备用水池贮水量不得小于永久性防尘水池的 50%。

防尘管路应当敷设到所有能产生粉尘和沉积粉尘的地点，没有防尘供水管路的采掘工作面不得生产。静压供水管路管径应当满足矿井防尘用水量的要求，强度应当满足静压水压力的要求。

防尘用水水质悬浮物的含量不得超过 30 mg/L，粒径不大于 0. 3 mm，水的 pH 应当在

6~9 范围内，水的碳酸盐硬度不超过 3 mmol/L。使用降尘剂时，降尘剂应当无毒、无腐蚀、不污染环境。

第三十九条　井工煤矿掘进井巷和硐室时，必须采用湿式钻眼，使用水炮泥，爆破前后冲洗井壁巷帮，爆破过程中采用高压喷雾（喷雾压力不低于 8 MPa）或者压气喷雾降尘、装岩（煤）洒水和净化风流等综合防尘措施。

第四十条　井工煤矿在煤、岩层中钻孔，应当采取湿式作业。煤（岩）与瓦斯突出煤层或者软煤层中难以采取湿式钻孔时，可以采取干式钻孔，但必须采取除尘器捕尘、除尘，除尘器的呼吸性粉尘除尘效率不得低于 90%。

第四十一条　井工煤矿炮采工作面应当采取湿式钻眼，使用水炮泥，爆破前后应当冲洗煤壁，爆破时应当采用高压喷雾（喷雾压力不低于 8 MPa）或者压气喷雾降尘，出煤时应当洒水降尘。

第四十二条　井工煤矿采煤机作业时，必须使用内、外喷雾装置。内喷雾压力不得低于 2 MPa，外喷雾压力不得低于 4 MPa。内喷雾装置不能正常使用时，外喷雾压力不得低于 8 MPa，否则采煤机必须停机。液压支架必须安装自动喷雾降尘装置，实现降柱、移架同步喷雾。破碎机必须安装防尘罩，并加装喷雾装置或者除尘器。放顶煤采煤工作面的放煤口，必须安装高压喷雾装置（喷雾压力不低于 8 MPa）或者采取压气喷雾降尘。

第四十三条　井工煤矿掘进机作业时，应当使用内、外喷雾装置和控尘装置、除尘器等构成的综合防尘系统。掘进机内喷雾压力不得低于 2 MPa，外喷雾压力不得低于 4 MPa。内喷雾装置不能正常使用时，外喷雾压力不得低于 8 MPa；除尘器的呼吸性粉尘除尘效率不得低于 90%。

第四十四条　井工煤矿的采煤工作面回风巷、掘进工作面回风侧应当分别安设至少 2 道自动控制风流净化水幕。

第四十五条　煤矿井下煤仓放煤口、溜煤眼放煤口以及地面带式输送机走廊必须安设喷雾装置或者除尘器，作业时进行喷雾降尘或者用除尘器除尘。煤仓放煤口、溜煤眼放煤口采用喷雾降尘时，喷雾压力不得低于 8 MPa。

第四十六条　井工煤矿的所有煤层必须进行煤层注水可注性测试。对于可注水煤层必须进行煤层注水。煤层注水过程中应当对注水流量、注水量及压力等参数进行监测和控制，单孔注水总量应当使该钻孔预湿煤体的平均水分含量增量不得低于 1.5%，封孔深度应当保证注水过程中煤壁及钻孔不漏水、不跑水。在厚煤层分层开采时，在确保安全前提下，应当采取在上一分层的采空区内灌水，对下一分层的煤体进行湿润。

第四十七条　井工煤矿打锚杆眼应当实施湿式钻孔，喷射混凝土时应当采用潮喷或者湿喷工艺，喷射机、喷浆点应当配备捕尘、除尘装置，距离锚喷作业点下风向 100 m 内，应当设置 2 道以上自动控制风流净化水幕。

第四十八条　井工煤矿转载点应当采用自动喷雾降尘（喷雾压力应当大于 0.7 MPa）或者密闭尘源除尘器抽尘净化等措施。转载点落差超过 0.5 m，必须安装溜槽或者导向板。装煤点下风侧 20 m 内，必须设置一道自动控制风流净化水幕。运输巷道内应当设置自动控制风流净化水幕。

第四十九条 露天煤矿粉尘防治应当符合下列要求：

（一）设置有专门稳定可靠供水水源的加水站（池），加水能力满足洒水降尘所需的最大供给量。

（二）采取湿式钻孔；不能实现湿式钻孔时，设置有效的孔口捕尘装置。

（三）破碎作业时，密闭作业区域并采用喷雾降尘或者除尘器除尘。

（四）加强对穿孔机、挖掘机、汽车等司机操作室的防护。

（五）挖掘机装车前，对煤（岩）洒水，卸煤（岩）时喷雾降尘。

（六）对运输路面经常清理浮尘、洒水，加强维护，保持路面平整。

第五十条 洗选煤厂原煤准备（给煤、破碎、筛分、转载）过程中宜密闭尘源，并采取喷雾降尘或者除尘器除尘。

第五十一条 储煤场厂区应当定期洒水抑尘，储煤场四周应当设抑尘网，装卸煤炭应当喷雾降尘或者洒水车降尘，煤炭外运时应当采取密闭措施。

第七章 噪声危害防治

第五十二条 煤矿作业场所噪声危害依照下列标准判定：

（一）劳动者每天连续接触噪声时间达到或者超过 8 h 的，噪声声级限值为 85 dB（A）。

（二）劳动者每天接触噪声时间不足 8 h 的，可以根据实际接触噪声的时间，按照接触噪声时间减半、噪声声级限值增加 3 dB（A）的原则确定其声级限值。

第五十三条 煤矿应当配备 2 台以上噪声测定仪器，并对作业场所噪声每 6 个月监测 1 次。

第五十四条 煤矿作业场所噪声的监测地点主要包括：

（一）井工煤矿的主要通风机、提升机、空气压缩机、局部通风机、采煤机、掘进机、风动凿岩机、风钻、乳化液泵、水泵等地点。

（二）露天煤矿的挖掘机、穿孔机、矿用汽车、输送机、排土机和爆破作业等地点。

（三）选煤厂破碎机、筛分机、空压机等地点。

煤矿进行监测时，应当在每个监测地点选择 3 个测点，监测结果以 3 个监测点的平均值为准。

第五十五条 煤矿应当优先选用低噪声设备，通过隔声、消声、吸声、减振、减少接触时间、佩戴防护耳塞（罩）等措施降低噪声危害。

第八章 热害防治

第五十六条 井工煤矿采掘工作面的空气温度不得超过 26℃，机电设备硐室的空气温度不得超过 30℃。当空气温度超过上述要求时，煤矿必须缩短超温地点工作人员的工作时间，并给予劳动者高温保健待遇。采掘工作面的空气温度超过 30℃、机电设备硐室的空气温度超过 34℃时，必须停止作业。

第五十七条　井工煤矿采掘工作面和机电设备硐室应当设置温度传感器。

第五十八条　井工煤矿应当采取通风降温、采用分区式开拓方式缩短入风线路长度等措施，降低工作面的温度；当采用上述措施仍然无法达到作业环境标准温度的，应当采用制冷等降温措施。

第五十九条　井工煤矿地面辅助生产系统和露天煤矿应当合理安排劳动者工作时间，减少高温时段室外作业。

第九章　职业中毒防治

第六十条　煤矿作业场所主要化学毒物浓度不得超过表 4 的要求。

表 4　煤矿主要化学毒物最高允许浓度

化学毒物名称	最高允许浓度（%）
CO	0.002 4
H_2S	0.000 66
NO（换算成 NO_2）	0.000 25
SO_2	0.000 5

第六十一条　煤矿进行化学毒物监测时，应当选择有代表性的作业地点，其中包括空气中有害物质浓度最高、作业人员接触时间最长的作业地点。采样应当在正常生产状态下进行。

第六十二条　煤矿应当对 NO（换算成 NO_2）、CO、SO_2 每 3 个月至少监测 1 次，对 H_2S 每月至少监测 1 次。煤层有自燃倾向的，应当根据需要随时监测。

第六十三条　煤矿作业场所应当加强通风降低有害气体的浓度，在采用通风措施无法达到表 4 的规定时，应当采用净化、化学吸收等措施降低有害气体的浓度。

第十章　法 律 责 任

第六十四条　煤矿违反本规定，有下列行为之一的，给予警告，责令限期改正；逾期不改正的，处 10 万元以下的罚款：

（一）作业场所职业病危害因素检测、评价结果没有存档、上报、公布的。

（二）未设置职业病防治管理机构或者配备专职职业卫生管理人员的。

（三）未制订职业病防治计划或者实施方案的。

（四）未建立健全职业病危害防治制度的。

（五）未建立健全企业职业卫生档案或者劳动者职业健康监护档案的。

（六）未公布有关职业病防治的规章制度、操作规程、职业病危害事故应急救援措施的。

（七）未组织劳动者进行职业卫生培训，或者未对劳动者个人职业病防护采取指导、督促措施的。

第六十五条 煤矿违反本规定，有下列行为之一的，给予警告，可以并处 5 万元以上 10 万元以下的罚款：

（一）未如实申报产生职业病危害的项目的。

（二）未实施由专人负责的职业病危害因素日常监测，或者监测系统不能正常监测的。

（三）订立或者变更劳动合同时，未告知劳动者职业病危害真实情况的。

（四）未组织职业健康检查、建立职业健康监护档案，或者未将检查结果书面告知劳动者的。

（五）未在劳动者离开煤矿企业时提供职业健康监护档案复印件的。

第六十六条 煤矿违反本规定，有下列行为之一的，责令限期改正，逾期不改正的，处 5 万元以上 20 万元以下的罚款；情节严重的，责令停止产生职业病危害的作业，或者提请有关人民政府按照国务院规定的权限责令关闭：

（一）作业场所职业病危害因素的强度或者浓度超过本规定要求的。

（二）未提供职业病防护设施和个人使用的职业病防护用品，或者提供的职业病防护设施和个人使用的职业病防护用品不符合本规定要求的。

（三）未对作业场所职业病危害因素进行检测、评价的。

（四）作业场所职业病危害因素经治理仍然达不到本规定要求时，未停止存在职业病危害因素的作业的。

（五）发生或者可能发生急性职业病危害事故时，未立即采取应急救援和控制措施，或者未按照规定及时报告的。

（六）未按照规定在产生严重职业病危害的作业岗位醒目位置设置警示标识和中文警示说明的。

第六十七条 煤矿违反本规定，有下列情形之一的，责令限期治理，并处 5 万元以上 30 万元以下的罚款；情节严重的，责令停止产生职业病危害的作业，或者暂扣、吊销煤矿安全生产许可证：

（一）隐瞒本单位职业卫生真实情况的。

（二）使用国家明令禁止使用的可能产生职业病危害的设备或者材料的。

（三）安排未经职业健康检查的劳动者、有职业禁忌的劳动者、未成年工或者孕期、哺乳期女职工从事接触职业病危害的作业或者禁忌作业的。

第六十八条 煤矿违反本规定，有下列行为之一的，给予警告，责令限期改正，逾期不改正的，处 3 万元以下的罚款：

（一）未投入职业病防治经费的。

（二）未建立职业病防治领导机构的。

（三）煤矿企业主要负责人、职业卫生管理人员和职业病危害因素监测人员未接受职业卫生培训的。

第六十九条　煤矿违反本规定，造成重大职业病危害事故或者其他严重后果，构成犯罪的，对直接负责的主管人员和其他直接责任人员，依法追究刑事责任。

第七十条　煤矿违反本规定的其他违法行为，依照《中华人民共和国职业病防治法》和其他行政法规、规章的规定给予行政处罚。

第七十一条　本规定设定的行政处罚，由煤矿安全监察机构实施。

第十一章　附　　则

第七十二条　本规定中未涉及的其他职业病危害因素，按照国家有关规定执行。

第七十三条　本规定自2015年4月1日起施行。

79　金属非金属矿山建设项目安全设施目录（试行）

2015年1月30日国家安全生产监督管理总局局长办公会议审议通过，2015年3月16日国家安全生产监督管理总局令第75号公布，自2015年7月1日起施行。

一、总则

（一）安全设施目录适用范围。

1. 为规范和指导金属非金属矿山（以下简称矿山）建设项目安全设施设计、设计审查和竣工验收工作，根据《中华人民共和国安全生产法》和《中华人民共和国矿山安全法》，制定本目录。

2. 矿山采矿和尾矿库建设项目安全设施适用本目录。与煤共（伴）生的矿山建设项目安全设施，还应满足煤矿相关的规程和规范。

核工业矿山尾矿库建设项目安全设施不适用本目录。

3. 本目录中列出的安全设施不是所有矿山都必须设置的，矿山企业应根据生产工艺流程、相关安全标准和规定，结合矿山实际情况设置相关安全设施。

（二）安全设施有关定义。

1. 矿山主体工程。

矿山主体工程是矿山企业为了满足生产工艺流程正常运转，实现矿山正常生产活动所必须具备的工程。

2. 矿山安全设施。

矿山安全设施是矿山企业为了预防生产安全事故而设置的设备、设施、装置、构（建）

筑物和其他技术措施的总称，为矿山生产服务、保证安全生产的保护性设施。安全设施既有依附于主体工程的形式，也有独立于主体工程之外的形式。本目录将矿山建设项目安全设施分为基本安全设施和专用安全设施两部分。

3. 基本安全设施。

基本安全设施是依附于主体工程而存在，属于主体工程一部分的安全设施。基本安全设施是矿山安全的基本保证。

4. 专用安全设施。

专用安全设施是指除基本安全设施以外的，以相对独立于主体工程之外的形式而存在，不具备生产功能，专用于安全保护作用的安全设施。

（三）安全设施划分原则。

1. 依附于主体工程，且对矿山的安全至关重要，能够为矿山提供基本性安全保护作用的设备、设施、装置、构（建）筑物和其他技术措施，列为基本安全设施。

2. 相对独立存在且不具备生产功能，只为保护人员安全，防止造成人员伤亡而专门设置的保护性设备、设施、装置、构（建）筑物和其他技术措施，列为专用安全设施。

3. 保安矿柱作为矿山开采安全中的重要技术措施列入基本安全设施。

4. 主体设备自带的安全装置，不列入本目录。

5. 为保持工作场所的工作环境，保护作业人员职业健康的设施，属于职业卫生范畴，不列入本目录。

6. 地面总降压变电所不列入本目录。

7. 井下爆破器材库按照《民用爆破物品安全管理条例》（国务院令第466号）等法规、标准的规定进行设计、建设、使用和监管，不列入本目录。

8. 在矿山建设期，仅专用安全设施建设费用可列入建设项目安全投资；在矿山生产期，补充、改善基本安全设施和专用安全设施的投资都可在企业安全生产费用中列支。

二、地下矿山建设项目安全设施目录

（一）基本安全设施。

1. 安全出口。

（1）通地表的安全出口，包括由明井（巷）和盲井（巷）组合形成的通地表的安全出口。

（2）中段和分段的安全出口。

（3）采场的安全出口。

（4）破碎站、装矿皮带道和粉矿回收水平的安全出口。

2. 安全通道和独立回风道。

（1）动力油硐室的独立回风道。

（2）爆破器材库的独立回风道。

（3）主水泵房的安全通道。

（4）破碎硐室、变（配）电硐室的安全通道或独立回风道。

（5）主溜井的安全检查通道。

3. 人行道和缓坡段。

（1）各类巷道（含平巷、斜巷、斜井、斜坡道等）的人行道。

（2）斜坡道的缓坡段。

4. 支护。

（1）井筒支护。

（2）巷道（含平巷、斜巷、斜井、斜坡道等）支护。

（3）采场支护（包括采场顶板和侧帮、底部结构等的支护）。

（4）硐室支护。

5. 保安矿柱。

（1）境界矿柱。

（2）井筒保安矿柱。

（3）中段（分段）保安矿柱。

（4）采场点柱、保安间柱等。

6. 防治水。

（1）河流改道工程（含导流堤、明沟、隧洞、桥涵等）及河床加固。

（2）地表截水沟、排洪沟（渠）、防洪堤。

（3）地下水疏/堵工程及设施（含疏干井、放水孔、疏干巷道、防水闸门、水仓、疏干设备、防水矿柱、防渗帷幕及截渗墙等）。

（4）露天开采转地下开采的矿山露天坑底防洪水突然灌入井下的设施（包括露天坑底所做的假底、坑底回填等）。

（5）热水充水矿床的疏水系统。

7. 竖井提升系统。

（1）提升装置，包括制动系统、控制系统、闭锁装置等。

（2）钢丝绳（包括提升钢丝绳、平衡钢丝绳、罐道钢丝绳、制动钢丝绳、隔离钢丝绳）及其连接或固定装置。

（3）罐道，包括木罐道、型钢罐道、钢轨罐道、钢木复合罐道等。

（4）提升容器。

（5）摇台或其他承接装置。

8. 斜井提升系统。

（1）提升装置，包括制动系统、控制系统。

（2）提升钢丝绳及其连接装置。

（3）提升容器（含箕斗、矿车和人车）。

9. 电梯井提升系统（包括钢丝绳、罐道、轿厢、控制系统等）。

10. 带式输送机系统的各种闭锁和机械、电气保护装置。

11. 排水系统。

（1）主水仓、井底水仓、接力排水水仓。

（2）主水泵房、接力泵房、各种排水水泵、排水管路、控制系统。

（3）排水沟。

12. 通风系统。

（1）专用进风井及专用进风巷道。

（2）专用回风井及专用回风巷道。

（3）主通风机、控制系统。

13. 供、配电设施。

（1）矿山供电电源、线路及总降压主变压器容量、地表向井下供电电缆。

（2）井下各级配电电压等级。

（3）电气设备类型。

（4）高、低压供配电中性点接地方式。

（5）高、低压电缆。

（6）提升系统、通风系统、排水系统的供配电设施。

（7）地表架空线转下井电缆处防雷设施。

（8）高压供配电系统继电保护装置。

（9）低压配电系统故障（间接接触）防护装置。

（10）直流牵引变电所电气保护设施、直流牵引网络安全措施。

（11）爆炸危险场所电机车轨道电气的安全措施。

（12）设有带油设备的电气硐室的安全措施。

（13）照明设施。

（14）工业场地边坡的安全加固及防护措施。

（二）专用安全设施。

1. 罐笼提升系统。

（1）梯子间及安全护栏。

（2）井口和井下马头门的安全门、阻车器和安全护栏。

（3）尾绳隔离保护设施。

（4）防过卷、防过放、防坠设施。

（5）钢丝绳罐道时各中段的稳罐装置。

（6）提升机房内的盖板、梯子和安全护栏。

（7）井口门禁系统。

2. 箕斗提升系统。

（1）井口、装载站、卸载站等处的安全护栏。

（2）尾绳隔离保护设施。

（3）防过卷、防过放设施。

（4）提升机房内的盖板、梯子和安全护栏。

3. 混合竖井提升系统。

（1）罐笼提升系统安全设施（见罐笼提升系统）。

（2）箕斗提升系统安全设施（见箕斗提升系统）。

（3）混合井筒中的安全隔离设施。

4. 斜井提升系统。

（1）防跑车装置。

（2）井口和井下马头门的安全门、阻车器、安全护栏和挡车设施。

（3）人行道与轨道之间的安全隔离设施。

（4）梯子和扶手。

（5）躲避硐室。

（6）人车断绳保险器。

（7）轨道防滑措施。

（8）提升机房内的安全护栏和梯子。

（9）井口门禁系统。

5. 斜坡道与无轨运输巷道。

（1）躲避硐室。

（2）卸载硐室的安全挡车设施、护栏。

（3）人行巷道的水沟盖板。

（4）交通信号系统。

（5）井口门禁系统。

6. 带式输送机系统。

（1）设备的安全护罩。

（2）安全护栏。

（3）梯子、扶手。

7. 电梯井提升系统。

（1）梯子间及安全护栏。

（2）电梯间和梯子间进口的安全防护网。

8. 有轨运输系统。

（1）装载站和卸载站的安全护栏。

（2）人行巷道的水沟盖板。

9. 动力油储存硐室。

（1）硐室口的防火门。

（2）栅栏门。

（3）防静电措施。

（4）防爆照明设施。

10. 破碎硐室。

（1）设备护罩、梯子和安全护栏。

（2）自卸车卸矿点的安全挡车设施。

11. 采场。

（1）采空区及其他危险区域的探测、封闭、隔离或充填设施。

（2）地下原地浸出采矿和原地爆破浸出采矿的防渗工程及对溶液渗透的监测系统。

（3）原地浸出采矿引起地表塌陷、滑坡的防护及治理措施。

（4）自动化作业采区的安全门。

（5）爆破安全设施（含警示旗、报警器、警戒带等）。

（6）工作面人机隔离设施。

12. 人行天井与溜井。

（1）梯子间及防护网、隔离栅栏。

（2）井口安全护栏。

（3）废弃井口的封闭或隔离设施。

（4）溜井井口安全挡车设施。

（5）溜井口格筛。

13. 供、配电设施。

（1）避灾硐室应急供电设施。

（2）裸带电体基本（直接接触）防护设施。

（3）变配电硐室防水门、防火门、栅栏门。

（4）保护接地及等电位连接设施。

（5）牵引变电所接地设施。

（6）变配电硐室应急照明设施。

（7）地面建筑物防雷设施。

14. 通风和空气预热及制冷降温。

（1）主通风机的反风设施和备用电机及快速更换装置。

（2）辅助通风机。

（3）局部通风机。

（4）风机进风口的安全护栏和防护网。

（5）阻燃风筒。

（6）通风构筑物（含风门、风墙、风窗、风桥等）。

（7）风井内的梯子间。

（8）风井井口和马头门处的安全护栏。

（9）严寒地区，通地表的井口（如罐笼井、箕斗井、混合井和斜提升井等）设置的防冻设施；用于进风的井口和巷道硐口（如专用进风井、专用进风平硐、专用进风斜井、罐笼井、混合井、斜提升井、胶带斜井、斜坡道、运输巷道等）设置的空气预热设施。

（10）地下高温矿山制冷降温设施，包括地表制冷站设施、地下制冷站设施、管路及分配设施等。

15. 排水系统。

（1）监测与控制设施。

（2）水泵房及毗连的变电所（或中央变电所）入口的防水门及两者之间的防火门。

（3）水泵房及变电所内的盖板、安全护栏（门）。

16. 充填系统。
(1) 充填管路减压设施。
(2) 充填管路压力监测装置。
(3) 充填管路排气设施。
(4) 充填搅拌站内及井下的安全护栏及其他防护措施（包括物料输送机和其他相关设备、砂浆池、砂仓等的安全护栏及其他防护措施）。
(5) 充填系统事故池。
(6) 采场充填挡墙。
17. 地压、岩体位移监测系统。
(1) 地表变形、塌陷监测系统。
(2) 坑内应力、应变监测系统。
18. 安全避险“六大系统”。
(1) 监测监控系统。
(2) 人员定位系统。
(3) 紧急避险系统。
(4) 压风自救系统。
(5) 供水施救系统。
(6) 通信联络系统。
19. 消防系统。
(1) 消防供水系统。
(2) 消防水池。
(3) 消防器材。
(4) 火灾报警系统。
(5) 防火门（除前面所述之外的防火门）。
(6) 有自然发火倾向区域的防火隔离设施。
20. 防治水。
(1) 中段（分段）或采区的防水门。
(2) 地下水头（水位）、水质、中段涌水量监测设施。
(3) 探水孔、放水孔及探放水巷道，探、放水孔的孔口管和控制闸阀，探、放水设备。
(4) 降雨量观测站。
(5) 在有突水可能性的工作面设置的救生圈、安全绳等救生设施。
21. 崩落法、空场法开采时的地表塌陷或移动范围保护措施。
22. 水溶性开采。
(1) 有毒有害气体积聚处（井口、卤池、取样阀等）采取的防毒措施。
(2) 井口的防喷装置。
(3) 排水和防止液体渗漏的设施。
(4) 地面防滑措施。

(5) 井盐矿山设立的地表水和地下水水质监测系统。

(6) 地表沉降和位移的监测设施。

(7) 不用的地质勘探井和生产报废井的封井措施。

23. 矿山应急救援设备及器材。

24. 个人安全防护用品。

25. 矿山、交通、电气安全标志。

26. 其他设施。

(1) 排土场（或废石场）安全设施参见露天矿山相关内容。

(2) 放射性矿山的防护措施。

(3) 地下原地浸出采矿：监测井（孔）、套管、气体站安全护栏、集液池、酸液池及二次缓冲池安全护栏、事故处理池和管路。

三、露天矿山建设项目安全设施目录

(一) 基本安全设施。

1. 露天采场。

(1) 安全平台、清扫平台、运输平台。

(2) 运输道路的缓坡段。

(3) 露天采场边坡、道路边坡、破碎站和工业场地边坡的安全加固及防护措施。

(4) 溜井底放矿硐室的安全通道及井口的安全挡车设施、格筛。

(5) 设计规定保留的矿（岩）体或矿段。

(6) 边坡角。

(7) 爆破安全距离界线。

2. 防排水。

(1) 河流改道工程（含导流堤、明沟、隧洞、桥涵等）及河床加固。

(2) 地表截水沟、排洪沟（渠）、防洪堤、拦水坝、台阶排水沟、截排水隧洞、沉砂池、消能池（坝）。

(3) 地下水疏/堵工程及设施（含疏干井、放水孔、疏干巷道、防水闸门、水仓、疏干设备、防水矿柱、防渗帷幕及截渗墙等）。

(4) 露天采场排水设施，包括水泵和管路。

3. 铁路运输。

(1) 运输线路的安全线、避让线、制动检查所、线路两侧的界限架。

(2) 护轮轨、防溜车措施、减速器、阻车器。

4. 带式输送机系统的各种闭锁和电气保护装置。

5. 架空索道运输。

(1) 架空索道的承载钢丝绳和牵引钢丝绳。

(2) 架空索道的制动系统。

(3) 架空索道的控制系统。

6. 斜坡卷扬运输。

（1）提升装置，包括制动系统、控制系统。
（2）提升钢丝绳及其连接装置。
（3）提升容器（包括箕斗、矿车和人车）。
7. 供、配电设施。
（1）矿山供电电源、线路及总降压主变压器容量、向采矿场供电线路。
（2）各级配电电压等级。
（3）电气设备类型。
（4）高、低压供配电中性点接地方式。
（5）排水系统供配电设施。
（6）采矿场供电线路、电缆及保护、避雷设施。
（7）高压供配电系统继电保护装置。
（8）低压配电系统故障（间接接触）防护装置。
（9）直流牵引变电所的电气保护设施、直流牵引网络的安全措施。
（10）爆炸危险场所电机车轨道的电气安全措施。
（11）变、配电室的金属丝网门。
（12）采场及排土场（废石场）正常照明设施。
8. 排土场（废石场）。
（1）安全平台。
（2）运输道路缓坡段。
（3）拦渣坝。
（4）阶段高度、总堆置高度、安全平台宽度、总边坡角。
9. 通信系统。
（1）联络通信系统。
（2）信号系统。
（3）监视监控系统。
（二）专用安全设施。
1. 露天采场。
（1）露天采场所设的边界安全护栏。
（2）废弃巷道、采空区和溶洞的探测设备，充填、封堵措施或隔离设施。
（3）溜井口的安全护栏、挡车设施、格筛。
（4）爆破安全设施（含躲避设施、警示旗、报警器、警戒带等）。
（5）水力开采运矿沟槽上的盖板或金属网。
（6）挖掘船上的救护设备。
（7）挖掘船开采时，作业人员穿戴的救生器材。
2. 铁路运输。
（1）运输线路的安全护栏、防护网、挡车设施、道口护栏。
（2）道路岔口交通警示报警设施。

（3）陡坡铁路运输时的线路防爬设施（含防爬器、抗滑桩等）。
（4）曲线轨道加固措施。
3. 汽车运输。
（1）运输线路的安全护栏、挡车设施、错车道、避让道、紧急避险道、声光报警装置。
（2）矿、岩卸载点的安全挡车设施。
4. 带式输送机运输。
（1）设备的安全护罩。
（2）安全护栏。
（3）梯子、扶手。
5. 架空索道运输。
（1）线路经过厂区、居民区、铁路、道路时的安全防护措施。
（2）线路与电力、通信架空线交叉时的安全防护措施。
（3）站房安全护栏。
6. 斜坡卷扬运输。
（1）阻车器、安全挡车设施。
（2）斜坡轨道两侧的堑沟、安全隔挡设施。
（3）防止跑车装置。
（4）防止钢轨及轨梁整体下滑的措施。
7. 破碎站。
（1）卸矿安全挡车设施。
（2）设备运动部分的护罩、安全护栏。
（3）安全护栏、盖板、扶手、防滑钢板。
8. 排土场（废石场）。
（1）排土场（废石场）道路的安全护栏、挡车设施。
（2）截（排）水设施（含截水沟、排水沟、排水隧洞、截洪坝等）。
（3）底部排渗设施。
（4）滚石或泥石流拦挡设施。
（5）滑坡治理措施。
（6）坍塌与沉陷防治措施。
（7）地基处理。
9. 供、配电设施。
（1）裸带电体基本（直接接触）防护设施。
（2）保护接地设施。
（3）直流牵引变电所接地设施。
（4）采场变、配电室应急照明设施。
（5）地面建筑物防雷设施。
10. 监测设施。

（1）采场边坡监测设施。
（2）排土场（废石场）边坡监测设施。
11. 为防治水而设的水位和流量监测系统。
12. 矿山应急救援器材及设备。
13. 个人安全防护用品。
14. 矿山、交通、电气安全标志。
15. 有井巷工程时其安全设施参见地下矿山相关内容。

四、尾矿库建设项目安全设施目录

（一）基本安全设施。
1. 尾矿坝。
（1）初期坝（含库尾排矿干式尾矿库的拦挡坝）。
（2）堆积坝。
（3）副坝。
（4）挡水坝。
（5）一次性建坝的尾矿坝。
2. 尾矿库库内排水设施。
（1）排水井。
（2）排水斜槽。
（3）排水隧洞。
（4）排水管。
（5）溢洪道。
（6）消力池。
3. 尾矿库库周截排洪设施。
（1）拦洪坝。
（2）截洪沟。
（3）排水井。
（4）排洪隧洞。
（5）溢洪道。
（6）消力池。
4. 堆积坝坝面防护设施。
（1）堆积坝护坡。
（2）坝面排水沟。
（3）坝肩截水沟。
5. 辅助设施。
（1）尾矿库交通道路。
（2）尾矿库照明设施。
（3）通信设施。

（二）专用安全设施。

1. 尾矿库地质灾害与雪崩防护设施。

（1）尾矿库泥石流防护设施。

（2）库区滑坡治理设施。

（3）库区岩溶治理设施。

（4）高寒地区的雪崩防护设施。

2. 尾矿库安全监测设施。

（1）库区气象监测设施。

（2）地质灾害监测设施。

（3）库水位监测设施。

（4）干滩监测设施。

（5）坝体表面位移监测设施。

（6）坝体内部位移监测设施。

（7）坝体渗流监测设施。

（8）视频监控设施。

（9）在线监测中心。

3. 尾矿坝坝体排渗设施。

（1）贴坡排渗。

（2）自流式排渗管。

（3）管井排渗。

（4）垂直—水平联合自流排渗。

（5）虹吸排渗。

（6）辐射井。

（7）排渗褥垫。

（8）排渗盲沟（管）。

4. 干式尾矿汽车运输。

（1）运输线路的安全护栏、挡车设施。

（2）汽车避让道。

（3）卸料平台的安全挡车设施。

5. 干式尾矿带式输送机运输。

（1）输送机系统的各种闭锁和电气保护装置。

（2）设备的安全护罩。

（3）安全护栏。

（4）梯子、扶手。

6. 库内回水浮船、运输船防护设施。

（1）安全护栏。

（2）救生器材。

（3）浮船固定设施。

（4）电气设备接地措施。

7. 辅助设施。

（1）尾矿库管理站。

（2）报警系统。

（3）库区安全护栏。

（4）矿山、交通、电气安全标志。

8. 应急救援器材及设备。

9. 个人安全防护用品。

80　煤矿重大生产安全事故隐患判定标准

国家安全生产监督管理总局局长办公会议审议通过，2015 年 12 月 3 日
国家安全生产监督管理总局令第 85 号公布，自公布之日起施行。

第一条　为了准确认定、及时消除煤矿重大生产安全事故隐患（以下简称煤矿重大事故隐患），根据《安全生产法》和《国务院关于预防煤矿生产安全事故的特别规定》（国务院令第 446 号）等法律、法规，制定本判定标准。

第二条　本标准适用于判定各类煤矿重大事故隐患。

第三条　煤矿重大事故隐患包括以下 15 个方面：

（一）超能力、超强度或者超定员组织生产。

（二）瓦斯超限作业。

（三）煤与瓦斯突出矿井，未依照规定实施防突出措施。

（四）高瓦斯矿井未建立瓦斯抽采系统和监控系统，或者不能正常运行。

（五）通风系统不完善、不可靠。

（六）有严重水患，未采取有效措施。

（七）超层越界开采。

（八）有冲击地压危险，未采取有效措施。

（九）自然发火严重，未采取有效措施。

（十）使用明令禁止使用或者淘汰的设备、工艺。

（十一）煤矿没有双回路供电系统。

（十二）新建煤矿边建设边生产，煤矿改扩建期间，在改扩建的区域生产，或者在其他区域的生产超出安全设计规定的范围和规模。

（十三）煤矿实行整体承包生产经营后，未重新取得或者及时变更安全生产许可证而从事生产，或者承包方再次转包，以及将井下采掘工作面和井巷维修作业进行劳务承包。

（十四）煤矿改制期间，未明确安全生产责任人和安全管理机构，或者在完成改制后，未重新取得或者变更采矿许可证、安全生产许可证和营业执照。

（十五）其他重大事故隐患。

第四条 “超能力、超强度或者超定员组织生产”重大事故隐患，是指有下列情形之一的：

（一）矿井全年原煤产量超过矿井核定（设计）生产能力110%的，或者矿井月产量超过矿井核定（设计）生产能力10%的。

（二）矿井开拓、准备、回采煤量可采期小于有关标准规定的最短时间组织生产、造成接续紧张的，或者采用“剃头下山”开采的。

（三）采掘工作面瓦斯抽采不达标组织生产的。

（四）煤矿未制定或者未严格执行井下劳动定员制度的。

第五条 “瓦斯超限作业”重大事故隐患，是指有下列情形之一的：

（一）瓦斯检查存在漏检、假检的。

（二）井下瓦斯超限后不采取措施继续作业的。

第六条 “煤与瓦斯突出矿井，未依照规定实施防突出措施”重大事故隐患，是指有下列情形之一的：

（一）未建立防治突出机构并配备相应专业人员的。

（二）未装备矿井安全监控系统和地面永久瓦斯抽采系统或者系统不能正常运行的。

（三）未进行区域或者工作面突出危险性预测的。

（四）未按规定采取防治突出措施的。

（五）未进行防治突出措施效果检验或者防突措施效果检验不达标仍然组织生产建设的。

（六）未采取安全防护措施的。

（七）使用架线式电机车的。

第七条 “高瓦斯矿井未建立瓦斯抽采系统和监控系统，或者不能正常运行”重大事故隐患，是指有下列情形之一的：

（一）按照《煤矿安全规程》规定应当建立而未建立瓦斯抽采系统的。

（二）未按规定安设、调校甲烷传感器，人为造成甲烷传感器失效的，瓦斯超限后不能断电或者断电范围不符合规定的。

（三）安全监控系统出现故障没有及时采取措施予以恢复的，或者对系统记录的瓦斯超限数据进行修改、删除、屏蔽的。

第八条 “通风系统不完善、不可靠”重大事故隐患，是指有下列情形之一的：

（一）矿井总风量不足的。

（二）没有备用主要通风机或者两台主要通风机工作能力不匹配的。

（三）违反规定串联通风的。

（四）没有按设计形成通风系统的，或者生产水平和采区未实现分区通风的。

（五）高瓦斯、煤与瓦斯突出矿井的任一采区，开采容易自燃煤层、低瓦斯矿井开采煤层群和分层开采采用联合布置的采区，未设置专用回风巷的，或者突出煤层工作面没有独立的回风系统的。

（六）采掘工作面等主要用风地点风量不足的。

（七）采区进（回）风巷未贯穿整个采区，或者虽贯穿整个采区但一段进风、一段回风的。

（八）煤巷、半煤岩巷和有瓦斯涌出的岩巷的掘进工作面未装备甲烷电、风电闭锁装置或者不能正常使用的。

（九）高瓦斯、煤与瓦斯突出建设矿井局部通风不能实现双风机、双电源且自动切换的。

（十）高瓦斯、煤与瓦斯突出建设矿井进入二期工程前，其他建设矿井进入三期工程前，没有形成地面主要通风机供风的全风压通风系统的。

第九条 “有严重水患，未采取有效措施”重大事故隐患，是指有下列情形之一的：

（一）未查明矿井水文地质条件和井田范围内采空区、废弃老窑积水等情况而组织生产建设的。

（二）水文地质类型复杂、极复杂的矿井没有设立专门的防治水机构和配备专门的探放水作业队伍、配齐专用探放水设备的。

（三）在突水威胁区域进行采掘作业未按规定进行探放水的。

（四）未按规定留设或者擅自开采各种防隔水煤柱的。

（五）有透水征兆未撤出井下作业人员的。

（六）受地表水倒灌威胁的矿井在强降雨天气或其来水上游发生洪水期间未实施停产撤人的。

（七）建设矿井进入三期工程前，没有按设计建成永久排水系统的。

第十条 “超层越界开采”重大事故隐患，是指有下列情形之一的：

（一）超出采矿许可证规定开采煤层层位或者标高而进行开采的。

（二）超出采矿许可证载明的坐标控制范围而开采的。

（三）擅自开采保安煤柱的。

第十一条 “有冲击地压危险，未采取有效措施”重大事故隐患，是指有下列情形之一的：

（一）首次发生过冲击地压动力现象，半年内没有完成冲击地压危险性鉴定的。

（二）有冲击地压危险的矿井未配备专业人员并编制专门设计的。

（三）未进行冲击地压预测预报，或者采取的防治措施没有消除冲击地压危险仍组织生产建设的。

第十二条 “自然发火严重，未采取有效措施”重大事故隐患，是指有下列情形之一的：

（一）开采容易自燃和自燃的煤层时，未编制防止自然发火设计或者未按设计组织生产建设的。

（二）高瓦斯矿井采用放顶煤采煤法不能有效防治煤层自然发火的。

（三）有自然发火征兆没有采取相应的安全防范措施并继续生产建设的。

第十三条 “使用明令禁止使用或者淘汰的设备、工艺”重大事故隐患，是指有下列情形之一的：

（一）使用被列入国家应予淘汰的煤矿机电设备和工艺目录的产品或者工艺的。

（二）井下电气设备未取得煤矿矿用产品安全标志，或者防爆等级与矿井瓦斯等级不符的。

（三）未按矿井瓦斯等级选用相应的煤矿许用炸药和雷管、未使用专用发爆器的，或者裸露放炮的。

（四）采煤工作面不能保证 2 个畅通的安全出口的。

（五）高瓦斯矿井、煤与瓦斯突出矿井、开采容易自燃和自燃煤层（薄煤层除外）矿井，采煤工作面采用前进式采煤方法的。

第十四条 “煤矿没有双回路供电系统”重大事故隐患，是指有下列情形之一的：

（一）单回路供电的。

（二）有两个回路但取自一个区域变电所同一母线端的。

（三）进入二期工程的高瓦斯、煤与瓦斯突出及水害严重的建设矿井，进入三期工程的其他建设矿井，没有形成双回路供电的。

第十五条 “新建煤矿边建设边生产，煤矿改扩建期间，在改扩建的区域生产，或者在其他区域的生产超出安全设计规定的范围和规模”重大事故隐患，是指有下列情形之一的：

（一）建设项目安全设施设计未经审查批准，或者批准后做出重大变更后未经再次审批擅自组织施工的。

（二）改扩建矿井在改扩建区域生产的。

（三）改扩建矿井在非改扩建区域超出设计规定范围和规模生产的。

第十六条 “煤矿实行整体承包生产经营后，未重新取得或者及时变更安全生产许可证从事生产的，或者承包方再次转包，以及将井下采掘工作面和井巷维修作业进行劳务承包”重大事故隐患，是指有下列情形之一的：

（一）生产经营单位将煤矿承包或者托管给没有合法有效煤矿生产建设证照的单位或者个人的。

（二）煤矿实行承包（托管）但未签订安全生产管理协议，或者未约定双方安全生产管理职责合同而进行生产的。

（三）承包方（承托方）未按规定变更安全生产许可证进行生产的。

（四）承包方（承托方）再次将煤矿承包（托管）给其他单位或者个人的。

（五）煤矿将井下采掘工作面或者井巷维修作业作为独立工程承包（托管）给其他企业或者个人的。

第十七条 “煤矿改制期间，未明确安全生产责任人和安全管理机构，或者在完成改制后，未重新取得或者变更采矿许可证、安全生产许可证和营业执照”重大事故隐患，是指有下列情形之一的：

（一）改制期间，未明确安全生产责任人而进行生产建设的。

（二）改制期间，未健全安全生产管理机构和配备安全管理人员进行生产建设的。

（三）完成改制后，未重新取得或者变更采矿许可证、安全生产许可证、营业执照而进行生产建设的。

第十八条　“其他重大事故隐患”，是指有下列情形之一的：

（一）没有分别配备矿长、总工程师和分管安全、生产、机电的副矿长，以及负责采煤、掘进、机电运输、通风、地质测量工作的专业技术人员的。

（二）未按规定足额提取和使用安全生产费用的。

（三）出现瓦斯动力现象，或者相邻矿井开采的同一煤层发生了突出，或者煤层瓦斯压力达到或者超过0.74 MPa的非突出矿井，未立即按照突出煤层管理并在规定时限内进行突出危险性鉴定的（直接认定为突出矿井的除外）。

（四）图纸作假、隐瞒采掘工作面的。

第十九条　本标准自印发之日起施行。国家安全监管总局、国家煤矿安监局2005年9月26日印发的《煤矿重大安全生产隐患认定办法（试行）》（安监总煤矿字〔2005〕133号）同时废止。

81　煤矿企业安全生产许可证实施办法

2004年4月19日国家安全生产监督管理局（国家煤矿安全监察局）局务会议审议通过，2004年5月17日国家安全生产监督管理总局令第8号公布，自公布之日起施行；根据2015年3月23日国家安全生产监督管理总局局长办公会议审议通过、2015年6月8日国家安全生产监督管理总局令第81号公布、自2015年7月1日起施行的《国家安全监管总局关于修改〈煤矿安全监察员管理办法〉等五部煤矿安全规章的决定》修改。修订后的《煤矿企业安全生产许可证实施办法》经2015年12月22日国家安全生产监督管理总局局长办公会议审议通过，2016年2月16日国家安全生产监督管理总局令第86号公布，自2016年4月1日起施行；根据2017年1月10日国家安全生产监督管理总局局长办公会议审议通过、2017年3月6日国家安全生产监督管理总局令第89号公布、自公布之日起施行的《国家安全监管总局关于修改和废止部分规章及规范性文件的决定》修改。

第一章　总　　则

第一条　为了规范煤矿企业安全生产条件，加强煤矿企业安全生产许可证的颁发管理工作，根据《安全生产许可证条例》和有关法律、行政法规，制定本实施办法。

第二条 煤矿企业必须依照本实施办法的规定取得安全生产许可证。未取得安全生产许可证的，不得从事生产活动。

煤层气地面开采企业安全生产许可证的管理办法，另行制定。

第三条 煤矿企业除本企业申请办理安全生产许可证外，其所属矿（井、露天坑）也应当申请办理安全生产许可证，一矿（井、露天坑）一证。

煤矿企业实行多级管理的，其上级煤矿企业也应当申请办理安全生产许可证。

第四条 安全生产许可证的颁发管理工作实行企业申请、两级发证、属地监管的原则。

第五条 国家煤矿安全监察局指导、监督全国煤矿企业安全生产许可证的颁发管理工作，负责符合本办法第三条规定的中央管理的煤矿企业总部（总公司、集团公司）安全生产许可证的颁发和管理。

省级煤矿安全监察局负责前款规定以外的其他煤矿企业安全生产许可证的颁发和管理；未设立煤矿安全监察机构的省、自治区，由省、自治区人民政府指定的部门（以下与省级煤矿安全监察局统称省级安全生产许可证颁发管理机关）负责本行政区域内煤矿企业安全生产许可证的颁发和管理。

国家煤矿安全监察局和省级安全生产许可证颁发管理机关统称安全生产许可证颁发管理机关。

第二章　安全生产条件

第六条 煤矿企业取得安全生产许可证，应当具备下列安全生产条件：

（一）建立、健全主要负责人、分管负责人、安全生产管理人员、职能部门、岗位安全生产责任制；制定安全目标管理、安全奖惩、安全技术审批、事故隐患排查治理、安全检查、安全办公会议、地质灾害普查、井下劳动组织定员、矿领导带班下井、井工煤矿入井检身与出入井人员清点等安全生产规章制度和各工种操作规程。

（二）安全投入满足安全生产要求，并按照有关规定足额提取和使用安全生产费用。

（三）设置安全生产管理机构，配备专职安全生产管理人员；煤与瓦斯突出矿井、水文地质类型复杂矿井还应设置专门的防治煤与瓦斯突出管理机构和防治水管理机构。

（四）主要负责人和安全生产管理人员的安全生产知识和管理能力经考核合格。

（五）参加工伤保险，为从业人员缴纳工伤保险费。

（六）制定重大危险源检测、评估和监控措施。

（七）制定应急救援预案，并按照规定设立矿山救护队，配备救护装备；不具备单独设立矿山救护队条件的煤矿企业，所属煤矿应当设立兼职救护队，并与邻近的救护队签订救护协议。

（八）制订特种作业人员培训计划、从业人员培训计划、职业危害防治计划。

（九）法律、行政法规规定的其他条件。

第七条 煤矿除符合本实施办法第六条规定的条件外，还必须符合下列条件：

（一）特种作业人员经有关业务主管部门考核合格，取得特种作业操作资格证书。

（二）从业人员进行安全生产教育培训，并经考试合格。

（三）制定职业危害防治措施、综合防尘措施，建立粉尘检测制度，为从业人员配备符合国家标准或者行业标准的劳动防护用品。

（四）依法进行安全评价。

（五）制订矿井灾害预防和处理计划。

（六）依法取得采矿许可证，并在有效期内。

第八条　井工煤矿除符合本实施办法第六条、第七条规定的条件外，其安全设施、设备、工艺还必须符合下列条件：

（一）矿井至少有2个能行人的通达地面的安全出口，各个出口之间的距离不得小于30米；井下每一个水平到上一个水平和各个采（盘）区至少有两个便于行人的安全出口，并与通达地面的安全出口相连接；采煤工作面有两个畅通的安全出口，一个通到进风巷道，另一个通到回风巷道。在用巷道净断面满足行人、运输、通风和安全设施及设备安装、检修、施工的需要。

（二）按规定进行瓦斯等级、煤层自燃倾向性和煤尘爆炸危险性鉴定。

（三）矿井有完善的独立通风系统。矿井、采区和采掘工作面的供风能力满足安全生产要求，矿井使用安装在地面的矿用主要通风机进行通风，并有同等能力的备用主要通风机，主要通风机按规定进行性能检测；生产水平和采区实行分区通风；高瓦斯和煤与瓦斯突出矿井、开采容易自燃煤层的矿井、煤层群联合布置矿井的每个采区设置专用回风巷，掘进工作面使用专用局部通风机进行通风，矿井有反风设施。

（四）矿井有安全监控系统，传感器的设置、报警和断电符合规定，有瓦斯检查制度和矿长、技术负责人瓦斯日报审查签字制度，配备足够的专职瓦斯检查员和瓦斯检测仪器；按规定建立瓦斯抽采系统，开采煤与瓦斯突出危险煤层的有预测预报、防治措施、效果检验和安全防护的综合防突措施。

（五）有防尘供水系统，有地面和井下排水系统；有水害威胁的矿井还应有专用探放水设备。

（六）制定井上、井下防火措施；有地面消防水池和井下消防管路系统，井上、井下有消防材料库；开采容易自燃和自燃煤层的矿井还应有防灭火专项设计和综合预防煤层自然发火的措施。

（七）矿井有两回路电源线路；严禁井下配电变压器中性点直接接地；井下电气设备的选型符合防爆要求，有短路、过负荷、接地、漏电等保护，掘进工作面的局部通风机按规定采用专用变压器、专用电缆、专用开关，实现风电、瓦斯电闭锁。

（八）运送人员的装置应当符合有关规定。使用检测合格的钢丝绳；带式输送机采用非金属聚合物制造的输送带的阻燃性能和抗静电性能符合规定，设置安全保护装置。

（九）有通信联络系统，按规定建立人员位置监测系统。

（十）按矿井瓦斯等级选用相应的煤矿许用炸药和电雷管，爆破工作由专职爆破工担任。

（十一）不得使用国家有关危及生产安全淘汰目录规定的设备及生产工艺；使用的矿用产品应有安全标志。

（十二）配备足够数量的自救器，自救器的选用型号应与矿井灾害类型相适应，按规定建立安全避险系统。

（十三）有反映实际情况的图纸：矿井地质图和水文地质图，井上下对照图，巷道布置图，采掘工程平面图，通风系统图，井下运输系统图，安全监控系统布置图和断电控制图，人员位置监测系统图，压风、排水、防尘、防火注浆、抽采瓦斯等管路系统图，井下通信系统图，井上、下配电系统图和井下电气设备布置图，井下避灾路线图。采掘工作面有符合实际情况的作业规程。

第九条 露天煤矿除符合本实施办法第六条、第七条规定的条件外，其安全设施、设备、工艺还必须符合下列条件：

（一）按规定设置栅栏、安全挡墙、警示标志。

（二）露天采场最终边坡的台阶坡面角和边坡角符合最终边坡设计要求。

（三）配电线路、电动机、变压器的保护符合安全要求。

（四）爆炸物品的领用、保管和使用符合规定。

（五）有边坡工程、地质勘探工程、岩土物理力学试验和稳定性分析，有边坡监测措施。

（六）有防排水设施和措施。

（七）地面和采场内的防灭火措施符合规定；开采有自然发火倾向的煤层或者开采范围内存在火区时，制定专门防灭火措施。

（八）有反映实际情况的图纸：地形地质图，工程地质平面图、断面图、综合水文地质图，采剥、排土工程平面图和运输系统图，供配电系统图，通信系统图，防排水系统图，边坡监测系统平面图，井工采空区与露天矿平面对照图。

第三章　安全生产许可证的申请和颁发

第十条 煤矿企业依据本实施办法第五条的规定向安全生产许可证颁发管理机关申请领取安全生产许可证。

第十一条 申请领取安全生产许可证应当提供下列文件、资料：

（一）煤矿企业提供的文件、资料：

1. 安全生产许可证申请书。

2. 主要负责人安全生产责任制（复制件），各分管负责人、安全生产管理人员以及职能部门负责人安全生产责任制目录清单。

3. 安全生产规章制度目录清单。

4. 设置安全生产管理机构、配备专职安全生产管理人员的文件（复制件）。

5. 主要负责人、安全生产管理人员安全生产知识和管理能力考核合格的证明材料。

6. 特种作业人员培训计划，从业人员安全生产教育培训计划。

7. 为从业人员缴纳工伤保险费的有关证明材料。

8. 重大危险源检测、评估和监控措施。

9. 事故应急救援预案，设立矿山救护队的文件或者与专业救护队签订的救护协议。

（二）煤矿提供的文件、资料和图纸：

1. 安全生产许可证申请书。

2. 采矿许可证（复制件）。

3. 主要负责人安全生产责任制（复制件），各分管负责人、安全生产管理人员以及职能部门负责人安全生产责任制目录清单。

4. 安全生产规章制度和操作规程目录清单。

5. 设置安全生产管理机构和配备专职安全生产管理人员的文件（复制件）。

6. 矿长、安全生产管理人员安全生产知识和管理能力考核合格的证明材料。

7. 特种作业人员操作资格证书的证明材料。

8. 从业人员安全生产教育培训计划和考试合格的证明材料。

9. 为从业人员缴纳工伤保险费的有关证明材料。

10. 具备资质的中介机构出具的安全评价报告。

11. 矿井瓦斯等级鉴定文件；高瓦斯、煤与瓦斯突出矿井瓦斯参数测定报告，煤层自燃倾向性和煤尘爆炸危险性鉴定报告。

12. 矿井灾害预防和处理计划。

13. 井工煤矿采掘工程平面图，通风系统图。

14. 露天煤矿采剥工程平面图，边坡监测系统平面图。

15. 事故应急救援预案，设立矿山救护队的文件或者与专业矿山救护队签订的救护协议。

16. 井工煤矿主要通风机、主提升机、空压机、主排水泵的检测检验合格报告。

第十二条　安全生产许可证颁发管理机关对申请人提交的申请书及文件、资料，应当按照下列规定处理：

（一）申请事项不属于本机关职权范围的，即时作出不予受理的决定，并告知申请人向有关行政机关申请。

（二）申请材料存在可以当场更正的错误的，允许或者要求申请人当场更正，并即时出具受理的书面凭证，通过互联网申请的，符合要求后即时提供电子受理回执。

（三）申请材料不齐全或者不符合要求的，应当当场或者在 5 个工作日内一次告知申请人需要补正的全部内容，逾期不告知的，自收到申请材料之日起即为受理。

（四）申请材料齐全、符合要求或者按照要求全部补正的，自收到申请材料或者全部补正材料之日起为受理。

第十三条　煤矿企业应当对其向安全生产许可证颁发管理机关提交的文件、资料和图纸的真实性负责。

从事安全评价、检测检验的机构应当对其出具的安全评价报告、检测检验结果负责。

第十四条　对已经受理的申请，安全生产许可证颁发管理机关应当指派有关人员对申请材料进行审查；对申请材料实质内容存在疑问，认为需要到现场核查的，应当到现场进行核查。

第十五条 负责审查的有关人员提出审查意见。

安全生产许可证颁发管理机关应当对有关人员提出的审查意见进行讨论，并在受理申请之日起45个工作日内作出颁发或者不予颁发安全生产许可证的决定。

对决定颁发的，安全生产许可证颁发管理机关应当自决定之日起10个工作日内送达或者通知申请人领取安全生产许可证；对不予颁发的，应当在10个工作日内书面通知申请人并说明理由。

第十六条 经审查符合本实施办法规定的，安全生产许可证颁发管理机关应当分别向煤矿企业及其所属煤矿颁发安全生产许可证。

第十七条 安全生产许可证的有效期为3年。安全生产许可证有效期满需要延期的，煤矿企业应当于期满前3个月按照本实施办法第十条的规定，向原安全生产许可证颁发管理机关提出延期申请，并提交本实施办法第十一条规定的文件、资料和安全生产许可证正本、副本。

第十八条 对已经受理的延期申请，安全生产许可证颁发管理机关应当按照本实施办法的规定办理安全生产许可证延期手续。

第十九条 煤矿企业在安全生产许可证有效期内符合下列条件，在安全生产许可证有效期届满时，经原安全生产许可证颁发管理机关同意，不再审查，直接办理延期手续：

（一）严格遵守有关安全生产的法律法规和本实施办法。

（二）接受安全生产许可证颁发管理机关及煤矿安全监察机构的监督检查。

（三）未因存在严重违法行为纳入安全生产不良记录“黑名单”管理。

（四）未发生生产安全死亡事故。

（五）煤矿安全质量标准化等级达到二级及以上。

第二十条 煤矿企业在安全生产许可证有效期内有下列情形之一的，应当向原安全生产许可证颁发管理机关申请变更安全生产许可证：

（一）变更主要负责人的。

（二）变更隶属关系的。

（三）变更经济类型的。

（四）变更煤矿企业名称的。

（五）煤矿改建、扩建工程经验收合格的。

变更本条第一款第一、第二、第三、第四项的，自工商营业执照变更之日起10个工作日内提出申请；变更本条第一款第五项的，应当在改建、扩建工程验收合格后10个工作日内提出申请。

申请变更本条第一款第一项的，应提供变更后的工商营业执照副本和主要负责人任命文件（或者聘书）；申请变更本条第一款第二、第三、第四项的，应提供变更后的工商营业执照副本；申请变更本条第一款第五项的，应提供改建、扩建工程安全设施及条件竣工验收合格的证明材料。

第二十一条　对于本实施办法第二十条第一款第一、第二、第三、第四项的变更申请，安全生产许可证颁发管理机关在对申请人提交的相关文件、资料审核后，即可办理安全生产许可证变更。

对于本实施办法第二十条第一款第五项的变更申请，安全生产许可证颁发管理机关应当按照本实施办法第十四条、第十五条的规定办理安全生产许可证变更。

第二十二条　经安全生产许可证颁发管理机关审查同意延期、变更安全生产许可证的，安全生产许可证颁发管理机关应当收回原安全生产许可证正本，换发新的安全生产许可证正本；在安全生产许可证副本上注明延期、变更内容，并加盖公章。

第二十三条　煤矿企业停办、关闭的，应当自停办、关闭决定之日起10个工作日内向原安全生产许可证颁发管理机关申请注销安全生产许可证，并提供煤矿开采现状报告、实测图纸和遗留事故隐患的报告及防治措施。

第二十四条　安全生产许可证分为正本和副本，具有同等法律效力，正本为悬挂式，副本为折页式。

安全生产许可证颁发管理机关应当在安全生产许可证正本、副本上载明煤矿企业名称、主要负责人、注册地址、隶属关系、经济类型、有效期、发证机关、发证日期等内容。

安全生产许可证正本、副本的式样由国家煤矿安全监察局制定。

安全生产许可证相关的行政许可文书由国家煤矿安全监察局规定统一的格式。

第四章　安全生产许可证的监督管理

第二十五条　煤矿企业取得安全生产许可证后，应当加强日常安全生产管理，不得降低安全生产条件。

第二十六条　煤矿企业不得转让、冒用、买卖、出租、出借或者使用伪造的安全生产许可证。

第二十七条　安全生产许可证颁发管理机关应当坚持公开、公平、公正的原则，严格依照本实施办法的规定审查、颁发安全生产许可证。

安全生产许可证颁发管理机关工作人员在安全生产许可证颁发、管理和监督检查工作中，不得索取或者接受煤矿企业的财物，不得谋取其他利益。

第二十八条　安全生产许可证颁发管理机关发现有下列情形之一的，应当撤销已经颁发的安全生产许可证：

（一）超越职权颁发安全生产许可证的。

（二）违反本实施办法规定的程序颁发安全生产许可证的。

（三）不具备本实施办法规定的安全生产条件颁发安全生产许可证的。

（四）以欺骗、贿赂等不正当手段取得安全生产许可证的。

第二十九条　取得安全生产许可证的煤矿企业有下列情形之一的，安全生产许可证颁发管理机关应当注销其安全生产许可证：

（一）终止煤炭生产活动的。

（二）安全生产许可证被依法撤销的。

（三）安全生产许可证被依法吊销的。

（四）安全生产许可证有效期满未申请办理延期手续的。

第三十条 煤矿企业隐瞒有关情况或者提供虚假材料申请安全生产许可证的，安全生产许可证颁发管理机关不予受理，且在一年内不得再次申请安全生产许可证。

第三十一条 安全生产许可证颁发管理机关应当每年向社会公布一次煤矿企业取得安全生产许可证的情况。

第三十二条 安全生产许可证颁发管理机关应当将煤矿企业安全生产许可证颁发管理情况通报煤矿企业所在地市级以上人民政府及其指定的负责煤矿安全监管工作的部门。

第三十三条 安全生产许可证颁发管理机关应当建立、健全安全生产许可证档案管理制度。

第三十四条 省级安全生产许可证颁发管理机关应当于每年 1 月 15 日前将所负责行政区域内上年度煤矿企业安全生产许可证颁发和管理情况报国家煤矿安全监察局，同时通报本级安全生产监督管理部门。

第三十五条 任何单位或者个人对违反《安全生产许可证条例》和本实施办法规定的行为，有权向安全生产许可证颁发管理机关或者监察机关等有关部门举报。

第五章 罚 则

第三十六条 安全生产许可证颁发管理机关工作人员有下列行为之一的，给予降级或者撤职的处分；构成犯罪的，依法追究刑事责任：

（一）向不符合本实施办法规定的安全生产条件的煤矿企业颁发安全生产许可证的。

（二）发现煤矿企业未依法取得安全生产许可证擅自从事生产活动不依法处理的。

（三）发现取得安全生产许可证的煤矿企业不再具备本实施办法规定的安全生产条件不依法处理的。

（四）接到对违反本实施办法规定行为的举报后，不依法处理的。

（五）在安全生产许可证颁发、管理和监督检查工作中，索取或者接受煤矿企业的财物，或者谋取其他利益的。

第三十七条 承担安全评价、检测、检验工作的机构，出具虚假安全评价、检测、检验报告或者证明的，没收违法所得；违法所得在 10 万元以上的，并处违法所得 2 倍以上 5 倍以下的罚款，没有违法所得或者违法所得不足 10 万元的，单处或者并处 10 万元以上 20 万元以下的罚款，对其直接负责的主管人员和其他直接责任人员处 2 万元以上 5 万元以下的罚款；给他人造成损害的，与煤矿企业承担连带赔偿责任；构成犯罪的，依照刑法有关规定追究刑事责任。

对有前款违法行为的机构，依法吊销其相应资质。

第三十八条 安全生产许可证颁发管理机关应当加强对取得安全生产许可证的煤矿企业的监督检查，发现其不再具备本实施办法规定的安全生产条件的，应当责令限期整改，依法暂扣安全生产许可证；经整改仍不具备本实施办法规定的安全生产条件的，依法吊销安全生产许可证。

第三十九条　取得安全生产许可证的煤矿企业，倒卖、出租、出借或者以其他形式非法转让安全生产许可证的，没收违法所得，处10万元以上50万元以下的罚款，吊销其安全生产许可证；构成犯罪的，依法追究刑事责任。

第四十条　发现煤矿企业有下列行为之一的，责令停止生产，没收违法所得，并处10万元以上50万元以下的罚款；构成犯罪的，依法追究刑事责任：

（一）未取得安全生产许可证，擅自进行生产的。

（二）接受转让的安全生产许可证的。

（三）冒用安全生产许可证的。

（四）使用伪造安全生产许可证的。

第四十一条　在安全生产许可证有效期满未申请办理延期手续，继续进行生产的，责令停止生产，限期补办延期手续，没收违法所得，并处5万元以上10万元以下的罚款；逾期仍不申请办理延期手续，依照本实施办法第二十九条、第四十条的规定处理。

第四十二条　在安全生产许可证有效期内，主要负责人、隶属关系、经济类型、煤矿企业名称发生变化，未按本实施办法申请办理变更手续的，责令限期补办变更手续，并处1万元以上3万元以下罚款。

改建、扩建工程已经验收合格，未按本实施办法规定申请办理变更手续擅自投入生产的，责令停止生产，限期补办变更手续，并处1万元以上3万元以下罚款；逾期仍不办理变更手续，继续进行生产的，依照本实施办法第四十条的规定处罚。

第六章　附　　则

第四十三条　本实施办法规定的行政处罚，由安全生产许可证颁发管理机关决定。除吊销安全生产许可证外，安全生产许可证颁发管理机关可以委托有关省级煤矿安全监察局、煤矿安全监察分局实施行政处罚。

第四十四条　本实施办法自2016年4月1日起施行。原国家安全生产监督管理局（国家煤矿安全监察局）2004年5月17日公布、国家安全生产监督管理总局2015年6月8日修改的《煤矿企业安全生产许可证实施办法》同时废止。

82 煤矿安全规程

修订后的《煤矿安全规程》已经2015年12月22日国家安全生产监督管理总局第13次局长办公会议审议通过，2016年2月25日国家安全生产监督管理总局令第87号公布，自2016年10月1日起施行。

第一编 总 则

第一条 为保障煤矿安全生产和从业人员的人身安全与健康，防止煤矿事故与职业病危害，根据《煤炭法》《矿山安全法》《安全生产法》《职业病防治法》《煤矿安全监察条例》和《安全生产许可证条例》等，制定本规程。

第二条 在中华人民共和国领域内从事煤炭生产和煤矿建设活动，必须遵守本规程。

第三条 煤炭生产实行安全生产许可证制度。未取得安全生产许可证的，不得从事煤炭生产活动。

第四条 从事煤炭生产与煤矿建设的企业（以下统称煤矿企业）必须遵守国家有关安全生产的法律、法规、规章、规程、标准和技术规范。

煤矿企业必须加强安全生产管理，建立健全各级负责人、各部门、各岗位安全生产与职业病危害防治责任制。

煤矿企业必须建立健全安全生产与职业病危害防治目标管理、投入、奖惩、技术措施审批、培训、办公会议制度，安全检查制度，事故隐患排查、治理、报告制度，事故报告与责任追究制度等。

煤矿企业必须建立各种设备、设施检查维修制度，定期进行检查维修，并做好记录。

煤矿必须制定本单位的作业规程和操作规程。

第五条 煤矿企业必须设置专门机构负责煤矿安全生产与职业病危害防治管理工作，配备满足工作需要的人员及装备。

第六条 煤矿建设项目的安全设施和职业病危害防护设施，必须与主体工程同时设计、同时施工、同时投入使用。

第七条 对作业场所和工作岗位存在的危险有害因素及防范措施、事故应急措施、职业病危害及其后果、职业病危害防护措施等，煤矿企业应当履行告知义务，从业人员有权了解并提出建议。

第八条 煤矿安全生产与职业病危害防治工作必须实行群众监督。煤矿企业必须支持群众组织的监督活动，发挥群众的监督作用。

从业人员有权制止违章作业，拒绝违章指挥；当工作地点出现险情时，有权立即停止作业，撤到安全地点；当险情没有得到处理不能保证人身安全时，有权拒绝作业。

从业人员必须遵守煤矿安全生产规章制度、作业规程和操作规程，严禁违章指挥、违章作业。

第九条　煤矿企业必须对从业人员进行安全教育和培训。培训不合格的，不得上岗作业。

主要负责人和安全生产管理人员必须具备煤矿安全生产知识和管理能力，并经考核合格。特种作业人员必须按国家有关规定培训合格，取得资格证书，方可上岗作业。

矿长必须具备安全专业知识，具有组织、领导安全生产和处理煤矿事故的能力。

第十条　煤矿使用的纳入安全标志管理的产品，必须取得煤矿矿用产品安全标志。未取得煤矿矿用产品安全标志的，不得使用。

试验涉及安全生产的新技术、新工艺必须经过论证并制定安全措施；新设备、新材料必须经过安全性能检验，取得产品工业性试验安全标志。

严禁使用国家明令禁止使用或淘汰的危及生产安全和可能产生职业病危害的技术、工艺、材料和设备。

第十一条　煤矿企业在编制生产建设长远发展规划和年度生产建设计划时，必须编制安全技术与职业病危害防治发展规划和安全技术措施计划。安全技术措施与职业病危害防治所需费用、材料和设备等必须列入企业财务、供应计划。

煤炭生产与煤矿建设的安全投入和职业病危害防治费用提取、使用必须符合国家有关规定。

第十二条　煤矿必须编制年度灾害预防和处理计划，并根据具体情况及时修改。灾害预防和处理计划由矿长负责组织实施。

第十三条　入井（场）人员必须戴安全帽等个体防护用品，穿带有反光标识的工作服。入井（场）前严禁饮酒。

煤矿必须建立入井检身制度和出入井人员清点制度；必须掌握井下人员数量、位置等实时信息。

入井人员必须随身携带自救器、标识卡和矿灯，严禁携带烟草和点火物品，严禁穿化纤衣服。

第十四条　井工煤矿必须按规定填绘反映实际情况的下列图纸：

（一）矿井地质图和水文地质图。

（二）井上、下对照图。

（三）巷道布置图。

（四）采掘工程平面图。

（五）通风系统图。

（六）井下运输系统图。

（七）安全监控布置图和断电控制图、人员位置监测系统图。

（八）压风、排水、防尘、防火注浆、抽采瓦斯等管路系统图。

（九）井下通信系统图。

（十）井上、下配电系统图和井下电气设备布置图。

（十一）井下避灾路线图。

第十五条 露天煤矿必须按规定填绘反映实际情况的下列图纸：

（一）地形地质图。

（二）工程地质平面图、断面图。

（三）综合水文地质图。

（四）采剥、排土工程平面图和运输系统图。

（五）供配电系统图。

（六）通信系统图。

（七）防排水系统图。

（八）边坡监测系统平面图。

（九）井工采空区与露天矿平面对照图。

第十六条 井工煤矿必须制定停工停产期间的安全技术措施，保证矿井供电、通风、排水和安全监控系统正常运行，落实 24 h 值班制度。复工复产前必须进行全面安全检查。

第十七条 煤矿企业必须建立应急救援组织，健全规章制度，编制应急救援预案，储备应急救援物资、装备并定期检查补充。

煤矿必须建立矿井安全避险系统，对井下人员进行安全避险和应急救援培训，每年至少组织 1 次应急演练。

第十八条 煤矿企业应当有创伤急救系统为其服务。创伤急救系统应当配备救护车辆、急救器材、急救装备和药品等。

第十九条 煤矿发生事故后，煤矿企业主要负责人和技术负责人必须立即采取措施组织抢救，矿长负责抢救指挥，并按有关规定及时上报。

第二十条 国家实行资质管理的，煤矿企业应当委托具有国家规定资质的机构为其提供鉴定、检测、检验等服务，鉴定、检测、检验机构对其作出的结果负责。

第二十一条 煤矿闭坑前，煤矿企业必须编制闭坑报告，并报省级煤炭行业管理部门批准。

矿井闭坑报告必须有完善的各种地质资料，在相应图件上标注采空区、煤柱、井筒、巷道、火区、地面沉陷区等，情况不清的应当予以说明。

第二编　地 质 保 障

第二十二条 煤矿企业应当设立地质测量（简称地测）部门，配备所需的相关专业技术人员和仪器设备，及时编绘反映煤矿实际的地质资料和图件，建立健全煤矿地测工作规章制度。

第二十三条 当煤矿地质资料不能满足设计需要时，不得进行煤矿设计。矿井建设期间，因矿井地质、水文地质等条件与原地质资料出入较大时，必须针对所存在的地质问题开展补充地质勘探工作。

第二十四条 当露天煤矿地质资料不能满足建设及生产需要时，必须针对所存在的地质问题开展补充地质勘探工作。

第二十五条　井筒设计前，必须按下列要求施工井筒检查孔：

（一）立井井筒检查孔距井筒中心不得超过 25 m，且不得布置在井筒范围内，孔深应当不小于井筒设计深度以下 30 m。地质条件复杂时，应当增加检查孔数量。

（二）斜井井筒检查孔距井筒纵向中心线不大于 25 m，且不得布置在井筒范围内，孔深应当不小于该孔所处斜井底板以下 30 m。检查孔的数量和布置应当满足设计和施工要求。

（三）井筒检查孔必须全孔取芯，全孔数字测井；必须分含水层（组）进行抽水试验，分煤层采测煤层瓦斯、煤层自燃、煤尘爆炸性煤样；采测钻孔水文地质及工程地质参数，查明地质构造和岩（土）层特征；详细编录钻孔完整地质剖面。

第二十六条　新建矿井开工前必须复查井筒检查孔资料；调查核实钻孔位置及封孔质量、采空区情况，调查邻近矿井生产情况和地质资料等，将相关资料标绘在采掘工程平面图上；编制主要井巷揭煤、过地质构造及含水层技术方案；编制主要井巷工程的预想地质图及其说明书。

第二十七条　井筒施工期间应当验证井筒检查孔取得的各种地质资料。当发现影响施工的异常地质因素时，应当采取探测和预防措施。

第二十八条　煤矿建设、生产阶段，必须对揭露的煤层、断层、褶皱、岩浆岩体、陷落柱、含水岩层，矿井涌水量及主要出水点等进行观测及描述，综合分析，实施地质预测、预报。

第二十九条　井巷揭煤前，应当探明煤层厚度、地质构造、瓦斯地质、水文地质及顶底板等地质条件，编制揭煤地质说明书。

第三十条　基建矿井、露天煤矿移交生产前，必须编制建井（矿）地质报告，并由煤矿企业技术负责人组织审定。

第三十一条　掘进和回采前，应当编制地质说明书，掌握地质构造、岩浆岩体、陷落柱、煤层及其顶底板岩性、煤（岩）与瓦斯（二氧化碳）突出（以下简称突出）危险区、受水威胁区、技术边界、采空区、地质钻孔等情况。

第三十二条　煤矿必须结合实际情况开展隐蔽致灾地质因素普查或探测工作，并提出报告，由矿总工程师组织审定。井工开采形成的老空区威胁露天煤矿安全时，煤矿应当制定安全措施。

第三十三条　生产矿井应当每 5 年修编矿井地质报告。地质条件变化影响地质类型划分时，应当在 1 年内重新进行地质类型划分。

第三编　井 工 煤 矿

第一章　矿 井 建 设

第一节　一 般 规 定

第三十四条　煤矿建设单位和参与建设的勘察、设计、施工、监理等单位必须具有与工程项目规模相适应的能力。国家实行资质管理的，应具备相应的资质，不得超资质承揽项目。

第三十五条 有突出危险煤层的新建矿井必须先抽后建。矿井建设开工前，应当对首采区突出煤层进行地面钻井预抽瓦斯，且预抽率应当达到30%以上。

第三十六条 建设单位必须落实安全生产管理主体责任，履行安全生产与职业病危害防治管理职责。

第三十七条 煤矿建设、施工单位必须设置项目管理机构，配备满足工程需要的安全人员、技术人员和特种作业人员。

第三十八条 单项工程、单位工程开工前，必须编制施工组织设计和作业规程，并组织相关人员学习。

第三十九条 矿井建设期间必须按规定填绘反映实际情况的井巷工程进度交换图、井巷工程地质实测素描图及通风、供电、运输、通信、监测、管路等系统图。

第四十条 矿井建设期间的安全出口应当符合下列要求：

（一）开凿或者延深立井时，井筒内必须设有在提升设备发生故障时专供人员出井的安全设施和出口；井筒到底后，应当先短路贯通，形成至少2个通达地面的安全出口。

（二）相邻的两条斜井或者平硐施工时，应当及时按设计要求贯通联络巷。

第二节　井巷掘进与支护

第四十一条 开凿平硐、斜井和立井时，井口与坚硬岩层之间的井巷必须砌碹或者用混凝土砌（浇）筑，并向坚硬岩层内至少延深5 m。

在山坡下开凿斜井和平硐时，井口顶、侧必须构筑挡墙和防洪水沟。

第四十二条 立井锁口施工时，应当遵守下列规定：

（一）采用冻结法施工井筒时，应当在井筒具备试挖条件后施工。

（二）风硐口、安全出口与井筒连接处应当整体浇筑，并采取安全防护措施。

（三）拆除临时锁口进行永久锁口施工前，在永久锁口下方应当设置保护盘，并满足通风、防坠和承载要求。

第四十三条 立井永久或者临时支护到井筒工作面的距离及防止片帮的措施必须根据岩性、水文地质条件和施工工艺在作业规程中明确。

第四十四条 立井井筒穿过冲积层、松软岩层或者煤层时，必须有专门措施。采用井圈或者其他临时支护时，临时支护必须安全可靠、紧靠工作面，并及时进行永久支护。建立永久支护前，每班应当派专人观测地面沉降和井帮变化情况；发现危险预兆时，必须立即停止作业，撤出人员，进行处理。

第四十五条 采用冻结法开凿立井井筒时，应当遵守下列规定：

（一）冻结深度应当穿过风化带延深至稳定的基岩10 m以上。基岩段涌水较大时，应当加深冻结深度。

（二）第一个冻结孔应当全孔取芯，以验证井筒检查孔资料的可靠性。

（三）钻进冻结孔时，必须测定钻孔的方向和偏斜度，测斜的最大间隔不得超过30 m，并绘制冻结孔实际偏斜平面位置图。偏斜度超过规定时，必须及时纠正。因钻孔偏斜影响冻结效果时，必须补孔。

（四）水文观测孔应当打在井筒内，不得偏离井筒的净断面，其深度不得超过冻结段深度。

（五）冻结管应当采用无缝钢管，并采用焊接或者螺纹连接。冻结管下入钻孔后应当进行试压，发现异常时，必须及时处理。

（六）开始冻结后，必须经常观察水文观测孔的水位变化。只有在水文观测孔冒水 7 天且水量正常，或者提前冒水的水文观测孔水压曲线出现明显拐点且稳定上升 7 天，确定冻结壁已交圈后，才可以进行试挖。在冻结和开凿过程中，要定期检查盐水温度和流量、井帮温度和位移，以及井帮和工作面盐水渗漏等情况。检查应当有详细记录，发现异常，必须及时处理。

（七）开凿冻结段采用爆破作业时，必须使用抗冻炸药，并制定专项措施。爆破技术参数应当在作业规程中明确。

（八）掘进施工过程中，必须有防止冻结壁变形和片帮、断管等的安全措施。

（九）生根壁座应当设在含水较少的稳定坚硬岩层中。

（十）冻结深度小于 300 m 时，在永久井壁施工全部完成后方可停止冻结；冻结深度大于 300 m 时，停止冻结的时间由建设、冻结、掘砌和监理单位根据冻结温度场观测资料共同研究确定。

（十一）冻结井筒的井壁结构应当采用双层或者复合井壁，井筒冻结段施工结束后应当及时进行壁间充填注浆。注浆时壁间夹层混凝土温度应当不低于 4℃，且冻结壁仍处于封闭状态，并能承受外部水静压力。

（十二）在冲积层段井壁不应预留或者后凿梁窝。

（十三）当冻结孔穿过布有井下巷道和硐室的岩层时，应当采用缓凝浆液充填冻结孔壁与冻结管之间的环形空间。

（十四）冻结施工结束后，必须及时用水泥砂浆或者混凝土将冻结孔全孔充满填实。

第四十六条　采用竖孔冻结法开凿斜井井筒时，应当遵守下列规定：

（一）沿斜长方向冻结终端位置应当保证斜井井筒顶板位于相对稳定的隔水地层 5 m 以上，每段竖孔冻结深度应当穿过斜井冻结段井筒底板 5 m 以上。

（二）沿斜井井筒方向掘进的工作面，距离每段冻结终端不得小于 5 m。

（三）冻结段初次支护及永久支护距掘进工作面的最大距离、掘进到永久支护完成的间隔时间必须在施工组织设计中明确，并制定处理冻结管和解冻后防治水的专项措施。永久支护完成后，方可停止该段井筒冻结。

第四十七条　冻结站必须采用不燃性材料建筑，并装设通风装置。定期测定站内空气中的氨气浓度，氨气浓度不得大于 0.004%。站内严禁烟火，必须备有急救和消防器材。

制冷剂容器必须经过试验，合格后方可使用；制冷剂在运输、使用、充注、回收期间，应当有安全技术措施。

第四十八条　冬季或者用冻结法开凿井筒时，必须有防冻、清除冰凌的措施。

第四十九条　采用装配式金属模板砌筑内壁时，应当严格控制混凝土配合比和入模温度。混凝土配合比除满足强度、坍落度、初凝时间、终凝时间等设计要求外，还应当采取措施减少水化热。脱模时混凝土强度不小于 0.7 MPa，且套壁施工速度每 24 h 不得超过 12 m。

第五十条 采用钻井法开凿立井井筒时，必须遵守下列规定：

（一）钻井设计与施工的最终位置必须穿过冲积层，并进入不透水的稳定基岩中 5 m 以上。

（二）钻井临时锁口深度应当大于 4 m，且进入稳定地层中 3 m 以上，遇特殊情况应当采取专门措施。

（三）钻井期间，必须封盖井口，并采取可靠的防坠措施；钻井泥浆浆面必须高于地下静止水位 0.5 m，且不得低于临时锁口下端 1 m；井口必须安装泥浆浆面高度报警装置。

（四）泥浆沟槽、泥浆沉淀池、临时蓄浆池均应当设置防护设施。泥浆的排放和固化应当满足环保要求。

（五）钻井时必须及时测定井筒的偏斜度。偏斜度超过规定时，必须及时纠正。井筒偏斜度及测点的间距必须在施工组织设计中明确。钻井完毕后，必须绘制井筒的纵横剖面图，井筒中心线和截面必须符合设计。

（六）井壁下沉时井壁上沿应当高出泥浆浆面 1.5 m 以上。井壁对接找正时，内吊盘工作人员不得超过 4 人。

（七）下沉井壁、壁后充填及充填质量检查、开凿沉井井壁的底部和开掘马头门时，必须制定专项措施。

第五十一条 立井井筒穿过预测涌水量大于 10 m^3/h 的含水岩层或者破碎带时，应当采用地面或者工作面预注浆法进行堵水或者加固。注浆前，必须编制注浆工程设计和施工组织设计。

第五十二条 采用注浆法防治井壁漏水时，应当制定专项措施并遵守下列规定：

（一）最大注浆压力必须小于井壁承载强度。

（二）位于流沙层的井筒段，注浆孔深度必须小于井壁厚度 200 mm。井筒采用双层井壁支护时，注浆孔应当穿过内壁进入外壁 100 mm。当井壁破裂必须采用破壁注浆时，必须制定专门措施。

（三）注浆管必须固结在井壁中，并装有阀门。钻孔可能发生涌砂时，应当采取套管法或者其他安全措施。采用套管法注浆时，必须对套管与孔壁的固结强度进行耐压试验，只有达到注浆终压后才可使用。

第五十三条 开凿或者延深立井、安装井筒装备的施工组织设计中，必须有天轮平台、翻矸平台、封口盘、保护盘、吊盘以及凿岩、抓岩、出矸等设备的设置、运行、维修的安全技术措施。

第五十四条 延深立井井筒时，必须用坚固的保险盘或者留保护岩柱与上部生产水平隔开。只有在井筒装备完毕、井筒与井底车场连接处的开凿和支护完成，制定安全措施后，方可拆除保险盘或者掘凿保护岩柱。

第五十五条 向井下输送混凝土时，必须制定安全技术措施。混凝土强度等级大于 C40 或者输送深度大于 400 m 时，严禁采用溜灰管输送。

第五十六条　斜井（巷）施工时，应当遵守下列规定：

（一）明槽开挖必须制定防治水和边坡防护专项措施。

（二）由明槽进入暗硐或者由表土进入基岩采用钻爆法施工时，必须制定专项措施。

（三）施工 15°以上斜井（巷）时，应当制定防止设备、轨道、管路等下滑的专项措施。

（四）由下向上施工 25°以上的斜巷时，必须将溜矸（煤）道与人行道分开。人行道应当设扶手、梯子和信号装置。斜巷与上部巷道贯通时，必须有专项措施。

第五十七条　采用反井钻机掘凿暗立井、煤仓及溜煤眼时，应当遵守下列规定：

（一）扩孔作业时，严禁人员在下方停留、通行、观察或者出渣。出渣时，反井钻机应当停止扩孔作业。更换破岩滚刀时，必须采取保护措施。

（二）严禁干钻扩孔。

（三）及时清理溜矸孔内的矸石，防止堵孔。必须制定处理堵孔的专项措施。严禁站在溜矸孔的矸石上作业。

（四）扩孔完毕，必须在上、下孔口外围设置栅栏，防止人员进入。

第五十八条　施工岩（煤）平巷（硐）时，应当遵守下列规定：

（一）掘进工作面严禁空顶作业。临时和永久支护距掘进工作面的距离，必须根据地质、水文地质条件和施工工艺在作业规程中明确，并制定防止冒顶、片帮的安全措施。

（二）距掘进工作面 10 m 内的架棚支护，在爆破前必须加固。对爆破崩倒、崩坏的支架必须先行修复，之后方可进入工作面作业。修复支架时必须先检查顶、帮，并由外向里逐架进行。

（三）在松软的煤（岩）层、流沙性地层或者破碎带中掘进巷道时，必须采取超前支护或者其他措施。

第五十九条　使用伞钻时，应当遵守下列规定：

（一）井口伞钻悬吊装置、导轨梁等设施的强度及布置，必须在施工组织设计中验算和明确。

（二）伞钻摘挂钩必须由专人负责。

（三）伞钻在井筒中运输时必须收拢绑扎，通过各施工盘口时必须减速并由专人监视。

（四）伞钻支撑完成前不得脱开悬吊钢丝绳，使用期间必须设置保险绳。

第六十条　使用抓岩机时，应当遵守下列规定：

（一）抓岩机应当与吊盘可靠连接，并设置专用保险绳。

（二）抓岩机连接件及钢丝绳，在使用期间必须由专人每班检查次。

（三）抓矸完毕必须将抓斗收拢并锁挂于机身。

第六十一条　使用耙装机时，应当遵守下列规定：

（一）耙装机作业时必须有照明。

（二）耙装机绞车的刹车装置必须完好、可靠。

（三）耙装机必须装有封闭式金属挡绳栏和防耙斗出槽的护栏；在巷道拐弯段装岩（煤）时，必须使用可靠的双向辅助导向轮，清理好机道，并有专人指挥和信号联系。

（四）固定钢丝绳滑轮的锚桩及其孔深和牢固程度，必须根据岩性条件在作业规程中明确。

（五）耙装机在装岩（煤）前，必须将机身和尾轮固定牢靠。耙装机运行时，严禁在耙斗运行范围内进行其他工作和行人。在倾斜井巷移动耙装机时，下方不得有人。上山施工倾角大于20°时，在司机前方必须设护身柱或者挡板，并在耙装机前方增设固定装置。倾斜井巷使用耙装机时，必须有防止机身下滑的措施。

（六）耙装机作业时，其与掘进工作面的最大和最小允许距离必须在作业规程中明确。

（七）高瓦斯、煤与瓦斯突出和有煤尘爆炸危险矿井的煤巷、半煤岩巷掘进工作面和石门揭煤工作面，严禁使用钢丝绳牵引的耙装机。

第六十二条 使用挖掘机时，应当遵守下列规定：

（一）严禁在作业范围内进行其他工作和行人。

（二）2台以上挖掘机同时作业或者与抓岩机同时作业时应当明确各自的作业范围，并设专人指挥。

（三）下坡运行时必须使用低速挡，严禁脱挡滑行，跨越轨道时必须有防滑措施。

（四）作业范围内必须有充足的照明。

第六十三条 使用凿岩台车、模板台车时，必须制定专项安全技术措施。

第三节 井塔、井架及井筒装备

第六十四条 井塔施工时，井塔出入口必须搭设双层防护安全通道，非出入口和通道两侧必须密闭，并设置醒目的行走路线标识。采用冻结法施工的井筒，严禁在未完全融化的人工冻土地基中施工井塔桩基。

第六十五条 井架安装必须编制施工组织设计。遇恶劣气候时，不得进行吊装作业。采用扒杆起立井架时，应当遵守下列规定：

（一）扒杆选型必须经过验算，其强度、稳定性、基础承载能力必须符合设计。

（二）铰链及预埋件必须按设计要求制作和安装，销轴使用前应当进行无损探伤检测。

（三）吊耳必须进行强度校核，且不得横向使用。

（四）扒杆起立时应当有缆风绳控制偏摆，并使缆风绳始终保持一定张力。

第六十六条 立井井筒装备安装施工时，应当遵守下列规定：

（一）井筒未贯通严禁井筒装备安装施工。

（二）突出矿井进行煤巷施工，且井筒处于回风状态时，严禁井筒装备安装施工。

（三）封口盘预留通风口应当符合通风要求。

（四）吊盘、吊桶（罐）、悬吊装置的销轴在使用前应当进行无损探伤检测，合格后方可使用。

（五）吊盘上放置的设备、材料及工具箱等必须固定牢靠。

（六）在吊盘以外作业时，必须有牢靠的立足处。

（七）严禁吊盘和提升容器同时运行，提升容器或者钩头通过吊盘的速度不得大于0.2 m/s。

第六十七条 井塔施工与井筒装备安装平行作业时，应当遵守下列规定：

（一）在土建与安装平行作业时，必须编制专项措施，明确安全防护要求。

（二）利用永久井塔凿井时，在临时天轮平台布置前必须对井塔承重结构进行验算。

（三）临时天轮平台的上一层提升孔口和吊装孔口必须封闭牢固。

（四）施工电梯和塔式起重机位置必须避开运行中的井筒装备、材料运输路线和人员行走通道。

第六十八条　安装井架或者井架上的设备时必须盖严井口。装备井筒与安装井架及井架上的设备平行作业时，井口掩盖装置必须坚固可靠，能承受井架上坠落物的冲击。

第六十九条　井下安装应当遵守下列规定：

（一）作业现场必须有充足的照明。

（二）大型设备、构件下井前必须校验提升设备的能力，并制定专项措施。

（三）巷道内固定吊点必须符合吊装要求。吊装时应当有专人观察吊点附近顶板情况，严禁超载吊装。

（四）在倾斜井巷提升运输时不得进行安装作业。

第四节　建井期间生产及辅助系统

第七十条　建井期间应当尽早形成永久的供电、提升运输、供排水、通风等系统。未形成上述永久系统前，必须建设临时系统。

矿井进入主要大巷施工前，必须安装安全监控、人员位置监测、通信联络系统。

第七十一条　建井期间应当形成两回路供电。当任一回路停止供电时，另一回路应当能担负矿井全部用电负荷。暂不能形成两回路供电的，必须有备用电源，备用电源的容量应当满足通风、排水和撤出人员的需要。

高瓦斯、煤与瓦斯突出、水文地质类型复杂和极复杂的矿井进入巷道和硐室施工前，其他矿井进入采区巷道施工前，必须形成两回路供电。

第七十二条　悬挂吊盘、模板、抓岩机、管路、电缆和安全梯的凿井绞车，必须装设制动装置和防逆转装置，并设有电气闭锁。

第七十三条　建井期间，2 个提升容器的导向装置最突出部分之间的间隙，不得小于 $0.2+H/3\,000$（H 为提升高度，单位为 m）；井筒深度小于 300 m 时，上述间隙不得小于 300 mm。

立井凿井期间，井筒内各设施之间的间隙应当符合表 1 的要求。

表 1　立井凿井期间井筒内各设施之间的间隙

序号	井筒内设施	间隙/mm
1	吊桶最突出部分与孔口之间	≥150
2	吊桶上滑架与孔口之间	≥100
3	抓岩机停止工作，抓斗悬吊时的最突出部分与运行的吊桶之间	≥200
4	管、线与永久井壁之间（井壁固定管线除外）	≥300

续表

序号	井筒内设施	间隙/mm
5	管、线最突出部分与提升容器最突出部分之间： 井深小于 400 m 井深 400~500 m 井深大于 500 m	 ≥500 ≥600 ≥800
6	管、线卡子的最突出部分与其通过的各盘、台孔口之间	≥100
7	吊盘与永久井壁之间	≤150

第七十四条 建井期间采用吊桶提升时，应当遵守下列规定：

（一）采用阻旋转提升钢丝绳。

（二）吊桶必须沿钢丝绳罐道升降，无罐道段吊桶升降距离不得超过 40 m。

（三）悬挂吊盘的钢丝绳兼作罐道绳时，必须制定专项措施。

（四）吊桶上方必须装设保护伞帽。

（五）吊桶翻矸时严禁打开井盖门。

（六）在使用钢丝绳罐道时，吊桶升降人员的最大速度不得超过采用下式求得的值，且最大不超过 7 m/s；无罐道绳段，不得超过 1 m/s。

$$v = 0.25\sqrt{H}$$

式中 v——最大提升速度，m/s；

H——提升高度，m。

（七）在使用钢丝绳罐道时，吊桶升降物料时的最大速度不得超过采用下式求得的值，且最大不超过 8 m/s；无罐道绳段，不得超过 2 m/s。

$$v = 0.4\sqrt{H}$$

（八）在过卷行程内可不安设缓冲装置，但过卷行程不得小于表 2 确定的值。

表 2 提升速度与过卷行程

提升速度/（$m \cdot s^{-1}$）	4	5	6	7	8
过卷行程/m	2.38	2.81	3.25	3.69	4.13

（九）提升机松绳保护装置应当接入报警回路。

第七十五条 立井凿井期间采用吊桶升降人员时，应当遵守下列规定：

（一）乘坐人员必须挂牢安全绳，严禁身体任何部位超出吊桶边缘。

（二）不得人、物混装。运送爆炸物品时应当执行本规程第三百三十九条的规定。

（三）严禁用自动翻转式、底卸式吊桶升降人员。

（四）吊桶提升到地面时，人员必须从井口平台进出吊桶，并只准在吊桶停稳和井盖门关闭后进出吊桶。

（五）吊桶内人均有效面积不应小于 0.2 m^2，严禁超员。

第七十六条 立井凿井期间，掘进工作面与吊盘、吊盘与井口、吊盘与辅助盘、腰泵房与井口、翻矸平台与绞车房、井口与提升机房必须设置独立信号装置。井口信号装置必须与绞车的控制回路闭锁。

吊盘与井口、腰泵房与井口、井口与提升机房，必须装设直通电话。

建井期间罐笼与箕斗混合提升，提人时应当设置信号闭锁，当罐笼提人时箕斗不得运行。

装备 1 套提升系统的井筒，必须有备用通信、信号装置。

第七十七条 立井凿井期间，提升钢丝绳与吊桶的连接，必须采用具有可靠保险和回转卸力装置的专用钩头。钩头主要受力部件每年应当进行 1 次无损探伤检测。

第七十八条 建井期间，井筒中悬挂吊盘、模板、抓岩机的钢丝绳，使用期限一般为 1 年；悬挂水管、风管、输料管、安全梯和电缆的钢丝绳，使用期限一般为 2 年。钢丝绳到期后经检测检验，不符合本规程第四百一十二条的规定，可以继续使用。

煤矿企业应当根据建井工期、在用钢丝绳的腐蚀程度等因素，确定是否需要储备检验合格的提升钢丝绳。

第七十九条 立井井筒临时改绞必须编制施工组织设计。井筒井底水窝深度必须满足过放距离的要求。提升容器过放距离内严禁积水积物。

同一工业广场内布置 2 个及以上井筒时，未与另一井筒贯通的井筒不得进行临时改绞。单井筒确需临时改绞的，必须制定专项措施。

第八十条 开凿或者延深斜井、下山时，必须在斜井、下山的上口设置防止跑车装置，在掘进工作面的上方设置跑车防护装置，跑车防护装置与掘进工作面的距离必须在施工组织设计或者作业规程中明确。

斜井（巷）施工期间兼作人行道时，必须每隔 40 m 设置躲避硐。设有躲避硐的一侧必须有畅通的人行道。上下人员必须走人行道。人行道必须设红灯和语音提示装置。

斜巷采用多级提升或者上山掘进提升时，在绞车上山方向必须设置挡车栏。

第八十一条 在吊盘上或者在 2 m 以上高处作业时，工作人员必须佩带保险带。保险带必须拴在牢固的构件上，高挂低用。保险带应当定期按有关规定试验。每次使用前必须检查，发现损坏必须立即更换。

第八十二条 井筒开凿到底后，应当先施工永久排水系统，并在进入采区施工前完成。永久排水系统完成前，在井底附近必须设置临时排水系统，并符合下列要求：

（一）当预计涌水量不大于 50 m^3/h 时，临时水仓容积应当大于 4 h 正常涌水量；当预计涌水量大于 50 m^3/h 时，临时水仓容积应当大于 8 h 正常涌水量。临时水仓应当定期清理。

（二）井下工作水泵的排水能力应当能在 20 h 内排出 24 h 正常涌水量，井下备用水泵排水能力不小于工作水泵排水能力的 70%。

（三）临时排水管的型号应当与排水能力相匹配。

（四）临时水泵及配电设备基础应当比巷道底板至少高 300 mm，泵房断面应当满足设备布置需要。

第八十三条 立井凿井期间的局部通风应当遵守下列规定：

（一）局部通风机的安装位置距井口不得小于 20 m，且位于井口主导风向上风侧。

（二）局部通风机的安装和使用必须满足本规程第一百六十四条的要求。

（三）立井施工应当在井口预留专用回风口，以确保风流畅通，回风口的大小及安全防护措施应当在作业规程中明确。

第八十四条 巷道及硐室施工期间的通风应当遵守下列规定：

（一）主井、副井和风井布置在同一个工业广场内，主井或者副井与风井贯通后，应当先安装主要通风机，实现全风压通风。不具备安装主要通风机条件的，必须安装临时通风机，但不得采用局部通风机或者局部通风机群代替临时通风机。

主井、副井和风井布置在不同的工业广场内，主井或者副井短期内不能与风井贯通的，主井与副井贯通后必须安装临时通风机实现全风压通风。

（二）矿井临时通风机应当安装在地面。低瓦斯矿井临时通风机确需安装在井下时，必须制定专项措施。

（三）矿井采用临时通风机通风时，必须设置备用通风机，备用通风机必须能在 10 min 内启动。

第八十五条 建井期间有下列情况之一的，必须建立瓦斯抽采系统：

（一）突出矿井在揭露突出煤层前。

（二）任一掘进工作面瓦斯涌出量大于 3 m^3/min，用通风方法解决瓦斯问题不合理的。

第二章 开 采

第一节 一般规定

第八十六条 新建非突出大中型矿井开采深度（第一水平）不应超过 1 000 m，改扩建大中型矿井开采深度不应超过 1 200 m，新建、改扩建小型矿井开采深度不应超过 600 m。

矿井同时生产的水平不得超过 2 个。

第八十七条 每个生产矿井必须至少有 2 个能行人的通达地面的安全出口，各出口间距不得小于 30 m。

采用中央式通风的新建和改扩建矿井，设计中应当规定井田边界的安全出口。

新建、扩建矿井的回风井严禁兼作提升和行人通道，紧急情况下可作为安全出口。

第八十八条 井下每一个水平到上一个水平和各个采（盘）区都必须至少有 2 个便于行人的安全出口，并与通达地面的安全出口相连。未建成 2 个安全出口的水平或者采（盘）区严禁回采。

井巷交岔点，必须设置路标，标明所在地点，指明通往安全出口的方向。

通达地面的安全出口和 2 个水平之间的安全出口，倾角不大于 45°时，必须设置人行道，并根据倾角大小和实际需要设置扶手、台阶或者梯道。倾角大于 45°时，必须设置梯道间或者梯子间，斜井梯道间必须分段错开设置，每段斜长不得大于 10 m；立井梯子间中的梯子角度不得大于 80°，相邻 2 个平台的垂直距离不得大于 8 m。

安全出口应当经常清理、维护，保持畅通。

第八十九条　主要绞车道不得兼作人行道。提升量不大、保证行车时不行人的，不受此限。

第九十条　巷道净断面必须满足行人、运输、通风和安全设施及设备安装、检修、施工的需要，并符合下列要求：

（一）采用轨道机车运输的巷道净高，自轨面起不得低于 2 m。架线电机车运输巷道的净高，在井底车场内、从井底到乘车场，不小于 2.4 m；其他地点，行人的不小于 2.2 m，不行人的不小于 2.1 m。

（二）采（盘）区内的上山、下山和平巷的净高不得低于 2 m，薄煤层内的不得低于 1.8 m。

（三）运输巷（包括管、线、电缆）与运输设备最突出部分之间的最小间距，应当符合表 3 的要求。

巷道净断面的设计，必须按支护最大允许变形后的断面计算。

表 3　运输巷与运输设备最突出部分之间的最小间距

巷道类型	顶部/m	两侧/m	备注
轨道机车运输巷道		0.3	综合机械化采煤矿井为 0.5 m
输送机运输巷道		0.5	输送机机头和机尾处与巷帮支护的距离应当满足设备检查和维修的需要，并不得小于 0.7 m
卡轨车、齿轨车运输巷道	0.3	0.3	单轨运输巷道宽度应当大于 2.8 m，双轨运输巷道宽度应当大于 4.0 m
单轨吊车运输巷道	0.5	0.85	曲线巷道段应当在直线巷道允许安全间隙的基础上内侧加宽不小于 0.1 m，外侧加宽不小于 0.2 m。巷道内外侧加宽要从曲线巷道段两侧直线段开始，加宽段的长度不小于 5.0 m
无轨胶轮车运输巷道	0.5	0.5	曲线巷道段应当在直线巷道允许安全间隙的基础上按无轨胶轮车内、外轮曲率半径计算需加大的巷道宽度。巷道内外侧加宽要从曲线巷道两侧直线段开始，加宽段的长度应当满足安全运输的要求
设置移动变电站或者平板车的巷道		0.3	移动变电站或者平板车上设备最突出部分与巷道侧的间距

第九十一条 新建矿井、生产矿井新掘运输巷的一侧，从巷道道碴面起 1.6 m 的高度内，必须留有宽 0.8 m（综合机械化采煤及无轨胶轮车运输的矿井为 1 m）以上的人行道，管道吊挂高度不得低于 1.8 m。

生产矿井已有巷道人行道的宽度不符合上述要求时，必须在巷道的一侧设置躲避硐，2 个躲避硐的间距不得超过 40 m。躲避硐宽度不得小于 1.2 m，深度不得小于 0.7 m，高度不得小于 1.8 m。躲避硐内严禁堆积物料。

采用无轨胶轮车运输的矿井人行道宽度不足 1 m 时，必须制定专项安全技术措施，严格执行“行人不行车，行车不行人”的规定。

在人车停车地点的巷道上下人侧，从巷道道碴面起 1.6 m 的高度内，必须留有宽 1 m 以上的人行道，管道吊挂高度不得低于 1.8 m。

第九十二条 在双向运输巷中，两车最突出部分之间的距离必须符合下列要求：

（一）采用轨道运输的巷道：对开时不得小于 0.2 m，采区装载点不得小于 0.7 m，矿车摘挂钩地点不得小于 1 m。

（二）采用单轨吊车运输的巷道：对开时不得小于 0.8 m。

（三）采用无轨胶轮车运输的巷道：

1. 双车道行驶，会车时不得小于 0.5 m。

2. 单车道应当根据运距、运量、运速及运输车辆特性，在巷道的合适位置设置机车绕行道或者错车硐室，并设置方向标识。

第九十三条 掘进巷道在揭露老空区前，必须制定探查老空区的安全措施，包括接近老空区时必须预留的煤（岩）柱厚度和探明水、火、瓦斯等内容。必须根据探明的情况采取措施，进行处理。

在揭露老空区时，必须将人员撤至安全地点。只有经过检查，证明老空区内的水、瓦斯和其他有害气体等无危险后，方可恢复工作。

第九十四条 采（盘）区结束后、回撤设备时，必须编制专门措施，加强通风、瓦斯、顶板、防火管理。

第二节 回采和顶板控制

第九十五条 采（盘）区开采前必须按照生产布局和资源回收合理的要求编制采（盘）区设计，并严格按照采（盘）区设计组织施工，情况发生变化时及时修改设计。

一个采（盘）区内同一煤层的一翼最多只能布置 1 个采煤工作面和 2 个煤（半煤岩）巷掘进工作面同时作业。一个采（盘）区内同一煤层双翼开采或者多煤层开采的，该采（盘）区最多只能布置 2 个采煤工作面和 4 个煤（半煤岩）巷掘进工作面同时作业。

采掘过程中严禁任意扩大和缩小设计确定的煤柱。采空区内不得遗留未经设计确定的煤柱。

严禁任意变更设计确定的工业场地、矿界、防水和井巷等的安全煤柱。

严禁在高速铁路下开采安全煤柱。

下山采区未形成完整的通风、排水等生产系统前，严禁掘进回采巷道。

第九十六条 采煤工作面回采前必须编制作业规程。情况发生变化时，必须及时修改作业规程或者补充安全措施。

第九十七条　采煤工作面必须保持至少 2 个畅通的安全出口，一个通到进风巷道，另一个通到回风巷道。

采煤工作面所有安全出口与巷道连接处超前压力影响范围内必须加强支护，且加强支护的巷道长度不得小于 20 m；综合机械化采煤工作面，此范围内的巷道高度不得低于 1.8 m，其他采煤工作面，此范围内的巷道高度不得低于 1.6 m。安全出口和与之相连接的巷道必须设专人维护，发生支架断梁折柱、巷道底鼓变形时，必须及时更换、清挖。

采煤工作面必须正规开采，严禁采用国家明令禁止的采煤方法。

高瓦斯、突出、有容易自燃或者自燃煤层的矿井，不得采用前进式采煤方法。

第九十八条　采煤工作面不得任意留顶煤和底煤，伞檐不得超过作业规程的规定。采煤工作面的浮煤应当清理干净。

第九十九条　台阶采煤工作面必须设置安全脚手板、护身板和溜煤板。倒台阶采煤工作面，还必须在台阶的底脚加设保护台板。

阶檐的宽度、台阶面长度和下部超前小眼的个数，必须在作业规程中规定。

第一百条　采煤工作面必须存有一定数量的备用支护材料。严禁使用折损的坑木、损坏的金属顶梁、失效的单体液压支柱。

在同一采煤工作面中，不得使用不同类型和不同性能的支柱。在地质条件复杂的采煤工作面中使用不同类型的支柱时，必须制定安全措施。

单体液压支柱入井前必须逐根进行压力试验。

对金属顶梁和单体液压支柱，在采煤工作面回采结束后或者使用时间超过 8 个月后，必须进行检修。检修好的支柱，还必须进行压力试验，合格后方可使用。

采煤工作面严禁使用木支柱（极薄煤层除外）和金属摩擦支柱支护。

第一百零一条　采煤工作面必须及时支护，严禁空顶作业。所有支架必须架设牢固，并有防倒措施。严禁在浮煤或者浮矸上架设支架。单体液压支柱的初撑力，柱径为 100 mm 的不得小于 90 kN，柱径为 80 mm 的不得小于 60 kN。对于软岩条件下初撑力确实达不到要求的，在制定措施、满足安全的条件下，必须经矿总工程师审批。严禁在控顶区域内提前摘柱。碰倒或者损坏、失效的支柱，必须立即恢复或者更换。移动输送机机头、机尾需要拆除附近的支架时，必须先架好临时支架。

采煤工作面遇顶底板松软或者破碎、过断层、过老空区、过煤柱或者冒顶区，以及托伪顶开采时，必须制定安全措施。

第一百零二条　采用锚杆、锚索、锚喷、锚网喷等支护形式时，应当遵守下列规定：

（一）锚杆（索）的形式、规格、安设角度，混凝土强度等级、喷体厚度，挂网规格、搭接方式，以及围岩涌水的处理等，必须在施工组织设计或者作业规程中明确。

（二）采用钻爆法掘进的岩石巷道，应当采用光面爆破。打锚杆眼前，必须采取敲帮问顶等措施。

（三）锚杆拉拔力、锚索预紧力必须符合设计。煤巷、半煤岩巷支护必须进行顶板离层监测，并将监测结果记录在牌板上。对喷体必须做厚度和强度检查并形成检查记录。在井下做锚固力试验时，必须有安全措施。

（四）遇顶板破碎、淋水，过断层、老空区、高应力区等情况时，应加强支护。

第一百零三条 巷道架棚时，支架腿应当落在实底上；支架与顶、帮之间的空隙必须塞紧、背实。支架间应当设牢固的撑杆或者拉杆，可缩性金属支架应当采用金属支拉杆，并用机械或者力矩扳手拧紧卡缆。倾斜井巷支架应当设迎山角；可缩性金属支架可待受压变形稳定后喷射混凝土覆盖。巷道砌碹时，碹体与顶帮之间必须用不燃物充满填实；巷道冒顶空顶部分，可用支护材料接顶，但在碹拱上部必须充填不燃物垫层，其厚度不得小于0.5 m。

第一百零四条 严格执行敲帮问顶及围岩观测制度。

开工前，班组长必须对工作面安全情况进行全面检查，确认无危险后，方准人员进入工作面。

第一百零五条 采煤工作面用垮落法管理顶板时，必须及时放顶。顶板不垮落、悬顶距离超过作业规程规定的，必须停止采煤，采取人工强制放顶或者其他措施进行处理。

放顶的方法和安全措施，放顶与爆破、机械落煤等工序平行作业的安全距离，放顶区内支架、支柱等的回收方法，必须在作业规程中明确规定。

放顶人员必须站在支架完整，无崩绳、崩柱、甩钩、断绳抽人等危险的安全地点工作。

回柱放顶前，必须对放顶的安全工作进行全面检查，清理好退路。回柱放顶时，必须指定有经验的人员观察顶板。

采煤工作面初次放顶及收尾时，必须制定安全措施。

第一百零六条 采煤工作面采用密集支柱切顶时，两段密集支柱之间必须留有宽0.5 m以上的出口，出口间的距离和新密集支柱超前的距离必须在作业规程中明确规定。采煤工作面无密集支柱切顶时，必须有防止工作面冒顶和矸石窜入工作面的措施。

第一百零七条 采用人工假顶分层垮落法开采的采煤工作面，人工假顶必须铺设完好并搭接严密。

采用分层垮落法开采时，必须向采空区注浆或者注水。注浆或者注水的具体要求，应当在作业规程中明确规定。

第一百零八条 采煤工作面用充填法控制顶板时，必须及时充填。控顶距离超过作业规程规定时禁止采煤，严禁人员在充填区空顶作业；且应当根据地表保护级别，编制专项设计并制定安全技术措施。

采用综合机械化充填采煤时，待充填区域的风速应当满足工作面最低风速要求；有人进行充填作业时，严禁操作作业区域的液压支架。

第一百零九条 用水砂充填法控制顶板时，采空区和三角点必须充填满。充填地点的下方，严禁人员通行或者停留。注砂井和充填地点之间，应当保持电话联络，联络中断时，必须立即停止注砂。

清理因跑砂堵塞的倾斜井巷前，必须制定安全措施。

第一百一十条 近距离煤层群开采下一煤层时，必须制定控制顶板的安全措施。

第一百一十一条 采用分层垮落法回采时，下一分层的采煤工作面必须在上一分层顶板垮落的稳定区域内进行回采。

第一百一十二条　采用柔性掩护支架开采急倾斜煤层时，地沟的尺寸，工作面循环进度，支架的角度、结构，支架垫层数和厚度，以及点柱的支设角度、排列方式和密度，钢丝绳的规格和数量，必须在作业规程中规定。

生产中遇断梁、支架悬空、窜矸等情况时，必须及时处理。支架沿走向弯曲、歪斜及角度超过作业规程规定时，必须在下一次放架过程中进行调整。应当经常检查支架上的螺栓和附件，如有松动，必须及时拧紧。

正倾斜柔性掩护支架的每个回采带的两端，必须设置人行眼，并用木板与溜煤眼相隔。对伪倾斜柔性掩护支架工作面上下 2 个出口的要求和工作面的伪倾角，超前溜煤眼的规格、间距和施工方式，必须在作业规程中规定。

掩护支架接近平巷时，应当缩短每次下放支架的距离，并减少同时爆破的炮眼数目和装药量。掩护支架过平巷时，应当加强溜煤眼与平巷连接处的支护或者架设木垛。

第一百一十三条　采用水力采煤时，必须遵守下列规定：

（一）第一次采用水力采煤的矿井，必须根据矿井地质条件、煤层赋存条件等因素编制开采设计，并经行业专家论证。

（二）水采工作面必须采用矿井全风压通风。可以采用多条回采巷道共用 1 条回风巷的布置方式，但回采巷道数量不得超过 3 个，且必须正台阶布置，单枪作业，依次回采。采用倾斜短壁水力采煤法时，回采巷道两侧的回采煤垛应当上下错开，左右交替采煤。

应当根据煤层自然发火期进行区段划分，保证划分区段在自然发火期内采完并及时密闭。密闭设施必须进行专项设计。

（三）相邻回采巷道及工作面回风巷之间必须开凿联络巷，用以通风、运料和行人。应当及时安设和调整风帘（窗）等控风设施。联络巷间距和支护形式必须在作业规程中规定。

（四）采煤工作面应当采用闭式顺序落煤，贯通前的采硐可以采用局部通风机辅助通风。应当在作业规程中明确工作面顶煤、顶板突然垮落时的安全技术措施。

（五）回采水枪应当使用液控水枪，水枪到控制台距离不得小于 10 m。对使用中的水枪，每 3 个月应当至少进行 1 次耐压试验。

（六）采煤工作面附近必须设置通信设备，在水枪附近必须有直通高压泵房的声光兼备的信号装置。

严禁水枪司机在无支护条件下作业。水枪司机与煤水泵司机、高压泵司机之间必须装电话及声光兼备的信号装置。

（七）用明槽输送煤浆时，倾角超过 25°的巷道，明槽必须封闭，否则禁止行人。倾角在 15°~25°时，人行道与明槽之间必须加设挡板或者挡墙，其高度不得小于 1 m；在拐弯、倾角突然变大及有煤浆溅出的地点，在明槽处应当加高挡板或者加盖。在行人经常跨过的明槽处，必须设过桥。必须保持巷道行人侧畅通。

除不行人的急倾斜专用岩石溜煤眼外，不得无槽、无沟沿巷道底板运输煤浆。

（八）工作面回风巷内严禁设置电气设备，在水枪落煤期间严禁行人和安排其他作业。

有下列情形之一的，严禁采用水力采煤：

（一）突出矿井，以及掘进工作面瓦斯涌出量大于 3 m^3/min 的高瓦斯矿井。

（二）顶板不稳定的煤层。

（三）顶底板容易泥化或者底鼓的煤层。

（四）容易自燃煤层。

第一百一十四条 采用综合机械化采煤时，必须遵守下列规定：

（一）必须根据矿井各个生产环节、煤层地质条件、厚度、倾角、瓦斯涌出量、自然发火倾向和矿山压力等因素，编制工作面设计。

（二）运送、安装和拆除综采设备时，必须有安全措施，明确规定运送方式、安装质量、拆装工艺和控制顶板的措施。

（三）工作面煤壁、刮板输送机和支架都必须保持直线。支架间的煤、矸必须清理干净。倾角大于 15°时，液压支架必须采取防倒、防滑措施；倾角大于 25°时，必须有防止煤（矸）窜出刮板输送机伤人的措施。

（四）液压支架必须接顶。顶板破碎时必须超前支护。在处理液压支架上方冒顶时，必须制定安全措施。

（五）采煤机采煤时必须及时移架。移架滞后采煤机的距离，应当根据顶板的具体情况在作业规程中明确规定；超过规定距离或者发生冒顶、片帮时，必须停止采煤。

（六）严格控制采高，严禁采高大于支架的最大有效支护高度。当煤层变薄时，采高不得小于支架的最小有效支护高度。

（七）当采高超过 3 m 或者煤壁片帮严重时，液压支架必须设护帮板。当采高超过 4.5 m 时，必须采取防片帮伤人措施。

（八）工作面两端必须使用端头支架或者增设其他形式的支护。

（九）工作面转载机配有破碎机时，必须有安全防护装置。

（十）处理倒架、歪架、压架，更换支架，以及拆修顶梁、支柱、座箱等大型部件时，必须有安全措施。

（十一）在工作面内进行爆破作业时，必须有保护液压支架和其他设备的安全措施。

（十二）乳化液的配制、水质、配比等，必须符合有关要求。泵箱应当设自动给液装置，防止吸空。

（十三）采煤工作面必须进行矿压监测。

第一百一十五条 采用放顶煤开采时，必须遵守下列规定：

（一）矿井第一次采用放顶煤开采，或者在煤层（瓦斯）赋存条件变化较大的区域采用放顶煤开采时，必须根据顶板、煤层、瓦斯、自然发火、水文地质、煤尘爆炸性、冲击地压等地质特征和灾害危险性进行可行性论证和设计，并由煤矿企业组织行业专家论证。

（二）针对煤层开采技术条件和放顶煤开采工艺特点，必须制定防瓦斯、防火、防尘、防水、采放煤工艺、顶板支护、初采和工作面收尾等安全技术措施。

（三）放顶煤工作面初采期间应当根据需要采取强制放顶措施，使顶煤和直接顶充分垮落。

（四）采用预裂爆破处理坚硬顶板或者坚硬顶煤时，应当在工作面未采动区进行，并制定专门的安全技术措施。严禁在工作面内采用炸药爆破方法处理未冒落顶煤、顶板及大块煤（矸）。

（五）高瓦斯、突出矿井的容易自燃煤层，应当采取以预抽方式为主的综合抽采瓦斯措施和综合防灭火措施，保证本煤层瓦斯含量不大于6 m^3/t。

（六）严禁单体支柱放顶煤开采。

有下列情形之一的，严禁采用放顶煤开采：

（一）缓倾斜、倾斜厚煤层的采放比大于1∶3，且未经行业专家论证的；急倾斜水平分段放顶煤采放比大于1∶8的。

（二）采区或者工作面采出率达不到矿井设计规范规定的。

（三）煤层有突出危险的。

（四）坚硬顶板、坚硬顶煤不易冒落，且采取措施后冒放性仍然较差，顶板垮落充填采空区的高度不大于采放煤高度的。

（五）矿井水文地质条件复杂，放顶煤开采后有可能与地表水、老窑积水和强含水层导通的。

（六）放顶煤开采后有可能沟通火区的。

第一百一十六条　采用连续采煤机开采，必须根据工作面地质条件、瓦斯涌出量、自然发火倾向、回采速度、矿山压力，以及煤层顶底板岩性、厚度、倾角等因素，编制开采设计和回采作业规程，并符合下列要求：

（一）工作面必须形成全风压通风后方可回采。

（二）严禁采煤机司机等人员在空顶区作业。

（三）运输巷与短壁工作面或者回采支巷连接处（出口），必须加强支护。

（四）回收煤柱时，连续采煤机的最大进刀深度应当根据顶板状况、设备配套、采煤工艺等因素合理确定。

（五）采用垮落法控制顶板，对于特殊地质条件下顶板不能及时冒落时，必须采取强制放顶或者其他处理措施。

（六）采用煤柱支承采空区顶板及上覆岩层的部分回采方式时，应当有防止采空区顶板大面积垮塌的措施。

（七）应当及时安设和调整风帘（窗）等控风设施。

（八）容易自燃煤层应当分块段回采，且每个采煤块段必须在自然发火期内回采结束并封闭。

有下列情形之一的，严禁采用连续采煤机开采：

（一）突出矿井或者掘进工作面瓦斯涌出量超过3 m^3/min的高瓦斯矿井。

（二）倾角大于8°的煤层。

（三）直接顶不稳定的煤层。

第三节　采掘机械

第一百一十七条　使用滚筒式采煤机采煤时，必须遵守下列规定：

（一）采煤机上装有能停止工作面刮板输送机运行的闭锁装置。启动采煤机前，必须先巡视采煤机四周，发出预警信号，确认人员无危险后，方可接通电源。采煤机因故暂停时，必须打开隔离开关和离合器。采煤机停止工作或者检修时，必须切断采煤机前级供电开关电源并断开其隔离开关，断开采煤机隔离开关，打开截割部离合器。

（二）工作面遇有坚硬夹矸或者黄铁矿结核时，应当采取松动爆破处理措施，严禁用采煤机强行截割。

（三）工作面倾角在15°以上时，必须有可靠的防滑装置。

（四）使用有链牵引采煤机时，在开机和改变牵引方向前，必须发出信号。只有在收到反向信号后，才能开机或者改变牵引方向，防止牵引链跳动或者断链伤人。必须经常检查牵引链及其两端的固定连接件，发现问题，及时处理。采煤机运行时，所有人员必须避开牵引链。

（五）更换截齿和滚筒时，采煤机上下 3 m 范围内，必须护帮护顶，禁止操作液压支架。必须切断采煤机前级供电开关电源并断开其隔离开关，断开采煤机隔离开关，打开截割部离合器，并对工作面输送机施行闭锁。

（六）采煤机用刮板输送机作轨道时，必须经常检查刮板输送机的溜槽、挡煤板导向管的连接情况，防止采煤机牵引链因过载而断链；采煤机为无链牵引时，齿（销、链）轨的安设必须紧固、完好，并经常检查。

第一百一十八条 使用刨煤机采煤时，必须遵守下列规定：

（一）工作面至少每隔 30 m 装设能随时停止刨头和刮板输送机的装置，或者装设向刨煤机司机发送信号的装置。

（二）刨煤机应当有刨头位置指示器；必须在刮板输送机两端设置明显标志，防止刨头与刮板输送机机头撞击。

（三）工作面倾角在12°以上时，配套的刮板输送机必须装设防滑、锚固装置。

第一百一十九条 使用掘进机、掘锚一体机、连续采煤机掘进时，必须遵守下列规定：

（一）开机前，在确认铲板前方和截割臂附近无人时，方可启动。采用遥控操作时，司机必须位于安全位置。开机、退机、调机时，必须发出报警信号。

（二）作业时，应当使用内、外喷雾装置，内喷雾装置的工作压力不得小于 2 MPa，外喷雾装置的工作压力不得小于 4 MPa。

（三）截割部运行时，严禁人员在截割臂下停留和穿越，机身与煤（岩）壁之间严禁站人。

（四）在设备非操作侧，必须装有紧急停转按钮（连续采煤机除外）。

（五）必须装有前照明灯和尾灯。

（六）司机离开操作台时，必须切断电源。

（七）停止工作和交班时，必须将切割头落地，并切断电源。

第一百二十条 使用运煤车、铲车、梭车、履带式行走支架、锚杆钻车、给料破碎机、连续运输系统或者桥式转载机等掘进机后配套设备时，必须遵守下列规定：

（一）所有安装机载照明的后配套设备启动前必须开启照明，发出开机信号，确认人员离开，再开机运行。设备停机、检修或者处理故障时，必须停电闭锁。

（二）带电移动的设备电缆应当有防拔脱装置。电缆必须连接牢固、可靠，电缆收放装置必须完好。操作电缆卷筒时，人员不得骑跨或者踩踏电缆。

（三）运煤车、铲车、梭车制动装置必须齐全、可靠。作业时，行驶区间严禁人员进入；检修时，铰接处必须使用限位装置。

（四）给料破碎机与输送机之间应当设连锁装置。给料破碎机行走时两侧严禁站人。

（五）连续运输系统或者桥式转载机运行时，严禁在非行人侧行走或者作业。

（六）锚杆钻车作业时必须有防护操作台，支护作业时必须将临时支护顶棚升至顶板。非操作人员严禁在锚杆钻车周围停留或者作业。

（七）履带行走式支架应当具有预警延时启动装置、系统压力实时显示装置，以及自救、逃逸功能。

第一百二十一条 使用刮板输送机运输时，必须遵守下列规定：

（一）采煤工作面刮板输送机必须安设能发出停止、启动信号和通信的装置，发出信号点的间距不得超过 15 m。

（二）刮板输送机使用的液力偶合器，必须按所传递的功率大小，注入规定量的难燃液，并经常检查有无漏失。易熔合金塞必须符合标准，并设专人检查、清除塞内污物；严禁使用不符合标准的物品代替。

（三）刮板输送机严禁乘人。

（四）用刮板输送机运送物料时，必须有防止顶人和顶倒支架的安全措施。

（五）移动刮板输送机时，必须有防止冒顶、顶伤人员和损坏设备的安全措施。

第四节 建（构）筑物下、水体下、铁路下及主要井巷煤柱开采

第一百二十二条 建（构）筑物下、水体下、铁路下及主要井巷煤柱开采，必须设立观测站，观测地表和岩层移动与变形，查明垮落带和导水裂缝带的高度，以及水文地质条件变化等情况。取得的实际资料作为本井田建（构）筑物下、水体下、铁路下的以及主要井巷煤柱开采的依据。

第一百二十三条 建（构）筑物下、水体下、铁路下，以及主要井巷煤柱开采，必须经过试采。试采前，必须按其重要程度以及可能受到的影响，采取相应技术措施并编制开采设计。

第一百二十四条 试采前，必须完成建（构）筑物、水体、铁路，主要井巷工程及其地质、水文地质调查，观测点设置以及加固和保护等准备工作；试采时，必须及时观测，对受到开采影响的受护体，必须及时维修。试采结束后，必须由原试采方案设计单位提出试采总结报告。

第五节 井巷维修和报废

第一百二十五条 矿井必须制定井巷维修制度，加强井巷维修，保证通风、运输畅通和行人安全。

第一百二十六条 井筒大修时必须编制施工组织设计。

维修井巷支护时，必须有安全措施。严防顶板冒落伤人、堵人和支架歪倒。

扩大和维修井巷时，必须有冒顶堵塞井巷时保证人员撤退的出口。在独头巷道维修支

架时，必须保证通风安全并由外向里逐架进行，严禁人员进入维修地点以里。

撤掉支架前，应当先加固作业地点的支架。架设和拆除支架时，在一架未完工之前，不得中止作业。撤换支架的工作应当连续进行，不连续施工时，每次工作结束前，必须接顶封帮。

维修锚网井巷时，施工地点必须有临时支护和防止失修范围扩大的措施。

维修倾斜井巷时，应当停止行车；需要通车作业时，必须制定行车安全措施。严禁上、下段同时作业。

更换巷道支护时，在拆除原有支护前，应当先加固邻近支护，拆除原有支护后，必须及时除掉顶帮活矸和架设永久支护，必要时还应当采取临时支护措施。在倾斜巷道中，必须有防止矸石、物料滚落和支架歪倒的安全措施。

第一百二十七条 修复旧井巷时，必须首先检查瓦斯。当瓦斯积聚时，必须按规定排放，只有在回风流中甲烷浓度不超过 1.0%、二氧化碳浓度不超过 1.5%、空气成分符合本规程第一百三十五条的要求时，才能作业。

第一百二十八条 从报废的井巷内回收支架和装备时，必须制定安全措施。

第一百二十九条 报废的巷道必须封闭。报废的暗井和倾斜巷道下口的密闭墙必须留泄水孔。

第一百三十条 报废的井巷必须做好隐蔽工程记录，并在井上、下对照图上标明，归档备查。

第一百三十一条 报废的立井应当填实，或者在井口浇注 1 个大于井筒断面的坚实的钢筋混凝土盖板，并设置栅栏和标志。

报废的斜井（平硐）应当填实，或者在井口以下斜长 20 m 处砌筑 1 座砖、石或者混凝土墙，再用泥土填至井口，并加砌封墙。

报废井口的周围有地表水影响时，必须设置排水沟。

第六节 防止坠落

第一百三十二条 立井井口必须用栅栏或者金属网围住，进出口设置栅栏门。井筒与各水平的连接处必须设栅栏。栅栏门只准在通过人员或者车辆时打开。

立井井筒与各水平车场的连接处，必须设专用的人行道，严禁人员通过提升间。

罐笼提升的立井井口和井底、井筒与各水平的连接处，必须设置阻车器。

第一百三十三条 倾角在 25°以上的小眼、煤仓、溜煤（矸）眼、人行道、上山和下山的上口，必须设防止人员、物料坠落的设施。

第一百三十四条 煤仓、溜煤（矸）眼必须有防止煤（矸）堵塞的设施。检查煤仓、溜煤（矸）眼和处理堵塞时，必须制定安全措施。处理堵塞时应当遵守本规程第三百六十条的规定，严禁人员从下方进入。

严禁煤仓、溜煤（矸）眼兼做流水道。煤仓与溜煤（矸）眼内有淋水时，必须采取封堵疏干措施；没有得到妥善处理不得使用。

第三章　通风、瓦斯和煤尘爆炸防治

第一节　通　　风

第一百三十五条　井下空气成分必须符合下列要求：

（一）采掘工作面的进风流中，氧气浓度不低于20%，二氧化碳浓度不超过0.5%。

（二）有害气体的浓度不超过表4规定。

表4　矿井有害气体最高允许浓度

名称	最高允许浓度/%
一氧化碳 CO	0.002 4
氧化氮（换算成 NO_2）	0.000 25
二氧化硫 SO_2	0.000 5
硫化氢 H_2S	0.000 66
氨 NH_3	0.004

甲烷、二氧化碳和氢气的允许浓度按本规程的有关规定执行。

矿井中所有气体的浓度均按体积百分比计算。

第一百三十六条　井巷中的风流速度应当符合表5要求。

表5　井巷中的允许风流速度

井巷名称	允许风速/（$m \cdot s^{-1}$）	
	最低	最高
无提升设备的风井和风硐		15
专为升降物料的井筒		12
风桥		10
升降人员和物料的井筒		8
主要进、回风巷		8
架线电机车巷道	1.0	8
输送机巷，采区进、回风巷	0.25	6
采煤工作面、掘进中的煤巷和半煤岩巷	0.25	4
掘进中的岩巷	0.15	4
其他通风人行巷道	0.15	

设有梯子间的井筒或者修理中的井筒，风速不得超过 8 m/s；梯子间四周经封闭后，井筒中的最高允许风速可以按表 5 规定执行。无瓦斯涌出的架线电机车巷道中的最低风速可低于表 5 的规定值，但不得低 0.5 m/s。综合机械化采煤工作面，在采取煤层注水和采煤机喷雾降尘等措施后，其最大风速可高于表 5 的规定值，但不得超过 5 m/s。

第一百三十七条 进风井口以下的空气温度（干球温度，下同）必须在 2℃以上。

第一百三十八条 矿井需要的风量应当按下列要求分别计算，并选取其中的最大值：

（一）按井下同时工作的最多人数计算，每人每分钟供给风量不得少于 4 m^3。

（二）按采掘工作面、硐室及其他地点实际需要风量的总和进行计算。各地点的实际需要风量，必须使该地点的风流中的甲烷、二氧化碳和其他有害气体的浓度，风速、温度及每人供风量符合本规程的有关规定。

使用煤矿用防爆型柴油动力装置机车运输的矿井，行驶车辆巷道的供风量还应当按同时运行的最多车辆数增加巷道配风量，配风量不小于 4 m^3/min · kW。

按实际需要计算风量时，应当避免备用风量过大或者过小。煤矿企业应当根据具体条件制定风量计算方法，至少每 5 年修订 1 次。

第一百三十九条 矿井每年安排采掘作业计划时必须核定矿井生产和通风能力，必须按实际供风量核定矿井产量，严禁超通风能力生产。

第一百四十条 矿井必须建立测风制度，每 10 天至少进行 1 次全面测风。对采掘工作面和其他用风地点，应当根据实际需要随时测风，每次测风结果应当记录并写在测风地点的记录牌上。

应当根据测风结果采取措施，进行风量调节。

第一百四十一条 矿井必须有足够数量的通风安全检测仪表。仪表必须由具备相应资质的检验单位进行检验。

第一百四十二条 矿井必须有完整的独立通风系统。改变全矿井通风系统时，必须编制通风设计及安全措施，由企业技术负责人审批。

第一百四十三条 贯通巷道必须遵守下列规定：

（一）巷道贯通前应当制定贯通专项措施。综合机械化掘进巷道在相距 50 m 前、其他巷道在相距 20 m 前，必须停止一个工作面作业，做好调整通风系统的准备工作。

停掘的工作面必须保持正常通风，设置栅栏及警标，每班必须检查风筒的完好状况和工作面及其回风流中的瓦斯浓度，瓦斯浓度超限时，必须立即处理。

掘进的工作面每次爆破前，必须派专人和瓦斯检查工共同到停掘的工作面检查工作面及其回风流中的瓦斯浓度，瓦斯浓度超限时，必须先停止在掘工作面的工作，然后处理瓦斯，只有在 2 个工作面及其回风流中的甲烷浓度都在 1.0%以下时，掘进的工作面方可爆破。每次爆破前，2 个工作面入口必须有专人警戒。

（二）贯通时，必须由专人在现场统一指挥。

（三）贯通后，必须停止采区内的一切工作，立即调整通风系统，风流稳定后，方可恢复工作。

间距小于 20 m 的平行巷道的联络巷贯通，必须遵守以上规定。

第一百四十四条　进、回风井之间和主要进、回风巷之间的每条联络巷中，必须砌筑永久性风墙；需要使用的联络巷，必须安设2道连锁的正向风门和2道反向风门。

第一百四十五条　箕斗提升井或者装有带式输送机的井筒兼作风井使用时，必须遵守下列规定：

（一）生产矿井现有箕斗提升井兼作回风井时，井上下装、卸载装置和井塔（架）必须有防尘和封闭措施，其漏风率不得超过15%。装有带式输送机的井筒兼作回风井时，井筒中的风速不得超过6 m/s，且必须装设甲烷断电仪。

（二）箕斗提升井或者装有带式输送机的井筒兼作进风井时，箕斗提升井筒中的风速不得超过6 m/s、装有带式输送机的井筒中的风速不得超过4 m/s，并有防尘措施。装有带式输送机的井筒中必须装设自动报警灭火装置、敷设消防管路。

第一百四十六条　进风井口必须布置在粉尘、有害和高温气体不能侵入的地方。已布置在粉尘、有害和高温气体能侵入的地点的，应当制定安全措施。

第一百四十七条　新建高瓦斯矿井、突出矿井、煤层容易自燃矿井及有热害的矿井应当采用分区式通风或者对角式通风；初期采用中央并列式通风的只能布置一个采区生产。

第一百四十八条　矿井开拓新水平和准备新采区的回风，必须引入总回风巷或者主要回风巷中。在未构成通风系统前，可将此回风引入生产水平的进风中；但在有瓦斯喷出或者有突出危险的矿井中，开拓新水平和准备新采区时，必须先在无瓦斯喷出或者无突出危险的煤（岩）层中掘进巷道并构成通风系统，为构成通风系统的掘进巷道的回风，可以引入生产水平的进风中。上述2种回风流中的甲烷和二氧化碳浓度都不得超过0.5%，其他有害气体浓度必须符合本规程第一百三十五条的规定，并制定安全措施，报企业技术负责人审批。

第一百四十九条　生产水平和采（盘）区必须实行分区通风。

准备采区，必须在采区构成通风系统后，方可开掘其他巷道；采用倾斜长壁布置的，大巷必须至少超前2个区段，并构成通风系统后，方可开掘其他巷道。采煤工作面必须在采（盘）区构成完整的通风、排水系统后，方可回采。

高瓦斯、突出矿井的每个采（盘）区和开采容易自燃煤层的采（盘）区，必须设置至少1条专用回风巷；低瓦斯矿井开采煤层群和分层开采采用联合布置的采（盘）区，必须设置1条专用回风巷。

采区进、回风巷必须贯穿整个采区，严禁一段为进风巷、一段为回风巷。

第一百五十条　采、掘工作面应当实行独立通风，严禁2个采煤工作面之间串联通风。

同一采区内1个采煤工作面与其相连接的1个掘进工作面、相邻的2个掘进工作面，布置独立通风有困难时，在制定措施后，可采用串联通风，但串联通风的次数不得超过1次。

采区内为构成新区段通风系统的掘进巷道或者采煤工作面遇地质构造而重新掘进的巷道，布置独立通风有困难时，其回风可以串入采煤工作面，但必须制定安全措施，且串联通风的次数不得超过1次；构成独立通风系统后，必须立即改为独立通风。

对于本条规定的串联通风，必须在进入被串联工作面的巷道中装设甲烷传感器，且甲烷和二氧化碳浓度都不得超过0.5%，其他有害气体浓度都应当符合本规程第一百三十五条的要求。

开采有瓦斯喷出、有突出危险的煤层或者在距离突出煤层垂距小于10 m的区域掘进施工时，严禁任何2个工作面之间串联通风。

第一百五十一条 井下所有煤仓和溜煤眼都应当保持一定的存煤，不得放空；有涌水的煤仓和溜煤眼，可以放空，但放空后放煤口闸板必须关闭，并设置引水管。

溜煤眼不得兼作风眼使用。

第一百五十二条 煤层倾角大于12°的采煤工作面采用下行通风时，应当报矿总工程师批准，并遵守下列规定：

（一）采煤工作面风速不得低于1 m/s。

（二）在进、回风巷中必须设置消防供水管路。

（三）有突出危险的采煤工作面严禁采用下行通风。

第一百五十三条 采煤工作面必须采用矿井全风压通风，禁止采用局部通风机稀释瓦斯。

采掘工作面的进风和回风不得经过采空区或者冒顶区。

无煤柱开采沿空送巷和沿空留巷时，应当采取防止从巷道的两帮和顶部向采空区漏风的措施。

矿井在同一煤层、同翼、同一采区相邻正在开采的采煤工作面沿空送巷时，采掘工作面严禁同时作业。

水采和连续采煤机开采的采煤工作面由采空区回风时，工作面必须有足够的新鲜风流，工作面及其回风巷的风流中的甲烷和二氧化碳浓度必须符合本规程第一百七十二条、第一百七十三条和第一百七十四条的规定。

第一百五十四条 采空区必须及时封闭。必须随采煤工作面的推进逐个封闭通至采空区的连通巷道。采区开采结束后45天内，必须在所有与已采区相连通的巷道中设置密闭墙，全部封闭采区。

第一百五十五条 控制风流的风门、风桥、风墙、风窗等设施必须可靠。

不应在倾斜运输巷中设置风门；如果必须设置风门，应当安设自动风门或者设专人管理，并有防止矿车或者风门碰撞人员以及矿车碰坏风门的安全措施。

开采突出煤层时，工作面回风侧不得设置调节风量的设施。

第一百五十六条 新井投产前必须进行1次矿井通风阻力测定，以后每3年至少测定1次。生产矿井转入新水平生产、改变一翼或者全矿井通风系统后，必须重新进行矿井通风阻力测定。

第一百五十七条 矿井通风系统图必须标明风流方向、风量和通风设施的安装地点。必须按季绘制通风系统图，并按月补充修改。多煤层同时开采的矿井，必须绘制分层通风系统图。

应当绘制矿井通风系统立体示意图和矿井通风网络图。

第一百五十八条 矿井必须采用机械通风。主要通风机的安装和使用应当符合下列要求：

（一）主要通风机必须安装在地面；装有通风机的井口必须封闭严密，其外部漏风率在无提升设备时不得超过 5%，有提升设备时不得超过 15%。

（二）必须保证主要通风机连续运转。

（三）必须安装 2 套同等能力的主要通风机装置，其中 1 套作备用，备用通风机必须能在 10 min 内开动。

（四）严禁采用局部通风机或者风机群作为主要通风机使用。

（五）装有主要通风机的出风井口应当安装防爆门，防爆门每 6 个月检查维修 1 次。

（六）至少每月检查 1 次主要通风机。改变主要通风机转数、叶片角度或者对旋式主要通风机运转级数时，必须经矿总工程师批准。

（七）新安装的主要通风机投入使用前，必须进行试运转和通风机性能测定，以后每 5 年至少进行 1 次性能测定。

（八）主要通风机技术改造及更换叶片后必须进行性能测试。

（九）井下严禁安设辅助通风机。

第一百五十九条　生产矿井主要通风机必须装有反风设施，并能在 10 min 内改变巷道中的风流方向；当风流方向改变后，主要通风机的供给风量不应小于正常供风量的 40%。

每季度应当至少检查 1 次反风设施，每年应当进行 1 次反风演习；矿井通风系统有较大变化时，应当进行 1 次反风演习。

第一百六十条　严禁主要通风机房兼作他用。主要通风机房内必须安装水柱计（压力表）、电流表、电压表、轴承温度计等仪表，还必须有直通矿调度室的电话，并有反风操作系统图、司机岗位责任制和操作规程。主要通风机的运转应当由专职司机负责，司机应当每小时将通风机运转情况记入运转记录簿内；发现异常，立即报告。实现主要通风机集中监控、图像监视的主要通风机房可不设专职司机，但必须实行巡检制度。

第一百六十一条　矿井必须制定主要通风机停止运转的应急预案。因检修、停电或者其他原因停止主要通风机运转时，必须制定停风措施。

变电所或者电厂在停电前，必须将预计停电时间通知矿调度室。

主要通风机停止运转时，必须立即停止工作、切断电源，工作人员先撤到进风巷道中，由值班矿领导组织全矿井工作人员全部撤出。

主要通风机停止运转期间，必须打开井口防爆门和有关风门，利用自然风压通风；对由多台主要通风机联合通风的矿井，必须正确控制风流，防止风流紊乱。

第一百六十二条　矿井开拓或者准备采区时，在设计中必须根据该处全风压供风量和瓦斯涌出量编制通风设计。掘进巷道的通风方式、局部通风机和风筒的安装和使用等应当在作业规程中明确规定。

第一百六十三条　掘进巷道必须采用矿井全风压通风或者局部通风机通风。

煤巷、半煤岩巷和有瓦斯涌出的岩巷掘进采用局部通风机通风时，应当采用压入式，不得采用抽出式（压气、水力引射器不受此限）；如果采用混合式，必须制定安全措施。

瓦斯喷出区域和突出煤层采用局部通风机通风时，必须采用压入式。

第一百六十四条 安装和使用局部通风机和风筒时，必须遵守下列规定：

（一）局部通风机由指定人员负责管理。

（二）压入式局部通风机和启动装置安装在进风巷道中，距掘进巷道回风口不得小于10 m；全风压供给该处的风量必须大于局部通风机的吸入风量，局部通风机安装地点到回风口间的巷道中的最低风速必须符合本规程第一百三十六条的要求。

（三）高瓦斯、突出矿井的煤巷、半煤岩巷和有瓦斯涌出的岩巷掘进工作面正常工作的局部通风机必须配备安装同等能力的备用局部通风机，并能自动切换。正常工作的局部通风机必须采用三专（专用开关、专用电缆、专用变压器）供电，专用变压器最多可向4个不同掘进工作面的局部通风机供电；备用局部通风机电源必须取自同时带电的另一电源，当正常工作的局部通风机故障时，备用局部通风机能自动启动，保持掘进工作面正常通风。

（四）其他掘进工作面和通风地点正常工作的局部通风机可不配备备用局部通风机，但正常工作的局部通风机必须采用三专供电；或者正常工作的局部通风机配备安装一台同等能力的备用局部通风机，并能自动切换。正常工作的局部通风机和备用局部通风机的电源必须取自同时带电的不同母线段的相互独立的电源，保证正常工作的局部通风机故障时，备用局部通风机能投入正常工作。

（五）采用抗静电、阻燃风筒。风筒口到掘进工作面的距离、正常工作的局部通风机和备用局部通风机自动切换的交叉风筒接头的规格和安设标准，应当在作业规程中明确规定。

（六）正常工作和备用局部通风机均失电停止运转后，当电源恢复时，正常工作的局部通风机和备用局部通风机均不得自行启动，必须人工开启局部通风机。

（七）使用局部通风机供风的地点必须实行风电闭锁和甲烷电闭锁，保证当正常工作的局部通风机停止运转或者停风后能切断停风区内全部非本质安全型电气设备的电源。正常工作的局部通风机故障，切换到备用局部通风机工作时，该局部通风机通风范围内应当停止工作，排除故障；待故障被排除，恢复到正常工作的局部通风后方可恢复工作。使用2台局部通风机同时供风的，2台局部通风机都必须同时实现风电闭锁和甲烷电闭锁。

（八）每15天至少进行一次风电闭锁和甲烷电闭锁试验，每天应当进行一次正常工作的局部通风机与备用局部通风机自动切换试验，试验期间不得影响局部通风，试验记录要存档备查。

（九）严禁使用3台及以上局部通风机同时向1个掘进工作面供风。不得使用1台局部通风机同时向2个及以上作业的掘进工作面供风。

第一百六十五条 使用局部通风机通风的掘进工作面，不得停风；因检修、停电、故障等原因停风时，必须将人员全部撤至全风压进风流处，切断电源，设置栅栏、警示标志，禁止人员入内。

第一百六十六条 井下爆炸物品库必须有独立的通风系统，回风风流必须直接引入矿井的总回风巷或者主要回风巷中。新建矿井采用对角式通风系统时，投产初期可利用采区岩石上山或者用不燃性材料支护和不燃性背板背严的煤层上山作爆炸物品库的回风巷。必须保证爆炸物品库每小时能有其总容积4倍的风量。

第一百六十七条 井下充电室必须有独立的通风系统，回风风流应当引入回风巷。井下充电室，在同一时间内，5 t 及以下的电机车充电电池的数量不超过 3 组、5 t 以上的电机车充电电池的数量不超过 1 组时，可不采用独立通风，但必须在新鲜风流中。

井下充电室风流中以及局部积聚处的氢气浓度，不得超过 0.5%。

第一百六十八条　井下机电设备硐室必须设在进风风流中；采用扩散通风的硐室，其深度不得超过 6 m、入口宽度不得小于 1.5 m，并且无瓦斯涌出。

井下个别机电设备设在回风流中的，必须安装甲烷传感器并实现甲烷电闭锁。

采区变电所及实现采区变电所功能的中央变电所必须有独立的通风系统。

第二节　瓦 斯 防 治

第一百六十九条　一个矿井中只要有一个煤（岩）层发现瓦斯，该矿井即为瓦斯矿井。瓦斯矿井必须依照矿井瓦斯等级进行管理。根据矿井相对瓦斯涌出量、矿井绝对瓦斯涌出量、工作面绝对瓦斯涌出量和瓦斯涌出形式，矿井瓦斯等级划分为：

（一）低瓦斯矿井。同时满足下列条件的为低瓦斯矿井：

1. 矿井相对瓦斯涌出量不大于 10 m^3/t；

2. 矿井绝对瓦斯涌出量不大于 40 m^3/min；

3. 矿井任一掘进工作面绝对瓦斯涌出量不大于 3 m^3/min；

4. 矿井任一采煤工作面绝对瓦斯涌出量不大于 5 m^3/min。

（二）高瓦斯矿井。具备下列条件之一的为高瓦斯矿井：

1. 矿井相对瓦斯涌出量大于 10 m^3/t；

2. 矿井绝对瓦斯涌出量大于 40 m^3/min；

3. 矿井任一掘进工作面绝对瓦斯涌出量大于 3 m^3/min；

4. 矿井任一采煤工作面绝对瓦斯涌出量大于 5 m^3/min。

（三）突出矿井。

第一百七十条　每 2 年必须对低瓦斯矿井进行瓦斯等级和二氧化碳涌出量的鉴定工作，鉴定结果报省级煤炭行业管理部门和省级煤矿安全监察机构。上报时应当包括开采煤层最短发火期和自燃倾向性、煤尘爆炸性的鉴定结果。高瓦斯、突出矿井不再进行周期性瓦斯等级鉴定工作，但应当每年测定和计算矿井、采区、工作面瓦斯和二氧化碳涌出量，并报省级煤炭行业管理部门和煤矿安全监察机构。

新建矿井设计文件中，应当有各煤层的瓦斯含量资料。

高瓦斯矿井应当测定可采煤层的瓦斯含量、瓦斯压力和抽采半径等参数。

第一百七十一条　矿井总回风巷或者一翼回风巷中甲烷或者二氧化碳浓度超过 0.75% 时，必须立即查明原因，进行处理。

第一百七十二条　采区回风巷、采掘工作面回风巷风流中甲烷浓度超过 1.0%或者二氧化碳浓度超过 1.5%时，必须停止工作，撤出人员，采取措施，进行处理。

第一百七十三条　采掘工作面及其他作业地点风流中甲烷浓度达到 1.0%时，必须停止用电钻打眼；爆破地点附近 20 m 以内风流中甲烷浓度达到 1.0%时，严禁爆破。

采掘工作面及其他作业地点风流中、电动机或者其开关安设地点附近 20 m 以内风流中的甲烷浓度达到 1.5%时，必须停止工作，切断电源，撤出人员，进行处理。

采掘工作面及其他巷道内，体积大于 0.5 m^3 的空间内积聚的甲烷浓度达到 2.0%时，附近 20 m 内必须停止工作，撤出人员，切断电源，进行处理。

对因甲烷浓度超过规定被切断电源的电气设备，必须在甲烷浓度降到 1.0%以下时，方可通电开动。

第一百七十四条 采掘工作面风流中二氧化碳浓度达到 1.5%时，必须停止工作，撤出人员，查明原因，制定措施，进行处理。

第一百七十五条 矿井必须从设计和采掘生产管理上采取措施，防止瓦斯积聚；当发生瓦斯积聚时，必须及时处理。当瓦斯超限达到断电浓度时，班组长、瓦斯检查工、矿调度员有权责令现场作业人员停止作业，停电撤人。

矿井必须有因停电和检修主要通风机停止运转或者通风系统遭到破坏以后恢复通风、排除瓦斯和送电的安全措施。恢复正常通风后，所有受到停风影响的地点，都必须经过通风、瓦斯检查人员检查，证实无危险后，方可恢复工作。所有安装电动机及其开关的地点附近 20 m 的巷道内，都必须检查瓦斯，只有甲烷浓度符合本规程规定时，方可开启。

临时停工的地点，不得停风；否则必须切断电源，设置栅栏、警标，禁止人员进入，并向矿调度室报告。停工区内甲烷或者二氧化碳浓度达到 3.0%或者其他有害气体浓度超过本规程第一百三十五条的规定不能立即处理时，必须在 24 h 内封闭完毕。

恢复已封闭的停工区或者采掘工作接近这些地点时，必须事先排除其中积聚的瓦斯。排除瓦斯工作必须制定安全技术措施。

严禁在停风或者瓦斯超限的区域内作业。

第一百七十六条 局部通风机因故停止运转，在恢复通风前，必须首先检查瓦斯，只有停风区中最高甲烷浓度不超过 1.0%和最高二氧化碳浓度不超过 1.5%，且局部通风机及其开关附近 10 m 以内风流中的甲烷浓度都不超过 0.5%时，方可人工开启局部通风机，恢复正常通风。

停风区中甲烷浓度超过 1.0%或者二氧化碳浓度超过 1.5%，最高甲烷浓度和二氧化碳浓度不超过 3.0%时，必须采取安全措施，控制风流排放瓦斯。

停风区中甲烷浓度或者二氧化碳浓度超过 3.0%时，必须制定安全排放瓦斯措施，报矿总工程师批准。

在排放瓦斯过程中，排出的瓦斯与全风压风流混合处的甲烷和二氧化碳浓度均不得超过 1.5%，且混合风流经过的所有巷道内必须停电撤人，其他地点的停电撤人范围应当在措施中明确规定。只有恢复通风的巷道风流中甲烷浓度不超过 1.0%和二氧化碳浓度不超过 1.5%时，方可人工恢复局部通风机供风巷道内电气设备的供电和采区回风系统内的供电。

第一百七十七条 井筒施工以及开拓新水平的井巷第一次接近各开采煤层时，必须按掘进工作面距煤层的准确位置，在距煤层垂距 10 m 以外开始打探煤钻孔，钻孔超前工作面的距离不得小于 5 m，并有专职瓦斯检查工经常检查瓦斯。岩巷掘进遇到煤线或者接近地质破坏带时，必须有专职瓦斯检查工经常检查瓦斯，发现瓦斯大量增加或者其他异常时，必须停止掘进，撤出人员，进行处理。

第一百七十八条 有瓦斯或者二氧化碳喷出的煤（岩）层，开采前必须采取下列措施：

（一）打前探钻孔或者抽排钻孔。

（二）加大喷出危险区域的风量。

（三）将喷出的瓦斯或者二氧化碳直接引入回风巷或者抽采瓦斯管路。

第一百七十九条　在有油气爆炸危险的矿井中，应当使用能检测油气成分的仪器检查各个地点的油气浓度，并定期采样化验油气成分和浓度。对油气浓度的规定可按本规程有关瓦斯的各项规定执行。

第一百八十条　矿井必须建立甲烷、二氧化碳和其他有害气体检查制度，并遵守下列规定：

（一）矿长、矿总工程师、爆破工、采掘区队长、通风区队长、工程技术人员、班长、流动电钳工等下井时，必须携带便携式甲烷检测报警仪。瓦斯检查工必须携带便携式光学甲烷检测仪和便携式甲烷检测报警仪。安全监测工必须携带便携式甲烷检测报警仪。

（二）所有采掘工作面、硐室、使用中的机电设备的设置地点、有人员作业的地点都应当纳入检查范围。

（三）采掘工作面的甲烷浓度检查次数如下：

1. 低瓦斯矿井，每班至少 2 次；

2. 高瓦斯矿井，每班至少 3 次；

3. 突出煤层、有瓦斯喷出危险或者瓦斯涌出较大、变化异常的采掘工作面，必须有专人经常检查。

（四）采掘工作面二氧化碳浓度应当每班至少检查 2 次；有煤（岩）与二氧化碳突出危险或者二氧化碳涌出量较大、变化异常的采掘工作面，必须有专人经常检查二氧化碳浓度。对于未进行作业的采掘工作面，可能涌出或者积聚甲烷、二氧化碳的硐室和巷道，应当每班至少检查 1 次甲烷、二氧化碳浓度。

（五）瓦斯检查工必须执行瓦斯巡回检查制度和请示报告制度，并认真填写瓦斯检查班报。每次检查结果必须记入瓦斯检查班报手册和检查地点的记录牌上，并通知现场工作人员。甲烷浓度超过本规程规定时，瓦斯检查工有权责令现场人员停止工作，并撤到安全地点。

（六）在有自然发火危险的矿井，必须定期检查一氧化碳浓度、气体温度等变化情况。

（七）井下停风地点栅栏外风流中的甲烷浓度每天至少检查 1 次，密闭外的甲烷浓度每周至少检查 1 次。

（八）通风值班人员必须审阅瓦斯班报，掌握瓦斯变化情况，发现问题，及时处理，并向矿调度室汇报。通风瓦斯日报必须送矿长、矿总工程师审阅，一矿多井的矿必须同时送井长、井技术负责人审阅。对重大的通风、瓦斯问题，应当制定措施，进行处理。

第一百八十一条　突出矿井必须建立地面永久抽采瓦斯系统。有下列情况之一的矿井，必须建立地面永久抽采瓦斯系统或者井下临时抽采瓦斯系统：

（一）任一采煤工作面的瓦斯涌出量大于 5 m^3/min 或者任一掘进工作面瓦斯涌出量大于 3 m^3/min，用通风方法解决瓦斯问题不合理的。

（二）矿井绝对瓦斯涌出量达到下列条件的：

1. 大于或者等于 40 m^3/min；
2. 年产量 1.0~1.5 Mt 的矿井，大于 30 m^3/min；
3. 年产量 0.6~1.0 Mt 的矿井，大于 25 m^3/min；
4. 年产量 0.4~0.6 Mt 的矿井，大于 20 m^3/min；
5. 年产量小于或者等于 0.4 Mt 的矿井，大于 15 m^3/min。

第一百八十二条 抽采瓦斯设施应当符合下列要求：

（一）地面泵房必须用不燃性材料建筑，并必须有防雷电装置，其距进风井口和主要建筑物不得小于 50 m，并用栅栏或者围墙保护。

（二）地面泵房和泵房周围 20 m 范围内，禁止堆积易燃物和有明火。

（三）抽采瓦斯泵及其附属设备，至少应当有 1 套备用，备用泵能力不得小于运行泵中最大一台单泵的能力。

（四）地面泵房内电气设备、照明和其他电气仪表都应当采用矿用防爆型；否则必须采取安全措施。

（五）泵房必须有直通矿调度室的电话和检测管道瓦斯浓度、流量、压力等参数的仪表或者自动监测系统。

（六）干式抽采瓦斯泵吸气侧管路系统中，必须装设有防回火、防回流和防爆炸作用的安全装置，并定期检查。抽采瓦斯泵站放空管的高度应当超过泵房房顶 3 m。

泵房必须有专人值班，经常检测各参数，做好记录。当抽采瓦斯泵停止运转时，必须立即向矿调度室报告。如果利用瓦斯，在瓦斯泵停止运转后和恢复运转前，必须通知使用瓦斯的单位，取得同意后，方可供应瓦斯。

第一百八十三条 设置井下临时抽采瓦斯泵站时，必须遵守下列规定：

（一）临时抽采瓦斯泵站应当安设在抽采瓦斯地点附近的新鲜风流中。

（二）抽出的瓦斯可引排到地面、总回风巷、一翼回风巷或者分区回风巷，但必须保证稀释后风流中的瓦斯浓度不超限。在建有地面永久抽采系统的矿井，临时泵站抽出的瓦斯可送至永久抽采系统的管路，但矿井抽采系统的瓦斯浓度必须符合本规程第一百八十四条的规定。

（三）抽出的瓦斯排入回风巷时，在排瓦斯管路出口必须设置栅栏、悬挂警戒牌等。栅栏设置的位置是上风侧距管路出口 5 m、下风侧距管路出口 30 m，两栅栏间禁止任何作业。

第一百八十四条 抽采瓦斯必须遵守下列规定：

（一）抽采容易自燃和自燃煤层的采空区瓦斯时，抽采管路应当安设一氧化碳、甲烷、温度传感器，实现实时监测监控。发现有自然发火征兆时，应当立即采取措施。

（二）井上下敷设的瓦斯管路，不得与带电物体接触并应当有防止砸坏管路的措施。

（三）采用干式抽采瓦斯设备时，抽采瓦斯浓度不得低于 25%。

（四）利用瓦斯时，在利用瓦斯的系统中必须装设有防回火、防回流和防爆炸作用的安全装置。

（五）抽采的瓦斯浓度低于 30% 时，不得作为燃气直接燃。进行管道输送、瓦斯利用或者排空时，必须按有关标准的规定执行，并制定安全技术措施。

第三节　瓦斯和煤尘爆炸防治

第一百八十五条　新建矿井或者生产矿井每延深一个新水平，应当进行1次煤尘爆炸性鉴定工作，鉴定结果必须报省级煤炭行业管理部门和煤矿安全监察机构。

煤矿企业应当根据鉴定结果采取相应的安全措施。

第一百八十六条　开采有煤尘爆炸危险煤层的矿井，必须有预防和隔绝煤尘爆炸的措施。矿井的两翼、相邻的采区、相邻的煤层、相邻的采煤工作面间，掘进煤巷同与其相连的巷道间，煤仓同与其相连的巷道间，采用独立通风并有煤尘爆炸危险的其他地点同与其相连的巷道间，必须用水棚或者岩粉棚隔开。

必须及时清除巷道中的浮煤，清扫、冲洗沉积煤尘或者定期撒布岩粉；应当定期对主要大巷刷浆。

第一百八十七条　矿井应当每年制定综合防尘措施、预防和隔绝煤尘爆炸措施及管理制度，并组织实施。

矿井应当每周至少检查1次隔爆设施的安装地点、数量、水量或者岩粉量及安装质量是否符合要求。

第一百八十八条　高瓦斯矿井、突出矿井和有煤尘爆炸危险的矿井，煤巷和半煤岩巷掘进工作面应当安设隔爆设施。

第四章　煤（岩）与瓦斯（二氧化碳）突出防治

第一节　一 般 规 定

第一百八十九条　在矿井井田范围内发生过煤（岩）与瓦斯（二氧化碳）突出的煤（岩）层或者经鉴定、认定为有突出危险的煤（岩）层为突出煤（岩）层。在矿井的开拓、生产范围内有突出煤（岩）层的矿井为突出矿井。

煤矿发生生产安全事故，经事故调查认定为突出事故的，发生事故的煤层直接认定为突出煤层，该矿井为突出矿井。

有下列情况之一的煤层，应当立即进行煤层突出危险性鉴定，否则直接认定为突出煤层；鉴定未完成前，应当按照突出煤层管理：

（一）有瓦斯动力现象的。

（二）瓦斯压力达到或者超过0.74 MPa的。

（三）相邻矿井开采的同一煤层发生突出事故或者被鉴定、认定为突出煤层的。

煤矿企业应当将突出矿井及突出煤层的鉴定结果报省级煤炭行业管理部门和煤矿安全监察机构。

新建矿井应当对井田范围内采掘工程可能揭露的所有平均厚度在0.3 m以上的煤层进行突出危险性评估，评估结论作为矿井初步设计和建井期间井巷揭煤作业的依据。评估为有突出危险时，建井期间应当对开采煤层及其他可能对采掘活动造成威胁的煤层进行突出危险性鉴定或者认定。

第一百九十条　新建突出矿井设计生产能力不得低于0.9 Mt/a，第一生产水平开采深度不得超过 800 m；生产矿井延深水平开采深度不得超过 1 200 m。

第一百九十一条 突出矿井的防突工作必须坚持区域综合防突措施先行、局部综合防突措施补充的原则。

区域综合防突措施包括区域突出危险性预测、区域防突措施、区域防突措施效果检验和区域验证等内容。

局部综合防突措施包括工作面突出危险性预测、工作面防突措施、工作面防突措施效果检验和安全防护措施等内容。

突出矿井的新采区和新水平进行开拓设计前，应当对开拓采区或者开拓水平内平均厚度在 0.3 m 以上的煤层进行突出危险性评估，评估结论作为开拓采区或者开拓水平设计的依据。对评估为无突出危险的煤层，所有井巷揭煤作业还必须采取区域或者局部综合防突措施；对评估为有突出危险的煤层，按突出煤层进行设计。

突出煤层突出危险区必须采取区域防突措施，严禁在区域防突措施效果未达到要求的区域进行采掘作业。

施工中发现有突出预兆或者发生突出的区域，必须采取区域综合防突措施。经区域验证有突出危险，则该区域必须采取区域或者局部综合防突措施。按突出煤层管理的煤层，必须采取区域或者局部综合防突措施。

在突出煤层进行采掘作业期间必须采取安全防护措施。

第一百九十二条 突出矿井必须确定合理的采掘部署，使煤层的开采顺序、巷道布置、采煤方法、采掘接替等有利于区域防突措施的实施。

突出矿井在编制生产发展规划和年度生产计划时，必须同时编制相应的区域防突措施规划和年度实施计划，将保护层开采、区域预抽煤层瓦斯等工程与矿井采掘部署、工程接替等统一安排，使矿井的开拓区、抽采区、保护层开采区和被保护层有效区按比例协调配置，确保采掘作业在区域防突措施有效区内进行。

第一百九十三条 有突出危险煤层的新建矿井及突出矿井的新水平、新采区的设计，必须有防突设计篇章。

非突出矿井升级为突出矿井时，必须编制防突专项设计。

第一百九十四条 石门、井筒揭穿突出煤层必须编制防突专项设计，并报企业技术负责人审批。

突出煤层采掘工作面必须编制防突专项设计。

矿井必须对防突措施的技术参数和效果进行实际考察确定。

第一百九十五条 突出矿井的采掘布置应当遵守下列规定：

（一）主要巷道应当布置在岩层或者无突出危险煤层内。突出煤层的巷道优先布置在被保护区域或者其他无突出危险区域内。

（二）应当减少井巷揭开（穿）突出煤层的次数，揭开（穿）突出煤层的地点应当合理避开地质构造带。

（三）在同一突出煤层的集中应力影响范围内，不得布置 2 个工作面相向回采或者掘进。

第一百九十六条　突出煤层的采掘工作应当遵守下列规定：

（一）严禁采用水力采煤法、倒台阶采煤法或者其他非正规采煤法。

（二）在急倾斜煤层中掘进上山时，应当采用双上山、伪倾斜上山等掘进方式，并加强支护。

（三）上山掘进工作面采用爆破作业时，应当采用深度不大于1.0 m的炮眼远距离全断面一次爆破。

（四）预测或者认定为突出危险区的采掘工作面严禁使用风镐作业。

（五）在过突出孔洞及其附近30 m范围内进行采掘作业时，必须加强支护。

（六）在突出煤层的煤巷中安装、更换、维修或者回收支架时，必须采取预防煤体冒落引起突出的措施。

第一百九十七条　有突出危险煤层的新建矿井或者突出矿井，开拓新水平的井巷第一次揭穿（开）厚度为0.3 m及以上煤层时，必须超前探测煤层厚度及地质构造、测定煤层瓦斯压力及瓦斯含量等与突出危险性相关的参数。

第一百九十八条　在突出煤层顶、底板掘进岩巷时，必须超前探测煤层及地质构造情况，分析勘测验证地质资料，编制巷道剖面图，及时掌握施工动态和围岩变化情况，防止误穿突出煤层。

第一百九十九条　有突出矿井的煤矿企业应当填写突出卡片、分析突出资料、掌握突出规律、制定防突措施，在每年第一季度内，将上年度的突出资料报省级煤炭行业管理部门。

第二百条　突出矿井必须编制并及时更新矿井瓦斯地质图，更新周期不得超过1年，图中应当标明采掘进度、被保护范围、煤层赋存条件、地质构造、突出点的位置、突出强度、瓦斯基本参数等，作为突出危险性区域预测和制定防突措施的依据。

第二百零一条　突出煤层工作面的作业人员、瓦斯检查工、班组长应当掌握突出预兆。发现突出预兆时，必须立即停止作业，按避灾路线撤出，并报告矿调度室。

班组长、瓦斯检查工、矿调度员有权责令相关现场作业人员停止作业，停电撤人。

第二百零二条　煤与二氧化碳突出、岩石与二氧化碳突出、岩石与瓦斯突出的管理和防治措施参照本章规定执行。

第二节　区域综合防突措施

第二百零三条　突出矿井应当对突出煤层进行区域突出危险性预测（以下简称区域预测）。经区域预测后，突出煤层划分为无突出危险区和突出危险区。未进行区域预测的区域视为突出危险区。

第二百零四条　具备开采保护层条件的突出危险区，必须开采保护层。选择保护层应当遵循下列原则：

（一）优先选择无突出危险的煤层作为保护层。矿井中所有煤层都有突出危险时，应当选择突出危险程度较小的煤层作保护层。

（二）应当优先选择上保护层；选择下保护层开采时，不得破坏被保护层的开采条件。

开采保护层后，在有效保护范围内的被保护层区域为无突出危险区，超出有效保护范围的区域仍然为突出危险区。

第二百零五条 有效保护范围的划定及有关参数应当实际考察确定。正在开采的保护层采煤工作面，必须超前于被保护层的掘进工作面，其超前距离不得小于保护层与被保护层之间法向距离的 3 倍，并不得小于 100 m。

第二百零六条 对不具备保护层开采条件的突出厚煤层，利用上分层或者上区段开采后形成的卸压作用保护下分层或者下区段时，应当依据实际考察结果来确定其有效保护范围。

第二百零七条 开采保护层时，应当不留设煤（岩）柱。特（岩）柱时，必须将煤（岩）柱的位置和尺寸准确标注在采掘工程平面图和瓦斯地质图上，在瓦斯地质图上还应当标出煤（岩）柱的影响范围。在煤（岩）柱及其影响范围内采掘作业前，必须采取区域预抽煤层瓦斯防突措施。

第二百零八条 开采保护层时，应当同时抽采被保护层和邻近层的瓦斯。开采近距离保护层时，必须采取防止误穿突出煤层和被保护层卸压瓦斯突然涌入保护层工作面的措施。

第二百零九条 采取预抽煤层瓦斯区域防突措施时，应当遵守下列规定：

（一）预抽区段煤层瓦斯的钻孔应当控制区段内的整个回采区域、两侧回采巷道及其外侧如下范围内的煤层：倾斜、急倾斜煤层巷道上帮轮廓线外至少 20 m，下帮至少 10 m；其他煤层为巷道两侧轮廓线外至少各 15 m。以上所述的钻孔控制范围均为沿煤层层面方向（以下同）。

（二）穿层钻孔预抽煤巷条带煤层瓦斯区域防突措施的钻孔应当控制整条煤层巷道及其两侧一定范围内的煤层。该范围与（一）中回采巷道外侧的要求相同。

（三）穿层钻孔预抽井巷（含石门、立井、斜井、平硐）揭煤区域煤层瓦斯时，应当控制井巷及其外侧一定范围内的煤层，并在揭煤工作面距煤层最小法向距离 7 m 以前实施（在构造破坏带应当适当加大距离）。

（四）顺层钻孔预抽煤巷条带煤层瓦斯时，应当控制的煤巷条带前方长度不小于 60 m 和煤层两侧一定范围，该范围与（一）中回采巷道外侧的要求相同。

（五）当煤巷掘进和采煤工作面在预抽防突效果有效的区域内作业时，工作面距未预抽或者预抽防突效果无效范围的前方边界不得小于 20 m。

（六）厚煤层分层开采时，预抽钻孔应当控制开采分层及其上部法向距离至少 20 m、下部 10 m 范围内的煤层。

（七）应当采取措施确保预抽瓦斯钻孔能够按设计参数控制整个预抽区域。

第二百一十条 有下列条件之一的突出煤层，不得将在本巷道施工顺煤层钻孔预抽煤巷条带瓦斯作为区域防突措施：

（一）新建矿井的突出煤层。

（二）历史上发生过突出强度大于 500 t/次的。

（三）开采范围内煤层坚固性系数小于 0.3 的；或者煤层坚固性系数为 0.3~0.5，且埋深大于 500 m 的；或者煤层坚固性系数为 0.5~0.8，且埋深大于 600 m 的；或者煤层埋深大于 700 m 的；或者煤巷条带位于开采应力集中区的。

第二百一十一条　保护层的开采厚度不大于 0.5 m、上保护层与突出煤层间距大于 50 m 或者下保护层与突出煤层间距大于 80 m 时，必须对每个被保护层工作面的保护效果进行检验。

采用预抽煤层瓦斯防突措施的区域，必须对区域防突措施效果进行检验。检验无效时，仍为突出危险区。

检验有效时，无突出危险区的采掘工作面每推进 10~50 m 至少进行 2 次区域验证，并保留完整的工程设计、施工和效果检验的原始资料。

第三节　局部综合防突措施

第二百一十二条　突出煤层采掘工作面经工作面预测后划分为突出危险工作面和无突出危险工作面。

未进行突出预测的采掘工作面视为突出危险工作面。

当预测为突出危险工作面时，必须实施工作面防突措施和工作面防突措施效果检验。只有经效果检验有效后，方可进行采掘作业。

第二百一十三条　井巷揭煤工作面的防突措施包括预抽煤层瓦斯、排放钻孔、金属骨架、煤体固化、水力冲孔或者其他经试验证明有效的措施。

第二百一十四条　井巷揭穿（开）突出煤层必须遵守下列规定：

（一）在工作面距煤层法向距离 10 m（地质构造复杂、岩石破碎的区域 20 m）之外，至少施工 2 个前探钻孔，掌握煤层赋存条件、地质构造、瓦斯情况等。

（二）从工作面距煤层法向距离大于 5 m 处开始，直至揭穿煤层全过程都应当采取局部综合防突措施。

（三）揭煤工作面距煤层法向距离 2 m 至进入顶（底）板 2 m 的范围，均应当采用远距离爆破掘进工艺。

（四）厚度小于 0.3 m 的突出煤层，在满足（一）的条件下可直接采用远距离爆破掘进工艺揭穿。

（五）禁止使用震动爆破揭穿突出煤层。

第二百一十五条　煤巷掘进工作面应当选用超前钻孔预抽瓦斯、超前钻孔排放瓦斯的防突措施或者其他经试验证实有效的防突措施。

第二百一十六条　采煤工作面可以选用超前钻孔预抽瓦斯、超前钻孔排放瓦斯、注水湿润煤体、松动爆破或者其他经试验证实有效的防突措施。

第二百一十七条　突出煤层的采掘工作面，应当根据煤层实际情况选用防突措施，并遵守下列规定：

（一）不得选用水力冲孔措施，倾角在 8°以上的上山掘进工作面不得选用松动爆破、水力疏松措施。

（二）突出煤层煤巷掘进工作面前方遇到落差超过煤层厚度的断层，应当按井巷揭煤的措施执行。

（三）采煤工作面采用超前钻孔预抽瓦斯和超前钻孔排放瓦斯作为工作面防突措施时，超前钻孔的孔数、孔底间距等应当根据钻孔的有效抽排半径确定。

（四）松动爆破时，应当按远距离爆破的要求执行。

第二百一十八条 工作面执行防突措施后，必须对防突措施效果进行检验。如果工作面措施效果检验结果均小于指标临界值，且未发现其他异常情况，则措施有效；否则必须重新执行区域综合防突措施或者局部综合防突措施。

第二百一十九条 在煤巷掘进工作面第一次执行局部防突措施或者无措施超前距时，必须采取小直径钻孔排放瓦斯等防突措施，只有在工作面前方形成 5 m 以上的安全屏障后，方可进入正常防突措施循环。

第二百二十条 井巷揭穿突出煤层和在突出煤层中进行采掘作业时，必须采取避难硐室、反向风门、压风自救装置、隔离式自救器、远距离爆破等安全防护措施。

第二百二十一条 突出煤层的石门揭煤、煤巷和半煤岩巷掘进工作面进风侧必须设置至少 2 道反向风门。爆破作业时，反向风门必须关闭。反向风门距工作面的距离，应当根据掘进工作面的通风系统和预计的突出强度确定。

第二百二十二条 井巷揭煤采用远距离爆破时，必须明确起爆地点、避灾路线、警戒范围，制定停电撤人等措施。

井筒起爆及撤人地点必须位于地面距井口边缘 20 m 以外，暗立（斜）井及石门揭煤起爆及撤人地点必须位于反向风门外 500 m 以上全风压通风的新鲜风流中或者 300 m 以外的避难硐室内。

煤巷掘进工作面采用远距离爆破时，起爆地点必须设在进风侧反向风门之外的全风压通风的新鲜风流中或者避险设施内，起爆地点距工作面的距离必须在措施中明确规定。

远距离爆破时，回风系统必须停电撤人。爆破后，进入工作面检查的时间应当在措施中明确规定，但不得小于 30 min。

第二百二十三条 突出煤层采掘工作面附近、爆破撤离人员集中地点、起爆地点必须设有直通矿调度室的电话，并设置有供给压缩空气的避险设施或者压风自救装置。工作面回风系统中有人作业的地点，也应当设置压风自救装置。

第二百二十四条 清理突出的煤（岩）时，必须制定防煤尘、片帮、冒顶、瓦斯超限、出现火源，以及防止再次发生突出事故的安全措施。

第五章 冲击地压防治

第一节 一般规定

第二百二十五条 在矿井井田范围内发生过冲击地压现象的煤层，或者经鉴定煤层（或者其顶底板岩层）具有冲击倾向性且评价具有冲击危险性的煤层为冲击地压煤层。有冲击地压煤层的矿井为冲击地压矿井。

第二百二十六条 有下列情况之一的，应当进行煤岩冲击倾向性鉴定：

（一）有强烈震动、瞬间底（帮）鼓、煤岩弹射等动力现象的。

（二）埋深超过 400 m 的煤层，且煤层上方 100 m 范围内存在单层厚度超过 10 m 的坚硬岩层。

（三）相邻矿井开采的同一煤层发生过冲击地压的。

（四）冲击地压矿井开采新水平、新煤层。

第二百二十七条 开采具有冲击倾向性的煤层，必须进行冲击危险性评价。

第二百二十八条 矿井防治冲击地压（以下简称防冲）工作应当遵守下列规定：

（一）设专门的机构与人员。

（二）坚持“区域先行、局部跟进”的防冲原则。

（三）必须编制中长期防冲规划与年度防冲计划，采掘工作面作业规程中必须包括防冲专项措施。

（四）开采冲击地压煤层时，必须采取冲击危险性预测、监测预警、防范治理、效果检验、安全防护等综合性防治措施。

（五）必须建立防冲培训制度。

第二百二十九条 新建矿井和冲击地压矿井的新水平、新采区、新煤层有冲击地压危险的，必须编制防冲设计。防冲设计应当包括开拓方式、保护层的选择、采区巷道布置、工作面开采顺序、采煤方法、生产能力、支护形式、冲击危险性预测方法、冲击地压监测预警方法、防冲措施及效果检验方法、安全防护措施等内容。

第二百三十条 冲击地压矿井应当按防冲要求进行矿井生产能力核定。提高矿井生产能力和新水平延深时，必须进行论证。

采取综合防冲措施后不能消除冲击地压灾害的矿井，不得进行采掘作业。

第二百三十一条 冲击地压矿井巷道布置与采掘作业应当遵守下列规定：

（一）开采冲击地压煤层时，在应力集中区内不得布置 2 个工作面同时进行采掘作业。2 个掘进工作面之间的距离小于 150 m 时，采煤工作面与掘进工作面之间的距离小于 350 m 时，2 个采煤工作面之间的距离小于 500 m 时，必须停止其中一个工作面。相邻矿井、相邻采区之间应当避免开采相互影响。

（二）开拓巷道不得布置在严重冲击地压煤层中，永久硐室不得布置在冲击地压煤层中。煤层巷道与硐室布置不应留底煤，如果留有底煤必须采取底板预卸压措施。

（三）严重冲击地压厚煤层中的巷道应当布置在应力集中区外。双巷掘进时 2 条平行巷道在时间、空间上应当避免相互影响。

（四）冲击地压煤层应当严格按顺序开采，不得留孤岛煤柱。在采空区内不得留有煤柱，如果必须在采空区内留煤柱时，应当进行论证，报企业技术负责人审批，并将煤柱的位置、尺寸以及影响范围标在采掘工程平面图上。开采孤岛煤柱的，应当进行防冲安全开采论证；严重冲击地压矿井不得开采孤岛煤柱。

（五）对冲击地压煤层，应当根据顶底板岩性适当加大掘进巷道宽度。应当优先选择无煤柱护巷工艺，采用大煤柱护巷时应当避开应力集中区，严禁留大煤柱影响邻近层开采。巷道严禁采用刚性支护。

（六）采用垮落法管理顶板时，支架（柱）应当有足够的支护强度，采空区中所有支柱必须回净。

（七）冲击地压煤层掘进工作面临近大型地质构造、采空区、其他应力集中区时，必须制定专项措施。

（八）应当在作业规程中明确规定初次来压、周期来压、采空区“见方”等期间的防冲措施。

（九）在无冲击地压煤层中的三面或者四面被采空区所包围的区域开采和回收煤柱时，必须制定专项防冲措施。

第二百三十二条 具有冲击地压危险的高瓦斯、突出煤层的矿井，应当根据本矿井条件，制定专门技术措施。

第二百三十三条 开采具有冲击地压危险的急倾斜、特厚等煤层时，应当制定专项防冲措施，并由企业技术负责人审批。

第二节 冲击危险性预测

第二百三十四条 冲击地压矿井必须进行区域危险性预测（以下简称区域预测）和局部危险性预测（以下简称局部预测）。区域与局部预测可根据地质与开采技术条件等，优先采用综合指数法确定冲击危险性。

第二百三十五条 必须建立区域与局部相结合的冲击地压危险性监测制度。

应当根据现场实际考察资料和积累的数据确定冲击危险性预警临界指标。

第二百三十六条 冲击地压危险区域必须进行日常监测。判定有冲击地压危险时，应当立即停止作业，撤出人员，切断电源，并报告矿调度室。在实施解危措施、确认危险解除后方可恢复正常作业。

停采 3 天及以上的采煤工作面恢复生产前，应当评估冲击地压危险程度，并采取相应的安全措施。

第三节 区域与局部防冲措施

第二百三十七条 冲击地压矿井应当选择合理的开拓方式、采掘部署、开采顺序、采煤工艺及开采保护层等区域防冲措施。

第二百三十八条 保护层开采应当遵守下列规定：

（一）具备开采保护层条件的冲击地压煤层，应当开采保护层。

（二）应当根据矿井实际条件确定保护层的有效保护范围，保护层回采超前被保护层采掘工作面的距离应当符合本规程第二百三十一条的规定。

（三）开采保护层后，仍存在冲击地压危险的区域，必须采取防冲措施。

第二百三十九条 冲击地压煤层的采煤方法与工艺确定应当遵守下列规定：

（一）采用长壁综合机械化开采方法。

（二）缓倾斜、倾斜厚及特厚煤层采用综采放顶煤工艺开采时，直接顶不能随采随冒的，应当预先对顶板进行弱化处理。

第二百四十条 冲击地压煤层采用局部防冲措施应当遵守下列规定：

（一）采用钻孔卸压措施时，必须制定防止诱发冲击伤人的安全防护措施。

（二）采用煤层爆破措施时，应当根据实际情况选取超前松动爆破、卸压爆破等方法，确定合理的爆破参数，起爆点到爆破地点的距离不得小于 300 m。

（三）采用煤层注水措施时，应当根据煤层条件，确定合理的注水参数，并检验注水效果。

（四）采用底板卸压、顶板预裂、水力压裂等措施时，应当根据煤岩层条件，确定合理的参数。

第二百四十一条　冲击地压危险工作面实施解危措施后，必须进行效果检验，确认检验结果小于临界值后，方可进行采掘作业。

第四节　冲击地压安全防护措施

第二百四十二条　进入严重冲击地压危险区域的人员必须采取特殊的个体防护措施。

第二百四十三条　有冲击地压危险的采掘工作面，供电、供液等设备应当放置在采动应力集中影响区外。对危险区域内的设备、管线、物品等应当采取固定措施，管路应当吊挂在巷道腰线以下。

第二百四十四条　冲击地压危险区域的巷道必须加强支护，采煤工作面必须加大上下出口和巷道的超前支护范围和强度。严重冲击地压危险区域，必须采取防底鼓措施。

第二百四十五条　有冲击地压危险的采掘工作面必须设置压风自救系统，明确发生冲击地压时的避灾路线。

第六章　防　灭　火

第一节　一般规定

第二百四十六条　煤矿必须制定井上、下防火措施。煤矿的所有地面建（构）筑物、煤堆、矸石山、木料场等处的防火措施和制度，必须遵守国家有关防火的规定。

第二百四十七条　木料场、矸石山等堆放场距离进风井口不得小于 80 m。木料场距离矸石山不得小于 50 m。

不得将矸石山设在进风井的主导风向上风侧、表土层 10 m 以浅有煤层的地面上和漏风采空区上方的塌陷范围内。

第二百四十八条　新建矿井的永久井架和井口房、以井口为中心的联合建筑，必须用不燃性材料建筑。

对现有生产矿井用可燃性材料建筑的井架和井口房，必须制定防火措施。

第二百四十九条　矿井必须设地面消防水池和井下消防管路系统。井下消防管路系统应当敷设到采掘工作面，每隔 100 m 设置支管和阀门，但在带式输送机巷道中应当每隔 50 m 设置支管和阀门。地面的消防水池必须经常保持不少于 200 m^3 的水量。消防用水同生产、生活用水共用同一水池时，应当有确保消防用水的措施。

开采下部水平的矿井，除地面消防水池外，可以利用上部水平或者生产水平的水仓作为消防水池。

第二百五十条　进风井口应当装设防火铁门，防火铁门必须严密并易于关闭，打开时不妨碍提升、运输和人员通行，并定期维修；如果不设防火铁门，必须有防止烟火进入矿井的安全措施。

第二百五十一条　井口房和通风机房附近 20 m 内，不得有烟火或者用火炉取暖。通风机房位于工业广场以外时，除开采有瓦斯喷出的矿井和突出矿井外，可用隔焰式火炉或者防爆式电热器取暖。

暖风道和压入式通风的风硐必须用不燃性材料砌筑，并至少装设2道防火门。

第二百五十二条 井筒与各水平的连接处及井底车场，主要绞车道与主要运输巷、回风巷的连接处，井下机电设备硐室，主要巷道内带式输送机机头前后两端各20 m范围内，都必须用不燃性材料支护。

在井下和井口房，严禁采用可燃性材料搭设临时操作间、休息间。

第二百五十三条 井下严禁使用灯泡取暖和使用电炉。

第二百五十四条 井下和井口房内不得进行电焊、气焊和喷灯焊接等作业。如果必须在井下主要硐室、主要进风井巷和井口房内进行电焊、气焊和喷灯焊接等工作，每次必须制定安全措施，由矿长批准并遵守下列规定：

（一）指定专人在场检查和监督。

（二）电焊、气焊和喷灯焊接等工作地点的前后两端各10 m的井巷范围内，应当是不燃性材料支护，并有供水管路，有专人负责喷水，焊接前应当清理或者隔离焊碴飞溅区域内的可燃物。上述工作地点应当至少备有2个灭火器。

（三）在井口房、井筒和倾斜巷道内进行电焊、气焊和喷灯焊接等工作时，必须在工作地点的下方用不燃性材料设施接受火星。

（四）电焊、气焊和喷灯焊接等工作地点的风流中，甲烷浓度不得超过0.85%，只有在检查证明作业地点附近20 m范围内巷道顶部和支护背板后无瓦斯积存时，方可进行作业。

（五）电焊、气焊和喷灯焊接等作业完毕后，作业地点应当再次用水喷洒，并有专人在作业地点检查1 h，发现异常，立即处理。

（六）突出矿井井下进行电焊、气焊和喷灯焊接时，必须停止突出煤层的掘进、回采、钻孔、支护以及其他所有扰动突出煤层的作业。

煤层中未采用砌碹或者喷浆封闭的主要硐室和主要进风大巷中，不得进行电焊、气焊和喷灯焊接等工作。

第二百五十五条 井下使用的汽油、煤油必须装入盖严的铁桶内，由专人押运送至使用地点，剩余的汽油、煤油必须运回地面，严禁在井下存放。

井下使用的润滑油、棉纱、布头和纸等，必须存放在盖严的铁桶内。用过的棉纱、布头和纸，也必须放在盖严的铁桶内，并由专人定期送到地面处理，不得乱放乱扔。严禁将剩油、废油泼洒在井巷或者硐室内。

井下清洗风动工具时，必须在专用硐室进行，并必须使用不燃性和无毒性洗涤剂。

第二百五十六条 井上、下必须设置消防材料库，并符合下列要求：

（一）井上消防材料库应当设在井口附近，但不得设在井口房内。

（二）井下消防材料库应当设在每一个生产水平的井底车场或者主要运输大巷中，并装备消防车辆。

（三）消防材料库储存的消防材料和工具的品种和数量应当符合有关要求，并定期检查和更换；消防材料和工具不得挪作他用。

第二百五十七条　井下爆炸物品库、机电设备硐室、检修硐室、材料库、井底车场、使用带式输送机或者液力偶合器的巷道以及采掘工作面附近的巷道中，必须备有灭火器材，其数量、规格和存放地点，应当在灾害预防和处理计划中确定。

井下工作人员必须熟悉灭火器材的使用方法，并熟悉本职工作区域内灭火器材的存放地点。

井下爆炸物品库、机电设备硐室、检修硐室、材料库的支护和风门、风窗必须采用不燃性材料。

第二百五十八条　每季度应当对井上、下消防管路系统、防火门、消防材料库和消防器材的设置情况进行1次检查，发现问题，及时解决。

第二百五十九条　矿井防灭火使用的凝胶、阻化剂及进行充填、堵漏、加固用的高分子材料，应当对其安全性和环保性进行评估，并制定安全监测制度和防范措施。使用时，井巷空气成分必须符合本规程第一百三十五条要求。

第二节　井下火灾防治

第二百六十条　煤的自燃倾向性分为容易自燃、自燃、不易自燃3类。

新设计矿井应当将所有煤层的自燃倾向性鉴定结果报省级煤炭行业管理部门及省级煤矿安全监察机构。

生产矿井延深新水平时，必须对所有煤层的自燃倾向性进行鉴定。

开采容易自燃和自燃煤层的矿井，必须编制矿井防灭火专项设计，采取综合预防煤层自然发火的措施。

第二百六十一条　开采容易自燃和自燃煤层时，必须开展自然发火监测工作，建立自然发火监测系统，确定煤层自然发火标志气体及临界值，健全自然发火预测预报及管理制度。

第二百六十二条　对开采容易自燃和自燃的单一厚煤层或者煤层群的矿井，集中运输大巷和总回风巷应当布置在岩层内或者不易自燃的煤层内；布置在容易自燃和自燃的煤层内时，必须锚喷或者砌碹，碹后的空隙和冒落处必须用不燃性材料充填密实，或者用无腐蚀性、无毒性的材料进行处理。

第二百六十三条　开采容易自燃和自燃煤层时，采煤工作面必须采用后退式开采，并根据采取防火措施后的煤层自然发火期确定采（盘）区开采期限。在地质构造复杂、断层带、残留煤柱等区域开采时，应当根据矿井地质和开采技术条件，在作业规程中另行确定采（盘）区开采方式和开采期限。回采过程中不得任意留设设计外煤柱和顶煤。采煤工作面采到终采线时，必须采取措施使顶板冒落严实。

第二百六十四条　开采容易自燃和自燃的急倾斜煤层用垮落法管理顶板时，在主石门和采区运输石门上方，必须留有煤柱。禁止采掘留在主石门上方的煤柱。留在采区运输石门上方的煤柱，在采区结束后可以回收，但必须采取防止自然发火措施。

第二百六十五条　开采容易自燃和自燃煤层时，必须制定防治采空区（特别是工作面始采线、终采线、上下煤柱线和三角点）、巷道高冒区、煤柱破坏区自然发火的技术措施。

当井下发现自然发火征兆时，必须停止作业，立即采取有效措施处理。在发火征兆不能得到有效控制时，必须撤出人员，封闭危险区域。进行封闭施工作业时，其他区域所有人员必须全部撤出。

第二百六十六条　采用灌浆防灭火时，应当遵守下列规定：

（一）采（盘）区设计应当明确规定巷道布置方式、隔离煤柱尺寸、灌浆系统、疏水系统、预筑防火墙的位置以及采掘顺序。

（二）安排生产计划时，应当同时安排防火灌浆计划，落实灌浆地点、时间、进度、灌浆浓度和灌浆量。

（三）对采（盘）区始采线、终采线、上下煤柱线内的采空区，应当加强防火灌浆。

（四）应当有灌浆前疏水和灌浆后防止溃浆、透水的措施。

第二百六十七条　在灌浆区下部进行采掘前，必须查明灌浆区内的浆水积存情况。发现积存浆水，必须在采掘之前放出；在未放出前，严禁在灌浆区下部进行采掘作业。

第二百六十八条　采用阻化剂防灭火时，应当遵守下列规定：

（一）选用的阻化剂材料不得污染井下空气和危害人体健康。

（二）必须在设计中对阻化剂的种类和数量、阻化效果等主要参数作出明确规定。

（三）应当采取防止阻化剂腐蚀机械设备、支架等金属构件的措施。

第二百六十九条　采用凝胶防灭火时，编制的设计中应当明确规定凝胶的配方、促凝时间和压注量等参数。压注的凝胶必须充填满全部空间，其外表面应当喷浆封闭，并定期观测，发现老化、干裂时重新压注。

第二百七十条　采用均压技术防灭火时，应当遵守下列规定：

（一）有完整的区域风压和风阻资料以及完善的检测手段。

（二）有专人定期观测与分析采空区和火区的漏风量、漏风方向、空气温度、防火墙内外空气压差等状况，并记录在专用的防火记录簿内。

（三）改变矿井通风方式、主要通风机工况以及井下通风系统时，对均压地点的均压状况必须及时进行调整，保证均压状态的稳定。

（四）经常检查均压区域内的巷道中风流流动状态，并有防止瓦斯积聚的安全措施。

第二百七十一条　采用氮气防灭火时，应当遵守下列规定：

（一）氮气源稳定可靠。

（二）注入的氮气浓度不小于97%。

（三）至少有1套专用的氮气输送管路系统及其附属安全设施。

（四）有能连续监测采空区气体成分变化的监测系统。

（五）有固定或者移动的温度观测站（点）和监测手段。

（六）有专人定期进行检测、分析和整理有关记录、发现问题及时报告处理等规章制度。

第二百七十二条　采用全部充填采煤法时，严禁采用可燃物作充填材料。

第二百七十三条　开采容易自燃和自燃煤层时，在采（盘）区开采设计中，必须预先选定构筑防火门的位置。当采煤工作面通风系统形成后，必须按设计构筑防火门墙，并储备足够数量的封闭防火门的材料。

第二百七十四条　矿井必须制定防止采空区自然发火的封闭及管理专项措施。采煤工作面回采结束后，必须在 45 天内进行永久性封闭，每周 1 次抽取封闭采空区气样进行分析，并建立台账。

开采自燃和容易自燃煤层，应当及时构筑各类密闭并保证质量。

与封闭采空区连通的各类废弃钻孔必须永久封闭。

第二百七十五条　任何人发现井下火灾时，应当视火灾性质、灾区通风和瓦斯情况，立即采取一切可能的方法直接灭火，控制火势，并迅速报告矿调度室。矿调度室在接到井下火灾报告后，应当立即按灾害预防和处理计划通知有关人员组织抢救灾区人员和实施灭火工作。

矿值班调度和在现场的区、队、班组长应当依照灾害预防和处理计划的规定，将所有可能受火灾威胁区域中的人员撤离，并组织人员灭火。电气设备着火时，应当首先切断其电源；在切断电源前，必须使用不导电的灭火器材进行灭火。

抢救人员和灭火过程中，必须指定专人检查甲烷、一氧化碳、煤尘、其他有害气体浓度和风向、风量的变化，并采取防止瓦斯、煤尘爆炸和人员中毒的安全措施。

第二百七十六条　封闭火区时，应当合理确定封闭范围，必须指定专人检查甲烷、氧气、一氧化碳、煤尘以及其他有害气体浓度和风向、风量的变化，并采取防止瓦斯、煤尘爆炸和人员中毒的安全措施。

第三节　井下火区管理

第二百七十七条　煤矿必须绘制火区位置关系图，注明所有火区和曾经发火的地点。每一处火区都要按形成的先后顺序进行编号，并建立火区管理卡片。火区位置关系图和火区管理卡片必须永久保存。

第二百七十八条　永久性密闭墙的管理应当遵守下列规定：

（一）每个密闭墙附近必须设置栅栏、警标，禁止人员入内，并悬挂说明牌。

（二）定期测定和分析密闭墙内的气体成分和空气温度。

（三）定期检查密闭墙外的空气温度、瓦斯浓度，密闭墙内外空气压差以及密闭墙墙体。发现封闭不严、有其他缺陷或者火区有异常变化时，必须采取措施及时处理。

（四）所有测定和检查结果，必须记入防火记录簿。

（五）矿井做大幅度风量调整时，应当测定密闭墙内的气体成分和空气温度。

（六）井下所有永久性密闭墙都应当编号，并在火区位置关系图中注明。

密闭墙的质量标准由煤矿企业统一制定。

第二百七十九条　封闭的火区，只有经取样化验证实火已熄灭后，方可启封或者注销。火区同时具备下列条件时，方可认为火已熄灭：

（一）火区内的空气温度下降到 30℃以下，或者与火灾发生前该区的日常空气温度相同。

（二）火区内空气中的氧气浓度降到 5.0%以下。

（三）火区内空气中不含有乙烯、乙炔，一氧化碳浓度在封闭期间内逐渐下降，并稳定在 0.001%以下。

（四）火区的出水温度低于25℃，或者与火灾发生前该区的日常出水温度相同。

（五）上述4项指标持续稳定1个月以上。

第二百八十条 启封已熄灭的火区前，必须制定安全措施。启封火区时，应当逐段恢复通风，同时测定回风流中一氧化碳、甲烷浓度和风流温度。发现复燃征兆时，必须立即停止向火区送风，并重新封闭火区。

启封火区和恢复火区初期通风等工作，必须由矿山救护队负责进行，火区回风风流所经过巷道中的人员必须全部撤出。

在启封火区工作完毕后的3天内，每班必须由矿山救护队检查通风工作，并测定水温、空气温度和空气成分。只有在确认火区完全熄灭、通风等情况良好后，方可进行生产工作。

第二百八十一条 不得在火区的同一煤层的周围进行采掘工作。在同一煤层同一水平的火区两侧、煤层倾角小于35°的火区下部区段、火区下方邻近煤层进行采掘时，必须编制设计，并遵守下列规定：

（一）必须留有足够宽（厚）度的隔离火区煤（岩）柱，回采时及回采后能有效隔离火区，不影响火区的灭火工作。

（二）掘进巷道时，必须有防止误冒、误透火区的安全措施。煤层倾角在35°及以上的火区下部区段严禁进行采掘工作。

第七章 防 治 水

第一节 一般规定

第二百八十二条 煤矿防治水工作应当坚持“预测预报、有疑必探、先探后掘、先治后采”基本原则，采取“防、堵、疏、排、截”综合防治措施。

第二百八十三条 煤矿企业应当建立健全各项防治水制度，配备满足工作需要的防治水专业技术人员，配齐专用探放水设备，建立专门的探放水作业队伍，储备必要的水害抢险救灾设备和物资。

水文地质条件复杂、极复杂的煤矿，应当设立专门的防治水机构。

第二百八十四条 煤矿应当编制本单位防治水中长期规划（5~10年）和年度计划，并组织实施。

矿井水文地质类型应当每3年修订一次。发生重大及以上突（透）水事故后，矿井应当在恢复生产前重新确定矿井水文地质类型。

水文地质条件复杂、极复杂矿井应当每月至少开展1次水害隐患排查，其他矿井应当每季度至少开展1次。

第二百八十五条 当矿井水文地质条件尚未查清时，应当进行水文地质补充勘探工作。

第二百八十六条 矿井应当对主要含水层进行长期水位、水质动态观测，设置矿井和各出水点涌水量观测点，建立涌水量观测成果等防治水基础台账，并开展水位动态预测分析工作。

第二百八十七条 矿井应当编制下列防治水图件，并至少每半年修订1次：

（一）矿井充水性图。

（二）矿井涌水量与相关因素动态曲线图。

（三）矿井综合水文地质图。

（四）矿井综合水文地质柱状图。

（五）矿井水文地质剖面图。

第二百八十八条　采掘工作面或者其他地点发现有煤层变湿、挂红、挂汗、空气变冷、出现雾气、水叫、顶板来压、片帮、淋水加大、底板鼓起或者裂隙渗水、钻孔喷水、煤壁溃水、水色发浑、有臭味等透水征兆时，应当立即停止作业，撤出所有受水患威胁地点的人员，报告矿调度室，并发出警报。在原因未查清、隐患未排除之前，不得进行任何采掘活动。

第二节　地面防治水

第二百八十九条　煤矿每年雨季前必须对防治水工作进行全面检查。受雨季降水威胁的矿井，应当制定雨季防治水措施，建立雨季巡视制度并组织抢险队伍，储备足够的防洪抢险物资。当暴雨威胁矿井安全时，必须立即停产撤出井下全部人员，只有在确认暴雨洪水隐患消除后方可恢复生产。

第二百九十条　煤矿应当查清井田及周边地面水系和有关水利工程的汇水、疏水、渗漏情况；了解当地水库、水电站大坝、江河大堤、河道、河道中障碍物等情况；掌握当地历年降水量和最高洪水位资料，建立疏水、防水和排水系统。

煤矿应当建立灾害性天气预警和预防机制，加强与周边相邻矿井的信息沟通，发现矿井水害可能影响相邻矿井时，立即向周边相邻矿井发出预警。

第二百九十一条　矿井井口和工业场地内建筑物的地面标高必须高于当地历年最高洪水位；在山区还必须避开可能发生泥石流、滑坡等地质灾害危险的地段。

矿井井口及工业场地内主要建筑物的地面标高低于当地历年最高洪水位的，应当修筑堤坝、沟渠或者采取其他可靠防御洪水的措施。不能采取可靠安全措施的，应当封闭填实该井口。

第二百九十二条　当矿井井口附近或者开采塌陷波及区域的地表有水体或者积水时，必须采取安全防范措施，并遵守下列规定：

（一）当地表出现威胁矿井生产安全的积水区时，应当修筑泄水沟渠或者排水设施，防止积水渗入井下。

（二）当矿井受到河流、山洪威胁时，应当修筑堤坝和泄洪渠，防止洪水侵入。

（三）对于排到地面的矿井水，应当妥善疏导，避免渗入井下。

（四）对于漏水的沟渠和河床，应当及时堵漏或者改道；地面裂缝和塌陷地点应当及时填塞，填塞工作必须有安全措施。

第二百九十三条　降大到暴雨时和降雨后，应当有专业人员观测地面积水与洪水情况、井下涌水量等有关水文变化情况和井田范围及附近地面有无裂缝、采空塌陷、井上下连通的钻孔和岩溶塌陷等现象，及时向矿调度室及有关负责人报告，并将上述情况记录在案，存档备查。

情况危急时，矿调度室及有关负责人应当立即组织井下撤人。

第二百九十四条 当矿井井口附近或者开采塌陷波及区域的地表出现滑坡或者泥石流等地质灾害威胁煤矿安全时，应当及时撤出受威胁区域的人员，并采取防治措施。

第二百九十五条 严禁将矸石、杂物、垃圾堆放在山洪、河流可能冲刷到的地段，防止淤塞河道和沟渠等。

发现与矿井防治水有关系的河道中存在障碍物或者堤坝破损时，应当及时报告当地人民政府，清理障碍物或者修复堤坝，防止地表水进入井下。

第二百九十六条 使用中的钻孔，应当安装孔口盖。报废的钻孔应当及时封孔，并将封孔资料和实施负责人的情况记录在案，存档备查。

第三节 井下防治水

第二百九十七条 相邻矿井的分界处，应当留防隔水煤（岩）柱；矿井以断层分界的，应当在断层两侧留有防隔水煤（岩）柱。

矿井防隔水煤（岩）柱一经确定，不得随意变动，并通报相邻矿井。严禁在设计确定的各类防隔水煤（岩）柱中进行采掘活动。

第二百九十八条 在采掘工程平面图和矿井充水性图上必须标绘出井巷出水点的位置及其涌水量、积水的井巷及采空区范围、底板标高、积水量、地表水体和水患异常区等。在水淹区域应当标出积水线、探水线和警戒线的位置。

第二百九十九条 受水淹区积水威胁的区域，必须在排除积水、消除威胁后方可进行采掘作业；如果无法排除积水，开采倾斜、缓倾斜煤层的，必须按照《建筑物、水体、铁路及主要井巷煤柱留设与压煤开采规程》中有关水体下开采的规定，编制专项开采设计，由煤矿企业主要负责人审批后，方可进行。

严禁开采地表水体、强含水层、采空区水淹区域下且水患威胁未消除的急倾斜煤层。

第三百条 在未固结的灌浆区、有淤泥的废弃井巷、岩石洞穴附近采掘时，应当制定专项安全技术措施。

第三百零一条 开采水淹区域下的废弃防隔水煤柱时，应当彻底疏干上部积水，进行安全性论证，确保无溃浆（砂）威胁。严禁顶水作业。

第三百零二条 井田内有与河流、湖泊、充水溶洞、强或者极强含水层等存在水力联系的导水断层、裂隙（带）、陷落柱和封闭不良钻孔等通道时，应当查明其确切位置，并采取留设防隔水煤（岩）柱等防治水措施。

第三百零三条 对于煤层顶、底板带压的采掘工作面，应当提前编制防治水设计，制定并落实水害防治措施。

第三百零四条 煤层顶板存在富水性中等及以上含水层或者其他水体威胁时，应当实测垮落带、导水裂隙带发育高度，进行专项设计，确定防隔水煤（岩）柱尺寸。当导水裂隙带范围内的含水层或者老空积水等水体影响采掘安全时，应当超前进行钻探疏放或者注浆改造含水层，待疏放水完毕或者注浆改造等工程结束、消除突水威胁后，方可进行采掘活动。

第三百零五条 开采底板有承压含水层的煤层，隔水层能够承受的水头值应当大于实际水头值；当承压含水层与开采煤层之间的隔水层能够承受的水头值小于实际水头值时，应当采取疏水降压、注浆加固底板改造含水层或者充填开采等措施，并进行效果检验，制定专项安全技术措施，报企业技术负责人审批。

第三百零六条　矿井建设和延深中，当开拓到设计水平时，必须在建成防、排水系统后方可开拓掘进。

第三百零七条　煤层顶、底板分布有强岩溶承压含水层时，主要运输巷、轨道巷和回风巷应当布置在不受水害威胁的层位中，并以石门分区隔离开采。对已经不具备石门隔离开采条件的应当制定防突水安全技术措施，并报矿总工程师审批。

第三百零八条　水文地质条件复杂、极复杂或者有突水淹井危险的矿井，应当在井底车场周围设置防水闸门或者在正常排水系统基础上另外安设由地面直接供电控制，且排水能力不小于最大涌水量的潜水泵。在其他有突水危险的采掘区域，应当在其附近设置防水闸门；不具备设置防水闸门条件的，应当制定防突（透）水措施，报企业主要负责人审批。

防水闸门应当符合下列要求：

（一）防水闸门必须采用定型设计。

（二）防水闸门的施工及其质量，必须符合设计。闸门和闸门硐室不得漏水。

（三）防水闸门硐室前、后两端，应当分别砌筑不小于 5 m 的混凝土护碹，碹后用混凝土填实，不得空帮、空顶。防水闸门硐室和护碹必须采用高标号水泥进行注浆加固，注浆压力应当符合设计。

（四）防水闸门来水一侧 15～25 m 处，应当加设 1 道挡物箅子门。防水闸门与箅子门之间，不得停放车辆或者堆放杂物。来水时先关箅子门，后关防水闸门。如果采用双向防水闸门，应当在两侧各设 1 道箅子门。

（五）通过防水闸门的轨道、电机车架空线、带式输送机等必须灵活易拆；通过防水闸门墙体的各种管路和安设在闸门外侧的闸阀的耐压能力，都必须与防水闸门设计压力相一致；电缆、管道通过防水闸门墙体时，必须用堵头和阀门封堵严密，不得漏水。

（六）防水闸门必须安设观测水压的装置，并有放水管和放水闸阀。

（七）防水闸门竣工后，必须按设计要求进行验收；对新掘进巷道内建筑的防水闸门，必须进行注水耐压试验，防水闸门内巷道的长度不得大于 15 m，试验的压力不得低于设计水压，其稳压时间应当在 24 h 以上，试压时应当有专门安全措施。

（八）防水闸门必须灵活可靠，并每年进行 2 次关闭试验，其中 1 次应当在雨季前进行。关闭闸门所用的工具和零配件必须专人保管，专地点存放，不得挪用丢失。

第三百零九条　井下防水闸墙的设置应当根据矿井水文地质条件确定，防水闸墙的设计经煤矿企业技术负责人批准后方可施工，投入使用前应当由煤矿企业技术负责人组织竣工验收。

第三百一十条　井巷揭穿含水层或者地质构造带等可能突水地段前，必须编制探放水设计，并制定相应的防治水措施。

井巷揭露的主要出水点或者地段，必须进行水温、水量、水质和水压（位）等地下水动态和松散含水层涌水含砂量综合观测和分析，防止滞后突水。

第四节　井下排水

第三百一十一条　矿井应当配备与矿井涌水量相匹配的水泵、排水管路、配电设备和水仓等，并满足矿井排水的需要。除正在检修的水泵外，应当有工作水泵和备用水泵。工作水泵的能力，应当能在 20 h 内排出矿井 24 h 的正常涌水量（包括充填水及其他用水）。备用水泵的能力，应当不小于工作水泵能力的 70%。检修水泵的能力，应当不小于工作水泵能力的 25%。工作和备用水泵的总能力，应当能在 20 h 内排出矿井 24 h 的最大涌水量。

排水管路应当有工作和备用水管。工作排水管路的能力，应当能配合工作水泵在 20 h 内排出矿井 24 h 的正常涌水量。工作和备用排水管路的总能力，应当能配合工作和备用水泵在 20 h 内排出矿井 24 h 的最大涌水量。

配电设备的能力应当与工作、备用和检修水泵的能力相匹配，能够保证全部水泵同时运转。

第三百一十二条　主要泵房至少有 2 个出口，一个出口用斜巷通到井筒，并高出泵房底板 7 m 以上；另一个出口通到井底车场，在此出口通路内，应当设置易于关闭的既能防水又能防火的密闭门。泵房和水仓的连接通道，应当设置控制闸门。

排水系统集中控制的主要泵房可不设专人值守，但必须实现图像监视和专人巡检。

第三百一十三条　矿井主要水仓应当有主仓和副仓，当一个水仓清理时，另一个水仓能够正常使用。

新建、改扩建矿井或者生产矿井的新水平，正常涌水量在 1 000 m^3/h 以下时，主要水仓的有效容量应当能容纳 8 h 的正常涌水量。

正常涌水量大于 1 000 m^3/h 的矿井，主要水仓有效容量可以按照下式计算：

$$V = 2(Q + 3\ 000)$$

式中　V——主要水仓的有效容量，m^3；

Q——矿井每小时的正常涌水量，m^3。

采区水仓的有效容量应当能容纳 4 h 的采区正常涌水量。

水仓进口处应当设置箅子。对水砂充填和其他涌水中带有大量杂质的矿井，还应当设置沉淀池。水仓的空仓容量应当经常保持在总容量的 50%以上。

第三百一十四条　水泵、水管、闸阀、配电设备和线路，必须经常检查和维护。在每年雨季之前，必须全面检修 1 次，并对全部工作水泵和备用水泵进行 1 次联合排水试验，提交联合排水试验报告。

水仓、沉淀池和水沟中的淤泥，应当及时清理，每年雨季前必须清理 1 次。

第三百一十五条　大型、特大型矿井排水系统可以根据井下生产布局及涌水情况分区建设，每个排水分区可以实现独立排水，但泵房设计、排水能力及水仓容量必须符合本规程第三百一十一条至第三百一十四条要求。

第三百一十六条　井下采区、巷道有突水危险或者可能积水的，应当优先施工安装防、排水系统，并保证有足够的排水能力。

第五节　探　放　水

第三百一十七条　在地面无法查明水文地质条件时，应当在采掘前采用物探、钻探或者化探等方法查清采掘工作面及其周围的水文地质条件。

采掘工作面遇有下列情况之一时，应当立即停止施工，确定探水线，实施超前探放水，经确认无水害威胁后，方可施工：

（一）接近水淹或者可能积水的井巷、老空区或者相邻煤矿时。

（二）接近含水层、导水断层、溶洞和导水陷落柱时。

（三）打开隔离煤柱放水时。

（四）接近可能与河流、湖泊、水库、蓄水池、水井等相通的导水通道时。

（五）接近有出水可能的钻孔时。

（六）接近水文地质条件不清的区域时。

（七）接近有积水的灌浆区时。

（八）接近其他可能突（透）水的区域时。

第三百一十八条　采掘工作面超前探放水应当采用钻探方法，同时配合物探、化探等其他方法查清采掘工作面及周边老空水、含水层富水性以及地质构造等情况。

井下探放水应当采用专用钻机，由专业人员和专职探放水队伍施工。

探放水前应当编制探放水设计，采取防止有害气体危害的安全措施。探放水结束后，应当提交探放水总结报告存档备查。

第三百一十九条　井下安装钻机进行探放水前，应当遵守下列规定：

（一）加强钻孔附近的巷道支护，并在工作面迎头打好坚固的立柱和拦板，严禁空顶、空帮作业。

（二）清理巷道，挖好排水沟。探放水钻孔位于巷道低洼处时，应当配备与探放水量相适应的排水设备。

（三）在打钻地点或者其附近安设专用电话，保证人员撤离通道畅通。

（四）由测量人员依据设计现场标定探放水孔位置，与负责探放水工作的人员共同确定钻孔的方位、倾角、深度和钻孔数量等。

探放水钻孔的布置和超前距离，应当根据水压大小、煤（岩）层厚度和硬度以及安全措施等，在探放水设计中做出具体规定。探放老空积水最小超前水平钻距不得小于 30 m，止水套管长度不得小于 10 m。

第三百二十条　在预计水压大于 0.1 MPa 的地点探放水时，应当预先固结套管，在套管口安装控制闸阀，进行耐压试验。套管长度应当在探放水设计中规定。预先开掘安全躲避硐室，制定避灾路线等安全措施，并使每个作业人员了解和掌握。

第三百二十一条　预计钻孔内水压大于 1.5 MPa 时，应当采用反压和有防喷装置的方法钻进，并制定防止孔口管和煤（岩）壁突然鼓出的措施。

第三百二十二条　在探放水钻进时，发现煤岩松软、片帮、来压或者钻孔中水压、水量突然增大和顶钻等突（透）水征兆时，应当立即停止钻进，但不得拔出钻杆；现场负责人员应当立即向矿井调度室汇报，撤出所有受水威胁区域的人员，采取安全措施，派专业技术人员监测水情并进行分析，妥善处理。

第三百二十三条　探放老空水前，应当首先分析查明老空水体的空间位置、积水范围、积水量和水压等。探放水时，应当撤出探放水点标高以下受水害威胁区域所有人员。放水时，应当监视放水全过程，核对放水量和水压等，直到老空水放完为止，并进行检测验证。

钻探接近老空时，应当安排专职瓦斯检查工或者矿山救护队员在现场值班，随时检查空气成分。如果甲烷或者其他有害气体浓度超过有关规定，应当立即停止钻进，切断电源，撤出人员，并报告矿调度室，及时采取措施进行处理。

第三百二十四条 钻孔放水前，应当估计积水量，并根据矿井排水能力和水仓容量，控制放水流量，防止淹井；放水时，应当有专人监测钻孔出水情况，测定水量和水压，做好记录。如果水量突然变化，应当立即报告矿调度室，分析原因，及时处理。

第三百二十五条 排除井筒和下山的积水及恢复被淹井巷前，应当制定安全措施，防止被水封闭的有毒、有害气体突然涌出。

排水过程中，应当定时观测排水量、水位和观测孔水位，并由矿山救护队随时检查水面上的空气成分，发现有害气体，及时采取措施进行处理。

第八章 爆炸物品和井下爆破

第一节 爆炸物品贮存

第三百二十六条 爆炸物品的贮存，永久性地面爆炸物品库建筑结构（包括永久性埋入式库房）及各种防护措施，总库区的内、外部安全距离等，必须遵守国家有关规定。

井上、下接触爆炸物品的人员，必须穿棉布或者抗静电衣服。

第三百二十七条 建有爆炸物品制造厂的矿区总库，所有库房贮存各种炸药的总容量不得超过该厂1个月生产量，雷管的总容量不得超过3个月生产量。没有爆炸物品制造厂的矿区总库，所有库房贮存各种炸药的总容量不得超过由该库所供应的矿井2个月的计划需要量，雷管的总容量不得超过6个月的计划需要量。单个库房的最大容量：炸药不得超过200 t，雷管不得超过500万发。

地面分库所有库房贮存爆炸物品的总容量：炸药不得超过75 t，雷管不得超过25万发。单个库房的炸药最大容量不得超过25 t。地面分库贮存各种爆炸物品的数量，不得超过由该库所供应矿井3个月的计划需要量。

第三百二十八条 开凿平硐或者利用已有平硐作为爆炸物品库时，必须遵守下列规定：

（一）硐口必须装有向外开启的2道门，由外往里第一道门为包铁皮的木板门，第二道门为栅栏门。

（二）硐口到最近贮存硐室之间的距离超过15 m时，必须有2个入口。

（三）硐口前必须设置横堤，横堤必须高出硐口1.5 m，横堤的顶部长度不得小于硐口宽度的3倍，顶部厚度不得小于1 m。横堤的底部长度和厚度，应当根据所用建筑材料的静止角确定。

（四）库房底板必须高于通向爆炸物品库巷道的底板，硐口到库房的巷道坡度为5‰，并有带盖的排水沟，巷道内可以铺设不延伸到硐室内的轨道。

（五）除有运输爆炸物品用的巷道外，还必须有通风巷道（钻眼、探井或者平硐），其入口和通风设备必须设置在围墙以内。

（六）库房必须采用不燃性材料支护。巷道内采用固定式照明时，开关必须设在地面。

（七）爆炸物品库上面覆盖层厚度小于 10 m 时，必须装设防雷电设备。

（八）检查电雷管的工作，必须在爆炸物品贮存硐室外设有安全设施的专用房间或者硐室内进行。

第三百二十九条 各种爆炸物品的每一品种都应当专库贮存；当条件限制时，按国家有关同库贮存的规定贮存。

存放爆炸物品的木架每格只准放 1 层爆炸物品箱。

第三百三十条 地面爆炸物品库必须有发放爆炸物品的专用套间或者单独房间。分库的炸药发放套间内，可临时保存爆破工的空爆炸物品箱与发爆器。在分库的雷管发放套间内发放雷管时，必须在铺有导电的软质垫层并有边缘突起的桌子上进行。

第三百三十一条 井下爆炸物品库应当采用硐室式、壁槽式或者含壁槽的硐室式。

爆炸物品必须贮存在硐室或者壁槽内，硐室之间或者壁槽之间的距离，必须符合爆炸物品安全距离的规定。

井下爆炸物品库应当包括库房、辅助硐室和通向库房的巷道。辅助硐室中，应当有检查电雷管全电阻、发放炸药以及保存爆破工空爆炸物品箱等的专用硐室。

第三百三十二条 井下爆炸物品库的布置必须符合下列要求：

（一）库房距井筒、井底车场、主要运输巷道、主要硐室以及影响全矿井或者一翼通风的风门的法线距离：硐室式不得小于 100 m，壁槽式不得小于 60 m。

（二）库房距行人巷道的法线距离：硐室式不得小于 35 m，壁槽式不得小于 20 m。

（三）库房距地面或者上下巷道的法线距离：硐室式不得小于 30 m，壁槽式不得小于 15 m。

（四）库房与外部巷道之间，必须用 3 条相互垂直的连通巷道相连。连通巷道的相交处必须延长 2 m，断面积不得小于 4 m^2，在连通巷道尽头还必须设置缓冲砂箱隔墙，不得将连通巷道的延长段兼作辅助硐室使用。库房两端的通道与库房连接处必须设置齿形阻波墙。

（五）每个爆炸物品库房必须有 2 个出口，一个出口供发放爆炸物品及行人，出口的一端必须装有能自动关闭的抗冲击波活门；另一出口布置在爆炸物品库回风侧，可以铺设轨道运送爆炸物品，该出口与库房连接处必须装有 1 道常闭的抗冲击波密闭门。

（六）库房地面必须高于外部巷道的地面，库房和通道应当设置水沟。

（七）贮存爆炸物品的各硐室、壁槽的间距应当大于殉爆安全距离。

第三百三十三条 井下爆炸物品库必须采用砌碹或者用非金属不燃性材料支护，不得渗漏水，并采取防潮措施。爆炸物品库出口两侧的巷道，必须采用砌碹或者用不燃性材料支护，支护长度不得小于 5 m。库房必须备有足够数量的消防器材。

第三百三十四条 井下爆炸物品库的最大贮存量，不得超过矿井 3 天的炸药需要量和 10 天的电雷管需要量。

井下爆炸物品库的炸药和电雷管必须分开贮存。

每个硐室贮存的炸药量不得超过 2 t，电雷管不得超过 10 天的需要量；每个壁槽贮存的炸药量不得超过 400 kg，电雷管不得 2 天的需要量。

库房的发放爆炸物品硐室允许存放当班待发的炸药，最大存放量不得超过 3 箱。

第三百三十五条 在多水平生产的矿井、井下爆炸物品库距爆破工作地点超过 2.5 km 的矿井以及井下不设置爆炸物品库的矿井内，可以设爆炸物品发放硐室，并必须遵守下列规定：

（一）发放硐室必须设在独立通风的专用巷道内，距使用的巷道法线距离不得小于 25 m。

（二）发放硐室爆炸物品的贮存量不得超过 1 天的需要量，其中炸药量不得超过 400 kg。

（三）炸药和电雷管必须分开贮存，并用不小于 240 mm 厚的砖墙或者混凝土墙隔开。

（四）发放硐室应当有单独的发放间，发放硐室出口处必须设 1 道能自动关闭的抗冲击波活门。

（五）建井期间的爆炸物品发放硐室必须有独立通风系统。必须制定预防爆炸物品爆炸的安全措施。

（六）管理制度必须与井下爆炸物品库相同。

第三百三十六条 井下爆炸物品库必须采用矿用防爆型（矿用增安型除外）照明设备，照明线必须使用阻燃电缆，电压不得超过 127 V。严禁在贮存爆炸物品的硐室或者壁槽内安设照明设备。

不设固定式照明设备的爆炸物品库，可使用带绝缘套的矿灯。

任何人员不得携带矿灯进入井下爆炸物品库房内。库内照明设备或者线路发生故障时，检修人员可以在库房管理人员的监护下使用带绝缘套的矿灯进入库内工作。

第三百三十七条 煤矿企业必须建立爆炸物品领退制度和爆炸物品丢失处理办法。

电雷管（包括清退入库的电雷管）在发给爆破工前，必须用电雷管检测仪逐个测试电阻值，并将脚线扭结成短路。

发放的爆炸物品必须是有效期内的合格产品，并且雷管应当严格按同一厂家和同一品种进行发放。

爆炸物品的销毁，必须遵守《民用爆炸物品安全管理条例》。

第二节 爆炸物品运输

第三百三十八条 在地面运输爆炸物品时，必须遵守《民用爆炸物品安全管理条例》以及有关标准规定。

第三百三十九条 在井筒内运送爆炸物品时，应当遵守下列规定：

（一）电雷管和炸药必须分开运送；但在开凿或者延深井筒时，符合本规程第三百四十五条规定的，不受此限。

（二）必须事先通知绞车司机和井上、下把钩工。

（三）运送电雷管时，罐笼内只准放置 1 层爆炸物品箱，不得滑动。运送炸药时，爆炸物品箱堆放的高度不得超过罐笼高度的 2/3。采用将装有炸药或者电雷管的车辆直接推入罐笼内的方式运送时，车辆必须符合本规程第三百四十条（二）的规定。使用吊桶运送爆炸物品时，必须使用专用箱。

（四）在装有爆炸物品的罐笼或者吊桶内，除爆破工或者护送人员外，不得有其他人员。

（五）罐笼升降速度，运送电雷管时，不得超过 2 m/s；运送其他类爆炸物品时，不得超过 4 m/s。吊桶升降速度，不论运送何种爆炸物品，都不得超过 1 m/s。司机在启动和停绞车时，应当保证罐笼或者吊桶不震动。

（六）在交接班、人员上下井的时间内，严禁运送爆炸物品。

（七）禁止将爆炸物品存放在井口房、井底车场或者其他巷道内。

第三百四十条　井下用机车运送爆炸物品时，应当遵守下列规定：

（一）炸药和电雷管在同一列车内运输时，装有炸药与装有电雷管的车辆之间，以及装有炸药或者电雷管的车辆与机车之间，必须用空车分别隔开，隔开长度不得小于 3 m。

（二）电雷管必须装在专用的、带盖的、有木质隔板的车厢内，车厢内部应当铺有胶皮或者麻袋等软质垫层，并只准放置 1 层爆炸物品箱。炸药箱可以装在矿车内，但堆放高度不得超过矿车上缘。运输炸药、电雷管的矿车或者车厢必须有专门的警示标识。

（三）爆炸物品必须由井下爆炸物品库负责人或者经过专门培训的人员专人护送。跟车工、护送人员和装卸人员应当坐在尾车内，严禁其他人员乘车。

（四）列车的行驶速度不得超过 2 m/s。

（五）装有爆炸物品的列车不得同时运送其他物品。

井下采用无轨胶轮车运送爆炸物品时，应当按照民用爆炸物品运输管理有关规定执行。

第三百四十一条　水平巷道和倾斜巷道内有可靠的信号装置时，可以用钢丝绳牵引的车辆运送爆炸物品，炸药和电雷管必须分开运输，运输速度不得超过 1 m/s。运输电雷管的车辆必须加盖、加垫，车厢内以软质垫物塞紧，防止震动和撞击。严禁用刮板输送机、带式输送机等运输爆炸物品。

第三百四十二条　由爆炸物品库直接向工作地点用人力运送爆炸物品时，应当遵守下列规定：

（一）电雷管必须由爆破工亲自运送，炸药应当由爆破工或者在爆破工监护下运送。

（二）爆炸物品必须装在耐压和抗撞冲、防震、防静电的非金属容器内，不得将电雷管和炸药混装。严禁将爆炸物品装在衣袋内。领到爆炸物品后，应当直接送到工作地点，严禁中途逗留。

（三）携带爆炸物品上、下井时，在每层罐笼内搭乘的携带爆炸物品的人员不得超过 4 人，其他人员不得同罐上下。

（四）在交接班、人员上下井的时间内，严禁携带爆炸物品人员沿井筒上下。

第三节　井 下 爆 破

第三百四十三条　煤矿必须指定部门对爆破工作专门管理，配备专业管理人员。

所有爆破人员，包括爆破、送药、装药人员，必须熟悉爆炸物品性能和本规程规定。

第三百四十四条　开凿或者延深立井井筒，向井底工作面运送爆炸物品和在井筒内装药时，除负责装药爆破的人员、信号工、看盘工和水泵司机外，其他人员必须撤到地面或者上水平巷道中。

第三百四十五条 开凿或者延深立井井筒中的装配起爆药卷工作，必须在地面专用的房间内进行。

专用房间距井筒、厂房、建筑物和主要通路的安全距离必须符合国家有关规定，且距离井筒不得小于 50 m。

严禁将起爆药卷与炸药装在同一爆炸物品容器内运往井底工作面。

第三百四十六条 在开凿或者延深立井井筒时，必须在地面或者在生产水平巷道内进行起爆。

在爆破母线与电力起爆接线盒引线接通之前，井筒内所有电气设备必须断电。

只有在爆破工完成装药和连线工作，将所有井盖门打开，井筒、井口房内的人员全部撤出，设备、工具提升到安全高度以后，方可起爆。

爆破通风后，必须仔细检查井筒，清除崩落在井圈上、吊盘上或者其他设备上的矸石。

爆破后乘吊桶检查井底工作面时，吊桶不得蹾撞工作面。

第三百四十七条 井下爆破工作必须由专职爆破工担任。突出煤层采掘工作面爆破工作必须由固定的专职爆破工担任。爆破作业必须执行“一炮三检”和“三人连锁爆破”制度，并在起爆前检查起爆地点的甲烷浓度。

第三百四十八条 爆破作业必须编制爆破作业说明书，并符合下列要求：

（一）炮眼布置图必须标明采煤工作面的高度和打眼范围或者掘进工作面的巷道断面尺寸，炮眼的位置、个数、深度、角度及炮眼编号，并用正面图、平面图和剖面图表示。

（二）炮眼说明表必须说明炮眼的名称、深度、角度，使用炸药、雷管的品种，装药量，封泥长度，连线方法和起爆顺序。

（三）必须编入采掘作业规程，并及时修改补充。

钻眼、爆破人员必须依照说明书进行作业。

第三百四十九条 不得使用过期或者变质的爆炸物品。不能使用的爆炸物品必须交回爆炸物品库。

第三百五十条 井下爆破作业，必须使用煤矿许用炸药和煤矿许用电雷管。一次爆破必须使用同一厂家、同一品种的煤矿许用炸药和电雷管。煤矿许用炸药的选用必须遵守下列规定：

（一）低瓦斯矿井的岩石掘进工作面，使用安全等级不低于一级的煤矿许用炸药。

（二）低瓦斯矿井的煤层采掘工作面、半煤岩掘进工作面，使用安全等级不低于二级的煤矿许用炸药。

（三）高瓦斯矿井，使用安全等级不低于三级的煤矿许用炸药。

（四）突出矿井，使用安全等级不低于三级的煤矿许用含水炸药。

在采掘工作面，必须使用煤矿许用瞬发电雷管、煤矿许用毫秒延期电雷管或者煤矿许用数码电雷管。使用煤矿许用毫秒延期电雷管时，最后一段的延期时间不得超过 130 ms。使用煤矿许用数码电雷管时，一次起爆总时间差不得超过 130 ms，并应当与专用起爆器配套使用。

第三百五十一条　在有瓦斯或者煤尘爆炸危险的采掘工作面，应当采用毫秒爆破。在掘进工作面应当全断面一次起爆，不能全断面一次起爆的，必须采取安全措施。在采煤工作面可分组装药，但一组装药必须一次起爆。

严禁在1个采煤工作面使用2台发爆器同时进行爆破。

第三百五十二条　在高瓦斯矿井采掘工作面采用毫秒爆破时，若采用反向起爆，必须制定安全技术措施。

第三百五十三条　在高瓦斯、突出矿井的采掘工作面实体煤中，为增加煤体裂隙、松动煤体而进行的10 m以上的深孔预裂控制爆破，可以使用二级煤矿许用炸药，并制定安全措施。

第三百五十四条　爆破工必须把炸药、电雷管分开存放在专用的爆炸物品箱内，并加锁，严禁乱扔、乱放。爆炸物品箱必须放在顶板完好、支护完整，避开有机械、电气设备的地点。爆破时必须把爆炸物品箱放置在警戒线以外的安全地点。

第三百五十五条　从成束的电雷管中抽取单个电雷管时，不得手拉脚线硬拽管体，也不得手拉管体硬拽脚线，应当将成束的电雷管顺好，拉住前端脚线将电雷管抽出。抽出单个电雷管后，必须将其脚线扭结成短路。

第三百五十六条　装配起爆药卷时，必须遵守下列规定：

（一）必须在顶板完好、支护完整，避开电气设备和导电体的爆破工作地点附近进行。严禁坐在爆炸物品箱上装配起爆药卷。装配起爆药卷数量，以当时爆破作业需要的数量为限。

（二）装配起爆药卷必须防止电雷管受震动、冲击，折断电雷管脚线和损坏脚线绝缘层。

（三）电雷管必须由药卷的顶部装入，严禁用电雷管代替竹、木棍扎眼。电雷管必须全部插入药卷内。严禁将电雷管斜插在药卷的中部或者捆在药卷上。

（四）电雷管插入药卷后，必须用脚线将药卷缠住，并将电雷管脚线扭结成短路。

第三百五十七条　装药前，必须首先清除炮眼内的煤粉或者岩粉，再用木质或者竹质炮棍将药卷轻轻推入，不得冲撞或者捣实。炮眼内的各药卷必须彼此密接。

有水的炮眼，应当使用抗水型炸药。

装药后，必须把电雷管脚线悬空，严禁电雷管脚线、爆破母线与机械电气设备等导电体相接触。

第三百五十八条　炮眼封泥必须使用水炮泥，水炮泥外剩余的炮眼部分应当用黏土炮泥或者用不燃性、可塑性松散材料制成的炮泥封实。严禁用煤粉、块状材料或者其他可燃性材料作炮眼封泥。

无封泥、封泥不足或者不实的炮眼，严禁爆破。

严禁裸露爆破。

第三百五十九条　炮眼深度和炮眼的封泥长度应当符合下列要求：

（一）炮眼深度小于0.6 m时，不得装药、爆破；在特殊条件下，如挖底、刷帮、挑顶确需进行炮眼深度小于0.6 m的浅孔爆破时，必须制定安全措施并封满炮泥。

（二）炮眼深度为 0.6~1 m 时，封泥长度不得小于炮眼深度的 1/2。

（三）炮眼深度超过 1 m 时，封泥长度不得小于 0.5 m。

（四）炮眼深度超过 2.5 m 时，封泥长度不得小于 1 m。

（五）深孔爆破时，封泥长度不得小于孔深的 1/3。

（六）光面爆破时，周边光爆炮眼应当用炮泥封实，且封泥长度不得小于 0.3 m。

（七）工作面有 2 个及以上自由面时，在煤层中最小抵抗线不得小于 0.5 m，在岩层中最小抵抗线不得小于 0.3 m。浅孔装药爆破大块岩石时，最小抵抗线和封泥长度都不得小于 0.3 m。

第三百六十条 处理卡在溜煤（矸）眼中的煤、矸时，如果确无爆破以外的其他方法，可爆破处理，但必须遵守下列规定：

（一）爆破前检查溜煤（矸）眼内堵塞部位的上部和下部空间的瓦斯浓度。

（二）爆破前必须洒水。

（三）使用用于溜煤（矸）眼的煤矿许用刚性被筒炸药，或者不低于该安全等级的煤矿许用炸药。

（四）每次爆破只准使用 1 个煤矿许用电雷管，最大装药量不得超过 450 g。

第三百六十一条 装药前和爆破前有下列情况之一的，严禁装药、爆破：

（一）采掘工作面控顶距离不符合作业规程的规定，或者有支架损坏，或者伞檐超过规定。

（二）爆破地点附近 20 m 以内风流中甲烷浓度达到或者超过 1.0%。

（三）在爆破地点 20 m 以内，矿车、未清除的煤（矸）或者其他物体堵塞巷道断面 1/3 以上。

（四）炮眼内发现异状、温度骤高骤低、有显著瓦斯涌出、煤岩松散、透老空区等情况。

（五）采掘工作面风量不足。

第三百六十二条 在有煤尘爆炸危险的煤层中，掘进工作面爆破前后，附近 20 m 的巷道内必须洒水降尘。

第三百六十三条 爆破前，必须加强对机电设备、液压支架和电缆等的保护。

爆破前，班组长必须亲自布置专人将工作面所有人员撤离警戒区域，并在警戒线和可能进入爆破地点的所有通路上布置专人担任警戒工作。警戒人员必须在安全地点警戒。警戒线处应当设置警戒牌、栏杆或者拉绳。

第三百六十四条 爆破母线和连接线必须符合下列要求：

（一）爆破母线符合标准。

（二）爆破母线和连接线、电雷管脚线和连接线、脚线和脚线之间的接头相互扭紧并悬空，不得与轨道、金属管、金属网、钢丝绳、刮板输送机等导电体相接触。

（三）巷道掘进时，爆破母线应当随用随挂。不得使用固定爆破母线，特殊情况下，在采取安全措施后，可不受此限。

（四）爆破母线与电缆应当分别挂在巷道的两侧。如果必须挂在同一侧，爆破母线必须挂在电缆的下方，并保持 0.3 m 以上的距离。

（五）只准采用绝缘母线单回路爆破，严禁用轨道、金属管、金属网、水或者大地等当作回路。

（六）爆破前，爆破母线必须扭结成短路。

第三百六十五条　井下爆破必须使用发爆器。开凿或者延深通达地面的井筒时，无瓦斯的井底工作面中可使用其他电源起爆，但电压不得超过 380 V，并必须有电力起爆接线盒。

发爆器或者电力起爆接线盒必须采用矿用防爆型（矿用增安型除外）。

发爆器必须统一管理、发放。必须定期校验发爆器的各项性能参数，并进行防爆性能检查，不符合要求的严禁使用。

第三百六十六条　每次爆破作业前，爆破工必须做电爆网路全电阻检测。严禁采用发爆器打火放电的方法检测电爆网路。

第三百六十七条　爆破工必须最后离开爆破地点，并在安全地点起爆。起爆地点到爆破地点的距离必须在作业规程中具体规定。

第三百六十八条　发爆器的把手、钥匙或者电力起爆接线盒的钥匙，必须由爆破工随身携带，严禁转交他人。只有在爆破通电时，方可将把手或者钥匙插入发爆器或者电力起爆接线盒内。爆破后，必须立即将把手或者钥匙拔出，摘掉母线并扭结成短路。

第三百六十九条　爆破前，脚线的连接工作可由经过专门训练的班组长协助爆破工进行。爆破母线连接脚线、检查线路和通电工作，只准爆破工一人操作。

爆破前，班组长必须清点人数，确认无误后，方准下达起爆命令。

爆破工接到起爆命令后，必须先发出爆破警号，至少再等 5 s 后方可起爆。

装药的炮眼应当当班爆破完毕。特殊情况下，当班留有尚未爆破的已装药的炮眼时，当班爆破工必须在现场向下一班爆破工交接清楚。

第三百七十条　爆破后，待工作面的炮烟被吹散，爆破工、瓦斯检查工和班组长必须首先巡视爆破地点，检查通风、瓦斯、煤尘、顶板、支架、拒爆、残爆等情况。发现危险情况，必须立即处理。

第三百七十一条　通电以后拒爆时，爆破工必须先取下把手或者钥匙，并将爆破母线从电源上摘下，扭结成短路；再等待一定时间（使用瞬发电雷管，至少等待 5 min；使用延期电雷管，至少等待 15 min），才可沿线路检查，找出拒爆的原因。

第三百七十二条　处理拒爆、残爆时，应当在班组长指导下进行，并在当班处理完毕。如果当班未能完成处理工作，当班爆破工必须在现场向下一班爆破工交接清楚。

处理拒爆时，必须遵守下列规定：

（一）由于连线不良造成的拒爆，可重新连线起爆。

（二）在距拒爆炮眼 0.3 m 以外另打与拒爆炮眼平行的新炮眼，重新装药起爆。

（三）严禁用镐刨或者从炮眼中取出原放置的起爆药卷，或者从起爆药卷中拉出电雷管。不论有无残余炸药，严禁将炮眼残底继续加深；严禁使用打孔的方法往外掏药；严禁使用压风吹拒爆、残爆炮眼。

（四）处理拒爆的炮眼爆炸后，爆破工必须详细检查炸落的煤、矸，收集未爆的电雷管。

（五）在拒爆处理完毕以前，严禁在该地点进行与处理拒爆无关的工作。

第三百七十三条 爆炸物品库和爆炸物品发放硐室附近 30 m 范围内，严禁爆破。

第九章 运输、提升和空气压缩机

第一节 平巷和倾斜井巷运输

第三百七十四条 采用滚筒驱动带式输送机运输时，应当遵守下列规定：

（一）采用非金属聚合物制造的输送带、托辊和滚筒包胶材料等，其阻燃性能和抗静电性能必须符合有关标准的规定。

（二）必须装设防打滑、跑偏、堆煤、撕裂等保护装置，同时应当装设温度、烟雾监测装置和自动洒水装置。

（三）应当具备沿线急停闭锁功能。

（四）主要运输巷道中使用的带式输送机，必须装设输送带张紧力下降保护装置。

（五）倾斜井巷中使用的带式输送机，上运时，必须装设防逆转装置和制动装置；下运时，应当装设软制动装置且必须装设防超速保护装置。

（六）在大于 16°的倾斜井巷中使用带式输送机，应当设置防护网，并采取防止物料下滑、滚落等的安全措施。

（七）液力偶合器严禁使用可燃性传动介质（调速型液力偶合器不受此限）。

（八）机头、机尾及搭接处，应当有照明。

（九）机头、机尾、驱动滚筒和改向滚筒处，应当设防护栏及警示牌。行人跨越带式输送机处，应当设过桥。

（十）输送带设计安全系数，应当按下列规定选取：

1. 棉织物芯输送带，8~9。

2. 尼龙、聚酯织物芯输送带，10~12。

3. 钢丝绳芯输送带，7~9；当带式输送机采取可控软启动、制动措施时，5~7。

第三百七十五条 新建矿井不得使用钢丝绳牵引带式输送机。生产矿井采用钢丝绳牵引带式输送机运输时，必须遵守下列规定：

（一）装设过速保护、过电流和欠电压保护、钢丝绳和输送带脱槽保护、输送带局部过载保护、钢丝绳张紧车到达终点和张紧重锤落地保护，并定期进行检查和试验。

（二）在倾斜井巷中，必须在低速驱动轮上装设液控盘式失效安全型制动装置，制动力矩与设计最大静拉力差在闸轮上作用力矩之比在 2~3 之间；制动装置应当具备手动和自动双重制动功能。

（三）采用钢丝绳牵引带式输送机运送人员时，应当遵守下列规定：

1. 输送带至巷道顶部的垂距，在上、下人员的 20 m 区段内不得小于 1.4 m，行驶区段内不得小于 1 m。下行带乘人时，上下输送带间的垂距不得小于 1 m。

2. 输送带的宽度不得小于 0.8 m，运行速度不得超过 1.8 m/s，绳槽至输送带边的宽度不得小于 60 mm。

3. 人员乘坐间距不得小于 4 m。乘坐人员不得站立或者仰卧，应当面向行进方向。严禁携带笨重物品和超长物品，严禁触摸输送带侧帮。

4. 上、下人员的地点应当设有平台和照明。上行带平台的长度不得小于 5 m，宽度不得小于 0.8 m，并有栏杆。上、下人的区段内不得有支架或者悬挂装置。下人地点应当有标志或者声光信号，距离下人区段末端前方 2 m 处，必须设有能自动停车的安全装置。在机头机尾下人处，必须设有人员越位的防护设施或者保护装置，并装设机械式倾斜挡板。

5. 运送人员前，必须卸除输送带上的物料。

6. 应当装有在输送机全长任何地点可由乘坐人员或者其他人员操作的紧急停车装置。

第三百七十六条　采用轨道机车运输时，轨道机车的选用应当遵守下列规定：

（一）突出矿井必须使用符合防爆要求的机车。

（二）新建高瓦斯矿井不得使用架线电机车运输。高瓦斯矿井在用的架线电机车运输，必须遵守下列规定：

1. 沿煤层或者穿过煤层的巷道必须采用砌碹或者锚喷支护；

2. 有瓦斯涌出的掘进巷道的回风流，不得进入有架线的巷道中；

3. 采用炭素滑板或者其他能减小火花的集电器。

（三）低瓦斯矿井的主要回风巷、采区进（回）风巷应当使用符合防爆要求的机车。低瓦斯矿井进风的主要运输巷道，可以使用架线电机车，并使用不燃性材料支护。

（四）各种车辆的两端必须装置碰头，每端突出的长度不得小于 100 mm。

第三百七十七条　采用轨道机车运输时，应当遵守下列规定：

（一）生产矿井同一水平行驶 7 台及以上机车时，应当设置机车运输监控系统；同一水平行驶 5 台及以上机车时，应当设置机车运输集中信号控制系统。新建大型矿井的井底车场和运输大巷，应当设置机车运输监控系统或者运输集中信号控制系统。

（二）列车或者单独机车均必须前有照明，后有红灯。

（三）列车通过的风门，必须设有当列车通过时能够发出在风门两侧都能接收到声光信号的装置。

（四）巷道内应当装设路标和警标。

（五）必须定期检查和维护机车，发现隐患，及时处理。机车的闸、灯、警铃（喇叭）、连接装置和撒砂装置，任何一项不正常或者失爆时，机车不得使用。

（六）正常运行时，机车必须在列车前端。机车行近巷道口、硐室口、弯道、道岔或者噪声大等地段，以及前有车辆或者视线有障碍时，必须减速慢行，并发出警号。

（七）2 辆机车或者 2 列列车在同一轨道同一方向行驶时，必须保持不少于 100 m 的距离。

（八）同一区段线路上，不得同时行驶非机动车辆。

（九）必须有用矿灯发送紧急停车信号的规定。非危险情况下，任何人不得使用紧急停车信号。

（十）机车司机开车前必须对机车进行安全检查确认；启动前，必须关闭车门并发出开车信号；机车运行中，严禁司机将头或者身体探出车外；司机离开座位时，必须切断电动机电源，取下控制手把（钥匙），扳紧停车制动。在运输线路上临时停车时，不得关闭车灯。

（十一）新投用机车应当测定制动距离，之后每年测定 1 次。运送物料时制动距离不得超过 40 m；运送人员时制动距离不得超过 20 m。

第三百七十八条 使用的矿用防爆型柴油动力装置，应满足以下要求：

（一）具有发动机排气超温、冷却水超温、尾气水箱水位、润滑油压力等保护装置。

（二）排气口的排气温度不得超过 77℃，其表面温度不得超过 150℃。

（三）发动机壳体不得采用铝合金制造；非金属部件应具有阻燃和抗静电性能；油箱及管路必须采用不燃性材料制造；油箱最大容量不得超过 8 h 用油量。

（四）冷却水温度不得超过 95℃。

（五）在正常运行条件下，尾气排放应满足相关规定。

（六）必须配备灭火器。

第三百七十九条 使用的蓄电池动力装置，必须符合下列要求：

（一）充电必须在充电硐室内进行。

（二）充电硐室内的电气设备必须采用矿用防爆型。

（三）检修应当在车库内进行，测定电压时必须在揭开电池盖 10 min 后测试。

第三百八十条 轨道线路应当符合下列要求：

（一）运行 7 t 及以上机车、3 t 及以上矿车，或者运送 15 t 及以上载荷的矿井、采区主要巷道轨道线路，应当使用不小于 30 kg/m 的钢轨；其他线路应当使用不小于 18 kg/m 的钢轨。

（二）卡轨车、齿轨车和胶套轮车运行的轨道线路，应当采用不小于 22 kg/m 的钢轨。

（三）同一线路必须使用同一型号钢轨，道岔的钢轨型号不得低于线路的钢轨型号。

（四）轨道线路必须按标准铺设，使用期间应当加强维护及检修。

第三百八十一条 采用架线电机车运输时，架空线及轨道应当符合下列要求：

（一）架空线悬挂高度、与巷道顶或者棚梁之间的距离等，应当保证机车的安全运行。

（二）架空线的直流电压不得超过 600 V。

（三）轨道应当符合下列规定：

1. 两平行钢轨之间，每隔 50 m 应当连接 1 根断面不小于 50 mm^2 的铜线或者其他具有等效电阻的导线。

2. 线路上所有钢轨接缝处，必须用导线或者采用轨缝焊接工艺加以连接。连接后每个接缝处的电阻应当符合要求。

3. 不回电的轨道与架线电机车回电轨道之间，必须加以绝缘。第一绝缘点设在 2 种轨道的连接处；第二绝缘点设在不回电的轨道上，其与第一绝缘点之间的距离必须大于 1 列车的长度。在与架线电机车线路相连通的轨道上有钢丝绳跨越时，钢丝绳不得与轨道相接触。

第三百八十二条　长度超过 1.5 km 的主要运输平巷或者高差超过 50 m 的人员上下的主要倾斜井巷，应当采用机械方式运送人员。

运送人员的车辆必须为专用车辆，严禁使用非乘人装置运送人员。

严禁人、物料混运。

第三百八十三条　采用架空乘人装置运送人员时，应当遵守下列规定：

（一）有专项设计。

（二）吊椅中心至巷道一侧突出部分的距离不得小于 0.7 m，双向同时运送人员时钢丝绳间距不得小于 0.8 m，固定抱索器的钢丝绳间距不得小于 1.0 m。乘人吊椅距底板的高度不得小于 0.2 m，在上下人站处不大于 0.5 m。乘坐间距不应小于牵引钢丝绳 5 s 的运行距离，且不得小于 6 m。除采用固定抱索器的架空乘人装置外，应当设置乘人间距提示或者保护装置。

（三）固定抱索器最大运行坡度不得超过 28°，可摘挂抱索器最大运行坡度不得超过 25°，运行速度应当满足表 6 的规定。运行速度超过 1.2 m/s 时，不得采用固定抱索器；运行速度超过 1.4 m/s 时，应当设置调速装置，并实现静止状态上下人员，严禁人员在非乘人站上下。

表 6　架空乘人装置运行速度规定　　m/s

巷道坡度 θ/（°）	$28 \geqslant \theta > 25$	$25 \geqslant \theta > 20$	$20 \geqslant \theta > 14$	$\theta \leqslant 14$
固定抱索器	≤0.8	≤1.2		
可摘挂抱索器	—	≤1.2	≤1.4	≤1.7

（四）驱动系统必须设置失效安全型工作制动装置和安全制动装置，安全制动装置必须设置在驱动轮上。

（五）各乘人站设上下人平台，乘人平台处钢丝绳距巷道壁不小于 1 m，路面应当进行防滑处理。

（六）架空乘人装置必须装设超速、打滑、全程急停、防脱绳、变坡点防掉绳、张紧力下降、越位等保护，安全保护装置发生保护动作后，需经人工复位，方可重新启动。

应当有断轴保护措施。

减速器应当设置油温检测装置，当油温异常时能发出报警信号。沿线应当设置延时启动声光预警信号。各上下人地点应当设置信号通信装置。

（七）倾斜巷道中架空乘人装置与轨道提升系统同巷布置时，必须设置电气闭锁，2 种设备不得同时运行。

倾斜巷道中架空乘人装置与带式输送机同巷布置时，必须采取可靠的隔离措施。

（八）巷道应当设置照明。

（九）每日至少对整个装置进行 1 次检查，每年至少对整个装置进行 1 次安全检测检验。

（十）严禁同时运送携带爆炸物品的人员。

第三百八十四条 新建、扩建矿井严禁采用普通轨斜井人车运输。

生产矿井在用的普通轨斜井人车运输，必须遵守下列规定：

（一）车辆必须设置可靠的制动装置。断绳时，制动装置既能自动发生作用，也能人工操纵。

（二）必须设置使跟车工在运行途中任何地点都能发送紧急停车信号的装置。

（三）多水平运输时，从各水平发出的信号必须有区别。

（四）人员上下地点应当悬挂信号牌。任一区段行车时，各水平必须有信号显示。

（五）应当有跟车工，跟车工必须坐在设有手动制动装置把手的位置。

（六）每班运送人员前，必须检查人车的连接装置、保险链和制动装置，并先空载运行一次。

第三百八十五条 采用平巷人车运送人员时，必须遵守下列规定：

（一）每班发车前，应当检查各车的连接装置、轮轴、车门（防护链）和车闸等。

（二）严禁同时运送易燃易爆或者腐蚀性的物品，或者附挂物料车。

（三）列车行驶速度不得超过 4 m/s。

（四）人员上下车地点应当有照明，架空线必须设置分段开关或者自动停送电开关，人员上下车时必须切断该区段架空线电源。

（五）双轨巷道乘车场必须设置信号区间闭锁，人员上下车时，严禁其他车辆进入乘车场。

（六）应当设跟车工，遇有紧急情况时立即向司机发出停车信号。

（七）两车在车场会车时，驶入车辆应当停止运行，让驶出车辆先行。

第三百八十六条 人员乘坐人车时，必须遵守下列规定：

（一）听从司机及跟车工的指挥，开车前必须关闭车门或者挂上防护链。

（二）人体及所携带的工具、零部件，严禁露出车外。

（三）列车行驶中及尚未停稳时，严禁上下车和在车内站立。

（四）严禁在机车上或者任意 2 车厢之间搭乘。

（五）严禁扒车、跳车和超员乘坐。

第三百八十七条 倾斜井巷内使用串车提升时，必须遵守下列规定：

（一）在倾斜井巷内安设能够将运行中断绳、脱钩的车辆阻止住的跑车防护装置。

（二）在各车场安设能够防止带绳车辆误入非运行车场或者区段的阻车器。

（三）在上部平车场入口安设能够控制车辆进入摘挂钩地点的阻车器。

（四）在上部平车场接近变坡点处，安设能够阻止未连挂的车辆滑入斜巷的阻车器。

（五）在变坡点下方略大于 1 列车长度的地点，设置能够防止未连挂的车辆继续往下跑车的挡车栏。上述挡车装置必须经常关闭，放车时方准打开。兼作行驶人车的倾斜井巷，在提升人员时，倾斜井巷中的挡车装置和跑车防护装置必须是常开状态并闭锁。

第三百八十八条 倾斜井巷使用提升机或者绞车提升时，必须遵守下列规定：

（一）采取轨道防滑措施。

（二）按设计要求设置托绳轮（辊），并保持转动灵活。

（三）井巷上端的过卷距离，应当根据巷道倾角、设计载荷、最大提升速度和实际制动力等参量计算确定，并有1.5倍的备用系数。

（四）串车提升的各车场设有信号硐室及躲避硐；运人斜井各车场设有信号和候车硐室，候车硐室具有足够的空间。

（五）提升信号参照本规程第四百零三条和第四百零四条规定。

（六）运送物料时，开车前把钩工必须检查牵引车数、各车的连接和装载情况。牵引车数超过规定，连接不良，或者装载物料超重、超高、超宽或者偏载严重有翻车危险时，严禁发出开车信号。

（七）提升时严禁蹬钩、行人。

第三百八十九条　人力推车必须遵守下列规定：

（一）1次只准推1辆车。严禁在矿车两侧推车。同向推车的间距，在轨道坡度小于或者等于5‰时，不得小于10 m；坡度大于5‰时，不得小于30 m。

（二）推车时必须时刻注意前方。在开始推车、停车、掉道、发现前方有人或者有障碍物，从坡度较大的地方向下推车以及接近道岔、弯道、巷道口、风门、硐室出口时，推车人必须及时发出警号。

（三）严禁放飞车和在巷道坡度大于7‰时人力推车。

（四）不得在能自动滑行的坡道上停放车辆，确需停放时必须用可靠的制动器或者阻车器将车辆稳住。

第三百九十条　使用的单轨吊车、卡轨车、齿轨车、胶套轮车、无极绳连续牵引车，应当符合下列要求：

（一）运行坡度、速度和载重，不得超过设计规定值。

（二）安全制动和停车制动装置必须为失效安全型，制动力应当为额定牵引力的1.5~2倍。

（三）必须设置既可手动又能自动的安全闸。安全闸应当具备下列性能：

1. 绳牵引式运输设备运行速度超过额定速度30%时，其他设备运行速度超过额定速度15%时，能自动施闸；施闸时的空动时间不大于0.7 s。

2. 在最大载荷最大坡度上以最大设计速度向下运行时，制动距离应当不超过相当于在这一速度下6 s的行程。

3. 在最小载荷最大坡度上向上运行时，制动减速度不大于5 m/s^2。

（四）胶套轮材料与钢轨的摩擦系数，不得小于0.4。

（五）柴油机和蓄电池单轨吊车、齿轨车和胶套轮车的牵引机车或者头车上，必须设置车灯和喇叭，列车的尾部必须设置红灯。

（六）柴油机和蓄电池单轨吊车，必须具备2路以上相对独立回油的制动系统，必须设置超速保护装置。司机应当配备通信装置。

（七）无极绳连续牵引车、绳牵引卡轨车、绳牵引单轨吊车，还应当符合下列要求：

1. 必须设置越位、超速、张紧力下降等保护。

2. 必须设置司机与相关岗位工之间的信号联络装置；设有跟车工时，必须设置跟车工与牵引绞车司机联络用的信号和通信装置。在驱动部、各车场，应当设置行车报警和信号装置。

3. 运送人员时，必须设置卡轨或者护轨装置，采用具有制动功能的专用乘人装置，必须设置跟车工。制动装置必须定期试验。

4. 运行时绳道内严禁有人。

5. 车辆脱轨后复轨时，必须先释放牵引钢丝绳的弹性张力。人员严禁在脱轨车辆的前方或者后方工作。

第三百九十一条 采用单轨吊车运输时，应当遵守下列规定：

（一）柴油机单轨吊车运行巷道坡度不大于 25°，蓄电池轨吊车不大于 15°，钢丝绳单轨吊车不大于 25°。

（二）必须根据起吊重物的最大载荷设计起吊梁和吊挂轨道，其安装与铺设应当保证单轨吊车的安全运行。

（三）单轨吊车运行中应当设置跟车工。起吊或者下放设备、材料时，人员严禁在起吊梁两侧；机车过风门、道岔、弯道时，必须确认安全，方可缓慢通过。

（四）采用柴油机、蓄电池单轨吊车运送人员时，必须使用人车车厢；两端必须设置制动装置，两侧必须设置防护装置。

（五）采用钢丝绳牵引单轨吊车运输时，严禁在巷道弯道内侧设置人行道。

（六）单轨吊车的检修工作应当在平巷内进行。若必须在斜巷内处理故障时，应当制定安全措施。

（七）有防止淋水侵蚀轨道的措施。

第三百九十二条 采用无轨胶轮车运输时，应当遵守下列规定：

（一）严禁非防爆、不完好无轨胶轮车下井运行。

（二）驾驶员持有《中华人民共和国机动车驾驶证》。

（三）建立无轨胶轮车入井运行和检查制度。

（四）设置工作制动、紧急制动和停车制动，工作制动必须采用湿式制动器。

（五）必须设置车前照明灯和尾部红色信号灯，配备灭火器和警示牌。

（六）运行中应当符合下列要求：

1. 运送人员必须使用专用人车，严禁超员；

2. 运行速度，运人时不超过 25 km/h，运送物料时不超过 40 km/h；

3. 同向行驶车辆必须保持不小于 50 m 的安全运行距离；

4. 严禁车辆空挡滑行；

5. 应当设置随车通信系统或者车辆位置监测系统；

6. 严禁进入专用回风巷和微风、无风区域。

（七）巷道路面、坡度、质量，应当满足车辆安全运行要求。

（八）巷道和路面应当设置行车标识和交通管控信号。

（九）长坡段巷道内必须采取车辆失速安全措施。

（十）巷道转弯处应当设置防撞装置。人员躲避硐室、车辆躲避硐室附近应当设置标识。

（十一）井下行驶特殊车辆或者运送超长、超宽物料时，必须制定安全措施。

第二节　立 井 提 升

第三百九十三条　立井提升容器和载荷，必须符合下列要求：

（一）立井中升降人员应当使用罐笼。在井筒内作业或者因其他原因，需要使用普通箕斗或者救急罐升降人员时，必须制定安全措施。

（二）升降人员或者升降人员和物料的单绳提升罐笼必须装设可靠的防坠器。

（三）罐笼和箕斗的最大提升载荷和最大提升载荷差应当在井口公布，严禁超载和超最大载荷差运行。

（四）箕斗提升必须采用定重装载。

第三百九十四条　专为升降人员和升降人员与物料的罐笼，必须符合下列要求：

（一）乘人层顶部应当设置可以打开的铁盖或者铁门，两侧装设扶手。

（二）罐底必须满铺钢板，如果需要设孔时，必须设置牢固可靠的门；两侧用钢板挡严，并不得有孔。

（三）进出口必须装设罐门或者罐帘，高度不得小于 1.2 m。罐门或者罐帘下部边缘至罐底的距离不得超过 250 mm，罐帘横杆的间距不得大于 200 mm。罐门不得向外开，门轴必须防脱。

（四）提升矿车的罐笼内必须装有阻车器。升降无轨胶轮车时，必须设置专用定车或者锁车装置。

（五）单层罐笼和多层罐笼的最上层净高（带弹簧的主拉杆除外）不得小于 1.9 m，其他各层净高不得小于 1.8 m。带弹簧的主拉杆必须设保护套筒。

（六）罐笼内每人占有的有效面积应当不小于 0.18 m^2。罐笼每层内 1 次能容纳的人数应当明确规定。超过规定人数时，把钩工必须制止。

（七）严禁在罐笼同一层内人员和物料混合提升。升降无轨胶轮车时，仅限司机一人留在车内，且按提升人员要求运行。

第三百九十五条　立井罐笼提升井口、井底和各水平的安全门与罐笼位置、摇台或者锁罐装置、阻车器之间的连锁，必须合下列要求：

（一）井口、井底和中间运输巷的安全门必须与罐位和提升信号连锁：罐笼到位并发出停车信号后安全门才能打开；安全门未关闭，只能发出调平和换层信号，但发不出开车信号；安全门关闭后才能发出开车信号；发出开车信号后，安全门不能打开。

（二）井口、井底和中间运输巷都应当设置摇台或者锁罐装置，并与罐笼停止位置、阻车器和提升信号系统连锁：罐笼未到位，放不下摇台或者锁罐装置，打不开阻车器；摇台或者锁罐装置未抬起，阻车器未关闭，发不出开车信号。

（三）立井井口和井底使用罐座时，必须设置闭锁装置，罐座未打开，发不出开车信号。升降人员时，严禁使用罐座。

第三百九十六条　提升容器的罐耳与罐道之间的间隙，应当符合下列要求：

（一）安装时，罐耳与罐道之间所留间隙应当符合下列要求：

1. 使用滑动罐耳的刚性罐道每侧不得超过 5 mm，木罐道每侧不得超过 10 mm。

2. 钢丝绳罐道的罐耳滑套直径与钢丝绳直径之差不得大于 5 mm。

3. 采用滚轮罐耳的矩形钢罐道的辅助滑动罐耳，每侧间隙应当保持 10~15 mm。

（二）使用时，罐耳和罐道的磨损量或者总间隙达到下列限值时，必须更换：

1. 木罐道任一侧磨损量超过 15 mm 或者总间隙超过 40 mm。

2. 钢轨罐道轨头任一侧磨损量超过 8 mm，或者轨腰磨损量超过原有厚度的 25%；罐耳的任一侧磨损量超过 8 mm，或者在同一侧罐耳和罐道的总磨损量超过 10 mm，或者罐耳与罐道的总间隙超过 20 mm。

3. 矩形钢罐道任一侧的磨损量超过原有厚度的 50%。

4. 钢丝绳罐道与滑套的总间隙超过 15 mm。

第三百九十七条 立井提升容器间及提升容器与井壁、罐道梁、井梁之间的最小间隙，必须符合表 7 要求。

提升容器在安装或者检修后，第一次开车前必须检查各个间隙，不符合要求时不得开车。

采用钢丝绳罐道，当提升容器之间的间隙小于表 7 要求时，必须设防撞绳。

表 7　立井提升容器间及提升容器与井壁、罐道梁、井梁间的最小间隙值 mm

罐道和井梁布置		容器与容器之间	容器与井壁之间	容器与罐道梁之间	容器与井梁之间	备注
罐道布置在容器一侧		200	150	40	150	罐耳与罐道卡子之间为 20
罐道布置在容器两侧	木罐道	200	50	200		有卸载滑轮的容器，滑轮与罐道梁间隙增加 25
	钢罐道	150	40	150		
罐道布置在容器正面	木罐道	200	200	50	200	
	钢罐道	200	150	40	150	
钢丝绳罐道		500	350		350	设防撞绳时，容器之间最小间隙为 200

第三百九十八条 钢丝绳罐道应当优先选用密封式钢丝绳。

每个提升容器（平衡锤）有 4 根罐道绳时，每根罐道绳的最小刚性系数不得小于 500 N/m，各罐道绳张紧力之差不得小于平均张紧力的 5%，内侧张紧力大，外侧张紧力小。

每个提升容器（平衡锤）有 2 根罐道绳时，每根罐道绳的刚性系数不得小于 1 000 N/m，各罐道绳的张紧力应当相等。单绳提升的 2 根主提升钢丝绳必须采用同一捻向或者阻旋转钢丝绳。

第三百九十九条 应当每年检查 1 次金属井架、井筒罐道梁和其他装备的固定和锈蚀情况，发现松动及时加固，发现防腐层剥落及时补刷防腐剂。检查和处理结果应当详细记录。

建井用金属井架，每次移设后都应当涂防腐剂。

第四百条 提升系统各部分每天必须由专职人员至少检查 1 次，每月还必须组织有关人员至少进行 1 次全面检查。

检查中发现问题，必须立即处理，检查和处理结果都应当详细记录。

第四百零一条 检修人员站在罐笼或箕斗顶上工作时，必须遵守下列规定：

（一）在罐笼或箕斗顶上，必须装设保险伞和栏杆。

（二）必须系好保险带。

（三）提升容器的速度，一般为 0.3~0.5 m/s，最大不得超过 2 m/s。

（四）检修用信号必须安全可靠。

第四百零二条 罐笼提升的井口和井底车场必须有把钩工。

人员上下井时，必须遵守乘罐制度，听从把钩工指挥。开车信号发出后严禁进出罐笼。

第四百零三条 每一提升装置，必须装有从井底信号工发给井口信号工和从井口信号工发给司机的信号装置。井口信号装置必须与提升机的控制回路相闭锁，只有在井口信号工发出信号后，提升机才能启动。除常用的信号装置外，还必须有备用信号装置。井底车场与井口之间、井口与司机操控台之间，除有上述信号装置外，还必须装设直通电话。

1 套提升装置服务多个水平时，从各水平发出的信号必须有区别。

第四百零四条 井底车场的信号必须经由井口信号工转发，不得越过井口信号工直接向提升机司机发送开车信号；但有下列

情况之一时，不受此限：

（一）发送紧急停车信号。

（二）箕斗提升。

（三）单容器提升。

（四）井上下信号连锁的自动化提升系统。

第四百零五条 用多层罐笼升降人员或者物料时，井上、下各层出车平台都必须设有信号工。各信号工发送信号时，必须遵守下列规定：

（一）井下各水平的总信号工收齐该水平各层信号工的信号后，方可向井口总信号工发出信号。

（二）井口总信号工收齐井口各层信号工信号并接到井下水平总信号工信号后，才可向提升机司机发出信号。

信号系统必须设有保证按上述顺序发出信号的闭锁装置。

第四百零六条 在提升速度大于 3 m/s 的提升系统内，必须设防撞梁和托罐装置。防撞梁必须能够挡住过卷后上升的容器或者平衡锤，并不得兼作他用；托罐装置必须能够将撞击防撞梁后再下落的容器或者配重托住，并保证其下落的距离不超过 0.5 m。

第四百零七条 立井提升装置的过卷和过放应当符合下列要求：

（一）罐笼和箕斗提升，过卷和过放距离不得小于表 8 所列数值。

表 8　立井提升装置的过卷和过放距离

提升速度/（$m \cdot s^{-1}$）	≤3	4	6	8	≥10
过卷、过放距离/m	4.0	4.75	6.5	8.25	≥10.0

注：提升速度为表 8 中所列速度的中间值时，用插值法计算。

（二）在过卷和过放距离内，应当安设性能可靠的缓冲装置。缓冲装置应当能将全速过卷（过放）的容器或者平衡锤平稳地停住，并保证不再反向下滑或者反弹。

（三）过放距离内不得积水和堆积杂物。

（四）缓冲托罐装置必须每年至少进行 1 次检查和保养。

第三节　钢丝绳和连接装置

第四百零八条 各种用途钢丝绳的安全系数，必须符合下列要求：

（一）各种用途钢丝绳悬挂时的安全系数，必须符合表 9 的要求。

表 9　钢丝绳安全系数最小值

用途分类			安全系数*的最小值
单绳缠绕式提升装置	专为升降人员		9
	升降人员和物料	升降人员时	9
		混合提升时**	9
		升降物料时	7.5
	专为升降物料		6.5
提升装置	升降人员和物料	升降人员时	$9.2-0.0005H$***
		混合提升时	$9.2-0.0005H$
		升降物料时	$8.2-0.0005H$
	专为升降物料		$7.2-0.0005H$
倾斜钢丝绳牵引带式输送机	运人		$6.5-0.001L$**** 但不得小于 6

续表

用途分类		安全系数*的最小值
倾斜钢丝绳牵引带式输送机	运物	$5-0.001L$ 但不得小于4
倾斜无极绳绞车	运人	$6.5-0.001L$ 但不得小于6
	运物	$5-0.001L$ 但不得小于3.5
架空乘人装置		6
悬挂安全梯用的钢丝绳		6
罐道绳、防撞绳、起重用的钢丝绳		6
悬挂吊盘、水泵、排水管、抓岩机等用的钢丝绳		6
悬挂风筒、风管、供水管、注浆管、输料管、电缆用的钢丝绳		5
拉紧装置用的钢丝绳		5
防坠器的制动绳和缓冲绳（按动载荷计算）		3

注：* 钢丝绳的安全系数，等于实测的合格钢丝拉断力的总和与其所承受的最大静拉力（包括绳端载荷和钢丝绳自重所引起的静拉力）之比；

** 混合提升指多层罐笼同一次在不同层内提升人员和物料；

*** H 为钢丝绳悬挂长度，m；

**** L 为由驱动轮到尾部绳轮的长度，m。

（二）在用的缠绕式提升钢丝绳在定期检验时，安全系数小于下列规定值时，应当及时更换：

1. 专为升降人员用的小于7。

2. 升降人员和物料用的钢丝绳：升降人员时小于7，升降物料时小于6。

3. 专为升降物料和悬挂吊盘用的小于5。

第四百零九条　各种用途钢丝绳的韧性指标，必须符合表10的要求。

第四百一十条　新钢丝绳的使用与管理，必须遵守下列规定：

（一）钢丝绳到货后，应当进行性能检验。合格后应当妥善保管备用，防止损坏或者锈蚀。

（二）每根钢丝绳的出厂合格证、验收检验报告等原始资料应当保存完整。

（三）存放时间超过1年的钢丝绳，在悬挂前必须再进行性能检测，合格后方可使用。

（四）钢丝绳悬挂前，必须对每根钢丝做拉断、弯曲和扭转3种试验，以公称直径为准对试验结果进行计算和判定：

表 10　不同钢丝绳的韧性指标

钢丝绳用途	钢丝绳种类	钢丝绳韧性指标下限		说明
		新绳	在用绳	
升降人员或升降人员和物料	光面绳	MT 716 中光面钢丝绳韧性指标	新绳韧性指标的 90%	在用绳按 MT 717 标准（面接触绳除外）
	镀锌绳	MT 716 中 AB 类镀锌钢丝韧性指标	新绳韧性指标的 85%	
	面接触绳	GB/T 16269—1996	中钢丝韧性指标	
升降物料	光面绳	MT 716 中光面钢丝绳韧性指标	绳韧性指标的 80%	
	面接触绳	GB/T 16269—1996 中钢丝韧性指标	新绳韧性指标的 80%	
	镀锌绳	MT 716 中 A 类镀锌钢丝韧性指标	新绳韧性指标的 80%	

1. 不合格钢丝的断面积与钢丝总断面积之比达到 6%，不得用作升降人员；达到 10%，不得用作升降物料。

2. 钢丝绳的安全系数小于本规程第四百零八条的规定时，该钢丝绳不得使用。

（五）主要提升装置必须有检验合格的备用钢丝绳。

（六）专用于斜井提升物料且直径不大于 18 mm 的钢丝绳，有产品合格证和检测检验报告等，外观检查无锈蚀和损伤的，可以不进行（一）、（三）所要求的检验。

第四百一十一条　在用钢丝绳的检验、检查与维护，应当遵守下列规定：

（一）升降人员或者升降人员和物料用的缠绕式提升钢丝绳，自悬挂使用后每 6 个月进行 1 次性能检验；悬挂吊盘的钢丝绳，每 12 个月检验 1 次。

（二）升降物料用的缠绕式提升钢丝绳，悬挂使用 12 个月内必须进行第一次性能检验，以后每 6 个月检验 1 次。

（三）缠绕式提升钢丝绳的定期检验，可以只做每根钢丝的拉断和弯曲 2 种试验。试验结果，以公称直径为准进行计算和判定。出现下列情况的钢丝绳，必须停止使用：

1. 不合格钢丝的断面积与钢丝总断面积之比达到 25% 时；

2. 钢丝绳的安全系数小于本规程第四百零八条规定时。

（四）摩擦式提升钢丝绳、架空乘人装置钢丝绳、平衡钢丝绳以及专用于斜井提升物料且直径不大于 18 mm 的钢丝绳，不受（一）、（二）限制。

（五）提升钢丝绳必须每天检查 1 次，平衡钢丝绳、罐道绳、防坠器制动绳（包括缓冲绳）、架空乘人装置钢丝绳、钢丝绳牵引带式输送机钢丝绳和井筒悬吊钢丝绳必须每周至少检查 1 次。对易损坏和断丝或者锈蚀较多的一段应当停车详细检查。断丝的突出部分应当在检查时剪下。检查结果应当记入钢丝绳检查记录簿。

（六）对使用中的钢丝绳，应当根据井巷条件及锈蚀情况，采取防腐措施。摩擦提升钢丝绳的摩擦传动段应当涂、浸专用的钢丝绳增摩脂。

（七）平衡钢丝绳的长度必须与提升容器过卷高度相适应，防止过卷时损坏平衡钢丝绳。使用圆形平衡钢丝绳时，必须有避免平衡钢丝绳扭结的装置。

（八）严禁平衡钢丝绳浸泡水中。

（九）多绳提升的任意一根钢丝绳的张力与平均张力之差不得超过±10%。

第四百一十二条 钢丝绳的报废和更换，应当遵守下列规定：

（一）钢丝绳的报废类型、内容及标准应当符合表 11 的要求。达到其中一项的，必须报废。

（二）更换摩擦式提升机钢丝绳时，必须同时更换全部钢丝绳。

表 11 钢丝绳的报废类型、内容及标准

<table>
<tr><th>项目</th><th colspan="2">钢丝绳类别</th><th>报废标准</th><th>说明</th></tr>
<tr><td rowspan="4">使用期限</td><td rowspan="2">摩擦式提升机</td><td>提升钢丝绳</td><td>2 年</td><td rowspan="2">如果钢丝绳的断丝、直径缩小和锈蚀程度不超过本表断丝、直径缩小、锈蚀类型的规定，可继续使用 1 年</td></tr>
<tr><td>平衡钢丝绳</td><td>4 年</td></tr>
<tr><td colspan="2">井筒中悬挂水泵、抓岩机的钢丝绳</td><td>1 年</td><td rowspan="2">到期后经检查鉴定，锈蚀程度不超过本表锈蚀类型的规定，可以继续使用</td></tr>
<tr><td colspan="2">悬挂风管、输料管、安全梯和电缆的钢丝绳</td><td>2 年</td></tr>
<tr><td rowspan="4">断丝</td><td colspan="2">升降人员或者升降人员和物料用钢丝绳</td><td>5%</td><td rowspan="4">各种股捻钢丝绳在 1 个捻距内断丝断面积与钢丝总断面积之比</td></tr>
<tr><td colspan="2">专为升降物料用的钢丝绳、平衡钢丝绳、防坠器的制动钢丝绳（包括缓冲绳）、兼作运人的钢丝绳牵引带式输送机的钢丝绳和架空乘人装置的钢丝绳</td><td>10%</td></tr>
<tr><td colspan="2">罐道钢丝绳</td><td>15%</td></tr>
<tr><td colspan="2">无极绳运输和专为运物料的钢丝绳牵引带式输送机用的钢丝绳</td><td>25%</td></tr>
<tr><td rowspan="2">直径缩小</td><td colspan="2">提升钢丝绳、架空乘人装置或者制动钢丝绳</td><td>10%</td><td rowspan="2">1. 以钢丝绳公称直径为准计算的直径减小量
2. 使用密封式钢丝绳时，外层钢丝厚度磨损量达到 50% 时，应当更换锈蚀各类钢丝绳</td></tr>
<tr><td colspan="2">罐道钢丝绳</td><td>15%</td></tr>
</table>

续表

项目	钢丝绳类别	报废标准	说明
锈蚀	各类钢丝绳		1. 钢丝出现变黑、锈皮、点蚀麻坑等损伤时，不得再用作升降人员 2. 钢丝绳锈蚀严重，或者点蚀麻坑形成沟纹，或者外层钢丝松动时，不论断丝数多少或者绳径是否变化，应当立即更换

第四百一十三条 钢丝绳在运行中遭受到卡罐、突然停车等猛烈拉力时，必须立即停车检查，发现下列情况之一者，必须将受损段剁掉或者更换全绳：

（一）钢丝绳产生严重扭曲或者变形。

（二）断丝超过本规程第四百一十二条的规定。

（三）直径减小量超过本规程第四百一十二条的规定。

（四）遭受猛烈拉力的一段的长度伸长 0.5%以上。

在钢丝绳使用期间，断丝数突然增加或者伸长突然加快，必须立即更换。

第四百一十四条 有接头的钢丝绳，仅限于下列设备中使用：

（一）平巷运输设备。

（二）无极绳绞车。

（三）架空乘人装置。

（四）钢丝绳牵引带式输送机。钢丝绳接头的插接长度不得小于钢丝绳直径的 1 000 倍。

第四百一十五条 新安装或者大修后的防坠器，必须进行脱钩试验，合格后方可使用。对使用中的立井罐笼防坠器，应当每 6 个月进行 1 次不脱钩试验，每年进行 1 次脱钩试验。对使用中的斜井人车防坠器，应当每班进行 1 次手动落闸试验、每月进行 1 次静止松绳落闸试验、每年进行 1 次重载全速脱钩试验。防坠器的各个连接和传动部分，必须处于灵活状态。

第四百一十六条 立井和斜井使用的连接装置的性能指标和投用前的试验，必须符合下列要求：

（一）各类连接装置的安全系数必须符合表 12 的要求。

（二）各种环链的安全系数，必须以曲梁理论计算的应力为准，并同时符合下列要求：

1. 按材料屈服强度计算的安全系数，不小于 2.5；

2. 以模拟使用状态拉断力计算的安全系数，不小于 13。

（三）各种连接装置主要受力件的冲击功必须符合下列要求：

1. 常温（15℃）下不小于 100 J；

表 12　各类连接装置的安全系数最小值

用途		安全系数最小值
专门升降人员的提升容器连接装置		13
升降人员和物料的提升容器连接装置	升降人员时	13
	升降物料时	10
专为升降物料的提升容器的连接装置		10
斜井人车的连接装置		13
矿车的车梁、碰头和连接插销		6
无极绳的连接装置		8
吊桶的连接装置		13
凿井用吊盘、安全梯、水泵、抓岩机的悬挂装置		10
凿井用风管、水管、风筒、注浆管的悬挂装置		8
倾斜井巷中使用的单轨吊车、卡轨车和齿轨车的连接装置	运人时	13
	运物时	10

注：连接装置的安全系数等于主要受力部件的破断力与其所承受的最大静载荷之比。

2. 低温（-30℃）下不小于 70 J。

（四）各种保险链以及矿车的连接环、链和插销等，必须符合下列要求：

1. 批量生产的，必须做抽样拉断试验，不符合要求时不得使用；

2. 初次使用前和使用后每隔 2 年，必须逐个以 2 倍于其最大静荷重的拉力进行试验，发现裂纹或者永久伸长量超过 0.2%时，不得使用。

（五）立井提升容器与提升钢丝绳的连接，应当采用楔形连接装置。每次更换钢丝绳时，必须对连接装置的主要受力部件进行探伤检验，合格后方可继续使用。楔形连接装置的累计使用期限：单绳提升不得超过 10 年；多绳提升不得超过 15 年。

（六）倾斜井巷运输时，矿车之间的连接、矿车与钢丝绳之间的连接，必须使用不能自行脱落的连接装置，并加装保险绳。

（七）倾斜井巷运输用的钢丝绳连接装置，在每次换钢丝绳时，必须用 2 倍于其最大静荷重的拉力进行试验。

（八）倾斜井巷运输用的矿车连接装置，必须至少每年进行 1 次 2 倍于其最大静荷重的拉力试验。

第四节　提 升 装 置

第四百一十七条　提升装置的天轮、卷筒、摩擦轮、导向轮和导向滚等的最小直径与钢丝绳直径之比值，应当符合表13的要求。

表13　提升装置的天轮、卷筒、摩擦轮、导向轮和导向滚等的最小直径与钢丝绳直径之比值

用途		最小比值	说明
落地式摩擦提升装置的摩擦轮及天轮、围抱角大于180°的塔式摩擦提升装置的摩擦轮	井上	90	在这些提升装置中，如使用密封式提升钢丝绳，应当将各相应的比值增加20%
	井下	80	
围抱角为180°的塔式摩擦提升装置的摩擦轮	井上	80	
	井下	70	
摩擦提升装置的导向轮		80	
地面缠绕式提升装置的卷筒和围抱角大于90°的天轮		80	
地面缠绕式提升装置围抱角小于90°的天轮		60	
井下缠绕式提升机和凿井提升机的卷筒，井下架空乘人装置的主导轮和尾导轮、围抱角大于90°的天轮		60	
井下缠绕式提升机、凿井提升机和井下架空乘人装置围抱角小于90°的天轮		40	
斜井提升的游动天轮	围抱角大于60°	60	
	围抱角在35°～60°	40	
	围抱角小于35°	20	
矸石山绞车的卷筒和天轮		50	
悬挂水泵、吊盘、管子用的卷筒和天轮，凿井时运输物料的提升机卷筒和天轮，倾斜井巷提升机的游动轮，矸石山绞车的压绳轮以及无极绳运输的导向滚等		20	

第四百一十八条　各种提升装置的卷筒上缠绕的钢丝绳层数，必须符合下列要求：

（一）立井中升降人员或者升降人员和物料的不超过1层，专为升降物料的不超过2层。

（二）倾斜井巷中升降人员或者升降人员和物料的不超过2层，升降物料的不超过3层。

（三）建井期间升降人员和物料的不超过2层。

（四）现有生产矿井在用的绞车，如果在滚筒上装设过渡绳楔，滚筒强度满足要求且滚筒边缘高度符合本规程第四百一十九条要求，可按本条（一）、（二）所规定的层数增加1层。

（五）移动式或者辅助性专为升降物料的（包括矸石山和向天桥上提升等），不受本条

(一)、(二)、(三) 的限制。

第四百一十九条 缠绕2层或者2层以上钢丝绳的卷筒，必须符合下列要求：

(一) 卷筒边缘高出最外层钢丝绳的高度，至少为钢丝绳直径的285倍。

(二) 卷筒上必须设有带绳槽的衬垫。

(三) 钢丝绳由下层转到上层的临界段（相当于绳圈1/4长的部分）必须经常检查，并每季度将钢丝绳移动1/4绳圈的位置。对现有不带绳槽衬垫的在用提升机，只要在卷筒板上刻有绳槽或者用1层钢丝绳作底绳，可继续使用。

第四百二十条 钢丝绳绳头固定在卷筒上时，应当符合下列要求：

(一) 必须有特备的容绳或者卡绳装置，严禁系在卷筒轴上。

(二) 绳孔不得有锐利的边缘，钢丝绳的弯曲不得形成锐角。

(三) 卷筒上应当缠留3圈绳，以减轻固定处的张力，还必须留有定期检验用绳。

第四百二十一条 通过天轮的钢丝绳必须低于天轮的边缘，其高差：提升用天轮不得小于钢丝绳直径的1.5倍，悬吊用天轮不得小于钢丝绳直径的1倍。

天轮和摩擦轮绳槽衬垫磨损达到下列限值，必须更换：

(一) 天轮绳槽衬垫磨损达到1根钢丝绳直径的深度，或者沿侧面磨损达到钢丝绳直径的1/2。

(二) 摩擦轮绳槽衬垫磨损剩余厚度小于钢丝绳直径，绳槽磨损深度超过70 mm。

第四百二十二条 矿井提升系统的加（减）速度和提升速度必须符合表14的要求。

表14 矿井提升系统的加（减）速度和提升速度值

项目	立井提升		斜井提升	
	升降人员	升降物料	串车提升	箕斗提升
加（减）速度 / $(m \cdot s^{-2})$	≤0.75		≤0.5	
提升速度 / $(m \cdot s^{-1})$	$v \leqslant 0.5\sqrt{H}$，且不超过12	$v \leqslant 0.6\sqrt{H}$	≤5	≤7，当铺设固定道床且钢轨≥38 kg/m时，≤9

注：v——最大提升速度，m/s；

H——提升高度，m。

第四百二十三条 提升装置必须按下列要求装设安全保护：

(一) 过卷和过放保护：当提升容器超过正常终端停止位置或者出车平台0.5 m时，必须能自动断电，且使制动器实施安全制动。

(二) 超速保护：当提升速度超过最大速度15%时，必须能自动断电，且使制动器实施安全制动。

（三）过负荷和欠电压保护。

（四）限速保护：提升速度超过 3 m/s 的提升机应当装设限速保护，以保证提升容器或者平衡锤到达终端位置时的速度不超过 2 m/s。当减速段速度超过设定值的 10% 时，必须能自动断电，且使制动器实施安全制动。

（五）提升容器位置指示保护：当位置指示失效时，能自动断电，且使制动器实施安全制动。

（六）闸瓦间隙保护：当闸瓦间隙超过规定值时，能报警并闭锁下次开车。

（七）松绳保护：缠绕式提升机应当设置松绳保护装置并接入安全回路或者报警回路。箕斗提升时，松绳保护装置动作后，严禁受煤仓放煤。

（八）仓位超限保护：箕斗提升的井口煤仓仓位超限时，能报警并闭锁开车。

（九）减速功能保护：当提升容器或者平衡锤到达设计减速点时，能示警并开始减速。

（十）错向运行保护：当发生错向时，能自动断电，且使制动器实施安全制动。过卷保护、超速保护、限速保护和减速功能保护应当设置为相互独立的双线型式。缠绕式提升机应当加设定车装置。

第四百二十四条 提升机必须装设可靠的提升容器位置指示器、减速声光示警装置，必须设置机械制动和电气制动装置。严禁司机擅自离开工作岗位。

第四百二十五条 机械制动装置应当采用弹簧式，能实现工作制动和安全制动。工作制动必须采用可调节的机械制动装置。安全制动必须有并联冗余的回油通道。双滚筒提升机每个滚筒的制动装置必须能够独立控制，并具有调绳功能。

第四百二十六条 提升机机械制动装置的性能，必须符合下列要求：

（一）制动闸空动时间：盘式制动装置不得超过 0.3 s，径向制动装置不得超过 0.5 s。

（二）盘形闸的闸瓦与闸盘之间的间隙不得超过 2 mm。

（三）制动力矩倍数必须符合下列要求：

1. 制动装置产生的制动力矩与实际提升最大载荷旋转力矩之比 K 值不得小于 3。

2. 对质量模数较小的提升机，上提重载保险闸的制动减速度超过本规程规定值时，K 值可以适当降低，但不得小于 2。

3. 在调整双滚筒提升机滚筒旋转的相对位置时，制动装置在各滚筒闸轮上所产生的力矩，不得小于该滚筒所悬重量（钢丝绳重量与提升容器重量之和）形成的旋转力矩的 1.2 倍。

4. 计算制动力矩时，闸轮和闸瓦的摩擦系数应当根据实测确定，一般采用 0.30~0.35。

第四百二十七条 各类提升机的制动装置发生作用时，提升系统的安全制动减速度，必须符合下列要求：

（一）提升系统的安全制动减速度必须符合表 15 的要求。

（二）摩擦式提升机安全制动时，除必须符合表 15 的要求外，还必须符合下列防滑要求：

1. 在各种载荷（满载或者空载）和提升状态（上提或者下放重物）下，制动装置所产

表 15　提升系统安全制动减速度规定值

减速度°	$\theta \leqslant 30$	$\theta > 30°$
提升减速度/（$m \cdot s^{-2}$）	$\leqslant A_c^{*}$	≤5
下放减速度/（$m \cdot s^{-2}$）	≥0.75	≥1.5

注：$*A_c = g(\sin\theta + f\cos\theta)$

式中　A_c——自然减速度，m/s^2；

g——重力加速度，m/s^2；

θ——井巷倾角，（°）；

f——绳端载荷的运行阻力系数，一般取 0.010~0.015。

生的制动减速度计算值不得超过滑动极限。钢丝绳与摩擦轮衬垫间摩擦系数的取值不得大于 0.25。由钢丝绳自重所引起的不平衡重必须计入。

2. 在各种载荷和提升状态下，制动装置发生作用时，钢丝绳都不出现滑动。

计算或者验算时，以本条第（二）款第 1 项为准；在用设备，以本条第（二）款第 2 项为准。

第四百二十八条　提升机操作必须遵守下列规定：

（一）主要提升装置应当配有正、副司机。自动化运行的专用于提升物料的箕斗提升机，可不配备司机值守，但应当设图像监视并定时巡检。

（二）升降人员的主要提升装置在交接班升降人员的时间内，必须正司机操作，副司机监护。

（三）每班升降人员前，应当先空载运行 1 次，检查提升机动作情况；但连续运转时，不受此限。

（四）如发生故障，必须立即停止提升机运行，并向矿调度室报告。

第四百二十九条　新安装的矿井提升机，必须验收合格后方可投入运行。专门升降人员及混合提升的系统应当每年进行 1 次性能检测，其他提升系统每 3 年进行 1 次性能检测，检测合格后方可继续使用。

第四百三十条　提升装置管理必须具备下列资料，并妥善保管：

（一）提升机说明书。

（二）提升机总装配图。

（三）制动装置结构图和制动系统图。

（四）电气系统图。

（五）提升机、钢丝绳、天轮、提升容器、防坠器和罐道等的检查记录簿。

（六）钢丝绳的检验和更换记录簿。

（七）安全保护装置试验记录簿。

（八）故障记录簿。

（九）岗位责任制和设备完好标准。

（十）司机交接班记录簿。

（十一）操作规程。

制动系统图、电气系统图、提升装置的技术特征和岗位责任制等应当悬挂在提升机房内。

第五节　空气压缩机

第四百三十一条　矿井应当在地面集中设置空气压缩机站。

在井下设置空气压缩设备时，应当遵守下列规定：

（一）应当采用螺杆式空气压缩机，严禁使用滑片式空气压缩机。

（二）固定式空气压缩机和储气罐必须分别设置在 2 个独立硐室内，并保证独立通风。

（三）移动式空气压缩机必须设置在采用不燃性材料支护且具有新鲜风流的巷道中。

（四）应当设自动灭火装置。

（五）运行时必须有人值守。

第四百三十二条　空气压缩机站设备必须符合下列要求：

（一）设有压力表和安全阀。压力表和安全阀应当定期校准。安全阀和压力调节器应当动作可靠，安全阀动作压力不得超过额定压力的 1.1 倍。

（二）使用闪点不低于 215℃的压缩机油。

（三）使用油润滑的空气压缩机必须装设断油保护装置或者断油信号显示装置。水冷式空气压缩机必须装设断水保护装置或者断水信号显示装置。

第四百三十三条　空气压缩机站的储气罐必须符合下列要求：

（一）储气罐上装有动作可靠的安全阀和放水阀，并有检查孔。定期清除风包内的油垢。

（二）新安装或者检修后的储气罐，应当用 1.5 倍空气压缩机工作压力做水压试验。

（三）在储气罐出口管路上必须加装释压阀，其口径不得小于出风管的直径，释放压力应当为空气压缩机最高工作压力的 1.25~1.4 倍。

（四）避免阳光直晒地面空气压缩机站的储气罐。

第四百三十四条　空气压缩设备的保护，必须遵守下列规定：

（一）螺杆式空气压缩机的排气温度不得超过 120℃，离心式空气压缩机的排气温度不得超过 130℃。必须装设温度保护装置，在超温时能自动切断电源并报警。

（二）储气罐内的温度应当保持在 120℃以下，并装有超温保护装置，在超温时能自动切断电源并报警。

第十章　电　　气

第一节　一般规定

第四百三十五条　煤矿地面、井下各种电气设备和电力系统的设计、选型、安装、验收、运行、检修、试验等必须按本规程执行。

第四百三十六条　矿井应当有两回路电源线路（即来自两个不同变电站或者来自不同电源进线的同一变电站的两段母线）。当任一回路发生故障停止供电时，另一回路应当担负矿井全部用电负荷。区域内不具备两回路供电条件的矿井采用单回路供电时，应当报安全生产许可证的发放部门审查。采用单回路供电时，必须有备用电源。备用电源的容量必须满足通风、排水、提升等要求，并保证主要通风机等在 10 min 内可靠启动和运行。备用电源应当有专人负责管理和维护，每 10 天至少进行一次启动和运行试验，试验期间不得影响矿井通风等，试验记录要存档备查。

矿井的两回路电源线路上都不得分接任何负荷。

正常情况下，矿井电源应当采用分列运行方式。若一回路运行，另一回路必须带电备用。带电备用电源的变压器可以热备用；若冷备用，备用电源必须能及时投入，保证主要通风机在 10 min 内启动和运行。

10 kV 及以下的矿井架空电源线路不得共杆架设。

矿井电源线路上严禁装设负荷定量器等各种限电断电装置。

第四百三十七条　矿井供电电能质量应当符合国家有关规定；电力电子设备或者变流设备的电磁兼容性应当符合国家标准、规范要求。

电气设备不应超过额定值运行。

第四百三十八条　对井下各水平中央变（配）电所和采（盘）区变（配）电所、主排水泵房和下山开采的采区排水泵房供电线路，不得少于两回路。当任一回路停止供电时，其余回路应当承担全部用电负荷。向局部通风机供电的井下变（配）电所应当采用分列运行方式。

主要通风机、提升人员的提升机、抽采瓦斯泵、地面安全监控中心等主要设备房，应当各有两回路直接由变（配）电所馈出的供电线路；受条件限制时，其中的一回路可引自上述设备房的配电装置。

向突出矿井自救系统供风的压风机、井下移动瓦斯抽采泵应当各有两回路直接由变（配）电所馈出的供电线路。

本条上述供电线路应当来自各自的变压器或者母线段，线路上不应分接任何负荷。

本条上述设备的控制回路和辅助设备，必须有与主要设备同等可靠的备用电源。向采区供电的同一电源线路上，串接的采区变电所数量不得超过 3 个。

第四百三十九条　采区变电所应当设专人值班。无人值班的变电所必须关门加锁，并有巡检人员巡回检查。

实现地面集中监控并有图像监视的变电所可以不设专人值班，硐室必须关门加锁，并有巡检人员巡回检查。

第四百四十条　严禁井下配电变压器中性点直接接地。

严禁由地面中性点直接接地的变压器或者发电机直接向井下供电。

第四百四十一条　选用井下电气设备必须符合表 16 的要求。

第四百四十二条　井下不得带电检修电气设备。严禁带电搬迁非本安型电气设备、电

表 16　井下电气设备选型

<table>
<tr><th rowspan="3">设备类别</th><th colspan="6">高瓦斯矿井、低瓦斯矿井</th></tr>
<tr><th rowspan="2">突出矿井和瓦斯喷出区域</th><th colspan="2">井底车场、中央变电所、总进风巷和主要进风巷</th><th rowspan="2">翻车机硐室</th><th rowspan="2">采区进风巷</th><th rowspan="2">总回风巷、主要回风巷、采区回风巷、采掘工作面和工作面进、回风巷</th></tr>
<tr><th>低瓦斯矿井</th><th>高瓦斯矿井</th></tr>
<tr><td>1. 高低压电机和电气设备</td><td>矿用防爆型（增安型除外）</td><td colspan="2">矿用一般型</td><td>矿用一般型</td><td>矿用防爆型</td><td>矿用防爆型</td></tr>
<tr><td>2. 照明灯具</td><td>矿用防爆型（增安型除外）</td><td colspan="2">矿用一般型</td><td>矿用防爆型</td><td>矿用防爆型</td><td>矿用防爆型</td></tr>
<tr><td>3. 通信、自动控制的仪表、仪器</td><td>矿用防爆型（增安型除外）</td><td colspan="2">矿用一般型</td><td>矿用防爆型</td><td>矿用防爆型</td><td>矿用防爆型</td></tr>
</table>

注：1. 使用架线电机车运输的巷道中及沿巷道的机电设备硐室内可以采用矿用一般型电气设备（包括照明灯具、通信、自动控制的仪表、仪器）。

2. 突出矿井井底车场的主泵房内，可以使用矿用增安型电动机。

3. 突出矿井应当采用本安型矿灯。

4. 远距离传输的监测监控、通信信号应当采用本安型，动力载波信号除外。

5. 在爆炸性环境中使用的设备应当采用 EPLMa 保护级别。非煤矿专用的便携式电气测量仪表，必须在甲烷浓度 1.0%以下的地点使用，并实时监测使用环境的甲烷浓度。

缆，采用电缆供电的移动式用电设备不受此限。

检修或者搬迁前，必须切断上级电源，检查瓦斯，在其巷道风流中甲烷浓度低于 1.0%时，再用与电源电压相适应的验电笔检验；检验无电后，方可进行导体对地放电。开关把手在切断电源时必须闭锁，并悬挂“有人工作，不准送电”字样的警示牌，只有执行这项工作的人员才有权取下此牌送电。

第四百四十三条　操作井下电气设备应当遵守下列规定：

（一）非专职人员或者非值班电气人员不得操作电气设备。

（二）操作高压电气设备主回路时，操作人员必须戴绝缘手套，并穿电工绝缘靴或者站在绝缘台上。

（三）手持式电气设备的操作手柄和工作中必须接触的部分必须有良好绝缘。

第四百四十四条　容易碰到的、裸露的带电体及机械外露的转动和传动部分必须加装护罩或者遮栏等防护设施。

第四百四十五条　井下各级配电电压和各种电气设备的额定电压等级，应当符合下列要求：

（一）高压不超过 10 000 V。

（二）低压不超过 1 140 V。

（三）照明和手持式电气设备的供电额定电压不超过 127 V。

（四）远距离控制线路的额定电压不超过 36 V。

（五）采掘工作面用电设备电压超过 3 300 V 时，必须制定专门的安全措施。

第四百四十六条　井下配电系统同时存在 2 种或者 2 种以上电压时，配电设备上应当明显地标出其电压额定值。

第四百四十七条　矿井必须备有井上、下配电系统图，井下电气设备布置示意图和供电线路平面敷设示意图，并随着情况变化定期填绘。图中应当注明：

（一）电动机、变压器、配电设备等装设地点。

（二）设备的型号、容量、电压、电流等主要技术参数及其他技术性能指标。

（三）馈出线的短路、过负荷保护的整定值以及被保护干线和支线最远点两相短路电流值。

（四）线路电缆的用途、型号、电压、截面和长度。

（五）保护接地装置的安设地点。

第四百四十八条　防爆电气设备到矿验收时，应当检查产品合格证、煤矿矿用产品安全标志，并核查与安全标志审核的一致性。入井前，应当进行防爆检查，签发合格证后方准入井。

第二节　电气设备和保护

第四百四十九条　井下电力网的短路电流不得超过其控制用的断路器的开断能力，并校验电缆的热稳定性。

第四百五十条　井下严禁使用油浸式电气设备。

40 kW 及以上的电动机，应当采用真空电磁起动器控制。

第四百五十一条　井下高压电动机、动力变压器的高压控制设备，应当具有短路、过负荷、接地和欠压释放保护。井下由采区变电所、移动变电站或者配电点引出的馈电线上，必须具有短路、过负荷和漏电保护。低压电动机的控制设备，必须具备短路、过负荷、单相断线、漏电闭锁保护及远程控制功能。

第四百五十二条　井下配电网路（变压器馈出线路、电动机等）必须具有过流、短路保护装置；必须用该配电网路的最大三相短路电流校验开关设备的分断能力和动、热稳定性以及电缆的热稳定性。

必须用最小两相短路电流校验保护装置的可靠动作系数。保护装置必须保证配电网路中最大容量的电气设备或者同时工作成组的电气设备能够起动。

第四百五十三条 矿井 6 000 V 及以上高压电网，必须采取措施限制单相接地电容电流，生产矿井不超过 20 A，新建矿井不超过 10 A。

井上、下变电所的高压馈电线上，必须具备有选择性的单相接地保护；向移动变电站和电动机供电的高压馈电线上，必须具有选择性的动作于跳闸的单相接地保护。

井下低压馈电线上，必须装设检漏保护装置或者有选择性的漏电保护装置，保证自动切断漏电的馈电线路。

每天必须对低压漏电保护进行 1 次跳闸试验。

煤电钻必须使用具有检漏、漏电闭锁、短路、过负荷、断相和远距离控制功能的综合保护装置。每班使用前，必须对煤电钻综合保护装置进行 1 次跳闸试验。

突出矿井禁止使用煤电钻，煤层突出参数测定取样时不受此限。

第四百五十四条 直接向井下供电的馈电线路上，严禁装设自动重合闸。手动合闸时，必须事先同井下联系。

第四百五十五条 井上、下必须装设防雷电装置，并遵守下列规定：

（一）经由地面架空线路引入井下的供电线路和电机车架线，必须在入井处装设防雷电装置。

（二）由地面直接入井的轨道、金属架构及露天架空引入（出）井的管路，必须在井口附近对金属体设置不少于 2 处的良好的集中接地。

第三节 井下机电设备硐室

第四百五十六条 永久性井下中央变电所和井底车场内的其他机电设备硐室，应当采用砌碹或者其他可靠的方式支护，采区变电所应当用不燃性材料支护。

硐室必须装设向外开的防火铁门。铁门全部敞开时，不得妨碍运输。铁门上应当装设便于关严的通风孔。装有铁门时，门内可加设向外开的铁栅栏门，但不得妨碍铁门的开闭。

从硐室出口防火铁门起 5 m 内的巷道，应当砌碹或者用其他不燃性材料支护。硐室内必须设置足够数量的扑灭电气火灾的灭火器材。

井下中央变电所和主要排水泵房的地面标高，应当分别比其出口与井底车场或者大巷连接处的底板标高高出 0. 5 m。

硐室不应有滴水。硐室的过道应当保持畅通，严禁存放无关的设备和物件。

第四百五十七条 采掘工作面配电点的位置和空间必须满足设备安装、拆除、检修和运输等要求，并采用不燃性材料支护。

第四百五十八条 变电硐室长度超过 6 m 时，必须在硐室的两端各设 1 个出口。

第四百五十九条 硐室内各种设备与墙壁之间应当留出 0. 5 m 以上的通道，各种设备之间留出 0. 8 m 以上的通道。对不需从两侧或者后面进行检修的设备，可以不留通道。

第四百六十条 硐室入口处必须悬挂《非工作人员禁止入内《警示牌。硐室内必须悬挂与实际相符的供电系统图。硐室内有高压电气设备时，入口处和硐室内必须醒目悬挂“高压危险”警示牌。

硐室内的设备，必须分别编号，标明用途，并有停送电的标志。

第四节　输电线路及电缆

第四百六十一条　地面固定式架空高压电力线路应当符合下列要求：

（一）在开采沉陷区架设线路时，两回电源线路之间有足够的安全距离，并采取必要的安全措施。

（二）架空线不得跨越易燃、易爆物的仓储区域，与地面、建筑物、树木、道路、河流及其他架空线等间距应当符合国家有关规定。

（三）在多雷区的主要通风机房、地面瓦斯抽采泵站的架空线路应当有全线避雷设施。

（四）架空线路、杆塔或者线杆上应当有线路名称、杆塔编号以及安全警示等标志。

第四百六十二条　在总回风巷、专用回风巷及机械提升的进风倾斜井巷（不包括输送机上、下山）中不应敷设电力电缆。确需在机械提升的进风倾斜井巷（不包括输送机上、下山）中敷设电力电缆时，应当有可靠的保护措施，并经矿总工程师批准。

溜放煤、矸、材料的溜道中严禁敷设电缆。

第四百六十三条　井下电缆的选用应当遵守下列规定：

（一）电缆主线芯的截面应当满足供电线路负荷的要求。电缆应当带有供保护接地用的足够截面的导体。

（二）对固定敷设的高压电缆：

1. 在立井井筒或者倾角为45°及其以上的井巷内，应当采用煤矿用粗钢丝铠装电力电缆。

2. 在水平巷道或者倾角在45°以下的井巷内，应当采用煤矿用钢带或者细钢丝铠装电力电缆。

3. 在进风斜井、井底车场及其附近、中央变电所至采区变电所之间，可以采用铝芯电缆；其他地点必须采用铜芯电缆。

（三）固定敷设的低压电缆，应当采用煤矿用铠装或者非铠装电力电缆或者对应电压等级的煤矿用橡套软电缆。

（四）非固定敷设的高低压电缆，必须采用煤矿用橡套软电缆。移动式和手持式电气设备应当使用专用橡套电缆。

第四百六十四条　电缆的敷设应当符合下列要求：

（一）在水平巷道或者倾角在30°以下的井巷中，电缆应当用吊钩悬挂。

（二）在立井井筒或者倾角在30°及以上的井巷中，电缆应当用夹子、卡箍或者其他夹持装置进行敷设。夹持装置应当能承受电缆重量，并不得损伤电缆。

（三）水平巷道或者倾斜井巷中悬挂的电缆应当有适当的弛度，并能在意外受力时自由坠落。其悬挂高度应当保证电缆在矿车掉道时不受撞击，在电缆坠落时不落在轨道或者输送机上。

（四）电缆悬挂点间距，在水平巷道或者倾斜井巷内不得超过3 m，在立井井筒内不得超过6 m。

（五）沿钻孔敷设的电缆必须绑紧在钢丝绳上，钻孔必须加装套管。

第四百六十五条　电缆不应悬挂在管道上，不得遭受淋水。电缆上严禁悬挂任何物件。

电缆与压风管、供水管在巷道同一侧敷设时，必须敷设在管子上方，并保持 0.3 m 以上的距离。在有瓦斯抽采管路的巷道内，电缆（包括通信电缆）必须与瓦斯抽采管路分挂在巷道两侧。盘圈或者盘“8”字形的电缆不得带电，但给采、掘等移动设备供电电缆及通信、信号电缆不受此限。

井筒和巷道内的通信和信号电缆应当与电力电缆分挂在井巷的两侧，如果受条件所限：在井筒内，应当敷设在距电力电缆 0.3 m 以外的地方；在巷道内，应当敷设在电力电缆上方 0.1 m 以上的地方。

高、低压电力电缆敷设在巷道同一侧时，高、低压电缆之间的距离应当大于 0.1 m。高压电缆之间、低压电缆之间的距离不得小于 50 mm。

井下巷道内的电缆，沿线每隔一定距离、拐弯或者分支点以及连接不同直径电缆的接线盒两端、穿墙电缆的墙的两边都应当设置注有编号、用途、电压和截面的标志牌。

第四百六十六条 立井井筒中敷设的电缆中间不得有接头；因井筒太深需设接头时，应当将接头设在中间水平巷道内。

运行中因故需要增设接头而又无中间水平巷道可以利用时，可以在井筒中设置接线盒。接线盒应当放置在托架上，不应使接头承力。

第四百六十七条 电缆穿过墙壁部分应当用套管保护，并严密封堵管口。

第四百六十八条 电缆的连接应当符合下列要求：

（一）电缆与电气设备连接时，电缆线芯必须使用齿形压线板（卡爪）、线鼻子或者快速连接器与电气设备进行连接。

（二）不同型电缆之间严禁直接连接，必须经过符合要求的接线盒、连接器或者母线盒进行连接。

（三）同型电缆之间直接连接时必须遵守下列规定：

1. 橡套电缆的修补连接（包括绝缘、护套已损坏的橡套电缆的修补）必须采用阻燃材料进行硫化热补或者与热补有同等效能的冷补。在地面热补或者冷补后的橡套电缆，必须经浸水耐压试验，合格后方可下井使用。

2. 塑料电缆连接处的机械强度以及电气、防潮密封、老化等性能，应当符合该型矿用电缆的技术标准。

第五节　井下照明和信号

第四百六十九条 下列地点必须有足够照明：

（一）井底车场及其附近。

（二）机电设备硐室、调度室、机车库、爆炸物品库、候车室、信号站、瓦斯抽采泵站等。

（三）使用机车的主要运输巷道、兼作人行道的集中带式输送机巷道、升降人员的绞车道以及升降物料和人行交替使用的绞车道（照明灯的间距不得大于 30 m，无轨胶轮车主要运输巷道两侧安装有反光标识的不受此限）。

（四）主要进风巷的交岔点和采区车场。

（五）从地面到井下的专用人行道。

（六）综合机械化采煤工作面（照明灯间距不得大于 15 m）。

地面的通风机房、绞车房、压风机房、变电所、矿调度室等必须设有应急照明设施。

第四百七十条 严禁用电机车架空线作照明电源。

第四百七十一条 矿灯的管理和使用应当遵守下列规定：

（一）矿井完好的矿灯总数，至少应当比经常用灯的总人数多 10%。

（二）矿灯应当集中统一管理。每盏矿灯必须编号，经常使用矿灯的人员必须专人专灯。

（三）矿灯应当保持完好，出现亮度不够、电线破损、灯锁失效、灯头密封不严、灯头圈松动、玻璃破裂等情况时，严禁发放。发出的矿灯，最低应当能连续正常使用 11 h。

（四）严禁矿灯使用人员拆开、敲打、撞击矿灯。人员出井后（地面领用矿灯人员，在下班后），必须立即将矿灯交还灯房。

（五）在每次换班 2 h 内，必须把没有还灯人员的名单报告矿调度室。

（六）矿灯应当使用免维护电池，并具有过流和短路保护功能。采用锂离子蓄电池的矿灯还应当具有防过充电、过放电功能。

（七）加装其他功能的矿灯，必须保证矿灯的正常使用要求。

第四百七十二条 矿灯房应当符合下列要求：

（一）用不燃性材料建筑。

（二）取暖用蒸汽或者热水管式设备，禁止采用明火取暖。

（三）有良好的通风装置，灯房和仓库内严禁烟火，并备有灭火器材。

（四）有与矿灯匹配的充电装置。

第四百七十三条 电气信号应当符合下列要求：

（一）矿井中的电气信号，除信号集中闭塞外应当能同时发声和发光。重要信号装置附近，应当标明信号的种类和用途。

（二）升降人员和主要井口绞车的信号装置的直接供电线路上，严禁分接其他负荷。

第四百七十四条 井下照明和信号的配电装置，应当具有短路、过负荷和漏电保护的照明信号综合保护功能。

第六节 井下电气设备保护接地

第四百七十五条 电压在 36 V 以上和由于绝缘损坏可能带有危险电压的电气设备的金属外壳、构架，铠装电缆的钢带（钢丝）、铅皮（屏蔽护套）等必须有保护接地。

第四百七十六条 任一组主接地极断开时，井下总接地网上任一保护接地点的接地电阻值，不得超过 2 Ω。每一移动式和手持式电气设备至局部接地极之间的保护接地用的电缆芯线和接地连接导线的电阻值，不得超过 1 Ω。

第四百七十七条 所有电气设备的保护接地装置（包括电缆的铠装、铅皮、接地芯线）和局部接地装置，应当与主接地极连接成 1 个总接地网。主接地极应当在主、副水仓中各埋设 1 块。

主接地极应当用耐腐蚀的钢板制成，副水仓中各埋设 1 块。主接地极应当用耐腐蚀的钢板制成，其面积不得小于 0. 75 m^2、厚度不得小于 5 mm。

在钻孔中敷设的电缆和地面直接分区供电的电缆，不能与井下主接地极连接时，应当单独形成分区总接地网，其接地电阻值不得超过 2 Ω。

第四百七十八条 下列地点应当装设局部接地极：

（一）采区变电所（包括移动变电站和移动变压器）。

（二）装有电气设备的硐室和单独装设的高压电气设备。

（三）低压配电点或者装有 3 台以上电气设备的地点。

（四）无低压配电点的采煤工作面的运输巷、回风巷、带式输送机巷以及由变电所单独供电的掘进工作面（至少分别设置 1 个局部接地极）。

（五）连接高压动力电缆的金属连接装置。

局部接地极可以设置于巷道水沟内或者其他就近的潮湿处。

设置在水沟中的局部接地极应当用面积不小于 0.6 m^2、厚度不小于 3 mm 的钢板或者具有同等有效面积的钢管制成，并平放于水沟深处。

设置在其他地点的局部接地极，可以用直径不小于 35 mm、长度不小于 1.5 m 的钢管制成，管上至少钻 20 个直径不小于 5 mm 的透孔，并全部垂直埋入底板；也可用直径不小于 22 mm、长度为 1 m 的 2 根钢管制成，每根管上钻 10 个直径不小于 5 mm 的透孔，2 根钢管相距不得小于 5 m，并联后垂直埋入底板，垂直埋深不得小于 0.75 m。

第四百七十九条 连接主接地极母线，应当采用截面不小于 50 mm^2的铜线，或者截面不小于 100 mm^2的耐腐蚀铁线，或者厚度不小于 4 mm、截面不小于 100 mm^2的耐腐蚀扁钢。

电气设备的外壳与接地母线、辅助接地母线或者局部接地极的连接，电缆连接装置两头的铠装、铅皮的连接，应当采用截面不小于 25 mm^2的铜线，或者截面不小于 50 mm^2的耐腐蚀铁线，或者厚度不小于 4 mm、截面不小于 50 mm^2的耐腐蚀扁钢。

第四百八十条 橡套电缆的接地芯线，除用作监测接地回路外，不得兼作他用。

第七节 电气设备、电缆的检查、维护和调整

第四百八十一条 电气设备的检查、维护和调整，必须由气维修工进行。高压电气设备和线路的修理和调整工作，应当有工作票和施工措施。

高压停、送电的操作，可以根据书面申请或者其他联系方式，得到批准后，由专责电工执行。

采区电工，在特殊情况下，可对采区变电所内高压电气设备进行停、送电的操作，但不得打开电气设备进行修理。

第四百八十二条 井下防爆电气设备的运行、维护和修理，必须符合防爆性能的各项技术要求。防爆性能遭受破坏的电气设备，必须立即处理或者更换，严禁继续使用。

第四百八十三条 矿井应当按表 17 的要求对电气设备、电缆进行检查和调整。检查和调整结果应当记入专用的记录簿内。

检查和调整中发现的问题应当指派专人限期处理。

表 17　电气设备、电缆的检查和调整

项目	检查周期	备注
使用中的防爆电气设备的防爆性能检查	每月 1 次	每日应当由分片负责电工检查 1 次外部
配电系统断电保护装置检查整定	每 6 个月 1 次	负荷变化时应当及时整定
高压电缆的泄漏和耐压试验	每年 1 次	
主要电气设备绝缘电阻的检查	至少 6 个月 1 次	
固定敷设电缆的绝缘和外部检查	每季 1 次	每周应当由专职电工检查 1 次外部和悬挂情况
移动式电气设备的橡套电缆绝缘检查	每月 1 次	每班由当班司机或者专职电工检查 1 次外皮有无破损
接地电网接地电阻值测定	每季 1 次	
新安装的电气设备绝缘电阻和接地电阻的测定	投入运行以前	
配电系统断电保护装置检查整定	每 6 个月 1 次	负荷变化时应当及时整定

第八节　井下电池电源

第四百八十四条　井下用电池（包括原电池和蓄电池）应当符合下列要求：

（一）串联或者并联的电池组保持厂家、型号、规格的一致性。

（二）电池或者电池组安装在独立的电池腔内。

（三）电池配置充放电安全保护装置。

第四百八十五条　使用蓄电池的设备充电应当符合下列要求：

（一）充电设备与蓄电池匹配。

（二）充电设备接口具有防反向充电保护措施。

（三）便携式设备在地面充电。

（四）机车等移动设备在专用充电硐室或者地面充电。

（五）监控、通信、避险等设备的备用电源可以就地充电，并有防过充等保护措施。

第四百八十六条　禁止在井下充电硐室以外地点对电池（组）进行更换和维修，本安设备中电池（组）和限流器件通过浇封或者密闭封装构成一个整体替换的组件除外。

第十一章　监控与通信

第一节　一般规定

第四百八十七条　所有矿井必须装备安全监控系统、人员位置监测系统、有线调度通信系统。

第四百八十八条　编制采区设计、采掘作业规程时，必须对安全监控、人员位置监测、有线调度通信设备的种类、数量和位置，信号、通信、电源线缆的敷设，安全监控系统的断电区域等做出明确规定，绘制安全监控布置图和断电控制图、人员位置监测系统图、井下通信系统图，并及时更新。

每 3 个月对安全监控、人员位置监测等数据进行备份，备份的数据介质保存时间应当不少于 2 年。图纸、技术资料的保存时间应当不少于 2 年。录音应当保存 3 个月以上。

第四百八十九条　矿用有线调度通信电缆必须专用。严禁安全监控系统与图像监视系统共用同一芯光纤。矿井安全监控系统主干线缆应当分设两条，从不同的井筒或者一个井筒保持一定间距的不同位置进入井下。

设备应当满足电磁兼容要求。系统必须具有防雷电保护，入井线缆的入井口处必须具有防雷措施。

系统必须连续运行。电网停电后，备用电源应当能保持系统连续工作时间不小于 2 h。

监控网络应当通过网络安全设备与其他网络互通互联。

安全监控和人员位置监测系统主机及联网主机应当双机热备份，连续运行。当工作主机发生故障时，备份主机应当在 5 min 内自动投入工作。

当系统显示井下某一区域瓦斯超限并有可能波及其他区域时，矿井有关人员应当按瓦斯事故应急救援预案切断瓦斯可能波及区域的电源。安全监控和人员位置监测系统显示和控制终端、有线调度通信系统调度台必须设置在矿调度室，全面反映监控信息。矿调度室必须 24 h 有监控人员值班。

第二节　安全监控

第四百九十条　安全监控设备必须具有故障闭锁功能。当与闭锁控制有关的设备未投入正常运行或者故障时，必须切断该监控设备所监控区域的全部非本质安全型电气设备的电源并闭锁；当与闭锁控制有关的设备工作正常并稳定运行后，自动解锁。

安全监控系统必须具备甲烷电闭锁和风电闭锁功能。当主机或者系统线缆发生故障时，必须保证实现甲烷电闭锁和风电闭锁的全部功能。系统必须具有断电、馈电状态监测和报警功能。

第四百九十一条　安全监控设备的供电电源必须取自被控开关的电源侧或者专用电源，严禁接在被控开关的负荷侧。

安装断电控制系统时，必须根据断电范围提供断电条件，并接通井下电源及控制线。

改接或者拆除与安全监控设备关联的电气设备、电源线和控制线时，必须与安全监控管理部门共同处理。检修与安全监控设备关联的电气设备，需要监控设备停止运行时，必须制定安全措施，并报矿总工程师审批。

第四百九十二条 安全监控设备必须定期调校、测试，每月至少1次。

采用载体催化元件的甲烷传感器必须使用校准气样和空气气样在设备设置地点调校，便携式甲烷检测报警仪在仪器维修室调校，每15天至少1次。甲烷电闭锁和风电闭锁功能每15天至少测试1次。可能造成局部通风机停电的，每半年测试1次。

安全监控设备发生故障时，必须及时处理，在故障处理期间必须采用人工监测等安全措施，并填写故障记录。

第四百九十三条 必须每天检查安全监控设备及线缆是否正常，使用便携式光学甲烷检测仪或者便携式甲烷检测报警仪与甲烷传感器进行对照，并将记录和检查结果报矿值班员；当两者读数差大于允许误差时，应当以读数较大者为依据，采取安全措施并在8 h内对2种设备调校完毕。

第四百九十四条 矿调度室值班人员应当监视监控信息，填写运行日志，打印安全监控日报表，并报矿总工程师和矿长审阅。系统发出报警、断电、馈电异常等信息时，应当采取措施，及时处理，并立即向值班矿领导汇报；处理过程和结果应当记录备案。

第四百九十五条 安全监控系统必须具备实时上传监控数据的功能。

第四百九十六条 便携式甲烷检测仪的调校、维护及收发必须由专职人员负责，不符合要求的严禁发放使用。

第四百九十七条 配制甲烷校准气样的装备和方法必须符合国家有关标准，选用纯度不低于99.9%的甲烷标准气体作原料气。配制好的甲烷校准气体不确定度应当小于5%。

第四百九十八条 甲烷传感器（便携仪）的设置地点，报警、断电、复电浓度和断电范围必须符合表18的要求。

表18 甲烷传感器（便携仪）的设置地点，报警、断电、复电浓度和断电范围

设置地点	报警浓度/%	断电浓度/%	复电浓度/%	断电范围
采煤工作面回风隅角	≥1.0	≥1.5	<1.0	工作面及其回风巷内全部非本质安全型电气设备
低瓦斯和高瓦斯矿井的采煤工作面	≥1.0	≥1.5	<1.0	工作面及其回风巷内全部非本质安全型电气设备
突出矿井的采煤工作面	≥1.0	≥1.5	<1.0	工作面及其进、回风巷内全部非本质安全型电气设备
采煤工作面回风巷	≥1.0	≥1.0	<1.0	工作面及其回风巷内全部非本质安全型电气设备

续表

设置地点	报警浓度/%	断电浓度/%	复电浓度/%	断电范围
突出矿井采煤工作面进风巷	≥0.5	≥0.5	<0.5	工作面及其进、回风巷内全部非本质安全型电气设备
采用串联通风的被串采煤工作面进风巷	≥0.5	≥0.5	<0.5	被串采煤工作面及其进、回风巷内全部非本质安全型电气设备
高瓦斯、突出矿井采煤工作面回风巷中部	≥1.0	≥1.0	<1.0	工作面及其回风巷内全部非本质安全型电气设备
采煤机	≥1.0	≥1.5	<1.0	采煤机电源
煤巷、半煤岩巷和有瓦斯涌出岩巷的掘进工作面	≥1.0	≥1.5	<1.0	掘进巷道内全部非本质安全型电气设备
煤巷、半煤岩巷和有瓦斯涌出岩巷的掘进工作面回风流中	≥1.0	≥1.0	<1.0	掘进巷道内全部非本质安全型电气设备
突出矿井的煤巷、半煤岩巷和有瓦斯涌出岩巷的掘进工作面的进风分风口处	≥0.5	≥0.5	<0.5	掘进巷道内全部非本质安全型电气设备
采用串联通风的被串掘进工作面局部通风机前	≥0.5	≥0.5	<0.5	被串掘进巷道内全部非本质安全型电气设备
	≥0.5	≥1.5	<0.5	被串掘进工作面局部通风机
高瓦斯矿井双巷掘进工作面混合回风流处	≥1.0	≥1.0	<1.0	除全风压供风的进风巷外，双掘进巷道内全部非本质安全型电气设备
高瓦斯和突出矿井掘进巷道中部	≥1.0	≥1.0	<1.0	掘进巷道内全部非本质安全型电气设备
掘进机、连续采煤机、锚杆钻车、梭车	≥1.0	≥1.5	<1.0	掘进机、连续采煤机、锚杆钻车、梭车电源

续表

设置地点	报警浓度/%	断电浓度/%	复电浓度/%	断电范围
采区回风巷	≥1.0	≥1.0	<1.0	采区回风巷内全部非本质安全型电气设备
一翼回风巷及总回风巷	≥0.75	—	—	
使用架线电机车的主要运输巷道内装煤点处	≥0.5	≥0.5	<0.5	装煤点处上风流 100 m
矿用防爆型蓄电池电机车	≥0.5	≥0.5	<0.5	机车电源
矿用防爆型柴油机车、无轨胶轮车	≥0.5	≥0.5	<0.5	车辆动力
井下煤仓	≥1.5	≥1.5	<1.5	煤仓附近的各类运输设备及其他非本质安全型电气设备
封闭的带式输送机地面走廊内，带式输送机滚筒上方	≥1.5	≥1.5	<1.5	带式输送机地面走廊内全部非本质安全型电气设备
地面瓦斯抽采泵房内	≥0.5			
井下临时瓦斯抽采泵站下风侧栅栏外	≥1.0	≥1.0	<1.0	瓦斯抽采泵站电源

第四百九十九条　井下下列地点必须设置甲烷传感器：

（一）采煤工作面及其回风巷和回风隅角，高瓦斯和突出矿井采煤工作面回风巷长度大于 1 000 m 时回风巷中部。

（二）煤巷、半煤岩巷和有瓦斯涌出的岩巷掘进工作面及其回风流中，高瓦斯和突出矿井的掘进巷道长度大于 1 000 m 时掘进巷道中部。

（三）突出矿井采煤工作面进风巷。

（四）采用串联通风时，被串采煤工作面的进风巷；被串掘进工作面的局部通风机前。

（五）采区回风巷、一翼回风巷、总回风巷。

（六）使用架线电机车的主要运输巷道内装煤点处。

（七）煤仓上方、封闭的带式输送机地面走廊。

（八）地面瓦斯抽采泵房内。

（九）井下临时瓦斯抽采泵站下风侧栅栏外。

（十）瓦斯抽采泵输入、输出管路中。

第五百条 突出矿井在下列地点设置的传感器必须是全量程或者高低浓度甲烷传感器：

（一）采煤工作面进、回风巷。

（二）煤巷、半煤岩巷和有瓦斯涌出的岩巷掘进工作面回风流中。

（三）采区回风巷。

（四）总回风巷。

第五百零一条 井下下列设备必须设置甲烷断电仪或者便携式甲烷检测报警仪：

（一）采煤机、掘进机、掘锚一体机、连续采煤机。

（二）梭车、锚杆钻车。

（三）采用防爆蓄电池或者防爆柴油机为动力装置的运输设备。

（四）其他需要安装的移动设备。

第五百零二条 突出煤层采煤工作面进风巷、掘进工作面进风的分风口必须设置风向传感器。当发生风流逆转时，发出声光报警信号。

突出煤层采煤工作面回风巷和掘进巷道回风流中必须设置风速传感器。当风速低于或者超过本规程的规定值时，应当发出声光报警信号。

第五百零三条 每一个采区、一翼回风巷及总回风巷的测风站应当设置风速传感器，主要通风机的风硐应当设置压力传感器；瓦斯抽采泵站的抽采泵吸入管路中应当设置流量传感器、温度传感器和压力传感器，利用瓦斯时，还应当在输出管路中设置流量传感器、温度传感器和压力传感器。

使用防爆柴油动力装置的矿井及开采容易自燃、自燃煤层的矿井，应当设置一氧化碳传感器和温度传感器。

主要通风机、局部通风机应当设置设备开停传感器。

主要风门应当设置风门开关传感器，当两道风门同时打开时，发出声光报警信号。甲烷电闭锁和风电闭锁的被控开关的负荷侧必须设置馈电状态传感器。

第三节 人员位置监测

第五百零四条 下井人员必须携带标识卡。各个人员出入井口、重点区域出入口、限制区域等地点应当设置读卡分站。

第五百零五条 人员位置监测系统应当具备检测标识卡是否正常和唯一性的功能。

第五百零六条 矿调度室值班员应当监视人员位置等信息，填写运行日志。

第四节 通信与图像监视

第五百零七条 以下地点必须设有直通矿调度室的有线调度电话：矿井地面变电所、地面主要通风机房、主副井提升机房、压风机房、井下主要水泵房、井下中央变电所、井底车场、运输调度室、采区变电所、上下山绞车房、水泵房、带式输送机集中控制硐室等主要机电设备硐室、采煤工作面、掘进工作面、突出煤层采掘工作面附近、爆破时撤离人员集中地点、突出矿井井下爆破起爆点、采区和水平最高点、避难硐室、瓦斯抽采泵房、爆炸物品库等。

有线调度通信系统应当具有选呼、急呼、全呼、强插、强拆、监听、录音等功能。

有线调度通信系统的调度电话至调度交换机（含安全栅）必须采用矿用通信电缆直接

连接，严禁利用大地作回路。严禁调度电话由井下就地供电，或者经有源中继器接调度交换机。调度电话至调度交换机的无中继器通信距离应当不小于 10 km。

第五百零八条　矿井移动通信系统应当具有下列功能：

（一）选呼、组呼、全呼等。

（二）移动台与移动台、移动台与固定电话之间互联互通。

（三）短信收发。

（四）通信记录存储和查询。

（五）录音和查询。

第五百零九条　安装图像监视系统的矿井，应当在矿调度室设置集中显示装置，并具有存储和查询功能。

第四编　露天煤矿

第一章　一般规定

第五百一十条　多工种、多设备联合作业时，必须制定安全措施，并符合相关技术标准。

第五百一十一条　采用铁路运输的露天采场主要区段的上下平盘之间应当设人行通路或者梯子，并按有关规定在梯子两侧设置安全护栏。

第五百一十二条　在露天煤矿内行走的人员必须遵守下列规定：

（一）必须走人行通路或者梯子。

（二）因工作需要沿铁路线和矿山道路行走的人员，必须时刻注意前后方向来车。躲车时，必须躲到安全地点。

（三）横过铁路线或者矿山道路时，必须止步瞭望。

（四）跨越带式输送机时，必须沿着装有栏杆的栈桥通过。

（五）严禁在有塌落危险的坡顶、坡底行走或者逗留。

第五百一十三条　严禁非作业人员和车辆未经批准进入作业区。

第五百一十四条　采场内有危险的火区、老空区、滑坡区等地点，应当充填或者设置栅栏，并设置警示标志；地面、采场及排土场内临时设置变压器时应当设围栏，配电柜、箱、盘应当加锁，并设置明显的防触电标志；设备停放场、炸药厂、爆炸物品库、油库、加油站和物资仓库等易燃易爆场所，必须设置防爆、防火和危险警示标志；矿山道路必须设置限速、道口等路标，特殊路段设警示标志；汽车运输为左侧通行的，在过渡区段内必须设置醒目的换向标志。

严禁擅自移动和损坏各种安全标志。

在运输线路两侧堆放物料时，不得影响行车安全。

第五百一十五条　在下列区域不得建永久性建（构）筑物：

（一）距采场最终境界的安全距离以内。

（二）爆炸物品库爆炸危险区内。

（三）不稳定的排土场内。

（四）爆破、岩体变形、塌陷、滑坡危险区域内。

第五百一十六条 机械设备内必须备有完好的绝缘防护用品和工具，并定期进行电气绝缘性能试验，不合格的及时更换。

第五百一十七条 采掘、运输、排土等机械设备作业时，严禁检修和维护，严禁人员上下设备；在危及人身安全的作业范围内，严禁人员和设备停留或者通过。

移动设备应当在平盘安全区内走行或者停留，否则必须采取安全措施。

第五百一十八条 设备走行道路和作业场地坡度不得大于设备允许的最大坡度，转弯半径不得小于设备允许的最小转弯半径。

第五百一十九条 遇到特殊天气状况时，必须遵守下列规定：

（一）在大雾、雨雪等能见度低的情况下作业时，必须制定安全技术措施。

（二）暴雨期间，处在有水淹或者片帮危险区域的设备，必须撤离到安全地带。

（三）遇有 6 级及以上大风时禁止露天起重和高处作业。

（四）遇有 8 级及以上大风时禁止轮斗挖掘机、排土机和转载机作业。

第五百二十条 作业人员在 2 m 及以上的高处作业时，必须系安全带或者设置安全网。

第二章 钻孔爆破

第一节 一般规定

第五百二十一条 露天煤矿钻孔、爆破作业必须编制钻孔、爆破设计及安全技术措施，并经矿总工程师批准。钻孔、爆破作业必须按设计进行。爆破前应当绘制爆破警戒范围图，并实地标出警戒点的位置。

第五百二十二条 爆炸物品的购买、运输、贮存、使用和销毁，永久性爆炸物品库建筑结构及各种防护措施，库区的内、外部安全距离等必须符合《民用爆炸物品安全管理条例》等国家有关法规和标准的规定。露天煤矿爆破作业，必须遵守《爆破安全规程》。

第二节 钻孔

第五百二十三条 钻孔设备进行钻孔作业和走行时，履带边缘与坡顶线的距离应当符合表 19 的要求。

表 19 钻孔设备履带边缘与坡顶线的安全距离 m

台阶高度	<4	4～10	10～15	≥15
安全距离	1～2	2～2.5	2.5～3.5	3.5～6

钻凿坡顶线第一排孔时，钻孔设备应当垂直于台阶坡顶线或者调角布置（夹角应当不小于 45°）；有顺层滑坡危险区的，必须压碴钻孔；钻凿坡底线第一排孔时，应当有专人

监护。

第五百二十四条 钻孔设备在有采空区的工作面钻孔时，必须制定安全技术措施，并在专业人员指挥下进行。

第三节 爆 破

第五百二十五条 爆炸物品的领用、保管和使用必须严格执行账、卡、物一致的管理制度。

严禁发放和使用变质失效以及过期的爆炸物品。

爆破后剩余的爆炸物品，必须当天退回爆炸物品库，严禁私自存放和销毁。

第五百二十六条 爆炸物品车到达爆破地点后，爆破区域负责人应当对爆炸物品进行检查验收，无误后双方签字。

在爆破区域内放置和使用爆炸物品的地点，20 m 以内严禁烟火，10 m 以内严禁非工作人员进入。

加工起爆药卷必须距放置炸药的地点 5 m 以外，加工好的起爆药卷必须放在距炮孔炸药 2 m 以外。

第五百二十七条 炮孔装药和充填必须遵守下列规定：

（一）装药前在爆破区边界设置明显标志，严禁与工作无关的人员和车辆进入爆破区。

（二）装药时，每个炮孔同时操作的人员不得超过 3 人；严禁向炮孔内投掷起爆具和受冲击易爆的炸药；严禁使用塑料、金属或者带金属包头的炮杆。

（三）炮孔卡堵或者雷管脚线、导爆管及导爆索损坏时应当及时处理；无法处理时必须插上标志，按拒爆处理。

（四）机械化装药时由专人现场指挥。

（五）预装药炮孔在当班进行充填。预装药期间严禁连接起爆网络。

（六）装药完成撤出人员后方可连接起爆网络。

第五百二十八条 爆破安全警戒必须遵守下列规定：

（一）必须有安全警戒负责人，并向爆破区周围派出警戒人员。

（二）爆破区域负责人与警戒人员之间实行《三联系制》。

（三）因爆破中断生产时，立即报告矿调度室，采取措施后方可解除警戒。

第五百二十九条 安全警戒距离应当符合下列要求：

（一）抛掷爆破（孔深小于 45 m）：爆破区正向不得小于 1 000 m，其余方向不得小于 600 m。

（二）深孔松动爆破（孔深大于 5 m）：距爆破区边缘，软岩不得小于 100 m、硬岩不得小于 200 m。

（三）浅孔爆破（孔深小于 5 m）：无充填预裂爆破，不得小于 300 m。

（四）二次爆破：炮眼爆破不得小于 200 m。

第五百三十条 起爆前，必须将所有人员撤至安全地点。接触爆炸物品的人员必须穿戴抗静电保护用品。

第五百三十一条 设备、设施距松动爆破区外端的安全距离应当符合表 20 的要求。

表 20　设备、设施距松动爆破区外端的安全距离　　m

设备名称	深孔爆破	浅孔及二次爆破	备注
挖掘机、钻孔机	30	40	司机室背向爆破区
风泵车	40	50	小于此距离应当采取保护措施
信号箱、电气柜、变压器、移动变电站	30	30	小于此距离应当采取保护措施
高压电缆	40	50	小于此距离应当拆除或者采取保护措施

机车、矿用卡车等机动设备处于警戒范围内且不能撤离时，应当采取就地保护措施。与电杆距离不得小于 5 m；在 5~10 m 时，必须采用减震爆破。

第五百三十二条　设备、设施距抛掷爆破区外端的安全距离：爆破区正向不得小于 600 m；两侧有自由面方向及背向不得小于 300 m；无自由面方向不得小于 200 m。

第五百三十三条　爆破危险区的架空输电线、电缆和移动变电站等，在爆破时应当停电。恢复送电前，必须对这些线路进行检查，确认无损后方可送电。

第五百三十四条　爆破地震安全距离应当符合下列要求：

（一）各类建（构）筑物地面质点的安全振动速度不应超过下列数值：

1. 重要工业厂房，0.4 cm/s；

2. 土窑洞、土坯房、毛石房，1.0 cm/s；

3. 一般砖房、非抗震的大型砌块建筑物，2~3 cm/s；

4. 钢筋混凝土框架房屋，5 cm/s；

5. 水工隧道，10 cm/s；

6. 交通涵洞，15 cm/s；

7. 围岩不稳定有良好支护的矿山巷道，10 cm/s；围岩中等稳定有良好支护的矿山巷道，15 cm/s；围岩稳定无支护的矿山巷道，20 cm/s。

（二）爆破地震安全距离应当按下式计算：

$$R = (k/v)^{1/a} \cdot Q^m$$

式中　R——爆破地震安全距离，m；

Q——药量（齐发爆破取总量，延期爆破取最大一段药量），kg；

v——安全质点振动速度，cm/s；

m——药量指数，取 $m=1/3$；

k、a——与爆破地点地形、地质条件有关的系数和衰减指数。

（三）在特殊建（构）筑物附近、爆破条件复杂和爆破震动对边坡稳定有影响的地区进行爆破时，必须进行爆破地震效应的监测或者试验。

第五百三十五条　爆破作业必须在白天进行，严禁在雷雨时进行；严禁裸露爆破。

第五百三十六条　在高温区、自然发火区进行爆破作业时，必须遵守下列规定：

（一）测试孔内温度。有明火的炮孔或者孔内温度在80℃以上的高温炮孔采取灭火、降温措施。

（二）高温孔经降温处理合格后方可装药起爆。

（三）高温孔应当采用热感度低的炸药，或者将炸药、雷管作隔热包装。

第五百三十七条　爆破后检查必须遵守下列规定：

（一）爆破后5 min内，严禁检查。

（二）发现拒爆，必须向爆破区负责人报告。

（三）发现残余爆炸物品必须收集上缴，集中销毁。

第五百三十八条　发生拒爆和熄爆时，应当分析原因，采取措施，并遵守下列规定：

（一）在危险区边界设警戒，严禁非作业人员进入警戒区。

（二）因地面网路连接错误或者地面网路断爆出现拒爆，可以再次连线起爆。

（三）严禁在原钻孔位钻孔，必须在距拒爆孔10倍孔径处重新钻与原孔同样的炮孔装药爆破。

（四）上述方法不能处理时，应当报告矿调度室，并指定专业人员研究处理。

第三章　采　　装

第一节　一般规定

第五百三十九条　露天采场最终边坡的台阶坡面角和边坡角，必须符合最终边坡设计要求。

第五百四十条　最小工作平盘宽度，必须保证采掘、运输设备的安全运行和供电通信线路、供排水系统、安全挡墙等的正常布置。

第二节　单斗挖掘机采装

第五百四十一条　单斗挖掘机行走和升降段应当符合下列要求：

（一）行走前检查行走机构及制动系统。

（二）根据不同的台阶高度、坡面角，使挖掘机的行走路线与坡底线和坡顶线保持一定的安全距离。

（三）挖掘机应当在平整、坚实的台阶上行走，当道路松软或者含水有沉陷危险时，必须采取安全措施。

（四）挖掘机升降段或者行走距离超过300 m时，必须设专人指挥；行走时，主动轴应当在后，悬臂对正行走中心，及时调整方向，严禁原地大角度扭车。

（五）挖掘机行走时，靠铁道线路侧的履带边缘距线路中心不得小于3 m，过高压线和铁道等障碍物时，要有相应的安全措施。

（六）挖掘机升降段之前应当预先采取防止下滑的措施。爬坡时，不得超过挖掘机规定的最大允许坡度。

第五百四十二条 轮斗挖掘机作业和行走线路处在饱和水台阶上时，必须有疏排水措施，否则严禁作业和走行。

第五百四十三条 挖掘机采装的台阶高度应当符合下列要求：

（一）不需爆破的岩土台阶高度不得大于最大挖掘高度。

（二）需爆破的煤、岩台阶，爆破后爆堆高度不得大于最大挖掘高度的1.1～1.2倍，台阶顶部不得有悬浮大块。

（三）上装车台阶高度不得大于最大卸载高度与运输容器高度及卸载安全高度之和的差。

第五百四十四条 单斗挖掘机尾部与台阶坡面、运输设备之间的距离不得小于1 m。停止作业时，上下设备梯子应当背离台阶。

第五百四十五条 单斗挖掘机向列车装载时，必须遵守下列规定：

（一）列车驶入工作面100 m内，驶出工作面20 m内，挖掘机必须停止作业。

（二）列车驶入工作面，待车停稳，经助手与司旗联系后，方可装车。

（三）物料最大块度不得超过3 m^3。

（四）严禁勺斗压、碰自翻车车帮或者跨越机车和尾车顶部。严禁高吊勺斗装车。

（五）遇到大块物料掉落影响机车运行时，必须处理后方可作业。

第五百四十六条 单斗挖掘机向矿用卡车装载时，应当遵守下列规定：

（一）勺斗容积和物料块度与卡车载重相适应。

（二）单面装车作业时，只有在挖掘机司机发出进车信号，卡车开到装车位置停稳并发出装车信号后，方可装车。双面装车作业时，正面装车卡车可提前进入装车位置；反面装车应当由勺斗引导卡车进入装车位置。

（三）挖掘机不得跨电缆装车。

（四）装载第一勺斗时，不得装大块；卸料时尽量放低勺斗，其插销距车厢底板不得超过0.5 m。严禁高吊勺斗装车。

（五）装入卡车里的物料超出车厢外部、影响安全时，必须妥善处理后，才准发出车信号。

（六）装车时严禁勺斗从卡车驾驶室上方越过。

（七）装入车内的物料要均匀，严禁单侧偏装、超装。

第五百四十七条 单斗挖掘机向自移式破碎机装载时，应当遵守下列规定：

（一）卸载时，勺斗斗底板下缘距受料斗不得超过0.8 m。严禁高吊铲斗卸载。

（二）自移式破碎机突出部位距单斗挖掘机机尾回转范围距离不得小于1.0 m。

第五百四十八条 操作单斗挖掘机或者反铲时，必须遵守下列规定：

（一）严禁用勺斗载人、砸大块和起吊重物。

（二）勺斗回转时，必须离开采掘工作面，严禁跨越接触网。

（三）在回转或者挖掘过程中，严禁勺斗突然变换方向。

（四）遇坚硬岩体时，严禁强行挖掘。

（五）反铲上挖作业时，应当采取安全技术措施。下挖作业时，履带不得平行于采掘面。

（六）严禁装载铁器等异物和拒爆的火药、雷管等。

第五百四十九条　2台以上单斗挖掘机在同一台阶或者相邻上、下台阶作业时，必须遵守下列规定：

（一）公路运输时，两者间距不得小于最大挖掘半径的2.5倍，并制定安全措施。

（二）在同一铁道线路进行装车作业时，必须制定安全措施。

（三）在相邻的上、下台阶作业时，两者的相对位置影响上下台阶的设备、设施安全时，必须制定安全措施。

第五百五十条　挖掘机在挖掘过程中有下列情况之一时，必须停止作业，撤到安全地点，并报告调度室检查处理：

（一）发现台阶崩落或者有滑动迹象。

（二）工作面有伞檐或者大块物料。

（三）暴露出未爆炸药包或者雷管。

（四）遇塌陷危险的采空区或者自然发火区。

（五）遇有松软岩层，可能造成挖掘机下沉或者掘沟遇水被淹。

（六）发现不明地下管线或者其他不明障碍物。

第五百五十一条　单斗挖掘机雨天作业电缆发生故障时，应当及时向矿调度室报告。故障排除后，确认柱上开关无电时，方可停送电。

第三节　破　碎

第五百五十二条　破碎站设置应当遵守下列规定：

（一）避开沉降、塌陷、滑坡危险的不良地段。

（二）卸车平台应当便于卸载、调车。

（三）卸车平台应当设矿用卡车卸料的安全限位车挡及防止物料滚落的安全防护挡墙。

（四）卸车平台应当有良好的照明系统，并有卸料指示信号安全装置。

（五）移动式破碎站履带外缘距工作平盘坡底线和下台阶坡顶线距离必须符合设计。

第五百五十三条　破碎站作业应当遵守下列规定：

（一）处理和吊运大块物料时，非作业人员必须撤到安全地点。

（二）清理破碎机堵料时，必须采取防止系统突然启动的安全保护措施。

第五百五十四条　自移式破碎机必须设置卸料臂防撞检测、过负荷保护和各旋转部件防护装置。

第四节　轮斗挖掘机采装

第五百五十五条　轮斗挖掘机作业必须遵守下列规定：

（一）严禁斗轮工作装置带负荷启动。

（二）严禁挖掘卡堵和损坏输送带的异物。

（三）调整位置时，必须设地面指挥人员。

第五百五十六条 采用轮斗挖掘机—带式输送机—排土机连续开采工艺系统时，应当遵守下列规定：

（一）紧急停机开关必须在可能发生重大设备事故或者危及人身安全的紧急情况下方可使用。

（二）各单机间应当实行安全闭锁控制，单机发生故障时，必须立即停车，同时向集中控制室汇报。严禁擅自处理故障。

第五节　拉斗铲作业

第五百五十七条 拉斗铲行走必须遵守下列规定：

（一）行走和调整作业位置时，路面必须平整，不得有凸起的岩石。

（二）变坡点必须设缓坡段。

（三）当行走路面处于路堤时，距路边缘安全距离应当符合设计。

（四）地面必须设专人指挥、监护，同时做好呼唤应答。

（五）行走靴不同步时，必须重新确定行进路线或者处理路面。

（六）严禁使用行走靴移动电缆。

第五百五十八条 拉斗铲作业时，机组人员和配合作业的辅助设备进出拉斗铲作业范围必须做好呼唤应答。严禁铲斗拖地回转、在空中急停和在其他设备上方通过。

第四章　运　　输

第一节　铁 路 运 输

第五百五十九条 铁路附近的建（构）筑物和设备接近限界，必须符合国家铁路技术管理规程。桥梁、隧道应当按规定设置人行道、避车台、避车洞、电缆沟及必要的检查和防火设施，立体交叉处的桥梁两侧设防护设施。运输线路上各种机车运行的限制坡度和曲线半径应当符合表 21 的要求。

表 21　铁道线路的限制坡度和曲线半径

<table>
<tr><th rowspan="2">机车种类</th><th rowspan="2">限制坡度
/‰</th><th colspan="4">曲线半径/m</th></tr>
<tr><th>固定线</th><th>半固定线</th><th>装车线</th><th>排土线</th></tr>
<tr><td>蒸汽机车</td><td>≤25</td><td>≥200</td><td>≥150</td><td>≥150</td><td rowspan="3">向曲线内侧排弃≥300；向曲线外侧排弃≥200</td></tr>
<tr><td>电力机车</td><td>≤30</td><td>≥180
（困难情况≥150）</td><td>≥120</td><td>≥110</td></tr>
<tr><td>内燃机车</td><td>≤30</td><td>≥180
（困难情况≥150）</td><td>≥120
（困难情况≥110）</td><td></td></tr>
</table>

第五百六十条 路基必须填筑坚实，并保持稳定和完好。装车线路的中心线至坡底线

或者爆堆边缘的距离不得小于 3 m；上装车线应当根据台阶稳定情况确定，但不得小于 3 m。排土线路中心至坡顶线的距离不得小于 1.5 m，至受土坑坡顶线的距离不得小于 1.4 m。线路终端外必须留有不小于 30 m 的安全距离。

第五百六十一条　铁道线路直线地段轨距为 1 435 mm，曲线地段轨距按表 22 的要求加宽：

表 22　铁道线路曲线地段轨距加宽值

曲线半径 R/m	轨距加宽值/mm
$R \geqslant 350$	0
$350>R \geqslant 300$	5
$300>R>200$	15
$R \leqslant 200$	20

第五百六十二条　直线地段线路 2 股钢轨顶面应当保持同一水平。道岔应当铺设在直线地段，不得设在竖曲线地段。道岔应当保持完好。曲线地段外轨的超高度的计算公式如下：

$$h = 76v^2/R$$

式中　h——外轨的超高度，mm；

v——实际最高行车速度，km/h；

R——曲线半径，m。双线地段外轨最大超高不得超过 150 mm，单线不得超过 125 mm。

第五百六十三条　铁路与公路交叉时，应当符合下列要求：

（一）根据通过的人流和车流量按规定设置平面或者立体交叉。

（二）平交道口有良好的瞭望条件，并按规定设置道口警标和司机鸣笛标、护栏和限界标志；按标准铺设道口，其宽度与公路路面相同；公路与铁路采用正交，不能正交时，其交角不得小于 45°。

（三）道口按级别设置安全标志和设施。

（四）道口两侧平台长度不得小于 10 m，衔接平台的道路坡度不得大于 5%；否则制定安全措施。

（五）车站、曲线半径在 200 m 以下的线路段和通视条件不良的路堑不设道口。道岔部位严禁设道口。重型设备通过道口，必须得到煤矿企业批准。

第二节　公 路 运 输

第五百六十四条　矿用卡车作业时，其制动、转向系统和安全装置必须完好。应当定期检验其可靠性，大型自卸车设示宽灯或者标志。

第五百六十五条　矿场道路应当符合下列要求：

（一）宽度符合通行、会车等安全要求。受采掘条件限制、达不到规定的宽度时，必须视道路距离设置相应数量的会车线。

（二）必须设置安全挡墙，高度为矿用卡车轮胎直径的2/5~3/5。

（三）长距离坡道运输系统，应当在适当位置设置缓坡道。

第五百六十六条 严禁矿用卡车在矿内各种道路上超速行驶；同类汽车正常行驶不得超车；特殊路况（修路、弯道、单行道等）下，任何车辆都不得超车；除正在维护道路的设备和应急救援车辆外，各种车辆应为矿用卡车让行。冬季应当及时清除路面上的积雪或者结冰，并采取防滑措施；前、后车距不得小于50 m；行驶时不得急刹车、急转弯或者超车。

第五百六十七条 矿用卡车在运输道路上出现故障且无法行走时，必须开启全部制动和警示灯，并采取防止溜车的安全措施；同时必须在车体前后30 m外设置醒目的安全警示标志，并采取防护措施。雾天或者烟尘影响视线时，必须开启雾灯或者大灯，前、后车距不得小于30 m；能见度不足30 m或者雨、雪天气危及行车安全时，必须停止作业。

第五百六十八条 矿用卡车不得在矿山道路拖挂其他车辆；必须拖挂时，应当采取安全措施，并设专人指挥监护。

第五百六十九条 矿用卡车在工作面装车必须遵守下列规定：

（一）待进入装车位置的卡车必须停在挖掘机最大回转半径范围之外；正在装车的卡车必须停在挖掘机尾部回转半径之外。

（二）正在装载的卡车必须制动，司机不得将身体的任何部位伸出驾驶室外。

（三）卡车必须在挖掘机发出信号后，方可进入或者驶出装车地点。

（四）卡车排队等待装车时，车与车之间必须保持一定的安全距离。

第三节 带式输送机运输

第五百七十条 采用带式输送机运输时，应当遵守下列规定：

（一）带式输送机运输物料的最大倾角，上行不得大于16°，严寒地区不得大于14°；下行不得大于12°。特种带式输送机不受此限。

（二）输送带安全系数取值参照本规程第三百七十四条。

（三）带式输送机的运输能力应当与前置设备能力相匹配。

第五百七十一条 带式输送机必须设置下列安全保护：

（一）拉绳开关和防跑偏、打滑、堵塞等。

（二）上运时应当设制动器和逆止器，下运时应当设软制动和防超速保护装置。

（三）机头、机尾、驱动滚筒和改向滚筒处应当设防护栏。

第五百七十二条 带式输送机设置应当遵守下列规定：

（一）避开采空区和工程地质不良地段，特殊情况下必须采取安全措施。

（二）带式输送机栈桥应当设人行通道，坡度大于5°的人行通道应当有防滑措施。

（三）跨越设备或者人行道时，必须设置防物料撒落的安全保护设施。

（四）除移置式带式输送机外，露天设置的带式输送机应当设防护设施。

（五）在转载点和机头处应当设置消防设施。

（六）带式输送机沿线应当设检修通道和防排水设施。

第五百七十三条　带式输送机启动时应当有声光报警装置，运行时严禁运送工具、材料、设备和人员。停机前后必须巡查托辊和输送带的运行情况，发现异常及时处理。检修时应当停机闭锁。

第五章　排　　土

第五百七十四条　排土场位置的选择，应当保证排弃土岩时，不致因大块滚落、滑坡、塌方等威胁采场、工业场地、居民区、铁路、公路、农田和水域的安全。

排土场位置选定后，应当进行地质测绘和工程、水文地质勘探，以确定排土参数。

第五百七十五条　当出现滑坡征兆或者其他危险时，必须停止排土作业，采取安全措施。

第五百七十六条　铁路排土线路必须符合下列要求：

（一）路基面向场地内侧按段高形成反坡。

（二）排土线设置移动停车位置标志和停车标志。

第五百七十七条　列车在排土线路的卸车地段应当符合下列要求：

（一）列车进入排土线后，由排土人员指挥列车运行。机械排土线的列车运行速度不得超过 20 km/h；人工排土线不得超过 15 km/h；接近路端时，不得超过 5 km/h。

（二）严禁运行中卸土。

（三）新移设线路，首次列车严禁牵引进入。

（四）翻车时 2 人操作，操作人员位于车厢内侧。

（五）采用机械化作业清扫自翻车，人工清扫必须制定安全措施。

（六）卸车完毕，在排土人员发出出车信号后，列车方可驶出排土线。

第五百七十八条　单斗挖掘机排土应当遵守下列规定：

（一）受土坑的坡面角不得大于 70°，严禁超挖。

（二）挖掘机至站立台阶坡顶线的安全距离：

1. 台阶高度 10 m 以下为 6 m；

2. 台阶高度 11～15 m 为 8 m；

3. 台阶高度 16～20 m 为 11 m；

4. 台阶高度超过 20 m 时必须制定安全措施。

第五百七十九条　矿用卡车排土场及排弃作业应当遵守下列规定：

（一）排土场卸载区，必须有连续的安全挡墙，车型小于 240 t 时安全挡墙高度不得低于轮胎直径的 0.4 倍，车型大于 240 t 时安全挡墙高度不得低于轮胎直径的 0.35 倍。不同车型在同一地点排土时，必须按最大车型的要求修筑安全挡墙，特殊情况下必须制定安全措施。

（二）排土工作面向坡顶线方向应当保持 3%～5%的反坡。

（三）应当按规定顺序排弃土岩，在同一地段进行卸车和排土作业时，设备之间必须保持足够的安全距离。

（四）卸载物料时，矿用卡车应当垂直排土工作线；严禁高速倒车、冲撞安全挡墙。

第五百八十条 推土机、装载机排土必须遵守下列规定：

（一）司机必须随时观察排土台阶的稳定情况。

（二）严禁平行于坡顶线作业。

（三）与矿用卡车之间保持足够的安全距离。

（四）严禁以高速冲击的方式铲推物料。

第五百八十一条 排土机排土必须遵守下列规定：

（一）排土机必须在稳定的平盘上作业，外侧履带与台阶坡顶线之间必须保持一定的安全距离。

（二）工作场地和行走道路的坡度必须符合排土机的技术要求。

第五百八十二条 排土场卸载区应当有通信设施或者联络信号，夜间应当有照明。

第六章 边 坡

第五百八十三条 露天煤矿应当进行专门的边坡工程、地质勘探工程和稳定性分析评价。

应当定期巡视采场及排土场边坡，发现有滑坡征兆时，必须设明显标志牌。对设有运输道路、采运机械和重要设施的边坡，必须及时采取安全措施。

发生滑坡后，应当立即对滑坡区采取安全措施，并进行专门的勘查、评价与治理工程设计。

第五百八十四条 非工作帮形成一定范围的到界台阶后，应当定期进行边坡稳定分析和评价，对影响生产安全的不稳定边坡必须采取安全措施。

第五百八十五条 工作帮边坡在临近最终设计的边坡之前，必须对其进行稳定性分析和评价。当原设计的最终边坡达不到稳定的安全系数时，应当修改设计或者采取治理措施。

第五百八十六条 露天煤矿的长远和年度采矿工程设计，必须进行边坡稳定性验算。达不到边坡稳定要求时，应当修改采矿设计或者制定安全措施。

第五百八十七条 采场最终边坡管理应当遵守下列规定：

（一）采掘作业必须按设计进行，坡底线严禁超挖。

（二）临近到界台阶时，应当采用控制爆破。

（三）最终煤台阶必须采取防止煤风化、自然发火及沿煤层底板滑坡的措施。

第五百八十八条 排土场边坡管理必须遵守下列规定：

（一）定期对排土场边坡进行稳定性分析，必要时采取防治措施。

（二）内排土场建设前，查明基底形态、岩层的赋存状态及岩石物理力学性质，测定排弃物料的力学参数，进行排土场设计和边坡稳定计算，清除基底上不利于边坡稳定的松软土岩。

（三）内排土场最下部台阶的坡底与采掘台阶坡底之间必须留有足够的安全距离。

（四）排土场必须采取有效的防排水措施，防止或者减少水流入排土场。

第七章　防治水和防灭火

第一节　防　治　水

第五百八十九条　每年雨季前必须对防排水设施作全面检查，并制定当年的防排水措施。检修防排水设施、新建的重要防排水工程必须在雨季前完工。

第五百九十条　对低于当地历史最高洪水位的设施，必须按规定采取修筑堤坝、沟渠，疏通水沟等防洪措施。

第五百九十一条　地表及边坡上的防排水设施应当避开有滑坡危险的地段。排水沟应当经常检查、清淤，不应渗漏、倒灌或者漫流。当采场内有滑坡区时，应当在滑坡区周围采取截水措施；当水沟经过有变形、裂缝的边坡地段时，应当采取防渗措施。

排土场应当保持平整，不得有积水，周围应当修筑可靠的截泥、防洪和排水设施。

第五百九十二条　用露天采场深部做储水池排水时，必须采取安全措施，备用水泵的能力不得小于工作水泵能力的50%。

第五百九十三条　地层含水影响采矿工程正常进行时，应当进行疏干，疏干工程应当超前于采矿工程。

因疏干地层含水地面出现裂缝、塌陷时，应当圈定范围加以防护、设置警示标志，并采取安全措施；(半）地下疏干泵房应当设通风装置。

第五百九十四条　地下水影响较大和已进行疏干排水工程的边坡，应当进行地下水位、水压及涌水量的观测，分析地下水对边坡稳定的影响程度及疏干的效果，并制定地下水治理措施。因地下水水位升高，可能造成排土场或者采场滑坡时，必须进行地下水疏干。

第二节　防　灭　火

第五百九十五条　必须制定地面和采场内的防灭火措施。所有建筑物、煤堆、排土场、仓库、油库、爆炸物品库、木料厂等处的防火措施和制度必须符合国家有关法律、法规和标准的规定。

露天煤矿内的采掘、运输、排土等主要设备，必须配备灭火器材，并定期检查和更换。

第五百九十六条　开采有自然发火倾向的煤层或者开采范围内存在火区时，必须制定防灭火措施。

第八章　电　　气

第一节　一般规定

第五百九十七条　露天煤矿的各种电气设备、电力和通信系统的设计、安装、验收、运行、检修、试验等工作，必须符合国家有关规定。

第五百九十八条　采场内的主排水泵站必须设置备用电源，当供电线路发生故障时，备用电源必须能担负最大排水负荷。

第五百九十九条　向采场内的移动式高压电动设备供电的变压器严禁中性点直接接地；

当采用中性点经限流电阻接地方式供电时，且流经单相接地故障点的电流应当限制在 200 A 以内，必须装设两段式中性点零序电流保护。中性点直接接地的变压器还应当装设单相接地保护。

第六百条 执行电气检修作业，必须停电、验电、放电，挂接三相短路接地线，装设遮栏并悬挂标示牌。

第二节 变电所（站）和配电设备

第六百零一条 变电站（移动站）设置应当遵守下列规定：

（一）采场变电站应当使用不燃性材料修建，站内变电装置与墙的距离不得小于 0.8 m，距顶部不得小于 1 m。变电站的门应当向外开，门口悬挂警示牌。

（二）采场变电站、非全封闭式移动变电站，四周应当设有围墙或者栅栏。

（三）必须对变电站、移动变电站、开关箱、分支箱统一编号，门必须加锁，并设安全警示标志。变电站内的设备应当编号，并注明负荷名称，必须设有停、送电标志。

（四）移动变电站箱体应当有保护接地。

（五）无人值班的变电站、移动变电站至少每 2 周巡视一次。

（六）变电站室内必须配备合格的检测和绝缘用具。

第六百零二条 移动变电站进线户外主隔离开关必须上锁，馈出侧隔离开关与断路器之间必须有可靠的机械或者电气闭锁。

第三节 架空输电线和电缆

第六百零三条 采场内架空线路敷设应当遵守下列规定：

（一）固定供电线路和通信线路应当设置在稳定的边坡上。

（二）高压架空输电线截面不得小于 35 mm^2，低压架空输电线截面不得小于 25 mm^2。由架空线向移动式高压电气设备和移动变电站供电的分支线路应当采用橡套电缆。

（三）架设在同一电杆上的高低压输（配）电线路不得多于两回；对于直线杆，上下横担的距离不得小于 800 mm；对于转角杆，上下横担的距离不得小于 500 mm（10 kV 线路及以下）。同一电杆上的高压线路，应当由同一电压等级的电源供电。垂直向采场供电的配电线路，同一杆上只能架设一回。

（四）架空线下严禁停放矿用设备，严禁堆置剥离物和煤炭等物料。

第六百零四条 在最大下垂度的情况下，架空线路到地面和接触网的垂直距离必须符合表 23 的要求。

第六百零五条 移动金属塔架和大型设备通过架空线以及在架空输配电线附近作业的机械设备，其最高（最远）点至电线的垂直（水平）距离，应当符合表 24 的要求。

第六百零六条 挖掘机作业不得影响和破坏电缆线、电杆或者其他支架基础的安全，不得损伤接地导体和接地线。

第六百零七条 台阶上 6~10 kV 的架空输配电线最边上的导线，在没有偏差的情况下，至接触网最近边的水平距离不应小于 285 m，至铁路路肩的水平距离不应小于 2 m。

第六百零八条 电压小于 10 kV 的输配电线，允许采用移动电杆，移动电杆之间的距离不应大于 50 m，特殊情况应当根据计算确定。

表23 架空线与地面及设施的安全距离 m

电压等级/kV	<1	1~10	35
采场和排土场	6	6.5	7
人难以通行和地面运输必须通行的地点	5	5.5	6
台阶坡面	3	4.5	5
配电线和接触网的平面交叉点	2	2	3
铁路与配电线路的平面交叉点	7.5	7.5	7.5

表24 设备距离架空线的安全距离

电压等级/kV	最小距离/m
≤6	0.7
10	1.0
35	2.5
66	3.0
110	3.5

第六百零九条 敷设橡套电缆应当符合下列要求：

（一）避开火区、水塘、水仓和可能出现滑坡的地段。

（二）跨台阶敷设电缆应当避开有伞檐、浮石、裂缝等的地段。

（三）新投入的高压电缆，使用前必须进行绝缘试验；修复后的高压电缆必须进行绝缘试验；运行高压电缆每年雷雨前应当进行预防性试验。

（四）电缆接头应当采用热缩或者冷补修复，其强度和导电性能不低于原要求。

（五）缠绕在卷筒（盘）上电缆载流量的计算符合相关要求，温升不超过要求。

（六）电缆穿越铁路、公路时，必须采取防护措施，严禁设备碾压电缆。

第四节 电气设备保护和接地

第六百一十条 高压配电线路应当装设过负荷、短路、漏电保护；低压配电线路应当装设短路和单相接地（漏电）保护；高压电动机应当装设短路、过负荷、漏电和欠压释放保护；低压电动机应当装设过流、短路保护；中性点接地的变压器必须装设接地保护；低压电力系统的变压器中性点直接接地时，必须装设接地保护。

第六百一十一条 变（配）电设施、油库、爆炸物品库、高大或者易受雷击的建筑，必须装设防雷电装置，每年雨季前检验1次。

第六百一十二条 电气保护检验应当遵守下列规定：

（一）电气保护装置使用前必须按规定进行检验，并做好记录。

（二）运行中每年至少对保护做1次检验，漏电保护6个月1次，负荷调整、线路变动应当及时检验。

（三）接地系统每月检查1次，每年至少检测1次，并做好记录。

第六百一十三条 采场必须选用户外型电气设备，所有高、低压电气设备裸露导电体必须有安全防护。

第六百一十四条 变电所（站）的各种继电保护装置每2年至少做1次试验。

第六百一十五条 变电所开关跳闸后，应当立即报告调度人员，经查询，可试送1次；若仍跳闸，不得强行送电，待查明原因，排除故障后，方可送电。

第六百一十六条 接地和接零应当符合下列要求：

（一）采场的架空线主接地极不得少于2组。主接地极应当设在电阻率低的地方，每组接地电阻值不得大于4 Ω，在土壤电阻率大于1 000 $\Omega mm^2/m$的地区，不得超过30 Ω。移动设备与架空线接地极之间的电阻值不得大于1 Ω。接地线和设备的金属外壳的接触电压不得大于36 V。

（二）高压架空线的接地线应当使用截面大于35 mm^2的钢绞线。

（三）采用橡套电缆的专用接地芯线必须接地或者接零，严禁接地线作电源线。

（四）50 V以上的交流电气设备的金属外壳、构架等必须接地。

（五）连接电气设备与接地母线应当使用截面不小于50 mm^2的耐腐蚀的铁线，严禁电气设备的接地线串联接地，严禁用金属管道或者电缆金属护套作为接地线。

（六）低压接地系统的架空线路的终端和支线的终端必须重复接地，交流线路零线的重复接地必须用独立的人工接地体，不得与地下金属管网相连接。

第五节 电气设备操作、维护和调整

第六百一十七条 严禁带电检修、移动电气设备。对设备进行带电调试、测试、试验时，必须采取安全措施。

移动带电电缆时，必须检查确认电缆没有破损，并穿戴好绝缘防护用品。

采用快速插接式的高压电缆头严禁带电插拔。

第六百一十八条 操作电气设备必须遵守下列规定：

（一）非专职和非值班人员，严禁操作电气设备。

（二）操作高压电气设备回路时，操作人员必须戴绝缘手套、穿电工绝缘靴或者站在绝缘台上。

（三）手持式电气设备的操作柄和工作中必须接触的部分，必须有合格的绝缘。

（四）操作人员身体任何部分与电气设备裸露带电部分的最小距离应当执行国家相关标准。

第六百一十九条 检修多用户使用的输配电线路时，应当制定安全措施。

第六百二十条 采场内（变电站、所及以下）配电线路的停送电作业应当遵守下列规定：

（一）计划停送电严格执行工作票、操作票制度。

（二）非计划停送电，应当经调度同意后执行，并双方做好停送电记录。

（三）事故停电，执行先停电，后履行停电手续，采取安全措施做好记录。

（四）严禁约时停送电。

第六百二十一条　高压变配电设备和线路的检修及停送电，必须严格执行停电申请和工作票制度。停电线路维修作业必须遵守下列规定：

（一）必须由负责人统一指挥。

（二）必须有明显的断开点，该线路断开的电源开关把手，必须专人看管或者加锁，并悬挂警示牌。

（三）停电后必须验电，并挂好接地线。

（四）作业时必须有专人监护。

（五）确认所有作业完毕后，摘除接地线和警示牌，由负责人检查无误后通知调度恢复送电。

第六百二十二条　雷电或者雷雨时，严禁进行倒闸操作，严禁操作跌落开关。

第六节　爆炸物品库和炸药加工区安全配电

第六百二十三条　爆炸物品库房区和加工区的 10 kV 及以下的变电所，可采用户内式，但不应设在 A 级建筑物内。

变电所与 A 级建筑物的距离不得小于 50 m。

柱上变电亭与 A 级建筑物的距离不得小于 100 m，与 B 级和 D 级建筑物不得小于 50 m。

第六百二十四条　1~10 kV 的室外架空线路，严禁跨越危险场所的建筑物。其边线与建筑物的水平距离，应当遵守下列规定：

（一）与 A 级和 B 级建筑物的距离，不应小于电杆间距的 2/3 且不应小于 35 m；与生产炸药的 A 级建筑物的距离，不应小于 50 m。

（二）与 D 级建筑物的距离不应小于电杆高的 185 倍。

第六百二十五条　变（配）电所至有爆炸危险的工房（库房）的 380 V/220 V 级配电线路，必须采用金属铠装交联电缆，其额定电压不低于 500 V，中性线的额定电压与相线相同，并在地下敷设。

电缆埋地长度不应小于 15 m。电缆的入户端金属外皮或者装电缆的钢管应当接地。在电缆与架空线的连接处应当装设防雷电装置。防雷电装置与电缆金属外皮、钢管、绝缘铁脚应当并联一起接地，其接地电阻不应大于 10 Ω。

低压配电应当采用 TN-S 系统。

第六百二十六条　有爆炸危险场所中的金属设备、管道和其他导电物体，均应当接地，其防静电的接地电阻不得大于 100 Ω。该接地装置与电气设备的、防雷电的接地装置共用，此时接地电阻值取其中最小值。根据具体情况，还应当采用其他的防静电措施。

第七节　照明和通信

第六百二十七条　固定式照明灯具使用的电压不得超过 220 V，手灯或者移动式照明灯具的电压应当小于 36 V，在金属容器内作业用的照明灯具的电压不得超过 24 V。

在同一地点安装不同照明电压等级的电源插座时，应当有明显区别标志。

第六百二十八条 必须配置能够覆盖整个开采范围的无线对讲系统，有基站的必须配备不间断电源，同时配置其他的有线或者无线应急通信系统；调度室与附近急救中心、消防机构、上级生产指挥中心的通信联系必须装设有线电话。

第九章 设备检修

第六百二十九条 检修前，应当选择坚实平坦的地面停放，因故障不能移动的设备应当采取防止溜车措施，轮式设备必须安放止轮器。

第六百三十条 检修作业必须遵守下列规定：

（一）检修时必须执行挂牌制度，在控制位置悬挂“正在检修，严禁启动”警示牌。

（二）检修时必须设专人协调指挥。多工种联合检修作业时，必须制定安全措施。

（三）在设备的隐蔽处及通风不畅的空间内检修时，必须制定安全措施，并设专人监护。

（四）检查和诊断运动、铰接、高温、有压、带电、弹性储能等危险部位时，必须采取安全措施，检修前必须切断相应的动力源，释放压力。

（五）在带式输送机上更换、维修输送带时，应当制定安全措施。

第六百三十一条 检修用电设备的高压进线和总隔离开关柜时，必须执行停送电制度。

检修设备高压线路时，必须切断相应的断路器和拉开隔离开关，并进行验电、放电、挂接短路接地线。

第六百三十二条 拆装高温（>40℃）或者低温（<-15℃）部件时，必须采取防护措施，严禁人体直接接触。

第六百三十三条 电焊、气焊、切割必须遵守下列规定：

（一）工作场地通风良好，无易燃、易爆物品。

（二）各类气瓶要距明火10 m以上，氧气瓶距乙炔瓶5 m以上。在重点防火、防爆区焊接作业时，办理用火审批单，并制定防火、防爆措施。

（三）在焊接或者切割盛放过易燃、易爆物品或者情况不明物品的容器时，应当制定安全措施。

（四）进入设备或者容器内部焊接、切割时，在确认无易燃、易爆气体或者物品，采取安全措施后，方可作业。

（五）各种气瓶连接处、胶管接头、减压器等，严禁沾染油脂。

（六）电焊机及电焊用具的绝缘必须合格，电焊机外壳接地。

第六百三十四条 吊装作业必须遵守下列规定：

（一）吊装作业区四周设置明显标志，夜间作业有足够的照明。

（二）严禁超载吊装和起吊重量不明的物体；严禁使用一根绳索挂2个吊点；严禁绳索与棱角直接接触。

（三）2台及以上起重机起吊同一物体时，负载分配应当合理，单机载荷不得超过额定起重量的80%。

第六百三十五条　高处作业必须遵守下列规定：

（一）使用登高工具和安全用具。

（二）使用梯子时，支承必须牢固，并有防滑措施，严禁垫高使用。

（三）采取可靠的防止人员坠落措施，有条件时应当设置防护网或者防护围栏。

（四）人员站立位置及扶手采取防滑措施。

（五）防止物体坠落，严禁抛掷工具和器材。

（六）在有坠落危险的下方严禁其他人员停留或者作业。

第六百三十六条　检修矿用卡车必须编制作业规程，并遵守下列规定：

（一）厢斗举升维修过程中，设定警戒区，严禁人员进入。

（二）厢斗举起后，采用刚性支撑或者安全索固定厢斗，严禁利用举升缸支撑作业。

（三）在车上进行焊接和切割作业时，要防止火花溅落到下方作业区或者油箱。必要时，应当采取防护措施。

（四）必须制定专门的检修轮胎安全技术措施。

第五编　职业病危害防治

第一章　职业病危害管理

第六百三十七条　煤矿企业必须建立健全职业卫生档案，定期报告职业病危害因素。

第六百三十八条　煤矿企业应当开展职业病危害因素日常监测，配备监测人员和设备。

煤矿企业应当每年进行一次作业场所职业病危害因素检测，每 3 年进行一次职业病危害现状评价。检测、评价结果存入煤矿企业职业卫生档案，定期向从业人员公布。

第六百三十九条　煤矿企业应当为接触职业病危害因素的从业人员提供符合要求的个体防护用品，并指导和督促其正确使用。

作业人员必须正确使用防尘或者防毒等个体防护用品。

第二章　粉 尘 防 治

第六百四十条　作业场所空气中粉尘（总粉尘、呼吸性粉尘）浓度应当符合表 25 的要求。不符合要求的，应当采取有效措施。

第六百四十一条　粉尘监测应当采用定点监测、个体监测方法。

第六百四十二条　煤矿必须对生产性粉尘进行监测，并遵守下列规定：

（一）总粉尘浓度，井工煤矿每月测定 2 次；露天煤矿每月测定 1 次。粉尘分散度每 6 个月测定 1 次。

（二）呼吸性粉尘浓度每月测定 1 次。

（三）粉尘中游离 SiO_2 含量每 6 个月测定 1 次，在变更工作面时也必须测定 1 次。

（四）开采深度大于 200 m 的露天煤矿，在气压较低的季节应当适当增加测定次数。

表 25　作业场所空气中粉尘浓度要求

粉尘种类	游离 SiO_2 含量/%	时间加权平均容许浓度/（$mg \cdot m^{-3}$）	
		总尘	呼尘
煤尘	<10	4	2.5
矽尘	10~50	1	0.7
	50~80	0.7	0.3
	≥80	0.5	0.2
水泥尘	<10	4	1.5

注：时间加权平均容许浓度是以时间加权数规定的 8 h 工作日、40 h 工作周的平均容许接触浓度。

第六百四十三条　粉尘监测采样点布置应当符合表 26 的要求。

表 26　粉尘监测采样点布置

类别	生产工艺	测尘点布置
采煤工作面	司机操作采煤机、打眼、人工落煤及攉煤	工人作业地点
	多工序同时作业	回风巷距工作面 10~15 m 处
掘进工作面	司机操作掘进机、打眼、装岩（煤）、锚喷支护	工人作业地点
	多工序同时作业（爆破作业除外）	距掘进头 10~15 m 回风侧
其他场所	翻罐笼作业、巷道维修、转载点	工人作业地点
露天煤矿	穿孔机作业、挖掘机作业	下风侧 3~5 m 处
	司机操作穿孔机、司机操作挖掘机、汽车运输	操作室内
地面作业场所	地面煤仓、储煤场、输送机运输等处进行生产作业	作业人员活动范围内

第六百四十四条　矿井必须建立消防防尘供水系统，并遵守下列规定：

（一）应当在地面建永久性消防防尘储水池，储水池必须经常保持不少于 200 m^3 的水量。备用水池贮水量不得小于储水池的一半。

（二）防尘用水水质悬浮物的含量不得超过 30 mg/L，粒径不大于 0.3 mm，水的 pH 在 6~9 范围内，水的碳酸盐硬度不超过 3 mmol/L。

（三）没有防尘供水管路的采掘工作面不得生产。主要运输巷、带式输送机斜井与平巷、上山与下山、采区运输巷与回风巷、采煤工作面运输巷与回风巷、掘进巷道、煤仓放煤口、溜煤眼放煤口、卸载点等地点必须敷设防尘供水管路，并安设支管和阀门。防尘用水应当过滤。水采矿井不受此限。

第六百四十五条　井工煤矿采煤工作面应当采取煤层注水防尘措施，有下列情况之一的除外：

（一）围岩有严重吸水膨胀性质，注水后易造成顶板垮塌或者底板变形；地质情况复杂、顶板破坏严重，注水后影响采煤安全的煤层。

（二）注水后会影响采煤安全或者造成劳动条件恶化的薄煤层。

（三）原有自然水分或者防灭火灌浆后水分大于 4%的煤层。

（四）孔隙率小于 4%的煤层。

（五）煤层松软、破碎，打钻孔时易塌孔、难成孔的煤层。

（六）采用下行垮落法开采近距离煤层群或者分层开采厚煤层，上层或者上分层的采空区采取灌水防尘措施时的下一层或者下一分层。

第六百四十六条　井工煤矿炮采工作面应当采用湿式钻眼、冲洗煤壁、水炮泥、出煤洒水等综合防尘措施。

第六百四十七条　采煤机必须安装内、外喷雾装置。割煤时必须喷雾降尘，内喷雾工作压力不得小于 2 MPa，外喷雾工作压力不得小于 4 MPa，喷雾流量应当与机型相匹配。无水或者喷雾装置不能正常使用时必须停机；液压支架和放顶煤工作面的放煤口，必须安装喷雾装置，降柱、移架或者放煤时同步喷雾。破碎机必须安装防尘罩和喷雾装置或者除尘器。

第六百四十八条　井工煤矿采煤工作面回风巷应当安设风流净化水幕。

第六百四十九条　井工煤矿掘进井巷和硐室时，必须采取湿式钻眼、冲洗井壁巷帮、水炮泥、爆破喷雾、装岩（煤）洒水和净化风流等综合防尘措施。

第六百五十条　井工煤矿掘进机作业时，应当采用内、外喷雾及通风除尘等综合措施。掘进机无水或者喷雾装置不能正常使用时，必须停机。

第六百五十一条　井工煤矿在煤、岩层中钻孔作业时，应当采取湿式降尘等措施。在冻结法凿井和在遇水膨胀的岩层中不能采用湿式钻眼（孔）、突出煤层或者松软煤层中施工瓦斯抽采钻孔难以采取湿式钻孔作业时，可以采取干式钻孔（眼），并采取除尘器除尘等措施。

第六百五十二条　井下煤仓（溜煤眼）放煤口、输送机转载点和卸载点，以及地面筛分厂、破碎车间、带式输送机走廊、转载点等地点，必须安设喷雾装置或者除尘器，作业时进行喷雾降尘或者用除尘器除尘。

第六百五十三条 喷射混凝土时，应当采用潮喷或者湿喷工艺，并配备除尘装置对上料口、余气口除尘。距离喷浆作业点下风流 100 m 内，应当设置风流净化水幕。

第六百五十四条 露天煤矿的防尘工作应当符合下列要求：

（一）设置加水站（池）。

（二）穿孔作业采取捕尘或者除尘器除尘等措施。

（三）运输道路采取洒水等降尘措施。

（四）破碎站、转载点等采用喷雾降尘或者除尘器除尘。

第三章 热害防治

第六百五十五条 当采掘工作面空气温度超过 26℃、机电设备硐室超过 30℃时，必须缩短超温地点工作人员的工作时间，并给予高温保健待遇。

当采掘工作面的空气温度超过 30℃、机电设备硐室超过 34℃时，必须停止作业。

新建、改扩建矿井设计时，必须进行矿井风温预测计算，超温地点必须有降温设施。

第六百五十六条 有热害的井工煤矿应当采取通风等非机械制冷降温措施。无法达到环境温度要求时，应当采用机械制冷降温措施。

第四章 噪声防治

第六百五十七条 作业人员每天连续接触噪声时间达到或者超过 8 h 的，噪声声级限值为 85 dB（A）。每天接触噪声时间不足 8 h 的，可以根据实际接触噪声的时间，按照接触噪声时间减半、噪声声级限值增加 3 dB（A）的原则确定其声级限值。

第六百五十八条 每半年至少监测 1 次噪声。井工煤矿噪声监测点应当布置在主要通风机、空气压缩机、局部通风机、采煤机、掘进机、风动凿岩机、破碎机、主水泵等设备使用地点。露天煤矿噪声监测点应当布置在钻机、挖掘机、破碎机等设备使用地点。

第六百五十九条 应当优先选用低噪声设备，采取隔声、消声、吸声、减振、减少接触时间等措施降低噪声危害。

第五章 有害气体防治

第六百六十条 监测有害气体时应当选择有代表性的作业地点，其中包括空气中有害物质浓度最高、作业人员接触时间最长的地点。应当在正常生产状态下采样。

第六百六十一条 氧化氮、一氧化碳、氨、二氧化硫至少每 3 个月监测 1 次，硫化氢至少每月监测 1 次。

第六百六十二条 煤矿作业场所存在硫化氢、二氧化硫等有害气体时，应当加强通风降低有害气体的浓度。在采用通风措施无法达到作业环境标准时，应当采用集中抽取净化、化学吸收等措施降低硫化氢、二氧化硫等有害气体的浓度。

第六章　职业健康监护

第六百六十三条　煤矿企业必须按照国家有关规定，对从业人员上岗前、在岗期间和离岗时进行职业健康检查，建立职业健康档案，并将检查结果书面告知从业人员。

第六百六十四条　接触职业病危害从业人员的职业健康检查周期按下列规定执行：

（一）接触粉尘以煤尘为主的在岗人员，每2年1次。

（二）接触粉尘以矽尘为主的在岗人员，每年1次。

（三）经诊断的观察对象和尘肺患者，每年1次。

（四）接触噪声、高温、毒物、放射线的在岗人员，每年1次。

接触职业病危害作业的退休人员，按有关规定执行。

第六百六十五条　对检查出有职业禁忌证和职业相关健康损害的从业人员，必须调离接害岗位，妥善安置；对已确诊的职业病人，应当及时给予治疗、康复和定期检查，并做好职业病报告工作。

第六百六十六条　有下列病症之一的，不得从事接尘作业：

（一）活动性肺结核病及肺外结核病。

（二）严重的上呼吸道或者支气管疾病。

（三）显著影响肺功能的肺脏或者胸膜病变。

（四）心、血管器质性疾病。

（五）经医疗鉴定，不适于从事粉尘作业的其他疾病。

第六百六十七条　有下列病症之一的，不得从事井下工作：

（一）本规程第六百六十六条所列病症之一的。

（二）风湿病（反复活动）。

（三）严重的皮肤病。

（四）经医疗鉴定，不适于从事井下工作的其他疾病。

第六百六十八条　癫痫病和精神分裂症患者严禁从事煤矿生产工作。

第六百六十九条　患有高血压、心脏病、高度近视等病症以及其他不适应高空（2 m以上）作业者，不得从事高空作业。

第六百七十条　从业人员需要进行职业病诊断、鉴定的，煤矿企业应当如实提供职业病诊断、鉴定所需的从业人员职业史和职业病危害接触史、工作场所职业病危害因素检测结果等资料。

第六百七十一条　煤矿企业应当为从业人员建立职业健康监护档案，并按照规定的期限妥善保存。

从业人员离开煤矿企业时，有权索取本人职业健康监护档案复印件，煤矿企业必须如实、无偿提供，并在所提供的复印件上签章。

第六编 应急救援

第一章 一般规定

第六百七十二条 煤矿企业应当落实应急管理主体责任，建立健全事故预警、应急值守、信息报告、现场处置、应急投入、救援装备和物资储备、安全避险设施管理和使用等规章制度，主要负责人是应急管理和事故救援工作的第一责任人。

第六百七十三条 矿井必须根据险情或者事故情况下矿工避险的实际需要，建立井下紧急撤离和避险设施，并与监测监控、人员位置监测、通信联络等系统结合，构成井下安全避险系统。

安全避险系统应当随采掘工作面的变化及时调整和完善，每年由矿总工程师组织开展有效性评估。

第六百七十四条 煤矿企业必须编制应急救援预案并组织评审，由本单位主要负责人批准后实施；应急救援预案应当与所在地县级以上地方人民政府组织制定的生产安全事故应急救援预案相衔接。

应急救援预案的主要内容发生变化，或者在事故处置和应急演练中发现存在重大问题时，及时修订完善。

第六百七十五条 煤矿企业必须建立应急演练制度。应急演练计划、方案、记录和总结评估报告等资料保存期限不少于 2 年。

第六百七十六条 所有煤矿必须有矿山救护队为其服务。井工煤矿企业应当设立矿山救护队，不具备设立矿山救护队条件的煤矿企业，所属煤矿应当设立兼职救护队，并与就近的救护队签订救护协议；否则，不得生产。

矿山救护队到达服务煤矿的时间应当不超过 30 min。

第六百七十七条 任何人不得调动矿山救护队、救援装备和救护车辆从事与应急救援无关的工作，不得挪用紧急避险设施内的设备和物品。

第六百七十八条 井工煤矿应当向矿山救护队提供采掘工程平面图、矿井通风系统图、井上下对照图、井下避灾路线图、灾害预防和处理计划，以及应急救援预案；露天煤矿应当向矿山救护队提供采剥、排土工程平面图和运输系统图、防排水系统图及排水设备布置图、井工老空区与露天矿平面对照图，以及应急救援预案。提供的上述图纸和资料应当真实、准确，且至少每季度为救护队更新一次。

第六百七十九条 煤矿作业人员必须熟悉应急救援预案和避灾路线，具有自救互救和安全避险知识。井下作业人员必须熟练掌握自救器和紧急避险设施的使用方法。

班组长应当具备兼职救护队员的知识和能力，能够在发生险情后第一时间组织作业人员自救互救和安全避险。

外来人员必须经过安全和应急基本知识培训，掌握自救器使用方法，并签字确认后方可入井。

第六百八十条　煤矿发生险情或者事故后，现场人员应当进行自救、互救，并报矿调度室；煤矿应当立即按照应急救援预案启动应急响应，组织涉险人员撤离险区，通知应急指挥人员、矿山救护队和医疗救护人员等到现场救援，并上报事故信息。

第六百八十一条　矿山救护队在接到事故报告电话、值班人员发出警报后，必须在1 min内出动救援。

第六百八十二条　发生事故的煤矿必须全力做好事故应急救援及相关工作，并报请当地政府和主管部门在通信、交通运输、医疗、电力、现场秩序维护等方面提供保障。

第二章　安全避险

第六百八十三条　煤矿发生险情或者事故时，井下人员应当按应急救援预案和应急指令撤离险区，在撤离受阻的情况下紧急避险待救。

第六百八十四条　井下所有工作地点必须设置灾害事故避灾路线。避灾路线指示应当设置在不易受到碰撞的显著位置，在矿灯照明下清晰可见，并标注所在位置。巷道交叉口必须设置避灾路线标识。

巷道内设置标识的间隔距离：采区巷道不大于200 m，矿井主要巷道不大于300 m。

第六百八十五条　矿井应当设置井下应急广播系统，保证井下人员能够清晰听见应急指令。

第六百八十六条　入井人员必须随身携带额定防护时间不低于30 min的隔绝式自救器。

矿井应当根据需要在避灾路线上设置自救器补给站。补给站应当有清晰、醒目的标识。

第六百八十七条　采区避灾路线上应当设置压风管路，主管路直径不小于100 mm，采掘工作面管路直径不小于50 mm，压风管路上设置的供气阀门间隔不大于200 m。水文地质条件复杂和极复杂的矿井，应当在各水平、采区和上山巷道最高处敷设压风管路，并设置供气阀门。

采区避灾路线上应当敷设供水管路，在供气阀门附近安装供水阀门。

第六百八十八条　突出矿井，以及发生险情或者事故时井下人员依靠自救器或者1次自救器接力不能安全撤至地面的矿井，应当建设井下紧急避险设施。紧急避险设施的布局、类型、技术性能等具体设计，应当经矿总工程师审批。

紧急避险设施应当设置在避灾路线上，并有醒目标识。矿井避灾路线图中应当明确标注紧急避险设施的位置、规格和种类，井巷中应当有紧急避险设施方位指示。

第六百八十九条　突出矿井必须建设采区避难硐室，采区避难硐室必须接入矿井压风管路和供水管路，满足避险人员的避险需要，额定防护时间不低于96 h。

突出煤层的掘进巷道长度及采煤工作面推进长度超过500 m时，应当在距离工作面500 m范围内建设临时避难硐室或者其他临时避险设施。临时避难硐室必须设置向外开启的密闭门，接入矿井压风管路，设置与矿调度室直通的电话，配备足量的饮用水及自救器。

第六百九十条　其他矿井应当建设采区避难硐室，或者在距离采掘工作面1 000 m范围内建设临时避难硐室或者其他临时避险设施。

第六百九十一条 突出与冲击地压煤层，应当在距采掘工作面25~40 m的巷道内、爆破地点、撤离人员与警戒人员所在位置、回风巷有人作业处等地点，至少设置1组压风自救装置；在长距离的掘进巷道中，应当根据实际情况增加压风自救装置的设置组数。每组压风自救装置应当可供5~8人使用，平均每人空气供给量不得少于0.1 m^3/min。

其他矿井掘进工作面应当敷设压风管路，并设置供气阀门。

第六百九十二条 煤矿必须对紧急避险设施进行维护和管理，每天巡检1次；建立技术档案及使用维护记录。

第三章 救援队伍

第六百九十三条 矿山救护队是处理矿山灾害事故的专业应急救援队伍。

矿山救护队必须实行标准化、军事化管理和24 h值班。

第六百九十四条 矿山救护大队应当由不少于2个中队组成，矿山救护中队应当由不少于3个救护小队组成，每个救护小队应当由不少于9人组成。

第六百九十五条 矿山救护队大、中队指挥员应当由熟悉矿山救援业务，具有相应煤矿专业知识，从事煤矿生产、安全、技术管理工作5年以上和矿山救援工作3年以上，并经过培训合格的人员担任。

第六百九十六条 矿山救护大队指挥员年龄不应超过55岁，救护中队指挥员不应超过50岁，救护队员不应超过45岁，其中40岁以下队员应当保持在2/3以上。指战员每年应当进行1次身体检查，对身体检查不合格或者超龄人员应当及时进行调整。

第六百九十七条 新招收的矿山救护队员，应当具有高中及以上文化程度，年龄在30周岁以下，从事井下工作1年以上。

新招收的矿山救护队员必须通过3个月的基础培训和3个月的编队实习，并经综合考评合格后，才能成为正式队员。

第六百九十八条 矿山救护队出动执行救援任务时，必须穿戴矿山救援防护服装，佩戴并按规定使用氧气呼吸器，携带相关装备、仪器和用品。

第四章 救援装备与设施

第六百九十九条 矿山救护队必须配备救援车辆及通信、灭火、侦察、气体分析、个体防护等救援装备，建有演习训练等设施。

第七百条 矿山救护队技术装备、救援车辆和设施必须由专人管理，定期检查、维护和保养，保持战备和完好状态。技术装备不得露天存放，救援车辆必须专车专用。

第七百零一条 煤矿企业应当根据矿井灾害特点，结合所在区域实际情况，储备必要的应急救援装备及物资，由主要负责人审批。重点加强潜水电泵及配套管线、救援钻机及其配套设备、快速掘进与支护设备、应急通信装备等的储备。

煤矿企业应当建立应急救援装备和物资台账，健全其储存、维护保养和应急调用等管理制度。

第七百零二条　救援装备、器材、物资、防护用品和安全检测仪器、仪表，必须符合国家标准或者行业标准，满足应急救援工作的特殊需要。

第五章　救援指挥

第七百零三条　煤矿发生灾害事故后，必须立即成立救援指挥部，矿长任总指挥。矿山救护队指挥员必须作为救援指挥部成员，参与制定救援方案等重大决策，具体负责指挥矿山救护队实施救援工作。

第七百零四条　多支矿山救护队联合参加救援时，应当由服务于发生事故煤矿的矿山救护队指挥员负责协调、指挥各矿山救护队实施救援，必要时也可以由救援指挥部另行指定。

第七百零五条　矿井发生灾害事故后，必须首先组织矿山救护队进行灾区侦察，探明灾区情况。救援指挥部应当根据灾害性质，事故发生地点、波及范围，灾区人员分布、可能存在的危险因素，以及救援的人力和物力，制定抢救方案和安全保障措施。

矿山救护队执行灾区侦察任务和实施救援时，必须至少有 1 名中队或者中队以上指挥员带队。

第七百零六条　在重特大事故或者复杂事故救援现场，应当设立地面基地和井下基地，安排矿山救护队指挥员、待机小队和急救员值班，设置通往救援指挥部和灾区的电话，配备必要的救护装备和器材。

地面基地应当设置在靠近井口的安全地点，配备气体分析化验设备等相关装备。井下基地应当设置在靠近灾区的安全地点，设专人看守电话并做好记录，保持与救援指挥部、灾区工作救护小队的联络。指派专人检测风流、有害气体浓度及巷道支护等情况。

第七百零七条　矿山救护队在救援过程中遇到突发情况、危及救援人员生命安全时，带队指挥员有权作出撤出危险区域的决定，并及时报告井下基地及救援指挥部。

第六章　灾变处理

第七百零八条　处理灾变事故时，应当撤出灾区所有人员，准确统计井下人数，严格控制入井人数；提供救援需要的图纸和技术资料；组织人力、调配装备和物资参加抢险救援，做好后勤保障工作。

第七百零九条　进入灾区的救护小队，指战员不得少于 6 人，必须保持在彼此能看到或者听到信号的范围内行动，任何情况下严禁任何指战员单独行动。所有指战员进入前必须检查氧气呼吸器，氧气压力不得低于 18 MPa；使用过程中氧气呼吸器的压力不得低于 5 MPa。发现有指战员身体不适或者氧气呼吸器发生故障难以排除时，全小队必须立即撤出。

指战员在灾区工作 1 个呼吸器班后，应当至少休息 8 h。

第七百一十条 灾区侦察应当遵守下列规定：

（一）侦察小队进入灾区前，应当考虑退路被堵后采取的措施，规定返回的时间，并用灾区电话与井下基地保持联络。小队应当按规定时间原路返回，如果不能按原路返回，应当经布置侦察任务的指挥员同意。

（二）进入灾区时，小队长在队列之前，副小队长在队列之后，返回时则反之。行进中经过巷道交叉口时应当设置明显的路标。视线不清时，指战员之间要用联络绳联结。在搜索遇险遇难人员时，小队队形应当与巷道中线斜交前进。

（三）指定人员分别检查通风、气体浓度、温度、顶板等情况，做好记录，并标记在图纸上。

（四）坚持有巷必察。远距离和复杂巷道，可组织几个小队分区段进行侦察。在所到巷道标注留名，并绘出侦察线路示意图。

（五）发现遇险人员应当全力抢救，并护送到新鲜风流处或者井下基地。在发现遇险、遇难人员的地点要检查气体，并做好标记。

（六）当侦察小队失去联系或者没按约定时间返回时，待机小队必须立即进入救援，并报告救援指挥部。

（七）侦察结束后，带队指挥员必须立即向布置侦察任务的指挥员汇报侦察结果。

第七百一十一条 矿山救护队在高温区进行救护工作时，救护指战员进入高温区的最长时间不得超过表27的规定。

表27 救护指战员进入高温区的最长时间

温度/℃	40	45	50	55	60
进入时间/min	25	20	15	10	5

第七百一十二条 处理矿井火灾事故，应当遵守下列规定：

（一）控制烟雾的蔓延，防止火灾扩大。

（二）防止引起瓦斯、煤尘爆炸。必须指定专人检查瓦斯和煤尘，观测灾区的气体和风流变化。当甲烷浓度达到2.0%以上并继续增加时，全部人员立即撤离至安全地点并向指挥部报告。

（三）处理上、下山火灾时，必须采取措施，防止因火风造成风流逆转和巷道垮塌造成风流受阻。

（四）处理进风井井口、井筒、井底车场、主要进风巷和硐室火灾时，应当进行全矿井反风。反风前，必须将火源进风侧的人员撤出，并采取阻止火灾蔓延的措施。多台主要通风机联合通风的矿井反风时，要保证非事故区域的主要通风机先反风，事故区域的主要通风机后反风。采取风流短路措施时，必须将受影响区域内的人员全部撤出。

（五）处理掘进工作面火灾时，应当保持原有的通风状态，进行侦察后再采取措施。

（六）处理爆炸物品库火灾时，应当首先将雷管运出，然后将其他爆炸物品运出；因高温或者爆炸危险不能运出时，应当关闭防火门，退至安全地点。

（七）处理绞车房火灾时，应当将火源下方的矿车固定，防止烧断钢丝绳造成跑车伤人。

（八）处理蓄电池电机车库火灾时，应当切断电源，采取措施，防止氢气爆炸。

（九）灭火工作必须从火源进风侧进行。用水灭火时，水流应从火源外围喷射，逐步逼向火源的中心；必须有充足的风量和畅通的回风巷，防止水煤气爆炸。

第七百一十三条　封闭具有爆炸危险的火区时，应当遵守下列规定：

（一）先采取注入惰性气体等抑爆措施，然后在安全位置构筑进、回风密闭。

（二）封闭具有多条进、回风通道的火区，应当同时封闭各条通道；不能实现同时封闭的，应当先封闭次要进回风通道，后封闭主要进回风通道。

（三）加强火区封闭的施工组织管理。封闭过程中，密闭墙预留通风孔，封孔时进、回风巷同时封闭；封闭完成后，所有人员必须立即撤出。

（四）检查或者加固密闭墙等工作，应当在火区封闭完成 24 h 后实施。发现已封闭火区发生爆炸造成密闭墙破坏时，严禁调派救护队侦察或者恢复密闭墙；应当采取安全措施，实施远距离封闭。

第七百一十四条　处理瓦斯（煤尘）爆炸事故时，应当遵守下列规定：

（一）立即切断灾区电源。

（二）检查灾区内有害气体的浓度、温度及通风设施破坏情况，发现有再次爆炸危险时，必须立即撤离至安全地点。

（三）进入灾区行动要谨慎，防止碰撞产生火花，引起爆炸。

（四）经侦察确认或者分析认定人员已经遇难，并且没有火源时，必须先恢复灾区通风，再进行处理。

第七百一十五条　发生煤（岩）与瓦斯突出事故，不得停风和反风，防止风流紊乱扩大灾情。通风系统及设施被破坏时，应当设置风障、临时风门及安装局部通风机恢复通风。恢复突出区通风时，应当以最短的路线将瓦斯引入回风巷。回风井口 50 m 范围内不得有火源，并设专人监视。是否停电应当根据井下实际情况决定。处理煤（岩）与二氧化碳突出事故时，还必须加大灾区风量，迅速抢救遇险人员。矿山救护队进入灾区时要戴好防护眼镜。

第七百一十六条　处理水灾事故时，应当遵守下列规定：

（一）迅速了解和分析水源、突水点、影响范围、事故前人员分布、矿井具有生存条件的地点及其进入的通道等情况。根据被堵人员所在地点的空间、氧气、瓦斯浓度以及救出被困人员所需的大致时间制定相应救灾方案。

（二）尽快恢复灾区通风，加强灾区气体检测，防止发生瓦斯爆炸和有害气体中毒、窒息事故。

（三）根据情况综合采取排水、堵水和向井下人员被困位置打钻等措施。

（四）排水后进行侦察抢险时，注意防止冒顶和二次突水事故的发生。

第七百一十七条　处理顶板事故时，应当遵守下列规定：

（一）迅速恢复冒顶区的通风。如不能恢复，应当利用压风管、水管或者打钻向被困人员供给新鲜空气、饮料和食物。

（二）指定专人检查甲烷浓度、观察顶板和周围支护情况，发现异常，立即撤出人员。

（三）加强巷道支护，防止发生二次冒顶、片帮，保证退路安全畅通。

第七百一十八条 处理冲击地压事故时，应当遵守下列规定：

（一）分析再次发生冲击地压灾害的可能性，确定合理的救援方案和路线。

（二）迅速恢复灾区的通风。恢复独头巷道通风时，应当按照排放瓦斯的要求进行。

（三）加强巷道支护，保证安全作业空间。巷道破坏严重、有冒顶危险时，必须采取防止二次冒顶的措施。

（四）设专人观察顶板及周围支护情况，检查通风、瓦斯、煤尘，防止发生次生事故。

第七百一十九条 处理露天矿边坡和排土场滑坡事故时，应当遵守下列规定：

（一）在事故现场设置警戒区域和警示牌，禁止人员进入警戒区域。

（二）救援人员和抢险设备必须从滑体两侧安全区域实施救援。

（三）应当对滑体进行观测，发现有威胁救援人员安全的情况时立即撤离。

附　　则

第七百二十条 本规程自2016年10月1日起施行。

第七百二十一条 条款中出现的“必须”“严禁”“应当”“可以”等说明如下：表示很严格，非这样做不可的，正面词一般用“必须”，反面词用“严禁”；表示严格，在正常情况下均应这样做的，正面词一般用“应当”，反面词一般用“不应”或“不得”；表示允许选择，在一定条件下可以这样做的，采用“可以”。

附录

主要名词解释

薄煤层 地下开采时厚度1.3 m以下的煤层；露天开采时厚度3.5 m以下的煤层。

中厚煤层 地下开采时厚度1.3~3.5 m的煤层；露天开采时厚度3.5~10 m的煤层。

厚煤层 地下开采时厚度3.5 m以上的煤层；露天开采时厚度10 m以上的煤层。

近水平煤层 地下开采时倾角8°以下的煤层；露天开采时倾角5°以下的煤层。

缓倾斜煤层 地下开采时倾角8°~25°的煤层；露天开采时倾角5°~10°的煤层。

倾斜煤层 地下开采时倾角25°~45°的煤层；露天开采时倾角10°~45°的煤层。

急倾斜煤层 地下或露天开采时倾角在45°以上的煤层。

近距离煤层 煤层群层间距离较小，开采时相互有较大影响的煤层。

井巷 为进行采掘工作在煤层或岩层内所开凿的一切空硐。

水平 沿煤层走向某一标高布置运输大巷或总回风巷的水平面。

阶段 沿一定标高划分的一部分井田。

区段（分阶段、小阶段） 在阶段内沿倾斜方向划分的开采块段。

主要运输巷 运输大巷、运输石门和主要绞车道的总称。

运输大巷（阶段大巷、水平大巷或主要平巷） 为整个开采水平或阶段运输服务的水平巷道。开凿在岩层中的称岩石运输大巷；为几个煤层服务的称集中运输大巷。

石门 与煤层走向正交或斜交的岩石水平巷道。

主要绞车道（中央上、下山或集中上、下山） 不直接通到地面，为一个水平或几个采区服务并装有绞车的倾斜巷道。

上山 在运输大巷向上，沿煤岩层开凿，为1个采区服务的倾斜巷道。按用途和装备分为：输送机上山、轨道上山、通风上山和人行上山等。

下山 在运输大巷向下，沿煤岩层开凿，为1个采区服务的倾斜巷道。按用途和装备分为：输送机下山、轨道下山、通风下山和人行下山等。

采掘工作面 采煤工作面和掘进工作面的总称。

阶檐 台阶工作面中台阶的错距。

老空 采空区、老窑和已经报废的井巷的总称。

采空区 回采以后不再维护的空间。

锚喷支护 联合使用锚杆和喷混凝土或喷浆的支护。

喷体支护 喷射水泥砂浆和喷射混凝土作为井巷支护的总称。

水力采煤 利用水力或水力机械开采和水力或机械运输提升的机械化采煤技术。

冻结壁交圈 各相邻冻结孔的冻结圆柱逐步扩大，相互连接，开始形成封闭的冻结壁的现象。

止浆岩帽 井巷工作面预注浆时，暂留在含水层上方或前方能够承受最大注浆压力（压强）并防止向掘进工作面漏浆、跑浆的岩柱。

混凝土止浆垫 井筒工作面预注浆时，预先在含水层上方构筑的，能够承受最大注浆压力（压强）并防止向掘进工作面漏跑浆的混凝土构筑物。

冲击地压（岩爆） 井巷或工作面周围煤（岩）体，由于弹性变形能的瞬时释放而产生的突然、剧烈破坏的动力现象。常伴有煤岩体抛出、巨响及气浪等现象。

主要风巷 总进风巷、总回风巷、主要进风巷和主要回风巷的总称。

进风巷 进风风流所经过的巷道。为全矿井或矿井一翼进风用的叫总进风巷；为几个采区进风用的叫主要进风巷；为1个采区进风用的叫采区进风巷，为1个工作面进风用的叫工作面进风巷。

回风巷 回风风流所经过的巷道。为全矿井或矿井一翼回风用的叫总回风巷；为几个采区回风用的叫主要回风巷；为1个采区回风用的叫采区回风巷；为1个工作面回风用的叫工作面回风巷。

专用回风巷 在采区巷道中，专门用于回风，不得用于运料、安设电气设备的巷道。在煤（岩）与瓦斯（二氧化碳）突出区，专用回风巷内还不得行人。

采煤工作面的风流 采煤工作面工作空间中的风流。

掘进工作面的风流　掘进工作面到风筒出风口这一段巷道中的风流。

分区通风（并联通风）　井下各用风地点的回风直接进入采区回风巷或总回风巷的通风方式。

串联通风　井下用风地点的回风再次进入其他用风地点的通风方式。

扩散通风　利用空气中分子的自然扩散运动，对局部地点进行通风的方式。

独立风流　从主要进风巷分出的，经过爆炸材料库或充电硐室后再进入主要回风巷的风流。

全风压　通风系统中主要通风机出口侧和进口侧的总风压差。

火风压　井下发生火灾时，高温烟流流经有高差的井巷所产生的附加风压。

局部通风　利用局部通风机或主要通风机产生的风压对局部地点进行通风的方法。

循环风　局部通风机的回风，部分或全部再进入同一部局部通风机的进风风流中。

主要通风机　安装在地面的，向全矿井、一翼或1个分区供风的通风机。

辅助通风机　某分区通风阻力过大、主要通风机不能供给足够风量时，为了增加风量而在该分区使用的通风机。

局部通风机　向井下局部地点供风的通风机。

上行通风　风流沿采煤工作面由下向上流动的通风方式。

下行通风　风流沿采煤工作面由上向下流动的通风方式。

瓦斯　矿井中主要由煤层气构成的以甲烷为主的有害气体。有时单独指甲烷。

瓦斯（二氧化碳）浓度　瓦斯（二氧化碳）在空气中按体积计算占有的比率，以%表示。

瓦斯涌出　由受采动影响的煤层、岩层，以及由采落的煤、矸石向井下空间均匀地放出瓦斯的现象。

瓦斯（二氧化碳）喷出　从煤体或岩体裂隙、孔洞或炮眼中大量瓦斯（二氧化碳）异常涌出的现象。在20 m巷道范围内，涌出瓦斯量大于或等于1.0 m^3/min，且持续时间在8 h以上时，该采掘区即定为瓦斯（二氧化碳）喷出危险区域。

煤尘爆炸危险煤层　经煤尘爆炸性试验鉴定证明其煤尘有爆炸性的煤层。

岩粉　专门生产的、用于防止爆炸及其传播的惰性粉末。

煤（岩）与瓦斯突出　在地应力和瓦斯的共同作用下，破碎的煤、岩和瓦斯由煤体或岩体内突然向采掘空间抛出的异常的动力现象。

保护层　为消除或削弱相邻煤层的突出或冲击地压危险而先开采的煤层或矿层。

石门揭煤　石门自底（顶）板岩柱穿过煤层进入顶（底）板的全部作业过程。

水淹区域　被水淹没的井巷和被水淹没的老空的总称。

矿井正常涌水量　矿井开采期间，单位时间内流入矿井的水量。

矿井最大涌水量　矿井开采期间，正常情况下矿井涌水量的高峰值。主要与人为条件和降雨量有关。

安全水头值　隔水层能承受含水层的最大水头压力值。

不燃性材料　受到火焰或高温作用时，不着火、不冒烟、也不被烧焦者，包括所有天然和人工的无机材料以及建筑中所用的金属材料。

永久性爆炸物品库 使用期限在2年以上的爆炸物品库。

瞬发电雷管 通电后瞬时爆炸的电雷管。

延期电雷管 通电后隔一定时间爆炸的电雷管；按延期间隔时间不同，分秒延期电雷管和毫秒延期电雷管。

最小抵抗线 从装药重心到自由面的最短距离。

正向起爆 起爆药包位于柱状装药的外端，靠近炮眼口，雷管底部朝向眼底的起爆方法。

反向起爆 起爆药包位于柱状装药的里端，靠近或在炮眼底，雷管底部朝向炮眼口的起爆方法。

裸露爆破 在岩体表面上直接贴敷炸药或再盖上泥土进行爆破的方法。

拒爆（瞎炮） 起爆后，爆炸材料未发生爆炸的现象。

熄爆（不完全爆炸） 爆轰波不能沿炸药继续传播而中止的现象。

机车 架线电机车、蒸汽机车、蓄电池电机车和内燃机车的总称。

电机车 架线电机车和蓄电池电机车的总称。

单轨吊车 在悬吊的单轨上运行，由驱动车或牵引车（钢丝绳牵引用）、制动车、承载车等组成的运输设备。

卡轨车 装有卡轨轮，在轨道上行驶的车辆。

齿轨机车 借助道床上的齿条与机车上的齿轮实现增加爬坡能力的矿用机车。

胶套轮机车 钢车轮踏面包敷特种材料以加大黏着系数提高爬坡能力的矿用机车。

提升装置 绞车、摩擦轮、天轮、导向轮、钢丝绳、罐道、提升容器和保险装置等的总称。

主要提升装置 含有提人绞车及滚筒直径2 m以上的提升物料的绞车的提升装置。

提升容器 升降人员和物料的容器，包括罐笼、箕斗、带乘人间的箕斗、吊桶等。

防坠器 钢丝绳或连接装置断裂时，防止提升容器坠落的保护装置。

挡车装置 阻车器和挡车栏等的总称。

挡车栏 安装在上、下山，防止矿车跑车事故的安全装置。

阻车器（挡车器） 装在轨道侧旁或罐笼、翻车机内使矿车停车、定位的装置。

跑车防护装置 在倾斜井巷内安设的能够将运行中断绳或脱钩的车辆阻止住的装置或设施。

最大内、外偏角 钢丝绳从天轮中心垂直面到滚筒的直线同钢丝绳在滚筒上最内、最外位置到天轮中心的直线所成的角度。

常用闸 绞车正常操作控制用的工作闸。

保险闸 在提升系统发生异常现象，需要紧急停车时，能按预先给定的程序施行紧急制动装置，也叫紧急闸或安全闸。

罐道 提升容器在立井井筒中上下运行时的导向装置。罐道可分为刚性罐道（木罐道、钢轨罐道、组合钢罐道）和柔性罐道（钢丝绳罐道）。

罐座（闸腿、罐托） 罐笼在井底、井口装卸车时的托罐装置。

摇台 罐笼装卸车时与井口、马头门处轨道联结用的活动平台。

矿用防爆特殊型电机车 电动机、控制器、灯具、电缆插销等为隔爆型，蓄电池采用特殊防爆措施的蓄电池电机车。

机车制动距离 司机开始扳动闸轮或电闸手把到列车完全停止的运行距离。机车制动距离包括空行程距离和实际制动距离。

架空乘人装置 在倾斜井巷中采用无极绳系统或架空轨道系统运送人员的一种乘人装置，包括行人辅助器、蹬座（猴车）和单轨吊车等各种型式的乘人装置。

移动式电气设备 在工作中必须不断移动位置，或安设时不需构筑专门基础并且经常变动其工作地点的电气设备。

手持式电气设备 在工作中必须用人手保持和移动设备本体或协同工作的电气设备。

固定式电气设备 除移动式和手持式以外的安设在专门基础上的电气设备。

带电搬迁 设备在带电状态下进行搬动（移动）安设位置的操作。

矿用一般型电气设备 专为煤矿井下条件生产的不防爆的一般型电气设备，这种设备与通用设备比较对介质温度、耐潮性能、外壳材质及强度、进线装置、接地端子都有适应煤矿具体条件的要求，而且能防止从外部直接触及带电部分及防止水滴垂直滴入，并对接线端子爬电距离和空气间隙有专门的规定。

矿用防爆电气设备 系指按 GB 3836.1—2000 标准生产的专供煤矿井下使用的防爆电气设备。

本规程中采用的矿用防爆型电气设备，除了符合 GB 3836.1—2000 的规定外，还必须符合专用标准和其他有关标准的规定，其型式包括：

1. 隔爆型电气设备 d 具有隔爆外壳的防爆电气设备，该外壳既能承受其内部爆炸性气体混合物引爆产生的爆炸压力，又能防止爆炸产物穿出隔爆间隙点燃外壳周围的爆炸性混合物。

2. 增安型电气设备 e 在正常运行条件下不会产生电弧、火花或可能点燃爆炸性混合物的高温的设备结构上，采取措施提高安全程度，以避免在正常和认可的过载条件下出现这些现象的电气设备。

3. 本质安全型电气设备 i 全部电路均为本质安全电路的电气设备。所谓本质安全电路，是指在规定的试验条件下，正常工作或规定的故障状态下产生的电火花和热效应均不能点燃规定的爆炸性混合物的电路。

4. 正压型电气设备 p 具有正压外壳的电气设备。即外壳内充有保护性气体，并保持其压力（压强）高于周围爆炸性环境的压力（压强），以阻止外部爆炸性混合物进入的防爆电气设备。

5. 充油型电气设备 o 全部或部分部件浸在油内，使设备不能点燃油面以上的或外壳外的爆炸性混合物的防爆电气设备。

6. 充砂型电气设备 q 外壳内充填砂粒材料，使之在规定的条件下壳内产生的电弧、传播的火焰、外壳壁或砂粒材料表面的热温度，均不能点燃周围爆炸性混合物的防爆电气设备。

7. 浇封型电气设备 m 将电气设备或其部件浇封在浇封剂中，使它在正常运行和认可的过载或认可的故障下不能点燃周围的爆炸性混合物的防爆电气设备。

8. 无火花型电气设备 n 在正常运行条件下，不会点燃周围爆炸性混合物，且一般不会发生有点燃作用的故障的电气设备。

9. 气密型电气设备 h 具有气密外壳的电气设备。

10. 特殊型电气设备 s 异于现有防爆型式，由主管部门制订暂行规定，经国家认可的检验机构检验证明，具有防爆性能的电气设备。该型防爆电气设备须报国家技术监督局备案。

检漏装置 当电力网路中漏电电流达到危险值时，能自动切断电源的装置。

欠电压释放保护装置 即低电压保护装置，当供电电压低至规定的极限值时，能自动切断电源的继电保护装置。

阻燃电缆 遇火点燃时，燃烧速度很慢，离开火源后即自行熄灭的电缆。

接地装置 各接地极和接地导线、接地引线的总称。

总接地网 用导体将所有应连接的接地装置连成的 1 个接地系统。

局部接地极 在集中或单个装有电气设备（包括连接动力铠装电缆的接线盒）的地点单独埋设的接地极。

接地电阻 接地电压与通过接地极流入大地电流值之比。

露天采场 具有完整的生产系统，进行露天开采的场所。

工作帮 由正在开采的台阶部分组成的边帮。

非工作帮 由已结束开采的台阶部分组成的边帮。

边帮角（边坡角） 边帮面与水平面的夹角。

剥离 在露天采场内采出剥离物的作业。

剥离物 露天采场内的表土、岩层和不可采矿体。

台阶 按剥离、采矿或排土作业的要求，以一定高度划分的阶梯。

平盘（平台） 台阶的水平部分。

台阶高度 台阶上、下平盘之间的垂直距离。

坡顶线 台阶上部平盘与坡面的交线。

坡底线 台阶下部平盘与坡面的交线。

安全平盘 为保持边帮稳定和阻拦落石而设的平盘。

折返坑线 运输设备运行中按"之"字形改变运行方向的坑线。

原岩 未受采掘影响的天然岩体。

边帮监测 对边帮岩体变形及相应现象进行观察和测定的工作。

排土线 排土场内供排卸剥离物的台阶线路。

采装 用挖掘设备铲挖土岩并装入运输设备的工艺环节。

上装 挖掘设备站立水平低于与其配合的运输设备站立水平进行的采装作业。

连续开采工艺 采装、移运和排卸作业均采用连续式设备形成连续物料流的开采工艺。

安全区 露天煤矿开采平盘上不受采装及运输威胁的范围。

安全标志 在安全区范围设置的醒目记号和装置。

挖掘机 用铲斗从工作面铲装剥离物或矿产品并将其运至排卸地点卸装的自行式采掘机械。

穿孔机 露天煤矿钻孔的设备。

轮斗挖掘机（轮斗铲） 靠装在臂架前端的斗轮转动，由斗轮周边的铲斗轮流挖取剥离物或矿产品的一种连续式多斗挖掘机。

推（排）土犁 在轨道上行驶，用侧开板把剥离物外推并平整路基的排土机械。

滑坡 边帮岩体沿滑动面滑动的现象。

台阶坡面角 台阶坡面与水平面的夹角。

边坡稳定分析 分析边坡岩体稳定程度的工作。

最终边坡 露天采场开采结束时的边坡。

滑体 滑坡产生的滑动岩体。

塌落 边帮局部岩体突然片落的现象。

外部排土场 建在露天采场以外的排土场。

内部排土场 建在露天采场以内的排土场。

排土场滑坡 排土场松散土岩体自身的或随基底的变形或滑动。

固定线路 长期固定不移动的运输线路。

接触网 沿电气化铁路架设的供电网路，由承力索、吊弦和接能导线等组成。

电力牵引 用电能作为铁路运输动力能源的牵引方式。

路堑 线路低于地面用挖土的方法修筑的路基。

粉尘 煤尘、岩尘和其他有毒有害粉尘的总称。

呼吸性粉尘 能被吸入人体肺泡区的浮尘。

83 生产安全事故应急预案管理办法

2016年4月15日国家安全生产监督管理总局第13次局长办公会议
审议通过，2016年6月3日国家安全生产监督管理总局令
第88号公布，自2016年7月1日起施行。

第一章 总 则

第一条 为规范生产安全事故应急预案管理工作，迅速有效处置生产安全事故，依据《中华人民共和国突发事件应对法》《中华人民共和国安全生产法》等法律和《突发事件应

急预案管理办法》(国办发〔2013〕101 号),制定本办法。

第二条 生产安全事故应急预案(以下简称应急预案)的编制、评审、公布、备案、宣传、教育、培训、演练、评估、修订及监督管理工作,适用本办法。

第三条 应急预案的管理实行属地为主、分级负责、分类指导、综合协调、动态管理的原则。

第四条 国家安全生产监督管理总局负责全国应急预案的综合协调管理工作。

县级以上地方各级安全生产监督管理部门负责本行政区域内应急预案的综合协调管理工作。县级以上地方各级其他负有安全生产监督管理职责的部门按照各自的职责负责有关行业、领域应急预案的管理工作。

第五条 生产经营单位主要负责人负责组织编制和实施本单位的应急预案,并对应急预案的真实性和实用性负责;各分管负责人应当按照职责分工落实应急预案规定的职责。

第六条 生产经营单位应急预案分为综合应急预案、专项应急预案和现场处置方案。

综合应急预案,是指生产经营单位为应对各种生产安全事故而制定的综合性工作方案,是本单位应对生产安全事故的总体工作程序、措施和应急预案体系的总纲。

专项应急预案,是指生产经营单位为应对某一种或者多种类型生产安全事故,或者针对重要生产设施、重大危险源、重大活动防止生产安全事故而制定的专项性工作方案。

现场处置方案,是指生产经营单位根据不同生产安全事故类型,针对具体场所、装置或者设施所制定的应急处置措施。

第二章 应急预案的编制

第七条 应急预案的编制应当遵循以人为本、依法依规、符合实际、注重实效的原则,以应急处置为核心,明确应急职责、规范应急程序、细化保障措施。

第八条 应急预案的编制应当符合下列基本要求:

(一)有关法律、法规、规章和标准的规定。

(二)本地区、本部门、本单位的安全生产实际情况。

(三)本地区、本部门、本单位的危险性分析情况。

(四)应急组织和人员的职责分工明确,并有具体的落实措施。

(五)有明确、具体的应急程序和处置措施,并与其应急能力相适应。

(六)有明确的应急保障措施,满足本地区、本部门、本单位的应急工作需要。

(七)应急预案基本要素齐全、完整,应急预案附件提供的信息准确。

(八)应急预案内容与相关应急预案相互衔接。

第九条 编制应急预案应当成立编制工作小组,由本单位有关负责人任组长,吸收与应急预案有关的职能部门和单位的人员,以及有现场处置经验的人员参加。

第十条 编制应急预案前,编制单位应当进行事故风险评估和应急资源调查。

事故风险评估,是指针对不同事故种类及特点,识别存在的危险危害因素,分析事故可能产生的直接后果以及次生、衍生后果,评估各种后果的危害程度和影响范围,提出防范和控制事故风险措施的过程。

应急资源调查，是指全面调查本地区、本单位第一时间可以调用的应急资源状况和合作区域内可以请求援助的应急资源状况，并结合事故风险评估结论制定应急措施的过程。

第十一条　地方各级安全生产监督管理部门应当根据法律、法规、规章和同级人民政府以及上一级安全生产监督管理部门的应急预案，结合工作实际，组织编制相应的部门应急预案。

部门应急预案应当根据本地区、本部门的实际情况，明确信息报告、响应分级、指挥权移交、警戒疏散等内容。

第十二条　生产经营单位应当根据有关法律、法规、规章和相关标准，结合本单位组织管理体系、生产规模和可能发生的事故特点，确立本单位的应急预案体系，编制相应的应急预案，并体现自救互救和先期处置等特点。

第十三条　生产经营单位风险种类多、可能发生多种类型事故的，应当组织编制综合应急预案。

综合应急预案应当规定应急组织机构及其职责、应急预案体系、事故风险描述、预警及信息报告、应急响应、保障措施、应急预案管理等内容。

第十四条　对于某一种或者多种类型的事故风险，生产经营单位可以编制相应的专项应急预案，或将专项应急预案并入综合应急预案。

专项应急预案应当规定应急指挥机构与职责、处置程序和措施等内容。

第十五条　对于危险性较大的场所、装置或者设施，生产经营单位应当编制现场处置方案。

现场处置方案应当规定应急工作职责、应急处置措施和注意事项等内容。

事故风险单一、危险性小的生产经营单位，可以只编制现场处置方案。

第十六条　生产经营单位应急预案应当包括向上级应急管理机构报告的内容、应急组织机构和人员的联系方式、应急物资储备清单等附件信息。附件信息发生变化时，应当及时更新，确保准确有效。

第十七条　生产经营单位组织应急预案编制过程中，应当根据法律、法规、规章的规定或者实际需要，征求相关应急救援队伍、公民、法人或其他组织的意见。

第十八条　生产经营单位编制的各类应急预案之间应当相互衔接，并与相关人民政府及其部门、应急救援队伍和涉及的其他单位的应急预案相衔接。

第十九条　生产经营单位应当在编制应急预案的基础上，针对工作场所、岗位的特点，编制简明、实用、有效的应急处置卡。

应急处置卡应当规定重点岗位、人员的应急处置程序和措施，以及相关联络人员和联系方式，便于从业人员携带。

第三章　应急预案的评审、公布和备案

第二十条　地方各级安全生产监督管理部门应当组织有关专家对本部门编制的部门应

急预案进行审定；必要时，可以召开听证会，听取社会有关方面的意见。

第二十一条　矿山、金属冶炼、建筑施工企业和易燃易爆物品、危险化学品的生产、经营（带储存设施的，下同）、储存企业，以及使用危险化学品达到国家规定数量的化工企业、烟花爆竹生产、批发经营企业和中型规模以上的其他生产经营单位，应当对本单位编制的应急预案进行评审，并形成书面评审纪要。

前款规定以外的其他生产经营单位应当对本单位编制的应急预案进行论证。

第二十二条　参加应急预案评审的人员应当包括有关安全生产及应急管理方面的专家。

评审人员与所评审应急预案的生产经营单位有利害关系的，应当回避。

第二十三条　应急预案的评审或者论证应当注重基本要素的完整性、组织体系的合理性、应急处置程序和措施的针对性、应急保障措施的可行性、应急预案的衔接性等内容。

第二十四条　生产经营单位的应急预案经评审或者论证后，由本单位主要负责人签署公布，并及时发放到本单位有关部门、岗位和相关应急救援队伍。

事故风险可能影响周边其他单位、人员的，生产经营单位应当将有关事故风险的性质、影响范围和应急防范措施告知周边的其他单位和人员。

第二十五条　地方各级安全生产监督管理部门的应急预案，应当报同级人民政府备案，并抄送上一级安全生产监督管理部门。

其他负有安全生产监督管理职责的部门的应急预案，应当抄送同级安全生产监督管理部门。

第二十六条　生产经营单位应当在应急预案公布之日起 20 个工作日内，按照分级属地原则，向安全生产监督管理部门和有关部门进行告知性备案。

中央企业总部（上市公司）的应急预案，报国务院主管的负有安全生产监督管理职责的部门备案，并抄送国家安全生产监督管理总局；其所属单位的应急预案报所在地的省、自治区、直辖市或者设区的市级人民政府主管的负有安全生产监督管理职责的部门备案，并抄送同级安全生产监督管理部门。

前款规定以外的非煤矿山、金属冶炼和危险化学品生产、经营、储存企业，以及使用危险化学品达到国家规定数量的化工企业、烟花爆竹生产、批发经营企业的应急预案，按照隶属关系报所在地县级以上地方人民政府安全生产监督管理部门备案；其他生产经营单位应急预案的备案，由省、自治区、直辖市人民政府负有安全生产监督管理职责的部门确定。

油气输送管道运营单位的应急预案，除按照本条第一款、第二款的规定备案外，还应当抄送所跨行政区域的县级安全生产监督管理部门。

煤矿企业的应急预案除按照本条第一款、第二款的规定备案外，还应当抄送所在地的煤矿安全监察机构。

第二十七条　生产经营单位申报应急预案备案，应当提交下列材料：

（一）应急预案备案申报表。

（二）应急预案评审或者论证意见。

（三）应急预案文本及电子文档。

（四）风险评估结果和应急资源调查清单。

第二十八条 受理备案登记的负有安全生产监督管理职责的部门应当在5个工作日内对应急预案材料进行核对，材料齐全的，应当予以备案并出具应急预案备案登记表；材料不齐全的，不予备案并一次性告知需要补齐的材料。逾期不予备案又不说明理由的，视为已经备案。

对于实行安全生产许可的生产经营单位，已经进行应急预案备案的，在申请安全生产许可证时，可以不提供相应的应急预案，仅提供应急预案备案登记表。

第二十九条 各级安全生产监督管理部门应当建立应急预案备案登记建档制度，指导、督促生产经营单位做好应急预案的备案登记工作。

第四章 应急预案的实施

第三十条 各级安全生产监督管理部门、各类生产经营单位应当采取多种形式开展应急预案的宣传教育，普及生产安全事故避险、自救和互救知识，提高从业人员和社会公众的安全意识与应急处置技能。

第三十一条 各级安全生产监督管理部门应当将本部门应急预案的培训纳入安全生产培训工作计划，并组织实施本行政区域内重点生产经营单位的应急预案培训工作。

生产经营单位应当组织开展本单位的应急预案、应急知识、自救互救和避险逃生技能的培训活动，使有关人员了解应急预案内容，熟悉应急职责、应急处置程序和措施。

应急培训的时间、地点、内容、师资、参加人员和考核结果等情况应当如实记入本单位的安全生产教育和培训档案。

第三十二条 各级安全生产监督管理部门应当定期组织应急预案演练，提高本部门、本地区生产安全事故应急处置能力。

第三十三条 生产经营单位应当制订本单位的应急预案演练计划，根据本单位的事故风险特点，每年至少组织一次综合应急预案演练或者专项应急预案演练，每半年至少组织一次现场处置方案演练。

第三十四条 应急预案演练结束后，应急预案演练组织单位应当对应急预案演练效果进行评估，撰写应急预案演练评估报告，分析存在的问题，并对应急预案提出修订意见。

第三十五条 应急预案编制单位应当建立应急预案定期评估制度，对预案内容的针对性和实用性进行分析，并对应急预案是否需要修订作出结论。

矿山、金属冶炼、建筑施工企业和易燃易爆物品、危险化学品等危险物品的生产、经营、储存企业、使用危险化学品达到国家规定数量的化工企业、烟花爆竹生产、批发经营企业和中型规模以上的其他生产经营单位，应当每三年进行一次应急预案评估。

应急预案评估可以邀请相关专业机构或者有关专家、有实际应急救援工作经验的人员参加，必要时可以委托安全生产技术服务机构实施。

第三十六条 有下列情形之一的，应急预案应当及时修订并归档：

（一）依据的法律、法规、规章、标准及上位预案中的有关规定发生重大变化的。

（二）应急指挥机构及其职责发生调整的。

（三）面临的事故风险发生重大变化的。

（四）重要应急资源发生重大变化的。

（五）预案中的其他重要信息发生变化的。

（六）在应急演练和事故应急救援中发现问题需要修订的。

（七）编制单位认为应当修订的其他情况。

第三十七条　应急预案修订涉及组织指挥体系与职责、应急处置程序、主要处置措施、应急响应分级等内容变更的，修订工作应当参照本办法规定的应急预案编制程序进行，并按照有关应急预案报备程序重新备案。

第三十八条　生产经营单位应当按照应急预案的规定，落实应急指挥体系、应急救援队伍、应急物资及装备，建立应急物资、装备配备及其使用档案，并对应急物资、装备进行定期检测和维护，使其处于适用状态。

第三十九条　生产经营单位发生事故时，应当第一时间启动应急响应，组织有关力量进行救援，并按照规定将事故信息及应急响应启动情况报告安全生产监督管理部门和其他负有安全生产监督管理职责的部门。

第四十条　生产安全事故应急处置和应急救援结束后，事故发生单位应当对应急预案实施情况进行总结评估。

第五章　监 督 管 理

第四十一条　各级安全生产监督管理部门和煤矿安全监察机构应当将生产经营单位应急预案工作纳入年度监督检查计划，明确检查的重点内容和标准，并严格按照计划开展执法检查。

第四十二条　地方各级安全生产监督管理部门应当每年对应急预案的监督管理工作情况进行总结，并报上一级安全生产监督管理部门。

第四十三条　对于在应急预案管理工作中做出显著成绩的单位和人员，安全生产监督管理部门、生产经营单位可以给予表彰和奖励。

第六章　法 律 责 任

第四十四条　生产经营单位有下列情形之一的，由县级以上安全生产监督管理部门依照《中华人民共和国安全生产法》第九十四条的规定，责令限期改正，可以处5万元以下罚款；逾期未改正的，责令停产停业整顿，并处5万元以上10万元以下罚款，对直接负责的主管人员和其他直接责任人员处1万元以上2万元以下的罚款：

（一）未按照规定编制应急预案的。

（二）未按照规定定期组织应急预案演练的。

第四十五条　生产经营单位有下列情形之一的，由县级以上安全生产监督管理部门责令限期改正，可以处1万元以上3万元以下罚款：

（一）在应急预案编制前未按照规定开展风险评估和应急资源调查的。

（二）未按照规定开展应急预案评审或者论证的。

（三）未按照规定进行应急预案备案的。

（四）事故风险可能影响周边单位、人员的，未将事故风险的性质、影响范围和应急防范措施告知周边单位和人员的。

（五）未按照规定开展应急预案评估的。

（六）未按照规定进行应急预案修订并重新备案的。

（七）未落实应急预案规定的应急物资及装备的。

第七章　附　　则

第四十六条　《生产经营单位生产安全事故应急预案备案申报表》和《生产经营单位生产安全事故应急预案备案登记表》由国家安全生产应急救援指挥中心统一制定。

第四十七条　各省、自治区、直辖市安全生产监督管理部门可以依据本办法的规定，结合本地区实际制定实施细则。

第四十八条　本办法自2016年7月1日起施行。

84　建设项目职业病防护设施“三同时”监督管理办法

2017年1月10日国家安全生产监督管理总局第1次局长办公会议审议通过，2017年3月9日国家安全生产监督管理总局令第90号公布，自2017年5月1日起施行。

第一章　总　　则

第一条　为了预防、控制和消除建设项目可能产生的职业病危害，加强和规范建设项目职业病防护设施建设的监督管理，根据《中华人民共和国职业病防治法》，制定本办法。

第二条　安全生产监督管理部门职责范围内、可能产生职业病危害的新建、改建、扩建和技术改造、技术引进建设项目（以下统称建设项目）职业病防护设施建设及其监督管理，适用本办法。

本办法所称的可能产生职业病危害的建设项目，是指存在或者产生职业病危害因素分类目录所列职业病危害因素的建设项目。

本办法所称的职业病防护设施，是指消除或者降低工作场所的职业病危害因素的浓度或者强度，预防和减少职业病危害因素对劳动者健康的损害或者影响，保护劳动者健康的设备、设施、装置、构（建）筑物等的总称。

第三条 负责本办法第二条规定建设项目投资、管理的单位（以下简称建设单位）是建设项目职业病防护设施建设的责任主体。

建设项目职业病防护设施必须与主体工程同时设计、同时施工、同时投入生产和使用（以下统称建设项目职业病防护设施“三同时”）。建设单位应当优先采用有利于保护劳动者健康的新技术、新工艺、新设备和新材料，职业病防护设施所需费用应当纳入建设项目工程预算。

第四条 建设单位对可能产生职业病危害的建设项目，应当依照本办法进行职业病危害预评价、职业病防护设施设计、职业病危害控制效果评价及相应的评审，组织职业病防护设施验收，建立健全建设项目职业卫生管理制度与档案。

建设项目职业病防护设施“三同时”工作可以与安全设施“三同时”工作一并进行。建设单位可以将建设项目职业病危害预评价和安全预评价、职业病防护设施设计和安全设施设计、职业病危害控制效果评价和安全验收评价合并出具报告或者设计，并对职业病防护设施与安全设施一并组织验收。

第五条 国家安全生产监督管理总局在国务院规定的职责范围内对全国建设项目职业病防护设施“三同时”实施监督管理。

县级以上地方各级人民政府安全生产监督管理部门依法在本级人民政府规定的职责范围内对本行政区域内的建设项目职业病防护设施“三同时”实施分类分级监督管理，具体办法由省级安全生产监督管理部门制定，并报国家安全生产监督管理总局备案。

跨两个及两个以上行政区域的建设项目职业病防护设施“三同时”由其共同的上一级人民政府安全生产监督管理部门实施监督管理。

上一级人民政府安全生产监督管理部门根据工作需要，可以将其负责的建设项目职业病防护设施“三同时”监督管理工作委托下一级人民政府安全生产监督管理部门实施；接受委托的安全生产监督管理部门不得再委托。

第六条 国家根据建设项目可能产生职业病危害的风险程度，将建设项目分为职业病危害一般、较重和严重 3 个类别，并对职业病危害严重建设项目实施重点监督检查。

建设项目职业病危害分类管理目录由国家安全生产监督管理总局制定并公布。省级安全生产监督管理部门可以根据本地区实际情况，对建设项目职业病危害分类管理目录作出补充规定，但不得低于国家安全生产监督管理总局规定的管理层级。

第七条 安全生产监督管理部门应当建立职业卫生专家库（以下简称专家库），并根据需要聘请专家库专家参与建设项目职业病防护设施“三同时”的监督检查工作。

专家库专家应当熟悉职业病危害防治有关法律、法规、规章、标准，具有较高的专业技术水平、实践经验和有关业务背景及良好的职业道德，按照客观、公正的原则，对所参与的工作提出技术意见，并对该意见负责。

专家库专家实行回避制度，参加监督检查的专家库专家不得参与该建设项目职业病防护设施“三同时”的评审及验收等相应工作，不得与该建设项目建设单位、评价单位、设计单位、施工单位或者监理单位等相关单位存在直接利害关系。

第八条 除国家保密的建设项目外，产生职业病危害的建设单位应当通过公告栏、网站等方式及时公布建设项目职业病危害预评价、职业病防护设施设计、职业病危害控制效果评价的承担单位、评价结论、评审时间及评审意见，以及职业病防护设施验收时间、验收方案和验收意见等信息，供本单位劳动者和安全生产监督管理部门查询。

第二章 职业病危害预评价

第九条 对可能产生职业病危害的建设项目，建设单位应当在建设项目可行性论证阶段进行职业病危害预评价，编制预评价报告。

第十条 建设项目职业病危害预评价报告应当符合职业病防治有关法律、法规、规章和标准的要求，并包括下列主要内容：

（一）建设项目概况，主要包括项目名称、建设地点、建设内容、工作制度、岗位设置及人员数量等。

（二）建设项目可能产生的职业病危害因素及其对工作场所、劳动者健康影响与危害程度的分析与评价。

（三）对建设项目拟采取的职业病防护设施和防护措施进行分析、评价，并提出对策与建议。

（四）评价结论，明确建设项目的职业病危害风险类别及拟采取的职业病防护设施和防护措施是否符合职业病防治有关法律、法规、规章和标准的要求。

第十一条 建设单位进行职业病危害预评价时，对建设项目可能产生的职业病危害因素及其对工作场所、劳动者健康影响与危害程度的分析与评价，可以运用工程分析、类比调查等方法。其中，类比调查数据应当采用获得资质认可的职业卫生技术服务机构出具的、与建设项目规模和工艺类似的用人单位职业病危害因素检测结果。

第十二条 职业病危害预评价报告编制完成后，属于职业病危害一般或者较重的建设项目，其建设单位主要负责人或其指定的负责人应当组织具有职业卫生相关专业背景的中级及中级以上专业技术职称人员或者具有职业卫生相关专业背景的注册安全工程师（以下统称职业卫生专业技术人员）对职业病危害预评价报告进行评审，并形成是否符合职业病防治有关法律、法规、规章和标准要求的评审意见；属于职业病危害严重的建设项目，其建设单位主要负责人或其指定的负责人应当组织外单位职业卫生专业技术人员参加评审工作，并形成评审意见。

建设单位应当按照评审意见对职业病危害预评价报告进行修改完善，并对最终的职业病危害预评价报告的真实性、客观性和合规性负责。职业病危害预评价工作过程应当形成书面报告备查。书面报告的具体格式由国家安全生产监督管理总局另行制定。

第十三条 建设项目职业病危害预评价报告有下列情形之一的，建设单位不得通过评审：

（一）对建设项目可能产生的职业病危害因素识别不全，未对工作场所职业病危害对劳动者健康影响与危害程度进行分析与评价的，或者评价不符合要求的。

（二）未对建设项目拟采取的职业病防护设施和防护措施进行分析、评价，对存在的问题未提出对策措施的。

（三）建设项目职业病危害风险分析与评价不正确的。

（四）评价结论和对策措施不正确的。

（五）不符合职业病防治有关法律、法规、规章和标准规定的其他情形的。

第十四条　建设项目职业病危害预评价报告通过评审后，建设项目的生产规模、工艺等发生变更导致职业病危害风险发生重大变化的，建设单位应当对变更内容重新进行职业病危害预评价和评审。

第三章　职业病防护设施设计

第十五条　存在职业病危害的建设项目，建设单位应当在施工前按照职业病防治有关法律、法规、规章和标准的要求，进行职业病防护设施设计。

第十六条　建设项目职业病防护设施设计应当包括下列内容：

（一）设计依据。

（二）建设项目概况及工程分析。

（三）职业病危害因素分析及危害程度预测。

（四）拟采取的职业病防护设施和应急救援设施的名称、规格、型号、数量、分布，并对防控性能进行分析。

（五）辅助用室及卫生设施的设置情况。

（六）对预评价报告中拟采取的职业病防护设施、防护措施及对策措施采纳情况的说明。

（七）职业病防护设施和应急救援设施投资预算明细表。

（八）职业病防护设施和应急救援设施可以达到的预期效果及评价。

第十七条　职业病防护设施设计完成后，属于职业病危害一般或者较重的建设项目，其建设单位主要负责人或其指定的负责人应当组织职业卫生专业技术人员对职业病防护设施设计进行评审，并形成是否符合职业病防治有关法律、法规、规章和标准要求的评审意见；属于职业病危害严重的建设项目，其建设单位主要负责人或其指定的负责人应当组织外单位职业卫生专业技术人员参加评审工作，并形成评审意见。

建设单位应当按照评审意见对职业病防护设施设计进行修改完善，并对最终的职业病防护设施设计的真实性、客观性和合规性负责。职业病防护设施设计工作过程应当形成书面报告备查。书面报告的具体格式由国家安全生产监督管理总局另行制定。

第十八条　建设项目职业病防护设施设计有下列情形之一的，建设单位不得通过评审和开工建设：

（一）未对建设项目主要职业病危害进行防护设施设计或者设计内容不全的。

（二）职业病防护设施设计未按照评审意见进行修改完善的。

（三）未采纳职业病危害预评价报告中的对策措施，且未作充分论证说明的。

（四）未对职业病防护设施和应急救援设施的预期效果进行评价的。

（五）不符合职业病防治有关法律、法规、规章和标准规定的其他情形的。

第十九条 建设单位应当按照评审通过的设计和有关规定组织职业病防护设施的采购和施工。

第二十条 建设项目职业病防护设施设计在完成评审后，建设项目的生产规模、工艺等发生变更导致职业病危害风险发生重大变化的，建设单位应当对变更的内容重新进行职业病防护设施设计和评审。

第四章 职业病危害控制效果评价与防护设施验收

第二十一条 建设项目职业病防护设施建设期间，建设单位应当对其进行经常性的检查，对发现的问题及时进行整改。

第二十二条 建设项目投入生产或者使用前，建设单位应当依照职业病防治有关法律、法规、规章和标准要求，采取下列职业病危害防治管理措施：

（一）设置或者指定职业卫生管理机构，配备专职或者兼职的职业卫生管理人员。

（二）制订职业病防治计划和实施方案。

（三）建立、健全职业卫生管理制度和操作规程。

（四）建立、健全职业卫生档案和劳动者健康监护档案。

（五）实施由专人负责的职业病危害因素日常监测，并确保监测系统处于正常运行状态。

（六）对工作场所进行职业病危害因素检测、评价。

（七）建设单位的主要负责人和职业卫生管理人员应当接受职业卫生培训，并组织劳动者进行上岗前的职业卫生培训。

（八）按照规定组织从事接触职业病危害作业的劳动者进行上岗前职业健康检查，并将检查结果书面告知劳动者。

（九）在醒目位置设置公告栏，公布有关职业病危害防治的规章制度、操作规程、职业病危害事故应急救援措施和工作场所职业病危害因素检测结果。对产生严重职业病危害的作业岗位，应当在其醒目位置，设置警示标识和中文警示说明。

（十）为劳动者个人提供符合要求的职业病防护用品。

（十一）建立、健全职业病危害事故应急救援预案。

（十二）职业病防治有关法律、法规、规章和标准要求的其他管理措施。

第二十三条 建设项目完工后，需要进行试运行的，其配套建设的职业病防护设施必须与主体工程同时投入试运行。

试运行时间应当不少于 30 日，最长不得超过 180 日，国家有关部门另有规定或者特殊要求的行业除外。

第二十四条 建设项目在竣工验收前或者试运行期间，建设单位应当进行职业病危害控制效果评价，编制评价报告。建设项目职业病危害控制效果评价报告应当符合职业病防治有关法律、法规、规章和标准的要求，包括下列主要内容：

（一）建设项目概况。

（二）职业病防护设施设计执行情况分析、评价。

（三）职业病防护设施检测和运行情况分析、评价。

（四）工作场所职业病危害因素检测分析、评价。

（五）工作场所职业病危害因素日常监测情况分析、评价。

（六）职业病危害因素对劳动者健康危害程度分析、评价。

（七）职业病危害防治管理措施分析、评价。

（八）职业健康监护状况分析、评价。

（九）职业病危害事故应急救援和控制措施分析、评价。

（十）正常生产后建设项目职业病防治效果预期分析、评价。

（十一）职业病危害防护补充措施及建议。

（十二）评价结论，明确建设项目的职业病危害风险类别，以及采取控制效果评价报告所提对策建议后，职业病防护设施和防护措施是否符合职业病防治有关法律、法规、规章和标准的要求。

第二十五条　建设单位在职业病防护设施验收前，应当编制验收方案。验收方案应当包括下列内容：

（一）建设项目概况和风险类别，以及职业病危害预评价、职业病防护设施设计执行情况。

（二）参与验收的人员及其工作内容、责任。

（三）验收工作时间安排、程序等。

建设单位应当在职业病防护设施验收前20日将验收方案向管辖该建设项目的安全生产监督管理部门进行书面报告。

第二十六条　属于职业病危害一般或者较重的建设项目，其建设单位主要负责人或其指定的负责人应当组织职业卫生专业技术人员对职业病危害控制效果评价报告进行评审以及对职业病防护设施进行验收，并形成是否符合职业病防治有关法律、法规、规章和标准要求的评审意见和验收意见。属于职业病危害严重的建设项目，其建设单位主要负责人或其指定的负责人应当组织外单位职业卫生专业技术人员参加评审和验收工作，并形成评审和验收意见。

建设单位应当按照评审与验收意见对职业病危害控制效果评价报告和职业病防护设施进行整改完善，并对最终的职业病危害控制效果评价报告和职业病防护设施验收结果的真实性、合规性和有效性负责。

建设单位应当将职业病危害控制效果评价和职业病防护设施验收工作过程形成书面报告备查，其中职业病危害严重的建设项目应当在验收完成之日起20日内向管辖该建设项目的安全生产监督管理部门提交书面报告。书面报告的具体格式由国家安全生产监督管理总局另行制定。

第二十七条 有下列情形之一的，建设项目职业病危害控制效果评价报告不得通过评审、职业病防护设施不得通过验收：

（一）评价报告内容不符合本办法第二十四条要求的。

（二）评价报告未按照评审意见整改的。

（三）未按照建设项目职业病防护设施设计组织施工，且未充分论证说明的。

（四）职业病危害防治管理措施不符合本办法第二十二条要求的。

（五）职业病防护设施未按照验收意见整改的。

（六）不符合职业病防治有关法律、法规、规章和标准规定的其他情形的。

第二十八条 分期建设、分期投入生产或者使用的建设项目，其配套的职业病防护设施应当分期与建设项目同步进行验收。

第二十九条 建设项目职业病防护设施未按照规定验收合格的，不得投入生产或者使用。

第五章 监督检查

第三十条 安全生产监督管理部门应当在职责范围内按照分类分级监管的原则，将建设单位开展建设项目职业病防护设施“三同时”情况的监督检查纳入安全生产年度监督检查计划，并按照监督检查计划与安全设施“三同时”实施一体化监督检查，对发现的违法行为应当依法予以处理；对违法行为情节严重的，应当按照规定纳入安全生产不良记录“黑名单”管理。

第三十一条 安全生产监督管理部门应当依法对建设单位开展建设项目职业病危害预评价情况进行监督检查，重点监督检查下列事项：

（一）是否进行建设项目职业病危害预评价。

（二）是否对建设项目可能产生的职业病危害因素及其对工作场所、劳动者健康影响与危害程度进行分析、评价。

（三）是否对建设项目拟采取的职业病防护设施和防护措施进行评价，是否提出对策与建议。

（四）是否明确建设项目职业病危害风险类别。

（五）主要负责人或其指定的负责人是否组织职业卫生专业技术人员对职业病危害预评价报告进行评审，职业病危害预评价报告是否按照评审意见进行修改完善。

（六）职业病危害预评价工作过程是否形成书面报告备查。

（七）是否按照本办法规定公布建设项目职业病危害预评价情况。

（八）依法应当监督检查的其他事项。

第三十二条 安全生产监督管理部门应当依法对建设单位开展建设项目职业病防护设施设计情况进行监督检查，重点监督检查下列事项：

（一）是否进行职业病防护设施设计。

（二）是否采纳职业病危害预评价报告中的对策与建议，如未采纳是否进行充分论证说明。

（三）是否明确职业病防护设施和应急救援设施的名称、规格、型号、数量、分布，并对防控性能进行分析。

（四）是否明确辅助用室及卫生设施的设置情况。

（五）是否明确职业病防护设施和应急救援设施投资预算。

（六）主要负责人或其指定的负责人是否组织职业卫生专业技术人员对职业病防护设施设计进行评审，职业病防护设施设计是否按照评审意见进行修改完善。

（七）职业病防护设施设计工作过程是否形成书面报告备查。

（八）是否按照本办法规定公布建设项目职业病防护设施设计情况。

（九）依法应当监督检查的其他事项。

第三十三条　安全生产监督管理部门应当依法对建设单位开展建设项目职业病危害控制效果评价及职业病防护设施验收情况进行监督检查，重点监督检查下列事项：

（一）是否进行职业病危害控制效果评价及职业病防护设施验收。

（二）职业病危害防治管理措施是否齐全。

（三）主要负责人或其指定的负责人是否组织职业卫生专业技术人员对建设项目职业病危害控制效果评价报告进行评审和对职业病防护设施进行验收，是否按照评审意见和验收意见对职业病危害控制效果评价报告和职业病防护设施进行整改完善。

（四）建设项目职业病危害控制效果评价及职业病防护设施验收工作过程是否形成书面报告备查。

（五）建设项目职业病防护设施验收方案、职业病危害严重建设项目职业病危害控制效果评价与职业病防护设施验收工作报告是否按照规定向安全生产监督管理部门进行报告。

（六）是否按照本办法规定公布建设项目职业病危害控制效果评价和职业病防护设施验收情况。

（七）依法应当监督检查的其他事项。

第三十四条　安全生产监督管理部门应当按照下列规定对建设单位组织的验收活动和验收结果进行监督核查，并纳入安全生产年度监督检查计划：

（一）对职业病危害严重建设项目的职业病防护设施的验收方案和验收工作报告，全部进行监督核查。

（二）对职业病危害较重和一般的建设项目职业病防护设施的验收方案和验收工作报告，按照国家安全生产监督管理总局规定的“双随机”方式实施抽查。

第三十五条　安全生产监督管理部门应当加强监督检查人员建设项目职业病防护设施“三同时”知识的培训，提高业务素质。

第三十六条　安全生产监督管理部门及其工作人员不得有下列行为：

（一）强制要求建设单位接受指定的机构、职业卫生专业技术人员开展建设项目职业病防护设施“三同时”有关工作。

（二）以任何理由或者方式向建设单位和有关机构收取或者变相收取费用。

（三）向建设单位摊派财物、推销产品。

（四）在建设单位和有关机构报销任何费用。

第三十七条 任何单位或者个人发现建设单位、安全生产监督管理部门及其工作人员、有关机构和人员违反职业病防治有关法律、法规、标准和本办法规定的行为，均有权向安全生产监督管理部门或者有关部门举报。

受理举报的安全生产监督管理部门应当为举报人保密，并依法对举报内容进行核查和处理。

第三十八条 上级安全生产监督管理部门应当加强对下级安全生产监督管理部门建设项目职业病防护设施"三同时"监督执法工作的检查、指导。

地方各级安全生产监督管理部门应当定期汇总分析有关监督执法情况，并按照要求逐级上报。

第六章 法律责任

第三十九条 建设单位有下列行为之一的，由安全生产监督管理部门给予警告，责令限期改正；逾期不改正的，处10万元以上50万元以下的罚款；情节严重的，责令停止产生职业病危害的作业，或者提请有关人民政府按照国务院规定的权限责令停建、关闭：

（一）未按照本办法规定进行职业病危害预评价的。

（二）建设项目的职业病防护设施未按照规定与主体工程同时设计、同时施工、同时投入生产和使用的。

（三）建设项目的职业病防护设施设计不符合国家职业卫生标准和卫生要求的。

（四）未按照本办法规定对职业病防护设施进行职业病危害控制效果评价的。

（五）建设项目竣工投入生产和使用前，职业病防护设施未按照本办法规定验收合格的。

第四十条 建设单位有下列行为之一的，由安全生产监督管理部门给予警告，责令限期改正；逾期不改正的，处5 000元以上3万元以下的罚款：

（一）未按照本办法规定，对职业病危害预评价报告、职业病防护设施设计、职业病危害控制效果评价报告进行评审或者组织职业病防护设施验收的。

（二）职业病危害预评价、职业病防护设施设计、职业病危害控制效果评价或者职业病防护设施验收工作过程未形成书面报告备查的。

（三）建设项目的生产规模、工艺等发生变更导致职业病危害风险发生重大变化的，建设单位对变更内容未重新进行职业病危害预评价和评审，或者未重新进行职业病防护设施设计和评审的。

（四）需要试运行的职业病防护设施未与主体工程同时试运行的。

（五）建设单位未按照本办法第八条规定公布有关信息的。

第四十一条 建设单位在职业病危害预评价报告、职业病防护设施设计、职业病危害控制效果评价报告编制、评审以及职业病防护设施验收等过程中弄虚作假的，由安全生产监督管理部门责令限期改正，给予警告，可以并处5 000元以上3万元以下的罚款。

第四十二条　建设单位未按照规定及时、如实报告建设项目职业病防护设施验收方案，或者职业病危害严重建设项目未提交职业病危害控制效果评价与职业病防护设施验收的书面报告的，由安全生产监督管理部门责令限期改正，给予警告，可以并处5 000元以上3万元以下的罚款。

第四十三条　参与建设项目职业病防护设施“三同时”监督检查工作的专家库专家违反职业道德或者行为规范，降低标准、弄虚作假、牟取私利，作出显失公正或者虚假意见的，由安全生产监督管理部门将其从专家库除名，终身不得再担任专家库专家。职业卫生专业技术人员在建设项目职业病防护设施“三同时”评审、验收等活动中涉嫌犯罪的，移送司法机关依法追究刑事责任。

第四十四条　违反本办法规定的其他行为，依照《中华人民共和国职业病防治法》有关规定给予处理。

第七章　附　　则

第四十五条　煤矿建设项目职业病防护设施“三同时”的监督检查工作按照新修订发布的《煤矿和煤层气地面开采建设项目安全设施监察规定》执行，煤矿安全监察机构按照规定履行国家监察职责。

第四十六条　本办法自2017年5月1日起施行。国家安全安全生产监督管理总局2012年4月27日公布的《建设项目职业卫生“三同时”监督管理暂行办法》同时废止。

85　冶金企业和有色金属企业安全生产规定

2017年12月11日国家安全生产监督管理总局第16次局长办公会议审议通过，2018年1月4日国家安全生产监督管理总局令第91号公布，自2018年3月1日起施行。

第一章　总　　则

第一条　为了加强冶金企业和有色金属企业安全生产工作，预防和减少生产安全事故与职业病，保障从业人员安全健康，根据《中华人民共和国安全生产法》《中华人民共和国职业病防治法》，制定本规定。

第二条　冶金企业和有色金属企业（以下统称企业）的安全生产（含职业健康，下同）和监督管理，适用本规定。

机械铸造企业中金属冶炼活动的安全生产和监督管理参照本规定执行。

第三条 本规定所称冶金企业，是指从事黑色金属冶炼及压延加工业等生产活动的企业。

本规定所称有色金属企业，是指从事有色金属冶炼及压延加工业等生产活动的企业。

本规定所称金属冶炼，是指冶金企业和有色金属企业从事达到国家规定规模（体量）的高温熔融金属及熔渣（以下统称高温熔融金属）的生产活动。

黑色金属冶炼及压延加工业、有色金属冶炼及压延加工业的具体目录，由国家安全生产监督管理总局参照《国民经济行业分类》（GB/T 4754）制定并公布。

第四条 企业是安全生产的责任主体。企业所属不具备法人资格的分支机构的安全生产工作，由企业承担管理责任。

第五条 国家安全生产监督管理总局指导、监督全国冶金企业和有色金属企业安全生产工作。

县级以上地方人民政府安全生产监督管理部门和有关部门（以下统称负有冶金有色安全生产监管职责的部门）根据本级人民政府规定的职责，按照属地监管、分级负责的原则，对本行政区域内的冶金企业和有色金属企业的安全生产工作实施监督管理。

第二章 企业的安全生产保障

第六条 企业应当遵守有关安全生产法律、行政法规、规章和国家标准或者行业标准的规定。

企业应当建立安全风险管控和事故隐患排查治理双重预防机制，落实从主要负责人到每一名从业人员的安全风险管控和事故隐患排查治理责任制。

第七条 企业应当按照规定开展安全生产标准化建设工作，推进安全健康管理系统化、岗位操作行为规范化、设备设施本质安全化和作业环境器具定置化，并持续改进。

第八条 企业应当建立健全全员安全生产责任制，主要负责人（包括法定代表人和实际控制人，下同）是本企业安全生产的第一责任人，对本企业的安全生产工作全面负责；其他负责人对分管范围内的安全生产工作负责；各职能部门负责人对职责范围内的安全生产工作负责。

第九条 企业主要负责人应当每年向股东会或者职工代表大会报告本企业安全生产状况，接受股东和从业人员对安全生产工作的监督。

第十条 企业存在金属冶炼工艺，从业人员在一百人以上的，应当设置安全生产管理机构或者配备不低于从业人员千分之三的专职安全生产管理人员，但最低不少于三人；从业人员在一百人以下的，应当设置安全生产管理机构或者配备专职安全生产管理人员。

第十一条 企业主要负责人、安全生产管理人员应当接受安全生产教育和培训，具备与本企业生产经营活动相适应的安全生产知识和管理能力。其中，存在金属冶炼工艺的企业的主要负责人、安全生产管理人员自任职之日起六个月内，必须接受负有冶金有色安全生产监管职责的部门对其进行安全生产知识和管理能力考核，并考核合格。

企业应当按照国家有关规定对从业人员进行安全生产教育和培训，保证从业人员具备必要的安全生产知识，了解有关安全生产法律法规，熟悉本企业规章制度和安全技术操作规程，掌握本岗位安全操作技能，并建立培训档案，记录培训、考核等情况。未经安全生产教育培训合格的从业人员，不得上岗作业。

企业应当对新上岗从业人员进行厂（公司）、车间（职能部门）、班组三级安全生产教育和培训；对调整工作岗位、离岗半年以上重新上岗的从业人员，应当经车间（职能部门）、班组安全生产教育和培训合格后，方可上岗作业。

新工艺、新技术、新材料、新设备投入使用前，企业应当对有关操作岗位人员进行专门的安全生产教育和培训。

第十二条 企业从事煤气生产、储存、输送、使用、维护检修作业的特种作业人员必须依法经专门的安全技术培训，并经考核合格，取得《中华人民共和国特种作业操作证》后，方可上岗作业。

第十三条 企业新建、改建、扩建工程项目（以下统称建设项目）的安全设施和职业病防护设施应当严格执行国家有关安全生产、职业病防治法律、行政法规和国家标准或者行业标准的规定，并与主体工程同时设计、同时施工、同时投入生产和使用。安全设施和职业病防护设施的投资应当纳入建设项目概算。

第十四条 金属冶炼建设项目在可行性研究阶段，建设单位应当依法进行安全评价。

建设项目在初步设计阶段，建设单位应当委托具备国家规定资质的设计单位对其安全设施进行设计，并编制安全设施设计。

建设项目竣工投入生产或者使用前，建设单位应当按照有关规定进行安全设施竣工验收。

第十五条 国家安全生产监督管理总局负责实施国务院审批（核准、备案）的金属冶炼建设项目的安全设施设计审查。

省、自治区、直辖市人民政府负有冶金有色安全生产监管职责的部门对本行政区域内金属冶炼建设项目实施指导和监督管理，确定并公布本行政区域内有关部门对金属冶炼建设项目安全设施设计审查的管辖权限。

第十六条 企业应当对本企业存在的各类危险因素进行辨识，在有较大危险因素的场所和设施、设备上，按照有关国家标准、行业标准的要求设置安全警示标志，并定期进行检查维护。

对于辨识出的重大危险源，企业应当登记建档、监测监控，定期检测、评估，制定应急预案并定期开展应急演练。

企业应当将重大危险源及有关安全措施、应急预案报有关地方人民政府负有冶金有色安全生产监管职责的部门备案。

第十七条 企业应当建立应急救援组织。生产规模较小的，可以不建立应急救援组织，但应当指定兼职的应急救援人员，并且可以与邻近的应急救援队伍签订应急救援协议。

企业应当配备必要的应急救援器材、设备和物资，并进行经常性维护、保养，保证正常运转。

第十八条 企业应当采取有效措施预防、控制和消除职业病危害，保证工作场所的职业卫生条件符合法律、行政法规和国家标准或者行业标准的规定。

企业应当定期对工作场所存在的职业病危害因素进行检测、评价，检测结果应当在本企业醒目位置进行公布。

第十九条 企业应当按照有关规定加强职业健康监护工作，对接触职业病危害的从业人员，应当在上岗前、在岗期间和离岗时组织职业健康检查，将检查结果书面告知从业人员，并为其建立职业健康监护档案。

第二十条 企业应当加强对施工、检修等重点工程和生产经营项目、场所的承包单位的安全管理，不得将有关工程、项目、场所发包给不具备安全生产条件或者相应资质的单位。企业和承包单位的承包协议应当明确约定双方的安全生产责任和义务。

企业应当对承包单位的安全生产进行统一协调、管理，对从事检修工程的承包单位检修方案中的安全措施和应急处置措施进行审核，监督承包单位落实。

企业应当对承包检修作业现场进行安全交底，并安排专人负责安全检查和协调。

第二十一条 企业应当从合法的劳务公司录用劳务人员，并与劳务公司签订合同，对劳务人员进行统一的安全生产教育和培训。

第二十二条 企业的正常生产活动与其他单位的建设施工或者检修活动同时在本企业同一作业区域内进行的，企业应当指定专职安全生产管理人员负责作业现场的安全检查工作，对有关作业活动进行统一协调、管理。

第二十三条 企业应当建立健全设备设施安全管理制度，加强设备设施的检查、维护、保养和检修，确保设备设施安全运行。

对重要岗位的电气、机械等设备，企业应当实行操作牌制度。

第二十四条 企业不得使用不符合国家标准或者行业标准的技术、工艺和设备；对现有工艺、设备进行更新或者改造的，不得降低其安全技术性能。

第二十五条 企业的建（构）筑物应当按照国家标准或者行业标准规定，采取防火、防爆、防雷、防震、防腐蚀、隔热等防护措施，对承受重荷载、荷载发生变化或者受高温熔融金属喷溅、酸碱腐蚀等危害的建（构）筑物，应当定期对建（构）筑物结构进行安全检查。

第二十六条 企业对起重设备进行改造并增加荷重的，应当同时对承重厂房结构进行荷载核定，并对承重结构采取必要的加固措施，确保承重结构具有足够的承重能力。

第二十七条 企业的操作室、会议室、活动室、休息室、更衣室等场所不得设置在高温熔融金属吊运的影响范围内。进行高温熔融金属吊运时，吊罐（包）与大型槽体、高压设备、高压管路、压力容器的安全距离应当符合有关国家标准或者行业标准的规定，并采取有效的防护措施。

第二十八条 企业在进行高温熔融金属冶炼、保温、运输、吊运过程中，应当采取防止泄漏、喷溅、爆炸伤人的安全措施，其影响区域不得有非生产性积水。

高温熔融金属运输专用路线应当避开煤气、氧气、氢气、天然气、水管等管道及电缆；确需通过的，运输车辆与管道、电缆之间应当保持足够的安全距离，并采取有效的隔热措施。

严禁运输高温熔融金属的车辆在管道或者电缆下方，以及有易燃易爆物质的区域停留。

第二十九条　企业对电炉、电解车间应当采取防雨措施和有效的排水设施，防止雨水进入槽下地坪，确保电炉、电解槽下没有积水。

企业对电炉、铸造熔炼炉、保温炉、倾翻炉、铸机、流液槽、熔盐电解槽等设备，应当设置熔融金属紧急排放和储存的设施，并在设备周围设置拦挡围堰，防止熔融金属外流。

第三十条　吊运高温熔融金属的起重机，应当满足《起重机械安全技术监察规程——桥式起重机》（TSG Q002）和《起重机械定期检验规则》（TSG Q7015）的要求。

企业应当定期对吊运、盛装熔融金属的吊具、罐体（本体、耳轴）进行安全检查和探伤检测。

第三十一条　生产、储存、使用煤气的企业应当建立煤气防护站（组），配备必要的煤气防护人员、煤气检测报警装置及防护设施，并且每年至少组织一次煤气事故应急演练。

第三十二条　生产、储存、使用煤气的企业应当严格执行《工业企业煤气安全规程》（GB 6222），在可能发生煤气泄漏、聚集的场所，设置固定式煤气检测报警仪和安全警示标志。

进入煤气区域作业的人员，应当携带便携式一氧化碳检测报警仪，配备空气呼吸器，并由企业安排专门人员进行安全管理。

煤气柜区域应当设有隔离围栏，安装在线监控设备，并由企业安排专门人员值守。煤气柜区域严禁烟火。

第三十三条　企业对涉及煤气、氧气、氢气等易燃易爆危险化学品生产、输送、使用、储存的设施以及油库、电缆隧道（沟）等重点防火部位，应当按照有关规定采取有效、可靠的防火、防爆和防泄漏措施。

企业对具有爆炸危险环境的场所，应当按照《爆炸性气体环境用电气设备》（GB 3836）及《爆炸危险环境电力装置设计规范》（GB 50058）设置自动检测报警和防灭火装置。

第三十四条　企业对反应槽、罐、池、釜和储液罐、酸洗槽应当采取防腐蚀措施，设置事故池，进行经常性安全检查、维护、保养，并定期检测，保证正常运转。

企业实施浸出、萃取作业时，应当采取防火防爆、防冒槽喷溅和防中毒等安全措施。

第三十五条　企业从事产生酸雾危害的电解作业时，应当采取防止酸雾扩散及槽体、厂房防腐措施。电解车间应当保持厂房通风良好，防止电解产生的氢气聚集。

第三十六条　企业在使用酸、碱的作业场所，应当采取防止人员灼伤的措施，并设置安全喷淋或者洗涤设施。

采用剧毒物品的电镀、钝化等作业，企业应当在电镀槽的下方设置事故池，并加强对剧毒物品的安全管理。

第三十七条　企业对生产过程中存在二氧化硫、氯气、砷化氢、氟化氢等有毒有害气体的工作场所，应当采取防止人员中毒的措施。

企业对存在铅、镉、铬、砷、汞等重金属蒸气、粉尘的作业场所，应当采取预防重金属中毒的措施。

第三十八条 企业应当建立有限空间、动火、高处作业、能源介质停送等较大危险作业和检修、维修作业审批制度，实施工作票（作业票）和操作票管理，严格履行内部审批手续，并安排专门人员进行现场安全管理，确保作业安全。

第三十九条 企业在生产装置复产前，应当组织安全检查，进行安全条件确认。

第三章 监督管理

第四十条 负有冶金有色安全生产监管职责的部门应当依法加强对企业安全生产工作的监督检查，明确每个企业的安全生产监督管理主体，发现存在事故隐患的，应当及时处理；发现重大事故隐患的，实施挂牌督办。

第四十一条 负有冶金有色安全生产监管职责的部门应当将企业安全生产标准化建设、安全生产风险管控和隐患排查治理双重预防机制的建立情况纳入安全生产年度监督检查计划，并按照计划检查督促企业开展工作。

第四十二条 负有冶金有色安全生产监管职责的部门应当加强对监督检查人员的冶金和有色金属安全生产专业知识的培训，提高其行政执法能力。

第四十三条 负有冶金有色安全生产监管职责的部门应当为进入有限空间等特定作业场所进行监督检查的人员，配备必需的个体防护用品和监测检查仪器。

第四十四条 负有冶金有色安全生产监管职责的部门应当加强对本行政区域内企业应急预案的备案管理，并将重大事故应急救援纳入地方人民政府应急救援体系。

第四章 法律责任

第四十五条 监督检查人员在对企业进行监督检查时，滥用职权、玩忽职守、徇私舞弊的，依照有关规定给予处分；构成犯罪的，依法追究刑事责任。

第四十六条 企业违反本规定第二十四条至第三十七条的规定，构成生产安全事故隐患的，责令立即消除或者限期消除事故隐患；企业拒不执行的，责令停产停业整顿，并处十万元以上五十万元以下的罚款，对其直接负责的主管人员和其他直接责任人员处二万元以上五万元以下的罚款。

第四十七条 企业违反本规定的其他违法行为，分别依照《中华人民共和国安全生产法》《中华人民共和国职业病防治法》等的规定追究法律责任。

第五章 附 则

第四十八条 本规定自 2018 年 3 月 1 日起施行。国家安全生产监督管理总局 2009 年 9 月 8 日公布的《冶金企业安全生产监督管理规定》（国家安全生产监督管理总局令第 26 号）同时废止。

86　煤矿安全培训规定

2017 年 12 月 11 日国家安全生产监督管理总局第 16 次局长办公会议审议通过，2018 年 1 月 11 日国家安全生产监督管理总局令第 92 号公布，自 2018 年 3 月 1 日起施行。

第一章　总　　则

第一条　为了加强和规范煤矿安全培训工作，提高从业人员安全素质，防止和减少伤亡事故，根据《中华人民共和国安全生产法》《中华人民共和国职业病防治法》等有关法律法规，制定本规定。

第二条　煤矿企业从业人员安全培训、考核、发证及监督管理工作适用本规定。

本规定所称煤矿企业，是指在依法批准的矿区范围内从事煤炭资源开采活动的企业，包括集团公司、上市公司、总公司、矿务局、煤矿。

本规定所称煤矿企业从业人员，是指煤矿企业主要负责人、安全生产管理人员、特种作业人员和其他从业人员。

第三条　国家煤矿安全监察局负责指导和监督管理全国煤矿企业从业人员安全培训工作。

省、自治区、直辖市人民政府负责煤矿安全培训的主管部门（以下简称省级煤矿安全培训主管部门）负责指导和监督管理本行政区域内煤矿企业从业人员安全培训工作。

省级及以下煤矿安全监察机构对辖区内煤矿企业从业人员安全培训工作依法实施监察。

第四条　煤矿企业是安全培训的责任主体，应当依法对从业人员进行安全生产教育和培训，提高从业人员的安全生产意识和能力。

煤矿企业主要负责人对本企业从业人员安全培训工作全面负责。

第五条　国家鼓励煤矿企业变招工为招生。煤矿企业新招井下从业人员，应当优先录用大中专学校、职业高中、技工学校煤矿相关专业的毕业生。

第二章　安全培训的组织与管理

第六条　煤矿企业应当建立完善安全培训管理制度，制订年度安全培训计划，明确负责安全培训工作的机构，配备专职或者兼职安全培训管理人员，按照国家规定的比例提取教育培训经费。其中，用于安全培训的资金不得低于教育培训经费总额的百分之四十。

第七条　对从业人员的安全技术培训，具备《安全培训机构基本条件》（AQ/T 8011）规定的安全培训条件的煤矿企业应当以自主培训为主，也可以委托具备安全培训条件的机构进行安全培训。

不具备安全培训条件的煤矿企业应当委托具备安全培训条件的机构进行安全培训。

从事煤矿安全培训的机构，应当将教师、教学和实习与实训设施等情况书面报告所在地省级煤矿安全培训主管部门。

第八条 煤矿企业应当建立健全从业人员安全培训档案，实行一人一档。煤矿企业从业人员安全培训档案的内容包括：

（一）学员登记表，包括学员的文化程度、职务、职称、工作经历、技能等级晋升等情况；

（二）身份证复印件、学历证书复印件；

（三）历次接受安全培训、考核的情况；

（四）安全生产违规违章行为记录，以及被追究责任，受到处分、处理的情况；

（五）其他有关情况。

煤矿企业从业人员安全培训档案应当按照《企业文件材料归档范围和档案保管期限规定》（国家档案局令第10号）保存。

第九条 煤矿企业除建立从业人员安全培训档案外，还应当建立企业安全培训档案，实行一期一档。煤矿企业安全培训档案的内容包括：

（一）培训计划；

（二）培训时间、地点；

（三）培训课时及授课教师；

（四）课程讲义；

（五）学员名册、考勤、考核情况；

（六）综合考评报告等；

（七）其他有关情况。

对煤矿企业主要负责人和安全生产管理人员的煤矿企业安全培训档案应当保存三年以上，对特种作业人员的煤矿企业安全培训档案应当保存六年以上，其他从业人员的煤矿企业安全培训档案应当保存三年以上。

第三章　主要负责人和安全生产管理人员的安全培训及考核

第十条 本规定所称煤矿企业主要负责人，是指煤矿企业的董事长、总经理，矿务局局长，煤矿矿长等人员。

本规定所称煤矿企业安全生产管理人员，是指煤矿企业分管安全、采煤、掘进、通风、机电、运输、地测、防治水、调度等工作的副董事长、副总经理、副局长、副矿长，总工程师、副总工程师和技术负责人，安全生产管理机构负责人及其管理人员，采煤、掘进、通风、机电、运输、地测、防治水、调度等职能部门（含煤矿井、区、科、队）负责人。

第十一条 煤矿矿长、副矿长、总工程师、副总工程师应当具备煤矿相关专业大专及以上学历，具有三年以上煤矿相关工作经历。

煤矿安全生产管理机构负责人应当具备煤矿相关专业中专及以上学历，具有二年以上煤矿安全生产相关工作经历。

第十二条　煤矿企业应当每年组织主要负责人和安全生产管理人员进行新法律法规、新标准、新规程、新技术、新工艺、新设备和新材料等方面的安全培训。

第十三条　国家煤矿安全监察局组织制定煤矿企业主要负责人和安全生产管理人员安全生产知识和管理能力考核的标准，建立国家级考试题库。

省级煤矿安全培训主管部门应当根据前款规定的考核标准，建立省级考试题库，并报国家煤矿安全监察局备案。

第十四条　煤矿企业主要负责人考试应当包括下列内容：

（一）国家安全生产方针、政策和有关安全生产的法律、法规、规章及标准；

（二）安全生产管理、安全生产技术和职业健康基本知识；

（三）重大危险源管理、重大事故防范、应急管理和事故调查处理的有关规定；

（四）国内外先进的安全生产管理经验；

（五）典型事故和应急救援案例分析；

（六）其他需要考试的内容。

第十五条　煤矿企业安全生产管理人员考试应当包括下列内容：

（一）国家安全生产方针、政策和有关安全生产的法律、法规、规章及标准；

（二）安全生产管理、安全生产技术、职业健康等知识；

（三）伤亡事故报告、统计及职业危害的调查处理方法；

（四）应急管理的内容及其要求；

（五）国内外先进的安全生产管理经验；

（六）典型事故和应急救援案例分析；

（七）其他需要考试的内容。

第十六条　国家煤矿安全监察局负责中央管理的煤矿企业总部（含所属在京一级子公司）主要负责人和安全生产管理人员考核工作。

省级煤矿安全培训主管部门负责本行政区域内前款以外的煤矿企业主要负责人和安全生产管理人员考核工作。

国家煤矿安全监察局和省级煤矿安全培训主管部门（以下统称考核部门）应当定期组织考核，并提前公布考核时间。

第十七条　煤矿企业主要负责人和安全生产管理人员应当自任职之日起六个月内通过考核部门组织的安全生产知识和管理能力考核，并持续保持相应水平和能力。

煤矿企业主要负责人和安全生产管理人员应当自任职之日起三十日内，按照本规定第十六条的规定向考核部门提出考核申请，并提交其任职文件、学历、工作经历等相关材料。

考核部门接到煤矿企业主要负责人和安全生产管理人员申请及其材料后，经审核符合条件的，应当及时组织相应的考试；发现申请人不符合本规定第十一条规定的，不得对申请人进行安全生产知识和管理能力考试，并书面告知申请人及其所在煤矿企业或其任免机关调整其工作岗位。

第十八条　煤矿企业主要负责人和安全生产管理人员的考试应当在规定的考点采用计

算机方式进行。考试试题从国家级考试题库和省级考试题库随机抽取，其中抽取国家级考试题库试题比例占百分之八十以上。考试满分为一百分，八十分以上为合格。

考核部门应当自考试结束之日起五个工作日内公布考试成绩。

第十九条 煤矿企业主要负责人和安全生产管理人员考试合格后，考核部门应当在公布考试成绩之日起十个工作日内颁发安全生产知识和管理能力考核合格证明（以下简称考核合格证明）。考核合格证明在全国范围内有效。

煤矿企业主要负责人和安全生产管理人员考试不合格的，可以补考一次；经补考仍不合格的，一年内不得再次申请考核。考核部门应当告知其所在煤矿企业或其任免机关调整其工作岗位。

第二十条 考核部门对煤矿企业主要负责人和安全生产管理人员的安全生产知识和管理能力每三年考核一次。

第四章 特种作业人员的安全培训和考核发证

第二十一条 煤矿特种作业人员及其工种由国家安全生产监督管理总局会同国家煤矿安全监察局确定，并适时调整；其他任何单位或者个人不得擅自变更其范围。

第二十二条 煤矿特种作业人员应当具备初中及以上文化程度（自2018年6月1日起新上岗的煤矿特种作业人员应当具备高中及以上文化程度），具有煤矿相关工作经历，或者职业高中、技工学校及中专以上相关专业学历。

第二十三条 国家煤矿安全监察局组织制定煤矿特种作业人员培训大纲和考核标准，建立统一的考试题库。

省级煤矿安全培训主管部门负责本行政区域内煤矿特种作业人员的考核、发证工作，也可以委托设区的市级人民政府煤矿安全培训主管部门实施煤矿特种作业人员的考核、发证工作。

省级煤矿安全培训主管部门及其委托的设区的市级人民政府煤矿安全培训主管部门以下统称考核发证部门。

第二十四条 煤矿特种作业人员必须经专门的安全技术培训和考核合格，由省级煤矿安全培训主管部门颁发“中华人民共和国特种作业操作证”（以下简称特种作业操作证）后，方可上岗作业。

第二十五条 煤矿特种作业人员在参加资格考试前应当按照规定的培训大纲进行安全生产知识和实际操作能力的专门培训。其中，初次培训的时间不得少于九十学时。

已经取得职业高中、技工学校及中专以上学历的毕业生从事与其所学专业相应的特种作业，持学历证明经考核发证部门审核属实的，免予初次培训，直接参加资格考试。

第二十六条 参加煤矿特种作业操作资格考试的人员，应当填写考试申请表，由本人或其所在煤矿企业持身份证复印件、学历证书复印件或者培训机构出具的培训合格证明向其工作地或者户籍所在地考核发证部门提出申请。

考核发证部门收到申请及其有关材料后，应当在六十日内组织考试。对不符合考试条件的，应当书面告知申请人或其所在煤矿企业。

第二十七条　煤矿特种作业操作资格考试包括安全生产知识考试和实际操作能力考试。安全生产知识考试合格后，进行实际操作能力考试。

煤矿特种作业操作资格考试应当在规定的考点进行，安全生产知识考试应当使用统一的考试题库，使用计算机考试，实际操作能力考试采用国家统一考试标准进行考试。考试满分均为一百分，八十分以上为合格。

考核发证部门应当在考试结束后十个工作日内公布考试成绩。

申请人考试合格的，考核发证部门应当自考试合格之日起二十个工作日内完成发证工作。

申请人考试不合格的，可以补考一次；经补考仍不合格的，重新参加相应的安全技术培训。

第二十八条　特种作业操作证有效期六年，全国范围内有效。

特种作业操作证由国家安全生产监督管理总局统一式样、标准和编号。

第二十九条　特种作业操作证有效期届满需要延期换证的，持证人应当在有效期届满六十日前参加不少于二十四学时的专门培训，持培训合格证明由本人或其所在企业向当地考核发证部门或者原考核发证部门提出考试申请。经安全生产知识和实际操作能力考试合格的，考核发证部门应当在二十个工作日内予以换发新的特种作业操作证。

第三十条　离开特种作业岗位六个月以上、但特种作业操作证仍在有效期内的特种作业人员，需要重新从事原特种作业的，应当重新进行实际操作能力考试，经考试合格后方可上岗作业。

第三十一条　特种作业操作证遗失或者损毁的，应当及时向原考核发证部门提出书面申请，由原考核发证部门补发。

特种作业操作证所记载的信息发生变化的，应当向原考核发证部门提出书面申请，经原考核发证部门审查确认后，予以更新。

第五章　其他从业人员的安全培训和考核

第三十二条　煤矿其他从业人员应当具备初中及以上文化程度。

本规定所称煤矿其他从业人员，是指除煤矿主要负责人、安全生产管理人员和特种作业人员以外，从事生产经营活动的其他从业人员，包括煤矿其他负责人、其他管理人员、技术人员和各岗位的工人、使用的被派遣劳动者和临时聘用人员。

第三十三条　煤矿企业应当对其他从业人员进行安全培训，保证其具备必要的安全生产知识、技能和事故应急处理能力，知悉自身在安全生产方面的权利和义务。

第三十四条　省级煤矿安全培训主管部门负责制定煤矿企业其他从业人员安全培训大纲和考核标准。

第三十五条　煤矿企业或者具备安全培训条件的机构应当按照培训大纲对其他从业人员进行安全培训。其中，对从事采煤、掘进、机电、运输、通风、防治水等工作的班组长的安全培训，应当由其所在煤矿的上一级煤矿企业组织实施；没有上一级煤矿企业的，由本单位组织实施。

煤矿企业其他从业人员的初次安全培训时间不得少于七十二学时，每年再培训的时间不得少于二十学时。

煤矿企业或者具备安全培训条件的机构对其他从业人员安全培训合格后，应当颁发安全培训合格证明；未经培训并取得培训合格证明的，不得上岗作业。

第三十六条 煤矿企业新上岗的井下作业人员安全培训合格后，应当在有经验的工人师傅带领下，实习满四个月，并取得工人师傅签名的实习合格证明后，方可独立工作。

工人师傅一般应当具备中级工以上技能等级、三年以上相应工作经历和没有发生过违章指挥、违章作业、违反劳动纪律等条件。

第三十七条 企业井下作业人员调整工作岗位或者离开本岗位一年以上重新上岗前，以及煤矿企业采用新工艺、新技术、新材料或者使用新设备的，应当对其进行相应的安全培训，经培训合格后，方可上岗作业。

第六章 监督管理

第三十八条 省级煤矿安全培训主管部门应当将煤矿企业主要负责人、安全生产管理人员考核合格证明、特种作业人员特种作业操作证的发放、注销等情况在本部门网站上公布，接受社会监督。

第三十九条 煤矿安全培训主管部门和煤矿安全监察机构应当对煤矿企业安全培训的下列情况进行监督检查，发现违法行为的，依法给予行政处罚：

（一）建立安全培训管理制度，制订年度培训计划，明确负责安全培训管理工作的机构，配备专职或者兼职安全培训管理人员的情况；

（二）按照本规定投入和使用安全培训资金的情况；

（三）实行自主培训的煤矿企业的安全培训条件；

（四）煤矿企业及其从业人员安全培训档案的情况；

（五）主要负责人、安全生产管理人员考核的情况；

（六）特种作业人员持证上岗的情况；

（七）应用新工艺、新技术、新材料、新设备以及离岗、转岗时对从业人员安全培训的情况；

（八）其他从业人员安全培训的情况。

第四十条 考核部门应当建立煤矿企业安全培训随机抽查制度，制定现场抽考办法，加强对煤矿安全培训的监督检查。

考核部门对煤矿企业主要负责人和安全生产管理人员现场抽考不合格的，应当责令其重新参加安全生产知识和管理能力考核；经考核仍不合格的，考核部门应当书面告知其所在煤矿企业或其任免机关调整其工作岗位。

第四十一条 省级及以下煤矿安全监察机构应当按照年度监察执法计划，采用现场抽考等多种方式对煤矿企业安全培训情况实施严格监察；对监察中发现的突出问题和共性问题，应当向本级人民政府煤矿安全培训主管部门或者下级人民政府提出有关安全培训工作的监察建议函。

第四十二条 省级煤矿安全培训主管部门发现下列情形之一的，应当撤销特种作业操作证：

（一）特种作业人员对发生生产安全事故负有直接责任的；

（二）特种作业操作证记载信息虚假的。

特种作业人员违反上述规定被撤销特种作业操作证的，三年内不得再次申请特种作业操作证。

第四十三条 煤矿企业从业人员在劳动合同期满变更工作单位或者依法解除劳动合同的，原工作单位不得以任何理由扣押其考核合格证明或者特种作业操作证。

第四十四条 省级煤矿安全培训主管部门应当将煤矿企业主要负责人、安全生产管理人员和特种作业人员的考核情况，及时抄送省级煤矿安全监察局。

煤矿安全监察机构应当将煤矿企业主要负责人、安全生产管理人员和特种作业人员的行政处罚决定及时抄送同级煤矿安全培训主管部门。

第四十五条 煤矿安全培训主管部门应当建立煤矿安全培训举报制度，公布举报电话、电子信箱，依法受理并调查处理有关举报，并将查处结果书面反馈给实名举报人。

第七章 法律责任

第四十六条 煤矿安全培训主管部门的工作人员在煤矿安全考核工作中滥用职权、玩忽职守、徇私舞弊的，依照有关规定给予处分；构成犯罪的，依法追究刑事责任。

第四十七条 煤矿企业有下列行为之一的，由煤矿安全培训主管部门或者煤矿安全监察机构责令其限期改正，可以处五万元以下的罚款；逾期未改正的，责令停产停业整顿，并处五万元以上十万元以下的罚款，对其直接负责的主管人员和其他直接责任人员处一万元以上二万元以下的罚款：

（一）主要负责人和安全生产管理人员未按照规定经考核合格的；

（二）未按照规定对从业人员进行安全生产培训的；

（三）未如实记录安全生产培训情况的；

（四）特种作业人员未经专门的安全培训并取得相应资格，上岗作业的。

第四十八条 煤矿安全培训主管部门或者煤矿安全监察机构发现煤矿企业有下列行为之一的，责令其限期改正，可以处一万元以上三万元以下的罚款：

（一）未建立安全培训管理制度或者未制订年度安全培训计划的；

（二）未明确负责安全培训工作的机构，或者未配备专兼职安全培训管理人员的；

（三）用于安全培训的资金不符合本规定的；

（四）未按照统一的培训大纲组织培训的；

（五）不具备安全培训条件进行自主培训，或者委托不具备安全培训条件机构进行培训的。

具备安全培训条件的机构未按照规定的培训大纲进行安全培训，或者未经安全培训并考试合格颁发有关培训合格证明的，依照前款规定给予行政处罚。

第八章　附　　则

第四十九条　煤矿企业主要负责人和安全生产管理人员考核不得收费，所需经费由煤矿安全培训主管部门列入同级财政年度预算。

煤矿特种作业人员培训、考试经费可以列入同级财政年度预算，也可由省级煤矿安全培训主管部门制定收费标准，报同级人民政府物价部门、财政部门批准后执行。证书工本费由考核发证机关列入同级财政年度预算。

第五十条　本规定自2018年3月1日起施行。国家安全生产监督管理总局2012年5月28日公布、2013年8月29日修正的《煤矿安全培训规定》（国家安全生产监督管理总局令第52号）同时废止。

87　烟花爆竹生产经营安全规定

2017年12月11日国家安全生产监督管理总局第16次局长办公会议审议通过，2018年1月15日国家安全生产监督管理总局令第93号公布，自2018年3月1日起施行。

第一章　总　　则

第一条　为了加强烟花爆竹生产经营安全工作，预防和减少生产安全事故，根据《中华人民共和国安全生产法》和《烟花爆竹安全管理条例》等有关法律、行政法规，制定本规定。

第二条　烟花爆竹生产企业（以下简称生产企业）、烟花爆竹批发企业（以下简称批发企业）和烟花爆竹零售经营者（以下简称零售经营者）的安全生产及其监督管理，适用本规定。

生产企业、批发企业、零售经营者统称生产经营单位。

第三条　生产经营单位应当落实安全生产主体责任，其主要负责人（包括法定代表人、实际控制人，下同）是本单位安全生产工作的第一责任人，对本单位的安全生产工作全面负责。其他负责人在各自职责范围内对本单位安全生产工作负责。

第四条　县级以上地方人民政府安全生产监督管理部门按照属地监管、分类分级负责的原则，对本行政区域内生产经营单位安全生产工作实施监督管理。

地方各级人民政府安全生产监督管理部门在本级人民政府的统一领导下，按照职责分工，会同其他有关部门依法查处非法生产经营烟花爆竹行为。

第二章　生产经营单位的安全生产保障

第五条　生产经营单位应当具备有关法律、行政法规和国家标准或者行业标准规定的安全生产条件，并依法取得相应行政许可。

第六条　生产企业、批发企业应当建立健全全员安全生产责任制，建立健全安全生产工作责任体系，制定并落实符合法律、行政法规和国家标准或者行业标准的安全生产规章制度和操作规程。

第七条　生产企业、批发企业应当不断完善安全生产基础设施，持续保障和提升安全生产条件。

生产企业、批发企业的防雷设施应当经具有相应资质的机构设计、施工，确保符合相关国家标准或者行业标准的规定；防范静电危害的措施应当符合相关国家标准或者行业标准的规定。

生产企业、批发企业在工艺技术条件发生变化和扩大生产储存规模投入生产前，应当对企业的总体布局、工艺流程、危险性工（库）房、安全防护屏障、防火防雷防静电等基础设施进行安全评价。

新的国家标准、行业标准公布后，生产企业、批发企业应当对企业的总体布局、工艺流程、危险性工（库）房、安全防护屏障、防火防雷防静电等基础设施以及安全管理制度进行符合性检查，并依据新的国家标准、行业标准采取相应的改进、完善措施。

鼓励生产企业、批发企业制定并实施严于国家标准、行业标准的企业标准。

第八条　生产企业应当积极推进烟花爆竹生产工艺技术进步，采用本质安全、性能可靠、自动化程度高的机械设备和生产工艺，使用安全、环保的生产原材料。禁止使用国家明令禁止或者淘汰的生产工艺、机械设备及原材料。禁止从业人员自行携带工具、设备进入企业从事生产作业。

第九条　生产企业的涉药生产环节采用新工艺、使用新设备前，应当组织具有相应能力的机构、专家进行安全性能、安全技术要求论证。

第十条　生产企业、批发企业应当保证下列事项所需安全生产资金投入：

（一）安全设备设施维修维护；

（二）工（库）房按国家标准、行业标准规定的条件改造；

（三）重点部位和库房监控；

（四）安全风险管控与隐患排查治理；

（五）风险评估与安全评价；

（六）安全生产教育培训；

（七）劳动防护用品配备；

（八）应急救援器材和物资配备；

（九）应急救援训练及演练；

（十）投保安全生产责任保险等其他需要投入资金的安全生产事项。

第十一条 生产企业、批发企业的生产区、总仓库区、工（库）房及其他有较大危险因素的生产经营场所和有关设施设备上，应当设置明显的安全警示标志；所有工（库）房应当按照国家标准或者行业标准的规定设置准确、清晰、醒目的定员、定量、定级标识。

零售经营场所应当设置清晰、醒目的易燃易爆以及周边严禁烟火、严禁燃放烟花爆竹的安全标志。

第十二条 生产经营单位应当对本单位从业人员进行烟花爆竹安全知识、岗位操作技能等培训，未经安全生产教育和培训的从业人员，不得上岗作业。危险工序作业等特种作业人员应当依法取得相应资格，方可上岗作业。

生产经营单位的主要负责人和安全生产管理人员应当由安全生产监督管理部门对其进行安全生产知识和管理能力考核合格。考核不得收费。

第十三条 生产企业可以依法申请设立批发企业和零售经营场所。批发企业可以依法申请设立零售经营场所。

生产经营单位应当严格按照安全生产许可或者经营许可批准的范围，组织开展生产经营活动。禁止在许可证载明的场所外从事烟花爆竹生产、经营、储存活动，禁止许可证过期继续从事生产经营活动。禁止销售超标、违禁烟花爆竹产品或者非法烟花爆竹产品。

生产企业不得向其他企业销售烟花爆竹含药半成品，不得从其他企业购买烟花爆竹含药半成品加工后销售，不得购买其他企业烟花爆竹成品加贴本企业标签后销售。

批发企业不得向零售经营者或者个人销售专业燃放类烟花爆竹产品。

零售经营者不得在居民居住场所同一建筑物内经营、储存烟花爆竹。

第十四条 生产企业、批发企业应当在权责明晰的组织架构下统一组织开展生产经营活动。禁止分包、转包工（库）房、生产线、生产设备设施或者出租、出借、转让许可证。

第十五条 生产企业、批发企业应当依法建立安全风险分级管控和事故隐患排查治理双重预防机制，采取技术、管理等措施，管控安全风险，及时消除事故隐患，建立安全风险分级管控和事故隐患排查治理档案，如实记录安全风险分级管控和事故隐患排查治理情况，并向本企业从业人员通报。

第十六条 生产企业、批发企业必须建立值班制度和现场巡查制度，全面掌握当日各岗位人员数量及药物分布等安全生产情况，确保不超员超量，并及时处置异常情况。

生产企业、批发企业的危险品生产区、总仓库区，应当确保二十四小时有人值班，并保持监控设施有效、通信畅通。

第十七条 生产企业、批发企业应当建立从业人员、外来人员、车辆进出厂（库）区登记制度，对进出厂（库）区的从业人员、外来人员、车辆如实登记记录，随时掌握厂（库）区人员和车辆的情况。禁止无关人员和车辆进入厂（库）区。禁止未安装阻火装置等不符合国家标准或者行业标准规定安全条件的机动车辆进入生产区和仓库区。

第十八条 生产企业和经营黑火药、引火线的批发企业应当要求供货单位提供并查验购进的黑火药、引火线及化工原材料的质检报告或者产品合格证，确保其安全性能符合国家标准或者行业标准的规定；对总仓库和中转库的黑火药、引火线、烟火药及裸药效果件，应当建立并实施由专人管理、登记、分发的安全管理制度。

第十九条　生产企业、批发企业应当加强日常安全检查，采取安全监控、巡查检查等措施，及时发现、纠正违反安全操作规程和规章制度的行为。禁止工（库）房超员、超量作业，禁止擅自改变工（库）房设计用途，禁止作业人员随意串岗、换岗、离岗。

第二十条　生产企业、批发企业应当按照设计用途、危险等级、核定药量使用药物总库和成品总库，并按规定堆码，分类分级存放，保持仓库内通道畅通，准确记录药物和产品数量。

禁止在仓库内进行拆箱、包装作业。禁止将性质不相容的物质混存。禁止将高危险等级物品储存在危险等级低的仓库。禁止在烟花爆竹仓库储存不属于烟花爆竹的其他危险物品。

第二十一条　生产企业的中转库数量、核定存药量、药物储存时间，应当符合国家标准或者行业标准规定，确保药物、半成品、成品合理中转，保障生产流程顺畅。禁止在中转库内超量或者超时储存药物、半成品、成品。

第二十二条　生产企业、批发企业应当定期检查工（库）房、安全设施、电气线路、机械设备等的运行状况和作业环境，及时维护保养；对有药物粉尘的工房，应当按照操作规程及时清理冲洗。

对工（库）房、安全设施、电气线路、机械设备等进行检测、检修、维修、改造作业前，生产企业、批发企业应当制定安全作业方案，停止相关生产经营活动，转移烟花爆竹成品、半成品和原材料，清除残存药物和粉尘，切断被检测、检修、维修、改造的电气线路和机械设备电源，严格控制检修、维修作业人员数量，撤离无关的人员。

第二十三条　生产企业、批发企业在烟花爆竹购销活动中，应当依法签订规范的烟花爆竹买卖合同，建立烟花爆竹买卖合同和流向管理制度，使用全国统一的烟花爆竹流向管理信息系统，如实登记烟花爆竹流向。

生产企业应当在专业燃放类产品包装（包括运输包装和销售包装）及个人燃放类产品运输包装上张贴流向登记标签，并在产品入库和销售出库时登记录入。

批发企业购进烟花爆竹时，应当查验流向登记标签，并在产品入库和销售出库时登记录入。

第二十四条　生产企业、批发企业所生产、销售烟花爆竹的质量、包装、标志应当符合国家标准或者行业标准的规定。

第二十五条　在生产企业、批发企业内部及生产区、库区之间运输烟花爆竹成品、半成品及原材料时，应当使用符合国家标准或者行业标准规定安全条件的车辆、工具。企业内部运输应当严格按照规定路线、速度行驶。

生产企业、批发企业装卸烟花爆竹成品、半成品及原材料时，应当严格遵守作业规程。禁止碰撞、拖拉、抛摔、翻滚、摩擦、挤压等不安全行为。

第二十六条　生产企业、批发企业应当及时妥善处置生产经营过程中产生的各类危险性废弃物。不得留存过期的烟花爆竹成品、半成品、原材料及各类危险性废弃物。

第二十七条 批发企业应当向零售经营者及零售经营场所提供烟花爆竹配送服务。配送烟花爆竹抵达零售经营场所装卸作业时，应当轻拿轻放、妥善码放，禁止碰撞、拖拉、抛摔、翻滚、摩擦、挤压等不安全行为。

第二十八条 零售经营者应当向批发企业采购烟花爆竹并接受批发企业配送服务，不得到企业仓库自行提取烟花爆竹。

第三章 监督管理

第二十九条 地方各级安全生产监督管理部门应当加强对本行政区域内生产经营单位的监督检查，明确每个生产经营单位的安全生产监督管理主体，制订并落实年度监督检查计划，对生产经营单位的安全生产违法行为，依法实施行政处罚。

第三十条 安全生产监督管理部门可以根据需要，委托专业技术服务机构对生产经营单位的安全设施等进行检验检测，并承担检验检测费用，不得向企业收取。专业技术服务机构对其作出的检验检测结果负责。委托检验检测结果可以作为行政执法的依据。

生产经营单位不得拒绝、阻挠安全生产监督管理部门委托的专业技术服务机构开展检验检测工作。

第三十一条 安全生产监督管理部门应当为进入企业现场的监督检查人员配备必要的执法装备、检测检验设备及个人防护用品，确保执法检查人员人身安全。

第三十二条 安全生产监督管理部门监督检查中发现生产经营单位存在不属于本部门职责范围的违法行为的，应当及时移送有关部门处理。

第四章 法律责任

第三十三条 生产企业、批发企业有下列行为之一的，责令限期改正；逾期未改正的，处一万元以上三万元以下的罚款：

（一）工（库）房没有设置准确、清晰、醒目的定员、定量、定级标识的；

（二）未向零售经营者或者零售经营场所提供烟花爆竹配送服务的。

第三十四条 生产企业、批发企业有下列行为之一的，责令限期改正，可以处五万元以下的罚款；逾期未改正的，处五万元以上二十万元以下的罚款，对其直接负责的主管人员和其他直接责任人员处一万元以上二万元以下的罚款；情节严重的，责令停产停业整顿：

（一）防范静电危害的措施不符合相关国家标准或者行业标准规定的；

（二）使用新安全设备，未进行安全性论证的；

（三）在生产区、工（库）房等有药区域对安全设备进行检测、改造作业时，未将工（库）房内的药物、有药半成品、成品搬走并清理作业现场的。

第三十五条 生产企业、批发企业有下列行为之一的，责令限期改正，可以处十万元以下的罚款；逾期未改正的，责令停产停业整顿，并处十万元以上二十万元以下的罚款，对其直接负责的主管人员和其他直接责任人员处二万元以上五万元以下的罚款：

（一）未建立从业人员、外来人员、车辆出入厂（库）区登记制度的；

（二）未制定专人管理、登记、分发黑火药、引火线、烟火药及库存和中转效果件的安全管理制度的；

（三）未建立烟花爆竹买卖合同管理制度的；

（四）未按规定建立烟花爆竹流向管理制度的。

第三十六条　零售经营者有下列行为之一的，责令其限期改正，可以处一千元以上五千元以下的罚款；逾期未改正的，处五千元以上一万元以下的罚款：

（一）超越许可证载明限量储存烟花爆竹的；

（二）到批发企业仓库自行提取烟花爆竹的。

第三十七条　生产经营单位有下列行为之一的，责令改正；拒不改正的，处一万元以上三万元以下的罚款，对其直接负责的主管人员和其他直接责任人员处五千元以上一万元以下的罚款：

（一）对工（库）房、安全设施、电气线路、机械设备等进行检测、检修、维修、改造作业前，未制定安全作业方案，或者未切断被检修、维修的电气线路和机械设备电源的；

（二）拒绝、阻挠受安全生产监督管理部门委托的专业技术服务机构开展检验、检测的。

第三十八条　生产经营单位未采取措施消除下列事故隐患的，责令立即消除或者限期消除；生产经营单位拒不执行的，责令停产停业整顿，并处十万元以上五十万元以下的罚款，对其直接负责的主管人员和其他直接责任人员处二万元以上五万元以下的罚款：

（一）工（库）房超过核定人员、药量或者擅自改变设计用途使用工（库）房的；

（二）仓库内堆码、分类分级储存等违反国家标准或者行业标准规定的；

（三）在仓库内进行拆箱、包装作业，将性质不相容的物质混存的；

（四）在中转库、中转间内，超量、超时储存药物、半成品、成品的；

（五）留存过期及废弃的烟花爆竹成品、半成品、原材料等危险废弃物的；

（六）企业内部及生产区、库区之间运输烟花爆竹成品、半成品及原材料的车辆、工具不符合国家标准或者行业标准规定安全条件的；

（七）允许未安装阻火装置等不具备国家标准或者行业标准规定安全条件的机动车辆进入生产区和仓库区的；

（八）其他事故隐患。

第三十九条　违反本规定，构成《中华人民共和国安全生产法》及其他法律、行政法规规定的其他违法行为的，依照《中华人民共和国安全生产法》等法律、行政法规的规定处理。涉嫌犯罪的，依法移送司法机关追究刑事责任。

第五章　附　　则

第四十条　本规定中的行政处罚，由县级以上安全生产监督管理部门决定。

第四十一条　本规定自 2018 年 3 月 1 日起施行。

第四部分　国务院文件

88　中共中央　国务院关于推进安全生产领域改革发展的意见

中发〔2016〕32号

安全生产是关系人民群众生命财产安全的大事，是经济社会协调健康发展的标志，是党和政府对人民利益高度负责的要求。党中央、国务院历来高度重视安全生产工作，党的十八大以来作出一系列重大决策部署，推动全国安全生产工作取得积极进展。同时也要看到，当前我国正处在工业化、城镇化持续推进过程中，生产经营规模不断扩大，传统和新型生产经营方式并存，各类事故隐患和安全风险交织叠加，安全生产基础薄弱、监管体制机制和法律制度不完善、企业主体责任落实不力等问题依然突出，生产安全事故易发多发，尤其是重特大安全事故频发势头尚未得到有效遏制，一些事故发生呈现由高危行业领域向其他行业领域蔓延趋势，直接危及生产安全和公共安全。为进一步加强安全生产工作，现就推进安全生产领域改革发展提出如下意见。

一、总体要求

（一）指导思想。全面贯彻党的十八大和十八届三中、四中、五中、六中全会精神，以邓小平理论、“三个代表”重要思想、科学发展观为指导，深入贯彻习近平总书记系列重要讲话精神和治国理政新理念新思想新战略，进一步增强“四个意识”，紧紧围绕统筹推进“五位一体”总体布局和协调推进“四个全面”战略布局，牢固树立新发展理念，坚持安全发展，坚守发展决不能以牺牲安全为代价这条不可逾越的红线，以防范遏制重特大生产安全事故为重点，坚持安全第一、预防为主、综合治理的方针，加强领导、改革创新，协调联动、齐抓共管，着力强化企业安全生产主体责任，着力堵塞监督管理漏洞，着力解决不遵守法律法规的问题，依靠严密的责任体系、严格的法治措施、有效的体制机制、有力的基础保障和完善的系统治理，切实增强安全防范治理能力，大力提升我国安全生产整体水平，确保人民群众安康幸福、共享改革发展和社会文明进步成果。

（二）基本原则

——坚持安全发展。贯彻以人民为中心的发展思想，始终把人的生命安全放在首位，正确处理安全与发展的关系，大力实施安全发展战略，为经济社会发展提供强有力的安全保障。

——坚持改革创新。不断推进安全生产理论创新、制度创新、体制机制创新、科技创新和文化创新，增强企业内生动力，激发全社会创新活力，破解安全生产难题，推动安全生产与经济社会协调发展。

——坚持依法监管。大力弘扬社会主义法治精神，运用法治思维和法治方式，深化安全生产监管执法体制改革，完善安全生产法律法规和标准体系，严格规范公正文明执法，增强监管执法效能，提高安全生产法治化水平。

——坚持源头防范。严格安全生产市场准入，经济社会发展要以安全为前提，把安全生产贯穿城乡规划布局、设计、建设、管理和企业生产经营活动全过程。构建风险分级管控和隐患排查治理双重预防工作机制，严防风险演变、隐患升级导致生产安全事故发生。

——坚持系统治理。严密层级治理和行业治理、政府治理、社会治理相结合的安全生产治理体系，组织动员各方面力量实施社会共治。综合运用法律、行政、经济、市场等手段，落实人防、技防、物防措施，提升全社会安全生产治理能力。

（三）目标任务。到2020年，安全生产监管体制机制基本成熟，法律制度基本完善，全国生产安全事故总量明显减少，职业病危害防治取得积极进展，重特大生产安全事故频发势头得到有效遏制，安全生产整体水平与全面建成小康社会目标相适应。到2030年，实现安全生产治理体系和治理能力现代化，全民安全文明素质全面提升，安全生产保障能力显著增强，为实现中华民族伟大复兴的中国梦奠定稳固可靠的安全生产基础。

二、健全落实安全生产责任制

（四）明确地方党委和政府领导责任。坚持党政同责、一岗双责、齐抓共管、失职追责，完善安全生产责任体系。地方各级党委和政府要始终把安全生产摆在重要位置，加强组织领导。党政主要负责人是本地区安全生产第一责任人，班子其他成员对分管范围内的安全生产工作负领导责任。地方各级安全生产委员会主任由政府主要负责人担任，成员由同级党委和政府及相关部门负责人组成。

地方各级党委要认真贯彻执行党的安全生产方针，在统揽本地区经济社会发展全局中同步推进安全生产工作，定期研究决定安全生产重大问题。加强安全生产监管机构领导班子、干部队伍建设。严格安全生产履职绩效考核和失职责任追究。强化安全生产宣传教育和舆论引导。发挥人大对安全生产工作的监督促进作用、政协对安全生产工作的民主监督作用。推动组织、宣传、政法、机构编制等单位支持保障安全生产工作。动员社会各界积极参与、支持、监督安全生产工作。

地方各级政府要把安全生产纳入经济社会发展总体规划，制定实施安全生产专项规划，健全安全投入保障制度。及时研究部署安全生产工作，严格落实属地监管责任。充分发挥安全生产委员会作用，实施安全生产责任目标管理。建立安全生产巡查制度，督促各部门和下级政府履职尽责。加强安全生产监管执法能力建设，推进安全科技创新，提升信息化管理水平。严格安全准入标准，指导管控安全风险，督促整治重大隐患，强化源头治理。加强应急管理，完善安全生产应急救援体系。依法依规开展事故调查处理，督促落实问题整改。

（五）明确部门监管责任。按照管行业必须管安全、管业务必须管安全、管生产经营必须管安全和谁主管谁负责的原则，厘清安全生产综合监管与行业监管的关系，明确各有关部门安全生产和职业健康工作职责，并落实到部门工作职责规定中。安全生产监督管理部门负责安全生产法规标准和政策规划制定修订、执法监督、事故调查处理、应急救援管理、统计分析、宣传教育培训等综合性工作，承担职责范围内行业领域安全生产和职业健康监管执法职责。负有安全生产监督管理职责的有关部门依法依规履行相关行业领域安全生产和职业健康监管职责，强化监管执法，严厉查处违法违规行为。其他行业领域主管部门负有安全生产管理责任，要将安全生产工作作为行业领域管理的重要内容，从行业规划、产业政策、法规标准、行政许可等方面加强行业安全生产工作，指导督促企事业单位加强安全管理。党委和政府其他有关部门要在职责范围内为安全生产工作提供支持保障，共同推进安全发展。

（六）严格落实企业主体责任。企业对本单位安全生产和职业健康工作负全面责任，要严格履行安全生产法定责任，建立健全自我约束、持续改进的内生机制。企业实行全员安全生产责任制度，法定代表人和实际控制人同为安全生产第一责任人，主要技术负责人负有安全生产技术决策和指挥权，强化部门安全生产职责，落实一岗双责。完善落实混合所有制企业以及跨地区、多层级和境外中资企业投资主体的安全生产责任。建立企业全过程安全生产和职业健康管理制度，做到安全责任、管理、投入、培训和应急救援“五到位”。国有企业要发挥安全生产工作示范带头作用，自觉接受属地监管。

（七）健全责任考核机制。建立与全面建成小康社会相适应和体现安全发展水平的考核评价体系。完善考核制度，统筹整合、科学设定安全生产考核指标，加大安全生产在社会治安综合治理、精神文明建设等考核中的权重。各级政府要对同级安全生产委员会成员单位和下级政府实施严格的安全生产工作责任考核，实行过程考核与结果考核相结合。各地区各单位要建立安全生产绩效与履职评定、职务晋升、奖励惩处挂钩制度，严格落实安全生产“一票否决”制度。

（八）严格责任追究制度。实行党政领导干部任期安全生产责任制，日常工作依责尽职、发生事故依责追究。依法依规制定各有关部门安全生产权力和责任清单，尽职照单免责、失职照单问责。建立企业生产经营全过程安全责任追溯制度。严肃查处安全生产领域项目审批、行政许可、监管执法中的失职渎职和权钱交易等腐败行为。严格事故直报制度，对瞒报、谎报、漏报、迟报事故的单位和个人依法依规追责。对被追究刑事责任的生产经营者依法实施相应的职业禁入，对事故发生负有重大责任的社会服务机构和人员依法严肃追究法律责任，并依法实施相应的行业禁入。

三、改革安全监管监察体制

（九）完善监督管理体制。加强各级安全生产委员会组织领导，充分发挥其统筹协调作用，切实解决突出矛盾和问题。各级安全生产监督管理部门承担本级安全生产委员会日常工作，负责指导协调、监督检查、巡查考核本级政府有关部门和下级政府安全生产工作，履行综合监管职责。负有安全生产监督管理职责的部门，依照有关法律法规和部门职责，健全安全生产监管体制，严格落实监管职责。相关部门按照各自职责建立完善安全生产工作机制，形成齐抓共管格局。坚持管安全生产必须管职业健康，建立安全生产和职业健康一体化监管执法体制。

（十）改革重点行业领域安全监管监察体制。依托国家煤矿安全监察体制，加强非煤矿山安全生产监管监察，优化安全监察机构布局，将国家煤矿安全监察机构负责的安全生产行政许可事项移交给地方政府承担。着重加强危险化学品安全监管体制改革和力量建设，明确和落实危险化学品建设项目立项、规划、设计、施工及生产、储存、使用、销售、运输、废弃处置等环节的法定安全监管责任，建立有力的协调联动机制，消除监管空白。完善海洋石油安全生产监督管理体制机制，实行政企分开。理顺民航、铁路、电力等行业跨区域监管体制，明确行业监管、区域监管与地方监管职责。

（十一）进一步完善地方监管执法体制。地方各级党委和政府要将安全生产监督管理部门作为政府工作部门和行政执法机构，加强安全生产执法队伍建设，强化行政执法职能。统筹加强安全监管力量，重点充实市、县两级安全生产监管执法人员，强化乡镇（街道）安全生产监管力量建设。完善各类开发区、工业园区、港区、风景区等功能区安全生产监管体制，明确负责安全生产监督管理的机构，以及港区安全生产地方监管和部门监管责任。

（十二）健全应急救援管理体制。按照政事分开原则，推进安全生产应急救援管理体制改革，强化行政管理职能，提高组织协调能力和现场救援时效。健全省、市、县三级安全生产应急救援管理工作机制，建设联动互通的应急救援指挥平台。依托公安消防、大型企业、工业园区等应急救援力量，加强矿山和危险化学品等应急救援基地和队伍建设，实行区域化应急救援资源共享。

四、大力推进依法治理

（十三）健全法律法规体系。建立健全安全生产法律法规立改废释工作协调机制。加强涉及安全生产相关法规一致性审查，增强安全生产法制建设的系统性、可操作性。制定安全生产中长期立法规划，加快制定修订安全生产法配套法规。加强安全生产和职业健康法律法规衔接融合。研究修改刑法有关条款，将生产经营过程中极易导致重大生产安全事故的违法行为列入刑法调整范围。制定完善高危行业领域安全规程。设区的市根据立法法的立法精神，加强安全生产地方性法规建设，解决区域性安全生产突出问题。

（十四）完善标准体系。加快安全生产标准制定修订和整合，建立以强制性国家标准为主体的安全生产标准体系。鼓励依法成立的社会团体和企业制定更加严格规范的安全生产标准，结合国情积极借鉴实施国际先进标准。国务院安全生产监督管理部门负责生产经营单位职业危害预防治理国家标准制定发布工作；统筹提出安全生产强制性国家标准立项计划，有关部门按照职责分工组织起草、审查、实施和监督执行，国务院标准化行政主管部门负责及时立项、编号、对外通报、批准并发布。

（十五）严格安全准入制度。严格高危行业领域安全准入条件。按照强化监管与便民服务相结合原则，科学设置安全生产行政许可事项和办理程序，优化工作流程，简化办事环节，实施网上公开办理，接受社会监督。对与人民群众生命财产安全直接相关的行政许可事项，依法严格管理。对取消、下放、移交的行政许可事项，要加强事中事后安全监管。

（十六）规范监管执法行为。完善安全生产监管执法制度，明确每个生产经营单位安全生产监督和管理主体，制订实施执法计划，完善执法程序规定，依法严格查处各类违法违规行为。建立行政执法和刑事司法衔接制度，负有安全生产监督管理职责的部门要加强与公安、检察院、法院等协调配合，完善安全生产违法线索通报、案件移送与协查机制。对违法行为当事人拒不执行安全生产行政执法决定的，负有安全生产监督管理职责的部门应依法申请司法机关强制执行。完善司法机关参与事故调查机制，严肃查处违法犯罪行为。研究建立安全生产民事和行政公益诉讼制度。

（十七）完善执法监督机制。各级人大常委会要定期检查安全生产法律法规实施情况，开展专题询问。各级政协要围绕安全生产突出问题开展民主监督和协商调研。建立执法行为审议制度和重大行政执法决策机制，评估执法效果，防止滥用职权。健全领导干部非法干预安全生产监管执法的记录、通报和责任追究制度。完善安全生产执法纠错和执法信息公开制度，加强社会监督和舆论监督，保证执法严明、有错必纠。

（十八）健全监管执法保障体系。制定安全生产监管监察能力建设规划，明确监管执法装备及现场执法和应急救援用车配备标准，加强监管执法技术支撑体系建设，保障监管执法需要。建立完善负有安全生产监督管理职责的部门监管执法经费保障机制，将监管执法经费纳入同级财政全额保障范围。加强监管执法制度化、标准化、信息化建设，确保规范高效监管执法。建立安全生产监管执法人员依法履行法定职责制度，激励保证监管执法人员忠于职守、履职尽责。严格监管执法人员资格管理，制定安全生产监管执法人员录用标准，提高专业监管执法人员比例。建立健全安全生产监管执法人员凡进必考、入职培训、持证上岗和定期轮训制度。统一安全生产执法标志标识和制式服装。

（十九）完善事故调查处理机制。坚持问责与整改并重，充分发挥事故查处对加强和改进安全生产工作的促进作用。完善生产安全事故调查组组长负责制。健全典型事故提级调查、跨地区协同调查和工作督导机制。建立事故调查分析技术支撑体系，所有事故调查报告要设立技术和管理问题专篇，详细分析原因并全文发布，做好解读，回应公众关切。对事故调查发现有漏洞、缺陷的有关法律法规和标准制度，及时启动制定修订工作。建立事故暴露问题整改督办制度，事故结案后一年内，负责事故调查的地方政府和国务院有关部门要组织开展评估，及时向社会公开，对履职不力、整改措施不落实的，依法依规严肃追究有关单位和人员责任。

五、建立安全预防控制体系

（二十）加强安全风险管控。地方各级政府要建立完善安全风险评估与论证机制，科学合理确定企业选址和基础设施建设、居民生活区空间布局。高危项目审批必须把安全生产作为前置条件，城乡规划布局、设计、建设、管理等各项工作必须以安全为前提，实行重大安全风险“一票否决”。加强新材料、新工艺、新业态安全风险评估和管控。紧密结合供给侧结构性改革，推动高危产业转型升级。位置相邻、行业相近、业态相似的地区和行业要建立完善重大安全风险联防联控机制。构建国家、省、市、县四级重大危险源信息管理体系，对重点行业、重点区域、重点企业实行风险预警控制，有效防范重特大生产安全事故。

（二十一）强化企业预防措施。企业要定期开展风险评估和危害辨识。针对高危工艺、设备、物品、场所和岗位，建立分级管控制度，制定落实安全操作规程。树立隐患就是事故的观念，建立健全隐患排查治理制度、重大隐患治理情况向负有安全生产监督管理职责的部门和企业职代会“双报告”制度，实行自查自改自报闭环管理。严格执行安全生产和职业健康“三同时”制度。大力推进企业安全生产标准化建设，实现安全管理、操作行为、设备设施和作业环境的标准化。开展经常性的应急演练和人员避险自救培训，着力提升现场应急处置能力。

（二十二）建立隐患治理监督机制。制定生产安全事故隐患分级和排查治理标准。负有安全生产监督管理职责的部门要建立与企业隐患排查治理系统联网的信息平台，完善线上线下配套监管制度。强化隐患排查治理监督执法，对重大隐患整改不到位的企业依法采取停产停业、停止施工、停止供电和查封扣押等强制措施，按规定给予上限经济处罚，对构成犯罪的要移交司法机关依法追究刑事责任。严格重大隐患挂牌督办制度，对整改和督办不力的纳入政府核查问责范围，实行约谈告诫、公开曝光，情节严重的依法依规追究相关人员责任。

（二十三）强化城市运行安全保障。定期排查区域内安全风险点、危险源，落实管控措施，构建系统性、现代化的城市安全保障体系，推进安全发展示范城市建设。提高基础设施安全配置标准，重点加强对城市高层建筑、大型综合体、隧道桥梁、管线管廊、轨道交通、燃气、电力设施及电梯、游乐设施等的检测维护。完善大型群众性活动安全管理制度，加强人员密集场所安全监管。加强公安、民政、国土资源、住房城乡建设、交通运输、水利、农业、安全监管、气象、地震等相关部门的协调联动，严防自然灾害引发事故。

（二十四）加强重点领域工程治理。深入推进对煤矿瓦斯、水害等重大灾害以及矿山采空区、尾矿库的工程治理。加快实施人口密集区域的危险化学品和化工企业生产、仓储场所安全搬迁工程。深化油气开采、输送、炼化、码头接卸等领域安全整治。实施高速公路、乡村公路和急弯陡坡、临水临崖危险路段公路安全生命防护工程建设。加强高速铁路、跨海大桥、海底隧道、铁路浮桥、航运枢纽、港口等防灾监测、安全检测及防护系统建设。完善长途客运车辆、旅游客车、危险物品运输车辆和船舶生产制造标准，提高安全性能，强制安装智能视频监控报警、防碰撞和整车整船安全运行监管技术装备，对已运行的要加快安全技术装备改造升级。

（二十五）建立完善职业病防治体系。将职业病防治纳入各级政府民生工程及安全生产工作考核体系，制定职业病防治中长期规划，实施职业健康促进计划。加快职业病危害严重企业技术改造、转型升级和淘汰退出，加强高危粉尘、高毒物品等职业病危害源头治理。健全职业健康监管支撑保障体系，加强职业健康技术服务机构、职业病诊断鉴定机构和职业健康体检机构建设，强化职业病危害基础研究、预防控制、诊断鉴定、综合治疗能力。完善相关规定，扩大职业病患者救治范围，将职业病失能人员纳入社会保障范围，对符合条件的职业病患者落实医疗与生活救助措施。加强企业职业健康监管执法，督促落实职业病危害告知、日常监测、定期报告、防护保障和职业健康体检等制度措施，落实职业病防治主体责任。

六、加强安全基础保障能力建设

（二十六）完善安全投入长效机制。加强中央和地方财政安全生产预防及应急相关资金使用管理，加大安全生产与职业健康投入，强化审计监督。加强安全生产经济政策研究，完善安全生产专用设备企业所得税优惠目录。落实企业安全生产费用提取管理使用制度，建立企业增加安全投入的激励约束机制。健全投融资服务体系，引导企业集聚发展灾害防治、预测预警、检测监控、个体防护、应急处置、安全文化等技术、装备和服务产业。

（二十七）建立安全科技支撑体系。优化整合国家科技计划，统筹支持安全生产和职业健康领域科研项目，加强研发基地和博士后科研工作站建设。开展事故预防理论研究和关键技术装备研发，加快成果转化和推广应用。推动工业机器人、智能装备在危险工序和环节广泛应用。提升现代信息技术与安全生产融合度，统一标准规范，加快安全生产信息化建设，构建安全生产与职业健康信息化全国“一张网”。加强安全生产理论和政策研究，运用大数据技术开展安全生产规律性、关联性特征分析，提高安全生产决策科学化水平。

（二十八）健全社会化服务体系。将安全生产专业技术服务纳入现代服务业发展规划，培育多元化服务主体。建立政府购买安全生产服务制度。支持发展安全生产专业化行业组织，强化自治自律。完善注册安全工程师制度。改革完善安全生产和职业健康技术服务机构资质管理办法。支持相关机构开展安全生产和职业健康一体化评价等技术服务，严格实施评价公开制度，进一步激活和规范专业技术服务市场。鼓励中小微企业订单式、协作式购买运用安全生产管理和技术服务。建立安全生产和职业健康技术服务机构公示制度和由第三方实施的信用评定制度，严肃查处租借资质、违法挂靠、弄虚作假、垄断收费等各类违法违规行为。

（二十九）发挥市场机制推动作用。取消安全生产风险抵押金制度，建立健全安全生产责任保险制度，在矿山、危险化学品、烟花爆竹、交通运输、建筑施工、民用爆炸物品、金属冶炼、渔业生产等高危行业领域强制实施，切实发挥保险机构参与风险评估管控和事故预防功能。完善工伤保险制度，加快制定工伤预防费用的提取比例、使用和管理具体办法。积极推进安全生产诚信体系建设，完善企业安全生产不良记录“黑名单”制度，建立失信惩戒和守信激励机制。

（三十）健全安全宣传教育体系。将安全生产监督管理纳入各级党政领导干部培训内容。把安全知识普及纳入国民教育，建立完善中小学安全教育和高危行业职业安全教育体系。把安全生产纳入农民工技能培训内容。严格落实企业安全教育培训制度，切实做到先培训、后上岗。推进安全文化建设，加强警示教育，强化全民安全意识和法治意识。发挥工会、共青团、妇联等群团组织作用，依法维护职工群众的知情权、参与权与监督权。加强安全生产公益宣传和舆论监督。建立安全生产“12350”专线与社会公共管理平台统一接报、分类处置的举报投诉机制。鼓励开展安全生产志愿服务和慈善事业。加强安全生产国际交流合作，学习借鉴国外安全生产与职业健康先进经验。

各地区各部门要加强组织领导，严格实行领导干部安全生产工作责任制，根据本意见提出的任务和要求，结合实际认真研究制定实施办法，抓紧出台推进安全生产领域改革发展的具体政策措施，明确责任分工和时间进度要求，确保各项改革举措和工作要求落实到位。贯彻落实情况要及时向党中央、国务院报告，同时抄送国务院安全生产委员会办公室。中央全面深化改革领导小组办公室将适时牵头组织开展专项监督检查。

89 国务院关于进一步加强安全生产工作的决定

国发〔2004〕2号

各省、自治区、直辖市人民政府，国务院各部委、各直属机构：

安全生产关系人民群众的生命财产安全，关系改革发展和社会稳定大局。党中央、国务院高度重视安全生产工作，建国以来特别是改革开放以来，采取了一系列重大举措加强安全生产工作。颁布实施了《中华人民共和国安全生产法》（以下简称《安全生产法》）等法律法规，明确了安全生产责任；初步建立了安全生产监管体系，安全生产监督管理得到加强；对重点行业和领域集中开展了安全生产专项整治，生产经营秩序和安全生产条件有所改善，安全生产状况总体上趋于稳定好转。但是，目前全国的安全生产形势依然严峻，煤矿、道路交通运输、建筑等领域伤亡事故多发的状况尚未根本扭转；安全生产基础比较薄弱，保障体系和机制不健全；部分地方和生产经营单位安全意识不强，责任不落实，投入不足；安全生产监督管理机构、队伍建设以及监管工作亟待加强。为了进一步加强安全生产工作，尽快实现我国安全生产局面的根本好转，特作如下决定。

一、提高认识，明确指导思想和奋斗目标

1. 充分认识安全生产工作的重要性。搞好安全生产工作，切实保障人民群众的生命财产安全，体现了最广大人民群众的根本利益，反映了先进生产力的发展要求和先进文化的前进方向。做好安全生产工作是全面建设小康社会、统筹经济社会全面发展的重要内容，是实施可持续发展战略的组成部分，是政府履行社会管理和市场监管职能的基本任务，是企业生存发展的基本要求。我国目前尚处于社会主义初级阶段，要实现安全生产状况的根本好转，必须付出持续不懈的努力。各地区、各部门要把安全生产作为一项长期艰巨的任务，警钟长鸣，常抓不懈，从全面贯彻落实“三个代表”重要思想，维护人民群众生命财产安全的高度，充分认识加强安全生产工作的重要意义和现实紧迫性，动员全社会力量，齐抓共管，全力推进。

2. 指导思想。认真贯彻“三个代表”重要思想，适应全面建设小康社会的要求和完善社会主义市场经济体制的新形势，坚持“安全第一、预防为主”的基本方针，进一步强化政府对安全生产工作的领导，大力推进安全生产各项工作，落实生产经营单位安全生产主体责任，加强安全生产监督管理；大力推进安全生产监管体制、安全生产法制和执法队伍“三项建设”，建立安全生产长效机制，实施科技兴安战略，积极采用先进的安全管理方法和安全生产技术，努力实现全国安全生产状况的根本好转。

3. 奋斗目标。到2007年，建立起较为完善的安全生产监管体系，全国安全生产状况稳定好转，矿山、危险化学品、建筑等重点行业和领域事故多发状况得到扭转，工矿企业事故死亡人数、煤矿百万吨死亡率、道路交通运输万车死亡率等指标均有一定幅度的下降。到2010年，初步形成规范完善的安全生产法治秩序，全国安全生产状况明显好转，重特大事故得到有效遏制，各类生产安全事故和死亡人数有较大幅度的下降。力争到2020年，我国安全生产状况实现根本性好转，亿元国内生产总值死亡率、十万人死亡率等指标达到或者接近世界中等发达国家水平。

二、完善政策，大力推进安全生产各项工作

4. 加强产业政策的引导。制定和完善产业政策，调整和优化产业结构。逐步淘汰技术落后、浪费资源和环境污染严重的工艺技术、装备及不具备安全生产条件的企业。通过兼并、联合、重组等措施，积极发展跨区域、跨行业经营的大公司、大集团和大型生产供应基地，提高有安全生产保障企业的生产能力。

5. 加大政府对安全生产的投入。加强安全生产基础设施建设和支撑体系建设，加大对企业安全生产技术改造的支持力度。运用长期建设国债和预算内基本建设投资，支持大中型国有煤炭企业的安全生产技术改造。各级地方人民政府要重视安全生产基础设施建设资金的投入，并积极支持企业安全技术改造，对国家安排的安全生产专项资金，地方政府要加强监督管理，确保专款专用，并安排配套资金予以保障。

6. 深化安全生产专项整治。坚持把矿山、道路和水上交通运输、危险化学品、民用爆破器材和烟花爆竹、人员密集场所消防安全等方面的安全生产专项整治，作为整顿和规范社会主义市场经济秩序的一项重要任务，持续不懈地抓下去。继续关闭取缔非法和不具备安全生产条件的小矿小厂、经营网点，遏制低水平重复建设。开展公路货车超限超载治理，保障道路交通运输安全。把安全生产专项整治与依法落实生产经营单位安全生产保障制度、加强日常监督管理以及建立安全生产长效机制结合起来，确保整治工作取得实效。

7. 健全完善安全生产法制。对《安全生产法》确立的各项法律制度，要抓紧制定配套法规规章。认真做好各项安全生产技术规范、标准的制定修订工作。各地区要结合本地实际，制定和完善《安全生产法》配套实施办法和措施。加大安全生产法律法规的学习宣传和贯彻力度，普及安全生产法律知识，增强全民安全生产法制观念。

8. 建立生产安全应急救援体系。加快全国生产安全应急救援体系建设，尽快建立国家生产安全应急救援指挥中心，充分利用现有的应急救援资源，建设具有快速反应能力的专业化救援队伍，提高救援装备水平，增强生产安全事故的抢险救援能力。加强区域性生产安全应急救援基地建设。搞好重大危险源的普查登记，加强国家、省（区、市）、市（地）、县（市）四级重大危险源监控工作，建立应急救援预案和生产安全预警机制。

9. 加强安全生产科研和技术开发。加强安全生产科学学科建设，积极发展安全生产普通高等教育，培养和造就更多的安全生产科技和管理人才。加大科技投入力度，充分利用高等院校、科研机构、社会团体等安全生产科研资源，加强安全生产基础研究和应用研究。建立国家安全生产信息管理系统，提高安全生产信息统计的准确性、科学性和权威性。积极开展安全生产领域的国际交流与合作，加快先进的生产安全技术引进、消化、吸收和自主创新步伐。

三、强化管理，落实生产经营单位安全生产主体责任

10. 依法加强和改进生产经营单位安全管理。强化生产经营单位安全生产主体地位，进一步明确安全生产责任，全面落实安全保障的各项法律法规。生产经营单位要根据《安全生产法》等有关法律规定，设置安全生产管理机构或者配备专职（或兼职）安全生产管理人员。保证安全生产的必要投入，积极采用安全性能可靠的新技术、新工艺、新设备和新材料，不断改善安全生产条件。改进生产经营单位安全管理，积极采用职业安全健康管理体系认证、风险评估、安全评价等方法，落实各项安全防范措施，提高安全生产管理水平。

11. 开展安全质量标准化活动。制定和颁布重点行业、领域安全生产技术规范和安全生产质量工作标准，在全国所有工矿、商贸、交通运输、建筑施工等企业普遍开展安全质量标准化活动。企业生产流程的各环节、各岗位要建立严格的安全生产质量责任制。生产经营活动和行为，必须符合安全生产有关法律法规和安全生产技术规范的要求，做到规范化和标准化。

12. 搞好安全生产技术培训。加强安全生产培训工作，整合培训资源，完善培训网络，加大培训力度，提高培训质量。生产经营单位必须对所有从业人员进行必要的安全生产技术培训，其主要负责人及有关经营管理人员、重要工种人员必须按照有关法律、法规的规定，接受规范的安全生产培训，经考试合格，持证上岗。完善注册安全工程师考试、任职、考核制度。

13. 建立企业提取安全费用制度。为保证安全生产所需资金投入，形成企业安全生产投入的长效机制，借鉴煤矿提取安全费用的经验，在条件成熟后，逐步建立对高危行业生产企业提取安全费用制度。企业安全费用的提取，要根据地区和行业的特点，分别确定提取标准，由企业自行提取，专户储存，专项用于安全生产。

14. 依法加大生产经营单位对伤亡事故的经济赔偿。生产经营单位必须认真执行工伤保险制度，依法参加工伤保险，及时为从业人员缴纳保险费。同时，依据《安全生产法》等有关法律法规，向受到生产安全事故伤害的员工或家属支付赔偿金。进一步提高企业生产安全事故伤亡赔偿标准，建立企业负责人自觉保障安全投入，努力减少事故的机制。

四、完善制度，加强安全生产监督管理

15. 加强地方各级安全生产监管机构和执法队伍建设。县级以上各级地方人民政府要依照《安全生产法》的规定，建立健全安全生产监管机构，充实必要的人员，加强安全生产监管队伍建设，提高安全生产监管工作的权威，切实履行安全生产监管职能。完善煤矿安全生产监察体制，进一步加强煤矿安全生产监察队伍建设和监察执法工作。

16. 建立安全生产控制指标体系。要制订全国安全生产中长期发展规划，明确年度安全生产控制指标，建立全国和分省（区、市）的控制指标体系，对安全生产情况实行定量控制和考核。从 2004 年起，国家向各省（区、市）人民政府下达年度安全生产各项控制指标，并进行跟踪检查和监督考核。对各省（区、市）安全生产控制指标完成情况，国家安全生产监督管理部门将通过新闻发布会、政府公告、简报等形式，每季度公布一次。

17. 建立安全生产行政许可制度。把安全生产纳入国家行政许可的范围，在各行业的行政许可制度中，把安全生产作为一项重要内容，从源头上制止不具备安全生产条件的企业进入市场。开办企业必须具备法律规定的安全生产条件，依法向政府有关部门申请、办理安全生产许可证，持证生产经营。新建、改建、扩建项目的安全设施必须与主体工程同时设计、同时施工、同时投入生产和使用（简称“三同时”），对未通过“三同时”审查的建设项目，有关部门不予办理行政许可手续，企业不准开工投产。

18. 建立企业安全生产风险抵押金制度。为强化生产经营单位的安全生产责任，各地区可结合实际，依法对矿山、道路交通运输、建筑施工、危险化学品、烟花爆竹等领域从事生产经营活动的企业，收取一定数额的安全生产风险抵押金，企业生产经营期间发生生产安全事故的，转作事故抢险救灾和善后处理所需资金。具体办法由国家安全生产监督管理部门会同财政部研究制定。

19. 强化安全生产监管监察行政执法。各级安全生产监管监察机构要增强执法意识，做到严格、公正、文明执法。依法对生产经营单位安全生产情况进行监督检查，指导督促生产经营单位建立健全安全生产责任制，落实各项防范措施。组织开展好企业安全评估，搞好分类指导和重点监管。对严重忽视安全生产的企业及其负责人或业主，要依法加大行政执法和经济处罚的力度。认真查处各类事故，坚持事故原因未查清不放过、责任人员未处理不放过、整改措施未落实不放过、有关人员未受到教育不放过的“四不放过”原则，不仅要追究事故直接责任人的责任，同时要追究有关负责人的领导责任。

20. 加强对小企业的安全生产监管。小企业是安全生产管理的薄弱环节，各地要高度重视小企业的安全生产工作，切实加强监督管理。从组织领导、工作机制和安全投入等方面入手，逐步探索出一套行之有效的监管办法。坚持寓监督管理于服务之中，积极为小企业提供安全技术、人才、政策咨询等方面的服务，加强检查指导，督促帮助小企业搞好安全生产。要重视解决小煤矿安全生产投入问题，对乡镇及个体煤矿，要严格监督其按照有关规定提取安全费用。

五、加强领导，形成齐抓共管的合力

21. 认真落实各级领导安全生产责任。地方各级人民政府要建立健全领导干部安全生产责任制，把安全生产作为干部政绩考核的重要内容，逐级抓好落实。特别要加强县乡两级领导干部安全生产责任制的落实。加强对地方领导干部的安全知识培训和安全生产监管人员的执法业务培训。国家组织对市（地）、县（市）两级政府分管安全生产工作的领导干部进行培训；各省（区、市）要对县级以上安全生产监管部门负责人，分期分批进行执法能力培训。依法严肃查处事故责任，对存在失职、渎职行为，或对事故发生负有领导责任的地方政府、企业领导人，要依照有关法律法规严格追究责任。严厉惩治安全生产领域的腐败现象和黑恶势力。

22. 构建全社会齐抓共管的安全生产工作格局。地方各级人民政府每季度至少召开一次安全生产例会，分析、部署、督促和检查本地区的安全生产工作；大力支持并帮助解决安全生产监管部门在行政执法中遇到的困难和问题。各级安全生产委员会及其办公室要积极发挥综合协调作用。安全生产综合监管及其他负有安全生产监督管理职责的部门要在政府的统一领导下，依照有关法律法规的规定，各负其责，密切配合，切实履行安全监管职能。各级工会、共青团组织要围绕安全生产，发挥各自优势，开展群众性安全生产活动。充分发挥各类协会、学会、中心等中介机构和社团组织的作用，构建信息、法律、技术装备、宣传教育、培训和应急救援等安全生产支撑体系。强化社会监督、群众监督和新闻媒体监督，丰富全国“安全生产月”“安全生产万里行”等活动内容，努力构建“政府统一领导、部门依法监管、企业全面负责、群众参与监督、全社会广泛支持”的安全生产工作格局。

23. 做好宣传教育和舆论引导工作。把安全生产宣传教育纳入宣传思想工作的总体布局，坚持正确的舆论导向，大力宣传党和国家安全生产方针政策、法律法规和加强安全生产工作的重大举措，宣传安全生产工作的先进典型和经验；对严重忽视安全生产、导致重特大事故发生的典型事例要予以曝光。在大中专院校和中小学开设安全知识课程，提高青少年在道路交通、消防、城市燃气等方面的识灾和防灾能力。通过广泛深入的宣传教育，不断增强群众依法自我安全保护的意识。

各地区、各部门和各单位要加强调查研究，注意发现安全生产工作中出现的新情况，研究新问题，推进安全生产理论、监管体制和机制、监管方式和手段、安全科技、安全文化等方面的创新，不断增强安全生产工作的针对性和实效性，努力开创我国安全生产工作的新局面，为完善社会主义市场经济体制，实现党的十六大提出的全面建设小康社会的宏伟目标创造安全稳定的环境。

国务院

2004 年 1 月 9 日

90　国务院关于坚持科学发展安全发展促进安全生产形势持续稳定好转的意见

国发〔2011〕40 号

各省、自治区、直辖市人民政府，国务院各部委、各直属机构：

安全生产事关人民群众生命财产安全，事关改革开放、经济发展和社会稳定大局，事关党和政府形象和声誉。为深入贯彻落实科学发展观，实现安全发展，促进全国安全生产形势持续稳定好转，提出以下意见：

一、充分认识坚持科学发展安全发展的重大意义

（一）坚持科学发展安全发展是对安全生产实践经验的科学总结。多年来，各地区、各部门、各单位深入贯彻落实科学发展观，按照党中央、国务院的决策部署，大力推进安全发展，全国安全生产工作取得了积极进展和明显成效。“十一五”期间，事故总量和重特大事故大幅度下降，全国各类事故死亡人数年均减少约 1 万人，反映安全生产状况的各项指标显著改善，安全生产形势持续稳定好转。实践表明，坚持科学发展安全发展，是对新时期安全生产客观规律的科学认识和准确把握，是保障人民群众生命财产安全的必然选择。

（二）坚持科学发展安全发展是解决安全生产问题的根本途径。我国正处于工业化、城镇化快速发展进程中，处于生产安全事故易发多发的高峰期，安全基础仍然比较薄弱，重特大事故尚未得到有效遏制，非法违法生产经营建设行为屡禁不止，安全责任不落实、防范和监督管理不到位等问题在一些地方和企业还比较突出。安全生产工作既要解决长期积累的深层次、结构性和区域性问题，又要应对不断出现的新情况、新问题，根本出路在于坚持科学发展安全发展。要把这一重要思想和理念落实到生产经营建设的每一个环节，使之成为衡量各行业领域、各生产经营单位安全生产工作的基本标准，自觉做到不安全不生产，实现安全与发展的有机统一。

（三）坚持科学发展安全发展是经济发展社会进步的必然要求。随着经济发展和社会进步，全社会对安全生产的期待不断提高，广大从业人员“体面劳动”意识不断增强，对加强安全监管监察、改善作业环境、保障职业安全健康权益等方面的要求越来越高。这就要求各地区、各部门、各单位必须始终把安全生产摆在经济社会发展重中之重的位置，自觉坚持科学发展安全发展，把安全真正作为发展的前提和基础，使经济社会发展切实建立在安全保障能力不断增强、劳动者生命安全和身体健康得到切实保障的基础之上，确保人民群众平安幸福地享有经济发展和社会进步的成果。

二、指导思想和基本原则

（四）指导思想。坚持以邓小平理论和“三个代表”重要思想为指导，深入贯彻落实科学发展观，牢固树立以人为本、安全发展的理念，始终把保障人民群众生命财产安全放在首位，大力实施安全发展战略，紧紧围绕科学发展主题和加快转变经济发展方式主线，自觉坚持“安全第一、预防为主、综合治理”方针，坚持速度、质量、效益与安全的有机统一，以强化和落实企业主体责任为重点，以事故预防为主攻方向，以规范生产为保障，以科技进步为支撑，认真落实安全生产各项措施，标本兼治、综合治理，有效防范和坚决遏制重特大事故，促进安全生产与经济社会同步协调发展。

（五）基本原则。

——统筹兼顾，协调发展。正确处理安全生产与经济社会发展、与速度质量效益的关系，坚持把安全生产放在首要位置，促进区域、行业领域的科学、安全、可持续发展。

——依法治安，综合治理。健全完善安全生产法律法规、制度标准体系，严格安全生产执法，严厉打击非法违法行为，综合运用法律、行政、经济等手段，推动安全生产工作规范、有序、高效开展。

——突出预防，落实责任。加大安全投入，严格安全准入，深化隐患排查治理，筑牢安全生产基础，全面落实企业安全生产主体责任、政府及部门监管责任和属地管理责任。

——依靠科技，创新管理。加快安全科技研发应用，加强专业技术人才队伍和高素质的职工队伍培养，创新安全管理体制机制和方式方法，不断提升安全保障能力和安全管理水平。

三、进一步加强安全生产法制建设

（六）健全完善安全生产法律制度体系。加快推进安全生产法等相关法律法规的修订制定工作。适应经济社会快速发展的新要求，制定高速铁路、高速公路、大型桥梁隧道、超高层建筑、城市轨道交通和地下管网等建设、运行、管理方面的安全法规规章。根据技术进步和产业升级需要，抓紧修订完善国家和行业安全技术标准，尽快健全覆盖各行业领域的安全生产标准体系。进一步建立完善安全生产激励约束、督促检查、行政问责、区域联动等制度，形成规范有力的制度保障体系。

（七）加大安全生产普法执法力度。加强安全生产法制教育，普及安全生产法律知识，提高全民安全法制意识，增强依法生产经营建设的自觉性。加强安全生产日常执法、重点执法和跟踪执法，强化相关部门及与司法机关的联合执法，确保执法实效。继续依法严厉打击各类非法违法生产经营建设行为，切实落实停产整顿、关闭取缔、严格问责的惩治措施。强化地方人民政府特别是县乡级人民政府责任，对打击非法生产不力的，要严肃追究责任。

（八）依法严肃查处各类事故。严格按照“科学严谨、依法依规、实事求是、注重实效”的原则，认真调查处理每一起事故，查明原因，依法严肃追究事故单位和有关责任人的责任，严厉查处事故背后的腐败行为，及时向社会公布调查进展和处理结果。认真落实事故查处分级挂牌督办、跟踪督办、警示通报、诫勉约谈和现场分析制度，深刻吸取事故教训，查找安全漏洞，完善相关管理措施，切实改进安全生产工作。

四、全面落实安全生产责任

（九）认真落实企业安全生产主体责任。企业必须严格遵守和执行安全生产法律法规、规章制度与技术标准，依法依规加强安全生产，加大安全投入，健全安全管理机构，加强班组安全建设，保持安全设备设施完好有效。企业主要负责人、实际控制人要切实承担安全生产第一责任人的责任，带头执行现场带班制度，加强现场安全管理。强化企业技术负责人技术决策和指挥权，注重发挥注册安全工程师对企业安全状况诊断、评估、整改方面的作用。企业主要负责人、安全管理人员、特种作业人员一律经严格考核、持证上岗。企业用工要严格依照劳动合同法与职工签订劳动合同，职工必须全部经培训合格后上岗。

（十）强化地方人民政府安全监管责任。地方各级人民政府要健全完善安全生产责任制，把安全生产作为衡量地方经济发展、社会管理、文明建设成效的重要指标，切实履行属地管理职责，对辖区内各类企业包括中央、省属企业实施严格的安全生产监督检查和管理。严格落实地方行政首长安全生产第一责任人的责任，建立健全政府领导班子成员安全生产“一岗双责”制度。省、市、县级政府主要负责人要定期研究部署安全生产工作，组织解决安全生产重点难点问题。

（十一）切实履行部门安全生产管理和监督职责。健全完善安全生产综合监管与行业监管相结合的工作机制，强化安全生产监管部门对安全生产的综合监管，全面落实行业主管部门的专业监管、行业管理和指导职责。相关部门、境内投资主体和派出企业要切实加强对境外中资企业安全生产工作的指导和管理。要不断探索创新与经济运行、社会管理相适应的安全监管模式，建立健全与企业信誉、项目核准、用地审批、证券融资、银行贷款等方面相挂钩的安全生产约束机制。

五、着力强化安全生产基础

（十二）严格安全生产准入条件。要认真执行安全生产许可制度和产业政策，严格技术和安全质量标准，严把行业安全准入关。强化建设项目安全核准，把安全生产条件作为高危行业建设项目审批的前置条件，未通过安全评估的不准立项；未经批准擅自开工建设的，要依法取缔。严格执行建设项目安全设施“三同时”（同时设计、同时施工、同时投产和使用）制度。制定和实施高危行业从业人员资格标准。加强对安全生产专业服务机构管理，实行严格的资格认证制度，确保其评价、检测结果的专业性和客观性。

（十三）加强安全生产风险监控管理。充分运用科技和信息手段，建立健全安全生产隐患排查治理体系，强化监测监控、预报预警，及时发现和消除安全隐患。企业要定期进行安全风险评估分析，重大隐患要及时报安全监管监察和行业主管部门备案。各级政府要对重大隐患实行挂牌督办，确保监控、整改、防范等措施落实到位。各地区要建立重大危险源管理档案，实施动态全程监控。

（十四）推进安全生产标准化建设。在工矿商贸和交通运输行业领域普遍开展岗位达标、专业达标和企业达标建设，对在规定期限内未实现达标的企业，要依据有关规定暂扣其生产许可证、安全生产许可证，责令停产整顿；对整改逾期仍未达标的，要依法予以关闭。加强安全标准化分级考核评价，将评价结果向银行、证券、保险、担保等主管部门通报，作为企业信用评级的重要参考依据。

（十五）加强职业病危害防治工作。要严格执行职业病防治法，认真实施国家职业病防治规划，深入落实职业危害防护设施"三同时"制度，切实抓好煤（矽）尘、热害、高毒物质等职业危害防范治理。对可能产生职业病危害的建设项目，必须进行严格的职业病危害预评价，未提交预评价报告或预评价报告未经审核同意的，一律不得批准建设；对职业病危害防控措施不到位的企业，要依法责令其整改，情节严重的要依法予以关闭。切实做好职业病诊断、鉴定和治疗，保障职工安全健康权益。

六、深化重点行业领域安全专项整治

（十六）深入推进煤矿瓦斯防治和整合技改。加快建设"通风可靠、抽采达标、监控有效、管理到位"的瓦斯综合治理工作体系，完善落实瓦斯抽采利用扶持政策，推进瓦斯防治技术创新。严格控制高瓦斯和煤与瓦斯突出矿井建设项目审批。建立完善煤矿瓦斯防治能力评估制度，对不具备防治能力的高瓦斯和煤与瓦斯突出矿井，要严格按规定停产整改、重组或依法关闭。继续运用中央预算内投资扶持煤矿安全技术改造，支持煤矿整顿关闭和兼并重组。加强对整合技改煤矿的安全管理，加快推进煤矿井下安全避险系统建设和小煤矿机械化改造。

（十七）加大交通运输安全综合治理力度。加强道路长途客运安全管理，修订完善长途客运车辆安全技术标准，逐步淘汰安全性能差的运营车型。强化交通运输企业安全主体责任，禁止客运车辆挂靠运营，禁止非法改装车辆从事旅客运输。严格长途客运、危险品车辆驾驶人资格准入，研究建立长途客车驾驶人强制休息制度，持续严厉整治超载、超限、超速、酒后驾驶、高速公路违规停车等违法行为。加强道路运输车辆动态监管，严格按规定强制安装具有行驶记录功能的卫星定位装置并实行联网联控。提高道路建设质量，完善安全防护设施，加强桥梁、隧道、码头安全隐患排查治理。加强高速铁路和城市轨道交通建设运营安全管理。继续强化民航、农村和山区交通、水上交通的安全监管，特别要抓紧完善校车安全法规和标准，依法强化校车安全监管。

（十八）严格危险化学品安全管理。全面开展危险化学品安全管理现状普查评估，建立危险化学品安全管理信息系统。科学规划化工园区，优化化工企业布局，严格控制城镇涉及危险化学品的建设项目。各地区要积极研究制定鼓励支持政策，加快城区高风险危险化学品生产、储存企业搬迁。地方各级人民政府要组织开展地下危险化学品输送管道设施安全整治，加强和规范城镇地面开挖作业管理。继续推进化工装置自动控制系统改造。切实加强烟花爆竹和民用爆炸物品的安全监管，深入开展“三超一改”（超范围、超定员、超药量和擅自改变工房用途）和礼花弹等高危产品专项治理。

（十九）深化非煤矿山安全整治。进一步完善矿产资源开发整合常态化管理机制，制定实施非煤矿山主要矿种最小开采规模和最低服务年限标准。研究制定充填开采标准和规定。积极推行尾矿库一次性筑坝、在线监测技术，搞好尾矿综合利用。全面加强矿井安全避险系统建设，组织实施非煤矿山采空区监测监控等科技示范工程。加强陆地和海洋石油天然气勘探开采的安全管理，重点防范井喷失控、硫化氢中毒、海上溢油等事故。

（二十）加强建筑施工安全生产管理。按照“谁发证、谁审批、谁负责”的原则，进一步落实建筑工程招投标、资质审批、施工许可、现场作业等各环节安全监管责任。强化建筑工程参建各方企业安全生产主体责任。严密排查治理起重机、吊罐、脚手架等设施设备安全隐患。建立建筑工程安全生产信息系统，健全施工企业和从业人员安全信用体系，完善失信惩戒制度。建立完善铁路、公路、水利、核电等重点工程项目安全风险评估制度。严厉打击超越资质范围承揽工程、违法分包转包工程等不法行为。

（二十一）加强消防、冶金等其他行业领域的安全监管。地方各级人民政府要把消防规划纳入当地城乡规划，切实加强公共消防设施建设。大力实施社会消防安全“防火墙”工程，落实建设项目消防安全设计审核、验收和备案抽查制度，严禁使用不符合消防安全要求的装修装饰材料和建筑外保温材料。严格落实人员密集场所、大型集会活动等安全责任制，严防拥挤踩踏事故。加强冶金、有色等其他工贸行业企业安全专项治理，严格执行压力容器、电梯、游乐设施等特种设备安全管理制度，加强电力、农机和渔船安全管理。

七、大力加强安全保障能力建设

（二十二）持续加大安全生产投入。探索建立中央、地方、企业和社会共同承担的安全生产长效投入机制，加大对贫困地区和高危行业领域倾斜。完善有利于安全生产的财政、税收、信贷政策，强化政府投资对安全生产投入的引导和带动作用。企业在年度财务预算中必须确定必要的安全投入，提足用好安全生产费用。完善落实工伤保险制度，积极稳妥推行安全生产责任保险制度，发挥保险机制的预防和促进作用。

（二十三）充分发挥科技支撑作用。整合安全科技优势资源，建立完善以企业为主体、以市场为导向、产学研用相结合的安全技术创新体系。加快推进安全生产关键技术及装备的研发，在事故预防预警、防治控制、抢险处置等方面尽快推出一批具有自主知识产权的科技成果。积极推广应用安全性能可靠、先进适用的新技术、新工艺、新设备和新材料。企业必须加快国家规定的各项安全系统和装备建设，提高生产安全防护水平。加强安全生产信息化建设，建立健全信息科技支撑服务体系。

（二十四）加强产业政策引导。加大高危行业企业重组力度，进一步整合浪费资源、安全保障低的落后产能，加快淘汰不符合安全标准、职业危害严重、危及安全生产的落后技术、工艺和装备。地方各级人民政府要制定相关政策，遏制安全水平低、保障能力差的项目的建设和延续。对存在落后技术设备、构成重大安全隐患的企业，要予以公布，责令其限期整改，逾期未整改的依法予以关闭。把安全产业纳入国家重点支持的战略产业，积极发展安全装备融资租赁业务，促进企业加快提升安全装备水平。

（二十五）加强安全人才和监管监察队伍建设。加强安全科学与工程学科建设，办好安全工程类高等教育和职业教育，重点培养中高级安全工程与管理人才。鼓励高等院校、职业学校进一步落实完善校企合作办学、对口单招、订单式培养等政策，加快培养高危行业专业人才和生产一线急需技能型人才。加快建设专业化的安全监管监察队伍，建立以岗位职责为基础的能力评价体系，加强在岗人员业务培训。进一步充实基层监管力量，改善监管监察装备和条件，创新安全监管监察机制，切实做到严格、公正、廉洁、文明执法。

八、建设更加高效的应急救援体系

（二十六）加强应急救援队伍和基地建设。抓紧 7 个国家级、14 个区域性矿山应急救援基地建设，加快推进重点行业领域的专业应急救援队伍建设。县级以上地方人民政府要结合实际，整合应急资源，依托大型企业、公安消防等救援力量，加强本地区应急救援队伍建设。建立紧急医学救援体系，提升事故医疗救治能力。建立救援队伍社会化服务补偿机制，鼓励和引导社会力量参与应急救援。

（二十七）完善应急救援机制和基础条件。健全省、市、县及中央企业安全生产应急管理体系，加快建设应急平台，完善应急救援协调联动机制。建立健全自然灾害预报预警联合处置机制，加强安监、气象、地震、海洋等部门的协调配合，严防自然灾害引发事故灾难。建立完善企业安全生产动态监控及预警预报体系。加强应急救援装备建设，强化应急物资和紧急运输能力储备，提高应急处置效率。

（二十八）加强预案管理和应急演练。建立健全安全生产应急预案体系，加强动态修订完善。落实省、市、县三级安全生产预案报备制度，加强企业预案与政府相关应急预案的衔接。定期开展应急预案演练，切实提高事故救援实战能力。企业生产现场带班人员、班组长和调度人员在遇到险情时，要按照预案规定，立即组织停产撤人。

九、积极推进安全文化建设

（二十九）加强安全知识普及和技能培训。加强安全教育基地建设，充分利用电视、互联网、报纸、广播等多种形式和手段普及安全常识，增强全社会科学发展、安全发展的思想意识。在中小学广泛普及安全基础教育，加强防灾避险演练。全面开展安全生产、应急避险和职业健康知识进企业、进学校、进乡村、进社区、进家庭活动，努力提升全民安全素质。大力开展企业全员安全培训，重点强化高危行业和中小企业一线员工安全培训。完善农民工向产业工人转化过程中的安全教育培训机制。建立完善安全技术人员继续教育制度。大型企业要建立健全职业教育和培训机构。加强地方政府安全生产分管领导干部的安全培训，提高安全管理水平。

（三十）推动安全文化发展繁荣。充分利用社会资源和市场机制，培育发展安全文化产业，打造安全文化精品，促进安全文化市场繁荣。加强安全公益宣传，大力倡导“关注安全、关爱生命”的安全文化。建设安全文化主题公园、主题街道和安全社区，创建若干安全文化示范企业和安全发展示范城市。推进安全文化理论和建设手段创新，构建自我约束、持续改进的长效机制，不断提高安全文化建设水平，切实发挥其对安全生产工作的引领和推动作用。

十、切实加强组织领导和监督

（三十一）健全完善安全生产工作格局。各地区要进一步健全完善政府统一领导、部门依法监管、企业全面负责、群众参与监督、全社会广泛支持的安全生产工作格局，形成各方面齐抓共管的合力。要切实加强安全生产工作的组织领导，充分发挥各级政府安全生产委员会及其办公室的指导协调作用，落实各成员单位工作责任。县级以上人民政府要依法健全完善安全生产、职业健康监管体系，安全生产任务较重的乡镇要加强安全监管力量建设，确保事有人做、责有人负。

（三十二）加强安全生产绩效考核。把安全生产考核控制指标纳入经济社会发展考核评价指标体系，加大各级领导干部政绩业绩考核中安全生产的权重和考核力度。把安全生产工作纳入社会主义精神文明和党风廉政建设、社会管理综合治理体系之中。制定完善安全生产奖惩制度，对成效显著的单位和个人要以适当形式予以表扬和奖励，对违法违规、失职渎职的，依法严格追究责任。

（三十三）发挥社会公众的参与监督作用。推进安全生产政务公开，健全行政许可网上申请、受理、审批制度。落实安全生产新闻发布制度和救援工作报道机制，完善隐患、事故举报奖励制度，加强社会监督、舆论监督和群众监督。支持各级工会、共青团、妇联等群众组织动员广大职工开展群众性安全生产监督和隐患排查，落实职工岗位安全责任，推进群防群治。

国务院

2011 年 11 月 26 日

91　国务院关于加强道路交通安全工作的意见

国发〔2012〕30 号

各省、自治区、直辖市人民政府，国务院各部委、各直属机构：

为适应我国道路通车里程、机动车和驾驶人数量、道路交通运量持续大幅度增长的形势，进一步加强道路交通安全工作，保障人民群众生命财产安全，提出以下意见：

一、总体要求

（一）指导思想。以邓小平理论和“三个代表”重要思想为指导，深入贯彻落实科学发展观，牢固树立以人为本、安全发展的理念，始终把维护人民群众生命财产安全放在首位，以防事故、保安全、保畅通为核心，以落实企业主体责任为重点，全面加强人、车、路、环境的安全管理和监督执法，推进交通安全社会管理创新，形成政府统一领导、各部门协调联动、全社会共同参与的交通安全管理工作格局，有效防范和坚决遏制重特大道路交通事故，促进全国安全生产形势持续稳定好转，为经济社会发展、人民平安出行创造良好环境。

（二）基本原则

——安全第一，协调发展。正确处理安全与速度、质量、效益的关系，坚持把安全放在首位，加强统筹规划，使道路交通安全融入国民经济社会发展大局，与经济社会同步协调发展。

——预防为主，综合治理。严格驾驶人、车辆、运输企业准入和安全管理，加强道路交通安全设施建设，深化隐患排查治理，着力解决制约和影响道路交通安全的源头性、根本性问题，夯实道路交通安全基础。

——落实责任，强化考核。全面落实企业主体责任、政府及部门监管责任和属地管理责任，健全目标考核和责任追究制度，加强督导检查和责任倒查，依法严格追究事故责任。

——科技支撑，法治保障。强化科技装备和信息化技术应用，建立健全法律法规和标准规范，加强执法队伍建设，依法严厉打击各类交通违法违规行为，不断提高道路交通科学管理与执法服务水平。

二、强化道路运输企业安全管理

（三）规范道路运输企业生产经营行为。严格道路运输市场准入管理，对新设立运输企业，要严把安全管理制度和安全生产条件审核关。强化道路运输企业安全主体责任，鼓励客运企业实行规模化、公司化经营，积极培育集约化、网络化经营的货运龙头企业。严禁客运车辆、危险品运输车辆挂靠经营。推进道路运输企业诚信体系建设，将诚信考核结果与客运线路招投标、运力投放以及保险费率、银行信贷等挂钩，不断完善企业安全管理的激励约束机制。鼓励运输企业采用交通安全统筹等形式，加强行业互助，提高企业抗风险能力。

（四）加强企业安全生产标准化建设。道路运输企业要建立健全安全生产管理机构，加强安全班组建设，严格执行安全生产制度、规范和技术标准，强化对车辆和驾驶人的安全管理，持续加大道路交通安全投入，提足、用好安全生产费用。建立专业运输企业交通安全质量管理体系，健全客运、危险品运输企业安全评估制度，对安全管理混乱、存在重大安全隐患的企业，依法责令停业整顿，对整改不达标的按规定取消其相应资质。

（五）严格长途客运和旅游客运安全管理。严格客运班线审批和监管，加强班线途经道路的安全适应性评估，合理确定营运线路、车型和时段，严格控制 1 000 公里以上的跨省长途客运班线和夜间运行时间，对现有的长途客运班线进行清理整顿，整改不合格的坚决停止运营。创造条件积极推行长途客运车辆凌晨 2 时至 5 时停止运行或实行接驳运输。客运车辆夜间行驶速度不得超过日间限速的 80%，并严禁夜间通行达不到安全通行条件的三级以下山区公路。夜间遇暴雨、浓雾等影响安全视距的恶劣天气时，可以采取临时管理措施，暂停客运车辆运行。加强旅游包车安全管理，根据运行里程严格按规定配备包车驾驶人，逐步推行包车业务网上申请和办理制度，严禁发放空白旅游包车牌证。运输企业要积极创造条件，严格落实长途客运驾驶人停车换人、落地休息制度，确保客运驾驶人 24 小时累计驾驶时间原则上不超过 8 小时，日间连续驾驶不超过 4 小时，夜间连续驾驶不超过 2 小时，每次停车休息时间不少于20分钟。有关部门要加强监督检查，对违反规定超时、超速驾驶的驾驶人及相关企业依法严格处罚。

（六）加强运输车辆动态监管。抓紧制定道路运输车辆动态监督管理办法，规范卫星定位装置安装、使用行为。旅游包车、三类以上班线客车、危险品运输车和校车应严格按规定安装使用具有行驶记录功能的卫星定位装置，卧铺客车应同时安装车载视频装置，鼓励农村客运车辆安装使用卫星定位装置。重型载货汽车和半挂牵引车应在出厂前安装卫星定位装置，并接入道路货运车辆公共监管与服务平台。运输企业要落实安全监控主体责任，切实加强对所属车辆和驾驶人的动态监管，确保车载卫星定位装置工作正常、监控有效。对不按规定使用或故意损坏卫星定位装置的，要追究相关责任人和企业负责人的责任。

三、严格驾驶人培训考试和管理

（七）加强和改进驾驶人培训考试工作。进一步完善机动车驾驶人培训大纲和考试标准，严格考试程序，推广应用科技评判和监控手段，强化驾驶人安全、法制、文明意识和实际道路驾驶技能考试。客、货车辆驾驶人培训考试要增加复杂路况、恶劣天气、突发情况应对处置技能的内容，大中型客、货车辆驾驶人增加夜间驾驶考试。将大客车驾驶人培养纳入国家职业教育体系，努力解决高素质客运驾驶人短缺问题。实行交通事故驾驶人培训质量、考试发证责任倒查制度。

（八）严格驾驶人培训机构监管。加强驾驶人培训市场调控，提高驾驶人培训机构准入门槛，按照培训能力核定其招生数量，严格教练员资格管理。加强驾驶人培训质量监督，全面推广应用计算机计时培训管理系统，督促落实培训教学大纲和学时。定期向社会公开驾驶人培训机构的培训质量、考试合格率以及毕业学员的交通违法率和肇事率等，并作为其资质审核的重要参考。

（九）加强客货运驾驶人安全管理。严把客货运驾驶人从业资格准入关，加强从业条件审核与培训考试。建立客货运驾驶人从业信息、交通违法信息、交通事故信息的共享机制，加快推进信息查询平台建设，设立驾驶人“黑名单”信息库。加强对长期在本地经营的异地客货运车辆和驾驶人安全管理。督促运输企业加强驾驶人聘用管理，对发生道路交通事故致人死亡且负同等以上责任的，交通违法记满12分的，以及有酒后驾驶、超员20%以上、超速50%（高速公路超速20%）以上，或者12个月内有3次以上超速违法记录的客运驾驶人，要严格依法处罚并通报企业解除聘用。

四、加强车辆安全监管

（十）提高机动车安全性能。制定完善相关政策，推动机动车生产企业兼并重组，调整产品结构，鼓励发展安全、节能、环保的汽车产品，积极推进机动车标准化、轻量化，加快传统汽车升级换代。大力推广厢式货车取代栏板式货车，尽快淘汰高安全风险车型。抓紧清理、修订并逐步提高机动车安全技术标准，督促生产企业改进车辆安全技术，增设客运车辆限速和货运车辆限载等安全装置。进一步提高大中型客车和公共汽车的车身结构强度、座椅安装强度、内部装饰材料阻燃性能等，增强车辆行驶稳定性和抗侧倾能力。客运车辆座椅要尽快全部配置安全带。

（十一）加强机动车安全管理。落实和完善机动车生产企业及产品公告管理、强制性产品认证、注册登记、使用维修和报废等管理制度。积极推动机动车生产企业诚信体系建设，加强机动车产品准入、生产一致性监管，对不符合机动车国家安全技术标准或者与公告产品不一致的车辆，不予办理注册登记，生产企业要依法依规履行更换、退货义务。严禁无资质企业生产、销售电动汽车。落实和健全缺陷汽车产品召回制度，加大对大中型客、货汽车缺陷产品召回力度。严格报废汽车回收企业资格认定和监督管理，依法严厉打击制造和销售拼装车行为，严禁拼装车和报废汽车上路行驶。加强机动车安全技术检验和营运车辆综合性能检测，严格检验检测机构的资格管理和计量认证管理。对道路交通事故中涉及车辆非法生产、改装、拼装以及机动车产品严重质量安全问题的，要严查责任，依法从重处理。

（十二）强化电动自行车安全监管。修订完善电动自行车生产国家强制标准，着力加强对电动自行车生产、销售和使用的监督管理，严禁生产、销售不符合国家强制标准的电动自行车。省级人民政府要制定电动自行车登记管理办法，质监部门要做好电动自行车生产许可证管理和国家强制性标准修订工作，工业和信息化部门要严格电动自行车生产的行业管理，工商部门要依法加强电动自行车销售企业的日常监管。对违规生产、销售不合格产品的企业，要依法责令整改并严格处罚、公开曝光。公安机关要加强电动自行车通行秩序管理，严格查处电动自行车交通违法行为。地方各级人民政府要通过加强政策引导，逐步解决在用的超出国家标准的电动自行车问题。

五、提高道路安全保障水平

（十三）完善道路交通安全设施标准和制度。加快修订完善公路安全设施设计、施工、安全性评价等技术规范和行业标准，科学设置安全防护设施。鼓励地方在国家和行业标准的基础上，进一步提高本地区公路安全设施建设标准。严格落实交通安全设施与道路建设主体工程同时设计、同时施工、同时投入使用的“三同时”制度，新建、改建、扩建道路工程在竣（交）工验收时要吸收公安、安全监管等部门人员参加，严格安全评价，交通安全设施验收不合格的不得通车运行。对因交通安全设施缺失导致重大事故的，要限期进行整改，整改到位前暂停该区域新建道路项目的审批。

（十四）加强道路交通安全设施建设。地方各级人民政府要结合实际科学规划，有计划、分步骤地逐年增加和改善道路交通安全设施。在保证国省干线公路网等项目建设资金的基础上，加大车辆购置税等资金对公路安保工程的投入力度，进一步加强国省干线公路安全防护设施建设，特别是临水临崖、连续下坡、急弯陡坡等事故易发路段要严格按标准安装隔离栅、防护栏、防撞墙等安全设施，设置标志标线。加强公路与铁路、河道、码头连接交叉路段特别是公铁立交、跨航道桥梁的安全保护。收费公路经营企业要加强公路养护管理，对安全设施缺失、损毁的，要及时予以完善和修复，确保公路及其附属设施始终处于良好的技术状况。要积极推进公路灾害性天气预报和预警系统建设，提高对暴雨、浓雾、团雾、冰雪等恶劣天气的防范应对能力。

（十五）深入开展隐患排查治理。地方各级人民政府要建立完善道路交通安全隐患排查治理制度，落实治理措施和治理资金，根据隐患严重程度，实施省、市、县三级人民政府挂牌督办整改，对隐患整改不落实的，要追究有关负责人的责任。有关部门要强化交通事故统计分析，排查确定事故多发点段和存在安全隐患路段，全面梳理桥涵隧道、客货运场站等风险点，设立管理台账，明确治理责任单位和时限，强化对整治情况的全过程监督。切实加强公路两侧农作物秸秆禁烧监管，严防焚烧烟雾影响交通安全。

六、加大农村道路交通安全管理力度

（十六）强化农村道路交通安全基础。深入开展“平安畅通县市”和“平安农机”创建活动，改善农村道路交通安全环境。严格落实县级人民政府农村公路建设养护管理主体责任，制订改善农村道路交通安全状况的计划，落实资金，加大建设和养护力度。新建、改建农村公路要根据需要同步建设安全设施，已建成的农村公路要按照“安全、有效、经济、实用”的原则，逐步完善安全设施。地方各级人民政府要统筹城乡公共交通发展，以城市公交同等优惠条件扶持发展农村公共交通，拓展延伸农村地区客运的覆盖范围，着力解决农村群众安全出行问题。

（十七）加强农村道路交通安全监管。地方各级人民政府要加强农村道路交通安全组织体系建设，落实乡镇政府安全监督管理责任，调整优化交警警力布局，加强乡镇道路交通安全管控。发挥农村派出所、农机监理站以及驾驶人协会、村委会的作用，建立专兼职道路交通安全管理队伍，扩大农村道路交通管理覆盖面。完善农业机械安全监督管理体系，加强对农机安全监理机构的支持保障，积极推广应用农机安全技术，加强对拖拉机、联合收割机等农业机械的安全管理。

七、强化道路交通安全执法

（十八）严厉整治道路交通违法行为。加强公路巡逻管控，加大客运、旅游包车、危险品运输车等重点车辆检查力度，严厉打击和整治超速超员超载、疲劳驾驶、酒后驾驶、吸毒后驾驶、货车违法占道行驶、不按规定使用安全带等各类交通违法行为，严禁三轮汽车、低速货车和拖拉机违法载人。依法加强校车安全管理，保障乘坐校车学生安全。健全和完善治理车辆超限超载工作长效机制。研究推动将客货运车辆严重超速、超员、超限超载等行为列入以危险方法危害公共安全行为，追究驾驶人刑事责任。制定客货运车辆和驾驶人严重交通违法行为有奖举报办法，并将车辆动态监控系统记录的交通违法信息作为执法依据，定期进行检查，依法严格处罚。大力推进文明交通示范公路创建活动，加强城市道路通行秩序整治，规范机动车通行和停放，严格非机动车、行人交通管理。

（十九）切实提升道路交通安全执法效能。推进高速公路全程监控等智能交通管理系统建设，强化科技装备和信息化技术在道路交通执法中的应用，提高道路交通安全管控能力。整合道路交通管理力量和资源，建立部门、区域联勤联动机制，实现监控信息等资源共享。严格落实客货运车辆及驾驶人交通事故、交通违法行为通报制度，全面推进交通违法记录省际转递工作。研究推动将公民交通安全违法记录与个人信用、保险、职业准入等挂钩。

（二十）完善道路交通事故应急救援机制。地方各级人民政府要进一步加强道路交通事故应急救援体系建设，完善应急救援预案，定期组织演练。健全公安消防、卫生等部门联动的省、市、县三级交通事故紧急救援机制，完善交通事故急救通信系统，加强交通事故紧急救援队伍建设，配足救援设备，提高施救水平。地方各级人民政府要依法加快道路交通事故社会救助基金制度建设，制定并完善实施细则，确保事故受伤人员的医疗救治。

八、深入开展道路交通安全宣传教育

（二十一）建立交通安全宣传教育长效机制。地方各级人民政府每年要制订并组织实施道路交通安全宣传教育计划，加大宣传投入，督促各部门和单位积极履行宣传责任和义务，实现交通安全宣传教育社会化、制度化。加大公益宣传力度，报刊、广播、电视、网络等新闻媒体要在重要版面、时段通过新闻报道、专题节目、公益广告等方式开展交通安全公益宣传。设立“全国交通安全日”，充分发挥主管部门、汽车企业、行业协会、社区、学校和单位的宣传作用，广泛开展道路交通安全宣传活动，不断提高全民的交通守法意识、安全意识和公德意识。

（二十二）全面实施文明交通素质教育工程。深入推进“文明交通行动计划”，广泛开展交通安全宣传进农村、进社区、进企业、进学校、进家庭活动，推行实时、动态的交通安全教育和在线服务。建立交通安全警示提示信息发布平台，加强事故典型案例警示教育，开展交通安全文明驾驶人评选活动，充分利用各种手段促进驾驶人依法驾车、安全驾车、文明驾车。坚持交通安全教育从儿童抓起，督促指导中小学结合有关课程加强交通安全教育，鼓励学校结合实际开发有关交通安全教育的校本课程，夯实国民交通安全素质基础。

（二十三）加强道路交通安全文化建设。积极拓展交通安全宣传渠道，建立交通安全宣传教育基地，创新宣传教育方法，以学校、驾驶人培训机构、运输企业为重点，广泛宣传道路交通安全法律法规和安全知识。推动开设交通安全宣传教育网站、电视频道，加强交通安全文学、文艺、影视等作品创作、征集和传播活动，积极营造全社会关注交通安全、全民参与文明交通的良好文化氛围。

九、严格道路交通事故责任追究

（二十四）加强重大道路交通事故联合督办。严格执行重大事故挂牌督办制度，健全完善重大道路交通事故“现场联合督导、统筹协调调查、挂牌通报警示、重点约谈检查、跟踪整改落实”的联合督办工作机制，形成各有关部门齐抓共管的监管合力。研究制定道路交通安全奖惩制度，对于成效显著的地方、部门和单位予以表扬和奖励；对发生特别重大道路交通事故的，或者一年内发生 3 起及以上重大道路交通事故的，省级人民政府要向国务院作出书面检查；对一年内发生两起重大道路交通事故或发生性质严重、造成较大社会影响的重大道路交通事故的，国务院安全生产委员会办公室要会同有关部门及时约谈相关地方政府和部门负责同志。

（二十五）加大事故责任追究力度。研究制定重特大道路交通事故处置规范，完善跨区域责任追究机制，建立健全重大道路交通事故信息公开制度。对发生重大及以上或者 6 个月内发生两起较大及以上责任事故的道路运输企业，依法责令停业整顿；停业整顿后符合安全生产条件的，准予恢复运营，但客运企业 3 年内不得新增客运班线，旅游企业 3 年内不得新增旅游车辆；停业整顿仍不具备安全生产条件的，取消相应许可或吊销其道路运输经营许可证，并责令其办理变更、注销登记直至依法吊销营业执照。对道路交通事故发生负有责任的单位及其负责人，依法依规予以处罚，构成犯罪的，依法追究刑事责任。发生重特大道路交通事故的，要依法依纪追究地方政府及相关部门的责任。

十、强化道路交通安全组织保障

（二十六）加强道路交通安全组织领导。地方各级人民政府要高度重视道路交通安全工作，将其纳入经济和社会发展规划，与经济建设和社会发展同部署、同落实、同考核，并加强对道路交通安全工作的统筹协调和监督指导。实行道路交通安全地方行政首长负责制，将道路交通安全工作纳入政府工作重要议事日程，定期分析研判安全形势，研究部署重点工作。严格道路交通事故总结报告制度，省级人民政府每年 1 月 15 日前要将本地区道路交通安全工作情况向国务院作出专题报告。

（二十七）落实部门管理和监督职责。各有关部门要按照“谁主管、谁负责，谁审批、谁负责”的原则，依法履行职责，落实监管责任，切实构建“权责一致、分工负责、齐抓共管、综合治理”的协调联动机制。要严格责任考核，将道路交通安全工作作为有关领导干部实绩考评的重要内容，并将考评结果作为综合考核评价的重要依据。

（二十八）完善道路交通安全保障机制。研究建立中央、地方、企业和社会共同承担的道路交通安全长效投入机制，不断拓展道路交通安全资金保障来源，推动完善相关财政、税收、信贷支持政策，强化政府投资对道路交通安全投入的引导和带动作用，将交警、运政、路政、农机监理各项经费按规定纳入政府预算。要根据道路里程、机动车增长等情况，相应加强道路交通安全管理力量建设，完善道路交通警务保障机制。地方各级人民政府要研究出台高速公路交通安全发展的相关保障政策，将高速公路交通安全执勤执法营房等配套设施与高速公路建设同步规划设计、同步投入使用并给予资金保障，高速公路建设管理单位要积极创造条件予以配合支持。

国务院

2012 年 7 月 22 日

92　国务院办公厅关于深化安全生产专项整治工作的通知

国办发〔2003〕60 号

各省、自治区、直辖市人民政府，国务院各部委、各直属机构：

安全生产专项整治是全国整顿和规范市场经济秩序工作的重要内容。自 2001 年 4 月国务院部署开展以煤矿、危险化学品、民用爆破器材和烟花爆竹、道路和水上交通运输、公共聚集场所消防安全等为主要内容的安全生产专项整治以来，各地区、各部门和各单位认真贯彻落实专项整治工作要求，采取有效措施，严厉打击无证非法开采和违法生产经营活动，取缔、关闭了一大批非法或不具备基本安全生产条件的小矿、小厂和生产经营网点，查处纠正了大量违规违章行为，排查和治理了大量事故隐患，安全生产条件有所改善，生产经营秩序明显好转，安全生产法制建设得到加强，全国安全生产状况总体稳定，趋向好转。但安全生产形势依然严峻，煤矿和非煤矿山、道路交通等领域事故多发的状况尚未从根本上扭转，重、特大事故仍然时有发生；一些证照不全、不具备安全生产条件的矿、厂、生产经营网点、个体运输户等仍在违法生产经营；一些整顿验收后恢复生产经营的单位安全管理出现滑坡；一些重大事故隐患仍未得到整改。为此，我们一定要把安全生产专项整治作为贯穿于整顿和规范社会主义市场经济秩序全过程的一项长期而艰巨的重要任务来抓。为巩固和扩大安全生产专项整治成果，把专项整治工作不断推向深入，促进全国安全生产状况的进一步改善，经国务院同意，现就有关事项通知如下：

一、深化安全生产专项整治工作的指导思想、原则和目标

深化安全生产专项整治要认真贯彻“安全第一，预防为主”的方针，全面实施《中华人民共和国安全生产法》，以煤矿和非煤矿山、道路和水上交通运输、危险化学品、民用爆破器材和烟花爆竹、人员密集场所消防安全等为重点，依法整治，强化执法；标本兼治，重在治本；常抓不懈，防止反弹；突出重点，全面推进。

把开展专项整治与学习宣传和贯彻《中华人民共和国安全生产法》结合起来，把深化整治的过程变成依法规范安全生产行为、建立安全生产法制秩序的过程；把专项整治与加强日常性监督管理结合起来，健全完善安全生产监管体系和监管工作机制；把专项整治与加强企业基础工作结合起来，建立预防为主、持续改进的企业安全生产自我约束机制；把专项整治与全面做好安全生产工作结合起来，持续不懈地抓好体制、法制和队伍建设，构建安全生产法律、信息、技术装备、宣传教育、培训和应急救援等支撑体系，建立安全生产的长效机制。

通过深化安全生产专项整治，坚决淘汰、关停不具备安全生产条件的生产经营单位，整顿和规范安全生产秩序；进一步健全和落实安全生产责任制，加大安全生产投入，提高各类企业安全生产水平；督促地方各级人民政府及有关部门切实履行安全生产监督管理职责，有效遏制重点行业和重点领域重、特大事故多发势头，推动全国安全生产状况的稳定好转。

二、深化安全生产专项整治的内容和要求

（一）以煤矿为重点的矿山安全整治。继续依法关闭非法和不具备安全生产条件的小煤矿和各类非煤小矿山，严厉查处已关闭取缔小煤矿和各类非煤小矿山擅自恢复生产的违法行为，严防死灰复燃。对通过停产整顿后已经省级政府验收并重新核发“四证”（即采矿许可证、煤炭生产许可证、营业执照和矿长资格证书）的小煤矿和整顿验收合格的非煤小矿山，要完善安全生产设施，改善安全生产条件，提高安全技术装备水平，落实隐患整改和灾害防治措施，增强防灾抗灾能力。没有经过验收的要继续整顿，验收之后安全管理不到位或严重滑坡的，要限期停产整顿；经整顿仍然达不到安全标准的，要依法关闭。加强对瓦斯灾害严重煤矿的监控，凡矿井通风系统不合理，瓦斯防治措施不到位，超通风能力生产的矿井，必须停产整顿，限期达标。要加强改制矿山企业安全生产工作的管理，对依法以租赁、承包、拍卖、股份合作、破产重组等形式进行改制的矿山企业，必须督促落实关于安全生产保障的各项规定，建立健全安全生产责任制，依法加强安全生产工作。

（二）道路和水上交通运输安全整治。对安全生产责任制不健全、安全防范措施不落实、事故多发的交通运输企业，要坚决停运整顿。对不符合安全要求、隐患较大的交通运输企业、个体运输户，要立即停业停运；经整改仍然不合格的，要依法吊销其营业执照和运输工具牌照。加大道路交通违章查纠力度，严肃查纠带病车辆上路、无证经营、农用车非法载客、客货混装以及超载、超速、疲劳驾驶、无证驾驶、酒后驾车、逆向行驶等违规违章行为。依法取缔生产或改装不符合国家要求的汽车生产单位。加大事故多发路段重大隐患的治理整顿力度。坚决取缔不符合资质规定的客运和危险品船舶运输经营者，整顿违规经营客（渡）船、客滚船、高速客船、旅游船、危险品船等“四客一危”船舶的企业，严肃查处农用船舶、渔业船舶和其他未经交通部门许可的船舶载客营运，取缔无证无照和达到报废年限仍在运营的船舶。

（三）危险化学品安全整治。严格危险化学品管理，加强监督执法，凡未经批准，非法从事危险化学品生产、储存、运输、销售和使用的企业，一律取缔并予以处罚。对采用国家明令淘汰的落后工艺装备、不符合安全生产条件、存在重大隐患的从业单位，要坚决关闭。督促有关企业和业户依法做好对危险化学品生产、储存装置的安全评价工作，查找事故隐患，落实安全措施，对隐患和问题严重的单位要立即停产整顿。加强危险化学品运输企业、运输工具和从业人员资质管理，严格危险化学品运输监管，严厉打击非法从事危险化学品运输的行为；经营单位必须具备法律规定的安全生产条件，取得危险化学品经营许可证，做到持证经营，严禁无证销售。加强对危险化学品使用单位的安全整治，对使用氰化物的小金矿、小电镀厂、小电子器件厂等，要依法予以关闭。

（四）民用爆破器材和烟花爆竹安全整治。督促民用爆破器材和烟花爆竹从业单位完善安全生产责任制，加强对从业人员的安全培训。继续取缔、关闭非法和不具备安全生产条件的生产经营厂点。对生产车间、仓库等达不到国家有关安全技术标准的企业，要限期整改、限量储存；整改不合格的，吊销许可证并予以关闭。严格原材料和产品出入库登记制度，加强守卫看护，建立健全民爆器材流向登记制度和监控网络，严格雷管编号登记管理，防止丢失被盗。继续抓好民用爆破器材和烟花爆竹销售领域的清理整顿，对非法经营销售和使用者要依法查处。

（五）人员密集场所消防安全整治。要认真贯彻执行《中华人民共和国消防法》等法律法规，落实消防安全责任制，加强公共消防设施的建设，提高防御火灾能力。当前，要把人员密集场所消防安全疏散通道、安全出口作为深入整治的重点。凡疏散通道、疏散楼梯和安全出口被封堵、占用或在营业、生产、有人住宿期间被锁闭的，必须当场改正。应急照明设置的场所、位置、数量不符合消防技术规范要求的，常闭式防火门闭门装置损坏不能保持常闭状态的，疏散门开启方向错误的，以及商住楼经营部分与住宅部分的安全出口未分开设置的，要限期整改。在人员密集场所的疏散通道、疏散楼梯、安全出口处设置铁栅栏的和在公共区域的外窗（包括学生、幼儿、老人、病员的集体宿舍和员工休息的房间外窗）安装金属护栏影响消防安全疏散和应急救援的，要立即拆除。对拒不按上述要求整改或逾期不整改的，要依法强制实施并予以处罚。

（六）其他相关领域的整治。加强对建筑施工企业的安全监管，对不具备安全生产条件、不执行国家强制性标准、存在重大隐患、不认真进行整改以至发生重大事故的建筑施工企业，要限期整改并降低资质，情节严重的，要依法吊销资质证书和营业执照。要按照国家法律法规和强制性标准规定，对城市轨道交通的车辆、供电系统、信号系统、防灾报警系统、通风排烟系统以及救援防护用品等设施设备存在的事故隐患进行全面排查和整治，建立重、特大事故、突发事件应急预案和处置机制；要认真做好对城市燃气企业、供气管道的安全检查，防止民用燃气泄漏、爆炸事故发生。加强特种设备生产、使用、检验检测监督管理工作，坚决查处非法制造、非法安装、非法使用、无证操作等违法行为；进一步开展特种设备安全的普查整治工作，凡隐患严重、不及时整改的，必须停止运行。

民航、铁路、旅游、电力、冶金、机械、轻工、军工、林业、纺织、教育等行业和领域，也要在前一阶段工作的基础上，深化安全整治工作，落实整治措施，消除事故隐患。

三、进一步加强对深化安全生产专项整治工作的领导

（一）加强领导，落实责任。深化安全生产专项整治工作要坚持全国统一领导，地方人民政府负责具体实施，国务院主管部门负责指导，国家安全生产监督管理局（国家煤矿安全监察局，下同）负责监督协调，各方面联合行动，全社会齐抓共管。

地方各级人民政府要充分认识安全生产专项整治工作的长期性、艰巨性和复杂性，进一步加强对整治工作的领导，建立健全安全生产责任制，并认真抓好落实，把安全生产的责任和措施落实到乡镇、企业。各有关部门要切实抓好安全生产督促指导工作。在深化专项整治工作中，国家安全生产监督管理局牵头负责指导煤矿及非煤矿山安全整治、烟花爆竹安全整治和危险化学品安全整治（其中危险化学品运输的安全整治，分别由公安部和交通部根据职责分工负责指导），公安部牵头负责指导道路交通安全和人员密集场所消防安全整治，交通部牵头负责指导水上交通安全整治，国防科工委牵头负责指导民用爆破器材安全整治，建设部牵头负责指导建筑施工、城市轨道交通和城市燃气安全整治，农业部牵头负责指导农机和渔船安全整治，质检总局牵头负责指导特种设备的安全整治，其他各方面的安全整治，由各相关部门负责指导。各项整治工作所涉及的部门要积极配合，大力协同，并建立安全生产专项整治通气汇报制度，及时沟通情况，协调行动，提高整治工作的效率。

（二）加强监督检查，严格责任追究。国家安全生产监督管理局和监察部要会同有关部门组织重点检查和专项督查，监督检查各地区、各部门的落实情况。对监督检查中发现的问题，以及重大危险源和重大隐患的监控、整改情况，要及时通知当地政府部门。对不认真履行职责、监管不力、失职渎职的领导干部和国家工作人员，以及造成事故的直接责任人员和有关责任人员，都要依法追究责任，构成犯罪的要依法追究其刑事责任。对发生的重、特大事故，要严格按照有关法规要求，一查到底，查明事故原因和责任，按时完成事故调查并批复结案。要把安全生产的责任追究与“打黑除恶”、惩治腐败、社会治安综合治理结合起来，坚决打掉保护伞，有效防范重、特大事故的发生。

（三）加强制度建设，标本兼治。完善《中华人民共和国安全生产法》配套法规和规章，加快安全生产标准的制定和修订工作，建立健全地方性安全生产法规规章，使深化整治和安全生产各方面工作都有法可依，有章可循。建立健全重大危险源监控制度，所有重大危险源都要落实监控责任并向主管部门报告和向安全生产监管监察机构备案。建立重大隐患整改制度，所有重大事故隐患的整改都要做到责任、人员、资金、时间“四落实”。对有关建设项目要严格实行“三同时”（即安全设施与主体工程同时设计、同时施工、同时投产使用）制度，并相应组织设计审查和竣工验收，从源头上把住安全生产关。

（四）开展企业安全评估，实施分类指导。通过评估，将企业的安全状况划分出不同等级。对安全状况差的企业要加强监督，进行重点整治，淘汰不具备安全生产条件的企业和严重危及安全生产的工艺、设备。要抓紧对煤矿、非煤矿山和危险化学品等重点领域的企业，以及发生过重大事故的其他非公有制企业进行安全评估，并确保质量和进度。其他领域企业的安全评估工作也要尽快启动。

（五）搞好宣传教育，加强舆论监督。各级地方人民政府及其安全生产监管监察机构，要加强《中华人民共和国安全生产法》等有关法律法规的宣传教育，普及安全生产法律知识，强化从业人员的安全生产意识，提高从业人员的安全技能，使生产经营企业牢固树立“安全第一，预防为主”的思想和守法生产经营的观念，为安全生产专项整治工作创造良好的环境。要强化社会监督，继续利用公开举报电话、政府网站、信箱等途径，鼓励群众举报。对整治工作严重滞后，整治期间发生重、特大生产安全事故的，要在新闻媒体上曝光。

国务院办公厅

2003 年 6 月 22 日

93 国务院办公厅关于加强中央企业安全生产工作的通知

国办发〔2004〕52 号

各省、自治区、直辖市人民政府，国务院各部委、各直属机构：

中央企业（国资委代表国务院履行出资人职责的企业，下同）是国有经济的重要组成部分。搞好中央企业的安全生产工作，对保障国民经济平稳较快发展，促进全国安全生产形势的稳定好转具有重要意义。当前，中央企业的安全生产状况总体稳定，但重特大事故仍然时有发生。为进一步加强中央企业的安全生产工作，保护人民群众的生命和财产安全，经国务院同意，现就有关事项通知如下：

一、落实中央企业安全生产主体责任，进一步加强安全管理

（一）中央企业是安全生产的责任主体，必须认真贯彻执行“安全第一、预防为主”的方针和国家有关安全生产的法律法规、标准等，把安全生产作为一项长期的任务，做到警钟长鸣，常抓不懈。

（二）中央企业的主要负责人是企业安全生产的第一责任人。要全面负起责任，认真履行职责，加强对安全生产工作的领导，经常检查本单位的安全生产情况，研究解决安全生产中的重大问题，组织建立并落实各级安全生产责任制。企业党委、工会、共青团组织要充分发挥各自优势，形成齐抓共管的合力。

（三）中央企业要按照《中华人民共和国安全生产法》等法律法规的要求不断完善安全生产的各项规章制度、作业标准和岗位技术操作规程，积极采用先进的安全管理方法和安全生产技术，加强和改进安全管理，确保各项安全措施的落实。要积极探索建立安全生产的长效机制，制订安全生产发展规划，把安全生产工作纳入企业发展战略和规划的整体布局之中，同步规划、同步实施、同步发展。

（四）中央企业要把安全生产作为日常生产经营管理的重要内容，定期分析安全生产形势，定期进行安全检查，采取有效措施，加强对企业内部危险源和安全生产薄弱环节的监控与治理。广泛开展安全质量标准化活动，规范企业生产流程各环节、各岗位的行为。切实加强企业基层基础工作，搞好对全体职工的安全生产教育和培训，使之具备与所从事的生产经营活动相适应的安全生产知识和管理能力。企业有关经营管理人员、特种作业人员必须依法接受安全生产培训，经考试合格后，持证上岗。

（五）中央企业要认真贯彻落实《国务院办公厅关于深化安全生产专项整治工作的通知》（国办发〔2003〕60号）精神，结合实际，深入开展安全生产专项整治，整顿和规范安全生产秩序，确保整治工作取得实效。要重点加强矿山、道路及水上交通运输、危险化学品、特种设备、民用爆破器材和烟花爆竹、人员密集场所消防安全等方面的安全工作，对存在的安全隐患和突出问题进行彻底整治。矿山、建筑施工和危险化学品、烟花爆竹、民用爆破器材生产企业，要严格依照《安全生产许可证条例》的规定取得安全生产许可证。未取得安全生产许可证的，不得从事相关生产经营活动。

（六）中央企业要依法保证和加大安全投入，搞好安全生产的技术改造，积极推进技术创新与进步，采用安全性能可靠的新技术、新工艺、新设备和新材料，不断改善安全生产条件。新建、改建、扩建工程项目的安全设施，必须与主体工程同时设计、同时施工、同时投入生产和使用，并依法申请、通过设计审查和竣工验收。

（七）中央企业要按照有关规定，逐级建立安全生产责任制，加强企业内部安全生产监管工作，建立健全各级安全生产监管机构，配备必要的安全生产专职监管人员。狠抓安全生产的超前防范工作，及时发现和分析安全生产问题，消除事故隐患。按照“四不放过”（事故原因未查清不放过、责任人员未处理不放过、整改措施未落实不放过、有关人员未受到教育不放过）的原则，严肃查处每起事故，依法追究事故责任人的责任和有关负责人的领导责任。

（八）中央企业要按照有关法律法规的规定，参加工伤社会保险和人身意外伤害保险，为从业人员缴纳保险费。有条件的企业可在法律许可的范围内，开展多种形式的互助互保活动。

（九）中央企业有关安全生产方面的重要活动、信息或事项，要及时向安全生产监督管理部门和有关主管部门报告，中央煤炭企业要同时向煤矿安全监察机构报告；有关安全生产的年度计划、年中或年终总结，要报安全生产监督管理部门和有关主管部门备案。

二、明确对中央企业安全生产监督管理的职责

（一）国防科技、公安、建设、铁道、交通、信息产业、水利、质检、环保、民航、旅游、邮政等国务院有关部门及其设在各省（区、市）、市（地）的有关机构，各省（区、市）、市（地）人民政府有关部门，负责相关行业或领域中央企业安全生产监督管理工作。电监会及其设在各区域、各省（区、市）的监管机构负责电力系统中央企业的安全生产监督管理工作。上述各有关部门要按照职责分工，对中央企业贯彻执行安全生产法律法规、规章制度等情况进行监督检查。主要内容包括企业安全生产条件、安全标准、设备设施、劳动防护用品及作业场所职业危害情况，重大危险源监控情况，安全生产专项整治情况等。

（二）国家安全监管局及省（区、市）、市（地）安全监管部门具体负责工矿商贸中央企业的安全生产监督管理工作，除按照前款规定的监督检查内容对工矿商贸企业安全生产进行监督检查外，从综合监管的角度，负责指导、协调有关部门的安全生产监督管理工作。

（三）中央煤炭企业的安全监察工作，依据《中华人民共和国安全生产法》《煤矿安全监察条例》等规定，由煤矿安全监察机构负责。

（四）国资委按照国有资产出资人的职责，负责检查督促中央企业贯彻落实党和国家的安全生产方针政策及有关法律法规、标准等；督促中央企业主要负责人落实安全生产第一责任人的责任和企业安全生产责任制，搞好对企业负责人的安全业绩考核；依照有关规定，参与或组织开展中央企业安全生产检查、督查，督促企业落实各项安全防范和隐患治理措施；参与企业重特大事故的调查，负责落实事故责任追究的有关规定；督促企业搞好统筹规划，把安全生产纳入中长期发展规划，保障职工健康与安全。

三、按照分级、属地管理的原则加强对中央企业安全生产的监督管理

（一）对中央企业安全生产的监督管理工作，按照分级、属地管理的原则，由国家、省（区、市）、市（地）三级安全生产监督管理部门，国务院有关部门及其设在各省（区、市）、市（地）的有关机构，以及各省（区、市）、市（地）人民政府有关部门按照职责分工负责。

（二）中央企业的总公司（总厂、集团公司）安全生产监督管理工作由国家安全监管局及国务院有关部门按照职责分工负责。

（三）省（区、市）、市（地）安全生产监督管理部门在同级人民政府统一领导下，分别负责本行政区域内工矿商贸中央企业的分公司、子公司及其所属单位的安全生产监督管理工作；对其他中央企业的分公司、子公司及其所属单位的安全生产进行综合监督管理。其他中央企业在各省（区、市）、市（地）、县（市）的分公司、子公司及其所属单位安全生产监督管理工作，分别由省（区、市）、市（地）人民政府有关部门及国务院有关部门设在各省（区、市）、市（地）的有关机构负责。

（四）国家安全监管局会同国资委及国务院有关部门，按照职责分工对中央企业的总公司（总厂、集团公司）的主要负责人和安全生产管理人员进行安全培训；省级安全生产监督管理部门会同同级政府有关部门及国务院有关部门设在各省（区、市）、市（地）的有关机构，按照职责分工对中央企业的分公司、子公司及其所属单位的主要负责人、安全生产管理人员进行安全培训。

四、做好中央企业生产安全事故的应急救援和调查处理工作

（一）中央企业要结合本企业实际，制订生产安全事故应急救援预案并进行演练，建立应急救援组织，配备必要的应急救援器材、设备。发生生产安全事故后，要迅速采取有效措施组织抢救，防止事故扩大，努力减少人员伤亡和财产损失，并按规定立即报告当地政府、安全生产监督管理部门和有关主管部门。

（二）有关地方人民政府和负有安全生产监督管理职责的部门的负责人接到中央企业重大生产安全事故报告后，应当立即赶到事故现场，组织事故抢救并依照有关规定及时报告上级部门。

（三）中央企业的事故调查处理依照国务院有关规定执行。

国务院办公厅

2004 年 6 月 24 日

94　国务院办公厅转发发展改革委安全监管总局关于煤矿负责人和生产经营管理人员下井带班指导意见的通知

国办发〔2005〕53 号

各省、自治区、直辖市人民政府，国务院各部委、各直属机构：

发展改革委、安全监管总局《关于煤矿负责人和生产经营管理人员下井带班的指导意见》已经国务院同意，现转发给你们，请认真贯彻执行。

国务院办公厅

2005 年 10 月 31 日

关于煤矿负责人和生产经营管理人员下井带班的指导意见

煤矿负责人和生产经营管理人员下井带班，可以深入了解煤矿安全生产状况，及时发现和消除事故隐患，有效制止违章违纪现象，是加强煤矿安全生产的重要措施。为进一步提高煤矿安全管理水平，推动煤矿安全生产形势的稳定好转，根据《国务院关于预防煤矿生产安全事故的特别规定》（国务院令 446 号）和《国务院关于促进煤炭工业健康发展的若干意见》（国发〔2005〕18 号）有关要求，现就煤矿负责人和生产经营管理人员下井带班提出以下意见：

一、煤矿负责人和生产经营管理人员要坚持下井带班

（一）各类煤矿企业必须安排负责人和生产经营管理人员下井带班，确保每个班次至少有 1 名负责人或生产经营管理人员在现场带班作业，与工人同下同上。

（二）国有煤矿采煤、掘进、通风、维修、井下机电和运输作业，一律由区队负责人带班进行。

（三）国有煤矿副总工程师以上的管理人员，每月在完成规定下井次数的同时，熟悉生产的，要保证1~2次下井带班。

（四）国有煤矿集团公司管理人员，要经常下井了解安全生产情况，研究解决井下存在的问题。煤矿在贯通、初次放顶、排瓦斯、揭露煤层、处理火区、探放水、过断层等关键阶段，集团公司的负责人要按规定到现场指导，确保安全生产。

（五）乡镇煤矿、其他民营煤矿的各类作业，必须由矿长、副矿长和生产经营管理人员在现场带班进行。

二、建立和完善下井带班制度

（六）煤矿企业要建立健全煤矿负责人和生产经营管理人员下井带班制度，明确下井带班的作业种类、下井带班人员范围、每月下井带班的次数、在井下工作时间、下井带班的任务和职责权限、日班与夜班比例，以及考核奖惩办法等。

（七）国有煤矿集团公司管理人员，以及集团公司机关处室负责人，所属各矿的负责人和生产经营管理人员的下井带班办法，由集团公司制定，报省煤炭行业管理部门批准，并报同级安全监管部门、煤矿安全监察机构和国有资产监管部门备案。基层区队负责人、矿机关科室负责人下井带班的具体办法，由煤矿根据实际情况制定。

（八）乡镇煤矿、其他民营煤矿负责人和生产经营管理人员以及出资人下井带班的具体办法，由煤矿所在县（市）煤炭行业管理部门制定并负责监督考核，报同级煤矿安全监管部门和煤矿安全监察机构备案。

三、明确下井带班人员的职责

（九）下井带班人员要把保证安全生产作为第一位的责任，切实掌握当班井下的安全生产状况，加强对重点部位、关键环节的检查巡视，及时发现和组织消除事故隐患，及时制止违章违纪行为，严禁违章指挥、严禁超能力组织生产。

（十）煤矿矿长、区队长是矿、区队安全生产第一责任人，下井带班人员协助矿长、区队长对当班安全生产负责。煤矿发生危及职工生命安全的重大隐患和严重问题时，带班人员必须立即组织采取停产、撤人、排除隐患等紧急处置措施，并及时向矿长、区队长报告。煤矿发生生产安全责任事故，要在追究矿长、区队长责任的同时，追究当班带班人员相应的责任。

四、严格企业内部管理和考核

（十一）实行井下交接班制度。上一班的带班人员要在井下向接班的带班人员详细说明井下安全状况、存在的问题及原因、需要注意的事项等，并认真填记交接班记录簿。

（十二）建立下井带班档案。下井带班的煤矿负责人和生产经营管理人员升井后，要将下井的时间、地点、经过路线、发现的问题及处理意见等有关情况进行详细登记，并存档备查。

（十三）加强企业内部监督考核。要把煤矿负责人和生产经营管理人员下井带班情况与矿长资格证、矿长安全生产资格证及经济收入等挂钩，严格考核。要建立奖惩制度，对认真履行职责、防止事故有功人员要给予奖励；对弄虚作假的，一经发现，要严肃处理。

五、加大监管监察力度

（十四）各级煤炭行业管理部门是落实煤矿负责人和生产经营管理人员下井带班制度的主管部门，要认真履行职责，抓好有关制度的建设和落实。

（十五）各级煤矿安全监管部门和煤矿安全监察机构要按照职责分工加强监督检查，把煤矿负责人和生产经营管理人员下井带班制度的建立和执行情况作为监管监察的重要内容，加强检查监督。

（十六）煤炭行业管理部门、煤矿安全监管部门和煤矿安全监察机构要把煤矿负责人和生产经营管理人员下井带班的主要情况，及时向组织人事部门或国有资产监管部门通报，作为干部考核的重要内容。

（十七）对不执行煤矿负责人和生产经营管理人员下井带班制度的，要按照《国务院关于预防煤矿生产安全事故的特别规定》等有关法律法规予以处罚。

六、加强群众监督和舆论监督

（十八）各煤矿企业要把煤矿负责人和生产经营管理人员下井带班制度的落实情况定期向全体职工及其家属和社会公开，接受职工群众监督。

（十九）各级煤炭行业管理部门、煤矿安全监管部门和煤矿安全监察机构，要将有关监督检查情况，以一定方式向社会公布。有关部门和煤矿企业要设立举报电话和举报信箱，对群众举报的问题要及时核查处理。

（二十）新闻媒体要加强舆论监督，对作风扎实、经常深入井下解决安全生产实际问题、表现突出的下井带班人员要大力宣传；对不负责任、甚至弄虚作假的，要予以公开曝光。

95 国务院办公厅转发安全监管总局等部门关于加强企业应急管理工作意见的通知

国办发〔2007〕13号

各省、自治区、直辖市人民政府，国务院各部委、各直属机构：

安全监管总局、国资委、财政部、公安部、民政部、卫生部、环保总局《关于加强企业应急管理工作的意见》已经国务院同意，现转发给你们，请认真贯彻执行。

国务院办公厅

2007年2月28日

关于加强企业应急管理工作的意见

企业应急管理是指对企业生产经营中的各种安全生产事故和可能给企业带来人员伤亡、

财产损失的各种外部突发公共事件，以及企业可能给社会带来损害的各类突发公共事件的预防、处置和恢复重建等工作，是企业管理的重要组成部分。加强企业应急管理，是企业自身发展的内在要求和必须履行的社会责任。近年来，我国企业应急管理工作取得较大进展，但总体上看仍存在诸多薄弱环节，安全生产事故频发，自然灾害、公共卫生事件、社会安全事件等也给企业安全造成多方面影响。为深入贯彻落实《国家突发公共事件总体应急预案》和《国务院关于全面加强应急管理工作的意见》（国发〔2006〕24 号），进一步加强企业应急管理工作，现提出如下意见：

一、明确企业应急管理的工作目标

（一）各级各类生产经营企业在 2007 年年底前全面完成应急预案编制工作；建立健全企业应急管理组织体系，把应急管理纳入企业管理的各个环节；形成上下贯通、多方联动、协调有序、运转高效的企业应急管理机制；建立起训练有素、反应快速、装备齐全、保障有力的企业应急队伍；加强企业危险源监控，实现企业突发公共事件预防与处置的有机结合；政府有关部门完善相关法规和政策措施；企业应对事故灾难、自然灾害、公共卫生事件和社会安全事件的能力得到全面提高。

二、健全组织体系和工作机制

（二）建立健全企业应急管理组织体系。大型企业要设置或明确应急管理领导机构和办事机构，配备专职或兼职人员开展应急管理工作，形成企业主要领导全面负责、分管领导具体负责、有关部门分工负责、群团组织协助配合、相关人员全部参与的应急管理组织体系；矿山、建筑施工企业和易燃易爆物品、危险化学品、放射性物品等危险物品的生产、经营、储运企业（以下简称高危行业企业）要设置或指定应急管理办事机构，配备应急管理人员。其他各类企业也要在企业负责人的领导下组织开展自身应急管理工作。

（三）完善企业应急联动机制。县级人民政府要全面掌握本行政区域内的高危行业企业分布、企业重点危险源、应急队伍、救援基地、应急物资、道路交通等基本情况，加强与企业联系，组织建立政府与企业、企业与企业、企业与关联单位之间的应急联动机制，形成统一指挥、相互支持、密切配合、协同应对各类突发公共事件的合力，协调有序地开展应急管理工作。中央企业要加强与其所在地县级人民政府有关部门的沟通衔接，主动接受安全生产监管，发生突发公共事件后要及时报告有关情况，发布预警信息。

三、推进预案体系建设和管理

（四）编制完善企业预案。应急预案是企业应急管理工作的主线。各企业要针对本企业的风险隐患特点，以编制事故灾难应急预案为重点，并根据实际需要编制其他方面的应急预案。预案内容要简明、管用、注重实效，有针对性和可操作性。生产企业要在预案中明确可能发生事故的具体应对措施。地方政府和有关部门要重点加强对非公有制企业、中小企业、高危行业企业、安全生产状况较差企业、产生或经营危险废弃物的企业和改革重组改制企业的指导，明确预案编制要求，制订编制指南或预案范本，提高预案质量。

（五）加强企业预案管理。建立企业预案的评估管理、动态管理和备案管理制度。各企业要根据有关法律、法规、标准的变动情况，应急预案演练情况，以及企业作业条件、设备状况、产品品种、人员、技术、外部环境等不断变化的实际情况，及时评估和补充修订完善预案。企业应急预案按照“分类管理、分级负责”的原则报当地政府主管部门和上级单位备案，并告知相关单位。备案管理单位要加强对预案内容的审查，实现预案之间的有机衔接。

（六）开展多种形式的预案演练。各企业要从实际出发，有计划地组织开展预案演练工作。高危行业企业要针对生产事故易发环节，每年至少组织开展一次预案演练。要加强对演练情况的总结分析，及时发现问题，不断改进应急管理工作。有关部门要加强对企业预案演练的指导，并组织高危行业企业开展联合演练，促进各单位的协调配合和职责落实。

四、加强企业应急队伍和基地建设

（七）加强企业专兼职队伍和职工队伍建设。按照专业救援和职工参与相结合、险时救援和平时防范相结合的原则，建设专业队伍为骨干、兼职队伍为辅助、职工队伍为基础的企业应急队伍体系。大中型高危行业企业要根据有关法律法规建立专业的应急救援队伍；小型高危行业企业要建立兼职的应急救援队伍，并与有关专业应急队伍建立合作、联动机制；其他企业应根据需要指定专职或兼职应急救援人员。对已经建有专兼职消防队的企业，其应急救援队伍应当依托已有的专兼职消防队组建。涉及高危行业的中央企业都要建立起现代化、专业化、高技术水准的救援队伍。各企业要切实抓好应急队伍的训练和管理，加强对职工应急知识、技能的培训。特别是安全生产关键责任岗位的职工，不仅要熟练掌握生产操作技术，更要掌握安全操作规范和安全生产事件的处置方法，增强自救互救和第一时间处置突发事件的能力。签订救援协议的专业应急救援队伍要定期协助协议企业排查事故隐患，熟悉救援环境，开展技术咨询和服务，协议企业应予以积极配合和支持。充分发挥专家对企业应急预案编制、应急演练、应急处置等工作的指导作用，提高企业应急管理水平。

（八）加强企业应急救援基地建设。大型矿山、石化、民航、铁路、水上运输、核工业企业要充分发挥组织优势、技术优势、人才优势，建设专业特色突出、布局配置合理的应急救援基地，并在做好本企业应急救援工作的同时，参与社会应急救援工作。具备条件的中央企业要率先建立一批管理规范、装备先进适用、信息畅通、处置能力强的区域应急救援基地，承担起一定区域内的重大抢险救灾任务。有关部门要加强与相关地方的沟通，做好救援基地规划布局和组织建设工作，建立有效的全国救援基地信息沟通渠道。地方政府要加强对应急救援基地建设的支持，充分发挥救援基地在区域救援方面的重要作用。

五、做好隐患排查监管和应急处置工作

（九）开展企业隐患排查监管。各企业要组织力量，重点针对企业生产场所、危险建（构）筑物以及企业周边环境等认真开展隐患排查，全面分析可能造成的灾害及衍生灾害。对查出的隐患及时治理整改，制订切实可行的整改方案，并采取可靠的安全保障措施。对隐患较大的要采取停产、停业整顿或停止使用等措施，防止发生突发事件。对重大危险源应当登记建档，进行定期检测、评估，实时监控，并告知从业人员和相关人员在紧急情况下应当采取的应急措施。改革重组改制企业要特别重视矛盾纠纷和其他影响社会安全的隐患的排查化解工作，防范发生群体性事件。有关部门要加强隐患标准的制订、完善工作，加强督促检查。

（十）做好突发公共事件的处置工作。突发公共事件发生后，企业应立即启动相关应急预案，组织开展先期处置，并按照分级标准迅速向地方政府及有关部门报告。对溢流、井喷、危险化学品泄漏、放射源失控等可能对周边群众和环境产生危害的突发公共事件，企业要在第一时间向地方政府报告有关情况，并及时向可能受到影响的单位、职工、群众发出预警信息。要控制事故发展态势，标明危险区域，组织、协助应急救援队伍和工作人员救助受害人员，疏散、撤离、安置受到威胁的人员，并采取必要措施防止发生次生、衍生事件。地方政府要按照相关预案要求，加强对应急处置的指挥领导，组织开展救援和群众疏散工作。有关单位要按照地方政府的统一要求，做好各项救援措施的衔接和配合。应急处置工作结束后，各企业应尽快组织恢复生产、生活秩序，消除环境污染，并加强事后评估，完善各项措施。

六、强化企业应急管理职责分工和相关政策措施

（十一）明确和落实企业应急管理责任。企业对自身应急管理工作负责，按照条块结合、属地为主的原则，在政府的领导下和有关部门的监督指导下开展应急管理工作。安全生产是企业应急管理工作的重点，安全生产监管部门和其他负有安全生产监管职责的部门按照现有职责分工，进一步加强监管工作。其他有关部门各司其职，监督指导有关企业预防和应对其他各类突发公共事件。国有资产监督管理机构按照出资人职责，负责督促监管企业落实应急管理方针政策，把监管企业安全生产工作纳入考核内容，对监管企业应急预案的制订和落实情况开展检查。各级政府应急管理办事机构负责综合指导、协调企业应急管理工作。各有关部门要按照职责分工，针对不同行业的企业、大型企业与中小型企业、国有企业与民营企业、内资企业与外资企业等不同类型企业在应急管理工作中的不同特点，加强对企业应急管理的分类指导。建立激励约束机制，对应急管理工作中表现突出的企业和个人给予表彰或奖励，对不履行职责引起事态扩大、造成严重后果的责任人要依法追究责任。

（十二）企业要加大投入力度。企业应急能力建设是企业安全生产和企业长远发展的保障。各企业要加大对应急能力建设的投入力度，着力解决制约企业应急管理的关键问题，使人力、物力、财力等生产要素适应应急管理工作的要求，做到应急管理与企业发展同步规划、同步实施、同步推进。要切实加大对应急物资的投入，制订应急物资保障方案，重点加强防护用品、救援装备、救援器材的物资储备，做到数量充足、品种齐全、质量可靠。加快新技术、新工艺和新设备的应用，改善企业安全生产条件，提高防灾减灾能力。针对企业应急管理的重点和难点问题，加强与有关科研院所的联合攻关。有条件的企业要加强应急管理的信息化建设，配备必要的设备，逐步实现与有关部门数据信息的互联互通。高危行业企业要安排应急专项资金，用于隐患排查整改、危险源监控、应急队伍建设、物资设备购置、应急预案演练、应急知识培训和宣传教育等工作。

（十三）制定完善相关政策。建立和完善政府应急准备金制度，对处置企业突发公共事件等给予必要支持。进一步落实企业强制性提取安全费用、交纳安全生产风险抵押金、提高事故伤亡赔偿标准的政策措施。研究制定征用补偿政策，完善对企业物资合理征用的补偿办法。研究制定相关政策措施，加强先进适用技术、装备的研发和应用，加快形成具有自主知识产权的应急技术和产品，扶持应急产业发展。建立完善企业应急队伍有偿服务机制，对企业应急救援队伍参与社会救援的经费支出予以相应补偿，鼓励和支持企业参与社会救援。充分发挥保险在突发公共事件预防、处置和恢复重建等方面的作用，大力推进高危行业企业的意外伤害保险和责任保险制度建设，完善对专职和兼职救护队员的工伤保险制度。

96 国务院办公厅转发安全监管总局等部门关于进一步加强烟花爆竹安全监督管理工作意见的通知

国办发〔2010〕53号

各省、自治区、直辖市人民政府，国务院各部委、各直属机构：

安全监管总局、公安部、质检总局、工商总局、交通运输部、商务部、海关总署《关于进一步加强烟花爆竹安全监督管理工作的意见》已经国务院同意，现转发给你们，请认真贯彻执行。

国务院办公厅

2010年11月8日

关于进一步加强烟花爆竹安全监督管理工作的意见

2006年《烟花爆竹安全管理条例》公布施行以来，各地区、各有关部门认真贯彻落实国务院决策部署，围绕加强烟花爆竹安全管理采取了一系列有效措施，全国烟花爆竹事故大幅度下降，但在一些地方非法违法生产、经营、运输、燃放烟花爆竹等行为仍屡禁不止，事故时有发生，给人民群众生命财产造成严重损失。为深入落实《国务院关于进一步加强企业安全生产工作的通知》（国发〔2010〕23号）精神，切实加强烟花爆竹安全监管，有效遏制烟花爆竹安全事故的发生，提出如下意见：

一、总体要求

深入贯彻落实科学发展观，牢固树立安全发展的理念，坚持以人为本，坚持"安全第一、预防为主、综合治理"的方针，强化企业安全生产主体责任，落实部门安全监管职责，切实加强烟花爆竹生产、经营、运输、燃放等各环节安全管理和监督，严厉打击非法违法生产经营行为，促进烟花爆竹企业安全生产条件和安全管理水平进一步改善和提高，烟花爆竹安全监管机制进一步健全和完善，形成烟花爆竹安全生产长效机制，烟花爆竹事故明显减少。

二、加强生产环节的安全管理

（一）从严把好烟花爆竹安全生产准入关。科学制定烟花爆竹产业发展规划，严格烟花爆竹行业准入条件，合理控制生产企业数量。积极推动企业按照国家有关标准规范进行安全改造，淘汰落后生产工艺、技术和装备。严格把好安全生产许可关，对不符合当地烟花爆竹产业发展规划和国家有关安全技术标准要求的，一律不予许可。到“十二五”末，全国烟花爆竹生产企业数量比“十一五”末减少20%。

（二）严格控制礼花弹等高危产品生产。开展礼花弹类产品专项治理，严格礼花弹等高危产品的安全生产标准和生产条件，严格控制礼花弹生产企业数量，禁止生产药物敏感度高、药量大、燃放无固定轨迹等危险性大的产品，淘汰对环境污染严重的产品。建立礼花弹生产企业国家备案公示和统一产品标识登记管理制度，对礼花弹生产、销售、运输、燃放和进出口全过程实行严格管控。礼花弹等A级产品由生产企业直接向经公安机关批准燃放的单位销售或供出口。

（三）加强烟花爆竹药物和半成品安全监管。严格管理黑火药、烟火药、引火线的生产、销售和运输，黑火药、引火线原则上不得跨省长距离运输。禁止销售、购买烟火药和含药的烟花爆竹半成品，严禁使用退役双（多）基发射药或直接使用退役单基发射药生产烟花爆竹。依法将氯酸钾纳入易制爆危险化学品监管范围，严格销售、购买和使用流向登记，严禁使用氯酸钾生产烟花爆竹。

（四）加强烟花爆竹产品质量标准和包装标识管理。质检部门要会同安全监管、公安等有关部门，及时组织修订有关产品质量技术标准，科学进行产品分类、分级，从严规定产品种类、规格、药量等重要安全技术指标，取消个人燃放的小礼花类、摩擦类、烟雾类和内筒型组合烟花等危险性大的产品品种。产品包装必须对药量、等级、生产日期、燃放要求等做出完整清晰的标志。

（五）加强烟花爆竹产品质量监督抽查。质检部门要加强烟花爆竹产品质量监督抽查工作，对监督抽查发现不合格产品的生产企业，要严格按照有关规定责令其认真整改，限期复查，并及时将抽查不合格产品和企业情况通报有关部门，共同做好不合格产品和相关生产企业的处理工作。

三、规范经营环节的安全管理

（一）严格烟花爆竹市场准入。合理布局烟花爆竹批发企业和零售点。对从事烟花爆竹批发、零售的企业和经营者，必须取得安全生产监督管理部门核发的经营许可证后，才能核发营业执照。对已被取消经营许可证的企业或经营者，安全生产监督管理部门应当在取消许可证后5个工作日内通知工商行政管理部门，由工商行政管理部门撤销登记注册或吊销营业执照，或者责令当事人依法办理变更登记。工商行政管理部门要加大市场检查力度，依法查处无照经营、假冒商标侵权、虚假宣传等违法违规行为。

（二）完善烟花爆竹购销合同制度。进一步加强烟花爆竹购销合同管理，生产和批发企业在买卖烟花爆竹时必须签订书面购销合同，并认真查验相关资质，严禁销售、购买假冒伪劣烟花爆竹产品。烟花爆竹生产企业不得从其他生产经营企业购买烟花爆竹产品后出售或加贴本企业的标识进行销售。烟花爆竹批发企业和零售点不得销售礼花弹等A级产品。

（三）加强烟花爆竹流向信息化管理。烟花爆竹生产经营企业要按照有关要求，建立完善购买、销售登记制度，登记记录至少要保存两年备查。加快建立全国统一的烟花爆竹流向管理信息系统，对礼花弹的生产、销售、运输、燃放、进出口流向实施有效监管，并逐步实现对所有烟花爆竹产品和黑火药、引火线以及重要危险性原材料流向的信息化监管。

四、加强运输和出口环节的安全管理

（一）严格烟花爆竹道路运输许可管理制度。凡道路运输烟花爆竹的，必须持有《烟花爆竹道路运输许可证》。运达地县级公安机关在开具《烟花爆竹道路运输许可证》时，要依照相关法律法规规定的程序、时限、条件等，严格审查托运人提交的材料，查验供货单位从事烟花爆竹生产、经营的资质证明。对不符合条件的，不得开具《烟花爆竹道路运输许可证》。公安机关要切实加强对道路运输烟花爆竹的监督检查，依法严肃查处违法违规运输行为。

（二）加强烟花爆竹运输车辆和相关人员管理。道路运输烟花爆竹，必须使用符合安全要求的危险货物运输车辆，并加装具有行驶记录功能的卫星定位系统，实行运输全过程监控。承运人、运输车辆及驾驶员、押运员，必须持有交通运输部门核发的相关资质、资格证明。交通运输部门要严格对烟花爆竹承运人、运输车辆及驾驶员、押运员的监管。

（三）加强对烟花爆竹出口安全管理。交通运输部门加强对出口运输港口烟花爆竹装运、临时存放等环节的安全监管和船舶适装审核。质检、海关部门加强出口烟花爆竹的产品质量检验、装箱监督和通关查验。商务部门配合相关执法部门加强烟花爆竹出口生产经营企业的监督管理，对经执法部门认定存在违法违规行为的企业，依法从严处罚。

五、加强燃放环节的安全管理

（一）完善大型焰火燃放活动分级管理制度。公安部门要制定大型焰火燃放活动分级管理办法，依法加强燃放活动的安全管理，严格审批大型焰火燃放活动，严格审查燃放作业单位资质、作业人员资格，并协助主办单位做好安全保卫、消防救援和警戒工作。大型焰火燃放活动所需烟花爆竹的临时存放场所必须符合安全规定，并尽量缩短存放时间。对违规燃放的，要严肃追究有关人员的责任。

（二）加强对群众燃放烟花爆竹的安全管理和宣传教育。各地区、各有关部门要加强对群众燃放烟花爆竹的安全管理，加强安全燃放知识的宣传普及，充分利用新闻媒体、中小学校教育等手段广泛宣传有关烟花爆竹的法律法规、标准和燃放常识等，引导群众自觉抵制假冒伪劣产品，安全燃放烟花爆竹。

六、严厉打击非法违法行为

（一）健全完善打击非法生产经营烟花爆竹工作机制。各级公安、安全监管、质检、工商、交通运输等部门要在同级人民政府的统一领导下，建立联合执法机制，按照职责分工，密切配合，开展执法检查。烟花爆竹传统产区和问题突出地区的县、乡两级人民政府，要进一步加强对打击非法生产经营行为（以下简称“打非”）工作的组织领导，由政府主要领导负总责，分管领导具体牵头，始终保持高压态势，组织开展“打非”行动，并向社会公布举报电话，建立群众举报奖励制度。

（二）严厉打击涉及烟花爆竹的非法违法行为。对组织从事非法违法生产、经营、运输、燃放、进出口烟花爆竹的单位或者个人，要依法依规严格处罚；构成犯罪的，依法追究刑事责任。对查出的非法生产经营窝点，要依法予以取缔，并追根溯源，查清斩断非法生产原材料供应和产品销售的经济链条。对因“打非”工作职责不落实、工作开展不力引发事故的，要追究相关单位和人员的责任。各地区要研究制订相关政策，鼓励烟花爆竹产业集约化发展，支持经济落后地区配备爆炸物品探测仪等必要装备，强化“打非”能力。

七、切实落实烟花爆竹安全管理和监督责任

（一）严格落实企业安全生产主体责任。烟花爆竹生产经营企业主要负责人是安全生产的第一责任人，要切实加强对安全生产工作的领导。全面推进安全生产标准化建设，建立健全安全生产管理规章制度，加大安全投入，建设完善安全防护屏障、防雷防火防静电等重要安全设施，持续深入开展隐患排查治理工作，及时消除各类隐患。严禁超范围、超人员、超药量和擅自改变工房用途，严禁分包转包企业或生产线，严禁使用童工和学生，强化危险生产工序持证上岗制度，杜绝“一证多厂”和擅自以转包、倒卖、出租等形式非法转让安全生产许可证等违规行为。

（二）加强有关部门的协调配合。建立由安全监管总局牵头，公安、质检、工商、交通运输、商务、海关等部门参加的烟花爆竹安全监管部际联席会议制度，定期分析、通报烟花爆竹安全生产形势，研究协调解决烟花爆竹安全监管工作的重要事项，组织开展部门联合执法和专项整治。各地区也要建立相应的部门协调工作机制，根据烟花爆竹生产、经营、运输、燃放的特点和规律定期开展安全监督检查。要充分发挥行业协会的指导和自律作用，引导烟花爆竹行业健康、安全发展。

（三）严肃查处各类烟花爆竹事故。凡是发生人员伤亡责任事故的烟花爆竹生产经营企业，一律停产停业整顿，限期消除隐患，经当地安全监管部门验收合格后才能恢复生产经营。对发生一次死亡3人以上责任事故的烟花爆竹生产经营企业，一律停产停业整顿并依法重新审查安全生产条件，不再具备安全生产条件的，依法吊销安全生产许可证或经营许可证。

97 国务院办公厅转发发展改革委安全监管总局关于进一步加强煤矿瓦斯防治工作若干意见的通知

国办发〔2011〕26号

各省、自治区、直辖市人民政府，国务院各部委、各直属机构：

发展改革委、安全监管总局《关于进一步加强煤矿瓦斯防治工作的若干意见》已经国务院同意，现转发给你们，请认真贯彻执行。

国务院办公厅

2011年5月23日

关于进一步加强煤矿瓦斯防治工作的若干意见

近年来，国家先后出台了一系列加强煤矿瓦斯（煤层气）防治工作的政策措施，全国煤矿瓦斯抽采利用量大幅度上升，瓦斯事故起数和死亡人数大幅度下降。但随着煤矿开采强度增大、采掘深度增加，瓦斯防治难度越来越大，同时，瓦斯防治责任不落实、措施不到位等问题在一些地方和企业仍然比较突出。为深入贯彻落实《国务院关于进一步加强企业安全生产工作的通知》（国发〔2010〕23号）和全国煤矿瓦斯防治工作电视电话会议精神，坚决防范遏制煤矿瓦斯重特大事故，现就进一步加强煤矿瓦斯防治工作提出以下意见：

一、进一步落实防治责任

（一）强化煤矿瓦斯防治工作组织领导。地方各级人民政府和煤矿企业要以对人民生命安全高度负责的精神，牢固树立瓦斯事故可防可控的理念，全面建设“通风可靠、抽采达标、监控有效、管理到位”的瓦斯综合治理工作体系。各产煤省（区、市）要充分发挥煤矿瓦斯防治（集中整治）领导小组及办公室的作用，落实专职人员和专用经费，强化对瓦斯防治工作的组织推动和综合协调。

（二）落实煤矿企业瓦斯防治主体责任。各煤矿企业要不断完善瓦斯防治责任制，细化落实企业负责人及相关人员的瓦斯防治责任。要健全以总工程师为首的瓦斯防治技术管理体系，配齐通风、抽采、防突、地质测量等专业机构和人员。保障安全投入，完善矿井瓦斯防治系统，强化现场管理，加强职工培训，严格按照法律法规和标准规范组织生产，严防瓦斯事故发生。

（三）严格煤矿瓦斯防治责任考核。实行瓦斯防治目标管理，重点产煤地区各级政府及企业要通过签订煤矿瓦斯防治目标责任书等有效方式，严格瓦斯防治和抽采利用绩效考核，并加强相关统计工作。没有完成目标任务的，要逐级追究地方政府和企业负责人的责任。各地区要建立健全煤矿安全事故约谈、警示和瓦斯防治督查督办制度，对因管理不到位、职责不清晰、推诿扯皮造成事故的，要按照国家相关法律法规严肃追究责任。

二、提高准入门槛

（四）严格控制高瓦斯和煤与瓦斯突出矿井建设。“十二五”期间，停止核准新建30万吨/年以下的高瓦斯矿井、45万吨/年以下的煤与瓦斯突出矿井项目。已批在建的同类矿井项目，由有关部门按照国家瓦斯防治相关政策标准重新组织审查其初步设计，督促完善瓦斯防治措施。

（五）建立煤矿企业瓦斯防治能力评估制度。国家煤炭行业管理部门研究制定煤矿企业瓦斯防治能力基本标准，组织开展评估工作，并公布评估结果。经评估不具备瓦斯防治能力的企业，不得新建高瓦斯和煤与瓦斯突出矿井，已建的同类矿井要立即停产整改，或与具备瓦斯防治能力的企业重组；整改不达标或未能实现重组的，地方政府依法予以关闭。

（六）支持煤与瓦斯突出煤矿企业整合关闭。国家支持具备瓦斯防治能力的大型煤矿企业以资产为纽带，兼并重组高瓦斯和煤与瓦斯突出的小煤矿。中央和地方财政继续支持小煤矿整顿关闭工作，并对高瓦斯和煤与瓦斯突出小煤矿关闭给予重点支持，具体办法由财政部会同有关部门研究确定。

三、强化基础管理

（七）落实煤矿瓦斯区域性防突治理措施。煤矿企业应编制煤与瓦斯突出矿井区域性防突治理技术方案，并报煤炭行业管理部门和煤矿安全监管部门备案后实施。对未落实区域性防突治理措施或区域治理效果不达标的煤与瓦斯突出矿井，要责令停产整顿，经验收合格后方可进行采掘作业活动。地方政府和煤矿企业要制定鼓励措施，支持煤与瓦斯突出矿井落实开采保护层、预抽煤层瓦斯等区域性防突措施。

（八）强力推进煤矿瓦斯抽采系统建设。高瓦斯和煤与瓦斯突出矿井，要做到先抽后采、抽采达标。凡应建未建瓦斯抽采系统或抽采未达标的矿井，要停产整顿，经验收达到相关标准后方可恢复生产。在建的煤与瓦斯突出矿井揭露煤层前，应建地面抽采系统的高瓦斯矿井进入采区施工前，要建成地面瓦斯抽采系统并投入使用。

（九）规范矿井瓦斯等级鉴定管理。高瓦斯和煤与瓦斯突出矿井一律不得降低瓦斯等级。所开采煤层瓦斯压力超过规定限值、相邻矿井同一煤层发生突出事故或鉴定为突出煤层，以及发生瓦斯动力现象等情况的矿井，都要及时进行瓦斯等级鉴定，鉴定完成前，应按煤与瓦斯突出矿井进行管理。要严格鉴定标准和程序，煤矿企业对所提供的鉴定资料真实性负责，鉴定单位对鉴定结果负责，对违法违规、弄虚作假的，要依法依规从严追究责任。

（十）加强矿井揭露煤层管理。煤与瓦斯突出矿井的突出煤层、邻近矿井同一煤层曾出现瓦斯动力现象等矿井煤层揭露设计，应按有关规定认真编制，由煤矿企业技术负责人严格审批后实施。凡未经批准擅自揭露突出煤层，或误揭露突出煤层的，要严肃追究有关责任人责任。

（十一）完善煤矿安全监测监控系统。高瓦斯和煤与瓦斯突出矿井的监测监控系统，必须与煤炭行业管理部门或煤矿安全监管部门联网。未实现联网或不能实时上传数据的，要限期整改，确保信息畅通。各地区要加强区域性监测监控系统服务中心建设，对不具备监测监控系统维护能力的小煤矿提供技术指导和服务，保障设备正常运转。

四、加大政策支持

（十二）加大煤矿瓦斯综合利用力度。地方政府和有关企业要严格落实煤矿瓦斯综合利用政策。煤矿瓦斯电厂富余电量需要上网的，电网企业要为接入电网提供便利条件，全部收购瓦斯发电富余电量。上网电价执行当地脱硫标杆电价加补贴电价，补贴加价部分在电网销售电价中解决。地方政府要制定相关政策，推动瓦斯输送利用管网基础设施建设，支持煤矿企业拓宽瓦斯利用范围，提高瓦斯利用率。要完善煤炭、煤层气协调开发体制机制，制定煤层气开发利用管理办法及行业技术标准，指导和规范煤层气产业发展。煤矿瓦斯防治部际协调领导小组办公室要加强对瓦斯综合利用政策执行情况的督促检查，定期通报。

（十三）研究高瓦斯和煤与瓦斯突出矿井税收支持政策。针对高瓦斯和煤与瓦斯突出矿井开采成本高的现实情况，研究鼓励高瓦斯和煤与瓦斯突出矿井加大安全投入的税收支持政策，具体办法由财政部会同税务总局、发展改革委、能源局等部门研究制定。继续通过中央预算内基建资金，支持煤矿安全技术改造和瓦斯治理利用。

（十四）落实煤炭生产安全费用提取使用政策。煤矿企业要严格按照国家关于煤炭生产安全费用提取政策规定和煤矿灾害治理的实际需求，科学合理地确定生产安全费用提取标准，报当地有关部门备案。地方各级人民政府要加强审计监督，确保提取到位、专款专用。对阻碍或不按标准提取使用安全费用的行为要进行严肃查处。

（十五）推进煤矿瓦斯防治技术创新。国家通过科技计划、基金和科技重大专项，加强煤矿瓦斯突出机理等基础理论和低透气性煤层瓦斯赋存规律的研究，及瓦斯抽采工艺、灾害防治等关键技术、重大装备的研发。地方各级人民政府及有关部门要制定政策，引导科研机构和企业加强煤矿瓦斯防治科技创新。煤矿企业要健全瓦斯防治技术集成体系，加大安全科技投入，研究解决生产过程中的突出问题。

（十六）支持和规范煤矿瓦斯防治技术咨询服务。鼓励和支持具备瓦斯防治能力的煤矿企业和科研院所、大专院校等单位成立专业化技术服务机构，开展煤矿瓦斯防治技术咨询和工程服务。专业服务机构为煤矿企业进行技术咨询、安全评价等活动时，必须严格执行国家有关标准和规范，对其提供的相关评价鉴定结论承担法律责任。

五、加强安全监管监察

（十七）实行瓦斯防治重大隐患逐级挂牌督办。各地区要建立健全瓦斯防治重大隐患逐级挂牌督办、公告制度。对存在通风系统不合理、应建未建瓦斯抽采系统、抽采不达标、区域性治理措施不落实等重大隐患的矿井，由省级煤矿安全监管部门或煤炭行业管理部门挂牌督办。各地区应建立瓦斯事故隐患举报奖励制度，公布举报电话，对举报人给予奖励，并依法保护举报人权益。

（十八）从严查处超能力生产行为。地方煤炭行业管理部门要把矿井抽采达标和防突能力作为约束性指标，严格按照标准组织核定矿井生产能力。对超能力生产的高瓦斯和煤与瓦斯突出矿井，要责令停产整顿，并按照《国务院关于预防煤矿生产安全事故的特别规定》（国务院令第 446 号）等法律法规规定的上限，对煤矿企业及负责人进行处罚。通风系统等发生重大变化的矿井，必须重新进行生产能力核定。

（十九）加强煤矿瓦斯超限管理。煤矿发生瓦斯超限，要立即停产撤人，并比照事故处理查明瓦斯超限原因，落实防范措施。因责任和措施不落实造成瓦斯超限的，要严肃追究有关人员责任。因瓦斯防治措施不到位，1 个月内发生 2 次瓦斯超限的矿井必须停产整顿。凡 1 个月内发生 3 次以上瓦斯超限未追查处理，或因瓦斯超限被责令停产整顿期间仍组织生产的矿井，煤炭行业管理部门、煤矿安全监管部门应提请地方政府予以关闭。

（二十）从重处理煤矿瓦斯死亡事故。发生造成人员死亡瓦斯事故的矿井必须停产整顿，停产整顿时限由地方政府确定。凡发生较大及以上瓦斯事故，且地质条件复杂、安全生产系统存在重大隐患、不能有效防范瓦斯事故的矿井，地方政府应当依法予以关闭。

各地区、各部门和各有关单位要加强组织领导，制定具体实施方案，分解落实工作任务，确保执行到位。煤矿瓦斯防治部际协调领导小组及成员单位要加强督促指导。

98 国务院办公厅关于进一步加强煤矿安全生产工作的意见

国办发〔2013〕99号

各省、自治区、直辖市人民政府，国务院各部委、各直属机构：

煤炭是我国的主体能源，煤矿安全生产关系煤炭工业持续发展和国家能源安全，关系数百万矿工生命财产安全。近年来，通过各方面共同努力，煤矿安全生产形势持续稳定好转。但事故总量仍然偏大，重特大事故时有发生，暴露出煤矿安全管理中仍存在一些突出问题。党中央、国务院对此高度重视，要求深刻汲取事故教训，坚守发展决不能以牺牲人的生命为代价的红线，始终把矿工生命安全放在首位，大力推进煤矿安全治本攻坚，建立健全煤矿安全长效机制，坚决遏制煤矿重特大事故发生。为进一步加强煤矿安全生产工作，经国务院同意，现提出以下意见：

一、加快落后小煤矿关闭退出

（一）明确关闭对象。重点关闭9万吨/年及以下不具备安全生产条件的煤矿，加快关闭9万吨/年及以下煤与瓦斯突出等灾害严重的煤矿，坚决关闭发生较大及以上责任事故的9万吨/年及以下的煤矿。关闭超层越界拒不退回和资源枯竭的煤矿；关闭拒不执行停产整顿指令仍然组织生产的煤矿。不能实现正规开采的煤矿，一律停产整顿；逾期仍未实现正规开采的，依法实施关闭。没有达到安全质量标准化三级标准的煤矿，限期停产整顿；逾期仍不达标的，依法实施关闭。

（二）加大政策支持力度。通过现有资金渠道加大支持淘汰落后产能力度，地方人民政府应安排配套资金，并向早关、多关的地区倾斜。研究制定信贷、财政优惠政策，鼓励优势煤矿企业兼并重组小煤矿。修订煤炭产业政策，提高煤矿准入标准。国家支持小煤矿集中关闭地区发展替代产业，加强基础设施建设，加快缺煤地区能源输送通道建设，优先保障缺煤地区的铁路运力。

（三）落实关闭目标和责任。到2015年底全国关闭2 000处以上小煤矿。各省级人民政府负责小煤矿关闭工作，要制定关闭规划，明确关闭目标并确保按期完成。

二、严格煤矿安全准入

（四）严格煤矿建设项目核准和生产能力核定。一律停止核准新建生产能力低于30万吨/年的煤矿，一律停止核准新建生产能力低于90万吨/年的煤与瓦斯突出矿井。现有煤与瓦斯突出、冲击地压等灾害严重的生产矿井，原则上不再扩大生产能力；2015年底前，重新核定上述矿井的生产能力，核减不具备安全保障能力的生产能力。

（五）严格煤矿生产工艺和技术设备准入。建立完善煤炭生产技术与装备、井下合理生产布局以及能力核定等方面的政策、规范和标准，严禁使用国家明令禁止或淘汰的设备和工艺。煤矿使用的设备必须按规定取得煤矿矿用产品安全标志。

（六）严格煤矿企业和管理人员准入。规范煤矿建设项目安全核准、项目核准和资源配置的程序。未通过安全核准的，不得通过项目核准；未通过项目核准的，不得颁发采矿许可证。不具备相应灾害防治能力的企业申请开采高瓦斯、冲击地压、煤层易自燃、水文地质情况和条件复杂等煤炭资源的，不得通过安全核准。从事煤炭生产的企业必须有相关专业和实践经历的管理团队。煤矿必须配备矿长、总工程师和分管安全、生产、机电的副矿长，以及负责采煤、掘进、机电运输、通风、地质测量工作的专业技术人员。矿长、总工程师和分管安全、生产、机电的副矿长必须具有安全资格证，且严禁在其他煤矿兼职；专业技术人员必须具备煤矿相关专业中专以上学历或注册安全工程师资格，且有 3 年以上井下工作经历。鼓励专业化的安全管理团队以托管、入股等方式管理小煤矿，提高小煤矿技术、装备和管理水平。建立煤炭安全生产信用报告制度，完善安全生产承诺和安全生产信用分类管理制度，健全安全生产准入和退出信用评价机制。

三、深化煤矿瓦斯综合治理

（七）加强瓦斯管理。认真落实国家关于促进煤层气（煤矿瓦斯）抽采利用的各项政策。高瓦斯、煤与瓦斯突出矿井必须严格执行先抽后采、不抽不采、抽采达标。煤与瓦斯突出矿井必须按规定落实区域防突措施，开采保护层或实施区域性预抽，消除突出危险性，做到不采突出面、不掘突出头。发现瓦斯超限仍然作业的，一律按照事故查处，依法依规处理责任人。

（八）严格煤矿企业瓦斯防治能力评估。完善煤矿企业瓦斯防治能力评估制度，提高评估标准，增加必备性指标。加强评估结果执行情况监督检查，经评估不具备瓦斯防治能力的煤矿企业，所属高瓦斯和煤与瓦斯突出矿井必须停产整顿、兼并重组，直至依法关闭。加强评估机构建设，充实评估人员，落实评估责任，对弄虚作假的单位和个人要严肃追究责任。

四、全面普查煤矿隐蔽致灾因素

（九）强制查明隐蔽致灾因素。加强煤炭地质勘查管理，勘查程度达不到规范要求的，不得为其划定矿区范围。煤矿企业要加强建设、生产期间的地质勘查，查明井田范围内的瓦斯、水、火等隐蔽致灾因素，未查明的必须综合运用物探、钻探等勘查技术进行补充勘查；否则，一律不得继续建设和生产。

（十）建立隐蔽致灾因素普查治理机制。小煤矿集中的矿区，由地方人民政府组织进行区域性水害普查治理，对每个煤矿的老空区积水划定警戒线和禁采线，落实和完善预防性保障措施。国家从中央有关专项资金中予以支持。

五、大力推进煤矿“四化”建设

（十一）加快推进小煤矿机械化建设。国家鼓励和扶持 30 万吨/年以下的小煤矿机械化改造，对机械化改造提升的符合产业政策规定的最低规模的产能，按生产能力核定办法予以认可。新建、改扩建的煤矿，不采用机械化开采的一律不得核准。

（十二）大力推进煤矿安全质量标准化和自动化、信息化建设。深入推进煤矿安全质量标准化建设工作，强化动态达标和岗位达标。煤矿必须确保安全监控、人员定位、通信联络系统正常运转，并大力推进信息化、物联网技术应用，充分利用和整合现有的生产调度、监测监控、办公自动化等信息化系统，建设完善安全生产综合调度信息平台，做到视频监视、实时监测、远程控制。县级煤矿安全监管部门要与煤矿企业安全生产综合调度信息平台实现联网，随机抽查煤矿安全监控运行情况。地方人民政府要培育发展或建立区域性技术服务机构，为煤矿特别是小煤矿提供技术服务。

六、强化煤矿矿长责任和劳动用工管理

（十三）严格落实煤矿矿长责任制度。煤矿矿长要落实安全生产责任，切实保护矿工生命安全，确保煤矿必须证照齐全，严禁无证照或者证照失效非法生产；必须在批准区域正规开采，严禁超层越界或者巷道式采煤、空顶作业；必须做到通风系统可靠，严禁无风、微风、循环风冒险作业；必须做到瓦斯抽采达标，防突措施到位，监控系统有效，瓦斯超限立即撤人，严禁违规作业；必须落实井下探放水规定，严禁开采防隔水煤柱；必须保证井下机电和所有提升设备完好，严禁非阻燃、非防爆设备违规入井；必须坚持矿领导下井带班，确保员工培训合格、持证上岗，严禁违章指挥。达不到要求的煤矿，一律停产整顿。

（十四）规范煤矿劳动用工管理。在一定区域内，加强煤矿企业招工信息服务，统一组织报名和资格审查、统一考核、统一签订劳动合同和办理用工备案、统一参加社会保险、统一依法使用劳务派遣用工，并加强监管。严格实施工伤保险实名制；严厉打击无证上岗、持假证上岗。

（十五）保护煤矿工人权益。开展行业性工资集体协商，研究确定煤矿工人小时最低工资标准，提高下井补贴标准，提高煤矿工人收入。严格执行国家法定工时制度。停产整顿煤矿必须按期发放工人工资。煤矿必须依法配备劳动保护用品，定期组织职业健康检查，加强尘肺病防治工作，建设标准化的食堂、澡堂和宿舍。

（十六）提高煤矿工人素质。加强煤矿班组安全建设，加快变“招工”为“招生”，强化矿工实际操作技能培训与考核。所有煤矿从业人员必须经考试合格后持证上岗，严格教考分离、建立统一题库、制定考核办法、对考核合格人员免费颁发上岗证书。健全考务管理体系，建立考试档案，切实做到考试不合格不发证。将煤矿农民工培训纳入各地促进就业规划和职业培训扶持政策范围。

七、提升煤矿安全监管和应急救援科学化水平

（十七）落实地方政府分级属地监管责任。地方各级人民政府要切实履行分级属地监管责任，强化“一岗双责”，严格执行“一票否决”。强化责任追究，对不履行或履行监管职责不力的，要依纪依法严肃追究相关人员的责任。各地区要按管理权限落实停产整顿煤矿的监管责任人和验收部门，省属煤矿和中央企业煤矿由省级煤矿安全监管部门组织验收，局长签字；市属煤矿由市（地）级煤矿安全监管部门组织验收，市（地）级人民政府主要负责人签字；其他煤矿由县级煤矿安全监管部门组织验收，县级人民政府主要负责人签字。中央企业煤矿必须由市（地）级以上煤矿安全监管部门负责安全监管，不得交由县、乡级人民政府及其部门负责。

（十八）明确部门安全监管职责。按照管行业必须管安全、管业务必须管安全、谁主管谁负责的原则，进一步明确各部门监管职责，切实加强基层煤炭行业管理和煤矿安全监管部门能力建设。创新监管监察方式方法，开展突击暗查、交叉执法、联合执法，提高监督管理的针对性和有效性。煤矿安全监管监察部门发现煤矿存在超能力生产等重大安全生产隐患和行为的，要依法责令停产整顿；发现违规建设的，要责令停止施工并依法查处；发现停产整顿期间仍然组织生产的煤矿，要依法提请地方政府关闭。煤矿安全监察机构要严格安全准入，严格煤矿建设工程安全设施的设计审查和竣工验收；依法加强对地方政府煤矿安全生产监管工作的监督检查；对停产整顿煤矿要依法暂扣其安全生产许可证。国土资源部门要严格执行矿产资源规划、煤炭国家规划矿区和矿业权设置方案制度，严厉打击煤矿无证勘查开采、以煤田灭火或地质灾害治理等名义实施露天采煤、以硐探坑探为名实施井下开采、超越批准的矿区范围采矿等违法违规行为。公安部门要停止审批停产整顿煤矿购买民用爆炸物品。电力部门要对停产整顿煤矿限制供电。建设主管部门要加强煤矿施工企业安全生产许可证管理，组织及时修订煤矿设计相应标准规范，会同煤炭行业管理部门强化对煤矿设计、施工和监理单位的资质监管。投资主管部门要提高煤矿安全技术改造资金分配使用的针对性和实效性。

（十九）加快煤矿应急救援能力建设。加强国家（区域）矿山应急救援基地建设，其运行维护费用由中央财政和所在地省级财政给予支持。加强地方矿山救护队伍建设，其运行维护费用由地方财政给予支持。煤矿企业按照相关规定建立专职应急救援队伍。没有建立专职救援队伍的，必须建设兼职辅助救护队。煤矿企业要统一生产、通风、安全监控调度，建立快速有效的应急处置机制；每年至少组织一次全员应急演练。加强煤矿事故应急救援指挥，发生重大及以上事故，省级人民政府主要负责人或分管负责人要及时赶赴事故现场。在煤矿抢险救灾中牺牲的救援人员，应当按照国家有关规定申报烈士。

（二十）加强煤矿应急救援装备建设。煤矿要按规定建设完善紧急避险、压风自救、供水施救系统，配备井下应急广播系统，储备自救互救器材。煤矿或煤矿集中的矿区，要配备适用的排水设备和应急救援物资。加快研制并配备能够快速打通“生命通道”的先进设备。支持重点开发煤矿应急指挥、通信联络、应急供电等设备和移动平台，以及遇险人员生命探测与搜索定位、灾害现场大型破拆、救援人员特种防护用品和器材等救援装备。

国务院各有关部门要按照职责分工研究制定具体的政策措施，落实工作责任，加强监管监察并认真组织实施。各省级人民政府要结合本地实际制定实施办法，加强组织领导，强化煤矿安全生产责任体系建设，强化监督检查，加强宣传教育，强化社会监督，严格追究责任，确保各项要求得到有效执行。

国务院办公厅

2013 年 10 月 2 日

99 国务院办公厅关于加强安全生产监管执法的通知

国办发〔2015〕20号

各省、自治区、直辖市人民政府，国务院各部委、各直属机构：

为贯彻落实党的十八大、十八届二中、三中、四中全会精神和党中央、国务院有关决策部署，按照全面推进依法治国的要求，着力强化安全生产法治建设，严格执行安全生产法等法律法规，切实维护人民群众生命财产安全和健康权益，经国务院同意，现就加强安全生产监管执法有关要求通知如下：

一、健全完善安全生产法律法规和标准体系

（一）加快制修订相关法律法规。抓紧制定安全生产法实施条例等配套法规，积极推动矿山安全法、消防法、道路交通安全法、海上交通安全法、铁路法等相关法律修订出台，加快煤矿安全监察、石油天然气管道保护、民用航空安全保卫、重大设备监理、高毒物品与高危粉尘作业劳动保护、安全生产应急管理等有关法规的研究论证和制修订工作。各省级人民政府要推动安全生产地方性法规、规章制修订工作，健全安全生产法治保障体系。

（二）制定完善安全生产标准。国务院安全生产监督管理部门要加强统筹协调，会同有关部门制定实施安全生产标准发展规划和年度计划，加快制修订安全生产强制性国家标准，逐步缩减推荐性标准。其他负有安全生产监督管理职责的部门要建立完善行业安全管理标准，并在制修订其他行业和技术标准时充分考虑安全生产的要求。要根据经济社会发展和安全生产实际需要，科学建立和优化工作程序，尽可能缩短相关标准出台期限，对于安全生产工作急需标准要按照特事特办原则，加快完成制修订工作并及时向社会公布。

（三）及时做好相关规章制度修改完善工作。加强调查研究，准确把握和研判安全生产形势、特点和规律，认真调查分析每一起生产安全事故，深入剖析事故发生的技术原因和管理原因，有针对性地健全和完善相关规章制度。对事故调查反映出相关法规规章有漏洞和缺陷的，要在事故结案后立即启动制修订工作。要按照深化行政审批制度改革的要求，及时做好有关地方和部门规章及规范性文件清理工作，既要简政放权，又要确保安全准入门槛不降低、安全监管不放松。

二、依法落实安全生产责任

（四）建立完善安全监管责任制。依法加快建立生产经营单位负责、职工参与、政府监管、行业自律和社会监督的安全生产工作机制。全面建立“党政同责、一岗双责、齐抓共管”的安全生产责任体系，落实属地监管责任。负有安全生产监督管理职责的部门要加强对有关行业领域的监督管理，形成综合监管和行业监管合力，提高监管效能，切实做到管行业必须管安全、管业务必须管安全、管生产经营必须管安全。加强安全生产目标责任考核，各级安全生产监督管理部门要定期向同级组织部门报送安全生产情况，将其纳入领导干部政绩业绩考核内容，严格落实安全生产“一票否决”制度。

（五）督促落实企业安全生产主体责任。督促企业严格履行法定责任和义务，建立健全安全生产管理机构，按规定配齐安全生产管理人员和注册安全工程师，切实做到安全生产责任到位、投入到位、培训到位、基础管理到位和应急救援到位。国有大中型企业和规模以上企业要建立安全生产委员会，主任由董事长或总经理担任，董事长、党委书记、总经理对安全生产工作均负有领导责任，企业领导班子成员和管理人员实行安全生产“一岗双责”。所有企业都要建立生产安全风险警示和预防应急公告制度，完善风险排查、评估、预警和防控机制，加强风险预控管理，按规定将本单位重大危险源及相关安全措施、应急措施报有关地方人民政府安全生产监督管理部门和有关部门备案。

（六）进一步严格事故调查处理。各类生产安全事故发生后，各级人民政府必须按照事故等级和管辖权限，依法开展事故调查，并通知同级人民检察院介入调查。完善事故查处挂牌督办制度，按规定由省级、市级和县级人民政府分别负责查处的重大、较大和一般事故，分别由上一级人民政府安全生产委员会负责挂牌督办、审核把关。对性质严重、影响恶劣的重大事故，经国务院批准后，成立国务院事故调查组或由国务院授权有关部门组织事故调查组进行调查。对典型的较大事故，可由国务院安全生产委员会直接督办。建立事故调查处理信息通报和整改措施落实情况评估制度，所有事故都要在规定时限内结案并依法及时向社会全文公布事故调查报告，同时由负责查处事故的地方人民政府在事故结案1年后及时组织开展评估，评估情况报上级人民政府安全生产委员会办公室备案。

三、创新安全生产监管执法机制

（七）加强重点监管执法。地方各级人民政府和负有安全生产监督管理职责的部门要根据辖区、行业领域安全生产实际情况，分别筛选确定重点监管的市、县、乡镇（街道）、行政村（社区）和生产经营单位，实行跟踪监管、直接指导。国务院安全生产监督管理部门要组织各地区排查梳理高危企业分布情况和近5年来事故发生情况，确定重点监管对象，纳入国家重点监管调度范围并实行动态管理。进一步加强部门联合监管执法，做到密切配合、协调联动，依法严肃查处突出问题，并通过暗访暗查、约谈曝光、专家会诊、警示教育等方式督促整改。

（八）加强源头监管和治理。地方各级人民政府要将安全生产和职业病防治纳入经济社会发展规划，实现同步协调发展。各有关部门要进一步加强有关建设项目规划、设计环节的安全把关，防止从源头上产生隐患。建立岗位安全知识、职业病危害防护知识和实际操作技能考核制度，全面推行教考分离，对发生事故的要依法倒查企业安全生产培训制度落实情况。深入开展企业安全生产标准化建设，对不符合安全生产条件的企业要依法责令停产整顿，直至关闭退出。督促企业加强生产经营场所职业病危害源头治理，防止职业病发生。地方各级安全生产监督管理部门要建立与企业联网的隐患排查治理信息系统，实行企业自查自报自改与政府监督检查并网衔接，并建立健全线下配套监管制度，实现分级分类、互联互通、闭环管理。

（九）改进监督检查方式。各地区和相关部门要建立完善“四不两直”（不发通知、不打招呼、不听汇报、不用陪同和接待，直奔基层、直插现场）暗查暗访安全检查制度，制定事故隐患分类和分级挂牌督办标准，对重大事故隐患加大执法检查频次，强化预防控制措施。推行安全生产网格化动态监管机制，力争用3年左右时间覆盖到所有生产经营单位和乡村、社区。地方各级人民政府要营造良好的安全生产监管执法环境，不得以招商引资、发展经济等为由对安全生产监管执法设置障碍，2015 年底前要全面清理、废除影响和阻碍安全生产监管执法的相关规定，并向上级人民政府报告。

（十）建立完善安全生产诚信约束机制。地方各级人民政府要将企业安全生产诚信建设作为社会信用体系建设的重要内容，建立健全企业安全生产信用记录并纳入国家和地方统一的信用信息共享交换平台。要实行安全生产“黑名单”制度并通过企业信用信息公示系统向社会公示，对列入“黑名单”的企业，在经营、投融资、政府采购、工程招投标、国有土地出让、授予荣誉、进出口、出入境、资质审核等方面依法予以限制或禁止。各地区要于 2016 年底前建立企业安全生产违法信息库，2018 年底前实现全国联网，并面向社会公开查询。相关部门要加强联动，依法对失信企业进行惩戒约束。

（十一）加快监管执法信息化建设。整合建立安全生产综合信息平台，统筹推进安全生产监管执法信息化工作，实现与事故隐患排查治理、重大危险源监控、安全诚信、安全生产标准化、安全教育培训、安全专业人才、行政许可、监测检验、应急救援、事故责任追究等信息共建共享，消除信息孤岛。要大力提升安全生产“大数据”利用能力，加强安全生产周期性、关联性等特征分析，做到检索查询即时便捷、归纳分析系统科学，实现来源可查、去向可追、责任可究、规律可循。

（十二）运用市场机制加强安全监管。在依法推进各类用人单位参加工伤保险的同时，鼓励企业投保安全生产责任保险，并理顺安全生产责任保险与风险抵押金的关系，推动建立社会商业保险机构参与安全监管的机制。要在长途客运、危险货物道路运输领域继续实施承运人责任保险制度的同时，进一步推动在煤矿、非煤矿山、危险化学品、烟花爆竹、建筑施工、民用爆炸物品、特种设备、金属冶炼与加工、水上运输等高危行业和重点领域实行安全生产责任保险制度，推动公共聚集场所和易燃易爆危险品生产、储存、运输、销售企业投保火灾公共责任保险。建立健全国家、省、市、县四级安全生产专家队伍和服务机制。培育扶持科研院所、行业协会、专业服务组织和注册安全工程师事务所参与安全生产工作，积极提供安全管理和技术服务。

（十三）加强与司法机关的工作协调。制定安全生产非法违法行为等涉嫌犯罪案件移送规定，明确移送标准和程序，建立安全生产监管执法机构与公安机关和检察机关安全生产案情通报机制，加强相关部门间的执法协作，严厉查处打击各类违法犯罪行为。安全生产监督管理部门对逾期不履行安全生产行政决定的，要依法强制执行或者向人民法院申请强制执行，维护法律的权威性和约束力，切实保障公民生命安全和职业健康。

四、严格规范安全生产监管执法行为

（十四）建立权力和责任清单。按照强化安全生产监管与透明、高效、便民相结合的原则，进一步取消或下放安全生产行政审批事项，制定完善事中和事后监管办法，提高政府安全生产监管服务水平。地方各级人民政府及其相关部门、中央垂直管理部门设在地方的机构要依照安全生产法等法律法规和规章，以清单方式明确每项安全生产监管监察职权和责任，制定工作流程图，并通过政府网站和政府公告等载体，及时向社会公开，切实做到安全生产监管执法不缺位、不越位。

（十五）完善科学执法制度。各级安全生产监督管理部门要制订年度执法计划，明确重点监管对象、检查内容和执法措施，并根据安全生产实际情况及时进行调整和完善，确保执法效果。建立安全生产与职业卫生一体化监管执法制度，对同类事项进行综合执法，降低执法成本，提高监管实效。各有关部门依法对企业作出安全生产执法决定之日起 20 个工作日内，要向社会公开执法信息。

（十六）强化严格规范执法。各级安全生产监督管理部门和其他负有安全生产监督管理职责的部门要依法明确停产停业、停止施工、停止使用相关设施或者设备，停止供电、停止供应民用爆炸物品，查封、扣押、取缔和上限处罚等执法决定的具体情形、时限、执行责任和落实措施。加强执法监督，建立执法行为审议制度和重大行政执法决策机制，依法规范执法程序和自由裁量权，评估执法效果，防止滥用职权；对同类安全生产执法案件按不低于 10%的比例，召集相关企业进行公开裁定。

五、加强安全生产监管执法能力建设

（十七）健全监管执法机构。2016 年底前，所有的市、县级人民政府要健全安全生产监管执法机构，落实监管责任。地方各级人民政府要结合实际，强化安全生产基层执法力量，对安全生产监管人员结构进行调整，3 年内实现专业监管人员配比不低于在职人员的 75%。各市、县级人民政府要通过探索实行派驻执法、跨区域执法、委托执法和政府购买服务等方式，加强和规范乡镇（街道）及各类经济开发区安全生产监管执法工作。

（十八）加强监管执法保障建设。国务院安全生产监督管理部门、发展改革部门要做好安全生产监管部门和煤矿安全监察机构监管监察能力建设发展规划的编制实施工作。国务院社会保险行政部门要会同财政、安全生产监督管理等部门，在总结做好工伤预防试点工作基础上，抓紧制定工伤预防费提取比例、使用和管理的具体办法，加大对工伤预防的投入。地方各级人民政府要将安全生产监管执法机构作为政府行政执法机构，健全安全生产监管执法经费保障机制，将安全生产监管执法经费纳入同级财政保障范围，深入开展安全生产监管执法机构规范化、标准化建设，改善调查取证等执法装备，保障基层执法和应急救援用车，满足工作需要。

（十九）加强法治教育培训。按照谁执法、谁负责的原则，加强安全生产法等法律法规普法宣传教育，提高全民安全生产法治素养。地方各级人民政府要把安全法治纳入领导干部教育培训的重要内容，加强安全生产监管执法人员法律法规和执法程序培训，对新录用的安全生产监管执法人员坚持凡进必考必训，对在岗人员原则上每 3 年轮训一次，所有人员都要经执法资格培训考试合格后方可执证上岗。

（二十）加强监管执法队伍建设。地方各级人民政府和相关部门要加强安全生产监管执法人员的思想建设、作风建设和业务建设，建立健全监督考核机制。建立现场执法全过程记录制度，2017 年底前，所有执法人员配备使用便携式移动执法终端，切实做到严格执法、科学执法、文明执法。进一步加强党风廉政建设，强化纪律约束，坚决查处腐败问题和失职渎职行为，宣传推广基层安全生产监管执法的先进典型，树立廉洁执法的良好社会形象。

各地区、各有关部门要充分认识进一步加强安全生产监管执法的重要意义，切实强化组织领导，积极抓好工作落实。各级领导干部要做尊法学法守法用法的模范，带头厉行法治、依法办事，运用法治思维和法治方式解决安全生产问题。国务院安全生产监督管理部门要会同有关部门认真开展监督检查，促进安全生产监管执法措施的落实，重大情况及时向国务院报告。

国务院办公厅

2015年4月2日

100 国务院办公厅关于印发国家职业病防治规划（2016—2020年）的通知

国办发〔2016〕100号

各省、自治区、直辖市人民政府，国务院各部委、各直属机构：

《国家职业病防治规划（2016—2020年）》已经国务院同意，现印发给你们，请认真贯彻执行。

国务院办公厅

2016年12月26日

国家职业病防治规划（2016—2020年）

为加强职业病防治工作，切实保障劳动者职业健康权益，依据《中华人民共和国职业病防治法》，制定本规划。

一、职业病防治现状和问题

职业病防治事关劳动者身体健康和生命安全，事关经济发展和社会稳定大局。党中央、国务院高度重视职业病防治工作。《“健康中国2030”规划纲要》明确提出，要强化行业自律和监督管理职责，推动企业落实主体责任，推进职业病危害源头治理，预防和控制职业病发生。

《中华人民共和国职业病防治法》实施以来特别是《国家职业病防治规划（2009—2015年）》（国办发〔2009〕43号）印发以来，各地区、各有关部门依法履行职业病防治职责，强化行政监管，防治体系逐步健全，监督执法不断加强，源头治理和专项整治力度持续加大，用人单位危害劳动者健康的违法行为有所减少，工作场所职业卫生条件得到改善。职业病危害检测、评价与控制，职业健康检查以及职业病诊断、鉴定、救治水平不断提升，职业病防治机构、化学中毒和核辐射医疗救治基地建设得到加强，重大急性职业病危害事故明显减少。职业病防治宣传更加普及，全社会防治意识不断提高。

但是，当前我国职业病防治还面临着诸多问题和挑战。一是职业病危害依然严重。全国每年新报告职业病病例近 3 万例，分布在煤炭、化工、有色金属、轻工等不同行业，涉及企业数量多。二是用人单位主体责任落实不到位。部分用人单位主要负责人法治意识不强，对改善作业环境、提供防护用品、组织职业健康检查投入不足，农民工、劳务派遣人员等的职业病防护得不到有效保障。三是职业卫生监管和职业病防治服务能力不足。部分地区基层监管力量和防治工作基础薄弱，对危害信息掌握不全，对重点职业病及职业相关危害因素监测能力不足。四是新的职业病危害问题不容忽视。随着新技术、新工艺、新设备和新材料的广泛应用，新的职业病危害因素不断出现，对职业病防治工作提出新挑战。

二、总体要求

（一）指导思想。全面贯彻党的十八大和十八届三中、四中、五中、六中全会精神，深入学习贯彻习近平总书记系列重要讲话精神，认真落实党中央、国务院决策部署，紧紧围绕统筹推进“五位一体”总体布局和协调推进“四个全面”战略布局，牢固树立和贯彻落实创新、协调、绿色、开放、共享的发展理念，坚持正确的卫生与健康工作方针，强化政府监管职责，督促用人单位落实主体责任，提升职业病防治工作水平，鼓励全社会广泛参与，有效预防和控制职业病危害，切实保障劳动者职业健康权益，促进经济社会持续健康发展，为推进健康中国建设奠定重要基础。

（二）基本原则。

坚持依法防治。推进职业病防治工作法治化建设，建立健全配套法律、法规和标准，依法依规开展工作。落实法定防治职责，坚持管行业、管业务、管生产经营的同时必须管好职业病防治工作，建立用人单位诚信体系。

坚持源头治理。把握职业卫生发展规律，坚持预防为主、防治结合，以重点行业、重点职业病危害和重点人群为切入点，引导用人单位开展技术改造和转型升级，改善工作场所条件，从源头预防控制职业病危害。

坚持综合施策。统筹协调职业病防治工作涉及的方方面面，更加注重部门协调和资源共享，切实落实用人单位主体责任，提升劳动者个体防护意识，推动政府、用人单位、劳动者各负其责、协同联动，形成防治工作合力。

（三）规划目标。到 2020 年，建立健全用人单位负责、行政机关监管、行业自律、职工参与和社会监督的职业病防治工作格局。职业病防治法律、法规和标准体系基本完善，职业卫生监管水平明显提升，职业病防治服务能力显著增强，救治救助和工伤保险保障水平不断提高；职业病源头治理力度进一步加大，用人单位主体责任不断落实，工作场所作业环境有效改善，职业健康监护工作有序开展，劳动者的职业健康权益得到切实保障；接尘工龄不足 5 年的劳动者新发尘肺病报告例数占年度报告总例数的比例得到下降，重大急性职业病危害事故、慢性职业性化学中毒、急性职业性放射性疾病得到有效控制。

——用人单位主体责任不断落实。重点行业的用人单位职业病危害项目申报率达到 85%以上，工作场所职业病危害因素定期检测率达到 80%以上，接触职业病危害的劳动者在岗期间职业健康检查率达到 90%以上，主要负责人、职业卫生管理人员职业卫生培训率均达到 95%以上，医疗卫生机构放射工作人员个人剂量监测率达到 90%以上。

——职业病防治体系基本健全。建立健全省、市、县三级职业病防治工作联席会议制度。设区的市至少应确定1家医疗卫生机构承担本辖区内职业病诊断工作，县级行政区域原则上至少确定1家医疗卫生机构承担本辖区职业健康检查工作。职业病防治服务网络和监管网络不断健全，职业卫生监管人员培训实现全覆盖。

——职业病监测能力不断提高。健全监测网络，开展重点职业病监测工作的县（区）覆盖率达到90%。提升职业病报告质量，职业病诊断机构报告率达到90%。初步建立职业病防治信息系统，实现部门间信息共享。

——劳动者健康权益得到保障。劳动者依法应参加工伤保险覆盖率达到80%以上，逐步实现工伤保险与基本医疗保险、大病保险、医疗救助、社会慈善、商业保险等有效衔接，切实减轻职业病病人负担。

三、主要任务

（一）强化源头治理。开展全国职业病危害调查，掌握产生职业病危害的用人单位基本情况，以及危害地区、行业、岗位、人群分布等基本信息。建立职业病危害严重的落后工艺、材料和设备淘汰、限制名录管理制度，推广有利于保护劳动者健康的新技术、新工艺、新设备和新材料。以职业性尘肺病、化学中毒为重点，在矿山、有色金属、冶金、建材等行业领域开展专项治理。严格源头控制，引导职业病危害严重的用人单位进行技术改造和转型升级。开展职业病危害治理帮扶行动，探索设立中小微型用人单位职业病防治公益性指导援助平台。加强对新发职业病危害的研究识别、评价与控制。

（二）落实用人单位主体责任。督促职业病危害严重的用人单位建立防治管理责任制，健全岗位责任体系，做到责任到位、投入到位、监管到位、防护到位、应急救援到位。推动企业依法设立职业卫生管理机构，配备专（兼）职管理人员和技术人员。通过经验推广、示范创建等方式，引导用人单位发挥主体作用，自主履行法定义务。帮助用人单位有针对性地开展职业卫生培训，提高主要负责人、管理人员和劳动者的职业病危害防护意识。督促用人单位落实建设项目职业病防护设施“三同时”（同时设计、同时施工、同时投入生产和使用）制度，加强对危害预评价、防护设施控制效果评价和竣工验收等环节的管理。改善作业环境，做好工作场所危害因素申报、日常监测、定期检测和个体防护用品管理等工作，严格执行工作场所职业病危害因素检测结果和防护措施公告制度，在产生严重危害的作业岗位设置警示标志和说明。指导用人单位建立完善职业健康监护制度，组织劳动者开展职业健康检查，配合开展职业病诊断与鉴定等工作。

（三）加大职业卫生监管执法力度。加强职业卫生监管网络建设，逐步健全监管执法队伍。大力提升基层监管水平，重点加强县、乡级职业卫生监管执法能力和装备建设。依法履行监管职责，督促用人单位加强对农民工、劳务派遣人员等职业病危害高风险人群的职业健康管理。扩大监督检查覆盖范围，加大对重点行业、重点企业、存在职业病危害的建设项目以及职业卫生技术服务机构、职业病诊断机构和职业健康检查机构的监督检查力度，开展职业卫生服务监督检查行动，严肃查处违法违规行为。对职业病危害严重、改造后仍无法达标的用人单位，严格依法责令停止产生职业病危害的作业，或者依照法定程序责令停建、关闭。建立用人单位和职业卫生技术服务机构“黑名单”制度，定期向社会公布并通报有关部门。注重发挥行业组织在职业卫生监管中的作用。

（四）提升防治服务水平。完善职业病防治服务网络，按照区域覆盖、合理配置的原则，加强基础设施建设，明确职业病防治机构的布局、规模、功能和数量。根据职责定位，充分发挥好各类疾病预防控制机构、职业病防治院所、综合性医院和专科医院职业病科在职业健康检查及职业病诊断、监测、评价、风险评估等方面的作用，健全分工协作、上下联动的工作机制。推动职业卫生工作重心下沉，逐步引导基层医疗卫生机构参与职业健康管理和健康促进工作。以农民工尘肺病为切入点，简化职业病诊断程序，优化服务流程，提高服务质量。加大投入力度，提升职业中毒和核辐射应急救治水平。充分调动社会力量的积极性，增加职业健康检查等服务供给，创新服务模式，满足劳动者和用人单位多层次、多样化的职业卫生服务需求。

（五）落实救助保障措施。规范用人单位劳动用工管理，依法签订劳动合同，督促用人单位在合同中明确劳动保护、劳动条件和职业病危害防护等内容。在重点行业中推行平等协商和签订劳动安全卫生专项集体合同制度，以非公有制企业为重点，督促劳动关系双方认真履行防治责任。督促用人单位按时足额缴纳工伤保险费，推行工伤保险费率与职业病危害程度挂钩浮动制度。做好工伤保险与基本医疗保险、大病保险、医疗救助、社会慈善、商业保险等有效衔接，及时让符合条件的职业病病人按规定享受大病保险待遇和纳入医疗救助范围，减轻病人医疗费用负担。将符合条件的尘肺病等职业病病人家庭及时纳入最低生活保障范围；对遭遇突发性、紧迫性、临时性基本生活困难的，按规定及时给予救助。

（六）推进防治信息化建设。改进职业病危害项目申报工作，建立统一、高效的职业卫生监督执法信息管理机制，推动执法工作公开透明。建立完善重点职业病与职业病危害因素监测、报告和管理网络。开展重点职业病监测和专项调查，持续、系统收集相关信息。规范职业病报告信息管理工作，提高上报信息的及时性、完整性和准确性。开展职业健康风险评估，掌握重点人群和重点行业发病特点、危害程度和发病趋势。加强部门间信息共享利用，及时交流用人单位职业病危害、劳动者职业健康和工伤保障等信息数据。将职业病防治纳入全民健康保障信息化工程，充分利用互联网、大数据、云计算等技术做好防治工作。

（七）开展宣传教育和健康促进。动员全社会参与，充分发挥主流媒体的权威性和新媒体的便捷性，广泛宣传职业病防治法律法规和相关标准，普及职业病危害防治知识。积极利用“职业病防治法宣传周”开展各种形式的宣传活动，提高宣传教育的针对性和实效性。督促用人单位重视工作场所的职业健康宣传教育工作。创新方式方法，开展健康促进试点，推动“健康企业”建设，营造有益于职业健康的环境。巩固健康教育成果，更新健康促进手段，及时应对产业转型、技术进步可能产生的职业健康新问题。

（八）加强科研及成果转化应用。鼓励和支持职业病防治基础性科研工作，推进发病机理研究，在重点人群和重点行业开展流行病学调查，开展早期职业健康损害、新发职业病危害因素和疾病负担等研究，为制定防治政策提供依据。重点攻关职业性尘肺病、化学中毒、噪声聋、放射性疾病等防治技术，以及粉尘、化学因素等快速检测技术。加快科技成果转化应用工作，推广以无毒代替有毒、低毒代替高毒等新技术、新工艺、新设备和新材料。加强国际合作，吸收、借鉴和推广国际先进科学技术和成功经验。

四、保障措施

（一）加强组织领导。各地区要高度重视职业病防治工作，将其纳入本地区国民经济和社会发展总体规划，健全职业病防治工作联席会议制度，加强统筹协调，多措并举，进一步提升职业病防治合力。完善职业病防治工作责任制，建立防治目标和责任考核制度，制订年度工作计划和实施方案，定期研究解决职业病防治中的重大问题。建立健全政府部门、用人单位和劳动者三方代表参与的职业病防治工作长效机制。

（二）落实部门责任。各有关部门要严格贯彻《中华人民共和国职业病防治法》，履行法定职责，加强协同配合，切实做好职业病防治工作。国家卫生计生委负责对职业病报告、职业健康检查、职业病诊断与鉴定、化学品毒性鉴定等工作进行监督管理，组织开展重点职业病监测、职业健康风险评估和专项调查，开展医疗卫生机构放射性职业病危害控制的监督管理。安全监管总局负责用人单位职业卫生监督检查工作，加强源头治理，负责建设项目职业病危害评价和职业卫生技术服务机构监管，调查处置职业卫生事件和事故，拟订高危粉尘作业、高毒和放射性作业等方面的行政法规，组织指导并监督检查用人单位职业卫生培训工作。中央宣传部负责组织新闻媒体做好职业病防治宣传、舆论引导和监督工作。国家发展改革委负责会同有关行业管理部门积极调整产业政策，限制和减少职业病危害严重的落后技术、工艺、设备和材料的使用，支持职业病防治机构的基础设施建设。科技部负责将职业病防治关键技术等研究纳入国家重点研究计划。工业和信息化部发挥行业管理职能作用，在行业规划、标准规范、技术改造、推动过剩产能退出、产业转型升级等方面统筹考虑职业病防治工作，促进企业提高职业病防治水平。民政部负责将用人单位不存在或无法确定劳动关系，且符合条件的职业病病人纳入医疗救助范围，将符合条件的职业病病人及其家庭纳入最低生活保障范围。财政部负责落实职业病防治的财政补助政策，保障职业病防治工作所需经费。人力资源社会保障部负责职业病病人的工伤保险待遇有关工作。国务院国资委配合有关部门督促指导中央企业依法开展职业病防治工作。全国总工会依法对职业病防治工作进行监督，参与职业病危害事故调查处理，反映劳动者职业健康方面的诉求，提出意见和建议，维护劳动者合法权益。

（三）加大经费投入。各地区要根据职业病防治形势，加大财政投入力度，合理安排防治工作所需经费，加强对任务完成情况和财政资金使用考核，提高资金使用效率。用人单位要根据实际情况，保障生产工艺技术改造、职业病危害预防和控制、工作场所检测评价、职业健康监护和职业卫生培训等费用。各地区要探索工伤保险基金在职业病预防、诊疗和康复中的作用，建立多元化的防治资金筹措机制，鼓励和引导社会资本投入职业病防治领域。

（四）健全法律法规和标准。进一步完善职业病防治法律法规。健全高危粉尘、高毒和医用辐射防护等特殊作业管理，以及职业病危害评价、职业健康检查、职业病诊断与鉴定等法律制度。制定职业病报告、职业健康管理等工作规范。完善重点职业病、职业性放射性疾病等监测和职业健康风险评估技术方案。健全用人单位职业病危害因素工程控制、个体职业防护、职业健康监护、职业病诊断等国家职业卫生标准和指南。

（五）加强人才队伍建设。各地区要强化职业病防治和技术服务专业队伍建设，重点加强疾病预防控制机构、职业病防治院所、综合性医院和专科医院职业病科等梯队建设，提高县、乡级职业卫生服务能力。探索建立注册职业卫生工程师制度。接触职业病危害因素劳动者多、危害程度严重的用人单位，要强化专（兼）职职业卫生技术人员储备。加大培训力度，重点加强对临床和公共卫生复合型人才的培养。

五、督导与评估

安全监管总局、国家卫生计生委要适时组织开展规划实施的督查和评价工作，2020年组织规划实施的终期评估，结果报国务院。各地区要结合工作实际研究制定本地区职业病防治规划，明确阶段性目标和工作分工，加大督导检查力度，确保目标任务圆满完成。

101　国务院办公厅关于印发省级政府安全生产工作考核办法的通知

国办发〔2016〕64号

各省、自治区、直辖市人民政府，国务院各部委、各直属机构：

《省级政府安全生产工作考核办法》已经国务院同意，现印发给你们，请认真贯彻执行。

国务院办公厅

2016年8月12日

省级政府安全生产工作考核办法

第一条　为严格落实安全生产责任，有效防范和遏制生产安全事故，促进安全生产形势根本好转，按照“党政同责、一岗双责、失职追责”的要求，根据《中华人民共和国安全生产法》《中华人民共和国职业病防治法》等法律法规和有关规定，制定本办法。

第二条　本办法适用于对各省、自治区、直辖市人民政府和新疆生产建设兵团（以下统称各省级政府）安全生产工作的年度考核。

第三条　考核工作在国务院领导下，由国务院安全生产委员会（以下简称国务院安委会）负责组织，国务院安委会办公室负责实施。

第四条　考核工作坚持客观公正、科学合理、公开透明、注重实效的原则，突出工作重点，注重工作过程，强化责任落实。

第五条　考核内容包括以下方面：

（一）健全责任体系。坚持管行业必须管安全、管业务必须管安全、管生产经营必须管安全，明确和落实党委政府领导责任、部门监管责任、企业主体责任，强化属地管理，严格工作考核，切实做到“党政同责、一岗双责、失职追责”。

（二）推进依法治理。坚持有法必依、执法必严、违法必究，严格执行安全生产法律法规，完善地方安全生产法规规章和标准体系，加强安全生产监管执法能力建设，依法依规查处各类生产安全事故。

（三）完善体制机制。健全安全生产监管执法机构，强化基层监管执法力量，落实监管执法经费、装备，创新监管机制，提高执法效能，健全安全生产应急救援管理体系。

（四）加强安全预防。建立和落实安全风险分级管控与隐患排查治理双重预防性工作机制，深入推进企业安全生产标准化建设，积极实施安全保障能力提升工程。

（五）强化基础建设。加大安全投入，提高安全科技和信息化水平，加强安全宣传教育培训，发挥市场机制推动作用，筑牢安全生产和职业卫生基础。

（六）防范遏制事故。加强重点行业领域事故防控，生产安全事故起数、死亡人数进一步减少，重特大事故得到有效遏制。

第六条 考核实行百分制评分，逐项扣分，单项分值扣完为止。

第七条 在健全安全生产体制机制法制、组织事故抢险救援等方面取得显著成绩的，经国务院安委会办公室认定，给予适当加分。

第八条 考核结果分为4个等级（以上包括本数，以下不包括本数）：

得分90分以上为优秀；

得分80分以上90分以下为良好；

得分60分以上80分以下为合格；

得分60分以下为不合格。

第九条 按照属地管理原则，强化重特大事故防控情况考核，严格实行“一票否决”制度，发生特别重大事故的按不合格评定。

第十条 建立信息化考评系统，动态报送、审查考核任务完成情况。各省级政府每年1月底前报送上一年度安全生产工作自评报告。国务院安委会办公室组织现场核查抽查。

第十一条 考核结果经国务院安委会审定、报国务院同意后，由国务院安委会向各省级政府通报，对考核结果为优秀的省级政府予以表彰。同时将考核结果抄送中央组织部、中央综治办、中央文明办，并向社会公开。

第十二条 对考核结果为不合格的省级政府，责令其在考核结果通报后一个月内，制定整改措施，向国务院安委会书面报告。国务院安委会办公室负责督促落实。

第十三条 对在考核工作中弄虚作假、瞒报谎报的单位，视情节轻重给予责令整改、通报批评、降低考核等次等惩处，造成不良影响的依法依规追究有关人员责任。

第十四条 国务院安委会办公室依据本办法和年度安全生产工作目标任务，拟定年度安全生产工作考核细则，经国务院安委会审定后实施。

第十五条 各省级政府应结合实际，制定和实施安全生产工作考核办法。

第十六条 本办法由国务院安委会办公室负责解释，自印发之日起施行。

102 国务院办公厅关于印发危险化学品安全综合治理方案的通知

国办发〔2016〕88号

各省、自治区、直辖市人民政府，国务院各部委、各直属机构：

《危险化学品安全综合治理方案》已经国务院同意，现印发给你们，请认真贯彻执行。

国务院办公厅
2016年11月29日

危险化学品安全综合治理方案

为认真贯彻落实党中央、国务院关于加强安全生产工作的一系列重要决策部署，深刻吸取2015年天津港“8·12”瑞海公司危险品仓库特别重大火灾爆炸事故教训，巩固近年来开展的提升危险化学品本质安全水平的专项行动和专项整治成果，全面加强危险化学品安全综合治理，有效防范遏制危险化学品重特大事故，确保人民群众生命财产安全，制定本方案。

一、指导思想

全面贯彻党的十八大和十八届三中、四中、五中、六中全会精神，认真落实习近平总书记、李克强总理等党中央、国务院领导同志关于安全生产工作的重要指示批示要求，严格执行安全生产有关法律法规，牢固树立安全发展理念，坚持人民利益至上，坚守安全红线，坚持标本兼治，注重远近结合，深化改革创新，健全体制机制，强化法治，明晰责任，严格监管，落实“党政同责、一岗双责、齐抓共管、失职追责”及“管行业必须管安全、管业务必须管安全、管生产经营必须管安全”的要求，全面加强危险化学品安全管理工作，促进危险化学品安全生产形势持续稳定好转。

二、工作目标

企业安全生产主体责任得到有效落实。涉及危险化学品的各行业安全风险和重大危险源进一步摸清并得到重点管控，人口密集区危险化学品企业搬迁工程全面启动实施，危险化学品信息共享机制初步建立，油气输送管道安全隐患整治攻坚战成果得到巩固。危险化学品安全监管体制进一步理顺、机制进一步完善、法制进一步健全。危险化学品安全生产基础进一步夯实，应急救援能力得到大幅提高，安全保障水平进一步提升，危险化学品重特大事故得到有效遏制。

三、组织领导

危险化学品安全综合治理工作由国务院安全生产委员会（以下简称国务院安委会）组织领导。国务院安委会视情召开危险化学品安全综合治理专题会议，研究部署推动各项工作落实。各有关部门按职责分工做好相关行业领域危险化学品安全综合治理工作。各省、自治区、直辖市人民政府负责组织开展好本行政区域内危险化学品安全综合治理工作。

四、时间进度和工作安排

2016年12月开始至2019年11月结束，分三个阶段进行。

（一）部署阶段（2016年12月）。各地区、各有关部门要按照总体要求，制定具体实施方案，明确职责，细化措施；要认真开展危险化学品安全综合治理动员部署，进行广泛宣传，营造良好氛围。

（二）整治阶段（2017年1月至2018年3月开展深入整治，并取得阶段性成果；2018年4月至2019年10月深化提升）。各地区、各有关部门要精心组织，认真实施，定期开展督导检查，及时解决危险化学品安全综合治理过程中发现的问题，确保各项工作按期完成。

（三）总结阶段（2019年11月）。各地区、各有关部门要认真总结经验成果，形成总结报告并报送国务院安委会办公室，由国务院安委会办公室汇总后报国务院安委会。

五、治理内容、工作措施及分工

（一）全面摸排危险化学品安全风险。

1. 全面摸排风险。公布涉及危险化学品安全风险的行业品种目录，认真组织摸排各行业领域危险化学品安全风险，重点摸排危险化学品生产、储存、使用、经营、运输和废弃处置以及涉及危险化学品的物流园区、港口、码头、机场和城镇燃气的使用等各环节、各领域的安全风险，建立危险化学品安全风险分布档案。（各有关部门按职责分工负责，2018年3月底前完成）

2. 重点排查重大危险源。认真组织开展危险化学品重大危险源排查，建立危险化学品重大危险源数据库。（各有关部门按职责分工负责，2018年3月底前完成）

（二）有效防范遏制危险化学品重特大事故。

3. 加强高危化学品管控。研究制定高危化学品目录。加强硝酸铵、硝化棉、氰化钠等高危化学品生产、储存、使用、经营、运输和废弃处置全过程管控。（安全监管总局牵头，工业和信息化部、公安部、交通运输部、国家国防科工局等按职责分工负责，2018年3月底前完成）

4. 加强危险化学品重大危险源管控。督促有关企业、单位落实安全生产主体责任，完善监测监控设备设施，对重大危险源实施重点管控。督促落实属地监管责任，建立安全监管部门与各行业主管部门之间危险化学品重大危险源信息共享机制。（各有关部门按职责分工负责，持续推进）

5. 加强化工园区和涉及危险化学品重大风险功能区及危险化学品罐区的风险管控。部署开展化工园区（含化工相对集中区）和涉及危险化学品重大风险功能区区域定量风险评估，科学确定区域风险等级和风险容量，推动利用信息化、智能化手段在化工园区和涉及危险化学品重大风险功能区建立安全、环保、应急救援一体化管理平台，优化区内企业布局，有效控制和降低整体安全风险。加强化工园区和涉及危险化学品重大风险功能区的应急处置基础设施建设，提高事故应急处置能力。全面深入开展危险化学品罐区安全隐患排查整治。（安全监管总局牵头，国家发展改革委、工业和信息化部、公安部、环境保护部、交通运输部、质检总局、国家海洋局等按职责分工负责，2018 年 3 月底前取得阶段性成果，2018 年 4 月至 2019 年 10 月深化提升）

6. 全面启动实施人口密集区危险化学品生产企业搬迁工程。进一步摸清全国城市人口密集区危险化学品生产企业底数，通过定量风险评估，确定分批关闭、转产和搬迁企业名单。制定城区企业关停并转、退城入园的综合性支持政策，通过专项建设基金等给予支持，充分调动企业和地方政府的积极性和主动性，加快推进城市人口密集区危险化学品生产企业搬迁工作。（工业和信息化部牵头，国家发展改革委、财政部、国土资源部、环境保护部、安全监管总局等按职责分工负责，2018 年 3 月底前取得阶段性成果，2018 年 4 月至 2019 年 10 月深化提升）

7. 加强危险化学品运输安全管控。健全安全监管责任体系，严格按照我国有关法律、法规和强制性国家标准等规定的危险货物包装、装卸、运输和管理要求，落实各部门、各企业和单位的责任，提高危险化学品（危险货物）运输企业准入门槛，督促危险化学品生产、储存、经营企业建立装货前运输车辆、人员、罐体及单据等查验制度，严把装卸关，加强日常监管。（交通运输部、国家铁路局牵头，工业和信息化部、公安部、质检总局、安全监管总局、中国民航局、国家邮政局等按职责分工负责，2018 年 3 月底前取得阶段性成果，2018 年 4 月至 2019 年 10 月深化提升）

8. 巩固油气输送管道安全隐患整治攻坚战成果。突出重点，加快剩余隐患整改进度，全面完成油气输送管道安全隐患整治攻坚任务，杜绝新增隐患。加快完成国家油气输送管道地理信息系统建设工作。明确市、县级油气输送管道保护主管部门，构建油气输送管道风险分级管控、隐患排查治理双重预防性工作机制，建立完善油气输送管道保护和安全管理长效机制。推动管道企业落实主体责任，开展管道完整性管理，强化油气输送管道巡护和管控，全面提升油气输送管道保护和安全管理水平。（国务院油气输送管道安全隐患整改工作领导小组各成员单位按职责分工负责，2017 年 9 月底前完成）

（三）健全危险化学品安全监管体制机制。

9. 进一步健全和完善政府监管责任体系。研究完善危险化学品安全监管体制，加强对危险化学品安全的系统监管。厘清部门职责范围，明确《危险化学品安全管理条例》中危险化学品安全监督管理综合工作的具体内容，消除监管盲区。（安全监管总局、中央编办牵头，国务院法制办等按职责分工负责，2018 年 3 月底前取得阶段性成果，2018 年 4 月至 2019 年 10 月深化提升）

10. 建立更加有力的统筹协调机制。完善现行危险化学品安全生产监管部际联席会议制度，增补相关成员单位，进一步强化统筹协调能力。（安全监管总局牵头，各有关部门按职责分工负责，2018 年 3 月底前完成）

11. 强化行业主管部门危险化学品安全管理责任。按照“管行业必须管安全、管业务必须管安全、管生产经营必须管安全”的要求，严格落实行业主管部门的安全管理责任，负有安全生产监督管理职责的部门要依法履行安全监管责任。国务院安委会有关成员单位要按照国务院的部署和要求，依据法律法规和有关规定要求，研究制定本部门危险化学品安全监管的权力清单和责任清单。（各有关部门按职责分工负责，2018 年 3 月底前完成）

（四）强化对危险化学品安全的依法治理。

12. 完善法律法规体系。进一步完善危险化学品安全法律法规体系，推动制定加强危险化学品安全监督管理的专门法律。（安全监管总局、国务院法制办等按职责分工负责，2018年3月底前完成）加快与国际接轨，根据《联合国关于危险货物运输的建议书》，研究推动《中华人民共和国道路运输条例》修订工作，进一步强化危险货物道路运输措施。（交通运输部、国务院法制办等按职责分工负责，2018年3月底前完成）

13. 完善危险化学品安全标准管理体制。按照国务院印发的《深化标准化工作改革方案》要求，完善统一管理、分工负责的危险化学品安全标准化管理体制，加强危险化学品安全标准统筹协调，制定危险化学品安全标准体系建设规划，进一步明确各部门职责分工。（国家标准委、安全监管总局牵头，工业和信息化部、公安部、住房城乡建设部、交通运输部、安全监管总局、国家能源局、国家铁路局、中国民航局等按职责分工负责，2018年3月底前完成）

14. 制定完善有关标准。尽快制修订化工园区、化工企业、危险化学品储存设施、油气输送管道外部安全防护距离和内部安全布局等相关标准；吸取近年来国内外化工企业重特大事故教训，进一步整合完善化工、石化行业安全设计和建设标准。（国家标准委、安全监管总局牵头，国家发展改革委、工业和信息化部、公安部、环境保护部、住房城乡建设部、交通运输部、国家卫生计生委、国家能源局、国家海洋局、国家铁路局等按职责分工负责，2018年3月底前取得阶段性成果，2018年4月至2019年10月深化提升）

（五）加强规划布局和准入条件等源头管控。

15. 统筹规划编制。督促各地区在编制地方国民经济和社会发展规划、城市总体规划、土地利用总体规划时，统筹安排危险化学品产业布局。督促各试点地区在推进“多规合一”工作中，充分考虑危险化学品产业布局及安全规划等内容，加强规划实施过程监管。（国家发展改革委、工业和信息化部、公安部、国土资源部、环境保护部、住房城乡建设部、安全监管总局等按职责分工负责，持续推进）

16. 规范产业布局。督促各地区认真落实国家有关危险化学品产业发展布局规划等，加强城市建设与危险化学品产业发展的规划衔接，严格执行危险化学品企业安全生产和环境保护所需的防护距离要求。（国家发展改革委、工业和信息化部牵头，公安部、国土资源部、环境保护部、住房城乡建设部、安全监管总局、国家海洋局等按职责分工负责，2018年3月底前取得阶段性成果，2018年4月至2019年10月深化提升）

17. 严格安全准入。建立完善涉及公众利益、影响公共安全的危险化学品重大建设项目公众参与机制。在危险化学品建设项目立项阶段，对涉及“两重点一重大”（重点监管的危险化工工艺、重点监管的危险化学品和危险化学品重大危险源）的危险化学品建设项目，实施住房城乡建设、发展改革、国土资源、工业和信息化、公安消防、环境保护、海洋、卫生、安全监管、交通运输等相关部门联合审批。督促地方严格落实禁止在化工园区外新建、扩建危险化学品生产项目的要求。鼓励各地区根据实际制定本地区危险化学品“禁限控”目录。（各有关部门按职责分工负责，2018年3月底前取得阶段性成果，2018年4月至2019年10月深化提升）

18. 加强危险化学品建设工程设计、施工质量的管理。严格落实《建设工程勘察设计管理条例》《建设工程质量管理条例》等法规要求，强化从事危险化学品建设工程设计、施工、监理等单位的资质管理，落实危险化学品生产装置及储存设施设计、施工、监理单位的质量责任，依法严肃追究因设计、施工质量而导致生产安全事故的设计、施工、监理单位的责任。（住房城乡建设部、质检总局、安全监管总局等按职责分工负责，2018 年 3 月底前取得阶段性成果，2018 年 4 月至 2019 年 10 月深化提升）

（六）依法推动企业落实主体责任。

19. 加强安全生产有关法律法规贯彻落实。梳理涉及危险化学品安全管理的法律法规，对施行 3 年以上的开展执行效果评估并推动修订完善。加强相关法律法规和标准规范的宣传贯彻，督促企业进一步增强安全生产法治意识，定期对照安全生产法律法规进行符合性审核，提高企业依法生产经营的自觉性、主动性。（各有关部门按职责分工负责，持续推进）

20. 认真落实“一书一签”要求。督促危险化学品生产企业和进出口单位严格执行“一书一签”（安全技术说明书、安全标签）要求，确保将危险特性和处置要求等安全信息及时、准确、全面地传递给下游企业、用户、使用人员以及应急处置人员。危险化学品（危险货物）托运人要采取措施及时将危险化学品（危险货物）相关信息传递给相关部门和人员。（工业和信息化部、公安部、交通运输部、商务部、质检总局、安全监管总局等按职责分工负责，持续推进）

21. 推进科技强安。推动化工企业加大安全投入，新建化工装置必须装备自动化控制系统，涉及“两重点一重大”的化工装置必须装备安全仪表系统，危险化学品重大危险源必须建立健全安全监测监控体系。加速现有企业自动化控制和安全仪表系统改造升级，减少危险岗位作业人员，鼓励有条件的企业建设智能工厂，利用智能化装备改造生产线，全面提升本质安全水平。大力推广应用风险管理、化工过程安全管理等先进管理方法手段，加强消防设施装备的研发和配备，提升安全科技保障能力。（安全监管总局、科技部、工业和信息化部、公安部等按职责分工负责，持续推进）

22. 深入推进安全生产标准化建设。根据不同行业特点，积极采取扶持措施，引导鼓励危险化学品企业持续开展安全生产标准化建设；选树一批典型标杆，充分发挥示范引领作用，推动危险化学品企业落实安全生产主体责任。（各有关部门按职责分工负责，持续推进）

23. 严格规范执法检查。强化依法行政，加强对危险化学品企业执法检查，规范检查内容，完善检查标准，提高执法检查的专业性、精准性、有效性，依法严厉处罚危险化学品企业违法违规行为，加大对违法违规企业的曝光力度。（各有关部门按职责分工负责，2018 年 3 月底前取得阶段性成果，2018 年 4 月至 2019 年 10 月深化提升）

24. 依法严肃追究责任。加大对发生事故的危险化学品企业的责任追究力度，依法严肃追究事故企业法定代表人、实际控制人、主要负责人、有关管理人员的责任，推动企业自觉履行安全生产责任。（各有关部门按职责分工负责，持续推进）

25. 建立实施“黑名单”制度。督促各地区加强企业安全生产诚信体系建设，建立危险化学品企业“黑名单”制度，及时将列入黑名单的企业在“信用中国”网站和企业信用信息公示系统公示，定期在媒体曝光，并作为工伤保险、安全生产责任保险费率调整确定的重要依据；充分利用全国信用信息共享平台，进一步健全失信联合惩戒机制。(安全监管总局牵头，国家发展改革委、工业和信息化部、公安部、财政部、人力资源社会保障部、国土资源部、环境保护部、人民银行、税务总局、工商总局、保监会等按职责分工负责，2018 年 3 月底前完成)

26. 严格危险化学品废弃处置。督促各地区加强危险化学品废弃处置能力建设，强化企业主体责任，按照“谁产生、谁处置”的原则，及时处置废弃危险化学品，消除安全隐患。加强危险化学品废弃处置过程的环境安全管理。(环境保护部负责，2018 年 3 月底前完成)

(七) 大力提升危险化学品安全保障能力。

27. 强化危险化学品安全监管能力建设。加强负有危险化学品安全监管职责部门的监管力量，制定危险化学品安全监管机构和人员能力建设以及检查设备设施配备要求，强化危险化学品安全监管队伍建设，实现专业监管人员配比不低于在职人员 75%的要求，提高依法履职的能力水平。(各有关部门按职责分工负责，2018 年 3 月底前完成)

28. 积极利用社会力量，助力危险化学品安全监管。要创新监管方式，加强中介机构力量的培育，利用政府购买服务等方式，充分发挥行业协会、注册安全工程师事务所、安全生产服务机构、保险机构等社会力量的作用，持续提升危险化学品安全监管水平，增强监管效果。(各有关部门按职责分工负责，持续推进)

29. 严格安全、环保评价等第三方服务机构监管。负责安全、环保评价机构资质审查审批的有关部门要认真履行日常监管职责，提高准入门槛，严格规范安全评价和环境影响评价行为，对弄虚作假、不负责任、有不良记录的安全、环保评价机构，依法降低资质等级或者吊销资质证书，追究相关责任并在媒体曝光。(各有关部门按职责分工负责，2018 年 3 月底前取得阶段性成果，2018 年 4 月至 2019 年 10 月深化提升)

30. 借鉴国际先进经验，防范重特大事故。及早启动开展国际劳工组织《预防重大工业事故公约》(第 174 号) 批准相关工作，鼓励化工企业借鉴采用国际安全标准。(人力资源社会保障部牵头，外交部、工业和信息化部、安全监管总局等按职责分工负责，2018 年 3 月底前完成)

(八) 加强危险化学品安全监管信息化建设。

31. 完善危险化学品登记制度。加强危险化学品登记工作，建立全国危险化学品企业信息数据库，并实现部门数据共享。(安全监管总局牵头，工业和信息化部、环境保护部、农业部、国家卫生计生委、国家国防科工局等按职责分工负责，2018 年 3 月底前取得阶段性成果，2018 年 4 月至 2019 年 10 月深化提升)

32. 建立全国危险化学品监管信息共享平台。依托政府数据统一共享交换平台，建立危险化学品生产 (含进口)、储存、使用、经营、运输和废弃处置企业大数据库，形成政府建设管理、企业申报信息、数据共建共享、部门分工监管的综合信息平台。鼓励企业建立安全管理信息平台，提高企业自身安全管理能力。灵活运用各种方式，探索实施易燃易爆有毒危险化学品电子追踪标识制度，及时登记记录全流向、闭环化的危险化学品信息数据，基本实现危险化学品全生命周期信息化安全管理及信息共享。（工业和信息化部牵头，国家发展改革委、公安部、环境保护部、交通运输部、农业部、海关总署、质检总局、安全监管总局、国家国防科工局、国家海洋局、国家铁路局、中国民航局等按职责分工负责，2018 年 3 月底前取得阶段性成果，2018 年 4 月至 2019 年 10 月深化提升）

33. 建设国家危险化学品安全公共服务互联网平台。依托安全监管总局化学品登记中心，设立国家危险化学品安全公共服务互联网平台，公布咨询电话，公开已登记的危险化学品相关信息，为社会公众、相关单位以及政府提供危险化学品安全咨询和应急处置技术支持服务。（安全监管总局牵头，工业和信息化部等有关部门按职责分工负责，2018 年 3 月底前取得阶段性成果，2018 年 4 月至 2019 年 10 月深化提升）

（九）加强危险化学品应急救援工作。

34. 进一步规范应急处置要求。制定更加规范的危险化学品事故接处警和应急处置规程，完善现场处置程序，探索建立专业现场指挥官制度，坚持以人为本、科学施救、安全施救、有序施救，有效防控应急处置过程风险，避免发生次生事故事件，推动实施科学化、精细化、规范化、专业化的应急处置。（安全监管总局牵头，公安部、环境保护部、交通运输部等按职责分工负责，2018 年 3 月底前完成）

35. 加大资金支持力度。有效利用安全生产预防及应急专项资金，引导地方政府加大危险化学品应急方面的投入。探索安全生产责任保险在事故处置过程中发挥作用的方法。（财政部牵头，安全监管总局等按职责分工负责，持续推进）

36. 强化危险化学品专业应急能力建设。制定危险化学品应急能力建设法规标准，规范救援队伍的指挥调度、装备配备和训练考核，建立统一指挥、快速反应、装备精良、训练有素的危险化学品应急救援力量体系。完善国家危险化学品应急救援（实训）基地能力建设方案，优化应急力量布局和装备设施配备，健全应急物资储备与调运机制，开展环境应急监测及处理能力建设。督促危险化学品生产经营企业强化应急救援能力。将相关应急救援力量纳入统一调度体系。（安全监管总局牵头，国家发展改革委、财政部、国家海洋局等按职责分工负责，持续推进）

37. 加强危险化学品应急预案管理。简化、完善危险化学品相关应急预案编制以及应急演练要求，积极推行使用应急处置卡。定期组织开展联合演练，根据演练评估结果及时修订完善应急预案，进一步提高应急预案的科学性、针对性、实用性和可操作性。确保企业应急预案与地方政府及其部门相关预案衔接畅通。（安全监管总局负责，2018 年 3 月底前取得阶段性成果，2018 年 4 月至 2019 年 10 月深化提升）

（十）加强危险化学品安全宣传教育和人才培养。

38. 大力推进危险化学品安全宣传普及。建立定期的危险化学品企业和化工园区公众开放日制度，创新方式方法，加强正面主动引导，开展多种形式的宣传普及活动，不断提高全社会的安全意识与对危险化学品的科学认知水平。（安全监管总局牵头，教育部、科技部、新闻出版广电总局等按职责分工负责，持续推进）

39. 加强化工行业管理人才培养。推动各地区加快人才培养，开展化工高层次人才培养和开办化工安全网络教育，加强化工行业安全管理人员培训。（教育部、安全监管总局等按

职责分工负责，2018 年 3 月底前取得阶段性成果，2018 年 4 月至 2019 年 10 月深化提升）

40. 加快化工产业工人培养。推动化工企业通过定向培养、校企联合办学和学徒制等方式，加快产业工人培养，确保涉及“两重点一重大”生产装置、储存设施的操作人员达到岗位技能要求。（教育部、人力资源社会保障部、安全监管总局等按职责分工负责，持续推进）研究制定加快化工产业工人培养的指导意见，加快培养具有较强安全意识、较高操作技能的工人队伍，有效缓解化工产业人才缺乏的问题。（安全监管总局牵头，教育部、人力资源社会保障部等按职责分工负责，持续推进）

六、工作要求

（一）各地区、各有关部门要按照工作分工和完成时限要求，结合本地区、本部门实际制定具体实施方案，落实工作责任，并于 2016 年 12 月底前将本地区、本部门的实施方案报送国务院安委会办公室。各有关部门要分别确定 1 名司局级联络员和 1 名工作人员负责日常工作的联系和协调，并将名单报送国务院安委会办公室。

（二）各地区、各有关部门要高度重视危险化学品安全综合治理工作，加强组织领导，密切协调配合，精心组织实施，确保取得实效，并按季度向国务院安委会办公室报送工作进展情况。国务院安委会办公室要定期通报工作信息，适时组织对各地区、各有关部门开展危险化学品安全综合治理工作的情况进行督查。

103 国务院办公厅关于印发安全生产“十三五”规划的通知

国办发〔2017〕3 号

各省、自治区、直辖市人民政府，国务院各部委、各直属机构：

《安全生产“十三五”规划》已经国务院同意，现印发给你们，请认真贯彻执行。

国务院办公厅

2017 年 1 月 12 日

安全生产“十三五”规划

为贯彻落实党中央、国务院关于加强安全生产工作的决策部署，根据《中华人民共和国安全生产法》等法律法规和《中华人民共和国国民经济和社会发展第十三个五年规划纲要》，制定本规划。

一、面临的形势

（一）新进展

“十二五”期间，党中央、国务院高度重视、大力加强和改进安全生产工作，推动经济社会科学发展、安全发展。党的十八大以来，习近平总书记作出一系列重要指示，深刻阐述了安全生产的重要意义、思想理念、方针政策和工作要求，强调必须坚守发展决不能以牺牲安全为代价这条不可逾越的红线，明确要求“党政同责、一岗双责、齐抓共管、失职追责”。李克强总理多次作出重要批示，强调要以对人民群众生命高度负责的态度，坚持预防为主、标本兼治，以更有效的举措和更完善的制度，切实落实和强化安全生产责任，筑牢安全防线。习近平总书记和李克强总理的重要指示批示，为我国安全生产工作提供了新的理论指导和行动指南。各地区、各有关部门和单位坚决贯彻落实党中央、国务院决策部署，进一步健全安全生产法律法规和政策措施，严格落实安全生产责任，全面加强安全生产监督管理，不断强化安全生产隐患排查治理和重点行业领域专项整治，深入开展安全生产大检查，严肃查处各类生产安全事故，大力推进依法治安和科技强安，加快安全生产基础保障能力建设，推动了安全生产形势持续稳定好转，全面完成了安全生产“十二五”规划目标任务。全国生产安全事故总量连续 5 年下降，2015 年各类事故起数和死亡人数较 2010 年分别下降 22.5%和 16.8%，其中重特大事故起数和死亡人数分别下降 55.3%和 46.6%。

（二）新挑战

“十三五”时期，我国仍处于新型工业化、城镇化持续推进的过程中，安全生产工作面临许多挑战。一是经济社会发展、城乡和区域发展不平衡，安全监管体制机制不完善，全社会安全意识、法治意识不强等深层次问题没有得到根本解决。二是生产经营规模不断扩大，矿山、化工等高危行业比重大，落后工艺、技术、装备和产能大量存在，各类事故隐患和安全风险交织叠加，安全生产基础依然薄弱。三是城市规模日益扩大，结构日趋复杂，城市建设、轨道交通、油气输送管道、危旧房屋、玻璃幕墙、电梯设备以及人员密集场所等安全风险突出，城市安全管理难度增大。四是传统和新型生产经营方式并存，新工艺、新装备、新材料、新技术广泛应用，新业态大量涌现，增加了事故成因的数量，复合型事故有所增多，重特大事故由传统高危行业领域向其他行业领域蔓延。五是安全监管监察能力与经济社会发展不相适应，企业主体责任不落实、监管环节有漏洞、法律法规不健全、执法监督不到位等问题依然突出，安全监管执法的规范化、权威性亟待增强。

（三）新机遇

“十三五”时期，安全生产工作面临许多有利条件和发展机遇。一是党中央、国务院高度重视安全生产工作，作出了一系列重大决策部署，深入推进安全生产领域改革发展，为安全生产提供了强大政策支持；地方各级党委政府加强领导、强化监管，狠抓安全生产责任落实，为安全生产工作提供了有力的组织保障。二是随着“四个全面”战略布局持续推进，五大发展理念深入人心，社会治理能力不断提高，全社会文明素质、安全意识和法治观念加快提升，安全发展的社会环境进一步优化。三是经济社会发展提质增效、产业结构优化升级、科技创新快速发展，将加快淘汰落后工艺、技术、装备和产能，有利于降低安全风险，提高本质安全水平。四是人民群众日益增长的安全需求，以及全社会对安全生产工作的高度关注，为推动安全生产工作提供了巨大动力和能量。

二、指导思想、基本原则和规划目标

（一）指导思想

全面贯彻党的十八大和十八届三中、四中、五中、六中全会精神，深入学习贯彻习近平总书记系列重要讲话精神，认真落实党中央、国务院决策部署，紧紧围绕统筹推进“五位一体”总体布局和协调推进“四个全面”战略布局，弘扬安全发展理念，遵循安全生产客观规律，主动适应经济发展新常态，科学统筹经济社会发展与安全生产，坚持改革创新、依法监管、源头防范、系统治理，着力完善体制机制，着力健全责任体系，着力加强法治建设，着力强化基础保障，大力提升整体安全生产水平，有效防范遏制各类生产安全事故，为全面建成小康社会创造良好稳定的安全生产环境。

（二）基本原则

改革引领，创新驱动。坚持目标导向和问题导向，全面推进安全生产领域改革发展，加快安全生产理论创新、制度创新、体制创新、机制创新、科技创新和文化创新，推动安全生产与经济社会协调发展。

依法治理，系统建设。弘扬社会主义法治精神，坚持运用法治思维和法治方式，完善安全生产法律法规标准体系，强化执法的严肃性、权威性，发挥科学技术的保障作用，推进科技支撑、应急救援和宣教培训等体系建设。

预防为主，源头管控。实施安全发展战略，把安全生产贯穿于规划、设计、建设、管理、生产、经营等各环节，严格安全生产市场准入，不断完善风险分级管控和隐患排查治理双重预防机制，有效控制事故风险。

社会协同，齐抓共管。完善“党政统一领导、部门依法监管、企业全面负责、群众参与监督、全社会广泛支持”的安全生产工作格局，综合运用法律、行政、经济、市场等手段，不断提升安全生产社会共治的能力与水平。

（三）规划目标

到2020年，安全生产理论体系更加完善，安全生产责任体系更加严密，安全监管体制机制基本成熟，安全生产法律法规标准体系更加健全，全社会安全文明程度明显提升，事故总量显著减少，重特大事故得到有效遏制，职业病危害防治取得积极进展，安全生产总体水平与全面建成小康社会目标相适应。

专栏1 “十三五”安全生产指标

序号	指标名称	降幅
1	生产安全事故起数	10%
2	生产安全事故死亡人数	10%
3	重特大事故起数	20%
4	重特大事故死亡人数	22%
5	亿元国内生产总值生产安全事故死亡率	30%

续表

序号	指标名称	降幅
6	工矿商贸就业人员十万人生产安全事故死亡率	19%
7	煤矿百万吨死亡率	15%
8	营运车辆万车死亡率	6%
9	万台特种设备死亡人数	20%

注：降幅为2020年末较2015年末下降的幅度。

三、主要任务

（一）构建更加严密的责任体系

1. 强化企业主体责任

落实企业主要负责人对本单位安全生产和职业健康工作的全面责任，完善落实混合所有制、境外中资企业安全生产责任。督促企业依法设置安全生产管理机构，配备安全生产管理人员和注册安全工程师。严格实行企业全员安全生产责任制，明确各岗位的责任人员、责任范围和考核标准，加强对安全生产责任制落实情况的监督考核。完善企业从业人员安全生产教育培训制度。严格执行新建改建扩建工程项目安全设施、职业健康“三同时”（同时设计、同时施工、同时投入生产和使用）制度。制定安全风险辨识与管理指南，完善重大危险源登记建档、检测、评估、监控制度。健全隐患分类分级标准，建立隐患排查治理第三方评价制度以及隐患自查自改自报的管理制度。严格落实企业安全生产条件，保障安全投入，推动企业安全生产标准化达标升级，实现安全管理、操作行为、设备设施、作业环境标准化。鼓励企业建立与国际接轨的安全管理体系。

2. 落实安全监督管理责任

坚持“党政同责、一岗双责、齐抓共管、失职追责”和“管行业必须管安全、管业务必须管安全、管生产经营必须管安全”，强化地方各级党委、政府对安全生产工作的领导，把安全生产列入重要议事日程，纳入本地区经济社会发展总体规划，推动安全生产与经济社会协调发展。厘清安全生产综合监管与行业监管的关系，依法依规制定安全生产权力和责任清单，明确省、市、县负有安全生产监督管理职责部门的执法责任和监管范围，落实各有关部门的安全监管责任。完善矿山、危险化学品、道路交通、海洋石油等重点行业领域安全监管体制。落实开发区、工业园区、港区、风景区等功能区安全监管责任。健全联合执法、派驻执法、委托执法等机制，消除监管盲区和监管漏洞，解决交叉执法、重复执法等问题。

3. 严格目标考核与责任追究

实行党政领导干部任期安全生产责任制，严格各级人民政府对同级安全生产委员会成员单位和下级政府的安全生产工作责任考核。把安全生产纳入经济社会发展和干部政绩业绩考核评价体系，加大安全生产工作的考核权重，严格落实“一票否决”制度。建立安全生产巡查制度，督促各部门和下级政府履职尽责。加快企业安全生产诚信体系建设，完善安全生产不良信用记录及失信行为惩戒机制，在项目核准、政府供应土地、资金政策等方面加大对失信企业的惩治力度。建立生产安全事故重大责任人员职业禁入制度。推动企业建立安全生产责任量化评估结果与薪酬挂钩制度。

（二）强化安全生产依法治理

1. 完善法律法规标准体系

加强安全生产立法顶层设计，制定安全生产中长期立法规划，增强安全生产法制建设的系统性。建立健全安全生产法律法规立改废释并举的工作协调机制，实行安全生产法律法规执行效果评估制度。加强安全生产与职业健康法律法规衔接融合。加快制修订社会高度关注、实践急需、条件相对成熟的重点行业领域专项和配套法规。加强安全生产地方性法规建设，推动将生产经营过程中极易导致重特大生产安全事故的违法行为纳入刑事追究范围，提高违法成本。完善安全生产法律法规解读、公众互动交流信息平台，健全普法宣传教育机制。

专栏2　安全生产法律法规制修订重点

推动危险化学品安全法、安全生产法实施条例、生产安全事故应急条例、高危粉尘作业与高毒作业职业卫生监督管理条例、电梯安全条例等制定工作，以及矿山安全法、道路交通安全法、海上交通安全法、消防法、铁路法、安全生产许可证条例、煤矿安全监察条例、烟花爆竹安全管理条例、生产安全事故报告和调查处理条例、道路交通安全法实施条例、内河交通安全管理条例、水库大坝安全管理条例等修订工作。

建立以强制性标准为主体、推荐性标准为补充的安全生产标准体系。根据安全生产执法结果、事故原因分析和新工艺技术装备应用等情况，及时制修订相关技术标准。鼓励有条件的地区、协会、企业率先制定新产品、新工艺、新业态的安全生产技术标准。支持企业制定高于国家、行业、地方标准的安全生产标准。建立与“一带一路”沿线国家安全生产标准的对标衔接机制。

专栏3　安全生产标准制修订重点

煤矿、非煤矿山、危险化学品、金属冶炼、新型煤化工、高铁运输、城市轨道交通、海洋石油、太阳能发电、地热发电、海洋能发电、城市地下综合管廊、安全防护距离、交通安全设施、个体防护装备、页岩气和煤层气开发、重大事故隐患判定、安全风险分级管控、职业病危害控制、安全生产应急管理、粉尘防爆、化工新工艺准入、油气输送管网建设与运行、风电建设与运行、人工影响天气作业等方面的安全生产标准。

2. 加大监管执法力度

完善安全监管监察执法的制度规范，确定执法的主体、方式、程序、频次和覆盖面。统一安全生产执法标志标识和制式服装。健全执法标准，规范执法文书。建立安全生产行政执法裁量基准制度。建立定区域、定人员、定责任的安全监管监察执法机制。加强对安全生产强制性标准执行情况的监管监察执法。实行安全生产与职业卫生一体化监管执法。完善安全生产行政执法与刑事司法衔接机制，健全线索通报、案件移送、协助调查等制度，依法惩治安全生产领域的违法行为。全面落实行政执法责任制，建立执法行为审议和重大行政执法决策机制，评估执法效果，防止滥用职权。健全执法全过程记录和信息公开制度，公开执法检查内容、过程和结果，定期发布重点监管对象名录。改进事故调查处理工作，完善事故调查处理规则，加强技术与原因分析，强化事故查处挂牌督办、提级调查等措施，落实事故整改措施监督检查和总结评估制度。

3. 健全审批许可制度

深化行政审批和安全准入改革，简化程序，严格标准。编制安全生产行政审批事项服务指南，制定审查工作细则，规范行政审批的程序、标准和内容，及时公开行政审批事项的受理、进展情况和结果。推动安全生产同类审批事项合并审查。改革安全生产专业技术服务机构资质管理办法，明晰各级安全监管监察部门、生产经营单位和专业技术服务机构的职责。加快培育安全生产专业技术服务机构，严格专业技术服务机构和人员从业规范。健全专业技术服务机构服务信息公开、资质条件公告、守信激励和失信惩戒等制度，加强日常监督检查。建立政府购买安全生产服务制度，引入第三方提供安全监管监察执法技术支撑。实行企业自主选择专业技术服务机构。专业技术服务机构依法执业并对技术服务结果负责。

4. 提高监管监察执法效能

制定安全监管监察能力建设标准，实施安全监管监察能力建设规划。完善各级安全监管监察部门执法工作条件，加快形成与监督检查、取证听证、调查处理全过程相配套的执法能力。建立与经济社会发展、企业数量、安全形势相适应的执法力量配备以及工作经费和条件保障机制。严格执法人员资格管理，制定安全监管监察执法人员选拔和专业能力标准，建立以依法履职为核心的执法人员能力评价体系。定期开展安全监管监察执法效果评估。强化安全生产基层执法力量，优化安全监管监察执法人员结构。开展以现场实操为主的基层执法人员实训，每3年对全国安全监管监察执法人员轮训一遍。

（三）坚决遏制重特大事故

加快构建风险等级管控、隐患排查治理两条防线，对重点领域、重点区域、重点部位、重点环节和重大危险源，采取有效的技术、工程和管理控制措施，健全监测预警应急机制，切实降低重特大事故发生频次和危害后果，最大限度减少人员伤亡和财产损失。

煤矿：依法推动高瓦斯、煤与瓦斯突出、水文地质条件复杂且不清、冲击地压等灾害严重的不安全矿井有序退出。完善基于区域特征、煤种煤质、安全生产条件、产能等因素的小煤矿淘汰退出机制。新建、改扩建、整合技改矿井全面实现采掘机械化。优化井下生产布局，减少井下作业人员。推进煤矿致灾因素排查治理。强化煤矿安全监测监控和瓦斯超限风险管控，优先推行瓦斯抽采、区域治理，促进煤矿瓦斯规模化抽采利用。构建水害防治工作体系，落实“防、堵、疏、排、截”五项综合治理措施，提升基础、技术、现场和应急管理水平。强化煤矿粉尘防控，推进煤矿粉尘“抑、减、捕”等源头治理。加强对爆炸性粉尘的管理和监测监控，严格对明火、自燃及机电设备等高温热源的排查管控，杜绝重大灾害隐患的牵引叠加。推动企业健全矿井风险防控技术体系，建立矿井重大灾害预警、设备故障诊断系统。

专栏4　煤矿重大灾害治理重点

瓦斯：通风系统不完善、不可靠，抽采系统能力不足，瓦斯治理不到位，防突措施不落实，瓦斯超限作业，监控系统功能不全等。

水害：水文地质条件不清，探放水未落实“三专”（专业人员、专用设备、专门队伍）要求，承压水超前治理不到位，未按规定留设或开采防隔水煤柱等。

冲击地压：冲击地压矿井采掘布局不合理，未进行冲击地压预测预报，未有效实施解危措施等。

粉尘：粉尘防控体系落实不到位，粉尘检测检验和防治标准不健全，粉尘监测监控系统不完善，粉尘防治技术措施实施不到位等。

非煤矿山：完善非煤矿山隐患排查治理体系，开展采空区、病库、危库、险库和“头顶库”专项治理。开展非煤矿山安全生产基本数据普查，推动非煤矿山图纸电子化。制定危险性较大设备检测检验、风险分级监管、尾矿库注销等制度。严格执行主要矿种最小开采规模、最低服务年限准入标准。实行矿山外包用工安全责任清单化管理。鼓励对地下矿山采空区实施超前探测、对大水矿山实施井下帷幕注浆、对高陡边坡开展安全监测。推广尾矿井下充填、干式排尾，开展尾矿综合利用，建设无尾矿山。探索建立海域采矿安全风险防范体系。

危险化学品：推进重点地区制定化工行业安全发展规划。加快实施人口密集区域危险化学品和化工企业生产、仓储场所安全搬迁工程。开展危险化学品专项整治和综合治理。推进化工园区和涉及危险化学品的重大风险功能区区域定量风险评估，科学确定风险容量，推动实现区域安全管理一体化。强化高风险工艺、高危物质、重大危险源管控。健全危险化学品生产、储存、使用、经营、运输和废弃处置等环节的信息共享机制。建立危险化学品发货和装载查验、登记、核准制度。加强危险化学品建设项目立项、规划选址、设计、建设、试生产和运行监管。完善危险化学品分类分级监管机制。推进新工艺安全风险分析和评估。建立化工安全仪表系统安全标志认证制度。推行全球化学品统一分类和标签制度。

专栏5　危险化学品事故防范重点

重点部位：化学品仓储区、城区内化学品输送管线、油气站等易燃易爆剧毒设施；大型石化、煤化等生产装置；国家重要油气储运设施等重大危险源。 重点环节：动火、受限空间作业、检维修、设备置换、开停车、试生产、变更管理。

烟花爆竹：严格烟花爆竹生产准入条件，完善烟花爆竹生产企业关闭转产扶持奖励政策，坚决淘汰不具备安全生产条件的烟花爆竹生产企业，推动安全生产基础薄弱的非主产区企业退出生产。推动烟花爆竹生产企业开展“三库四防”（中转库、药物总库、成品总库以及防爆、防火、防雷、防静电）建设，实现关键危险场所智能化监控。推动骨干、优势企业升级改造，实现重点涉药工序机械化生产和人机、人药隔离操作。严格执行产品流向登记和信息化管理制度，加强黑火药等A级产品管控。推动烟花爆竹产销融合、经营连锁和运输专业化。

工贸行业：推动工贸企业健全安全管理体系，实行分类分级差异化监管。完善受限空间、交叉检修等作业安全操作规范。深化金属冶炼、粉尘防爆、涉氨制冷等重点领域环节专项治理。在冶金企业、涉危涉爆场所推广高危工艺智能化控制和在线监测监控。推动劳动密集型企业作业场所科学布局，实施空间物理隔离和安全技术改造。

专栏6　工贸行业事故防范重点

粉尘涉爆：除尘系统、作业场所积尘。 金属冶炼：高温液态金属吊运、冶金煤气。 涉氨制冷：快速冻结装置、氨直接蒸发制冷空调系统。

道路交通：开展道路交通安全隐患专项治理。落实新建、改扩建道路建设项目安全设施“三同时”制度，推广新建、改扩建道路建设项目安全风险评估制度。加强班线途经道路的安全适应性评估。完善客货运输车辆安全配置标准。开展车辆运输车、液体危险货物运输车等安全治理。强化电动车辆生产、销售、登记、上路行驶等环节的安全监管，严禁未经许可非法生产低速电动车等车辆。加强对道路运输重点管控车辆及其驾驶人的动态监管。完善危险货物运输安全管理和监督检查体系。落实接驳运输、按规定时间停车休息等制度。规范非营运大客车注册登记管理，严厉打击非法改装、非法营运、超速超员、超限超载等违法行为。改革大中型客货车驾驶人职业培训考试机制，加强营运客货车驾驶人职业教育。

专栏7　道路交通事故防范重点

重点管控的车辆类型：危险货物运输车辆、长途客车、旅游包车、校车、重型载货汽车、低速载货汽车和面包车。 事故防范的重点路段：急弯陡坡、临水临崖、连续下坡、团雾多发路段，隧道桥梁，“公跨铁”立交、平交道口。

城市运行安全：统筹城市地上地下建设规划，落实安全保障条件。实施城市安全风险源普查，开展城市安全风险评估。完善城市燃气等各类管网，以及排水防涝、垃圾处理、交通、气象等基础设施建设、运行和管理标准。建设供电、供水、排水、供气、道路桥梁、地下工程等城市重要基础设施安全管理平台。加强对城市隐蔽性设施、地上地下管廊、渣土消纳场等的监测监控。建立大型工程安全技术风险防控机制，开展城市公共设施、老旧建筑隐患综合治理。加强轨道交通设备设施状态和运营状况监测，合理控制客流承载量。严格审批、管控大型群众性活动，完善人员密集场所避难逃生设施。

消防：推动城市、县城、全国重点镇和经济发达镇制修订城乡消防规划。开展消防队标准化建设，配齐配足灭火和应急救援车辆、器材和消防员个人防护装备。推动乡镇按标准建立专职或志愿消防队，构建覆盖城乡的灭火救援力量体系。开展易燃易爆单位、人员密集场所、高层建筑、大型综合体建筑、大型批发集贸市场、物流仓储等区域火灾隐患治理。推行消防安全标准化管理。提升大中小学、幼儿园、医院、养老机构、客运站（码头）等人员密集场所消防安全水平。依法推广家庭火灾报警和逃生装置。

建筑施工：完善建筑施工安全管理制度，强化建设、勘察、设计、施工和工程监理安全责任。加强施工现场安全管理，严厉打击建筑施工转包、违法发包分包和违反工程建设强制性标准等行为。强化深基坑、高支模等危险性较大的分部分项工程安全管理。严格建筑勘察、设计、施工和监理单位资质管理，严禁无资质或超越资质等级范围承揽业务。建立市场准入、违规行为查处、诚信体系建设、施工事故处罚相结合的管理制度。

专栏8　建筑施工事故防范重点

重点部位：大跨度桥梁及复杂隧道、高边坡及高挡墙、高架管线、围堰等。 关键环节：基坑支护及降水工程、结构拆除、土石方开挖、脚手架及模板支撑、起重吊装及安装拆卸工程、爆破拆除等。

水上交通：在重点航运海域、流域、内湖、水库、旅游景区建立极端气象、海洋、地质灾害综合预警防控机制。提高客船稳性、消防逃生等方面安全技术标准，严禁在客船改造中降低稳性。完善船岸通信导航监控系统布局，建设集约化、协同化、智能化的综合指

挥系统。加强水上安全监管、应急处置、人员搜救和航海保障能力建设。

渔业船舶：严格渔船初次检验、营运检验和船用产品检验制度。开展渔船设计、修造企业能力评估。推进渔船更新改造和标准化。完善渔船渔港动态监管信息系统，对渔业通信基站进行升级优化。推动海洋渔船（含远洋渔船）配备防碰撞自动识别系统、北斗终端等安全通信导航设备，提升渔船装备管理和信息化水平。

特种设备：创新企业主体责任落实机制，健全分类安全监管制度，实施重点监督检查制度。完善特种设备隐患排查治理和安全防控体系，开展高风险和涉及民生的电梯、起重机械、大型游乐设施等特种设备隐患专项治理。以电梯、气瓶、移动式压力容器等产品为重点，建立生产单位、使用单位、检验检测机构特种设备数据报告制度，实现特种设备质量安全信息全生命周期可追溯。建立特种设备风险预警与应急处置平台，提升特种设备风险监测、预警和应急处置能力。

民用爆炸物品：加强民爆物品生产、流通、使用等关键环节的安全管控。推广民爆物品生产、销售、运输、储存、爆破作业、清退或炸药现场混装等一体化服务模式。以工业炸药、工业雷管为重点，推进机器人和智能成套装备在民爆行业的应用，减少民爆物品生产危险作业场所操作人员和危险品储存数量。

电力：推进电力企业安全风险预控体系建设，建立安全风险分级预警管控制度。建立电力安全协同管控机制，加强电力建设安全监管，落实电力设计单位、施工企业、工程监理企业以及发电企业、电网企业、电力用户等各方面的安全责任。健全电网安全风险分级、分类、排查管控机制，完善电网大面积停电情况下应急会商决策和社会联动机制。健全电力事故警示通报和约谈制度。加强水电站大坝的安全风险预控。强化煤电超低排放和节能改造安全监管。

铁路交通：推进铁路线路安全保护区划定和管理工作。加强“公跨铁”立交桥和铁路沿线安全综合治理。严格铁路施工、维修、设备制造、新线开通、危险货物运输等环节安全管控。加快铁路道口“平改立”，消除城区铁路平交道口，推进线路封闭工作。强化高铁设备运行状态数据的监测、采集和运用，严控高速铁路、长大桥梁、长大隧道安全风险。

民航运输：加快航空安全保障体系建设，提高航空安全监控、技术装备支撑和应急处置等能力。推进《中国民航航空安全方案》实施，完善民航业安全绩效评估系统，健全航空安全预警预防机制。规范通用航空作业管理，完善安全管理机制。健全适航审定组织体系。强化危险品运输安全管理。开展安保审计和航空安保管理体系建设。

农业机械：深入开展“平安农机”创建活动。完善农机注册登记制度。改革农机安全检验制度。加强农机驾驶操作人员安全培训和考核，逐步提高驾驶人员持证率。加强对重点农业机械、重要农时、农机合作社和农机大户的安全监管。推广先进适用的农机安全执法、检验、驾驶人考试、事故调查处理装备。

（四）推进职业病危害源头治理

1. 夯实职业病危害防护基础

开展职业病危害基本情况普查。完善职业病危害项目申报信息网络，构建职业病危害信息动态更新机制，健全职业卫生信息监测和统计制度。将职业病危害防治纳入企业安全生产标准化范围，推进职业卫生基础建设。加大职业病危害防治资金投入，加大对重点行业领域小微型企业职业病危害治理的支持和帮扶力度。加快职业病防治新工艺、新技术、新设备、新材料的推广应用。强化用人单位职业卫生管理，推动企业建立职业卫生监督员制度。完善职业卫生监管执法基本装备指导目录。严格执行职业病危害项目申报、工作场所职业病危害因素检测结果和防护措施公告制度，到2020年重点行业用人单位主要负责人和职业卫生管理人员的职业卫生培训率均达到95%以上。

2. 加强作业场所职业病危害管控

突出作业场所高危粉尘和高毒物质危害预防和控制，有效遏制尘肺病和职业中毒。开展职业病危害风险评估，建立分类分级监管机制，强化职业病危害高风险企业重点监管。建立职业病危害防治名录管理制度，依法限制或淘汰职业病危害严重的技术、工艺、设备、材料，推动职业病危害严重企业技术改造、转型升级或淘汰退出。开展矿山、化工、金属冶炼、建材、电子制造等重点行业领域职业卫生专项治理。严格落实作业场所职业病危害告知、日常监测、定期报告、防护保障和健康体检等制度措施。

专栏9　职业病危害治理重点

重点行业：矿山、化工、金属冶炼、陶瓷生产、耐火材料、电子制造。
重点作业：采掘、粉碎、打磨、焊接、喷涂、刷胶、电镀。
重点因素：煤（岩）尘、石棉尘、矽尘、苯、正己烷、二氯乙烷。

3. 提高防治技术支撑水平

构建国家、省、市、县四级职业病危害防治技术支撑网络。开展职业病危害因素鉴别分析、人体损伤鉴定等基础性研究，研发推广典型职业病危害作业的预防控制关键技术与装备，加快培育职业病危害防治专业队伍。加强职业病危害因素现场识别、职业病诊断鉴定技术保障、职业病综合治疗和康复能力建设。建设全国职业卫生大数据平台。建立国家职业卫生管理人员服务管理网络。

（五）强化安全科技引领保障

1. 加强安全科技研发

制定安全生产科技创新规划，建立政府、企业、社会多方参与的安全技术研发体系。组建基础理论研究协同创新团队，强化重特大事故防控理论研究。通过国家科技计划（专项、基金等）统筹支持安全科技研发工作，推进重大共性关键技术及装备研发。加快提升安全生产重点实验室和技术创新中心自主创新能力。完善安全生产智库体系。健全重点科技资源共享机制，强化安全生产关键成果储备。建立企业与科研院校联合实施的安全技术创新引导机制，形成产学研用战略联盟。

专栏 10　安全生产科技研发重点方向

煤矿重大灾害风险判识及监控预警；超大规模矿山提升运输系统及自动化控制；露天矿山高陡边坡安全监测预警；深海石油天然气安全开采；危险货物港口、化工园区多灾害耦合风险评估与防控；化工工艺装备监测预警与事故防控；危险化学品火灾高效灭火材料及装备；在役油气输送管道风险动态快速监测预警；危险化学品泄漏高灵敏快速检测；危险化学品水上应急处置技术；重点车辆危险驾驶行为辨识与干预；道路交通事故检验鉴定与综合重建技术；高铁运行安全监测监控、防破坏和灾害预警；尘肺病与职业中毒防治；粉尘爆炸事故防控；高危作业场所人员安全行为自动识别；安全监管监察智能化。

2. 推动科技成果转化

继续开展安全产业示范园区创建，制定安全科技成果转化和产业化指导意见以及国家安全生产装备发展指导目录，加快淘汰不符合安全标准、安全性能低下、职业病危害严重、危及安全生产的工艺技术和装备，提升安全生产保障能力。完善安全科技成果转化激励制度，健全安全科技成果评估和市场定价机制，建立市场主导的安全技术转移体系。健全安全生产新工艺、新技术、新装备推广应用的市场激励和政府补助机制。建设安全生产科技成果转化推广平台和孵化创新基地。在矿山、危险化学品等高危行业领域实施“机械化换人、自动化减人”，推广应用工业机器人、智能装备等，减少危险岗位人员数量和人员操作，到 2020 年底矿山、危险化学品等重点行业领域机械化程度达到 80% 以上。建立中小企业安全生产和职业病危害防治技术推广服务体系，鼓励研发机构与企业共建安全生产工艺技术协同创新联盟。

3. 推进安全生产信息化建设

推进信息技术与安全生产的深度融合，统一安全生产信息化标准，依托国家电子政务网络平台，完善安全生产信息基础设施和网络系统。全面推进安全监管监察部门安全生产大数据等信息技术应用，构建国家、省、市、县四级重大危险源管理体系，实现跨部门、跨地区数据资源共享共用，提升重大危险源监测、隐患排查、风险管控、应急处置等预警监控能力。推动矿山、金属冶炼等高危企业建设安全生产智能装备、在线监测监控、隐患自查自改自报等安全管理信息系统。推进危险化学品、民爆物品、烟花爆竹等企业建设全过程信息化追溯体系。鼓励中小企业通过购买信息化服务提高安全生产管理水平。

专栏 11　安全生产工艺技术推广重点

大型矿山自动化开采；中小型矿山机械化开采；井下大型固定设施无人值守；矿山地压灾害监测与治理；中小型金属非金属矿山采掘设备；油气田硫化氢防护监测；高含硫油品加工安全技术；危险化学品库区雷电预警系统；高陡边坡坝体位移监测预警系统；柔性施压快速封堵技术与装备；水电站大坝安全在线监控；尘源自动跟踪喷雾降尘、吹吸式通风等尘毒危害治理技术装备；高毒物质替代技术；小型移动应急指挥系统；高铁、长大铁路隧道和桥梁专用铁路救援设备；客运车辆、危险化学品运输车辆安全防控技术；高速公路重大交通事故应急指挥决策系统。

（六）提高应急救援处置效能

1. 健全先期响应机制

建立企业安全风险评估及全员告知制度。完善企业、政府的总体应急预案和重点岗位、重点部位现场应急处置方案。加强高危企业制度化、全员化、多形式的应急演练，提升事故先期处置和自救互救能力。推动高危行业领域规模以上企业专兼职应急救援队伍建设及应急物资装备配备。建设应急演练情景库，开展重特大生产安全事故情景构建。建立企业内部监测预警、态势研判及与政府、周边企业的信息通报、资源互助机制。落实预案管理及响应责任，加强政企预案衔接与联动。建立应急准备能力评估和专家技术咨询制度。

2. 增强现场应对能力

完善事故现场救援统一指挥机制，建立事故现场应急救援指挥官制度。建立应急现场危害识别、监测与评估机制，规范事故现场救援管理程序，明确安全防范措施。推进安全生产应急救援联动指挥平台建设，强化各级应急救援机构与事故现场的远程通信指挥保障。加强应急救援基础数据库建设，建立应急救援信息动态采集、决策分析机制。健全应急救援队伍与装备调用制度。建立京津冀、长江经济带、泛珠三角、丝绸之路沿线等地区应急救援资源共享及联合处置机制。

专栏 12　应急救援体系建设重点

行业领域：危险化学品、油气输送管道、矿山、高速铁路、高速公路、高含硫油气田、城市输供电系统、城市燃气管网等。 救援能力：人员快速搜救、大型油气储罐灭火、大功率排水、大口径钻进、大负荷稳定供电、仿真模拟、实训演练、通信指挥及决策、事故紧急医疗救援、应急物资及装备储备和调运等。

3. 统筹应急资源保障

加快应急救援队伍和基地建设，规范地方骨干、基层应急救援队伍建设及装备配备，加强配套管理与维护保养。健全安全生产应急救援社会化运行模式，培育市场化、专业化应急救援组织。强化安全生产应急救援实训演练，提高安全生产应急管理和救援指挥专业人员素养。完善安全生产应急物资储备与调运制度，加强应急物资装备实物储备、市场储备和生产能力储备。

（七）提高全社会安全文明程度

1. 强化舆论宣传引导

深化安全生产理论研究。建立行业领域、区域安全生产综合评价体系。定期发布国家安全生产白皮书。鼓励主流媒体开办安全生产节目、栏目，加大安全生产公益宣传、知识技能培训、案例警示教育等工作力度。加强微博、微信和客户端建设，形成新媒体传播模式。推动传统媒体与新兴媒体融合发展，构建以“传媒云集市、信息高速路、卫星互联网”为标志的安全生产新闻宣传渠道。开展“安全生产月”“安全生产万里行”等宣传活动。制定实施安全生产新闻宣传专业人才成长规划，加强新闻发言人、安全生产理论专家、通信员和社会监督员等队伍建设。加强舆论引导，坚持正确舆论导向，规范网上信息传播技术，建立重特大事故舆情收集、分析研判和快速响应机制。

2. 提升全民安全素质

将安全知识普及纳入国民教育体系，加强中小学安全教育。完善安全生产现代职业教育制度。支持高等学校和中等职业学校加强安全相关学科专业建设。引导有关企业、高等学校构建供需互动的安全主体专业毕业生安全岗位就业机制。实施安全生产卓越工程师培养计划，加强安全科技领军人才队伍建设，建立体现安全智力劳动价值的薪酬分配机制。构建责任明确、载体多样、管理规范的安全培训体系，完善安全生产考试考核基础条件，健全安全培训专业师资库，完善培训教材和考核标准。推进领导干部安全培训办学体制、运行机制、内容方式、师资管理改革，持续开展党政领导干部安全生产专题培训。建立高危企业主要负责人、安全生产管理人员定期复训考核制度。加强高危行业生产一线技能人才安全生产培训，建立健全全覆盖、多层次、经常性的产业工人安全生产培训制度。建立高危行业农民工岗前强制性安全培训制度。

3. 大力倡导安全文化

鼓励和引导社会力量参与安全文化产品创作和推广。广泛开展面向群众的安全教育活动，推动安全知识、安全常识进企业、进学校、进机关、进社区、进农村、进家庭。深化与“一带一路”沿线国家的安全文化交流合作，建立多渠道、多层次的沟通交流机制。推动安全文化示范企业、安全发展示范城市等建设。强化汽车站、火车站、大型广场、大型商场、重点旅游景区等公共场所的安全文化建设。创新安全文化服务设施运行机制，推动安全文化设施向社会公众开放。

四、重点工程

（一）监管监察能力建设工程

为各级安全监管监察部门补充配备执法装备、执法车辆以及制式服装，完善基础工作条件。建立国家、区域安全监管监察执法效果综合评估考核机制。建设完善国家安全监管监察执法综合实训华北、中南、西南、华南基地。建设安全生产行政审批“一库四平台”（行政审批项目库，网上审批运行平台、政务公开服务平台、法制监督平台、电子监察平台）和安全生产诚信系统。

（二）信息预警监控能力建设工程

建设全国安全生产信息大数据平台。推动矿山等高危行业企业建设安全生产数据采集上报与信息管理系统，改造升级在线监测监控系统。完善国家主干公路网交通安全防控监测信息系统。建设渔船渔港动态监管、海洋渔业通信、应急救助和海洋渔船（含远洋渔船）船位监测系统。完善渔船集中检验监察平台。推进航空运输卫星通信信息监控能力建设。

（三）风险防控能力建设工程

推动企业安全生产标准化达标升级。推进煤矿安全技术改造；创建煤矿煤层气（瓦斯）高效抽采和梯级利用、粉尘治理，兼并重组煤矿水文地质普查，以及大中型煤矿机械化、自动化、信息化和智能化融合等示范企业；建设智慧矿山。实施非煤矿山采空区和“头顶库”隐患治理；推动开采深度超过800米的矿井建设在线地压监测系统。开展油气输送管道安全隐患整治攻坚，建设国家油气输送管道地理信息系统；实施危险化学品重大危险源普查与监控。创建金属冶炼、粉尘防爆、液氨制冷等重点领域隐患治理示范企业。推进公路安全生命防护工程建设。加快深远海搜救、探测、打捞和航空安全保障能力建设。实施重点水域、重点港口、重点船舶以及重要基础设施隐患治理。加强高速铁路安全防护。完善内河重要航运枢纽安全设施。

（四）职业病危害治理能力建设工程

开展全国职业病危害状况普查、重点行业领域职业病危害检测详查。实施以高危粉尘作业和高毒作业职业病危害为重点的专项治理。建设区域职业病危害防治平台。完善职业病危害基础研究平台、省级职业病危害检测与物证分析实验室。

（五）城市安全能力建设工程

实施危险化学品和化工企业生产、仓储安全搬迁，到2020年现有位于城镇内人口密集区域的危险化学品生产企业全部启动搬迁改造，完成大型城市城区内安全距离不达标的危险化学品仓储企业搬迁。建设城市安全运行数据综合管理系统。实施区域火灾隐患综合治理。完善城镇建成区消防站、消防装备、市政消火栓等基础设施。推动老旧电梯更新改造。

（六）科技支撑能力建设工程

在高危行业领域创建“机械化换人、自动化减人”示范企业。建设完善国家矿山、危险化学品、职业病危害、城市安全、应急救援等行业领域重大事故防控技术支撑基地。建设安全监管监察执法装备创新研发基地和矿山物联网安全认证与检测平台。完善矿用产品安全准入验证分析中心实验室。建设具备宣传教育、实操实训、预测预警、检测检验和应急救援功能的省级综合技术支撑基地。

（七）应急救援能力建设工程

建设国家安全生产应急救援综合指挥平台和应急通信保障系统。建设重点行业和区域安全生产应急救援联动指挥决策平台。建成国家安全生产应急救援综合实训演练基地，建设危险化学品和油气输送管道应急救援基地，完善国家、区域矿山应急救援基地，健全国家矿山医疗救护体系。推进国家陆地搜寻与救护基地建设和高危行业应急救援骨干队伍、基层应急救援队伍建设，加强安全生产应急救援物资储备库建设。

（八）文化服务能力建设工程

建设国家安全生产新闻宣传数字传播系统和安全生产新闻宣传综合平台。建成安全生产网络学院和远程教育培训平台。完善“安全科学与工程”一级学科。实施全民安全素质提升工程和企业产业工人安全生产能力提升工程。建设安全生产主题公园、主题街道、安全体验馆和安全教育基地。

五、规划实施保障

（一）落实目标责任

加强组织领导，明确分工责任，强化规划实施的协调管理。各地区、各有关部门要制定规划实施方案，分解落实规划的主要任务和目标指标，明确责任主体，确定工作时序和重点，出台配套政策措施，推动实施规划重点工程。要以规划为引领，推动生产经营单位安全生产主体责任到位、安全投入到位、安全培训到位、安全管理到位、应急救援到位。各级安全生产委员会要充分发挥协调作用，及时掌握本地区规划目标和任务完成进度，研究解决跨部门、跨行业的安全生产重大问题。

（二）完善投入机制

积极营造有利于各类投资主体公平有序竞争的安全投入环境，促进安全生产优势要素合理流动和有效配置。加强中央、地方财政安全生产预防及应急等专项资金使用管理，重点支持油气输送管道隐患治理、安全生产信息体系建设、应急救援基地建设等相关工作。鼓励采用政府和社会资本合作、投资补助等多种方式，吸引社会资本参与有合理回报和一定投资回收能力的安全基础设施项目建设和重大安全科技攻关。鼓励金融机构对生产经营单位技术改造项目给予信贷支持。

（三）强化政策保障

统筹谋划安全生产政策措施，着力破解影响安全发展的重点难点问题。完善淘汰落后产能及不具备安全生产条件企业整顿关闭、重点煤矿安全升级改造、重大灾害治理、烟花爆竹企业退出转产政策。支持加快非煤矿山企业实施采空区治理、尾矿综合利用、油气输送管道隐患治理等方面工作。拓宽渔业互助保险和渔业保险覆盖范围。完善安全生产专用设备企业所得税优惠目录。健全企业安全生产费用提取与使用管理制度，建立企业安全生产责任保险制度。完善工伤保险与工伤事故及职业病预防相结合的机制，合理确立工伤保险基金工伤预防费的提取比例，充分发挥工伤保险浮动费率机制的作用。制定应急救援社会化有偿服务和应急救援人员因救援导致伤亡的人身保险保障、伤亡抚恤、褒奖等政策，探索研究应急救援物资装备征用补偿机制。

（四）加强评估考核

做好有关国家专项规划、部门规划和地方规划与本规划的衔接，确保规划目标一致、任务统一、工程同步、政策配套。各地区、各有关部门要制定规划实施考核办法及执行评价指标体系，加强对规划实施情况的动态监测。健全规划实施的社会监督机制，鼓励社会公众积极参与规划实施评议。安全监管总局要在 2018 年牵头开展规划中期评估，并根据评估结果，及时对规划范围、主要目标、重点任务进行动态调整，优化政策措施和实施方案；在2020年对规划最终实施情况进行评估并向社会公布结果。

104　国务院安委会关于印发《重大事故查处挂牌督办办法》的通知

安委〔2010〕6号

各省、自治区、直辖市人民政府，新疆生产建设兵团，国务院有关部门：

为认真贯彻落实《国务院关于进一步加强企业安全生产工作的通知》（国发〔2010〕23号），加强重大生产安全事故的查处，严肃追究事故责任者，有效防范和坚决遏制重特大事故发生，国务院安委会制定了《重大事故查处挂牌督办办法》。现印发给你们，请遵照执行。

国务院安全生产委员会

2010年9月2日

重大事故查处挂牌督办办法

第一条　为严肃查处重大生产安全事故（以下简称重大事故），保障人民群众生命和财产安全，依据《国务院关于进一步加强企业安全生产工作的通知》（国发〔2010〕23号）的规定，制定本办法。

第二条　国务院安委会对重大事故调查处理实行挂牌督办，国务院安委会办公室具体承担挂牌督办事项。

各省级人民政府负责落实挂牌督办事项，省级人民政府安委会办公室具体承担本行政区域内重大事故挂牌督办事项的综合工作。

第三条　国务院安委会对重大事故查处挂牌督办，按照以下程序办理：

（一）国务院安委会办公室提出挂牌督办建议，报国务院安委会领导同志审定同意后，以国务院安委会名义向省级人民政府下达挂牌督办通知书。

（二）在中央主流媒体和中央政府网站、中国安全生产报、安全监管总局政府网站上公布挂牌督办信息。

第四条　挂牌督办通知书包括下列内容：

（一）事故名称。

（二）督办事项。

（三）办理期限。

（四）督办解除方式、程序。

第五条　省级人民政府接到挂牌督办通知后，应当依据有关规定，组织和督促有关职能部门按照督办通知要求办理下列事项：

（一）做好事故善后工作。

（二）查清事故原因，认定事故性质。

（三）分清事故责任，提出对责任人的处理意见。

（四）依法实施经济处罚。

（五）形成事故调查报告。

（六）监督落实事故防范和整改措施。

第六条　省级人民政府应当自接到挂牌督办通知之日起60日内完成督办事项。

第七条　在重大事故查处督办期间，省级人民政府安委会办公室应当加强与国务院安委会办公室的沟通，及时汇报有关情况。

国务院安委会办公室负责对督办事项的指导、协调和督促。

第八条　重大事故调查报告形成初稿后，省级人民政府安委会应当及时向国务院安委会办公室作出书面报告，经审核同意后，由省级人民政府作出批复决定。

第九条　重大事故查处结案后，省级人民政府安委会和国务院安委会办公室应将重大事故挂牌督办情况和事故查处结案情况，在中央主流媒体和中央政府网站、中国安全生产报、安全监管总局政府网站上予以公告，接受社会监督。

第十条　承担挂牌督办事项的省级人民政府有关职能部门对督办事项无故拖延、敷衍塞责，或者在解除挂牌督办过程中弄虚作假的，依法追究相关人员责任。

第十一条　对依据有关法律、行政法规规定由国务院有关部门或者机构组织调查处理的重大事故的挂牌督办，依照本办法的相关规定执行。

第十二条　对于重大事故以下的事故的挂牌督办，由各省级人民政府安委会参照本办法的规定另行制定。

第十三条　本办法自印发之日起施行。

105　国务院安委会办公室关于印发非法违法较大生产安全事故查处跟踪督办暂行办法的通知

安委办〔2011〕12号

各省、自治区、直辖市人民政府安全生产委员会：

为严厉打击非法违法生产经营建设行为，严格非法违法较大事故责任追究，根据《安全生产法》等法律法规和《国务院关于进一步加强企业安全生产工作的通知》（国发〔2010〕23号）等有关规定，国务院安委会办公室制定了《非法违法较大生产安全事故查处跟踪督办暂行办法》，现印发给你们，请遵照执行。

2011 年 4 月 19 日

非法违法较大生产安全事故查处跟踪督办暂行办法

第一条 为依法依规严厉打击非法违法生产经营建设导致较大生产安全事故（以下简称非法违法较大事故）的行为，严格事故责任追究，根据《安全生产法》《生产安全事故报告和调查处理条例》等法律、行政法规和《国务院关于进一步加强企业安全生产工作的通知》（国发〔2010〕23 号）、《国务院办公厅关于继续深化“安全生产年”活动的通知》（国办发〔2011〕11 号）的规定，制定本办法。

第二条 省（区、市）人民政府安委会对包括非法违法较大事故在内的各类较大事故查处实行挂牌督办，省（区、市）人民政府安委会办公室具体承担挂牌督办事项。

国务院安委会办公室对本办法规定的非法违法较大事故查处实行跟踪督办。

第三条 工矿商贸生产经营单位发生下列非法违法较大事故，应当按照国家有关规定及时报告；省（区、市）人民政府安委会应当对其实行重点挂牌督办，并在 10 日内将事故简要情况及挂牌督办情况报国务院安委会办公室：

（一）无证、证照不全或者未取得有关安全生产的其他许可，以及超出行政许可范围从事生产经营建设导致的较大事故。

（二）依照国家和地方政府规定应当关闭而未按照标准关闭继续生产经营，或者关闭后又擅自生产经营建设导致的较大事故。

（三）证照过期、停产整顿、整合技改未经验收擅自组织生产，或者违反建设项目安全设施“三同时”规定导致的较大事故。

（四）拒不执行安全监管监察指令或者抗拒安全执法导致的较大事故。

（五）国务院安委会办公室认为需要跟踪督办的其他非法违法较大事故。

第四条 省（区、市）人民政府安委会对较大事故查处实行挂牌督办，应当参照《重大事故查处挂牌督办办法》（安委〔2010〕6 号）有关规定，向有关人民政府或者部门（机构）下达挂牌督办通知书，并在省（区、市）主流媒体、省（区、市）人民政府网站或者省（区、市）安全生产监督管理部门网站上公布挂牌督办信息，接受社会监督。

第五条 有关人民政府或者部门（机构）接到挂牌督办通知后，应当依据《生产安全事故报告和调查处理条例》等有关规定，组织、督促有关部门按照“四不放过”（事故原因未查清不放过、责任人员未处理不放过、整改措施未落实不放过、有关人员未受到教育不放过）、“依法依规、实事求是、注重实效”的原则和督办通知的要求做好非法违法较大事故的查处工作。

第六条 国务院安委会办公室对本办法第三条规定的非法违法较大事故查处实行跟踪督办，应当向省（区、市）人民政府安委会下达跟踪督办通知书，并在国家安全生产监督管理总局网站上公布跟踪督办信息。

第七条　跟踪督办通知书包括下列内容：

（一）事故名称、性质。

（二）跟踪督办事项。

（三）跟踪督办责任人。

（四）跟踪督办的解除方式。

前款第（二）项所称的跟踪督办事项，依据《安全生产法》《国务院关于预防煤矿生产安全事故的特别规定》《国务院关于进一步加强企业安全生产工作的通知》《国务院办公厅关于继续深化"安全生产年"活动的通知》等有关规定，结合事故情况确定。重点督办对非法单位是否依法取缔关闭、违法单位是否依法责令停产整顿、事故防范和整改措施是否依法落实、事故发生单位是否依法受到行政处罚、事故相关责任人是否依法依规受到追究等。

第八条　在非法违法较大事故查处跟踪督办期间，省（区、市）人民政府安委会办公室应当加强与国务院安委会办公室的沟通，及时汇报有关情况。

国务院安委会办公室应当加强对跟踪督办事项的指导、协调和监督，及时掌握非法违法较大事故查处的进展情况。必要时，国务院安委会办公室向有关省（区、市）派出工作组进行现场督办，并对非法违法较大事故查处中存在的违法违规等问题责令予以纠正。

第九条　本办法第三条规定的非法违法较大事故调查报告形成初稿后，有关人民政府安委会或者部门（机构）应当及时向省（区、市）人民政府安委会办公室作出书面报告。

省（区、市）人民政府安委会办公室应当对事故调查报告初稿进行审核，并报国务院安委会办公室备案。事故调查报告初稿经审核同意和备案后，由有关人民政府或者部门（机构）依照规定作出批复决定。

第十条　较大事故查处结案后，省（区、市）人民政府安委会办公室应当将事故挂牌督办情况和事故查处情况在省（区、市）主流媒体、省（区、市）人民政府网站或者省（区、市）安全生产监督管理部门网站上予以公告，接受社会监督。

第十一条　本办法第三条规定的非法违法较大事故批复结案后，省（区、市）人民政府安委会办公室应当在15日内将事故调查报告及其批复报国务院安委会办公室。

第十二条　非法违法较大事故批复和跟踪督办通知书中有关整改措施和责任追究等事项全部落实后，国务院安委会办公室解除跟踪督办，并在国家安全生产监督管理总局网站上予以公告，接受社会监督。

第十三条　本办法自印发之日起执行。

106　国务院安委会办公室关于印发标本兼治遏制重特大事故工作指南的通知

安委办〔2016〕3号

各省、自治区、直辖市及新疆生产建设兵团安全生产委员会，国务院安委会各成员单位，各中央企业：

为认真贯彻落实党中央、国务院决策部署，坚决遏制重特大事故频发势头，国务院安委会办公室在研究总结重特大事故发生规律特点、深入调查研究、广泛征求意见的基础上，制定了《标本兼治遏制重特大事故工作指南》（以下简称《指南》），现印发给你们，并就有关事项通知如下：

一、提高认识，加强组织领导。要进一步提高对防范遏制重特大事故重要性、紧迫性和事故规律性的认识，把遏制重特大事故工作作为安全生产“牛鼻子”工程，摆在重中之重的突出位置，采取有力措施抓实抓好，带动安全生产各项工作全面推进。要切实加强组织领导，结合实际制定本地区、本系统、本单位具体工作方案，明确目标任务，落实工作措施，细化责任分工，抓紧组织推进，力争取得实效。

二、突出重点，做到精准施策。要结合事故规律特点，抓住关键时段、关键地区、关键单位、关键环节，从构建双重预防性工作机制、强化技术保障、加大监管执法力度、推进保护生命重点工程建设、加强源头治理、提高应急处置能力等方面入手，从制度、技术、工程、管理等多个角度，制定采取有针对性的措施，对症下药、精准施策，力争尽快在减少重特大事故数量、频次和减轻危害后果上见到实效。

三、抓好试点，强化典型引路。要充分发挥基层首创精神，分级选取一批有代表性、领导重视、基础较好的地区和单位开展试点，逐步推进。经推荐研究，国家安全监管总局确定了河北省张家口市、山西省阳泉市、辽宁省大连市、浙江省宁波市、江西省赣州市、福建省福州市、山东省泰安市和枣庄市、湖北省鄂州市、广东省深圳市、甘肃省兰州市等11个试点城市，进行直接跟踪指导。各试点城市要根据《指南》并结合本地区实际，抓紧研究制定试点工作方案，积极探索创新、先行先试，尽快形成一批可复制、可借鉴的经验做法。

四、广泛发动，促进齐抓共管。要切实加强安全生产宣传教育，在各级广播、电视、报刊和政府网站全面开设安全生产专题栏目，充分利用政务微信、微博、新闻客户端和手机报，加强宣传、广泛发声。组织实施安全文化示范工程，积极推进“互联网+安全培训”建设。充分发动社会各方面力量积极支持、参与安全生产工作，重点宣传基层安全生产好的经验做法，定期曝光一批重大隐患，惩治一批典型违法行为，通报一批“黑名单”生产经营单位，取缔一批非法违法企业，关闭一批不符合安全生产条件企业，形成齐抓共管、社会共治的工作格局。

五、加强督导，推动工作落实。要加大遏制重特大事故工作成效在安全生产工作考核中的比重，建立跟踪督办制度，定期通报工作完成情况。适时组织开展专项督查，加快各项工作推进步伐。地方各级人民政府安委会要切实加强组织协调，及时解决实施过程中存在的问题，督促指导工作措施落实，确保遏制重特大事故工作取得实效。

国务院安委会办公室
2016年4月28日

标本兼治遏制重特大事故工作指南

为认真贯彻落实党中央、国务院决策部署，着力解决当前安全生产领域存在的薄弱环节和突出问题，强化安全风险管控和隐患排查治理，坚决遏制重特大事故频发势头，制定本工作指南。

一、指导思想和主要工作目标

（一）指导思想。坚持标本兼治、综合治理，把安全风险管控挺在隐患前面，把隐患排查治理挺在事故前面，扎实构建事故应急救援最后一道防线。坚持关口前移，超前辨识预判岗位、企业、区域安全风险，通过实施制度、技术、工程、管理等措施，有效防控各类安全风险；加强过程管控，通过构建隐患排查治理体系和闭环管理制度，强化监管执法，及时发现和消除各类事故隐患，防患于未然；强化事后处置，及时、科学、有效应对各类重特大事故，最大限度减少事故伤亡人数、降低损害程度。

（二）主要工作目标。到2018年，构建形成点、线、面有机结合、无缝对接的安全风险分级管控和隐患排查治理双重预防性工作体系，全社会共同防控安全风险和共同排查治理事故隐患的责任、措施和机制更加精准、有效；构建形成完善的安全技术研发推广体系，安全科技保障能力水平得到显著提升；构建形成严格规范的惩治违法违规行为制度机制体系，使违法违规行为引发的重特大事故得到有效遏制；构建形成完善的安全准入制度体系，淘汰一批安全保障水平低的小矿小厂和工艺、技术、装备，安全生产源头治理能力得到全面加强；实施一批保护生命重点工程，根治一批可能诱发重特大事故的重大隐患；健全应急救援体系和应急响应机制，事故应急处置能力得到明显提升。

二、着力构建安全风险分级管控和隐患排查治理双重预防性工作机制

（一）健全安全风险评估分级和事故隐患排查分级标准体系。根据存在的主要风险隐患可能导致的后果并结合本地区、本行业领域实际，研究制定区域性、行业性安全风险和事故隐患辨识、评估、分级标准，为开展安全风险分级管控和事故隐患排查治理提供依据。

（二）全面排查评定安全风险和事故隐患等级。在深入总结分析重特大事故发生规律、特点和趋势的基础上，每年排查评估本地区的重点行业领域、重点部位、重点环节，依据相应标准，分别确定安全风险“红、橙、黄、蓝”（红色为安全风险最高级）4个等级，分别确定事故隐患为重大隐患和一般隐患，并建立安全风险和事故隐患数据库，绘制省、市、县以及企业安全风险等级和重大事故隐患分布电子图，切实解决“想不到、管不到”问题。

（三）建立实行安全风险分级管控机制。按照“分区域、分级别、网格化”原则，实施安全风险差异化动态管理，明确落实每一处重大安全风险和重大危险源的安全管理与监管责任，强化风险管控技术、制度、管理措施，把可能导致的后果限制在可防、可控范围之内。健全安全风险公告警示和重大安全风险预警机制，定期对红色、橙色安全风险进行分析、评估、预警。落实企业安全风险分级管控岗位责任，建立企业安全风险公告、岗位安全风险确认和安全操作“明白卡”制度。

（四）实施事故隐患排查治理闭环管理。推进企业安全生产标准化和隐患排查治理体系建设，建立自查、自改、自报事故隐患的排查治理信息系统，建设政府部门信息化、数字化、智能化事故隐患排查治理网络管理平台并与企业互联互通，实现隐患排查、登记、评估、报告、监控、治理、销账的全过程记录和闭环管理。

三、强化安全生产技术保障

（一）强化信息化、自动化技术应用。针对可能引发重特大事故的重点区域、单位、部位、环节，加强远程监测预警、自动化控制和紧急避险、自救互救等设施设备的使用，强化技术防范。完善危险化学品生产装置、储存设施自动化控制和紧急停车（切断）系统，可燃有毒气体泄漏报警系统，鼓励推广“两客一危”车辆（长途客车、旅游包车、危险货物运输车）安装防碰撞系统。

（二）推进企业技术装备升级改造。及时发布淘汰落后和推广先进适用安全技术装备目录，通过法律、行政、市场等多种手段，推动、引导高风险企业开展安全技术改造和工艺设备更新，淘汰一批不符合安全标准、安全性能低下、职业危害严重、危及安全生产的工艺、技术和装备。推动一批高危行业企业实现“机械化换人、自动化减人”。

（三）加大安全科技支撑力度。充分利用高等院校、科研机构、社会团体等科研资源，加大对遏制重特大事故关键安防技术装备的研发力度。依托省部共建院校，建设一批安全工程学院、院士工作站。加大安全科技成果推广力度，搭建“产学研用”一体化平台，完善国家、地方和企业等多层次科研成果转化推广机制。

四、严厉打击惩治各类违法违规行为

（一）加强安全监管执法规范化建设。负有安全生产监督管理职责的部门要依法履职，结合实际分行业领域制定安全监管执法工作细则，进一步规范执法内容、执法程序、执法尺度和执法主体。坚持公开为常态、不公开为例外的原则，强化执法信息公开，加大执法监督力度。

（二）依法依规严格落实执法措施。健全“双随机”检查、暗查暗访、联合执法和重点执法制度，对情节恶劣、屡禁不止、可能导致重特大事故的严重违法违规行为，依法依规严格落实查封、扣押、停电、停止民用爆炸物品供应、吊销证照，以及停产整顿、上限处罚、关闭取缔、从严追责“四个一律”执法措施。

（三）运用司法手段强化从严治理。加强安全执法和刑事司法的衔接，建立公安、检察、审判机关介入安全执法工作机制。对抗拒执法、逾期不执行执法决定的，由公安机关依法强制执行或向人民法院申请强制执行，对涉嫌犯罪的违法案件，及时移送司法机关，坚决杜绝有案不移、有案不立、以罚代刑。探索设立安全生产审判庭、检察室，建立查办和审判安全生产案件沟通协调制度。

（四）强化群防群控。推行执法曝光工作机制，强化警示教育。加大举报奖励力度，进一步畅通渠道，鼓励发动群众举报、媒体曝光违法违规生产经营建设行为，加强社会监督。完善生产经营单位安全生产不良记录“黑名单”制度，完善联合惩戒机制。

五、全面加强安全生产源头治理

（一）严格规划准入。探索建立安全专项规划制度，把安全规划纳入地方经济社会和城镇发展总体规划，并加强规划之间的统筹与衔接。加强城乡规划安全风险的前期分析，完善城乡规划、设计和建设的安全准入标准，研究建立招商引资安全风险评估制度，严格高风险项目建设安全审核把关，科学论证高危企业的选址和布局，严禁违反国家标准、行业标准规范在高风险项目周边设置人口密集区。

（二）严格规模准入。根据产业政策、法律法规、国家标准、行业标准和本地区、本行业领域实际，明确高危行业企业最低生产经营规模标准，严禁新建不符合最低规模要求的小企业。建立大型经营性活动备案审批制度和人员密集场所安全预警制度，严格控制人流密度。推动实施劳动密集型作业场所空间物理隔离技术工程，严格限制劳动密集型作业场所单位空间作业人数。

（三）严格工艺设备和人员素质准入。实施更加严格的生产工艺、技术、设备安全标准，严禁使用国家明令禁止或淘汰的设备和工艺，对不符合相关国家标准、行业标准要求的，一律不准投入使用。明确高危行业企业负责人、安全管理人员和特种作业人员的文化程度、专业素质及年龄、身体状况等条件要求，完善高危行业从业人员安全素质准入制度。

（四）强力推动淘汰退出落后产能。紧密结合供给侧结构性改革和国家化解钢铁、煤炭等过剩产能工作要求，顺势而为，研究细化安全生产方面的配套措施，严格安全生产标准条件，依法关停退出达不到安全标准要求的产能和违法违规企业，及时注销到期不申请延期的安全生产许可证，提请有关人民政府关闭经停产整顿仍达不到安全生产条件的企业。加大政策支持力度，通过资金奖补、兼并重组等途径，引导安全保障能力低、长期亏损、扭转无望的企业主动退出。

六、着力加强保护生命重点工程建设

（一）加快建设实施一批重点工程。以高安全风险行业领域、关键生产环节为重点，紧盯重大事故隐患、重要设施和重大危险源，精准确定、高效建设实施一批保护生命重点工程。国家层面重点建设煤矿重大灾害隐患排查治理示范工程、金属非金属地下矿山采空区治理工程、尾矿库“头顶库”综合治理工程、公路安全生命防护工程、重大危险源在线监测及事故预警工程、危险化学品罐区本质安全提升工程、烟花爆竹生产机械化示范工程、工贸行业粉尘防爆治理工程等。

（二）强化政策和资金支持。探索建立有利于工程实施的财政、税收、信贷政策，建立以企业投入为主、市场筹资为辅，政府奖励支持的投入保障机制，引导、带动企业和社会各界积极主动支持实施保护生命重点工程，努力构建保护生命的“安全网”。

七、切实提升事故应急处置能力

（一）加强员工岗位应急培训。健全企业全员应急培训制度，针对员工岗位工作实际组织开展应急知识培训，提升一线员工第一时间化解险情和自救互救的能力。

（二）健全快速应急响应机制。建立健全部门之间、地企之间应急协调联动制度，加强安全生产预报、预警。完善企业应急预案，加强应急演练，严防盲目施救导致事态扩大。强化应急响应，确保第一时间赶赴事故现场组织抢险救援。

（三）加强应急保障能力建设。进一步优化布局，加强矿山、危险化学品、油气管道等专业化应急救援队伍和实训演练基地建设，强化大型先进救援装备、应急物资和紧急运输、应急通信能力储备。建立救援队伍社会化服务补偿机制，鼓励和引导社会力量参与应急救援。

107 国务院安委会办公室关于印发《金属非金属地下矿山采空区事故隐患治理工作方案》的通知

安委办〔2016〕5号

各省、自治区、直辖市及新疆生产建设兵团安全生产委员会：

为认真贯彻落实习近平总书记、李克强总理等党中央、国务院领导同志关于加强安全生产工作、遏制重特大事故的重要指示批示精神，坚决防范和有效遏制因采空区引发的重特大事故发生，国务院安委会办公室研究制定了《金属非金属地下矿山采空区事故隐患治理工作方案》，现印发你们，请结合本地区实际，积极推动各项工作落实。

国务院安委会办公室

2016年6月23日

金属非金属地下矿山采空区事故隐患治理工作方案

我国金属非金属地下矿山采空区总量大，分布范围广。据初步统计，到2015年年底，全国金属非金属地下矿山共有采空区12.8亿立方米，分布于全国28个省（市、区）。目前，采空区事故隐患治理存在的突出问题：一是采空区是诱发重特大事故的重要因素。采空区易引发透水、坍塌、冒顶片帮等多种形式的灾害，往往造成大量的人员伤亡和财产损失；二是采空区事故隐患治理不及时。部分矿山企业忽视采空区治理，特别是历史遗留采空区得不到及时处理；三是中小型矿山采空区管理不到位。一些中小型矿山专业技术力量薄弱，不按设计施工或无设计施工，矿柱留设不规范，造成采空区重叠、交错现象比较普遍，严重威胁矿山安全生产；四是采空区安全问题已经成为影响一些地方经济发展和社会和谐的重要因素。为逐步消除采空区事故隐患，防范和遏制金属非金属矿山领域重特大事故、实现安全生产形势稳定好转，制定本方案。

一、指导思想和工作目标

（一）指导思想。

认真贯彻落实习近平总书记、李克强总理等中央领导同志关于安全生产工作的重要指示精神，牢固树立安全发展观念，切实强化红线意识，坚持“分级管控、突出重点、综合治理、标本兼治”原则，加强采空区风险管控和隐患排查治理双重预防性工作机制建设，扎实推进金属非金属地下矿山采空区事故隐患综合治理工作，有效降低因采空区引发的事故总量，坚决遏制重特大事故发生。

（二）工作目标。

至2018年，完成以下工作目标：

1. 基本摸清我国金属非金属地下矿山采空区规模和分布状况，建立金属非金属地下矿山采空区基础档案。

2. 基本完成历史上形成的、危险性大的金属非金属地下矿山采空区事故隐患治理任务。

3. 提高金属非金属地下矿山企业采空区安全管理和监测监控水平，及时处理生产过程形成的采空区。

4. 由采空区引发的事故总量明显下降，坚决遏制采空区引发的重特大事故。

二、治理方式和时间安排

（一）治理方式。

1. 充填法。通过采用充填材料对采空区进行充填处理，有效控制地压和防止地表塌陷。适用于地表及地下含水层不允许大面积塌落、上部积存有大量尾砂、顶板容易产生较大规模冒落以及矿石品位较高的矿山采空区。鼓励各地区优先采用充填法进行采空区处理。

2. 崩落法。通过采用崩落采空区上盘围岩，使岩石充满采空区并形成缓冲岩石垫层，防止采空区内大量岩石突然冒落造成危害。适用于不能采用充填法进行处理，且地表允许陷落或岩石移动的采空区。对于离地下采场较近的采空区，可采用崩落法与下部巷道隔绝封闭相结合的处理方法。

3. 封闭法。通过用隔离设施（封闭墙等）将采空区与其他生产作业地点的通道隔绝，防止人员进入采空区，避免因采空区围岩塌落所产生的冲击波危及人身和设备安全。适用于分散、独立、不连续的小矿体和盲矿体形成的采空区，以及规模稍大但顶板稳固的采空区。

4. 搬迁居民。通过搬迁采空区地表塌陷影响范围内的居民，并在塌陷影响范围外设置围栏和警示牌，避免造成人员伤亡和财产损失。适用于塌陷影响范围内居民较少，事故隐患不能完全消除或经济合理的采空区。

（二）时间安排。

2016年，全面完成全国金属非金属地下矿山采空区的调查和治理工程设计等工作，启动“三下”（水体下、建筑物下、铁路下）开采、石膏矿等影响大的非金属矿采空区、大面积连片和总体积超过100万立方米的采空区等重点治理项目。

2017 年，全面启动采空区事故隐患治理项目，基本完成“三下”开采、石膏矿等影响大的非金属矿采空区、大面积连片和总体积超过 100 万立方米的采空区治理任务。

2018 年，基本完成采空区事故隐患治理任务，实现矿山企业对采空区的规范管理。

三、工作要求

（一）加强领导，落实责任。

各省（区、市）尤其是治理任务重的地区要提高认识，加强组织领导，按照本方案统一部署，制定切实可行的治理方案，明确工作目标、工作措施，依法落实相关部门职责，突出阶段性工作重点，明确各项任务进度，统筹治理资金，积极推进治理工作，确保治理工作实效。

（二）强化基础，全面排查。

各有关地区要认真开展金属非金属地下矿山采空区排查摸底，全面细致摸清采空区规模、分布特征、稳定性状况、处理方法等情况，包括“有主”采空区（指有开采主体的现有地下矿山矿区范围内的采空区）和“无主”采空区（指开采主体已不存在的，以及在历史开采过程中形成的已关闭或废弃地下矿山的采空区），建立健全金属非金属地下矿山采空区治理工作基础档案。

（三）突出重点，分类治理。

在全面掌握采空区基本情况下，明确治理重点区域、重点矿山，根据采空区的实际状况、开采技术条件，开展采空区事故隐患治理工程设计和综合治理工作。对无法及时治理的采空区要建立监测预警系统，发现问题及时处理，确保人员安全。

（四）源头控制，标本兼治。

各有关地区要统筹协调矿业权设置、城乡及村镇规划，合理划定功能区，避免采空区影响范围内有居民和重要设施。要督促企业落实治理主体责任，规范采空区日常管理，严格按照有关法律法规、标准和设计及时处理采空区，严防产生新的采空区事故隐患。

（五）加强监督，严格验收。

各地区要加强对金属非金属矿山采空区事故隐患排查治理工作的监督检查，实施科学监管，对发现因采空区引发重大事故隐患而未及时治理的企业，要依法处理。要及时总结经验，选树典型，认真研究和解决工作中遇到的问题，有序推进采空区治理工作。要认真组织做好验收工作，确保治理效果。

108 国务院安委会办公室关于加强基层安全生产网格化监管工作的指导意见

安委办〔2017〕30 号

各省、自治区、直辖市及新疆生产建设兵团安全生产委员会、国务院安委会有关成员单位：

为进一步加强基层安全生产（含职业健康，下同）工作，全面提升基层安全生产监管的精细化、信息化和社会化水平，根据《安全生产法》《职业病防治法》《中共中央国务院关于推进安全生产领域改革发展的意见》《中共中央 国务院关于加强和完善城乡社区治理的意见》和《国务院办公厅关于加强安全生产监管执法的通知》要求，现就加强基层安全生产网格化监管工作提出如下意见：

一、充分认识实施基层安全生产网格化监管的重要意义

实施基层安全生产网格化监管，使安全生产监管体系延伸到最基层，协助打通安全生产监管“最后一公里”，是新形势下创新安全生产监管模式、增强安全生产监管效能的迫切要求，对于缓解基层安全生产监管任务和监管力量之间的突出矛盾，提升全社会安全生产综合治理能力，构建全覆盖、齐抓共管的安全生产监管工作格局意义重大。各地区要充分认识新形势下做好基层安全生产网格化监管工作的重要性，立足本辖区安全生产工作实际，抓好落实，推动安全生产监管工作关口前移、重心下移，全面提升基层安全生产监管的精细化、信息化和社会化水平，力争到2018年年底，初步建成运行高效、覆盖所有乡镇（街道）、村（社区）和监督管理对象的基层安全生产网格化监管体系。

二、明确基层安全生产网格化监管的功能定位、划分原则和职责任务

（一）明确基层安全生产网格化监管功能定位。

基层安全生产网格化监管是指将乡镇（街道）及以下的安全生产监管区域划分成若干网格单元，既厘清单元内每个监督管理对象负有安全生产监督管理职责的部门，又明确单元内每个监督管理对象对应的安全生产网格管理员（以下简称网格员），通过加强信息化管理，实现负有安全生产监督管理职责的部门与网格员的互联互通、互为补充、有机结合。基层安全生产网格化监管是现有安全生产监管工作的延伸，充分发挥网格员的“信息员”和“宣传员”等作用，有利于协助负有安全生产监督管理职责的部门实现对基层安全生产工作的动态监管、源头治理和前端处理。

（二）明确基层安全生产网格划分原则。

在具体划分网格时，可遵循下列原则：

1. 依托既有网格。

根据《中共中央国务院关于加强和完善城乡社区治理的意见》中关于拓展网格化服务管理的要求，最大限度协调利用社会管理综合治理网格或其他既有网格资源，积极推动安全生产网格与既有网格资源在队伍建设、工作机制、工作绩效、信息平台等方面的融合对接。注重发挥居民委员会、村民委员会等基层群众自治组织在发现生产经营单位事故隐患或安全违法行为中的作用，加强信息沟通联系，形成工作合力。

2. 注重条块结合。

单独组建网格时，原则上以乡镇（街道）、村（社区）为基本单位（即平面辖区的“块”），根据辖区内的监督管理对象情况，划分为若干个安全生产监管网格。以县级人民政府负有安全生产监督管理职责的部门为主线（即纵向监管的“条”），厘清网格内每个监督管理对象对应的负有安全生产监督管理职责的部门。

3. 合理匹配监管任务与监管力量。

经济规模大或生产经营单位多的乡镇（街道）、村（社区），可划分为多个网格；工业、商贸聚集区域也可划分为独立网格；对于规模大、规格高、安全风险高或与基层监管力量不匹配的生产经营单位，可由县级以上负有安全生产监督管理职责的部门直接监管，不纳入基层安全生产网格化监管的范围。根据工作实际，为相应网格配备专职或兼职网格员，确保每个网格都有对应的网格员。根据网格内生产经营单位的性质、生产过程中的危险性，以及生产经营规模、重要程度、监管重点等情况，可适度调整网格员的分布，使网格员的配备与当地安全生产监管任务相适应。

（三）明确属地监管、基层安全生产网格化监管工作相关部门和网格员的工作任务。

1. 属地监管工作任务。

各地区要按照“党政同责、一岗双责”的要求，认真落实安全生产属地监管责任，统筹解决以下问题：

（1）将基层安全生产网格化监管工作纳入安全生产工作重要内容，对基层安全生产网格化监管工作进行总体部署，结合既有网格情况，明确基层安全生产网格化监管工作的牵头部门和配合部门，并制订实施方案。

（2）厘清网格员与基层安全生产监督管理部门、派出机构（如部分乡镇安监站等）的关系。

（3）协调解决人员、经费等问题。

（4）加强基层安全生产网格监管信息化建设，为基层安全生产网格化监管工作的顺利开展提供保障。

2. 基层安全生产网格化监管工作牵头部门工作任务。

（1）制定基层安全生产网格化监管工作实施方案。牵头编制基层安全生产网格化监管示意图，明确各网格的网格员、安全监管责任人和联系负责人。根据网格内监督管理对象的情况，牵头编制《基层安全生产网格化监管工作手册》（以下简称《网格手册》）等实用性强的工作规范和标准。制作网格员明白卡，明确网格员工作任务和报告方式。

（2）对网格员上报的信息进行汇总和分类处置。对属于牵头部门监督管理职责范围内的安全生产非法、违法行为依法依规进行处置；对属于配合部门职责范围内的安全生产非法、违法行为，交由其进行处置。

（3）协调解决基层安全生产网格化监管工作中遇到的问题。

3. 基层安全生产网格化监管工作配合部门的工作任务。

（1）确定专人配合牵头部门编制基层安全生产网格化监管工作实施方案和基层安全生产网格化监管示意图。按照牵头部门要求，配合编制《网格手册》等实用性强的工作规范和标准。

（2）根据本部门职责，对网格员上报或牵头部门交办的安全生产非法、违法行为依法依规进行处置。

（3）配合牵头部门，解决基层安全生产网格化监管工作中遇到的问题。

4. 网格员的工作任务。

网格员主要履行信息员、宣传员的工作任务：根据《网格手册》要求，重点面向基层企业、“三小场所”（小商铺、小作坊、小娱乐场所）、家庭户等查看非法生产情况并及时报告；协助配合有关部门做好安全检查和执法工作；向监督管理对象送达最新的文件资料；面向监督管理对象和社会公众积极宣传安全生产法律法规和安全生产知识等。网格员的其他工作任务，各地区可结合实际根据工作需要确定。

三、多措并举，确保基层安全生产网格化监管高效运行

（一）加强组织领导。各地区安委会要加强对基层安全生产网格化监管工作的组织领导，主要负责人要坚持亲自抓，分管领导具体抓，负有安全生产监督管理职责的部门共同抓，形成层层抓落实的工作格局。要坚持因地制宜的原则，对于已开展此项工作的地区，可在原方案的基础上，根据本指导意见有关要求，进一步健全完善相关制度措施，逐步实现基层安全生产网格化监管工作全覆盖，不断推动基层安全生产网格化监管工作的规范化、长效化。尚未开展此项工作的地区，要根据本指导意见，抓紧制定具体实施方案，加快实施步伐并认真落实。

（二）加强待遇保障。各地区要结合本地经济发展水平和对网格员的职责要求，合理确定网格员待遇，配备必需的防护用品，实现“责、权、利”相统一，确保其待遇水平和防护水平与工作任务及危险性相适应。完善网格员信息采集上报“以奖代补”奖励机制，充分调动网格员信息采集的积极性。

（三）抓好业务培训。各地区要按照“先培训后上岗”的原则，由牵头部门做好网格员集中培训工作，使网格员会检查、会记录、会报告。同时，配合部门要将网格员培训纳入年度培训计划，定期组织培训，持续提高网格员发现问题的能力。创新培训手段，通过安全生产执法现场观摩、以会代训、技能比武等多种方式，进一步提升网格员的业务素质。加强网格员保密教育，防止向外界泄露所负责网格内的重要数据信息或企业的商业秘密、技术秘密等。

（四）建立常态化运行和考核机制。牵头部门要研究制定网格员日常巡查、信息报告等网格运行配套管理制度，建立健全监督管理对象动态监管档案，实现全过程留痕。建立健全基层安全生产网格化监管工作考核机制，鼓励将考核情况与网格员待遇挂钩，充分调动网格员工作积极性。

（五）突出信息化建设。牵头部门要充分利用信息化技术，搭建或融入既有网格化监管工作信息平台，推动安全生产信息采集录入和动态更新、事件派送交办、现场处置、结果反馈、治理复查等事项的信息化管理。强化信息前端采集工作管理，实现问题早发现、信息早报告、隐患早治理、复查早提醒。建立健全信息安全保障体系，实行信息使用分级管理与授权准入，确保信息安全。

（六）强化典型引路。各地区要立足自身实际，坚持试点先行、循序渐进、注重实效。要不断总结推广试点地区的创新举措和鲜活经验，以点带面，指导推动工作全面开展，实现顶层设计与基层实践的有机结合。国务院安委会办公室将适时选取一批典型做法，在全国范围内进行经验推广。

（七）推动社会参与。充分发挥第三方安全生产专业技术服务机构在参与支持安全生产网格建设、安全风险评估以及协助指导生产经营单位安全隐患整改等工作中的作用。健全并保障安全隐患、非法违法行为以及事故的举报渠道畅通，对举报有功人员及时兑现奖励，充分调动广大群众监督举报的积极性，推进安全生产专群结合、群防群治、齐抓共管。

国务院安委会办公室

2017 年 10 月 19 日